Quoting the Quran

A Reference Handbook for Authors and Scholars

Volume 2

Full Text of the Quran in Modern Arabic with a Latin Transliteration According to the ALA-LC Romanization Standards

Edited by

Saad D. Abulhab

Reviewed by

Dr. Afaf Kawaz
Marwan al-Atraqchi

Blautopf Publishing

B l a u t o p f Publishing
blautopfpublishing.com
New York

Colophon
English text set in *Cambria*, and *Calibri*
Latin And Arabic text set in *Arabetics Latte*

Publisher's Cataloging-in-Publication Data

Quoting the Quran: A reference Handbook for Authors and Scholars
/Edited by Saad D. Abulhab
Volume 2: Full Text of the Quran in Modern Arabic with a Latin Transliteration According to the ALA-LC Romanization Standards
p. cm.
1. Qur'an.
I. Title.

BP109.A39 2020
297.122–dc22
Library of Congress Control Number: 2020942318
CIP

ISBN: 978-0998172736 (hardcover)
ISBN: 979-8666480915 (paperback)

First Edition

Printed by Lightning Source©, an INGRAM© company

28 26 24 22 20   8 7 6 5 4 3 2 1

Acknowledgement

The full text of the Quran contained in this book is based on the Tanzil Quran Text (Simple Enhanced, version 1.0.2): Copyright (C) 2008-2009 Tanzil.info; License: Creative Commons BY-ND 3.0 Unported.

The Tanzil copy of Quran text is carefully produced, highly verified and continuously monitored by a group of specialists at Tanzil project. Please check updates at: http://tanzil.info/updates/

Preface

This handbook is a reference tool intended to help authors, scholars, and anyone else provide accurate and standardized quotations from the Quran, both from linguistic and historical perspectives. Although it includes the Arabic full text of the Quran in three distinct scripts, early Quranic Kufic Arabic, modern Arabic, and Latin, it is not intended to be used as another standalone copy of the Quran.

The first volume of the handbook includes the full text of the Quran using a font mimicking its earliest script, Mashq or Early Kufic, and it is provided in two formats, with and without diacritic vowel marks. The early marks were introduced as prominent dots placed on distinct locations adjacent to letters' glyphs. They represented the minimum diacritic vowels needed for basic, proper, and agreed upon Arabic words' pronunciations. This early dotification system was introduced decades after the introduction of the first copy of the Quran to document these pronunciations. The dots used in modern Arabic to differentiate letters using similar glyphs, also known as Tashkīl, were introduced later on, and were initially represented by either smaller, separate dots or small dashes attached to the letters. These dots are not included in both full texts of the first volume.

The font used to generate the full texts in the first volume, Arabetics Mashq, was designed and implemented by the author after years of in-depth research of the actual historical Quranic manuscripts, notably the copy of Muṣḥaf ʻUthmān kept today in the Topkapi Museum in Turkey. Since the full text of the Quran today is based on the prevailed edition of the Quran used by this copy, all texts or diacritic vowel dots in the two early Kufic full texts of the first volume are composed or placed accordingly. Providing the Quran in a script mimicking its original script can be very helpful to researchers to understand how the modern Arabic text of the Quran was formed and evolved. It can also be a great tool to learn and understand the remarkable early Kufic script.

The second volume of the handbook also includes two full texts of the Quran. The first full text is in the modern Arabic script, including the full set of modern Arabic diacritic vowel marks. However, this text was generated using a special font, Arabetics Latte, which was designed and implemented by the author to emphasize simple, clear shapes, and facilitate easy reading. Letters change shapes only minimally and are designed to have a large x-height. The diacritic vowel marks are placed intentionally away from the letters for clarity. Reading the Quran in this font can be very helpful to both native and non-native Arabic readers.

The second full text in Volume Two is a complete, word-by-word Latin transliteration of the modern Arabic script full text of the Quran, using the ALA-LC Romanization Standards. These standards are used by most libraries in the world and by many authors to represent the Arabic text (or any other language in the world) with Roman letters uniformly, and to generate an equivalent Latin text that can be pronounced precisely, as close as possible to the original Arabic text. This handbook possibly includes the first Latin transliterated copy of the Quran using the ALA-LC Romanization Standards. Most available Latin transliterations are not only inconsistent but also make it difficult for the reader to identify the original Arabic text intended.

Index to Quran Chapters

No.	Name (Roman)	Name (Arabic)	Pg P1	Pg P2	No.	Name (Roman)	Name (Arabic)	Pg P1	Pg P2
57	al-Ḥadīd	الحَدِيد	144	113	86	al-Ṭāriq	الطَّارِق	159	125
58	al-Mujādlh	المجَادلة	145	114	87	al-A‘lá	الأَعْلَى	159	125
59	al-Ḥashr	الحَشر	146	115	88	al-Ghāshiyah	الغَاشِية	159	125
60	al-Mumtaḥanah	المُمتَحَنَة	147	116	89	al-Fajr	الفَجْر	159	126
61	al-Ṣaf	الصَّف	147	116	90	al-Balad	البَلَد	160	126
62	al-Jumu‘ah	الجُمُعَة	148	117	91	al-Shams	الشَّمْس	160	126
63	al-Munāfiqūn	المنَافِقون	148	117	92	al-Layl	الليْل	160	126
64	al-Taghābun	التغَابُن	149	117	93	al-Ḍuḥá	الضُّحَى	160	126
65	al-Ṭalāq	الطلَاق	149	118	94	al-Sharḥ	الشَّرْح	160	126
66	al-Taḥrīm	التحْرِيم	150	118	95	al-Tīn	التِّين	160	126
67	al-Mulk	المُلْك	150	118	96	al-‘Alaq	العَلَق	161	127
68	al-Qalam	القَلَم	151	119	97	al-Qadr	القَدْر	161	127
69	al-Ḥāqqah	الحَاقَّة	152	120	98	al-Bayyinah	البَينَة	161	127
70	al-Ma‘ārij	المعَارج	152	120	99	al-Zalzalah	الزلزَلة	161	127
71	Nūḥ	نُوح	153	121	100	al-‘Ādiyāt	العَاديات	161	127
72	al-Jin	الجِن	153	121	101	al-Qāri‘h	القَارِعة	161	127
73	al-Muzzammil	المُزَّمِّل	154	121	102	al-Takāthur	التَّكَاثُر	161	127
74	al-Muddaththir	المُدَّثِّر	154	122	103	al-‘Aṣr	العَصْر	161	127
75	al-Qiyāmah	القِيَامَة	155	122	104	al-Humazah	الهُمَزَة	161	127
76	al-Insān	الإنسَان	155	122	105	al-Fīl	الفِيل	161	127
77	al-Mursalāt	المُرسَلات	156	123	106	Quraysh	قُرَيْش	161	127
78	al-Naba’	النَّبَأ	156	123	107	al-Mā‘ūn	المَاعُون	161	127
79	al-Nāzi‘āt	النَّازعَات	157	124	108	al-Kawthar	الكَوْثَر	161	127
80	‘Abas	عَبَس	157	124	109	al-Kāfirūn	الكَافِرُون	162	128
81	al-Takwīr	التَّكوير	157	124	110	al-Naṣr	النَّصر	162	128
82	al-Infiṭār	الانفطار	158	124	111	al-Masad	المَسَد	162	128
83	al-Muṭaffifīn	المطفِّفين	158	125	112	al-Ikhlāṣ	الإخْلَاص	162	128
84	al-Inshiqāq	الانْشِقَاق	158	125	113	al-Falaq	الفَلَق	162	128
85	al-Brūj	البرُوج	158	125	114	al-Nās	النَّاس	162	128

Part 1

Full Text of the Quran Transliterated According to the ALA-LC Romanization Standards

Arabic

Letters of the Alphabet

Initial	Medial	Final	Alone	Romanization
ا	ـا	ـا	ا	omit (see Note 1)
بـ	ـبـ	ـب	ب	b
تـ	ـتـ	ـت	ت	t
ثـ	ـثـ	ـث	ث	th
جـ	ـجـ	ـج	ج	j
حـ	ـحـ	ـح	ح	ḥ
خـ	ـخـ	ـخ	خ	kh
د	ـد	ـد	د	d
ذ	ـذ	ـذ	ذ	dh
ر	ـر	ـر	ر	r
ز	ـز	ـز	ز	z
سـ	ـسـ	ـس	س	s
شـ	ـشـ	ـش	ش	sh
صـ	ـصـ	ـص	ص	ṣ
ضـ	ـضـ	ـض	ض	ḍ
طـ	ـطـ	ـط	ط	ṭ
ظـ	ـظـ	ـظ	ظ	ẓ
عـ	ـعـ	ـع	ع	ʻ (ayn)
غـ	ـغـ	ـغ	غ	gh
فـ	ـفـ	ـف	ف	f (see Note 2)
قـ	ـقـ	ـق	ق	q (see Note 2)
كـ	ـكـ	ـك	ك	k
لـ	ـلـ	ـل	ل	l
مـ	ـمـ	ـم	م	m
نـ	ـنـ	ـن	ن	n
هـ	ـهـ	ـة ، ـه	ة ، ه	h (see Note 3)
و	ـو	ـو	و	w
يـ	ـيـ	ـي	ي	y

Vowels and Diphthongs

◌َ	a	◌َا	ā (see Rule 5)	◌ِى	ī
◌ُ	u	◌َى	á (see Rule 6(a))	◌َوْ	aw
◌ِ	i	◌ُو	ū	◌َىْ	ay

1:1 bismillāhi al-raḥmāni al-raḥīmi 1:2 al-ḥamdu lillāhi rabbi al-ʿālamīna 1:3 al-raḥmani al-raḥīmi 1:4 māliki
yawmi al-dīni 1:5 iyyāka naʿbudu wa-iyyāka nastaʿīnu 1:6 ihdinā al-ṣirāṭa al-mustaqīma 1:7 ṣirāṭa al-ladhīna
anʿamta ʿalayhim ghayri al-maghḍūbi ʿalayhim wa-lā al-ḍāllīna 2:1 bismillāhi al-raḥmāni al-raḥīmi alif lām mīm
2:2 dhālika al-kitābu lā rayba fīhi hudan lil-muttaqīna 2:3 al-ladhīna yuʾminūna bi-al-ghaybi wa-yuqīmūna al-
ṣalāta wa-mimmā razaqnāhum yunfiqūna 2:4 wa-al-ladhīna yuʾminūna bi-mā unzila ilayka wa-mā unzila min
qablika wa-bi-al-ākhirati hum yūqinūna 2:5 ulāʾika ʿalá hudan min rabbihim wa-ulāʾika humu al-mufliḥūna 2:6
inna al-ladhīna kafarū sawāʾun ʿalayhim a-andhartahum am lam tundhirhum lā yuʾminūna 2:7 khatama Allāhu
ʿalá qulūbihim wa-ʿalá samʿihim wa-ʿalá abṣārihim ghishāwatun wa-lahum ʿadhābun ʿaẓīmun 2:8 wa-mina al-
nāsi man yaqūlu āmannā billāhi wa-bi-al-yawmi al-ākhiri wa-mā hum bi-muʾminīna 2:9 yukhādiʿūna Allāha
wa-al-ladhīna āmanū wa-mā yakhdaʿūna illā anfusahum wa-mā yashʿurūna 2:10 fī qulūbihim maraḍun fa-
zādahumu Allāhu maraḍan wa-lahum ʿadhābun alīmun bi-mā kānū yakdhibūna 2:11 wa-idhā qīla lahum lā
tufsidū fī al-arḍi qālū innamā naḥnu muṣliḥūna 2:12 alā innahum humu al-mufsidūna wa-lākin lā yashʿurūna
2:13 wa-idhā qīla lahum āminū ka-mā āmana al-nāsu qālū a-nuʾminu ka-mā āmana al-sufahāʾu alā innahum
humu al-sufahāʾu wa-lākin lā yaʿlamūna 2:14 wa-idhā laqū al-ladhīna āmanū qālū āmannā wa-idhā khalaw ilá
shayāṭīnihim qālū innā maʿakum innamā naḥnu mustahziʾūna 2:15 Allāhu yastahziʾu bi-him wa-yamudduhum
fī ṭughyānihim yaʿmahūna 2:16 ulāʾika al-ladhīna ishtarawū al-ḍalālata bi-al-hudá fa-mā rabiḥat tijāratuhum
wa-mā kānū muhtadīna 2:17 mathaluhum ka-mathali al-ladhī istawqada nāran fa-lammā aḍāʾat mā ḥawlahu
dhahaba Allāhu bi-nūrihim wa-tarakahum fī ẓulumātin lā yubṣirūna 2:18 ṣummun bukmun ʿumyun fa-hum lā
yarjiʿūna 2:19 aw ka-ṣayyibin mina al-samāʾi fīhi ẓulumātun wa-raʿdun wa-barqun yajʿalūna aṣābiʿahum fī
ādhānihim mina al-ṣawāʿiqi ḥadhara al-mawti wallāhu muḥīṭun bi-al-kāfirīna 2:20 yakādu al-barqu yakhṭafu
abṣārahum kullamā aḍāʾa lahum mashaw fīhi wa-idhā aẓlama ʿalayhim qāmū wa-law shāʾa Allāhu la-dhahaba
bi-samʿihim wa-abṣārihim inna Allāha ʿalá kulli shayʾin qadīrun 2:21 yā ayyuhā al-nāsu uʿbudū rabbakumu al-
ladhī khalaqakum wa-al-ladhīna min qablikum laʿallakum tattaqūna 2:22 al-ladhī jaʿala lakumu al-arḍa
firāshan wa-al-samāʾa bināʾan wa-anzala mina al-samāʾi māʾan fa-akhraja bi-hi mina al-thamarāti rizqan
lakum fa-lā tajʿalū lillāhi andādan wa-antum taʿlamūna 2:23 wa-in kuntum fī raybin mimmā nazzalnā ʿalá
ʿabdinā fa-iʾtū bi-sūratin min mithlihi wa-udʿū shuhadāʾakum min dūni Allāhi in kuntum ṣādiqīna 2:24 fa-in
lam tafʿalū wa-lan tafʿalū fa-ittaqū al-nāra al-latī wūqūduhā al-nāsu wa-al-ḥijāratu uʿiddat lil-kāfirīna 2:25
wa-bashshiri al-ladhīna āmanū wa-ʿamilū al-ṣāliḥāti anna lahum jannātin tajrī min taḥtihā al-anhāru kullamā
ruziqū minhā min thamaratin rizqan qālū hādhā al-ladhī ruziqnā min qablu wa-utū bi-hi mutashābihan wa-
lahum fīhā azwājun muṭahharatun wa-hum fīhā khālidūna 2:26 inna Allāha lā yastaḥyī an yaḍriba mathalan
mā baʿūḍatan fa-mā fawqahā fa-ammā al-ladhīna āmanū fa-yaʿlamūna annahu al-ḥaqqu min rabbihim wa-
ammā al-ladhīna kafarū fa-yaqūlūna mādhā arāda Allāhu bi-hādhā mathalan yuḍillu bi-hi kathīran wa-yahdī
bi-hi kathīran wa-mā yuḍillu bi-hi illā al-fāsiqīna 2:27 al-ladhīna yanquḍūna ʿahda Allāhi min baʿdi mīthāqihi
wa-yaqṭaʿūna mā amara Allāhu bi-hi an yūṣala wa-yufsidūna fī al-arḍi ulāʾika humu al-khāsirūna 2:28 kayfa
takfurūna billāhi wa-kuntum amwātan fa-aḥyākum thumma yumītukum thumma yuḥyīkum thumma ilayhi
turjaʿūna 2:29 huwa al-ladhī khalaqa lakum mā fī al-arḍi jamīʿan thumma istawá ilá al-samāʾi fa-sawwāhunna
sabʿa samāwātin wa-huwa bi-kulli shayʾin ʿalīmun 2:30 wa-idh qāla rabbuka lil-malāʾikati innī jāʿil fī al-arḍi
khalīfat qālū a-tajʿalu fīhā man yufsidu fīhā wa-yasfiku al-dimāʾa wa-naḥnu nusabbiḥu bi-ḥamdika wa-
nuqaddisu laka qāla innī aʿlamu mā lā taʿlamūna 2:31 wa-ʿallama Ādama al-asmāʾa kullahā thumma ʿaraḍahum

ʿalá al-malāʾikati fa-qāla anbiʾūnī bi-asmāʾi hāʾulāʾi in kuntum ṣādiqīna 2:32 qālū subḥānaka lā ʿilma lanā illā mā ʿallamtanā innaka anta al-ʿalīmu al-ḥakīmu 2:33 qāla yā Ādamu anbiʾhum bi-asmāʾihim fa-lammā anbaʾahum bi-asmāʾihim qāla a-lam aqul lakum innī aʿlamu ghayba al-samāwāti wa-al-arḍi wa-aʿlamu mā tubdūna wa-mā kuntum taktumūna 2:34 wa-idh qulnā lil-malāʾikati usjudū li-Ādama fa-sajadū illā Iblīsa abá wa-istakbara wa-kāna mina al-kāfirīna 2:35 wa-qulnā yā Ādamu uskun anta wa-zawjuka al-jannata wa-kulā minhā raghadan ḥaythu shiʾtumā wa-lā taqrabā hādhihi al-shajarata fa-takūnā mina al-ẓālimīna 2:36 fa-azallahumā al-shayṭānu ʿanhā fa-akhrajahumā mimmā kānā fīhi wa-qulnā ihbiṭū baʿḍukum li-baʿḍin ʿadūwun wa-lakum fī al-arḍi mustaqarrun wa-matāʿun ilá ḥīnin 2:37 fa-talaqqá Ādamu min rabbihi kalimātin fa-tāba ʿalayhi innahu huwa al-tawwābu al-raḥīmu 2:38 qulnā ihbiṭū minhā jamīʿan fa-immā yaʾtiyannakum minnī hudan fa-man tabiʿa hudāya fa-lā khawfun ʿalayhim wa-lā hum yaḥzanūna 2:39 wa-al-ladhīna kafarū wa-kadhdhabū bi-āyātinā ulāʾika aṣḥābu al-nāri hum fīhā khālidūna 2:40 yā banī Isrāʾīla udhkurū niʿmatiya al-latī anʿamtu ʿalaykum wa-awfū bi-ʿahdī ūfi bi-ʿahdikum wa-iyyāya fa-irhabūni 2:41 wa-āminū bi-mā anzaltu muṣaddiqan li-mā maʿakum wa-lā takūnū awwala kāfirin bi-hi wa-lā tashtarū bi-āyātī thamanan qalīlan wa-iyyāya fa-ittaqūni 2:42 wa-lā talbisū al-ḥaqqa bi-al-bāṭili wa-taktumū al-ḥaqqa wa-antum taʿlamūna 2:43 wa-aqīmū al-ṣalāta wa-ātū al-zakāta wa-irkaʿū maʿa al-rākiʿīna 2:44 a-taʾmurūna al-nāsa bi-al-birri wa-tansawna anfusakum wa-antum tatlūna al-kitāba a-fa-lā taʿqilūna 2:45 wa-istaʿīnū bi-al-ṣabri wa-al-ṣalāti wa-innahā la-kabīratun illā ʿalá al-khāshiʿīna 2:46 al-ladhīna yaẓunnūna annahum mulāqū rabbihim wa-annahum ilayhi rājiʿūna 2:47 yā banī Isrāʾīla udhkurū niʿmatiya al-latī anʿamtu ʿalaykum wa-annī faḍḍaltukum ʿalá al-ʿālamīna 2:48 wa-ittaqū yawman lā tajzī nafsun ʿan nafsin shayʾan wa-lā yuqbalu minhā shafāʿatun wa-lā yuʾkhadhu minhā ʿadlun wa-lā hum yunṣarūna 2:49 wa-idh najjaynākum min āli Firʿawna yasūmūnakum sūʾa al-ʿadhābi yudhabbiḥūna abnāʾakum wa-yastaḥyūna nisāʾakum wa-fī dhālikum balāʾun min rabbikum ʿaẓīmun 2:50 wa-idh faraqnā bi-kumu al-baḥra fa-anjaynākum wa-aghraqnā āla Firʿawna wa-antum tanẓurūna 2:51 wa-idh wāʿadnā Mūsá arbaʿīna laylatan thumma ittakhadhtumu al-ʿijla min baʿdihi wa-antum ẓālimūna 2:52 thumma ʿafawnā ʿankum min baʿdi dhālika laʿallakum tashkurūna 2:53 wa-idh ātaynā Mūsá al-kitāba wa-al-furqāna laʿallakum tahtadūna 2:54 wa-idh qāla Mūsá li-qawmihi yā qawmi innakum ẓalamtum anfusakum bi-ittikhādhikumu al-ʿijla fa-tūbū ilá bāriʾikum fa-uqtulū anfusakum dhālikum khayrun lakum ʿinda bāriʾikum fa-tāba ʿalaykum innahu huwa al-tawwābu al-raḥīmu 2:55 wa-idh qultum yā Mūsá lan nuʾmina laka ḥattá nará Allāha jahratan fa-akhadhatkumu al-ṣāʿiqatu wa-antum tanẓurūna 2:56 thumma baʿathnākum min baʿdi mawtikum laʿallakum tashkurūna 2:57 wa-ẓallalnā ʿalaykumu al-ghamāma wa-anzalnā ʿalaykumu al-manna wa-al-salwá kulū min ṭayyibāti mā razaqnākum wa-mā ẓalamūnā wa-lākin kānū anfusahum yaẓlimūna 2:58 wa-idh qulnā udkhulū hādhihi al-qaryata fa-kulū minhā ḥaythu shiʾtum raghadan wa-udkhulū al-bāba sujjadan wa-qūlū ḥiṭṭatun naghfir lakum khaṭāyākum wa-sa-nazīdu al-muḥsinīna 2:59 fa-baddala al-ladhīna ẓalamū qawlan ghayra al-ladhī qīla lahum fa-anzalnā ʿalá al-ladhīna ẓalamū rijzan mina al-samāʾi bi-mā kānū yafsuqūna 2:60 wa-idhi istasqá Mūsá li-qawmihi fa-qulnā iḍrib bi-ʿaṣāka al-ḥajara fa-infajarat minhu ithnatā ʿashrata ʿaynan qad ʿalima kullu unāsin mashrabahum kulū wa-ishrabū min rizqi Allāhi wa-lā taʿthaw fī al-arḍi mufsidīna 2:61 wa-idh qultum yā Mūsá lan naṣbira ʿalá ṭaʿāmin wāḥidin fa-udʿu lanā rabbaka yukhrij lanā mimmā tunbitu al-arḍu min baqlihā wa-qiththāʾihā wa-fūmihā wa-ʿadasihā wa-baṣalihā qāla a-tastabdilūna al-ladhī huwa adná bi-al-ladhī huwa khayrun ihbiṭū Miṣran fa-inna lakum mā saʾaltum wa-ḍuribat ʿalayhimu al-dhillatu wa-al-maskanatu wa-bāʾū bi-ghaḍabin mina Allāhi dhālika bi-annahum kānū yakfurūna bi-āyāti Allāhi wa-yaqtulūna al-nabīyīna bi-ghayri al-ḥaqqi dhālika bi-mā ʿaṣaw wa-kānū yaʿtadūna 2:62 inna al-ladhīna āmanū wa-al-ladhīna hādū wa-al-naṣārá wa-al-ṣābiʾīna man āmana billāhi wa-al-yawmi al-ākhiri wa-ʿamila ṣāliḥan fa-lahum ajruhum ʿinda rabbihim wa-lā khawfun ʿalayhim wa-lā hum yaḥzanūna 2:63 wa-idh akhadhnā mīthāqakum wa-rafaʿnā fawqakumu al-ṭūra khudhū mā ātaynākum bi-qūwatin wa-udhkurū mā fīhi laʿallakum tattaqūna 2:64 thumma tawallaytum min baʿdi dhālika fa-lawlā faḍlu Allāhi ʿalaykum wa-raḥmatuhu la-kuntum mina al-khāsirīna 2:65 wa-laqad ʿalimtumu al-ladhīna iʿtadaw minkum fī al-sabti fa-qulnā lahum kūnū qiradatan khāsiʾīna 2:66 fa-jaʿalnāhā nakālan li-mā bayna yadayhā wa-mā khalfahā wa-mawʿiẓatan lil-muttaqīna 2:67 wa-idh qāla Mūsá li-qawmihi inna Allāha yaʾmurukum an tadhbaḥū baqaratan qālū a-tattakhidhunā huzuwan qāla aʿūdhu billāhi an akūna mina al-jāhilīna 2:68 qālū udʿu lanā rabbaka yubayyin lanā mā hiya qāla innahu yaqūlu innahā baqaratun lā fāriḍun wa-lā bikrun ʿawānun bayna dhālika fa-ifʿalū mā tuʾmarūna 2:69 qālū udʿu lanā rabbaka yubayyin lanā mā lawnuhā qāla innahu yaqūlu innahā baqaratun ṣafrāʾu fāqiʿun lawnuhā tasurru al-nāẓirīna 2:70 qālū udʿu lanā rabbaka yubayyin lanā mā hiya inna al-baqara tashābaha ʿalaynā wa-innā in shāʾa Allāhu lamuhtadūna 2:71 qāla innahu yaqūlu innahā baqaratun lā dhalūlun tuthīru al-arḍa wa-lā tasqī al-ḥartha musallamatun lā shiyata fīhā qālū al-āna jiʾta bi-al-ḥaqqi fa-dhabaḥūhā wa-mā kādū yafʿalūna 2:72 wa-idh qataltum nafsan fa-iddāraʾtum fīhā wallāhu mukhrijun mā kuntum taktumūna 2:73 fa-qulnā iḍribūhu bi-baʿḍihā kadhālika yuḥyī Allāhu al-mawtá wa-yurīkum āyātihi laʿallakum taʿqilūna 2:74 thumma qasat qulūbukum min baʿdi dhālika fa-hiya ka-al-ḥijārati aw ashaddu qaswatan wa-inna mina al-ḥijārati la-mā yatafajjaru minhu al-anhāru wa-inna minhā la-mā yashshaqqaqu fa-yakhruju minhu al-māʾu wa-inna minhā la-mā yahbiṭu min khashyati Allāhi wa-mā Allāhu bi-ghāfilin ʿammā taʿmalūna 2:75 a-fa-taṭmaʿūna an yuʾminū lakum wa-qad kāna farīqun minhum yasmaʿūna kalāma Allāhi thumma yuḥarrifūnahu min baʿdi mā ʿaqalūhu wa-hum yaʿlamūna 2:76 wa-idhā laqū al-ladhīna āmanū qālū āmannā wa-idhā khalā baʿḍuhum ilá baʿḍin qālū a-tuḥaddithūnahum bi-mā fataḥa Allāhu ʿalaykum li-yuḥājjūkum bi-hi ʿinda rabbikum a-fa-lā taʿqilūna 2:77 a-walā yaʿlamūna anna Allāha yaʿlamu mā yusirrūna wa-mā yuʿlinūna 2:78 wa-minhum ummīyūna lā yaʿlamūna al-kitāba illā amānīya wa-in hum illā yaẓunnūna 2:79 fa-waylun lil-ladhīna yaktubūna al-kitāba bi-aydīhim thumma yaqūlūna hādhā min ʿindi Allāhi li-yashtarū bi-hi thamanan qalīlan fa-waylun lahum mimmā katabat aydīhim wa-waylun lahum mimmā yaksibūna 2:80 wa-qālū lan tamassanā al-nāru illā ayyāman maʿdūdatan qul attakhadhtum ʿinda Allāhi ʿahdan fa-lan yukhlifa Allāhu ʿahdahu am taqūlūna ʿalá Allāhi mā lā taʿlamūna 2:81 balá man kasaba sayyiʾatan wa-aḥāṭat bi-hi khaṭīʾatuhu fa-ulāʾika aṣḥābu al-nāri hum fīhā khālidūna 2:82 wa-al-ladhīna āmanū wa-ʿamilū al-ṣāliḥāti ulāʾika aṣḥābu al-jannati hum fīhā khālidūna 2:83 wa-idh akhadhnā mīthāqa banī Isrāʾīla lā taʿbudūna illā Allāha wa-bi-al-wālidayni iḥsānan wa-dhī al-qurbá wa-al-yatāmá wa-al-masākīni wa-qūlū lil-nāsi ḥusnan wa-aqīmū al-ṣalāta wa-ātū al-zakāta thumma tawallaytum illā qalīlan minkum wa-antum muʿriḍūna 2:84 wa-idh akhadhnā mīthāqakum lā tasfikūna dimāʾakum wa-lā tukhrijūna anfusakum min diyārikum thumma aqrartum wa-antum tashhadūna 2:85 thumma antum hāʾulāʾi taqtulūna anfusakum wa-tukhrijūna farīqan minkum min diyārihim taẓāharūna ʿalayhim bi-al-ithmi wa-al-ʿudwāni wa-in yaʾtūkum usārá tufādūhum wa-huwa muḥarramun ʿalaykum ikhrājuhum a-fa-tuʾminūna bi-baʿḍi al-kitābi wa-takfurūna bi-baʿḍin fa-mā jazāʾu man yafʿalu dhālika minkum illā khizyun fī al-ḥayāti al-dunyā wa-yawma al-qiyāmati yuraddūna ilá ashaddi al-ʿadhābi wa-mā Allāhu bi-ghāfilin ʿammā taʿmalūna 2:86 ulāʾika al-ladhīna ishtarawu al-ḥayāta al-dunyā bi-al-ākhirati fa-lā yukhaffafu ʿanhumu al-ʿadhābu wa-lā hum yunṣarūna 2:87 wa-laqad ātaynā Mūsá al-kitāba wa-qaffaynā min baʿdihi bi-al-rusuli wa-ātaynā ʿĪsá ibna Maryama al-bayyināti wa-ayyadnāhu bi-rūḥi al-qudusi a-fa-kullamā jāʾakum rasūlun bi-mā lā tahwá anfusukumu istakbartum fa-farīqan kadhdhabtum wa-farīqan taqtulūna 2:88 wa-qālū qulūbunā ghulfun bal laʿanahumu Allāhu bi-kufrihim fa-qalīlan mā yuʾminūna 2:89 wa-lammā jāʾahum kitābun min ʿindi Allāhi muṣaddiqun li-mā maʿahum wa-kānū min qablu yastaftiḥūna ʿalá al-ladhīna kafarū fa-lammā jāʾahum mā ʿarafū kafarū bi-hi fa-laʿnatu Allāhi ʿalá al-kāfirīna 2:90 biʾsamā ishtaraw bi-hi anfusahum an yakfurū bi-mā anzala Allāhu baghyan an yunazzila Allāhu min faḍlihi ʿalá man yashāʾu min ʿibādihi fa-bāʾū bi-ghaḍabin ʿalá ghaḍabin wa-lil-kāfirīna ʿadhābun muhīnun 2:91 wa-idhā qīla lahum āminū bi-mā anzala Allāhu qālū nuʾminu bi-mā unzila ʿalaynā wa-yakfurūna bi-mā warāʾahu wa-huwa al-ḥaqqu muṣaddiqan li-mā maʿahum qul fa-lima taqtulūna anbiyāʾa Allāhi min qablu in kuntum muʾminīna 2:92 wa-laqad jāʾakum Mūsá bi-al-bayyināti thumma ittakhadhtumu al-ʿijla min baʿdihi wa-antum ẓālimūna 2:93 wa-idh akhadhnā mīthāqakum wa-rafaʿnā fawqakumu al-ṭūra khudhū mā ātaynākum bi-qūwatin wa-ismaʿū qālū samiʿnā wa-ʿaṣaynā wa-ushribū fī qulūbihimu al-ʿijla bi-kufrihim qul biʾsamā yaʾmurukum bi-hi īmānukum in kuntum muʾminīna 2:94 qul in kānat lakumu al-dāru al-ākhiratu ʿinda Allāhi khāliṣatan min dūni al-nāsi fa-tamannawu al-mawta in kuntum ṣādiqīna 2:95 wa-lan yatamannawhu abadan bi-mā qaddamat aydīhim wallāhu ʿalīmun bi-al-ẓālimīna 2:96 wa-la-tajidannahum aḥraṣa al-nāsi ʿalá ḥayātin wa-mina al-ladhīna ashrakū yawaddu aḥaduhum law yuʿammaru alfa sanatin wa-mā huwa bi-muzaḥziḥihi mina al-ʿadhābi an yuʿammara wallāhu baṣīrun bi-mā yaʿmalūna 2:97 qul man kāna ʿaduwwan li-jibrīla fa-innahu nazzalahu ʿalá qalbika bi-idhni Allāhi muṣaddiqan li-mā bayna yadayhi wa-hudan wa-bushrá lil-muʾminīna 2:98 man kāna ʿaduwwan lillāhi wa-malāʾikatihi wa-rusulihi wa-Jibrīla wa-Mīkāla fa-inna Allāha ʿaduwwun lil-kāfirīna 2:99 wa-laqad anzalnā ilayka āyātin bayyinātin wa-mā yakfuru bi-hā illā al-fāsiqūna 2:100 a-wa-kullamā ʿāhadū ʿahdan nabadhahu farīqun minhum bal aktharuhum lā yuʾminūna 2:101 wa-lammā jāʾahum rasūlun min ʿindi Allāhi muṣaddiqun li-mā maʿahum nabadha farīqun mina al-ladhīna ūtū al-kitāba kitāba Allāhi warāʾa ẓuhūrihim ka-annahum lā yaʿlamūna 2:102 wa-ittabaʿū mā tatlū al-shayāṭīnu ʿalá mulki Sulaymāna wa-mā kafara Sulaymānu wa-lākinna al-shayāṭīna kafarū yuʿallimūna al-nāsa al-siḥra wa-mā unzila ʿalá al-malakayni bi-bābila hārūta wa-mārūta wa-mā yuʿallimāni min aḥadin ḥattá yaqūlā innamā naḥnu fitnatun fa-lā takfur fa-yataʿallamūna minhumā mā yufarriqūna bi-hi bayna al-marʾi wa-zawjihi wa-mā hum bi-ḍārrīna bi-hi min aḥadin illā bi-idhni Allāhi wa-yataʿallamūna mā yaḍurruhum wa-lā yanfaʿuhum wa-laqad ʿalimū la-mani ishtarāhu mā lahu fī al-ākhirati min khalāqin wa-la-biʾsa mā sharaw bi-hi anfusahum law kānū yaʿlamūna 2:103 wa-law annahum āmanū wa-ittaqaw la-mathūbatun min ʿindi Allāhi khayrun law kānū yaʿlamūna 2:104 yā ayyuhā al-ladhīna āmanū lā taqūlū rāʿinā wa-qūlū unẓurnā wa-ismaʿū wa-lil-kāfirīna ʿadhābun alīmun 2:105 mā yawaddu al-ladhīna kafarū min ahli al-kitābi wa-lā al-mushrikīna an yunazzala ʿalaykum min khayrin min rabbikum wallāhu yakhtaṣṣu bi-raḥmatihi man yashāʾu wallāhu dhū al-faḍli al-ʿaẓīmi 2:106 mā nansakh min āyatin aw nunsihā naʾti bi-khayrin minhā aw mithlihā a-lam taʿlam anna Allāha ʿalá kulli shayʾin qadīrun 2:107 a-lam taʿlam anna Allāha lahu mulku al-samāwāti wa-al-arḍi wa-mā lakum min dūni Allāhi min walīyin wa-lā naṣīrin 2:108 am turīdūna an tasʾalū rasūlakum ka-mā suʾila Mūsá min qablu wa-man yatabaddali al-kufra bi-al-īmāni fa-qad ḍalla sawāʾa al-sabīli 2:109 wadda kathīrun min ahli al-kitābi law yaruddūnakum min baʿdi īmānikum kuffāran ḥasadan min ʿindi anfusihim min baʿdi mā tabayyana lahumu al-ḥaqqu fa-uʿfū wa-iṣfaḥū ḥattá yaʾtiya Allāhu bi-amrihi inna Allāha ʿalá kulli shayʾin qadīrun 2:110 wa-aqīmū al-ṣalāta wa-ātū al-zakāta wa-mā tuqaddimū li-anfusikum min khayrin tajidūhu ʿinda Allāhi inna Allāha bi-mā taʿmalūna baṣīrun 2:111

wa-qālū lan yadkhula al-jannata illā man kāna hūdan aw naṣārá tilka amānīyuhum qul hātū burhānakum in kuntum ṣādiqīna 2:112 balá man aslama wajhahu lillāhi wa-huwa muḥsinun fa-lahu ajruhu ʿinda rabbihi wa-lā khawfun ʿalayhim wa-lā hum yaḥzanūna 2:113 wa-qālati al-yahūdu laysati al-naṣārá ʿalá shayʾin wa-qālati al-naṣārá laysati al-yahūdu ʿalá shayʾin wa-hum yatlūna al-kitāba kadhālika qāla al-ladhīna lā yaʿlamūna mithla qawlihim fallāhu yaḥkumu baynahum yawma al-qiyāmati fī-mā kānū fīhi yakhtalifūna 2:114 wa-man aẓlamu miman manaʿa masājida Allāhi an yudhkara fīhā ismuhu wa-saʿá fī kharābihā ulāʾika mā kāna lahum an yadkhulūhā illā khāʾifīna lahum fī al-dunyā khizyun wa-lahum fī al-ākhirati ʿadhābun ʿaẓīmun 2:115 wa-lillāhi al-mashriqu wa-a-lmaghribu fa-aynamā tuwallū fa-thamma wajhu Allāhi inna Allāha wāsiʿun ʿalīmun 2:116 wa-qālū ittakhadha Allāhu waladan subḥānahu bal lahu mā fī al-samāwāti wa-al-arḍi kullun lahu qānitūna 2:117 badīʿu al-samāwāti wa-al-arḍi wa-idhā qaḍá amran fa-innamā yaqūlu lahu kun fa-yakūnu 2:118 wa-qāla al-ladhīna lā yaʿlamūna lawlā yukallimunā Allāhu aw taʾatīnā āyatun kadhālika qāla al-ladhīna min qablihim mithla qawlihim tashābahat qulūbuhum qad bayyannā al-āyāti li-qawmin yūqinūna 2:119 innā arsalnāka bi-al-ḥaqqi bashīran wa-nadhīran wa-lā tusʾalu ʿan aṣḥābi al-jaḥīmi 2:120 wa-lan tarḍá ʿanka al-yahūdu wa-lā al-naṣārá ḥattá tattabiʿa millatahum qul inna hudá Allāhi huwa al-hudá wa-la-ini ittabaʿta ahwāʾahum baʿda al-ladhī jāʾaka mina al-ʿilmi mā laka mina Allāhi min walīyin wa-lā naṣīrin 2:121 al-ladhīna ātaynāhumu al-kitāba yatlūnahu ḥaqqa tilāwatihi ulāʾika yuʾminūna bi-hi wa-man yakfur bi-hi fa-ulāʾika humu al-khāsirūna 2:122 yā banī Isrāʾīla udhkurū niʿmatiya al-latī anʿamtu ʿalaykum wa-annī faḍḍaltukum ʿalá al-ʿālamīna 2:123 wa-ittaqū yawman lā tajzī nafsun ʿan nafsin shayʾan wa-lā yuqbalu minhā ʿadlun wa-lā tanfaʿuhā shafāʿatun wa-lā hum yunṣarūna 2:124 wa-idhi ibtalá Ibrāhīma rabbuhu bi-kalimātin fa-atammahunna qāla innī jāʿiluka lil-nāsi imāman qāla wa-min dhurrīyatī qāla lā yanālu ʿahdī al-ẓālimīna 2:125 wa-idh jaʿalnā al-bayta mathābatan lil-nāsi wa-amnan wa-ittakhidhū min maqāmi Ibrāhīma muṣallan wa-ʿahidnā ilá Ibrāhīma wa-Ismāʿīla an ṭahhirā baytiya lil-ṭāʾifīna wa-al-ʿākifīna wa-al-rukkaʿi al-sujūdi 2:126 wa-idh qāla Ibrāhīmu rabbi ijʿal hādhā baladan āminan wa-urzuq ahlahu mina al-thamarāti man āmana minhum billāhi wa-al-yawmi al-ākhiri qāla wa-man kafara fa-umattiʿuhu qalīlan thumma aḍṭarruhu ilá ʿadhābi al-nāri wa-biʾsa al-maṣīru 2:127 wa-idh yarfaʿu Ibrāhīmu al-qawāʿida mina al-bayti wa-Ismāʿīlu rabbanā taqabbal minnā innaka anta al-samīʿu al-ʿalīmu 2:128 rabbanā wa-ijʿalnā muslimayni laka wa-min dhurrīyatinā ummatan muslimatan laka wa-arinā manāsikanā wa-tub ʿalaynā innaka anta al-tawwābu al-raḥīmu 2:129 rabbanā wa-ibʿath fīhim rasūlan minhum yatlū ʿalayhim āyātika wa-yuʿallimuhumu al-kitāba wa-al-ḥikmata wa-yuzakkīhim innaka anta al-ʿazīzu al-ḥakīmu 2:130 wa-man yarghabu ʿan millati Ibrāhīma illā man safiha nafsahu wa-laqadi iṣṭafaynāhu fī al-dunyā wa-innahu fī al-ākhirati la-mina al-ṣāliḥīna 2:131 idh qāla lahu rabbuhu aslim qāla aslamtu li-rabbi al-ʿālamīna 2:132 wa-waṣṣá bi-hā Ibrāhīmu banīhi wa-Yaʿqūbu yā banīya inna Allāha iṣṭafá lakumu al-dīna fa-lā tamūtunna illā wa-antum Muslimūna 2:133 am kuntum shuhadāʾa idh ḥaḍara Yaʿqūba al-mawtu idh qāla li-banīhi mā taʿbudūna min baʿdī qālū naʿbudu ilāhaka wa-ilāha ābāʾika Ibrāhīma wa-Ismāʿīla wa-Isḥāqa ilāhan wāḥidan wa-naḥnu lahu Muslimūna 2:134 tilka ummatun qad khalat lahā mā kasabat wa-lakum mā kasabtum wa-lā tusʾalūna ʿammā kānū yaʿmalūna 2:135 wa-qālū kūnū hūdan aw naṣārá tahtadū qul bal millata Ibrāhīma ḥanīfan wa-mā kāna mina al-mushrikīna 2:136 qūlū āmannā billāhi wa-mā unzila ilaynā wa-mā unzila ilá Ibrāhīma wa-Ismāʿīla wa-Isḥāqa wa-Yaʿqūba wa-al-asbāṭi wa-mā ūtiya Mūsá wa-ʿĪsá wa-mā ūtiya al-nabīyūna min rabbihim lā nufarriqu bayna aḥadin minhum wa-naḥnu lahu Muslimūna 2:137 fa-in āmanū bi-mithli mā āmantum bi-hi fa-qadi ihtadaw wa-in tawallaw fa-innamā hum fī shiqāqin fa-sa-yakfīkahumu Allāhu wa-huwa al-samīʿu al-ʿalīmu

2:138 ṣibghata Allāhi wa-man aḥsanu mina Allāhi ṣibghatan wa-naḥnu lahu ʿābidūna 2:139 qul a-tuḥājjūnanā fī Allāhi wa-huwa rabbunā wa-rabbukum wa-lanā aʿmālunā wa-lakum aʿmālukum wa-naḥnu lahu mukhliṣūna 2:140 am taqūlūna inna Ibrāhīma wa-Ismāʿīla wa-Isḥāqa wa-Yaʿqūba wa-al-asbāṭa kānū hūdan aw naṣārá qul a-antum aʿlamu ami Allāhu wa-man aẓlamu miman katama shahādatan ʿindahu mina Allāhi wa-mā Allāhu bi-ghāfilin ʿammā taʿmalūna 2:141 tilka ummatun qad khalat lahā mā kasabat wa-lakum mā kasabtum wa-lā tusʾalūna ʿammā kānū yaʿmalūna 2:142 sa-yaqūlu al-sufahāʾu mina al-nāsi mā wallāhum ʿan qiblatihimu al-latī kānū ʿalayhā qul lillāhi al-mashriqu wa-a-lmaghribu yahdī man yashāʾu ilá ṣirāṭin mustaqīmin 2:143 wa-kadhālika jaʿalnākum ummatan wasaṭan li-takūnū shuhadāʾa ʿalá al-nāsi wa-yakūna al-rasūlu ʿalaykum shahīdan wa-mā jaʿalnā al-qiblata al-latī kunta ʿalayhā illā li-naʿlama man yattabiʿu al-rasūla miman yanqalibu ʿalá ʿaqibayhi wa-in kānat la-kabīratan illā ʿalá al-ladhīna hadá Allāhu wa-mā kāna Allāhu li-yuḍīʿa īmānakum inna Allāha bi-al-nāsi la-raʾūfun raḥīmun 2:144 qad nará taqalluba wajhika fī al-samāʾi fa-la-nuwalliyannaka qiblat tarḍāhā fa-walli wajhaka shaṭra al-masjidi al-ḥarāmi wa-ḥaythu mā kuntum fa-wallū wujūhakum shaṭrahu wa-inna al-ladhīna ūtū al-kitāba la-yaʿlamūna annahu al-ḥaqqu min rabbihim wa-mā Allāhu bi-ghāfilin ʿammā yaʿmalūna 2:145 wa-la-in atayta al-ladhīna ūtū al-kitāba bi-kulli āyatin mā tabiʿū qiblataka wa-mā anta bi-tābiʿin qiblatahum wa-mā baʿḍuhum bi-tābiʿin qiblata baʿḍin wa-la-ini ittabaʿta ahwāʾahum min baʿdi mā jāʾaka mina al-ʿilmi innaka idhan la-mina al-ẓālimīna 2:146 al-ladhīna ātaynāhumu al-kitāba yaʿrifūnahu ka-mā yaʿrifūna abnāʾahum wa-inna farīqan minhum la-yaktumūna al-ḥaqqa wa-hum yaʿlamūna 2:147 al-ḥaqqu min rabbika fa-lā takūnanna mina al-mumtarīna 2:148 wa-li-kullin wijhatun huwa muwallīhā fa-istabiqū al-khayrāti ayna mā takūnū yaʾti bi-kumu Allāhu jamīʿan inna Allāha ʿalá kulli shayʾin qadīrun 2:149 wa-min ḥaythu kharajta fa-walli wajhaka shaṭra al-masjidi al-ḥarāmi wa-innahu la-al-ḥaqqu min rabbika wa-mā Allāhu bi-ghāfilin ʿammā taʿmalūna 2:150 wa-min ḥaythu kharajta fa-walli wajhaka shaṭra al-masjidi al-ḥarāmi wa-ḥaythu mā kuntum fa-wallū wujūhakum shaṭrahu li-allā yakūna lil-nāsi ʿalaykum ḥujjatun illā al-ladhīna ẓalamū minhum fa-lā takhshawhum wa-ikhshawnī wa-li-utimma niʿmatī ʿalaykum wa-laʿallakum tahtadūna 2:151 ka-mā arsalnā fīkum rasūlan minkum yatlū ʿalaykum āyātinā wa-yuzakkīkum wa-yuʿallimukumu al-kitāba wa-al-ḥikmata wa-yuʿallimukum mā lam takūnū taʿlamūna 2:152 fa-udhkurūnī adhkurkum wa-ushkurū lī wa-lā takfurūni 2:153 yā ayyuhā al-ladhīna āmanū istaʿīnū bi-al-ṣabri wa-al-ṣalāti inna Allāha maʿa al-ṣābirīna 2:154 wa-lā taqūlū li-man yuqtalu fī sabīli Allāhi amwātun bal aḥyāʾun wa-lākin lā tashʿurūna 2:155 wa-la-nabluwannakum bi-shayʾin mina al-khawfi wa-al-jūʿi wa-naqṣin mina al-amwāli wa-al-anfusi wa-al-thamarāti wa-bashshiri al-ṣābirīna 2:156 al-ladhīna idhā aṣābatʾhum muṣībatun qālū innā lillāhi wa-innā ilayhi rājiʿūna 2:157 ulāʾika ʿalayhim ṣalawātun min rabbihim wa-raḥmatun wa-ulāʾika humu al-muhtadūna 2:158 inna al-ṣafā wa-al-marwata min shaʿāʾiri Allāhi fa-man ḥajja al-bayta awi iʿtamara fa-lā junāḥa ʿalayhi an yaṭṭawwafa bi-himā wa-man taṭawwaʿa khayran fa-inna Allāha shākirun ʿalīmun 2:159 inna al-ladhīna yaktumūna mā anzalnā mina al-bayyināti wa-al-hudá min baʿdi mā bayyannāhu lil-nāsi fī al-kitābi ulāʾika yalʿanuhumu Allāhu wa-yalʿanuhumu al-lāʿinūna 2:160 illā al-ladhīna tābū wa-aṣlaḥū wa-bayyanū fa-ulāʾika atūbu ʿalayhim wa-anā al-tawwābu al-raḥīmu 2:161 inna al-ladhīna kafarū wa-mātū wa-hum kuffārun ulāʾika ʿalayhim laʿnatu Allāhi wa-al-malāʾikati wa-al-nāsi ajmaʿīna 2:162 khālidīna fīhā lā yukhaffafu ʿanhumu al-ʿadhābu wa-lā hum yunẓarūna 2:163 wa-ilāhukum ilāhun wāḥidun lā ilāha illā huwa al-raḥmanu al-raḥīmu 2:164 inna fī khalqi al-samāwāti wa-al-arḍi wa-ikhtilāfi al-layli wa-al-nahāri wa-al-fulki al-latī tajrī fī al-baḥri bi-mā yanfaʿu al-nāsa wa-mā anzala Allāhu mina al-samāʾi min māʾin fa-aḥyā bi-hi al-arḍa baʿda mawtihā wa-baththa fīhā min kulli dābbatin wa-taṣrīfi al-riyāḥi wa-al-saḥābi al-musakhkhari bayna al-samā'i wa-al-arḍi la-āyātin li-qawmin ya'qilūna 2:165 wa-mina al-nāsi man yattakhidhu min dūni Allāhi andādan yuḥibbūnahum ka-ḥubbi Allāhi wa-al-ladhīna āmanū ashaddu ḥubban lillāhi wa-law yará al-ladhīna ẓalamū idh yarawna al-'adhāba anna al-qūwwata lillāhi jamī'an wa-anna Allāha shadīdu al-'adhābi 2:166 idh tabarra'a al-ladhīna i ttubi'ū mina al-ladhīna ittaba'ū wa-ra'awu al-'adhāba wa-taqaṭṭa'at bi-himu al-asbābu 2:167 wa-qāla al-ladhīna ittaba'ū law anna lanā karratan fa-natabarra'a minhum ka-mā tabarra'ū minnā kadhālika yurīhimu Allāhu a'mālahum ḥasarātin 'alayhim wa-mā hum bi-khārijīna mina al-nāri 2:168 yā ayyuhā al-nāsu kulū mimmā fī al-arḍi ḥalālan ṭayyiban wa-lā tattabi'ū khuṭuwāti al-shayṭāni innahu lakum 'adūwwun mubīnun 2:169 innamā ya'murukum bi-al-sū'i wa-al-faḥshā'i wa-an taqūlū 'alá Allāhi mā lā ta'lamūna 2:170 wa-idhā qīla lahumu ittabi'ū mā anzala Allāhu qālū bal nattabi'u mā alfaynā 'alayhi ābā'anā a-wa-law kāna ābā'uhum lā ya'qilūna shay'an wa-lā yahtadūna 2:171 wa-mathalu al-ladhīna kafarū ka-mathali al-ladhī yan'iqu bi-mā lā yasma'u illā du'ā'an wa-nidā'an ṣummun bukmun 'umyun fa-hum lā ya'qilūna 2:172 yā ayyuhā al-ladhīna āmanū kulū min ṭayyibāti mā razaqnākum wa-ushkurū lillāhi in kuntum iyyāhu ta'budūna 2:173 innamā ḥarrama 'alaykumu al-mayyitata wa-al-dama wa-laḥma al-khinzīri wa-mā uhilla bi-hi li-ghayri Allāhi fa-mani iḍṭurra ghayra bāghin wa-lā 'ādin fa-lā ithma 'alayhi inna Allāha ghafūrun raḥīmun 2:174 inna al-ladhīna yaktumūna mā anzala Allāhu mina al-kitābi wa-yashtarūna bi-hi thamanan qalīlan ulā'ika mā ya'kulūna fī buṭūnihim illā al-nāra wa-lā yukallimuhumu Allāhu yawma al-qiyāmati wa-lā yuzakkīhim wa-lahum 'adhābun alīmun 2:175 ulā'ika al-ladhīna ishtarawu al-ḍalālata bi-al-hudá wa-al-'adhāba bi-al-maghfirati fa-mā aṣbarahum 'alá al-nāri 2:176 dhālika bi-anna Allāha nazzala al-kitāba bi-al-ḥaqqi wa-inna al-ladhīna ikhtalafū fī al-kitābi la-fī shiqāqin ba'īdin 2:177 laysa al-birra an tuwallū wujūhakum qibala al-mashriqi wa-a-lmaghribi wa-lākinna al-birra man āmana billāhi wa-al-yawmi al-ākhiri wa-al-malā'ikati wa-al-kitābi wa-al-nabīyīna wa-ātá al-māla 'alá ḥubbihi dhawī al-qurbá wa-al-yatāmá wa-al-masākīna wa-ibna al-sabīli wa-al-sā'ilīna wa-fī al-riqābi wa-aqāma al-ṣalāta wa-ātá al-zakāta wa-al-mūfūna bi-'ahdihim idhā 'āhadū wa-al-ṣābirīna fī al-ba'sā'i wa-al-ḍarrā'i wa-ḥīna al-ba'si ulā'ika al-ladhīna ṣadaqū wa-ulā'ika humu al-muttaqūna 2:178 yā ayyuhā al-ladhīna āmanū kutiba 'alaykumu al-qiṣāṣu fī al-qatlá al-ḥurru bi-al-ḥurri wa-al-'abdu bi-al-'abdi wa-al-unthá bi-al-unthá fa-man 'ufiya lahu min akhīhi shay'un fa-ittibā'un bi-al-ma'rūfi wa-adā'un ilayhi bi-iḥsānin dhālika takhfīfun min rabbikum wa-raḥmatun fa-mani i'tadá ba'da dhālika fa-lahu 'adhābun alīmun 2:179 wa-lakum fī al-qiṣāṣi ḥayātun yā ulī al-albābi la'allakum tattaqūna 2:180 kutiba 'alaykum idhā ḥaḍara aḥadakumu al-mawtu in taraka khayran al-waṣīyatu lil-wālidayni wa-al-aqrabīna bi-al-ma'rūfi ḥaqqan 'alá al-muttaqīna 2:181 fa-man baddalahu ba'damā sami'ahu fa-innamā ithmuhu 'alá al-ladhīna yubaddilūnahu inna Allāha samī'un 'alīmun 2:182 fa-man khāfa min mūṣin janafan aw ithman fa-aṣlaḥa baynahum fa-lā ithma 'alayhi inna Allāha ghafūrun raḥīmun 2:183 yā ayyuhā al-ladhīna āmanū kutiba 'alaykumu al-ṣiyāmu ka-mā kutiba 'alá al-ladhīna min qablikum la'allakum tattaqūna 2:184 ayyāman ma'dūdātin fa-man kāna minkum marīḍan aw 'alá safarin fa-'iddatun min ayyāmin ukhara wa-'alá al-ladhīna yuṭīqūnahu fidyatun ṭa'āmu miskīnin fa-man taṭawwa'a khayran fa-huwa khayrun lahu wa-an taṣūmū khayrun lakum in kuntum ta'lamūna 2:185 shahru ramaḍāna al-ladhī unzila fīhi al-Qur'ānu hudan lil-nāsi wa-bayyinātin mina al-hudá wa-al-furqāni fa-man shahida minkumu al-shahra fa-li-yaṣumhu wa-man kāna marīḍan aw 'alá safarin fa-'iddatun min ayyāmin ukhara yurīdu Allāhu bi-kumu al-yusra wa-lā yurīdu bi-kumu al-'usra wa-li-tukmilū al-'iddata wa-li-tukabbirū Allāha 'alá mā hadākum wa-la'allakum tashkurūna 2:186 wa-idhā sa'alaka 'ibādī 'annī fa-innī qarībun ujību daʿwata al-dāʿi idhā daʿāni fa-li-yastajībū lī wa-li-yuʾminū bī laʿallahum yarshudūna 2:187 uḥilla lakum laylata al-ṣiyāmi al-rafathu ilá nisāʾikum hunna libāsun lakum wa-antum libāsun lahunna ʿalima Allāhu annakum kuntum takhtānūna anfusakum fa-tāba ʿalaykum wa-ʿafā ʿankum fa-al-āna bāshirūhunna wa-ibtaghū mā kataba Allāhu lakum wa-kulū wa-ishrabū ḥattá yatabayyana lakumu al-khayṭu al-abyaḍu mina al-khayṭi al-aswadi mina al-fajri thumma atimmū al-ṣiyāma ilá al-layli wa-lā tubāshirūhunna wa-antum ʿākifūna fī al-masājidi tilka ḥudūdu Allāhi fa-lā taqrabūhā kadhālika yubayyinu Allāhu āyātihi lil-nāsi laʿallahum yattaqūna 2:188 wa-lā taʾkulū amwālakum baynakum bi-al-bāṭili wa-tudlū bi-hā ilá al-ḥukkāmi li-taʾkulū farīqan min amwāli al-nāsi bi-al-ithmi wa-antum taʿlamūna 2:189 yasʾalūnaka ʿani al-ahillati qul hiya mawāqītu lil-nāsi wa-al-ḥajji wa-laysa al-birru bi-an taʾtū al-buyūta min ẓuhūrihā wa-lākinna al-birra mani ittaqá wa-iʾtū al-buyūta min abwābihā wa-ittaqū Allāha laʿallakum tufliḥūna 2:190 wa-qātilū fī sabīli Allāhi al-ladhīna yuqātilūnakum wa-lā taʿtadū inna Allāha lā yuḥibbu al-muʿtadīna 2:191 wa-uqtulūhum ḥaythu thaqiftumūhum wa-akhrijūhum min ḥaythu akhrajūkum wa-al-fitnatu ashaddu mina al-qatli wa-lā tuqātilūhum ʿinda al-masjidi al-ḥarāmi ḥattá yuqātilūkum fīhi fa-in qātalūkum fa-uqtulūhum kadhālika jazāʾu al-kāfirīna 2:192 fa-ini intahaw fa-inna Allāha ghafūrun raḥīmun 2:193 wa-qātilūhum ḥattá lā takūna fitnatun wa-yakūna al-dīnu lillāhi fa-ini intahaw fa-lā ʿudwāna illā ʿalá al-ẓālimīna 2:194 al-shahru al-ḥarāmu bi-al-shahri al-ḥarāmi wa-al-ḥurumātu qiṣāṣun fa-mani iʿtadá ʿalaykum fa-iʿtadū ʿalayhi bi-mithli mā iʿtadá ʿalaykum wa-ittaqū Allāha wa-iʿlamū anna Allāha maʿa al-muttaqīna 2:195 wa-anfiqū fī sabīli Allāhi wa-lā tulqū bi-aydīkum ilá al-tahlukati wa-aḥsinū inna Allāha yuḥibbu al-muḥsinīna 2:196 wa-atimmū al-ḥajja wa-al-ʿumrata lillāhi fa-in uḥṣirtum fa-mā istaysara mina al-hadyi wa-lā taḥliqū ruʾūsakum ḥattá yablugha al-hadyu maḥillahu fa-man kāna minkum marīḍan aw bi-hi adhan min raʾsihi fa-fidyatan min ṣiyāmin aw ṣadaqatin aw nusukin fa-idhā amintum fa-man tamattaʿa bi-al-ʿumrati ilá al-ḥajji fa-mā istaysara mina al-hadyi fa-man lam yajid fa-ṣiyāmu thalāthati ayyāmin fī al-ḥajji wa-sabʿatin idhā rajaʿtum tilka ʿasharatun kāmilatun dhālika li-man lam yakun ahluhu ḥāḍirī al-masjidi al-ḥarāmi wa-ittaqū Allāha wa-iʿlamū anna Allāha shadīdu al-ʿiqābi 2:197 al-ḥajju ashhurun maʿlūmātun fa-man faraḍa fīhinna al-ḥajja fa-lā rafatha wa-lā fusūqa wa-lā jidāla fī al-ḥajji wa-mā tafʿalū min khayrin yaʿlamhu Allāhu wa-tazawwadū fa-inna khayra al-zādi al-taqwá wa-ittaqūni yā ulī al-albābi 2:198 laysa ʿalaykum junāḥun an tabtaghū faḍlan min rabbikum fa-idhā afaḍtum min ʿarafātin fa-udhkurū Allāha ʿinda al-mashʿari al-ḥarāmi wa-udhkurūhu ka-mā hadākum wa-in kuntum min qablihi la-mina al-ḍāllīna 2:199 thumma afīḍū min ḥaythu afāḍa al-nāsu wa-istaghfirū Allāha inna Allāha ghafūrun raḥīmun 2:200 fa-idhā qaḍaytum manāsikakum fa-udhkurū Allāha ka-dhikrikum ābāʾakum aw ashadda dhikran fa-mina al-nāsi man yaqūlu rabbanā ātinā fī al-dunyā wa-mā lahu fī al-ākhirati min khalāqin 2:201 wa-minhum man yaqūlu rabbanā ātinā fī al-dunyā ḥasanatan wa-fī al-ākhirati ḥasanatan wa-qinā ʿadhāba al-nāri 2:202 ulāʾika lahum naṣībun mimmā kasabū wallāhu sarīʿu al-ḥisābi 2:203 wa-udhkurū Allāha fī ayyāmin maʿdūdātin fa-man taʿajjala fī yawmayni fa-lā ithma ʿalayhi wa-man taʾakhkhara fa-lā ithma ʿalayhi li-mani ittaqá wa-ittaqū Allāha wa-iʿlamū annakum ilayhi tuḥsharūna 2:204 wa-mina al-nāsi man yuʿjibuka qawluhu fī al-ḥayāti al-dunyā wa-yushhidu Allāha ʿalá mā fī qalbihi wa-huwa aladdu al-khiṣāmi 2:205 wa-idhā tawallá saʿá fī al-arḍi li-yufsida fīhā wa-yuhlika al-ḥartha wa-al-nasla wallāhu lā yuḥibbu al-fasāda 2:206 wa-idhā qīla lahu ittaqi Allāha akhadhat'hu al-ʿizzatu bi-al-ithmi fa-ḥasbuhu jahannamu wa-la-biʾsa al-mihādu 2:207 wa-mina al-nāsi man yashrī nafsahu ibtighāʾa marḍāti Allāhi wallāhu raʾūfun bi-al-ʿibādi 2:208 yā ayyuhā al-ladhīna āmanū udkhulū fī al-silmi kāffatan wa-lā tattabiʿū khuṭuwāti al-shayṭāni innahu lakum ʿadūwwun mubīnun 2:209 fa-in zalaltum min baʿdi mā jāʾatkumu al-bayyinātu fa-iʿlamū anna Allāha ʿazīzun ḥakīmun 2:210 hal yanẓurūna illā an yaʾtiyahumu Allāhu fī ẓulalin mina al-ghamāmi wa-al-malāʾikatu wa-quḍiya al-amru wa-ilá Allāhi turjaʿu al-umūru 2:211 sal banī Isrāʾīla kam ātaynāhum min āyatin bayyinatin wa-man yubaddil niʿmata Allāhi min baʿdi mā jāʾathu fa-inna Allāha shadīdu al-ʿiqābi 2:212 zuyyina lil-ladhīna kafarū al-ḥayātu al-dunyā wa-yaskharūna mina al-ladhīna āmanū wa-al-ladhīna ittaqaw fawqahum yawma al-qiyāmati wallāhu yarzuqu man yashāʾu bi-ghayri ḥisābin 2:213 kāna al-nāsu ummatan wāḥidatan fa-baʿatha Allāhu al-nabīyīna mubashshirīna wa-mundhirīna wa-anzala maʿahumu al-kitāba bi-al-ḥaqqi li-yaḥkuma bayna al-nāsi fī-mā ikhtalafū fīhi wa-mā ikhtalafa fīhi illā al-ladhīna ūtūhu min baʿdi mā jāʾatʾhumu al-bayyinātu baghyan baynahum fa-hadá Allāhu al-ladhīna āmanū li-mā ikhtalafū fīhi mina al-ḥaqqi bi-idhnihi wallāhu yahdī man yashāʾu ilá ṣirāṭin mustaqīmin 2:214 am ḥasibtum an tadkhulū al-jannata wa-lammā yaʾtikum mathalu al-ladhīna khalaw min qablikum massatʾhumu al-baʾsāʾu wa-al-ḍarrāʾu wa-zulzilū ḥattá yaqūla al-rasūlu wa-al-ladhīna āmanū maʿahu matá naṣru Allāhi alā inna naṣra Allāhi qarībun 2:215 yasʾalūnaka mādhā yunfiqūna qul mā anfaqtum min khayrin fa-lil-wālidayni wa-al-aqrabīna wa-al-yatāmá wa-al-masākīni wa-ibni al-sabīli wa-mā tafʿalū min khayrin fa-inna Allāha bi-hi ʿalīmun 2:216 kutiba ʿalaykumu al-qitālu wa-huwa kurhun lakum wa-ʿasá an takrahū shayʾan wa-huwa khayrun lakum wa-ʿasá an tuḥibbū shayʾan wa-huwa sharrun lakum wallāhu yaʿlamu wa-antum lā taʿlamūna 2:217 yasʾalūnaka ʿani al-shahri al-ḥarāmi qitālin fīhi qul qitālun fīhi kabīrun wa-ṣaddun ʿan sabīli Allāhi wa-kufrun bi-hi wa-al-masjidi al-ḥarāmi wa-ikhrāju ahlihi minhu akbaru ʿinda Allāhi wa-al-fitnatu akbaru mina al-qatli wa-lā yazālūna yuqātilūnakum ḥattá yaruddūkum ʿan dīnikum ini istaṭāʿū wa-man yartadid minkum ʿan dīnihi fayamut wa-huwa kāfirun fa-ulāʾika ḥabiṭat aʿmāluhum fī al-dunyā wa-al-ākhirati wa-ulāʾika aṣḥābu al-nāri hum fīhā khālidūna 2:218 inna al-ladhīna āmanū wa-al-ladhīna hājarū wa-jāhadū fī sabīli Allāhi ulāʾika yarjūna raḥmata Allāhi wallāhu ghafūrun raḥīmun 2:219 yasʾalūnaka ʿani al-khamri wa-al-maysiri qul fīhimā ithmun kabīrun wa-manāfiʿu lil-nāsi wa-ithmuhumā akbaru min nafʿihimā wa-yasʾalūnaka mādhā yunfiqūna quli al-ʿafwa kadhālika yubayyinu Allāhu lakumu al-āyāti laʿallakum tatafakkarūna 2:220 fī al-dunyā wa-al-ākhirati wa-yasʾalūnaka ʿani al-yatāmá qul iṣlāḥun lahum khayrun wa-in tukhāliṭūhum fa-ikhwānukum wallāhu yaʿlamu al-mufsida mina al-muṣliḥi wa-law shāʾa Allāhu la-aʿnatakum inna Allāha ʿazīzun ḥakīmun 2:221 wa-lā tankiḥū al-mushrikāti ḥattá yuʾminna wa-la-amatun muʾminatun khayrun min mushrikatin wa-law aʿjabatkum wa-lā tunkiḥū al-mushrikīna ḥattá yuʾminū wa-la-ʿabdun muʾminun khayrun min mushrikin wa-law aʿjabakum ulāʾika yadʿūna ilá al-nāri wallāhu yadʿū ilá al-jannati wa-al-maghfirati bi-idhnihi wa-yubayyinu āyātihi lil-nāsi laʿallahum yatadhakkarūna 2:222 wa-yasʾalūnaka ʿani al-maḥīḍi qul huwa adhan fa-iʿtazilū al-nisāʾa fī al-maḥīḍi wa-lā taqrabūhunna ḥattá yaṭhurna fa-idhā taṭahharna fa-iʾtūhunna min ḥaythu amarakumu Allāhu inna Allāha yuḥibbu al-tawwābīna wa-yuḥibbu al-mutaṭahhirīna 2:223 nisāʾukum ḥarthun lakum fa-iʾtū ḥarthakum anná shiʾtum wa-qaddimū li-anfusikum wa-ittaqū Allāha wa-iʿlamū annakum mulāqūhu wa-bashshiri al-muʾminīna 2:224 wa-lā tajʿalū Allāha ʿurḍatan li-aymānikum an tabarrū wa-tattaqū wa-tuṣliḥū bayna al-nāsi wallāhu samīʿun ʿalīmun 2:225 lā yuʾākhidhukumu Allāhu bi-al-laghwi fī aymānikum wa-lākin yuʾākhidhukum bi-mā kasabat qulūbukum wallāhu ghafūrun ḥalīmun 2:226 lil-ladhīna yūʾlūna min nisāʾihim tarabbuṣu arbaʿati ashhurin fa-in fāʾū fa-inna Allāha ghafūrun raḥīmun 2:227 wa-in ʿazamū al-ṭalāqa fa-inna Allāha samīʿun ʿalīmun 2:228 wa-al-muṭallaqātu yatarabbaṣna bi-anfusihinna thalāthata qurūʾin wa-lā yaḥillu lahunna an yaktumna mā khalaqa Allāhu fī arḥāmihinna in kunna yuʾminna billāhi wa-al-yawmi al-ākhiri wa-buʿūlatuhunna aḥaqqu bi-raddihinna fī dhālika in arādū iṣlāḥan wa-lahunna mithlu al-ladhī

ʿalayhinna bi-al-maʿrūfi wa-lil-rijāli ʿalayhinna darajatun wallāhu ʿazīzun ḥakīmun 2:229 al-ṭalāqu marratāni fa-imsākun bi-maʿrūfin aw tasrīḥun bi-iḥsānin wa-lā yaḥillu lakum an taʾkhudhū mimmā ātaytumūhunna shayʾan illā an yakhāfā allā yuqīmā ḥudūda Allāhi fa-in khiftum allā yuqīmā ḥudūda Allāhi fa-lā junāḥa ʿalayhimā fī-mā iftadat bi-hi tilka ḥudūdu Allāhi fa-lā taʿtadūhā wa-man yataʿadda ḥudūda Allāhi fa-ulāʾika humu al-ẓālimūna 2:230 fa-in ṭallaqahā fa-lā taḥillu lahu min baʿdu ḥattá tankiḥa zawjan ghayrahu fa-in ṭallaqahā fa-lā junāḥa ʿalayhimā an yatarājaʿā in ẓannā an yuqīmā ḥudūda Allāhi wa-tilka ḥudūdu Allāhi yubayyinuhā li-qawmin yaʿlamūna 2:231 wa-idhā ṭallaqtumu al-nisāʾa fa-balaghna ajalahunna fa-amsikūhunna bi-maʿrūfin aw sarriḥūhunna bi-maʿrūfin wa-lā tumsikūhunna ḍirāran li-taʿtadū wa-man yafʿal dhālika fa-qad ẓalama nafsahu wa-lā tattakhidhū āyāti Allāhi huzuwan wa-udhkurū niʿmata Allāhi ʿalaykum wa-mā anzala ʿalaykum mina al-kitābi wa-al-ḥikmati yaʿiẓukum bi-hi wa-ittaqū Allāha wa-iʿlamū anna Allāha bi-kulli shayʾin ʿalīmun 2:232 wa-idhā ṭallaqtumu al-nisāʾa fa-balaghna ajalahunna fa-lā taʿḍulūhunna an yankiḥna azwājahunna idhā tarāḍaw baynahum bi-al-maʿrūfi dhālika yūʿaẓu bi-hi man kāna minkum yuʾminu billāhi wa-al-yawmi al-ākhiri dhālikum azká lakum wa-aṭharu wallāhu yaʿlamu wa-antum lā taʿlamūna 2:233 wa-al-wālidātu yurḍiʿna awlādahunna ḥawlayni kāmilayni li-man arāda an yutimma al-raḍāʿata wa-ʿalá al-mawlūdi lahu rizquhunna wa-kiswatuhunna bi-al-maʿrūfi lā tukallafu nafsun illā wusʿahā lā tuḍārra wālidatun bi-waladihā wa-lā mawlūdun lahu bi-waladihi wa-ʿalá al-wārithi mithlu dhālika fa-in arādā fiṣālan ʿan tarāḍin minhumā wa-tashāwurin fa-lā junāḥa ʿalayhimā wa-in aradtum an tastarḍiʿū awlādakum fa-lā junāḥa ʿalaykum idhā sallamtum mā ātaytum bi-al-maʿrūfi wa-ittaqū Allāha wa-iʿlamū anna Allāha bi-mā taʿmalūna baṣīrun 2:234 wa-al-ladhīna yutawaffawna minkum wa-yadharūna azwājan yatarabbaṣna bi-anfusihinna arbaʿata ashhur wa-ʿashran fa-idhā balaghna ajalahunna fa-lā junāḥa ʿalaykum fī-mā faʿalna fī anfusihinna bi-al-maʿrūfi wallāhu bi-mā taʿmalūna khabīrun 2:235 wa-lā junāḥa ʿalaykum fī-mā ʿarraḍtum bi-hi min khiṭbati al-nisāʾi aw aknantum fī anfusikum ʿalima Allāhu annakum sa-tadhkurūnahunna wa-lākin lā tuwāʿidūhunna siran illā an taqūlū qawlan maʿrūfan wa-lā taʿzimū ʿuqdata al-nikāḥi ḥattá yablugha al-kitābu ajalahu wa-iʿlamū anna Allāha yaʿlamu mā fī anfusikum fa-iḥdharūhu wa-iʿlamū anna Allāha ghafūrun ḥalīmun 2:236 lā junāḥa ʿalaykum in ṭallaqtumu al-nisāʾa mā lam tamassūhunna aw tafriḍū lahunna farīḍatan wa-mattiʿūhunna ʿalá al-mūsiʿi qadaruhu wa-ʿalá al-muqtiri qadaruhu matāʿan bi-al-maʿrūfi ḥaqqan ʿalá al-muḥsinīna 2:237 wa-in ṭallaqtumūhunna min qabli an tamassūhunna wa-qad faraḍtum lahunna farīḍatan fa-niṣfu mā faraḍtum illā an yaʿfūna aw yaʿfuwa al-ladhī bi-yadihi ʿuqdatu al-nikāḥi wa-an taʿfū aqrabu lil-taqwá wa-lā tansawu al-faḍla baynakum inna Allāha bi-mā taʿmalūna baṣīrun 2:238 ḥāfiẓū ʿalá al-ṣalawāti wa-al-ṣalāti al-wusṭá wa-qūmū lillāhi qānitīna 2:239 fa-in khiftum fa-rijālan aw rukbānan fa-idhā amintum fa-udhkurū Allāha ka-mā ʿallamakum mā lam takūnū taʿlamūna 2:240 wa-al-ladhīna yutawaffawna minkum wa-yadharūna azwājan waṣīyatan li-azwājihim matāʿan ilá al-ḥawli ghayra ikhrājin fa-in kharajna fa-lā junāḥa ʿalaykum fī mā faʿalna fī anfusihinna min maʿrūf wallāhu ʿazīzun ḥakīmun 2:241 wa-lil-muṭallaqāti matāʿun bi-al-maʿrūfi ḥaqqan ʿalá al-muttaqīna 2:242 kadhālika yubayyinu Allāhu lakum āyātihi laʿallakum taʿqilūna 2:243 a-lam tara ilá al-ladhīna kharajū min diyārihim wa-hum ulūfun ḥadhara al-mawti fa-qāla lahumu Allāhu mūtū thumma aḥyāhum inna Allāha la-dhū faḍlin ʿalá al-nāsi wa-lākinna akthara al-nāsi lā yashkurūna 2:244 wa-qātilū fī sabīli Allāhi wa-iʿlamū anna Allāha samīʿun ʿalīmun 2:245 man dhā al-ladhī yuqriḍu Allāha qarḍan ḥasanan fa-yuḍāʿifahu lahu aḍʿāfan kathīratan wallāhu yaqbiḍu wa-yabsuṭu wa-ilayhi turjaʿūna 2:246 a-lam tara ilá al-malaʾi min banī Isrāʾīla min baʿdi Mūsá idh qālū li-nabīyin lahumu ibʿath lanā malikan nuqātil fī sabīli Allāhi qāla hal ʿasaytum in kutiba ʿalaykumu al-qitālu allā tuqātilū qālū wa-mā lanā allā nuqātila fī sabīli Allāhi wa-qad ukhrijnā min diyārinā wa-abnāʾinā fa-lammā kutiba ʿalayhimu al-qitālu tawallaw illā qalīlan minhum wallāhu ʿalīmun bi-al-ẓālimīna 2:247 wa-qāla lahum nabīyuhum inna Allāha qad baʿatha lakum Ṭālūta malikan qālū anná yakūnu lahu al-mulku ʿalaynā wa-naḥnu aḥaqqu bi-al-mulki minhu wa-lam yuʾta saʿatan mina al-māli qāla inna Allāha iṣṭafāhu ʿalaykum wa-zādahu basṭatan fī al-ʿilmi wa-al-jismi wallāhu yuʾtī mulkahu man yashāʾu wallāhu wāsiʿun ʿalīmun 2:248 wa-qāla lahum nabīyuhum inna āyata mulkihi an yaʾtiyakumu al-tābūtu fīhi sakīnatun min rabbikum wa-baqīyatun mimmā taraka ālu Mūsá wa-ālu Hārūna taḥmiluhu al-malāʾikatu inna fī dhālika la-āyatan lakum in kuntum muʾminīna 2:249 fa-lammā faṣala Ṭālūtu bi-al-junūdi qāla inna Allāha mubtalīkum bi-naharin fa-man shariba minhu fa-laysa minnī wa-man lam yaṭʿamhu fa-innahu minnī illā mani ightarafa ghurfatan bi-yadihi fa-sharibū minhu illā qalīlan minhum fa-lammā jāwazahu huwa wa-al-ladhīna āmanū maʿahu qālū lā ṭāqata lanā al-yawma bi-Jālūta wa-junūdihi qāla al-ladhīna yaẓunnūna annahum mulāqū Allāhi kam min fiʾatin qalīlatin ghalabat fiʾatan kathīratan bi-idhni Allāhi wallāhu maʿa al-ṣābirīna 2:250 wa-lammā barazū li-Jālūta wa-junūdihi qālū rabbanā afrigh ʿalaynā ṣabran wa-thabbit aqdāmanā wa-unṣurnā ʿalá al-qawmi al-kāfirīna 2:251 fa-hazamūhum bi-idhni Allāhi wa-qatala Dāwūdu Jālūta wa-ātāhu Allāhu al-mulka wa-al-ḥikmata wa-ʿallamahu mimmā yashāʾu wa-lawlā dafʿu Allāhi al-nāsa baʿḍahum bi-baʿḍin la-fasadati al-arḍu wa-lākinna Allāha dhū faḍlin ʿalá al-ʿālamīna 2:252 tilka āyātu Allāhi natlūhā ʿalayka bi-al-ḥaqqi wa-innaka la-mina al-mursalīna 2:253 tilka al-rusulu faḍḍalnā baʿḍahum ʿalá baʿḍin minhum man kallama Allāhu wa-rafaʿa baʿḍahum darajātin wa-ātaynā ʿĪsá ibna Maryama al-bayyināti wa-ayyadnāhu bi-rūḥi al-qudusi wa-law shāʾa Allāhu mā iqtatala al-ladhīna min baʿdihim min baʿdi mā jāʾatʾhumu al-bayyinātu wa-lākini ikhtalafū fa-minhum man āmana wa-minhum man kafara wa-law shāʾa Allāhu mā iqtatalū wa-lākinna Allāha yafʿalu mā yurīdu 2:254 yā ayyuhā al-ladhīna āmanū anfiqū mimmā razaqnākum min qabli an yaʾtiya yawmun lā bayʿun fīhi wa-lā khullatun wa-lā shafāʿatun wa-al-kāfirūna humu al-ẓālimūna 2:255 Allāhu lā ilāha illā huwa al-ḥayyu al-qayyūmu lā taʾkhudhuhu sinatun wa-lā nawm lahu mā fī al-samāwāti wa-mā fī al-arḍi man dhā al-ladhī yashfaʿu ʿindahu illā bi-idhnihi yaʿlamu mā bayna aydīhim wa-mā khalfahum wa-lā yuḥīṭūna bi-shayʾin min ʿilminihi illā bi-mā shāʾa wasiʿa kursīyuhu al-samāwāti wa-al-arḍa wa-lā yaʾūduhu ḥifẓuhumā wa-huwa al-ʿalīyu al-ʿaẓīmu 2:256 lā ikrāha fī al-dīni qad tabayyana al-rushdu mina al-ghayyi fa-man yakfur bi-al-ṭāghūti wa-yuʾmin billāhi fa-qadi istamsaka bi-al-ʿurwati al-wuthqá lā infiṣāma lahā wallāhu samīʿun ʿalīmun 2:257 Allāhu walīyu al-ladhīna āmanū yukhrijuhum mina al-ẓulumāti ilá al-nūri wa-al-ladhīna kafarū awliyāʾuhumu al-ṭāghūtu yukhrijūnahum mina al-nūri ilá al-ẓulumāti ulāʾika aṣḥābu al-nāri hum fīhā khālidūna 2:258 a-lam tara ilá al-ladhī ḥājja Ibrāhīma fī rabbihi an atāhu Allāhu al-mulka idh qāla Ibrāhīmu rabbiya al-ladhī yuḥyī wa-yumītu qāla anā uḥyī wa-umītu qāla Ibrāhīmu fa-inna Allāha yaʾtī bi-al-shamsi mina al-mashriqi fa-iʾti bi-hā mina al-maghribi fa-buhita al-ladhī kafara wallāhu lā yahdī al-qawma al-ẓālimīna 2:259 aw ka-al-ladhī marra ʿalá qaryatin wa-hiya khāwiyatun ʿalá ʿurūshihā qāla anná yuḥyī hādhihi Allāhu baʿda mawtihā fa-amātahu Allāhu miʾata ʿāmin thumma baʿathahu qāla kam labithta qāla labithtu yawman aw baʿḍa yawmin qāla bal labithta miʾiata ʿāmin fa-unẓur ilá ṭaʿāmika wa-sharābika lam yatasannah wa-unẓur ilá ḥimārika wa-li-najʿalaka āyatan lil-nāsi wa-unẓur ilá al-ʿiẓāmi kayfa nunshizuhā thumma naksūhā laḥman fa-lammā tabayyana lahu qāla aʿlamu anna Allāha ʿalá kulli shayʾin qadīrun 2:260 wa-idh qāla Ibrāhīmu rabbi arinī kayfa tuḥyī al-mawtá qāla a-wa-lam tuʾmin qāla balá wa-lākin li-yaṭmaʾinna qalbī qāla fa-khudh arbaʿatan mina al-ṭayri fa-ṣurhunna ilayka thumma ijʿal ʿalá kulli jabalin minhunna juzʾan thumma udʿuhunna yaʾtīnaka saʿyan wa-iʿlam anna Allāha ʿazīzun ḥakīmun 2:261 mathalu al-ladhīna yunfiqūna amwālahum fī sabīli Allāhi ka-mathali ḥabbatin anbatat sabʿa sanābila fī kulli sunbulatin miʾatu ḥabbatin wallāhu yuḍāʿifu li-man yashāʾu wallāhu wāsiʿun ʿalīmun 2:262 al-ladhīna yunfiqūna amwālahum fī sabīli Allāhi thumma lā yutbiʿūna mā anfaqū mannan wa-lā adhan lahum ajruhum ʿinda rabbihim wa-lā khawfun ʿalayhim wa-lā hum yaḥzanūna 2:263 qawlun maʿrūfun wa-maghfiratun khayrun min ṣadaqatin yatbaʿuhā adhan wallāhu ghanīyun ḥalīmun 2:264 yā ayyuhā al-ladhīna āmanū lā tubṭilū ṣadaqātikum bi-al-manni wa-al-adhá ka-al-ladhī yunfiqu mālahu riʾāʾa al-nāsi wa-lā yuʾminu billāhi wa-al-yawmi al-ākhiri fa-mathaluhu ka-mathali ṣafwānin ʿalayhi turābun fa-aṣābahu wābilun fa-tarakahu ṣaldan lā yaqdirūna ʿalá shayʾin mimmā kasabū wallāhu lā yahdī al-qawma al-kāfirīna 2:265 wa-mathalu al-ladhīna yunfiqūna amwālahumu ibtighāʾa marḍāti Allāhi wa-tathbītan min anfusihim ka-mathali jannatin bi-rabwatin aṣābahā wābilun fa-ātat ukulahā ḍiʿfayni fa-in lam yuṣibhā wābilun fa-ṭallun wallāhu bi-mā taʿmalūna baṣīrunun 2:266 a-yawaddu aḥadukum an takūna lahu jannatun min nakhīlin wa-aʿnābin tajrī min taḥtihā al-anhāru lahu fīhā min kulli al-thamarāti wa-aṣābahu al-kibaru wa-lahu dhurrīyatun ḍuʿafāʾu fa-aṣābahā iʿṣārun fīhi nārun fa-iḥtaraqat kadhālika yubayyinu Allāhu lakumu al-āyāti laʿallakum tatafakkarūna 2:267 yā ayyuhā al-ladhīna āmanū anfiqū min ṭayyibāti mā kasabtum wa-mimmā akhrajnā lakum mina al-arḍi wa-lā tayammamū al-khabītha minhu tunfiqūna wa-lastum bi-ākhidhīhi illā an tughmiḍū fīhi wa-iʿlamū anna Allāha ghanīyun ḥamīdun 2:268 al-shayṭānu yaʿidukumu al-faqra wa-yaʾmurukum bi-al-faḥshāʾi wallāhu yaʿidukum maghfiratan minhu wa-faḍlan wallāhu wāsiʿun ʿalīmun 2:269 yuʾtī al-ḥikmata man yashāʾu wa-man yuʾta al-ḥikmata fa-qad ūtiya khayran kathīran wa-mā yadhdhakkaru illā ulū al-albābi 2:270 wa-mā anfaqtum min nafaqatin aw nadhartum min nadhrin fa-inna Allāha yaʿlamuhu wa-mā lil-ẓālimīna min anṣārin 2:271 in tubdū al-ṣadaqāti fa-niʿimmā hiya wa-in tukhfūhā wa-tuʾtūhā al-fuqarāʾa fa-huwa khayrun lakum wa-yukaffiru ʿankum min sayyiʾātikum wallāhu bi-mā taʿmalūna khabīrun 2:272 laysa ʿalayka hudāhum wa-lākinna Allāha yahdī man yashāʾu wa-mā tunfiqū min khayrin fa-li-anfusikum wa-mā tunfiqūna illā ibtighāʾa wajhi Allāhi wa-mā tunfiqū min khayrin yuwaffa ilaykum wa-antum lā tuẓlamūna 2:273 lil-fuqarāʾi al-ladhīna uḥṣirū fī sabīli Allāhi lā yastaṭīʿūna ḍarban fī al-arḍi yaḥsabuhumu al-jāhilu aghniyāʾa mina al-taʿaffufi taʿrifuhum bi-sīmāhum lā yasʾalūna al-nāsa ilḥāfan wa-mā tunfiqū min khayrin fa-inna Allāha bi-hi ʿalīmun 2:274 al-ladhīna yunfiqūna amwālahum bi-al-layli wa-al-nahāri sirran wa-ʿalāniyatan fa-lahum ajruhum ʿinda rabbihim wa-lā khawfun ʿalayhim wa-lā hum yaḥzanūna 2:275 al-ladhīna yaʾkulūna al-ribā lā yaqūmūna illā ka-mā yaqūmu al-ladhī yatakhabbaṭuhu al-shayṭānu mina al-massi dhālika bi-annahum qālū innamā al-bayʿu mithlu al-ribā wa-aḥalla Allāhu al-bayʿa wa-ḥarrama al-ribā fa-man jāʾahu mawʿiẓatun min rabbihi fa-intahá fa-lahu mā salafa wa-amruhu ilá Allāhi wa-man ʿāda fa-ulāʾika aṣḥābu al-nāri hum fīhā khālidūna 2:276 yamḥaqu Allāhu al-ribā wa-yurbī al-ṣadaqāti wallāhu lā yuḥibbu kulla kaffārin athīmin 2:277 inna al-ladhīna āmanū wa-ʿamilū al-ṣāliḥāti wa-aqāmū al-ṣalāta wa-ātawū al-zakāta lahum ajruhum ʿinda rabbihim wa-lā khawfun ʿalayhim wa-lā hum yaḥzanūna 2:278 yā ayyuhā al-ladhīna āmanū ittaqū Allāha wa-dharū mā baqiya mina al-ribā in kuntum muʾminīna 2:279 fa-in lam tafʿalū fa-iʾdhanū bi-ḥarbin mina Allāhi wa-rasūlihi wa-in tubtum fa-lakum ruʾūsu amwālikum lā taẓlimūna wa-lā tuẓlamūna 2:280 wa-in kāna dhū ʿusratin fa-naẓiratun ilá maysaratin wa-an taṣaddaqū khayrun lakum in kuntum taʿlamūna 2:281 wa-ittaqū yawman turjaʿūna fīhi ilá Allāhi thumma tuwaffá kullu nafsin mā kasabat wa-hum lā yuẓlamūna 2:282 yā ayyuhā al-ladhīna āmanū idhā tadāyantum bi-daynin ilá ajalin musamman fa-uktubūhu wa-li-yaktub baynakum kātibun bi-al-ʿadli wa-lā yaʾba kātibun an yaktuba ka-mā ʿallamahu Allāhu fa-li-yaktub wa-li-yumlili al-ladhī ʿalayhi al-ḥaqqu wa-li-yattaqi Allāha rabbahu wa-lā yabkhas minhu shayʾan fa-in kāna al-ladhī ʿalayhi al-ḥaqqu safīhan aw ḍaʿīfan aw lā yastaṭīʿu an yumilla huwa fa-li-yumlil walīyuhu bi-al-ʿadli wa-istashhidū shahīdayni min rijālikum fa-in lam yakūnā rajulayni fa-rajulun wa-imraʾatāni miman tarḍawna mina al-shuhadāʾi an taḍilla iḥdāhumā fa-tudhakkira iḥdāhumā al-ukhrá wa-lā yaʾba al-shuhadāʾu idhā mā duʿū wa-lā tasʾāmū an taktubūhu ṣaghīran aw kabīran ilá ajalihi dhālikum aqsaṭu ʿinda Allāhi wa-aqwamu lil-shahādati wa-adná allā tartābū illā an takūna tijāratan ḥāḍiratan tudīrūnahā baynakum fa-laysa ʿalaykum junāḥun allā taktubūhā wa-ashhidū idhā tabāyaʿtum wa-lā yuḍārra kātibun wa-lā shahīdun wa-in tafʿalū fa-innahu fusūqun bikum wa-ittaqū Allāha wa-yuʿallimukumu Allāhu wallāhu bi-kulli shayʾin ʿalīmun 2:283 wa-in kuntum ʿalá safarin wa-lam tajidū kātiban fa-rihānun maqbūḍatun fa-in āmina baʿḍukum baʿḍan fa-li-yuʾaddi al-ladhī uʾtumina amānatahu wa-li-yattaqi Allāha rabbahu wa-lā taktumū al-shahādata wa-man yaktumhā fa-innahu āthimun qalbuhu wallāhu bi-mā taʿmalūna ʿalīmun 2:284 lillāhi mā fī al-samāwāti wa-mā fī al-arḍi wa-in tubdū mā fī anfusikum aw tukhfūhu yuḥāsibkum bi-hi Allāhu fa-yaghfiru li-man yashāʾu wa-yuʿadhdhibu man yashāʾu wallāhu ʿalá kulli shayʾin qadīrun 2:285 āmana al-rasūlu bi-mā unzila ilayhi min rabbihi wa-al-muʾminūna kullun āmana billāhi wa-malāʾikatihi wa-kutubihi wa-rusulihi lā nufarriqu bayna aḥadin min rusulihi wa-qālū samiʿnā wa-aṭaʿnā ghufrānaka rabbanā wa-ilayka al-maṣīru 2:286 lā yukallifu Allāhu nafsan illā wusʿahā lahā mā kasabat wa-ʿalayhā mā iktasabat rabbanā lā tuʾākhidhnā in nasīnā aw akhṭaʾnā rabbanā wa-lā taḥmil ʿalaynā iṣran ka-mā ḥamaltahu ʿalá al-ladhīna min qablinā rabbanā wa-lā tuḥammilnā mā lā ṭāqata lanā bi-hi wa-uʿfu ʿannā wa-ighfir lanā wa-irḥamnā anta mawlānā fa-unṣurnā ʿalá al-qawmi al-kāfirīna 3:1 bismillāhi al-raḥmāni al-raḥīmi alīf lām mīm 3:2 Allāhu lā ilāha illā huwa al-ḥayyu al-qayyūmu 3:3 nazzala ʿalayka al-kitāba bi-al-ḥaqqi muṣaddiqan li-mā bayna yadayhi wa-anzala al-Tawrāta wa-al-Injīla 3:4 min qablu hudan lil-nāsi wa-anzala al-furqāna inna al-ladhīna kafarū bi-āyāti Allāhi lahum ʿadhābun shadīdun wallāhu ʿazīzun dhū intiqāmin 3:5 inna Allāha lā yakhfá ʿalayhi shayʾun fī al-arḍi wa-lā fī al-samāʾi 3:6 huwa al-ladhī yuṣawwirukum fī al-arḥāmi kayfa yashāʾu lā ilāha illā huwa al-ʿazīzu al-ḥakīmu 3:7 huwa al-ladhī anzala ʿalayka al-kitāba minhu āyātun muḥkamātun hunna ummu al-kitābi wa-ukharu mutashābihātun fa-ammā al-ladhīna fī qulūbihim zayghun fa-yattabiʿūna mā tashābaha minhu ibtighāʾa al-fitnati wa-ibtighāʾa taʾwīlihi wa-mā yaʿlamu taʾwīlahu illā Allāhu wa-al-rāsikhūna fī al-ʿilmi yaqūlūna āmannā bi-hi kullun min ʿindi rabbinā wa-mā yadhdhakkaru illā ulū al-albābi 3:8 rabbanā lā tuzigh qulūbanā baʿda idh hadaytanā wa-hab lanā min ladunka raḥmatan innaka anta al-wahhābu 3:9 rabbanā innaka jāmiʿu al-nāsi li-yawmin lā rayba fīhi inna Allāha lā yukhlifu al-mīʿāda 3:10 inna al-ladhīna kafarū lan tughniya ʿanhum amwāluhum wa-lā awlāduhum mina Allāhi shayʾan wa-ulāʾika hum waqūdu al-nāri 3:11 ka-daʾbi āli Firʿawna wa-al-ladhīna min qablihim kadhdhabū bi-āyātinā fa-akhadhahumu Allāhu bi-dhunūbihim wallāhu shadīdu al-ʿiqābi 3:12 qul lil-ladhīna kafarū sa-tughlabūna wa-tuḥsharūna ilá jahannama wa-biʾsa al-mihādu 3:13 qad kāna lakum āyatun fī fiʾatayni iltaqatā fiʾatun tuqātilu fī sabīli Allāhi wa-ukhrá kāfiratun yarawnahum mithlayhim raʾya al-ʿayni wallāhu yuʾayyidu bi-naṣrihi man yashāʾu inna fī dhālika la-ʿibratan li-ulī al-abṣāri 3:14 zuyyina lil-nāsi ḥubbu al-shahawāti mina al-nisāʾi wa-al-banīna wa-al-qanāṭīri al-muqanṭarati mina al-dhahabi wa-al-fiḍḍati wa-al-khayli al-musawwamati wa-al-anʿāmi wa-al-ḥarthi dhālika matāʿu al-ḥayāti al-dunyā wallāhu ʿindahu ḥusnu al-maʾābi 3:15 qul a-unabbiʾukum bi-khayrin min dhālikum lil-ladhīna ittaqaw ʿinda rabbihim jannātun tajrī min taḥtihā al-anhāru khālidīna fīhā wa-azwājun muṭahharatun wa-riḍwānun mina Allāhi wallāhu baṣīrun bi-al-ʿibādi 3:16 al-ladhīna yaqūlūna rabbanā innanā āmannā fa-ighfir lanā dhunūbanā wa-qinā

ʿadhāba al-nāri 3:17 al-ṣābirīna wa-al-ṣādiqīna wa-al-qānitīna wa-al-munfiqīna wa-al-mustaghfirīna bi-al-asḥāri 3:18 shahida Allāhu annahu lā ilāha illā huwa wa-al-malāʾikatu wa-ūlū al-ʿilmi qāʾiman bi-al-qisṭi lā ilāha illā huwa al-ʿazīzu al-ḥakīmu 3:19 inna al-dīna ʿinda Allāhi al-Islāmu wa-mā ikhtalafa al-ladhīna ūtū al-kitāba illā min baʿdi mā jāʾahumu al-ʿilmu baghyan baynahum wa-man yakfur bi-āyāti Allāhi fa-inna Allāha sarīʿu al-ḥisābi 3:20 fa-in ḥājjūka fa-qul aslamtu wajhiya lillāhi wa-mani ittabaʿani wa-qul lil-ladhīna ūtū al-kitāba wa-al-ummīyīna a-aslamtum fa-in aslamū fa-qadi ihtadaw wa-in tawallaw fa-innamā ʿalayka al-balāghu wallāhu baṣīrun bi-al-ʿibādi 3:21 inna al-ladhīna yakfurūna bi-āyāti Allāhi wa-yaqtulūna al-nabīyīna bi-ghayri ḥaqqin wa-yaqtulūna al-ladhīna yaʾmurūna bi-al-qisṭi mina al-nāsi fa-bashshirhum bi-ʿadhābin alīmin 3:22 ulāʾika al-ladhīna ḥabiṭat aʿmāluhum fī al-dunyā wa-al-ākhirati wa-mā lahum min nāṣirīna 3:23 a-lam tara ilá al-ladhīna ūtū naṣīban mina al-kitābi yudʿawna ilá kitābi Allāhi li-yaḥkuma baynahum thumma yatawallá farīqun minhum wa-hum muʿriḍūna 3:24 dhālika bi-annahum qālū lan tamassanā al-nāru illā ayyāman maʿdūdātin wa-gharrahum fī dīnihim mā kānū yaftarūna 3:25 fa-kayfa idhā jamaʿnāhum li-yawmin lā rayba fīhi wa-wuffiyat kullu nafsin mā kasabat wa-hum lā yuẓlamūna 3:26 quli Allāhumma mālika al-mulki tuʾtī al-mulka man tashāʾu wa-tanziʿu al-mulka miman tashāʾu wa-tuʿizzu man tashāʾu wa-tudhillu man tashāʾu bi-yadika al-khayru innaka ʿalá kulli shayʾin qadīrun 3:27 tūliju al-layla fī al-nahāri wa-tūliju al-nahāra fī al-layli wa-tukhriju al-ḥayya mina al-mayyiti wa-tukhriju al-mayyita mina al-ḥayyi wa-tarzuqu man tashāʾu bi-ghayri ḥisābin 3:28 lā yattakhidhi al-muʾminūna al-kāfirīna awliyāʾa min dūni al-muʾminīna wa-man yafʿal dhālika fa-laysa mina Allāhi fī shayʾin illā an tattaqū minhum tuqātan wa-yuḥadhdhirukumu Allāhu nafsahu wa-ilá Allāhi al-maṣīru 3:29 qul in tukhfū mā fī ṣudūrikum aw tubdūhu yaʿlamhu Allāhu wa-yaʿlamu mā fī al-samāwāti wa-mā fī al-arḍi wallāhu ʿalá kulli shayʾin qadīrun 3:30 yawma tajidu kullu nafsin mā ʿamilat min khayrin muḥḍaran wa-mā ʿamilat min sūʾin tawaddu law anna baynahā wa-baynahu amadan baʿīdan wa-yuḥadhdhirukumu Allāhu nafsahu wallāhu raʾūfun bi-al-ʿibādi 3:31 qul in kuntum tuḥibbūna Allāha fa-ittabiʿūnī yuḥbibkumu Allāhu wa-yaghfir lakum dhunūbakum wallāhu ghafūrun raḥīmun 3:32 qul aṭīʿū Allāha wa-al-rasūla fa-in tawallaw fa-inna Allāha lā yuḥibbu al-kāfirīna 3:33 inna Allāha iṣṭafá Ādama wa-Nūḥan wa-āla Ibrāhīma wa-āla ʿImrāna ʿalá al-ʿālamīna 3:34 dhurrīyatan baʿḍuhā min baʿḍin wallāhu samīʿun ʿalīmun 3:35 idh qālati imraʾatu ʿImrāna rabbi innī nadhartu laka mā fī baṭnī muḥarraran fa-taqabbal minnī innaka anta al-samīʿu al-ʿalīmu 3:36 fa-lammā waḍaʿat'hā qālat rabbi innī wa-ḍaʿtuhā unthá wallāhu aʿlamu bi-mā waḍaʿat wa-laysa al-dhakaru ka-al-unthá wa-innī sammaytuhā Maryama wa-innī uʿīdhuhā bika wa-dhurrīyatahā mina al-shayṭāni al-rajīmi 3:37 fa-taqabbalahā rabbuhā bi-qabūlin ḥasanin wa-anbatahā nabātan ḥasanan wa-kaffalahā Zakarīyā kullamā dakhala ʿalayhā Zakarīyā al-miḥrāba wa-jada ʿindahā rizqan qāla yā Maryamu anná laki hādhā qālat huwa min ʿindi Allāhi inna Allāha yarzuqu man yashāʾu bi-ghayri ḥisābin 3:38 hunālika daʿā Zakarīyā rabbahu qāla rabbi hab lī min ladunka dhurrīyatan ṭayyibatan innaka samīʿu al-duʿāʾi 3:39 fa-nādat'hu al-malāʾikatu wa-huwa qāʾimun yuṣallī fī al-miḥrābi anna Allāha yubashshiruka bi-Yaḥyá muṣaddiqan bi-kalimatin mina Allāhi wa-sayyidan wa-ḥaṣūran wa-nabīyan mina al-ṣāliḥīna 3:40 qāla rabbi anná yakūnu lī ghulāmun wa-qad balaghaniya al-kibaru wa-imraʾatī ʿāqirun qāla kadhālika Allāhu yafʿalu mā yashāʾu 3:41 qāla rabbi ijʿal lī āyatan qāla āyatuka allā tukallima al-nāsa thalāthata ayyāmin illā ramzan wa-udhkur rabbaka kathīran wa-sabbiḥ bi-al-ʿashīyi wa-al-ibkāri 3:42 wa-idh qālati al-malāʾikatu yā Maryamu inna Allāha iṣṭafāki wa-ṭahharaki wa-iṣṭafāki ʿalá nisāʾi al-ʿālamīna 3:43 yā Maryamu uqnutī li-rabbiki wa-usjudī wa-irkaʿī maʿa al-rākiʿīna 3:44 dhālika min anbāʾi al-ghaybi nūḥīhi ilayka wa-mā kunta ladayhim idh yulqūna aqlāmahum ayyuhum yakfulu Maryama wa-mā kunta ladayhim idh yakhtaṣimūna 3:45 idh qālati al-malāʾikatu yā Maryamu inna Allāha yubashshiruki bi-kalimatin minhu ismuhu al-masīḥu ʿĪsá ibnu Maryama wajīhan fī al-dunyā wa-al-ākhirati wa-mina al-muqarrabīna 3:46 wa-yukallimu al-nāsa fī al-mahdi wa-kahlan wa-mina al-ṣāliḥīna 3:47 qālat rabbi anná yakūnu lī waladun wa-lam yamsasnī basharun qāla kadhaliki Allāhu yakhluqu mā yashāʾu idhā qaḍá amran fa-innamā yaqūlu lahu kun fa-yakūnu 3:48 wa-yuʿallimuhu al-kitāba wa-al-ḥikmata wa-al-Tawrāta wa-al-Injīla 3:49 wa-rasūlan ilá banī Isrāʾīla annī qad jiʾtukum bi-āyatin min rabbikum annī akhluqu lakum mina al-ṭīni ka-hayʾati al-ṭayri fa-anfukhu fīhi fa-yakūnu ṭayran bi-idhni Allāhi wa-ubriʾu al-akmaha wa-al-abraṣa wa-uḥyī al-mawtá bi-idhni Allāhi wa-unabbiʾukum bi-mā taʾkulūna wa-mā taddakhirūna fī buyūtikum inna fī dhālika la-āyatan lakum in kuntum muʾminīna 3:50 wa-muṣaddiqan li-mā bayna yadayya mina al-Tawrāti wa-li-uḥilla lakum baʿḍa al-ladhī ḥurrima ʿalaykum wa-jiʾtukum bi-āyatin min rabbikum fa-ittaqū Allāha wa-aṭīʿūni 3:51 inna Allāha rabbī wa-rabbukum fa-uʿbudūhu hādhā ṣirāṭun mustaqīmun 3:52 fa-lammā aḥassa ʿĪsá minhumu al-kufra qāla man anṣārī ilá Allāhi qāla al-Ḥawārīyūna naḥnu anṣāru Allāhi āmannā billāhi wa-ishhad bi-annā Muslimūna 3:53 rabbanā āmannā bi-mā anzalta wa-ittabaʿnā al-rasūla fa-uktubnā maʿa al-shāhidīna 3:54 wa-makarū wa-makara Allāhu wallāhu khayru al-mākirīna 3:55 idh qāla Allāhu yā ʿĪsá innī mutawaffīka wa-rāfiʿuka ilayya wa-muṭahhiruka mina al-ladhīna kafarū wa-jāʿilu al-ladhīna ittabaʿūka fawqa al-ladhīna kafarū ilá yawmi al-qiyāmati thumma ilayya marjiʿukum fa-uḥkumu baynakum fī-mā kuntum fīhi takhtalifūna 3:56 fa-ammā al-ladhīna kafarū fa-uʿadhdhibuhum ʿadhāban shadīdan fī al-dunyā wa-al-ākhirati wa-mā lahum min nāṣirīna 3:57 wa-ammā al-ladhīna āmanū wa-ʿamilū al-ṣāliḥāti fa-yuwaffīhim ujūrahum wallāhu lā yuḥibbu al-ẓālimīna 3:58 dhālika natlūhu ʿalayka mina al-āyāti wa-al-dhikri al-ḥakīmi 3:59 inna mathala ʿĪsá ʿinda Allāhi ka-mathali Ādama khalaqahu min turābin thumma qāla lahu kun fa-yakūnu 3:60 al-ḥaqqu min rabbika fa-lā takun mina al-mumtarīna 3:61 fa-man ḥājjaka fīhi min baʿdi mā jāʾaka mina al-ʿilmi fa-qul taʿālaw nadʿu abnāʾanā wa-abnāʾakum wa-nisāʾanā wa-nisāʾakum wa-anfusanā wa-anfusakum thumma nabtahil fa-najʿal laʿnata Allāhi ʿalá al-kādhibīna 3:62 inna hādhā la-huwa al-qaṣaṣu al-ḥaqqu wa-mā min ilāhin illā Allāhu wa-inna Allāha la-huwa al-ʿazīzu al-ḥakīmu 3:63 fa-in tawallaw fa-inna Allāha ʿalīmun bi-al-mufsidīna 3:64 qul yā ahla al-kitābi taʿālaw ilá kalimatin sawāʾin baynanā wa-baynakum allā naʿbuda illā Allāha wa-lā nushrika bi-hi shayʾan wa-lā yattakhidha baʿḍunā baʿḍan arbāban min dūni Allāhi fa-in tawallaw fa-qūlū ishhadū bi-annā Muslimūna 3:65 yā ahla al-kitābi li-ma tuḥājjūna fī Ibrāhīma wa-mā unzilati al-Tawrātu wa-al-Injīlu illā min baʿdihi a-fa-lā taʿqilūna 3:66 hā antum hāʾulāʾi ḥājajtum fī-mā lakum bi-hi ʿilmun fa-li-ma tuḥājjūna fī-mā laysa lakum bi-hi ʿilmun wallāhu yaʿlamu wa-antum lā taʿlamūna 3:67 mā kāna Ibrāhīmu yahūdīyan wa-lā naṣrānīyan wa-lākin kāna ḥanīfan Musliman wa-mā kāna mina al-mushrikīna 3:68 inna awlá al-nāsi bi-Ibrāhīma la-al-ladhīna ittabaʿūhu wa-hādhā al-nabīyu wa-al-ladhīna āmanū wallāhu walīyu al-muʾminīna 3:69 waddat ṭāʾifatun min ahli al-kitābi law yuḍillūnakum wa-mā yuḍillūna illā anfusahum wa-mā yashʿurūna 3:70 yā ahla al-kitābi li-ma takfurūna bi-āyāti Allāhi wa-antum tashhadūna 3:71 yā ahla al-kitābi li-ma talbisūna al-ḥaqqa bi-al-bāṭili wa-taktumūna al-ḥaqqa wa-antum taʿlamūna 3:72 wa-qālat ṭāʾifatun min ahli al-kitābi āminū bi-al-ladhī unzila ʿalá al-ladhīna āmanū wajha al-nahāri wa-ukfurū ākhirahu laʿallahum yarjiʿūna 3:73 wa-lā tuʾminū illā li-man tabiʿa dīnakum qul inna al-hudá hudá Allāhi an yuʾtá aḥadun mithla mā ūtītum aw yuḥājjūkum ʿinda rabbikum qul inna al-faḍla bi-yadi Allāhi yuʾtīhi man yashāʾu wallāhu wāsiʿun ʿalīmun 3:74 yakhtaṣṣu bi-raḥmatihi man yashāʾu wallāhu dhū al-faḍli al-ʿaẓīmi 3:75 wa-min ahli al-kitābi man in taʾmanhu bi-qinṭārin yuʾaddihi ilayka wa-minhum man in taʾmanhu bi-dīnārin lā

yu'addihi ilayka illā mā dumta ʿalayhi qā'iman dhālika bi-annahum qālū laysa ʿalaynā fī al-ummīyīna sabīlun
wa-yaqūlūna ʿalá Allāhi al-kadhiba wa-hum yaʿlamūna 3:76 balá man awfá bi-ʿahdihi wa-ittaqá fa-inna Allāha
yuḥibbu al-muttaqīna 3:77 inna al-ladhīna yashtarūna bi-ʿahdi Allāhi wa-aymānihim thamanan qalīlan ulā'ika
lā khalāqa lahum fī al-ākhirati wa-lā yukallimuhumu Allāhu wa-lā yanẓuru ilayhim yawma al-qiyāmati wa-lā
yuzakkīhim wa-lahum ʿadhābun alīmun 3:78 wa-inna minhum la-farīqan yalwūna alsinatahum bi-al-kitābi li-
taḥsabūhu mina al-kitābi wa-mā huwa mina al-kitābi wa-yaqūlūna huwa min ʿindi Allāhi wa-mā huwa min
ʿindi Allāhi wa-yaqūlūna ʿalá Allāhi al-kadhiba wa-hum yaʿlamūna 3:79 mā kāna li-basharin an yu'tiyahu
Allāhu al-kitāba wa-al-ḥukma wa-al-nubuwwata thumma yaqūla lil-nāsi kūnū ʿibādan lī min dūni Allāhi wa-
lākin kūnū rabbānīyīna bi-mā kuntum tuʿallimūna al-kitāba wa-bi-mā kuntum tadrusūna 3:80 wa-lā
ya'murakum an tattakhidhū al-malā'ikata wa-al-nabīyīna arbāban a-ya'murukum bi-al-kufri baʿda idh antum
Muslimūna 3:81 wa-idh akhadha Allāhu mīthāqa al-nabīyīna la-mā ātaytukum min kitābin wa-ḥikmatin
thumma jā'akum rasūlun muṣaddiqun li-mā maʿakum la-tu'minunna bi-hi wa-la-tanṣurunnahu qāla a-aqrartum
wa-akhadhtum ʿalá dhālikum iṣrī qālū aqrarnā qāla fa-ishhadū wa-anā maʿakum mina al-shāhidīna 3:82 fa-man
tawallá baʿda dhālika fa-ulā'ika humu al-fāsiqūna 3:83 a-fa-ghayra dīni Allāhi yabghūna wa-lahu aslama man
fī al-samāwāti wa-al-arḍi ṭawʿan wa-karhan wa-ilayhi yurjaʿūna 3:84 qul āmannā billāhi wa-mā unzila ʿalaynā
wa-mā unzila ʿalá Ibrāhīma wa-Ismāʿīla wa-Isḥāqa wa-Yaʿqūba wa-al-asbāṭi wa-mā ūtiya Mūsá wa-ʿĪsá wa-al-
nabīyūna min rabbihim lā nufarriqu bayna aḥadin minhum wa-naḥnu lahu Muslimūna 3:85 wa-man yabtaghi
ghayra al-Islāmi dīnan fa-lan yuqbala minhu wa-huwa fī al-ākhirati mina al-khāsirīna 3:86 kayfa yahdī Allāhu
qawman kafarū baʿda īmānihim wa-shahidū anna al-rasūla ḥaqqun wa-jā'ahumu al-bayyinātu wallāhu lā yahdī
al-qawma al-ẓālimīna 3:87 ulā'ika jazā'uhum anna ʿalayhim laʿnata Allāhi wa-al-malā'ikati wa-al-nāsi ajmaʿīna
3:88 khālidīna fīhā lā yukhaffafu ʿanhumu al-ʿadhābu wa-lā hum yunẓarūna 3:89 illā al-ladhīna tābū min baʿdi
dhālika wa-aṣlaḥū fa-inna Allāha ghafūrun raḥīmun 3:90 inna al-ladhīna kafarū baʿda īmānihim thumma
izdādū kufran lan tuqbala tawbatuhum wa-ulā'ika humu al-ḍāllūna 3:91 inna al-ladhīna kafarū wa-mātū wa-
hum kuffārun fa-lan yuqbala min aḥadihim mil'u al-arḍi dhahaban wa-lawi iftadá bi-hi ulā'ika lahum ʿadhābun
alīmun wa-mā lahum min nāṣirīna 3:92 lan tanālū al-birra ḥattá tunfiqū mimmā tuḥibbūna wa-mā tunfiqū min
shay'in fa-inna Allāha bi-hi ʿalīmun 3:93 kullu al-ṭaʿāmi kāna ḥillan li-banī Isrā'īla illā mā ḥarrama Isrā'īlu ʿalá
nafsihi min qabli an tunazzala al-Tawrātu qul fa-i'tū bi-al-Tawrāti fa-utlūhā in kuntum ṣādiqīna 3:94 fa-mani
iftará ʿalá Allāhi al-kadhiba min baʿdi dhālika fa-ulā'ika humu al-ẓālimūna 3:95 qul ṣadaqa Allāhu fa-ittabiʿū
millata Ibrāhīma ḥanīfan wa-mā kāna mina al-mushrikīna 3:96 inna awwala baytin wuḍiʿa lil-nāsi la-al-ladhī
bi-bakkata mubārakan wa-hudan lil-ʿālamīna 3:97 fīhi āyātun bayyinātun maqāmu Ibrāhīma wa-man
dakhalahu kāna āminan wa-lillāhi ʿalá al-nāsi ḥijju al-bayti mani istaṭāʿa ilayhi sabīlan wa-man kafara fa-inna
Allāha ghanīyun ʿani al-ʿālamīna 3:98 qul yā ahla al-kitābi li-ma takfurūna bi-āyāti Allāhi wallāhu shahīdun ʿalá
mā taʿmalūna 3:99 qul yā ahla al-kitābi li-ma taṣuddūna ʿan sabīli Allāhi man āmana tabghūnahā ʿiwajan wa-
antum shuhadā'u wa-mā Allāhu bi-ghāfilin ʿammā taʿmalūna 3:100 yā ayyuhā al-ladhīna āmanū in tuṭīʿū
farīqan mina al-ladhīna ūtū al-kitāba yaruddūkum baʿda īmānikum kāfirīna 3:101 wa-kayfa takfurūna wa-
antum tutlá ʿalaykum āyātu Allāhi wa-fīkum rasūluhu wa-man yaʿtaṣim billāhi fa-qad hudiya ilá ṣirāṭin
mustaqīmin 3:102 yā ayyuhā al-ladhīna āmanū ittaqū Allāha ḥaqqa tuqātihi wa-lā tamūtunna illā wa-antum
Muslimūna 3:103 wa-iʿtaṣimū bi-ḥabli Allāhi jamīʿan wa-lā tafarraqū wa-udhkurū niʿmata Allāhi ʿalaykum idh
kuntum aʿdā'un fa-ālafa bayna qulūbikum fa-aṣbaḥtum bi-niʿmatihi ikhwānan wa-kuntum ʿalá shafā ḥufratin

mina al-nāri fa-anqadhakum minhā kadhālika yubayyinu Allāhu lakum āyātihi laʿallakum tahtadūna 3:104 wa-li-takun minkum ummatun yadʿūna ilá al-khayri wa-yaʾmurūna bi-al-maʿrūfi wa-yanhawna ʿani al-munkari wa-ulāʾika humu al-mufliḥūna 3:105 wa-lā takūnū ka-al-ladhīna tafarraqū wa-ikhtalafū min baʿdi mā jāʾahumu al-bayyinātu wa-ulāʾika lahum ʿadhābun ʿaẓīmum 3:106 yawma tabyaḍḍu wujūhun wa-taswaddu wujūhun fa-ammā al-ladhīna iswaddat wujūhuhum a-kafartum baʿda īmānikum fa-dhūqū al-ʿadhāba bi-mā kuntum takfurūna 3:107 wa-ammā al-ladhīna ibyaḍḍat wujūhuhum fa-fī raḥmati Allāhi hum fīhā khālidūna 3:108 tilka āyātu Allāhi natlūhā ʿalayka bi-al-ḥaqqi wa-mā Allāhu yurīdu ẓulman lil-ʿālamīna 3:109 wa-lillāhi mā fī al-samāwāti wa-mā fī al-arḍi wa-ilá Allāhi turjaʿu al-umūru 3:110 kuntum khayra ummatin ukhrijat lil-nāsi taʾmurūna bi-al-maʿrūfi wa-tanhawna ʿani al-munkari wa-tuʾminūna billāhi wa-law āmana ahlu al-kitābi la-kāna khayran lahum minhumu al-muʾminūna wa-aktharuhumu al-fāsiqūna 3:111 lan yaḍurrūkum illā adhan wa-in yuqātilūkum yuwallūkumu al-adbāra thumma lā yunṣarūna 3:112 ḍuribat ʿalayhimu al-dhillatu ayna mā thuqifū illā bi-ḥablin mina Allāhi wa-ḥablin mina al-nāsi wa-bāʾū bi-ghaḍabin mina Allāhi wa-ḍuribat ʿalayhimu al-maskanatu dhālika bi-annahum kānū yakfurūna bi-āyāti Allāhi wa-yaqtulūna al-anbiyāʾa bi-ghayri ḥaqqin dhālika bi-mā ʿaṣaw wa-kānū yaʿtadūna 3:113 laysū sawāʾan min ahli al-kitābi ummatun qāʾimatun yatlūna āyāti Allāhi ānāʾa al-layli wa-hum yasjudūna 3:114 yuʾminūna billāhi wa-al-yawmi al-ākhiri wa-yaʾmurūna bi-al-maʿrūfi wa-yanhawna ʿani al-munkari wa-yusāriʿūna fī al-khayrāti wa-ulāʾika mina al-ṣāliḥīna 3:115 wa-mā yafʿalū min khayrin fa-lan yukfarūhu wallāhu ʿalīmun bi-al-muttaqīna 3:116 inna al-ladhīna kafarū lan tughniya ʿanhum amwāluhum wa-lā awlāduhum mina Allāhi shayʾan wa-ulāʾika aṣḥābu al-nāri hum fīhā khālidūna 3:117 mathalu mā yunfiqūna fī hādhihi al-ḥayāti al-dunyā ka-mathali rīḥin fīhā ṣirrun aṣābat ḥartha qawmin ẓalamū anfusahum fa-ahlakat'hu wa-mā ẓalamahumu Allāhu wa-lākin anfusahum yaẓlimūna 3:118 yā ayyuhā al-ladhīna āmanū lā tattakhidhū biṭānatan min dūnikum lā yaʾlūnakum khabālan waddū mā ʿanittum qad badati al-baghḍāʾu min afwāhihim wa-mā tukhfī ṣudūruhum akbaru qad bayyannā lakumu al-āyāti in kuntum taʿqilūna 3:119 hā antum ūlāʾi tuḥibbūnahum wa-lā yuḥibbūnakum wa-tuʾminūna bi-al-kitābi kullihi wa-idhā laqūkum qālū āmannā wa-idhā khalaw ʿaḍḍū ʿalaykumu al-anāmila mina al-ghayẓi qul mūtū bi-ghayẓikum inna Allāha ʿalīmun bi-dhāti al-ṣudūri 3:120 in tamsaskum ḥasanatun tasuʾhum wa-in tuṣibkum sayyiʾatun yafraḥū bi-hā wa-in taṣbirū wa-tattaqū lā yaḍurrukum kayduhum shayʾan inna Allāha bi-mā yaʿmalūna muḥīṭun 3:121 wa-idh ghadawta min ahlika tubawwiʾu al-muʾminīna maqāʿida lil-qitāli wallāhu samīʿun ʿalīmun 3:122 idh hammat ṭāʾifatāni minkum an tafshalā wallāhu walīyuhumā wa-ʿalá Allāhi fa-li-yatawakkali al-muʾminūna 3:123 wa-laqad naṣarakumu Allāhu bi-Badrin wa-antum adhillatun fa-ittaqū Allāha laʿallakum tashkurūna 3:124 idh taqūlu lil-muʾminīna a-lan yakfiyakum an yumiddakum rabbukum bi-thalāthati ālāfin mina al-malāʾikati munzalīna 3:125 balá in taṣbirū wa-tattaqū wa-yaʾtūkum min fawrihim hādhā yumdidkum rabbukum bi-khamsati ālāfin mina al-malāʾikati musawwimīna 3:126 wa-mā jaʿalahu Allāhu illā bushrá lakum wa-li-taṭmaʾinna qulūbukum bi-hi wa-mā al-naṣru illā min ʿindi Allāhi al-ʿazīzi al-ḥakīmi 3:127 li-yaqṭaʿa ṭarafan mina al-ladhīna kafarū aw yakbitahum fa-yanqalibū khāʾibīna 3:128 laysa laka mina al-amri shayʾun aw yatūba ʿalayhim aw yuʿadhdhibahum fa-innahum ẓālimūna 3:129 wa-lillāhi mā fī al-samāwāti wa-mā fī al-arḍi yaghfiru li-man yashāʾu wa-yuʿadhdhibu man yashāʾu wallāhu ghafūrun raḥīmun 3:130 yā ayyuhā al-ladhīna āmanū lā taʾkulū al-ribā aḍʿāfan muḍāʿafatan wa-ittaqū Allāha laʿallakum tufliḥūna 3:131 wa-ittaqū al-nāra al-latī uʿiddat lil-kāfirīna 3:132 wa-aṭīʿū Allāha wa-al-rasūla laʿallakum turḥamūna 3:133 wa-sāriʿū ilá maghfiratin min rabbikum wa-jannatin ʿarḍuhā al-samāwātu wa-al-arḍu uʿiddat lil-muttaqīna 3:134

al-ladhīna yunfiqūna fī al-sarrā'i wa-al-ḍarrā'i wa-al-kāẓimīna al-ghayẓa wa-al-ʿāfīna ʿani al-nāsi wallāhu yuḥibbu al-muḥsinīna 3:135 wa-al-ladhīna idhā faʿalū fāḥishatan aw ẓalamū anfusahum dhakarū Allāha fa-istaghfarū li-dhunūbihim wa-man yaghfiru al-dhunūba illā Allāhu wa-lam yuṣirrū ʿalá mā faʿalū wa-hum yaʿlamūna 3:136 ulā'ika jazā'uhum maghfiratun min rabbihim wa-jannātun tajrī min taḥtihā al-anhāru khālidīna fīhā wa-niʿma ajru al-ʿāmilīna 3:137 qad khalat min qablikum sunanun fa-sīrū fī al-arḍi fa-unẓurū kayfa kāna ʿāqibatu al-mukadhdhibīna 3:138 hādhā bayānun lil-nāsi wa-hudan wa-mawʿiẓatun lil-muttaqīna 3:139 wa-lā tahinū wa-lā taḥzanū wa-antumu al-aʿlawna in kuntum mu'minīna 3:140 in yamsaskum qarḥun fa-qad massa al-qawma qarḥun mithluhu wa-tilka al-ayyāmu nudāwiluhā bayna al-nāsi wa-li-yaʿlama Allāhu al-ladhīna āmanū wa-yattakhidha minkum shuhadā'a wallāhu lā yuḥibbu al-ẓālimīna 3:141 wa-li-yumaḥḥiṣa Allāhu al-ladhīna āmanū wa-yamḥaqa al-kāfirīna 3:142 am ḥasibtum an tadkhulū al-jannata wa-lammā yaʿlami Allāhu al-ladhīna jāhadū minkum wa-yaʿlama al-ṣābirīna 3:143 wa-laqad kuntum tamannawna al-mawta min qabli an talqawhu fa-qad ra'aytumūhu wa-antum tanẓurūna 3:144 wa-mā Muḥammadun illā rasūlun qad khalat min qablihi al-rusulu a-fa-in māta aw qutila inqalabtum ʿalá aʿqābikum wa-man yanqalib ʿalá ʿaqibayhi fa-lan yaḍurra Allāha shay'an wa-sa-yajzī Allāhu al-shākirīna 3:145 wa-mā kāna li-nafsin an tamūta illā bi-idhni Allāhi kitāban mu'ajjalan wa-man yurid thawāba al-dunyā nu'tihi minhā wa-man yurid thawāba al-ākhirati nu'tihi minhā wa-sa-najzī al-shākirīna 3:146 wa-ka-ayyin min nabīyin qātala maʿahu ribbīyūna kathīrun fa-mā wahanū li-mā aṣābahum fī sabīli Allāhi wa-mā ḍaʿufū wa-mā istakānū wallāhu yuḥibbu al-ṣābirīna 3:147 wa-mā kāna qawlahum illā an qālū rabbanā ighfir lanā dhunūbanā wa-isrāfanā fī amrinā wa-thabbit aqdāmanā wa-unṣurnā ʿalá al-qawmi al-kāfirīna 3:148 fa-ātāhumu Allāhu thawāba al-dunyā wa-ḥusna thawābi al-ākhirati wallāhu yuḥibbu al-muḥsinīna 3:149 yā ayyuhā al-ladhīna āmanū in tuṭīʿū al-ladhīna kafarū yaruddūkum ʿalá aʿqābikum fa-tanqalibū khāsirīna 3:150 bali Allāhu mawlākum wa-huwa khayru al-nāṣirīna 3:151 sa-nulqī fī qulūbi al-ladhīna kafarū al-ruʿba bi-mā ashrakū billāhi mā lam yunazzil bi-hi sulṭānan wa-ma'wāhumu al-nāru wa-bi'sa mathwá al-ẓālimīna 3:152 wa-laqad ṣadaqakumu Allāhu waʿdahu idh taḥussūnahum bi-idhnihi ḥattá idhā fashiltum wa-tanāzaʿtum fī al-amri wa-ʿaṣaytum min baʿdi mā arākum mā tuḥibbūna minkum man yurīdu al-dunyā wa-minkum man yurīdu al-ākhirata thumma ṣarafakum ʿanhum li-yabtaliyakum wa-laqad ʿafā ʿankum wallāhu dhū faḍlin ʿalá al-mu'minīna 3:153 idh tuṣʿidūna wa-lā talwūna ʿalá aḥadin wa-al-rasūlu yadʿūkum fī ukhrākum fa-athābakum ghamman bi-ghammin li-kay-lā taḥzanū ʿalá mā fātakum wa-lā mā aṣābakum wallāhu khabīrun bi-mā taʿmalūna 3:154 thumma anzala ʿalaykum min baʿdi al-ghammi amanatan nuʿāsan yaghshá ṭā'ifatan minkum wa-ṭā'ifatun qad ahammat'hum anfusuhum yaẓunnūna billāhi ghayra al-ḥaqqi ẓanna al-jāhilīyati yaqūlūna hal lanā mina al-amri min shay'in qul inna al-amra kullahu lillāhi yukhfūna fī anfusihim mā lā yubdūna laka yaqūlūna law kāna lanā mina al-amri shay'un mā qutilnā hā-hunā qul law kuntum fī buyūtikum la-baraza al-ladhīna kutiba ʿalayhimu al-qatlu ilá maḍājiʿihim wa-li-yabtalya Allāhu mā fī ṣudūrikum wa-li-yumaḥḥiṣa mā fī qulūbikum wallāhu ʿalīmun bi-dhāti al-ṣudūri 3:155 inna al-ladhīna tawallaw minkum yawma iltaqá al-jamʿāni innamā istazallahumu al-shayṭānu bi-baʿḍi mā kasabū wa-laqad ʿafā Allāhu ʿanhum inna Allāha ghafūrun ḥalīmun 3:156 yā ayyuhā al-ladhīna āmanū lā takūnū ka-al-ladhīna kafarū wa-qālū li-ikhwānihim idhā ḍarabū fī al-arḍi aw kānū ghuzzan law kānū ʿindanā mā mātū wa-mā qutilū li-yajʿala Allāhu dhālika ḥasratan fī qulūbihim wallāhu yuḥyī wa-yumītu wallāhu bi-mā taʿmalūna baṣīrun 3:157 wa-la-in qutiltum fī sabīli Allāhi aw muttum la-maghfiratun mina Allāhi wa-raḥmatun khayrun mimmā yajmaʿūna 3:158 wa-la-in muttum aw qutiltum la-ilá Allāhi tuḥsharūna 3:159 fa-bi-mā raḥmatin mina Allāhi linta lahum wa-law kunta faẓẓan ghalīẓa al-qalbi la-infaḍḍū min ḥawlika fa-uʿfu ʿanhum wa-istaghfir lahum wa-shāwirhum fī al-amri fa-idhā ʿazamta fa-tawakkal ʿalá Allāhi inna Allāha yuḥibbu al-mutawakkilīna 3:160 in yanṣurkumu Allāhu fa-lā ghāliba lakum wa-in yakhdhulkum fa-man dhā al-ladhī yanṣurukum min baʿdihi wa-ʿalá Allāhi fa-li-yatawakkali al-muʾminūna 3:161 wa-mā kāna li-nabīyin an yaghulla wa-man yaghlul yaʾti bi-mā ghalla yawma al-qiyāmati thumma tuwaffá kullu nafsin mā kasabat wa-hum lā yuẓlamūna 3:162 a-fa-mani ittabaʿa riḍwāna Allāhi ka-man bāʾa bi-sakhaṭin mina Allāhi wa-maʾwāhu jahannamu wa-biʾsa al-maṣīru 3:163 hum darajātun ʿinda Allāhi wallāhu baṣīrun bi-mā yaʿmalūna 3:164 laqad manna Allāhu ʿalá al-muʾminīna idh baʿatha fīhim rasūlan min anfusihim yatlū ʿalayhim āyātihi wa-yuzakkīhim wa-yuʿallimuhumu al-kitāba wa-al-ḥikmata wa-in kānū min qablu la-fī ḍalālin mubīnin 3:165 a-wa-lammā aṣābatkum muṣībatun qad aṣabtum mithlayhā qultum anná hādhā qul huwa min ʿindi anfusikum inna Allāha ʿalá kulli shayʾin qadīrun 3:166 wa-mā aṣābakum yawma iltaqá al-jamʿāni fa-bi-idhni Allāhi wa-li-yaʿlama al-muʾminīna 3:167 wa-li-yaʿlama al-ladhīna nāfaqū wa-qīla lahum taʿālaw qātilū fī sabīli Allāhi awi idfaʿū qālū law naʿlamu qitālan la-ittabaʿnākum hum lil-kufri yawmaʾidhin aqrabu minhum lil-īmāni yaqūlūna bi-afwāhihim mā laysa fī qulūbihim wallāhu aʿlamu bi-mā yaktumūna 3:168 al-ladhīna qālū li-ikhwānihim wa-qaʿadū law aṭāʿūnā mā qutilū qul fa-idraʾū ʿan anfusikumu al-mawta in kuntum ṣādiqīna 3:169 wa-lā taḥsabanna al-ladhīna qutilū fī sabīli Allāhi amwātan bal aḥyāʾun ʿinda rabbihim yurzaqūna 3:170 fariḥīna bi-mā ātāhumu Allāhu min faḍlihi wa-yastabshirūna bi-al-ladhīna lam yalḥaqū bi-him min khalfihim allā khawf ʿalayhim wa-lā hum yaḥzanūna 3:171 yastabshirūna bi-niʿmatin mina Allāhi wa-faḍlin wa-anna Allāha lā yuḍīʿu ajra al-muʾminīna 3:172 al-ladhīna istajābū lillāhi wa-al-rasūli min baʿdi mā aṣābahumu al-qarḥu lil-ladhīna aḥsanū minhum wa-ittaqaw ajrun ʿaẓīmun 3:173 al-ladhīna qāla lahumu al-nāsu inna al-nāsa qad jamaʿū lakum fa-ikhshawhum fa-zādahum īmānan wa-qālū ḥasbunā Allāhu wa-niʿma al-wakīlu 3:174 fa-inqalabū bi-niʿmatin mina Allāhi wa-faḍlin lam yamsashum sūʾun wa-ittabaʿū riḍwāna Allāhi wallāhu dhū faḍlin ʿaẓīmin 3:175 innamā dhālikumu al-shayṭānu yukhawwifu awliyāʾahu fa-lā takhāfūhum wa-khāfūni in kuntum muʾminīna 3:176 wa-lā yaḥzunka al-ladhīna yusāriʿūna fī al-kufri innahum lan yaḍurrū Allāha shayʾan yurīdu Allāhu allā yajʿala lahum ḥaẓẓan fī al-ākhirati wa-lahum ʿadhābun ʿaẓīmun 3:177 inna al-ladhīna ishtarawu al-kufra bi-al-īmāni lan yaḍurrū Allāha shayʾan wa-lahum ʿadhābun alīmun 3:178 wa-lā yaḥsabanna al-ladhīna kafarū annamā numlī lahum khayrun li-anfusihim innamā numlī lahum li-yazdādū ithman wa-lahum ʿadhābun muhīnun 3:179 mā kāna Allāhu li-yadhara al-muʾminīna ʿalá mā antum ʿalayhi ḥattá yamīza al-khabītha mina al-ṭayyibi wa-mā kāna Allāhu li-yuṭliʿakum ʿalá al-ghaybi wa-lākinna Allāha yajtabī min rusulihi man yashāʾu fa-āminū billāhi wa-rusulihi wa-in tuʾminū wa-tattaqū fa-lakum ajrun ʿaẓīmun 3:180 wa-lā yaḥsabanna al-ladhīna yabkhalūna bi-mā ātāhumu Allāhu min faḍlihi huwa khayran lahum bal huwa sharrun lahum sa-yuṭawwaqūna mā bakhilū bi-hi yawma al-qiyāmati wa-lillāhi mīrāthu al-samāwāti wa-al-arḍi wallāhu bi-mā taʿmalūna khabīrun 3:181 laqad samiʿa Allāhu qawla al-ladhīna qālū inna Allāha faqīrun wa-naḥnu aghniyāʾu sa-naktubu mā qālū wa-qatlahumu al-anbiyāʾa bi-ghayri ḥaqqin wa-naqūlu dhūqū ʿadhāba al-ḥarīqi 3:182 dhālika bi-mā qaddamat aydīkum wa-anna Allāha laysa bi-ẓallāmin lil-ʿabīdi 3:183 al-ladhīna qālū inna Allāha ʿahida ilaynā allā nuʾmina li-rasūlin ḥattá yaʾtiyanā bi-qurbānin taʾkuluhu al-nāru qul qad jāʾakum rusulun min qablī bi-al-bayyināti wa-bi-al-ladhī qultum fa-lima qataltumūhum in kuntum ṣādiqīna 3:184 fa-in kadhdhabūka fa-qad kudhdhiba rusulun min qablika jāʾū bi-al-bayyināti wa-al-zuburi wa-al-kitābi al-munīri 3:185 kullu nafsin dhāʾiqatu al-mawti wa-innamā tuwaffawna ujūrakum yawma al-qiyāmati fa-man zuḥziḥa ʿani al-nāri wa-udkhila al-jannata fa-qad fāza wa-mā al-ḥayātu al-dunyā illā matāʿu al-ghurūri 3:186 la-tublawunna fī amwālikum wa-anfusikum wa-la-tasmaʿunna mina al-ladhīna ūtū al-kitāba min qablikum wa-mina al-ladhīna ashrakū adhan kathīran wa-in taṣbirū wa-tattaqū fa-inna dhālika min ʿazmi al-umūri 3:187 wa-idh akhadha Allāhu mīthāqa al-ladhīna ūtū al-kitāba la-tubayyinunnahu lil-nāsi wa-lā taktumūnahu fa-nabadhūhu warāʾa ẓuhūrihim wa-ishtaraw bi-hi thamanan qalīlan fa-biʾsa mā yashtarūna 3:188 lā taḥsabanna al-ladhīna yafraḥūna bi-mā ataw wa-yuḥibbūna an yuḥmadū bi-mā lam yafʿalū fa-lā taḥsabannahum bi-mafāzatin mina al-ʿadhābi wa-lahum ʿadhābun alīmun 3:189 wa-lillāhi mulku al-samāwāti wa-al-arḍi wallāhu ʿalá kulli shayʾin qadīrun 3:190 inna fī khalqi al-samāwāti wa-al-arḍi wa-ikhtilāfi al-layli wa-al-nahāri la-āyātin li-ulī al-albābi 3:191 al-ladhīna yadhkurūna Allāha qiyāman wa-quʿūdan wa-ʿalá junūbihim wa-yatafakkarūna fī khalqi al-samāwāti wa-al-arḍi rabbanā mā khalaqta hādhā bāṭilan subḥānaka fa-qinā ʿadhāba al-nāri 3:192 rabbanā innaka man tudkhili al-nāra fa-qad akhzaytahu wa-mā lil-ẓālimīna min anṣārin 3:193 rabbanā innanā samiʿnā munādiyan yunādī lil-īmāni an āminū bi-rabbikum fa-āmannā rabbanā fa-ighfir lanā dhunūbanā wa-kaffir ʿannā sayyiʾātinā wa-tawaffanā maʿa al-abrāri 3:194 rabbanā wa-ātinā mā waʿadtanā ʿalá rusulika wa-lā tukhzinā yawma al-qiyāmati innaka lā tukhlifu al-mīʿāda 3:195 fa-istajāba lahum rabbuhum annī lā uḍīʿu ʿamala ʿāmilin minkum min dhakarin aw unthá baʿḍukum min baʿḍin fa-al-ladhīna hājarū wa-ukhrijū min diyārihim wa-ūdhū fī sabīlī wa-qātalū wa-qutilū la-ukaffiranna ʿanhum sayyiʾātihim wa-la-udkhilannahum jannātin tajrī min taḥtihā al-anhāru thawāban min ʿindi Allāhi wallāhu ʿindahu ḥusnu al-thawābi 3:196 lā yaghurrannaka taqallubu al-ladhīna kafarū fī al-bilādi 3:197 matāʿun qalīlun thumma maʾwāhum jahannamu wa-biʾsa al-mihādu 3:198 lākini al-ladhīna ittaqaw rabbahum lahum jannātun tajrī min taḥtihā al-anhāru khālidīna fīhā nuzulan min ʿindi Allāhi wa-mā ʿinda Allāhi khayrun lil-abrāri 3:199 wa-inna min ahli al-kitābi la-man yuʾminu billāhi wa-mā unzila ilaykum wa-mā unzila ilayhim khāshiʿīna lillāhi lā yashtarūna bi-āyāti Allāhi thamanan qalīlan ulāʾika lahum ajruhum ʿinda rabbihim inna Allāha sarīʿu al-ḥisābi 3:200 yā ayyuhā al-ladhīna āmanū iṣbirū wa-ṣābirū wa-rābiṭū wa-ittaqū Allāha laʿallakum tufliḥūna 4:1 bismillāhi al-raḥmāni al-raḥīmi yā ayyuhā al-nāsu ittaqū rabbakumu al-ladhī khalaqakum min nafsin wāḥidatin wa-khalaqa minhā zawjahā wa-baththa minhumā rijālan kathīran wa-nisāʾan wa-ittaqū Allāha al-ladhī tasāʾalūna bi-hi wa-al-arḥāma inna Allāha kāna ʿalaykum raqīban 4:2 wa-ātū al-yatāmá amwālahum wa-lā tatabaddalū al-khabītha bi-al-ṭayyibi wa-lā taʾkulū amwālahum ilá amwālikum innahu kāna ḥūban kabīran 4:3 wa-in khiftum allā tuqsiṭū fī al-yatāmá fa-inkiḥū mā ṭāba lakum mina al-nisāʾi mathná wa-thulātha wa-rubāʿa fa-in khiftum allā taʿdilū fa-wāḥidatan aw mā malakat aymānukum dhālika adná allā taʿūlū 4:4 wa-ātū al-nisāʾa ṣaduqātihinna niḥlatan fa-in ṭibna lakum ʿan shayʾin minhu nafsan fa-kulūhu hanīʾan marīʾan 4:5 wa-lā tuʾtū al-sufahāʾa amwālakumu al-latī jaʿala Allāhu lakum qiyāman wa-urzuqūhum fīhā wa-uksūhum wa-qūlū lahum qawlan maʿrūfan 4:6 wa-ibtalū al-yatāmá ḥattá idhā balaghū al-nikāḥa fa-in ānastum minhum rushdan fa-idfaʿū ilayhim amwālahum wa-lā taʾkulūhā isrāfan wa-bidāran an yakbarū wa-man kāna ghanīyan fa-li-yastaʿfif wa-man kāna faqīran fa-li-yaʾkul bi-al-maʿrūfi fa-idhā dafaʿtum ilayhim amwālahum fa-ashhidū ʿalayhim wa-kafá billāhi ḥasīban 4:7 lil-rijāli naṣībun mimmā taraka al-wālidāni wa-al-aqrabūna wa-lil-nisāʾi naṣībun mimmā taraka al-wālidāni wa-al-aqrabūna mimmā qalla minhu aw kathura naṣīban mafrūḍan 4:8 wa-idhā ḥaḍara al-qismata ulū al-qurbá wa-al-yatāmá wa-al-masākīnu fa-urzuqūhum minhu wa-qūlū lahum qawlan maʿrūfan 4:9 wa-li-yakhsha al-ladhīna law tarakū min khalfihim dhurrīyatan ḍiʿāfan khāfū ʿalayhim fa-li-yattaqū Allāha wa-li-yaqūlū qawllan sadīdan 4:10 inna al-ladhīna yaʾkulūna amwāla al-yatāmá ẓulman innamā yaʾkulūna fī buṭūnihim nāran wa-sa-yaṣlawna saʿīran 4:11

yūṣīkumu Allāhu fī awlādikum lil-dhakari mithlu ḥaẓẓi al-unthayayni fa-in kunna nisā'an fawqa ithnatayni fa-lahunna thuluthā mā taraka wa-in kānat wāḥidatan fa-la-hā al-niṣfu wa-li-abawayhi li-kulli wāḥidin minhumā al-sudusu mimmā taraka in kāna lahu waladun fa-in lam yakun lahu waladun wa-warithahu abawāhu fa-li-ummihi al-thuluthu fa-in kāna lahu ikhwatun fa-li-ummihi al-sudusu min ba'di waṣīyatin yūṣī bi-hā aw daynin ābā'ukum wa-abnāu'ukum lā tadrūna ayyuhum aqrabu lakum naf'an farīḍatan mina Allāhi inna Allāha kāna 'alīman ḥakīman 4:12 wa-lakum niṣfu mā taraka azwājukum in lam yakun lahunna waladun fa-in kāna lahunna waladun fa-lakumu al-rubu'u mimmā tarakna min ba'di waṣīyatin yūṣīna bi-hā aw daynin wa-lahunna al-rubu'u mimmā taraktum in lam yakun lakum waladun fa-in kāna lakum waladun fa-lahunna al-thumunu mimmā taraktum min ba'di waṣīyatin tūṣūna bi-hā aw daynin wa-in kāna rajulun yūrathu kalālatan awi imra'atun wa-lahu akhun aw ukhtun fa-li-kulli wāḥidin minhumā al-sudusu fa-in kānū akthara min dhālika fa-hum shurakā'u fī al-thuluthi min ba'di waṣīyatin yūṣá bi-hā aw daynin ghayra muḍārrin waṣīyatan mina Allāhi wallāhu 'alīmun ḥalīmun 4:13 tilka ḥudūdu Allāhi wa-man yuṭi'i Allāha wa-rasūlahu yudkhilhu jannātin tajrī min taḥtihā al-anhāru khālidīna fīhā wa-dhālika al-fawzu al-'aẓīmu 4:14 wa-man ya'ṣi Allāha wa-rasūlahu wa-yata'adda ḥudūdahu yudkhilhu nāran khālidan fīhā wa-lahu 'adhābun muhīnun 4:15 wa-al-lātī ya'tīna al-fāḥishata min nisā'ikum fa-istashhidū 'alayhinna arba'atan minkum fa-in shahidū fa-amsikūhunna fī al-buyūti ḥattá yatawaffāhunna al-mawtu aw yaj'ala Allāhu lahunna sabīlan 4:16 wa-al-ladhāni ya'tiyānihā minkum fa-ādhūhumā fa-in tābā wa-aṣlaḥā fa-a'riḍū 'anhumā inna Allāha kāna tawwāban raḥīman 4:17 innamā al-tawbatu 'alá Allāhi lil-ladhīna ya'malūna al-sū'a bi-jahālatin thumma yatūbūna min qarībin fa-ulā'ika yatūbu Allāhu 'alayhim wa-kāna Allāhu 'alīman ḥakīman 4:18 wa-laysati al-tawbatu lil-ladhīna ya'malūna al-sayyi'āti ḥattá idhā ḥaḍara aḥadahumu al-mawtu qāla innī tubtu al-āna wa-lā al-ladhīna yamūtūna wa-hum kuffārun ulā'ika a'tadnā lahum 'adhāban alīman 4:19 yā ayyuhā al-ladhīna āmanū lā yaḥillu lakum an tarithū al-nisā'a karhan wa-lā ta'ḍulūhunna li-tadhhabū bi-ba'ḍi mā ātaytumūhunna illā an ya'tīna bi-fāḥishatin mubayyinatin wa-'āshirūhunna bi-al-ma'rūfi fa-in karihtumūhunna fa-'asá an takrahū shay'an wa-yaj'ala Allāhu fīhi khayran kathīran 4:20 wa-in aradtumu istibdāla zawjin makāna zawjin wa-ātaytum iḥdāhunna qinṭāran fa-lā ta'khudhū minhu shay'an a-ta'khudhūnahu buhtānan wa-ithman mubīnan 4:21 wa-kayfa ta'khudhūnahu wa-qad afḍá ba'ḍukum ilá ba'ḍin wa-akhadhna minkum mīthāqan ghalīẓan 4:22 wa-lā tankiḥū mā nakaḥa ābā'ukum mina al-nisā'i illā mā qad salafa innahu kāna fāḥishatan wa-maqtan wa-sā'a sabīlan 4:23 ḥurrimat 'alaykum ummahātukum wa-banātukum wa-akhawātukum wa-'ammātukum wa-khālātukum wa-banātu al-akhi wa-banātu al-ukhti wa-ummahātukumu al-lātī arḍa'nakum wa-akhawātukum mina al-raḍā'ati wa-ummahātu nisā'ikum wa-rabā'ibukumu al-lātī fī ḥujūrikum min nisā'ikumu al-lātī dakhaltum bi-hinna fa-in lam takūnū dakhaltum bi-hinna fa-lā junāḥa 'alaykum wa-ḥalā'ilu abnā'ikumu al-ladhīna min aṣlābikum wa-an tajma'ū bayna al-ukhtayni illā mā qad salafa inna Allāha kāna ghafūran raḥīman 4:24 wa-al-muḥṣanātu mina al-nisā'i illā mā malakat aymānukum kitāba Allāhi 'alaykum wa-uḥilla lakum mā warā'a dhālikum an tabtaghū bi-amwālikum muḥṣinīna ghayra musāfiḥīna fa-mā istamta'tum bi-hi minhunna fa-ātūhunna ujūrahunna farīḍatan wa-lā junāḥa 'alaykum fī-mā tarāḍaytum bi-hi min ba'di al-farīḍati inna Allāha kāna 'alīman ḥakīman 4:25 wa-man lam yastaṭi' minkum ṭawlan an yankiḥa al-muḥṣanāti al-mu'mināti fa-min mā malakat aymānukum min fatayātikumu al-mu'mināti wallāhu a'lamu bi-īmānikum ba'ḍukum min ba'ḍin fa-inkiḥūhunna bi-idhni ahlihinna wa-ātūhunna ujūrahunna bi-al-ma'rūfi muḥṣanātin ghayra musāfiḥātin wa-lā muttakhidhāti akhdānin fa-idhā uḥṣinna fa-in atayna bi-fāḥishatin fa-'alayhinna niṣfu mā 'alá al-muḥṣanāti mina al-'adhābi dhālika li-man khashiya al-ʿanata minkum wa-an taṣbirū khayrun lakum wallāhu ghafūrun raḥīmun 4:26 yurīdu Allāhu li-yubayyina lakum wa-yahdiyakum sunana al-ladhīna min qablikum wa-yatūba ʿalaykum wallāhu ʿalīmun ḥakīmun 4:27 wallāhu yurīdu an yatūba ʿalaykum wa-yurīdu al-ladhīna yattabiʿūna al-shahawāti an tamīlū maylan ʿaẓīman 4:28 yurīdu Allāhu an yukhaffifa ʿankum wa-khuliqa al-insānu ḍaʿīfan 4:29 yā ayyuhā al-ladhīna āmanū lā taʾkulū amwālakum baynakum bi-al-bāṭili illā an takūna tijāratan ʿan tarāḍin minkum wa-lā taqtulū anfusakum inna Allāha kāna bikum raḥīman 4:30 wa-man yafʿal dhālika ʿudwānan wa-ẓulman fa-sawfa nuṣlīhi nāran wa-kāna dhālika ʿalá Allāhi yasīran 4:31 in tajtanibū kabāʾira mā tunhawna ʿanhu nukaffir ʿankum sayyiʾātikum wa-nudkhilkum mudkhalan karīman 4:32 wa-lā tatamannaw mā faḍḍala Allāhu bi-hi baʿḍakum ʿalá baʿḍin lil-rijāli naṣībun mimmā iktasabū wa-lil-nisāʾi naṣībun mimmā iktasabna wa-isʾalū Allāha min faḍlihi inna Allāha kāna bi-kulli shayʾin ʿalīman 4:33 wa-li-kullin jaʿalnā mawāliya mimmā taraka al-wālidāni wa-al-aqrabūna wa-al-ladhīna ʿaqadat aymānukum fa-ātūhum naṣībahum inna Allāha kāna ʿalá kulli shayʾin shahīdan 4:34 al-rijālu qawwāmūna ʿalá al-nisāʾi bi-mā faḍḍala Allāhu baʿḍahum ʿalá baʿḍin wa-bi-mā anfaqū min amwālihim fa-al-ṣāliḥātu qānitātun ḥāfiẓātun lil-ghaybi bi-mā ḥafiẓa Allāhu wa-al-lātī takhāfūna nushūzahunna fa-ʿiẓūhunna wa-uhjurūhunna fī al-maḍājiʿi wa-iḍribūhunna fa-in aṭaʿnakum fa-lā tabghū ʿalayhinna sabīlan inna Allāha kāna ʿalīyan kabīran 4:35 wa-in khiftum shiqāqa baynihimā fa-ibʿathū ḥakaman min ahlihi wa-ḥakaman min ahlihā in yurīdā iṣlāḥan yuwaffiqi Allāhu baynahumā inna Allāha kāna ʿalīman khabīran 4:36 wa-uʿbudū Allāha wa-lā tushrikū bi-hi shayʾan wa-bi-al-wālidayni iḥsānan wa-bi-dhī al-qurbá wa-al-yatāmá wa-al-masākīni wa-al-jāri dhī al-qurbá wa-al-jāri al-junubi wa-al-ṣāḥibi bi-al-janbi wa-ibni al-sabīli wa-mā malakat aymānukum inna Allāha lā yuḥibbu man kāna mukhtālan fakhūran 4:37 al-ladhīna yabkhalūna wa-yaʾmurūna al-nāsa bi-al-bukhli wa-yaktumūna mā ātāhumu Allāhu min faḍlihi wa-aʿtadnā lil-kāfirīna ʿadhāban muhīnan 4:38 wa-al-ladhīna yunfiqūna amwālahum riʾāʾa al-nāsi wa-lā yuʾminūna billāhi wa-lā bi-al-yawmi al-ākhiri wa-man yakuni al-shayṭānu lahu qarīnan fa-sāʾa qarīnan 4:39 wa-mādhā ʿalayhim law āmanū billāhi wa-al-yawmi al-ākhiri wa-anfaqū mimmā razaqahumu Allāhu wa-kāna Allāhu bi-him ʿalīman 4:40 inna Allāha lā yaẓlimu mithqāla dharratin wa-in taku ḥasanatan yuḍāʿifhā wa-yuʾti min ladunhu ajran ʿaẓīman 4:41 fa-kayfa idhā jiʾnā min kulli ummatin bi-shahīdin wa-jiʾnā bika ʿalá hāʾulāʾi shahīdan 4:42 yawmaʾidhin yawaddu al-ladhīna kafarū wa-ʿaṣawu al-rasūla law tusawwá bi-himu al-arḍu wa-lā yaktumūna Allāha ḥadīthan 4:43 yā ayyuhā al-ladhīna āmanū lā taqrabū al-ṣalāta wa-antum sukārá ḥattá taʿlamū mā taqūlūna wa-lā junuban illā ʿābirī sabīlin ḥattá taghtasilū wa-in kuntum marḍá aw ʿalá safarin aw jāʾa aḥadun minkum mina al-ghāʾiṭi aw lāmastumu al-nisāʾa fa-lam tajidū māʾan fa-tayammamū ṣaʿīdan ṭayyiban fa-imsaḥū bi-wujūhikum wa-aydīkum inna Allāha kāna ʿafūwan ghafūran 4:44 a-lam tara ilá al-ladhīna ūtū naṣīban mina al-kitābi yashtarūna al-ḍalālata wa-yurīdūna an taḍillū al-sabīla 4:45 wallāhu aʿlamu bi-aʿdāʾikum wa-kafá billāhi walīyan wa-kafá billāhi naṣīran 4:46 mina al-ladhīna hādū yuḥarrifūna al-kalima ʿan mawāḍiʿihi wa-yaqūlūna samiʿnā wa-ʿaṣaynā wa-ismaʿ ghayra musmaʿin wa-rāʿinā layyan bi-alsinatihim wa-ṭaʿnan fī al-dīni wa-law annahum qālū samiʿnā wa-aṭaʿnā wa-ismaʿ wa-unẓurnā la-kāna khayran lahum wa-aqwama wa-lākin laʿanahumu Allāhu bi-kufrihim fa-lā yuʾminūna illā qalīlan 4:47 yā ayyuhā al-ladhīna ūtū al-kitāba āminū bi-mā nazzalnā muṣaddiqan li-mā maʿakum min qabli an naṭmisa wujūhan fa-naruddahā ʿalá adbārihā aw nalʿanahum ka-mā laʿannā aṣḥāba al-sabti wa-kāna amru Allāhi mafʿūlan 4:48 inna Allāha lā yaghfiru an yushraka bi-hi wa-yaghfiru mā dūna dhālika li-man yashāʾu wa-man yushrik billāhi fa-qadi iftará ithman ʿaẓīman 4:49 a-lam tara ilá al-ladhīna yuzakkūna anfusahum bali Allāhu yuzakkī man yashā'u wa-lā yuẓlamūna fatīlan 4:50 unẓur kayfa yaftarūna ʿalá Allāhi al-kadhiba wa-kafá bi-hi ithman mubīnan 4:51 a-lam tara ilá al-ladhīna ūtū naṣīban mina al-kitābi yu'minūna bi-al-jibti wa-al-ṭāghūti wa-yaqūlūna lil-ladhīna kafarū hā'ulā'i ahdá mina al-ladhīna āmanū sabīlan 4:52 ulā'ika al-ladhīna laʿanahumu Allāhu wa-man yalʿani Allāhu fa-lan tajida lahu naṣīran 4:53 am lahum naṣībun mina al-mulki fa-idhan lā yu'tūna al-nāsa naqīran 4:54 am yaḥsudūna al-nāsa ʿalá mā ātāhumu Allāhu min faḍlihi fa-qad ātaynā āla Ibrāhīma al-kitāba wa-al-ḥikmata wa-ātaynāhum mulkan ʿaẓīman 4:55 fa-minhum man āmana bi-hi wa-minhum man ṣadda ʿanhu wa-kafá bi-jahannama saʿīran 4:56 inna al-ladhīna kafarū bi-āyātinā sawfa nuṣlīhim nāran kullamā naḍijat julūduhum baddalnāhum julūdan ghayrahā li-yadhūqū al-ʿadhāba inna Allāha kāna ʿazīzan ḥakīman 4:57 wa-al-ladhīna āmanū wa-ʿamilū al-ṣāliḥāti sa-nudkhiluhum jannātin tajrī min taḥtihā al-anhāru khālidīna fīhā abadan lahum fīhā azwājun muṭahharatun wa-nudkhiluhum ẓillan ẓalīlan 4:58 inna Allāha ya'murukum an tu'addū al-āmānāti ilá ahlihā wa-idhā ḥakamtum bayna al-nāsi an taḥkumū bi-al-ʿadli inna Allāha niʿimma yaʿiẓukum bi-hi inna Allāha kāna samīʿan baṣīran 4:59 yā ayyuhā al-ladhīna āmanū aṭīʿū Allāha wa-aṭīʿū al-rasūla wa-ulī al-amri minkum fa-in tanāzaʿtum fī shay'in fa-rudddūhu ilá Allāhi wa-al-rasūli in kuntum tu'minūna billāhi wa-al-yawmi al-ākhiri dhālika khayrun wa-aḥsanu ta'wīlan 4:60 a-lam tara ilá al-ladhīna yazʿumūna annahum āmanū bi-mā unzila ilayka wa-mā unzila min qablika yurīdūna an yataḥākamū ilá al-ṭāghūti wa-qad umirū an yakfurū bi-hi wa-yurīdu al-shayṭānu an yuḍillahum ḍalālan baʿīdan 4:61 wa-idhā qīla lahum taʿālaw ilá mā anzala Allāhu wa-ilá al-rasūli ra'ayta al-munāfiqīna yaṣuddūna ʿanka ṣudūdan 4:62 fa-kayfa idhā aṣābat'hum muṣībatun bi-mā qaddamat aydīhim thumma jā'ūka yaḥlifūna billāhi in aradnā illā iḥsānan wa-tawfīqan 4:63 ulā'ika al-ladhīna yaʿlamu Allāhu mā fī qulūbihim fa-aʿriḍ ʿanhum wa-ʿiẓhum wa-qul lahum fī anfusihim qawlan balīghan 4:64 wa-mā arsalnā min rasūlin illā li-yuṭāʿa bi-idhni Allāhi wa-law annahum idh ẓalamū anfusahum jā'ūka fa-istaghfarū Allāha wa-istaghfara lahumu al-rasūlu la-wajadū Allāha tawwāban raḥīman 4:65 fa-lā wa-rabbika lā yu'minūna ḥattá yuḥakkimūka fī-mā shajara baynahum thumma lā yajidū fī anfusihim ḥarajan mimmā qaḍayta wa-yusallimū taslīman 4:66 wa-law annā katabnā ʿalayhim ani uqtulū anfusakum awi ukhrujū min diyārikum mā faʿalūhu illā qalīlun minhum wa-law annahum faʿalū mā yūʿaẓūna bi-hi la-kāna khayran lahum wa-ashadda tathbītan 4:67 wa-idhan la-ātaynāhum min ladunnā ajran ʿaẓīman 4:68 wa-la-hadaynāhum ṣirāṭan mustaqīman 4:69 wa-man yuṭiʿi Allāha wa-al-rasūla fa-ulā'ika maʿa al-ladhīna anʿama Allāhu ʿalayhim mina al-nabīyīna wa-al-ṣiddīqīna wa-al-shuhadā'i wa-al-ṣāliḥīna wa-ḥasuna ulā'ika rafīqan 4:70 dhālika al-faḍlu mina Allāhi wa-kafá billāhi ʿalīman 4:71 yā ayyuhā al-ladhīna āmanū khudhū ḥidhrakum fa-unfirū thubātin awi unfirū jamīʿan 4:72 wa-inna minkum la-man la-yubaṭṭi'anna fa-in aṣābatkum muṣībatun qāla qad anʿama Allāhu ʿalayya idh lam akun maʿahum shahīdan 4:73 wa-la-in aṣābakum faḍlun mina Allāhi la-yaqūlanna ka-an lam takun baynakum wa-baynahu mawaddatun yā laytanī kuntu maʿahum fa-afūza fawzan ʿaẓīman 4:74 fa-li-yuqātil fī sabīli Allāhi al-ladhīna yashrūna al-ḥayāta al-dunyā bi-al-ākhirati wa-man yuqātil fī sabīli Allāhi fa-yuqtal aw yaghlib fa-sawfa nu'tīhi ajran ʿaẓīman 4:75 wa-mā lakum lā tuqātilūna fī sabīli Allāhi wa-al-mustaḍʿafīna mina al-rijāli wa-al-nisā'i wal-al-wildāni al-ladhīna yaqūlūna rabbanā akhrijnā min hādhihi al-qaryati al-ẓālimi ahluhā wa-ijʿal lanā min ladunka walīyan wa-ijʿal lanā min ladunka naṣīran 4:76 al-ladhīna āmanū yuqātilūna fī sabīli Allāhi wa-al-ladhīna kafarū yuqātilūna fī sabīli al-ṭāghūti fa-qātilū awliyā'a al-shayṭāni inna kayda al-shayṭāni kāna ḍaʿīfan 4:77 a-lam tara ilá al-ladhīna qīla lahum kuffū aydiyakum wa-aqīmū al-ṣalāta wa-ātū al-zakāta fa-lammā kutiba ʿalayhimu al-qitālu idhā farīqun minhum yakhshawna al-nāsa ka-khashyati Allāhi aw ashadda khashyatan wa-qālū rabbanā li-ma katabta ʿalaynā al-qitāla lawlā akhkhartanā ilá ajalin qarībin qul matāʿu al-dunyā qalīlun wa-al-ākhiratu khayrun li-mani ittaqá wa-lā tuẓlamūna fatīlan 4:78 aynamā takūnū yudrikkumu al-mawtu wa-law kuntum fī burūjin mushayyadatin wa-in tuṣibhum ḥasanatun yaqūlū hādhihi min ʿindi Allāhi wa-in tuṣibhum sayyiʾatun yaqūlū hādhihi min ʿindika qul kullun min ʿindi Allāhi fa-māli hāʾulāʾi al-qawmi lā yakādūna yafqahūna ḥadīthan 4:79 mā aṣābaka min ḥasanatin fa-mina Allāhi wa-mā aṣābaka min sayyiʾatin fa-min nafsika wa-arsalnāka lil-nāsi rasūlan wa-kafá billāhi shahīdan 4:80 man yuṭiʿi al-rasūla fa-qad aṭāʿa Allāha wa-man tawallá fa-mā arsalnāka ʿalayhim ḥafīẓan 4:81 wa-yaqūlūna ṭāʿatun fa-idhā barazū min ʿindika bayyata ṭāʾifatun minhum ghayra al-ladhī taqūlu wallāhu yaktubu mā yubayyitūna fa-aʿriḍ ʿanhum wa-tawakkal ʿalá Allāhi wa-kafá billāhi wakīlan 4:82 a-fa-lā yatadabbarūna al-Qurʾāna wa-law kāna min ʿindi ghayri Allāhi la-wajadū fīhi ikhtilāfan kathīran 4:83 wa-idhā jāʾahum amrun mina al-amni awi al-khawfi adhāʿū bi-hi wa-law raddūhu ilá al-rasūli wa-ilá ulī al-amri minhum la-ʿalimahu al-ladhīna yastanbiṭūnahu minhum wa-lawlā faḍlu Allāhi ʿalaykum wa-raḥmatuhu la-ittabaʿtumu al-shayṭāna illā qalīlan 4:84 fa-qātil fī sabīli Allāhi lā tukallafu illā nafsaka wa-ḥarriḍi al-muʾminīna ʿasá Allāhu an yakuffa baʾsa al-ladhīna kafarū wallāhu ashaddu baʾsan wa-ashaddu tankīlan 4:85 man yashfaʿ shafāʿatan ḥasanatan yakun lahu naṣībun minhā wa-man yashfaʿ shafāʿatan sayyiʾatan yakun lahu kiflun minhā wa-kāna Allāhu ʿalá kulli shayʾin muqītan 4:86 wa-idhā ḥuyyītum bi-taḥīyatin fa-ḥayyū bi-aḥsana minhā aw ruddūhā inna Allāha kāna ʿalá kulli shayʾin ḥasīban 4:87 Allāhu lā ilāha illā huwa la-yajmaʿannakum ilá yawmi al-qiyāmati lā rayba fīhi wa-man aṣdaqu mina Allāhi ḥadīthan 4:88 fa-mā lakum fī al-munāfiqīna fiʾatayni wallāhu arkasahum bi-mā kasabū a-turīdūna an tahdū man aḍalla Allāhu wa-man yuḍlili Allāhu fa-lan tajida lahu sabīlan 4:89 waddū law takfurūna ka-mā kafarū fa-takūnūna sawāʾan fa-lā tattakhidhū minhum awliyāʾa ḥattá yuhājirū fī sabīli Allāhi fa-in tawallaw fa-khudhūhum wa-uqtulūhum ḥaythu wajadtumūhum wa-lā tattakhidhū minhum walīyan wa-lā naṣīran 4:90 illā al-ladhīna yaṣilūna ilá qawmin baynakum wa-baynahum mīthāqun aw jāʾūkum ḥaṣirat ṣudūruhum an yuqātilūkum aw yuqātilū qawmahum wa-law shāʾa Allāhu la-sallaṭahum ʿalaykum fa-la-qātalūkum fa-ini iʿtazalūkum fa-lam yuqātilūkum wa-alqaw ilaykumu al-salama fa-mā jaʿala Allāhu lakum ʿalayhim sabīlan 4:91 sa-tajidūna ākharīna yurīdūna an yaʾmanūkum wa-yaʾamanū qawmahum kulla mā ruddū ilá al-fitnati urkisū fīhā fa-in lam yaʿtazilūkum wa-yulqū ilaykumu al-salama wa-yakuffū aydiyahum fa-khudhūhum wa-uqtulūhum ḥaythu thaqiftumūhum wa-ulāʾikum jaʿalnā lakum ʿalayhim sulṭānan mubīnan 4:92 wa-mā kāna li-muʾminin an yaqtula muʾminan illā khaṭaʾan wa-man qatala muʾminan khaṭaʾan fa-taḥrīru raqabatin muʾminatin wa-diyatun musallamatun ilá ahlihi illā an yaṣṣaddaqū fa-in kāna min qawmin ʿadūwin lakum wa-huwa muʾminun fa-taḥrīru raqabatin muʾminatin wa-in kāna min qawmin baynakum wa-baynahum mīthāqun fa-diyatun musallamatun ilá ahlihi wa-taḥrīru raqabatin muʾminatin fa-man lam yajid fa-ṣiyāmu shahrayni mutatābiʿayni tawbatan mina Allāhi wa-kāna Allāhu ʿalīman ḥakīman 4:93 wa-man yaqtul muʾminan mutaʿammidan fa-jazāʾuhu jahannamu khālidan fīhā wa-ghaḍiba Allāhu ʿalayhi wa-laʿanahu wa-aʿadda lahu ʿadhāban ʿaẓīman 4:94 yā ayyuhā al-ladhīna āmanū idhā ḍarabtum fī sabīli Allāhi fa-tabayyanū wa-lā taqūlū li-man alqá ilaykumu al-salāma lasta muʾminan tabtaghūna ʿaraḍa al-ḥayāti al-dunyā fa-ʿinda Allāhi maghānimu kathīratun kadhālika kuntum min qablu fa-manna Allāhu ʿalaykum fa-tabayyanū inna Allāha kāna bi-mā taʿmalūna khabīran 4:95 lā yastawī al-qāʿidūna mina al-muʾminīna ghayru ulī al-ḍarari wa-al-mujāhidūna fī sabīli Allāhi bi-amwālihim wa-anfusihim faḍḍala Allāhu al-mujāhidīna bi-amwālihim wa-anfusihim ʿalá al-qāʿidīna darajatan wa-kullan waʿada Allāhu al-ḥusná wa-faḍḍala Allāhu al-mujāhidīna ʿalá al-qāʿidīna ajran ʿaẓīman 4:96 darajātin minhu wa-maghfiratan wa-raḥmatan wa-kāna Allāhu ghafūran raḥīman 4:97 inna al-ladhīna tawaffāhumu al-malāʾikatu ẓālimī anfusihim qālū fīma kuntum qālū kunnā mustaḍʿafīna fī al-arḍi qālū a-lam takun arḍu Allāhi wāsiʿatan fa-tuhājirū fīhā fa-ulāʾika maʾwāhum jahannamu wa-sāʾat maṣīran 4:98 illā al-mustaḍʿafīna mina al-rijāli wa-al-nisāʾi wa-al-wildāni lā yastaṭīʿūna ḥīlatan wa-lā yahtadūna sabīlan 4:99 fa-ulāʾika ʿasá Allāhu an yaʿfuwa ʿanhum wa-kāna Allāhu ʿafūwan ghafūran 4:100 wa-man yuhājir fī sabīli Allāhi yajid fī al-arḍi murāghaman kathīran wa-saʿatan wa-man yakhruj min baytihi muhājiran ilá Allāhi wa-rasūlihi thumma yudrik'hu al-mawtu fa-qad waqaʿa ajruhu ʿalá Allāhi wa-kāna Allāhu ghafūran raḥīman 4:101 wa-idhā ḍarabtum fī al-arḍi fa-laysa ʿalaykum junāḥun an taqṣurū mina al-ṣalāti in khiftum an yaftinakumu al-ladhīna kafarū inna al-kāfirīna kānū lakum ʿaduwwan mubīnan 4:102 wa-idhā kunta fīhim fa-aqamta lahumu al-ṣalāta fa-li-taqum ṭāʾifatun minhum maʿaka wa-li-yaʾkhudhū asliḥatahum fa-idhā sajadū fa-li-yakūnū min warāʾikum wa-li-taʾti ṭāʾifatun ukhrá lam yuṣallū fa-li-yuṣallū maʿaka wa-li-yaʾkhudhū ḥidhrahum wa-asliḥatahum wadda al-ladhīna kafarū law taghfulūna ʿan asliḥatikum wa-amtiʿatikum fa-yamīlūna ʿalaykum maylatan wāḥidatan wa-lā junāḥa ʿalaykum in kāna bikum adhan min maṭarin aw kuntum marḍá an taḍaʿū asliḥatakum wa-khudhū ḥidhrakum inna Allāha aʿadda lil-kāfirīna ʿadhāban muhīnan 4:103 fa-idhā qaḍaytumu al-ṣalāta fa-udhkurū Allāha qiyāman wa-quʿūdan wa-ʿalá junūbikum fa-idhā iṭmaʾnantum fa-aqīmū al-ṣalāta inna al-ṣalāta kānat ʿalá al-muʾminīna kitāban mawqūtan 4:104 wa-lā tahinū fī ibtighāʾi al-qawmi in takūnū taʾlamūna fa-innahum yaʾlamūna ka-mā taʾlamūna wa-tarjūna mina Allāhi mā lā yarjūna wa-kāna Allāhu ʿalīman ḥakīman 4:105 innā anzalnā ilayka al-kitāba bi-al-ḥaqqi li-taḥkuma bayna al-nāsi bi-mā arāka Allāhu wa-lā takun lil-khāʾinīna khaṣīman 4:106 wa-istaghfiri Allāha inna Allāha kāna ghafūran raḥīman 4:107 wa-lā tujādil ʿani al-ladhīna yakhtānūna anfusahum inna Allāha lā yuḥibbu man kāna khawwānan athīman 4:108 yastakhfūna mina al-nāsi wa-lā yastakhfūna mina Allāhi wa-huwa maʿahum idh yubayyitūna mā lā yarḍá mina al-qawli wa-kāna Allāhu bi-mā yaʿmalūna muḥīṭan 4:109 hā antum hāʾulāʾi jādaltum ʿanhum fī al-ḥayāti al-dunyā fa-man yujādilu Allāha ʿanhum yawma al-qiyāmati am man yakūnu ʿalayhim wakīlan 4:110 wa-man yaʿmal sūʾan aw yaẓlim nafsahu thumma yastaghfiri Allāha yajidi Allāha ghafūran raḥīman 4:111 wa-man yaksib ithman fa-innamā yaksibuhu ʿalá nafsihi wa-kāna Allāhu ʿalīman ḥakīman 4:112 wa-man yaksib khaṭīʾatan aw ithman thumma yarmi bi-hi barīʾan fa-qadi iḥtamala buhtānan wa-ithman mubīnan 4:113 wa-lawlā faḍlu Allāhi ʿalayka wa-raḥmatuhu la-hammat ṭāʾifatun minhum an yuḍillūka wa-mā yuḍillūna illā anfusahum wa-mā yaḍurrūnaka min shayʾin wa-anzala Allāhu ʿalayka al-kitāba wa-al-ḥikmata wa-ʿallamaka mā lam takun taʿlamu wa-kāna faḍlu Allāhi ʿalayka ʿaẓīman 4:114 lā khayra fī kathīrin min najwāhum illā man amara bi-ṣadaqatin aw maʿrūfin aw iṣlāḥin bayna al-nāsi wa-man yafʿal dhālika ibtighāʾa marḍāti Allāhi fa-sawfa nuʾtīhi ajran ʿaẓīman 4:115 wa-man yushāqiqi al-rasūla min baʿdi mā tabayyana lahu al-hudá wa-yattabiʿ ghayra sabīli al-muʾminīna nuwallihi mā tawallá wa-nuṣlihi jahannama wa-sāʾat maṣīran 4:116 inna Allāha lā yaghfiru an yushraka bi-hi wa-yaghfiru mā dūna dhālika li-man yashāʾu wa-man yushrik billāhi fa-qad ḍalla ḍalālan baʿīdan 4:117 in yadʿūna min dūnihi illā ināthan wa-in yadʿūna illā shayṭānan marīdan 4:118 laʿanahu Allāhu wa-qāla la-attakhidhanna min ʿibādika naṣīban mafrūḍan 4:119 wa-la-uḍillannahum wa-la-umanniyannahum wa-la-āmurannahum fa-li-yubattikunna adhāna al-anʿāmi wa-la-āmurannahum fa-la-yughayyirunna khalqa Allāhi wa-man yattakhidhi al-shayṭāna walīyan min dūni Allāhi fa-qad khasira khusrānan mubīnan 4:120 yaʿiduhum wa-yumannīhim wa-mā yaʿiduhumu al-shayṭānu illā ghurūran 4:121 ulāʾika maʾwāhum jahannamu wa-lā yajidūna ʿanhā maḥīṣan 4:122

wa-al-ladhīna āmanū wa-ʿamilū al-ṣāliḥāti sa-nudkhiluhum jannātin tajrī min taḥtihā al-anhāru khālidīna fīhā abadan waʿda Allāhi ḥaqqan wa-man aṣdaqu mina Allāhi qīlan 4:123 laysa bi-amānīyikum wa-lā amānīyi ahli al-kitābi man yaʿmal sūʾan yujza bi-hi wa-lā yajid lahu min dūni Allāhi walīyan wa-lā naṣīran 4:124 wa-man yaʿmal mina al-ṣāliḥāti min dhakarin aw unthá wa-huwa muʾminun fa-ulāʾika yadkhulūna al-jannata wa-lā yuẓlamūna naqīran 4:125 wa-man aḥsanu dīnan miman aslama wajhahu lillāhi wa-huwa muḥsinun wa-ittabaʿa millata Ibrāhīma ḥanīfan wa-ittakhadha Allāhu Ibrāhīma khalīlan 4:126 wa-lillāhi mā fī al-samāwāti wa-mā fī al-arḍi wa-kāna Allāhu bi-kulli shayʾin muḥīṭan 4:127 wa-yastaftūnaka fī al-nisāʾi quli Allāhu yuftīkum fīhinna wa-mā yutlá ʿalaykum fī al-kitābi fī yatāmá al-nisāʾi al-lātī lā tuʾtūnahunna mā kutiba lahunna wa-targhabūna an tankiḥūhunna wa-al-mustaḍʿafīna mina al-wildāni wa-an taqūmū lil-yatāmá bi-al-qisṭi wa-mā tafʿalū min khayrin fa-inna Allāha kāna bi-hi ʿalīman 4:128 wa-ini imraʾatun khāfat min baʿlihā nushūzan aw iʿrāḍan fa-lā junāḥa ʿalayhimā an yuṣliḥā baynahumā ṣulḥan wa-al-ṣulḥu khayrun wa-uḥḍirati al-anfusu al-shuḥḥa wa-in tuḥsinū wa-tattaqū fa-inna Allāha kāna bi-mā taʿmalūna khabīran 4:129 wa-lan tastaṭīʿū an taʿdilū bayna al-nisāʾi wa-law ḥaraṣtum fa-lā tamīlū kulla al-mayli fa-tadharūhā ka-al-muʿallaqati wa-in tuṣliḥū wa-tattaqū fa-inna Allāha kāna ghafūran raḥīman 4:130 wa-in yatafarraqā yughni Allāhu kullan min saʿatihi wa-kāna Allāhu wāsiʿan ḥakīman 4:131 wa-lillāhi mā fī al-samāwāti wa-mā fī al-arḍi wa-laqad waṣṣaynā al-ladhīna ūtū al-kitāba min qablikum wa-iyyākum ani ittaqū Allāha wa-in takfurū fa-inna lillāhi mā fī al-samāwāti wa-mā fī al-arḍi wa-kāna Allāhu ghanīyan ḥamīdan 4:132 wa-lillāhi mā fī al-samāwāti wa-mā fī al-arḍi wa-kafá billāhi wakīlan 4:133 in yashaʾa yudhhibkum ayyuhā al-nāsu wa-yaʾti bi-ākharīna wa-kāna Allāhu ʿalá dhālika qadīran 4:134 man kāna yurīdu thawāba al-dunyā fa-ʿinda Allāhi thawābu al-dunyā wa-al-ākhirati wa-kāna Allāhu samīʿan baṣīran 4:135 yā ayyuhā al-ladhīna āmanū kūnū qawwāmīna bi-al-qisṭi shuhadāʾa lillāhi wa-law ʿalá anfusikum awi al-wālidayni wa-al-aqrabīna in yakun ghanīyan aw faqīran fallāhu awlá bi-himā fa-lā tattabiʿū al-hawá an taʿdilū wa-in talwū aw tuʿriḍū fa-inna Allāha kāna bi-mā taʿmalūna khabīran 4:136 yā ayyuhā al-ladhīna āmanū āminū billāhi wa-rasūlihi wa-al-kitābi al-ladhī nazzala ʿalá rasūlihi wa-al-kitābi al-ladhī anzala min qablu wa-man yakfur billāhi wa-malāʾikatihi wa-kutubihi wa-rusulihi wa-al-yawmi al-ākhiri fa-qad ḍalla ḍalālan baʿīdan 4:137 inna al-ladhīna āmanū thumma kafarū thumma āmanū thumma kafarū thumma izdādū kufran lam yakuni Allāhu li-yaghfira lahum wa-lā li-yahdiyahum sabīlan 4:138 bashshiri al-munāfiqīna bi-anna lahum ʿadhāban alīman 4:139 al-ladhīna yattakhidhūna al-kāfirīna awliyāʾa min dūni al-muʾminīna a-yabtaghūna ʿindahumu al-ʿizzata fa-inna al-ʿizzata lillāhi jamīʿan 4:140 wa-qad nazzala ʿalaykum fī al-kitābi an idhā samiʿtum āyāti Allāhi yukfaru bi-hā wa-yustahzaʾu bi-hā fa-lā taqʿudū maʿahum ḥattá yakhūḍū fī ḥadīthin ghayrihi innakum idhan mithluhum inna Allāha jāmiʿu al-munāfiqīna wa-al-kāfirīna fī jahannama jamīʿan 4:141 al-ladhīna yatarabbaṣūna bikum fa-in kāna lakum fatḥun mina Allāhi qālū a-lam nakun maʿakum wa-in kāna lil-kāfirīna naṣībun qālū a-lam nastaḥwidh ʿalaykum wa-namnaʿkum mina al-muʾminīna fallāhu yaḥkumu baynakum yawma al-qiyāmati wa-lan yajʿala Allāhu lil-kāfirīna ʿalá al-muʾminīna sabīlan 4:142 inna al-munāfiqīna yukhādiʿūna Allāha wa-huwa khādiʿuhum wa-idhā qāmū ilá al-ṣalāti qāmū kusālá yurāʾūna al-nāsa wa-lā yadhkurūna Allāha illā qalīlan 4:143 mudhabdhabīna bayna dhālika lā ilá hāʾulāʾi wa-lā ilá hāʾulāʾi wa-man yuḍlili Allāhu fa-lan tajida lahu sabīlan 4:144 yā ayyuhā al-ladhīna āmanū lā tattakhidhū al-kāfirīna awliyāʾa min dūni al-muʾminīna a-turīdūna an tajʿalū lillāhi ʿalaykum sulṭānan mubīnan 4:145 inna al-munāfiqīna fī al-darki al-asfali mina al-nāri wa-lan tajida lahum naṣīran 4:146 illā al-ladhīna tābū wa-aṣlaḥū wa-iʿtaṣamū billāhi wa-akhlaṣū dīnahum lillāhi fa-ulāʾika maʿa al-muʾminīna wa-sawfa yuʾti Allāhu al-mu'minīna ajran ʿaẓīman 4:147 mā yafʿalu Allāhu bi-ʿadhābikum in shakartum wa-āmantum wa-kāna Allāhu shākiran ʿalīman 4:148 lā yuḥibbu Allāhu al-jahra bi-al-sūʾi mina al-qawli illā man ẓulima wa-kāna Allāhu samīʿan ʿalīman 4:149 in tubdū khayran aw tukhfūhu aw taʿfū ʿan sūʾin fa-inna Allāha kāna ʿafūwan qadīran 4:150 inna al-ladhīna yakfurūna billāhi wa-rusulihi wa-yurīdūna an yufarriqū bayna Allāhi wa-rusulihi wa-yaqūlūna nuʾminu bi-baʿḍin wa-nakfuru bi-baʿḍin wa-yurīdūna an yattakhidhū bayna dhālika sabīlan 4:151 ulāʾika humu al-kāfirūna ḥaqqan wa-aʿtadnā lil-kāfirīna ʿadhāban muhīnan 4:152 wa-al-ladhīna āmanū billāhi wa-rusulihi wa-lam yufarriqū bayna aḥadin minhum ulāʾika sawfa yuʾtīhim ujūrahum wa-kāna Allāhu ghafūran raḥīman 4:153 yasʾaluka ahlu al-kitābi an tunazzila ʿalayhim kitāban mina al-samāʾi fa-qad saʾalū Mūsá akbara min dhālika fa-qālū arinā Allāha jahratan fa-akhadhatʾhumu al-ṣāʿiqatu bi-ẓulmihim thumma ittakhadhū al-ʿijla min baʿdi mā jāʾatʾhumu al-bayyinātu fa-ʿafawnā ʿan dhālika wa-ātaynā Mūsá sulṭānan mubīnan 4:154 wa-rafaʿnā fawqahumu al-ṭūra bi-mīthāqihim wa-qulnā lahumu udkhulū al-bāba sujjadan wa-qulnā lahum lā taʿdū fī al-sabti wa-akhadhnā minhum mīthāqan ghalīẓan 4:155 fa-bi-mā naqḍihim mīthāqahum wa-kufrihim bi-āyāti Allāhi wa-qatlihimu al-anbiyāʾa bi-ghayri ḥaqqin wa-qawlihim qulūbunā ghulfun bal ṭabaʿa Allāhu ʿalayhā bi-kufrihim fa-lā yuʾminūna illā qalīlan 4:156 wa-bikufrihim wa-qawlihim ʿalá Maryama buhtānan ʿaẓīman 4:157 wa-qawlihim innā qatalnā al-masīḥa ʿĪsá ibna Maryama rasūla Allāhi wa-mā qatalūhu wa-mā ṣalabūhu wa-lākin shubbiha lahum wa-inna al-ladhīna ikhtalafū fīhi la-fī shakkin minhu mā lahum bi-hi min ʿilmin illā ittibāʿa al-ẓanni wa-mā qatalūhu yaqīnan 4:158 bal rafaʿahu Allāhu ilayhi wa-kāna Allāhu ʿazīzan ḥakīman 4:159 wa-in min ahli al-kitābi illā la-yuʾminanna bi-hi qabla mawtihi wa-yawma al-qiyāmati yakūnu ʿalayhim shahīdan 4:160 fa-bi-ẓulmin mina al-ladhīna hādū ḥarramnā ʿalayhim ṭayyibātin uḥillat lahum wa-bi-ṣaddihim ʿan sabīli Allāhi kathīran 4:161 wa-akhdhihimu al-ribā wa-qad nuhū ʿanhu wa-aklihim amwāla al-nāsi bi-al-bāṭili wa-aʿtadnā lil-kāfirīna minhum ʿadhāban alīman 4:162 lākini al-rāsikhūna fī al-ʿilmi minhum wa-almuʾminūna yuʾminūna bi-mā unzila ilayka wa-mā unzila min qablika wa-al-muqīmīna al-ṣalāta wa-al-mūʾtūna al-zakāta wa-almuʾminūna billāhi wa-al-yawmi al-ākhiri ulāʾika sa-nuʾtīhim ajran ʿaẓīman 4:163 innā awḥaynā ilayka ka-mā awḥaynā ilá Nūḥin wa-al-nabīyīna min baʿdihi wa-awḥaynā ilá Ibrāhīma wa-Ismāʿīla wa-Isḥāqa wa-Yaʿqūba wa-al-asbāṭi wa-ʿĪsá wa-Ayyūba wa-Yūnusa wa-Hārūna wa-Sulaymāna wa-ātaynā Dāwūda zabūran 4:164 wa-rusulan qad qaṣaṣnāhum ʿalayka min qablu wa-rusulan lam naqṣuṣhum ʿalayka wa-kallama Allāhu Mūsá taklīman 4:165 rusulan mubashshirīna wa-mundhirīna li-allā yakūna lil-nāsi ʿalá Allāhi ḥujjatun baʿda al-rusuli wa-kāna Allāhu ʿazīzan ḥakīman 4:166 lākini Allāhu yashhadu bi-mā anzala ilayka anzalahu bi-ʿilmihi wa-al-malāʾikatu yashhadūna wa-kafá billāhi shahīdan 4:167 inna al-ladhīna kafarū wa-ṣaddū ʿan sabīli Allāhi qad ḍallū ḍalālan baʿīdan 4:168 inna al-ladhīna kafarū wa-ẓalamū lam yakuni Allāhu li-yaghfira lahum wa-lā li-yahdiyahum ṭarīqan 4:169 illā ṭarīqa jahannama khālidīna fīhā abadan wa-kāna dhālika ʿalá Allāhi yasīran 4:170 yā ayyuhā al-nāsu qad jāʾakumu al-rasūlu bi-al-ḥaqqi min rabbikum fa-āminū khayran lakum wa-in takfurū fa-inna lillāhi mā fī al-samāwāti wa-al-arḍi wa-kāna Allāhu ʿalīman ḥakīman 4:171 yā ahla al-kitābi lā taghlū fī dīnikum wa-lā taqūlū ʿalá Allāhi illā al-ḥaqqa innamā al-masīḥu ʿĪsá ibnu Maryama rasūlu Allāhi wa-kalimatuhu alqāhā ilá Maryama wa-rūḥun minhu fa-āminū billāhi wa-rusulihi wa-lā taqūlū thalāthatun intahū khayran lakum innamā Allāhu ilāhun wāḥidun subḥānahu an yakūna lahu waladun lahu mā fī al-samāwāti wa-mā fī al-arḍi wa-kafá billāhi wakīlan 4:172 lan yastankifa al-masīḥu an yakūna ʿabdan lillāhi wa-lā al-malāʾikatu al-muqarrabūna wa-man yastankif ʿan ʿibādatihi wa-yastakbir fa-sa-yaḥshuruhum ilayhi jamīʿan 4:173 fa-ammā al-ladhīna āmanū wa-ʿamilū al-ṣāliḥāti fa-yuwaffīhim ujūrahum wa-yazīduhum min faḍlihi wa-ammā al-ladhīna istankafū wa-istakbarū fa-yuʿadhdhibuhum ʿadhāban alīman wa-lā yajidūna lahum min dūni Allāhi walīyan wa-lā naṣīran 4:174 yā ayyuhā al-nāsu qad jāʾakum burhānun min rabbikum wa-anzalnā ilaykum nūran mubīnan 4:175 fa-ammā al-ladhīna āmanū billāhi wa-iʿtaṣamū bi-hi fa-sa-yudkhiluhum fī raḥmatin minhu wa-faḍlin wa-yahdīhim ilayhi ṣirāṭan mustaqīman 4:176 yastaftūnaka quli Allāhu yuftīkum fī al-kalālati ini umrūʾun halaka laysa lahu waladun wa-lahu ukhtun fa-la-hā niṣfu mā taraka wa-huwa yarithuhā in lam yakun lahā waladun fa-in kānatā ithnatayni fa-lahumā al-thuluthāni mimmā taraka wa-in kānū ikhwatan rijālan wa-nisāʾan fa-lil-dhakari mithlu ḥaẓẓi al-unthayayni yubayyinu Allāhu lakum an taḍillū wallāhu bi-kulli shayʾin ʿalīmun 5:1 bismillāhi al-raḥmāni al-raḥīmi yā ayyuhā al-ladhīna āmanū awfū bi-al-ʿuqūdi uḥillat lakum bahīmatu al-anʿāmi illā mā yutlá ʿalaykum ghayra muḥillī al-ṣaydi wa-antum ḥurumun inna Allāha yaḥkumu mā yurīdu 5:2 yā ayyuhā al-ladhīna āmanū lā tuḥillū shaʿāʾira Allāhi wa-lā al-shahra al-ḥarāma wa-lā al-hadya wa-lā al-qalāʾida wa-lā āmmīna al-bayta al-ḥarāma yabtaghūna faḍlan min rabbihim wa-riḍwānan wa-idhā ḥalaltum fa-iṣṭādū wa-lā yajrimannakum shanaʾānu qawmin an ṣaddūkum ʿani al-masjidi al-ḥarāmi an taʿtadū wa-taʿāwanū ʿalá al-birri wa-al-taqwá wa-lā taʿāwanū ʿalá al-ithmi wa-al-ʿudwāni wa-ittaqū Allāha inna Allāha shadīdu al-ʿiqābi 5:3 ḥurrimat ʿalaykumu al-maytatu wa-al-damu wa-laḥmu al-khinzīri wa-mā uhilla li-ghayri Allāhi bi-hi wa-al-munkhaniqatu wa-al-mawqūdhatu wa-al-mutaraddiyatu wa-al-naṭīḥatu wa-mā akala al-sabʿu illā mā dhakkaytum wa-mā dhubiḥa ʿalá al-nuṣubi wa-an tastaqsimū bi-al-azlāmi dhālikum fisqun al-yawma yaʾisa al-ladhīna kafarū min dīnikum fa-lā takhshawhum wa-ikhshawni al-yawma akmaltu lakum dīnakum wa-atmamtu ʿalaykum niʿmatī wa-raḍītu lakumu al-Islāma dīnan fa-mani iḍṭurra fī makhmaṣatin ghayra mutajānifin li-ithmin fa-inna Allāha ghafūrun raḥīmun 5:4 yasʾalūnaka mādhā uḥilla lahum qul uḥilla lakumu al-ṭayyibātu wa-mā ʿallamtum mina al-jawāriḥi mukallibīna tuʿallimūnahunna mimmā ʿallamakumu Allāhu fa-kulū mimmā amsakna ʿalaykum wa-udhkurū isma Allāhi ʿalayhi wa-ittaqū Allāha inna Allāha sarīʿu al-ḥisābi 5:5 al-yawma uḥilla lakumu al-ṭayyibātu wa-ṭaʿāmu al-ladhīna ūtū al-kitāba ḥillun lakum wa-ṭaʿāmukum ḥillun lahum wa-al-muḥṣanātu mina al-muʾmināti wa-al-muḥṣanātu mina al-ladhīna ūtū al-kitāba min qablikum idhā ātaytumūhunna ujūrahunna muḥṣinīna ghayra musāfiḥīna wa-lā muttakhidhī akhdānin wa-man yakfur bi-al-īmāni fa-qad ḥabiṭa ʿamaluhu wa-huwa fī al-ākhirati mina al-khāsirīna 5:6 yā ayyuhā al-ladhīna āmanū idhā qumtum ilá al-ṣalāti fa-ighsilū wujūhakum wa-aydiyakum ilá al-marāfiqi wa-imsaḥū bi-ruʾūsikum wa-arjulakum ilá al-kaʿbayni wa-in kuntum junuban fa-iṭṭahharū wa-in kuntum marḍá aw ʿalá safarin aw jāʾa aḥadun minkum mina al-ghāʾiṭi aw lāmastumu al-nisāʾa fa-lam tajidū māʾan fa-tayammamū ṣaʿīdan ṭayyiban fa-imsaḥū bi-wujūhikum wa-aydīkum minhu mā yurīdu Allāhu li-yajʿala ʿalaykum min ḥarajin wa-lākin yurīdu li-yuṭahhirakum wa-li-yutimma niʿmatahu ʿalaykum laʿallakum tashkurūna 5:7 wa-udhkurū niʿmata Allāhi ʿalaykum wa-mīthāqahu al-ladhī wāthaqakum bi-hi idh qultum samiʿnā wa-aṭaʿnā wa-ittaqū Allāha inna Allāha ʿalīmun bi-dhāti al-ṣudūri 5:8 yā ayyuhā al-ladhīna āmanū kūnū qawwāmīna lillāhi shuhadāʾa bi-al-qisṭi wa-lā yajrimannakum shanaʾānu qawmin ʿalá allā taʿdilū uʿdilū huwa aqrabu lil-taqwá wa-ittaqū Allāha inna Allāha khabīrun bi-mā taʿmalūna 5:9 waʿada Allāhu al-ladhīna āmanū wa-ʿamilū al-ṣāliḥāti lahum maghfiratun wa-ajrun ʿaẓīmun 5:10 wa-al-ladhīna kafarū wa-kadhdhabū bi-āyātinā ulāʾika aṣḥābu al-jaḥīmi 5:11 yā ayyuhā al-ladhīna āmanū udhkurū niʿmata Allāhi ʿalaykum idh hamma qawmun an yabsuṭū ilaykum aydiyahum fa-kaffa aydiyahum ʿankum wa-ittaqū Allāha wa-ʿalá Allāhi fa-li-yatawakkali al-muʾminūna 5:12 wa-laqad akhadha Allāhu mīthāqa banī Isrāʾīla wa-baʿathnā minhumu ithnay ʿashara naqīban wa-qāla Allāhu innī maʿakum la-in aqamtumu al-ṣalāta wa-ātaytumu al-zakāta wa-āmantum bi-rusulī wa-ʿazzartumūhum wa-aqraḍtumu Allāha qarḍan ḥasanan la-ukaffiranna ʿankum sayyiʾātikum wa-la-udkhilannakum jannātin tajrī min taḥtihā al-anhāru fa-man kafara baʿda dhālika minkum fa-qad ḍalla sawāʾa al-sabīli 5:13 fa-bi-mā naqḍihim mīthāqahum laʿannāhum wa-jaʿalnā qulūbahum qāsiyatan yuḥarrifūna al-kalima ʿan mawāḍiʿihi wa-nasū ḥaẓẓan mimmā dhukkirū bi-hi wa-lā tazālu taṭṭaliʿu ʿalá khāʾinatin minhum illā qalīlan minhum fa-uʿfu ʿanhum wa-iṣfaḥ inna Allāha yuḥibbu al-muḥsinīna 5:14 wa-mina al-ladhīna qālū innā naṣārá akhadhnā mīthāqahum fa-nasū ḥaẓẓan mimmā dhukkirū bi-hi fa-aghraynā baynahumu al-ʿadāwata wa-al-baghḍāʾa ilá yawmi al-qiyāmati wa-sawfa yunabbiʾuhumu Allāhu bi-mā kānū yaṣnaʿūna 5:15 yā ahla al-kitābi qad jāʾakum rasūlunā yubayyinu lakum kathīran mimmā kuntum tukhfūna mina al-kitābi wa-yaʿfū ʿan kathīrin qad jāʾakum mina Allāhi nūrun wa-kitābun mubīnun 5:16 yahdī bi-hi Allāhu mani ittabaʿa riḍwānahu subula al-salāmi wa-yukhrijuhum mina al-ẓulumāti ilá al-nūri bi-idhnihi wa-yahdīhim ilá ṣirāṭin mustaqīmin 5:17 laqad kafara al-ladhīna qālū inna Allāha huwa al-masīḥu ibnu Maryama qul fa-man yamliku mina Allāhi shayʾan in arāda an yuhlika al-masīḥa ibna Maryama wa-ummahu wa-man fī al-arḍi jamīʿan wa-lillāhi mulku al-samāwāti wa-al-arḍi wa-mā baynahumā yakhluqu mā yashāʾu wallāhu ʿalá kulli shayʾin qadīrun 5:18 wa-qālati al-yahūdu wa-al-naṣārá naḥnu abnāʾu Allāhi wa-aḥibbāʾuhu qul fa-lima yuʿadhdhibukum bi-dhunūbikum bal antum basharun miman khalaqa yaghfiru li-man yashāʾu wa-yuʿadhdhibu man yashāʾu wa-lillāhi mulku al-samāwāti wa-al-arḍi wa-mā baynahumā wa-ilayhi al-maṣīru 5:19 yā ahla al-kitābi qad jāʾakum rasūlunā yubayyinu lakum ʿalá fatratin mina al-rusuli an taqūlū mā jāʾanā min bashīrin wa-lā nadhīrin fa-qad jāʾakum bashīrun wa-nadhīrun wallāhu ʿalá kulli shayʾin qadīrun 5:20 wa-idh qāla Mūsá li-qawmihi yā qawmi udhkurū niʿmata Allāhi ʿalaykum idh jaʿala fīkum anbiyāʾa wa-jaʿalakum mulūkan wa-ātākum mā lam yuʾti aḥadan mina al-ʿālamīna 5:21 yā qawmi udkhulū al-arḍa al-muqaddasata al-latī kataba Allāhu lakum wa-lā tartaddū ʿalá adbārikum fa-tanqalibū khāsirīna 5:22 qālū yā Mūsá inna fīhā qawman jabbārīna wa-innā lan nadkhulahā ḥattá yakhrujū minhā fa-in yakhrujū minhā fa-innā dākhilūna 5:23 qāla rajulāni mina al-ladhīna yakhāfūna anʿama Allāhu ʿalayhimā udkhulū ʿalayhimu al-bāba fa-idhā dakhaltumūhu fa-innakum ghālibūna wa-ʿalá Allāhi fa-tawakkalū in kuntum muʾminīna 5:24 qālū yā Mūsá innā lan nadkhulahā abadan mā dāmū fīhā fa-idhhab anta wa-rabbuka fa-qātilā innā hāhunā qāʿidūna 5:25 qāla rabbi innī lā amliku illā nafsī wa-akhī fa-ifruq baynanā wa-bayna al-qawmi al-fāsiqīna 5:26 qāla fa-innahā muḥarramatun ʿalayhim arbaʿīna sanatan yatīhūna fī al-arḍi fa-lā taʾsa ʿalá al-qawmi al-fāsiqīna 5:27 wa-utlu ʿalayhim nabaʾa ibnay Ādama bi-al-ḥaqqi idh qarrabā qurbānan fa-tuqubbila min aḥadihimā wa-lam yutaqabbal mina al-ākhari qāla la-aqtulannaka qāla innamā yataqabbalu Allāhu mina al-muttaqīna 5:28 la-in basaṭta ilayya yadaka li-taqtulanī mā anā bi-bāsiṭin yadiya ilayka li-aqtulaka innī akhāfu Allāha rabba al-ʿālamīna 5:29 innī urīdu an tabūʾa bi-ithmī wa-ithmika fa-takūna min aṣḥābi al-nāri wa-dhālika jazāʾu al-ẓālimīna 5:30 fa-ṭawwaʿat lahu nafsuhu qatla akhīhi fa-qatalahu fa-aṣbaḥa mina al-khāsirīna 5:31 fa-baʿatha Allāhu ghurāban yabḥathu fī al-arḍi li-yuriyahu kayfa yuwārī sawʾata akhīhi qāla yā waylatā a-ʿajaztu an akūna mithla hādhā al-ghurābi fa-uwāriya sawʾata akhī fa-aṣbaḥa mina al-nādimīna 5:32 min ajli dhālika katabnā ʿalá banī Isrāʾīla annahu man qatala nafsan bi-ghayri nafsin aw fasādin fī al-arḍi fa-ka-annamā qatala al-nāsa jamīʿan wa-man aḥyāhā fa-ka-annamā aḥyā al-nāsa jamīʿan wa-laqad jāʾatʾhum rusulunā bi-al-bayyināti thumma inna kathīran minhum baʿda dhālika fī al-arḍi la-musrifūna 5:33 innamā jazāʾu al-ladhīna yuḥāribūna Allāha wa-rasūlahu wa-yasʿawna fī al-arḍi fasādan an yuqattalū aw yuṣallabū aw tuqaṭṭaʿa aydīhim wa-arjuluhum min khilāfin aw yunfaw mina al-arḍi dhālika lahum khizyun fī al-dunyā wa-lahum fī al-ākhirati ʿadhābun ʿaẓīmun 5:34 illā al-ladhīna tābū min qabli an taqdirū ʿalayhim fa-iʿlamū anna Allāha ghafūrun raḥīmun 5:35 yā ayyuhā al-ladhīna āmanū ittaqū Allāha wa-ibtaghū ilayhi al-wasīlata wa-jāhidū fī sabīlihi laʿallakum tufliḥūna 5:36 inna al-ladhīna kafarū law anna lahum mā fī al-arḍi jamīʿan wa-mithlahu maʿahu li-yaftadū bi-hi min ʿadhābi yawmi al-qiyāmati mā tuqubbila minhum wa-lahum ʿadhābun alīmun 5:37 yurīdūna an yakhrujū mina al-nāri wa-mā hum bi-khārijīna minhā wa-lahum ʿadhābun muqīmun 5:38 wa-al-sāriqu wa-al-sāriqatu fa-iqṭaʿū aydiyahumā jazāʾan bi-mā kasabā nakālan mina Allāhi wallāhu ʿazīzun ḥakīmun 5:39 fa-man tāba min baʿdi ẓulmihi wa-aṣlaḥa fa-inna Allāha yatūbu ʿalayhi inna Allāha ghafūrun raḥīmun 5:40 a-lam taʿlam anna Allāha lahu mulku al-samāwāti wa-al-arḍi yuʿadhdhibu man yashāʾu wa-yaghfiru li-man yashāʾu wallāhu ʿalá kulli shayʾin qadīrun 5:41 yā ayyuhā al-rasūlu lā yaḥzunka al-ladhīna yusāriʿūna fī al-kufri mina al-ladhīna qālū āmannā bi-afwāhihim wa-lam tuʾmin qulūbuhum wa-mina al-ladhīna hādū sammāʿūna lil-kadhibi sammāʿūna li-qawmin ākharīna lam yaʾtūka yuḥarrifūna al-kalima min baʿdi mawāḍiʿihi yaqūlūna in ūtītum hādhā fa-khudhūhu wa-in lam tuʾtawhu fa-iḥdharū wa-man yuridi Allāhu fitnatahu fa-lan tamlika lahu mina Allāhi shayʾan ulāʾika al-ladhīna lam yuridi Allāhu an yuṭahhira qulūbahum lahum fī al-dunyā khizyun wa-lahum fī al-ākhirati ʿadhābun ʿaẓīmun 5:42 sammāʿūna lil-kadhibi akkālūna lil-suḥti fa-in jāʾūka fa-uḥkum baynahum aw aʿriḍ ʿanhum wa-in tuʿriḍ ʿanhum fa-lan yaḍurrūka shayʾan wa-in ḥakamta fa-uḥkum baynahum bi-al-qisṭi inna Allāha yuḥibbu al-muqsiṭīna 5:43 wa-kayfa yuḥakkimūnaka wa-ʿindahumu al-Tawrātu fīhā ḥukmu Allāhi thumma yatawallawna min baʿdi dhālika wa-mā ulāʾika bi-al-muʾminīna 5:44 innā anzalnā al-Tawrāta fīhā hudan wa-nūrun yaḥkumu bi-hā al-nabīyūna al-ladhīna aslamū lil-ladhīna hādū wa-al-rabbānīyūna wa-al-aḥbāru bi-mā istuḥfiẓū min kitābi Allāhi wa-kānū ʿalayhi shuhadāʾa fa-lā takhshawu al-nāsa wa-ikhshawni wa-lā tashtarū bi-āyātī thamanan qalīlan wa-man lam yaḥkum bi-mā anzala Allāhu fa-ulāʾika humu al-kāfirūna 5:45 wa-katabnā ʿalayhim fīhā anna al-nafsa bi-al-nafsi wa-al-ʿayna bi-al-ʿayni wa-al-anfa bi-al-anfi wa-al-udhuna bi-al-udhuni wa-al-sinna bi-al-sinni wa-al-jurūḥa qiṣāṣun fa-man taṣaddaqa bi-hi fa-huwa kaffāratun lahu wa-man lam yaḥkum bi-mā anzala Allāhu fa-ulāʾika humu al-ẓālimūna 5:46 wa-qaffaynā ʿalá āthārihim bi-ʿĪsá ibni Maryama muṣaddiqan li-mā bayna yadayhi mina al-Tawrāti wa-ātaynāhu al-Injīla fīhi hudan wa-nūrun wa-muṣaddiqan li-mā bayna yadayhi mina al-Tawrāti wa-hudan wa-mawʿiẓatan lil-muttaqīna 5:47 wa-li-yaḥkum ahlu al-Injīli bi-mā anzala Allāhu fīhi wa-man lam yaḥkum bi-mā anzala Allāhu fa-ulāʾika humu al-fāsiqūna 5:48 wa-anzalnā ilayka al-kitāba bi-al-ḥaqqi muṣaddiqan li-mā bayna yadayhi mina al-kitābi wa-muhayminan ʿalayhi fa-uḥkum baynahum bi-mā anzala Allāhu wa-lā tattabiʿ ahwāʾahum ʿammā jāʾaka mina al-ḥaqqi li-kullin jaʿalnā minkum shirʿatan wa-minhājan wa-law shāʾa Allāhu la-jaʿalakum ummatan wāḥidatan wa-lākin li-yabluwakum fī mā atākum fa-istabiqū al-khayrāti ilá Allāhi marjiʿukum jamīʿan fa-yunabbiʾukum bi-mā kuntum fīhi takhtalifūna 5:49 wa-ani uḥkum baynahum bi-mā anzala Allāhu wa-lā tattabiʿ ahwāʾahum wa-iḥdharhum an yaftinūka ʿan baʿḍi mā anzala Allāhu ilayka fa-in tawallaw fa-iʿlam annamā yurīdu Allāhu an yuṣībahum bi-baʿḍi dhunūbihim wa-inna kathīran mina al-nāsi la-fāsiqūna 5:50 a-fa-ḥukma al-jāhilīyati yabghūna wa-man aḥsanu mina Allāhi ḥukman li-qawmin yūqinūna 5:51 yā ayyuhā al-ladhīna āmanū lā tattakhidhū al-yahūda wa-al-naṣārá awliyāʾa baʿḍuhum awliyāʾu baʿḍin wa-man yatawallahum minkum fa-innahu minhum inna Allāha lā yahdī al-qawma al-ẓālimīna 5:52 fa-tará al-ladhīna fī qulūbihim maraḍun yusāriʿūna fīhim yaqūlūna nakhshá an tuṣībanā dāʾiratun fa-ʿasá Allāhu an yaʾtiya bi-al-fatḥi aw amrin min ʿindihi fa-yuṣbiḥū ʿalá mā asarrū fī anfusihim nādimīna 5:53 wa-yaqūlu al-ladhīna āmanū a-hāʾulāʾi al-ladhīna aqsamū billāhi jahda aymānihim innahum la-maʿakum ḥabiṭat aʿmāluhum fa-aṣbaḥū khāsirīna 5:54 yā ayyuhā al-ladhīna āmanū man yartadda minkum ʿan dīnihi fa-sawfa yaʾtī Allāhu bi-qawmin yuḥibbuhum wa-yuḥibbūnahu adhillatin ʿalá al-muʾminīna aʿizzatin ʿalá al-kāfirīna yujāhidūna fī sabīli Allāhi wa-lā yakhāfūna lawmata lāʾimin dhālika faḍlu Allāhi yuʾtīhi man yashāʾu wallāhu wāsiʿun ʿalīmun 5:55 innamā walīyukumu Allāhu wa-rasūluhu wa-al-ladhīna āmanū al-ladhīna yuqīmūna al-ṣalāta wa-yuʾtūna al-zakāta wa-hum rākiʿūna 5:56 wa-man yatawalla Allāha wa-rasūlahu wa-al-ladhīna āmanū fa-inna ḥizba Allāhi humu al-ghālibūna 5:57 yā ayyuhā al-ladhīna āmanū lā tattakhidhū al-ladhīna ittakhadhū dīnakum huzuwan wa-laʿiban mina al-ladhīna ūtū al-kitāba min qablikum wa-al-kuffāra awliyāʾa wa-ittaqū Allāha in kuntum muʾminīna 5:58 wa-idhā nādaytum ilá al-ṣalāti ittakhadhūhā huzuwan wa-laʿiban dhālika bi-annahum qawmun lā yaʿqilūna 5:59 qul yā ahla al-kitābi hal tanqimūna minnā illā an āmannā billāhi wa-mā unzila ilaynā wa-mā unzila min qablu wa-anna aktharakum fāsiqūna 5:60 qul hal unabbiʾukum bi-sharrin min dhālika mathūbatan ʿinda Allāhi man laʿanahu Allāhu wa-ghaḍiba ʿalayhi wa-jaʿala minhumu al-qiradata wa-al-khanāzīra wa-ʿabada al-ṭāghūta ulāʾika sharrun makānan wa-aḍallu ʿan sawāʾi al-sabīli 5:61 wa-idhā jāʾūkum qālū āmannā wa-qad dakhalū bi-al-kufri wa-hum qad kharajū bi-hi wallāhu aʿlamu bi-mā kānū yaktumūna 5:62 wa-tará kathīran minhum yusāriʿūna fī al-ithmi wa-al-ʿudwāni wa-aklihimu al-suḥta la-biʾsa mā kānū yaʿmalūna 5:63 lawlā yanhāhumu al-rabbānīyūna wa-al-aḥbāru ʿan qawlihimu al-ithma wa-aklihimu al-suḥta la-biʾsa mā kānū yaṣnaʿūna 5:64 wa-qālati al-yahūdu yadu Allāhi maghlūlatun ghullat aydīhim wa-luʿinū bi-mā qālū bal yadāhu mabsūṭatāni yunfiqu kayfa yashāʾu wa-la-yazīdanna kathīran minhum mā unzila ilayka min rabbika ṭughyānan wa-kufran wa-alqaynā baynahumu al-ʿadāwata wa-al-baghḍāʾa ilá yawmi al-qiyāmati kullamā awqadū nāran lil-ḥarbi aṭfaʾahā Allāhu wa-yasʿawna fī al-arḍi fasādan wallāhu lā yuḥibbu al-mufsidīna 5:65 wa-law anna ahla al-kitābi āmanū wa-ittaqaw la-kaffarnā ʿanhum sayyiʾātihim wa-la-adkhalnāhum jannāti al-naʿīmi 5:66 wa-law annahum aqāmū al-Tawrāta wa-al-Injīla wa-mā unzila ilayhim min rabbihim la-akalū min fawqihim wa-min taḥti arjulihim minhum ummatun muqtaṣidatun wa-kathīrun minhum sāʾa mā yaʿmalūna 5:67 yā ayyuhā al-rasūlu balligh mā unzila ilayka min rabbika wa-in lam tafʿal fa-mā ballaghta risālatahu wallāhu yaʿṣimuka mina al-nāsi inna Allāha lā yahdī al-qawma al-kāfirīna 5:68 qul yā ahla al-kitābi lastum ʿalá shayʾin ḥattá tuqīmū al-Tawrāta wa-al-Injīla wa-mā unzila ilaykum min rabbikum wa-la-yazīdanna kathīran minhum mā unzila ilayka min rabbika ṭughyānan wa-kufran fa-lā taʾsa ʿalá al-qawmi al-kāfirīna 5:69 inna al-ladhīna āmanū wa-al-ladhīna hādū wa-al-ṣābiʾūna wa-al-naṣārá man āmana billāhi wa-al-yawmi al-ākhiri wa-ʿamila ṣāliḥan fa-lā khawfun ʿalayhim wa-lā hum yaḥzanūna 5:70 laqad akhadhnā mīthāqa banī Isrāʾīla wa-arsalnā ilayhim rusulan kullamā jāʾahum rasūlun bi-mā lā tahwá anfusuhum farīqan kadhdhabū wa-farīqan yaqtulūna 5:71 wa-ḥasibū allā takūna fitnatanun fa-ʿamū wa-ṣammū thumma tāba Allāhu ʿalayhim thumma ʿamū wa-ṣammū kathīrun minhum wallāhu baṣīrun bi-mā yaʿmalūna 5:72 laqad kafara al-ladhīna qālū inna Allāha huwa al-masīḥu ibnu Maryama wa-qāla al-masīḥu yā banī Isrāʾīla uʿbudū Allāha rabbī wa-rabbakum innahu man yushrik billāhi fa-qad ḥarrama Allāhu ʿalayhi al-jannata wa-maʾwāhu al-nāru wa-mā lil-ẓālimīna min anṣārin 5:73 laqad kafara al-ladhīna qālū inna Allāha thālithu thalāthatin wa-mā min ilāhin illā ilāhun wāḥidun wa-in lam yantahū ʿammā yaqūlūna la-ya-massanna al-ladhīna kafarū minhum ʿadhābun alīmun 5:74 a-fa-lā yatūbūna ilá Allāhi wa-yastaghfirūnahu wallāhu ghafūrun raḥīmun 5:75 mā al-masīḥu ibnu Maryama illā rasūlun qad khalat min qablihi al-rusulu wa-ummuhu ṣiddīqatun kānā yaʾkulāni al-ṭaʿāma unẓur kayfa nubayyinu lahumu al-āyāti thumma unẓur anná yuʾfakūna 5:76 qul a-taʿbudūna min dūni Allāhi mā lā yamliku lakum ḍarran wa-lā nafʿan wallāhu huwa al-samīʿu al-ʿalīmu 5:77 qul yā ahla al-kitābi lā taghlū fī dīnikum

ghayra al-ḥaqqi wa-lā tattabiʿū ahwāʾa qawmin qad ḍallū min qablu wa-aḍallū kathīran wa-ḍallū ʿan sawāʾi al-
sabīli 5:78 luʿina al-ladhīna kafarū min banī Isrāʾīla ʿalá lisāni Dāwūda wa-ʿĪsá ibni Maryama dhālika bi-mā
ʿaṣaw wa-kānū yaʿtadūna 5:79 kānū lā yatanāhawna ʿan munkarin faʿalūhu la-biʾsa mā kānū yafʿalūna 5:80 tará
kathīran minhum yatawallawna al-ladhīna kafarū la-biʾsa mā qaddamat lahum anfusuhum an sakhiṭa Allāhu
ʿalayhim wa-fī al-ʿadhābi hum khālidūna 5:81 wa-law kānū yuʾminūna billāhi wa-al-nabīyi wa-mā unzila ilayhi
mā ittakhadhūhum awliyāʾa wa-lākinna kathīran minhum fāsiqūna 5:82 la-tajidanna ashadda al-nāsi ʿadāwatan
lil-ladhīna āmanū al-yahūda wa-al-ladhīna ashrakū wa-la-tajidanna aqrabahum mawaddatan lil-ladhīna āmanū
al-ladhīna qālū innā naṣārá dhālika bi-anna minhum qissīsīna wa-ruhbānan wa-annahum lā yastakbirūna 5:83
wa-idhā samiʿū mā unzila ilá al-rasūli tará aʿyunahum tafīḍu mina al-damʿi mimmā ʿarafū mina al-ḥaqqi
yaqūlūna rabbanā āmannā fa-uktubnā maʿa al-shāhidīna 5:84 wa-mā lanā lā nuʾminu billāhi wa-mā jāʾanā mina
al-ḥaqqi wa-naṭmaʿu an yudkhilanā rabbunā maʿa al-qawmi al-ṣāliḥīna 5:85 fa-athābahumu Allāhu bi-mā qālū
jannātin tajrī min taḥtihā al-anhāru khālidīna fīhā wa-dhālika jazāʾu al-muḥsinīna 5:86 wa-al-ladhīna kafarū
wa-kadhdhabū bi-āyātinā ulāʾika aṣḥābu al-jaḥīmi 5:87 yā ayyuhā al-ladhīna āmanū lā tuḥarrimū ṭayyibāti mā
aḥalla Allāhu lakum wa-lā taʿtadū inna Allāha lā yuḥibbu al-muʿtadīna 5:88 wa-kulū mimmā razaqakumu
Allāhu ḥalālan ṭayyiban wa-ittaqū Allāha al-ladhī antum bi-hi muʾminūna 5:89 lā yuʾākhidhukumu Allāhu bi-
al-laghwi fī aymānikum wa-lākin yuʾākhidhukum bi-mā ʿaqqadtumu al-aymāna fa-kaffāratuhu iṭʿāmu ʿasharati
masākīna min awsaṭi mā tuṭʿimūna ahlīkum aw kiswatuhum aw taḥrīru raqabatin fa-man lam yajid fa-ṣiyāmu
thalāthati ayyāmin dhālika kaffāratu aymānikum idhā ḥalaftum wa-iḥfaẓū aymānakum kadhālika yubayyinu
Allāhu lakum āyātihi laʿallakum tashkurūna 5:90 yā ayyuhā al-ladhīna āmanū innamā al-khamru wa-al-
maysiru wa-al-anṣābu wa-al-azlāmu rijsun min ʿamali al-shayṭāni fa-ijtanibūhu laʿallakum tufliḥūna 5:91
innamā yurīdu al-shayṭānu an yūqiʿa baynakumu al-ʿadāwata wa-al-baghḍāʾa fī al-khamri wa-al-maysiri wa-
yaṣuddakum ʿan dhikri Allāhi wa-ʿani al-ṣalāti fa-hal antum muntahūna 5:92 wa-aṭīʿū Allāha wa-aṭīʿū al-
rasūla wa-iḥdharū fa-in tawallaytum fa-iʿlamū annamā ʿalá rasūlinā al-balāghu al-mubīnu 5:93 laysa ʿalá al-
ladhīna āmanū wa-ʿamilū al-ṣāliḥāti junāḥun fī-mā ṭaʿimū idhā mā ittaqaw wa-āmanū wa-ʿamilū al-ṣāliḥāti
thumma ittaqaw wa-āmanū thumma ittaqaw wa-aḥsanū wallāhu yuḥibbu al-muḥsinīna 5:94 yā ayyuhā al-
ladhīna āmanū la-yabluwannakumu Allāhu bi-shayʾin mina al-ṣaydi tanāluhu aydīkum wa-rimāḥukum li-
yaʿlama Allāhu man yakhāfuhu bi-al-ghaybi fa-mani iʿtadá baʿda dhālika fa-lahu ʿadhābun alīmun 5:95 yā
ayyuhā al-ladhīna āmanū lā taqtulū al-ṣayda wa-antum ḥurumun wa-man qatalahu minkum mutaʿammidan fa-
jazāʾun mithlu mā qatala mina al-naʿami yaḥkumu bi-hi dhawā ʿadlin minkum hadyan bāligha al-kaʿbati aw
kaffāratun ṭaʿāmu masākīna aw ʿadlu dhālika ṣiyāman li-yadhūqa wabāla amrihi ʿafā Allāhu ʿammā salafa wa-
man ʿāda fa-yantaqimu Allāhu minhu wallāhu ʿazīzun dhū intiqām 5:96 uḥilla lakum ṣaydu al-baḥri wa-
ṭaʿāmuhu matāʿan lakum wa-lil-sayyārati wa-ḥurrima ʿalaykum ṣaydu al-barri mā dumtum ḥuruman wa-ittaqū
Allāha al-ladhī ilayhi tuḥsharūna 5:97 jaʿala Allāhu al-kaʿbata al-bayta al-ḥarāma qiyāman lil-nāsi wa-al-shahra
al-ḥarāma wa-al-hadya wa-al-qalāʾida dhālika li-taʿlamū anna Allāha yaʿlamu mā fī al-samāwāti wa-mā fī al-
arḍi wa-anna Allāha bi-kulli shayʾin ʿalīmun 5:98 iʿlamū anna Allāha shadīdu al-ʿiqābi wa-anna Allāha ghafūrun
raḥīmun 5:99 mā ʿalá al-rasūli illā al-balāghu wallāhu yaʿlamu mā tubdūna wa-mā taktumūna 5:100 qul lā
yastawī al-khabīthu wa-al-ṭayyibu wa-law aʿjabaka kathratu al-khabīthi fa-ittaqū Allāha yā ulī al-albābi
laʿallakum tufliḥūna 5:101 yā ayyuhā al-ladhīna āmanū lā tasʾalū ʿan ashyāʾa in tubda lakum tasuʾkum wa-in
tasʾalū ʿanhā ḥīna yunazzalu al-Qurʾānu tubda lakum ʿafā Allāhu ʿanhā wallāhu ghafūrun ḥalīmun 5:102 qad

sa'alahā qawmun min qablikum thumma aṣbaḥū bi-hā kāfirīna 5:103 mā ja'ala Allāhu min baḥīratin wa-lā
sā'ibatin wa-lā waṣīlatin wa-lā ḥāmin wa-lākinna al-ladhīna kafarū yaftarūna 'alá Allāhi al-kadhiba wa-
aktharuhum lā ya'qilūna 5:104 wa-idhā qīla lahum ta'ālaw ilá mā anzala Allāhu wa-ilá al-rasūli qālū ḥasbunā
mā wajadnā 'alayhi ābā'anā a-wa-law kāna ābā'uhum lā ya'lamūna shay'an wa-lā yahtadūna 5:105 yā ayyuhā
al-ladhīna āmanū 'alaykum anfusakum lā yaḍurrukum man ḍalla idhā ahtadaytum ilá Allāhi marji'ukum jamī'an
fa-yunabbi'ukum bi-mā kuntum ta'malūna 5:106 yā ayyuhā al-ladhīna āmanū shahādatu baynikum idhā ḥaḍara
aḥadakumu al-mawtu ḥīna al-waṣīyati ithnāni dhawā 'adlin minkum aw ākharāni min ghayrikum in antum
ḍarabtum fī al-arḍi fa-aṣābatkum muṣībatu al-mawti taḥbisūnahumā min ba'di al-ṣalāti fa-yuqsimāni billāhi ini
irtabtum lā nashtarī bi-hi thamanan wa-law kāna dhā qurbá wa-lā naktumu shahādata Allāhi innā idhan la-
mina al-āthimīna 5:107 fa-in 'uthira 'alá annahumā istaḥaqqa ithman fa-ākharāni yaqūmāni maqāmahumā mina
al-ladhīna istaḥaqqa 'alayhimu al-awlayāni fa-yuqsimāni billāhi la-shahādatunā aḥaqqu min shahādatihimā wa-
mā i'tadaynā innā idhan la-mina al-ẓālimīna 5:108 dhālika adná an ya'tū bi-al-shahādati 'alá wajhihā aw
yakhāfū an turadda aymānun ba'da aymānihim wa-ittaqū Allāha wa-isma'ū wallāhu lā yahdī al-qawma al-
fāsiqīna 5:109 yawma yajma'u Allāhu al-rusula fa-yaqūlu mādhā ujibtum qālū lā 'ilma lanā innaka anta 'allāmu
al-ghuyūbi 5:110 idh qāla Allāhu yā 'Īsá ibna Maryama udhkur ni'matī 'alayka wa-'alá wālidatika idh ayyadtuka
bi-rūḥi al-qudusi tukallimu al-nāsa fī al-mahdi wa-kahlan wa-idh 'allamtuka al-kitāba wa-al-ḥikmata wa-al-
Tawrāta wa-al-Injīla wa-idh takhluqu mina al-ṭīni ka-hay'ati al-ṭayri bi-idhnī fa-tanfukhu fīhā fa-takūnu
ṭayran bi-idhnī wa-tubri'u al-akmaha wa-al-abraṣa bi-idhnī wa-idh tukhriju al-mawtá bi-idhnī wa-idh kafaftu
banī Isrā'īla 'anka idh ji'tahum bi-al-bayyināti fa-qāla al-ladhīna kafarū minhum in hādhā illā siḥrun mubīnun
5:111 wa-idh awḥaytu ilá al-ḥawārīyīna an āminū bī wa-bi-rasūlī qālū āmannā wa-ishhad bi-annanā Muslimūna
5:112 idh qāla al-ḥawārīyūna yā 'Īsá ibna Maryama hal yastaṭī'u rabbuka an yunazzila 'alaynā mā'idatan mina
al-samā'i qāla ittaqū Allāha in kuntum mu'minīna 5:113 qālū nurīdu an na'kula minhā wa-taṭma'inna qulūbunā
wa-na'lama an qad ṣadaqtanā wa-nakūna 'alayhā mina al-shāhidīna 5:114 qāla 'Īsá ibnu Maryama Allāhumma
rabbanā anzil 'alaynā mā'idatan mina al-samā'i takūnu lanā 'īdan li-awwalinā wa-ākhirinā wa-āyatan minka
wa-urzuqnā wa-anta khayru al-rāziqīna 5:115 qāla Allāhu innī munazziluhā 'alaykum fa-man yakfur ba'du
minkum fa-innī u'adhdhibuhu 'adhāban lā u'adhdhibuhu aḥadan mina al-'ālamīna 5:116 wa-idh qāla Allāhu yā
'Īsá ibna Maryama a-anta qulta lil-nāsi ittakhidhūnī wa-ummiya ilāhayni min dūni Allāhi qāla subḥānaka mā
yakūnu lī an aqūla mā laysa lī bi-ḥaqqin in kuntu qultuhu fa-qad 'alimtahu ta'lamu mā fī nafsī wa-lā a'lamu mā
fī nafsika innaka anta 'allāmu al-ghuyūbi 5:117 mā qultu lahum illā mā amartanī bi-hi ani u'budū Allāha rabbī
wa-rabbakum wa-kuntu 'alayhim shahīdan mā dumtu fīhim fa-lammā tawaffaytanī kunta anta al-raqība
'alayhim wa-anta 'alá kulli shay'in shahīdun 5:118 in tu'adhdhibhum fa-innahum 'ibāduka wa-in taghfir lahum
fa-innaka anta al-'azīzu al-ḥakīmu 5:119 qāla Allāhu hādhā yawmu yanfa'u al-ṣādiqīna ṣidquhum lahum
jannātun tajrī min taḥtihā al-anhāru khālidīna fīhā abadan raḍiya Allāhu 'anhum wa-raḍū 'anhu dhālika al-
fawzu al-'aẓīmu 5:120 lillāhi mulku al-samāwāti wa-al-arḍi wa-mā fīhinna wa-huwa 'alá kulli shay'in qadīrun
6:1 bismillāhi al-raḥmāni al-raḥīmi al-ḥamdu lillāhi al-ladhī khalaqa al-samāwāti wa-al-arḍa wa-ja'ala al-
ẓulumāti wa-al-nūra thumma al-ladhīna kafarū bi-rabbihim ya'dilūna 6:2 huwa al-ladhī khalaqakum min ṭīnin
thumma qaḍá ajalan wa-ajalun musamman 'indahu thumma antum tamtarūna 6:3 wa-huwa Allāhu fī al-
samāwāti wa-fī al-arḍi ya'lamu sirrakum wa-jahrakum wa-ya'lamu mā taksibūna 6:4 wa-mā ta'tīhim min
āyatin min āyāti rabbihim illā kānū 'anhā mu'riḍīna 6:5 fa-qad kadhdhabū bi-al-ḥaqqi lammā jā'ahum fa-sawfa

yaʾtīhim anbāʾu mā kānū bi-hi yastahziʾūna 6:6 a-lam yaraw kam ahlaknā min qablihim min qarnin makkannāhum fī al-arḍi mā lam numakkin lakum wa-arsalnā al-samāʾa ʿalayhim midrāran wa-jaʿalnā al-anhāra tajrī min taḥtihim fa-ahlaknāhum bi-dhunūbihim wa-anshaʾnā min baʿdihim qarnan ākharīna 6:7 wa-law nazzalnā ʿalayka kitāban fī qirṭāsin fa-lamasūhu bi-aydīhim la-qāla al-ladhīna kafarū in hādhā illā siḥrun mubīnun 6:8 wa-qālū lawlā unzila ʿalayhi malakun wa-law anzalnā malakan la-quḍiya al-amru thumma lā yunẓarūna 6:9 wa-law jaʿalnāhu malakan la-jaʿalnāhu rajulan wa-la-labasnā ʿalayhim mā yalbisūna 6:10 wa-laqadi ustuhziʾa bi-rusulin min qablika fa-ḥāqa bi-al-ladhīna sakhirū minhum mā kānū bi-hi yastahziʾūna 6:11 qul sīrū fī al-arḍi thumma unẓurū kayfa kāna ʿāqibatu al-mukadhdhibīna 6:12 qul li-man mā fī al-samāwāti wa-al-arḍi qul lillāhi kataba ʿalá nafsihi al-raḥmata la-yajmaʿannakum ilá yawmi al-qiyāmati lā rayba fīhi al-ladhīna khasirū anfusahum fa-hum lā yuʾminūna 6:13 wa-lahu mā sakana fī al-layli wa-al-nahāri wa-huwa al-samīʿu al-ʿalīmu 6:14 qul a-ghayra Allāhi attakhidhu walīyan fāṭiri al-samāwāti wa-al-arḍi wa-huwa yuṭʿimu wa-lā yuṭʿamu qul innī umirtu an akūna awwala man aslama wa-lā takūnanna mina al-mushrikīna 6:15 qul innī akhāfu in ʿaṣaytu rabbī ʿadhāba yawmin ʿaẓīmin 6:16 man yuṣraf ʿanhu yawmaʾidhin fa-qad raḥimahu wa-dhālika al-fawzu al-mubīnu 6:17 wa-in yamsaska Allāhu bi-ḍurrin fa-lā kāshifa lahu illā huwa wa-in yamsaska bi-khayrin fa-huwa ʿalá kulli shayʾin qadīrun 6:18 wa-huwa al-qāhiru fawqa ʿibādihi wa-huwa al-ḥakīmu al-khabīru 6:19 qul ayyu shayʾin akbaru shahādatan quli Allāhu shahīdun baynī wa-baynakum wa-uwḥya ilayya hādhā al-Qurʾānu li-undhirakum bi-hi wa-man balagha a-innakum la-tashhadūna anna maʿa Allāhi ālihatan ukhrá qul lā ashhadu qul innamā huwa ilāhun wāḥidun wa-innanī barīʾun mimmā tushrikūna 6:20 al-ladhīna ātaynāhumu al-kitāba yaʿrifūnahu ka-mā yaʿrifūna abnāʾahumu al-ladhīna khasirū anfusahum fa-hum lā yuʾminūna 6:21 wa-man aẓlamu mimani iftará ʿalá Allāhi kadhiban aw kadhdhaba bi-āyātihi innahu lā yufliḥu al-ẓālimūna 6:22 wa-yawma naḥshuruhum jamīʿan thumma naqūlu lil-ladhīna ashrakū ayna shurakāʾukumu al-ladhīna kuntum tazʿumūna 6:23 thumma lam takun fitnatuhum illā an qālū wallāhi rabbinā mā kunnā mushrikīna 6:24 unẓur kayfa kadhabū ʿalá anfusihim wa-ḍalla ʿanhum mā kānū yaftarūna 6:25 wa-minhum man yastamiʿu ilayka wa-jaʿalnā ʿalá qulūbihim akinnatan an yafqahūhu wa-fī ādhānihim waqran wa-in yaraw kulla āyatin lā yuʾminū bi-hā ḥattá idhā jāʾūka yujādilūnaka yaqūlu al-ladhīna kafarū in hādhā illā asāṭīru al-awwalīna 6:26 wa-hum yanhawna ʿanhu wa-yanʾawna ʿanhu wa-in yuhlikūna illā anfusahum wa-mā yashʿurūna 6:27 wa-law tará idh wuqifū ʿalá al-nāri fa-qālū yā laytanā nuraddu wa-lā nukadhdhiba bi-āyāti rabbinā wa-nakūna mina al-muʾminīna 6:28 bal badā lahum mā kānū yukhfūna min qablu wa-law ruddū laʿādū li-mā nuhū ʿanhu wa-innahum la-kādhibūna 6:29 wa-qālū in hiya illā ḥayātunā al-dunyā wa-mā naḥnu bi-mabʿūthīna 6:30 wa-law tará idh wuqifū ʿalá rabbihim qāla a-laysa hādhā bi-al-ḥaqqi qālū balá wa-rabbinā qāla fa-dhūqū al-ʿadhāba bi-mā kuntum takfurūna 6:31 qad khasira al-ladhīna kadhdhabū bi-liqāʾi Allāhi ḥattá idhā jāʾatʾhumu al-sāʿatu baghtatan qālū yā ḥasratanā ʿalá mā farraṭnā fīhā wa-hum yaḥmilūna awzārahum ʿalá ẓuhūrihim alā sāʾa mā yazirūna 6:32 wa-mā al-ḥayātu al-dunyā illā laʿibun wa-lahwun wa-la-al-dāru al-ākhiratu khayrun lil-ladhīna yattaqūna a-fa-lā taʿqilūna 6:33 qad naʿlamu innahu la-yaḥzunuka al-ladhī yaqūlūna fa-innahum lā yukadhdhibūnaka wa-lākinna al-ẓālimīna bi-āyāti Allāhi yajḥadūna 6:34 wa-laqad kudhdhibat rusulun min qablika fa-ṣabarū ʿalá mā kudhdhibū wa-ūdhū ḥattá atāhum naṣrunā wa-lā mubaddila li-kalimāti Allāhi wa-laqad jāʾaka min nabaʾi al-mursalīna 6:35 wa-in kāna kabura ʿalayka iʿrāḍuhum fa-ini istaṭaʿta an tabtaghiya nafaqan fī al-arḍi aw sullaman fī al-samāʾi fa-taʾtiyahum bi-āyatin wa-law shāʾa Allāhu la-jamaʿahum ʿalá al-hudá fa-lā takūnanna mina al-jāhilīna 6:36 innamā yastajību al-ladhīna yasmaʿūna wa-al-mawtá yabʿathuhumu Allāhu thumma ilayhi yurjaʿūna 6:37 wa-qālū lawlā nuzzila ʿalayhi āyatun min rabbihi qul inna Allāha qādirun ʿalá an yunazzila āyatan wa-lākinna aktharahum lā yaʿlamūna 6:38 wa-mā min dābbatin fī al-arḍi wa-lā ṭāʾirin yaṭīru bi-janāḥayhi illā umamun amthālukum mā farraṭnā fī al-kitābi min shayʾin thumma ilá rabbihim yuḥsharūna 6:39 wa-al-ladhīna kadhdhabū bi-āyātinā ṣummun wa-bukmun fī al-ẓulumāti man yashaʾi Allāhu yuḍlilhu wa-man yashaʾ yajʿalhu ʿalá ṣirāṭin mustaqīmin 6:40 qul a-raʾaytakum in atākum ʿadhābu Allāhi aw ātatkumu al-sāʿatu a-ghayra Allāhi tadʿūna in kuntum ṣādiqīna 6:41 bal iyyāhu tadʿūna fa-yakshifu mā tadʿūna ilayhi in shāʾa wa-tansawna mā tushrikūna 6:42 wa-laqad arsalnā ilá umamin min qablika fa-akhadhnāhum bi-al-baʾsāʾi wa-al-ḍarrāʾi laʿallahum yataḍarraʿūna 6:43 fa-lawlā idh jāʾahum baʾsunā taḍarraʿū wa-lākin qasat qulūbuhum wa-zayyana lahumu al-shayṭānu mā kānū yaʿmalūna 6:44 fa-lammā nasū mā dhukkirū bi-hi fataḥnā ʿalayhim abwāba kulli shayʾin ḥattá idhā fariḥū bi-mā ūtū akhadhnāhum baghtatan fa-idhā hum mublisūna 6:45 fa-quṭiʿa dābiru al-qawmi al-ladhīna ẓalamū wa-al-ḥamdu lillāhi rabbi al-ʿālamīna 6:46 qul a-raʾytum in akhadha Allāhu samʿakum wa-abṣārakum wa-khatama ʿalá qulūbikum man ilāhun ghayru Allāhi yaʾtīkum bi-hi unẓur kayfa nuṣarrifu al-āyāti thumma hum yaṣdifūna 6:47 qul a-raʾaytakum in atākum ʿadhābu Allāhi baghtatan aw jahratan hal yuhlaku illā al-qawmu al-ẓālimūna 6:48 wa-mā nursilu al-mursalīna illā mubashshirīna wa-mundhirīna fa-man āmana wa-aṣlaḥa fa-lā khawfun ʿalayhim wa-lā hum yaḥzanūna 6:49 wa-al-ladhīna kadhdhabū bi-āyātinā yamassuhumu al-ʿadhābu bi-mā kānū yafsuqūna 6:50 qul lā aqūlu lakum ʿindī khazāʾinu Allāhi wa-lā aʿlamu al-ghayba wa-lā aqūlu lakum innī malakun in attabiʿu illā mā yūḥá ilayya qul hal yastawī al-aʿmá wa-al-baṣīru a-fa-lā tatafakkarūna 6:51 wa-andhir bi-hi al-ladhīna yakhāfūna an yuḥsharū ilá rabbihim laysa lahum min dūnihi walīyun wa-lā shafīʿun laʿallahum yattaqūna 6:52 wa-lā taṭrudi al-ladhīna yadʿūna rabbahum bi-al-ghadāti wa-al-ʿashīyi yurīdūna wajhahu mā ʿalayka min ḥisābihim min shayʾin wa-mā min ḥisābika ʿalayhim min shayʾin fa-taṭrudahum fa-takūna mina al-ẓālimīna 6:53 wa-kadhālika fatannā baʿḍahum bi-baʿḍin li-yaqūlū a-hāʾulāʾi manna Allāhu ʿalayhim min bayninā a-laysa Allāhu bi-aʿlama bi-al-shākirīna 6:54 wa-idhā jāʾaka al-ladhīna yuʾminūna bi-āyātinā fa-qul salāmun ʿalaykum kataba rabbukum ʿalá nafsihi al-raḥmata annahu man ʿamila minkum sūʾan bi-jahālatin thumma tāba min baʿdihi wa-aṣlaḥa fa-annahu ghafūrun raḥīmun 6:55 wa-kadhālika nufaṣṣilu al-āyāti wa-li-tastabīna sabīlu al-mujrimīna 6:56 qul innī nuhītu an aʿbuda al-ladhīna tadʿūna min dūni Allāhi qul lā attabiʿu ahwāʾakum qad ḍalaltu idhan wa-mā anā mina al-muhtadīna 6:57 qul innī ʿalá bayyinatin min rabbī wa-kadhdhabtum bi-hi mā ʿindī mā tastaʿjilūna bi-hi ini al-ḥukmu illā lillāhi yaquṣṣu al-ḥaqqa wa-huwa khayru al-fāṣilīna 6:58 qul law anna ʿindī mā tastaʿjilūna bi-hi la-quḍiya al-amru baynī wa-baynakum wallāhu aʿlamu bi-al-ẓālimīna 6:59 wa-ʿindahu mafātiḥu al-ghaybi lā yaʿlamuhā illā huwa wa-yaʿlamu mā fī al-barri wa-al-baḥri wa-mā tasquṭu min waraqatin illā yaʿlamuhā wa-lā ḥabbatin fī ẓulumāti al-arḍi wa-lā raṭbin wa-lā yābisin illā fī kitābin mubīnin 6:60 wa-huwa al-ladhī yatawaffākum bi-al-layli wa-yaʿlamu mā jaraḥtum bi-al-nahāri thumma yabʿathukum fīhi li-yuqḍá ajalun musaman thumma ilayhi marjiʿukum thumma yunabbiʾukum bi-mā kuntum taʿmalūna 6:61 wa-huwa al-qāhiru fawqa ʿibādihi wa-yursilu ʿalaykum ḥafaẓatan ḥattá idhā jāʾa aḥadakumu al-mawtu tawaffatʾhu rusulunā wa-hum lā yufarriṭūna 6:62 thumma ruddū ilá Allāhi mawlāhumu al-ḥaqqi alā lahu al-ḥukmu wa-huwa asraʿu al-ḥāsibīna 6:63 qul man yunajjīkum min ẓulumāti al-barri wa-al-baḥri tadʿūnahu taḍarruʿan wa-khufyatan la-in anjānā min hādhihi la-nakūnanna mina al-shākirīna 6:64 quli Allāhu yunajjīkum minhā wa-min kulli karbin thumma antum tushrikūna 6:65 qul huwa al-qādiru ʿalá an yabʿatha ʿalaykum ʿadhāban min fawqikum aw min taḥti arjulikum aw yalbisakum shiyaʿan wa-yudhīqa baʿḍakum baʾsa baʿḍin unẓur kayfa nuṣarrifu al-āyāti laʿallahum yafqahūna 6:66 wa-kadhdhaba bi-hi qawmuka wa-huwa al-ḥaqqu qul lastu ʿalaykum bi-wakīlin 6:67 li-kulli nabʾin mustaqarrun wa-sawfa taʿlamūna 6:68 wa-idhā raʾayta al-ladhīna yakhūḍūna fī āyātinā fa-aʿriḍ ʿanhum ḥattá yakhūḍū fī ḥadīthin ghayrihi wa-immā yunsiyannaka al-shayṭānu fa-lā taqʿud baʿda al-dhikrá maʿa al-qawmi al-ẓālimīna 6:69 wa-mā ʿalá al-ladhīna yattaqūna min ḥisābihim min shayʾin wa-lākin dhikrá laʿallahum yattaqūna 6:70 wa-dhari al-ladhīna ittakhadhū dīnahum laʿiban wa-lahwan wa-gharrathumu al-ḥayātu al-dunyā wa-dhakkir bi-hi an tubsala nafsun bi-mā kasabat laysa lahā min dūni Allāhi walīyun wa-lā shafīʿun wa-in taʿdil kulla ʿadlin lā yūʾkhadh minhā ulāʾika al-ladhīna ubsilū bi-mā kasabū lahum sharābun min ḥamīmin wa-ʿadhābun alīmun bi-mā kānū yakfurūna 6:71 qul a-nadʿū min dūni Allāhi mā lā yanfaʿunā wa-lā yaḍurrunā wa-nuraddu ʿalá aʿqābinā baʿda idh hadānā Allāhu ka-al-ladhī istahwatʾhu al-shayāṭīnu fī al-arḍi ḥayrāna lahu aṣḥābun yadʿūnahu ilá al-hudá iʾtinā qul inna hudá Allāhi huwa al-hudá wa-umirnā li-nuslima li-rabbi al-ʿālamīna 6:72 wa-an aqīmū al-ṣalāta wa-ittaqūhu wa-huwa al-ladhī ilayhi tuḥsharūna 6:73 wa-huwa al-ladhī khalaqa al-samāwāti wa-al-arḍa bi-al-ḥaqqi wa-yawma yaqūlu kun fa-yakūnu qawluhu al-ḥaqqu wa-lahu al-mulku yawma yunfakhu fī al-ṣūri ʿālimu al-ghaybi wa-al-shahādati wa-huwa al-ḥakīmu al-khabīru 6:74 wa-idh qāla Ibrāhīmu li-abīhi āzara a-tattakhidhu aṣnāman ālihatan innī arāka wa-qawmaka fī ḍalālin mubīnin 6:75 wa-kadhālika nurī Ibrāhīma malakūta al-samāwāti wa-al-arḍi wa-li-yakūna mina al-mūqinīna 6:76 fa-lammā janna ʿalayhi al-laylu raʾá kawkaban qāla hādhā rabbī fa-lammā afala qāla lā uḥibbu al-āfilīna 6:77 fa-lammā raʾá al-qamara bāzighan qāla hādhā rabbī fa-lammā afala qāla la-in lam yahdinī rabbī la-akūnanna mina al-qawmi al-ḍāllīna 6:78 fa-lammā raʾá al-shamsa bāzighatan qāla hādhā rabbī hādhā akbaru fa-lammā afalat qāla yā qawmi innī barīʾun mimmā tushrikūna 6:79 innī wajjahtu wajhiya lil-ladhī faṭara al-samāwāti wa-al-arḍa ḥanīfan wa-mā anā mina al-mushrikīna 6:80 wa-ḥājjahu qawmuhu qāla a-tuḥājjūnnī fī Allāhi wa-qad hadāni wa-lā akhāfu mā tushrikūna bi-hi illā an yashāʾa rabbī shayʾan wasiʿa rabbī kulla shayʾin ʿilman a-fa-lā tatadhakkarūna 6:81 wa-kayfa akhāfu mā ashraktum wa-lā takhāfūna annakum ashraktum billāhi mā lam yunazzil bi-hi ʿalaykum sulṭānan fa-ayyu al-farīqayni aḥaqqu bi-al-amni in kuntum taʿlamūna 6:82 al-ladhīna āmanū wa-lam yalbisū īmānahum bi-ẓulmin ulāʾika lahumu al-amnu wa-hum muhtadūna 6:83 wa-tilka ḥujjatunā ātaynāhā Ibrāhīma ʿalá qawmihi narfaʿu darajātin man nashāʾu inna rabbaka ḥakīmun ʿalīmun 6:84 wa-wahabnā lahu Isḥāqa wa-Yaʿqūba kullan hadaynā wa-Nūḥan hadaynā min qablu wa-min dhurrīyatihi Dāwūda wa-Sulaymāna wa-Ayyūba wa-Yūsufa wa-Mūsá wa-Hārūna wa-kadhālika najzī al-muḥsinīna 6:85 wa-Zakarīyā wa-Yaḥyá wa-ʿĪsá wa-Ilyāsa kullun mina al-ṣāliḥīna 6:86 wa-Ismāʿīla wa-Ilyasaʿa wa-Yūnusa wa-Lūṭan wa-kullan faḍḍalnā ʿalá al-ʿālamīna 6:87 wa-min ābāʾihim wa-dhurrīyātihim wa-ikhwānihim wa-ijtabaynāhum wa-hadaynāhum ilá ṣirāṭin mustaqīmin 6:88 dhālika hudá Allāhi yahdī bi-hi man yashāʾu min ʿibādihi wa-law ashrakū la-ḥabiṭa ʿanhum mā kānū yaʿmalūna 6:89 ulāʾika al-ladhīna ātaynāhumu al-kitāba wa-al-ḥukma wa-al-nubūwata fa-in yakfur bi-hā hāʾulāʾi fa-qad wakkalnā bi-hā qawman laysū bi-hā bi-kāfirīna 6:90 ulāʾika al-ladhīna hadá Allāhu fa-bi-hudāhumu iqtadih qul lā asʾalukum ʿalayhi ajran in huwa illā dhikrá lil-ʿālamīna 6:91 wa-mā qadarū Allāha ḥaqqa qadrihi idh qālū mā anzala Allāhu ʿalá basharin min shayʾin qul man anzala al-kitāba al-ladhī jāʾa bi-hi Mūsá nūran wa-hudan lil-nāsi tajʿalūnahu qarāṭīsa tubdūnahā wa-tukhfūna kathīran wa-ʿullimtum mā lam taʿlamū antum wa-lā ābāʾukum quli Allāhu thumma dharhum fī khawḍihim yalʿabūna 6:92 wa-hādhā kitābun anzalnāhu mubārakun muṣaddiqu al-ladhī bayna yadayhi wa-li-tundhira umma al-qurá wa-man ḥawlahā wa-al-ladhīna yuʾminūna bi-al-ākhirati yuʾminūna bi-hi wa-hum ʿalá ṣalātihim yuḥāfiẓūna 6:93 wa-man aẓlamu mimani iftará ʿalá Allāhi kadhiban aw qāla ūḥiya ilayya wa-lam yūḥa ilayhi shay'un wa-man qāla sa-unzilu mithla mā anzala Allāhu wa-law tará idhi al-ẓālimūna fī ghamarāti al-mawti wa-al-malā'ikatu bāsiṭū aydīhim akhrijū anfusakumu al-yawma tujzawna ʿadhāba al-hūni bi-mā kuntum taqūlūna ʿalá Allāhi ghayra al-ḥaqqi wa-kuntum ʿan āyātihi tastakbirūna 6:94 wa-laqad ji'tumūnā furādá ka-mā khalaqnākum awwala marratin wa-taraktum mā khawwalnākum warā'a ẓuhūrikum wa-mā nará maʿakum shufaʿā'akumu al-ladhīna zaʿamtum annahum fīkum shurakā'u laqad taqaṭṭaʿa baynakum wa-ḍalla ʿankum mā kuntum tazʿumūna 6:95 inna Allāha fāliqu al-ḥabbi wa-al-nawá yukhriju al-ḥayya mina al-mayyiti wa-mukhriju al-mayyiti mina al-ḥayyi dhālikumu Allāhu fa-anná tu'fakūna 6:96 fāliqu al-iṣbāḥi wa-jaʿala al-layla sakanan wa-al-shamsa wa-al-qamara ḥusbānan dhālika taqdīru al-ʿazīzi al-ʿalīmi 6:97 wa-huwa al-ladhī jaʿala lakumu al-nujūma li-tahtadū bi-hā fī ẓulumāti al-barri wa-al-baḥri qad faṣṣalnā al-āyāti li-qawmin yaʿlamūna 6:98 wa-huwa al-ladhī ansha'akum min nafsin wāḥidatin fa-mustaqarrun wa-mustawdaʿun qad faṣṣalnā al-āyāti li-qawmin yafqahūna 6:99 wa-huwa al-ladhī anzala mina al-samā'i mā'an fa-akhrajnā bi-hi nabāta kulli shay'in fa-akhrajnā minhu khaḍiran nukhriju minhu ḥabban mutarākiban wa-mina al-nakhli min ṭalʿihā qinwanun dānyatun wa-jannātin min aʿnābin wa-al-zaytūna wa-al-rummāna mushtabihan wa-ghayra mutashābihin unẓurū ilá thamarihi idhā athmara wa-yanʿihi inna fī dhālikum la-āyātin li-qawmin yu'minūna 6:100 wa-jaʿalū lillāhi shurakā'a al-jinna wa-khalaqahum wa-kharaqū lahu banīna wa-banātin bi-ghayri ʿilmin subḥānahu wa-taʿālá ʿammā yaṣifūna 6:101 badīʿu al-samāwāti wa-al-arḍi anná yakūnu lahu waladun wa-lam takun lahu ṣāḥibatun wa-khalaqa kulla shay'in wa-huwa bi-kulli shay'in ʿalīmun 6:102 dhālikumu Allāhu rabbukum lā ilāha illā huwa khāliqu kulli shay'in fa-uʿbudūhu wa-huwa ʿalá kulli shay'in wakīlun 6:103 lā tudrikuhu al-abṣāru wa-huwa yudriku al-abṣāra wa-huwa al-laṭīfu al-khabīru 6:104 qad jā'akum baṣā'iru min rabbikum fa-man abṣara fa-li-nafsihi wa-man ʿamiya fa-ʿalayhā wa-mā anā ʿalaykum bi-ḥafīẓin 6:105 wa-kadhālika nuṣarrifu al-āyāti wa-li-yaqūlū darasta wa-li-nubayyinahu li-qawmin yaʿlamūna 6:106 ittabiʿ mā ūḥiya ilayka min rabbika lā ilāha illā huwa wa-aʿriḍ ʿani al-mushrikīna 6:107 wa-law shā'a Allāhu mā ashrakū wa-mā jaʿalnāka ʿalayhim ḥafīẓan wa-mā anta ʿalayhim bi-wakīlin 6:108 wa-lā tasubbū al-ladhīna yadʿūna min dūni Allāhi fa-yasubbū Allāha ʿadwan bi-ghayri ʿilmin kadhālika zayyannā li-kulli ummatin ʿamalahum thumma ilá rabbihim marjiʿuhum fa-yunabbi'uhum bi-mā kānū yaʿmalūna 6:109 wa-aqsamū billāhi jahda aymānihim la-in jā'at'hum āyatun la-yu'minunna bi-hā qul innamā al-āyātu ʿinda Allāhi wa-mā yushʿirukum annahā idhā jā'at lā yu'minūna 6:110 wa-nuqallibu af'idatahum wa-abṣārahum ka-mā lam yu'minū bi-hi awwala marratin wa-nadharuhum fī ṭughyānihim yaʿmahūna 6:111 wa-law annanā nazzalnā ilayhimu al-malā'ikata wa-kallamahumu al-mawtá wa-ḥasharnā ʿalayhim kulla shay'in qubulan mā kānū li-yu'minū illā an yashā'a Allāhu wa-lākinna aktharahum yajhalūna 6:112 wa-kadhālika jaʿalnā li-kulli nabīyin ʿaduwwan shayāṭīna al-insi wa-al-jinni yūḥī baʿḍuhum ilá baʿḍin zukhrufa al-qawli ghurūran wa-law shā'a rabbuka mā faʿalūhu fa-dharhum wa-mā yaftarūna 6:113 wa-li-taṣghá ilayhi af'idatu al-ladhīna lā yu'minūna bi-al-ākhirati wa-li-yarḍawhu wa-li-yaqtarifū mā hum muqtarifūna 6:114 a-fa-ghayra Allāhi abtaghī ḥakaman wa-huwa al-ladhī anzala ilaykumu al-kitāba mufaṣṣalan wa-al-ladhīna ātaynāhumu al-kitāba yaʿlamūna annahu munazzalun min rabbika bi-al-ḥaqqi fa-lā takūnanna mina al-mumtarīna 6:115 wa-tammat kalimatu rabbika ṣidqan wa-ʿadlan lā mubaddila li-kalimātihi wa-huwa al-samīʿu al-ʿalīmu 6:116 wa-in tuṭiʿ akthara man fī al-arḍi yuḍillūka ʿan sabīli Allāhi in yattabiʿūna illā al-ẓanna wa-in hum illā yakhruṣūna 6:117 inna rabbaka huwa aʿlamu man yaḍillu ʿan sabīlihi wa-huwa aʿlamu bi-al-muhtadīna 6:118 fa-kulū mimmā dhukira ismu Allāhi ʿalayhi in kuntum bi-āyātihi mu'minīna 6:119 wa-mā lakum allā ta'kulū mimmā dhukira ismu Allāhi ʿalayhi wa-qad faṣṣala lakum mā ḥarrama ʿalaykum illā mā uḍṭurirtum ilayhi wa-inna kathīran la-yuḍillūna bi-ahwā'ihim bi-ghayri ʿilmin inna rabbaka huwa aʿlamu bi-al-muʿtadīna 6:120 wa-dharū ẓāhira al-ithmi wa-bāṭinahu inna al-ladhīna yaksibūna al-ithma sa-yujzawna bi-mā kānū yaqtarifūna 6:121 wa-lā ta'kulū mimmā lam yudhkari ismu Allāhi ʿalayhi wa-innahu la-fisqun wa-inna al-shayāṭīna la-yūḥūna ilá awliyā'ihim li-yujādilūkum wa-in aṭaʿtumūhum innakum la-mushrikūna 6:122 a-waman kāna maytan fa-aḥyaynāhu wa-jaʿalnā lahu nūran yamshī bi-hi fī al-nāsi ka-man mathaluhu fī al-ẓulumāti laysa bi-khārijin minhā kadhālika zuyyina lil-kāfirīna mā kānū yaʿmalūna 6:123 wa-kadhālika jaʿalnā fī kulli qaryatin akābira mujrimīhā li-yamkurū fīhā wa-mā yamkurūna illā bi-anfusihim wa-mā yashʿurūna 6:124 wa-idhā jā'at'hum āyatun qālū lan nu'mina ḥattá nu'tá mithla mā ūtiya rusulu Allāhi Allāhu aʿlamu ḥaythu yajʿalu risālatahu sa-yuṣību al-ladhīna ajramū ṣaghārun ʿinda Allāhi wa-ʿadhābun shadīdun bi-mā kānū yamkurūna 6:125 fa-man yuridi Allāhu an yahdiyahu yashraḥ ṣadrahu lil-Islāmi wa-man yurid an yuḍillahu yajʿal ṣadrahu ḍayyiqan ḥarajan ka-annamā yaṣṣaʿʿadu fī al-samā'i kadhālika yajʿalu Allāhu al-rijsa ʿalá al-ladhīna lā yu'minūna 6:126 wa-hādhā ṣirāṭu rabbika mustaqīman qad faṣṣalnā al-āyāti li-qawmin yadhdhakkarūna 6:127 lahum dāru al-salāmi ʿinda rabbihim wa-huwa walīyuhum bi-mā kānū yaʿmalūna 6:128 wa-yawma yaḥshuruhum jamīʿan yā maʿshara al-jinni qadi istakthartum mina al-insi wa-qāla awliyā'uhum mina al-insi rabbanā istamtaʿa baʿḍunā bi-baʿḍin wa-balaghnā ajalanā al-ladhī ajjalta lanā qāla al-nāru mathwākum khālidīna fīhā illā mā shā'a Allāhu inna rabbaka ḥakīmun ʿalīmun 6:129 wa-kadhālika nuwallī baʿḍa al-ẓālimīna baʿḍan bi-mā kānū yaksibūna 6:130 yā maʿshara al-jinni wa-al-insi a-lam ya'tikum rusulun minkum yaquṣṣūna ʿalaykum ayātī wa-yundhirūnakum liqā'a yawmikum hādhā qālū shahidnā ʿalá anfusinā wa-gharrat'humu al-ḥayātu al-dunyā wa-shahidū ʿalá anfusihim annahum kānū kāfirīna 6:131 dhālika an lam yakun rabbuka muhlika al-qurá bi-ẓulmin wa-ahluhā ghāfilūna 6:132 wa-li-kullin darajātun mimmā ʿamilū wa-mā rabbuka bi-ghāfilin ʿammā yaʿmalūna 6:133 wa-rabbuka al-ghanīyu dhū al-raḥmati in yasha' yudhhibkum wa-yastakhlif min baʿdikum mā yashā'u ka-mā ansha'akum min dhurrīyati qawmin ākharīna 6:134 inna mā tūʿadūna la-ātin wa-mā antum bi-muʿjizīna 6:135 qul yā qawmi iʿmalū ʿalá makānatikum innī ʿāmilun fa-sawfa taʿlamūna man takūnu lahu ʿāqibatu al-dāri innahu lā yufliḥu al-ẓālimūna 6:136 wa-jaʿalū lillāhi mimmā dhara'a mina al-ḥarthi wa-al-anʿāmi naṣīban fa-qālū hādhā lillāhi bi-zaʿmihim wa-hādhā li-shurakā'inā fa-mā kāna li-shurakā'ihim fa-lā yaṣilu ilá Allāhi wa-mā kāna lillāhi fa-huwa yaṣilu ilá shurakā'ihim sā'a mā yaḥkumūna 6:137 wa-kadhālika zayyana li-kathīrin mina al-mushrikīna qatla awlādihim shurakā'uhum li-yurdūhum wa-li-yalbisū ʿalayhim dīnahum wa-law shā'a Allāhu mā faʿalūhu fa-dharhum wa-mā yaftarūna 6:138 wa-qālū hādhihi anʿāmun wa-ḥarthun ḥijrun lā yaṭʿamuhā illā man nashā'u bi-zaʿmihim wa-anʿāmun ḥurrimat ẓuhūruhā wa-anʿāmun lā yadhkurūna isma Allāhi ʿalayhā iftirā'an ʿalayhi sa-yajzīhim bi-mā kānū yaftarūna 6:139 wa-qālū mā fī buṭūni hādhihi al-anʿāmi khāliṣatun li-dhukūrinā wa-muḥarramun ʿalá azwājinā wa-in yakun maytatan fa-hum fīhi shurakā'u sa-yajzīhim waṣfahum innahu ḥakīmun ʿalīmun 6:140 qad khasira al-ladhīna qatalū awlādahum safahan bi-ghayri ʿilmin wa-ḥarramū mā razaqahumu Allāhu iftirā'an ʿalá Allāhi qad ḍallū wa-mā kānū muhtadīna 6:141 wa-huwa al-ladhī ansha'a jannātin maʿrūshātin wa-ghayra maʿrūshātin wa-al-nakhla wa-al-zarʿa mukhtalifan ukuluhu wa-al-zaytūna wa-al-rummāna mutashābihan wa-ghayra mutashābihin kulū min thamarihi idhā athmara wa-ātū ḥaqqahu yawma ḥaṣādihi wa-lā tusrifū innahu lā yuḥibbu al-musrifīna 6:142 wa-mina al-anʿāmi ḥamūlatan wa-farshan kulū mimmā razaqakumu Allāhu wa-lā tattabiʿū khuṭuwāti al-shayṭāni innahu lakum ʿadūwwun mubīnun 6:143 thamāniyata azwājin mina al-ḍa'ni ithnayni wa-mina al-maʿzi ithnayni qul a-al-dhakarayni ḥarrama ami al-unthayayni ammā ishtamalat ʿalayhi arḥāmu al-unthayayni nabbiʾūnī bi-ʿilmin in kuntum ṣādiqīna 6:144 wa-mina al-ibili ithnayni wa-mina al-baqari ithnayni qul a-al-dhakarayni ḥarrama ami al-unthayayni ammā ishtamalat ʿalayhi arḥāmu al-unthayayni am kuntum shuhadāʾa idh waṣṣākumu Allāhu bi-hādhā fa-man aẓlamu mimani iftará ʿalá Allāhi kadhiban li-yuḍilla al-nāsa bi-ghayri ʿilmin inna Allāha lā yahdī al-qawma al-ẓālimīna 6:145 qul lā ajidu fī mā ūḥiya ilayya muḥarraman ʿalá ṭāʿimin yaṭʿamuhu illā an yakūna maytatan aw daman masfūḥan aw laḥma khinzīrin fa-innahu rijsun aw fisqan uhilla li-ghayri Allāhi bi-hi fa-mani iḍṭurra ghayra bāghin wa-lā ʿādin fa-inna rabbaka ghafūrun raḥīmun 6:146 wa-ʿalá al-ladhīna hādū ḥarramnā kulla dhī ẓufurin wa-mina al-baqari wa-al-ghanami ḥarramnā ʿalayhim shuḥūmahumā illā mā ḥamalat ẓuhūruhumā awi al-ḥawāyā aw mā ikhtalaṭa bi-ʿaẓmin dhālika jazaynāhum bi-baghyihim wa-innā la-ṣādiqūna 6:147 fa-in kadhdhabūka fa-qul rabbukum dhū raḥmatin wāsiʿatin wa-lā yuraddu baʾsuhu ʿani al-qawmi al-mujrimīna 6:148 sa-yaqūlu al-ladhīna ashrakū law shāʾa Allāhu mā ashraknā wa-lā ābāʾunā wa-lā ḥarramnā min shayʾin kadhālika kadhdhaba al-ladhīna min qablihim ḥattá dhāqū baʾsanā qul hal ʿindakum min ʿilmin fa-tukhrijūhu lanā in tattabiʿūna illā al-ẓanna wa-in antum illā takhruṣūna 6:149 qul fa-lillāhi al-ḥujjatu al-bālighatu fa-law shāʾa la-hadākum ajmaʿīna 6:150 qul halumma shuhadāʾakumu al-ladhīna yashhadūna anna Allāha ḥarrama hādhā fa-in shahidū fa-lā tashhad maʿahum wa-lā tattabiʿ ahwāʾa al-ladhīna kadhdhabū bi-āyātinā wa-al-ladhīna lā yuʾminūna bi-al-ākhirati wa-hum bi-rabbihim yaʿdilūna 6:151 qul taʿālaw atlu mā ḥarrama rabbukum ʿalaykum allā tushrikū bi-hi shayʾan wa-bi-al-wālidayni iḥsānan wa-lā taqtulū awlādakum min imlāqin naḥnu narzuqukum wa-iyyāhum wa-lā taqrabū al-fawāḥisha mā ẓahara minhā wa-mā baṭana wa-lā taqtulū al-nafsa al-latī ḥarrama Allāhu illā bi-al-ḥaqqi dhālikum waṣṣākum bi-hi laʿallakum taʿqilūna 6:152 wa-lā taqrabū māla al-yatīmi illā bi-al-latī hiya aḥsanu ḥattá yablugha ashuddahu wa-awfū al-kayla wa-al-mīzāna bi-al-qisṭi lā nukallifu nafsan illā wusʿahā wa-idhā qultum fa-iʿdilū wa-law kāna dhā qurbá wa-bi-ʿahdi Allāhi awfū dhālikum waṣṣākum bi-hi laʿallakum tadhakkarūna 6:153 wa-anna hādhā ṣirāṭī mustaqīman fa-ittabiʿūhu wa-lā tattabiʿū al-subula fa-tafarraqa bikum ʿan sabīlihi dhālikum waṣṣākum bi-hi laʿallakum tattaqūna 6:154 thumma ātaynā Mūsá al-kitāba tamāman ʿalá al-ladhī aḥsana wa-tafṣīlan li-kulli shayʾin wa-hudan wa-raḥmatan laʿallahum bi-liqāʾi rabbihim yuʾminūna 6:155 wa-hādhā kitābun anzalnāhu mubārakun fa-ittabiʿūhu wa-ittaqū laʿallakum turḥamūna 6:156 an taqūlū innamā unzila al-kitābu ʿalá ṭāʾifatayni min qablinā wa-in kunnā ʿan dirāsatihim la-ghāfilīna 6:157 aw taqūlū law annā unzila ʿalaynā al-kitābu la-kunnā ahdá minhum fa-qad jāʾakum bayyinatun min rabbikum wa-hudan wa-raḥmatun fa-man aẓlamu miman kadhdhaba bi-āyāti Allāhi wa-ṣadafa ʿanhā sa-najzī al-ladhīna yaṣdifūna ʿan āyātinā sūʾa al-ʿadhābi bi-mā kānū yaṣdifūna 6:158 hal yanẓurūna illā an taʾtiyahumu al-malāʾikatu aw yaʾtiya rabbuka aw yaʾtiya baʿḍu āyāti rabbika yawma yaʾtī baʿḍu āyāti rabbika lā yanfaʿu nafsan īmānuhā lam takun āmanat min qablu aw kasabat fī īmānihā khayran quli intaẓirū innā muntaẓirūna 6:159 inna al-ladhīna farraqū dīnahum wa-kānū shiyaʿan lasta minhum fī shayʾin innamā amruhum ilá Allāhi thumma yunabbiʾuhum bi-mā kānū yafʿalūna 6:160 man jāʾa bi-al-ḥasanati fa-lahu ʿashru amthālihā wa-man jāʾa bi-al-sayyiʾati fa-lā yujzá illā mithlahā wa-hum lā yuẓlamūna 6:161 qul innanī hadānī rabbī ilá ṣirāṭin mustaqīmin dīnan qiyaman millata Ibrāhīma ḥanīfan wa-mā kāna mina al-mushrikīna 6:162 qul inna ṣalātī wa-nusukī wa-maḥyāya wa-mamātī lillāhi rabbi al-ʿālamīna 6:163 lā sharīka lahu wa-bi-dhālika umirtu wa-anā awwalu al-Muslimīna 6:164 qul a-ghayra Allāhi abghī rabban wa-huwa rabbu kulli shayʾin wa-lā taksibu kullu nafsin illā ʿalayhā wa-lā taziru wāziratun wizra ukhrá thumma ilá rabbikum marjiʿukum fa-yunabbiʾukum bi-mā kuntum fīhi takhtalifūna 6:165 wa-huwa al-ladhī jaʿalakum khalāʾifa al-arḍi wa-rafaʿa baʿḍakum fawqa baʿḍin darajātin li-yabluwakum fī mā atākum inna rabbaka sarīʿu al-ʿiqābi wa-innahu la-ghafūrun raḥīmun 7:1 bismillāhi al-raḥmāni al-raḥīmi alif lām mīm ṣād 7:2 kitābun unzila ilayka fa-lā yakun fī ṣadrika ḥarajun minhu li-tundhira bi-hi wa-dhikrá lil-muʾminīna 7:3 ittabiʿū mā unzila ilaykum min rabbikum wa-lā tattabiʿū min dūnihi awliyāʾa qalīlan mā tadhakkarūna 7:4 wa-kam min qaryatin ahlaknāhā fa-jāʾahā baʾsunā bayātan aw hum qāʾilūna 7:5 fa-mā kāna daʿwāhum idh jāʾahum baʾsunā illā an qālū innā kunnā ẓālimīna 7:6 fa-la-nasʾalanna al-ladhīna ursila ilayhim wa-la-nasʾalanna al-mursalīna 7:7 fa-la-naquṣṣanna ʿalayhim bi-ʿilmin wa-mā kunnā ghāʾibīna 7:8 wa-al-waznu yawmaʾidhin al-ḥaqqu fa-man thaqulat mawāzīnuhu fa-ulāʾika humu al-mufliḥūna 7:9 wa-man khaffat mawāzīnuhu fa-ulāʾika al-ladhīna khasirū anfusahum bi-mā kānū bi-āyātinā yaẓlimūna 7:10 wa-laqad makkannākum fī al-arḍi wa-jaʿalnā lakum fīhā maʿāyisha qalīlan mā tashkurūna 7:11 wa-laqad khalaqnākum thumma ṣawwarnākum thumma qulnā lil-malāʾikati usjudū li-Ādama fa-sajadū illā Iblīsa lam yakun mina al-sājidīna 7:12 qāla mā manaʿaka allā tasjuda idh amartuka qāla anā khayrun minhu khalaqtanī min nārin wa-khalaqtahu min ṭīnin 7:13 qāla fa-ihbiṭ minhā fa-mā yakūnu laka an tatakabbara fīhā fa-ukhruj innaka mina al-ṣāghirīna 7:14 qāla anẓirnī ilá yawmi yubʿathūna 7:15 qāla innaka mina al-munẓarīna 7:16 qāla fa-bi-mā aghwaytanī la-aqʿudanna lahum ṣirāṭaka al-mustaqīma 7:17 thumma la-ātiyannahum min bayni aydīhim wa-min khalfihim wa-ʿan aymānihim wa-ʿan shamāʾilihim wa-lā tajidu aktharahum shākirīna 7:18 qāla ukhruj minhā madhʾūman madḥūran la-man tabiʿaka minhum la-amlaʾanna jahannama minkum ajmaʿīna 7:19 wa-yā Ādamu uskun anta wa-zawjuka al-jannata fa-kulā min ḥaythu shiʾtumā wa-lā taqrabā hādhihi al-shajarata fa-takūnā mina al-ẓālimīna 7:20 fa-waswasa lahumā al-shayṭānu li-yubdiya lahumā mā wūriya ʿanhumā min sawʾātihimā wa-qāla mā nahākumā rabbukumā ʿan hādhihi al-shajarati illā an takūnā malakayni aw takūnā mina al-khālidīna 7:21 wa-qāsamahumā innī lakumā la-mina al-nāṣiḥīna 7:22 fa-dallāhumā bi-ghurūrin fa-lammā dhāqā al-shajarata badat lahumā sawʾātuhumā wa-ṭafiqā yakhṣifāni ʿalayhimā min waraqi al-jannati wa-nādāhumā rabbuhumā a-lam anhakumā ʿan tilkumā al-shajarati wa-aqul lakumā inna al-shayṭāna lakumā ʿadūwun mubīnun 7:23 qālā rabbanā ẓalamnā anfusanā wa-in lam taghfir lanā wa-tarḥamnā la-nakūnanna mina al-khāsirīna 7:24 qāla ihbiṭū baʿḍukum li-baʿḍin ʿadūwun wa-lakum fī al-arḍi mustaqarrun wa-matāʿun ilá ḥīnin 7:25 qāla fīhā taḥyawna wa-fīhā tamūtūna wa-minhā tukhrajūna 7:26 yā banī Ādama qad anzalnā ʿalaykum libāsan yuwārī sawʾātikum wa-rīshan wa-libāsu al-taqwá dhālika khayrun dhālika min āyāti Allāhi laʿallahum yadhdhakkarūna 7:27 yā banī Ādama lā yaftinannakumu al-shayṭānu ka-mā akhraja abawaykum mina al-jannati yanziʿu ʿanhumā libāsahumā li-yuriyahumā sawʾātihimā innahu yarākum huwa wa-qabīluhu min ḥaythu lā tarawnahum innā jaʿalnā al-shayāṭīna awliyāʾa lil-ladhīna lā yuʾminūna 7:28 wa-idhā faʿalū fāḥishatan qālū wajadnā ʿalayhā ābāʾanā wallāhu amaranā bi-hā qul inna Allāha lā yaʾmuru bi-al-faḥshāʾi a-taqūlūna ʿalá Allāhi mā lā taʿlamūna 7:29 qul amara rabbī bi-al-qisṭi wa-aqīmū wujūhakum ʿinda kulli masjidin wa-udʿūhu mukhliṣīna lahu al-dīna ka-mā badaʾakum taʿūdūna 7:30 farīqan hadá wa-farīqan ḥaqqa ʿalayhimu al-ḍalālatu innahumu ittakhadhū al-shayāṭīna awliyāʾa min dūni Allāhi wa-yaḥsabūna annahum muhtadūna 7:31 yā banī Ādama khudhū zīnatakum ʿinda kulli masjidin wa-kulū wa-ishrabū wa-lā tusrifū innahu lā yuḥibbu al-musrifīna 7:32 qul man ḥarrama zīnata Allāhi al-latī akhraja li-ʿibādihi wa-al-ṭayyibāti mina al-rizqi qul hiya lil-ladhīna āmanū fī al-ḥayāti al-dunyā khāliṣatan yawma al-qiyāmati kadhālika nufaṣṣilu al-āyāti li-qawmin yaʿlamūna 7:33 qul innamā ḥarrama rabbiya al-fawāḥisha mā ẓahara minhā wa-mā baṭana wa-al-ithma wa-al-baghya bi-ghayri al-ḥaqqi wa-an tushrikū billāhi mā lam yunazzil bi-hi sulṭānan wa-an taqūlū ʿalá Allāhi mā lā taʿlamūna 7:34 wa-li-kulli ummatin ajalun fa-idhā jā'a ajaluhum lā yasta'khirūna sā'atan wa-lā yastaqdimūna 7:35 yā banī Ādama immā ya'tiyannakum rusulun minkum yaquṣṣūna 'alaykum ayātī fa-mani ittaqá wa-aṣlaḥa fa-lā khawfun 'alayhim wa-lā hum yaḥzanūna 7:36 wa-al-ladhīna kadhdhabū bi-āyātinā wa-istakbarū 'anhā ulā'ika aṣḥābu al-nāri hum fīhā khālidūna 7:37 fa-man aẓlamu mimani iftará 'alá Allāhi kadhiban aw kadhdhaba bi-āyātihi ulā'ika yanāluhum naṣībuhum mina al-kitābi ḥattá idhā jā'at'hum rusulunā yatawaffawnahum qālū ayna mā kuntum tad'ūna min dūni Allāhi qālū ḍallū 'annā wa-shahidū 'alá anfusihim annahum kānū kāfirīna 7:38 qāla udkhulū fī umamin qad khalat min qablikum mina al-jinni wa-al-insi fī al-nāri kullamā dakhalat ummatun la'anat ukhtahā ḥattá idhā iddārakū fīhā jamī'an qālat ukhrāhum li-ūlāhum rabbanā hā'ulā'i aḍallūnā fa-ātihim 'adhāban ḍi'fan mina al-nāri qāla li-kullin ḍi'fun wa-lākin lā ta'lamūna 7:39 wa-qālat ūlāhum li-ukhrāhum fa-mā kāna lakum 'alaynā min faḍlin fa-dhūqū al-'adhāba bi-mā kuntum taksibūna 7:40 inna al-ladhīna kadhdhabū bi-āyātinā wa-istakbarū 'anhā lā tufattaḥu lahum abwābu al-samā'i wa-lā yadkhulūna al-jannata ḥattá yalija al-jamalu fī sammi al-khiyāṭi wa-kadhālika najzī al-mujrimīna 7:41 lahum min jahannama mihādun wa-min fawqihim ghawāshin wa-kadhālika najzī al-ẓālimīna 7:42 wa-al-ladhīna āmanū wa-'amilū al-ṣāliḥāti lā nukallifu nafsan illā wus'ahā ulā'ika aṣḥābu al-jannati hum fīhā khālidūna 7:43 wa-naza'nā mā fī ṣudūrihim min ghillin tajrī min taḥtihimu al-anhāru wa-qālū al-ḥamdu lillāhi al-ladhī hadānā li-hādhā wa-mā kunnā li-nahtadiya lawlā an hadānā Allāhu laqad jā'at rusulu rabbinā bi-al-ḥaqqi wa-nūdū an tilkumu al-jannatu ūrithtumūhā bi-mā kuntum ta'malūna 7:44 wa-nādá aṣḥābu al-jannati aṣḥāba al-nāri an qad wajadnā mā wa'adanā rabbunā ḥaqqan fa-hal wajadtum mā wa'ada rabbukum ḥaqqan qālū na'am fa-adhdhana mū'adhdhinun baynahum an la'natu Allāhi 'alá al-ẓālimīna 7:45 al-ladhīna yaṣuddūna 'an sabīli Allāhi wa-yabghūnahā 'iwajan wa-hum bi-al-ākhirati kāfirūna 7:46 wa-baynahumā ḥijābun wa-'alá al-ā'rāfi rijālun ya'rifūna kullan bi-sīmāhum wa-nādaw aṣḥāba al-jannati an salāmun 'alaykum lam yadkhulūhā wa-hum yaṭma'ūna 7:47 wa-idhā ṣurifat abṣāruhum tilqā'a aṣḥābi al-nāri qālū rabbanā lā taj'alnā ma'a al-qawmi al-ẓālimīna 7:48 wa-nādá aṣḥābu al-a'rāfi rijālan ya'rifūnahum bi-sīmāhum qālū mā aghná 'ankum jam'ukum wa-mā kuntum tastakbirūna 7:49 a-hā'ulā'i al-ladhīna aqsamtum lā yanāluhumu Allāhu bi-raḥmatin udkhulū al-jannata lā khawfun 'alaykum wa-lā antum taḥzanūna 7:50 wa-nādá aṣḥābu al-nāri aṣḥāba al-jannati an afīḍū 'alaynā mina al-mā'i aw mimmā razaqakumu Allāhu qālū inna Allāha ḥarramahumā 'alá al-kāfirīna 7:51 al-ladhīna ittakhadhū dīnahum lahwan wa-la'iban wa-gharrat'humu al-ḥayātu al-dunyā fa-al-yawma nansāhum ka-mā nasū liqā'a yawmihim hādhā wa-mā kānū bi-āyātinā yajḥadūna 7:52 wa-laqad ji'nāhum bi-kitābin faṣṣalnāhu 'alá 'ilmin hudan wa-raḥmatan li-qawmin yu'minūna 7:53 hal yanẓurūna illā ta'wīlahu yawma ya'tī ta'wīluhu yaqūlu al-ladhīna nasūhu min qablu qad jā'at rusulu rabbinā bi-al-ḥaqqi fa-hal lanā min shufa'ā'a fa-yashfa'ū lanā aw nuraddu fa-na'mala ghayra al-ladhī kunnā na'malu qad khasirū anfusahum wa-ḍalla 'anhum mā kānū yaftarūna 7:54 inna rabbakumu Allāhu al-ladhī khalaqa al-samāwāti wa-al-arḍa fī sittati ayyāmin thumma istawá 'alá al-'arshi yughshī al-layla al-nahāra yaṭlubuhu ḥathīthan wa-al-shamsa wa-al-qamara wa-al-nujūma musakhkharātin bi-amrihi alā lahu al-khalqu wa-al-amru tabāraka Allāhu rabbu al-'ālamīna 7:55 ud'ū rabbakum taḍarru'an wa-khufyatan innahu lā yuḥibbu al-mu'tadīna 7:56 wa-lā tufsidū fī al-arḍi ba'da iṣlāḥihā wa-ud'ūhu khawfan wa-ṭama'an inna raḥmata Allāhi qarībun mina al-muḥsinīna 7:57 wa-huwa al-ladhī yursilu al-riyāḥa bushran bayna yaday raḥmatihi ḥattá idhā aqallat saḥāban thiqālan suqnāhu li-baladin mayyitin fa-anzalnā bi-hi al-mā'a fa-akhrajnā bi-hi min kulli al-thamarāti kadhālika nukhriju al-mawtá la'allakum tadhakkarūna 7:58 wa-al-baladu al-ṭayyibu yakhruju nabātuhu bi-idhni rabbihi wa-al-ladhī khabutha lā yakhruju illā nakidan kadhālika nuṣarrifu al-āyāti li-qawmin yashkurūna 7:59 laqad arsalnā Nūḥan ilá qawmihi fa-qāla yā qawmi uʿbudū Allāha mā lakum min ilāhin ghayruhu innī akhāfu ʿalaykum ʿadhāba yawmin ʿaẓīmin 7:60 qāla al-malaʾu min qawmihi innā la-narāka fī ḍalālin mubīnin 7:61 qāla yā qawmi laysa bī ḍalālatun wa-lākinnī rasūlun min rabbi al-ʿālamīna 7:62 uballighukum risālāti rabbī wa-anṣaḥu lakum wa-aʿlamu mina Allāhi mā lā taʿlamūna 7:63 a-wa-ʿajibtum an jāʾakum dhikrun min rabbikum ʿalá rajulin minkum li-yundhirakum wa-li-tattaqū wa-laʿallakum turḥamūna 7:64 fa-kadhdhabūhu fa-anjaynāhu wa-al-ladhīna maʿahu fī al-fulki wa-aghraqnā al-ladhīna kadhdhabū bi-āyātinā innahum kānū qawman ʿamīna 7:65 wa-ilá ʿĀdin akhāhum Hūdan qāla yā qawmi uʿbudū Allāha mā lakum min ilāhin ghayruhu a-fa-lā tattaqūna 7:66 qāla al-malaʾu al-ladhīna kafarū min qawmihi innā la-narāka fī safāhatin wa-innā la-naẓunnuka mina al-kādhibīna 7:67 qāla yā qawmi laysa bī safāhatun wa-lākinnī rasūlun min rabbi al-ʿālamīna 7:68 uballighukum risālāti rabbī wa-anā lakum nāṣiḥun amīnun 7:69 a-wa-ʿajibtum an jāʾakum dhikrun min rabbikum ʿalá rajulin minkum li-yundhirakum wa-udhkurū idh jaʿalakum khulafāʾa min baʿdi qawmi Nūḥin wa-zādakum fī al-khalqi basṭatan fa-udhkurū ālāʾa Allāhi laʿallakum tufliḥūna 7:70 qālū a-jiʾtanā li-naʿbuda Allāha waḥdahu wa-nadhara mā kāna yaʿbudu ābāʾunā fa-iʾtinā bi-mā taʿidunā in kunta mina al-ṣādiqīna 7:71 qāla qad waqaʿa ʿalaykum min rabbikum rijsun wa-ghaḍabun a-tujādilūnanī fī asmāʾin sammaytumūhā antum wa-ābāʾukum mā nazzala Allāhu bi-hā min sulṭānin fa-intaẓirū innī maʿakum mina al-muntaẓirīna 7:72 fa-anjaynāhu wa-al-ladhīna maʿahu bi-raḥmatin minnā wa-qaṭaʿnā dābira al-ladhīna kadhdhabū bi-āyātinā wa-mā kānū muʾminīna 7:73 wa-ilá Thamūda akhāhum Ṣāliḥan qāla yā qawmi uʿbudū Allāha mā lakum min ilāhin ghayruhu qad jāʾatkum bayyinatun min rabbikum hādhihi nāqatu Allāhi lakum āyatun fa-dharūhā taʾkul fī arḍi Allāhi wa-lā tamassūhā bi-sūʾin fa-yaʾkhudhakum ʿadhābun alīmun 7:74 wa-udhkurū idh jaʿalakum khulafāʾa min baʿdi ʿĀdin wa-bawwaʾakum fī al-arḍi tattakhidhūna min suhūlihā quṣūran wa-tanḥitūna al-jibāla buyūtan fa-udhkurū ālāʾa Allāhi wa-lā taʿthaw fī al-arḍi mufsidīna 7:75 qāla al-malaʾu al-ladhīna istakbarū min qawmihi lil-ladhīna istuḍʿifū li-man āmana minhum a-taʿlamūna anna Ṣāliḥan mursalun min rabbihi qālū innā bi-mā ursila bi-hi muʾminūna 7:76 qāla al-ladhīna istakbarū innā bi-al-ladhī āmantum bi-hi kāfirūna 7:77 fa-ʿaqarū al-nāqata wa-ʿataw ʿan amri rabbihim wa-qālū yā Ṣāliḥu iʾtinā bi-mā taʿidunā in kunta mina al-mursalīna 7:78 fa-akhadhat'humu al-rajfatu fa-aṣbaḥū fī dārihim jāthimīna 7:79 fa-tawallá ʿanhum wa-qāla yā qawmi laqad ablaghtukum risālata rabbī wa-naṣaḥtu lakum wa-lākin lā tuḥibbūna al-nāṣiḥīna 7:80 wa-Lūṭan idh qāla li-qawmihi a-taʾtūna al-fāḥishata mā sabaqakum bi-hā min aḥadin mina al-ʿālamīna 7:81 innakum la-taʾtūna al-rijāla shahwatan min dūni al-nisāʾi bal antum qawmun musrifūna 7:82 wa-mā kāna jawāba qawmihi illā an qālū akhrijūhum min qaryatikum innahum unāsun yataṭahharūna 7:83 fa-anjaynāhu wa-ahlahu illā imraʾatahu kānat mina al-ghābirīna 7:84 wa-amṭarnā ʿalayhim maṭaran fa-unẓur kayfa kāna ʿāqibatu al-mujrimīna 7:85 wa-ilá Madyana akhāhum Shuʿayban qāla yā qawmi uʿbudū Allāha mā lakum min ilāhin ghayruhu qad jāʾatkum bayyinatun min rabbikum fa-awfū al-kayla wa-al-mīzāna wa-lā tabkhasū al-nāsa ashyāʾahum wa-lā tufsidū fī al-arḍi baʿda iṣlāḥihā dhālikum khayrun lakum in kuntum muʾminīna 7:86 wa-lā taqʿudū bi-kulli ṣirāṭin tūʿidūna wa-taṣuddūna ʿan sabīli Allāhi man āmana bi-hi wa-tabghūnahā ʿiwajan wa-udhkurū idh kuntum qalīlan fa-kaththarakum wa-unẓurū kayfa kāna ʿāqibatu al-mufsidīna 7:87 wa-in kāna ṭāʾifatun minkum āmanū bi-al-ladhī ursiltu bi-hi wa-ṭāʾifatun lam yuʾminū fa-iṣbirū ḥattá yaḥkuma Allāhu baynanā wa-huwa khayru al-ḥākimīna 7:88 qāla al-malaʾu al-ladhīna istakbarū min qawmihi la-nukhrijannaka yā Shuʿaybu wa-al-ladhīna āmanū maʿaka min qaryatinā aw la-taʿūdunna fī millatinā qāla a-wa-law kunnā kārihīna 7:89 qadi aftaraynā ʿalá Allāhi kadhiban in ʿudnā fī millatikum baʿda idh najjānā Allāhu minhā wa-mā yakūnu lanā an naʿūda fīhā illā an yashāʾa Allāhu rabbunā wasiʿa rabbunā kulla shayʾin ʿilman ʿalá Allāhi tawakkalnā rabbanā iftaḥ baynanā wa-bayna qawminā bi-al-ḥaqqi wa-anta khayru al-fātiḥīna 7:90 wa-qāla al-malaʾu al-ladhīna kafarū min qawmihi la-ini ittabaʿtum Shuʿayban innakum idhā la-khāsirūna 7:91 fa-akhadhatʾhumu al-rajfatu fa-aṣbaḥū fī dārihim jāthimīna 7:92 al-ladhīna kadhdhabū Shuʿayban ka-an lam yaghnaw fīhā al-ladhīna kadhdhabū Shuʿayban kānū humu al-khāsirīna 7:93 fa-tawallá ʿanhum wa-qāla yā qawmi laqad ablaghtukum risālāti rabbī wa-naṣaḥtu lakum fa-kayfa āsá ʿalá qawmin kāfirīna 7:94 wa-mā arsalnā fī qaryatin min nabīyin illā akhadhnā ahlahā bi-al-baʾsāʾi wa-al-ḍarrāʾi laʿallahum yaḍḍarraʿūna 7:95 thumma baddalnā makāna al-sayyiʾati al-ḥasanata ḥattá ʿafaw wa-qālū qad massa ābāʾanā al-ḍarrāʾu wa-al-sarrāʾu fa-akhadhnāhum baghtatan wa-hum lā yashʿurūna 7:96 wa-law anna ahla al-qurá āmanū wa-ittaqaw la-fataḥnā ʿalayhim barakātin mina al-samāʾi wa-al-arḍi wa-lākin kadhdhabū fa-akhadhnāhum bi-mā kānū yaksibūna 7:97 a-fa-amina ahlu al-qurá an yaʾtiyahum baʾsunā bayātan wa-hum nāʾimūna 7:98 a-wa-amina ahlu al-qurá an yaʾtiyahum baʾsunā ḍuḥan wa-hum yalʿabūna 7:99 a-fa-aminū makra Allāhi fa-lā yaʾmanu makra Allāhi illā al-qawmu al-khāsirūna 7:100 a-wa-lam yahdi lil-ladhīna yarithūna al-arḍa min baʿdi ahlihā an law nashāʾu aṣabnāhum bi-dhunūbihim wa-naṭbaʿu ʿalá qulūbihim fa-hum lā yasmaʿūna 7:101 tilka al-qurá naquṣṣu ʿalayka min anbāʾihā wa-laqad jāʾatʾhum rusuluhum bi-al-bayyināti fa-mā kānū li-yuʾminū bi-mā kadhdhabū min qablu kadhālika yaṭbaʿu Allāhu ʿalá qulūbi al-kāfirīna 7:102 wa-mā wajadnā li-aktharihim min ʿahdin wa-in wajadnā aktharahum la-fāsiqīna 7:103 thumma baʿathnā min baʿdihim Mūsá bi-āyātinā ilá Firʿawna wa-malaʾihi fa-ẓalamū bi-hā fa-unẓur kayfa kāna ʿāqibatu al-mufsidīna 7:104 wa-qāla Mūsá yā Firʿawnu innī rasūlun min rabbi al-ʿālamīna 7:105 ḥaqīqun ʿalá an lā aqūla ʿalá Allāhi illā al-ḥaqqa qad jiʾtukum bi-bayyinatin min rabbikum fa-arsil maʿiya banī Isrāʾīla 7:106 qāla in kunta jiʾta bi-āyatin fa-iʾti bi-hā in kunta mina al-ṣādiqīna 7:107 fa-alqá ʿaṣāhu fa-idhā hiya thuʿbānun mubīnun 7:108 wa-nazaʿa yadahu fa-idhā hiya bayḍāʾu lil-nāẓirīna 7:109 qāla al-malaʾu min qawmi Firʿawna inna hādhā la-sāḥirun ʿalīmun 7:110 yurīdu an yukhrijakum min arḍikum fa-mādhā taʾmurūna 7:111 qālū arjih wa-akhāhu wa-arsil fī al-madāʾini ḥāshirīna 7:112 yaʾtūka bi-kulli sāḥirin ʿalīmin 7:113 wa-jāʾa al-saḥaratu Firʿawna qālū inna lanā la-ajran in kunnā naḥnu al-ghālibīna 7:114 qāla naʿam wa-innakum la-mina al-muqarrabīna 7:115 qālū yā Mūsá immā an tulqiya wa-immā an nakūna naḥnu al-mulqīna 7:116 qāla alqū fa-lammā alqaw saḥarū aʿyuna al-nāsi wa-istarhabūhum wa-jāʾū bi-siḥrin ʿaẓīmin 7:117 wa-awḥaynā ilá Mūsá an alqi ʿaṣāka fa-idhā hiya talqafu mā yaʾfikūna 7:118 fa-waqaʿa al-ḥaqqu wa-baṭala mā kānū yaʿmalūna 7:119 fa-ghulibū hunālika wa-inqalabū ṣāghirīna 7:120 wa-ulqiya al-saḥaratu sājidīna 7:121 qālū āmannā bi-rabbi al-ʿālamīna 7:122 rabbi Mūsá wa-Hārūna 7:123 qāla Firʿawnu āmantum bi-hi qabla an ādhana lakum inna hādhā la-makrun makartumūhu fī al-madīnati li-tukhrijū minhā ahlahā fa-sawfa taʿlamūna 7:124 la-uqaṭṭiʿanna aydiyakum wa-arjulakum min khilāfin thumma la-uṣallibannakum ajmaʿīna 7:125 qālū innā ilá rabbinā munqalibūna 7:126 wa-mā tanqimu minnā illā an āmannā bi-āyāti rabbinā lammā jāʾatnā rabbanā afrigh ʿalaynā ṣabran wa-tawaffanā Muslimīna 7:127 wa-qāla al-malaʾu min qawmi Firʿawna a-tadharu Mūsá wa-qawmahu li-yufsidū fī al-arḍi wa-yadharaka wa-ālihataka qāla sa-nuqattilu abnāʾahum wa-nastaḥyī nisāʾahum wa-innā fawqahum qāhirūna 7:128 qāla Mūsá li-qawmihi istaʿīnū billāhi wa-iṣbirū inna al-arḍa lillāhi yūrithuhā man yashāʾu min ʿibādihi wa-al-ʿāqibatu lil-muttaqīna 7:129 qālū ūdhīnā min qabli an taʾtiyanā wa-min baʿdi mā jiʾtanā qāla ʿasá rabbukum an yuhlika ʿadūwakum wa-yastakhlifakum fī al-arḍi fa-yanẓura kayfa taʿmalūna 7:130 wa-laqad akhadhnā āla Firʿawna bi-al-sinīna wa-naqṣin mina al-thamarāti laʿallahum yadhdhakkarūna 7:131 fa-idhā jāʾatʾhumu al-ḥasanatu qālū lanā hādhihi wa-in tuṣibhum sayyi'atun yaṭṭayyarū bi-Mūsá wa-man maʿahu alā innamā ṭā'iruhum ʿinda Allāhi wa-lākinna aktharahum lā yaʿlamūna 7:132 wa-qālū mahmā ta'tinā bi-hi min āyatin li-tasḥaranā bi-hā fa-mā naḥnu laka bi-mu'minīna 7:133 fa-arsalnā ʿalayhimu al-ṭūfāna wa-al-jarāda wa-al-qummala wa-al-ḍafādiʿa wa-al-dama āyātin mufaṣṣalātin fa-istakbarū wa-kānū qawman mujrimīna 7:134 wa-lammā waqaʿa ʿalayhimu al-rijzu qālū yā Mūsá udʿu lanā rabbaka bi-mā ʿahida ʿindaka la-in kashafta ʿannā al-rijza la-nu'minanna laka wa-la-nursilanna maʿaka banī Isrā'īla 7:135 fa-lammā kashafnā ʿanhumu al-rijza ilá ajalin hum bālighūhu idhā hum yankuthūna 7:136 fa-intaqamnā minhum fa-aghraqnāhum fī al-yammi bi-annahum kadhdhabū bi-āyātinā wa-kānū ʿanhā ghāfilīna 7:137 wa-awrathnā al-qawma al-ladhīna kānū yustaḍʿafūna mashāriqa al-arḍi wa-maghāribahā al-latī bāraknā fīhā wa-tammat kalimatu rabbika al-ḥusná ʿalá banī Isrā'īla bi-mā ṣabarū wa-dammarnā mā kāna yaṣnaʿu Firʿawnu wa-qawmuhu wa-mā kānū yaʿrishūna 7:138 wa-jāwaznā bi-banī Isrā'īla al-baḥra fa-ataw ʿalá qawmin yaʿkufūna ʿalá aṣnāmin lahum qālū yā Mūsá ijʿal lanā ilāhan ka-mā lahum ālihatun qāla innakum qawmun tajhalūna 7:139 inna hā'ulā'i mutabbarun mā hum fīhi wa-bāṭilun mā kānū yaʿmalūna 7:140 qāla a-ghayra Allāhi abghīkum ilāhan wa-huwa faḍḍalakum ʿalá al-ʿālamīna 7:141 wa-idh anjaynākum min āli Firʿawna yasūmūnakum sū'a al-ʿadhābi yuqattilūna abnā'akum wa-yastaḥyūna nisā'akum wa-fī dhālikum balā'un min rabbikum ʿaẓīmun 7:142 wa-wāʿadnā Mūsá thalāthīna laylatan wa-atmamnāhā bi-ʿashrin fa-tamma mīqātu rabbihi arbaʿīna laylatan wa-qāla Mūsá li-akhīhi Hārūna ukhlufnī fī qawmī wa-aṣliḥ wa-lā tattabiʿ sabīla al-mufsidīna 7:143 wa-lammā jā'a Mūsá li-mīqātinā wa-kallamahu rabbuhu qāla rabbi arinī anẓur ilayka qāla lan tarānī wa-lākini unẓur ilá al-jabali fa-ini istaqarra makānahu fa-sawfa tarānī fa-lammā tajallá rabbuhu lil-jabali jaʿalahu dakkan wa-kharra Mūsá ṣaʿiqan fa-lammā afāqa qāla subḥānaka tubtu ilayka wa-anā awwalu al-mu'minīna 7:144 qāla yā Mūsá innī iṣṭafaytuka ʿalá al-nāsi bi-risālātī wa-bi-kalāmī fa-khudh mā ātaytuka wa-kun mina al-shākirīna 7:145 wa-katabnā lahu fī al-alwāḥi min kulli shay'in mawʿiẓatan wa-tafṣīlan li-kulli shay'in fa-khudhhā bi-qūwatin wa-u'mur qawmaka ya'khudhū bi-aḥsanihā sa-urīkum dāra al-fāsiqīna 7:146 sa-aṣrifu ʿan āyātiya al-ladhīna yatakabbarūna fī al-arḍi bi-ghayri al-ḥaqqi wa-in yaraw kulla āyatin lā yu'minū bi-hā wa-in yaraw sabīla al-rushdi lā yattakhidhūhu sabīlan wa-in yaraw sabīla al-ghayyi yattakhidhūhu sabīlan dhālika bi-annahum kadhdhabū bi-āyātinā wa-kānū ʿanhā ghāfilīna 7:147 wa-al-ladhīna kadhdhabū bi-āyātinā wa-liqā'i al-ākhirati ḥabiṭat aʿmāluhum hal yujzawna illā mā kānū yaʿmalūna 7:148 wa-ittakhadha qawmu Mūsá min baʿdihi min ḥulīyihim ʿijlan jasadan lahu khuwārun a-lam yaraw annahu lā yukallimuhum wa-lā yahdīhim sabīlan ittakhadhūhu wa-kānū ẓālimīna 7:149 wa-lammā suqiṭa fī aydīhim wa-ra'aw annahum qad ḍallū qālū la-in lam yarḥamnā rabbunā wa-yaghfir lanā la-nakūnanna mina al-khāsirīna 7:150 wa-lammā rajaʿa Mūsá ilá qawmihi ghaḍbāna asifan qāla bi'samā khalaftumūnī min baʿdī a-ʿajiltum amra rabbikum wa-alqá al-alwāḥa wa-akhadha bi-ra'si akhīhi yajurruhu ilayhi qāla ibna umma inna al-qawma istaḍʿafūnī wa-kādū yaqtulūnanī fa-lā tushmit biya al-aʿdā'a wa-lā tajʿalnī maʿa al-qawmi al-ẓālimīna 7:151 qāla rabbi ighfir lī wa-li-akhī wa-adkhilnā fī raḥmatika wa-anta arḥamu al-rāḥimīna 7:152 inna al-ladhīna ittakhadhū al-ʿijla sa-yanāluhum ghaḍabun min rabbihim wa-dhillatun fī al-ḥayāti al-dunyā wa-kadhālika najzī al-muftarīna 7:153 wa-al-ladhīna ʿamilū al-sayyi'āti thumma tābū min baʿdihā wa-āmanū inna rabbaka min baʿdihā la-ghafūrun raḥīmun 7:154 wa-lammā sakata ʿan Mūsá al-ghaḍabu akhadha al-alwāḥa wa-fī nuskhatihā hudan wa-raḥmatun lil-ladhīna hum li-rabbihim yarhabūna 7:155 wa-ikhtāra Mūsá qawmahu sabʿīna rajulan li-mīqātinā fa-lammā akhadhat'humu al-rajfatu qāla rabbi law shi'ta ahlaktahum min qablu wa-iyyāya a-tuhlikunā bi-mā faʿala al-sufahā'u minnā in hiya illā fitnatuka tuḍillu bi-hā man tashā'u wa-tahdī man tashā'u anta walīyunā fa-ighfir lanā wa-irḥamnā wa-anta khayru al-ghāfirīna 7:156 wa-uktub lanā fī hādhihi al-dunyā ḥasanatan wa-fī al-ākhirati innā hudnā ilayka qāla ʿadhābī uṣību bi-hi man ashāʾu wa-raḥmatī wasiʿat kulla shayʾin fa-sa-aktubuhā lil-ladhīna yattaqūna wa-yuʾtūna al-zakāta wa-al-ladhīna hum bi-āyātinā yuʾminūna 7:157 al-ladhīna yattabiʿūna al-rasūla al-nabīya al-ummīya al-ladhī yajidūnahu maktūban ʿindahum fī al-Tawrāti wa-al-Injīli yaʾmuruhum bi-al-maʿrūfi wa-yanhāhum ʿani al-munkari wa-yuḥillu lahumu al-ṭayyibāti wa-yuḥarrimu ʿalayhimu al-khabāʾitha wa-yaḍaʿu ʿanhum iṣrahum wa-al-aghlāla al-latī kānat ʿalayhim fa-al-ladhīna āmanū bi-hi wa-ʿazzarūhu wa-naṣarūhu wa-ittabaʿū al-nūra al-ladhī unzila maʿahu ulāʾika humu al-mufliḥūna 7:158 qul yā ayyuhā al-nāsu innī rasūlu Allāhi ilaykum jamīʿan al-ladhī lahu mulku al-samāwāti wa-al-arḍi lā ilāha illā huwa yuḥyī wa-yumītu fa-āminū billāhi wa-rasūlihi al-nabīyi al-ummīyi al-ladhī yuʾminu billāhi wa-kalimātihi wa-ittabiʿūhu laʿallakum tahtadūna 7:159 wa-min qawmi Mūsá ummatun yahdūna bi-al-ḥaqqi wa-bihi yaʿdilūna 7:160 wa-qaṭṭaʿnāhumu ithnatay ʿashrata asbāṭan umaman wa-awḥaynā ilá Mūsá idhi istasqāhu qawmuhu ani iḍrib bi-ʿaṣāka al-ḥajara fa-inbajasat minhu ithnatā ʿashrata ʿaynan qad ʿalima kullu unāsin mashrabahum wa-ẓallalnā ʿalayhimu al-ghamāma wa-anzalnā ʿalayhimu al-manna wa-al-salwá kulū min ṭayyibāti mā razaqnākum wa-mā ẓalamūnā wa-lākin kānū anfusahum yaẓlimūna 7:161 wa-idh qīla lahumu uskunū hādhihi al-qaryata wa-kulū minhā ḥaythu shiʾtum wa-qūlū ḥiṭṭatun wa-udkhulū al-bāba sujjadan naghfir lakum khaṭīʾātikum sa-nazīdu al-muḥsinīna 7:162 fa-baddala al-ladhīna ẓalamū minhum qawlan ghayra al-ladhī qīla lahum fa-arsalnā ʿalayhim rijzan mina al-samāʾi bi-mā kānū yaẓlimūna 7:163 wa-isʾalhum ʿani al-qaryati al-latī kānat ḥāḍirata al-baḥri idh yaʿdūna fī al-sabti idh taʾtīhim ḥītānuhum yawma sabtihim shurraʿan wa-yawma lā yasbitūna lā taʾtīhim kadhālika nablūhum bi-mā kānū yafsuqūna 7:164 wa-idh qālat ummatun minhum li-ma taʿiẓūna qawman Allāhu muhlikuhum aw muʿadhdhibuhum ʿadhāban shadīdan qālū maʿdhiratan ilá rabbikum wa-laʿallahum yattaqūna 7:165 fa-lammā nasū mā dhukkirū bi-hi anjaynā al-ladhīna yanhawna ʿani al-sūʾi wa-akhadhnā al-ladhīna ẓalamū bi-ʿadhābin baʾīsin bi-mā kānū yafsuqūna 7:166 fa-lammā ʿataw ʿan mā nuhū ʿanhu qulnā lahum kūnū qiradatan khāsiʾīna 7:167 wa-idh taʾadhdhana rabbuka la-yabʿathanna ʿalayhim ilá yawmi al-qiyāmati man yasūmuhum sūʾa al-ʿadhābi inna rabbaka la-sarīʿu al-ʿiqābi wa-innahu la-ghafūrun raḥīmun 7:168 wa-qaṭṭaʿnāhum fī al-arḍi umaman minhumu al-ṣāliḥūna wa-minhum dūna dhālika wa-balawnāhum bi-al-ḥasanāti wa-al-sayyiʾāti laʿallahum yarjiʿūna 7:169 fa-khalafa min baʿdihim khalfun warithū al-kitāba yaʾkhudhūna ʿaraḍa hādhā al-adná wa-yaqūlūna sa-yughfaru lanā wa-in yaʾtihim ʿaraḍun mithluhu yaʾkhudhūhu a-lam yuʾkhadh ʿalayhim mīthāqu al-kitābi an lā yaqūlū ʿalá Allāhi illā al-ḥaqqa wa-darasū mā fīhi wa-al-dāru al-ākhiratu khayrun lil-ladhīna yattaqūna a-fa-lā taʿqilūna 7:170 wa-al-ladhīna yumassikūna bi-al-kitābi wa-aqāmū al-ṣalāta innā lā nuḍīʿu ajra al-muṣliḥīna 7:171 wa-idh nataqnā al-jabala fawqahum ka-annahu ẓullatun wa-ẓannū annahu wāqiʿun bi-him khudhū mā ātaynākum bi-qūwatin wa-udhkurū mā fīhi laʿallakum tattaqūna 7:172 wa-idh akhadha rabbuka min banī Ādama min ẓuhūrihim dhurrīyatahum wa-ashhadahum ʿalá anfusihim a-lastu bi-rabbikum qālū balá shahidnā an taqūlū yawma al-qiyāmati innā kunnā ʿan hādhā ghāfilīna 7:173 aw taqūlū innamā ashraka ābāʾunā min qablu wa-kunnā dhurrīyatan min baʿdihim a-fa-tuhlikunā bi-mā faʿala al-mubṭilūna 7:174 wa-kadhālika nufaṣṣilu al-āyāti wa-laʿallahum yarjiʿūna 7:175 wa-utlu ʿalayhim nabaʾa al-ladhī ātaynāhu āyātinā fa-insalakha minhā fa-atbaʿahu al-shayṭānu fa-kāna mina al-ghāwīna 7:176 wa-law shiʾnā la-rafaʿnāhu bi-hā wa-lākinnahu akhlada ilá al-arḍi wa-ittabaʿa hawāhu fa-mathaluhu ka-mathali al-kalbi in taḥmil ʿalayhi yalhath aw tatrukhu yalhath dhālika mathalu al-qawmi al-ladhīna kadhdhabū bi-āyātinā fa-uqṣuṣi al-qaṣaṣa laʿallahum yatafakkarūna 7:177 sāʾa mathalan al-qawmu al-ladhīna kadhdhabū bi-āyātinā wa-anfusahum kānū yaẓlimūna 7:178 man yahdi Allāhu fa-huwa al-muhtadī wa-man yuḍlil fa-ulā'ika humu al-khāsirūna 7:179 wa-laqad dhara'anā li-jahannama kathīran mina al-jinni wa-al-insi lahum qulūbun lā yafqahūna bi-hā wa-lahum a'yunun lā yubṣirūna bi-hā wa-lahum ādhānun lā yasma'ūna bi-hā ulā'ika ka-al-an'āmi bal hum aḍallu ulā'ika humu al-ghāfilūna 7:180 wa-lillāhi al-asmā'u al-ḥusná fa-ud'ūhu bi-hā wa-dharū al-ladhīna yulḥidūna fī asmā'ihi sa-yujzawna mā kānū ya'malūna 7:181 wa-miman khalaqnā ummatun yahdūna bi-al-ḥaqqi wa-bihi ya'dilūna 7:182 wa-al-ladhīna kadhdhabū bi-āyātinā sa-nastadrijuhum min ḥaythu lā ya'lamūna 7:183 wa-umlī lahum inna kaydī matīnun 7:184 a-wa-lam yatafakkarū mā bi-ṣāḥibihim min jinnatin in huwa illā nadhīrun mubīnun 7:185 a-wa-lam yanẓurū fī malakūti al-samāwāti wa-al-arḍi wa-mā khalaqa Allāhu min shay'in wa-an 'asá an yakūna qadi iqtaraba ajaluhum fa-bi-ayyi ḥadīthin ba'dahu yu'minūna 7:186 man yuḍlili Allāhu fa-lā hādiya lahu wa-yadharuhum fī ṭughyānihim ya'mahūna 7:187 yas'alūnaka 'ani al-sā'ati ayyāna mursāhā qul innamā 'ilmuhā 'inda rabbī lā yujallīhā li-waqtihā illā huwa thaqulat fī al-samāwāti wa-al-arḍi lā ta'tīkum illā baghtatan yas'alūnaka ka-annaka ḥafīyun 'anhā qul innamā 'ilmuhā 'inda Allāhi wa-lākinna akthara al-nāsi lā ya'lamūna 7:188 qul lā amliku li-nafsī naf'an wa-lā ḍarran illā mā shā'a Allāhu wa-law kuntu a'lamu al-ghayba la-istakthartu mina al-khayri wa-mā massaniya al-sū'u in anā illā nadhīrun wa-bashīrun li-qawmin yu'minūna 7:189 huwa al-ladhī khalaqakum min nafsin wāḥidatin wa-ja'ala minhā zawjahā li-yaskuna ilayhā fa-lammā taghashshāhā ḥamalat ḥamlan khafīfan fa-marrat bi-hi fa-lammā athqalat da'awa Allāha rabbahumā la-in ātaytanā ṣāliḥan la-nakūnanna mina al-shākirīna 7:190 fa-lammā ātāhumā ṣāliḥan ja'alā lahu shurakā'a fī-mā ātāhumā fa-ta'ālá Allāhu 'ammā yushrikūna 7:191 a-yushrikūna mā lā yakhluqu shay'an wa-hum yukhlaqūna 7:192 wa-lā yastaṭī'ūna lahum naṣran wa-lā anfusahum yanṣurūna 7:193 wa-in tad'ūhum ilá al-hudá lā yattabi'ūkum sawā'un 'alaykum a-da'awtumūhum am antum ṣāmitūna 7:194 inna al-ladhīna tad'ūna min dūni Allāhi 'ibādun amthālukum fa-ud'ūhum fa-li-yastajībū lakum in kuntum ṣādiqīna 7:195 a-lahum arjulun yamshūna bi-hā am lahum aydin yabṭishūna bi-hā am lahum a'yunun yubṣirūna bi-hā am lahum ādhānun yasma'ūna bi-hā quli ud'ū shurakā'akum thumma kīdūni fa-lā tunẓirūni 7:196 inna walīyiya Allāhu al-ladhī nazzala al-kitāba wa-huwa yatawallá al-ṣāliḥīna 7:197 wa-al-ladhīna tad'ūna min dūnihi lā yastaṭī'ūna naṣrakum wa-lā anfusahum yanṣurūna 7:198 wa-in tad'ūhum ilá al-hudá lā yasma'ū wa-tarāhum yanẓurūna ilayka wa-hum lā yubṣirūna 7:199 khudhi al-'afwa wa-u'mur bi-al-'urfi wa-a'riḍ 'ani al-jāhilīna 7:200 wa-immā yanzaghannaka mina al-shayṭāni nazghun fa-ista'idh billāhi innahu samī'un 'alīmun 7:201 inna al-ladhīna ittaqaw idhā massahum ṭā'ifun mina al-shayṭāni tadhakkarū fa-idhā hum mubṣirūna 7:202 wa-ikhwānuhum yamuddūnahum fī al-ghayyi thumma lā yuqṣirūna 7:203 wa-idhā lam ta'tihim bi-āyatin qālū lawlā ijtabaytahā qul innamā attabi'u mā yūḥá ilayya min rabbī hādhā baṣā'iru min rabbikum wa-hudan wa-raḥmatun li-qawmin yu'minūna 7:204 wa-idhā quri'a al-Qur'ānu fa-istami'ū lahu wa-anṣitū la'allakum turḥamūna 7:205 wa-udhkur rabbaka fī nafsika taḍarru'an wa-khīfatan wa-dūna al-jahri mina al-qawli bi-al-ghudūwi wa-al-āṣāli wa-lā takun mina al-ghāfilīna 7:206 inna al-ladhīna 'inda rabbika lā yastakbirūna 'an 'ibādatihi wa-yusabbiḥūnahu wa-lahu yasjudūna 8:1 bismillāhi al-raḥmāni al-raḥīmi yas'alūnaka 'ani al-anfāli quli al-anfālu lillāhi wa-al-rasūli fa-ittaqū Allāha wa-aṣliḥū dhāta baynikum wa-aṭī'ū Allāha wa-rasūlahu in kuntum mu'minīna 8:2 innamā al-mu'minūna al-ladhīna idhā dhukira Allāhu wajilat qulūbuhum wa-idhā tuliyat 'alayhim āyātuhu zādat'hum īmānan wa-'alá rabbihim yatawakkalūna 8:3 al-ladhīna yuqīmūna al-ṣalāta wa-mimmā razaqnāhum yunfiqūna 8:4 ulā'ika humu al-mu'minūna ḥaqqan lahum darajātun 'inda rabbihim wa-maghfiratun wa-rizqun karīmum 8:5 ka-mā akhrajaka rabbuka min baytika bi-al-ḥaqqi wa-inna farīqan mina al-muʾminīna la-kārihūna 8:6 yujādilūnaka fī al-ḥaqqi baʿdamā tabayyana ka-annamā yusāqūna ilá al-mawti wa-hum yanẓurūna 8:7 wa-idh yaʿidukumu Allāhu iḥdá al-ṭāʾifatayni annahā lakum wa-tawaddūna anna ghayra dhāti al-shawkati takūnu lakum wa-yurīdu Allāhu an yuḥiqqa al-ḥaqqa bi-kalimātihi wa-yaqṭaʿa dābira al-kāfirīna 8:8 li-yuḥiqqa al-ḥaqqa wa-yubṭila al-bāṭila wa-law kariha al-mujrimūna 8:9 idh tastaghīthūna rabbakum fa-istajāba lakum annī mumiddukum bi-alfin mina al-malāʾikati murdifīna 8:10 wa-mā jaʿalahu Allāhu illā bushrá wa-li-taṭmaʾinna bi-hi qulūbukum wa-mā al-naṣru illā min ʿindi Allāhi inna Allāha ʿazīzun ḥakīmun 8:11 idh yughashshīkumu al-nuʿāsa amanatan minhu wa-yunazzilu ʿalaykum mina al-samāʾi māʾan li-yuṭahhirakum bi-hi wa-yudhhiba ʿankum rijza al-shayṭāni wa-li-yarbiṭa ʿalá qulūbikum wa-yuthabbita bi-hi al-aqdāma 8:12 idh yūḥī rabbuka ilá al-malāʾikati annī maʿakum fa-thabbitū al-ladhīna āmanū sa-ulqī fī qulūbi al-ladhīna kafarū al-ruʿba fa-iḍribū fawqa al-aʿnāqi wa-iḍribū minhum kulla banānin 8:13 dhālika bi-annahum shāqqū Allāha wa-rasūlahu wa-man yushāqiqi Allāha wa-rasūlahu fa-inna Allāha shadīdu al-ʿiqābi 8:14 dhālikum fa-dhūqūhu wa-anna lil-kāfirīna ʿadhāba al-nāri 8:15 yā ayyuhā al-ladhīna āmanū idhā laqītumu al-ladhīna kafarū zaḥfan fa-lā tuwallūhumu al-adbāra 8:16 wa-man yuwallihim yawmaʾidhin duburahu illā mutaḥarrifan li-qitālin aw mutaḥayyizan ilá fiʾatin fa-qad bāʾa bi-ghaḍabin mina Allāhi wa-maʾwāhu jahannamu wa-biʾsa al-maṣīru 8:17 fa-lam taqtulūhum wa-lākinna Allāha qatalahum wa-mā ramayta idh ramayta wa-lākinna Allāha ramá wa-li-yubliya al-muʾminīna minhu balāʾan ḥasanan inna Allāha samīʿun ʿalīmun 8:18 dhālikum wa-anna Allāha mūhinu kaydi al-kāfirīna 8:19 in tastaftiḥū fa-qad jāʾakumu al-fatḥu wa-in tantahū fa-huwa khayrun lakum wa-in taʿūdū naʿud wa-lan tughniya ʿankum fiʾatukum shayʾan wa-law kathurat wa-anna Allāha maʿa al-muʾminīna 8:20 yā ayyuhā al-ladhīna āmanū aṭīʿū Allāha wa-rasūlahu wa-lā tawallaw ʿanhu wa-antum tasmaʿūna 8:21 wa-lā takūnū ka-al-ladhīna qālū samiʿnā wa-hum lā yasmaʿūna 8:22 inna sharra al-dawābbi ʿinda Allāhi al-ṣummu al-bukmu al-ladhīna lā yaʿqilūna 8:23 wa-law ʿalima Allāhu fīhim khayran la-asmaʿahum wa-law asmaʿahum la-tawallū wa-hum muʿriḍūna 8:24 yā ayyuhā al-ladhīna āmanū istajībū lillāhi wa-lil-rasūli idhā daʿākum li-mā yuḥyīkum wa-iʿlamū anna Allāha yaḥūlu bayna al-marʾi wa-qalbihi wa-annahu ilayhi tuḥsharūna 8:25 wa-ittaqū fitnatan lā tuṣībanna al-ladhīna ẓalamū minkum khāṣṣatan wa-iʿlamū anna Allāha shadīdu al-ʿiqābi 8:26 wa-udhkurū idh antum qalīlun mustaḍʿafūna fī al-arḍi takhāfūna an yatakhaṭṭafakumu al-nāsu fa-āwākum wa-ayyadakum bi-naṣrihi wa-razaqakum mina al-ṭayyibāti laʿallakum tashkurūna 8:27 yā ayyuhā al-ladhīna āmanū lā takhūnū Allāha wa-al-rasūla wa-takhūnū amānātikum wa-antum taʿlamūna 8:28 wa-iʿlamū annamā amwālukum wa-awlādukum fitnatun wa-anna Allāha ʿindahu ajrun ʿaẓīmun 8:29 yā ayyuhā al-ladhīna āmanū in tattaqū Allāha yajʿal lakum furqānan wa-yukaffir ʿankum sayyiʾātikum wa-yaghfir lakum wallāhu dhū al-faḍli al-ʿaẓīmi 8:30 wa-idh yamkuru bika al-ladhīna kafarū li-yuthbitūka aw yaqtulūka aw yukhrijūka wa-yamkurūna wa-yamkuru Allāhu wallāhu khayru al-mākirīna 8:31 wa-idhā tutlá ʿalayhim āyātunā qālū qad samiʿnā law nashāʾu la-qulnā mithla hādhā in hādhā illā asāṭīru al-awwalīna 8:32 wa-idh qālū Allāhumma in kāna hādhā huwa al-ḥaqqa min ʿindika fa-amṭir ʿalaynā ḥijāratan mina al-samāʾi awi iʾtinā bi-ʿadhābin alīmin 8:33 wa-mā kāna Allāhu li-yuʿadhdhibahum wa-anta fīhim wa-mā kāna Allāhu muʿadhdhibahum wa-hum yastaghfirūna 8:34 wa-mā lahum allā yuʿadhdhibahumu Allāhu wa-hum yaṣuddūna ʿani al-masjidi al-ḥarāmi wa-mā kānū awliyāʾahu in awliyāʾuhu illā al-muttaqūna wa-lākinna aktharahum lā yaʿlamūna 8:35 wa-mā kāna ṣalātuhum ʿinda al-bayti illā mukāʾan wa-taṣdiyatan fa-dhūqū al-ʿadhāba bi-mā kuntum takfurūna 8:36 inna al-ladhīna kafarū yunfiqūna amwālahum li-yaṣuddū ʿan sabīli Allāhi fa-sa-yunfiqūnahā thumma takūnu ʿalayhim ḥasratan thumma yughlabūna wa-al-ladhīna kafarū ilá jahannama yuḥsharūna 8:37 li-yamīza Allāhu al-khabītha mina al-ṭayyibi wa-yajʿala al-khabītha baʿḍahu ʿalá baʿḍin fa-yarkumahu jamīʿan fa-yajʿalahu fī jahannama ulāʾika humu al-khāsirūna 8:38 qul lil-ladhīna kafarū in yantahū yughfar lahum mā qad salafa wa-in yaʿūdū fa-qad maḍat sunnatu al-awwalīna 8:39 wa-qātilūhum ḥattá lā takūna fitnatun wa-yakūna al-dīnu kulluhu lillāhi fa-ini intahaw fa-inna Allāha bi-mā yaʿmalūna baṣīrun 8:40 wa-in tawallaw fa-iʿlamū anna Allāha mawlākum niʿma al-mawlá wa-niʿma al-naṣīru 8:41 wa-iʿlamū annamā ghanimtum min shayʾin fa-anna lillāhi khumusahu wa-lil-rasūli wa-li-dhī al-qurbá wa-al-yatāmá wa-al-masākīni wa-ibni al-sabīli in kuntum āmantum billāhi wa-mā anzalnā ʿalá ʿabdinā yawma al-furqāni yawma iltaqá al-jamʿāni wallāhu ʿalá kulli shayʾin qadīrun 8:42 idh antum bi-al-ʿudwati al-dunyā wa-hum bi-al-ʿudwati al-quṣwá wa-al-rakbu asfala minkum wa-law tawāʿadtum la-ikhtalaftum fī al-mīʿādi wa-lākin li-yaqḍiya Allāhu amran kāna mafʿūlan li-yahlika man halaka ʿan bayyinatin wa-Yaḥyá man ḥayya ʿan bayyinatin wa-inna Allāha la-samīʿun ʿalīmun 8:43 idh yurīkahumu Allāhu fī manāmika qalīlan wa-law arākahum kathīran la-fashiltum wa-la-tanāzaʿtum fī al-amri wa-lākinna Allāha sallama innahu ʿalīmun bi-dhāti al-ṣudūri 8:44 wa-idh yurīkumūhum idhi iltaqaytum fī aʿyunikum qalīlan wa-yuqallilukum fī aʿyunihim li-yaqḍiya Allāhu amran kāna mafʿūlan wa-ilá Allāhi turjaʿu al-umūru 8:45 yā ayyuhā al-ladhīna āmanū idhā laqītum fiʾatan fa-uthbutū wa-udhkurū Allāha kathīran laʿallakum tufliḥūna 8:46 wa-aṭīʿū Allāha wa-rasūlahu wa-lā tanāzaʿū fa-tafshalū wa-tadhhaba rīḥukum wa-iṣbirū inna Allāha maʿa al-ṣābirīna 8:47 wa-lā takūnū ka-al-ladhīna kharajū min diyārihim baṭaran wa-riʾāʾa al-nāsi wa-yaṣuddūna ʿan sabīli Allāhi wallāhu bi-mā yaʿmalūna muḥīṭun 8:48 wa-idh zayyana lahumu al-shayṭānu aʿmālahum wa-qāla lā ghāliba lakumu al-yawma mina al-nāsi wa-innī jārun lakum fa-lammā tarāʾati al-fiʾatāni nakaṣa ʿalá ʿaqibayhi wa-qāla innī barīʾun minkum innī ará mā lā tarawna innī akhāfu Allāha wallāhu shadīdu al-ʿiqābi 8:49 idh yaqūlu al-munāfiqūna wa-al-ladhīna fī qulūbihim maraḍun gharra hāʾulāʾi dīnuhum wa-man yatawakkal ʿalá Allāhi fa-inna Allāha ʿazīzun ḥakīmun 8:50 wa-law tará idh yatawaffá al-ladhīna kafarū al-malāʾikatu yaḍribūna wujūhahum wa-adbārahum wa-dhūqū ʿadhāba al-ḥarīqi 8:51 dhālika bi-mā qaddamat aydīkum wa-anna Allāha laysa bi-ẓallāmin lil-ʿabīdi 8:52 kadaʾabi āli Firʿawna wa-al-ladhīna min qablihim kafarū bi-āyāti Allāhi fa-akhadhahumu Allāhu bi-dhunūbihim inna Allāha qawīyun shadīdu al-ʿiqābi 8:53 dhālika bi-anna Allāha lam yaku mughayyiran niʿmatan anʿamahā ʿalá qawmin ḥattá yughayyirū mā bi-anfusihim wa-anna Allāha samīʿun ʿalīmun 8:54 kadaʾabi āli Firʿawna wa-al-ladhīna min qablihim kadhdhabū bi-āyāti rabbihim fa-ahlaknāhum bi-dhunūbihim wa-aghraqnā āla Firʿawna wa-kullun kānū ẓālimīna 8:55 inna sharra al-dawābbi ʿinda Allāhi al-ladhīna kafarū fa-hum lā yuʾminūna 8:56 al-ladhīna ʿāhadta minhum thumma yanquḍūna ʿahdahum fī kulli marratin wa-hum lā yattaqūna 8:57 fa-immā tathqafannahum fī al-ḥarbi fa-sharrid bi-him man khalfahum laʿallahum yadhdhakkarūna 8:58 wa-immā takhāfanna min qawmin khiyānatan fa-inbidh ilayhim ʿalá sawāʾin inna Allāha lā yuḥibbu al-khāʾinīna 8:59 wa-lā yaḥsabanna al-ladhīna kafarū sabaqū innahum lā yuʿjizūna 8:60 wa-aʿiddū lahum mā istaṭaʿtum min qūwatin wa-min ribāṭi al-khayli turhibūna bi-hi ʿadūwa Allāhi wa-ʿadūwakum wa-ākharīna min dūnihim lā taʿlamūnahumu Allāhu yaʿlamuhum wa-mā tunfiqū min shayʾin fī sabīli Allāhi yuwaffa ilaykum wa-antum lā tuẓlamūna 8:61 wa-in janaḥū lil-salmi fa-ijnaḥ lahā wa-tawakkal ʿalá Allāhi innahu huwa al-samīʿu al-ʿalīmu 8:62 wa-in yurīdū an yakhdaʿūka fa-inna ḥasbaka Allāhu huwa al-ladhī ayyadaka bi-naṣrihi wa-bi-al-muʾminīna 8:63 wa-allafa bayna qulūbihim law anfaqta mā fī al-arḍi jamīʿan mā allafta bayna qulūbihim wa-lākinna Allāha allafa baynahum innahu ʿazīzun ḥakīmun 8:64 yā ayyuhā al-nabīyu ḥasbuka Allāhu wa-mani ittabaʿaka mina al-muʾminīna 8:65 yā ayyuhā al-nabīyu ḥarriḍi al-mu'minīna 'alá al-qitāli in yakun minkum 'ishrūna ṣābirūna yaghlibū mi'atayni wa-in yakun minkum mi'atun yaghlibū alfan mina al-ladhīna kafarū bi-annahum qawmun lā yafqahūna 8:66 al-āna khaffafa Allāhu 'ankum wa-'alima anna fīkum ḍa'fan fa-in yakun minkum mi'atun ṣābiratun yaghlibū mi'atayni wa-in yakun minkum alfun yaghlibū alfayni bi-idhni Allāhi wallāhu ma'a al-ṣābirīna 8:67 mā kāna li-nabīyin an yakūna lahu asrá ḥattá yuthkhina fī al-arḍi turīdūna 'araḍa al-dunyā wallāhu yurīdu al-ākhirata wallāhu 'azīzun ḥakīmun 8:68 lawlā kitābun mina Allāhi sabaqa la-massakum fī-mā akhadhtum 'adhābun 'aẓīmun 8:69 fa-kulū mimmā ghanimtum ḥalālan ṭayyiban wa-ittaqū Allāha inna Allāha ghafūrun raḥīmun 8:70 yā ayyuhā al-nabīyu qul li-man fī aydīkum mina al-asrá in ya'lami Allāhu fī qulūbikum khayran yu'tikum khayran mimmā ukhidha minkum wa-yaghfir lakum wallāhu ghafūrun raḥīmun 8:71 wa-in yurīdū khiyānataka fa-qad khānū Allāha min qablu fa-amkana minhum wallāhu 'alīmun ḥakīmun 8:72 inna al-ladhīna āmanū wa-hājarū wa-jāhadū bi-amwālihim wa-anfusihim fī sabīli Allāhi wa-al-ladhīna āwawā wa-naṣarū ulā'ika ba'ḍuhum awliyā'u ba'ḍin wa-al-ladhīna āmanū wa-lam yuhājirū mā lakum min walāyatihim min shay'in ḥattá yuhājirū wa-ini istanṣarūkum fī al-dīni fa-'alaykumu al-naṣru illā 'alá qawmin baynakum wa-baynahum mīthāqun wallāhu bi-mā ta'malūna baṣīrun 8:73 wa-al-ladhīna kafarū ba'ḍuhum awliyā'u ba'ḍin illā taf'alūhu takun fitnatun fī al-arḍi wa-fasādun kabīrun 8:74 wa-al-ladhīna āmanū wa-hājarū wa-jāhadū fī sabīli Allāhi wa-al-ladhīna āwawā wa-naṣarū ulā'ika humu al-mu'minūna ḥaqqan lahum maghfiratun wa-rizqun karīmun 8:75 wa-al-ladhīna āmanū min ba'du wa-hājarū wa-jāhadū ma'akum fa-ulā'ika minkum wa-ūlū al-arḥāmi ba'ḍuhum awlá bi-ba'ḍin fī kitābi Allāhi inna Allāha bi-kulli shay'in 'alīmun 9:1 barā'atun mina Allāhi wa-rasūlihi ilá al-ladhīna 'āhadtum mina al-mushrikīna 9:2 fa-sīḥū fī al-arḍi arba'ata ashhurin wa-i'lamū annakum ghayru mu'jizī Allāhi wa-anna Allāha mukhzī al-kāfirīna 9:3 wa-adhānun mina Allāhi wa-rasūlihi ilá al-nāsi yawma al-ḥajji al-akbari anna Allāha barī'un mina al-mushrikīna wa-rasūluhu fa-in tubtum fa-huwa khayrun lakum wa-in tawallaytum fa-i'lamū annakum ghayru mu'jizī Allāhi wa-bashshiri al-ladhīna kafarū bi-'adhābin alīmin 9:4 illā al-ladhīna 'āhadtum mina al-mushrikīna thumma lam yanquṣūkum shay'an wa-lam yuẓāhirū 'alaykum aḥadan fa-atimmū ilayhim 'ahdahum ilá muddatihim inna Allāha yuḥibbu al-muttaqīna 9:5 fa-idhā insalakha al-ashhuru al-ḥurumu fa-uqtulū al-mushrikīna ḥaythu wajadtumūhum wa-khudhūhum wa-uḥṣurūhum wa-uq'udū lahum kulla marṣadin fa-in tābū wa-aqāmū al-ṣalāta wa-ātawū al-zakāta fa-khallū sabīlahum inna Allāha ghafūrun raḥīmun 9:6 wa-in aḥadun mina al-mushrikīna istajāraka fa-ajirhu ḥattá yasma'a kalāma Allāhi thumma ablighhu ma'manahu dhālika bi-annahum qawmun lā ya'lamūna 9:7 kayfa yakūnu lil-mushrikīna 'ahdun 'inda Allāhi wa-'inda rasūlihi illā al-ladhīna 'āhadtum 'inda al-masjidi al-ḥarāmi fa-mā istaqāmū lakum fa-istaqīmū lahum inna Allāha yuḥibbu al-muttaqīna 9:8 kayfa wa-in yaẓharū 'alaykum lā yarqubū fīkum illan wa-lā dhimmatan yurḍūnakum bi-afwāhihim wa-ta'bá qulūbuhum wa-aktharuhum fāsiqūna 9:9 ishtaraw bi-āyāti Allāhi thamanan qalīlan fa-ṣaddū 'an sabīlihi innahum sā'a mā kānū ya'malūna 9:10 lā yarqubūna fī mu'minin illan wa-lā dhimmatan wa-ulā'ika humu al-mu'tadūna 9:11 fa-in tābū wa-aqāmū al-ṣalāta wa-ātawū al-zakāta fa-ikhwānukum fī al-dīni wa-nufaṣṣilu al-āyāti li-qawmin ya'lamūna 9:12 wa-in nakathū aymānahum min ba'di 'ahdihim wa-ṭa'anū fī dīnikum fa-qātilū a'immata al-kufri innahum lā aymāna lahum la'allahum yantahūna 9:13 alā tuqātilūna qawman nakathū aymānahum wa-hammū bi-ikhrāji al-rasūli wa-hum bada'ūkum awwala marratin a-takhshawnahum fallāhu aḥaqqu an takhshawhu in kuntum mu'minīna 9:14 qātilūhum yu'adhdhibhumu Allāhu bi-aydīkum wa-yukhzihim wa-yanṣurkum 'alayhim wa-yashfi ṣudūra qawmin mu'minīna 9:15 wa-yudhhib ghayẓa qulūbihim wa-yatūbu Allāhu 'alá man yashā'u wallāhu 'alīmun ḥakīmun

9:16 am ḥasibtum an tutrakū wa-lammā yaʿlami Allāhu al-ladhīna jāhadū minkum wa-lam yattakhidhū min dūni Allāhi wa-lā rasūlihi wa-lā al-muʾminīna wa-lījatan wallāhu khabīrun bi-mā taʿmalūna 9:17 mā kāna lil-mushrikīna an yaʿmurū masājida Allāhi shāhidīna ʿalá anfusihim bi-al-kufri ulāʾika ḥabiṭat aʿmāluhum wa-fī al-nāri hum khālidūna 9:18 innamā yaʿmuru masājida Allāhi man āmana billāhi wa-al-yawmi al-ākhiri wa-aqāma al-ṣalāta wa-ātá al-zakāta wa-lam yakhsha illā Allāha fa-ʿasá ulāʾika an yakūnū mina al-muhtadīna 9:19 a-jaʿaltum siqāyata al-ḥājji wa-ʿimārata al-masjidi al-ḥarāmi ka-man āmana billāhi wa-al-yawmi al-ākhiri wa-jāhada fī sabīli Allāhi lā yastawūna ʿinda Allāhi wallāhu lā yahdī al-qawma al-ẓālimīna 9:20 al-ladhīna āmanū wa-hājarū wa-jāhadū fī sabīli Allāhi bi-amwālihim wa-anfusihim aʿẓamu darajatan ʿinda Allāhi wa-ulāʾika humu al-fāʾizūna 9:21 yubashshiruhum rabbuhum bi-raḥmatin minhu wa-riḍwānin wa-jannātin lahum fīhā naʿīmun muqīmun 9:22 khālidīna fīhā abadan inna Allāha ʿindahu ajrun ʿaẓīmun 9:23 yā ayyuhā al-ladhīna āmanū lā tattakhidhū ābāʾakum wa-ikhwānakum awliyāʾa ini istaḥabbū al-kufra ʿalá al-īmāni wa-man yatawallahum minkum fa-ulāʾika humu al-ẓālimūna 9:24 qul in kāna ābāʾukum wa-abnāʾukum wa-ikhwānukum wa-azwājukum wa-ʿashīratukum wa-amwālun iqtaraftumūhā wa-tijāratun takhshawna kasādahā wa-masākinu tarḍawnahā aḥabba ilaykum mina Allāhi wa-rasūlihi wa-jihādin fī sabīlihi fa-tarabbaṣū ḥattá yaʾtiya Allāhu bi-amrihi wallāhu lā yahdī al-qawma al-fāsiqīna 9:25 laqad naṣarakumu Allāhu fī mawāṭina kathīratin wa-yawma ḥunaynin idh aʿjabatkum kathratukum fa-lam tughni ʿankum shayʾan wa-ḍāqat ʿalaykumu al-arḍu bi-mā raḥubat thumma wallaytum mudbirīna 9:26 thumma anzala Allāhu sakīnatahu ʿalá rasūlihi wa-ʿalá al-muʾminīna wa-anzala junūdan lam tarawhā wa-ʿadhdhaba al-ladhīna kafarū wa-dhālika jazāʾu al-kāfirīna 9:27 thumma yatūbu Allāhu min baʿdi dhālika ʿalá man yashāʾu wallāhu ghafūrun raḥīmun 9:28 yā ayyuhā al-ladhīna āmanū innamā al-mushrikūna najasun fa-lā yaqrabū al-masjida al-ḥarāma baʿda ʿāmihim hādhā wa-in khiftum ʿaylatan fa-sawfa yughnīkumu Allāhu min faḍlihi in shāʾa inna Allāha ʿalīmun ḥakīmun 9:29 qātilū al-ladhīna lā yuʾminūna billāhi wa-lā bi-al-yawmi al-ākhiri wa-lā yuḥarrimūna mā ḥarrama Allāhu wa-rasūluhu wa-lā yadīnūna dīna al-ḥaqqi mina al-ladhīna ūtū al-kitāba ḥattá yuʿṭū al-jizyata ʿan yadin wa-hum ṣāghirūna 9:30 wa-qālati al-yahūdu ʿUzayrun ibnu Allāhi wa-qālati al-naṣārá al-masīḥu ibnu Allāhi dhālika qawluhum bi-afwāhihim yuḍāhiʾūna qawla al-ladhīna kafarū min qablu qātalahumu Allāhu anná yuʾfakūna 9:31 ittakhadhū aḥbārahum wa-ruhbānahum arbāban min dūni Allāhi wa-al-masīḥa ibna Maryama wa-mā umirū illā li-yaʿbudū ilāhan wāḥidan lā ilāha illā huwa subḥānahu ʿammā yushrikūna 9:32 yurīdūna an yuṭfiʾū nūra Allāhi bi-afwāhihim wa-yaʾbá Allāhu illā an yutimma nūrahu wa-law kariha al-kāfirūna 9:33 huwa al-ladhī arsala rasūlahu bi-al-hudá wa-dīni al-ḥaqqi li-yuẓhirahu ʿalá al-dīni kullihi wa-law kariha al-mushrikūna 9:34 yā ayyuhā al-ladhīna āmanū inna kathīran mina al-aḥbāri wa-al-ruhbāni la-yaʾkulūna amwāla al-nāsi bi-al-bāṭili wa-yaṣuddūna ʿan sabīli Allāhi wa-al-ladhīna yaknizūna al-dhahaba wa-al-fiḍḍata wa-lā yunfiqūnahā fī sabīli Allāhi fa-bashshirhum bi-ʿadhābin alīmin 9:35 yawma yuḥmá ʿalayhā fī nāri jahannama fa-tukwá bi-hā jibāhuhum wa-junūbuhum wa-ẓuhūruhum hādhā mā kanaztum li-anfusikum fa-dhūqū mā kuntum taknizūna 9:36 inna ʿiddata al-shuhūri ʿinda Allāhi ithnā ʿashara shahran fī kitābi Allāhi yawma khalaqa al-samāwāti wa-al-arḍa minhā arbaʿatun ḥurumun dhālika al-dīnu al-qayyimu fa-lā taẓlimū fīhinna anfusakum wa-qātilū al-mushrikīna kāffatan ka-mā yuqātilūnakum kāffatan wa-iʿlamū anna Allāha maʿa al-muttaqīna 9:37 innamā al-nasīʾu ziyādatun fī al-kufri yuḍallu bi-hi al-ladhīna kafarū yuḥillūnahu ʿāman wa-yuḥarrimūnahu ʿāman li-yuwāṭiʾū ʿiddata mā ḥarrama Allāhu fa-yuḥillū mā ḥarrama Allāhu zuyyina lahum sūʾu aʿmālihim wallāhu lā yahdī al-qawma al-kāfirīna 9:38 yā ayyuhā al-ladhīna āmanū mā lakum idhā qīla lakumu unfirū fī sabīli Allāhi iththāqaltum ilá al-arḍi a-raḍītum bi-al-ḥayāti al-dunyā mina al-ākhirati fa-mā matāʿu al-ḥayāti al-dunyā fī al-ākhirati illā qalīlun 9:39 illā tanfirū yuʿadhdhibkum ʿadhāban alīman wa-yastabdil qawman ghayrakum wa-lā taḍurrūhu shay'an wallāhu ʿalá kulli shay'in qadīrun 9:40 illā tanṣurūhu fa-qad naṣarahu Allāhu idh akhrajahu al-ladhīna kafarū thānya ithnayni idh humā fī al-ghāri idh yaqūlu li-ṣāḥibihi lā taḥzan inna Allāha maʿanā fa-anzala Allāhu sakīnatahu ʿalayhi wa-ayyadahu bi-junūdin lam tarawhā wa-jaʿala kalimata al-ladhīna kafarū al-suflá wa-kalimatu Allāhi hiya al-ʿulyā wallāhu ʿazīzun ḥakīmun 9:41 unfirū khifāfan wa-thiqālan wa-jāhidū bi-amwālikum wa-anfusikum fī sabīli Allāhi dhālikum khayrun lakum in kuntum taʿlamūna 9:42 law kāna ʿaraḍan qarīban wa-safaran qāṣidan la-ittabaʿūka wa-lākin baʿudat ʿalayhimu al-shuqqatu wa-sa-yaḥlifūna billāhi lawi istaṭaʿnā la-kharajnā maʿakum yuhlikūna anfusahum wallāhu yaʿlamu innahum la-kādhibūna 9:43 ʿafā Allāhu ʿanka li-ma adhinta lahum ḥattá yatabayyana laka al-ladhīna ṣadaqū wa-taʿlama al-kādhibīna 9:44 lā yasta'dhinuka al-ladhīna yu'minūna billāhi wa-al-yawmi al-ākhiri an yujāhidū bi-amwālihim wa-anfusihim wallāhu ʿalīmun bi-al-muttaqīna 9:45 innamā yasta'dhinuka al-ladhīna lā yu'minūna billāhi wa-al-yawmi al-ākhiri wa-irtābat qulūbuhum fa-hum fī raybihim yataraddadūna 9:46 wa-law arādū al-khurūja la-aʿaddū lahu ʿuddatan wa-lākin kariha Allāhu inbiʿāthahum fa-thabbaṭahum wa-qīla uqʿudū maʿa al-qāʿidīna 9:47 law kharajū fīkum mā zādūkum illā khabālan wa-la-awḍaʿū khilālakum yabghūnakumu al-fitnata wa-fīkum sammāʿūna lahum wallāhu ʿalīmun bi-al-ẓālimīna 9:48 laqadi ibtaghawū al-fitnata min qablu wa-qallabū laka al-umūra ḥattá jā'a al-ḥaqqu wa-ẓahara amru Allāhi wa-hum kārihūna 9:49 wa-minhum man yaqūlu i'dhan lī wa-lā taftinnī alā fī al-fitnati saqaṭū wa-inna jahannama la-muḥīṭatun bi-al-kāfirīna 9:50 in tuṣibka ḥasanatun tasu'hum wa-in tuṣibka muṣībatun yaqūlū qad akhadhnā amranā min qablu wa-yatawallawū wa-hum fariḥūna 9:51 qul lan yuṣībanā illā mā kataba Allāhu lanā huwa mawlānā wa-ʿalá Allāhi fa-li-yatawakkali al-mu'minūna 9:52 qul hal tarabbaṣūna binā illā iḥdá al-ḥusnayayni wa-naḥnu natarabbaṣu bikum an yuṣībakumu Allāhu bi-ʿadhābin min ʿindihi aw bi-aydīnā fa-tarabbaṣū innā maʿakum mutarabbiṣūna 9:53 qul anfiqū ṭawʿan aw karhan lan yutaqabbala minkum innakum kuntum qawman fāsiqīna 9:54 wa-mā manaʿahum an tuqbala minhum nafaqātuhum illā annahum kafarū billāhi wa-bi-rasūlihi wa-lā ya'tūna al-ṣalāta illā wa-hum kusālá wa-lā yunfiqūna illā wa-hum kārihūna 9:55 fa-lā tuʿjibka amwāluhum wa-lā awlāduhum innamā yurīdu Allāhu li-yuʿadhdhibahum bi-hā fī al-ḥayāti al-dunyā wa-tazhaqa anfusuhum wa-hum kāfirūna 9:56 wa-yaḥlifūna billāhi innahum la-minkum wa-mā hum minkum wa-lākinnahum qawmun yafraqūna 9:57 law yajidūna malja'an aw maghārātin aw muddakhalan la-wallaw ilayhi wa-hum yajmaḥūna 9:58 wa-minhum man yalmizuka fī al-ṣadaqāti fa-in uʿṭū minhā raḍū wa-in lam yuʿṭaw minhā idhā hum yaskhaṭūna 9:59 wa-law annahum raḍū mā ātāhumu Allāhu wa-rasūluhu wa-qālū ḥasbunā Allāhu sa-yu'tīnā Allāhu min faḍlihi wa-rasūluhu innā ilá Allāhi rāghibūna 9:60 innamā al-ṣadaqātu lil-fuqarā'i wa-al-masākīni wa-al-ʿāmilīna ʿalayhā wa-al-mū'allafati qulūbuhum wa-fī al-riqābi wa-al-ghārimīna wa-fī sabīli Allāhi wa-ibni al-sabīli farīḍatan mina Allāhi wallāhu ʿalīmun ḥakīmun 9:61 wa-minhumu al-ladhīna yu'dhūna al-nabīya wa-yaqūlūna huwa udhunun qul udhunu khayrin lakum yu'minu billāhi wa-yu'minu lil-mu'minīna wa-raḥmatun lil-ladhīna āmanū minkum wa-al-ladhīna yu'dhūna rasūla Allāhi lahum ʿadhābun alīmun 9:62 yaḥlifūna billāhi lakum li-yurḍūkum wallāhu wa-rasūluhu aḥaqqu an yurḍūhu in kānū mu'minīna 9:63 a-lam yaʿlamū annahu man yuḥādidi Allāha wa-rasūlahu fa-anna lahu nāra jahannama khālidan fīhā dhālika al-khizyu al-ʿaẓīmu 9:64 yaḥdharu al-munāfiqūna an tunazzala ʿalayhim sūratun tunabbi'uhum bi-mā fī qulūbihim quli istahzi'ū inna Allāha mukhrijun mā taḥdharūna 9:65 wa-la-in sa'altahum la-yaqūlunna innamā kunnā nakhūḍu wa-nalʿabu qul a-billāhi wa-ayātihi wa-rasūlihi kuntum tastahzi'ūna 9:66 lā taʿtadhirū qad kafartum baʿda īmānikum in naʿfu ʿan ṭā'ifatin minkum nuʿadhdhib ṭā'ifatan bi-annahum kānū mujrimīna 9:67 al-munāfiqūna wa-al-munāfiqātu baʿḍuhum min baʿḍin ya'murūna bi-al-munkari wa-yanhawna ʿani al-maʿrūfi wa-yaqbiḍūna aydiyahum nasū Allāha fa-nasiyahum inna al-munāfiqīna humu al-fāsiqūna 9:68 waʿada Allāhu al-munāfiqīna wa-al-munāfiqāti wa-al-kuffāra nāra jahannama khālidīna fīhā hiya ḥasbuhum wa-laʿanahumu Allāhu wa-lahum ʿadhābun muqīmun 9:69 ka-al-ladhīna min qablikum kānū ashadda minkum qūwatan wa-akthara amwālan wa-awlādan fa-istamtaʿū bi-khalāqihim fa-istamtaʿtum bi-khalāqikum ka-mā istamtaʿa al-ladhīna min qablikum bi-khalāqihim wa-khuḍtum ka-al-ladhī khāḍū ulā'ika ḥabiṭat aʿmāluhum fī al-dunyā wa-al-ākhirati wa-ulā'ika humu al-khāsirūna 9:70 a-lam ya'tihim naba'u al-ladhīna min qablihim qawmi Nūḥin wa-ʿĀdin wa-Thamūda wa-qawmi Ibrāhīma wa-aṣḥābi Madyana wa-al-mu'tafikāti atat'hum rusuluhum bi-al-bayyināti fa-mā kāna Allāhu li-yaẓlimahum wa-lākin kānū anfusahum yaẓlimūna 9:71 wa-al-mu'minūna wa-al-mu'minātu baʿḍuhum awliyā'u baʿḍin ya'murūna bi-al-maʿrūfi wa-yanhawna ʿani al-munkari wa-yuqīmūna al-ṣalāta wa-yu'tūna al-zakāta wa-yuṭīʿūna Allāha wa-rasūlahu ulā'ika sa-yarḥamuhumu Allāhu inna Allāha ʿazīzun ḥakīmun 9:72 waʿada Allāhu al-mu'minīna wa-al-mu'mināti jannātin tajrī min taḥtihā al-anhāru khālidīna fīhā wa-masākina ṭayyibatan fī jannāti ʿadnin wa-riḍwānun mina Allāhi akbaru dhālika huwa al-fawzu al-ʿaẓīmu 9:73 yā ayyuhā al-nabīyu jāhidi al-kuffāra wa-al-munāfiqīna wa-ughluẓ ʿalayhim wa-ma'wāhum jahannamu wa-bi'sa al-maṣīru 9:74 yaḥlifūna billāhi mā qālū wa-laqad qālū kalimata al-kufri wa-kafarū baʿda Islāmihim wa-hammū bi-mā lam yanālū wa-mā naqamū illā an aghnāhumu Allāhu wa-rasūluhu min faḍlihi fa-in yatūbū yaku khayran lahum wa-in yatawallaw yuʿadhdhibhumu Allāhu ʿadhāban alīman fī al-dunyā wa-al-ākhirati wa-mā lahum fī al-arḍi min walīyin wa-lā naṣīrin 9:75 wa-minhum man ʿāhada Allāha la-in ātānā min faḍlihi la-naṣṣaddaqanna wa-la-nakūnanna mina al-ṣāliḥīna 9:76 fa-lammā ātāhum min faḍlihi bakhilū bi-hi wa-tawallaw wa-hum muʿriḍūna 9:77 fa-aʿqabahum nifāqan fī qulūbihim ilá yawmi yalqawnahu bi-mā akhlafū Allāha mā waʿadūhu wa-bi-mā kānū yakdhibūna 9:78 a-lam yaʿlamū anna Allāha yaʿlamu sirrahum wa-najwāhum wa-anna Allāha ʿallāmu al-ghuyūbi 9:79 al-ladhīna yalmizūna al-muṭṭawwiʿīna mina al-mu'minīna fī al-ṣadaqāti wa-al-ladhīna lā yajidūna illā juhdahum fa-yaskharūna minhum sakhira Allāhu minhum wa-lahum ʿadhābun alīmun 9:80 istaghfir lahum aw lā tastaghfir lahum in tastaghfir lahum sabʿīna marratan fa-lan yaghfira Allāhu lahum dhālika bi-annahum kafarū billāhi wa-rasūlihi wallāhu lā yahdī al-qawma al-fāsiqīna 9:81 fariḥa al-mukhallafūna bi-maqʿadihim khilāfa rasūli Allāhi wa-karihū an yujāhidū bi-amwālihim wa-anfusihim fī sabīli Allāhi wa-qālū lā tanfirū fī al-ḥarri qul nāru jahannama ashaddu ḥaran law kānū yafqahūna 9:82 fa-li-yaḍḥakū qalīlan wa-li-yabkū kathīran jazā'an bi-mā kānū yaksibūna 9:83 fa-in rajaʿaka Allāhu ilá ṭā'ifatin minhum fa-ista'dhanūka lil-khurūji fa-qul lan takhrujū maʿiya abadan wa-lan tuqātilū maʿiya ʿaduwwan innakum raḍītum bi-al-quʿūdi awwala marratin fa-uqʿudū maʿa al-khālifīna 9:84 wa-lā tuṣalli ʿalá aḥadin minhum māta abadan wa-lā taqum ʿalá qabrihi innahum kafarū billāhi wa-rasūlihi wa-mātū wa-hum fāsiqūna 9:85 wa-lā tuʿjibka amwāluhum wa-awlāduhum innamā yurīdu Allāhu an yuʿadhdhibahum bi-hā fī al-dunyā wa-tazhaqa anfusuhum wa-hum kāfirūna 9:86 wa-idhā unzilat sūratun an āminū billāhi wa-jāhidū maʿa rasūlihi ista'dhanaka ulū al-ṭawli minhum wa-qālū dharnā nakun maʿa al-qāʿidīna 9:87 raḍū bi-an yakūnū maʿa al-khawālifi wa-ṭubiʿa ʿalá qulūbihim fa-hum lā yafqahūna 9:88 lākini al-rasūlu wa-al-ladhīna āmanū maʿahu jāhadū bi-amwālihim wa-anfusihim wa-ulā'ika lahumu al-khayrātu wa-ulā'ika humu al-mufliḥūna 9:89 aʿadda Allāhu lahum jannātin tajrī min taḥtihā al-anhāru khālidīna fīhā dhālika al-fawzu al-ʿaẓīmu 9:90 wa-jāʾa al-muʿadhdhirūna mina al-aʿrābi li-yuʾdhana lahum wa-qaʿada al-ladhīna kadhabū Allāha wa-rasūlahu sa-yuṣību al-ladhīna kafarū minhum ʿadhābun alīmun 9:91 laysa ʿalá al-ḍuʿafāʾi wa-lā ʿalá al-marḍá wa-lā ʿalá al-ladhīna lā yajidūna mā yunfiqūna ḥarajun idhā naṣaḥū lillāhi wa-rasūlihi mā ʿalá al-muḥsinīna min sabīlin wallāhu ghafūrun raḥīmun 9:92 wa-lā ʿalá al-ladhīna idhā mā atawka li-taḥmilahum qulta lā ajidu mā aḥmilukum ʿalayhi tawallaw wa-aʿyunuhum tafīḍu mina al-damʿi ḥazanan allā yajidū mā yunfiqūna 9:93 innamā al-sabīlu ʿalá al-ladhīna yastaʾdhinūnaka wa-hum aghniyāʾu raḍū bi-an yakūnū maʿa al-khawālifi wa-ṭabaʿa Allāhu ʿalá qulūbihim fa-hum lā yaʿlamūna 9:94 yaʿtadhirūna ilaykum idhā rajaʿtum ilayhim qul lā taʿtadhirū lan nuʾmina lakum qad nabbaʾanā Allāhu min akhbārikum wa-sa-yará Allāhu ʿamalakum wa-rasūluhu thumma turaddūna ilá ʿālimi al-ghaybi wa-al-shahādati fa-yunabbiʾukum bi-mā kuntum taʿmalūna 9:95 sa-yaḥlifūna billāhi lakum idhā inqalabtum ilayhim li-tuʿriḍū ʿanhum fa-uʿriḍū ʿanhum innahum rijsun wa-maʾwāhum jahannamu jazāʾan bi-mā kānū yaksibūna 9:96 yaḥlifūna lakum li-tarḍaw ʿanhum fa-in tarḍaw ʿanhum fa-inna Allāha lā yarḍá ʿani al-qawmi al-fāsiqīna 9:97 al-aʿrābu ashaddu kufran wa-nifāqan wa-ajdaru allā yaʿlamū ḥudūda mā anzala Allāhu ʿalá rasūlihi wallāhu ʿalīmun ḥakīmun 9:98 wa-mina al-aʿrābi man yattakhidhu mā yunfiqu maghraman wa-yatarabbaṣu bi-kumu al-dawāʾira ʿalayhim dāʾiratu al-sawʾi wallāhu samīʿun ʿalīmun 9:99 wa-mina al-aʿrābi man yuʾminu billāhi wa-al-yawmi al-ākhiri wa-yattakhidhu mā yunfiqu qurubātin ʿinda Allāhi wa-ṣalawāti al-rasūli alā innahā qurbatun lahum sa-yudkhiluhumu Allāhu fī raḥmatihi inna Allāha ghafūrun raḥīmun 9:100 wa-al-sābiqūna al-awwalūna mina al-muhājirīna wa-al-anṣāri wa-al-ladhīna ittabaʿūhum bi-iḥsānin raḍiya Allāhu ʿanhum wa-raḍū ʿanhu wa-aʿadda lahum jannātin tajrī taḥtahā al-anhāru khālidīna fīhā abadan dhālika al-fawzu al-ʿaẓīmu 9:101 wa-miman ḥawlakum mina al-aʿrābi munāfiqūna wa-min ahli al-madīnati maradū ʿalá al-nifāqi lā taʿlamuhum naḥnu naʿlamuhum sa-nuʿadhdhibuhum marratayni thumma yuraddūna ilá ʿadhābin ʿaẓīmin 9:102 wa-ākharūna iʿtarafū bi-dhunūbihim khalaṭū ʿamalan ṣāliḥan wa-ākhara sayyiʾan ʿasá Allāhu an yatūba ʿalayhim inna Allāha ghafūrun raḥīmun 9:103 khudh min amwālihim ṣadaqatan tuṭahhiruhum wa-tuzakkīhim bi-hā wa-ṣalli ʿalayhim inna ṣalātaka sakanun lahum wallāhu samīʿun ʿalīmun 9:104 a-lam yaʿlamū anna Allāha huwa yaqbalu al-tawbata ʿan ʿibādihi wa-yaʾkhudhu al-ṣadaqāti wa-anna Allāha huwa al-tawwābu al-raḥīmu 9:105 wa-quli iʿmalū fa-sayará Allāhu ʿamalakum wa-rasūluhu wa-al-muʾminūna wa-sa-turaddūna ilá ʿālimi al-ghaybi wa-al-shahādati fa-yunabbiʾukum bi-mā kuntum taʿmalūna 9:106 wa-ākharūna murjawna li-amri Allāhi immā yuʿadhdhibuhum wa-immā yatūbu ʿalayhim wallāhu ʿalīmun ḥakīmun 9:107 wa-al-ladhīna ittakhadhū masjidan ḍirāran wa-kufran wa-tafrīqan bayna al-muʾminīna wa-irṣādan li-man ḥāraba Allāha wa-rasūlahu min qablu wa-la-yaḥlifunna in aradnā illā al-ḥusná wallāhu yashhadu innahum la-kādhibūna 9:108 lā taqum fīhi abadan la-masjidun ussisa ʿalá al-taqwá min awwali yawmin aḥaqqu an taqūma fīhi fīhi rijālun yuḥibbūna an yataṭahharū wallāhu yuḥibbu al-muṭṭahhirīna 9:109 a-fa-man assasa bunyānahu ʿalá taqwá mina Allāhi wa-riḍwānin khayrun am man assasa bunyānahu ʿalá shafā jurufin hārin fa-inhāra bi-hi fī nāri jahannama wallāhu lā yahdī al-qawma al-ẓālimīna 9:110 lā yazālu bunyānuhumu al-ladhī banaw rībatan fī qulūbihim illā an taqaṭṭaʿa qulūbuhum wallāhu ʿalīmun ḥakīmun 9:111 inna Allāha ishtará mina al-muʾminīna anfusahum wa-amwālahum bi-anna lahumu al-jannata yuqātilūna fī sabīli Allāhi fa-yaqtulūna wa-yuqtalūna waʿdan ʿalayhi ḥaqqan fī al-Tawrāti wa-al-Injīli wa-al-Qurʾāni wa-man awfá bi-ʿahdihi mina Allāhi fa-istabshirū bi-bayʿikumu al-ladhī bāyaʿtum bi-hi wa-dhālika huwa al-fawzu al-ʿaẓīmu 9:112 al-tāʾibūna al-ʿābidūna al-ḥāmidūna al-sāʾiḥūna al-rākiʿūna al-sājidūna al-āmirūna bi-al-maʿrūfi wa-al-nāhūna ʿani al-munkari wa-al-ḥāfiẓūna liḥudūdi Allāhi wa-bashshiri al-muʾminīna 9:113 mā kāna lil-nabīyi wa-al-ladhīna āmanū an yastaghfirū lil-mushrikīna wa-law kānū ulī qurbá min baʿdi mā tabayyana lahum annahum aṣḥābu al-jaḥīmi 9:114 wa-mā kāna istighfāru Ibrāhīma li-abīhi illā ʿan mawʿidatin waʿadahā iyyāhu fa-lammā tabayyana lahu annahu ʿadūwun lillāhi tabarraʾa minhu inna Ibrāhīma la-awwāhun ḥalīmun 9:115 wa-mā kāna Allāhu li-yuḍilla qawman baʿda idh hadāhum ḥattá yubayyina lahum mā yattaqūna inna Allāha bi-kulli shayʾin ʿalīmun 9:116 inna Allāha lahu mulku al-samāwāti wa-al-arḍi yuḥyī wa-yumītu wa-mā lakum min dūni Allāhi min walīyin wa-lā naṣīrin 9:117 laqad tāba Allāhu ʿalá al-nabīyi wa-al-muhājirīna wa-al-anṣāri al-ladhīna ittabaʿūhu fī sāʿati al-ʿusrati min baʿdi mā kāda yazīghu qulūbu farīqin minhum thumma tāba ʿalayhim innahu bi-him raʾūfun raḥīmun 9:118 wa-ʿalá al-thalāthati al-ladhīna khullifū ḥattá idhā ḍāqat ʿalayhimu al-arḍu bi-mā raḥubat wa-ḍāqat ʿalayhim anfusuhum wa-ẓannū an lā maljaʾā mina Allāhi illā ilayhi thumma tāba ʿalayhim li-yatūbū inna Allāha huwa al-tawwābu al-raḥīmu 9:119 yā ayyuhā al-ladhīna āmanū ittaqū Allāha wa-kūnū maʿa al-ṣādiqīna 9:120 mā kāna li-ahli al-madīnati wa-man ḥawlahum mina al-aʿrābi an yatakhallafū ʿan rasūli Allāhi wa-lā yarghabū bi-anfusihim ʿan nafsihi dhālika bi-annahum lā yuṣībuhum ẓamaʾun wa-lā naṣabun wa-lā makhmaṣatun fī sabīli Allāhi wa-lā yaṭaʾūna mawṭiʾan yaghīẓu al-kuffāra wa-lā yanālūna min ʿadūwin naylan illā kutiba lahum bi-hi ʿamalun ṣāliḥun inna Allāha lā yuḍīʿu ajra al-muḥsinīna 9:121 wa-lā yunfiqūna nafaqatan ṣaghīratan wa-lā kabīratan wa-lā yaqṭaʿūna wādiyan illā kutiba lahum li-yajziyahumu Allāhu aḥsana mā kānū yaʿmalūna 9:122 wa-mā kāna al-muʾminūna li-yanfirū kāffatan fa-lawlā nafara min kullin firqatin minhum ṭāʾifatun li-yatafaqqahū fī al-dīni wa-li-yundhirū qawmahum idhā rajaʿū ilayhim laʿallahum yaḥdharūna 9:123 yā ayyuhā al-ladhīna āmanū qātilū al-ladhīna yalūnakum mina al-kuffāri wa-li-yajidū fīkum ghilẓatan wa-iʿlamū anna Allāha maʿa al-muttaqīna 9:124 wa-idhā mā unzilat sūratun fa-minhum man yaqūlu ayyukum zādat'hu hādhihi īmānan fa-ammā al-ladhīna āmanū fa-zādat'hum īmānan wa-hum yastabshirūna 9:125 wa-ammā al-ladhīna fī qulūbihim maraḍun fa-zādat'hum rijsan ilá rijsihim wa-mātū wa-hum kāfirūna 9:126 a-walā yarawna annahum yuftanūna fī kulli ʿāmin marratan aw marratayni thumma lā yatūbūna wa-lā hum yadhdhakkarūna 9:127 wa-idhā mā unzilat sūratun naẓara baʿḍuhum ilá baʿḍin hal yarākum min aḥadin thumma inṣarafū ṣarafa Allāhu qulūbahum bi-annahum qawmun lā yafqahūna 9:128 laqad jāʾakum rasūlun min anfusikum ʿazīzun ʿalayhi mā ʿanittum ḥarīṣun ʿalaykum bi-al-muʾminīna raʾūfun raḥīmun 9:129 fa-in tawallaw fa-qul ḥasbiya Allāhu lā ilāha illā huwa ʿalayhi tawakkaltu wa-huwa rabbu al-ʿarshi al-ʿaẓīmi 10:1 bismillāhi al-raḥmāni al-raḥīmi alīf lām rāʾ tilka āyātu al-kitābi al-ḥakīmi 10:2 a-kāna lil-nāsi ʿajaban an awḥaynā ilá rajulin minhum an andhiri al-nāsa wa-bashshiri al-ladhīna āmanū anna lahum qadama ṣidqin ʿinda rabbihim qāla al-kāfirūna inna hādhā la-sāḥirun mubīnun 10:3 inna rabbakumu Allāhu al-ladhī khalaqa al-samāwāti wa-al-arḍa fī sittati ayyāmin thumma istawá ʿalá al-ʿarshi yudabbiru al-amra mā min shafīʿin illā min baʿdi idhnihi dhālikumu Allāhu rabbukum fa-uʿbudūhu a-fa-lā tadhakkarūna 10:4 ilayhi marjiʿukum jamīʿan waʿda Allāhi ḥaqqan innahu yabdaʾu al-khalqa thumma yuʿīduhu li-yajziya al-ladhīna āmanū wa-ʿamilū al-ṣāliḥāti bi-al-qisṭi wa-al-ladhīna kafarū lahum sharābun min ḥamīmin wa-ʿadhābun alīmun bi-mā kānū yakfurūna 10:5 huwa al-ladhī jaʿala al-shamsa ḍiyāʾan wa-al-qamara nūran wa-qaddarahu manāzila li-taʿlamū ʿadada al-sinīna wa-al-ḥisāba mā khalaqa Allāhu dhālika illā bi-al-ḥaqqi yufaṣṣilu al-āyāti li-qawmin yaʿlamūna 10:6 inna fī ikhtilāfi al-layli wa-al-nahāri wa-mā khalaqa Allāhu fī al-samāwāti wa-al-arḍi la-āyātin li-qawmin yattaqūna 10:7 inna al-ladhīna lā yarjūna liqāʾanā wa-raḍū bi-al-ḥayāti al-dunyā wa-iṭmaʾannū bi-hā wa-al-ladhīna hum ʿan āyātinā ghāfilūna 10:8 ulāʾika maʾwāhumu al-nāru bi-mā kānū yaksibūna 10:9 inna al-ladhīna āmanū wa-ʿamilū al-ṣāliḥāti yahdīhim rabbuhum bi-īmāninihim tajrī min taḥtihimu al-anhāru fī jannāti al-naʿīmi 10:10 daʿwāhum fīhā subḥānaka Allāhumma wa-taḥīyatuhum fīhā salāmun wa-ākhiru daʿwāhum ani al-ḥamdu lillāhi rabbi al-ʿālamīna 10:11 wa-law yuʿajjilu Allāhu lil-nāsi al-sharra istiʿjālahum bi-al-khayri la-quḍiya ilayhim ajaluhum fa-nadharu al-ladhīna lā yarjūna liqā'anā fī ṭughyānihim yaʿmahūna 10:12 wa-idhā massa al-insāna al-ḍurru daʿānā li-janbihi aw qāʿidan aw qā'iman fa-lammā kashafnā ʿanhu ḍurrahu marra ka-an lam yadʿunā ilá ḍurrin massahu kadhālika zuyyina lil-musrifīna mā kānū yaʿmalūna 10:13 wa-laqad ahlaknā al-qurūna min qablikum lammā ẓalamū wa-jā'at'hum rusuluhum bi-al-bayyināti wa-mā kānū li-yu'minū kadhālika najzī al-qawma al-mujrimīna 10:14 thumma jaʿalnākum khalā'ifa fī al-arḍi min baʿdihim li-nanẓura kayfa taʿmalūna 10:15 wa-idhā tutlá ʿalayhim āyātunā bayyinātin qāla al-ladhīna lā yarjūna liqā'anā i'ti bi-Qur'ānin ghayri hādhā aw baddilhu qul mā yakūnu lī an ubaddilahu min tilqā'i nafsī in attabiʿu illā mā yūḥá ilayya innī akhāfu in ʿaṣaytu rabbī ʿadhāba yawmin ʿaẓīmin 10:16 qul law shā'a Allāhu mā talawtuhu ʿalaykum wa-lā adrākum bi-hi fa-qad labithtu fīkum ʿumuran min qablihi a-fa-lā taʿqilūna 10:17 fa-man aẓlamu mimani iftará ʿalá Allāhi kadhiban aw kadhdhaba bi-āyātihi innahu lā yufliḥu al-mujrimūna 10:18 wa-yaʿbudūna min dūni Allāhi mā lā yaḍurruhum wa-lā yanfaʿuhum wa-yaqūlūna hā'ulā'i shufaʿā'unā ʿinda Allāhi qul a-tunabbi'ūna Allāha bi-mā lā yaʿlamu fī al-samāwāti wa-lā fī al-arḍi subḥānahu wa-taʿālá ʿammā yushrikūna 10:19 wa-mā kāna al-nāsu illā ummatan wāḥidatan fa-ikhtalafū wa-lawlā kalimatun sabaqat min rabbika la-quḍiya baynahum fī-mā fīhi yakhtalifūna 10:20 wa-yaqūlūna lawlā unzila ʿalayhi āyatun min rabbihi fa-qul innamā al-ghaybu lillāhi fa-intaẓirū innī maʿakum mina al-muntaẓirīna 10:21 wa-idhā adhaqnā al-nāsa raḥmatan min baʿdi ḍarrā'a massat'hum idhā lahum makrun fī āyātinā quli Allāhu asraʿu makran inna rusulanā yaktubūna mā tamkurūna 10:22 huwa al-ladhī yusayyirukum fī al-barri wa-al-baḥri ḥattá idhā kuntum fī al-fulki wa-jarayna bi-him bi-rīḥin ṭayyibatin wa-fariḥū bi-hā jā'at'hā rīḥun ʿāṣifun wa-jā'ahumu al-mawju min kulli makānin wa-ẓannū annahum uḥīṭa bi-him daʿawū Allāha mukhliṣīna lahu al-dīna la-in anjaytanā min hādhihi la-nakūnanna mina al-shākirīna 10:23 fa-lammā anjāhum idhā hum yabghūna fī al-arḍi bi-ghayri al-ḥaqqi yā ayyuhā al-nāsu innamā baghyukum ʿalá anfusikum matāʿa al-ḥayāti al-dunyā thumma ilaynā marjiʿukum fa-nunabbi'ukum bi-mā kuntum taʿmalūna 10:24 innamā mathalu al-ḥayāti al-dunyā ka-mā'in anzalnāhu mina al-samā'i fa-ikhtalaṭa bi-hi nabātu al-arḍi mimmā ya'kulu al-nāsu wa-al-anʿāmu ḥattá idhā akhadhati al-arḍu zukhrufahā wa-izzayyanat wa-ẓanna ahluhā annahum qādirūna ʿalayhā atāhā amrunā laylan aw nahāran fa-jaʿalnāhā ḥaṣīdan ka-an lam taghna bi-al-amsi kadhālika nufaṣṣilu al-āyāti li-qawmin yatafakkarūna 10:25 wallāhu yadʿū ilá dāri al-salāmi wa-yahdī man yashā'u ilá ṣirāṭin mustaqīmin 10:26 lil-ladhīna aḥsanū al-ḥusná wa-ziyādatun wa-lā yarhaqu wujūhahum qatarun wa-lā dhillatun ulā'ika aṣḥābu al-jannati hum fīhā khālidūna 10:27 wa-al-ladhīna kasabū al-sayyi'āti jazā'u sayyi'atin bi-mithlihā wa-tarhaquhum dhillatun mā lahum mina Allāhi min ʿāṣimin ka-annamā ughshiyat wujūhuhum qiṭaʿan mina al-layli muẓliman ulā'ika aṣḥābu al-nāri hum fīhā khālidūna 10:28 wa-yawma naḥshuruhum jamīʿan thumma naqūlu lil-ladhīna ashrakū makānakum antum wa-shurakā'ukum fa-zayyalnā baynahum wa-qāla shurakā'uhum mā kuntum iyyānā taʿbudūna 10:29 fa-kafá billāhi shahīdan baynanā wa-baynakum in kunnā ʿan ʿibādatikum la-ghāfilīna 10:30 hunālika tablū kullu nafsin mā aslafat wa-ruddū ilá Allāhi mawlāhumu al-ḥaqqi wa-ḍalla ʿanhum mā kānū yaftarūna 10:31 qul man yarzuqukum mina al-samā'i wa-al-arḍi amman yamliku al-samʿa wa-al-abṣāra wa-man yukhriju al-ḥayya mina al-mayyiti wa-yukhriju al-mayyita mina al-ḥayyi wa-man yudabbiru al-amra fa-sa-yaqūlūna Allāhu fa-qul a-fa-lā tattaqūna 10:32 fa-dhālikumu Allāhu rabbukumu al-ḥaqqu fa-mādhā baʿda al-ḥaqqi illā al-ḍalālu fa-anná tuṣrafūna 10:33

kadhālika ḥaqqat kalimatu rabbika ʿalá al-ladhīna fasaqū annahum lā yuʾminūna 10:34 qul hal min shurakāʾikum man yabdaʾu al-khalqa thumma yuʿīduhu quli Allāhu yabdaʾu al-khalqa thumma yuʿīduhu fa-anná tuʾfakūna 10:35 qul hal min shurakāʾikum man yahdī ilá al-ḥaqqi quli Allāhu yahdī lil-ḥaqqi a-fa-man yahdī ilá al-ḥaqqi aḥaqqu an yuttabaʿa amman lā yahiddī illā an yuhdá fa-mā lakum kayfa taḥkumūna 10:36 wa-mā yattabiʿu aktharuhum illā ẓannan inna al-ẓanna lā yughnī mina al-ḥaqqi shayʾan inna Allāha ʿalīmun bi-mā yafʿalūna 10:37 wa-mā kāna hādhā al-Qurʾānu an yuftará min dūni Allāhi wa-lākin taṣdīqa al-ladhī bayna yadayhi wa-tafṣīla al-kitābi lā rayba fīhi min rabbi al-ʿālamīna 10:38 am yaqūlūna iftarāhu qul fa-iʾtū bi-sūratin mithlihi wa-udʿū mani istaṭaʿtum min dūni Allāhi in kuntum ṣādiqīna 10:39 bal kadhdhabū bi-mā lam yuḥīṭū bi-ʿilmihi wa-lammā yaʾtihim taʾwīluhu kadhālika kadhdhaba al-ladhīna min qablihim fa-unẓur kayfa kāna ʿāqibatu al-ẓālimīna 10:40 wa-minhum man yuʾminu bi-hi wa-minhum man lā yuʾminu bi-hi wa-rabbuka aʿlamu bi-al-mufsidīna 10:41 wa-in kadhdhabūka fa-qul lī ʿamalī wa-lakum ʿamalukum antum barīʾūna mimmā āʿmalu wa-anā barīʾun mimmā taʿmalūna 10:42 wa-minhum man yastamiʿūna ilayka a-fa-anta tusmiʿu al-ṣumma wa-law kānū lā yaʿqilūna 10:43 wa-minhum man yanẓuru ilayka a-fa-anta tahdī al-ʿumya wa-law kānū lā yubṣirūna 10:44 inna Allāha lā yaẓlimu al-nāsa shayʾan wa-lākinna al-nāsa anfusahum yaẓlimūna 10:45 wa-yawma yaḥshuruhum ka-an lam yalbathū illā sāʿatan mina al-nahāri yataʿārafūna baynahum qad khasira al-ladhīna kadhdhabū bi-liqāʾi Allāhi wa-mā kānū muhtadīna 10:46 wa-immā nuriyannaka baʿḍa al-ladhī naʿiduhum aw natawaffayannaka fa-ilaynā marjiʿuhum thumma Allāhu shahīdun ʿalá mā yafʿalūna 10:47 wa-li-kulli ummatin rasūlun fa-idhā jāʾa rasūluhum quḍiya baynahum bi-al-qisṭi wa-hum lā yuẓlamūna 10:48 wa-yaqūlūna matá hādhā al-waʿdu in kuntum ṣādiqīna 10:49 qul lā amliku li-nafsī ḍarran wa-lā nafʿan illā mā shāʾa Allāhu li-kulli ummatin ajalun idhā jāʾa ajaluhum fa-lā yastaʾkhirūna sāʿatan wa-lā yastaqdimūna 10:50 qul a-raʾytum in atākum ʿadhābuhu bayātan aw nahāran mādhā yastaʿjilu minhu al-mujrimūna 10:51 a-thumma idhā mā waqaʿa āmantum bi-hi āl-āna wa-qad kuntum bi-hi tastaʿjilūna 10:52 thumma qīla lil-ladhīna ẓalamū dhūqū ʿadhāba al-khuldi hal tujzawna illā bi-mā kuntum taksibūna 10:53 wa-yastanbiʾūnaka a-ḥaqqun huwa qul iī wa-rabbī innahu la-ḥaqqun wa-mā antum bi-muʿjizīna 10:54 wa-law anna li-kulli nafsin ẓalamat mā fī al-arḍi la-iftadat bi-hi wa-asarrū al-nadāmata lammā raʾawū al-ʿadhāba wa-quḍiya baynahum bi-al-qisṭi wa-hum lā yuẓlamūna 10:55 alā inna lillāhi mā fī al-samāwāti wa-al-arḍi alā inna waʿda Allāhi ḥaqqun wa-lākinna aktharahum lā yaʿlamūna 10:56 huwa yuḥyī wa-yumītu wa-ilayhi turjaʿūna 10:57 yā ayyuhā al-nāsu qad jāʾatkum mawʿiẓatun min rabbikum wa-shifāʾun li-mā fī al-ṣudūri wa-hudan wa-raḥmatun lil-muʾminīna 10:58 qul bi-faḍli Allāhi wa-bi-raḥmatihi fa-bi-dhālika fa-li-yafraḥū huwa khayrun mimmā yajmaʿūna 10:59 qul a-raʾytum mā anzala Allāhu lakum min rizqin fa-jaʿaltum minhu ḥarāman wa-ḥalālan qul Āllāhu adhina lakum am ʿalá Allāhi taftarūna 10:60 wa-mā ẓannu al-ladhīna yaftarūna ʿalá Allāhi al-kadhiba yawma al-qiyāmati inna Allāha la-dhū faḍlin ʿalá al-nāsi wa-lākinna aktharahum lā yashkurūna 10:61 wa-mā takūnu fī shaʾnin wa-mā tatlū minhu min Qurʾānin wa-lā taʿmalūna min ʿamalin illā kunnā ʿalaykum shuhūdan idh tufīḍūna fīhi wa-mā yaʿzubu ʿan rabbika min mithqāli dharratin fī al-arḍi wa-lā fī al-samāʾi wa-lā aṣghara min dhālika wa-lā akbara illā fī kitābin mubīnin 10:62 alā inna awliyāʾa Allāhi lā khawfun ʿalayhim wa-lā hum yaḥzanūna 10:63 al-ladhīna āmanū wa-kānū yattaqūna 10:64 lahumu al-bushrá fī al-ḥayāti al-dunyā wa-fī al-ākhirati lā tabdīla li-kalimāti Allāhi dhālika huwa al-fawzu al-ʿaẓīmu 10:65 wa-lā yaḥzunka qawluhum inna al-ʿizzata lillāhi jamīʿan huwa al-samīʿu al-ʿalīmu 10:66 alā inna lillāhi man fī al-samāwāti wa-man fī al-arḍi wa-mā yattabiʿu al-ladhīna yadʿūna min dūni Allāhi shurakāʾa in yattabiʿūna illā al-ẓanna wa-in hum illā yakhruṣūna 10:67 huwa al-ladhī ja'ala lakumu al-layla li-taskunū fīhi wa-al-nahāra mubṣiran inna fī dhālika la-āyātin li-qawmin yasma'ūna 10:68 qālū ittakhadha Allāhu waladan subḥānahu huwa al-ghanīyu lahu mā fī al-samāwāti wa-mā fī al-arḍi in 'indakum min sulṭānin bi-hādhā a-taqūlūna 'alá Allāhi mā lā ta'lamūna 10:69 qul inna al-ladhīna yaftarūna 'alá Allāhi al-kadhiba lā yufliḥūna 10:70 matā'un fī al-dunyā thumma ilaynā marji'uhum thumma nudhīquhumu al-'adhāba al-shadīda bi-mā kānū yakfurūna 10:71 wa-utlu 'alayhim naba'a Nūḥin idh qāla li-qawmihi yā qawmi in kāna kabura 'alaykum maqāmī wa-tadhkīrī bi-āyāti Allāhi fa-'alá Allāhi tawakkaltu fa-ajmi'ū amrakum wa-shurakā'akum thumma lā yakun amrukum 'alaykum ghummatan thumma iqḍū ilayya wa-lā tunẓirūni 10:72 fa-in tawallaytum fa-mā sa'altukum min ajrin in ajriya illā 'alá Allāhi wa-umirtu an akūna mina al-Muslimīna 10:73 fa-kadhdhabūhu fa-najjaynāhu wa-man ma'ahu fī al-fulki wa-ja'alnāhum khalā'ifa wa-aghraqnā al-ladhīna kadhdhabū bi-āyātinā fa-unẓur kayfa kāna 'āqibatu al-mundharīna 10:74 thumma ba'athnā min ba'dihi rusulan ilá qawmihim fa-jā'ūhum bi-al-bayyināti fa-mā kānū li-yu'minū bi-mā kadhdhabū bi-hi min qablu kadhālika naṭba'u 'alá qulūbi al-mu'tadīna 10:75 thumma ba'athnā min ba'dihim Mūsá wa-Hārūna ilá Fir'awna wa-mala'ihi bi-āyātinā fa-istakbarū wa-kānū qawman mujrimīna 10:76 fa-lammā jā'ahumu al-ḥaqqu min 'indinā qālū inna hādhā la-siḥrun mubīnun 10:77 qāla Mūsá a-taqūlūna lil-ḥaqqi lammā jā'akum a-siḥrun hādhā wa-lā yufliḥu al-sāḥirūna 10:78 qālū a-ji'tanā li-talfitanā 'ammā wajadnā 'alayhi ābā'anā wa-takūna lakumā al-kibriyā'u fī al-arḍi wa-mā naḥnu lakumā bi-mu'minīna 10:79 wa-qāla Fir'awnu i'tūnī bi-kulli sāḥirin 'alīmin 10:80 fa-lammā jā'a al-saḥaratu qāla lahum Mūsá alqū mā antum mulqūna 10:81 fa-lammā alqaw qāla Mūsá mā ji'tum bi-hi al-siḥru inna Allāha sa-yubṭiluhu inna Allāha lā yuṣliḥu 'amala al-mufsidīna 10:82 wa-yuḥiqqu Allāhu al-ḥaqqa bi-kalimātihi wa-law kariha al-mujrimūna 10:83 fa-mā āmana li-Mūsá illā dhurrīyatun min qawmihi 'alá khawfin min Fir'awna wa-mala'ihim an yaftinahum wa-inna Fir'awna la-'ālin fī al-arḍi wa-innahu la-mina al-musrifīna 10:84 wa-qāla Mūsá yā qawmi in kuntum āmantum billāhi fa-'alayhi tawakkalū in kuntum Muslimīna 10:85 fa-qālū 'alá Allāhi tawakkalnā rabbanā lā taj'alnā fitnatan lil-qawmi al-ẓālimīna 10:86 wa-najjinā bi-raḥmatika mina al-qawmi al-kāfirīna 10:87 wa-awḥaynā ilá Mūsá wa-akhīhi an tabawwa'ā li-qawmikumā bi-miṣra buyūtan wa-ij'alū buyūtakum qiblatan wa-aqīmū al-ṣalāta wa-bashshiri al-mu'minīna 10:88 wa-qāla Mūsá rabbanā innaka atayta Fir'awna wa-mala'ahu zīnatan wa-amwālan fī al-ḥayāti al-dunyā rabbanā li-yuḍillū 'an sabīlika rabbanā iṭmis 'alá amwālihim wa-ushdud 'alá qulūbihim fa-lā yu'minū ḥattá yarawū al-'adhāba al-alīma 10:89 qāla qad ujībat da'watukumā fa-istaqīmā wa-lā tattabi'ānni sabīla al-ladhīna lā ya'lamūna 10:90 wa-jāwaznā bi-banī Isrā'īla al-baḥra fa-atba'ahum Fir'awnu wa-junūduhu baghyan wa-'adwan ḥattá idhā adrakahu al-gharaqu qāla āmantu annahu lā ilāha illā al-ladhī āmanat bi-hi banū Isrā'īla wa-anā mina al-Muslimīna 10:91 āl-āna wa-qad 'aṣayta qablu wa-kunta mina al-mufsidīna 10:92 fa-al-yawma nunajjīka bi-badanika li-takūna li-man khalfaka āyatan wa-inna kathīran mina al-nāsi 'an āyātinā la-ghāfilūna 10:93 wa-laqad bawwa'nā banī Isrā'īla mubawwa'a ṣidqin wa-razaqnāhum mina al-ṭayyibāti fa-mā ikhtalafū ḥattá jā'ahumu al-'ilmu inna rabbaka yaqḍī baynahum yawma al-qiyāmati fī-mā kānū fīhi yakhtalifūna 10:94 fa-in kunta fī shakkin mimmā anzalnā ilayka fa-is'ali al-ladhīna yaqra'ūna al-kitāba min qablika laqad jā'aka al-ḥaqqu min rabbika fa-lā takūnanna mina al-mumtarīna 10:95 wa-lā takūnanna mina al-ladhīna kadhdhabū bi-āyāti Allāhi fa-takūna mina al-khāsirīna 10:96 inna al-ladhīna ḥaqqat 'alayhim kalimatu rabbika lā yu'minūna 10:97 wa-law jā'at'hum kullu āyatin ḥattá yarawū al-'adhāba al-alīma 10:98 fa-lawlā kānat qaryatun āmanat fa-nafa'ahā īmānuhā illā qawma Yūnusa lammā āmanū kashafnā 'anhum 'adhāba al-khizyi fī al-ḥayāti al-dunyā wa-matta'nāhum ilá ḥīnin 10:99 wa-law shā'a rabbuka la-āmana man fī al-arḍi kulluhum jamī'an a-fa-anta tukrihu al-nāsa ḥattá yakūnū mu'minīna 10:100 wa-mā kāna li-nafsin an tu'mina illā bi-idhni Allāhi wa-yaj'alu al-rijsa 'alá al-ladhīna lā ya'qilūna 10:101 quli unẓurū mādhā fī al-samāwāti wa-al-arḍi wa-mā tughnī al-āyātu wa-al-nudhuru 'an qawmin lā yu'minūna 10:102 fa-hal yantaẓirūna illā mithla ayyāmi al-ladhīna khalaw min qablihim qul fa-intaẓirū innī ma'akum mina al-muntaẓirīna 10:103 thumma nunajjī rusulanā wa-al-ladhīna āmanū kadhālika ḥaqqan 'alaynā nunji al-mu'minīna 10:104 qul yā ayyuhā al-nāsu in kuntum fī shakkin min dīnī fa-lā a'budu al-ladhīna ta'budūna min dūni Allāhi wa-lākin a'budu Allāha al-ladhī yatawaffākum wa-umirtu an akūna mina al-mu'minīna 10:105 wa-an aqim wajhaka lil-dīni ḥanīfan wa-lā takūnanna mina al-mushrikīna 10:106 wa-lā tad'u min dūni Allāhi mā lā yanfa'uka wa-lā yaḍurruka fa-in fa'alta fa-innaka idhan mina al-ẓālimīna 10:107 wa-in yamsaska Allāhu bi-ḍurrin fa-lā kāshifa lahu illā huwa wa-in yuridka bi-khayrin fa-lā rādda li-faḍlihi yuṣību bi-hi man yashā'u min 'ibādihi wa-huwa al-ghafūru al-raḥīmu 10:108 qul yā ayyuhā al-nāsu qad jā'akumu al-ḥaqqu min rabbikum fa-mani ihtadá fa-innamā yahtadī li-nafsihi wa-man ḍalla fa-innamā yaḍillu 'alayhā wa-mā anā 'alaykum bi-wakīlin 10:109 wa-ittabi' mā yūḥá ilayka wa-iṣbir ḥattá yaḥkuma Allāhu wa-huwa khayru al-ḥākimīna 11:1 bismillāhi al-raḥmāni al-raḥīmi alīf lām rā' kitābun uḥkimat āyātuhu thumma fuṣṣilat min ladun ḥakīmin khabīrin 11:2 allā ta'budū illā Allāha innanī lakum minhu nadhīrun wa-bashīrun 11:3 wa-ani istaghfirū rabbakum thumma tūbū ilayhi yumatti'kum matā'an ḥasanan ilá ajalin musamman wa-yu'ti kulla dhī faḍlin faḍlahu wa-in tawallaw fa-innī akhāfu 'alaykum 'adhāba yawmin kabīrin 11:4 ilá Allāhi marji'ukum wa-huwa 'alá kulli shay'in qadīrun 11:5 alā innahum yathnūna ṣudūrahum li-yastakhfū minhu alā ḥīna yastaghshūna thiyābahum ya'lamu mā yusirrūna wa-mā yu'linūna innahu 'alīmun bi-dhāti al-ṣudūri 11:6 wa-mā min dābbatin fī al-arḍi illā 'alá Allāhi rizquhā wa-ya'lamu mustaqarrahā wa-mustawda'ahā kullun fī kitābin mubīnin 11:7 wa-huwa al-ladhī khalaqa al-samāwāti wa-al-arḍa fī sittati ayyāmin wa-kāna 'arshuhu 'alá al-mā'i li-yabluwakum ayyukum aḥsanu 'amalan wa-la-in qulta innakum mab'ūthūna min ba'di al-mawti la-yaqūlanna al-ladhīna kafarū in hādhā illā siḥrun mubīnun 11:8 wa-la-in akhkharnā 'anhumu al-'adhāba ilá ummatin ma'dūdatin la-yaqūlunna mā yaḥbisuhu alā yawma ya'tīhim laysa maṣrūfan 'anhum wa-ḥāqa bi-him mā kānū bi-hi yastahzi'ūna 11:9 wa-la-in adhaqnā al-insāna minnā raḥmatan thumma naza'nāhā minhu innahu la-ya'ūsun kafūrun 11:10 wa-la-in adhaqnāhu na'mā'a ba'da ḍarrā'a massat'hu la-yaqūlanna dhahaba al-sayyi'ātu 'annī innahu la-fariḥun fakhūrun 11:11 illā al-ladhīna ṣabarū wa-'amilū al-ṣāliḥāti ulā'ika lahum maghfiratun wa-ajrun kabīrun 11:12 fa-la'allaka tārikun ba'ḍa mā yūḥá ilayka wa-ḍā'iqun bi-hi ṣadruka an yaqūlū lawlā unzila 'alayhi kanzun aw jā'a ma'ahu malakun innamā anta nadhīrun wallāhu 'alá kulli shay'in wakīlun 11:13 am yaqūlūna iftarāhu qul fa-i'tū bi-'ashri suwarin mithlihi muftarayātin wa-ud'ū mani istaṭa'tum min dūni Allāhi in kuntum ṣādiqīna 11:14 fa-illam yastajībū lakum fa-i'lamū annamā unzila bi-'ilmi Allāhi wa-an lā ilāha illā huwa fa-hal antum Muslimūna 11:15 man kāna yurīdu al-ḥayāta al-dunyā wa-zīnatahā nuwaffi ilayhim a'mālahum fīhā wa-hum fīhā lā yubkhasūna 11:16 ulā'ika al-ladhīna laysa lahum fī al-ākhirati illā al-nāru wa-ḥabiṭa mā ṣana'ū fīhā wa-bāṭilun mā kānū ya'malūna 11:17 a-fa-man kāna 'alá bayyinatin min rabbihi wa-yatlūhu shāhidun minhu wa-min qablihi kitābu Mūsá imāman wa-raḥmatan ulā'ika yu'minūna bi-hi wa-man yakfur bi-hi mina al-aḥzābi fa-al-nāru maw'iduhu fa-lā taku fī miryatin minhu innahu al-ḥaqqu min rabbika wa-lākinna akthara al-nāsi lā yu'minūna 11:18 wa-man aẓlamu mimani iftará 'alá Allāhi kadhiban ulā'ika yu'raḍūna 'alá rabbihim wa-yaqūlu al-ashhādu hā'ulā'i al-ladhīna kadhabū 'alá rabbihim alā la'natu Allāhi 'alá al-ẓālimīna 11:19 al-ladhīna yaṣuddūna 'an sabīli Allāhi wa-yabghūnahā 'iwajan wa-hum bi-al-ākhirati hum kāfirūna 11:20 ulā'ika lam yakūnū mu'jizīna fī al-arḍi wa-mā kāna lahum min dūni Allāhi min awliyā'a yuḍā'afu lahumu al-ʿadhābu mā kānū yastaṭīʿūna al-samʿa wa-mā kānū yubṣirūna 11:21 ulāʾika al-ladhīna khasirū anfusahum wa-ḍalla ʿanhum mā kānū yaftarūna 11:22 lā jarama annahum fī al-ākhirati humu al-akhsarūna 11:23 inna al-ladhīna āmanū wa-ʿamilū al-ṣāliḥāti wa-akhbatū ilá rabbihim ulāʾika aṣḥābu al-jannati hum fīhā khālidūna 11:24 mathalu al-farīqayni ka-al-aʿmá wa-al-aṣammi wa-al-baṣīri wa-al-samīʿi hal yastawiyāni mathalan a-fa-lā tadhakkarūna 11:25 wa-laqad arsalnā Nūḥan ilá qawmihi innī lakum nadhīrun mubīnun 11:26 an lā taʿbudū illā Allāha innī akhāfu ʿalaykum ʿadhāba yawmin alīmin 11:27 fa-qāla al-malaʾu al-ladhīna kafarū min qawmihi mā narāka illā basharan mithlanā wa-mā narāka ittabaʿaka illā al-ladhīna hum arādhilunā bādiya al-raʾyi wa-mā nará lakum ʿalaynā min faḍlin bal naẓunnukum kādhibīna 11:28 qāla yā qawmi a-raʾytum in kuntu ʿalá bayyinatin min rabbī wa-ātānī raḥmatan min ʿindihi fa-ʿummiyat ʿalaykum a-nulzimukumūhā wa-antum lahā kārihūna 11:29 wa-yā qawmi lā asʾalukum ʿalayhi mālan in ajriya illā ʿalá Allāhi wa-mā anā bi-ṭāridi al-ladhīna āmanū innahum mulāqū rabbihim wa-lākinnī arākum qawman tajhalūna 11:30 wa-yā qawmi man yanṣurunī mina Allāhi in ṭaradtuhum a-fa-lā tadhakkarūna 11:31 wa-lā aqūlu lakum ʿindī khazāʾinu Allāhi wa-lā aʿlamu al-ghayba wa-lā aqūlu innī malakun wa-lā aqūlu lil-ladhīna tazdarī aʿyunukum lan yuʾtiyahumu Allāhu khayran Allāhu aʿlamu bi-mā fī anfusihim innī idhan la-mina al-ẓālimīna 11:32 qālū yā Nūḥu qad jādaltanā fa-aktharta jidālanā fa-iʾtinā bi-mā taʿidunā in kunta mina al-ṣādiqīna 11:33 qāla innamā yaʾtīkum bi-hi Allāhu in shāʾa wa-mā antum bi-muʿjizīna 11:34 wa-lā yanfaʿukum nuṣḥī in aradtu an anṣaḥa lakum in kāna Allāhu yurīdu an yughwiyakum huwa rabbukum wa-ilayhi turjaʿūna 11:35 am yaqūlūna iftarāhu qul ini iftaraytuhu fa-ʿalayya ijrāmī wa-anā barīʾun mimmā tujrimūna 11:36 wa-ūḥiya ilá Nūḥin annahu lan yuʾmina min qawmika illā man qad āmana fa-lā tabtaʾis bi-mā kānū yafʿalūna 11:37 wa-iṣnaʿi al-fulka bi-aʿyuninā wa-waḥyinā wa-lā tukhāṭibnī fī al-ladhīna ẓalamū innahum mughraqūna 11:38 wa-yaṣnaʿu al-fulka wa-kullamā marra ʿalayhi malaʾun min qawmihi sakhirū minhu qāla in taskharū minnā fa-innā naskharu minkum ka-mā taskharūna 11:39 fa-sawfa taʿlamūna man yaʾtīhi ʿadhābun yukhzīhi wa-yaḥillu ʿalayhi ʿadhābun muqīmun 11:40 ḥattá idhā jāʾa amrunā wa-fāra al-tannūru qulnā iḥmil fīhā min kull zawjayni ithnayni wa-ahlaka illā man sabaqa ʿalayhi al-qawlu wa-man āmana wa-mā āmana maʿahu illā qalīlun 11:41 wa-qāla irkabū fīhā bismillāhi majrāhā wa-mursāhā inna rabbī la-ghafūrun raḥīmun 11:42 wa-hiya tajrī bi-him fī mawjin ka-al-jibāli wa-nādá Nūḥun ibnahu wa-kāna fī maʿzilin yā bunayya irkab maʿanā wa-lā takun maʿa al-kāfirīna 11:43 qāla sa-āwī ilá jabalin yaʿṣimunī mina al-māʾi qāla lā ʿāṣima al-yawma min amri Allāhi illā man raḥima wa-ḥāla baynahumā al-mawju fa-kāna mina al-mughraqīna 11:44 wa-qīla yā arḍu iblaʿī māʾaki wa-yā samāʾu aqliʿī wa-ghīḍa al-māʾu wa-quḍiya al-amru wa-istawat ʿalá al-jūdīyi wa-qīla buʿdan lil-qawmi al-ẓālimīna 11:45 wa-nādá Nūḥun rabbahu fa-qāla rabbi inna ibnī min ahlī wa-inna waʿdaka al-ḥaqqu wa-anta aḥkamu al-ḥākimīna 11:46 qāla yā Nūḥu innahu laysa min ahlika innahu ʿamalun ghayru ṣāliḥin fa-lā tasʾalni mā laysa laka bi-hi ʿilmun innī aʿiẓuka an takūna mina al-jāhilīna 11:47 qāla rabbi innī aʿūdhu bika an asʾalaka mā laysa lī bi-hi ʿilmun wa-illā taghfir lī wa-tarḥamnī akun mina al-khāsirīna 11:48 qīla yā Nūḥu ihbiṭ bi-salāmin minnā wa-barakātin ʿalayka wa-ʿalá umamin miman maʿaka wa-umamun sa-numattiʿuhum thumma yamassuhum minnā ʿadhābun alīmun 11:49 tilka min anbāʾi al-ghaybi nūḥīhā ilayka mā kunta taʿlamuhā anta wa-lā qawmuka min qabli hādhā fa-iṣbir inna al-ʿāqibata lil-muttaqīna 11:50 wa-ilá ʿĀdin akhāhum Hūdan qāla yā qawmi uʿbudū Allāha mā lakum min ilāhin ghayruhu in antum illā muftarūna 11:51 yā qawmi lā asʾalukum ʿalayhi ajran in ajriya illā ʿalá al-ladhī faṭaranī a-fa-lā taʿqilūna 11:52 wa-yā qawmi istaghfirū rabbakum thumma tūbū ilayhi yursili al-samāʾa ʿalaykum midrāran wa-yazidkum qūwatan ilá qūwatikum wa-lā tatawallaw mujrimīna 11:53 qālū yā Hūdu mā jiʾtanā bi-bayyinatin wa-mā naḥnu bi-tārikī ālihatinā ʿan qawlika wa-mā naḥnu laka bi-muʾminīna 11:54 in naqūlu illā iʿtarāka baʿḍu ālihatinā bi-sūʾin qāla innī ushhidu Allāha wa-ishhadū annī barīʾun mimmā tushrikūna 11:55 min dūnihi fa-kīdūnī jamīʿan thumma lā tunẓirūni 11:56 innī tawakkaltu ʿalá Allāhi rabbī wa-rabbikum mā min dābbatin illā huwa ākhidhun bi-nāṣiyatihā inna rabbī ʿalá ṣirāṭin mustaqīmin 11:57 fa-in tawallaw fa-qad ablaghtukum mā ursiltu bi-hi ilaykum wa-yastakhlifu rabbī qawman ghayrakum wa-lā taḍurrūnahu shayʾan inna rabbī ʿalá kulli shayʾin ḥafīẓun 11:58 wa-lammā jāʾa amrunā najjaynā Hūdan wa-al-ladhīna āmanū maʿahu bi-raḥmatin minnā wa-najjaynāhum min ʿadhābin ghalīẓin 11:59 wa-tilka ʿĀdun jaḥadū bi-āyāti rabbihim wa-ʿaṣaw rusulahu wa-ittabaʿū amra kulli jabbārin ʿanīdin 11:60 wa-utbiʿū fī hādhihi al-dunyā laʿnatan wa-yawma al-qiyāmati alā inna ʿĀdan kafarū rabbahum alā buʿdan li-ʿĀdin qawmi Hūdin 11:61 wa-ilá Thamūda akhāhum Ṣāliḥan qāla yā qawmi uʿbudū Allāha mā lakum min ilāhin ghayruhu huwa anshaʾakum mina al-arḍi wa-istaʿmarakum fīhā fa-istaghfirūhu thumma tūbū ilayhi inna rabbī qarībun mujībun 11:62 qālū yā ṣāliḥu qad kunta fīnā marjūwan qabla hādhā a-tanhānā an naʿbuda mā yaʿbudu ābāʾunā wa-innanā la-fī shakkin mimmā tadʿūnā ilayhi murībin 11:63 qāla yā qawmi a-raʾytum in kuntu ʿalá bayyinatin min rabbī wa-ātānī minhu raḥmatan fa-man yanṣurunī mina Allāhi in ʿaṣaytuhu fa-mā tazīdūnanī ghayra takhsīrin 11:64 wa-yā qawmi hādhihi nāqatu Allāhi lakum āyatan fa-dharūhā taʾkul fī arḍi Allāhi wa-lā tamassūhā bi-sūʾin fa-yaʾkhudhakum ʿadhābun qarībun 11:65 fa-ʿaqarūhā fa-qāla tamattaʿū fī dārikum thalāthata ayyāmin dhālika waʿdun ghayru makdhūbin 11:66 fa-lammā jāʾa amrunā najjaynā Ṣāliḥan wa-al-ladhīna āmanū maʿahu bi-raḥmatin minnā wa-min khizyi yawmiʾidhin inna rabbaka huwa al-qawīyu al-ʿazīzu 11:67 wa-akhadha al-ladhīna ẓalamū al-ṣayḥatu fa-aṣbaḥū fī diyārihim jāthimīna 11:68 ka-an lam yaghnaw fīhā alā inna Thamūda kafarū rabbahum alā buʿdan li-Thamūda 11:69 wa-laqad jāʾat rusulunā Ibrāhīma bi-al-bushrá qālū salāman qāla salāmun fa-mā labitha an jāʾa bi-ʿijlin ḥanīdh 11:70 fa-lammā raʾá aydiyahum lā taṣilu ilayhi nakirahum wa-awjasa minhum khīfat qālū lā takhaf innā ursilnā ilá qawmi Lūṭin 11:71 wa-imraʾatuhu qāʾimatan fa-ḍaḥikat fa-bashsharnāhā bi-Isḥāqa wa-min warāʾi Isḥāqa Yaʿqūba 11:72 qālat yā waylatá a-alidu wa-anā ʿajūz wa-hādhā baʿlī shaykhan inna hādhā la-shayʾun ʿajībun 11:73 qālū a-taʿjabīna min amri Allāhi raḥmatu Allāhi wa-barakātuhu ʿalaykum ahla al-bayti innahu ḥamīdun majīdun 11:74 fa-lammā dhahaba ʿan Ibrāhīma al-raūʿu wa-jāʾatʿhu al-bushrá yujādilunā fī qawmi Lūṭin 11:75 inna Ibrāhīma la-ḥalīmun āwwāhun munībun 11:76 yā Ibrāhīmu aʿriḍ ʿan hādhā innahu qad jāʾa amru rabbika wa-innahum ātīhim ʿadhāb ghayru mardūdin 11:77 wa-lammā jāʾat rusulunā Lūṭan sīʾa bi-him wa-ḍāqa bi-him dharʿan wa-qāla hādhā yawmun ʿaṣībun 11:78 wa-jāʾahu qawmuhu yuhraʿūna ilayhi wa-min qablu kānū yaʿmalūna al-sayyiʾāti qāla yā qawmi hāʾulāʾi banātī hunna aṭharu lakum fa-ittaqū Allāha wa-lā tukhzūni fī ḍayfī a-laysa minkum rajulun rashīdun 11:79 qālū laqad ʿalimta mā lanā fī banātika min ḥaqqin wa-innaka la-taʿlamu mā nurīdu 11:80 qāla law anna lī bikum qūwatan aw āwī ilá ruknin shadīdin 11:81 qālū yā Lūṭu innā rusulu rabbika lan yaṣilū ilayka fa-asri bi-ahlika bi-qiṭʿin mina al-layli wa-lā yaltafit minkum aḥadun illā imraʾataka innahu muṣībuhā mā aṣābahum inna mawʿidahumu al-ṣubḥu a-laysa al-ṣubḥu bi-qarībin 11:82 fa-lammā jāʾa amrunā jaʿalnā ʿāliyahā sāfilahā wa-amṭarnā ʿalayhā ḥijāratan min sijjīlin manḍūdin 11:83 musawwamatan ʿinda rabbika wa-mā hiya mina al-ẓālimīna bi-baʿīdin 11:84 wa-ilá Madyana akhāhum Shuʿayban qāla yā qawmi uʿbudū Allāha mā lakum min ilāhin ghayruhu wa-lā tanquṣū al-mikyāla wa-al-mīzāna innī arākum bi-khayrin wa-innī akhāfu ʿalaykum ʿadhāba yawmin muḥīṭin 11:85 wa-yā qawmi awfū al-mikyāla wa-al-mīzāna bi-al-qisṭi wa-lā tabkhasū al-nāsa ashyāʾahum wa-lā taʿthaw fī al-arḍi mufsidīna 11:86 baqīyatu Allāhi khayrun lakum in kuntum muʾminīna wa-mā anā ʿalaykum bi-ḥafīẓin 11:87 qālū yā Shuʿaybu a-ṣalātuka ta'muruka an natruka mā ya'budu ābā'unā aw an naf'ala fī amwālinā mā nashā'u innaka la-anta al-ḥalīmu al-rashīdu 11:88 qāla yā qawmi a-ra'ytum in kuntu 'alá bayyinatin min rabbī wa-razaqanī minhu rizqan ḥasanan wa-mā urīdu an ukhālifakum ilá mā anhākum 'anhu in urīdu illā al-iṣlāḥa mā istaṭa'tu wa-mā tawfīqī illā billāhi 'alayhi tawakkaltu wa-ilayhi unību 11:89 wa-yā qawmi lā yajrimannakum shiqāqī an yuṣībakum mithlu mā aṣāba qawma Nūḥin aw qawma Hūdin aw qawma ṣāliḥin wa-mā qawmu Lūṭin minkum bi-ba'īdin 11:90 wa-istaghfirū rabbakum thumma tūbū ilayhi inna rabbī raḥīmun wadūdun 11:91 qālū yā Shu'aybu mā nafqahu kathīran mimmā taqūlu wa-innā la-narāka fīnā ḍa'īfan wa-lawlā rahṭuka la-rajamnāka wa-mā anta 'alaynā bi-'azīzin 11:92 qāla yā qawmi a-rahṭī a'azzu 'alaykum mina Allāhi wa-ittakhadhtumūhu warā'akum ẓihrīyan inna rabbī bi-mā ta'malūna muḥīṭun 11:93 wa-yā qawmi i'malū 'alá makānatikum innī 'āmilun sawfa ta'lamūna man ya'tīhi 'adhābun yukhzīhi wa-man huwa kādhibun wa-irtaqibū innī ma'akum raqībun 11:94 wa-lammā jā'a amrunā najjaynā Shu'ayban wa-al-ladhīna āmanū ma'ahu bi-raḥmatin minnā wa-akhadhati al-ladhīna ẓalamū al-ṣayḥatu fa-aṣbaḥū fī diyārihim jāthimīna 11:95 ka-an lam yaghnaw fīhā alā bu'dan li-Madyana ka-mā ba'idat Thamūdu 11:96 wa-laqad arsalnā Mūsá bi-āyātinā wa-sulṭānin mubīnin 11:97 ilá Fir'awna wa-mala'ihi fa-ittaba'ū amra Fir'awna wa-mā amru Fir'awna bi-rashīdin 11:98 yaqdumu qawmahu yawma al-qiyāmati fa-awradahumu al-nāra wa-bi'sa al-wirdu al-mawrūdu 11:99 wa-utbi'ū fī hādhihi la'natan wa-yawma al-qiyāmati bi'sa al-rifdu al-marfūdu 11:100 dhālika min anbā'i al-qurá naquṣṣuhu 'alayka minhā qā'imun wa-ḥaṣīdun 11:101 wa-mā ẓalamnāhum wa-lākin ẓalamū anfusahum fa-mā aghnat 'anhum ālihatuhumu al-latī yad'ūna min dūni Allāhi min shay'in lammā jā'a amru rabbika wa-mā zādūhum ghayra tatbībin 11:102 wa-kadhālika akhdhu rabbika idhā akhadha al-qurá wa-hiya ẓālimatun inna akhdhahu alīmun shadīdun 11:103 inna fī dhālika la-āyatan li-man khāfa 'adhāba al-ākhirati dhālika yawmun majmū'un lahu al-nāsu wa-dhālika yawmun mashhūdun 11:104 wa-mā nu'akhkhiruhu illā li-ajalin ma'dūdin 11:105 yawma ya'ti lā takallamu nafsun illā bi-idhnihi fa-minhum shaqīyun wa-sa'īdun 11:106 fa-ammā al-ladhīna shaqū fa-fī al-nāri lahum fīhā zafīrun wa-shahīqun 11:107 khālidīna fīhā mā dāmati al-samāwātu wa-al-arḍu illā mā shā'a rabbuka inna rabbaka fa''ālun li-mā yurīdu 11:108 wa-ammā al-ladhīna su'idū fa-fī al-jannati khālidīna fīhā mā dāmati al-samāwātu wa-al-arḍu illā mā shā'a rabbuka 'aṭā'an ghayra majdhūdhin 11:109 fa-lā taku fī miryatin mimmā ya'budu hā'ulā'i mā ya'budūna illā ka-mā ya'budu ābā'uhum min qablu wa-innā la-muwaffūhum naṣībahum ghayra manqūṣin 11:110 wa-laqad ātaynā Mūsá al-kitāba fa-ikhtulifa fīhi wa-lawlā kalimatun sabaqat min rabbika la-quḍiya baynahum wa-innahum la-fī shakkin minhu murībin 11:111 wa-inna kullan lammā la-yuwaffiyannahum rabbuka a'mālahum innahu bi-mā ya'malūna khabīrun 11:112 fa-istaqim ka-mā umirta wa-man tāba ma'aka wa-lā taṭghaw innahu bi-mā ta'malūna baṣīrun 11:113 wa-lā tarkanū ilá al-ladhīna ẓalamū fa-tamassakumu al-nāru wa-mā lakum min dūni Allāhi min awliyā'a thumma lā tunṣarūna 11:114 wa-aqimi al-ṣalāta ṭarafayi al-nahāri wa-zulafan mina al-layli inna al-ḥasanāti yudhhibna al-sayyi'āti dhālika dhikrá lil-dhākirīna 11:115 wa-iṣbir fa-inna Allāha lā yuḍī'u ajra al-muḥsinīna 11:116 fa-lawlā kāna mina al-qurūni min qablikum ulū baqīyatin yanhawna 'ani al-fasādi fī al-arḍi illā qalīlan miman anjaynā minhum wa-ittaba'a al-ladhīna ẓalamū mā utrifū fīhi wa-kānū mujrimīna 11:117 wa-mā kāna rabbuka li-yuhlika al-qurá bi-ẓulmin wa-ahluhā muṣliḥūna 11:118 wa-law shā'a rabbuka la-ja'ala al-nāsa ummatan wāḥidatan wa-lā yazālūna mukhtalifīna 11:119 illā man raḥima rabbuka wa-li-dhālika khalaqahum wa-tammat kalimatu rabbika la-amla'anna jahannama mina al-jinnati wa-al-nāsi ajma'īna 11:120 wa-kullan naquṣṣu 'alayka min anbā'i al-rusuli mā nuthabbitu bi-hi fu'ādaka wa-jā'aka fī hādhihi al-ḥaqqu wa-maw'iẓatun wa-dhikrá lil-mu'minīna 11:121 wa-qul lil-ladhīna lā yu'minūna i'malū 'alá makānatikum innā

ʿāmilūna 11:122 wa-intaẓirū innā muntaẓirūna 11:123 wa-lillāhi ghaybu al-samāwāti wa-al-arḍi wa-ilayhi yurjaʿu al-amru kulluhu fa-uʿbud'hu wa-tawakkal ʿalayhi wa-mā rabbuka bi-ghāfilin ʿammā taʿmalūna 12:1 bismillāhi al-raḥmāni al-raḥīmi alīf lām rāʾ tilka āyātu al-kitābi al-mubīni 12:2 innā anzalnāhu Qurʾānan ʿArabīyan laʿallakum taʿqilūna 12:3 naḥnu naquṣṣu ʿalayka aḥsana al-qaṣaṣi bi-mā awḥaynā ilayka hādhā al-Qurʾāna wa-in kunta min qablihi la-mina al-ghāfilīna 12:4 idh qāla Yūsufu li-abīhi yā abati innī raʾaytu aḥada ʿashara kawkaban wa-al-shamsa wa-al-qamara raʾaytuhum lī sājidīna 12:5 qāla yā bunayya lā taqṣuṣ ruʾyāka ʿalá ikhwatika fa-yakīdū laka kaydan inna al-shayṭāna lil-insāni ʿadūwun mubīnun 12:6 wa-kadhālika yajtabīka rabbuka wa-yuʿallimuka min taʾwīli al-aḥādīthi wa-yutimmu niʿmatahu ʿalayka wa-ʿalá āli Yaʿqūba ka-mā atammahā ʿalá abawayka min qablu Ibrāhīma wa-Isḥāqa inna rabbaka ʿalīmun ḥakīmun 12:7 laqad kāna fī Yūsufa wa-ikhwatihi āyātun lil-sāʾilīna 12:8 idh qālū la-Yūsufu wa-akhūhu aḥabbu ilá abīnā minnā wa-naḥnu ʿuṣbatun inna abānā la-fī ḍalālin mubīnin 12:9 uqtulū Yūsufa awi iṭraḥūhu arḍan yakhlu lakum wajhu abīkum wa-takūnū min baʿdihi qawman ṣāliḥīna 12:10 qāla qāʾilun minhum lā taqtulū Yūsufa wa-alqūhu fī ghayābati al-jubbi yaltaqiṭhu baʿḍu al-sayyārati in kuntum fāʿilīna 12:11 qālū yā abānā mā laka lā taʾmannā ʿalá Yūsufa wa-innā lahu la-nāṣiḥūna 12:12 arsilhu maʿanā ghadan yartaʿ wa-yalʿab wa-innā lahu la-ḥāfiẓūna 12:13 qāla innī la-yaḥzununī an tadhhabū bi-hi wa-akhāfu an yaʾkulahu al-dhiʾbu wa-antum ʿanhu ghāfilūna 12:14 qālū la-in akalahu al-dhiʾbu wa-naḥnu ʿuṣbatun innā idhan la-khāsirūna 12:15 fa-lammā dhahabū bi-hi wa-ajmaʿū an yajʿalūhu fī ghayābati al-jubbi wa-awḥaynā ilayhi la-tunabbiʾannahum bi-amrihim hādhā wa-hum lā yashʿurūna 12:16 wa-jāʾū abāhum ʿishāʾan yabkūna 12:17 qālū yā abānā innā dhahabnā nastabiqu wa-taraknā Yūsufa ʿinda matāʿinā fa-akalahu al-dhiʾbu wa-mā anta bi-muʾminin lanā wa-law kunnā ṣādiqīna 12:18 wa-jāʾū ʿalá qamīṣihi bi-damin kadhibin qāla bal sawwalat lakum anfusukum amran fa-ṣabrun jamīlun wallāhu al-mustaʿānu ʿalá mā taṣifūna 12:19 wa-jāʾat sayyāratun fa-arsalū wāridahum fa-adlá dalwahu qāla yā bushrá hādhā ghulāmun wa-asarrūhu biḍāʿatan wallāhu ʿalīmun bi-mā yaʿmalūna 12:20 wa-sharawhu bi-thamanin bakhsin darāhima maʿdūdatin wa-kānū fīhi mina al-zāhidīna 12:21 wa-qāla al-ladhī ishtarāhu min miṣra li-imraʾatihi akrimī mathwāhu ʿasá an yanfaʿanā aw nattakhidhahu waladan wa-kadhālika makkannā li-Yūsufa fī al-arḍi wa-li-nuʿallimahu min taʾwīli al-aḥādīthi wallāhu ghālibun ʿalá amrihi wa-lākinna akthara al-nāsi lā yaʿlamūna 12:22 wa-lammā balagha ashuddahu ātaynāhu ḥukman wa-ʿilman wa-kadhālika najzī al-muḥsinīna 12:23 wa-rāwadat'hu al-latī huwa fī baytihā ʿan nafsihi wa-ghallaqati al-abwāba wa-qālat hayta laka qāla maʿādha Allāhi innahu rabbī aḥsana mathwāya innahu lā yufliḥu al-ẓālimūna 12:24 wa-laqad hammat bi-hi wa-hamma bi-hā lawlā an raʾá burhāna rabbihi kadhālika li-naṣrifa ʿanhu al-sūʾa wa-al-faḥshāʾa innahu min ʿibādinā al-mukhlaṣīna 12:25 wa-istabaqā al-bāba wa-qaddat qamīṣahu min duburin wa-alfayā sayyidahā ladá al-bābi qālat mā jazāʾu man arāda bi-ahlika sūʾan illā an yusjana aw ʿadhābun alīmun 12:26 qāla hiya rāwadatnī ʿan nafsī wa-shahida shāhidun min ahlihā in kāna qamīṣuhu qudda min qubulin fa-ṣadaqat wa-huwa mina al-kādhibīna 12:27 wa-in kāna qamīṣuhu qudda min duburin fa-kadhabat wa-huwa mina al-ṣādiqīna 12:28 fa-lammā raʾá qamīṣahu qudda min duburin qāla innahu min kaydikunna inna kaydakunna ʿaẓīmun 12:29 Yūsufu aʿriḍ ʿan hādhā wa-istaghfirī li-dhanbiki innaki kunti mina al-khāṭiʾīna 12:30 wa-qāla niswatun fī al-madīnati imraʾatu al-ʿazīzi turāwidu fatāhā ʿan nafsihi qad shaghafahā ḥubban innā la-narāhā fī ḍalālin mubīnin 12:31 fa-lammā samiʿat bi-makrihinna arsalat ilayhinna wa-aʿtadat lahunna muttakaʾan wa-ātat kulla wāḥidatin minhunna sikkīnan wa-qālati ukhruj ʿalayhinna fa-lammā raʾaynahu akbarnahu wa-qaṭṭaʿna aydiyahunna wa-qulna ḥasha lillāhi mā hādhā basharan in hādhā illā malakun karīmun 12:32 qālat fa-dhalikunna al-ladhī lumtunnanī fīhi wa-laqad rāwadtuhu ʿan nafsihi fa-istaʿṣama wa-la-in lam yafʿal mā āmuruhu la-yusjananna wa-la-yakūnan mina al-ṣāghirīna 12:33 qāla rabbi al-sijnu aḥabbu ilayya mimmā yadʿūnanī ilayhi wa-illā taṣrif ʿannī kaydahunna aṣbu ilayhinna wa-akun mina al-jāhilīna 12:34 fa-istajāba lahu rabbuhu fa-ṣarafa ʿanhu kaydahunna innahu huwa al-samīʿu al-ʿalīmu 12:35 thumma badā lahum min baʿdi mā raʾawū al-āyāti la-yasjununnahu ḥattá ḥīnin 12:36 wa-dakhala maʿahu al-sijna fatayāni qāla aḥaduhumā innī arānī aʿṣiru khamran wa-qāla al-ākharu innī arānī aḥmilu fawqa raʾsī khubzan taʾkulu al-ṭayru minhu nabbiʾnā bi-taʾwīlihi innā narāka mina al-muḥsinīna 12:37 qāla lā yaʾtīkumā ṭaʿāmun turzaqānihi illā nabbaʾtukumā bi-taʾwīlihi qabla an yaʾtiyakumā dhālikumā mimmā ʿallamanī rabbī innī taraktu millata qawmin lā yuʾminūna billāhi wa-hum bi-al-ākhirati hum kāfirūna 12:38 wa-ittabaʿtu millata ābāʾī Ibrāhīma wa-Isḥāqa wa-Yaʿqūba mā kāna lanā an nushrika billāhi min shayʾin dhālika min faḍli Allāhi ʿalaynā wa-ʿalá al-nāsi wa-lākinna akthara al-nāsi lā yashkurūna 12:39 yā ṣāḥibayi al-sijni a-arbābun mutafarriqūna khayrun ami Allāhu al-wāḥidu al-qahhāru 12:40 mā taʿbudūna min dūnihi illā asmāʾan sammaytumūhā antum wa-ābāʾukum mā anzala Allāhu bi-hā min sulṭānin ini al-ḥukmu illā lillāhi amara allā taʿbudū illā iyyāhu dhālika al-dīnu al-qayyimu wa-lākinna akthara al-nāsi lā yaʿlamūna 12:41 yā ṣāḥibayi al-sijni ammā aḥadukumā fa-yasqī rabbahu khamran wa-ammā al-ākharu fa-yuṣlabu fa-taʾkulu al-ṭayru min raʾsihi quḍiya al-amru al-ladhī fīhi tastaftiyāni 12:42 wa-qāla lil-ladhī ẓanna annahu nājin minhumā udhkurnī ʿinda rabbika fa-ansāhu al-shayṭānu dhikra rabbihi fa-labitha fī al-sijni biḍʿa sinīna 12:43 wa-qāla al-maliku innī ará sabʿa baqarātin simānin yaʾkuluhunna sabʿun ʿijāfun wa-sabʿa sunbulātin khuḍrin wa-ukhara yābisātin yā ayyuhā al-malaʾu aftūnī fī ruʾyāya in kuntum lil-ruʾyā taʿburūna 12:44 qālū aḍghāthu aḥlāmin wa-mā naḥnu bi-taʾwīli al-aḥlāmi bi-ʿālimīna 12:45 wa-qāla al-ladhī najā minhumā wa-iddakara baʿda ummatin anā unabbiʾukum bi-taʾwīlihi fa-arsilūni 12:46 Yūsufu ayyuhā al-ṣiddīqu aftinā fī sabʿi baqarātin simānin yaʾkuluhunna sabʿun ʿijāfun wa-sabʿi sunbulātin khuḍrin wa-ukhara yābisātin laʿallī arjiʿu ilá al-nāsi laʿallahum yaʿlamūna 12:47 qāla tazraʿūna sabʿa sinīna daʾaban fa-mā ḥaṣadtum fa-dharūhu fī sunbulihi illā qalīlan mimmā taʾkulūna 12:48 thumma yaʾtī min baʿdi dhālika sabʿun shidādun yaʾkulna mā qaddamtum lahunna illā qalīlan mimmā tuḥṣinūna 12:49 thumma yaʾtī min baʿdi dhālika ʿāmun fīhi yughāthu al-nāsu wa-fīhi yaʿṣirūna 12:50 wa-qāla al-maliku iʾtūnī bi-hi fa-lammā jāʾahu al-rasūlu qāla irjiʿ ilá rabbika fa-isʾalhu mā bālu al-niswati al-lātī qaṭṭaʿna aydiyahunna inna rabbī bi-kaydihinna ʿalīmun 12:51 qāla mā khaṭbukunna idh rāwadtunna Yūsufa ʿan nafsihi qulna ḥāsha lillāhi mā ʿalimnā ʿalayhi min sūʾin qālati imraʾatu al-ʿazīzi al-āna ḥaṣḥaṣa al-ḥaqqu anā rāwadtuhu ʿan nafsihi wa-innahu la-mina al-ṣādiqīna 12:52 dhālika li-yaʿlama annī lam akhunhu bi-al-ghaybi wa-anna Allāha lā yahdī kayda al-khāʾinīna 12:53 wa-mā ubarriʾu nafsī inna al-nafsa la-ammāratun bi-al-sūʾi illā mā raḥima rabbī inna rabbī ghafūrun raḥīmun 12:54 wa-qāla al-maliku iʾtūnī bi-hi astakhliṣhu li-nafsī fa-lammā kallamahu qāla innaka al-yawma ladaynā makīnun amīnun 12:55 qāla ijʿalnī ʿalá khazāʾini al-arḍi innī ḥafīẓun ʿalīmun 12:56 wa-kadhālika makkannā li-Yūsufa fī al-arḍi yatabawwaʾu minhā ḥaythu yashāʾu nuṣību bi-raḥmatinā man nashāʾu wa-lā nuḍīʿu ajra al-muḥsinīna 12:57 wa-la-ajru al-ākhirati khayrun lil-ladhīna āmanū wa-kānū yattaqūna 12:58 wa-jāʾa ikhwatu Yūsufa fa-dakhalū ʿalayhi fa-ʿarafahum wa-hum lahu munkirūna 12:59 wa-lammā jahhazahum bi-jahāzihim qāla iʾtūnī bi-akhin lakum min abīkum alā tarawna annī ūfī al-kayla wa-anā khayru al-munzilīna 12:60 fa-in lam taʾtūnī bi-hi fa-lā kayla lakum ʿindī wa-lā taqrabūni 12:61 qālū sa-nurāwidu ʿanhu abāhu wa-innā la-fāʿilūna 12:62 wa-qāla li-fityānihi ijʿalū biḍāʿatahum fī riḥālihim laʿallahum yaʿrifūnahā idhā inqalabū ilá ahlihim laʿallahum yarjiʿūna 12:63 fa-lammā rajaʿū ilá abīhim qālū yā abānā muniʿa minnā al-kaylu fa-arsil maʿanā akhānā naktal wa-innā lahu la-ḥāfiẓūna 12:64 qāla hal āmanukum ʿalayhi illā ka-mā amintukum ʿalá akhīhi min qablu fallāhu khayrun ḥāfiẓan wa-huwa arḥamu al-rāḥimīna 12:65 wa-lammā fataḥū matāʿahum wajadū biḍāʿatahum ruddat ilayhim qālū yā abānā mā nabghī hādhihi biḍāʿatunā ruddat ilaynā wa-namīru ahlanā wa-naḥfaẓu akhānā wa-nazdādu kayla baʿīrin dhālika kaylun yasīrun 12:66 qāla lan ursilahu maʿakum ḥattá tuʾtūni mawthiqan mina Allāhi la-taʾtunnanī bi-hi illā an yuḥāṭa bikum fa-lammā ātawhu mawthiqahum qāla Allāhu ʿalá mā naqūlu wakīlun 12:67 wa-qāla yā banīya lā tadkhulū min bābin wāḥidin wa-udkhulū min abwābin mutafarriqatin wa-mā ughnī ʿankum mina Allāhi min shayʾin ini al-ḥukmu illā lillāhi ʿalayhi tawakkaltu wa-ʿalayhi fa-li-yatawakkali al-mutawakkilūna 12:68 wa-lammā dakhalū min ḥaythu amarahum abūhum mā kāna yughnī ʿanhum mina Allāhi min shayʾin illā ḥājatan fī nafsi Yaʿqūba qaḍāhā wa-innahu ladhū ʿilmin li-mā ʿallamnāhu wa-lākinna akthara al-nāsi lā yaʿlamūna 12:69 wa-lammā dakhalū ʿalá Yūsufa āwá ilayhi akhāhu qāla innī anā akhūka fa-lā tabtaʾis bi-mā kānū yaʿmalūna 12:70 fa-lammā jahhazahum bi-jahāzihim jaʿala al-siqāyata fī raḥli akhīhi thumma adhdhana muʾadhdhinun ayyatuhā al-ʿīru innakum la-sāriqūna 12:71 qālū wa-aqbalū ʿalayhim mādhā tafqidūna 12:72 qālū nafqidu ṣuwāʿa al-maliki wa-li-man jāʾa bi-hi ḥimlu baʿīrin wa-anā bi-hi zaʿīmun 12:73 qālū tallāhi laqad ʿalimtum mā jiʾnā li-nufsida fī al-arḍi wa-mā kunnā sāriqīna 12:74 qālū fa-mā jazāʾuhu in kuntum kādhibīna 12:75 qālū jazāʾuhu man wujida fī raḥlihi fa-huwa jazāʾuhu kadhālika najzī al-ẓālimīna 12:76 fa-badaʾa bi-awʿiyatihim qabla wiʿāʾi akhīhi thumma istakhrajahā min wiʿāʾi akhīhi kadhālika kidnā li-Yūsufa mā kāna li-yaʾkhudha akhāhu fī dīni al-maliki illā an yashāʾa Allāhu narfaʿu darajātin man nashāʾu wa-fawqa kulli dhī ʿilmin ʿalīmun 12:77 qālū in yasriq fa-qad saraqa akhun lahu min qablu fa-asarrahā Yūsufu fī nafsihi wa-lam yubdihā lahum qāla antum sharrun makānan wallāhu aʿlamu bi-mā taṣifūna 12:78 qālū yā ayyuhā al-ʿazīzu inna lahu aban shaykhan kabīran fa-khudh aḥadanā makānahu innā narāka mina al-muḥsinīna 12:79 qāla maʿādha Allāhi an naʾkhudha illā man wajadnā matāʿanā ʿindahu innā idhan la-ẓālimūna 12:80 fa-lammā istayʾasū minhu khalaṣū najīyan qāla kabīruhum a-lam taʿlamū anna abākum qad akhadha ʿalaykum mawthiqan mina Allāhi wa-min qablu mā farraṭtum fī Yūsufa fa-lan abraḥa al-arḍa ḥattá yaʾdhana lī abī aw yaḥkuma Allāhu lī wa-huwa khayru al-ḥākimīna 12:81 irjiʿū ilá abīkum fa-qūlū yā abānā inna ibnaka saraqa wa-mā shahidnā illā bi-mā ʿalimnā wa-mā kunnā lil-ghaybi ḥāfiẓīna 12:82 wa-isʾali al-qaryata al-latī kunnā fīhā wa-al-ʿīra al-latī aqbalnā fīhā wa-innā la-ṣādiqūna 12:83 qāla bal sawwalat lakum anfusukum amran fa-ṣabrun jamīlun ʿasá Allāhu an yaʾtiyanī bi-him jamīʿan innahu huwa al-ʿalīmu al-ḥakīmu 12:84 wa-tawallá ʿanhum wa-qāla yā asafá ʿalá Yūsufa wa-ibyaḍḍat ʿaynāhu mina al-ḥuzni fa-huwa kaẓīmun 12:85 qālū tallāhi taftaʾu tadhkuru Yūsufa ḥattá takūna ḥaraḍan aw takūna mina al-hālikīna 12:86 qāla innamā ashkū baththī wa-ḥuznī ilá Allāhi wa-aʿlamu mina Allāhi mā lā taʿlamūna 12:87 yā banīya idhhabū fa-taḥassasū min Yūsufa wa-akhīhi wa-lā tayʾasū min rawḥi Allāhi innahu lā yayʾasu min rawḥi Allāhi illā al-qawmu al-kāfirūna 12:88 fa-lammā dakhalū ʿalayhi qālū yā ayyuhā al-ʿazīzu massanā wa-ahlanā al-ḍurru wa-jiʾnā bi-biḍāʿatin muzjātin fa-awfi lanā al-kayla wa-taṣaddaq ʿalaynā inna Allāha yajzī al-mutaṣaddiqīna 12:89 qāla hal ʿalimtum mā faʿaltum bi-Yūsufa wa-akhīhi idh antum jāhilūna 12:90 qālū a-innaka la-anta Yūsufu qāla anā Yūsufu wa-hādhā akhī qad manna Allāhu ʿalaynā innahu man yattaqi wa-yaṣbir fa-inna Allāha lā yuḍīʿu ajra al-muḥsinīna 12:91 qālū tallāhi laqad ātharaka Allāhu ʿalaynā wa-in kunnā la-khāṭiʾīna 12:92 qāla lā tathrība ʿalaykumu al-yawma yaghfiru Allāhu lakum wa-huwa arḥamu al-rāḥimīna 12:93 idhhabū bi-qamīṣī hādhā fa-alqūhu ʿalá wajhi abī yaʾti baṣīran wa-iʾtūnī bi-ahlikum ajmaʿīna 12:94 wa-lammā faṣalati al-ʿīru qāla abūhum innī la-ajidu rīḥa Yūsufa lawlā an tufannidūni 12:95 qālū tallāhi innaka la-fī ḍalālika al-qadīmi 12:96 fa-lammā an jāʾa al-bashīru alqāhu

ʿalá wajhihi fa-irtadda baṣīran qāla a-lam aqul lakum innī aʿlamu mina Allāhi mā lā taʿlamūna 12:97 qālū yā abānā istaghfir lanā dhunūbanā innā kunnā khāṭiʾīna 12:98 qāla sawfa astaghfiru lakum rabbī innahu huwa al-ghafūru al-raḥīmu 12:99 fa-lammā dakhalū ʿalá Yūsufa āwá ilayhi abawayhi wa-qāla udkhulū miṣra in shāʾa Allāhu āminīna 12:100 wa-rafaʿa abawayhi ʿalá al-ʿarshi wa-kharrū lahu sujjadan wa-qāla yā abati hādhā taʾwīlu ruʾyāya min qablu qad jaʿalahā rabbī ḥaqqan wa-qad aḥsana bī idh akhrajanī mina al-sijni wa-jāʾa bikum mina al-badwi min baʿdi an nazagha al-shayṭānu baynī wa-bayna ikhwatī inna rabbī laṭīfun li-mā yashāʾu innahu huwa al-ʿalīmu al-ḥakīmu 12:101 rabbi qad ātaytanī mina al-mulki wa-ʿallamtanī min taʾwīli al-aḥādīthi fāṭira al-samāwāti wa-al-arḍi anta walīyī fī al-dunyā wa-al-ākhirati tawaffanī Musliman wa-alḥiqnī bi-al-ṣāliḥīna 12:102 dhālika min anbāʾi al-ghaybi nūḥīhi ilayka wa-mā kunta ladayhim idh ajmaʿū amrahum wa-hum yamkurūna 12:103 wa-mā aktharu al-nāsi wa-law ḥaraṣta bi-muʾminīna 12:104 wa-mā tasʾaluhum ʿalayhi min ajrin in huwa illā dhikrun lil-ʿālamīna 12:105 wa-ka-ayyin min āyatin fī al-samāwāti wa-al-arḍi yamurrūna ʿalayhā wa-hum ʿanhā muʿriḍūna 12:106 wa-mā yuʾminu aktharuhum billāhi illā wa-hum mushrikūna 12:107 a-fa-aminū an taʾtiyahum ghāshiyatun min ʿadhābi Allāhi aw taʾtiyahumu al-sāʿatu baghtatan wa-hum lā yashʿurūna 12:108 qul hādhihi sabīlī adʿū ilá Allāhi ʿalá baṣīratin anā wa-mani ittabaʿanī wa-subḥāna Allāhi wa-mā anā mina al-mushrikīna 12:109 wa-mā arsalnā min qablika illā rijālan nūḥī ilayhim min ahli al-qurá a-fa-lam yasīrū fī al-arḍi fa-yanẓurū kayfa kāna ʿāqibatu al-ladhīna min qablihim wa-la-dāru al-ākhirati khayrun lil-ladhīna ittaqaw a-fa-lā taʿqilūna 12:110 ḥattá idhā istayʾasa al-rusulu wa-ẓannū annahum qad kudhibū jāʾahum naṣrunā fa-nujjiya man nashāʾu wa-lā yuraddu baʾsunā ʿani al-qawmi al-mujrimīna 12:111 laqad kāna fī qaṣaṣihim ʿibratun li-ulī al-albābi mā kāna ḥadīthan yuftará wa-lākin taṣdīqa al-ladhī bayna yadayhi wa-tafṣīla kulli shayʾin wa-hudan wa-raḥmatan li-qawmin yuʾminūna 13:1 bismillāhi al-raḥmāni al-raḥīmi alif lām mīm rāʾ tilka āyātu al-kitābi wa-al-ladhī unzila ilayka min rabbika al-ḥaqqu wa-lākinna akthara al-nāsi lā yuʾminūna 13:2 Allāhu al-ladhī rafaʿa al-samāwāti bi-ghayri ʿamadin tarawnahā thumma istawá ʿalá al-ʿarshi wa-sakhkhara al-shamsa wa-al-qamara kullun yajrī li-ajalin musaman yudabbiru al-amra yufaṣṣilu al-āyāti laʿallakum bi-liqāʾi rabbikum tūqinūna 13:3 wa-huwa al-ladhī madda al-arḍa wa-jaʿala fīhā rawāsiya wa-anhāran wa-min kulli al-thamarāti jaʿala fīhā zawjayni ithnayni yughshī al-layla al-nahāra inna fī dhālika la-āyātin li-qawmin yatafakkarūna 13:4 wa-fī al-arḍi qiṭaʿun mutajāwirātun wa-jannātun min aʿnābin wa-zarʿun wa-nakhīlun ṣinwanun wa-ghayru ṣinwānun yusqá bi-māʾin wāḥidin wa-nufaḍḍilu baʿḍahā ʿalá baʿḍin fī al-ukuli inna fī dhālika la-āyātin li-qawmin yaʿqilūna 13:5 wa-in taʿjab fa-ʿajabun qawluhum a-idhā kunnā turāban a-innā la-fī khalqin jadīdin ulāʾika al-ladhīna kafarū bi-rabbihim wa-ulāʾika al-aghlālu fī aʿnāqihim wa-ulāʾika aṣḥābu al-nāri hum fīhā khālidūna 13:6 wa-yastaʿjilūnaka bi-al-sayyiʾati qabla al-ḥasanati wa-qad khalat min qablihimu al-mathulātu wa-inna rabbaka la-dhū maghfiratin lil-nāsi ʿalá ẓulmihim wa-inna rabbaka la-shadīdu al-ʿiqābi 13:7 wa-yaqūlu al-ladhīna kafarū lawlā unzila ʿalayhi āyatun min rabbihi innamā anta mundhirun wa-li-kulli qawmin hādin 13:8 Allāhu yaʿlamu mā taḥmilu kullu unthá wa-mā taghīḍu al-arḥāmu wa-mā tazdādu wa-kullu shayʾin ʿindahu bi-miqdārin 13:9 ʿālimu al-ghaybi wa-al-shahādati al-kabīru al-mutaʿāli 13:10 sawāʾun minkum man asarra al-qawla wa-man jahara bi-hi wa-man huwa mustakhfin bi-al-layli wa-sāribun bi-al-nahāri 13:11 lahu muʿaqqibātun min bayni yadayhi wa-min khalfihi yaḥfaẓūnahu min amri Allāhi inna Allāha lā yughayyiru mā bi-qawmin ḥattá yughayyirū mā bi-anfusihim wa-idhā arāda Allāhu bi-qawmin sūʾan fa-lā maradda lahu wa-mā lahum min dūnihi min wālin 13:12 huwa al-ladhī yurīkumu al-barqa khawfan wa-ṭamaʿan wa-yunshiʾu al-saḥāba al-thiqāla 13:13 wa-yusabbiḥu al-raʿdu bi-ḥamdihi wa-al-malāʾikatu min khīfatihi wa-yursilu al-ṣawāʿiqa fa-yuṣību bi-hā man yashāʾu wa-hum yujādilūna fī Allāhi wa-huwa shadīdu al-miḥāli 13:14 lahu daʿwatu al-ḥaqqi wa-al-ladhīna yadʿūna min dūnihi lā yastajībūna lahum bi-shayʾin illā ka-bāsiṭi kaffayhi ilá al-māʾi li-yablugha fāhu wa-mā huwa bi-bālighihi wa-mā duʿāʾu al-kāfirīna illā fī ḍalālin 13:15 wa-lillāhi yasjudu man fī al-samāwāti wa-al-arḍi ṭawʿan wa-karhan wa-ẓilāluhum bi-al-ghudūwi wa-al-āṣāli 13:16 qul man rabbu al-samāwāti wa-al-arḍi quli Allāhu qul a-fa-ittakhadhtum min dūnihi awliyāʾa lā yamlikūna li-anfusihim nafʿan wa-lā ḍarran qul hal yastawī al-aʿmá wa-al-baṣīru am hal tastawī al-ẓulumātu wa-al-nūru am jaʿalū lillāhi shurakāʾa khalaqū ka-khalqihi fa-tashābaha al-khalqu ʿalayhim quli Allāhu khāliqu kulli shayʾin wa-huwa al-wāḥidu al-qahhāru 13:17 anzala mina al-samāʾi māʾan fa-sālat awdiyatun bi-qadarihā fa-iḥtamala al-saylu zabadan rābiyan wa-mimmā yūqidūna ʿalayhi fī al-nāri ibtighāʾa ḥilyatin aw matāʿin zabadun mithluhu kadhālika yaḍribu Allāhu al-ḥaqqa wa-al-bāṭila fa-ammā al-zabadu fa-yadhhabu jufāʾan wa-ammā mā yanfaʿu al-nāsa fa-yamkuthu fī al-arḍi kadhālika yaḍribu Allāhu al-amthāla 13:18 lil-ladhīna istajābū li-rabbihimu al-ḥusná wa-al-ladhīna lam yastajībū lahu law anna lahum mā fī al-arḍi jamīʿan wa-mithlahu maʿahu la-iftadaw bi-hi ulāʾika lahum sūʾu al-ḥisābi wa-maʾwāhum jahannamu wa-biʾsa al-mihādu 13:19 a-fa-man yaʿlamu annamā unzila ilayka min rabbika al-ḥaqqu ka-man huwa aʿmá innamā yatadhakkaru ulū al-albābi 13:20 al-ladhīna yūfūna bi-ʿahdi Allāhi wa-lā yanquḍūna al-mīthāqa 13:21 wa-al-ladhīna yaṣilūna mā amara Allāhu bi-hi an yūṣala wa-yakhshawna rabbahum wa-yakhāfūna sūʾa al-ḥisābi 13:22 wa-al-ladhīna ṣabarū ibtighāʾa wajhi rabbihim wa-aqāmū al-ṣalāta wa-anfaqū mimmā razaqnāhum siran wa-ʿalāniyatan wa-yadraʾūna bi-al-ḥasanati al-sayyiʾata ulāʾika lahum ʿuqbá al-dāri 13:23 jannātu ʿadnin yadkhulūnahā wa-man ṣalaḥa min ābāʾihim wa-azwājihim wa-dhurrīyātihim wa-al-malāʾikatu yadkhulūna ʿalayhim min kulli bābin 13:24 salāmun ʿalaykum bi-mā ṣabartum fa-niʿma ʿuqbá al-dāri 13:25 wa-al-ladhīna yanquḍūna ʿahda Allāhi min baʿdi mīthāqihi wa-yaqṭaʿūna mā amara Allāhu bi-hi an yūṣala wa-yufsidūna fī al-arḍi ulāʾika lahumu al-laʿnatu wa-lahum sūʾu al-dāri 13:26 Allāhu yabsuṭu al-rizqa li-man yashāʾu wa-yaqdiru wa-fariḥū bi-al-ḥayāti al-dunyā wa-mā al-ḥayātu al-dunyā fī al-ākhirati illā matāʿun 13:27 wa-yaqūlu al-ladhīna kafarū lawlā unzila ʿalayhi āyatun min rabbihi qul inna Allāha yuḍillu man yashāʾu wa-yahdī ilayhi man anāba 13:28 al-ladhīna āmanū wa-taṭmaʾinnu qulūbuhum bi-dhikri Allāhi alā bi-dhikri Allāhi taṭmaʾinnu al-qulūbu 13:29 al-ladhīna āmanū wa-ʿamilū al-ṣāliḥāti ṭūbá lahum wa-ḥusnu maʾābin 13:30 kadhālika arsalnāka fī ummatin qad khalat min qablihā umamun li-tatluwa ʿalayhimu al-ladhī awḥaynā ilayka wa-hum yakfurūna bi-al-raḥmani qul huwa rabbī lā ilāha illā huwa ʿalayhi tawakkaltu wa-ilayhi matābi 13:31 wa-law anna Qurʾānan suyyirat bi-hi al-jibālu aw quṭṭiʿat bi-hi al-arḍu aw kullima bi-hi al-mawtá bal lillāhi al-amru jamīʿan a-fa-lam yayʾasi al-ladhīna āmanū an law yashāʾu Allāhu la-hadá al-nāsa jamīʿan wa-lā yazālu al-ladhīna kafarū tuṣībuhum bi-mā ṣanaʿū qāriʿatun aw taḥullu qarīban min dārihim ḥattá yaʾtiya waʿdu Allāhi inna Allāha lā yukhlifu al-mīʿāda 13:32 wa-laqadi ustuhziʾa bi-rusulin min qablika fa-amlaytu lil-ladhīna kafarū thumma akhadhtuhum fa-kayfa kāna ʿiqābi 13:33 a-fa-man huwa qāʾimun ʿalá kulli nafsin bi-mā kasabat wa-jaʿalū lillāhi shurakāʾa qul sammūhum am tunabbiʾūnahu bi-mā lā yaʿlamu fī al-arḍi am bi-ẓāhirin mina al-qawli bal zuyyina lil-ladhīna kafarū makruhum wa-ṣuddū ʿani al-sabīli wa-man yuḍlili Allāhu fa-mā lahu min hādin 13:34 lahum ʿadhābun fī al-ḥayāti al-dunyā wa-la-ʿadhābu al-ākhirati ashaqqu wa-mā lahum mina Allāhi min wāqin 13:35 mathalu al-jannati al-latī wuʿida al-muttaqūna tajrī min taḥtihā al-anhāru ukuluhā dāʾimun wa-ẓilluhā tilka ʿuqbá al-ladhīna ittaqaw wa-ʿuqbá al-kāfirīna al-nāru 13:36 wa-al-ladhīna ātaynāhumu al-kitāba yafraḥūna bi-mā unzila ilayka wa-mina al-aḥzābi man yunkiru baʿḍahu qul innamā umirtu an aʿbuda Allāha wa-lā ushrika bi-hi ilayhi adʿū wa-ilayhi maʾābi 13:37

wa-kadhālika anzalnāhu ḥukman ʿArabīyan wa-la-ini ittabaʿta ahwāʾahum baʿdamā jāʾaka mina al-ʿilmi mā laka mina Allāhi min walīyin wa-lā wāqin 13:38 wa-laqad arsalnā rusulan min qablika wa-jaʿalnā lahum azwājan wa-dhurrīyatan wa-mā kāna li-rasūlin an yaʾtiya bi-āyatin illā bi-idhni Allāhi li-kulli ajalin kitābun 13:39 yamḥū Allāhu mā yashāʾu wa-yuthbitu wa-ʿindahu ummu al-kitābi 13:40 wa-in mā nuriyannaka baʿḍa al-ladhī naʿiduhum aw natawaffayannaka fa-innamā ʿalayka al-balāghu wa-ʿalaynā al-ḥisābu 13:41 a-wa-lam yaraw annā naʾatī al-arḍa nanquṣuhā min aṭrāfihā wallāhu yaḥkumu lā muʿaqqiba li-ḥukmihi wa-huwa sarīʿu al-ḥisābi 13:42 wa-qad makara al-ladhīna min qablihim fa-lillāhi al-makru jamīʿan yaʿlamu mā taksibu kullu nafsin wa-sa-yaʿlamu al-kuffāru li-man ʿuqbá al-dāri 13:43 wa-yaqūlu al-ladhīna kafarū lasta mursalan qul kafá billāhi shahīdan baynī wa-baynakum wa-man ʿindahu ʿilmu al-kitābi 14:1 bismillāhi al-raḥmāni al-raḥīmi alīf lām rāʾ kitābun anzalnāhu ilayka li-tukhrija al-nāsa mina al-ẓulumāti ilá al-nūri bi-idhni rabbihim ilá ṣirāṭi al-ʿazīzi al-ḥamīdi 14:2 Allāhi al-ladhī lahu mā fī al-samāwāti wa-mā fī al-arḍi wa-waylun lil-kāfirīna min ʿadhābin shadīdin 14:3 al-ladhīna yastaḥibbūna al-ḥayāta al-dunyā ʿalá al-ākhirati wa-yaṣuddūna ʿan sabīli Allāhi wa-yabghūnahā ʿiwajan ulāʾika fī ḍalālin baʿīdin 14:4 wa-mā arsalnā min rasūlin illā bi-lisāni qawmihi li-yubayyina lahum fa-yuḍillu Allāhu man yashāʾu wa-yahdī man yashāʾu wa-huwa al-ʿazīzu al-ḥakīmu 14:5 wa-laqad arsalnā Mūsá bi-āyātinā an akhrij qawmaka mina al-ẓulumāti ilá al-nūri wa-dhakkirhum bi-ayyāmi Allāhi inna fī dhālika la-āyātin li-kulli ṣabbārin shakūrin 14:6 wa-idh qāla Mūsá li-qawmihi udhkurū niʿmata Allāhi ʿalaykum idh anjākum min āli Firʿawna yasūmūnakum sūʾa al-ʿadhābi wa-yudhabbiḥūna abnāʾakum wa-yastaḥyūna nisāʾakum wa-fī dhālikum balāʾun min rabbikum ʿaẓīmun 14:7 wa-idh taʾadhdhana rabbukum la-in shakartum la-azīdannakum wa-la-in kafartum inna ʿadhābī la-shadīdun 14:8 wa-qāla Mūsá in takfurū antum wa-man fī al-arḍi jamīʿan fa-inna Allāha la-ghanīyun ḥamīdun 14:9 a-lam yaʾtikum nabaʾu al-ladhīna min qablikum qawmi Nūḥin wa-ʿĀdin wa-Thamūda wa-al-ladhīna min baʿdihim lā yaʿlamuhum illā Allāhu jāʾatʾhum rusuluhum bi-al-bayyināti fa-raddū aydiyahum fī afwāhihim wa-qālū innā kafarnā bi-mā ursiltum bi-hi wa-innā la-fī shakkin mimmā tadʿūnanā ilayhi murībin 14:10 qālat rusuluhum a-fī Allāhi shakkun fāṭiri al-samāwāti wa-al-arḍi yadʿūkum li-yaghfira lakum min dhunūbikum wa-yuʾakhkhirakum ilá ajalin musamman qālū in antum illā basharun mithlunā turīdūna an taṣuddūnā ʿammā kāna yaʿbudu ābāʾunā fa-iʾtūnā bi-sulṭānin mubīnin 14:11 qālat lahum rusuluhum in naḥnu illā basharun mithlukum wa-lākinna Allāha yamunnu ʿalá man yashāʾu min ʿibādihi wa-mā kāna lanā an naʾtiyakum bi-sulṭānin illā bi-idhni Allāhi wa-ʿalá Allāhi fa-li-yatawakkali al-muʾminūna 14:12 wa-mā lanā allā natawakkala ʿalá Allāhi wa-qad hadānā subulanā wa-la-naṣbiranna ʿalá mā ādhaytumūnā wa-ʿalá Allāhi fa-li-yatawakkali al-mutawakkilūna 14:13 wa-qāla al-ladhīna kafarū li-rusulihim la-nukhrijannakum min arḍinā aw la-taʿūdunna fī millatinā fa-awḥá ilayhim rabbuhum la-nuhlikanna al-ẓālimīna 14:14 wa-la-nuskinannakumu al-arḍa min baʿdihim dhālika li-man khāfa maqāmī wa-khāfa waʿīdi 14:15 wa-istaftaḥū wa-khāba kullu jabbārin ʿanīdin 14:16 min warāʾihi jahannamu wa-yusqá min māʾin ṣadīdin 14:17 yatajarraʿuhu wa-lā yakādu yusīghuhu wa-yaʾtīhi al-mawtu min kulli makānin wa-mā huwa bi-mayyitin wa-min warāʾihi ʿadhābun ghalīẓun 14:18 mathalu al-ladhīna kafarū bi-rabbihim aʿmāluhum ka-ramādin ishtaddat bi-hi al-rīḥu fī yawmin ʿāṣifin lā yaqdirūna mimmā kasabū ʿalá shayʾin dhālika huwa al-ḍalālu al-baʿīdu 14:19 a-lam tara anna Allāha khalaqa al-samāwāti wa-al-arḍa bi-al-ḥaqqi in yashaʾa yudhhibkum wa-yaʾti bi-khalqin jadīdin 14:20 wa-mā dhālika ʿalá Allāhi bi-ʿazīzin 14:21 wa-barazū lillāhi jamīʿan fa-qāla al-ḍuʿafāʾu lil-ladhīna istakbarū innā kunnā lakum tabaʿan fa-hal antum mughnūna ʿannā min ʿadhābi Allāhi min shayʾin qālū law hadānā Allāhu la-hadaynākum sawāʾun ʿalaynā a-jaziʿnā am ṣabarnā mā lanā min maḥīṣin 14:22 wa-qāla al-shayṭānu lammā quḍiya al-amru inna Allāha waʿadakum waʿda al-ḥaqqi wa-waʿadtukum fa-akhlaftukum wa-mā kāna liya ʿalaykum min sulṭānin illā an daʿawtukum fa-istajabtum lī fa-lā talūmūnī wa-lūmū anfusakum mā anā bi-muṣrikhikum wa-mā antum bi-muṣrikhīya innī kafartu bi-mā ashraktumūni min qablu inna al-ẓālimīna lahum ʿadhābun alīmun 14:23 wa-udkhila al-ladhīna āmanū wa-ʿamilū al-ṣāliḥāti jannātin tajrī min taḥtihā al-anhāru khālidīna fīhā bi-idhni rabbihim taḥīyatuhum fīhā salāmun 14:24 a-lam tara kayfa ḍaraba Allāhu mathalan kalimatan ṭayyibatan ka-shajaratin ṭayyibatin aṣluhā thābitun wa-farʿuhā fī al-samāʾi 14:25 tuʾtī ukulahā kulla ḥīnin bi-idhni rabbihā wa-yaḍribu Allāhu al-amthāla lil-nāsi laʿallahum yatadhakkarūna 14:26 wa-mathalu kalimatin khabīthatin ka-shajaratin khabīthatin ijtuththat min fawqi al-arḍi mā lahā min qarārin 14:27 yuthabbitu Allāhu al-ladhīna āmanū bi-al-qawli al-thābiti fī al-ḥayāti al-dunyā wa-fī al-ākhirati wa-yuḍillu Allāhu al-ẓālimīna wa-yafʿalu Allāhu mā yashāʾu 14:28 a-lam tara ilá al-ladhīna baddalū niʿmata Allāhi kufran wa-aḥallū qawmahum dāra al-bawāri 14:29 jahannama yaṣlawnahā wa-biʾsa al-qarāru 14:30 wa-jaʿalū lillāhi andādan li-yuḍillū ʿan sabīlihi qul tamattaʿū fa-inna maṣīrakum ilá al-nāri 14:31 qul li-ʿibādiya al-ladhīna āmanū yuqīmū al-ṣalāta wa-yunfiqū mimmā razaqnāhum siran wa-ʿalānyatan min qabli an yaʾtiya yawmun lā bayʿun fīhi wa-lā khilālun 14:32 Allāhu al-ladhī khalaqa al-samāwāti wa-al-arḍa wa-anzala mina al-samāʾi māʾan fa-akhraja bi-hi mina al-thamarāti rizqan lakum wa-sakhkhara lakumu al-fulka li-tajriya fī al-baḥri bi-amrihi wa-sakhkhara lakumu al-anhāra 14:33 wa-sakhkhara lakumu al-shamsa wa-al-qamara dāʾibayni wa-sakhkhara lakumu al-layla wa-al-nahāra 14:34 wa-ātākum min kulli mā saʾaltumūhu wa-in taʿuddū niʿmata Allāhi lā tuḥṣūhā inna al-insāna laẓalūmun kaffārun 14:35 wa-idh qāla Ibrāhīmu rabbi ijʿal hādhā al-balada āminan wa-ujnubnī wa-banīya an naʿbuda al-aṣnāma 14:36 rabbi innahunna aḍlalna kathīran mina al-nāsi fa-man tabiʿanī fa-innahu minnī wa-man ʿaṣānī fa-innaka ghafūrun raḥīmun 14:37 rabbanā innī askantu min dhurrīyatī bi-wādin ghayri dhī zarʿin ʿinda baytika al-muḥarrami rabbanā li-yuqīmū al-ṣalāta fa-ijʿal afʾidatan mina al-nāsi tahwī ilayhim wa-urzuqhum mina al-thamarāti laʿallahum yashkurūna 14:38 rabbanā innaka taʿlamu mā nukhfī wa-mā nuʿlinu wa-mā yakhfá ʿalá Allāhi min shayʾin fī al-arḍi wa-lā fī al-samāʾi 14:39 al-ḥamdu lillāhi al-ladhī wahaba lī ʿalá al-kibari Ismāʿīla wa-Isḥāqa inna rabbī la-samīʿu al-duʿāʾi 14:40 rabbi ijʿalnī muqīma al-ṣalāti wa-min dhurrīyatī rabbanā wa-taqabbal duʿāʾi 14:41 rabbanā ighfir lī wa-li-wālidayya wa-lil-muʾminīna yawma yaqūmu al-ḥisābu 14:42 wa-lā taḥsabanna Allāha ghāfilan ʿammā yaʿmalu al-ẓālimūna innamā yuʾakhkhiruhum li-yawmin tashkhaṣu fīhi al-abṣāru 14:43 muhṭiʿīna muqniʿī ruʾūsihim lā yartaddu ilayhim ṭarfuhum wa-afʾidatuhum hawāʾun 14:44 wa-andhiri al-nāsa yawma yaʾtīhimu al-ʿadhābu fa-yaqūlu al-ladhīna ẓalamū rabbanā akhkhirnā ilá ajalin qarībin nujib daʿwataka wa-nattabiʿi al-rusula a-wa-lam takūnū aqsamtum min qablu mā lakum min zawālin 14:45 wa-sakantum fī masākini al-ladhīna ẓalamū anfusahum wa-tabayyana lakum kayfa faʿalnā bi-him wa-ḍarabnā lakumu al-amthāla 14:46 wa-qad makarū makrahum wa-ʿinda Allāhi makruhum wa-in kāna makruhum li-tazūla minhu al-jibālu 14:47 fa-lā taḥsabanna Allāha mukhlifa waʿdihi rusulahu inna Allāha ʿazīzun dhū intiqāmin 14:48 yawma tubaddalu al-arḍu ghayra al-arḍi wa-al-samāwātu wa-barazū lillāhi al-wāḥidi al-qahhāri 14:49 wa-tará al-mujrimīna yawmaʾidhin muqarranīna fī al-aṣfādi 14:50 sarābīluhum min qaṭirānin wa-taghshá wujūhahumu al-nāru 14:51 li-yajziya Allāhu kulla nafsin mā kasabat inna Allāha sarīʿu al-ḥisābi 14:52 hādhā balāghun lil-nāsi wa-li-yundharū bi-hi wa-li-yaʿlamū annamā huwa ilāhun wāḥidun wa-li-yadhdhakkara ulū al-albābi 15:1 bismillāhi al-raḥmāni al-raḥīmi alīf lām rāʾ tilka āyātu al-kitābi wa-Qurʾānin mubīnin 15:2 rubamā yawaddu al-ladhīna kafarū law kānū Muslimīna 15:3 dharhum yaʾkulū wa-yatamattaʿū wa-yulhihimu

al-amalu fa-sawfa ya'lamūna 15:4 wa-mā ahlaknā min qaryatin illā wa-lahā kitābun ma'lūmun 15:5 mā tasbiqu
min ummatin ajalahā wa-mā yasta'khirūna 15:6 wa-qālū yā ayyuhā al-ladhī nuzzila 'alayhi al-dhikru innaka la-
majnūnun 15:7 law mā ta'tīnā bi-al-malā'ikati in kunta mina al-ṣādiqīna 15:8 mā nunazzilu al-malā'ikata illā bi-
al-ḥaqqi wa-mā kānū idhan munẓarīna 15:9 innā naḥnu nazzalnā al-dhikra wa-innā lahu la-ḥāfiẓūna 15:10 wa-
laqad arsalnā min qablika fī shiya'i al-awwalīna 15:11 wa-mā ya'tīhim min rasūlin illā kānū bi-hi yastahzi'ūna
15:12 kadhālika naslukuhu fī qulūbi al-mujrimīna 15:13 lā yu'minūna bi-hi wa-qad khalat sunnatu al-awwalīna
15:14 wa-law fataḥnā 'alayhim bāban mina al-samā'i fa-ẓallū fīhi ya'rujūna 15:15 la-qālū innamā sukkirat
abṣārunā bal naḥnu qawmun masḥūrūna 15:16 wa-laqad ja'alnā fī al-samā'i burūjan wa-zayyannāhā lil-nāẓirīna
15:17 wa-ḥafiẓnāhā min kulli shayṭānin rajīmin 15:18 illā mani istaraqa al-sam'a fa-atba'ahu shihābun mubīnun
15:19 wa-al-arḍa madadnāhā wa-alqaynā fīhā rawāsiya wa-anbatnā fīhā min kulli shay'in mawzūnin 15:20 wa-
ja'alnā lakum fīhā ma'āyisha wa-man lastum lahu bi-rāziqīna 15:21 wa-in min shay'in illā 'indanā khazā'inuhu
wa-mā nunazziluhu illā bi-qadarin ma'lūmin 15:22 wa-arsalnā al-riyāḥa lawāqiḥa fa-anzalnā mina al-samā'i
mā'an fa-asqaynākumūhu wa-mā antum lahu bi-khāzinīna 15:23 wa-innā la-naḥnu nuḥyī wa-numītu wa-
naḥnu al-wārithūna 15:24 wa-laqad 'alimnā al-mustaqdimīna minkum wa-laqad 'alimnā al-musta'khirīna 15:25
wa-inna rabbaka huwa yaḥshuruhum innahu ḥakīmun 'alīmun 15:26 wa-laqad khalaqnā al-insāna min ṣalṣālin
min ḥama'in masnūnin 15:27 wa-al-jānna khalaqnāhu min qablu min nāri al-samūmi 15:28 wa-idh qāla rabbuka
lil-malā'ikati innī khāliqun basharan min ṣalṣālin min ḥama'in masnūnin 15:29 fa-idhā sawwaytuhu wa-
nafakhtu fīhi min rūḥī fa-qa'ū lahu sājidīna 15:30 fa-sajada al-malā'ikatu kulluhum ajma'ūna 15:31 illā Iblīsa abá
an yakūna ma'a al-sājidīna 15:32 qāla yā Iblīsu mā laka allā takūna ma'a al-sājidīna 15:33 qāla lam akun li-
asjuda li-basharin khalaqtahu min ṣalṣālin min ḥama'in masnūnin 15:34 qāla fa-ukhruj minhā fa-innaka rajīmun
15:35 wa-inna 'alayka al-la'nata ilá yawmi al-dīni 15:36 qāla rabbi fa-anẓirnī ilá yawmi yub'athūna 15:37 qāla
fa-innaka mina al-munẓarīna 15:38 ilá yawmi al-waqti al-ma'lūmi 15:39 qāla rabbi bi-mā aghwaytanī la-
uzayyinanna lahum fī al-arḍi wa-la-ughwiyannahum ajma'īna 15:40 illā 'ibādaka minhumu al-mukhlaṣīna 15:41
qāla hādhā ṣirāṭun 'alayya mustaqīmun 15:42 inna 'ibādī laysa laka 'alayhim sulṭānun illā mani ittaba'aka mina
al-ghāwīna 15:43 wa-inna jahannama la-maw'iduhum ajma'īna 15:44 lahā sab'atu abwābin li-kulli bābin
minhum juz'un maqsūmun 15:45 inna al-muttaqīna fī jannātin wa'uyūnin 15:46 udkhulūhā bi-salāmin āminīna
15:47 wa-naza'nā mā fī ṣudūrihim min ghillin ikhwānan 'alá sururin mutaqābilīna 15:48 lā yamassuhum fīhā
naṣabun wa-mā hum minhā bi-mukhrajīna 15:49 nabbi' 'ibādī annī anā al-ghafūru al-raḥīmu 15:50 wa-anna
'adhābī huwa al-'adhābu al-alīmu 15:51 wa-nabbi'hum 'an ḍayfi Ibrāhīma 15:52 idh dakhalū 'alayhi fa-qālū
salāman qāla innā minkum wajilūna 15:53 qālū lā tawjal innā nubashshiruka bi-ghulāmin 'alīmin 15:54 qāla a-
bashshartumūnī 'alá an massaniya al-kibaru fa-bima tubashshirūna 15:55 qālū bashsharnāka bi-al-ḥaqqi fa-lā
takun mina al-qāniṭīna 15:56 qāla wa-man yaqnaṭu min raḥmati rabbihi illā al-ḍāllūna 15:57 qāla fa-mā
khaṭbukum ayyuhā al-mursalūna 15:58 qālū innā ursilnā ilá qawmin mujrimīna 15:59 illā āla Lūṭin innā la-
munajjūhum ajma'īna 15:60 illā imra'atahu qaddarnā innahā la-mina al-ghābirīna 15:61 fa-lammā jā'a āla Lūṭin
al-mursalūna 15:62 qāla innakum qawmun munkarūna 15:63 qālū bal ji'nāka bi-mā kānū fīhi yamtarūna 15:64
wa-ataynāka bi-al-ḥaqqi wa-innā la-ṣādiqūna 15:65 fa-asri bi-ahlika bi-qiṭ'in mina al-layli wa-ittabi'
adbārahum wa-lā yaltafit minkum aḥadun wa-imḍū ḥaythu tu'marūna 15:66 wa-qaḍaynā ilayhi dhālika al-amra
anna dābira hā'ulā'i maqṭū'un muṣbiḥīna 15:67 wa-jā'a ahlu al-madīnati yastabshirūna 15:68 qāla inna hā'ulā'i
ḍayfī fa-lā tafḍaḥūni 15:69 wa-ittaqū Allāha wa-lā tukhzūni 15:70 qālū a-wa-lam nanhaka 'ani al-'ālamīna

15:71 qāla hāʾulāʾi banātī in kuntum fāʿilīna 15:72 laʿamruka innahum la-fī sakratihim yaʿmahūna 15:73 fa-
akhadhatʾhumu al-ṣayḥatu mushriqīna 15:74 fa-jaʿalnā ʿālyahā sāfilahā wa-amṭarnā ʿalayhim ḥijāratan min
sijjīlin 15:75 inna fī dhālika la-āyātin lil-mutawassimīna 15:76 wa-innahā la-bi-sabīlin muqīmin 15:77 inna fī
dhālika la-āyatan lil-muʾminīna 15:78 wa-in kāna aṣḥābu al-aykati la-ẓālimīna 15:79 fa-intaqamnā minhum wa-
innahumā la-bi-imāmin mubīnin 15:80 wa-laqad kadhdhaba aṣḥābu al-ḥijri al-mursalīna 15:81 wa-ātaynāhum
āyātinā fa-kānū ʿanhā muʿriḍīna 15:82 wa-kānū yanḥitūna mina al-jibāli buyūtan āminīna 15:83 fa-
akhadhatʾhumu al-ṣayḥatu muṣbiḥīna 15:84 fa-mā aghná ʿanhum mā kānū yaksibūna 15:85 wa-mā khalaqnā al-
samāwāti wa-al-arḍa wa-mā baynahumā illā bi-al-ḥaqqi wa-inna al-sāʿata la-ātiyatun fa-iṣfaḥi al-ṣafḥa al-
jamīla 15:86 inna rabbaka huwa al-khallāqu al-ʿalīmu 15:87 wa-laqad ātaynāka sabʿan mina al-mathānī wa-al-
Qurʾāna al-ʿaẓīma 15:88 lā tamuddanna ʿaynayka ilá mā mattaʿnā bi-hi azwājan minhum wa-lā taḥzan ʿalayhim
wa-ikhfiḍ janāḥaka lil-muʾminīna 15:89 wa-qul innī anā al-nadhīru al-mubīnu 15:90 ka-mā anzalnā ʿalá al-
muqtasimīna 15:91 al-ladhīna jaʿalū al-Qurʾāna ʿiḍīna 15:92 fa-wa-rabbika la-nasʾalannahum ajmaʿīna 15:93
ʿammā kānū yaʿmalūna 15:94 fa-iṣdaʿ bi-mā tuʾmaru wa-aʿriḍ ʿani al-mushrikīna 15:95 innā kafaynāka al-
mustahziʾīna 15:96 al-ladhīna yajʿalūna maʿa Allāhi ilāhan ākhara fa-sawfa yaʿlamūna 15:97 wa-laqad naʿlamu
annaka yaḍīqu ṣadruka bi-mā yaqūlūna 15:98 fa-sabbiḥ bi-ḥamdi rabbika wa-kun mina al-sājidīna 15:99 wa-
uʿbud rabbaka ḥattá yaʾtiyaka al-yaqīnu 16:1 bismillāhi al-raḥmāni al-raḥīmi atá amru Allāhi fa-lā tastaʿjilūhu
subḥānahu wa-taʿālá ʿammā yushrikūna 16:2 yunazzilu al-malāʾikata bi-al-rūḥi min amrihi ʿalá man yashāʾu
min ʿibādihi an andhirū annahu lā ilāha illā anā fa-ittaqūni 16:3 khalaqa al-samāwāti wa-al-arḍa bi-al-ḥaqqi
taʿālá ʿammā yushrikūna 16:4 khalaqa al-insāna min nuṭfatin fa-idhā huwa khaṣīmun mubīnun 16:5 wa-al-
anʿāma khalaqahā lakum fīhā difʾun wa-manāfiʿu wa-minhā taʾkulūna 16:6 wa-lakum fīhā jamālun ḥīna
turīḥūna wa-ḥīna tasraḥūna 16:7 wa-taḥmilu athqālakum ilá baladin lam takūnū bālighīhi illā bi-shiqqi al-
anfusi inna rabbakum la-raʾūfun raḥīmun 16:8 wa-al-khayla wa-al-bighāla wa-al-ḥamīra li-tarkabūhā wa-
zīnatan wa-yakhluqu mā lā taʿlamūna 16:9 wa-ʿalá Allāhi qaṣdu al-sabīli wa-minhā jāʾirun wa-law shāʾa la-
hadākum ajmaʿīna 16:10 huwa al-ladhī anzala mina al-samāʾi māʾan lakum minhu sharābun wa-minhu shajarun
fīhi tusīmūna 16:11 yunbitu lakum bi-hi al-zarʿa wa-al-zaytūna wa-al-nakhīla wa-al-aʿnāba wa-min kulli al-
thamarāti inna fī dhālika la-āyatan li-qawmin yatafakkarūna 16:12 wa-sakhkhara lakumu al-layla wa-al-nahāra
wa-al-shamsa wa-al-qamara wa-al-nujūmu musakhkharātun bi-amrihi inna fī dhālika la-āyātin li-qawmin
yaʿqilūna 16:13 wa-mā dharaʾa lakum fī al-arḍi mukhtalifan alwānuhu inna fī dhālika la-āyatan li-qawmin
yadhdhakkarūna 16:14 wa-huwa al-ladhī sakhkhara al-baḥra li-taʾkulū minhu laḥman ṭarīyan wa-tastakhrijū
minhu ḥilyatan talbasūnahā wa-tará al-fulka mawākhira fīhi wa-li-tabtaghū min faḍlihi wa-laʿallakum
tashkurūna 16:15 wa-alqá fī al-arḍi rawāsiya an tamīda bikum wa-anhāran wa-subulan laʿallakum tahtadūna
16:16 wa-ʿalāmātin wa-bi-al-najmi hum yahtadūna 16:17 a-fa-man yakhluqu ka-man lā yakhluqu a-fa-lā
tadhakkarūna 16:18 wa-in taʿuddū niʿmata Allāhi lā tuḥṣūhā inna Allāha la-ghafūrun raḥīmun 16:19 wallāhu
yaʿlamu mā tusirrūna wa-mā tuʿlinūna 16:20 wa-al-ladhīna yadʿūna min dūni Allāhi lā yakhluqūna shayʾan wa-
hum yukhlaqūna 16:21 amwātun ghayru aḥyāʾin wa-mā yashʿurūna ayyāna yubʿathūna 16:22 ilāhukum ilāhun
wāḥidun fa-al-ladhīna lā yuʾminūna bi-al-ākhirati qulūbuhum munkiratun wa-hum mustakbirūna 16:23 lā
jarama anna Allāha yaʿlamu mā yusirrūna wa-mā yuʿlinūna innahu lā yuḥibbu al-mustakbirīna 16:24 wa-idhā
qīla lahum mādhā anzala rabbukum qālū asāṭīru al-awwalīna 16:25 li-yaḥmilū awzārahum kāmilatan yawma
al-qiyāmati wa-min awzāri al-ladhīna yuḍillūnahum bi-ghayri ʿilmin alā sāʾa mā yazirūna 16:26 qad makara al-

ladhīna min qablihim fa-atá Allāhu bunyānahum mina al-qawāʿidi fa-kharra ʿalayhimu al-saqfu min fawqihim wa-atāhumu al-ʿadhābu min ḥaythu lā yashʿurūna 16:27 thumma yawma al-qiyāmati yukhzīhim wa-yaqūlu ayna shurakāʾiya al-ladhīna kuntum tushāqqūna fīhim qāla al-ladhīna ūtū al-ʿilma inna al-khizya al-yawma wa-al-sūʾa ʿalá al-kāfirīna 16:28 al-ladhīna tatawaffāhumu al-malāʾikatu ẓālimī anfusihim fa-alqawū al-salama mā kunnā naʿmalu min sūʾin balá inna Allāha ʿalīmun bi-mā kuntum taʿmalūna 16:29 fa-udkhulū abwāba jahannama khālidīna fīhā fa-la-biʾsa mathwá al-mutakabbirīna 16:30 wa-qīla lil-ladhīna ittaqaw mādhā anzala rabbukum qālū khayran lil-ladhīna aḥsanū fī hādhihi al-dunyā ḥasanatun wa-la-dāru al-ākhirati khayrun wa-la-niʿma dāru al-muttaqīna 16:31 jannātu ʿadnin yadkhulūnahā tajrī min taḥtihā al-anhāru lahum fīhā mā yashāʾūna kadhālika yajzī Allāhu al-muttaqīna 16:32 al-ladhīna tatawaffāhumu al-malāʾikatu ṭayyibīna yaqūlūna salāmun ʿalaykumu udkhulū al-jannata bi-mā kuntum taʿmalūna 16:33 hal yanẓurūna illā an taʾtiyahumu al-malāʾikatu aw yaʾtiya amru rabbika kadhālika faʿala al-ladhīna min qablihim wa-mā ẓalamahumu Allāhu wa-lākin kānū anfusahum yaẓlimūna 16:34 fa-aṣābahum sayyiʾātu mā ʿamilū wa-ḥāqa bi-him mā kānū bi-hi yastahziʾūna 16:35 wa-qāla al-ladhīna ashrakū law shāʾa Allāhu mā ʿabadnā min dūnihi min shayʾin naḥnu wa-lā ābāʾunā wa-lā ḥarramnā min dūnihi min shayʾin kadhālika faʿala al-ladhīna min qablihim fa-hal ʿalá al-rusuli illā al-balāghu al-mubīnu 16:36 wa-laqad baʿathnā fī kulli ummatin rasūlan ani uʿbudū Allāha wa-ijtanibū al-ṭāghūta fa-minhum man hadá Allāhu wa-minhum man ḥaqqat ʿalayhi al-ḍalālatu fa-sīrū fī al-arḍi fa-unẓurū kayfa kāna ʿāqibatu al-mukadhdhibīna 16:37 in taḥriṣ ʿalá hudāhum fa-inna Allāha lā yahdī man yuḍillu wa-mā lahum min nāṣirīna 16:38 wa-aqsamū billāhi jahda aymānihim lā yabʿathu Allāhu man yamūtu balá waʿdan ʿalayhi ḥaqqan wa-lākinna akthara al-nāsi lā yaʿlamūna 16:39 li-yubayyina lahumu al-ladhī yakhtalifūna fīhi wa-li-yaʿlama al-ladhīna kafarū annahum kānū kādhibīna 16:40 innamā qawlunā li-shayʾin idhā aradnāhu an naqūla lahu kun fa-yakūnu 16:41 wa-al-ladhīna hājarū fī Allāhi min baʿdi mā ẓulimū la-nubawwiʾannahum fī al-dunyā ḥasanatan wa-la-ajru al-ākhirati akbaru law kānū yaʿlamūna 16:42 al-ladhīna ṣabarū wa-ʿalá rabbihim yatawakkalūna 16:43 wa-mā arsalnā min qablika illā rijālan nūḥī ilayhim fa-isʾalū ahla al-dhikri in kuntum lā taʿlamūna 16:44 bi-al-bayyināti wa-al-zuburi wa-anzalnā ilayka al-dhikra li-tubayyina lil-nāsi mā nuzzila ilayhim wa-laʿallahum yatafakkarūna 16:45 a-fa-amina al-ladhīna makarū al-sayyiʾāti an yakhsifa Allāhu bi-himu al-arḍa aw yaʾtiyahumu al-ʿadhābu min ḥaythu lā yashʿurūna 16:46 aw yaʾkhudhahum fī taqallubihim fa-mā hum bi-muʿjizīna 16:47 aw yaʾkhudhahum ʿalá takhawwufin fa-inna rabbakum la-raʾūfun raḥīmun 16:48 a-wa-lam yaraw ilá mā khalaqa Allāhu min shayʾin yatafayyaʾu ẓilāluhu ʿani al-yamīni wa-al-shamāʾili sujjadan lillāhi wa-hum dākhirūna 16:49 wa-lillāhi yasjudu mā fī al-samāwāti wa-mā fī al-arḍi min dābbatin wa-al-malāʾikatu wa-hum lā yastakbirūna 16:50 yakhāfūna rabbahum min fawqihim wa-yafʿalūna mā yuʾmarūna 16:51 wa-qāla Allāhu lā tattakhidhū ilāhayni ithnayni innamā huwa ilāhun wāḥidun fa iyyāya fa-irhabūni 16:52 wa-lahu mā fī al-samāwāti wa-al-arḍi wa-lahu al-dīnu wāṣiban a-fa-ghayra Allāhi tattaqūna 16:53 wa-mā bikum min niʿmatin fa-mina Allāhi thumma idhā massakumu al-ḍurru fa-ilayhi tajʾarūna 16:54 thumma idhā kashafa al-ḍurra ʿankum idhā farīqun minkum bi-rabbihim yushrikūna 16:55 li-yakfurū bi-mā ātaynāhum fa-tamattaʿū fa-sawfa taʿlamūna 16:56 wa-yajʿalūna li-mā lā yaʿlamūna naṣīban mimmā razaqnāhum tallāhi la-tusʾalunna ʿammā kuntum taftarūna 16:57 wa-yajʿalūna lillāhi al-banāti subḥānahu wa-lahum mā yashtahūna 16:58 wa-idhā bushshira aḥaduhum bi-al-unthá ẓalla wajhuhu muswaddan wa-huwa kaẓīmun 16:59 yatawārá mina al-qawmi min sūʾi mā bushshira bi-hi a-yumsikuhu ʿalá hūnin am yadussuhu fī al-turābi alā sāʾa mā yaḥkumūna 16:60 lil-ladhīna lā yuʾminūna bi-al-ākhirati mathalu al-sawʾi wa-lillāhi al-mathalu al-aʿlá wa-huwa al-ʿazīzu al-ḥakīmu 16:61 wa-law yuʾākhidhu Allāhu al-nāsa bi-ẓulmihim mā taraka ʿalayhā min dābbatin wa-lākin yuʾakhkhiruhum ilá ajalin musaman fa-idhā jāʾa ajaluhum lā yastaʾkhirūna sāʿatan wa-lā yastaqdimūna 16:62 wa-yajʿalūna lillāhi mā yakrahūna wa-taṣifu alsinatuhumu al-kadhiba anna lahumu al-ḥusná lā jarama anna lahumu al-nāra wa-annahum mufraṭūna 16:63 tallāhi laqad arsalnā ilá umamin min qablika fa-zayyana lahumu al-shayṭānu aʿmālahum fa-huwa walīyuhumu al-yawma wa-lahum ʿadhābun alīmun 16:64 wa-mā anzalnā ʿalayka al-kitāba illā li-tubayyina lahumu al-ladhī ikhtalafū fīhi wa-hudan wa-raḥmatan li-qawmin yuʾminūna 16:65 wallāhu anzala mina al-samāʾi māʾan fa-aḥyā bi-hi al-arḍa baʿda mawtihā inna fī dhālika la-āyatan li-qawmin yasmaʿūna 16:66 wa-inna lakum fī al-anʿāmi la-ʿibratan nusqīkum mimmā fī buṭūnihi min bayni farthin wa-damin labanan khāliṣan sāʾighan lil-shāribīna 16:67 wa-min thamarāti al-nakhīli wa-al-aʿnābi tattakhidhūna minhu sakaran wa-rizqan ḥasanan inna fī dhālika la-āyatan li-qawmin yaʿqilūna 16:68 wa-awḥá rabbuka ilá al-naḥli ani ittakhidhī mina al-jibāli buyūtan wa-mina al-shajari wa-mimmā yaʿrishūna 16:69 thumma kulī min kulli al-thamarāti fa-uslukī subula rabbiki dhululan yakhruju min buṭūnihā sharābun mukhtalifun alwānuhu fīhi shifāʾun lil-nāsi inna fī dhālika la-āyatan li-qawmin yatafakkarūna 16:70 wallāhu khalaqakum thumma yatawaffākum wa-minkum man yuraddu ilá ardhali al-ʿumuri li-kay lā yaʿlama baʿda ʿilmin shayʾan inna Allāha ʿalīmun qadīrun 16:71 wallāhu faḍḍala baʿḍakum ʿalá baʿḍin fī al-rizqi fa-mā al-ladhīna fuḍḍilū bi-rāddī rizqihim ʿalá mā malakat aymānuhum fa-hum fīhi sawāʾun a-fa-bi-niʿmati Allāhi yajḥadūna 16:72 wallāhu jaʿala lakum min anfusikum azwājan wa-jaʿala lakum min azwājikum banīna wa-ḥafadatan wa-razaqakum mina al-ṭayyibāti a-fa-bi-al-bāṭili yuʾminūna wa-bi-niʿmati Allāhi hum yakfurūna 16:73 wa-yaʿbudūna min dūni Allāhi mā lā yamliku lahum rizqan mina al-samāwāti wa-al-arḍi shayʾan wa-lā yastaṭīʿūna 16:74 fa-lā taḍribū lillāhi al-amthāla inna Allāha yaʿlamu wa-antum lā taʿlamūna 16:75 ḍaraba Allāhu mathalan ʿabdan mamlūkan lā yaqdiru ʿalá shayʾin wa-man razaqnāhu minnā rizqan ḥasanan fa-huwa yunfiqu minhu siran wa-jahran hal yastawūna al-ḥamdu lillāhi bal aktharuhum lā yaʿlamūna 16:76 wa-ḍaraba Allāhu mathalan rajulayni aḥaduhumā abkamu lā yaqdiru ʿalá shayʾin wa-huwa kallun ʿalá mawlāhu aynamā yuwajjihhu lā yaʾti bi-khayrin hal yastawī huwa wa-man yaʾmuru bi-al-ʿadli wa-huwa ʿalá ṣirāṭin mustaqīmin 16:77 wa-lillāhi ghaybu al-samāwāti wa-al-arḍi wa-mā amru al-sāʿati illā kalamḥi al-baṣari aw huwa aqrabu inna Allāha ʿalá kulli shayʾin qadīrun 16:78 wallāhu akhrajakum min buṭūni ummahātikum lā taʿlamūna shayʾan wa-jaʿala lakumu al-samʿa wa-al-abṣāra wa-al-afʾidata laʿallakum tashkurūna 16:79 a-lam yaraw ilá al-ṭayri musakhkharātin fī jawwi al-samāʾi mā yumsikuhunna illā Allāhu inna fī dhālika la-āyātin li-qawmin yuʾminūna 16:80 wallāhu jaʿala lakum min buyūtikum sakanan wa-jaʿala lakum min julūdi al-anʿāmi buyūtan tastakhiffūnahā yawma ẓaʿnikum wa-yawma iqāmatikum wa-min aṣwāfihā wa-awbārihā wa-ashʿārihā athāthan wa-matāʿan ilá ḥīnin 16:81 wallāhu jaʿala lakum mimmā khalaqa ẓilālan wa-jaʿala lakum mina al-jibāli aknānan wa-jaʿala lakum sarābīla taqīkumu al-ḥarra wa-sarābīla taqīkum baʾsakum kadhālika yutimmu niʿmatahu ʿalaykum laʿallakum tuslimūna 16:82 fa-in tawallaw fa-innamā ʿalayka al-balāghu al-mubīnu 16:83 yaʿrifūna niʿmata Allāhi thumma yunkirūnahā wa-aktharuhumu al-kāfirūna 16:84 wa-yawma nabʿathu min kulli ummatin shahīdan thumma lā yuʾdhanu lil-ladhīna kafarū wa-lā hum yustaʿtabūna 16:85 wa-idhā raʾá al-ladhīna ẓalamū al-ʿadhāba fa-lā yukhaffafu ʿanhum wa-lā hum yunẓarūna 16:86 wa-idhā raʾá al-ladhīna ashrakū shurakāʾahum qālū rabbanā hāʾulāʾi shurakāʾunā al-ladhīna kunnā nadʿū min dūnika fa-alqaw ilayhimu al-qawla innakum la-kādhibūna 16:87 wa-alqaw ilá Allāhi yawmaʾidhin al-salama wa-ḍalla ʿanhum mā kānū yaftarūna 16:88 al-ladhīna kafarū wa-ṣaddū ʿan sabīli Allāhi zidnāhum ʿadhāban fawqa al-

ʿadhābi bi-mā kānū yufsidūna 16:89 wa-yawma nabʿathu fī kulli ummatin shahīdan ʿalayhim min anfusihim wa-jiʾnā bika shahīdan ʿalá hāʾulāʾi wa-nazzalnā ʿalayka al-kitāba tibyānan li-kulli shayʾin wa-hudan wa-raḥmatan wa-bushrá lil-Muslimīna 16:90 inna Allāha yaʾmuru bi-al-ʿadli wa-al-iḥsāni wa-ītāʾi dhī al-qurbá wa-yanhá ʿani al-faḥshāʾi wa-al-munkari wa-al-baghyi yaʿiẓukum laʿallakum tadhakkarūna 16:91 wa-awfū bi-ʿahdi Allāhi idhā ʿāhadtum wa-lā tanquḍū al-aymāna baʿda tawkīdihā wa-qad jaʿaltumu Allāha ʿalaykum kafīlan inna Allāha yaʿlamu mā tafʿalūna 16:92 wa-lā takūnū ka-al-latī naqaḍat ghazlahā min baʿdi qūwatin ankāthan tattakhidhūna aymānakum dakhalan baynakum an takūna ummatun hiya arbá min ummatin innamā yablūkumu Allāhu bi-hi wa-la-yubayyinanna lakum yawma al-qiyāmati mā kuntum fīhi takhtalifūna 16:93 wa-law shāʾa Allāhu la-jaʿalakum ummatan wāḥidatan wa-lākin yuḍillu man yashāʾu wa-yahdī man yashāʾu wa-la-tusʾalunna ʿammā kuntum taʿmalūna 16:94 wa-lā tattakhidhū aymānakum dakhalan baynakum fa-tazilla qadamun baʿda thubūtihā wa-tadhūqū al-sūʾa bi-mā ṣadadtum ʿan sabīli Allāhi wa-lakum ʿadhābun ʿaẓīmun 16:95 wa-lā tashtarū bi-ʿahdi Allāhi thamanan qalīlan innamā ʿinda Allāhi huwa khayrun lakum in kuntum taʿlamūna 16:96 mā ʿindakum yanfadu wa-mā ʿinda Allāhi bāqin wa-la-najziyanna al-ladhīna ṣabarū ajrahum bi-aḥsani mā kānū yaʿmalūna 16:97 man ʿamila ṣāliḥan min dhakarin aw unthá wa-huwa muʾminun fa-la-nuḥyiyannahu ḥayātan ṭayyibatan wa-la-najziyannahum ajrahum bi-aḥsani mā kānū yaʿmalūna 16:98 fa-idhā qaraʾta al-Qurʾāna fa-istaʿidh billāhi mina al-shayṭāni al-rajīmi 16:99 innahu laysa lahu sulṭānun ʿalá al-ladhīna āmanū wa-ʿalá rabbihim yatawakkalūna 16:100 innamā sulṭānuhu ʿalá al-ladhīna yatawallawnahu wa-al-ladhīna hum bi-hi mushrikūna 16:101 wa-idhā baddalnā āyatan makāna āyatin wallāhu aʿlamu bi-mā yunazzilu qālū innamā anta muftarin bal aktharuhum lā yaʿlamūna 16:102 qul nazzalahu rūḥu al-qudusi min rabbika bi-al-ḥaqqi li-yuthabbita al-ladhīna āmanū wa-hudan wa-bushrá lil-Muslimīna 16:103 wa-laqad naʿlamu annahum yaqūlūna innamā yuʿallimuhu basharun lisānu al-ladhī yulḥidūna ilayhi aʿjamīyun wa-hādhā lisānun ʿarabīyun mubīnun 16:104 inna al-ladhīna lā yuʾminūna bi-āyāti Allāhi lā yahdīhimu Allāhu wa-lahum ʿadhābun alīmun 16:105 innamā yaftarī al-kadhiba al-ladhīna lā yuʾminūna bi-āyāti Allāhi wa-ulāʾika humu al-kādhibūna 16:106 man kafara billāhi min baʿdi īmānihi illā man ukriha wa-qalbuhu muṭmaʾinnun bi-al-īmāni wa-lākin man sharaḥa bi-al-kufri ṣadran fa-ʿalayhim ghaḍabun mina Allāhi wa-lahum ʿadhābun ʿaẓīmun 16:107 dhālika bi-annahumu istaḥabbū al-ḥayāta al-dunyā ʿalá al-ākhirati wa-anna Allāha lā yahdī al-qawma al-kāfirīna 16:108 ulāʾika al-ladhīna ṭabaʿa Allāhu ʿalá qulūbihim wa-samʿihim wa-abṣārihim wa-ulāʾika humu al-ghāfilūna 16:109 lā jarama annahum fī al-ākhirati humu al-khāsirūna 16:110 thumma inna rabbaka lil-ladhīna hājarū min baʿdi mā futinū thumma jāhadū wa-ṣabarū inna rabbaka min baʿdihā la-ghafūrun raḥīmun 16:111 yawma taʾtī kullu nafsin tujādilu ʿan nafsihā wa-tuwaffá kullu nafsin mā ʿamilat wa-hum lā yuẓlamūna 16:112 wa-ḍaraba Allāhu mathalan qaryatan kānat āminatan muṭmaʾinnatan yaʾtīhā rizquhā raghadan min kulli makānin fa-kafarat bi-anʿumi Allāhi fa-adhāqahā Allāhu libāsa al-jūʿi wa-al-khawfi bi-mā kānū yaṣnaʿūna 16:113 wa-laqad jāʾahum rasūlun minhum fa-kadhdhabūhu fa-akhadhahumu al-ʿadhābu wa-hum ẓālimūna 16:114 fa-kulū mimmā razaqakumu Allāhu ḥalālan ṭayyiban wa-ushkurū niʿmata Allāhi in kuntum iyyāhu taʿbudūna 16:115 innamā ḥarrama ʿalaykumu al-maytata wa-al-dama wa-laḥma al-khinzīri wa-mā uhilla li-ghayri Allāhi bi-hi fa-mani iḍṭurra ghayra bāghin wa-lā ʿādin fa-inna Allāha ghafūrun raḥīmun 16:116 wa-lā taqūlū li-mā taṣifu alsinatukumu al-kadhiba hādhā ḥalālun wa-hādhā ḥarāmun li-taftarū ʿalá Allāhi al-kadhiba inna al-ladhīna yaftarūna ʿalá Allāhi al-kadhiba lā yufliḥūna 16:117 matāʿun qalīlun wa-lahum ʿadhābun alīmun 16:118 wa-ʿalá al-ladhīna hādū ḥarramnā mā qaṣaṣnā ʿalayka min qablu wa-mā ẓalamnāhum wa-lākin kānū anfusahum yaẓlimūna 16:119 thumma inna rabbaka lil-ladhīna ʿamilū al-sūʾa bi-jahālatin thumma tābū min baʿdi dhālika wa-aṣlaḥū inna rabbaka min baʿdihā la-ghafūrun raḥīmun 16:120 inna Ibrāhīma kāna ummatan qānitan lillāhi ḥanīfan wa-lam yaku mina al-mushrikīna 16:121 shākiran li-anʿumihi ijtabāhu wa-hadāhu ilá ṣirāṭin mustaqīmin 16:122 wa-ātaynāhu fī al-dunyā ḥasanatan wa-innahu fī al-ākhirati la-mina al-ṣāliḥīna 16:123 thumma awḥaynā ilayka ani ittabiʿ millata Ibrāhīma ḥanīfan wa-mā kāna mina al-mushrikīna 16:124 innamā juʿila al-sabtu ʿalá al-ladhīna ikhtalafū fīhi wa-inna rabbaka la-yaḥkumu baynahum yawma al-qiyāmati fī-mā kānū fīhi yakhtalifūna 16:125 udʿu ilá sabīli rabbika bi-al-ḥikmati wa-al-mawʿiẓati al-ḥasanati wa-jādilhum bi-al-latī hiya aḥsanu inna rabbaka huwa aʿlamu bi-man ḍalla ʿan sabīlihi wa-huwa aʿlamu bi-al-muhtadīna 16:126 wa-in ʿāqabtum fa-ʿāqibū bi-mithli mā ʿūqibtum bi-hi wa-la-in ṣabartum la-huwa khayrun lil-ṣābirīna 16:127 wa-iṣbir wa-mā ṣabruka illā billāhi wa-lā taḥzan ʿalayhim wa-lā taku fī ḍayqin mimmā yamkurūna 16:128 inna Allāha maʿa al-ladhīna ittaqaw wa-al-ladhīna hum muḥsinūna 17:1 bismillāhi al-raḥmāni al-raḥīmi subḥāna al-ladhī asrá bi-ʿabdihi laylan mina al-masjidi al-ḥarāmi ilá al-masjidi al-aqṣá al-ladhī bāraknā ḥawlahu li-nuriyahu min āyātinā innahu huwa al-samīʿu al-baṣīru 17:2 wa-ātaynā Mūsá al-kitāba wa-jaʿalnāhu hudan li-banī Isrāʾīla allā tattakhidhū min dūnī wakīlan 17:3 dhurrīyata man ḥamalnā maʿa Nūḥin innahu kāna ʿabdan shakūran 17:4 wa-qaḍaynā ilá banī Isrāʾīla fī al-kitābi la-tufsidunna fī al-arḍi marratayni wa-la-taʿlunna ʿulūwan kabīran 17:5 fa-idhā jāʾa waʿdu ūlāhumā baʿathnā ʿalaykum ʿibādan lanā ulī baʾsin shadīdin fa-jāsū khilāla al-diyāri wa-kāna waʿdan mafʿūlan 17:6 thumma radadnā lakumu al-karrata ʿalayhim wa-amdadnākum bi-amwālin wa-banīna wa-jaʿalnākum akthara nafīran 17:7 in aḥsantum aḥsantum li-anfusikum wa-in asaʾtum fa-la-hā fa-idhā jāʾa waʿdu al-ākhirati li-yasūʾū wujūhakum wa-li-yadkhulū al-masjida ka-mā dakhalūhu awwala marratin wa-li-yutabbirū mā ʿalaw tatbīran 17:8 ʿasá rabbukum an yarḥamakum wa-in ʿudtum ʿudnā wa-jaʿalnā jahannama lil-kāfirīna ḥaṣīran 17:9 inna hādhā al-Qurʾāna yahdī lil-latī hiya aqwamu wa-yubashshiru al-muʾminīna al-ladhīna yaʿmalūna al-ṣāliḥāti anna lahum ajran kabīran 17:10 wa-anna al-ladhīna lā yuʾminūna bi-al-ākhirati aʿtadnā lahum ʿadhāban alīman 17:11 wa-yadʿu al-insānu bi-al-sharri duʿāʾahu bi-al-khayri wa-kāna al-insānu ʿajūlan 17:12 wa-jaʿalnā al-layla wa-al-nahāra āyatayni fa-maḥawnā āyata al-layli wa-jaʿalnā āyata al-nahāri mubṣiratan li-tabtaghū faḍlan min rabbikum wa-li-taʿlamū ʿadada al-sinīna wa-al-ḥisāba wa-kulla shayʾin faṣṣalnāhu tafṣīlan 17:13 wa-kulla insānin alzamnāhu ṭāʾirahu fī ʿunuqihi wa-nukhriju lahu yawma al-qiyāmati kitāban yalqāhu manshūran 17:14 iqraʾ kitābaka kafá bi-nafsika al-yawma ʿalayka ḥasīban 17:15 mani ihtadá fa-innamā yahtadī li-nafsihi wa-man ḍalla fa-innamā yaḍillu ʿalayhā wa-lā taziru wāziratun wizra ukhrá wa-mā kunnā muʿadhdhibīna ḥattá nabʿatha rasūlan 17:16 wa-idhā aradnā an nuhlika qaryatan amarnā mutrafīhā fa-fasaqū fīhā fa-ḥaqqa ʿalayhā al-qawlu fa-dammarnāhā tadmīran 17:17 wa-kam ahlaknā mina al-qurūni min baʿdi Nūḥin wa-kafá bi-rabbika bi-dhunūbi ʿibādihi khabīran baṣīran 17:18 man kāna yurīdu al-ʿājilata ʿajjalnā lahu fīhā mā nashāʾu li-man nurīdu thumma jaʿalnā lahu jahannama yaṣlāhā madhmūman madḥūran 17:19 wa-man arāda al-ākhirata wa-saʿá lahā saʿyahā wa-huwa muʾminun fa-ulāʾika kāna saʿyuhum mashkūran 17:20 kullan numiddu hāʾulāʾi wa-hāʾulāʾi min ʿaṭāʾi rabbika wa-mā kāna ʿaṭāʾu rabbika maḥẓūran 17:21 unẓur kayfa faḍḍalnā baʿḍahum ʿalá baʿḍin wa-la-al-ākhiratu akbaru darajātin wa-akbaru tafḍīlan 17:22 lā tajʿal maʿa Allāhi ilāhan ākhara fa-taqʿuda madhmūman makhdhūlan 17:23 wa-qaḍá rabbuka allā taʿbudū illā iyyāhu wa-bi-al-wālidayni iḥsānan immā yablughanna ʿindaka al-kibara aḥaduhumā aw kilāhumā fa-lā taqul lahumā uffin wa-lā tanharhumā wa-qul lahumā qawlan karīman 17:24 wa-ikhfiḍ lahumā janāḥa al-dhulli mina al-raḥmati wa-qul rabbi irḥamhumā ka-mā rabbayānī ṣaghīran 17:25 rabbukum aʿlamu bi-mā fī nufūsikum in takūnū ṣāliḥīna fa-innahu kāna lil-awwābīna ghafūran 17:26 wa-āti dhā al-qurbá ḥaqqahu wa-al-miskīna wa-ibna al-sabīli wa-lā tubadhdhir tabdhīran 17:27 inna al-mubadhdhirīna kānū ikhwāna al-shayāṭīni wa-kāna al-shayṭānu li-rabbihi kafūran 17:28 wa-immā tuʿriḍanna ʿanhumu ibtighāʾa raḥmatin min rabbika tarjūhā fa-qul lahum qawlan maysūran 17:29 wa-lā tajʿal yadaka maghlūlatan ilá ʿunuqika wa-lā tabsuṭhā kulla al-basṭi fa-taqʿuda malūman maḥsūran 17:30 inna rabbaka yabsuṭu al-rizqa li-man yashāʾu wa-yaqdiru innahu kāna bi-ʿibādihi khabīran baṣīran 17:31 wa-lā taqtulū awlādakum khashyata imlāqin naḥnu narzuquhum wa-iyyākum inna qatlahum kāna khiṭʾan kabīran 17:32 wa-lā taqrabū al-zinā innahu kāna fāḥishatan wa-sāʾa sabīlan 17:33 wa-lā taqtulū al-nafsa al-latī ḥarrama Allāhu illā bi-al-ḥaqqi wa-man qutila maẓlūman fa-qad jaʿalnā li-walīyihi sulṭānan fa-lā yusrif fī al-qatli innahu kāna manṣūran 17:34 wa-lā taqrabū māla al-yatīmi illā bi-al-latī hiya aḥsanu ḥattá yablugha ashuddahu wa-awfū bi-al-ʿahdi inna al-ʿahda kāna masʾūlan 17:35 wa-awfū al-kayla idhā kiltum wa-zinū bi-al-qisṭāsi al-mustaqīmi dhālika khayrun wa-aḥsanu taʾwīlan 17:36 wa-lā taqfu mā laysa laka bi-hi ʿilmun inna al-samʿa wa-al-baṣara wa-al-fuʾāda kullu ulāʾika kāna ʿanhu masʾūlan 17:37 wa-lā tamshi fī al-arḍi maraḥan innaka lan takhriqa al-arḍa wa-lan tablugha al-jibāla ṭūlan 17:38 kullu dhālika kāna sayyiʾuhu ʿinda rabbika makrūhan 17:39 dhālika mimmā awḥá ilayka rabbuka mina al-ḥikmati wa-lā tajʿal maʿa Allāhi ilāhan ākhara fa-tulqá fī jahannama malūman madḥūran 17:40 a-fa-aṣfākum rabbukum bi-al-banīna wa-ittakhadha mina al-malāʾikati ināthan innakum la-taqūlūna qawlan ʿaẓīman 17:41 wa-laqad ṣarrafnā fī hādhā al-Qurʾāni li-yadhdhakkarū wa-mā yazīduhum illā nufūran 17:42 qul law kāna maʿahu ālihatun ka-mā yaqūlūna idhan la-ibtaghaw ilá dhī al-ʿarshi sabīlan 17:43 subḥānahu wa-taʿālá ʿammā yaqūlūna ʿulūwan kabīran 17:44 tusabbiḥu lahu al-samāwātu al-sabʿu wa-al-arḍu wa-man fīhinna wa-in min shayʾin illā yusabbiḥu bi-ḥamdihi wa-lākin lā tafqahūna tasbīḥahum innahu kāna ḥalīman ghafūran 17:45 wa-idhā qaraʾta al-Qurʾāna jaʿalnā baynaka wa-bayna al-ladhīna lā yuʾminūna bi-al-ākhirati ḥijāban mastūran 17:46 wa-jaʿalnā ʿalá qulūbihim akinnatan an yafqahūhu wa-fī ādhānihim waqrran wa-idhā dhakarta rabbaka fī al-Qurʾāni waḥdahu walllaw ʿalá adbārihim nufūran 17:47 naḥnu aʿlamu bi-mā yastamiʿūna bi-hi idh yastamiʿūna ilayka wa-idh hum najwá idh yaqūlu al-ẓālimūna in tattabiʿūna illā rajulan masḥūran 17:48 unẓur kayfa ḍarabū laka al-amthāla fa-ḍallū fa-lā yastaṭīʿūna sabīlan 17:49 wa-qālū a-idhā kunnā ʿiẓāman wa-rufātan a-innā la-mabʿūthūna khalqan jadīdan 17:50 qul kūnū ḥijāratan aw ḥadīdan 17:51 aw khalqan mimmā yakburu fī ṣudūrikum fa-sa-yaqūlūna man yuʿīdunā quli al-ladhī faṭarakum awwala marratin fa-sa-yunghiḍūna ilayka ruʾūsahum wa-yaqūlūna matá huwa qul ʿasá an yakūna qarīban 17:52 yawma yadʿūkum fa-tastajībūna bi-ḥamdihi wa-taẓunnūna in labiththum illā qalīlan 17:53 wa-qul li-ʿibādī yaqūlū al-latī hiya aḥsanu inna al-shayṭāna yanzaghu baynahum inna al-shayṭāna kāna lil-insāni ʿaduwwan mubīnan 17:54 rabbukum aʿlamu bikum in yashāʾa yarḥamkum aw in yāshaʾa yuʿadhdhibkum wa-mā arsalnāka ʿalayhim wakīlan 17:55 wa-rabbuka aʿlamu bi-man fī al-samāwāti wa-al-arḍi wa-laqad faḍḍalnā baʿḍa al-nabīyīna ʿalá baʿḍin wa-ātaynā Dāwūda zabūran 17:56 quli udʿū al-ladhīna zaʿamtum min dūnihi fa-lā yamlikūna kashfa al-ḍurri ʿankum wa-lā taḥwīlan 17:57 ulāʾika al-ladhīna yadʿūna yabtaghūna ilá rabbihimu al-wasīlata ayyuhum aqrabu wa-yarjūna raḥmatahu wa-yakhāfūna ʿadhābahu inna ʿadhāba rabbika kāna maḥdhūran 17:58 wa-in min qaryatin illā naḥnu muhlikūhā qabla yawmi al-qiyāmati aw muʿadhdhibūhā ʿadhāban shadīdan kāna dhālika fī al-kitābi masṭūran 17:59 wa-mā manaʿanā an nursila bi-al-āyāti illā an kadhdhaba bi-hā al-awwalūna wa-ātaynā Thamūda al-nāqata mubṣiratan fa-ẓalamū bi-hā wa-mā nursilu bi-al-āyāti illā takhwīfan 17:60 wa-idh qulnā laka inna rabbaka aḥāṭa bi-al-nāsi wa-mā jaʿalnā al-ruʾyā al-latī araynāka illā fitnatan lil-nāsi wa-al-shajarata al-malʿūnata fī al-Qurʾāni wa-nukhawwifuhum fa-mā yazīduhum illā ṭughyānan kabīran 17:61 wa-idh qulnā lil-malā'ikati usjudū li-Ādama fa-sajadū illā Iblīsa qāla a-asjudu li-man khalaqta ṭīnan 17:62 qāla a-ra'aytaka hādhā al-ladhī karramta ʿalayya la-in akhkhartani ilá yawmi al-qiyāmati la-aḥtanikanna dhurrīyatahu illā qalīlan 17:63 qāla idhhab fa-man tabiʿaka minhum fa-inna jahannama jazā'ukum jazā'an mawfūrran 17:64 wa-istafziz mani istaṭaʿta minhum bi-ṣawtika wa-ajlib ʿalayhim bi-khaylika wa-rajilika wa-shārik'hum fī al-amwāli wa-al-awlādi wa-ʿidhum wa-mā yaʿiduhumu al-shayṭānu illā ghurūran 17:65 inna ʿibādī laysa laka ʿalayhim sulṭānun wa-kafá bi-rabbika wakīlan 17:66 rabbukumu al-ladhī yuzjī lakumu al-fulka fī al-baḥri li-tabtaghū min faḍlihi innahu kāna bikum raḥīman 17:67 wa-idhā massakumu al-ḍurru fī al-baḥri ḍalla man tadʿūna illā iyyāhu fa-lammā najjākum ilá al-barri aʿraḍtum wa-kāna al-insānu kafūran 17:68 a-fa-amintum an yakhsifa bikum jāniba al-barri aw yursila ʿalaykum ḥāṣiban thumma lā tajidū lakum wakīlan 17:69 am amintum an yuʿīdakum fīhi tāratan ukhrá fa-yursila ʿalaykum qāṣifan mina al-rīḥi fa-yughriqakum bi-mā kafartum thumma lā tajidū lakum ʿalaynā bi-hi tabīʿan 17:70 wa-laqad karramnā banī Ādama wa-ḥamalnāhum fī al-barri wa-al-baḥri wa-razaqnāhum mina al-ṭayyibāti wa-faḍḍalnāhum ʿalá kathīrin miman khalaqnā tafḍīlan 17:71 yawma nadʿū kulla unāsin bi-imāmihim fa-man ūtiya kitābahu bi-yamīnihi fa-ulā'ika yaqra'ūna kitābahum wa-lā yuẓlamūna fatīlan 17:72 wa-man kāna fī hādhihi aʿmá fa-huwa fī al-ākhirati aʿmá wa-aḍallu sabīlan 17:73 wa-in kādū la-yaftinūnaka ʿani al-ladhī awḥaynā ilayka li-taftariya ʿalaynā ghayrahu wa-idhan la-ittakhadhūka khalīlan 17:74 wa-lawlā an thabbatnāka laqad kidta tarkanu ilayhim shay'an qalīlan 17:75 idhan la-adhaqnāka ḍiʿfa al-ḥayāti wa-ḍiʿfa al-mamāti thumma lā tajidu laka ʿalaynā naṣīran 17:76 wa-in kādū la-yastafizzūnaka mina al-arḍi li-yukhrijūka minhā wa-idhan lā yalbathūna khilāfaka illā qalīlan 17:77 sunnata man qad arsalnā qablaka min rusulinā wa-lā tajidu li-sunnatinā taḥwīlan 17:78 aqimi al-ṣalāta li-dulūki al-shamsi ilá ghasaqi al-layli wa-Qur'āna al-fajri inna Qur'āna al-fajri kāna mashhūdan 17:79 wa-mina al-layli fa-tahajjad bi-hi nāfilatan laka ʿasá an yabʿathaka rabbuka maqāman maḥmūdan 17:80 wa-qul rabbi adkhilnī mudkhala ṣidqin wa-akhrijnī mukhraja ṣidqin wa-ijʿal lī min ladunka sulṭānan naṣīran 17:81 wa-qul jā'a al-ḥaqqu wa-zahaqa al-bāṭilu inna al-bāṭila kāna zahūqan 17:82 wa-nunazzilu mina al-Qur'āni mā huwa shifā'un wa-raḥmatun lil-mu'minīna wa-lā yazīdu al-ẓālimīna illā khasāran 17:83 wa-idhā anʿamnā ʿalá al-insāni aʿraḍa wa-na'á bi-jānibihi wa-idhā massahu al-sharru kāna ya'ūsan 17:84 qul kullun yaʿmalu ʿalá shākilatihi fa-rabbukum aʿlamu bi-man huwa ahdá sabīlan 17:85 wa-yas'alūnaka ʿani al-rūḥi quli al-rūḥu min amri rabbī wa-mā ūtītum mina al-ʿilmi illā qalīlan 17:86 wa-la-in shi'nā la-nadhhabanna bi-al-ladhī awḥaynā ilayka thumma lā tajidu laka bi-hi ʿalaynā wakīlan 17:87 illā raḥmatan min rabbika inna faḍlahu kāna ʿalayka kabīran 17:88 qul la-ini ijtamaʿati al-insu wa-al-jinnu ʿalá an ya'tū bi-mithli hādhā al-Qur'āni lā ya'tūna bi-mithlihi wa-law kāna baʿḍuhum li-baʿḍin ẓahīran 17:89 wa-laqad ṣarrafnā lil-nāsi fī hādhā al-Qur'āni min kulli mathalin fa-abá aktharu al-nāsi illā kufūran 17:90 wa-qālū lan nu'mina laka ḥattá tafjura lanā mina al-arḍi yanbūʿan 17:91 aw takūna laka jannatun min nakhīlin wa-ʿinabin fa-tufajjira al-anhāra khilālahā tafjīran 17:92 aw tusqiṭa al-samā'a ka-mā zaʿamta ʿalaynā kisafan aw ta'tiya billāhi wa-al-malā'ikati qabīlan 17:93 aw yakūna laka baytun min zukhrufin aw tarqá fī al-samā'i wa-lan nu'mina li-ruqīyika ḥattá tunazzila ʿalaynā kitāban naqra'uhu qul subḥāna rabbī hal kuntu illā basharan rasūlan 17:94 wa-mā manaʿa al-nāsa an yu'minū idh jā'ahumu al-hudá illā an qālū a-baʿatha Allāhu basharan rasūlan 17:95 qul law kāna fī al-arḍi malā'ikatun yamshūna muṭma'innīna la-nazzalnā ʿalayhim mina al-samā'i malakan rasūlan 17:96 qul kafá billāhi shahīdan baynī wa-baynakum innahu kāna bi-ʿibādihi khabīran baṣīran 17:97 wa-man yahdi Allāhu fa-huwa al-muhtadi wa-man yuḍlil fa-lan tajida lahum awliyā'a min dūnihi wa-naḥshuruhum yawma al-qiyāmati ʿalá wujūhihim ʿumyan wa-bukman wa-ṣumman maʾwāhum jahannamu kullamā khabat zidnāhum saʿīran 17:98 dhālika jazāʾuhum bi-annahum kafarū bi-āyātinā wa-qālū a-idhā kunnā ʿiẓāman wa-rufātan a-innā la-mabʿūthūna khalqan jadīdan 17:99 a-wa-lam yaraw anna Allāha al-ladhī khalaqa al-samāwāti wa-al-arḍa qādirun ʿalá an yakhluqa mithlahum wa-jaʿala lahum ajalan lā rayba fīhi fa-abá al-ẓālimūna illā kufūran 17:100 qul law antum tamlikūna khazāʾina raḥmati rabbī idhan la-amsaktum khashyata al-infāqi wa-kāna al-insānu qatūran 17:101 wa-laqad ātaynā Mūsá tisʿa āyātin bayyinātin fa-isʾal banī Isrāʾīla idh jāʾahum fa-qāla lahu Firʿawnu innī la-aẓunnuka yā Mūsá masḥūran 17:102 qāla laqad ʿalimta mā anzala hāʾulāʾi illā rabbu al-samāwāti wa-al-arḍi baṣāʾira wa-innī la-aẓunnuka yā Firʿawnu mathbūran 17:103 fa-arāda an yastafizzahum mina al-arḍi fa-aghraqnāhu wa-man maʿahu jamīʿan 17:104 wa-qulnā min baʿdihi li-banī Isrāʾīla uskunū al-arḍa fa-idhā jāʾa waʿdu al-ākhirati jiʾnā bikum lafīfan 17:105 wa-bi-al-ḥaqqi anzalnāhu wa-bi-al-ḥaqqi nazala wa-mā arsalnāka illā mubashshiran wa-nadhīran 17:106 wa-Qurʾānan faraqnāhu li-taqraʾahu ʿalá al-nāsi ʿalá mukthin wa-nazzalnāhu tanzīlan 17:107 qul āminū bi-hi aw lā tuʾminū inna al-ladhīna ūtū al-ʿilma min qablihi idhā yutlá ʿalayhim yakhirrūna lil-adhqāni sujjadan 17:108 wa-yaqūlūna subḥāna rabbinā in kāna waʿdu rabbinā la-mafʿūlan 17:109 wa-yakhirrūna lil-adhqāni yabkūna wa-yazīduhum khushūʿan 17:110 quli udʿū Allāha awi udʿū al-raḥmana ayyan mā tadʿū fa-lahu al-asmāʾu al-ḥusná wa-lā tajhar bi-ṣalātika wa-lā tukhāfit bi-hā wa-ibtaghi bayna dhālika sabīlan 17:111 wa-quli al-ḥamdu lillāhi al-ladhī lam yattakhidh waladan wa-lam yakun lahu sharīkun fī al-mulki wa-lam yakun lahu walīyun mina al-dhulli wa-kabbirhu takbīran 18:1 bismillāhi al-raḥmāni al-raḥīmi al-ḥamdu lillāhi al-ladhī anzala ʿalá ʿabdihi al-kitāba wa-lam yajʿal lahu ʿiwajan 18:2 qayyiman li-yundhira baʾsan shadīdan min ladunhu wa-yubashshira al-muʾminīna al-ladhīna yaʿmalūna al-ṣāliḥāti anna lahum ajran ḥasanan 18:3 mākithīna fīhi abadan 18:4 wa-yundhira al-ladhīna qālū ittakhadha Allāhu waladan 18:5 mā lahum bi-hi min ʿilmin wa-lā li-ābāʾihim kaburat kalimatan takhruju min afwāhihim in yaqūlūna illā kadhiban 18:6 fa-laʿallaka bākhiʿun nafsaka ʿalá āthārihim in lam yuʾminū bi-hādhā al-ḥadīthi asafan 18:7 innā jaʿalnā mā ʿalá al-arḍi zīnatan lahā li-nabluwahum ayyuhum aḥsanu ʿamalan 18:8 wa-innā la-jāʿilūna mā ʿalayhā ṣaʿīdan juruzan 18:9 am ḥasibta anna aṣḥāba al-kahfi wa-al-raqīmi kānū min āyātinā ʿajaban 18:10 idh awá al-fityatu ilá al-kahfi fa-qālū rabbanā ātinā min ladunka raḥmatan wa-hayyiʾ lanā min amrinā rashadan 18:11 fa-ḍarabnā ʿalá ādhānihim fī al-kahfi sinīna ʿadadan 18:12 thumma baʿathnāhum li-naʿlama ayyu al-ḥizbayni aḥṣá li-mā labithū amadan 18:13 naḥnu naquṣṣu ʿalayka nabaʾahum bi-al-ḥaqqi innahum fityatun āmanū bi-rabbihim wa-zidnāhum hudan 18:14 wa-rabaṭnā ʿalá qulūbihim idh qāmū fa-qālū rabbunā rabbu al-samāwāti wa-al-arḍi lan nadʿuwa min dūnihi ilāhan laqad qulnā idhan shaṭaṭan 18:15 hāʾulāʾi qawmunā ittakhadhū min dūnihi ālihatan lawlā yaʾtūna ʿalayhim bi-sulṭānin bayyinin fa-man aẓlamu mimani iftará ʿalá Allāhi kadhiban 18:16 wa-idhi iʿtazaltumūhum wa-mā yaʿbudūna illā Allāha faʾwū ilá al-kahfi yanshur lakum rabbukum min raḥmatihi wa-yuhayyiʾ lakum min amrikum mirfaqan 18:17 wa-tará al-shamsa idhā ṭalaʿat tazāwaru ʿan kahfihim dhāta al-yamīni wa-idhā gharabat taqriḍuhum dhāta al-shimāli wa-hum fī fajwatin minhu dhālika min āyāti Allāhi man yahdi Allāhu fa-huwa al-muhtadi wa-man yuḍlil fa-lan tajida lahu walīyan murshidan 18:18 wa-taḥsabuhum ayqāẓan wa-hum ruqūdun wa-nuqallibuhum dhāta al-yamīni wa-dhāta al-shimāli wa-kalbuhum bāsiṭun dhirāʿayhi bi-al-waṣīdi lawi iṭṭalaʿta ʿalayhim la-wallayta minhum firāran wa-la-muliʾta minhum ruʿban 18:19 wa-kadhālika baʿathnāhum li-yatasāʾalū baynahum qāla qāʾilun minhum kam labithtum qālū labithnā yawman aw baʿḍa yawmin qālū rabbukum aʿlamu bi-mā labithtum fa-ibʿathū aḥadakum bi-wariqikum hādhihi ilá al-madīnati fa-li-yanẓur ayyuhā azká ṭaʿāman fa-li-yaʾtikum bi-rizqin minhu wa-liyatalaṭṭaf wa-lā yushʿiranna bikum aḥadan 18:20 innahum in yaẓharū ʿalaykum yarjumūkum aw yuʿīdūkum fī millatihim wa-lan tufliḥū idhan abadan 18:21 wa-kadhālika aʿtharnā ʿalayhim li-yaʿlamū anna waʿda Allāhi ḥaqqun wa-anna al-sāʿata lā rayba fīhā idh yatanāzaʿūna baynahum amrahum fa-qālū ibnū ʿalayhim bunyānan rabbuhum aʿlamu bi-him qāla al-ladhīna ghalabū ʿalá amrihim la-nattakhidhanna ʿalayhim masjidan 18:22 sa-yaqūlūna thalāthatun rābiʿuhum kalbuhum wa-yaqūlūna khamsatun sādisuhum kalbuhum rajman bi-al-ghaybi wa-yaqūlūna sabʿatun wa-thāminuhum kalbuhum qul rabbī aʿlamu bi-ʿiddatihim mā yaʿlamuhum illā qalīlun fa-lā tumāri fīhim illā mirāʾan ẓāhiran wa-lā tastafti fīhim minhum aḥadan 18:23 wa-lā taqūlanna li-shayʾin innī fāʿilun dhālika ghadan 18:24 illā an yashāʾa Allāhu wa-udhkur rabbaka idhā nasīta wa-qul ʿasá an yahdiyani rabbī li-aqraba min hādhā rashadan 18:25 wa-labithū fī kahfihim thalātha miʾatin sinīna wa-izdādū tisʿan 18:26 quli Allāhu aʿlamu bi-mā labithū lahu ghaybu al-samāwāti wa-al-arḍi abṣir bi-hi wa-asmiʿ mā lahum min dūnihi min walīyin wa-lā yushriku fī ḥukmihi aḥadan 18:27 wa-utlu mā ūḥiya ilayka min kitābi rabbika lā mubaddila li-kalimātihi wa-lan tajida min dūnihi multaḥadan 18:28 wa-iṣbir nafsaka maʿa al-ladhīna yadʿūna rabbahum bi-al-ghadāti wa-al-ʿashīyi yurīdūna wajhahu wa-lā taʿdu ʿaynāka ʿanhum turīdu zīnata al-ḥayāti al-dunyā wa-lā tuṭiʿ man aghfalnā qalbahu ʿan dhikrinā wa-ittabaʿa hawāhu wa-kāna amruhu furuṭan 18:29 wa-quli al-ḥaqqu min rabbikum fa-man shāʾa fa-li-yuʾmin wa-man shāʾa fa-li-yakfur innā aʿtadnā lil-ẓālimīna nāran aḥāṭa bi-him surādiquhā wa-in yastaghīthū yughāthū bi-māʾin ka-al-muhli yashwī al-wujūha biʾsa al-sharābu wa-sāʾat murtafaqan 18:30 inna al-ladhīna āmanū wa-ʿamilū al-ṣāliḥāti innā lā nuḍīʿu ajra man aḥsana ʿamalan 18:31 ulāʾika lahum jannātu ʿadnin tajrī min taḥtihimu al-anhāru yuḥallawna fīhā min asāwira min dhahabin wa-yalbasūna thiyāban khuḍran min sundusin wa-istabraqin muttakiʾīna fīhā ʿalá al-arāʾiki niʿma al-thawābu wa-ḥasunat murtafaqan 18:32 wa-iḍrib lahum mathalan rajulayni jaʿalnā li-aḥadihimā jannatayni min aʿnābin wa-ḥafafnāhumā bi-nakhlin wa-jaʿalnā baynahumā zarʿan 18:33 kiltā al-jannatayni ātat ukulahā wa-lam taẓlim minhu shayʾan wa-fajjarnā khilālahumā naharan 18:34 wa-kāna lahu thamarun fa-qāla li-ṣāḥibihi wa-huwa yuḥāwiruhu anā aktharu minka mālan wa-aʿazzu nafaran 18:35 wa-dakhala jannatahu wa-huwa ẓālimun li-nafsihi qāla mā aẓunnu an tabīda hādhihi abadan 18:36 wa-mā aẓunnu al-sāʿata qāʾimatan wa-la-in rudidtu ilá rabbī la-ajidanna khayran minhā munqalaban 18:37 qāla lahu ṣāḥibuhu wa-huwa yuḥāwiruhu a-kafarta bi-al-ladhī khalaqaka min turābin thumma min nuṭfatin thumma sawwāka rajulan 18:38 lākinnā huwa Allāhu rabbī wa-lā ushriku bi-rabbī aḥadan 18:39 wa-lawlā idh dakhalta jannataka qulta mā shāʾa Allāhu lā qūwata illā billāhi in tarani anā aqalla minka mālan wa-waladan 18:40 fa-ʿasá rabbī an yuʾtiyani khayran min jannatika wa-yursila ʿalayhā ḥusbānan mina al-samāʾi fa-tuṣbiḥa ṣaʿīdan zalaqan 18:41 aw yuṣbiḥa māʾuhā ghawran fa-lan tastaṭīʿa lahu ṭalaban 18:42 wa-uḥīṭa bi-thamarihi fa-aṣbaḥa yuqallibu kaffayhi ʿalá mā anfaqa fīhā wa-hiya khāwiyatun ʿalá ʿurūshihā wa-yaqūlu yā laytanī lam ushrik bi-rabbī aḥadan 18:43 wa-lam takun lahu fiʾatun yanṣurūnahu min dūni Allāhi wa-mā kāna muntaṣiran 18:44 hunālika al-walāyatu lillāhi al-ḥaqqi huwa khayrun thawāban wa-khayrun ʿuqban 18:45 wa-iḍrib lahum mathala al-ḥayāti al-dunyā ka-māʾin anzalnāhu mina al-samāʾi fa-ikhtalaṭa bi-hi nabātu al-arḍi fa-aṣbaḥa hashīman tadhrūhu al-riyāḥu wa-kāna Allāhu ʿalá kulli shayʾin muqtadiran 18:46 al-mālu wa-al-banūna zīnatu al-ḥayāti al-dunyā wa-al-bāqiyātu al-ṣāliḥātu khayrun ʿinda rabbika thawāban wa-khayrun amalan 18:47 wa-yawma nusayyiru al-jibāla wa-tará al-arḍa bārizatan wa-ḥasharnāhum fa-lam nughādir minhum aḥadan 18:48 wa-ʿuriḍū ʿalá rabbika ṣaffan laqad jiʾtumūnā ka-mā khalaqnākum awwala marratin bal zaʿamtum a-lan najʿala lakum mawʿidan 18:49 wa-wuḍiʿa al-kitābu fa-tará al-mujrimīna mushfiqīna mimmā fīhi wa-yaqūlūna yā waylatanā māli hādhā al-kitābi lā yughādiru ṣaghīratan wa-lā kabīratan illā aḥṣāhā wa-wajadū mā ʿamilū ḥāḍiran wa-lā yaẓlimu rabbuka aḥadan 18:50 wa-idh qulnā lil-malāʾikati usjudū li-Ādama fa-sajadū illā Iblīsa kāna mina al-jinni fa-fasaqa ʿan amri rabbihi a-fa-tattakhidhūnahu wa-dhurrīyatahu awliyāʾa min dūnī wa-hum lakum ʿadūwun biʾsa lil-ẓālimīna badalan 18:51 mā ashhadtuhum khalqa al-samāwāti wa-al-arḍi wa-lā khalqa anfusihim wa-mā kuntu muttakhidha al-muḍillīna ʿaḍudan 18:52 wa-yawma yaqūlu nādū shurakāʾiya al-ladhīna zaʿamtum fa-daʿawhum fa-lam yastajībū lahum wa-jaʿalnā baynahum mawbiqan 18:53 wa-raʾá al-mujrimūna al-nāra fa-ẓannū annahum muwāqiʿūhā wa-lam yajidū ʿanhā maṣrifan 18:54 wa-laqad ṣarrafnā fī hādhā al-Qurʾāni lil-nāsi min kulli mathalin wa-kāna al-insānu akthara shayʾin jadalan 18:55 wa-mā manaʿa al-nāsa an yuʾminū idh jāʾahumu al-hudá wa-yastaghfirū rabbahum illā an taʾtiyahum sunnatu al-awwalīna aw yaʾtiyahumu al-ʿadhābu qubulan 18:56 wa-mā nursilu al-mursalīna illā mubashshirīna wa-mundhirīna wa-yujādilu al-ladhīna kafarū bi-al-bāṭili li-yudḥiḍū bi-hi al-ḥaqqa wa-ittakhadhū ayātī wa-mā undhirū huzuwan 18:57 wa-man aẓlamu miman dhukkira bi-āyāti rabbihi fa-aʿraḍa ʿanhā wa-nasiya mā qaddamat yadāhu innā jaʿalnā ʿalá qulūbihim akinnatan an yafqahūhu wa-fī ādhānihim waqran wa-in tadʿuhum ilá al-hudá fa-lan yahtadū idhā abadan 18:58 wa-rabbuka al-ghafūru dhū al-raḥmati law yuʾākhidhuhum bi-mā kasabū la-ʿajjala lahumu al-ʿadhāba bal lahum mawʿidun lan yajidū min dūnihi mawʾilan 18:59 wa-tilka al-qurá ahlaknāhum lammā ẓalamū wa-jaʿalnā li-mahlikihim mawʿidan 18:60 wa-idh qāla Mūsá li-fatāhu lā abraḥu ḥattá ablugha majmaʿa al-baḥrayni aw amḍiya ḥuquban 18:61 fa-lammā balaghā majmaʿa baynihimā nasiyā ḥūtahumā fa-ittakhadha sabīlahu fī al-baḥri saraban 18:62 fa-lammā jāwazā qāla li-fatāhu ātinā ghadāʾanā laqad laqīnā min safarinā hādhā naṣaban 18:63 qāla a-raʾayta idh awaynā ilá al-ṣakhrati fa-innī nasītu al-ḥūta wa-mā ansānīhu illā al-shayṭānu an adhkurahu wa-ittakhadha sabīlahu fī al-baḥri ʿajaban 18:64 qāla dhālika mā kunnā nabghi fa-irtadda ʿalá āthārihimā qaṣaṣan 18:65 fa-wajadā ʿabdan min ʿibādinā ātaynāhu raḥmatan min ʿindinā wa-ʿallamnāhu min ladunnā ʿilman 18:66 qāla lahu Mūsá hal attabiʿuka ʿalá an tuʿallimani mimmā ʿullimta rushdan 18:67 qāla innaka lan tastaṭīʿa maʿiya ṣabran 18:68 wa-kayfa taṣbiru ʿalá mā lam tuḥiṭ bi-hi khubran 18:69 qāla sa-tajidunī in shāʾa Allāhu ṣābiran wa-lā aʿṣī laka amran 18:70 qāla fa-ini ittabaʿtanī fa-lā tasʾalnī ʿan shayʾin ḥattá uḥditha laka minhu dhikran 18:71 fa-inṭalaqā ḥattá idhā rakibā fī al-safīnati kharaqahā qāla a-kharaqtahā li-tughriqa ahlahā laqad jiʾta shayʾan imran 18:72 qāla a-lam aqul innaka lan tastaṭīʿa maʿiya ṣabran 18:73 qāla lā tuʾākhidhnī bi-mā nasītu wa-lā turhiqnī min amrī ʿusran 18:74 fa-inṭalaqā ḥattá idhā laqiyā ghulāman fa-qatalahu qāla a-qatalta nafsan zakīyatan bi-ghayri nafsin laqad jiʾta shayʾan nukran 18:75 qāla a-lam aqul laka innaka lan tastaṭīʿa maʿiya ṣabran 18:76 qāla in saʾaltuka ʿan shayʾin baʿdahā fa-lā tuṣāḥibnī qad balaghta min ladunnī ʿudhran 18:77 fa-inṭalaqā ḥattá idhā atayā ahla qaryatin istaṭʿamā ahlahā fa-abaw an yuḍayyifūhumā fa-wajadā fīhā jidāran yurīdu an yanqaḍḍa fa-aqāmahu qāla law shiʾita la-ittakhadhta ʿalayhi ajran 18:78 qāla hādhā firāqu baynī wa-baynika sa-unabbiʾuka bi-taʾwīli mā lam tastaṭiʿ ʿalayhi ṣabran 18:79 ammā al-safīnatu fa-kānat li-masākīna yaʿmalūna fī al-baḥri fa-aradtu an aʿībahā wa-kāna warāʾahum malikun yaʾkhudhu kulla safīnatin ghaṣban 18:80 wa-ammā al-ghulāmu fa-kāna abawāhu muʾminayni fa-khashīnā an yurhiqahumā ṭughyānan wa-kufran 18:81 fa-aradnā an yubdilahumā rabbuhumā khayran minhu zakātan wa-aqraba ruḥman 18:82 wa-ammā al-jidāru fa-kāna li-ghulāmayni yatīmayni fī al-madīnati wa-kāna taḥtahu kanzun lahumā wa-kāna abūhumā ṣāliḥan fa-arāda rabbuka an yablughā ashuddahumā wa-yastakhrijā kanzahumā raḥmatan min rabbika wa-mā faʿaltuhu ʿan amrī dhālika taʾwīlu mā lam tasṭiʿ ʿalayhi ṣabran 18:83 wa-yasʾalūnaka ʿan Dhī al-Qarnayni qul saʾatlū ʿalaykum minhu dhikran 18:84 innā makkannā lahu fī al-arḍi wa-ātaynāhu min kulli shayʾin sababan

18:85 fa-atbaʿa sababan 18:86 ḥattá idhā balagha maghriba al-shamsi wajadahā taghrubu fī ʿaynin ḥamiʾatin wa-wajada ʿindahā qawman qulnā yā Dhā al-Qarnayni immā an tuʿadhdhiba wa-immā an tattakhidha fīhim ḥusnan 18:87 qāla ammā man ẓalama fa-sawfa nuʿadhdhibuhu thumma yuraddu ilá rabbihi fa-yuʿadhdhibuhu ʿadhāban nukran 18:88 wa-ammā man āmana wa-ʿamila ṣāliḥan fa-lahu jazāʾan al-ḥusná wa-sa-naqūlu lahu min amrinā yusran 18:89 thumma atbaʿa sababan 18:90 ḥattá idhā balagha maṭliʿa al-shamsi wajadahā taṭluʿu ʿalá qawmin lam najʿal lahum min dūnihā sitran 18:91 kadhālika wa-qad aḥaṭnā bi-mā ladayhi khubran 18:92 thumma atbaʿa sababan 18:93 ḥattá idhā balagha bayna al-saddayni wajada min dūnihimā qawman lā yakādūna yafqahūna qawlan 18:94 qālū yā Dhā al-Qarnayni inna Yaʾjūja wa-Maʾjūja mufsidūna fī al-arḍi fa-hal najʿalu laka kharjan ʿalá an tajʿala baynanā wa-baynahum saddan 18:95 qāla mā makkannī fīhi rabbī khayrun fa-aʿīnūnī bi-qūwatin ajʿal baynakum wa-baynahum radman 18:96 ātūnī zubara al-ḥadīdi ḥattá idhā sāwá bayna al-ṣadafayni qāla unfukhū ḥattá idhā jaʿalahu nāran qāla ātūnī ufrigh ʿalayhi qiṭran 18:97 fa-mā isṭāʿū an yaẓharūhu wa-mā istaṭāʿū lahu naqban 18:98 qāla hādhā raḥmatun min rabbī fa-idhā jāʾa waʿdu rabbī jaʿalahu dakkāʾa wa-kāna waʿdu rabbī ḥaqqan 18:99 wa-taraknā baʿḍahum yawmaʾidhin yamūju fī baʿḍin wa-nufikha fī al-ṣūri fa-jamaʿnāhum jamʿan 18:100 wa-ʿaraḍnā jahannama yawmaʾidhin lil-kāfirīna ʿarḍan 18:101 al-ladhīna kānat aʿyunuhum fī ghiṭāʾin ʿan dhikrī wa-kānū lā yastaṭīʿūna samʿan 18:102 a-fa-ḥasiba al-ladhīna kafarū an yattakhidhū ʿibādī min dūnī awliyāʾa innā aʿtadnā jahannama lil-kāfirīna nuzulan 18:103 qul hal nunabbiʾukum bi-al-akhsarīna aʿmālan 18:104 al-ladhīna ḍalla saʿyuhum fī al-ḥayāti al-dunyā wa-hum yaḥsabūna annahum yuḥsinūna ṣunʿan 18:105 ulāʾika al-ladhīna kafarū bi-āyāti rabbihim wa-liqāʾihi fa-ḥabiṭat aʿmāluhum fa-lā nuqīmu lahum yawma al-qiyāmati waznan 18:106 dhālika jazāʾuhum jahannamu bi-mā kafarū wa-ittakhadhū āyātī wa-rusulī huzuwan 18:107 inna al-ladhīna āmanū wa-ʿamilū al-ṣāliḥāti kānat lahum jannātu al-firdawsi nuzulan 18:108 khālidīna fīhā lā yabghūna ʿanhā ḥiwalan 18:109 qul law kāna al-baḥru midādan li-kalimāti rabbī la-nafida al-baḥru qabla an tanfada kalimātu rabbī wa-law jiʾnā bi-mithlihi madadan 18:110 qul innamā anā basharun mithlukum yūḥá ilayya annamā ilāhukum ilāhun wāḥidun fa-man kāna yarjū liqāʾa rabbihi fa-li-yaʿmal ʿamalan ṣāliḥan wa-lā yushrik bi-ʿibādati rabbihi aḥadan 19:1 bismillāhi al-raḥmāni al-raḥīmi kāf hāʾ yāʾ ʿayn ṣād 19:2 dhikru raḥmati rabbika ʿabdahu Zakarīyā 19:3 idh nādá rabbahu nidāʾan khafīyan 19:4 qāla rabbi innī wahana al-ʿaẓmu minnī wa-ishtaʿala al-raʾasu shayban wa-lam akun bi-duʿāʾika rabbi shaqīyan 19:5 wa-innī khiftu al-mawāliya min warāʾī wa-kānati imraʾatī ʿāqiran fa-hab lī min ladunka walīyan 19:6 yarithunī wa-yarithu min āli Yaʿqūba wa-ijʿalhu rabbi raḍīyan 19:7 yā Zakarīyā innā nubashshiruka bi-ghulāmin ismuhu Yaḥyá lam najʿal lahu min qablu samīyan 19:8 qāla rabbi anná yakūnu lī ghulāmun wa-kānati imraʾatī ʿāqiran wa-qad balaghtu mina al-kibari ʿitīyan 19:9 qāla kadhālika qāla rabbuka huwa ʿalayya hayyinun wa-qad khalaqtuka min qablu wa-lam taku shayʾan 19:10 qāla rabbi ijʿal lī āyatan qāla āyatuka allā tukallima al-nāsa thalātha layālin sawīyan 19:11 fa-kharaja ʿalá qawmihi mina al-miḥrābi fa-awḥá ilayhim an sabbiḥū bukratan wa-ʿashīyan 19:12 yā Yaḥyá khudhi al-kitāba bi-qūwatin wa-ātaynāhu al-ḥukma ṣabīyan 19:13 wa-ḥanānan min ladunnā wa-zakātan wa-kāna taqīyan 19:14 wa-barran bi-wālidayhi wa-lam yakun jabbāran ʿaṣīyan 19:15 wa-salāmun ʿalayhi yawma wulida wa-yawma yamūtu wa-yawma yubʿathu ḥayyan 19:16 wa-udhkur fī al-kitābi Maryama idhi antabadhat min ahlihā makānan sharqiyan 19:17 fa-ittakhadhat min dūnihim ḥijāban fa-arsalnā ilayhā rūḥanā fa-tamaththala lahā basharan sawīyan 19:18 qālat innī aʿūdhu bi-al-raḥmani minka in kunta taqīyan 19:19 qāla innamā anā rasūlu rabbiki li-ahaba laki ghulāman zakīyan 19:20 qālat anná yakūnu lī ghulāmun wa-lam yamsasnī basharun wa-lam aku baghīyan 19:21 qāla kadhaliki qāla rabbuki huwa ʿalayya hayyinun wa-li-naj'alahu āyatan lil-nāsi wa-raḥmatan minnā wa-kāna amran maqḍīyan 19:22 fa-ḥamalat'hu fa-intabadhat bi-hi makānan qaṣīyan 19:23 fa-ajā'ahā al-makhāḍu ilá jidh'i al-nakhlati qālat yā laytanī mittu qabla hādhā wa-kuntu nasyan mansīyan 19:24 fa-nādāhā min taḥtihā allā taḥzanī qad ja'ala rabbuki taḥtaki sarīyan 19:25 wa-huzzī ilayki bi-jidh'i al-nakhlati tusāqiṭ 'alayki ruṭaban janīyan 19:26 fa-kulī wa-ishrabī wa-qarrī 'aynan fa-immā tarayinna mina al-bashari aḥadan fa-qūlī innī nadhartu lil-raḥmani ṣawman fa-lan ukallima al-yawma insīyan 19:27 fa-atat bi-hi qawmahā taḥmiluhu qālū yā Maryamu laqad ji'ti shay'an farīyan 19:28 yā ukhta Hārūna mā kāna abūki imra'a saw'in wa-mā kānat ummuki baghīyan 19:29 fa-ashārat ilayhi qālū kayfa nukallimu man kāna fī al-mahdi ṣabīyan 19:30 qāla innī 'abdu Allāhi atāniya al-kitāba wa-ja'alanī nabīyan 19:31 wa-ja'alanī mubārakan ayna mā kuntu wa-awṣānī bi-al-ṣalāti wa-al-zakāti mā dumtu ḥayyan 19:32 wa-barran bi-wālidatī wa-lam yaj'alnī jabbāran shaqīyan 19:33 wa-al-salāmu 'alayya yawma wulidtu wa-yawma amūtu wa-yawma ub'athu ḥayyan 19:34 dhālika 'Īsá ibnu Maryama qawla al-ḥaqqi al-ladhī fīhi yamtarūna 19:35 mā kāna lillāhi an yattakhidha min waladin subḥānahu idhā qaḍá amran fa-innamā yaqūlu lahu kun fa-yakūnu 19:36 wa-inna Allāha rabbī wa-rabbukum fa-u'budūhu hādhā ṣirāṭun mustaqīmun 19:37 fa-ikhtalafa al-aḥzābu min baynihim fa-waylun lil-ladhīna kafarū min mashhadi yawmin 'aẓīmin 19:38 asmi' bi-him wa-abṣir yawma ya'tūnanā lākini al-ẓālimūna al-yawma fī ḍalālin mubīnin 19:39 wa-andhirhum yawma al-ḥasrati idh quḍiya al-amru wa-hum fī ghaflatin wa-hum lā yu'minūna 19:40 innā naḥnu narithu al-arḍa wa-man 'alayhā wa-ilaynā yurja'ūna 19:41 wa-udhkur fī al-kitābi Ibrāhīma innahu kāna ṣiddīqan nabīyan 19:42 idh qāla li-abīhi yā abati li-ma ta'budu mā lā yasma'u wa-lā yubṣiru wa-lā yughnī 'anka shay'an 19:43 yā abati innī qad jā'anī mina al-'ilmi mā lam ya'tika fa-ittabi'nī ahdika ṣirāṭan sawīyan 19:44 yā abati lā ta'budi al-shayṭāna inna al-shayṭāna kāna lil-raḥmani 'aṣīyan 19:45 yā abati innī akhāfu an yamassaka 'adhābun mina al-raḥmani fa-takūna lil-shayṭāni walīyan 19:46 qāla a-rāghibun anta 'an ālihatī yā Ibrāhīmu la-in lam tantahi la-arjumannaka wa-uhjurnī malīyan 19:47 qāla salāmun 'alayka sa-astaghfiru laka rabbī innahu kāna bī ḥafīyan 19:48 wa-a'tazilukum wa-mā tad'ūna min dūni Allāhi wa-ad'ū rabbī 'asá allā akūna bi-du'ā'i rabbī shaqīyan 19:49 fa-lammā i'tazalahum wa-mā ya'budūna min dūni Allāhi wahabnā lahu Isḥāqa wa-Ya'qūba wa-kullan ja'alnā nabīyan 19:50 wa-wahabnā lahum min raḥmatinā wa-ja'alnā lahum lisāna ṣidqin 'alīyan 19:51 wa-udhkur fī al-kitābi Mūsá innahu kāna mukhlaṣan wa-kāna rasūlan nabīyan 19:52 wa-nādaynāhu min jānibi al-ṭūri al-aymani wa-qarrabnāhu najīyan 19:53 wa-wahabnā lahu min raḥmatinā akhāhu Hārūna nabīyan 19:54 wa-udhkur fī al-kitābi Ismā'īla innahu kāna ṣādiqa al-wa'di wa-kāna rasūlan nabīyan 19:55 wa-kāna ya'muru ahlahu bi-al-ṣalāti wa-al-zakāti wa-kāna 'inda rabbihi marḍīyan 19:56 wa-udhkur fī al-kitābi Idrīsa innahu kāna ṣiddīqan nabīyan 19:57 wa-rafa'nāhu makānan 'alīyan 19:58 ulā'ika al-ladhīna an'ama Allāhu 'alayhim mina al-nabīyīna min dhurrīyati Ādama wa-miman ḥamalnā ma'a Nūḥin wa-min dhurrīyati Ibrāhīma wa-Isrā'īla wa-miman hadaynā wa-ijtabaynā idhā tutlá 'alayhim āyātu al-raḥmani kharrū sujjadan wa-bukīyan 19:59 fa-khalafa min ba'dihim khalfun aḍā'ū al-ṣalāta wa-ittaba'ū al-shahawāti fa-sawfa yalqawna ghayyan 19:60 illā man tāba wa-āmana wa-'amila ṣāliḥan fa-ulā'ika yadkhulūna al-jannata wa-lā yuẓlamūna shay'an 19:61 jannāti 'adnin al-latī wa'ada al-raḥmanu 'ibādahu bi-al-ghaybi innahu kāna wa'duhu ma'tīyan 19:62 lā yasma'ūna fīhā laghwan illā salāman wa-lahum rizquhum fīhā bukratan wa-'ashīyan 19:63 tilka al-jannatu al-latī nūrithu min 'ibādinā man kāna taqīyan 19:64 wa-mā natanazzalu illā bi-amri rabbika lahu mā bayna aydīnā wa-mā khalfanā wa-mā bayna dhālika wa-mā kāna rabbuka nasīyan 19:65 rabbu al-samāwāti wa-al-arḍi wa-mā baynahumā fa-u'bud'hu wa-iṣṭabir li-'ibādatihi hal ta'lamu lahu samīyan 19:66 wa-yaqūlu al-insānu a-idhā mā mittu la-sawfa ukhraju ḥayyan 19:67 a-walā yadhkuru al-insānu annā khalaqnāhu min qablu wa-lam yaku shay'an 19:68 fa-wa-rabbika la-naḥshurannahum wa-al-shayāṭīna thumma la-nuḥḍirannahum ḥawla jahannama jithīyan 19:69 thumma la-nanzi'anna min kulli shī'atin ayyuhum ashaddu 'alá al-raḥmani 'itīyan 19:70 thumma la-naḥnu a'lamu bi-al-ladhīna hum awlá bi-hā ṣilīyan 19:71 wa-in minkum illā wāriduhā kāna 'alá rabbika ḥatman maqḍīyan 19:72 thumma nunajjī al-ladhīna ittaqaw wa-nadharu al-ẓālimīna fīhā jithīyan 19:73 wa-idhā tutlá 'alayhim āyātunā bayyinātin qāla al-ladhīna kafarū lil-ladhīna āmanū ayyu al-farīqayni khayrun maqāman wa-aḥsanu nadīyan 19:74 wa-kam ahlaknā qablahum min qarnin hum aḥsanu athāthan wa-ri'yan 19:75 qul man kāna fī al-ḍalālati fa-li-yamdud lahu al-raḥmanu maddan ḥattá idhā ra'aw mā yū'adūna immā al-'adhāba wa-immā al-sā'ata fa-sa-ya'lamūna man huwa sharrun makānan wa-aḍ'afu jundan 19:76 wa-yazīdu Allāhu al-ladhīna ihtadaw hudan wa-al-bāqiyātu al-ṣāliḥātu khayrun 'inda rabbika thawāban wa-khayrun maraddan 19:77 a-fa-ra'ayta al-ladhī kafara bi-āyātinā wa-qāla la-ūtayanna mālan wa-waladan 19:78 a-iṭṭala'a al-ghayba ami ittakhadha 'inda al-raḥmani 'ahdan 19:79 kallā sa-naktubu mā yaqūlu wa-namuddu lahu mina al-'adhābi maddan 19:80 wa-narithuhu mā yaqūlu wa-ya'tīnā fardan 19:81 wa-ittakhadhū min dūni Allāhi ālihatan li-yakūnū lahum 'izzan 19:82 kallā sa-yakfurūna bi-'ibādatihim wa-yakūnūna 'alayhim ḍiddan 19:83 a-lam tara annā arsalnā al-shayāṭīna 'alá al-kāfirīna ta'uzzuhum azzan 19:84 fa-lā ta'jal 'alayhim innamā na'uddu lahum 'addan 19:85 yawma naḥshuru al-muttaqīna ilá al-raḥmani wafdan 19:86 wa-nasūqu al-mujrimīna ilá jahannama wirdan 19:87 lā yamlikūna al-shafā'ata illā mani ittakhadha 'inda al-raḥmani 'ahdan 19:88 wa-qālū ittakhadha al-raḥmanu waladan 19:89 laqad ji'tum shay'an iddan 19:90 takādu al-samāwātu yatafaṭṭarna minhu wa-tanshaqqu al-arḍu wa-takhirru al-jibālu haddan 19:91 an da'aw lil-raḥmani waladan 19:92 wa-mā yanbaghī lil-raḥmani an yattakhidha waladan 19:93 in kullu man fī al-samāwāti wa-al-arḍi illā ātī al-raḥmani 'abdan 19:94 laqad aḥṣāhum wa-'addahum 'addan 19:95 wa-kulluhum ātīhi yawma al-qiyāmati fardan 19:96 inna al-ladhīna āmanū wa-'amilū al-ṣāliḥāti sa-yaj'alu lahumu al-raḥmanu wuddan 19:97 fa-innamā yassarnāhu bi-lisānika li-tubashshira bi-hi al-muttaqīna wa-tundhira bi-hi qawman luddan 19:98 wa-kam ahlaknā qablahum min qarnin hal tuḥissu minhum min aḥadin aw tasma'u lahum rikzan 20:1 bismillāhi al-raḥmāni al-raḥīmi ṭāhā 20:2 mā anzalnā 'alayka al-Qur'āna li-tashqá 20:3 illā tadhkiratan li-man yakhshá 20:4 tanzīlan miman khalaqa al-arḍa wa-al-samāwāti al-'ulá 20:5 al-raḥmanu 'alá al-'arshi istawá 20:6 lahu mā fī al-samāwāti wa-mā fī al-arḍi wa-mā baynahumā wa-mā taḥta al-thará 20:7 wa-in tajhar bi-al-qawli fa-innahu ya'lamu al-sirra wa-akhfá 20:8 Allāhu lā ilāha illā huwa lahu al-asmā'u al-ḥusná 20:9 wa-hal atāka ḥadīthu Mūsá 20:10 idh ra'á nāran fa-qāla li-ahlihi umkuthū innī ānastu nāran la'allī ātīkum minhā bi-qabasin aw ajidu 'alá al-nāri hudan 20:11 fa-lammā atāhā nūdiya yā Mūsá 20:12 innī anā rabbuka fa-ikhla' na'layka innaka bi-al-wādi al-muqaddasi ṭuwan 20:13 wa-anā ikhtartuka fa-istami' li-mā yūḥá 20:14 innanī anā Allāhu lā ilāha illā anā fa-u'budnī wa-aqimi al-ṣalāta li-dhikrī 20:15 inna al-sā'ata ātiyatun akādu ukhfīhā li-tujzá kullu nafsin bi-mā tas'á 20:16 fa-lā yaṣuddannaka 'anhā man lā yu'minu bi-hā wa-ittaba'a hawāhu fa-tardá 20:17 wa-mā tilka bi-yamīnika yā Mūsá 20:18 qāla hiya 'aṣāya atawakka'u 'alayhā wa-ahushshu bi-hā 'alá ghanamī wa-li-ya fīhā ma'āribu ukhrá 20:19 qāla alqihā yā Mūsá 20:20 fa-alqāhā fa-idhā hiya ḥayyatun tas'á 20:21 qāla khudhhā wa-lā takhaf sa-nu'īduhā sīratahā al-ūlá 20:22 wa-uḍmum yadaka ilá janāḥika takhruj bayḍā'a min ghayri sū'in āyatan ukhrá 20:23 li-nuriyaka min āyātinā al-kubrá 20:24 idhhab ilá Fir'awna innahu ṭaghá 20:25 qāla rabbi ishraḥ lī ṣadrī 20:26 wa-yassir lī amrī 20:27 wa-uḥlul 'uqdatan min lisānī 20:28 yafqahū qawlī 20:29 wa-ij'al lī wazīran min ahlī 20:30 Hārūna akhī 20:31 ushdud bi-hi azrī 20:32 wa-ashrik'hu fī amrī 20:33 kay nusabbiḥaka kathīran 20:34 wa-nadhkuraka kathīran 20:35 innaka kunta binā baṣīran 20:36 qāla qad ūtīta su'laka yā Mūsá 20:37 wa-laqad manannā ʿalayka marratan ukhrá 20:38 idh awḥaynā ilá ummika mā yūḥá 20:39 ani iqdhifīhi fī al-tābūti fa-iqdhifīhi fī al-yammi fa-li-yulqihi al-yammu bi-al-sāḥili ya'khudhhu ʿadūwun lī wa-ʿadūwun lahu wa-alqaytu ʿalayka maḥabbatan minnī wa-li-tuṣnaʿa ʿalá ʿaynī 20:40 idh tamshī ukhtuka fa-taqūlu hal adullukum ʿalá man yakfuluhu fa-rajaʿnāka ilá ummika kay taqarra ʿaynuhā wa-lā taḥzana wa-qatalta nafsan fa-najjaynāka mina al-ghammi wa-fatannāka futūnan fa-labithta sinīna fī ahli Madyana thumma ji'ta ʿalá qadarin yā Mūsá 20:41 wa-iṣṭanaʿtuka li-nafsī 20:42 idhhab anta wa-akhūka bi-āyātī wa-lā taniyā fī dhikrī 20:43 idhhabā ilá Firʿawna innahu ṭaghá 20:44 fa-qūlā lahu qawlan layyinan laʿallahu yatadhakkaru aw yakhshá 20:45 qālā rabbanā innanā nakhāfu an yafruṭa ʿalaynā aw an yaṭghá 20:46 qāla lā takhāfā innanī maʿakumā asmaʿu wa-ará 20:47 fa-i'tiyāhu fa-qūlā innā rasūlā rabbika fa-arsil maʿanā banī Isrā'īla wa-lā tuʿadhdhibhum qad ji'nāka bi-āyatin min rabbika wa-al-salāmu ʿalá mani ittabaʿa al-hudá 20:48 innā qad ūḥiya ilaynā anna al-ʿadhāba ʿalá man kadhdhaba wa-tawallá 20:49 qāla fa-man rabbukumā yā Mūsá 20:50 qāla rabbunā al-ladhī aʿṭá kulla shay'in khalqahu thumma hadá 20:51 qāla fa-mā bālu al-qurūni al-ūlá 20:52 qāla ʿilmuhā ʿinda rabbī fī kitābin lā yaḍillu rabbī wa-lā yansá 20:53 al-ladhī jaʿala lakumu al-arḍa mahdan wa-salaka lakum fīhā subulan wa-anzala mina al-samā'i mā'an fa-akhrajnā bi-hi azwājan min nabātin shattá 20:54 kulū wa-arʿaw anʿāmakum inna fī dhālika la-āyātin li-ulī al-nuhá 20:55 minhā khalaqnākum wa-fīhā nuʿīdukum wa-minhā nukhrijukum tāratan ukhrá 20:56 wa-laqad araynāhu āyātinā kullahā fa-kadhdhaba wa-abá 20:57 qāla a-ji'tanā li-tukhrijanā min arḍinā bi-siḥrika yā Mūsá 20:58 fa-la-na'tiyannaka bi-siḥrin mithlihi fa-ijʿal baynanā wa-baynaka mawʿidan lā nukhlifuhu naḥnu wa-lā anta makānan suwan 20:59 qāla mawʿidukum yawmu al-zīnati wa-an yuḥshara al-nāsu ḍuḥan 20:60 fa-tawallá Firʿawnu fa-jamaʿa kaydahu thumma atá 20:61 qāla lahum Mūsá waylakum lā taftarū ʿalá Allāhi kadhiban fa-yusḥitakum bi-ʿadhābin wa-qad khāba mani iftará 20:62 fa-tanāzaʿū amrahum baynahum wa-asarrū al-najwá 20:63 qālū in hādhāni la-sāḥirāni yurīdāni an yukhrijākum min arḍikum bi-siḥrihimā wa-yadhhabā bi-ṭarīqatikumu al-muthlá 20:64 fa-ajmiʿū kaydakum thumma i'tū ṣaffan wa-qad aflaḥa al-yawma mani istaʿlá 20:65 qālū yā Mūsá immā an tulqiya wa-immā an nakūna awwala man alqá 20:66 qāla bal alqū fa-idhā ḥibāluhum wa-ʿiṣīyuhum yukhayyalu ilayhi min siḥrihim annahā tasʿá 20:67 fa-awjasa fī nafsihi khīfatan Mūsá 20:68 qulnā lā takhaf innaka anta al-aʿlá 20:69 wa-alqi mā fī yamīnika talqaf mā ṣanaʿū innamā ṣanaʿū kaydu sāḥirin wa-lā yufliḥu al-sāḥiru ḥaythu atá 20:70 fa-ulqiya al-saḥaratu sujjadan qālū āmannā bi-rabbi Hārūna wa-Mūsá 20:71 qāla āmantum lahu qabla an ādhana lakum innahu la-kabīrukumu al-ladhī ʿallamakumu al-siḥra fa-la-uqaṭṭiʿanna aydiyakum wa-arjulakum min khilāfin wa-la-uṣallibannakum fī judhūʿi al-nakhli wa-la-taʿlamunna ayyunā ashaddu ʿadhāban wa-abqá 20:72 qālū lan nu'thiraka ʿalá mā jā'anā mina al-bayyināti wa-al-ladhī faṭaranā fa-iqḍi mā anta qāḍin innamā taqḍī hādhihi al-ḥayāta al-dunyā 20:73 innā āmannā bi-rabbinā li-yaghfira lanā khaṭāyānā wa-mā akrahtanā ʿalayhi mina al-siḥri wallāhu khayrun wa-abqá 20:74 innahu man ya'ti rabbahu mujriman fa-inna lahu jahannama lā yamūtu fīhā wa-lā yaḥyá 20:75 wa-man ya'tihi mu'minan qad ʿamila al-ṣāliḥāti fa-ulā'ika lahumu al-darajātu al-ʿulá 20:76 jannātu ʿadnin tajrī min taḥtihā al-anhāru khālidīna fīhā wa-dhālika jazā'u man tazakká 20:77 wa-laqad awḥaynā ilá Mūsá an asri bi-ʿibādī fa-iḍrib lahum ṭarīqan fī al-baḥri yabasan lā takhāfu darakan wa-lā takhshá 20:78 fa-atbaʿahum Firʿawnu bi-junūdihi fa-ghashiyahum mina al-yammi mā ghashiyahum 20:79 wa-aḍalla Firʿawnu qawmahu wa-mā hadá 20:80 yā banī Isrā'īla qad anjaynākum min ʿadūwikum wa-wāʿadnākum jāniba al-ṭūri al-aymana wa-nazzalnā ʿalaykumu al-manna wa-al-salwá 20:81 kulū min ṭayyibāti mā razaqnākum wa-lā taṭghaw fīhi fa-yaḥilla ʿalaykum ghaḍabī wa-man yaḥlil ʿalayhi ghaḍabī fa-qad hawá 20:82 wa-innī la-ghaffārun li-man tāba wa-āmana wa-ʿamila ṣāliḥan thumma ihtadá 20:83 wa-mā aʿjalaka ʿan qawmika yā Mūsá 20:84 qāla hum ūlāʾi ʿalá atharī wa-ʿajiltu ilayka rabbi li-tarḍá 20:85 qāla fa-innā qad fatannā qawmaka min baʿdika wa-aḍallahumu al-sāmirīyu 20:86 fa-rajaʿa Mūsá ilá qawmihi ghaḍbāna asifan qāla yā qawmi a-lam yaʿidkum rabbukum waʿdan ḥasanan a-faṭāla ʿalaykumu al-ʿahdu am aradtum an yaḥilla ʿalaykum ghaḍabun min rabbikum fa-akhlaftum mawʿidī 20:87 qālū mā akhlafnā mawʿidaka bi-malkinā wa-lākinnā ḥummilnā awzāran min zīnati al-qawmi fa-qadhafnāhā fa-kadhālika alqá al-sāmirīyu 20:88 fa-akhraja lahum ʿijlan jasadan lahu khuwārun fa-qālū hādhā ilāhukum wa-ilāhu Mūsá fa-nasiya 20:89 a-fa-lā yarawna allā yarjiʿu ilayhim qawlan wa-lā yamliku lahum ḍarran wa-lā nafʿan 20:90 wa-laqad qāla lahum Hārūnu min qablu yā qawmi innamā futintum bi-hi wa-inna rabbakumu al-raḥmanu fa-ittabiʿūnī wa-aṭīʿū amrī 20:91 qālū lan nabraḥa ʿalayhi ʿākifīna ḥattá yarjiʿa ilaynā Mūsá 20:92 qāla yā Hārūnu mā manaʿaka idh raʾaytahum ḍallū 20:93 allā tattabiʿani a-fa-ʿaṣayta amrī 20:94 qāla yā ibna umma lā taʾkhudh bi-liḥyatī wa-lā bi-raʾsī innī khashītu an taqūla farraqta bayna banī Isrāʾīla wa-lam tarqub qawlī 20:95 qāla fa-mā khaṭbuka yā sāmirīyu 20:96 qāla baṣurtu bi-mā lam yabṣurū bi-hi fa-qabaḍtu qabḍatan min athari al-rasūli fa-nabadhtuhā wa-kadhālika sawwalat lī nafsī 20:97 qāla fa-idhhab fa-inna laka fī al-ḥayāti an taqūla lā misāsa wa-inna laka mawʿidan lan tukhlafahu wa-unẓur ilá ilāhika al-ladhī ẓalta ʿalayhi ʿākifan la-nuḥarriqannahu thumma la-nansifannahu fī al-yammi nasfan 20:98 innamā ilāhukumu Allāhu al-ladhī lā ilāha illā huwa wasiʿa kulla shayʾin ʿilman 20:99 kadhālika naquṣṣu ʿalayka min anbāʾi mā qad sabaqa wa-qad ātaynāka min ladunnā dhikran 20:100 man aʿraḍa ʿanhu fa-innahu yaḥmilu yawma al-qiyāmati wizran 20:101 khālidīna fīhi wa-sāʾa lahum yawma al-qiyāmati ḥimlan 20:102 yawma yunfakhu fī al-ṣūri wa-naḥshuru al-mujrimīna yawmaʾidhin zurqan 20:103 yatakhāfatūna baynahum in labithtum illā ʿashran 20:104 naḥnu aʿlamu bi-mā yaqūlūna idh yaqūlu amthaluhum ṭarīqatan in labithtum illā yawman 20:105 wa-yasʾalūnaka ʿani al-jibāli fa-qul yansifuhā rabbī nasfan 20:106 fa-yadharuhā qāʿan ṣafṣafan 20:107 lā tará fīhā ʿiwajan wa-lā amtan 20:108 yawmaʾidhin yattabiʿūna al-dāʿiya lā ʿiwaja lahu wa-khashaʿati al-aṣwātu lil-raḥmani fa-lā tasmaʿu illā hamsan 20:109 yawmaʾidhin lā tanfaʿu al-shafāʿatu illā man adhina lahu al-raḥmanu wa-raḍiya lahu qawlan 20:110 yaʿlamu mā bayna aydīhim wa-mā khalfahum wa-lā yuḥīṭūna bi-hi ʿilman 20:111 wa-ʿanati al-wujūhu lil-ḥayyi al-qayyūmi wa-qad khāba man ḥamala ẓulman 20:112 wa-man yaʿmal mina al-ṣāliḥāti wa-huwa muʾminun fa-lā yakhāfu ẓulman wa-lā haḍman 20:113 wa-kadhālika anzalnāhu Qurʾānan ʿArabīyan wa-ṣarrafnā fīhi mina al-waʿīdi laʿallahum yattaqūna aw yuḥdithu lahum dhikran 20:114 fa-taʿālá Allāhu al-maliku al-ḥaqqu wa-lā taʿjal bi-al-Qurʾāni min qabli an yuqḍá ilayka waḥyuhu wa-qul rabbi zidnī ʿilman 20:115 wa-laqad ʿahidnā ilá Ādama min qablu fa-nasiya wa-lam najid lahu ʿazman 20:116 wa-idh qulnā lil-malāʾikati usjudū li-Ādama fa-sajadū illā Iblīsa abá 20:117 fa-qulnā yā Ādamu inna hādhā ʿadūwun laka wa-li-zawjika fa-lā yukhrijannakumā mina al-jannati fa-tashqá 20:118 inna laka allā tajūʿa fīhā wa-lā taʿrá 20:119 wa-annaka lā taẓmaʾu fīhā wa-lā taḍḥá 20:120 fa-waswasa ilayhi al-shayṭānu qāla yā Ādamu hal adulluka ʿalá shajarati al-khuldi wa-mulkin lā yablá 20:121 fa-akalā minhā fa-badat lahumā sawʾātuhumā wa-ṭafiqā yakhṣifāni ʿalayhimā min waraqi al-jannati wa-ʿaṣá Ādamu rabbahu fa-ghawá 20:122 thumma ijtabāhu rabbuhu fa-tāba ʿalayhi wa-hadá 20:123 qāla ihbiṭā minhā jamīʿan baʿḍukum li-baʿḍin ʿadūwun fa-immā yaʾtiyannakum minnī hudan fa-mani ittabaʿa hudāya fa-lā yaḍillu wa-lā yashqá 20:124 wa-man aʿraḍa ʿan dhikrī fa-inna lahu maʿīshatan ḍankan wa-naḥshuruhu yawma al-qiyāmati aʿmá 20:125 qāla rabbi li-ma ḥashartanī aʿmá wa-qad kuntu baṣīran 20:126 qāla kadhālika atatka āyātunā fa-nasītahā wa-kadhālika al-yawma tunsá 20:127 wa-kadhālika najzī man asrafa wa-lam yu'min bi-āyāti rabbihi wa-la-ʿadhābu al-ākhirati ashaddu wa-abqá 20:128 a-fa-lam yahdi lahum kam ahlaknā qablahum mina al-qurūni yamshūna fī masākinihim inna fī dhālika la-āyātin li-ulī al-nuhá 20:129 wa-lawlā kalimatun sabaqat min rabbika la-kāna lizāman wa-ajalun musamman 20:130 fa-iṣbir ʿalá mā yaqūlūna wa-sabbiḥ bi-ḥamdi rabbika qabla ṭulūʿi al-shamsi wa-qabla ghurūbihā wa-min ānā'i al-layli fa-sabbiḥ wa-aṭrāfa al-nahāri laʿallaka tarḍá 20:131 wa-lā tamuddanna ʿaynayka ilá mā mattaʿnā bi-hi azwājan minhum zahrata al-ḥayāti al-dunyā li-naftinahum fīhi wa-rizqu rabbika khayrun wa-abqá 20:132 wa-i'mur ahlaka bi-al-ṣalāti wa-iṣṭabir ʿalayhā lā nas'aluka rizqan naḥnu narzuquka wa-al-ʿāqibatu lil-taqwá 20:133 wa-qālū lawlā ya'tīnā bi-āyatin min rabbihi a-wa-lam ta'tihim bayyinatu mā fī al-ṣuḥufi al-ūlá 20:134 wa-law annā ahlaknāhum bi-ʿadhābin min qablihi la-qālū rabbanā lawlā arsalta ilaynā rasūlan fa-nattabiʿa āyātika min qabli an nadhilla wa-nakhzá 20:135 qul kullun mutarabbiṣun fa-tarabbaṣū fa-sa-taʿlamūna man aṣḥābu al-ṣirāṭi al-sawīyi wa-mani ihtadá 21:1 bismillāhi al-raḥmāni al-raḥīmi iqtaraba lil-nāsi ḥisābuhum wa-hum fī ghaflatin muʿriḍūna 21:2 mā ya'tīhim min dhikrin min rabbihim muḥdathin illā istamaʿūhu wa-hum yalʿabūna 21:3 lāhiyatan qulūbuhum wa-asarrū al-najwá al-ladhīna ẓalamū hal hādhā illā basharun mithlukum a-fa-ta'tūna al-siḥra wa-antum tubṣirūna 21:4 qāla rabbī yaʿlamu al-qawla fī al-samā'i wa-al-arḍi wa-huwa al-samīʿu al-ʿalīmu 21:5 bal qālū aḍghāthu aḥlāmin bali iftarāhu bal huwa shāʿirun fa-li-ya'tinā bi-āyatin ka-mā ursila al-awwalūna 21:6 mā āmanat qablahum min qaryatin ahlaknāhā a-fa-hum yu'minūna 21:7 wa-mā arsalnā qablaka illā rijālan nūḥī ilayhim fa-is'alū ahla al-dhikri in kuntum lā taʿlamūna 21:8 wa-mā jaʿalnāhum jasadan lā ya'kulūna al-ṭaʿāma wa-mā kānū khālidīna 21:9 thumma ṣadaqnāhumu al-waʿda fa-anjaynāhum wa-man nashā'u wa-ahlaknā al-musrifīna 21:10 laqad anzalnā ilaykum kitāban fīhi dhikrukum a-fa-lā taʿqilūna 21:11 wa-kam qaṣamnā min qaryatin kānat ẓālimatan wa-ansha'nā baʿdahā qawman ākharīna 21:12 fa-lammā aḥassū ba'sanā idhā hum minhā yarkuḍūna 21:13 lā tarkuḍū wa-irjiʿū ilá mā utriftum fīhi wa-masākinikum laʿallakum tus'alūna 21:14 qālū yā waylanā innā kunnā ẓālimīna 21:15 fa-mā zālat tilka daʿwāhum ḥattá jaʿalnāhum ḥaṣīdan khāmidīna 21:16 wa-mā khalaqnā al-samā'a wa-al-arḍa wa-mā baynahumā lāʿibīna 21:17 law aradnā an nattakhidha lahwan la-ittakhadhnāhu min ladunnā in kunnā fāʿilīna 21:18 bal naqdhifu bi-al-ḥaqqi ʿalá al-bāṭili fa-yadmaghuhu fa-idhā huwa zāhiqun wa-lakumu al-waylu mimmā taṣifūna 21:19 wa-lahu man fī al-samāwāti wa-al-arḍi wa-man ʿindahu lā yastakbirūna ʿan ʿibādatihi wa-lā yastaḥsirūna 21:20 yusabbiḥūna al-layla wa-al-nahāra lā yafturūna 21:21 ami ittakhadhū ālihatan mina al-arḍi hum yunshirūna 21:22 law kāna fīhimā ālihatun illā Allāhu la-fasadatā fa-subḥāna Allāhi rabbi al-ʿarshi ʿammā yaṣifūna 21:23 lā yus'alu ʿammā yafʿalu wa-hum yus'alūna 21:24 ami ittakhadhū min dūnihi ālihatan qul hātū burhānakum hādhā dhikru man maʿiya wa-dhikru man qablī bal aktharuhum lā yaʿlamūna al-ḥaqqa fa-hum muʿriḍūna 21:25 wa-mā arsalnā min qablika min rasūlin illā nūḥī ilayhi annahu lā ilāha illā anā fa-uʿbudūni 21:26 wa-qālū ittakhadha al-raḥmanu waladan subḥānahu bal ʿibādun mukramūna 21:27 lā yasbiqūnahu bi-al-qawli wa-hum bi-amrihi yaʿmalūna 21:28 yaʿlamu mā bayna aydīhim wa-mā khalfahum wa-lā yashfaʿūna illā li-mani irtaḍá wa-hum min khashyatihi mushfiqūna 21:29 wa-man yaqul minhum innī ilāhun min dūnihi fa-dhālika najzīhi jahannama kadhālika najzī al-ẓālimīna 21:30 a-wa-lam yara al-ladhīna kafarū anna al-samāwāti wa-al-arḍa kānatā ratqan fa-fataqnāhumā wa-jaʿalnā mina al-mā'i kulla shay'in ḥayyin a-fa-lā yu'minūna 21:31 wa-jaʿalnā fī al-arḍi rawāsiya an tamīda bi-him wa-jaʿalnā fīhā fijājan subulan laʿallahum yahtadūna 21:32 wa-jaʿalnā al-samā'a saqfan maḥfūẓan wa-hum ʿan āyātihā muʿriḍūna 21:33 wa-huwa al-ladhī khalaqa al-layla wa-al-nahāra wa-al-shamsa wa-al-qamara kullun fī falakin yasbaḥūna 21:34 wa-mā jaʿalnā li-basharin min qablika al-khulda a-fa-in mitta fa-humu al-khālidūna 21:35 kullu nafsin dhāʾiqatu al-mawti wa-nablūkum bi-al-sharri wa-al-khayri fitnatan wa-ilaynā turjaʿūna 21:36 wa-idhā raʾāka al-ladhīna kafarū in yattakhidhūnaka illā huzuwan a-hādhā al-ladhī yadhkuru ālihatakum wa-hum bi-dhikri al-raḥmani hum kāfirūna 21:37 khuliqa al-insānu min ʿajalin sa-urīkum ayātī fa-lā tastaʿjilūni 21:38 wa-yaqūlūna matá hādhā al-waʿdu in kuntum ṣādiqīna 21:39 law yaʿlamu al-ladhīna kafarū ḥīna lā yakuffūna ʿan wujūhihimu al-nāra wa-lā ʿan ẓuhūrihim wa-lā hum yunṣarūna 21:40 bal taʾtīhim baghtatan fa-tabhatuhum fa-lā yastaṭīʿūna raddahā wa-lā hum yunẓarūna 21:41 wa-laqadi ustuhziʾa bi-rusulin min qablika fa-ḥāqa bi-al-ladhīna sakhirū minhum mā kānū bi-hi yastahziʾūna 21:42 qul man yaklaʾukum bi-al-layli wa-al-nahāri mina al-raḥmani bal hum ʿan dhikri rabbihim muʿriḍūna 21:43 am lahum ālihatun tamnaʿuhum min dūninā lā yastaṭīʿūna naṣra anfusihim wa-lā hum minnā yuṣḥabūna 21:44 bal mattaʿnā hāʾulāʾi wa-ābāʾahum ḥattá ṭāla ʿalayhimu al-ʿumuru a-fa-lā yarawna annā naʾtī al-arḍa nanquṣuhā min aṭrāfihā a-fa-humu al-ghālibūna 21:45 qul innamā undhirukum bi-al-waḥyī wa-lā yasmaʿu al-ṣummu al-duʿāʾa idhā mā yundharūna 21:46 wa-la-in massatʾhum nafḥatun min ʿadhābi rabbika la-yaqūlunna yā waylanā innā kunnā ẓālimīna 21:47 wa-naḍaʿu al-mawāzīna al-qisṭa li-yawmi al-qiyāmati fa-lā tuẓlamu nafsun shayʾan wa-in kāna mithqāla ḥabbatin min khardalin ataynā bi-hā wa-kafá binā ḥāsibīna 21:48 wa-laqad ātaynā Mūsá wa-Hārūna al-furqāna wa-ḍyāʾan wa-dhikran lil-muttaqīna 21:49 al-ladhīna yakhshawna rabbahum bi-al-ghaybi wa-hum mina al-sāʿati mushfiqūna 21:50 wa-hādhā dhikrun mubārakun anzalnāhu a-fa-antum lahu munkirūna 21:51 wa-laqad ātaynā Ibrāhīma rushdahu min qablu wa-kunnā bi-hi ʿālimīna 21:52 idh qāla li-abīhi wa-qawmihi mā hādhihi al-tamāthīlu al-latī antum lahā ʿākifūna 21:53 qālū wajadnā ābāʾanā lahā ʿābidīna 21:54 qāla laqad kuntum antum wa-ābāʾukum fī ḍalālin mubīnin 21:55 qālū a-jiʾtanā bi-al-ḥaqqi am anta mina al-lāʿibīna 21:56 qāla bal rabbukum rabbu al-samāwāti wa-al-arḍi al-ladhī faṭarahunna wa-anā ʿalá dhālikum mina al-shāhidīna 21:57 wa-tallāhi la-akīdanna aṣnāmakum baʿda an tuwallū mudbirīna 21:58 fa-jaʿalahum judhādhan illā kabīran lahum laʿallahum ilayhi yarjiʿūna 21:59 qālū man faʿala hādhā bi-ālihatinā innahu la-mina al-ẓālimīna 21:60 qālū samiʿnā fatan yadhkuruhum yuqālu lahu Ibrāhīmu 21:61 qālū fa-iʾtū bi-hi ʿalá aʿyuni al-nāsi laʿallahum yashhadūna 21:62 qālū a-anta faʿalta hādhā bi-ālihatinā yā Ibrāhīmu 21:63 qāla bal faʿalahu kabīruhum hādhā fa-isʾalūhum in kānū yanṭiqūna 21:64 fa-rajaʿū ilá anfusihim fa-qālū innakum antumu al-ẓālimūna 21:65 thumma nukisū ʿalá ruʾūsihim laqad ʿalimta mā hāʾulāʾi yanṭiqūna 21:66 qāla a-fa-taʿbudūna min dūni Allāhi mā lā yanfaʿukum shayʾan wa-lā yaḍurrukum 21:67 uffin lakum wa-li-mā taʿbudūna min dūni Allāhi a-fa-lā taʿqilūna 21:68 qālū ḥarriqūhu wa-unṣurū ālihatakum in kuntum fāʿilīna 21:69 qulnā yā nāru kūnī bardan wa-salāman ʿalá Ibrāhīma 21:70 wa-arādū bi-hi kaydan fa-jaʿalnāhumu al-akhsarīna 21:71 wa-najjaynāhu wa-Lūṭan ilá al-arḍi al-latī bāraknā fīhā lil-ʿālamīna 21:72 wa-wahabnā lahu Isḥāqa wa-Yaʿqūba nāfilatan wa-kullan jaʿalnā ṣāliḥīna 21:73 wa-jaʿalnāhum aʾimmatan yahdūna bi-amrinā wa-awḥaynā ilayhim fiʿla al-khayrāti wa-iqāma al-ṣalāti wa-ītāʾa al-zakāti wa-kānū lanā ʿābidīna 21:74 wa-Lūṭan ātaynāhu ḥukman wa-ʿilman wa-najjaynāhu mina al-qaryati al-latī kānat taʿmalu al-khabāʾitha innahum kānū qawma sawʾin fāsiqīna 21:75 wa-adkhalnāhu fī raḥmatinā innahu mina al-ṣāliḥīna 21:76 wa-Nūḥan idh nādá min qablu fa-istajabnā lahu fa-najjaynāhu wa-ahlahu mina al-karbi al-ʿaẓīmi 21:77 wa-naṣarnāhu mina al-qawmi al-ladhīna kadhdhabū bi-āyātinā innahum kānū qawma sawʾin fa-aghraqnāhum ajmaʿīna 21:78 wa-Dāwūda wa-Sulaymāna idh yaḥkumāni fī al-ḥarthi idh nafashat fīhi ghanamu al-qawmi wa-kunnā li-ḥukmihim shāhidīna 21:79 fa-fahhamnāhā Sulaymāna wa-kullan ātaynā ḥukman wa-ʿilman wa-sakhkharnā maʿa Dāwūda al-jibāla yusabbiḥna wa-al-ṭayra wa-kunnā fāʿilīna 21:80 wa-ʿallamnāhu ṣanʿata labūsin lakum li-tuḥṣinakum min baʾsikum fa-hal antum shākirūna 21:81 wa-li-Sulaymāna al-rīḥa ʿāṣifatan tajrī bi-amrihi ilá al-arḍi al-latī bāraknā fīhā wa-kunnā bi-kulli shayʾin ʿālimīna 21:82 wa-mina al-shayāṭīni man yaghūṣūna lahu wa-yaʿmalūna ʿamalan dūna dhālika wa-kunnā lahum ḥāfiẓīna 21:83 wa-Ayyūba idh nādá rabbahu annī massaniya al-ḍurru wa-anta arḥamu al-rāḥimīna 21:84 fa-istajabnā lahu fa-kashafnā mā bi-hi min ḍurrin wa-ātaynāhu ahlahu wa-mithlahum maʿahum raḥmatan min ʿindinā wa-dhikrá lil-ʿābidīna 21:85 wa-Ismāʿīla wa-Idrīsa wa-Dhā al-Kifli kullun mina al-ṣābirīna 21:86 wa-adkhalnāhum fī raḥmatinā innahum mina al-ṣāliḥīna 21:87 wa-Dhā al-Nūni idh dhahaba mughāḍiban fa-ẓanna an lan naqdira ʿalayhi fa-nādá fī al-ẓulumāti an lā ilāha illā anta subḥānaka innī kuntu mina al-ẓālimīna 21:88 fa-istajabnā lahu wa-najjaynāhu mina al-ghammi wa-kadhālika nunjī al-muʾminīna 21:89 wa-Zakarīyā idh nādá rabbahu rabbi lā tadharnī fardan wa-anta khayru al-wārithīna 21:90 fa-istajabnā lahu wa-wahabnā lahu Yaḥyá wa-aṣlaḥnā lahu zawjahu innahum kānū yusāriʿūna fī al-khayrāti wa-yadʿūnanā raghaban wa-rahaban wa-kānū lanā khāshiʿīna 21:91 wa-al-latī aḥṣanat farjahā fa-nafakhnā fīhā min rūḥinā wa-jaʿalnāhā wa-ibnahā āyatan lil-ʿālamīna 21:92 inna hādhihi ummatukum ummatan wāḥidatan wa-anā rabbukum fa-uʿbudūni 21:93 wa-taqaṭṭaʿū amrahum baynahum kullun ilaynā rājiʿūna 21:94 fa-man yaʿmal mina al-ṣāliḥāti wa-huwa muʾminun fa-lā kufrāna li-saʿyihi wa-innā lahu kātibūna 21:95 wa-ḥarāmun ʿalá qaryatin ahlaknāhā annahum lā yarjiʿūna 21:96 ḥattá idhā futiḥat Yaʾjūju wa-Maʾjūju wa-hum min kulli ḥadabin yansilūna 21:97 wa-iqtaraba al-waʿdu al-ḥaqqu fa-idhā hiya shākhiṣatun abṣāru al-ladhīna kafarū yā waylanā qad kunnā fī ghaflatin min hādhā bal kunnā ẓālimīna 21:98 innakum wa-mā taʿbudūna min dūni Allāhi ḥaṣabu jahannama antum lahā wāridūna 21:99 law kāna hāʾulāʾi ālihatan mā wa-radūhā wa-kullun fīhā khālidūna 21:100 lahum fīhā zafīrun wa-hum fīhā lā yasmaʿūna 21:101 inna al-ladhīna sabaqat lahum minnā al-ḥusná ulāʾika ʿanhā mubʿadūna 21:102 lā yasmaʿūna ḥasīsahā wa-hum fī mā ashtahat anfusuhum khālidūna 21:103 lā yaḥzunuhumu al-fazaʿu al-akbaru wa-tatalaqqāhumu al-malāʾikatu hādhā yawmukumu al-ladhī kuntum tūʿadūna 21:104 yawma naṭwī al-samāʾa ka-ṭayyi al-sijilli lil-kutubi ka-mā badaʾnā awwala khalqin nuʿīduhu waʿdan ʿalaynā innā kunnā fāʿilīna 21:105 wa-laqad katabnā fī al-zabūri min baʿdi al-dhikri anna al-arḍa yarithuhā ʿibādiya al-ṣāliḥūna 21:106 inna fī hādhā la-balāghan li-qawmin ʿābidīna 21:107 wa-mā arsalnāka illā raḥmatan lil-ʿālamīna 21:108 qul innamā yūḥá ilayya annamā ilāhukum ilāhun wāḥidun fa-hal antum Muslimūna 21:109 fa-in tawallaw fa-qul ādhantukum ʿalá sawāʾin wa-in adrī a-qarībun am baʿīdun mā tūʿadūna 21:110 innahu yaʿlamu al-jahra mina al-qawli wa-yaʿlamu mā taktumūna 21:111 wa-in adrī laʿallahu fitnatun lakum wa-matāʿun ilá ḥīnin 21:112 qāla rabbi uḥkum bi-al-ḥaqqi wa-rabbunā al-raḥmanu al-mustaʿānu ʿalá mā taṣifūna 22:1 bismillāhi al-raḥmāni al-raḥīmi yā ayyuhā al-nāsu ittaqū rabbakum inna zalzalata al-sāʿati shayʾun ʿaẓīmun 22:2 yawma tarawnahā tadhhalu kullu murḍiʿatin ʿammā arḍaʿat wa-taḍaʿu kullu dhāti ḥamlin ḥamlahā wa-tará al-nāsa sukārá wa-mā hum bi-sukārá wa-lākinna ʿadhāba Allāhi shadīdun 22:3 wa-mina al-nāsi man yujādilu fī Allāhi bi-ghayri ʿilmin wa-yattabiʿu kulla shayṭānin marīdin 22:4 kutiba ʿalayhi annahu man tawallāhu fa-annahu yuḍilluhu wa-yahdīhi ilá ʿadhābi al-saʿīri 22:5 yā ayyuhā al-nāsu in kuntum fī raybin mina al-baʿthi fa-innā khalaqnākum min turābin thumma min nuṭfatin thumma min ʿalaqatin thumma min muḍghatin mukhallaqatin wa-ghayri mukhallaqatin li-nubayyina lakum wa-nuqirru fī al-arḥāmi mā nashāʾu ilá ajalin musamman thumma nukhrijukum ṭiflan thumma li-tablughū ashuddakum wa-minkum man yutawaffá wa-minkum man yuraddu ilá ardhali al-ʿumuri li-kay-lā yaʿlama min baʿdi ʿilmin shayʾan wa-tará al-arḍa hāmidatan fa-idhā anzalnā ʿalayhā al-māʾa ihtazzat wa-rabat wa-anbatat min kulli zawjin bahījin 22:6 dhālika bi-anna Allāha huwa al-ḥaqqu wa-annahu yuḥyī al-mawtá wa-annahu ʿalá kulli shayʾin qadīrun 22:7 wa-anna al-sāʿata ātiyatun lā rayba fīhā wa-anna Allāha yabʿathu man fī al-qubūri 22:8 wa-mina al-nāsi man yujādilu fī Allāhi bi-ghayri ʿilmin wa-lā hudan wa-lā kitābin munīrin 22:9 thāniya ʿiṭfihi li-yuḍilla ʿan sabīli Allāhi lahu fī al-dunyā khizyun wa-nudhīquhu yawma al-qiyāmati ʿadhāba al-ḥarīqi 22:10 dhālika bi-mā qaddamat yadāka wa-anna Allāha laysa bi-ẓallāmin lil-ʿabīdi 22:11 wa-mina al-nāsi man yaʿbudu Allāha ʿalá ḥarfin fa-in aṣābahu khayrun iṭmaʾanna bi-hi wa-in aṣābathu fitnatun inqalaba ʿalá wajhihi khasira al-dunyā wa-al-ākhirata dhālika huwa al-khusrānu al-mubīnu 22:12 yadʿū min dūni Allāhi mā lā yaḍurruhu wa-mā lā yanfaʿuhu dhālika huwa al-ḍalālu al-baʿīdu 22:13 yadʿū la-man ḍarruhu aqrabu min nafʿihi la-biʾsa al-mawlá wa-la-biʾsa al-ʿashīru 22:14 inna Allāha yudkhilu al-ladhīna āmanū wa-ʿamilū al-ṣāliḥāti jannātin tajrī min taḥtihā al-anhāru inna Allāha yafʿalu mā yurīdu 22:15 man kāna yaẓunnu an lan yanṣurahu Allāhu fī al-dunyā wa-al-ākhirati fa-li-yamdud bi-sababin ilá al-samāʾi thumma li-yaqṭaʿ fa-li-yanẓur hal yudhhibanna kayduhu mā yaghīẓu 22:16 wa-kadhālika anzalnāhu āyātin bayyinātin wa-anna Allāha yahdī man yurīdu 22:17 inna al-ladhīna āmanū wa-al-ladhīna hādū wa-al-ṣābiʾīna wa-al-naṣārá wa-al-majūsa wa-al-ladhīna ashrakū inna Allāha yafṣilu baynahum yawma al-qiyāmati inna Allāha ʿalá kulli shayʾin shahīdun 22:18 a-lam tara anna Allāha yasjudu lahu man fī al-samāwāti wa-man fī al-arḍi wa-al-shamsu wa-al-qamaru wa-al-nujūmu wa-al-jibālu wa-al-shajaru wa-al-dawābbu wa-kathīrun mina al-nāsi wa-kathīrun ḥaqqa ʿalayhi al-ʿadhābu wa-man yuhini Allāhu fa-mā lahu min mukrimin inna Allāha yafʿalu mā yashāʾu 22:19 hādhāni khaṣmāni ikhtaṣamū fī rabbihim fa-al-ladhīna kafarū quṭṭiʿat lahum thiyābun min nārin yuṣabbu min fawqi ruʾūsihimu al-ḥamīmu 22:20 yuṣharu bi-hi mā fī buṭūnihim wa-al-julūdu 22:21 wa-lahum maqāmiʿu min ḥadīdin 22:22 kullamā arādū an yakhrujū minhā min ghammin uʿīdū fīhā wa-dhūqū ʿadhāba al-ḥarīqi 22:23 inna Allāha yudkhilu al-ladhīna āmanū wa-ʿamilū al-ṣāliḥāti jannātin tajrī min taḥtihā al-anhāru yuḥallawna fīhā min asāwira min dhahabin wa-luʾluʾan wa-libāsuhum fīhā ḥarīrun 22:24 wa-hudū ilá al-ṭayyibi mina al-qawli wa-hudū ilá ṣirāṭi al-ḥamīdi 22:25 inna al-ladhīna kafarū wa-yaṣuddūna ʿan sabīli Allāhi wa-al-masjidi al-ḥarāmi al-ladhī jaʿalnāhu lil-nāsi sawāʾan al-ʿākifu fīhi wa-al-bādi wa-man yurid fīhi bi-ilḥādin bi-ẓulmin nudhiqhu min ʿadhābin alīmin 22:26 wa-idh bawwaʾnā li-Ibrāhīma makāna al-bayti an lā tushrik bī shayʾan wa-ṭahhir baytiya lil-ṭāʾifīna wa-al-qāʾimīna wa-al-rukkaʿi al-sujūdi 22:27 wa-adhdhin fī al-nāsi bi-al-ḥajji yaʾtūka rijālan wa-ʿalá kulli ḍāmirin yaʾtīna min kulli fajjin ʿamīqin 22:28 li-yashhadū manāfiʿa lahum wa-yadhkurū isma Allāhi fī ayyāmin maʿlūmātin ʿalá mā razaqahum min bahīmati al-anʿāmi fa-kulū minhā wa-aṭʿimū al-bāʾisa al-faqīra 22:29 thumma li-yaqḍū tafathahum wa-li-yūfū nudhūrahum wa-li-yaṭṭawwafū bi-al-bayti al-ʿatīqi 22:30 dhālika wa-man yuʿaẓẓim ḥurumāti Allāhi fa-huwa khayrun lahu ʿinda rabbihi wa-uḥillat lakumu al-anʿāmu illā mā yutlá ʿalaykum fa-ijtanibū al-rijsa mina al-awthāni wa-ijtanibū qawla al-zūri 22:31 ḥunafāʾa lillāhi ghayra mushrikīna bi-hi wa-man yushrik billāhi fa-ka-annamā kharra mina al-samāʾi fa-takhṭafuhu al-ṭayru aw tahwī bi-hi al-rīḥu fī makānin saḥīqin 22:32 dhālika wa-man yuʿaẓẓim shaʿāʾira Allāhi fa-innahā min taqwá al-qulūbi 22:33 lakum fīhā manāfiʿu ilá ajalin musamman thumma maḥilluhā ilá al-bayti al-ʿatīqi 22:34 wa-li-kulli ummatin jaʿalnā mansakan li-yadhkurū isma Allāhi ʿalá mā razaqahum min bahīmati al-anʿāmi fa-ilāhukum ilāhun wāḥidun fa-lahu aslimū wa-bashshiri al-mukhbitīna 22:35 al-ladhīna idhā dhukira Allāhu wajilat qulūbuhum wa-al-ṣābirīna ʿalá mā aṣābahum wa-al-muqīmī al-ṣalāti wa-mimmā razaqnāhum yunfiqūna 22:36 wa-al-budna jaʿalnāhā lakum min shaʿāʾiri Allāhi lakum fīhā khayrun fa-udhkurū isma Allāhi ʿalayhā ṣawāffa fa-idhā wajabat junūbuhā fa-kulū minhā wa-aṭʿimū al-qāniʿa wa-al-muʿtarra kadhālika sakhkharnāhā lakum laʿallakum tashkurūna 22:37 lan yanāla Allāha luḥūmuhā wa-lā dimā'uhā wa-lākin yanāluhu al-taqwá minkum kadhālika sakhkharahā lakum li-tukabbirū Allāha ʿalá mā hadākum wa-bashshiri al-muḥsinīna 22:38 inna Allāha yudāfiʿu ʿani al-ladhīna āmanū inna Allāha lā yuḥibbu kulla khawwānin kafūrin 22:39 udhina lil-ladhīna yuqātalūna bi-annahum ẓulimū wa-inna Allāha ʿalá naṣrihim la-qadīrun 22:40 al-ladhīna ukhrijū min diyārihim bi-ghayri ḥaqqin illā an yaqūlū rabbunā Allāhu wa-lawlā dafʿu Allāhi al-nāsa baʿḍahum bi-baʿḍin la-huddimat ṣawāmiʿu wa-byaʿun wa-ṣalawātun wa-masājidu yudhkaru fīhā ismu Allāhi kathīran wa-la-yanṣuranna Allāhu man yanṣuruhu inna Allāha la-qawīyun ʿazīzun 22:41 al-ladhīna in makkannāhum fī al-arḍi aqāmū al-ṣalāta wa-ātawū al-zakāta wa-amarū bi-al-maʿrūfi wa-nahaw ʿani al-munkari wa-lillāhi ʿāqibatu al-umūri 22:42 wa-in yukadhdhibūka fa-qad kadhdhabat qablahum qawmu Nūḥin wa-ʿĀdun wa-Thamūdu 22:43 wa-qawmu Ibrāhīma wa-qawmu Lūṭin 22:44 wa-aṣḥābu Madyana wa-kudhdhiba Mūsá fa-amlaytu lil-kāfirīna thumma akhadhtuhum fa-kayfa kāna nakīri 22:45 fa-ka-ayyin min qaryatin ahlaknāhā wa-hiya ẓālimatun fa-hiya khāwiyatun ʿalá ʿurūshihā wa-bi'rin muʿaṭṭalatin wa-qaṣrin mashīdin 22:46 a-fa-lam yasīrū fī al-arḍi fa-takūna lahum qulūbun yaʿqilūna bi-hā aw ādhānun yasmaʿūna bi-hā fa-innahā lā taʿmá al-abṣāru wa-lākin taʿmá al-qulūbu al-latī fī al-ṣudūri 22:47 wa-yastaʿjilūnaka bi-al-ʿadhābi wa-lan yukhlifa Allāhu waʿdahu wa-inna yawman ʿinda rabbika ka-alfi sanatin mimmā taʿuddūna 22:48 wa-ka-ayyin min qaryatin amlaytu lahā wa-hiya ẓālimatun thumma akhadhtuhā wa-ilayya al-maṣīru 22:49 qul yā ayyuhā al-nāsu innamā anā lakum nadhīrun mubīnun 22:50 fa-al-ladhīna āmanū wa-ʿamilū al-ṣāliḥāti lahum maghfiratun wa-rizqun karīmun 22:51 wa-al-ladhīna saʿaw fī āyātinā muʿājizīna ulā'ika aṣḥābu al-jaḥīmi 22:52 wa-mā arsalnā min qablika min rasūlin wa-lā nabīyin illā idhā tamanná alqá al-shayṭānu fī umnīyatihi fa-yansakhu Allāhu mā yulqī al-shayṭānu thumma yuḥkimu Allāhu āyātihi wallāhu ʿalīmun ḥakīmun 22:53 li-yajʿala mā yulqī al-shayṭānu fitnatan lil-ladhīna fī qulūbihim maraḍun wa-al-qāsiyati qulūbuhum wa-inna al-ẓālimīna la-fī shiqāqin baʿīdin 22:54 wa-li-yaʿlama al-ladhīna ūtū al-ʿilma annahu al-ḥaqqu min rabbika fa-yu'minū bi-hi fa-tukhbita lahu qulūbuhum wa-inna Allāha la-hādi al-ladhīna āmanū ilá ṣirāṭin mustaqīmin 22:55 wa-lā yazālu al-ladhīna kafarū fī miryatin minhu ḥattá ta'tiyahumu al-sāʿatu baghtatan aw ya'tiyahum ʿadhābu yawmin ʿaqīmin 22:56 al-mulku yawma'idhin lillāhi yaḥkumu baynahum fa-al-ladhīna āmanū wa-ʿamilū al-ṣāliḥāti fī jannāti al-naʿīmi 22:57 wa-al-ladhīna kafarū wa-kadhdhabū bi-āyātinā fa-ulā'ika lahum ʿadhābun muhīnun 22:58 wa-al-ladhīna hājarū fī sabīli Allāhi thumma qutilū aw mātū la-yarzuqannahumu Allāhu rizqan ḥasanan wa-inna Allāha la-huwa khayru al-rāziqīna 22:59 la-yudkhilannahum mudkhalan yarḍawnahu wa-inna Allāha la-ʿalīmun ḥalīmun 22:60 dhālika wa-man ʿāqaba bi-mithli mā ʿūqiba bi-hi thumma bughiya ʿalayhi la-yanṣurannahu Allāhu inna Allāha la-ʿafūwun ghafūrun 22:61 dhālika bi-anna Allāha yūliju al-layla fī al-nahāri wa-yūliju al-nahāra fī al-layli wa-anna Allāha samīʿun baṣīrun 22:62 dhālika bi-anna Allāha huwa al-ḥaqqu wa-anna mā yadʿūna min dūnihi huwa al-bāṭilu wa-anna Allāha huwa al-ʿalīyu al-kabīru 22:63 a-lam tara anna Allāha anzala mina al-samā'i mā'an fa-tuṣbiḥu al-arḍu mukhḍarratan inna Allāha laṭīfun khabīrun 22:64 lahu mā fī al-samāwāti wa-mā fī al-arḍi wa-inna Allāha la-huwa al-ghanīyu al-ḥamīdu 22:65 a-lam tara anna Allāha sakhkhara lakum mā fī al-arḍi wa-al-fulka tajrī fī al-baḥri bi-amrihi wa-yumsiku al-samā'a an taqaʿa ʿalá al-arḍi illā bi-idhnihi inna Allāha bi-al-nāsi la-ra'ūfun raḥīmun 22:66 wa-huwa al-ladhī aḥyākum thumma yumītukum thumma yuḥyīkum inna al-insāna la-kafūrun 22:67 li-kulli ummatin jaʿalnā mansakan hum nāsikūhu fa-lā yunāziʿunnaka fī al-amri wa-udʿu ilá rabbika innaka la-ʿalá hudan mustaqīmin 22:68 wa-in jādalūka fa-quli Allāhu aʿlamu bi-mā taʿmalūna 22:69 Allāhu yaḥkumu baynakum yawma al-qiyāmati fī-mā kuntum fīhi takhtalifūna 22:70 a-lam taʿlam anna Allāha yaʿlamu mā fī al-samāʾi wa-al-arḍi inna dhālika fī kitābin inna dhālika ʿalá Allāhi yasīrun 22:71 wa-yaʿbudūna min dūni Allāhi mā lam yunazzil bi-hi sulṭānan wa-mā laysa lahum bi-hi ʿilmun wa-mā lil-ẓālimīna min naṣīrin 22:72 wa-idhā tutlá ʿalayhim āyātunā bayyinātin taʿrifu fī wujūhi al-ladhīna kafarū al-munkara yakādūna yasṭūna bi-al-ladhīna yatlūna ʿalayhim āyātinā qul a-fa-unabbiʾukum bi-sharrin min dhālikumu al-nāru waʿadahā Allāhu al-ladhīna kafarū wa-biʾsa al-maṣīru 22:73 yā ayyuhā al-nāsu ḍuriba mathalun fa-istamiʿū lahu inna al-ladhīna tadʿūna min dūni Allāhi lan yakhluqū dhubāban wa-lawi ijtamaʿū lahu wa-in yaslubhumu al-dhubābu shayʾan lā yastanqidhūhu minhu ḍaʿufa al-ṭālibu wa-al-maṭlūbu 22:74 mā qadarū Allāha ḥaqqa qadrihi inna Allāha la-qawīyun ʿazīzun 22:75 Allāhu yaṣṭafī mina al-malāʾikati rusulan wa-mina al-nāsi inna Allāha samīʿun baṣīrun 22:76 yaʿlamu mā bayna aydīhim wa-mā khalfahum wa-ilá Allāhi turjaʿu al-umūru 22:77 yā ayyuhā al-ladhīna āmanū irkaʿū wa-usjudū wa-uʿbudū rabbakum wa-ifʿalū al-khayra laʿallakum tufliḥūna 22:78 wa-jāhidū fī Allāhi ḥaqqa jihādihi huwa ijtabākum wa-mā jaʿala ʿalaykum fī al-dīni min ḥarajin millata abīkum Ibrāhīma huwa sammākumu al-Muslimīna min qablu wa-fī hādhā li-yakūna al-rasūlu shahīdan ʿalaykum wa-takūnū shuhadāʾa ʿalá al-nāsi fa-aqīmū al-ṣalāta wa-ātū al-zakāta wa-iʿtaṣimū billāhi huwa mawlākum fa-niʿma al-mawlá wa-niʿma al-naṣīru 23:1 bismillāhi al-raḥmāni al-raḥīmi qad aflaḥa al-muʾminūna 23:2 al-ladhīna hum fī ṣalātihim khāshiʿūna 23:3 wa-al-ladhīna hum ʿani al-laghwi muʿriḍūna 23:4 wa-al-ladhīna hum lil-zakāti fāʿilūna 23:5 wa-al-ladhīna hum li-furūjihim ḥāfiẓūna 23:6 illā ʿalá azwājihim aw mā malakat aymānuhum fa-innahum ghayru malūmīna 23:7 fa-mani ibtaghá warāʾa dhālika fa-ulāʾika humu al-ʿādūna 23:8 wa-al-ladhīna hum li-amānātihim wa-ʿahdihim rāʿūna 23:9 wa-al-ladhīna hum ʿalá ṣalawātihim yuḥāfiẓūna 23:10 ulāʾika humu al-wārithūna 23:11 al-ladhīna yarithūna al-firdawsa hum fīhā khālidūna 23:12 wa-laqad khalaqnā al-insāna min sulālatin min ṭīnin 23:13 thumma jaʿalnāhu nuṭfatan fī qarārin makīnin 23:14 thumma khalaqnā al-nuṭfata ʿalaqatan fa-khalaqnā al-ʿalaqata muḍghatan fa-khalaqnā al-muḍghata ʿiẓāman fa-kasawnā al-ʿiẓāma laḥman thumma anshaʾnāhu khalqan ākhara fa-tabāraka Allāhu aḥsanu al-khāliqīna 23:15 thumma innakum baʿda dhālika la-mayyitūna 23:16 thumma innakum yawma al-qiyāmati tubʿathūna 23:17 wa-laqad khalaqnā fawqakum sabʿa ṭarāʾiqa wa-mā kunnā ʿani al-khalqi ghāfilīna 23:18 wa-anzalnā mina al-samāʾi māʾan bi-qadarin fa-askannāhu fī al-arḍi wa-innā ʿalá dhahābin bi-hi la-qādirūna 23:19 fa-anshaʾnā lakum bi-hi jannātin min nakhīlin wa-aʿnābin lakum fīhā fawākihu kathīratun wa-minhā taʾkulūna 23:20 wa-shajaratan takhruju min ṭūri Saynāʾa tanbutu bi-al-duhni wa-ṣibghin lil-ākilīna 23:21 wa-inna lakum fī al-anʿāmi la-ʿibratan nusqīkum mimmā fī buṭūnihā wa-lakum fīhā manāfiʿu kathīratun wa-minhā taʾkulūna 23:22 wa-ʿalayhā wa-ʿalá al-fulki tuḥmalūna 23:23 wa-laqad arsalnā Nūḥan ilá qawmihi fa-qāla yā qawmi uʿbudū Allāha mā lakum min ilāhin ghayruhu a-fa-lā tattaqūna 23:24 fa-qāla al-malaʾu al-ladhīna kafarū min qawmihi mā hādhā illā basharun mithlukum yurīdu an yatafaḍḍala ʿalaykum wa-law shāʾa Allāhu la-anzala malāʾikatan mā samiʿnā bi-hādhā fī ābāʾinā al-awwalīna 23:25 in huwa illā rajulun bi-hi jinnatun fa-tarabbaṣū bi-hi ḥattá ḥīnin 23:26 qāla rabbi unṣurnī bi-mā kadhdhabūni 23:27 fa-awḥaynā ilayhi ani iṣnaʿi al-fulka bi-aʿyuninā wa-waḥyinā fa-idhā jāʾa amrunā wa-fāra al-tannūru fa-usluk fīhā min kullin zawjayni ithnayni wa-ahlaka illā man sabaqa ʿalayhi al-qawlu minhum wa-lā tukhāṭibnī fī al-ladhīna ẓalamū innahum mughraqūna 23:28 fa-idhā istawayta anta wa-man maʿaka ʿalá al-fulki fa-quli al-ḥamdu lillāhi al-ladhī najjānā mina al-qawmi al-ẓālimīna 23:29 wa-qul rabbi anzilnī munzalan mubārakan wa-anta khayru al-munzilīna 23:30 inna fī dhālika la-āyātin wa-in kunnā la-mubtalīna 23:31 thumma anshaʾnā min baʿdihim qarnan ākharīna 23:32 fa-arsalnā fīhim rasūlan minhum ani uʿbudū Allāha mā lakum min ilāhin ghayruhu a-fa-lā tattaqūna 23:33 wa-qāla al-mala'u min qawmihi al-ladhīna kafarū wa-kadhdhabū bi-liqā'i al-ākhirati wa-atrafnāhum fī al-ḥayāti al-dunyā mā hādhā illā basharun mithlukum ya'kulu mimmā ta'kulūna minhu wa-yashrabu mimmā tashrabūna 23:34 wa-la-in aṭa'tum basharan mithlakum innakum idhan la-khāsirūna 23:35 a-ya'idukum annakum idhā mittum wa-kuntum turāban wa-'iẓāman annakum mukhrajūna 23:36 hayhāta hayhāta li-mā tū'adūna 23:37 in hiya illā ḥayātunā al-dunyā namūtu wa-naḥyā wa-mā naḥnu bi-mab'ūthīna 23:38 in huwa illā rajulun iftará 'alá Allāhi kadhiban wa-mā naḥnu lahu bi-mu'minīna 23:39 qāla rabbi unṣurnī bi-mā kadhdhabūni 23:40 qāla 'ammā qalīlin la-yuṣbiḥunna nādimīna 23:41 fa-akhadhat'humu al-ṣayḥatu bi-al-ḥaqqi fa-ja'alnāhum ghuthā'an fa-bu'dan lil-qawmi al-ẓālimīna 23:42 thumma ansha'nā min ba'dihim qurūnan ākharīna 23:43 mā tasbiqu min ummatin ajalahā wa-mā yasta'khirūna 23:44 thumma arsalnā rusulanā tatrá kulla mā jā'a ummatan rasūluhā kadhdhabūhu fa-atba'nā ba'ḍahum ba'ḍan wa-ja'alnāhum aḥādītha fa-bu'dan li-qawmin lā yu'minūna 23:45 thumma arsalnā Mūsá wa-akhāhu Hārūna bi-āyātinā wa-sulṭānin mubīnin 23:46 ilá Fir'awna wa-mala'ihi fa-istakbarū wa-kānū qawman 'ālīna 23:47 fa-qālū a-nu'minu li-basharayni mithlinā wa-qawmuhumā lanā 'ābidūna 23:48 fa-kadhdhabūhumā fa-kānū mina al-muhlakīna 23:49 wa-laqad ātaynā Mūsá al-kitāba la'allahum yahtadūna 23:50 wa-ja'alnā ibna Maryama wa-ummahu āyatan wa-āwaynāhumā ilá rabwatin dhāti qarārin wa-ma'īnin 23:51 yā ayyuhā al-rusulu kulū mina al-ṭayyibāti wa-i'malū ṣāliḥan innī bi-mā ta'malūna 'alīmun 23:52 wa-inna hādhihi ummatukum ummatan wāḥidatan wa-anā rabbukum fa-ittaqūni 23:53 fa-taqaṭṭa'ū amrahum baynahum zuburan kullu ḥizbin bi-mā ladayhim fariḥūna 23:54 fa-dharhum fī ghamratihim ḥattá ḥīnin 23:55 a-yaḥsabūna annamā numidduhum bi-hi min mālin wa-banīna 23:56 nusāri'u lahum fī al-khayrāti bal lā yash'urūna 23:57 inna al-ladhīna hum min khashyati rabbihim mushfiqūna 23:58 wa-al-ladhīna hum bi-āyāti rabbihim yu'minūna 23:59 wa-al-ladhīna hum bi-rabbihim lā yushrikūna 23:60 wa-al-ladhīna yu'tūna mā ātaw wa-qulūbuhum wajilatun annahum ilá rabbihim rāji'ūna 23:61 ulā'ika yusāri'ūna fī al-khayrāti wa-hum lahā sābiqūna 23:62 wa-lā nukallifu nafsan illā wus'ahā wa-ladaynā kitābun yanṭiqu bi-al-ḥaqqi wa-hum lā yuẓlamūna 23:63 bal qulūbuhum fī ghamratin min hādhā wa-lahum a'mālun min dūni dhālika hum lahā 'āmilūna 23:64 ḥattá idhā akhadhnā mutrafīhim bi-al-'adhābi idhā hum yaj'arūna 23:65 lā taj'arū al-yawma innakum minnā lā tunṣarūna 23:66 qad kānat āyātī tutlá 'alaykum fa-kuntum 'alá a'qābikum tankiṣūna 23:67 mustakbirīna bi-hi sāmiran tahjurūna 23:68 a-fa-lam yaddabbarū al-qawla am jā'ahum mā lam ya'ti ābā'ahumu al-awwalīna 23:69 am lam ya'rifū rasūlahum fa-hum lahu munkirūna 23:70 am yaqūlūna bi-hi jinnatun bal jā'ahum bi-al-ḥaqqi wa-aktharuhum lil-ḥaqqi kārihūna 23:71 wa-lawi ittaba'a al-ḥaqqu ahwā'ahum la-fasadati al-samāwātu wa-al-arḍu wa-man fīhinna bal ataynāhum bi-dhikrihim fa-hum 'an dhikrihim mu'riḍūna 23:72 am tas'aluhum kharjan fa-kharāju rabbika khayrun wa-huwa khayru al-rāziqīna 23:73 wa-innaka la-tad'ūhum ilá ṣirāṭin mustaqīmin 23:74 wa-inna al-ladhīna lā yu'minūna bi-al-ākhirati 'ani al-ṣirāṭi la-nākibūna 23:75 wa-law raḥimnāhum wa-kashafnā mā bi-him min ḍurrin la-lajjū fī ṭughyānihim ya'mahūna 23:76 wa-laqad akhadhnāhum bi-al-'adhābi fa-mā istakānū li-rabbihim wa-mā yataḍarra'ūna 23:77 ḥattá idhā fataḥnā 'alayhim bāban dhā 'adhābin shadīdin idhā hum fīhi mublisūna 23:78 wa-huwa al-ladhī ansha'a lakumu al-sam'a wa-al-abṣāra wa-al-af'idata qalīlan mā tashkurūna 23:79 wa-huwa al-ladhī dhara'akum fī al-arḍi wa-ilayhi tuḥsharūna 23:80 wa-huwa al-ladhī yuḥyī wa-yumītu wa-lahu ikhtilāfu al-layli wa-al-nahāri a-fa-lā ta'qilūna 23:81 bal qālū mithla mā qāla al-awwalūna 23:82 qālū a-idhā mitnā wa-kunnā turāban wa-'iẓāman a-innā la-mab'ūthūna 23:83 laqad wu'idnā naḥnu wa-ābā'unā hādhā min qablu in hādhā illā asāṭīru al-awwalīna 23:84

qul li-mani al-arḍu wa-man fīhā in kuntum taʿlamūna 23:85 sa-yaqūlūna lillāhi qul a-fa-lā tadhakkarūna 23:86 qul man rabbu al-samāwāti al-sabʿi wa-rabbu al-ʿarshi al-ʿaẓīmi 23:87 sa-yaqūlūna lillāhi qul a-fa-lā tattaqūna 23:88 qul man bi-yadihi malakūtu kulli shayʾin wa-huwa yujīru wa-lā yujāru ʿalayhi in kuntum taʿlamūna 23:89 sa-yaqūlūna lillāhi qul fa-anná tusḥarūna 23:90 bal ataynāhum bi-al-ḥaqqi wa-innahum la-kādhibūna 23:91 mā ittakhadha Allāhu min waladin wa-mā kāna maʿahu min ilāhin idhan la-dhahaba kullu ilāhin bi-mā khalaqa wa-laʿalā baʿḍuhum ʿalá baʿḍin subḥāna Allāhi ʿammā yaṣifūna 23:92 ʿālimi al-ghaybi wa-al-shahādati fa-taʿālá ʿammā yushrikūna 23:93 qul rabbi immā turiyannī mā yūʿadūna 23:94 rabbi fa-lā tajʿalnī fī al-qawmi al-ẓālimīna 23:95 wa-innā ʿalá an nuriyaka mā naʿiduhum la-qādirūna 23:96 idfaʿ bi-al-latī hiya aḥsanu al-sayyiʾata naḥnu aʿlamu bi-mā yaṣifūna 23:97 wa-qul rabbi aʿūdhu bika min hamazāti al-shayāṭīni 23:98 wa-aʿūdhu bika rabbi an yaḥḍurūni 23:99 ḥattá idhā jāʾa aḥadahumu al-mawtu qāla rabbi irjiʿūni 23:100 laʿallī aʿmalu ṣāliḥan fī-mā taraktu kallā innahā kalimatun huwa qāʾiluhā wa-min warāʾihim barzakhun ilá yawmi yubʿathūna 23:101 fa-idhā nufikha fī al-ṣūri fa-lā ansāba baynahum yawmaʾidhin wa-lā yatasāʾalūna 23:102 fa-man thaqulat mawāzīnuhu fa-ulāʾika humu al-mufliḥūna 23:103 wa-man khaffat mawāzīnuhu fa-ulāʾika al-ladhīna khasirū anfusahum fī jahannama khālidūna 23:104 talfaḥu wujūhahumu al-nāru wa-hum fīhā kāliḥūna 23:105 a-lam takun āyātī tutlá ʿalaykum fa-kuntum bi-hā tukadhdhibūna 23:106 qālū rabbanā ghalabat ʿalaynā shiqwatunā wa-kunnā qawman ḍāllīna 23:107 rabbanā akhrijnā minhā fa-in ʿudnā fa-innā ẓālimūna 23:108 qāla ikhsaʾū fīhā wa-lā tukallimūni 23:109 innahu kāna farīqun min ʿibādī yaqūlūna rabbanā āmannā fa-ighfir lanā wa-irḥamnā wa-anta khayru al-rāḥimīna 23:110 fa-ittakhadhtumūhum sikhrīyan ḥattá ansawkum dhikrī wa-kuntum minhum taḍḥakūna 23:111 innī jazaytuhumu al-yawma bi-mā ṣabarū annahum humu al-fāʾizūna 23:112 qāla kam labiththum fī al-arḍi ʿadada sinīna 23:113 qālū labithnā yawman aw baʿḍa yawmin fa-isʾali al-ʿāddīna 23:114 qāla in labiththum illā qalīlan law annakum kuntum taʿlamūna 23:115 a-fa-ḥasibtum annamā khalaqnākum ʿabathan wa-annakum ilaynā lā turjaʿūna 23:116 fa-taʿālá Allāhu al-maliku al-ḥaqqu lā ilāha illā huwa rabbu al-ʿarshi al-karīmi 23:117 wa-man yadʿu maʿa Allāhi ilāhan ākhara lā burhāna lahu bi-hi fa-innamā ḥisābuhu ʿinda rabbihi innahu lā yufliḥu al-kāfirūna 23:118 wa-qul rabbi ighfir wa-irḥam wa-anta khayru al-rāḥimīna 24:1 bismillāhi al-raḥmāni al-raḥīmi sūratun anzalnāhā wa-faraḍnāhā wa-anzalnā fīhā āyātin bayyinātin laʿallakum tadhakkarūna 24:2 al-zānyatu wa-al-zānī fa-ijlidū kulla wāḥidin minhumā miʾata jaldatin wa-lā taʾkhudhkum bi-himā raʾafatun fī dīni Allāhi in kuntum tuʾminūna billāhi wa-al-yawmi al-ākhiri wa-li-yashhad ʿadhābahumā ṭāʾifatun mina al-muʾminīna 24:3 al-zānī lā yankiḥu illā zānyatan aw mushrikatan wa-al-zānyatu lā yankiḥuhā illā zānin aw mushrikin wa-ḥurrima dhālika ʿalá al-muʾminīna 24:4 wa-al-ladhīna yarmūna al-muḥṣanāti thumma lam yaʾtū bi-arbaʿati shuhadāʾa fa-ijlidūhum thamānīna jaldatan wa-lā taqbalū lahum shahādatan abadan wa-ulāʾika humu al-fāsiqūna 24:5 illā al-ladhīna tābū min baʿdi dhālika wa-aṣlaḥū fa-inna Allāha ghafūrun raḥīmun 24:6 wa-al-ladhīna yarmūna azwājahum wa-lam yakun lahum shuhadāʾu illā anfusuhum fa-shahādatu aḥadihim arbaʿu shahādātin billāhi innahu la-mina al-ṣādiqīna 24:7 wa-al-khāmisatu anna laʿnata Allāhi ʿalayhi in kāna mina al-kādhibīna 24:8 wa-yadraʾu ʿanhā al-ʿadhāba an tashhada arbaʿa shahādātin billāhi innahu la-mina al-kādhibīna 24:9 wa-al-khāmisata anna ghaḍaba Allāhi ʿalayhā in kāna mina al-ṣādiqīna 24:10 wa-lawlā faḍlu Allāhi ʿalaykum wa-raḥmatuhu wa-anna Allāha tawwābun ḥakīmun 24:11 inna al-ladhīna jāʾū bi-al-ifki ʿuṣbatun minkum lā taḥsabūhu sharran lakum bal huwa khayrun lakum li-kulli imriʾin minhum mā iktasaba mina al-ithmi wa-al-ladhī tawallá kibrahu minhum lahu ʿadhābun ʿaẓīmun 24:12 lawlā idh samiʿtumūhu ẓanna al-muʾminūna wa-al-muʾminātu bi-anfusihim khayran wa-qālū hādhā ifkun mubīnun 24:13

lawlā jā'ū 'alayhi bi-arba'ati shuhadā'a fa-idh lam ya'tū bi-al-shuhadā'i fa-ulā'ika 'inda Allāhi humu al-kādhibūna 24:14 wa-lawlā faḍlu Allāhi 'alaykum wa-raḥmatuhu fī al-dunyā wa-al-ākhirati la-massakum fī mā afaḍtum fīhi 'adhābun 'aẓīmun 24:15 idh talaqqawnahu bi-alsinatikum wa-taqūlūna bi-afwāhikum mā laysa lakum bi-hi 'ilmun wa-taḥsabūnahu hayyinan wa-huwa 'inda Allāhi 'aẓīmun 24:16 wa-lawlā idh sami'tumūhu qultum mā yakūnu lanā an natakallama bi-hādhā subḥānaka hādhā buhtānun 'aẓīmun 24:17 ya'iẓukumu Allāhu an ta'ūdū li-mithlihi abadan in kuntum mu'minīna 24:18 wa-yubayyinu Allāhu lakumu al-āyāti wallāhu 'alīmun ḥakīmun 24:19 inna al-ladhīna yuḥibbūna an tashī'a al-fāḥishatu fī al-ladhīna āmanū lahum 'adhābun alīmun fī al-dunyā wa-al-ākhirati wallāhu ya'lamu wa-antum lā ta'lamūna 24:20 wa-lawlā faḍlu Allāhi 'alaykum wa-raḥmatuhu wa-anna Allāha ra'ūfun raḥīmun 24:21 yā ayyuhā al-ladhīna āmanū lā tattabi'ū khuṭuwāti al-shayṭāni wa-man yattabi' khuṭuwāti al-shayṭāni fa-innahu ya'muru bi-al-faḥshā'i wa-al-munkari wa-lawlā faḍlu Allāhi 'alaykum wa-raḥmatuhu mā zaká minkum min aḥadin abadan wa-lākinna Allāha yuzakkī man yashā'u wallāhu samī'un 'alīmun 24:22 wa-lā ya'tali ulū al-faḍli minkum wa-al-sa'ati an yu'tū ulī al-qurbá wa-al-masākīna wa-al-muhājirīna fī sabīli Allāhi wa-li-ya'fū wa-li-yaṣfaḥū alā tuḥibbūna an yaghfira Allāhu lakum wallāhu ghafūrun raḥīmun 24:23 inna al-ladhīna yarmūna al-muḥṣanāti al-ghāfilāti al-mu'mināti lu'inū fī al-dunyā wa-al-ākhirati wa-lahum 'adhābun 'aẓīmun 24:24 yawma tashhadu 'alayhim alsinatuhum wa-aydīhim wa-arjuluhum bi-mā kānū ya'malūna 24:25 yawma'idhin yuwaffīhimu Allāhu dīnahumu al-ḥaqqa wa-ya'lamūna anna Allāha huwa al-ḥaqqu al-mubīnu 24:26 al-khabīthātu lil-khabīthīna wa-al-khabīthūna lil-khabīthāti wa-al-ṭayyibātu lil-ṭayyibīna wa-al-ṭayyibūna lil-ṭayyibāti ulā'ika mubarra'ūna mimmā yaqūlūna lahum maghfiratun wa-rizqun karīmun 24:27 yā ayyuhā al-ladhīna āmanū lā tadkhulū buyūtan ghayra buyūtikum ḥattá tasta'nisū wa-tusallimū 'alá ahlihā dhālikum khayrun lakum la'allakum tadhakkarūna 24:28 fa-in lam tajidū fīhā aḥadan fa-lā tadkhulūhā ḥattá yu'dhana lakum wa-in qīla lakumu irji'ū fa-irji'ū huwa azká lakum wallāhu bi-mā ta'malūna 'alīmun 24:29 laysa 'alaykum junāḥun an tadkhulū buyūtan ghayra maskūnatin fīhā matā'un lakum wallāhu ya'lamu mā tubdūna wa-mā taktumūna 24:30 qul lil-mu'minīna yaghuḍḍū min abṣārihim wa-yaḥfaẓū furūjahum dhālika azká lahum inna Allāha khabīrun bi-mā yaṣna'ūna 24:31 wa-qul lil-mu'mināti yaghḍuḍna min abṣārihinna wa-yaḥfaẓna furūjahunna wa-lā yubdīna zīnatahunna illā mā ẓahara minhā wa-li-yaḍribna bi-khumurihinna 'alá juyūbihinna wa-lā yubdīna zīnatahunna illā li-bu'ūlatihinna aw ābā'ihinna aw ābā'ī bu'ūlatihinna aw abnā'ihinna aw abnā'i bu'ūlatihinna aw ikhwānihinna aw banī ikhwānihinna aw banī akhawātihinna aw nisā'ihinna aw mā malakat aymānuhunna awi al-tābi'īna ghayri ulī al-īrbati mina al-rijāli awi al-ṭifli al-ladhīna lam yaẓharū 'alá 'awrāti al-nisā'i wa-lā yaḍribna bi-arjulihinna li-yu'lama mā yukhfīna min zīnatihinna wa-tūbū ilá Allāhi jamī'an ayyuha al-mu'minūna la'allakum tufliḥūna 24:32 wa-ankiḥū al-ayāmá minkum wa-al-ṣāliḥīna min 'ibādikum wa-īmā'ikum in yakūnū fuqarā'a yughnihimu Allāhu min faḍlihi wallāhu wāsi'un 'alīmun 24:33 wa-li-yasta'fifi al-ladhīna lā yajidūna nikāḥan ḥattá yughnyahumu Allāhu min faḍlihi wa-al-ladhīna yabtaghūna al-kitāba mimmā malakat aymānukum fa-kātibūhum in 'alimtum fīhim khayran wa-ātūhum min māli Allāhi al-ladhī ātākum wa-lā tukrihū fatayātikum 'alá al-bighā'i in aradna taḥaṣṣunan li-tabtaghū 'araḍa al-ḥayāti al-dunyā wa-man yukrihhunna fa-inna Allāha min ba'di ikrāhihinna ghafūrun raḥīmun 24:34 wa-laqad anzalnā ilaykum āyātin mubayyinātin wa-mathalan mina al-ladhīna khalaw min qablikum wa-maw'iẓatan lil-muttaqīna 24:35 Allāhu nūru al-samāwāti wa-al-arḍi mathalu nūrihi ka-mishkātin fīhā miṣbāḥun al-miṣbāḥu fī zujājatin al-zujājatu ka-annahā kawkabun durrīyun yūqadu min shajaratin mubārakatin zaytūnatin lā sharqīyatin wa-lā gharbīyatin yakādu zaytuhā yuḍī'u wa-law lam tamsashu nārun nūrun ʿalá nūrin yahdī Allāhu li-nūrihi man yashāʾu wa-yaḍribu Allāhu al-amthāla lil-nāsi wallāhu bi-kulli shayʾin ʿalīmun 24:36 fī buyūtin adhina Allāhu an turfaʿa wa-yudhkara fīhā ismuhu yusabbiḥu lahu fīhā bi-al-ghudūwi wa-al-āṣāli 24:37 rijālun lā tulhīhim tijāratun wa-lā bayʿun ʿan dhikri Allāhi wa-iqāmi al-ṣalāti wa-ītāʾi al-zakāti yakhāfūna yawman tataqallabu fīhi al-qulūbu wa-al-abṣāru 24:38 li-yajziyahumu Allāhu aḥsana mā ʿamilū wa-yazīdahum min faḍlihi wallāhu yarzuqu man yashāʾu bi-ghayri ḥisābin 24:39 wa-al-ladhīna kafarū aʿmāluhum ka-sarābin bi-qīʿatin yaḥsabuhu al-ẓamʾānu māʾan ḥattá idhā jāʾahu lam yajidhu shayʾan wa-wajada Allāha ʿindahu fa-waffāhu ḥisābahu wallāhu sarīʿu al-ḥisābi 24:40 aw ka-ẓulumātin fī baḥrin lujjīyin yaghshāhu mawjun min fawqihi mawjun min fawqihi saḥābun ẓulumātun baʿḍuhā fawqa baʿḍin idhā akhraja yadahu lam yakad yarāhā wa-man lam yajʿali Allāhu lahu nūran fa-mā lahu min nūrin 24:41 a-lam tara anna Allāha yusabbiḥu lahu man fī al-samāwāti wa-al-arḍi wa-al-ṭayru ṣāffātin kullun qad ʿalima ṣalātahu wa-tasbīḥahu wallāhu ʿalīmun bi-mā yafʿalūna 24:42 wa-lillāhi mulku al-samāwāti wa-al-arḍi wa-ilá Allāhi al-maṣīru 24:43 a-lam tara anna Allāha yuzjī saḥāban thumma yuʾallifu baynahu thumma yajʿaluhu rukāman fa-tará al-wadqa yakhruju min khilālihi wa-yunazzilu mina al-samāʾi min jibālin fīhā min baradin fa-yuṣību bi-hi man yashāʾu wa-yaṣrifuhu ʿan man yashāʾu yakādu sanā barqihi yadhhabu bi-al-abṣāri 24:44 yuqallibu Allāhu al-layla wa-al-nahāra inna fī dhālika la-ʿibratan li-ulī al-abṣāri 24:45 wallāhu khalaqa kulla dābbatin min māʾin fa-minhum man yamshī ʿalá baṭnihi wa-minhum man yamshī ʿalá rijlayni wa-minhum man yamshī ʿalá arbaʿin yakhluqu Allāhu mā yashāʾu inna Allāha ʿalá kulli shayʾin qadīrun 24:46 laqad anzalnā āyātin mubayyinātin wallāhu yahdī man yashāʾu ilá ṣirāṭin mustaqīmin 24:47 wa-yaqūlūna āmannā billāhi wa-bi-al-rasūli wa-aṭaʿnā thumma yatawallá farīqun minhum min baʿdi dhālika wa-mā ulāʾika bi-al-muʾminīna 24:48 wa-idhā duʿū ilá Allāhi wa-rasūlihi li-yaḥkuma baynahum idhā farīqun minhum muʿriḍūna 24:49 wa-in yakun lahumu al-ḥaqqu yaʾtū ilayhi mudhʿinīna 24:50 a-fī qulūbihim maraḍun ami irtābū am yakhāfūna an yaḥīfa Allāhu ʿalayhim wa-rasūluhu bal ulāʾika humu al-ẓālimūna 24:51 innamā kāna qawla al-muʾminīna idhā duʿū ilá Allāhi wa-rasūlihi li-yaḥkuma baynahum an yaqūlū samiʿnā wa-aṭaʿnā wa-ulāʾika humu al-mufliḥūna 24:52 wa-man yuṭiʿi Allāha wa-rasūlahu wa-yakhsha Allāha wa-yattaqhi fa-ulāʾika humu al-fāʾizūna 24:53 wa-aqsamū billāhi jahda aymānihim la-in amartahum la-yakhrujunna qul lā tuqsimū ṭāʿatun maʿrūfatun inna Allāha khabīrun bi-mā taʿmalūna 24:54 qul aṭīʿū Allāha wa-aṭīʿū al-rasūla fa-in tawallaw fa-innamā ʿalayhi mā ḥummila wa-ʿalaykum mā ḥummiltum wa-in tuṭīʿūhu tahtadū wa-mā ʿalá al-rasūli illā al-balāghu al-mubīnu 24:55 waʿada Allāhu al-ladhīna āmanū minkum wa-ʿamilū al-ṣāliḥāti la-yastakhlifannahum fī al-arḍi ka-mā istakhlafa al-ladhīna min qablihim wa-la-yumakkinanna lahum dīnahumu al-ladhī irtaḍá lahum wa-la-yubaddilannahum min baʿdi khawfihim amnan yaʿbudūnanī lā yushrikūna bī shayʾan wa-man kafara baʿda dhālika fa-ulāʾika humu al-fāsiqūna 24:56 wa-aqīmū al-ṣalāta wa-ātū al-zakāta wa-aṭīʿū al-rasūla laʿallakum turḥamūna 24:57 lā taḥsabanna al-ladhīna kafarū muʿjizīna fī al-arḍi wa-maʾwāhumu al-nāru wa-la-biʾsa al-maṣīru 24:58 yā ayyuhā al-ladhīna āmanū li-yastaʾdhinkumu al-ladhīna malakat aymānukum wa-al-ladhīna lam yablughū al-ḥuluma minkum thalātha marrātin min qabli ṣalāti al-fajri wa-ḥīna taḍaʿūna thiyābakum mina al-ẓahīrati wa-min baʿdi ṣalāti al-ʿishāʾi thalāthu ʿawrātin lakum laysa ʿalaykum wa-lā ʿalayhim junāḥun baʿdahunna ṭawwāfūna ʿalaykum baʿḍukum ʿalá baʿḍin kadhālika yubayyinu Allāhu lakumu al-āyāti wallāhu ʿalīmun ḥakīmun 24:59 wa-idhā balagha al-aṭfālu minkumu al-ḥuluma fa-li-yastaʾdhinū ka-mā istaʾdhana al-ladhīna min qablihim kadhālika yubayyinu Allāhu lakum āyātihi wallāhu ʿalīmun ḥakīmun 24:60 wa-al-qawāʿidu mina al-nisāʾi al-lātī lā yarjūna nikāḥan fa-laysa ʿalayhinna junāḥan an yaḍaʿna thiyābahunna ghayra mutabarrijātin bi-zīnatin wa-an yastaʿfifna khayrun lahunna wallāhu samīʿun ʿalīmun 24:61 laysa ʿalá al-aʿmá ḥarajun wa-lā ʿalá al-aʿraji ḥarajun wa-lā ʿalá al-marīḍi ḥarajun wa-lā ʿalá anfusikum an taʾkulū min buyūtikum aw buyūti ābāʾikum aw buyūti ummahātikum aw buyūti ikhwānikum aw buyūti akhawātikum aw buyūti aʿmāmikum aw buyūti ʿammātikum aw buyūti akhwālikum aw buyūti khālātikum aw mā malaktum mafātiḥahu aw ṣadīqikum laysa ʿalaykum junāḥun an taʾkulū jamīʿan aw ashtātan fa-idhā dakhaltum buyūtan fa-sallimū ʿalá anfusikum taḥīyatan min ʿindi Allāhi mubārakatan ṭayyibatan kadhālika yubayyinu Allāhu lakumu al-āyāti laʿallakum taʿqilūna 24:62 innamā al-muʾminūna al-ladhīna āmanū billāhi wa-rasūlihi wa-idhā kānū maʿahu ʿalá amrin jāmiʿin lam yadhhabū ḥattá yastaʾdhinūhu inna al-ladhīna yastaʾdhinūnaka ulāʾika al-ladhīna yuʾminūna billāhi wa-rasūlihi fa-idhā istaʾadhanūka li-baʿḍi shaʾnihim fa-iʾdhan li-man shiʾta minhum wa-istaghfir lahumu Allāha inna Allāha ghafūrun raḥīmun 24:63 lā tajʿalū duʿāʾa al-rasūli baynakum ka-duʿāʾi baʿḍikum baʿḍan qad yaʿlamu Allāhu al-ladhīna yatasallalūna minkum liwādhan fa-li-yaḥdhari al-ladhīna yukhālifūna ʿan amrihi an tuṣībahum fitnatun aw yuṣībahum ʿadhābun alīmun 24:64 alā inna lillāhi mā fī al-samāwāti wa-al-arḍi qad yaʿlamu mā antum ʿalayhi wa-yawma yurjaʿūna ilayhi fa-yunabbiʾuhum bi-mā ʿamilū wallāhu bi-kulli shayʾin ʿalīmun 25:1 bismillāhi al-raḥmāni al-raḥīmi tabāraka al-ladhī nazzala al-furqāna ʿalá ʿabdihi li-yakūna lil-ʿālamīna nadhīran 25:2 al-ladhī lahu mulku al-samāwāti wa-al-arḍi wa-lam yattakhidh waladan wa-lam yakun lahu sharīkun fī al-mulki wa-khalaqa kulla shayʾin fa-qaddarahu taqdīran 25:3 wa-ittakhadhū min dūnihi ālihatan lā yakhluqūna shayʾan wa-hum yukhlaqūna wa-lā yamlikūna li-anfusihim ḍarran wa-lā nafʿan wa-lā yamlikūna mawtan wa-lā ḥayātan wa-lā nushūran 25:4 wa-qāla al-ladhīna kafarū in hādhā illā ifkun iftarāhu wa-aʿānahu ʿalayhi qawmun ākharūna fa-qad jāʾū ẓulman wa-zūran 25:5 wa-qālū asāṭīru al-awwalīna iktatabahā fa-hiya tumlá ʿalayhi bukratan wa-aṣīlan 25:6 qul anzalahu al-ladhī yaʿlamu al-sirra fī al-samāwāti wa-al-arḍi innahu kāna ghafūran raḥīman 25:7 wa-qālū māli hādhā al-rasūli yaʾkulu al-ṭaʿāma wa-yamshī fī al-aswāqi lawlā unzila ilayhi malakun fa-yakūna maʿahu nadhīran 25:8 aw yulqá ilayhi kanzun aw takūnu lahu jannatun yaʾkulu minhā wa-qāla al-ẓālimūna in tattabiʿūna illā rajulan masḥūran 25:9 unẓur kayfa ḍarabū laka al-amthāla fa-ḍallū fa-lā yastaṭīʿūna sabīlan 25:10 tabāraka al-ladhī in shāʾa jaʿala laka khayran min dhālika jannātin tajrī min taḥtihā al-anhāru wa-yajʿal laka quṣūran 25:11 bal kadhdhabū bi-al-sāʿati wa-aʿtadnā li-man kadhdhaba bi-al-sāʿati saʿīran 25:12 idhā raʾatʾhum min makānin baʿīdin samiʿū lahā taghayyuẓan wa-zafīran 25:13 wa-idhā ulqū minhā makānan ḍayyiqan muqarranīna daʿaw hunālika thubūran 25:14 lā tadʿū al-yawma thubūran wāḥidan wa-udʿū thubūran kathīran 25:15 qul a-dhālika khayrun am jannatu al-khuldi al-latī wuʿida al-muttaqūna kānat lahum jazāʾan wa-maṣīran 25:16 lahum fīhā mā yashāʾūna khālidīna kāna ʿalá rabbika waʿdan masʾūlan 25:17 wa-yawma yaḥshuruhum wa-mā yaʿbudūna min dūni Allāhi fa-yaqūlu a-antum aḍlaltum ʿibādī hāʾulāʾi am hum ḍallū al-sabīla 25:18 qālū subḥānaka mā kāna yanbaghī lanā an nattakhidha min dūnika min awliyāʾa wa-lākin mattaʿtahum wa-ābāʾahum ḥattá nasū al-dhikra wa-kānū qawman būran 25:19 fa-qad kadhdhabūkum bi-mā taqūlūna fa-mā tastaṭīʿūna ṣarfan wa-lā naṣran wa-man yaẓlim minkum nudhiqhu ʿadhāban kabīran 25:20 wa-mā arsalnā qablaka mina al-mursalīna illā innahum la-yaʾkulūna al-ṭaʿāma wa-yamshūna fī al-aswāqi wa-jaʿalnā baʿḍakum li-baʿḍin fitnatan a-taṣbirūna wa-kāna rabbuka baṣīran 25:21 wa-qāla al-ladhīna lā yarjūna liqāʾanā lawlā unzila ʿalaynā al-malāʾikatu aw nará rabbanā laqadi istakbarū fī anfusihim wa-ʿataw ʿutūwan kabīran 25:22 yawma yarawna al-malāʾikata lā bushrá yawmaʾidhin lil-mujrimīna wa-yaqūlūna ḥijran maḥjūran 25:23 wa-qadimnā ilá mā ʿamilū min ʿamalin fa-jaʿalnāhu habāʾan manthūran 25:24 aṣḥābu al-jannati yawmaʾidhin khayrun mustaqarran wa-aḥsanu maqīlan 25:25 wa-yawma tashaqqaqu al-samāʾu bi-al-ghamāmi wa-nuzzila al-malāʾikatu tanzīlan 25:26 al-mulku yawmaʾidhin al-ḥaqqu lil-raḥmani wa-kāna yawman ʿalá al-kāfirīna ʿasīran 25:27 wa-yawma yaʿaḍḍu al-ẓālimu ʿalá yadayhi yaqūlu yā laytanī ittakhadhtu maʿa al-rasūli sabīlan 25:28 yā waylatá laytanī lam attakhidh fulānan khalīlan 25:29 laqad aḍallanī ʿani al-dhikri baʿda idh jāʾanī wa-kāna al-shayṭānu lil-insāni khadhūlan 25:30 wa-qāla al-rasūlu yā rabbi inna qawmī ittakhadhū hādhā al-Qurʾāna mahjūran 25:31 wa-kadhālika jaʿalnā li-kulli nabīyin ʿadūwan mina al-mujrimīna wa-kafá bi-rabbika hādiyan wa-naṣīran 25:32 wa-qāla al-ladhīna kafarū lawlā nuzzila ʿalayhi al-Qurʾānu jumlatan wāḥidatan kadhālika li-nuthabbita bi-hi fuʾādaka wa-rattalnāhu tartīlan 25:33 wa-lā yaʾtūnaka bi-mathalin illā jiʾnāka bi-al-ḥaqqi wa-aḥsana tafsīran 25:34 al-ladhīna yuḥsharūna ʿalá wujūhihim ilá jahannama ulāʾika sharrun makānan wa-aḍallu sabīlan 25:35 wa-laqad ātaynā Mūsá al-kitāba wa-jaʿalnā maʿahu akhāhu Hārūna wazīran 25:36 fa-qulnā idhhabā ilá al-qawmi al-ladhīna kadhdhabū bi-āyātinā fa-dammarnāhum tadmīran 25:37 wa-qawma Nūḥin lammā kadhdhabū al-rusula aghraqnāhum wa-jaʿalnāhum lil-nāsi āyatan wa-aʿtadnā lil-ẓālimīna ʿadhāban alīman 25:38 wa-ʿĀdan wa-Thamūda wa-aṣḥāba al-rassi wa-qurūnan bayna dhālika kathīran 25:39 wa-kullan ḍarabnā lahu al-amthāla wa-kullan tabbarnā tatbīran 25:40 wa-laqad ataw ʿalá al-qaryati al-latī umṭirat maṭara al-sawʾi a-fa-lam yakūnū yarawnahā bal kānū lā yarjūna nushūran 25:41 wa-idhā raʾawka in yattakhidhūnaka illā huzuwan a-hādhā al-ladhī baʿatha Allāhu rasūlan 25:42 in kāda la-yuḍillunā ʿan ālihatinā lawlā an ṣabarnā ʿalayhā wa-sawfa yaʿlamūna ḥīna yarawna al-ʿadhāba man aḍallu sabīlan 25:43 a-raʾayta mani ittakhadha ilāhahu hawāhu a-fa-anta takūnu ʿalayhi wakīlan 25:44 am taḥsabu anna aktharahum yasmaʿūna aw yaʿqilūna in hum illā ka-al-anʿāmi bal hum aḍallu sabīlan 25:45 a-lam tara ilá rabbika kayfa madda al-ẓilla wa-law shāʾa la-jaʿalahu sākinan thumma jaʿalnā al-shamsa ʿalayhi dalīlan 25:46 thumma qabaḍnāhu ilaynā qabḍan yasīran 25:47 wa-huwa al-ladhī jaʿala lakumu al-layla libāsan wa-al-nawma subātan wa-jaʿala al-nahāra nushūran 25:48 wa-huwa al-ladhī arsala al-riyāḥa bushran bayna yaday raḥmatihi wa-anzalnā mina al-samāʾi māʾan ṭahūran 25:49 li-nuḥyī bi-hi baldatan maytan wa-nusqiyahu mimmā khalaqnā anʿāman wa-anāsīya kathīran 25:50 wa-laqad ṣarrafnāhu baynahum li-yadhdhakkarū fa-abá aktharu al-nāsi illā kufūran 25:51 wa-law shiʾnā la-baʿathnā fī kulli qaryatin nadhīran 25:52 fa-lā tuṭiʿi al-kāfirīna wa-jāhid'hum bi-hi jihādan kabīran 25:53 wa-huwa al-ladhī maraja al-baḥrayni hādhā ʿadhbun furātun wa-hādhā milḥun ujājun wa-jaʿala baynahumā barzakhan wa-ḥijran maḥjūran 25:54 wa-huwa al-ladhī khalaqa mina al-māʾi basharan fa-jaʿalahu nasaban wa-ṣihran wa-kāna rabbuka qadīran 25:55 wa-yaʿbudūna min dūni Allāhi mā lā yanfaʿuhum wa-lā yaḍurruhum wa-kāna al-kāfiru ʿalá rabbihi ẓahīran 25:56 wa-mā arsalnāka illā mubashshiran wa-nadhīran 25:57 qul mā asʾalukum ʿalayhi min ajrin illā man shāʾa an yattakhidha ilá rabbihi sabīlan 25:58 wa-tawakkal ʿalá al-ḥayyi al-ladhī lā yamūtu wa-sabbiḥ bi-ḥamdihi wa-kafá bi-hi bi-dhunūbi ʿibādihi khabīran 25:59 al-ladhī khalaqa al-samāwāti wa-al-arḍa wa-mā baynahumā fī sittati ayyāmin thumma istawá ʿalá al-ʿarshi al-raḥmanu fa-isʾal bi-hi khabīran 25:60 wa-idhā qīla lahumu usjudū lil-raḥmani qālū wa-mā al-raḥmanu a-nasjudu li-mā taʾmurunā wa-zādahum nufūran 25:61 tabāraka al-ladhī jaʿala fī al-samāʾi burūjan wa-jaʿala fīhā sirājan wa-qamaran munīran 25:62 wa-huwa al-ladhī jaʿala al-layla wa-al-nahāra khilfatan li-man arāda an yadhdhakkara aw arāda shukūran 25:63 wa-ʿibādu al-raḥmani al-ladhīna yamshūna ʿalá al-arḍi hawnan wa-idhā khāṭabahumu al-jāhilūna qālū salāman 25:64 wa-al-ladhīna yabītūna li-rabbihim sujjadan wa-qiyāman 25:65 wa-al-ladhīna yaqūlūna rabbanā iṣrif ʿannā ʿadhāba jahannama inna ʿadhābahā kāna gharāman 25:66 innahā sāʾat mustaqarran wa-muqāman 25:67 wa-al-ladhīna idhā anfaqū lam yusrifū wa-lam yaqturū wa-kāna bayna dhālika qawāman 25:68 wa-al-ladhīna lā yadʿūna maʿa Allāhi ilāhan ākhara wa-lā yaqtulūna al-nafsa al-latī ḥarrama Allāhu illā bi-al-ḥaqqi wa-lā yaznūna wa-man yafʿal dhālika yalqa athāman 25:69 yuḍāʿaf lahu al-ʿadhābu yawma al-qiyāmati wa-yakhlud fīhi muhānan 25:70 illā man tāba wa-āmana wa-ʿamila ʿamalan ṣāliḥan fa-ulāʾika yubaddilu Allāhu sayyiʾātihim ḥasanātin wa-kāna Allāhu ghafūran raḥīman 25:71 wa-man tāba wa-ʿamila ṣāliḥan fa-innahu yatūbu ilá Allāhi matāban 25:72 wa-al-ladhīna lā yashhadūna al-zūra wa-idhā marrū bi-al-laghwi marrū kirāman 25:73 wa-al-ladhīna idhā dhukkirū bi-āyāti rabbihim lam yakhirrū ʿalayhā ṣumman wa-ʿumyānan 25:74 wa-al-ladhīna yaqūlūna rabbanā hab lanā min azwājinā wa-dhurriyātinā qurrata aʿyunin wa-ijʿalnā lil-muttaqīna imāman 25:75 ulāʾika yujzawna al-ghurfata bi-mā ṣabarū wa-yulaqqawna fīhā taḥīyatan wa-salāman 25:76 khālidīna fīhā ḥasunat mustaqarran wa-muqāman 25:77 qul mā yaʿbaʾu bikum rabbī lawlā duʿāʾukum fa-qad kadhdhabtum fa-sawfa yakūnu lizāman 26:1 bismillāhi al-raḥmāni al-raḥīmi ṭāʾ sīn mīm 26:2 tilka āyātu al-kitābi al-mubīni 26:3 laʿallaka bākhiʿun nafsaka allā yakūnū muʾminīna 26:4 in nashaʾ nunazzil ʿalayhim mina al-samāʾi āyatan fa-ẓallat aʿnāquhum lahā khāḍiʿīna 26:5 wa-mā yaʾtīhim min dhikrin mina al-raḥmani muḥdathin illā kānū ʿanhu muʿriḍīna 26:6 fa-qad kadhdhabū fa-sa-yaʾtīhim anbāʾu mā kānū bi-hi yastahziʾūna 26:7 a-wa-lam yaraw ilá al-arḍi kam anbatnā fīhā min kulli zawjin karīmin 26:8 inna fī dhālika la-āyatan wa-mā kāna aktharuhum muʾminīna 26:9 wa-inna rabbaka la-huwa al-ʿazīzu al-raḥīmu 26:10 wa-idh nādá rabbuka Mūsá ani iʾti al-qawma al-ẓālimīna 26:11 qawma Firʿawna alā yattaqūna 26:12 qāla rabbi innī akhāfu an yukadhdhibūni 26:13 wa-yaḍīqu ṣadrī wa-lā yanṭaliqu lisānī fa-arsil ilá Hārūna 26:14 wa-lahum ʿalayya dhanbun fa-akhāfu an yaqtulūni 26:15 qāla kallā fa-idhhabā bi-āyātinā innā maʿakum mustamiʿūna 26:16 fa-iʾtiyā Firʿawna fa-qūlā innā rasūlu rabbi al-ʿālamīna 26:17 an arsil maʿanā banī Isrāʾīla 26:18 qāla a-lam nurabbika fīnā walīdan wa-labithta fīnā min ʿumurika sinīna 26:19 wa-faʿalta faʿlataka al-latī faʿalta wa-anta mina al-kāfirīna 26:20 qāla faʿaltuhā idhan wa-anā mina al-ḍāllīna 26:21 fa-farartu minkum lammā khiftukum fa-wahaba lī rabbī ḥukman wa-jaʿalanī mina al-mursalīna 26:22 wa-tilka niʿmatun tamunnuhā ʿalayya an ʿabbadta banī Isrāʾīla 26:23 qāla Firʿawnu wa-mā rabbu al-ʿālamīna 26:24 qāla rabbu al-samāwāti wa-al-arḍi wa-mā baynahumā in kuntum mūqinīna 26:25 qāla li-man ḥawlahu alā tastamiʿūna 26:26 qāla rabbukum wa-rabbu ābāʾikumu al-awwalīna 26:27 qāla inna rasūlakumu al-ladhī ursila ilaykum la-majnūn 26:28 qāla rabbu al-mashriqi wa-al-maghribi wa-mā baynahumā in kuntum taʿqilūna 26:29 qāla la-ini ittakhadhta ilāhan ghayrī la-ajʿalannaka mina al-masjūnīna 26:30 qāla a-wa-law jiʾtuka bi-shayʾin mubīnin 26:31 qāla fa-iʾti bi-hi in kunta mina al-ṣādiqīna 26:32 fa-alqá ʿaṣāhu fa-idhā hiya thuʿbānun mubīnun 26:33 wa-nazaʿa yadahu fa-idhā hiya bayḍāʾu lil-nāẓirīna 26:34 qāla lil-malaʾi ḥawlahu inna hādhā la-sāḥirun ʿalīmun 26:35 yurīdu an yukhrijakum min arḍikum bi-siḥrihi fa-mādhā taʾmurūna 26:36 qālū arjih wa-akhāhu wa-ibʿath fī al-madāʾini ḥāshirīna 26:37 yaʾtūka bi-kulli saḥḥārin ʿalīmin 26:38 fa-jumiʿa al-saḥaratu li-mīqāti yawmin maʿlūmin 26:39 wa-qīla lil-nāsi hal antum mujtamiʿūna 26:40 laʿallanā nattabiʿu al-saḥarata in kānū humu al-ghālibīna 26:41 fa-lammā jāʾa al-saḥaratu qālū li-Firʿawna a-ʾinna lanā la-ʾajran in kunnā naḥnu al-ghālibīna 26:42 qāla naʿam wa-innakum idhan la-mina al-muqarrabīna 26:43 qāla lahum Mūsá alqū mā antum mulqūna 26:44 fa-alqaw ḥibālahum wa-ʿiṣīyahum wa-qālū bi-ʿizzati Firʿawna innā la-naḥnu al-ghālibūna 26:45 fa-alqá Mūsá ʿaṣāhu fa-idhā hiya talqafu mā yaʾfikūna 26:46 fa-ulqiya al-saḥaratu sājidīna 26:47 qālū āmannā bi-rabbi al-ʿālamīna 26:48 rabbi Mūsá wa-Hārūna 26:49 qāla āmantum lahu qabla an ādhana lakum innahu la-kabīrukumu al-ladhī ʿallamakumu al-siḥra fa-la-sawfa taʿlamūna la-uqaṭṭiʿanna aydiyakum wa-arjulakum min khilāfin wa-la-uṣallibannakum ajmaʿīna 26:50 qālū lā ḍayra innā ilá rabbinā munqalibūna 26:51 innā naṭmaʿu an yaghfira lanā rabbunā khaṭāyānā an kunnā awwala al-muʾminīna 26:52

wa-awḥaynā ilá Mūsá an asri bi-ʿibādī innakum muttabaʿūna 26:53 fa-arsala Firʿawnu fī al-madāʾini ḥāshirīna 26:54 inna hāʾulāʾi la-shirdhimatun qalīlūna 26:55 wa-innahum lanā la-ghāʾiẓūna 26:56 wa-innā la-jamīʿ ḥādhirūna 26:57 fa-akhrajnāhum min jannātin waʿuyūnin 26:58 wa-kunūzin wa-maqāmin karīmin 26:59 kadhālika wa-awrathnāhā banī Isrāʾīla 26:60 fa-atbaʿūhum mushriqīna 26:61 fa-lammā tarāʾá al-jamʿāni qāla aṣḥābu Mūsá innā la-mudrakūna 26:62 qāla kallā inna maʿiya rabbī sa-yahdīni 26:63 fa-awḥaynā ilá Mūsá ani iḍrib bi-ʿaṣāka al-baḥra fa-infalaqa fa-kāna kullu firqin ka-al-ṭawdi al-ʿaẓīmi 26:64 wa-azlafnā thamma al-ākharīna 26:65 wa-anjaynā Mūsá wa-man maʿahu ajmaʿīna 26:66 thumma aghraqnā al-ākharīna 26:67 inna fī dhālika la-āyatan wa-mā kāna aktharuhum muʾminīna 26:68 wa-inna rabbaka la-huwa al-ʿazīzu al-raḥīmu 26:69 wa-utlu ʿalayhim nabaʾa Ibrāhīma 26:70 idh qāla li-abīhi wa-qawmihi mā taʿbudūna 26:71 qālū naʿbudu aṣnāman fa-naẓallu lahā ʿākifīna 26:72 qāla hal yasmaʿūnakum idh tadʿūna 26:73 aw yanfaʿūnakum aw yaḍurrūna 26:74 qālū bal wajdnā ābāʾanā kadhālika yafʿalūna 26:75 qāla a-fa-raʾaytum mā kuntum taʿbudūna 26:76 antum wa-ābāʾukumu al-aqdamūna 26:77 fa-innahum ʿadūwun lī illā rabba al-ʿālamīna 26:78 al-ladhī khalaqanī fa-huwa yahdīni 26:79 wa-al-ladhī huwa yuṭʿimunī wa-yasqīni 26:80 wa-idhā mariḍtu fa-huwa yashfīni 26:81 wa-al-ladhī yumītunī thumma yuḥyiyni 26:82 wa-al-ladhī aṭmaʿu an yaghfira lī khaṭīʾatī yawma al-dīni 26:83 rabbi hab lī ḥukman wa-alḥiqnī bi-al-ṣāliḥīna 26:84 wa-ijʿal lī lisāna ṣidqin fī al-ākhirīna 26:85 wa-ijʿalnī min warathati jannati al-naʿīmi 26:86 wa-ighfir li-abī innahu kāna mina al-ḍāllīna 26:87 wa-lā tukhzinī yawma yubʿathūna 26:88 yawma lā yanfaʿu mālun wa-lā banūna 26:89 illā man atá Allāha bi-qalbin salīmin 26:90 wa-uzlifati al-jannatu lil-muttaqīna 26:91 wa-burrizati al-jaḥīmu lil-ghāwīna 26:92 wa-qīla lahum ayna mā kuntum taʿbudūna 26:93 min dūni Allāhi hal yanṣurūnakum aw yantaṣirūna 26:94 fa-kubkibū fīhā hum wa-al-ghāwūna 26:95 wa-junūdu Iblīsa ajmaʿūna 26:96 qālū wa-hum fīhā yakhtaṣimūna 26:97 tallāhi in kunnā la-fī ḍalālin mubīnin 26:98 idh nusawwīkum bi-rabbi al-ʿālamīna 26:99 wa-mā aḍallanā illā al-mujrimūna 26:100 fa-mā lanā min shāfiʿīna 26:101 wa-lā ṣadīqin ḥamīmin 26:102 fa-law anna lanā karratan fa-nakūna mina al-muʾminīna 26:103 inna fī dhālika la-āyatan wa-mā kāna aktharuhum muʾminīna 26:104 wa-inna rabbaka la-huwa al-ʿazīzu al-raḥīmu 26:105 kadhdhabat qawmu Nūḥin al-mursalīna 26:106 idh qāla lahum akhūhum Nūḥun alā tattaqūna 26:107 innī lakum rasūlun amīnun 26:108 fa-ittaqū Allāha wa-aṭīʿūni 26:109 wa-mā asʾalukum ʿalayhi min ajrin in ajriya illā ʿalá rabbi al-ʿālamīna 26:110 fa-ittaqū Allāha wa-aṭīʿūni 26:111 qālū a-nuʾminu laka wa-ittabaʿaka al-ardhalūna 26:112 qāla wa-mā ʿilmī bi-mā kānū yaʿmalūna 26:113 in ḥisābuhum illā ʿalá rabbī law tashʿurūna 26:114 wa-mā anā bi-ṭāridi al-muʾminīna 26:115 in anā illā nadhīrun mubīnun 26:116 qālū la-in lam tantahi yā Nūḥu la-takūnanna mina al-marjūmīna 26:117 qāla rabbi inna qawmī kadhdhabūni 26:118 fa-iftaḥ baynī wa-baynahum fatḥan wa-najjinī wa-man maʿiya mina al-muʾminīna 26:119 fa-anjaynāhu wa-man maʿahu fī al-fulki al-mashḥūni 26:120 thumma aghraqnā baʿdu al-bāqīna 26:121 inna fī dhālika la-āyatan wa-mā kāna aktharuhum muʾminīna 26:122 wa-inna rabbaka la-huwa al-ʿazīzu al-raḥīmu 26:123 kadhdhabat ʿĀdun al-mursalīna 26:124 idh qāla lahum akhūhum Hūdun alā tattaqūna 26:125 innī lakum rasūlun amīnun 26:126 fa-ittaqū Allāha wa-aṭīʿūni 26:127 wa-mā asʾalukum ʿalayhi min ajrin in ajriya illā ʿalá rabbi al-ʿālamīna 26:128 a-tabnūna bi-kulli rīʿin āyatan taʿbathūna 26:129 wa-tattakhidhūna maṣāniʿa laʿallakum takhludūna 26:130 wa-idhā baṭashtum baṭashtum jabbārīna 26:131 fa-ittaqū Allāha wa-aṭīʿūni 26:132 wa-ittaqū al-ladhī amaddakum bi-mā taʿlamūna 26:133 amaddakum bi-anʿāmin wa-banīna 26:134 wa-jannātin waʿuyūnin 26:135 innī akhāfu ʿalaykum ʿadhāba yawmin ʿaẓīmin 26:136 qālū sawāʾun ʿalaynā a-waʿaẓta am lam takun mina al-wāʿiẓīna 26:137 in hādhā illā khuluqu al-awwalīna 26:138 wa-mā naḥnu bi-muʿadhdhabīna 26:139 fa-kadhdhabūhu fa-ahlaknāhum inna fī dhālika la-āyatan wa-mā kāna aktharuhum muʾminīna 26:140 wa-inna rabbaka la-huwa al-ʿazīzu al-raḥīmu 26:141 kadhdhabat Thamūdu al-mursalīna 26:142 idh qāla lahum akhūhum Ṣāliḥun alā tattaqūna 26:143 innī lakum rasūlun amīnun 26:144 fa-ittaqū Allāha wa-aṭīʿūni 26:145 wa-mā asʾalukum ʿalayhi min ajrin in ajriya illā ʿalá rabbi al-ʿālamīna 26:146 a-tutrakūna fī mā hā-hunā āminīna 26:147 fī jannātin wa-ʿuyūnin 26:148 wa-zurūʿin wa-nakhlin ṭalʿuhā haḍīmun 26:149 wa-tanḥitūna mina al-jibāli buyūtan fārihīna 26:150 fa-ittaqū Allāha wa-aṭīʿūni 26:151 wa-lā tuṭīʿū amra al-musrifīna 26:152 al-ladhīna yufsidūna fī al-arḍi wa-lā yuṣliḥūna 26:153 qālū innamā anta mina al-musaḥḥarīna 26:154 mā anta illā basharun mithlunā fa-iʾti bi-āyatin in kunta mina al-ṣādiqīna 26:155 qāla hādhihi nāqatun lahā shirbun wa-lakum shirbu yawmin maʿlūmin 26:156 wa-lā tamassūhā bi-sūʾin fa-yaʾkhudhakum ʿadhābu yawmin ʿaẓīmin 26:157 fa-ʿaqarūhā fa-aṣbaḥū nādimīna 26:158 fa-akhadhahumu al-ʿadhābu inna fī dhālika la-āyatan wa-mā kāna aktharuhum muʾminīna 26:159 wa-inna rabbaka la-huwa al-ʿazīzu al-raḥīmu 26:160 kadhdhabat qawmu Lūṭin al-mursalīna 26:161 idh qāla lahum akhūhum Lūṭun alā tattaqūna 26:162 innī lakum rasūlun amīnun 26:163 fa-ittaqū Allāha wa-aṭīʿūni 26:164 wa-mā asʾalukum ʿalayhi min ajrin in ajriya illā ʿalá rabbi al-ʿālamīna 26:165 a-taʾtūna al-dhukrāna mina al-ʿālamīna 26:166 wa-tadharūna mā khalaqa lakum rabbukum min azwājikum bal antum qawmun ʿādūna 26:167 qālū la-in lam tantahi yā Lūṭu la-takūnanna mina al-mukhrajīna 26:168 qāla innī li-ʿamalikum mina al-qālīna 26:169 rabbi najjinī wa-ahlī mimmā yaʿmalūna 26:170 fa-najjaynāhu wa-ahlahu ajmaʿīna 26:171 illā ʿajūzan fī al-ghābirīna 26:172 thumma dammarnā al-ākharīna 26:173 wa-amṭarnā ʿalayhim maṭaran fa-sāʾa maṭaru al-mundharīna 26:174 inna fī dhālika la-āyatan wa-mā kāna aktharuhum muʾminīna 26:175 wa-inna rabbaka la-huwa al-ʿazīzu al-raḥīmu 26:176 kadhdhaba aṣḥābu al-aykati al-mursalīna 26:177 idh qāla lahum Shuʿaybun alā tattaqūna 26:178 innī lakum rasūlun amīnun 26:179 fa-ittaqū Allāha wa-aṭīʿūni 26:180 wa-mā asʾalukum ʿalayhi min ajrin in ajriya illā ʿalá rabbi al-ʿālamīna 26:181 awfū al-kayla wa-lā takūnū mina al-mukhsirīna 26:182 wa-zinū bi-al-qisṭāsi al-mustaqīmi 26:183 wa-lā tabkhasū al-nāsa ashyāʾahum wa-lā taʿthaw fī al-arḍi mufsidīna 26:184 wa-ittaqū al-ladhī khalaqakum wa-al-jibillata al-awwalīna 26:185 qālū innamā anta mina al-musaḥḥarīna 26:186 wa-mā anta illā basharun mithlunā wa-in naẓunnuka la-mina al-kādhibīna 26:187 fa-asqiṭ ʿalaynā kisafan mina al-samāʾi in kunta mina al-ṣādiqīna 26:188 qāla rabbī aʿlamu bi-mā taʿmalūna 26:189 fa-kadhdhabūhu fa-akhadhahum ʿadhābu yawmi al-ẓullati innahu kāna ʿadhāba yawmin ʿaẓīmin 26:190 inna fī dhālika la-āyatan wa-mā kāna aktharuhum muʾminīna 26:191 wa-inna rabbaka la-huwa al-ʿazīzu al-raḥīmu 26:192 wa-innahu la-tanzīlu rabbi al-ʿālamīna 26:193 nazala bi-hi al-rūḥu al-amīnu 26:194 ʿalá qalbika li-takūna mina al-mundhirīna 26:195 bi-lisānin ʿArabīyin mubīnin 26:196 wa-innahu la-fī zuburi al-awwalīna 26:197 a-wa-lam yakun lahum āyatan an yaʿlamahu ʿulamāʾu banī Isrāʾīla 26:198 wa-law nazzalnāhu ʿalá baʿḍi al-aʿjamīna 26:199 fa-qaraʾahu ʿalayhim mā kānū bi-hi muʾminīna 26:200 kadhālika salaknāhu fī qulūbi al-mujrimīna 26:201 lā yuʾminūna bi-hi ḥattá yarawū al-ʿadhāba al-alīma 26:202 fa-yaʾtiyahum baghtat wa-hum lā yashʿurūna 26:203 fa-yaqūlū hal naḥnu munẓarūna 26:204 a-fa-bi-ʿadhābinā yastaʿjilūna 26:205 a-fa-raʾayta in mattaʿnāhum sinīna 26:206 thumma jāʾahum mā kānū yūʿadūna 26:207 mā aghná ʿanhum mā kānū yumattaʿūna 26:208 wa-mā ahlaknā min qaryatin illā lahā mundhirūna 26:209 dhikrá wa-mā kunnā ẓālimīna 26:210 wa-mā tanazzalat bi-hi al-shayāṭīnu 26:211 wa-mā yanbaghī lahum wa-mā yastaṭīʿūna 26:212 innahum ʿani al-samʿi la-maʿzūlūna 26:213 fa-lā tadʿu maʿa Allāhi ilāhan ākhara fa-takūna mina al-muʿadhdhabīna 26:214 wa-andhir ʿashīrataka al-aqrabīna 26:215 wa-ikhfiḍ janāḥaka li-mani ittabaʿaka mina al-muʾminīna 26:216 fa-in ʿaṣawka fa-qul innī barī'n mimmā ta'malūna 26:217 wa-tawakkal 'alá al-'azīzi al-raḥīmi 26:218 al-ladhī yarāka ḥīna taqūmu 26:219 wa-taqallubaka fī al-sājidīna 26:220 innahu huwa al-samī'u al-'alīmu 26:221 hal unabbi'ukum 'alá man tanazzalu al-shayāṭīnu 26:222 tanazzalu 'alá kulli affākin athīmin 26:223 yulqūna al-sam'a wa-aktharuhum kādhibūna 26:224 wa-al-shu'arā'u yattabi'uhumu al-ghāwūna 26:225 a-lam tara annahum fī kulli wādin yahīmūna 26:226 wa-annahum yaqūlūna mā lā yaf'alūna 26:227 illā al-ladhīna āmanū wa-'amilū al-ṣāliḥāti wa-dhakarū Allāha kathīran wa-intaṣarū min ba'di mā ẓulimū wa-sa-ya'lamu al-ladhīna ẓalamū ayya munqalabin yanqalibūna 27:1 bismillāhi al-raḥmāni al-raḥīmi ṭā' sīn tilka āyātu al-Qur'āni wa-kitābin mubīnin 27:2 hudan wa-bushrá lil-mu'minīna 27:3 al-ladhīna yuqīmūna al-ṣalāta wa-yu'tūna al-zakāta wa-hum bi-al-ākhirati hum yūqinūna 27:4 inna al-ladhīna lā yu'minūna bi-al-ākhirati zayyannā lahum a'mālahum fa-hum ya'mahūna 27:5 ulā'ika al-ladhīna lahum sū'u al-'adhābi wa-hum fī al-ākhirati humu al-akhsarūna 27:6 wa-innaka la-tulaqqá al-Qur'āna min ladun ḥakīmin 'alīmin 27:7 idh qāla Mūsá li-ahlihi innī ānastu nāran sa-ātīkum minhā bi-khabarin aw ātīkum bi-shihābin qabasin la'allakum taṣṭalūna 27:8 fa-lammā jā'ahā nūdiya an būrika man fī al-nāri wa-man ḥawlahā wa-subḥāna Allāhi rabbi al-'ālamīna 27:9 yā Mūsá innahu anā Allāhu al-'azīzu al-ḥakīmu 27:10 wa-alqi 'aṣāka fa-lammā ra'āhā tahtazzu ka-annahā jānnun wallá mudbiran wa-lam yu'aqqib yā Mūsá lā takhaf innī lā yakhāfu ladayya al-mursalūna 27:11 illā man ẓalama thumma baddala ḥusnan ba'da sū'in fa-innī ghafūrun raḥīmun 27:12 wa-adkhil yadaka fī jaybika takhruj bayḍā'a min ghayri sū'in fī tis'i āyātin ilá Fir'awna wa-qawmihi innahum kānū qawman fāsiqīna 27:13 fa-lammā jā'at'hum āyātunā mubṣiratan qālū hādhā siḥrun mubīnun 27:14 wa-jaḥadū bi-hā wa-istayqanat'hā anfusuhum ẓulman wa-'ulūwan fa-unẓur kayfa kāna 'āqibatu al-mufsidīna 27:15 wa-laqad ātaynā Dāwūda wa-Sulaymāna 'ilman wa-qālā al-ḥamdu lillāhi al-ladhī faḍḍalanā 'alá kathīrin min 'ibādihi al-mu'minīna 27:16 wa-waritha Sulaymānu Dāwūda wa-qāla yā ayyuhā al-nāsu 'ullimnā manṭiqa al-ṭayri wa-ūtīnā min kulli shay'in inna hādhā la-huwa al-faḍlu al-mubīnu 27:17 wa-ḥushira li-Sulaymāna junūduhu mina al-jinni wa-al-insi wa-al-ṭayri fa-hum yūza'ūna 27:18 ḥattá idhā ataw 'alá wādi al-namli qālat namlatun yā ayyuhā al-namlu udkhulū masākinakum lā yaḥṭimannakum Sulaymānu wa-junūduhu wa-hum lā yash'urūna 27:19 fa-tabassama ḍāḥikan min qawlihā wa-qāla rabbi awzi'nī an ashkura ni'mataka al-latī an'amta 'alayya wa-'alá wālidayya wa-an a'mala ṣāliḥan tarḍāhu wa-adkhilnī bi-raḥmatika fī 'ibādika al-ṣāliḥīna 27:20 wa-tafaqqada al-ṭayra fa-qāla mā liya lā ará al-hud'huda am kāna mina al-ghā'ibīna 27:21 la-u'adhdhibannahu 'adhāban shadīdan aw la-adhbaḥannahu aw la-ya'tiyannī bi-sulṭānin mubīnin 27:22 fa-makatha ghayra ba'īdin fa-qāla aḥaṭtu bi-mā lam tuḥiṭ bi-hi wa-ji'tuka min Saba'in bi-naba'in yaqīnin 27:23 innī wajadtu imra'atan tamlikuhum wa-ūtiyat min kulli shay'in wa-lahā 'arshun 'aẓīmum 27:24 wajadtuhā wa-qawmahā yasjudūna lil-shamsi min dūni Allāhi wa-zayyana lahumu al-shayṭānu a'mālahum fa-ṣaddahum 'ani al-sabīli fa-hum lā yahtadūna 27:25 allā yasjudū lillāhi al-ladhī yukhriju al-khab'a fī al-samāwāti wa-al-arḍi wa-ya'lamu mā tukhfūna wa-mā tu'linūna 27:26 Allāhu lā ilāha illā huwa rabbu al-'arshi al-'aẓīmi 27:27 qāla sa-nanẓuru a-ṣadaqta am kunta mina al-kādhibīna 27:28 idhhab bi-kitābī hādhā fa-alqih ilayhim thumma tawalla 'anhum fa-unẓur mādhā yarji'ūna 27:29 qālat yā ayyuhā al-mala'u innī ulqiya ilayya kitābun karīmun 27:30 innahu min Sulaymāna wa-innahu bismillāhi al-raḥmāni al-raḥīmi 27:31 allā ta'lū 'alayya wa-i'tūnī Muslimīna 27:32 qālat yā ayyuhā al-mala'u aftūnī fī amrī mā kuntu qāṭi'atan amran ḥattá tashhadūni 27:33 qālū naḥnu ulū qūwatin wa-ulū ba'sin shadīdin wa-al-amru ilayki fa-unẓurī mādhā ta'murīna 27:34 qālat inna al-mulūka idhā dakhalū qaryatan afsadūhā wa-ja'alū a'izzata ahlihā adhillatan wa-kadhālika yaf'alūna 27:35 wa-innī mursilatun ilayhim bi-hadīyatin fa-nāẓiratun bi-ma yarji'u al-mursalūna 27:36 fa-lammā jā'a Sulaymāna qāla a-tumiddūnani bi-mālin fa-mā ātāniya Allāhu khayrun mimmā ātākum bal antum bi-hadīyatikum tafraḥūna 27:37 irji' ilayhim fa-la-na'tiyannahum bi-junūdin lā qibala lahum bi-hā wa-la-nukhrijannahum minhā adhillatan wa-hum ṣāghirūna 27:38 qāla yā ayyuhā al-mala'u ayyukum ya'tīnī bi-'arshihā qabla an ya'tūnī Muslimīna 27:39 qāla 'ifrītun mina al-jinni anā ātīka bi-hi qabla an taqūma min maqāmika wa-innī 'alayhi la-qawīyun amīnun 27:40 qāla al-ladhī 'indahu 'ilmun mina al-kitābi anā ātīka bi-hi qabla an yartadda ilayka ṭarfuka fa-lammā ra'āhu mustaqirran 'indahu qāla hādhā min faḍli rabbī li-yabluwanī a-ashkuru am akfuru wa-man shakara fa-innamā yashkuru li-nafsihi wa-man kafara fa-inna rabbī ghanīyun karīmun 27:41 qāla nakkirū lahā 'arshahā nanẓur a-tahtadī am takūnu mina al-ladhīna lā yahtadūna 27:42 fa-lammā jā'at qīla a-hākadhā 'arshuki qālat ka-annahu huwa wa-ūtīnā al-'ilma min qablihā wa-kunnā Muslimīna 27:43 wa-ṣaddahā mā kānat ta'budu min dūni Allāhi innahā kānat min qawmin kāfirīna 27:44 qīla lahā udkhulī al-ṣarḥa fa-lammā ra'at'hu ḥasibat'hu lujjatan wa-kashafat 'an sāqayhā qāla innahu ṣarḥun mumarradun min qawārīra qālat rabbi innī ẓalamtu nafsī wa-aslamtu ma'a Sulaymāna lillāhi rabbi al-'ālamīna 27:45 wa-laqad arsalnā ilá Thamūda akhāhum Ṣāliḥan ani u'budū Allāha fa-idhā hum farīqāni yakhtaṣimūna 27:46 qāla yā qawmi li-ma tasta'jilūna bi-al-sayyi'ati qabla al-ḥasanati lawlā tastaghfirūna Allāha la'allakum turḥamūna 27:47 qālū iṭṭayyarnā bika wa-bi-man ma'aka qāla ṭā'irukum 'inda Allāhi bal antum qawmun tuftanūna 27:48 wa-kāna fī al-madīnati tis'atu rahṭin yufsidūna fī al-arḍi wa-lā yuṣliḥūna 27:49 qālū taqāsamū billāhi la-nubayyitannahu wa-ahlahu thumma la-naqūlanna li-walīyihi mā shahidnā mahlika ahlihi wa-innā la-ṣādiqūna 27:50 wa-makarū makran wa-makarnā makran wa-hum lā yash'urūna 27:51 fa-unẓur kayfa kāna 'āqibatu makrihim annā dammarnāhum wa-qawmahum ajma'īna 27:52 fa-tilka buyūtuhum khāwiyatan bi-mā ẓalamū inna fī dhālika la-āyatan li-qawmin ya'lamūna 27:53 wa-anjaynā al-ladhīna āmanū wa-kānū yattaqūna 27:54 wa-Lūṭan idh qāla li-qawmihi a-ta'tūna al-fāḥishata wa-antum tubṣirūna 27:55 a-innakum la-ta'tūna al-rijāla shahwatan min dūni al-nisā'i bal antum qawmun tajhalūna 27:56 fa-mā kāna jawāba qawmihi illā an qālū akhrijū āla Lūṭin min qaryatikum innahum unāsun yataṭahharūna 27:57 fa-anjaynāhu wa-ahlahu illā imra'atahu qaddarnāhā mina al-ghābirīna 27:58 wa-amṭarnā 'alayhim maṭaran fa-sā'a maṭaru al-mundharīna 27:59 quli al-ḥamdu lillāhi wa-salāmun 'alá 'ibādihi al-ladhīna iṣṭafá Āllāhu khayrun ammā yushrikūna 27:60 amman khalaqa al-samāwāti wa-al-arḍa wa-anzala lakum mina al-samā'i mā'an fa-anbatnā bi-hi ḥadā'iqa dhāta bahjatin mā kāna lakum an tunbitū shajarahā a-ilāhun ma'a Allāhi bal hum qawmun ya'dilūna 27:61 amman ja'ala al-arḍa qarāran wa-ja'ala khilālahā anhāran wa-ja'ala lahā rawāsiya wa-ja'ala bayna al-baḥrayni ḥājizan a-ilāhun ma'a Allāhi bal aktharuhum lā ya'lamūna 27:62 amman yujību al-muḍṭarra idhā da'āhu wa-yakshifu al-sū'a wa-yaj'alukum khulafā'a al-arḍi a-ilāhun ma'a Allāhi qalīlan mā tadhakkarūna 27:63 amman yahdīkum fī ẓulumāti al-barri wa-al-baḥri wa-man yursilu al-riyāḥa bushran bayna yaday raḥmatihi a-ilāhun ma'a Allāhi ta'ālá Allāhu 'ammā yushrikūna 27:64 amman yabda'u al-khalqa thumma yu'īduhu wa-man yarzuqukum mina al-samā'i wa-al-arḍi a-ilāhun ma'a Allāhi qul hātū burhānakum in kuntum ṣādiqīna 27:65 qul lā ya'lamu man fī al-samāwāti wa-al-arḍi al-ghayba illā Allāhu wa-mā yash'urūna ayyāna yub'athūna 27:66 bal iddāraka 'ilmuhum fī al-ākhirati bal hum fī shakkin minhā bal hum minhā 'amūna 27:67 wa-qāla al-ladhīna kafarū a-idhā kunnā turāban wa-ābā'unā a-innā la mukhrajūna 27:68 laqad wu'idnā hādhā naḥnu wa-ābā'unā min qablu in hādhā illā asāṭīru al-awwalīna 27:69 qul sīrū fī al-arḍi fa-unẓurū kayfa kāna 'āqibatu al-mujrimīna 27:70 wa-lā taḥzan 'alayhim wa-lā takun fī ḍayqin mimmā yamkurūna 27:71 wa-yaqūlūna matá hādhā al-wa'du in kuntum ṣādiqīna 27:72 qul 'asá an yakūna radifa lakum ba'ḍu al-ladhī tasta'jilūna 27:73 wa-inna rabbaka la-dhū faḍlin ʿalá al-nāsi wa-lākinna aktharahum lā yashkurūna 27:74 wa-inna rabbaka la-yaʿlamu mā tukinnu ṣudūruhum wa-mā yuʿlinūna 27:75 wa-mā min ghāʾibatin fī al-samāʾi wa-al-arḍi illā fī kitābin mubīnin 27:76 inna hādhā al-Qurʾāna yaquṣṣu ʿalá banī Isrāʾīla akthara al-ladhī hum fīhi yakhtalifūna 27:77 wa-innahu la-hudan wa-raḥmatun lil-muʾminīna 27:78 inna rabbaka yaqḍī baynahum bi-ḥukmihi wa-huwa al-ʿazīzu al-ʿalīmu 27:79 fa-tawakkal ʿalá Allāhi innaka ʿalá al-ḥaqqi al-mubīni 27:80 innaka lā tusmiʿu al-mawtá wa-lā tusmiʿu al-ṣumma al-duʿāʾa idhā wallaw mudbirīna 27:81 wa-mā anta bi-hādī al-ʿumyi ʿan ḍalālatihim in tusmiʿu illā man yuʾminu bi-āyātinā fa-hum Muslimūna 27:82 wa-idhā waqaʿa al-qawlu ʿalayhim akhrajnā lahum dābbatan mina al-arḍi tukallimuhum anna al-nāsa kānū bi-āyātinā lā yūqinūna 27:83 wa-yawma naḥshuru min kulli ummatin fawjan miman yukadhdhibu bi-āyātinā fa-hum yūzaʿūna 27:84 ḥattá idhā jāʾū qāla a-kadhdhabtum bi-āyātī wa-lam tuḥīṭū bi-hā ʿilman am-mādhā kuntum taʿmalūna 27:85 wa-waqaʿa al-qawlu ʿalayhim bi-mā ẓalamū fa-hum lā yanṭiqūna 27:86 a-lam yaraw annā jaʿalnā al-layla li-yaskunū fīhi wa-al-nahāra mubṣiran inna fī dhālika la-āyātin li-qawmin yuʾminūna 27:87 wa-yawma yunfakhu fī al-ṣūri fa-faziʿa man fī al-samāwāti wa-man fī al-arḍi illā man shāʾa Allāhu wa-kullun atawhu dākhirīna 27:88 wa-tará al-jibāla taḥsabuhā jāmidatan wa-hiya tamurru marra al-saḥābi ṣunʿa Allāhi al-ladhī atqana kulla shayʾin innahu khabīrun bi-mā tafʿalūna 27:89 man jāʾa bi-al-ḥasanati fa-lahu khayrun minhā wa-hum min fazaʿin yawmaʾidhin āminūna 27:90 wa-man jāʾa bi-al-sayyiʾati fa-kubbat wujūhuhum fī al-nāri hal tujzawna illā mā kuntum taʿmalūna 27:91 innamā umirtu an aʿbuda rabba hādhihi al-baldati al-ladhī ḥarramahā wa-lahu kullu shayʾin wa-umirtu an akūna mina al-Muslimīna 27:92 wa-an atluwa al-Qurʾāna fa-mani ihtadá fa-innamā yahtadī li-nafsihi wa-man ḍalla fa-qul innamā anā mina al-mundhirīna 27:93 wa-quli al-ḥamdu lillāhi sa-yurīkum āyātihi fa-taʿrifūnahā wa-mā rabbuka bi-ghāfilin ʿammā taʿmalūna 28:1 bismillāhi al-raḥmāni al-raḥīmi ṭāʾ sīn mīm 28:2 tilka āyātu al-kitābi al-mubīni 28:3 natlū ʿalayka min nabaʾi Mūsá wa-Firʿawna bi-al-ḥaqqi li-qawmin yuʾminūna 28:4 inna Firʿawna ʿalā fī al-arḍi wa-jaʿala ahlahā shiyaʿan yastaḍʿifu ṭāʾifatan minhum yudhabbiḥu abnāʾahum wa-yastaḥyī nisāʾahum innahu kāna mina al-mufsidīna 28:5 wa-nurīdu an namunna ʿalá al-ladhīna istuḍʿifū fī al-arḍi wa-najʿalahum aʾimmatan wa-najʿalahumu al-wārithīna 28:6 wa-numakkina lahum fī al-arḍi wa-nuriya Firʿawna wa-Hāmāna wa-junūdahumā minhum mā kānū yaḥdharūna 28:7 wa-awḥaynā ilá ummi Mūsá an arḍiʿīhi fa-idhā khifti ʿalayhi fa-alqīhi fī al-yammi wa-lā takhafī wa-lā taḥzanī innā rāddūhu ilayki wa-jāʿilūhu mina al-mursalīna 28:8 fa-iltaqaṭahu ālu Firʿawna li-yakūna lahum ʿadūwan wa-ḥazanan inna Firʿawna wa-Hāmāna wa-junūdahumā kānū khāṭiʾīna 28:9 wa-qālati imraʾatu Firʿawna qurratu ʿaynin lī wa-laka lā taqtulūhu ʿasá an yanfaʿanā aw nattakhidhahu waladan wa-hum lā yashʿurūna 28:10 wa-aṣbaḥa fuʾādu ummi Mūsá fārighan in kādat la-tubdī bi-hi lawlā an rabaṭnā ʿalá qalbihā li-takūna mina al-muʾminīna 28:11 wa-qālat li-ukhtihi quṣṣīhi fa-baṣurat bi-hi ʿan junubin wa-hum lā yashʿurūna 28:12 wa-ḥarramnā ʿalayhi al-marāḍiʿa min qablu fa-qālat hal adullukum ʿalá ahli baytin yakfulūnahu lakum wa-hum lahu nāṣiḥūna 28:13 fa-radadnāhu ilá ummihi kay taqarra ʿaynuhā wa-lā taḥzana wa-li-taʿlama anna waʿda Allāhi ḥaqqun wa-lākinna aktharahum lā yaʿlamūna 28:14 wa-lammā balagha ashuddahu wa-istawá ātaynāhu ḥukman wa-ʿilman wa-kadhālika najzī al-muḥsinīna 28:15 wa-dakhala al-madīnata ʿalá ḥīni ghaflatin min ahlihā fa-wajada fīhā rajulayni yaqtatilāni hādhā min shīʿatihi wa-hādhā min ʿadūwihi fa-istaghāthahu al-ladhī min shīʿatihi ʿalá al-ladhī min ʿadūwihi fa-wakazahu Mūsá fa-qaḍá ʿalayhi qāla hādhā min ʿamali al-shayṭāni innahu ʿadūwun muḍillun mubīnun 28:16 qāla rabbi innī ẓalamtu nafsī fa-ighfir lī fa-ghafara lahu innahu huwa al-ghafūru al-raḥīmu 28:17 qāla rabbi bi-mā anʿamta ʿalayya fa-lan akūna ẓahīran lil-mujrimīna

28:18 fa-aṣbaḥa fī al-madīnati khā'ifan yataraqqabu fa-idhā al-ladhī istanṣarahu bi-al-amsi yastaṣrikhuhu qāla lahu Mūsá innaka la-ghawīyun mubīnun 28:19 fa-lammā an arāda an yabṭisha bi-al-ladhī huwa ʿadūwun lahumā qāla yā Mūsá a-turīdu an taqtulanī ka-mā qatalta nafsan bi-al-amsi in turīdu illā an takūna jabbāran fī al-arḍi wa-mā turīdu an takūna mina al-muṣliḥīna 28:20 wa-jā'a rajulun min aqṣá al-madīnati yasʿá qāla yā Mūsá inna al-mala'a ya'tamirūna bika li-yaqtulūka fa-ukhruj innī laka mina al-nāṣiḥīna 28:21 fa-kharaja minhā khā'ifan yataraqqabu qāla rabbi najjinī mina al-qawmi al-ẓālimīna 28:22 wa-lammā tawajjaha tilqā'a Madyana qāla ʿasá rabbī an yahdiyanī sawā'a al-sabīli 28:23 wa-lammā warada mā'a Madyana wajada ʿalayhi ummatan mina al-nāsi yasqūna wa-wajada min dūnihimu imra'atayni tadhūdāni qāla mā khaṭbukumā qālatā lā nasqī ḥattá yuṣdira al-riʿā'u wa-abūnā shaykhun kabīrun 28:24 fa-saqá lahumā thumma tawallá ilá al-ẓilli fa-qāla rabbi innī li-mā anzalta ilayya min khayrin faqīrun 28:25 fa-jā'at'hu iḥdāhumā tamshī ʿalá astiḥyā'in qālat inna abī yadʿūka li-yajziyaka ajra mā saqayta lanā fa-lammā jā'ahu wa-qaṣṣa ʿalayhi al-qaṣaṣa qāla lā takhaf najawta mina al-qawmi al-ẓālimīna 28:26 qālat iḥdāhumā yā abati ista'jirhu inna khayra mani ista'jarta al-qawīyu al-amīnu 28:27 qāla innī urīdu an unkiḥaka iḥdá ibnatayya hātayni ʿalá an ta'juranī thamānya ḥijajin fa-in atmamta ʿashran fa-min ʿindika wa-mā urīdu an ashuqqa ʿalayka sa-tajidunī in shā'a Allāhu mina al-ṣāliḥīna 28:28 qāla dhālika baynī wa-baynaka ayyamā al-ajalayni qaḍaytu fa-lā ʿudwāna ʿalayya wallāhu ʿalá mā naqūlu wakīlun 28:29 fa-lammā qaḍá Mūsá al-ajala wa-sāra bi-ahlihi ānasa min jānibi al-ṭūri nāran qāla li-ahlihi umkuthū innī ānastu nāran laʿallī ātīkum minhā bi-khabarin aw jadhwatin mina al-nāri laʿallakum taṣṭalūna 28:30 fa-lammā atāhā nūdiya min shāṭi'i al-wādi al-aymani fī al-buqʿati al-mubārakati mina al-shajarati an yā Mūsá innī anā Allāhu rabbu al-ʿālamīna 28:31 wa-an alqi ʿaṣāka fa-lammā ra'āhā tahtazzu ka-annahā jānnun wallá mudbiran wa-lam yuʿaqqib yā Mūsá aqbil wa-lā takhaf innaka mina al-āminīna 28:32 usluk yadaka fī jaybika takhruj bayḍā'a min ghayri sū'in wa-uḍmum ilayka janāḥaka mina al-rahbi fa-dhānika burhānāni min rabbika ilá Firʿawna wa-mala'ihi innahum kānū qawman fāsiqīna 28:33 qāla rabbi innī qataltu minhum nafsan fa-akhāfu an yaqtulūni 28:34 wa-akhī Hārūnu huwa afṣaḥu minnī lisānan fa-arsilhu maʿiya rid'an yuṣaddiqunī innī akhāfu an yukadhdhibūni 28:35 qāla sa-nashuddu ʿaḍudaka bi-akhīka wa-najʿalu lakumā sulṭānan fa-lā yaṣilūna ilaykumā bi-āyātinā antumā wa-mani ittabaʿakumā al-ghālibūna 28:36 fa-lammā jā'ahum Mūsá bi-āyātinā bayyinātin qālū mā hādhā illā siḥrun muftaran wa-mā samiʿnā bi-hādhā fī ābā'inā al-awwalīna 28:37 wa-qāla Mūsá rabbī aʿlamu bi-man jā'a bi-al-hudá min ʿindihi wa-man takūnu lahu ʿāqibatu al-dāri innahu lā yufliḥu al-ẓālimūna 28:38 wa-qāla Firʿawnu yā ayyuhā al-mala'u mā ʿalimtu lakum min ilāhin ghayrī fa-awqid lī yā Hāmānu ʿalá al-ṭīni fa-ijʿal lī ṣarḥan laʿallī aṭṭaliʿu ilá ilāhi Mūsá wa-innī la-aẓunnuhu mina al-kādhibīna 28:39 wa-istakbara huwa wa-junūduhu fī al-arḍi bi-ghayri al-ḥaqqi wa-ẓannū annahum ilaynā lā yurjaʿūna 28:40 fa-akhadhnāhu wa-junūdahu fa-nabadhnāhum fī al-yammi fa-unẓur kayfa kāna ʿāqibatu al-ẓālimīna 28:41 wa-jaʿalnāhum a'immatan yadʿūna ilá al-nāri wa-yawma al-qiyāmati lā yunṣarūna 28:42 wa-atbaʿnāhum fī hādhihi al-dunyā laʿnatan wa-yawma al-qiyāmati hum mina al-maqbūḥīna 28:43 wa-laqad ātaynā Mūsá al-kitāba min baʿdi mā ahlaknā al-qurūna al-ūlá baṣā'ira lil-nāsi wa-hudan wa-raḥmatan laʿallahum yatadhakkarūna 28:44 wa-mā kunta bi-jānibi al-gharbīyi idh qaḍaynā ilá Mūsá al-amra wa-mā kunta mina al-shāhidīna 28:45 wa-lākinnā ansha'nā qurūnan fa-taṭāwala ʿalayhimu al-ʿumuru wa-mā kunta thāwiyan fī ahli Madyana tatlū ʿalayhim āyātinā wa-lākinnā kunnā mursilīna 28:46 wa-mā kunta bi-jānibi al-ṭūri idh nādaynā wa-lākin raḥmatan min rabbika li-tundhira qawman mā atāhum min nadhīrin min qablika laʿallahum yatadhakkarūna 28:47 wa-lawlā an tuṣībahum muṣībatun bi-mā qaddamat aydīhim fa-yaqūlū rabbanā lawlā arsalta ilaynā rasūlan fa-nattabiʿa āyātika wa-nakūna mina al-muʾminīna 28:48 fa-lammā jāʾahumu al-ḥaqqu min ʿindinā qālū lawlā ūtiya mithla mā ūtiya Mūsá a-wa-lam yakfurū bi-mā ūtiya Mūsá min qablu qālū siḥrāni taẓāharā wa-qālū innā bi-kullin kāfirūna 28:49 qul fa-iʾtū bi-kitābin min ʿindi Allāhi huwa ahdá minhumā attabiʿhu in kuntum ṣādiqīna 28:50 fa-in lam yastajībū laka fa-iʿlam annamā yattabiʿūna ahwāʾahum wa-man aḍallu mimani ittabaʿa hawāhu bi-ghayri hudan mina Allāhi inna Allāha lā yahdī al-qawma al-ẓālimīna 28:51 wa-laqad waṣṣalnā lahumu al-qawla laʿallahum yatadhakkarūna 28:52 al-ladhīna ātaynāhumu al-kitāba min qablihi hum bi-hi yuʾminūna 28:53 wa-idhā yutlá ʿalayhim qālū āmannā bi-hi innahu al-ḥaqqu min rabbinā innā kunnā min qablihi Muslimīna 28:54 ulāʾika yuʾtawna ajrahum marratayni bi-mā ṣabarū wa-yadraʾūna bi-al-ḥasanati al-sayyiʾata wa-mimmā razaqnāhum yunfiqūna 28:55 wa-idhā samiʿū al-laghwa aʿraḍū ʿanhu wa-qālū lanā aʿmālunā wa-lakum aʿmālukum salāmun ʿalaykum lā nabtaghī al-jāhilīna 28:56 innaka lā tahdī man aḥbabta wa-lākinna Allāha yahdī man yashāʾu wa-huwa aʿlamu bi-al-muhtadīna 28:57 wa-qālū in nattabiʿi al-hudá maʿaka nutakhaṭṭaf min arḍinā a-wa-lam numakkin lahum ḥaraman āminan yujbá ilayhi thamarātu kulli shayʾin rizqan min ladunnā wa-lākinna aktharahum lā yaʿlamūna 28:58 wa-kam ahlaknā min qaryatin baṭirat maʿīshatahā fa-tilka masākinuhum lam tuskan min baʿdihim illā qalīlan wa-kunnā naḥnu al-wārithīna 28:59 wa-mā kāna rabbuka muhlika al-qurá ḥattá yabʿatha fī ummihā rasūlan yatlū ʿalayhim āyātinā wa-mā kunnā muhlikī al-qurá illā wa-ahluhā ẓālimūna 28:60 wa-mā ūtītum min shayʾin fa-matāʿu al-ḥayāti al-dunyā wa-zīnatuhā wa-mā ʿinda Allāhi khayrun wa-abqá a-fa-lā taʿqilūna 28:61 a-fa-man waʿadnāhu waʿdan ḥasanan fa-huwa lāqīhi ka-man mattaʿnāhu matāʿa al-ḥayāti al-dunyā thumma huwa yawma al-qiyāmati mina al-muḥḍarīna 28:62 wa-yawma yunādīhim fa-yaqūlu ayna shurakāʾiya al-ladhīna kuntum tazʿumūna 28:63 qāla al-ladhīna ḥaqqa ʿalayhimu al-qawlu rabbanā hāʾulāʾi al-ladhīna aghwaynā aghwaynāhum ka-mā ghawaynā tabarraʾnā ilayka mā kānū iyyānā yaʿbudūna 28:64 wa-qīla udʿū shurakāʾakum fa-daʿawhum fa-lam yastajībū lahum wa-raʾawu al-ʿadhāba law annahum kānū yahtadūna 28:65 wa-yawma yunādīhim fa-yaqūlu mādhā ajabtumu al-mursalīna 28:66 fa-ʿamiyat ʿalayhimu al-anbāʾu yawmaʾidhin fa-hum lā yatasāʾalūna 28:67 fa-ammā man tāba wa-āmana wa-ʿamila ṣāliḥan fa-ʿasá an yakūna mina al-mufliḥīna 28:68 wa-rabbuka yakhluqu mā yashāʾu wa-yakhtāru mā kāna lahumu al-khiyaratu subḥāna Allāhi wa-taʿālá ʿammā yushrikūna 28:69 wa-rabbuka yaʿlamu mā tukinnu ṣudūruhum wa-mā yuʿlinūna 28:70 wa-huwa Allāhu lā ilāha illā huwa lahu al-ḥamdu fī al-ūlá wa-al-ākhirati wa-lahu al-ḥukmu wa-ilayhi turjaʿūna 28:71 qul a-raʾytum in jaʿala Allāhu ʿalaykumu al-layla sarmadan ilá yawmi al-qiyāmati man ilāhun ghayru Allāhi yaʾtīkum bi-ḍiyāʾin a-fa-lā tasmaʿūna 28:72 qul a-raʾytum in jaʿala Allāhu ʿalaykumu al-nahāra sarmadan ilá yawmi al-qiyāmati man ilāhun ghayru Allāhi yaʾtīkum bi-laylin taskunūna fīhi a-fa-lā tubṣirūna 28:73 wa-min raḥmatihi jaʿala lakumu al-layla wa-al-nahāra li-taskunū fīhi wa-li-tabtaghū min faḍlihi wa-laʿallakum tashkurūna 28:74 wa-yawma yunādīhim fa-yaqūlu ayna shurakāʾiya al-ladhīna kuntum tazʿumūna 28:75 wa-nazaʿnā min kulli ummatin shahīdan fa-qulnā hātū burhānakum fa-ʿalimū anna al-ḥaqqa lillāhi wa-ḍalla ʿanhum mā kānū yaftarūna 28:76 inna Qārūna kāna min qawmi Mūsá fa-baghá ʿalayhim wa-ātaynāhu mina al-kunūzi mā inna mafātiḥahu la-tanūʾu bi-al-ʿuṣbati ulī al-qūwati idh qāla lahu qawmuhu lā tafraḥ inna Allāha lā yuḥibbu al-fariḥīna 28:77 wa-ibtaghi fī-mā ātāka Allāhu al-dāra al-ākhirata wa-lā tansa naṣībaka mina al-dunyā wa-aḥsin ka-mā aḥsana Allāhu ilayka wa-lā tabghi al-fasāda fī al-arḍi inna Allāha lā yuḥibbu al-mufsidīna 28:78 qāla innamā ūtītuhu ʿalá ʿilmin ʿindī a-wa-lam yaʿlam anna Allāha qad ahlaka min qablihi mina al-qurūni man huwa ashaddu minhu qūwatan wa-aktharu jamʿan wa-lā yusʾalu ʿan dhunūbihimu al-mujrimūna 28:79 fa-kharaja ʿalá qawmihi fī zīnatihi qāla al-ladhīna yurīdūna al-ḥayāta al-dunyā yā layta lanā mithla mā ūtiya Qārūnu innahu la-dhū ḥaẓẓin ʿaẓīmin 28:80 wa-qāla al-ladhīna ūtū al-ʿilma waylakum thawābu Allāhi khayrun li-man āmana wa-ʿamila ṣāliḥan wa-lā yulaqqāhā illā al-ṣābirūna 28:81 fa-khasafnā bi-hi wa-bidārihi al-arḍa fa-mā kāna lahu min fiʾatin yanṣurūnahu min dūni Allāhi wa-mā kāna mina al-muntaṣirīna 28:82 wa-aṣbaḥa al-ladhīna tamannaw makānahu bi-al-amsi yaqūlūna way-ka-anna Allāha yabsuṭu al-rizqa li-man yashāʾu min ʿibādihi wa-yaqdiru lawlā an manna Allāhu ʿalaynā la-khasafa binā way-ka-annahu lā yufliḥu al-kāfirūna 28:83 tilka al-dāru al-ākhiratu najʿaluhā lil-ladhīna lā yurīdūna ʿulūwan fī al-arḍi wa-lā fasādan wa-al-ʿāqibatu lil-muttaqīna 28:84 man jāʾa bi-al-ḥasanati fa-lahu khayrun minhā wa-man jāʾa bi-al-sayyiʾati fa-lā yujzá al-ladhīna ʿamilū al-sayyiʾāti illā mā kānū yaʿmalūna 28:85 inna al-ladhī faraḍa ʿalayka al-Qurʾāna la-rādduka ilá maʿādin qul rabbī aʿlamu man jāʾa bi-al-hudá wa-man huwa fī ḍalālin mubīnin 28:86 wa-mā kunta tarjū an yulqá ilayka al-kitābu illā raḥmatan min rabbika fa-lā takūnanna ẓahīran lil-kāfirīna 28:87 wa-lā yaṣuddunnaka ʿan āyāti Allāhi baʿda idh unzilat ilayka wa-udʿu ilá rabbika wa-lā takūnanna mina al-mushrikīna 28:88 wa-lā tadʿu maʿa Allāhi ilāhan ākhara lā ilāha illā huwa kullu shayʾin hālikun illā wajhahu lahu al-ḥukmu wa-ilayhi turjaʿūna 29:1 bismillāhi al-raḥmāni al-raḥīmi alīf lām mīm 29:2 a-ḥasiba al-nāsu an yutrakū an yaqūlū āmannā wa-hum lā yuftanūna 29:3 wa-laqad fatannā al-ladhīna min qablihim fa-la-yaʿlamanna Allāhu al-ladhīna ṣadaqū wa-la-yaʿlamanna al-kādhibīna 29:4 am ḥasiba al-ladhīna yaʿmalūna al-sayyiʾāti an yasbiqūnā sāʾa mā yaḥkumūna 29:5 man kāna yarjū liqāʾa Allāhi fa-inna ajala Allāhi la-ātin wa-huwa al-samīʿu al-ʿalīmu 29:6 wa-man jāhada fa-innamā yujāhidu li-nafsihi inna Allāha la-ghanīyun ʿani al-ʿālamīna 29:7 wa-al-ladhīna āmanū wa-ʿamilū al-ṣāliḥāti la-nukaffiranna ʿanhum sayyiʾātihim wa-la-najziyannahum aḥsana al-ladhī kānū yaʿmalūna 29:8 wa-waṣṣaynā al-insāna bi-wālidayhi ḥusnan wa-in jāhadāka li-tushrika bī mā laysa laka bi-hi ʿilmun fa-lā tuṭiʿhumā ilayya marjiʿukum fa-unabbiʾukum bi-mā kuntum taʿmalūna 29:9 wa-al-ladhīna āmanū wa-ʿamilū al-ṣāliḥāti la-nudkhilannahum fī al-ṣāliḥīna 29:10 wa-mina al-nāsi man yaqūlu āmannā billāhi fa-idhā ūdhiya fī Allāhi jaʿala fitnata al-nāsi ka-ʿadhābi Allāhi wa-la-in jāʾa naṣrun min rabbika la-yaqūlunna innā kunnā maʿakum a-wa-laysa Allāhu bi-aʿlama bi-mā fī ṣudūri al-ʿālamīna 29:11 wa-la-yaʿlamanna Allāhu al-ladhīna āmanū wa-la-yaʿlamanna al-munāfiqīna 29:12 wa-qāla al-ladhīna kafarū lil-ladhīna āmanū ittabiʿū sabīlanā wa-li-naḥmil khaṭāyākum wa-mā hum bi-ḥāmilīna min khaṭāyāhum min shayʾin innahum la-kādhibūna 29:13 wa-la-yaḥmilunna athqālahum wa-athqālan maʿa athqālihim wa-la-yusʾalunna yawma al-qiyāmati ʿammā kānū yaftarūna 29:14 wa-laqad arsalnā Nūḥan ilá qawmihi fa-labitha fīhim alfa sanatin illā khamsīna ʿāman fa-akhadhahumu al-ṭūfānu wa-hum ẓālimūna 29:15 fa-anjaynāhu wa-aṣḥāba al-safīnati wa-jaʿalnāhā āyatan lil-ʿālamīna 29:16 wa-Ibrāhīma idh qāla li-qawmihi uʿbudū Allāha wa-ittaqūhu dhālikum khayrun lakum in kuntum taʿlamūna 29:17 innamā taʿbudūna min dūni Allāhi awthānan wa-takhluqūna ifkan inna al-ladhīna taʿbudūna min dūni Allāhi lā yamlikūna lakum rizqan fa-ibtaghū ʿinda Allāhi al-rizqa wa-uʿbudūhu wa-ushkurū lahu ilayhi turjaʿūna 29:18 wa-in tukadhdhibū fa-qad kadhdhaba umamun min qablikum wa-mā ʿalá al-rasūli illā al-balāghu al-mubīnu 29:19 a-wa-lam yaraw kayfa yubdiʾu Allāhu al-khalqa thumma yuʿīduhu inna dhālika ʿalá Allāhi yasīrun 29:20 qul sīrū fī al-arḍi fa-unẓurū kayfa badaʾa al-khalqa thumma Allāhu yunshiʾu al-nashʾata al-ākhirata inna Allāha ʿalá kulli shayʾin qadīrun 29:21 yuʿadhdhibu man yashāʾu wa-yarḥamu man yashāʾu wa-ilayhi tuqlabūna 29:22 wa-mā antum bi-muʿjizīna fī al-arḍi wa-lā fī al-samāʾi wa-mā lakum min dūni Allāhi min walīyin wa-lā naṣīrin 29:23 wa-al-ladhīna kafarū bi-āyāti Allāhi wa-liqāʾihi ulāʾika yaʾisū min raḥmatī wa-ulāʾika lahum ʿadhābun alīmun 29:24 fa-mā kāna jawāba qawmihi illā an qālū uqtulūhu aw ḥarriqūhu fa-anjāhu Allāhu mina al-nāri inna fī dhālika la-āyātin li-qawmin yu'minūna 29:25 wa-qāla innamā ittakhadhtum min dūni Allāhi awthānan mawaddata baynikum fī al-ḥayāti al-dunyā thumma yawma al-qiyāmati yakfuru ba'ḍukum bi-ba'ḍin wa-yal'anu ba'ḍukum ba'ḍan wa-ma'awākumu al-nāru wa-mā lakum min nāṣirīna 29:26 fa-āmana lahu Lūṭun wa-qāla innī muhājirun ilá rabbī innahu huwa al-'azīzu al-ḥakīmu 29:27 wa-wahabnā lahu Isḥāqa wa-Ya'qūba wa-ja'alnā fī dhurrīyatihi al-nubūwata wa-al-kitāba wa-ātaynāhu ajrahu fī al-dunyā wa-innahu fī al-ākhirati la-mina al-ṣāliḥīna 29:28 wa-Lūṭan idh qāla li-qawmihi innakum la-ta'tūna al-fāḥishata mā sabaqakum bi-hā min aḥadin mina al-'ālamīna 29:29 a-innakum la-ta'tūna al-rijāla wa-taqṭa'ūna al-sabīla wa-ta'tūna fī nādīkumu al-munkara fa-mā kāna jawāba qawmihi illā an qālū i'tinā bi-'adhābi Allāhi in kunta mina al-ṣādiqīna 29:30 qāla rabbi unṣurnī 'alá al-qawmi al-mufsidīna 29:31 wa-lammā jā'at rusulunā Ibrāhīma bi-al-bushrá qālū innā muhlikū ahli hādhihi al-qaryati inna ahlahā kānū ẓālimīna 29:32 qāla inna fīhā Lūṭan qālū naḥnu a'lamu bi-man fīhā la-nunajjiyannahu wa-ahlahu illā imra'atahu kānat mina al-ghābirīna 29:33 wa-lammā an jā'at rusulunā Lūṭan sī'a bi-him wa-ḍāqa bi-him dhar'an wa-qālū lā takhaf wa-lā taḥzan innā munajjūka wa-ahlaka illā imra'ataka kānat mina al-ghābirīna 29:34 innā munzilūna 'alá ahli hādhihi al-qaryati rijzan mina al-samā'i bi-mā kānū yafsuqūna 29:35 wa-laqad taraknā minhā āyatan bayyinatan li-qawmin ya'qilūna 29:36 wa-ilá Madyana akhāhum Shu'ayban fa-qāla yā qawmi u'budū Allāha wa-irjū al-yawma al-ākhira wa-lā ta'thaw fī al-arḍi mufsidīna 29:37 fa-kadhdhabūhu fa-akhadhat'humu al-rajfatu fa-aṣbaḥū fī dārihim jāthimīna 29:38 wa-'Ādan wa-Thamūda wa-qad tabayyana lakum min masākinihim wa-zayyana lahumu al-shayṭānu a'mālahum fa-ṣaddahum 'ani al-sabīli wa-kānū mustabṣirīna 29:39 wa-Qārūna wa-Fir'awna wa-Hāmāna wa-laqad jā'ahum Mūsá bi-al-bayyināti fa-istakbarū fī al-arḍi wa-mā kānū sābiqīna 29:40 fa-kullan akhadhnā bi-dhanbihi fa-minhum man arsalnā 'alayhi ḥāṣiban wa-minhum man akhadhat'hu al-ṣayḥatu wa-minhum man khasafnā bi-hi al-arḍa wa-minhum man aghraqnā wa-mā kāna Allāhu li-yaẓlimahum wa-lākin kānū anfusahum yaẓlimūna 29:41 mathalu al-ladhīna ittakhadhū min dūni Allāhi awliyā'a ka-mathali al-'ankabūti ittakhadhat baytan wa-inna awhana al-buyūti la-baytu al-'ankabūti law kānū ya'lamūna 29:42 inna Allāha ya'lamu mā yad'ūna min dūnihi min shay'in wa-huwa al-'azīzu al-ḥakīmu 29:43 wa-tilka al-amthālu naḍribuhā lil-nāsi wa-mā ya'qiluhā illā al-'ālimūna 29:44 khalaqa Allāhu al-samāwāti wa-al-arḍa bi-al-ḥaqqi inna fī dhālika la-āyatan lil-mu'minīna 29:45 utlu mā ūḥiya ilayka mina al-kitābi wa-aqimi al-ṣalāta inna al-ṣalāta tanhá 'ani al-faḥshā'i wa-al-munkari wa-la-dhikru Allāhi akbaru wallāhu ya'lamu mā taṣna'ūna 29:46 wa-lā tujādilū ahla al-kitābi illā bi-al-latī hiya aḥsanu illā al-ladhīna ẓalamū minhum wa-qūlū āmannā bi-al-ladhī unzila ilaynā wa-unzila ilaykum wa-ilāhunā wa-ilāhukum wāḥidun wa-naḥnu lahu Muslimūna 29:47 wa-kadhālika anzalnā ilayka al-kitāba fa-al-ladhīna ātaynāhumu al-kitāba yu'minūna bi-hi wa-min hā'ulā'i man yu'minu bi-hi wa-mā yajḥadu bi-āyātinā illā al-kāfirūna 29:48 wa-mā kunta tatlū min qablihi min kitābin wa-lā takhuṭṭuhu bi-yamīnika idhan la-irtāba al-mubṭilūna 29:49 bal huwa āyātun bayyinātun fī ṣudūri al-ladhīna ūtū al-'ilma wa-mā yajḥadu bi-āyātinā illā al-ẓālimūna 29:50 wa-qālū lawlā unzila 'alayhi āyātun min rabbihi qul innamā al-āyātu 'inda Allāhi wa-innamā anā nadhīrun mubīnun 29:51 a-wa-lam yakfihim annā anzalnā 'alayka al-kitāba yutlá 'alayhim inna fī dhālika la-raḥmatan wa-dhikrá li-qawmin yu'minūna 29:52 qul kafá billāhi baynī wa-baynakum shahīdan ya'lamu mā fī al-samāwāti wa-al-arḍi wa-al-ladhīna āmanū bi-al-bāṭili wa-kafarū billāhi ulā'ika humu al-khāsirūna 29:53 wa-yasta'jilūnaka bi-al-'adhābi wa-lawlā ajalun musaman la-jā'ahumu al-'adhābu wa-la-ya'tiyannahum baghtatan wa-hum lā yash'urūna 29:54 yasta'jilūnaka bi-al-'adhābi wa-inna jahannama la-muḥīṭatun bi-al-kāfirīna 29:55 yawma yaghshāhumu al-ʿadhābu min fawqihim wa-min taḥti arjulihim wa-yaqūlu dhūqū mā kuntum taʿmalūna 29:56 yā ʿibādiya al-ladhīna āmanū inna arḍī wāsiʿatun fa iyyāya fa-uʿbudūni 29:57 kullu nafsin dhāʾiqatu al-mawti thumma ilaynā turjaʿūna 29:58 wa-al-ladhīna āmanū wa-ʿamilū al-ṣāliḥāti la-nubawwiʾannahum mina al-jannati ghurafan tajrī min taḥtihā al-anhāru khālidīna fīhā niʿma ajru al-ʿāmilīna 29:59 al-ladhīna ṣabarū wa-ʿalá rabbihim yatawakkalūna 29:60 wa-ka-ayyin min dābbatin lā taḥmilu rizqahā Allāhu yarzuquhā wa-iyyākum wa-huwa al-samīʿu al-ʿalīmu 29:61 wa-la-in saʾaltahum man khalaqa al-samāwāti wa-al-arḍa wa-sakhkhara al-shamsa wa-al-qamara la-yaqūlunna Allāhu fa-anná yuʾfakūna 29:62 Allāhu yabsuṭu al-rizqa li-man yashāʾu min ʿibādihi wa-yaqdiru lahu inna Allāha bi-kulli shayʾin ʿalīmun 29:63 wa-la-in saʾaltahum man nazzala mina al-samāʾi māʾan fa-aḥyā bi-hi al-arḍa min baʿdi mawtihā la-yaqūlunna Allāhu quli al-ḥamdu lillāhi bal aktharuhum lā yaʿqilūna 29:64 wa-mā hādhihi al-ḥayātu al-dunyā illā lahwun wa-laʿibun wa-inna al-dāra al-ākhirata la-hiya al-ḥayawānu law kānū yaʿlamūna 29:65 fa-idhā rakibū fī al-fulki daʿawu Allāha mukhliṣīna lahu al-dīna fa-lammā najjāhum ilá al-barri idhā hum yushrikūna 29:66 li-yakfurū bi-mā ātaynāhum wa-li-yatamattaʿū fa-sawfa yaʿlamūna 29:67 a-wa-lam yaraw annā jaʿalnā ḥaraman āminan wa-yutakhaṭṭafu al-nāsu min ḥawlihim a-fa-bi-al-bāṭili yuʾminūna wa-bi-niʿmati Allāhi yakfurūna 29:68 wa-man aẓlamu mimani iftará ʿalá Allāhi kadhiban aw kadhdhaba bi-al-ḥaqqi lammā jāʾahu a-laysa fī jahannama mathwan lil-kāfirīna 29:69 wa-al-ladhīna jāhadū fīnā la-nahdiyannahum subulanā wa-inna Allāha la-maʿa al-muḥsinīna 30:1 bismillāhi al-raḥmāni al-raḥīmi alīf lām mīm 30:2 ghulibati al-rūmu 30:3 fī adná al-arḍi wa-hum min baʿdi ghalabihim sa-yaghlibūna 30:4 fī biḍʿi sinīna lillāhi al-amru min qablu wa-min baʿdu wa-yawmaʾidhin yafraḥu al-muʾminūna 30:5 bi-naṣri Allāhi yanṣuru man yashāʾu wa-huwa al-ʿazīzu al-raḥīmu 30:6 waʿda Allāhi lā yukhlifu Allāhu waʿdahu wa-lākinna akthara al-nāsi lā yaʿlamūna 30:7 yaʿlamūna ẓāhiran mina al-ḥayāti al-dunyā wa-hum ʿani al-ākhirati hum ghāfilūna 30:8 a-wa-lam yatafakkarū fī anfusihim mā khalaqa Allāhu al-samāwāti wa-al-arḍa wa-mā baynahumā illā bi-al-ḥaqqi wa-ajalin musaman wa-inna kathīran mina al-nāsi bi-liqāʾi rabbihim la-kāfirūna 30:9 a-wa-lam yasīrū fī al-arḍi fa-yanẓurū kayfa kāna ʿāqibatu al-ladhīna min qablihim kānū ashadda minhum qūwatan wa-athārū al-arḍa wa-ʿamarūhā akthara mimmā ʿamarūhā wa-jāʾatʾhum rusuluhum bi-al-bayyināti fa-mā kāna Allāhu li-yaẓlimahum wa-lākin kānū anfusahum yaẓlimūna 30:10 thumma kāna ʿāqibata al-ladhīna asāʾū al-sūʾá an kadhdhabū bi-āyāti Allāhi wa-kānū bi-hā yastahziʾūna 30:11 Allāhu yabdaʾu al-khalqa thumma yuʿīduhu thumma ilayhi turjaʿūna 30:12 wa-yawma taqūmu al-sāʿatu yublisu al-mujrimūna 30:13 wa-lam yakun lahum min shurakāʾihim shufaʿāʾu wa-kānū bi-shurakāʾihim kāfirīna 30:14 wa-yawma taqūmu al-sāʿatu yawmaʾidhin yatafarraqūna 30:15 fa-ammā al-ladhīna āmanū wa-ʿamilū al-ṣāliḥāti fa-hum fī rawḍatin yuḥbarūna 30:16 wa-ammā al-ladhīna kafarū wa-kadhdhabū bi-āyātinā wa-liqāʾi al-ākhirati fa-ulāʾika fī al-ʿadhābi muḥḍarūna 30:17 fa-subḥāna Allāhi ḥīna tumsūna wa-ḥīna tuṣbiḥūna 30:18 wa-lahu al-ḥamdu fī al-samāwāti wa-al-arḍi wa-ʿashīyan wa-ḥīna tuẓhirūna 30:19 yukhriju al-ḥayya mina al-mayyiti wa-yukhriju al-mayyita mina al-ḥayyi wa-yuḥyī al-arḍa baʿda mawtihā wa-kadhālika tukhrajūna 30:20 wa-min āyātihi an khalaqakum min turābin thumma idhā antum basharun tantashirūna 30:21 wa-min āyātihi an khalaqa lakum min anfusikum azwājan li-taskunū ilayhā wa-jaʿala baynakum mawaddatan wa-raḥmatan inna fī dhālika la-āyātin li-qawmin yatafakkarūna 30:22 wa-min āyātihi khalqu al-samāwāti wa-al-arḍi wa-ikhtilāfu alsinatikum wa-alwānikum inna fī dhālika la-āyātin lil-ʿālimīna 30:23 wa-min āyātihi manāmukum bi-al-layli wa-al-nahāri wa-ibtighāʾukum min faḍlihi inna fī dhālika la-āyātin li-qawmin yasmaʿūna 30:24 wa-min āyātihi yurīkumu al-barqa khawfan wa-ṭamaʿan wa-yunazzilu mina al-samāʾi māʾan fa-yuḥyī bi-hi al-arḍa baʿda mawtihā inna fī dhālika la-āyātin li-qawmin yaʿqilūna 30:25 wa-min āyātihi an taqūma al-samāʾu wa-al-arḍu bi-amrihi thumma idhā daʿākum daʿwatan mina al-arḍi idhā antum takhrujūna 30:26 wa-lahu man fī al-samāwāti wa-al-arḍi kullun lahu qānitūna 30:27 wa-huwa al-ladhī yabdaʾu al-khalqa thumma yuʿīduhu wa-huwa ahwanu ʿalayhi wa-lahu al-mathalu al-āʿlá fī al-samāwāti wa-al-arḍi wa-huwa al-ʿazīzu al-ḥakīmu 30:28 ḍaraba lakum mathalan min anfusikum hal lakum min mā malakat aymānukum min shurakāʾa fī mā razaqnākum fa-antum fīhi sawāʾun takhāfūnahum ka-khīfatikum anfusakum kadhālika nufaṣṣilu al-āyāti li-qawmin yaʿqilūna 30:29 bali ittabaʿa al-ladhīna ẓalamū ahwāʾahum bi-ghayri ʿilmin fa-man yahdī man aḍalla Allāhu wa-mā lahum min nāṣirīna 30:30 fa-aqim wajhaka lil-dīni ḥanīfan fiṭrata Allāhi al-latī faṭara al-nāsa ʿalayhā lā tabdīla li-khalqi Allāhi dhālika al-dīnu al-qayyimu wa-lākinna akthara al-nāsi lā yaʿlamūna 30:31 munībīna ilayhi wa-ittaqūhu wa-aqīmū al-ṣalāta wa-lā takūnū mina al-mushrikīna 30:32 mina al-ladhīna farraqū dīnahum wa-kānū shiyaʿan kullu ḥizbin bi-mā ladayhim fariḥūna 30:33 wa-idhā massa al-nāsa ḍurrun daʿaw rabbahum munībīna ilayhi thumma idhā adhāqahum minhu raḥmatan idhā farīqun minhum bi-rabbihim yushrikūna 30:34 li-yakfurū bi-mā ātaynāhum fa-tamattaʿū fa-sawfa taʿlamūna 30:35 am anzalnā ʿalayhim sulṭānan fa-huwa yatakallamu bi-mā kānū bi-hi yushrikūna 30:36 wa-idhā adhaqnā al-nāsa raḥmatan fariḥū bi-hā wa-in tuṣibhum sayyiʾatun bi-mā qaddamat aydīhim idhā hum yaqnaṭūna 30:37 a-wa-lam yaraw anna Allāha yabsuṭu al-rizqa li-man yashāʾu wa-yaqdiru inna fī dhālika la-āyātin li-qawmin yuʾminūna 30:38 fa-āti dhā al-qurbá ḥaqqahu wa-al-miskīna wa-ibna al-sabīli dhālika khayrun lil-ladhīna yurīdūna wajha Allāhi wa-ulāʾika humu al-mufliḥūna 30:39 wa-mā ātaytum min riban li-yarbuwa fī amwāli al-nāsi fa-lā yarbū ʿinda Allāhi wa-mā ātaytum min zakātin turīdūna wajha Allāhi fa-ulāʾika humu al-muḍʿifūna 30:40 Allāhu al-ladhī khalaqakum thumma razaqakum thumma yumītukum thumma yuḥyīkum hal min shurakāʾikum man yafʿalu min dhālikum min shayʾin subḥānahu wa-taʿālá ʿammā yushrikūna 30:41 ẓahara al-fasādu fī al-barri wa-al-baḥri bi-mā kasabat aydī al-nāsi li-yudhīqahum baʿḍa al-ladhī ʿamilū laʿallahum yarjiʿūna 30:42 qul sīrū fī al-arḍi fa-unẓurū kayfa kāna ʿāqibatu al-ladhīna min qablu kāna aktharuhum mushrikīna 30:43 fa-aqim wajhaka lil-dīni al-qayyimi min qabli an yaʾtiya yawmun lā maradda lahu mina Allāhi yawmaʾidhin yaṣṣaddaʿūna 30:44 man kafara fa-ʿalayhi kufruhu wa-man ʿamila ṣāliḥan fa-li-anfusihim yamhadūna 30:45 li-yajziya al-ladhīna āmanū wa-ʿamilū al-ṣāliḥāti min faḍlihi innahu lā yuḥibbu al-kāfirīna 30:46 wa-min āyātihi an yursila al-riyāḥa mubashshirātin wa-li-yudhīqakum min raḥmatihi wa-li-tajriya al-fulku bi-amrihi wa-li-tabtaghū min faḍlihi wa-laʿallakum tashkurūna 30:47 wa-laqad arsalnā min qablika rusulan ilá qawmihim fa-jāʾūhum bi-al-bayyināti fa-intaqamnā mina al-ladhīna ajramū wa-kāna ḥaqqan ʿalaynā naṣru al-muʾminīna 30:48 Allāhu al-ladhī yursilu al-riyāḥa fa-tuthīru saḥāban fa-yabsuṭuhu fī al-samāʾi kayfa yashāʾu wa-yajʿaluhu kisafan fa-tará al-wadqa yakhruju min khilālihi fa-idhā aṣāba bi-hi man yashāʾu min ʿibādihi idhā hum yastabshirūna 30:49 wa-in kānū min qabli an yunazzala ʿalayhim min qablihi la-mublisīna 30:50 fa-unẓur ilá āthāri raḥmati Allāhi kayfa yuḥyī al-arḍa baʿda mawtihā inna dhālika la-muḥyī al-mawtá wa-huwa ʿalá kulli shayʾin qadīrun 30:51 wa-la-in arsalnā rīḥan fa-raʾawhu muṣfarran la-ẓallū min baʿdihi yakfurūna 30:52 fa-innaka lā tusmiʿu al-mawtá wa-lā tusmiʿu al-ṣumma al-duʿāʾa idhā wallaw mudbirīna 30:53 wa-mā anta bi-hādi al-ʿumyi ʿan ḍalālatihim in tusmiʿu illā man yuʾminu bi-āyātinā fa-hum Muslimūna 30:54 Allāhu al-ladhī khalaqakum min ḍaʿfin thumma jaʿala min baʿdi ḍaʿfin qūwatan thumma jaʿala min baʿdi qūwatin ḍaʿfan wa-shaybatan yakhluqu mā yashāʾu wa-huwa al-ʿalīmu al-qadīru 30:55 wa-yawma taqūmu al-sāʿatu yuqsimu al-mujrimūna mā labithū ghayra sāʿatin kadhālika kānū yu'fakūna 30:56 wa-qāla al-ladhīna ūtū al-ʿilma wa-al-īmāna laqad labithtum fī kitābi Allāhi ilá yawmi al-baʿthi fa-hādhā yawmu al-baʿthi wa-lākinnakum kuntum lā taʿlamūna 30:57 fa-yawma'idhin lā yanfaʿu al-ladhīna ẓalamū maʿdhiratuhum wa-lā hum yustaʿtabūna 30:58 wa-laqad ḍarabnā lil-nāsi fī hādhā al-Qur'āni min kulli mathalin wa-la-in ji'tahum bi-āyatin la-yaqūlanna al-ladhīna kafarū in antum illā mubṭilūna 30:59 kadhālika yaṭbaʿu Allāhu ʿalá qulūbi al-ladhīna lā yaʿlamūna 30:60 fa-iṣbir inna waʿda Allāhi ḥaqqun wa-lā yastakhiffannaka al-ladhīna lā yūqinūna 31:1 bismillāhi al-raḥmāni al-raḥīmi alīf lām mīm 31:2 tilka āyātu al-kitābi al-ḥakīmi 31:3 hudan wa-raḥmatan lil-muḥsinīna 31:4 al-ladhīna yuqīmūna al-ṣalāta wa-yu'tūna al-zakāta wa-hum bi-al-ākhirati hum yūqinūna 31:5 ulā'ika ʿalá hudan min rabbihim wa-ulā'ika humu al-mufliḥūna 31:6 wa-mina al-nāsi man yashtarī lahwa al-ḥadīthi li-yuḍilla ʿan sabīli Allāhi bi-ghayri ʿilmin wa-yattakhidhahā huzuwan ulā'ika lahum ʿadhābun muhīnun 31:7 wa-idhā tutlá ʿalayhi āyātunā wallá mustakbiran ka-an lam yasmaʿhā ka-anna fī udhunayhi waqran fa-bashshirhu bi-ʿadhābin alīmin 31:8 inna al-ladhīna āmanū wa-ʿamilū al-ṣāliḥāti lahum jannātu al-naʿīmi 31:9 khālidīna fīhā waʿda Allāhi ḥaqqan wa-huwa al-ʿazīzu al-ḥakīmu 31:10 khalaqa al-samāwāti bi-ghayri ʿamadin tarawnahā wa-alqá fī al-arḍi rawāsiya an tamīda bikum wa-baththa fīhā min kulli dābbatin wa-anzalnā mina al-samā'i mā'an fa-anbatnā fīhā min kulli zawjin karīmin 31:11 hādhā khalqu Allāhi fa-arūnī mādhā khalaqa al-ladhīna min dūnihi bali al-ẓālimūna fī ḍalālin mubīnin 31:12 wa-laqad ātaynā Luqmāna al-ḥikmata ani ushkur lillāhi wa-man yashkur fa-innamā yashkuru li-nafsihi wa-man kafara fa-inna Allāha ghanīyun ḥamīdun 31:13 wa-idh qāla Luqmānu li-ibnihi wa-huwa yaʿiẓuhu yā bunayya lā tushrik billāhi inna al-shirka la-ẓulmun ʿaẓīmun 31:14 wa-waṣṣaynā al-insāna bi-wālidayhi ḥamalat'hu ummuhu wahnan ʿalá wahnin wa-fiṣāluhu fī ʿāmayni ani ushkur lī wa-li-wālidayka ilayya al-maṣīru 31:15 wa-in jāhadāka ʿalá an tushrika bī mā laysa laka bi-hi ʿilmun fa-lā tuṭiʿhumā wa-ṣāḥibhumā fī al-dunyā maʿrūfan wa-ittabiʿ sabīla man anāba ilayya thumma ilayya marjiʿukum fa-unabbi'ukum bi-mā kuntum taʿmalūna 31:16 yā bunayya innahā in taku mithqāla ḥabbatin min khardalin fa-takun fī ṣakhratin aw fī al-samāwāti aw fī al-arḍi ya'ti bi-hā Allāhu inna Allāha laṭīfun khabīrun 31:17 yā bunayya aqimi al-ṣalāta wa-i'mur bi-al-maʿrūfi wa-inha ʿani al-munkari wa-iṣbir ʿalá mā aṣābaka inna dhālika min ʿazmi al-umūri 31:18 wa-lā tuṣaʿʿir khaddaka lil-nāsi wa-lā tamshi fī al-arḍi maraḥan inna Allāha lā yuḥibbu kulla mukhtālin fakhūrin 31:19 wa-iqṣid fī mashyika wa-ughḍuḍ min ṣawtika inna ankara al-aṣwāti la-ṣawtu al-ḥamīri 31:20 a-lam taraw anna Allāha sakhkhara lakum mā fī al-samāwāti wa-mā fī al-arḍi wa-asbagha ʿalaykum niʿamahu ẓāhiratan wa-bāṭinatan wa-mina al-nāsi man yujādilu fī Allāhi bi-ghayri ʿilmin wa-lā hudan wa-lā kitābin munīrin 31:21 wa-idhā qīla lahumu ittabiʿū mā anzala Allāhu qālū bal nattabiʿu mā wajadnā ʿalayhi ābā'anā a-wa-law kāna al-shayṭānu yadʿūhum ilá ʿadhābi al-saʿīri 31:22 wa-man yuslim wajhahu ilá Allāhi wa-huwa muḥsinun fa-qadi istamsaka bi-al-ʿurwati al-wuthqá wa-ilá Allāhi ʿāqibatu al-umūri 31:23 wa-man kafara fa-lā yaḥzunka kufruhu ilaynā marjiʿuhum fa-nunabbi'uhum bi-mā ʿamilū inna Allāha ʿalīmun bi-dhāti al-ṣudūri 31:24 numattiʿuhum qalīlan thumma naḍṭarruhum ilá ʿadhābin ghalīẓin 31:25 wa-la-in sa'altahum man khalaqa al-samāwāti wa-al-arḍa la-yaqūlunna Allāhu quli al-ḥamdu lillāhi bal aktharuhum lā yaʿlamūna 31:26 lillāhi mā fī al-samāwāti wa-al-arḍi inna Allāha huwa al-ghanīyu al-ḥamīdu 31:27 wa-law annamā fī al-arḍi min shajaratin aqlāmun wa-al-baḥru yamudduhu min baʿdihi sabʿatu abḥurin mā nafidat kalimātu Allāhi inna Allāha ʿazīzun ḥakīmun 31:28 mā khalqukum wa-lā baʿthukum illā ka-nafsin wāḥidatin inna Allāha samīʿun baṣīrun 31:29 a-lam tara anna Allāha yūliju al-layla fī al-nahāri wa-yūliju al-nahāra fī al-layli wa-sakhkhara al-shamsa wa-al-qamara kullun yajrī ilá ajalin musaman wa-anna Allāha bi-mā taʿmalūna khabīrun 31:30 dhālika bi-anna Allāha huwa al-ḥaqqu wa-anna mā yadʿūna min dūnihi al-bāṭilu wa-anna Allāha huwa al-ʿalīyu al-kabīru 31:31 a-lam tara anna al-fulka tajrī fī al-baḥri bi-niʿmati Allāhi li-yuriyakum min āyātihi inna fī dhālika la-āyātin li-kulli ṣabbārin shakūrin 31:32 wa-idhā ghashiyahum mawjun ka-al-ẓulali daʿawu Allāha mukhliṣīna lahu al-dīna fa-lammā najjāhum ilá al-barri fa-minhum muqtaṣidun wa-mā yajḥadu bi-āyātinā illā kullu khattārin kafūrin 31:33 yā ayyuhā al-nāsu ittaqū rabbakum wa-ikhshaw yawman lā yajzī wālidun ʿan waladihi wa-lā mawlūdun huwa jāzin ʿan wālidihi shayʾan inna waʿda Allāhi ḥaqqun fa-lā taghurrannakumu al-ḥayātu al-dunyā wa-lā yaghurrannakum billāhi al-gharūru 31:34 inna Allāha ʿindahu ʿilmu al-sāʿati wa-yunazzilu al-ghaytha wa-yaʿlamu mā fī al-arḥāmi wa-mā tadrī nafsun mādhā taksibu ghadan wa-mā tadrī nafsun bi-ayyi arḍin tamūtu inna Allāha ʿalīmun khabīrun 32:1 bismillāhi al-raḥmāni al-raḥīmi alīf lām mīm 32:2 tanzīlu al-kitābi lā rayba fīhi min rabbi al-ʿālamīna 32:3 am yaqūlūna iftarāhu bal huwa al-ḥaqqu min rabbika li-tundhira qawman mā atāhum min nadhīrin min qablika laʿallahum yahtadūna 32:4 Allāhu al-ladhī khalaqa al-samāwāti wa-al-arḍa wa-mā baynahumā fī sittati ayyāmin thumma istawá ʿalá al-ʿarshi mā lakum min dūnihi min walīyin wa-lā shafīʿin a-fa-lā tatadhakkarūna 32:5 yudabbiru al-amra mina al-samāʾi ilá al-arḍi thumma yaʿruju ilayhi fī yawmin kāna miqdāruhu alfa sanatin mimmā taʿuddūna 32:6 dhālika ʿālimu al-ghaybi wa-al-shahādati al-ʿazīzu al-raḥīmu 32:7 al-ladhī aḥsana kulla shayʾin khalaqahu wa-badaʾa khalqa al-insāni min ṭīnin 32:8 thumma jaʿala naslahu min sulālatin min māʾin mahīnin 32:9 thumma sawwāhu wa-nafakha fīhi min rūḥihi wa-jaʿala lakumu al-samʿa wa-al-abṣāra wa-al-afʾidata qalīlan mā tashkurūna 32:10 wa-qālū a-idhā ḍalalnā fī al-arḍi a-innā la-fī khalqin jadīdin bal hum bi-liqāʾi rabbihim kāfirūna 32:11 qul yatawaffākum malaku al-mawti al-ladhī wukkila bikum thumma ilá rabbikum turjaʿūna 32:12 wa-law tará idhi al-mujrimūna nākisū ruʾūsihim ʿinda rabbihim rabbanā abṣarnā wa-samiʿnā fa-urjiʿnā naʿmal ṣāliḥan innā mūqinūna 32:13 wa-law shiʾnā la-ataynā kulla nafsin hudāhā wa-lākin ḥaqqa al-qawlu minnī la-amlaʾanna jahannama mina al-jinnati wa-al-nāsi ajmaʿīna 32:14 fa-dhūqū bi-mā nasītum liqāʾa yawmikum hādhā innā nasīnākum wa-dhūqū ʿadhāba al-khuldi bi-mā kuntum taʿmalūna 32:15 innamā yuʾminu bi-āyātinā al-ladhīna idhā dhukkirū bi-hā kharrū sujjadan wa-sabbaḥū bi-ḥamdi rabbihim wa-hum lā yastakbirūna 32:16 tatajāfá junūbuhum ʿani al-maḍājiʿi yadʿūna rabbahum khawfan wa-ṭamaʿan wa-mimmā razaqnāhum yunfiqūna 32:17 fa-lā taʿlamu nafsun mā ukhfiya lahum min qurrati aʿyunin jazāʾan bi-mā kānū yaʿmalūna 32:18 a-fa-man kāna muʾminan ka-man kāna fāsiqan lā yastawūna 32:19 ammā al-ladhīna āmanū wa-ʿamilū al-ṣāliḥāti fa-lahum jannātu al-maʾwá nuzulan bi-mā kānū yaʿmalūna 32:20 wa-ammā al-ladhīna fasaqū fa-maʾwāhumu al-nāru kullamā arādū an yakhrujū minhā uʿīdū fīhā wa-qīla lahum dhūqū ʿadhāba al-nāri al-ladhī kuntum bi-hi tukadhdhibūna 32:21 wa-la-nudhīqannahum mina al-ʿadhābi al-adná dūna al-ʿadhābi al-akbari laʿallahum yarjiʿūna 32:22 wa-man aẓlamu miman dhukkira bi-āyāti rabbihi thumma aʿraḍa ʿanhā innā mina al-mujrimīna muntaqimūna 32:23 wa-laqad ātaynā Mūsá al-kitāba fa-lā takun fī miryatin min liqāʾihi wa-jaʿalnāhu hudan li-banī Isrāʾīla 32:24 wa-jaʿalnā minhum aʾimmatan yahdūna bi-amrinā lammā ṣabarū wa-kānū bi-āyātinā yūqinūna 32:25 inna rabbaka huwa yafṣilu baynahum yawma al-qiyāmati fī-mā kānū fīhi yakhtalifūna 32:26 a-wa-lam yahdi lahum kam ahlaknā min qablihim mina al-qurūni yamshūna fī masākinihim inna fī dhālika la-āyātin a-fa-lā yasmaʿūna 32:27 a-wa-lam yaraw annā nasūqu al-māʾa ilá al-arḍi al-juruzi fa-nukhriju bi-hi zarʿan taʾkulu minhu anʿāmuhum wa-anfusuhum a-fa-lā yubṣirūna 32:28 wa-yaqūlūna matá hādhā al-fatḥu in kuntum ṣādiqīna 32:29 qul yawma al-fatḥi lā yanfaʿu al-ladhīna kafarū īmānuhum wa-lā hum yunẓarūna 32:30 fa-aʿriḍ ʿanhum wa-intaẓir innahum muntaẓirūna 33:1 bismillāhi al-raḥmāni al-raḥīmi yā ayyuhā al-nabīyu ittaqi Allāha wa-lā tuṭiʿi al-kāfirīna wa-al-munāfiqīna inna Allāha kāna ʿalīman ḥakīman 33:2 wa-ittabiʿ mā yūḥá ilayka min rabbika inna Allāha kāna bi-mā taʿmalūna khabīran 33:3 wa-tawakkal ʿalá Allāhi wa-kafá billāhi wakīlan 33:4 mā jaʿala Allāhu li-rajulin min qalbayni fī jawfihi wa-mā jaʿala azwājakumu al-lāʾī tuẓāhirūna minhunna ummahātikum wa-mā jaʿala adʿiyāʾakum abnāʾakum dhālikum qawlukum bi-afwāhikum wallāhu yaqūlu al-ḥaqqa wa-huwa yahdī al-sabīla 33:5 udʿūhum li-ābāʾihim huwa aqsaṭu ʿinda Allāhi fa-in lam taʿlamū ābāʾahum fa-ikhwānukum fī al-dīni wa-mawālīkum wa-laysa ʿalaykum junāḥun fī mā akhṭaʾtum bi-hi wa-lākin mā taʿammadat qulūbukum wa-kāna Allāhu ghafūran raḥīman 33:6 al-nabīyu awlá bi-al-muʾminīna min anfusihim wa-azwājuhu ummahātuhum wa-ūlū al-arḥāmi baʿḍuhum awlá bi-baʿḍin fī kitābi Allāhi mina al-muʾminīna wa-al-muhājirīna illā an tafʿalū ilá awliyāʾikum maʿrūfan kāna dhālika fī al-kitābi masṭūran 33:7 wa-idh akhadhnā mina al-nabīyīna mīthāqahum wa-minka wa-min Nūḥin wa-Ibrāhīma wa-Mūsá wa-ʿĪsá ibni Maryama wa-akhadhnā minhum mīthāqan ghalīẓan 33:8 li-yasʾala al-ṣādiqīna ʿan ṣidqihim wa-aʿadda lil-kāfirīna ʿadhāban alīman 33:9 yā ayyuhā al-ladhīna āmanū udhkurū niʿmata Allāhi ʿalaykum idh jāʾatkum junūdun fa-arsalnā ʿalayhim rīḥan wa-junūdan lam tarawhā wa-kāna Allāhu bi-mā taʿmalūna baṣīran 33:10 idh jāʾūkum min fawqikum wa-min asfala minkum wa-idh zāghati al-abṣāru wa-balaghati al-qulūbu al-ḥanājira wa-taẓunnūna billāhi al-ẓunūnā 33:11 hunālika ibtulya al-muʾminūna wa-zulzilū zilzālan shadīdan 33:12 wa-idh yaqūlu al-munāfiqūna wa-al-ladhīna fī qulūbihim maraḍun mā waʿadanā Allāhu wa-rasūluhu illā ghurūran 33:13 wa-idh qālat ṭāʾifatun minhum yā ahla yathriba lā muqāma lakum fa-irjiʿū wa-yastaʾdhinu farīqun minhumu al-nabīya yaqūlūna inna buyūtanā ʿawratun wa-mā hiya bi-ʿawratin in yurīdūna illā firāran 33:14 wa-law dukhilat ʿalayhim min aqṭārihā thumma suʾilū al-fitnata la-ātawhā wa-mā talabbathū bi-hā illā yasīran 33:15 wa-laqad kānū ʿāhadū Allāha min qablu lā yuwallūna al-adbāra wa-kāna ʿahdu Allāhi masʾūlan 33:16 qul lan yanfaʿakumu al-firāru in farartum mina al-mawti awi al-qatli wa-idhan lā tumattaʿūna illā qalīlan 33:17 qul man dhā al-ladhī yaʿṣimukum mina Allāhi in arāda bikum sūʾan aw arāda bikum raḥmatan wa-lā yajidūna lahum min dūni Allāhi walīyan wa-lā naṣīran 33:18 qad yaʿlamu Allāhu al-muʿawwiqīna minkum wa-al-qāʾilīna li-ikhwānihim halumma ilaynā wa-lā yaʾtūna al-baʾsa illā qalīlan 33:19 a-shiḥḥatan ʿalaykum fa-idhā jāʾa al-khawfu raʾaytahum yanẓurūna ilayka tadūru aʿyunuhum ka-al-ladhī yughshá ʿalayhi mina al-mawti fa-idhā dhahaba al-khawfu salaqūkum bi-alsinatin ḥidādin ashiḥḥatan ʿalá al-khayri ulāʾika lam yuʾminū fa-aḥbaṭa Allāhu aʿmālahum wa-kāna dhālika ʿalá Allāhi yasīran 33:20 yaḥsabūna al-aḥzāba lam yadhhabū wa-in yaʾti al-aḥzābu yawaddū law annahum bādūna fī al-aʿrābi yasʾalūna ʿan anbāʾikum wa-law kānū fīkum mā qātalū illā qalīlan 33:21 laqad kāna lakum fī rasūli Allāhi uswatun ḥasanatun li-man kāna yarjū Allāha wa-al-yawma al-ākhira wa-dhakara Allāha kathīran 33:22 wa-lammā raʾá al-muʾminūna al-aḥzāba qālū hādhā mā waʿadanā Allāhu wa-rasūluhu wa-ṣadaqa Allāhu wa-rasūluhu wa-mā zādahum illā īmānan wa-taslīman 33:23 mina al-muʾminīna rijālun ṣadaqū mā ʿāhadū Allāha ʿalayhi fa-minhum man qaḍá naḥbahu wa-minhum man yantaẓiru wa-mā baddalū tabdīlan 33:24 li-yajziya Allāhu al-ṣādiqīna bi-ṣidqihim wa-yuʿadhdhiba al-munāfiqīna in shāʾa aw yatūba ʿalayhim inna Allāha kāna ghafūran raḥīman 33:25 wa-radda Allāhu al-ladhīna kafarū bi-ghayẓihim lam yanālū khayran wa-kafá Allāhu al-muʾminīna al-qitāla wa-kāna Allāhu qawīyan ʿazīzan 33:26 wa-anzala al-ladhīna ẓāharūhum min ahli al-kitābi min ṣayāṣīhim wa-qadhafa fī qulūbihimu al-ruʿba farīqan taqtulūna wa-taʾsirūna farīqan 33:27 wa-awrathakum arḍahum wa-diyārahum wa-amwālahum wa-arḍan lam taṭaʾūhā wa-kāna Allāhu ʿalá kulli shayʾin qadīran 33:28 yā ayyuhā al-nabīyu qul li-azwājika in kuntunna turidna al-ḥayāta al-dunyā wa-zīnatahā fa-taʿālayna umattiʿkunna wa-usarriḥkunna sarāḥan jamīlan 33:29 wa-in kuntunna turidna Allāha wa-rasūlahu wa-al-dāra al-ākhirata fa-inna Allāha aʿadda lil-muḥsināti minkunna ajran ʿaẓīman 33:30 yā nisāʾa al-nabīyi man yaʾti minkunna bi-fāḥishatin mubayyinatin yuḍāʿaf lahā al-ʿadhābu ḍiʿfayni wa-kāna dhālika ʿalá Allāhi yasīran 33:31 wa-man yaqnut minkunna lillāhi wa-rasūlihi wa-taʿmal ṣāliḥan nuʾtihā ajrahā marratayni wa-aʿtadnā lahā rizqan karīman 33:32 yā nisāʾa al-nabīyi lastunna ka-aḥadin mina al-nisāʾi ini ittaqaytunna fa-lā takhḍaʿna bi-al-qawli fa-yaṭmaʿa al-ladhī fī qalbihi maraḍun wa-qulna qawlan maʿrūfan 33:33 wa-qarna fī buyūtikunna wa-lā tabarrajna tabarruja al-jāhilīyati al-ūlá wa-aqimna al-ṣalāta wa-ātīna al-zakāta wa-aṭiʿna Allāha wa-rasūlahu innamā yurīdu Allāhu li-yudhhiba ʿankumu al-rijsa ahla al-bayti wa-yuṭahhirakum taṭhīran 33:34 wa-udhkurna mā yutlá fī buyūtikunna min āyāti Allāhi wa-al-ḥikmati inna Allāha kāna laṭīfan khabīran 33:35 inna al-Muslimīna wa-al-Muslimāti wa-al-muʾminīna wa-al-muʾmināti wa-al-qānitīna wa-al-qānitāti wa-al-ṣādiqīna wa-al-ṣādiqāti wa-al-ṣābirīna wa-al-ṣābirāti wa-al-khāshiʿīna wa-al-khāshiʿāti wa-al-mutaṣaddiqīna wa-al-mutaṣaddiqāti wa-al-ṣāʾimīna wa-al-ṣāʾimāti wa-al-ḥāfiẓīna furūjahum wa-al-ḥāfiẓāti wa-al-dhākirīna Allāha kathīran wa-al-dhākirāti aʿadda Allāhu lahum maghfiratan wa-ajran ʿaẓīman 33:36 wa-mā kāna li-muʾminin wa-lā muʾminatin idhā qaḍá Allāhu wa-rasūluhu amran an yakūna lahumu al-khiyaratu min amrihim wa-man yaʿṣi Allāha wa-rasūlahu fa-qad ḍalla ḍalālan mubīnan 33:37 wa-idh taqūlu lil-ladhī anʿama Allāhu ʿalayhi wa-anʿamta ʿalayhi amsik ʿalayka zawjaka wa-ittaqi Allāha wa-tukhfī fī nafsika mā Allāhu mubdīhi wa-takhshá al-nāsa wallāhu aḥaqqu an takhshāhu fa-lammā qaḍá zaydun minhā waṭaran zawwajnākahā li-kay lā yakūna ʿalá al-muʾminīna ḥarajun fī azwāji adʿiyāʾihim idhā qaḍaw minhunna waṭaran wa-kāna amru Allāhi mafʿūlan 33:38 mā kāna ʿalá al-nabīyi min ḥarajin fī-mā faraḍa Allāhu lahu sunnata Allāhi fī al-ladhīna khalaw min qablu wa-kāna amru Allāhi qadaran maqdūran 33:39 al-ladhīna yuballighūna risālāti Allāhi wa-yakhshawnahu wa-lā yakhshawna aḥadan illā Allāha wa-kafá billāhi ḥasīban 33:40 mā kāna Muḥammadun abā aḥadin min rijālikum wa-lākin rasūla Allāhi wa-khātama al-nabīyīna wa-kāna Allāhu bi-kulli shayʾin ʿalīman 33:41 yā ayyuhā al-ladhīna āmanū udhkurū Allāha dhikran kathīran 33:42 wa-sabbiḥūhu bukratan wa-aṣīlan 33:43 huwa al-ladhī yuṣallī ʿalaykum wa-malāʾikatuhu li-yukhrijakum mina al-ẓulumāti ilá al-nūri wa-kāna bi-al-muʾminīna raḥīman 33:44 taḥīyatuhum yawma yalqawnahu salāmun wa-aʿadda lahum ajranan karīman 33:45 yā ayyuhā al-nabīyu innā arsalnāka shāhidan wa-mubashshiran wa-nadhīran 33:46 wa-dāʿiyan ilá Allāhi bi-idhnihi wa-sirājan munīran 33:47 wa-bashshiri al-muʾminīna bi-anna lahum mina Allāhi faḍlan kabīran 33:48 wa-lā tuṭiʿi al-kāfirīna wa-al-munāfiqīna wa-daʿ adhāhum wa-tawakkal ʿalá Allāhi wa-kafá billāhi wakīlan 33:49 yā ayyuhā al-ladhīna āmanū idhā nakaḥtumu al-muʾmināti thumma ṭallaqtumūhunna min qabli an tamassūhunna fa-mā lakum ʿalayhinna min ʿiddatin taʿtaddūnahā fa-mattiʿūhunna wa-sarriḥūhunna sarāḥan jamīlan 33:50 yā ayyuhā al-nabīyu innā aḥlalnā laka azwājaka al-lātī atayta ujūrahunna wa-mā malakat yamīnuka mimmā afāʾa Allāhu ʿalayka wa-banāti ʿammika wa-banāti ʿammātika wa-banāti khālika wa-banāti khālātika al-lātī hājarna maʿaka wa-imraʾātan muʾminatan in wahabat nafsahā lil-nabīyi in arāda al-nabīyu an yastankiḥahā khāliṣatan laka min dūni al-muʾminīna qad ʿalimnā mā faraḍnā ʿalayhim fī azwājihim wa-mā malakat aymānuhum li-kay-lā yakūna ʿalayka ḥarajun wa-kāna Allāhu ghafūran raḥīman 33:51 turjī man tashāʾu minhunna wa-tuʾwī ilayka man tashāʾu wa-mani ibtaghayta miman ʿazalta fa-lā junāḥa ʿalayka dhālika adná an taqarra aʿyunuhunna wa-lā yaḥzanna wa-yarḍayna bi-mā ātaytahunna kulluhunna wallāhu yaʿlamu mā fī qulūbikum wa-kāna Allāhu ʿalīman ḥalīman 33:52 lā yaḥillu laka al-nisāʾu min baʿdu wa-lā an tabaddala bi-hinna min azwājin wa-law aʿjabaka ḥusnuhunna illā mā malakat yamīnuka wa-kāna Allāhu ʿalá kulli shayʾin raqīban 33:53 yā ayyuhā al-ladhīna āmanū lā tadkhulū buyūta al-nabīyi illā an yuʾdhana lakum ilá ṭaʿāmin ghayra nāẓirīna ināhu wa-lākin idhā duʿītum fa-udkhulū fa-idhā ṭaʿimtum fa-intashirū wa-lā mustaʾnisīna li-ḥadīthin inna dhālikum kāna yuʾdhī al-nabīya fa-yastaḥyī minkum wallāhu lā yastaḥyī mina al-ḥaqqi wa-idhā saʾaltumūhunna matāʿan fa-isʾalūhunna min warāʾi ḥijābin dhālikum aṭharu li-qulūbikum wa-qulūbihinna wa-mā kāna lakum an tuʾdhū rasūla Allāhi wa-lā an tankiḥū azwājahu min baʿdihi abadan inna dhālikum kāna ʿinda Allāhi ʿaẓīman 33:54 in tubdū shayʾan aw tukhfūhu fa-inna Allāha kāna bi-kulli shayʾin ʿalīman 33:55 lā junāḥa ʿalayhinna fī ābāʾihinna wa-lā abnāʾihinna wa-lā ikhwānihinna wa-lā abnāʾi ikhwānihinna wa-lā abnāʾi akhawātihinna wa-lā nisāʾihinna wa-lā mā malakat aymānuhunna wa-ittaqīna Allāha inna Allāha kāna ʿalá kulli shayʾin shahīdan 33:56 inna Allāha wa-malāʾikatahu yuṣallūna ʿalá al-nabīyi yā ayyuhā al-ladhīna āmanū ṣallū ʿalayhi wa-sallimū taslīman 33:57 inna al-ladhīna yuʾdhūna Allāha wa-rasūlahu laʿanahumu Allāhu fī al-dunyā wa-al-ākhirati wa-aʿadda lahum ʿadhāban muhīnan 33:58 wa-al-ladhīna yuʾdhūna al-muʾminīna wa-al-muʾmināti bi-ghayri mā iktasabū fa-qadi iḥtamalū buhtānan wa-ithman mubīnan 33:59 yā ayyuhā al-nabīyu qul li-azwājika wa-banātika wa-nisāʾi al-muʾminīna yudnīna ʿalayhinna min jalābībihinna dhālika adná an yuʿrafna fa-lā uūʾdhayna wa-kāna Allāhu ghafūran raḥīman 33:60 la-in lam yantahi al-munāfiqūna wa-al-ladhīna fī qulūbihim maraḍun wa-al-murjifūna fī al-madīnati la-nughriyannaka bi-him thumma lā yujāwirūnaka fīhā illā qalīlan 33:61 malʿūnīna aynamā thuqifū ukhidhū wa-quttilū taqtīlan 33:62 sunnata Allāhi fī al-ladhīna khalaw min qablu wa-lan tajida li-sunnati Allāhi tabdīlan 33:63 yasʾaluka al-nāsu ʿani al-sāʿati qul innamā ʿilmuhā ʿinda Allāhi wa-mā yudrīka laʿalla al-sāʿata takūnu qarīban 33:64 inna Allāha laʿana al-kāfirīna wa-aʿadda lahum saʿīran 33:65 khālidīna fīhā abadan lā yajidūna walīyan wa-lā naṣīran 33:66 yawma tuqallabu wujūhuhum fī al-nāri yaqūlūna yā laytanā aṭaʿnā Allāha wa-aṭaʿnā al-rasūlā 33:67 wa-qālū rabbanā innā aṭaʿnā sādatanā wa-kubarāʾanā fa-aḍallūnā al-sabīlā 33:68 rabbanā ātihim ḍiʿfayni mina al-ʿadhābi wa-ilʿanhum laʿnan kabīran 33:69 yā ayyuhā al-ladhīna āmanū lā takūnū ka-al-ladhīna ādhaw Mūsá fa-barraʾāhu Allāhu mimmā qālū wa-kāna ʿinda Allāhi wajīhan 33:70 yā ayyuhā al-ladhīna āmanū ittaqū Allāha wa-qūlū qawlan sadīdan 33:71 yuṣliḥ lakum aʿmālakum wa-yaghfir lakum dhunūbakum wa-man yuṭiʿi Allāha wa-rasūlahu fa-qad fāza fawzan ʿaẓīman 33:72 innā ʿaraḍnā al-amānata ʿalá al-samāwāti wa-al-arḍi wa-al-jibāli fa-abayna an yaḥmilnahā wa-ashfaqna minhā wa-ḥamalahā al-insānu innahu kāna ẓalūman jahūlan 33:73 li-yuʿadhdhiba Allāhu al-munāfiqīna wa-al-munāfiqāti wa-al-mushrikīna wa-al-mushrikāti wa-yatūba Allāhu ʿalá al-muʾminīna wa-al-muʾmināti wa-kāna Allāhu ghafūran raḥīman 34:1 bismillāhi al-raḥmāni al-raḥīmi al-ḥamdu lillāhi al-ladhī lahu mā fī al-samāwāti wa-mā fī al-arḍi wa-lahu al-ḥamdu fī al-ākhirati wa-huwa al-ḥakīmu al-khabīru 34:2 yaʿlamu mā yaliju fī al-arḍi wa-mā yakhruju minhā wa-mā yanzilu mina al-samāʾi wa-mā yaʿruju fīhā wa-huwa al-raḥīmu al-ghafūru 34:3 wa-qāla al-ladhīna kafarū lā taʾtīnā al-sāʿatu qul balá wa-rabbī la-taʾtiyannakum ʿālimi al-ghaybi lā yaʿzubu ʿanhu mithqālu dharratin fī al-samāwāti wa-lā fī al-arḍi wa-lā aṣgharu min dhālika wa-lā akbaru illā fī kitābin mubīnin 34:4 li-yajziya al-ladhīna āmanū wa-ʿamilū al-ṣāliḥāti ulāʾika lahum maghfiratun wa-rizqun karīmun 34:5 wa-al-ladhīna saʿaw fī āyātinā muʿājizīna ulāʾika lahum ʿadhābun min rijzin alīmun 34:6 wa-yará al-ladhīna ūtū al-ʿilma al-ladhī unzila ilayka min rabbika huwa al-ḥaqqa wa-yahdī ilá ṣirāṭi al-ʿazīzi al-ḥamīdi 34:7 wa-qāla al-ladhīna kafarū hal nadullukum ʿalá rajulin yunabbiʾukum idhā muzziqtum kulla mumazzaqin innakum la-fī khalqin jadīdin 34:8 aftará ʿalá Allāhi kadhiban am bi-hi jinnatun bali al-ladhīna lā yuʾminūna bi-al-ākhirati fī al-ʿadhābi wa-al-ḍalāli al-baʿīdi 34:9 a-fa-lam yaraw ilá mā bayna aydīhim wa-mā khalfahum mina al-samāʾi wa-al-arḍi in nashaʾa nakhsif bi-himu al-arḍa aw nusqiṭ ʿalayhim kisafan mina al-samāʾi inna fī dhālika la-āyatan li-kulli ʿabdin munībin 34:10 wa-laqad ātaynā Dāwūda minnā faḍlan yā jibālu awwibī maʿahu wa-al-ṭayra wa-alannā lahu al-ḥadīda 34:11 ani iʿmal sābighātin wa-qaddir fī al-sardi wa-iʿmalū ṣāliḥan innī bi-mā taʿmalūna baṣīrun 34:12 wa-li-Sulaymāna al-rīḥa ghudūwuhā shahrun wa-rawāḥuhā shahrun wa-asalnā lahu ʿayna al-qiṭri wa-mina al-jinni man yaʿmalu bayna yadayhi bi-idhni rabbihi wa-man yazigh minhum ʿan amrinā nudhiqhu min ʿadhābi al-saʿīri 34:13 yaʿmalūna lahu mā yashāʾu min maḥārība wa-tamāthīla wa-jifānin ka-al-jawābi wa-qudūrin rāsiyātin iʿmalū āla Dāwūda shukran wa-qalīlun min ʿibādiya al-shakūru 34:14 fa-lammā qaḍaynā ʿalayhi al-mawta mā dallahum ʿalá mawtihi illā dābbatu al-arḍi taʾkulu minsaʾatahu fa-lammā kharra tabayyanati al-jinnu an law kānū yaʿlamūna al-ghayba mā labithū fī al-ʿadhābi al-muhīni 34:15 laqad kāna li-Sabʾin fī maskanihim āyatun jannatāni ʿan yamīnin wa-shimālin kulū min rizqi rabbikum wa-ushkurū lahu baldatun ṭayyibatun wa-rabbun ghafūrun 34:16 fa-aʿraḍū fa-arsalnā ʿalayhim sayla al-ʿarimi wa-baddalnāhum bi-jannatayhim jannatayni dhawātay ukulin khamṭin wa-athlin wa-shayʾin min sidrin qalīlin 34:17 dhālika jazaynāhum bi-mā kafarū wa-hal nujāzī illā al-kafūra 34:18 wa-jaʿalnā baynahum wa-bayna al-qurá al-latī bāraknā fīhā quran ẓāhiratan wa-qaddarnā fīhā al-sayra sīrū fīhā layāliya wa-ayyāman āminīna 34:19 fa-qālū rabbanā bāʿid bayna asfārinā wa-ẓalamū anfusahum fa-jaʿalnāhum aḥādītha wa-mazzaqnāhum kulla mumazzaqin inna fī dhālika la-āyātin li-kulli ṣabbārin shakūrin 34:20 wa-laqad ṣaddaqa ʿalayhim Iblīsu ẓannahu fa-ittabaʿūhu illā farīqan mina al-muʾminīna 34:21 wa-mā kāna lahu ʿalayhim min sulṭānin illā li-naʿlama man yuʾminu bi-al-ākhirati miman huwa minhā fī shakkin wa-rabbuka ʿalá kulli shayʾin ḥafīẓun 34:22 quli udʿū al-ladhīna zaʿamtum min dūni Allāhi lā yamlikūna mithqāla dharratin fī al-samāwāti wa-lā fī al-arḍi wa-mā lahum fīhimā min shirkin wa-mā lahu minhum min ẓahīrin 34:23 wa-lā tanfaʿu al-shafāʿatu ʿindahu illā li-man adhina lahu ḥattá idhā fuzziʿa ʿan qulūbihim qālū mādhā qāla rabbukum qālū al-ḥaqqa wa-huwa al-ʿalīyu al-kabīru 34:24 qul man yarzuqukum mina al-samāwāti wa-al-arḍi quli Allāhu wa-innā aw iyyākum la-ʿalá hudan aw fī ḍalālin mubīnin 34:25 qul lā tusʾalūna ʿammā ajramnā wa-lā nusʾalu ʿammā taʿmalūna 34:26 qul yajmaʿu baynanā rabbunā thumma yaftaḥu baynanā bi-al-ḥaqqi wa-huwa al-fattāḥu al-ʿalīmu 34:27 qul arūniya al-ladhīna alḥaqtum bi-hi shurakāʾa kallā bal huwa Allāhu al-ʿazīzu al-ḥakīmu 34:28 wa-mā arsalnāka illā kāffatan lil-nāsi bashīran wa-nadhīran wa-lākinna akthara al-nāsi lā yaʿlamūna 34:29 wa-yaqūlūna matá hādhā al-waʿdu in kuntum ṣādiqīna 34:30 qul lakum mīʿādu yawmin lā tastaʾkhirūna ʿanhu sāʿatan wa-lā tastaqdimūna 34:31 wa-qāla al-ladhīna kafarū lan nuʾmina bi-hādhā al-Qurʾāni wa-lā bi-al-ladhī bayna yadayhi wa-law tará idhi al-ẓālimūna mawqūfūna ʿinda rabbihim yarjiʿu baʿḍuhum ilá baʿḍin al-qawla yaqūlu al-ladhīna istuḍʿifū lil-ladhīna istakbarū lawlā antum la-kunnā muʾminīna 34:32 qāla al-ladhīna istakbarū lil-ladhīna istuḍʿifū a-naḥnu ṣadadnākum ʿani al-hudá baʿda idh jāʾakum bal kuntum mujrimīna 34:33 wa-qāla al-ladhīna istuḍʿifū lil-ladhīna istakbarū bal makru al-layli wa-al-nahāri idh taʾmurūnanā an nakfura billāhi wa-najʿala lahu andādan wa-asarrū al-nadāmata lammā raʾawu al-ʿadhāba wa-jaʿalnā al-aghlāla fī aʿnāqi al-ladhīna kafarū hal yujzawna illā mā kānū yaʿmalūna 34:34 wa-mā arsalnā fī qaryatin min nadhīrin illā qāla mutrafūhā innā bi-mā ursiltum bi-hi kāfirūna 34:35 wa-qālū naḥnu aktharu amwālan wa-awlāddan wa-mā naḥnu bi-muʿadhdhabīna 34:36 qul inna rabbī yabsuṭu al-rizqa li-man yashāʾu wa-yaqdiru wa-lākinna akthara al-nāsi lā yaʿlamūna 34:37 wa-mā amwālukum wa-lā awlādukum bi-al-latī tuqarribukum ʿindanā zulfá illā man āmana wa-ʿamila ṣāliḥan fa-ulāʾika lahum jazāʾu al-ḍiʿfi bi-mā ʿamilū wa-hum fī al-ghurufāti āminūna 34:38 wa-al-ladhīna yasʿawna fī āyātinā muʿājizīna ulāʾika fī al-ʿadhābi muḥḍarūna 34:39 qul inna rabbī yabsuṭu al-rizqa li-man yashāʾu min ʿibādihi wa-yaqdiru lahu wa-mā anfaqtum min shayʾin fa-huwa yukhlifuhu wa-huwa khayru al-rāziqīna 34:40 wa-yawma yaḥshuruhum jamīʿan thumma yaqūlu lil-malāʾikati a-hāʾulāʾi iyyākum kānū yaʿbudūna 34:41 qālū subḥānaka anta walīyunā min dūnihim bal kānū yaʿbudūna al-jinna aktharuhum bi-him muʾminūna 34:42 fa-al-yawma lā yamliku baʿḍukum li-baʿḍin nafʿan wa-lā ḍarran wa-naqūlu lil-ladhīna ẓalamū dhūqū ʿadhāba al-nāri al-latī kuntum bi-hā tukadhdhibūna 34:43 wa-idhā tutlá ʿalayhim āyātunā bayyinātin qālū mā hādhā illā rajulun yurīdu an yaṣuddakum ʿammā kāna yaʿbudu ābāʾukum wa-qālū mā hādhā illā ifkun muftaran wa-qāla al-ladhīna kafarū lil-ḥaqqi lammā jāʾahum in hādhā illā siḥrun mubīnun 34:44 wa-mā ātaynāhum min kutubin yadrusūnahā wa-mā arsalnā ilayhim qablaka min nadhīrin 34:45 wa-kadhdhaba al-ladhīna min qablihim wa-mā balaghū miʿshāra mā ātaynāhum fa-kadhdhabū rusulī fa-kayfa kāna nakīri 34:46 qul innamā aʿiẓukum bi-wāḥidatin an taqūmū lillāhi mathná wa-furādá thumma tatafakkarū mā bi-ṣāḥibikum min jinnatin in huwa illā nadhīrun lakum bayna yaday ʿadhābin shadīdin 34:47 qul mā saʾaltukum min ajrin fa-huwa lakum in ajriya illā ʿalá Allāhi wa-huwa ʿalá kulli shayʾin shahīdun 34:48 qul inna rabbī yaqdhifu bi-al-ḥaqqi ʿallāmu al-ghuyūbi 34:49 qul jāʾa al-ḥaqqu wa-mā yubdiʾu al-bāṭilu wa-mā yuʿīdu 34:50 qul in ḍalaltu fa-innamā aḍillu ʿalá nafsī wa-ini ihtadaytu fa-bi-mā yūḥī ilayya rabbī innahu samīʿun qarībun 34:51 wa-law tará idh faziʿū fa-lā fawta wa-ukhidhū min makānin qarībin 34:52 wa-qālū āmannā bi-hi wa-anná lahumu al-tanāwushu min makānin baʿīdin 34:53 wa-qad kafarū bi-hi min qablu wa-yaqdhifūna bi-al-ghaybi min makānin baʿīdin 34:54 wa-ḥīla baynahum wa-bayna mā yashtahūna ka-mā fuʿila bi-ashyāʿihim min qablu innahum kānū fī shakkin murībin 35:1 bismillāhi al-raḥmāni al-raḥīmi al-ḥamdu lillāhi fāṭiri al-samāwāti wa-al-arḍi jāʿili al-malāʾikati rusulan ulī ajniḥatin mathná wa-thulātha wa-rubāʿa yazīdu fī al-khalqi mā yashāʾu inna Allāha ʿalá kulli shayʾin qadīrun 35:2 mā yaftaḥi Allāhu lil-nāsi min raḥmatin fa-lā mumsika lahā wa-mā yumsik fa-lā mursila lahu min baʿdihi wa-huwa al-ʿazīzu al-ḥakīmu 35:3 yā ayyuhā al-nāsu udhkurū niʿmata Allāhi ʿalaykum hal min khāliqin ghayru Allāhi yarzuqukum mina al-samāʾi wa-al-arḍi lā ilāha illā huwa fa-anná tuʾfakūna 35:4 wa-in yukadhdhibūka fa-qad kudhdhibat rusulun min qablika wa-ilá Allāhi turjaʿu al-umūru 35:5 yā ayyuhā al-nāsu inna waʿda Allāhi ḥaqqun fa-lā taghurrannakumu al-ḥayātu al-dunyā wa-lā yaghurrannakum billāhi al-gharūru 35:6 inna al-shayṭāna lakum ʿadūwun fa-ittakhidhūhu ʿaduwwan innamā yadʿū ḥizbahu li-yakūnū min aṣḥābi al-saʿīri 35:7 al-ladhīna kafarū lahum ʿadhābun shadīdun wa-al-ladhīna āmanū wa-ʿamilū al-ṣāliḥāti lahum maghfiratun wa-ajrun kabīrun 35:8 a-fa-man zuyyina lahu sūʾu ʿamalihi fa-raʾāhu ḥasanan fa-inna Allāha yuḍillu man yashāʾu wa-yahdī man yashāʾu fa-lā tadhhab nafsuka ʿalayhim ḥasarātin inna Allāha ʿalīmun bi-mā yaṣnaʿūna 35:9 wallāhu al-ladhī arsala al-riyāḥa fa-tuthīru saḥāban fa-suqnāhu ilá baladin mayyitin fa-aḥyaynā bi-hi al-arḍa baʿda mawtihā kadhālika al-nushūru 35:10 man kāna yurīdu al-ʿizzata fa-lillāhi al-ʿizzatu jamīʿan ilayhi yaṣʿadu al-kalimu al-ṭayyibu wa-al-ʿamalu al-ṣāliḥu yarfaʿuhu wa-al-ladhīna yamkurūna al-sayyiʾāti lahum ʿadhābun shadīdun wa-makru ulāʾika huwa yabūru 35:11 wallāhu khalaqakum min turābin thumma min nuṭfatin thumma jaʿalakum azwājan wa-mā taḥmilu min unthá wa-lā taḍaʿu illā bi-ʿilmihi wa-mā yuʿammaru min muʿammarin wa-lā yunqaṣu min ʿumurihi illā fī kitābin inna dhālika ʿalá Allāhi yasīrun 35:12 wa-mā yastawī al-baḥrāni hādhā ʿadhbun furātun sāʾighun sharābuhu wa-hādhā milḥun ujājun wa-min kullin taʾkulūna laḥman ṭarīyan wa-tastakhrijūna ḥilyatan talbasūnahā wa-tará al-fulka fīhi mawākhira li-tabtaghū min faḍlihi wa-laʿallakum tashkurūna 35:13 yūliju al-layla fī al-nahāri wa-yūliju al-nahāra fī al-layli wa-sakhkhara al-shamsa wa-al-qamara kullun yajrī li-ajalin musamman dhālikumu Allāhu rabbukum lahu al-mulku wa-al-ladhīna tadʿūna min dūnihi mā yamlikūna min qiṭmīrin 35:14 in tadʿūhum lā yasmaʿū duʿāʾakum wa-law samiʿū mā istajābū lakum wa-yawma al-qiyāmati yakfurūna bi-shirkikum wa-lā yunabbi'uka mithlu khabīrin 35:15 yā ayyuhā al-nāsu antumu al-fuqarā'u ilá Allāhi wallāhu huwa al-ghanīyu al-ḥamīdu 35:16 in yasha' yudhhibkum wa-ya'ti bi-khalqin jadīdin 35:17 wa-mā dhālika 'alá Allāhi bi-'azīzin 35:18 wa-lā taziru wāziratun wizra ukhrá wa-in tad'u muthqalatun ilá ḥimlihā lā yuḥmal minhu shay'un wa-law kāna dhā qurbá innamā tundhiru al-ladhīna yakhshawna rabbahum bi-al-ghaybi wa-aqāmū al-ṣalāta wa-man tazakká fa-innamā yatazakká li-nafsihi wa-ilá Allāhi al-maṣīru 35:19 wa-mā yastawī al-a'má wa-al-baṣīru 35:20 wa-lā al-ẓulumātu wa-lā al-nūru 35:21 wa-lā al-ẓillu wa-lā al-ḥarūru 35:22 wa-mā yastawī al-aḥyā'u wa-lā al-amwātu inna Allāha yusmi'u man yashā'u wa-mā anta bi-musmi'in man fī al-qubūri 35:23 in anta illā nadhīrun 35:24 innā arsalnāka bi-al-ḥaqqi bashīran wa-nadhīran wa-in min ummatin illā khalā fīhā nadhīrun 35:25 wa-in yukadhdhibūka fa-qad kadhdhaba al-ladhīna min qablihim jā'at'hum rusuluhum bi-al-bayyināti wa-bi-al-zuburi wa-bi-al-kitābi al-munīri 35:26 thumma akhadhtu al-ladhīna kafarū fa-kayfa kāna nakīri 35:27 a-lam tara anna Allāha anzala mina al-samā'i mā'an fa-akhrajnā bi-hi thamarātin mukhtalifan alwānuhā wa-mina al-jibāli judadun bīḍun wa-ḥumrun mukhtalifun alwānuhā wa-gharābību sūdun 35:28 wa-mina al-nāsi wa-al-dawābbi wa-al-an'āmi mukhtalifun alwānuhu kadhālika innamā yakhshá Allāha min 'ibādihi al-'ulamā'u inna Allāha 'azīzun ghafūrun 35:29 inna al-ladhīna yatlūna kitāba Allāhi wa-aqāmū al-ṣalāta wa-anfaqū mimmā razaqnāhum sirran wa-'alānyatan yarjūna tijāratan lan tabūra 35:30 li-yuwaffiyahum ujūrahum wa-yazīdahum min faḍlihi innahu ghafūrun shakūrun 35:31 wa-al-ladhī awḥaynā ilayka mina al-kitābi huwa al-ḥaqqu muṣaddiqan li-mā bayna yadayhi inna Allāha bi-'ibādihi la-khabīrun baṣīrun 35:32 thumma awrathnā al-kitāba al-ladhīna iṣṭafaynā min 'ibādinā fa-minhum ẓālimun li-nafsihi wa-minhum muqtaṣidun wa-minhum sābiqun bi-al-khayrāti bi-idhni Allāhi dhālika huwa al-faḍlu al-kabīru 35:33 jannātu 'adnin yadkhulūnahā yuḥallawna fīhā min asāwira min dhahabin wa-lu'lu'an wa-libāsuhum fīhā ḥarīrun 35:34 wa-qālū al-ḥamdu lillāhi al-ladhī adhhaba 'annā al-ḥazana inna rabbanā laghafūrun shakūrun 35:35 al-ladhī aḥallanā dāra al-muqāmati min faḍlihi lā yamassunā fīhā naṣabun wa-lā yamassunā fīhā lughūbun 35:36 wa-al-ladhīna kafarū lahum nāru jahannama lā yuqḍá 'alayhim fa-yamūtū wa-lā yukhaffafu 'anhum min 'adhābihā kadhālika najzī kulla kafūrin 35:37 wa-hum yaṣṭarikhūna fīhā rabbanā akhrijnā na'mal ṣāliḥan ghayra al-ladhī kunnā na'malu a-wa-lam nu'ammirkum mā yatadhakkaru fīhi man tadhakkara wa-jā'akumu al-nadhīru fa-dhūqū fa-mā lil-ẓālimīna min naṣīrin 35:38 inna Allāha 'ālimu ghaybi al-samāwāti wa-al-arḍi innahu 'alīmun bi-dhāti al-ṣudūri 35:39 huwa al-ladhī ja'alakum khalā'ifa fī al-arḍi fa-man kafara fa-'alayhi kufruhu wa-lā yazīdu al-kāfirīna kufruhum 'inda rabbihim illā maqtan wa-lā yazīdu al-kāfirīna kufruhum illā khasāran 35:40 qul a-ra'ytum shurakā'akumu al-ladhīna tad'ūna min dūni Allāhi arūnī mādhā khalaqū mina al-arḍi am lahum shirkun fī al-samāwāti am ātaynāhum kitāban fa-hum 'alá bayyinatin minhu bal in ya'idu al-ẓālimūna ba'ḍuhum ba'ḍan illā ghurūran 35:41 inna Allāha yumsiku al-samāwāti wa-al-arḍa an tazūlā wa-la-in zālatā in amsakahumā min aḥadin min ba'dihi innahu kāna ḥalīman ghafūran 35:42 wa-aqsamū billāhi jahda aymānihim la-in jā'ahum nadhīrun la-yakūnunna ahdá min iḥdá al-umami fa-lammā jā'ahum nadhīrun mā zādahum illā nufūran 35:43 istikbāran fī al-arḍi wa-makra al-sayyi'i wa-lā yaḥīqu al-makru al-sayyi'u illā bi-ahlihi fa-hal yanẓurūna illā sunnata al-awwalīna fa-lan tajida li-sunnati Allāhi tabdīlan wa-lan tajida li-sunnati Allāhi taḥwīlan 35:44 a-wa-lam yasīrū fī al-arḍi fa-yanẓurū kayfa kāna 'āqibatu al-ladhīna min qablihim wa-kānū ashadda minhum qūwatan wa-mā kāna Allāhu li-yu'jizahu min shay'in fī al-samāwāti wa-lā fī al-arḍi innahu kāna 'alīman qadīran 35:45 wa-law yu'ākhidhu Allāhu al-nāsa bi-mā kasabū mā taraka 'alá ẓahrihā min dābbatin wa-lākin yu'akhkhiruhum ilá ajalin musamman fa-idhā jā'a ajaluhum fa-inna Allāha kāna bi-'ibādihi baṣīran 36:1

bismillāhi al-raḥmāni al-raḥīmi yā' sīn 36:2 wa-al-Qur'āni al-ḥakīmi 36:3 innaka la-mina al-mursalīna 36:4 ʿalá ṣirāṭin mustaqīmin 36:5 tanzīla al-ʿazīzi al-raḥīmi 36:6 li-tundhira qawman mā undhira ābā'uhum fa-hum ghāfilūna 36:7 laqad ḥaqqa al-qawlu ʿalá aktharihim fa-hum lā yu'minūna 36:8 innā jaʿalnā fī aʿnāqihim aghlālan fa-hiya ilá al-adhqāni fa-hum muqmaḥūna 36:9 wa-jaʿalnā min bayni aydīhim saddan wa-min khalfihim saddan fa-aghshaynāhum fa-hum lā yubṣirūna 36:10 wa-sawā'un ʿalayhim a-andhartahum am lam tundhirhum lā yu'minūna 36:11 innamā tundhiru mani ittabaʿa al-dhikra wa-khashiya al-raḥmana bi-al-ghaybi fa-bashshirhu bi-maghfiratin wa-ajrin karīmin 36:12 innā naḥnu nuḥyī al-mawtá wa-naktubu mā qaddamū wa-āthārahum wa-kulla shay'in aḥṣaynāhu fī imāmin mubīnin 36:13 wa-iḍrib lahum mathalan aṣḥāba al-qaryati idh jā'ahā al-mursalūna 36:14 idh arsalnā ilayhimu ithnayni fa-kadhdhabūhumā fa-ʿazzaznā bi-thālithin fa-qālū innā ilaykum mursalūna 36:15 qālū mā antum illā basharun mithlunā wa-mā anzala al-raḥmanu min shay'in in antum illā takdhibūna 36:16 qālū rabbunā yaʿlamu innā ilaykum la-mursalūna 36:17 wa-mā ʿalaynā illā al-balāghu al-mubīnu 36:18 qālū innā taṭayyarnā bikum la-in lam tantahū la-narjumannakum wa-la-yamassannakum minnā ʿadhābun alīmun 36:19 qālū ṭā'irukum maʿakum a-in dhukkirtum bal antum qawmun musrifūna 36:20 wa-jā'a min aqṣá al-madīnati rajulun yasʿá qāla yā qawmi ittabiʿū al-mursalīna 36:21 ittabiʿū man lā yas'alukum ajran wa-hum muhtadūna 36:22 wa-mā liya lā aʿbudu al-ladhī faṭaranī wa-ilayhi turjaʿūna 36:23 a-attakhidhu min dūnihi ālihatan in yuridni al-raḥmanu bi-ḍurrin lā tughni ʿannī shafāʿatuhum shay'an wa-lā yunqidhūni 36:24 innī idhan la-fī ḍalālin mubīnin 36:25 innī āmantu bi-rabbikum fa-ismaʿūni 36:26 qīla udkhuli al-jannata qāla yā layta qawmī yaʿlamūna 36:27 bi-mā ghafara lī rabbī wa-jaʿalanī mina al-mukramīna 36:28 wa-mā anzalnā ʿalá qawmihi min baʿdihi min jundin mina al-samā'i wa-mā kunnā munzilīna 36:29 in kānat illā ṣayḥatan wāḥidatan fa-idhā hum khāmidūna 36:30 yā ḥasratan ʿalá al-ʿibādi mā ya'tīhim min rasūlin illā kānū bi-hi yastahzi'ūna 36:31 a-lam yaraw kam ahlaknā qablahum mina al-qurūni annahum ilayhim lā yarjiʿūna 36:32 wa-in kullun lammā jamīʿun la-daynā muḥḍarūna 36:33 wa-āyatun lahumu al-arḍu al-maytatu aḥyaynāhā wa-akhrajnā minhā ḥabban fa-minhu ya'kulūna 36:34 wa-jaʿalnā fīhā jannātin min nakhīlin wa-aʿnābin wa-fajjarnā fīhā mina al-ʿuyūni 36:35 li-ya'kulū min thamarihi wa-mā ʿamilathu aydīhim a-fa-lā yashkurūna 36:36 subḥāna al-ladhī khalaqa al-azwāja kullahā mimmā tunbitu al-arḍu wa-min anfusihim wa-mimmā lā yaʿlamūna 36:37 wa-āyatun lahumu al-laylu naslakhu minhu al-nahāra fa-idhā hum muẓlimūna 36:38 wa-al-shamsu tajrī li-mustaqarrin lahā dhālika taqdīru al-ʿazīzi al-ʿalīmi 36:39 wa-al-qamara qaddarnāhu manāzila ḥattá ʿāda ka-al-ʿurjūni al-qadīmi 36:40 lā al-shamsu yanbaghī lahā an tudrika al-qamara wa-lā al-laylu sābiqu al-nahāri wa-kullun fī falakin yasbaḥūna 36:41 wa-āyatun lahum annā ḥamalnā dhurrīyatahum fī al-fulki al-mashḥūni 36:42 wa-khalaqnā lahum min mithlihi mā yarkabūna 36:43 wa-in nasha'a nughriqhum fa-lā ṣarīkha lahum wa-lā hum yunqadhūna 36:44 illā raḥmatan minnā wa-matāʿan ilá ḥīnin 36:45 wa-idhā qīla lahumu ittaqū mā bayna aydīkum wa-mā khalfakum laʿallakum turḥamūna 36:46 wa-mā ta'tīhim min āyatin min āyāti rabbihim illā kānū ʿanhā muʿriḍīna 36:47 wa-idhā qīla lahum anfiqū mimmā razaqakumu Allāhu qāla al-ladhīna kafarū lil-ladhīna āmanū a-nuṭʿimu man law yashā'u Allāhu aṭʿamahu in antum illā fī ḍalālin mubīnin 36:48 wa-yaqūlūna matá hādhā al-waʿdu in kuntum ṣādiqīna 36:49 mā yanẓurūna illā ṣayḥatan wāḥidatan ta'khudhuhum wa-hum yakhiṣṣimūna 36:50 fa-lā yastaṭīʿūna tawṣiyatan wa-lā ilá ahlihim yarjiʿūna 36:51 wa-nufikha fī al-ṣūri fa-idhā hum mina al-ajdāthi ilá rabbihim yansilūna 36:52 qālū yā waylanā man baʿathanā min marqadinā hādhā mā waʿada al-raḥmanu wa-ṣadaqa al-mursalūna 36:53 in kānat illā ṣayḥatan wāḥidatan fa-idhā hum jamīʿun ladaynā muḥḍarūna 36:54 fa-al-yawma lā tuẓlamu nafsun shay'an wa-lā tujzawna illā mā kuntum taʿmalūna 36:55 inna aṣḥāba al-jannati al-yawma fī shughulin fākihūna 36:56 hum wa-azwājuhum fī ẓilālin ʿalá al-arāʾiki muttakiʾūna 36:57 lahum fīhā fākihatun wa-lahum mā yaddaʿūna 36:58 salāmun qawlan min rabbin raḥīmin 36:59 wa-imtāzū al-yawma ayyuhā al-mujrimūna 36:60 a-lam aʿhad ilaykum yā banī Ādama an lā taʿbudū al-shayṭāna innahu lakum ʿadūwun mubīnun 36:61 wa-ani uʿbudūnī hādhā ṣirāṭun mustaqīmun 36:62 wa-laqad aḍalla minkum jibillan kathīran a-fa-lam takūnū taʿqilūna 36:63 hādhihi jahannamu al-latī kuntum tūʿadūna 36:64 aṣlawhā al-yawma bi-mā kuntum takfurūna 36:65 al-yawma nakhtimu ʿalá afwāhihim wa-tukallimunā aydīhim wa-tashhadu arjuluhum bi-mā kānū yaksibūna 36:66 wa-law nashāʾu la-ṭamasnā ʿalá aʿyunihim fa-istabaqū al-ṣirāṭa fa-anná yubṣirūna 36:67 wa-law nashāʾu la-masakhnāhum ʿalá makānatihim fa-mā istaṭāʿū muḍīyan wa-lā yarjiʿūna 36:68 wa-man nuʿammirhu nunakkisʾhu fī al-khalqi a-fa-lā yaʿqilūna 36:69 wa-mā ʿallamnāhu al-shiʿra wa-mā yanbaghī lahu in huwa illā dhikrun wa-Qurʾānun mubīnun 36:70 li-yundhira man kāna ḥayyan wa-yaḥiqqa al-qawlu ʿalá al-kāfirīna 36:71 a-wa-lam yaraw annā khalaqnā lahum mimmā ʿamilat aydīnā anʿāman fa-hum lahā mālikūna 36:72 wa-dhallalnāhā lahum fa-minhā rakūbuhum wa-minhā yaʾkulūna 36:73 wa-lahum fīhā manāfiʿu wa-mashāribu a-fa-lā yashkurūna 36:74 wa-ittakhadhū min dūni Allāhi ālihatan laʿallahum yunṣarūna 36:75 lā yastaṭīʿūna naṣrahum wa-hum lahum jundun muḥḍarūna 36:76 fa-lā yaḥzunka qawluhum innā naʿlamu mā yusirrūna wa-mā yuʿlinūna 36:77 a-wa-lam yara al-insānu annā khalaqnāhu min nuṭfatin fa-idhā huwa khaṣīmun mubīnun 36:78 wa-ḍaraba lanā mathalan wa-nasiya khalqahu qāla man yuḥyī al-ʿiẓāma wa-hiya ramīmum 36:79 qul yuḥyīhā al-ladhī anshaʾahā awwala marratin wa-huwa bi-kulli khalqin ʿalīmun 36:80 al-ladhī jaʿala lakum mina al-shajari al-akhḍari nāran fa-idhā antum minhu tūqidūna 36:81 a-wa-laysa al-ladhī khalaqa al-samāwāti wa-al-arḍa bi-qādirin ʿalá an yakhluqa mithlahum balá wa-huwa al-khallāqu al-ʿalīmu 36:82 innamā amruhu idhā arāda shayʾan an yaqūla lahu kun fa-yakūnu 36:83 fa-subḥāna al-ladhī bi-yadihi malakūtu kulli shayʾin wa-ilayhi turjaʿūna 37:1 bismillāhi al-raḥmāni al-raḥīmi wa-al-ṣāffāti ṣaffan 37:2 fa-al-zājirāti zajran 37:3 fa-al-tāliyāti dhikran 37:4 inna ilāhakum la-wāḥidun 37:5 rabbu al-samāwāti wa-al-arḍi wa-mā baynahumā wa-rabbu al-mashāriqi 37:6 innā zayyannā al-samāʾa al-dunyā bi-zīnatin al-kawākibi 37:7 wa-ḥifẓan min kulli shayṭānin māridin 37:8 lā yassammaʿūna ilá al-malaʾi al-aʿlá wa-yuqdhafūna min kulli jānibin 37:9 duḥūran wa-lahum ʿadhābun wāṣibun 37:10 illā man khaṭifa al-khaṭfata fa-atbaʿahu shihābun thāqibun 37:11 fa-istaftihim a-hum ashaddu khalqan am man khalaqnā innā khalaqnāhum min ṭīnin lāzibin 37:12 bal ʿajibta wa-yaskharūna 37:13 wa-idhā dhukkirū lā yadhkurūna 37:14 wa-idhā raʾaw āyatan yastaskhirūna 37:15 wa-qālū in hādhā illā siḥrun mubīnun 37:16 a-idhā mitnā wa-kunnā turāban wa-ʿiẓāman a-innā la-mabʿūthūna 37:17 a-wa-ābāʾunā al-awwalūna 37:18 qul naʿam wa-antum dākhirūna 37:19 fa-innamā hiya zajratun wāḥidatun fa-idhā hum yanẓurūna 37:20 wa-qālū yā waylanā hādhā yawmu al-dīni 37:21 hādhā yawmu al-faṣli al-ladhī kuntum bi-hi tukadhdhibūna 37:22 uḥshurū al-ladhīna ẓalamū wa-azwājahum wa-mā kānū yaʿbudūna 37:23 min dūni Allāhi fa-ihdūhum ilá ṣirāṭi al-jaḥīmi 37:24 wa-qifūhum innahum masʾūlūna 37:25 mā lakum lā tanāṣarūna 37:26 bal humu al-yawma mustaslimūna 37:27 wa-aqbala baʿḍuhum ʿalá baʿḍin yatasāʾalūna 37:28 qālū innakum kuntum taʾtūnanā ʿani al-yamīni 37:29 qālū bal lam takūnū muʾminīna 37:30 wa-mā kāna lanā ʿalaykum min sulṭānin bal kuntum qawman ṭāghīna 37:31 fa-ḥaqqa ʿalaynā qawlu rabbinā innā la-dhāʾiqūna 37:32 fa-aghwaynākum innā kunnā ghāwīna 37:33 fa-innahum yawmaʾidhin fī al-ʿadhābi mushtarikūna 37:34 innā kadhālika nafʿalu bi-al-mujrimīna 37:35 innahum kānū idhā qīla lahum lā ilāha illā Allāhu yastakbirūna 37:36 wa-yaqūlūna a-innā la-tārikū ālihatinā li-shāʿirin majnūnin 37:37 bal jāʾa bi-al-ḥaqqi wa-ṣaddaqa al-mursalīna 37:38 innakum la-dhā'iqū al-'adhābi al-alīmi 37:39 wa-mā tujzawna illā mā kuntum ta'malūna 37:40 illā 'ibāda Allāhi al-mukhlaṣīna 37:41 ulā'ika lahum rizqun ma'lūmun 37:42 fawākihu wa-hum mukramūna 37:43 fī jannāti al-na'īmi 37:44 'alá sururin mutaqābilīna 37:45 yuṭāfu 'alayhim bi-ka'sin min ma'īnin 37:46 bayḍā'a ladhdhatin lil-shāribīna 37:47 lā fīhā ghawlun wa-lā hum 'anhā yunzafūna 37:48 wa-'indahum qāṣirātu al-ṭarfi 'īnun 37:49 ka-annahunna bayḍun maknūnun 37:50 fa-aqbala ba'ḍuhum 'alá ba'ḍin yatasā'alūna 37:51 qāla qā'ilun minhum innī kāna lī qarīnun 37:52 yaqūlu a-innaka la-mina al-muṣaddiqīna 37:53 a-idhā mitnā wa-kunnā turāban wa-'iẓāman a-innā la-madīnūna 37:54 qāla hal antum muṭṭali'ūna 37:55 fa-iṭṭala'a fa-ra'āhu fī sawā'i al-jaḥīmi 37:56 qāla tallāhi in kidta la-turdīni 37:57 wa-lawlā ni'matu rabbī la-kuntu mina al-muḥḍarīna 37:58 a-fa-mā naḥnu bi-mayyitīna 37:59 illā mawtatanā al-ūlá wa-mā naḥnu bi-mu'adhdhabīna 37:60 inna hādhā la-huwa al-fawzu al-'aẓīmu 37:61 li-mithli hādhā fa-li-ya'mali al-'āmilūna 37:62 a-dhālika khayrun nuzulan am shajaratu al-zaqqūmi 37:63 innā ja'alnāhā fitnatan lil-ẓālimīna 37:64 innahā shajaratun takhruju fī aṣli al-jaḥīmi 37:65 ṭal'uhā ka-annahu ru'ūsu al-shayāṭīni 37:66 fa-innahum la-ākilūna minhā fa-māli'ūna minhā al-buṭūna 37:67 thumma inna lahum 'alayhā la-shawban min ḥamīmin 37:68 thumma inna marji'ahum la-ilá al-jaḥīmi 37:69 innahum alfaw ābā'ahum ḍāllīna 37:70 fa-hum 'alá āthārihim yuhra'ūna 37:71 wa-laqad ḍalla qablahum aktharu al-awwalīna 37:72 wa-laqad arsalnā fīhim mundhirīna 37:73 fa-unẓur kayfa kāna 'āqibatu al-mundharīna 37:74 illā 'ibāda Allāhi al-mukhlaṣīna 37:75 wa-laqad nādānā Nūḥun fa-la-ni'ma al-mujībūna 37:76 wa-najjaynāhu wa-ahlahu mina al-karbi al-'aẓīmi 37:77 wa-ja'alnā dhurrīyatahu humu al-bāqīna 37:78 wa-taraknā 'alayhi fī al-ākhirīna 37:79 salāmun 'alá Nūḥin fī al-'ālamīna 37:80 innā kadhālika najzī al-muḥsinīna 37:81 innahu min 'ibādinā al-mu'minīna 37:82 thumma aghraqnā al-ākharīna 37:83 wa-inna min shī'atihi la-Ibrāhīma 37:84 idh jā'a rabbahu bi-qalbin salīmin 37:85 idh qāla li-abīhi wa-qawmihi mādhā ta'budūna 37:86 a-ifkan ālihatan dūna Allāhi turīdūna 37:87 fa-mā ẓannukum bi-rabbi al-'ālamīna 37:88 fa-naẓara naẓratan fī al-nujūmi 37:89 fa-qāla innī saqīmun 37:90 fa-tawallaw 'anhu mudbirīna 37:91 fa-rāgha ilá ālihatihim fa-qāla alā ta'kulūna 37:92 mā lakum lā tanṭiqūna 37:93 fa-rāgha 'alayhim ḍarban bi-al-yamīni 37:94 fa-aqbalū ilayhi yaziffūna 37:95 qāla a-ta'budūna mā tanḥitūna 37:96 wallāhu khalaqakum wa-mā ta'malūna 37:97 qālū ibnū lahu bunyānan fa-alqūhu fī al-jaḥīmi 37:98 fa-arādū bi-hi kaydan fa-ja'alnāhumu al-asfalīna 37:99 wa-qāla innī dhāhibun ilá rabbī sa-yahdīni 37:100 rabbi hab lī mina al-ṣāliḥīna 37:101 fa-bashsharnāhu bi-ghulāmin ḥalīmin 37:102 fa-lammā balagha ma'ahu al-sa'ya qāla yā bunayya innī ará fī al-manāmi annī adhbaḥuka fa-unẓur mādhā tará qāla yā abati if'al mā tu'maru sa-tajidunī in shā'a Allāhu mina al-ṣābirīna 37:103 fa-lammā aslamā wa-tallahu lil-jabīni 37:104 wa-nādaynāhu an yā Ibrāhīmu 37:105 qad ṣaddaqta al-ru'yā innā kadhālika najzī al-muḥsinīna 37:106 inna hādhā la-huwa al-balā'u al-mubīnu 37:107 wa-fadaynāhu bi-dhibḥin 'aẓīmin 37:108 wa-taraknā 'alayhi fī al-ākhirīna 37:109 salāmun 'alá Ibrāhīma 37:110 kadhālika najzī al-muḥsinīna 37:111 innahu min 'ibādinā al-mu'minīna 37:112 wa-bashsharnāhu bi-Isḥāqa nabīyan mina al-ṣāliḥīna 37:113 wa-bāraknā 'alayhi wa-'alá Isḥāqa wa-min dhurriyatihimā muḥsinun wa-ẓālimun li-nafsihi mubīnun 37:114 wa-laqad manannā 'alá Mūsá wa-Hārūna 37:115 wa-najjaynāhumā wa-qawmahumā mina al-karbi al-'aẓīmi 37:116 wa-naṣarnāhum fa-kānū humu al-ghālibīna 37:117 wa-ātaynāhumā al-kitāba al-mustabīna 37:118 wa-hadaynāhumā al-ṣirāṭa al-mustaqīma 37:119 wa-taraknā 'alayhimā fī al-ākhirīna 37:120 salāmun 'alá Mūsá wa-Hārūna 37:121 innā kadhālika najzī al-muḥsinīna 37:122 innahumā min 'ibādinā al-mu'minīna 37:123 wa-inna Ilyāsa la-mina al-mursalīna 37:124 idh qāla li-qawmihi alā tattaqūna 37:125 a-tad'ūna ba'lan wa-tadharūna aḥsana al-khāliqīna 37:126 Allāha rabbakum wa-rabba ābā'ikumu al-awwalīna 37:127 fa-kadhdhabūhu fa-innahum la-muḥḍarūna 37:128 illā ʿibāda Allāhi al-mukhlaṣīna 37:129 wa-taraknā ʿalayhi fī al-ākhirīna 37:130 salāmun ʿalá īl Yāsīna 37:131 innā kadhālika najzī al-muḥsinīna 37:132 innahu min ʿibādinā al-muʾminīna 37:133 wa-inna Lūṭan la-mina al-mursalīna 37:134 idh najjaynāhu wa-ahlahu ajmaʿīna 37:135 illā ʿajūzan fī al-ghābirīna 37:136 thumma dammarnā al-ākharīna 37:137 wa-innakum la-tamurrūna ʿalayhim muṣbiḥīna 37:138 wa-bi-al-layli a-fa-lā taʿqilūna 37:139 wa-inna Yūnusa la-mina al-mursalīna 37:140 idh abaqa ilá al-fulki al-mashḥūni 37:141 fa-sāhama fa-kāna mina al-mudḥaḍīna 37:142 fa-iltaqamahu al-ḥūtu wa-huwa mulīmun 37:143 fa-lawlā annahu kāna mina al-musabbiḥīna 37:144 la-labitha fī baṭnihi ilá yawmi yubʿathūna 37:145 fa-nabadhnāhu bi-al-ʿarāʾi wa-huwa saqīmun 37:146 wa-anbatnā ʿalayhi shajaratan min yaqṭīnin 37:147 wa-arsalnāhu ilá miʾati alfin aw yazīdūna 37:148 fa-āmanū fa-mattaʿnāhum ilá ḥīnin 37:149 fa-istaftihim a-li-rabbika al-banātu wa-lahumu al-banūna 37:150 am khalaqnā al-malāʾikata ināthan wa-hum shāhidūna 37:151 alā innahum min ifkihim la-yaqūlūna 37:152 walada Allāhu wa-innahum la-kādhibūna 37:153 iṣṭafá al-banāti ʿalá al-banīna 37:154 mā lakum kayfa taḥkumūna 37:155 a-fa-lā tadhakkarūna 37:156 am lakum sulṭānun mubīnun 37:157 fa-iʾtū bi-kitābikum in kuntum ṣādiqīna 37:158 wa-jaʿalū baynahu wa-bayna al-jinnati nasaban wa-laqad ʿalimati al-jinnatu innahum la-muḥḍarūna 37:159 subḥāna Allāhi ʿammā yaṣifūna 37:160 illā ʿibāda Allāhi al-mukhlaṣīna 37:161 fa-innakum wa-mā taʿbudūna 37:162 mā antum ʿalayhi bi-fātinīna 37:163 illā man huwa ṣāli al-jaḥīmi 37:164 wa-mā minnā illā lahu maqāmun maʿlūmun 37:165 wa-innā la-naḥnu al-ṣāffūna 37:166 wa-innā la-naḥnu al-musabbiḥūna 37:167 wa-in kānū la-yaqūlūna 37:168 law anna ʿindanā dhikran mina al-awwalīna 37:169 la-kunnā ʿibāda Allāhi al-mukhlaṣīna 37:170 fa-kafarū bi-hi fa-sawfa yaʿlamūna 37:171 wa-laqad sabaqat kalimatunā li-ʿibādinā al-mursalīna 37:172 innahum la-humu al-manṣūrūna 37:173 wa-inna jundanā lahumu al-ghālibūna 37:174 fa-tawalla ʿanhum ḥattá ḥīnin 37:175 wa-abṣirhum fa-sawfa yubṣirūna 37:176 a-fa-bi-ʿadhābinā yastaʿjilūna 37:177 fa-idhā nazala bi-sāḥatihim fa-sāʾa ṣabāḥu al-mundharīna 37:178 wa-tawalla ʿanhum ḥattá ḥīnin 37:179 wa-abṣir fa-sawfa yubṣirūna 37:180 subḥāna rabbika rabbi al-ʿizzati ʿammā yaṣifūna 37:181 wa-salāmun ʿalá al-mursalīna 37:182 wa-al-ḥamdu lillāhi rabbi al-ʿālamīna 38:1 bismillāhi al-raḥmāni al-raḥīmi ṣād wa-al-Qurʾāni dhī al-dhikri 38:2 bali al-ladhīna kafarū fī ʿizzatin wa-shiqāqin 38:3 kam ahlaknā min qablihim min qarnin fa-nādaw wa-lāta ḥīna manāṣin 38:4 wa-ʿajibū an jāʾahum mundhirun minhum wa-qāla al-kāfirūna hādhā sāḥirun kadhdhābun 38:5 a-jaʿala al-ālihata ilāhan wāḥidan inna hādhā la-shayʾun ʿujābun 38:6 wa-inṭalaqa al-malaʾu minhum ani imshū wa-iṣbirū ʿalá ālihatikum inna hādhā la-shayʾun yurādu 38:7 mā samiʿnā bi-hādhā fī al-millati al-ākhirati in hādhā illā ikhtilāqun 38:8 a-unzila ʿalayhi al-dhikru min bayninā bal hum fī shakkin min dhikrī bal lammā yadhūqū ʿadhābi 38:9 am ʿindahum khazāʾinu raḥmati rabbika al-ʿazīzi al-wahhābi 38:10 am lahum mulku al-samāwāti wa-al-arḍi wa-mā baynahumā fa-li-yartaqū fī al-asbābi 38:11 jundun mā hunālika mahzūmun mina al-aḥzābi 38:12 kadhdhabat qablahum qawmu Nūḥin wa-ʿĀdun wa-Firʿawnu dhū al-awtādi 38:13 wa-Thamūdu wa-qawmu Lūṭin wa-aṣḥābu al-aykati ulāʾika al-aḥzābu 38:14 in kullun illā kadhdhaba al-rusula fa-ḥaqqa ʿiqābi 38:15 wa-mā yanẓuru hāʾulāʾi illā ṣayḥatan wāḥidatan mā lahā min fawāqin 38:16 wa-qālū rabbanā ʿajjil lanā qiṭṭanā qabla yawmi al-ḥisābi 38:17 iṣbir ʿalá mā yaqūlūna wa-udhkur ʿabdanā Dāwūda dhā al-aydi innahu awwābun 38:18 innā sakhkharnā al-jibāla maʿahu yusabbiḥna bi-al-ʿashīyi wa-al-ishrāqi 38:19 wa-al-ṭayra maḥshūratan kullun lahu awwābun 38:20 wa-shadadnā mulkahu wa-ātaynāhu al-ḥikmata wa-faṣla al-khiṭābi 38:21 wa-hal atāka nabaʾu al-khaṣmi idh tasawwarū al-miḥrāba 38:22 idh dakhalū ʿalá Dāwūda fa-faziʿa minhum qālū lā takhaf khaṣmāni baghá baʿḍunā ʿalá baʿḍin fa-uḥkum baynanā bi-al-ḥaqqi wa-lā tushṭiṭ waihdinā ilá sawā'i al-ṣirāṭi 38:23 inna hādhā akhī lahu tisʿun wa-tisʿūna naʿjatan wa-li-ya naʿjatun wāḥidatun fa-qāla ākfilnīhā wa-ʿazzanī fī al-khiṭābi 38:24 qāla laqad ẓalamaka bi-su'āli naʿjatika ilá niʿājihi wa-inna kathīran mina al-khulaṭā'i la-yabghī baʿḍuhum ʿalá baʿḍin illā al-ladhīna āmanū wa-ʿamilū al-ṣāliḥāti wa-qalīlun mā hum wa-ẓanna Dāwūdu annamā fatannāhu fa-istaghfara rabbahu wa-kharra rākiʿan wa-anāba 38:25 fa-ghafarnā lahu dhālika wa-inna lahu ʿindanā la-zulfá wa-ḥusna ma'ābin 38:26 yā Dāwūdu innā jaʿalnāka khalīfatan fī al-arḍi fa-uḥkum bayna al-nāsi bi-al-ḥaqqi wa-lā tattabiʿ al-hawá fa-yuḍillaka ʿan sabīli Allāhi inna al-ladhīna yaḍillūna ʿan sabīli Allāhi lahum ʿadhābun shadīdun bi-mā nasū yawma al-ḥisābi 38:27 wa-mā khalaqnā al-samā'a wa-al-arḍa wa-mā baynahumā bāṭilan dhālika ẓannu al-ladhīna kafarū fa-waylun lil-ladhīna kafarū mina al-nāri 38:28 am najʿalu al-ladhīna āmanū wa-ʿamilū al-ṣāliḥāti ka-al-mufsidīna fī al-arḍi am najʿalu al-muttaqīna ka-al-fujjāri 38:29 kitābun anzalnāhu ilayka mubārakun li-yaddabbarū āyātihi wa-li-yatadhakkara ulū al-albābi 38:30 wa-wahabnā li-Dāwūda Sulaymāna niʿma al-ʿabdu innahu awwābun 38:31 idh ʿuriḍa ʿalayhi bi-al-ʿashīyi al-ṣāfinātu al-jiyādu 38:32 fa-qāla innī aḥbabtu ḥubba al-khayri ʿan dhikri rabbī ḥattá tawārat bi-al-ḥijābi 38:33 ruddūhā ʿalayya fa-ṭafiqa masḥan bi-al-sūqi wa-aʿnāqi 38:34 wa-laqad fatannā Sulaymāna wa-alqaynā ʿalá kursīyihi jasadan thumma anāba 38:35 qāla rabbi ighfir lī wa-hab lī mulkan lā yanbaghī li-aḥadin min baʿdī innaka anta al-wahhābu 38:36 fa-sakhkharnā lahu al-rīḥa tajrī bi-amrihi rukhā'an ḥaythu aṣāba 38:37 wa-al-shayāṭīna kulla bannā'in wa-ghawwāṣin 38:38 wa-ākharīna muqarranīna fī al-āṣfādi 38:39 hādhā ʿaṭā'unā fa-umnun aw amsik bi-ghayri ḥisābin 38:40 wa-inna lahu ʿindanā la-zulfá wa-ḥusna ma'ābin 38:41 wa-udhkur ʿabdanā Ayyūba idh nādá rabbahu annī massaniya al-shayṭānu bi-nuṣbin wa-ʿadhābin 38:42 urkuḍ bi-rijlika hādhā mughtasalun bāridun wa-sharābun 38:43 wa-wahabnā lahu ahlahu wa-mithlahum maʿahum raḥmatan minnā wa-dhikrá li-ulī al-albābi 38:44 wa-khudh bi-yadika ḍighthan fa-iḍrib bi-hi wa-lā taḥnath innā wajadnāhu ṣābiran niʿma al-ʿabdu innahu awwābun 38:45 wa-udhkur ʿibādanā Ibrāhīma wa-Isḥāqa wa-Yaʿqūba ulī al-aydī wa-al-abṣāri 38:46 innā akhlaṣnāhum bi-khāliṣatin dhikrá al-dāri 38:47 wa-innahum ʿindanā la-mina al-muṣṭafayna al-akhyāri 38:48 wa-udhkur Ismāʿīla wa-Ilyasaʿa wa-Dhā al-Kifli wa-kullun mina al-akhyāri 38:49 hādhā dhikrun wa-inna lil-muttaqīna la-ḥusna ma'ābin 38:50 jannāti ʿadnin mufattaḥatan lahumu al-abwābu 38:51 muttaki'īna fīhā yadʿūna fīhā bi-fākihatin kathīratin wa-sharābin 38:52 wa-ʿindahum qāṣirātu al-ṭarfi atrābun 38:53 hādhā mā tūʿadūna li-yawmi al-ḥisābi 38:54 inna hādhā la-rizqunā mā lahu min nafādin 38:55 hādhā wa-inna lil-ṭāghīna la-sharra ma'ābin 38:56 jahannama yaṣlawnahā fa-bi'sa al-mihādu 38:57 hādhā fa-li-yadhūqūhu ḥamīmun wa-ghassāqun 38:58 wa-ākharu min shaklihi azwājun 38:59 hādhā fawjun muqtaḥimun maʿakum lā marḥaban bi-him innahum ṣālū al-nāri 38:60 qālū bal antum lā marḥaban bikum antum qaddamtumūhu lanā fa-bi'sa al-qarāru 38:61 qālū rabbanā man qaddama lanā hādhā fa-zid'hu ʿadhāban ḍiʿfan fī al-nāri 38:62 wa-qālū mā lanā lā nará rijālan kunnā naʿudduhum mina al-ashrāri 38:63 attakhadhnāhum sikhrīyan am zāghat ʿanhumu al-abṣāru 38:64 inna dhālika la-ḥaqqun takhāṣumu ahli al-nāri 38:65 qul innamā anā mundhirun wa-mā min ilāhin illā Allāhu al-wāḥidu al-qahhāru 38:66 rabbu al-samāwāti wa-al-arḍi wa-mā baynahumā al-ʿazīzu al-ghaffāru 38:67 qul huwa naba'un ʿaẓīmun 38:68 antum ʿanhu muʿriḍūna 38:69 mā kāna liya min ʿilmin bi-al-mala'i al-āʿlá idh yakhtaṣimūna 38:70 in yūḥá ilayya illā annamā anā nadhīrun mubīnun 38:71 idh qāla rabbuka lil-malā'ikati innī khāliqun basharan min ṭīnin 38:72 fa-idhā sawwaytuhu wa-nafakhtu fīhi min rūḥī fa-qaʿū lahu sājidīna 38:73 fa-sajada al-malā'ikatu kulluhum ajmaʿūna 38:74 illā Iblīsa istakbara wa-kāna mina al-kāfirīna 38:75 qāla yā Iblīsu mā manaʿaka an tasjuda li-mā khalaqtu bi-yadayya astakbarta am kunta mina al-ʿālīna 38:76 qāla anā khayrun minhu khalaqtanī min nārin wa-khalaqtahu min ṭīnin 38:77 qāla fa-ukhruj minhā fa-innaka rajīmun 38:78 wa-inna ʿalayka laʿnatī ilá yawmi al-dīni 38:79 qāla rabbi fa-anẓirnī ilá yawmi yubʿathūna 38:80 qāla fa-innaka mina al-munẓarīna 38:81 ilá yawmi al-waqti al-maʿlūmi 38:82 qāla fa-bi-ʿizzatika la-ughwiyannahum ajmaʿīna 38:83 illā ʿibādaka minhumu al-mukhlaṣīna 38:84 qāla fa-al-ḥaqqu wa-al-ḥaqqa aqūlu 38:85 la-amlaʾanna jahannama minka wa-miman tabiʿaka minhum ajmaʿīna 38:86 qul mā asʾalukum ʿalayhi min ajrin wa-mā anā mina al-mutakallifīna 38:87 in huwa illā dhikrun lil-ʿālamīna 38:88 wa-la-taʿlamunna nabaʾahu baʿda ḥīnin 39:1 bismillāhi al-raḥmāni al-raḥīmi tanzīlu al-kitābi mina Allāhi al-ʿazīzi al-ḥakīmi 39:2 innā anzalnā ilayka al-kitāba bi-al-ḥaqqi fa-uʿbudi Allāha mukhliṣan lahu al-dīna 39:3 alā lillāhi al-dīnu al-khāliṣu wa-al-ladhīna ittakhadhū min dūnihi awliyāʾa mā naʿbuduhum illā li-yuqarribūnā ilá Allāhi zulfá inna Allāha yaḥkumu baynahum fī mā hum fīhi yakhtalifūna inna Allāha lā yahdī man huwa kādhibun kaffārun 39:4 law arāda Allāhu an yattakhidha waladan la-iṣṭafá mimmā yakhluqu mā yashāʾu subḥānahu huwa Allāhu al-wāḥidu al-qahhāru 39:5 khalaqa al-samāwāti wa-al-arḍa bi-al-ḥaqqi yukawwiru al-layla ʿalá al-nahāri wa-yukawwiru al-nahāra ʿalá al-layli wa-sakhkhara al-shamsa wa-al-qamara kullun yajrī li-ajalin musamman alā huwa al-ʿazīzu al-ghaffāru 39:6 khalaqakum min nafsin wāḥidatin thumma jaʿala minhā zawjahā wa-anzala lakum mina al-anʿāmi thamānyata azwājin yakhluqukum fī buṭūni ummahātikum khalqan min baʿdi khalqin fī ẓulumātin thalāthin dhālikumu Allāhu rabbukum lahu al-mulku lā ilāha illā huwa fa-anná tuṣrafūna 39:7 in takfurū fa-inna Allāha ghanīyun ʿankum wa-lā yarḍá li-ʿibādihi al-kufra wa-in tashkurū yarḍahu lakum wa-lā taziru wāziratun wizra ukhrá thumma ilá rabbikum marjiʿukum fa-yunabbiʾukum bi-mā kuntum taʿmalūna innahu ʿalīmun bi-dhāti al-ṣudūri 39:8 wa-idhā massa al-insāna ḍurrun daʿā rabbahu munīban ilayhi thumma idhā khawwalahu niʿmatan minhu nasiya mā kāna yadʿū ilayhi min qablu wa-jaʿala lillāhi andādan li-yuḍilla ʿan sabīlihi qul tamattaʿ bi-kufrika qalīlan innaka min aṣḥābi al-nāri 39:9 amman huwa qānitun ānāʾa al-layli sājidan wa-qāʾiman yaḥdharu al-ākhirata wa-yarjū raḥmata rabbihi qul hal yastawī al-ladhīna yaʿlamūna wa-al-ladhīna lā yaʿlamūna innamā yatadhakkaru ulū al-albābi 39:10 qul yā ʿibādi al-ladhīna āmanū ittaqū rabbakum lil-ladhīna aḥsanū fī hādhihi al-dunyā ḥasanatun wa-arḍu Allāhi wāsiʿatun innamā yuwaffá al-ṣābirūna ajrahum bi-ghayri ḥisābin 39:11 qul innī umirtu an aʿbuda Allāha mukhliṣan lahu al-dīna 39:12 wa-umirtu li-an akūna awwala al-Muslimīna 39:13 qul innī akhāfu in ʿaṣaytu rabbī ʿadhāba yawmin ʿaẓīmin 39:14 quli Allāha aʿbudu mukhliṣan lahu dīnī 39:15 fa-uʿbudū mā shiʾtum min dūnihi qul inna al-khāsirīna al-ladhīna khasirū anfusahum wa-ahlīhim yawma al-qiyāmati alā dhālika huwa al-khusrānu al-mubīnu 39:16 lahum min fawqihim ẓulalun mina al-nāri wa-min taḥtihim ẓulalun dhālika yukhawwifu Allāhu bi-hi ʿibādahu yā ʿibādi fa-ittaqūni 39:17 wa-al-ladhīna ijtanabū al-ṭāghūta an yaʿbudūhā wa-anābū ilá Allāhi lahumu al-bushrá fa-bashshir ʿibādi 39:18 al-ladhīna yastamiʿūna al-qawla fa-yattabiʿūna aḥsanahu ulāʾika al-ladhīna hadāhumu Allāhu wa-ulāʾika hum ulū al-albābi 39:19 a-fa-man ḥaqqa ʿalayhi kalimatu al-ʿadhābi a-fa-anta tunqidhu man fī al-nāri 39:20 lākini al-ladhīna ittaqaw rabbahum lahum ghurafun min fawqihā ghurafun mabnīyatun tajrī min taḥtihā al-anhāru waʿda Allāhi lā yukhlifu Allāhu al-mīʿāda 39:21 a-lam tara anna Allāha anzala mina al-samāʾi māʾan fa-salakahu yanābīʿa fī al-arḍi thumma yukhriju bi-hi zarʿan mukhtalifan alwānuhu thumma yahīju fa-tarāhu muṣfarran thumma yajʿaluhu ḥuṭāman inna fī dhālika la-dhikrá li-ulī al-albābi 39:22 a-fa-man sharaḥa Allāhu ṣadrahu lil-Islāmi fa-huwa ʿalá nūrin min rabbihi fa-waylun lil-qāsiyati qulūbuhum min dhikri Allāhi ulāʾika fī ḍalālin mubīnin 39:23 Allāhu nazzala aḥsana al-ḥadīthi kitāban mutashābihan mathānya taqshaʿirru minhu julūdu al-ladhīna yakhshawna rabbahum thumma talīnu julūduhum wa-qulūbuhum ilá dhikri Allāhi dhālika hudá Allāhi yahdī bi-hi man yashāʾu wa-man yuḍlili Allāhu fa-mā lahu min hādin 39:24 a-fa-man yattaqī bi-wajhihi sū'a al-ʿadhābi yawma al-qiyāmati wa-qīla lil-ẓālimīna dhūqū mā kuntum taksibūna 39:25 kadhdhaba al-ladhīna min qablihim fa-atāhumu al-ʿadhābu min ḥaythu lā yashʿurūna 39:26 fa-adhāqahumu Allāhu al-khizya fī al-ḥayāti al-dunyā wa-la-ʿadhābu al-ākhirati akbaru law kānū yaʿlamūna 39:27 wa-laqad ḍarabnā lil-nāsi fī hādhā al-Qur'āni min kulli mathalin laʿallahum yatadhakkarūna 39:28 Qur'ānan ʿArabīyan ghayra dhī ʿiwajin laʿallahum yattaqūna 39:29 ḍaraba Allāhu mathalan rajulan fīhi shurakā'u mutashākisūna wa-rajulan salaman li-rajulin hal yastawiyāni mathalan al-ḥamdu lillāhi bal aktharuhum lā yaʿlamūna 39:30 innaka mayyitun wa-innahum mayyitūna 39:31 thumma innakum yawma al-qiyāmati ʿinda rabbikum takhtaṣimūna 39:32 fa-man aẓlamu miman kadhaba ʿalá Allāhi wa-kadhdhaba bi-al-ṣidqi idh jā'ahu a-laysa fī jahannama mathwan lil-kāfirīna 39:33 wa-al-ladhī jā'a bi-al-ṣidqi wa-ṣaddaqa bi-hi ulā'ika humu al-muttaqūna 39:34 lahum mā yashā'ūna ʿinda rabbihim dhālika jazā'u al-muḥsinīna 39:35 li-yukaffira Allāhu ʿanhum aswa'a al-ladhī ʿamilū wa-yajziyahum ajrahum bi-iḥsani al-ladhī kānū yaʿmalūna 39:36 a-laysa Allāhu bi-kāfin ʿabdahu wa-yukhawwifūnaka bi-al-ladhīna min dūnihi wa-man yuḍlili Allāhu fa-mā lahu min hādin 39:37 wa-man yahdi Allāhu fa-mā lahu min muḍillin a-laysa Allāhu bi-ʿazīzin dhī intiqām 39:38 wa-la-in sa'altahum man khalaqa al-samāwāti wa-al-arḍa la-yaqūlunna Allāhu qul a-fa-ra'aytum mā tadʿūna min dūni Allāhi in arādaniya Allāhu bi-ḍurrin hal hunna kāshifātu ḍurrihi aw arādanī bi-raḥmatin hal hunna mumsikātu raḥmatihi qul ḥasbiya Allāhu ʿalayhi yatawakkalu al-mutawakkilūna 39:39 qul yā qawmi iʿmalū ʿalá makānatikum innī ʿāmilun fa-sawfa taʿlamūna 39:40 man ya'tīhi ʿadhābun yukhzīhi wa-yaḥillu ʿalayhi ʿadhābun muqīmun 39:41 innā anzalnā ʿalayka al-kitāba lil-nāsi bi-al-ḥaqqi fa-mani ihtadá fa-li-nafsihi wa-man ḍalla fa-innamā yaḍillu ʿalayhā wa-mā anta ʿalayhim bi-wakīlin 39:42 Allāhu yatawaffá al-anfusa ḥīna mawtihā wa-al-latī lam tamut fī manāmihā fa-yumsiku al-latī qaḍá ʿalayhā al-mawta wa-yursilu al-ukhrá ilá ajalin musamman inna fī dhālika la-āyātin li-qawmin yatafakkarūna 39:43 ami ittakhadhū min dūni Allāhi shufaʿā'a qul a-wa-law kānū lā yamlikūna shay'an wa-lā yaʿqilūna 39:44 qul lillāhi al-shafāʿatu jamīʿan lahu mulku al-samāwāti wa-al-arḍi thumma ilayhi turjaʿūna 39:45 wa-idhā dhukira Allāhu waḥdahu ishma'azzat qulūbu al-ladhīna lā yu'minūna bi-al-ākhirati wa-idhā dhukira al-ladhīna min dūnihi idhā hum yastabshirūna 39:46 quli Allāhumma fāṭira al-samāwāti wa-al-arḍi ʿālima al-ghaybi wa-al-shahādati anta taḥkumu bayna ʿibādika fī mā kānū fīhi yakhtalifūna 39:47 wa-law anna lil-ladhīna ẓalamū mā fī al-arḍi jamīʿan wa-mithlahu maʿahu la-iftadaw bi-hi min sū'i al-ʿadhābi yawma al-qiyāmati wa-badā lahum mina Allāhi mā lam yakūnū yaḥtasibūna 39:48 wa-badā lahum sayyi'ātu mā kasabū wa-ḥāqa bi-him mā kānū bi-hi yastahzi'ūna 39:49 fa-idhā massa al-insāna ḍurrun daʿānā thumma idhā khawwalnāhu niʿmatan minnā qāla innamā ūtītuhu ʿalá ʿilmin bal hiya fitnatun wa-lākinna aktharahum lā yaʿlamūna 39:50 qad qālahā al-ladhīna min qablihim fa-mā aghná ʿanhum mā kānū yaksibūna 39:51 fa-aṣābahum sayyi'ātu mā kasabū wa-al-ladhīna ẓalamū min hā'ulā'i sa-yuṣībuhum sayyi'ātu mā kasabū wa-mā hum bi-muʿjizīna 39:52 a-wa-lam yaʿlamū anna Allāha yabsuṭu al-rizqa li-man yashā'u wa-yaqdiru inna fī dhālika la-āyātin li-qawmin yu'minūna 39:53 qul yā ʿibādiya al-ladhīna asrafū ʿalá anfusihim lā taqnaṭū min raḥmati Allāhi inna Allāha yaghfiru al-dhunūba jamīʿan innahu huwa al-ghafūru al-raḥīmu 39:54 wa-anībū ilá rabbikum wa-aslimū lahu min qabli an ya'tiyakumu al-ʿadhābu thumma lā tunṣarūna 39:55 wa-ittabiʿū aḥsana mā unzila ilaykum min rabbikum min qabli an ya'tiyakumu al-ʿadhābu baghtatan wa-antum lā tashʿurūna 39:56 an taqūla nafsun yā ḥasratā ʿalá mā farraṭtu fī janbi Allāhi wa-in kuntu la-mina al-sākhirīna 39:57 aw taqūla law anna Allāha hadānī la-kuntu mina al-muttaqīna 39:58 aw taqūla ḥīna tará al-ʿadhāba law anna lī karratan fa-akūna mina al-muḥsinīna 39:59 balá

qad jā'atka ayātī fa-kadhdhabta bi-hā wa-istakbarta wa-kunta mina al-kāfirīna 39:60 wa-yawma al-qiyāmati
tará al-ladhīna kadhabū ʿalá Allāhi wujūhuhum muswaddatun a-laysa fī jahannama mathwan lil-mutakabbirīna
39:61 wa-yunajjī Allāhu al-ladhīna ittaqaw bi-mafāzatihim lā yamassuhumu al-sū'u wa-lā hum yaḥzanūna
39:62 Allāhu khāliqu kulli shay'in wa-huwa ʿalá kulli shay'in wakīlun 39:63 lahu maqālīdu al-samāwāti wa-al-
arḍi wa-al-ladhīna kafarū bi-āyāti Allāhi ulā'ika humu al-khāsirūna 39:64 qul a-fa-ghayra Allāhi ta'murūnnī
aʿbudu ayyuhā al-jāhilūna 39:65 wa-laqad ūḥiya ilayka wa-ilá al-ladhīna min qablika la-in ashrakta la-
yaḥbaṭanna ʿamaluka wa-la-takūnanna mina al-khāsirīna 39:66 bali Allāha fa-uʿbud wa-kun mina al-shākirīna
39:67 wa-mā qadarū Allāha ḥaqqa qadrihi wa-al-arḍu jamīʿan qabḍatuhu yawma al-qiyāmati wa-al-samāwātu
maṭwīyātun bi-yamīnihi subḥānahu wa-taʿālá ʿammā yushrikūna 39:68 wa-nufikha fī al-ṣūri fa-ṣaʿiqa man fī
al-samāwāti wa-man fī al-arḍi illā man shā'a Allāhu thumma nufikha fīhi ukhrá fa-idhā hum qiyāmun
yanẓurūna 39:69 wa-ashraqati al-arḍu bi-nūri rabbihā wa-wuḍiʿa al-kitābu wa-jī'a bi-al-nabīyīna wa-al-
shuhadā'i wa-quḍiya baynahum bi-al-ḥaqqi wa-hum lā yuẓlamūna 39:70 wa-wuffiyat kullu nafsin mā ʿamilat
wa-huwa aʿlamu bi-mā yafʿalūna 39:71 wa-sīqa al-ladhīna kafarū ilá jahannama zumaran ḥattá idhā jā'ūhā
futiḥat abwābuhā wa-qāla lahum khazanatuhā a-lam ya'tikum rusulun minkum yatlūna ʿalaykum āyāti
rabbikum wa-yundhirūnakum liqā'a yawmikum hādhā qālū balá wa-lākin ḥaqqat kalimatu al-ʿadhābi ʿalá al-
kāfirīna 39:72 qīla udkhulū abwāba jahannama khālidīna fīhā fa-bi'sa mathwá al-mutakabbirīna 39:73 wa-sīqa
al-ladhīna ittaqaw rabbahum ilá al-jannati zumaran ḥattá idhā jā'ūhā wa-futiḥat abwābuhā wa-qāla lahum
khazanatuhā salāmun ʿalaykum ṭibtum fa-udkhulūhā khālidīna 39:74 wa-qālū al-ḥamdu lillāhi al-ladhī
ṣadaqanā waʿdahu wa-awrathanā al-arḍa natabawwa'u mina al-jannati ḥaythu nashā'u fa-niʿma ajru al-ʿāmilīna
39:75 wa-tará al-malā'ikata ḥāffīna min ḥawli al-ʿarshi yusabbiḥūna bi-ḥamdi rabbihim wa-quḍiya baynahum
bi-al-ḥaqqi wa-qīla al-ḥamdu lillāhi rabbi al-ʿālamīna 40:1 bismillāhi al-raḥmāni al-raḥīmi ḥā' mīm 40:2 tanzīlu
al-kitābi mina Allāhi al-ʿazīzi al-ʿalīmi 40:3 ghāfiri al-dhanbi wa-qābili al-tawbi shadīdi al-ʿiqābi dhī al-ṭawli lā
ilāha illā huwa ilayhi al-maṣīru 40:4 mā yujādilu fī āyāti Allāhi illā al-ladhīna kafarū fa-lā yaghrurka
taqallubuhum fī al-bilādi 40:5 kadhdhabat qablahum qawmu Nūḥin wa-al-aḥzābu min baʿdihim wa-hammat
kullu ummatin bi-rasūlihim li-ya'khudhūhu wa-jādalū bi-al-bāṭili li-yudḥiḍū bi-hi al-ḥaqqa fa-akhadhtuhum
fa-kayfa kāna ʿiqābi 40:6 wa-kadhālika ḥaqqat kalimatu rabbika ʿalá al-ladhīna kafarū annahum aṣḥābu al-nāri
40:7 al-ladhīna yaḥmilūna al-ʿarsha wa-man ḥawlahu yusabbiḥūna bi-ḥamdi rabbihim wa-yu'minūna bi-hi wa-
yastaghfirūna lil-ladhīna āmanū rabbanā wa-siʿta kulla shay'in raḥmatan wa-ʿilman fa-ighfir lil-ladhīna tābū
wa-ittabaʿū sabīlaka wa-qihim ʿadhāba al-jaḥīmi 40:8 rabbanā wa-adkhilhum jannāti ʿadnin al-latī waʿadtahum
wa-man ṣalaḥa min ābā'ihim wa-azwājihim wa-dhurrīyātihim innaka anta al-ʿazīzu al-ḥakīmu 40:9 wa-qihimu
al-sayyi'āti wa-man taqi al-sayyi'āti yawma'idhin fa-qad raḥimtahu wa-dhālika huwa al-fawzu al-ʿaẓīmu 40:10
inna al-ladhīna kafarū yunādawna la-maqtu Allāhi akbaru min maqtikum anfusakum idh tudʿawna ilá al-īmāni
fa-takfurūna 40:11 qālū rabbanā amattanā ithnatayni wa-aḥyaytanā ithnatayni fa-iʿtarafnā bi-dhunūbinā fa-hal
ilá khurūjin min sabīlin 40:12 dhālikum bi-annahu idhā duʿiya Allāhu waḥdahu kafartum wa-in yushrak bi-hi
tu'minū fa-al-ḥukmu lillāhi al-ʿalīyi al-kabīri 40:13 huwa al-ladhī yurīkum āyātihi wa-yunazzilu lakum mina
al-samā'i rizqan wa-mā yatadhakkaru illā man yunību 40:14 fa-udʿū Allāha mukhliṣīna lahu al-dīna wa-law
kariha al-kāfirūna 40:15 rafīʿu al-darajāti dhū al-ʿarshi yulqī al-rūḥa min amrihi ʿalá man yashā'u min ʿibādihi
li-yundhira yawma al-talāqi 40:16 yawma hum bārizūna lā yakhfá ʿalá Allāhi minhum shay'un li-mani al-mulku
al-yawma lillāhi al-wāḥidi al-qahhāri 40:17 al-yawma tujzá kullu nafsin bi-mā kasabat lā ẓulma al-yawma inna

Allāha sarīʿu al-ḥisābi 40:18 wa-andhirhum yawma al-āzifati idhi al-qulūbu ladá al-ḥanājiri kāẓimīna mā lil-
ẓālimīna min ḥamīmin wa-lā shafīʿin yuṭāʿu 40:19 yaʿlamu khāʾinata al-aʿyuni wa-mā tukhfī al-ṣudūru 40:20
wallāhu yaqḍī bi-al-ḥaqqi wa-al-ladhīna yadʿūna min dūnihi lā yaqḍūna bi-shayʾin inna Allāha huwa al-samīʿu
al-baṣīru 40:21 a-wa-lam yasīrū fī al-arḍi fa-yanẓurū kayfa kāna ʿāqibatu al-ladhīna kānū min qablihim kānū
hum ashadda minhum qūwatan wa-āthāran fī al-arḍi fa-akhadhahumu Allāhu bi-dhunūbihim wa-mā kāna
lahum mina Allāhi min wāqin 40:22 dhālika bi-annahum kānat taʾtīhim rusuluhum bi-al-bayyināti fa-kafarū
fa-akhadhahumu Allāhu innahu qawīyun shadīdu al-ʿiqābi 40:23 wa-laqad arsalnā Mūsá bi-āyātinā wa-sulṭānin
mubīnin 40:24 ilá Firʿawna wa-Hāmāna wa-Qārūna fa-qālū sāḥirun kadhdhābun 40:25 fa-lammā jāʾahum bi-
al-ḥaqqi min ʿindinā qālū uqtulū abnāʾa al-ladhīna āmanū maʿahu wa-istaḥyū nisāʾahum wa-mā kaydu al-
kāfirīna illā fī ḍalālin 40:26 wa-qāla Firʿawnu dharūnī aqtul Mūsá wa-li-yadʿu rabbahu innī akhāfu an
yubaddila dīnakum aw an yuẓhira fī al-arḍi al-fasāda 40:27 wa-qāla Mūsá innī ʿudhtu bi-rabbī wa-rabbikum
min kulli mutakabbirin lā yuʾminu bi-yawmi al-ḥisābi 40:28 wa-qāla rajulun muʾminun min āli Firʿawna
yaktumu īmānahu a-taqtulūna rajulan an yaqūla rabbiya Allāhu wa-qad jāʾakum bi-al-bayyināti min rabbikum
wa-in yaku kādhiban fa-ʿalayhi kadhibuhu wa-in yaku ṣādiqan yuṣibkum baʿḍu al-ladhī yaʿidukum inna Allāha
lā yahdī man huwa musrifun kadhdhābun 40:29 yā qawmi lakumu al-mulku al-yawma ẓāhirīna fī al-arḍi fa-
man yanṣurunā min baʾsi Allāhi in jāʾanā qāla Firʿawnu mā urīkum illā mā ará wa-mā ahdīkum illā sabīla al-
rashādi 40:30 wa-qāla al-ladhī āmana yā qawmi innī akhāfu ʿalaykum mithla yawmi al-aḥzābi 40:31 mithla
daʾbi qawmi Nūḥin wa-ʿĀdin wa-Thamūda wa-al-ladhīna min baʿdihim wa-mā Allāhu yurīdu ẓulman lil-ʿibādi
40:32 wa-yā qawmi innī akhāfu ʿalaykum yawma al-tanādi 40:33 yawma tuwallūna mudbirīna mā lakum mina
Allāhi min ʿāṣimin wa-man yuḍlili Allāhu fa-mā lahu min hādin 40:34 wa-laqad jāʾakum Yūsufu min qablu bi-
al-bayyināti fa-mā ziltum fī shakkin mimmā jāʾakum bi-hi ḥattá idhā halaka qultum lan yabʿatha Allāhu min
baʿdihi rasūlan kadhālika yuḍillu Allāhu man huwa musrifun murtābun 40:35 al-ladhīna yujādilūna fī āyāti
Allāhi bi-ghayri sulṭānin atāhum kabura maqtan ʿinda Allāhi wa-ʿinda al-ladhīna āmanū kadhālika yaṭbaʿu
Allāhu ʿalá kulli qalbi mutakabbirin jabbārin 40:36 wa-qāla Firʿawnu yā Hāmānu ibni lī ṣarḥan laʿallī ablughu al-
asbāba 40:37 asbāba al-samāwāti fa-aṭṭaliʿa ilá ilāhi Mūsá wa-innī la-aẓunnuhu kādhiban wa-kadhālika
zuyyina li-Firʿawna sūʾu ʿamalihi wa-ṣudda ʿani al-sabīli wa-mā kaydu Firʿawna illā fī tabābin 40:38 wa-qāla
al-ladhī āmana yā qawmi ittabiʿūni ahdikum sabīla al-rashādi 40:39 yā qawmi innamā hādhihi al-ḥayātu al-
dunyā matāʿun wa-inna al-ākhirata hiya dāru al-qarāri 40:40 man ʿamila sayyiʾatan fa-lā yujzá illā mithlahā
wa-man ʿamila ṣāliḥan min dhakarin aw unthá wa-huwa muʾminun fa-ulāʾika yadkhulūna al-jannata yurzaqūna
fīhā bi-ghayri ḥisābin 40:41 wa-yā qawmi mā lī adʿūkum ilá al-najāti wa-tadʿūnanī ilá al-nāri 40:42 tadʿūnanī
li-akfura billāhi wa-ushrika bi-hi mā laysa lī bi-hi ʿilmun wa-anā adʿūkum ilá al-ʿazīzi al-ghaffāri 40:43 lā
jarama annamā tadʿūnanī ilayhi laysa lahu daʿwatun fī al-dunyā wa-lā fī al-ākhirati wa-anna maraddanā ilá
Allāhi wa-anna al-musrifīna hum aṣḥābu al-nāri 40:44 fa-sa-tadhkurūna mā aqūlu lakum wa-ufawwiḍu amrī
ilá Allāhi inna Allāha baṣīrun bi-al-ʿibādi 40:45 fa-waqāhu Allāhu sayyiʾāti mā makarū wa-ḥāqa bi-āli Firʿawna
sūʾu al-ʿadhābi 40:46 al-nāru yuʿraḍūna ʿalayhā ghudūwan wa-ʿashīyan wa-yawma taqūmu al-sāʿatu adkhilū
āla Firʿawna ashadda al-ʿadhābi 40:47 wa-idh yataḥājjūna fī al-nāri fa-yaqūlu al-ḍuʿafāʾu lil-ladhīna istakbarū
innā kunnā lakum tabaʿan fa-hal antum mughnūna ʿannā naṣīban mina al-nāri 40:48 qāla al-ladhīna istakbarū
innā kullun fīhā inna Allāha qad ḥakama bayna al-ʿibādi 40:49 wa-qāla al-ladhīna fī al-nāri li-khazanati
jahannama udʿū rabbakum yukhaffif ʿannā yawman mina al-ʿadhābi 40:50 qālū a-wa-lam taku taʾtīkum

rusulukum bi-al-bayyināti qālū balá qālū fa-udʿū wa-mā duʿāʾu al-kāfirīna illā fī ḍalālin 40:51 innā la-nanṣuru rusulanā wa-al-ladhīna āmanū fī al-ḥayāti al-dunyā wa-yawma yaqūmu al-ashhādu 40:52 yawma lā yanfaʿu al-ẓālimīna maʿdhiratuhum wa-lahumu al-laʿnatu wa-lahum sūʾu al-dāri 40:53 wa-laqad ātaynā Mūsá al-hudá wa-awrathnā banī Isrāʾīla al-kitāba 40:54 hudan wa-dhikrá li-ulī al-albābi 40:55 fa-iṣbir inna waʿda Allāhi ḥaqqun wa-istaghfir li-dhanbika wa-sabbiḥ bi-ḥamdi rabbika bi-al-ʿashīyi wa-al-ibkāri 40:56 inna al-ladhīna yujādilūna fī āyāti Allāhi bi-ghayri sulṭānin atāhum in fī ṣudūrihim illā kibrun mā hum bi-bālighīhi fa-istaʿidh billāhi innahu huwa al-samīʿu al-baṣīru 40:57 la-khalqu al-samāwāti wa-al-arḍi akbaru min khalqi al-nāsi wa-lākinna akthara al-nāsi lā yaʿlamūna 40:58 wa-mā yastawī al-aʿmá wa-al-baṣīru wa-al-ladhīna āmanū wa-ʿamilū al-ṣāliḥāti wa-lā al-musīʾu qalīlan mā tatadhakkarūna 40:59 inna al-sāʿata la-ātiyatun lā rayba fīhā wa-lākinna akthara al-nāsi lā yuʾminūna 40:60 wa-qāla rabbukumu udʿūnī astajib lakum inna al-ladhīna yastakbirūna ʿan ʿibādatī sayadkhulūna jahannama dākhirīna 40:61 Allāhu al-ladhī jaʿala lakumu al-layla li-taskunū fīhi wa-al-nahāra mubṣiran inna Allāha la-dhū faḍlin ʿalá al-nāsi wa-lākinna akthara al-nāsi lā yashkurūna 40:62 dhālikumu Allāhu rabbukum khāliqu kulli shayʾin lā ilāha illā huwa fa-anná tuʾfakūna 40:63 kadhālika yuʾfaku al-ladhīna kānū bi-āyāti Allāhi yajḥadūna 40:64 Allāhu al-ladhī jaʿala lakumu al-arḍa qarāran wa-al-samāʾa bināʾan wa-ṣawwarakum fa-aḥsana ṣuwarakum wa-razaqakum mina al-ṭayyibāti dhālikumu Allāhu rabbukum fa-tabāraka Allāhu rabbu al-ʿālamīna 40:65 huwa al-ḥayyu lā ilāha illā huwa fa-udʿūhu mukhliṣīna lahu al-dīna al-ḥamdu lillāhi rabbi al-ʿālamīna 40:66 qul innī nuhītu an aʿbuda al-ladhīna tadʿūna min dūni Allāhi lammā jāʾaniya al-bayyinātu min rabbī wa-umirtu an uslima li-rabbi al-ʿālamīna 40:67 huwa al-ladhī khalaqakum min turābin thumma min nuṭfatin thumma min ʿalaqatin thumma yukhrijukum ṭiflan thumma li-tablughū ashuddakum thumma li-takūnū shuyūkhan wa-minkum man yutawaffá min qablu wa-li-tablughū ajalan musamman wa-laʿallakum taʿqilūna 40:68 huwa al-ladhī yuḥyī wa-yumītu fa-idhā qaḍá amran fa-innamā yaqūlu lahu kun fa-yakūnu 40:69 a-lam tara ilá al-ladhīna yujādilūna fī āyāti Allāhi anná yuṣrafūna 40:70 al-ladhīna kadhdhabū bi-al-kitābi wa-bi-mā arsalnā bi-hi rusulanā fa-sawfa yaʿlamūna 40:71 idhi al-aghlālu fī aʿnāqihim wa-al-salāsilu yusḥabūna 40:72 fī al-ḥamīmi thumma fī al-nāri yusjarūna 40:73 thumma qīla lahum ayna mā kuntum tushrikūna 40:74 min dūni Allāhi qālū ḍallū ʿannā bal lam nakun nadʿū min qablu shayʾan kadhālika yuḍillu Allāhu al-kāfirīna 40:75 dhālikum bi-mā kuntum tafraḥūna fī al-arḍi bi-ghayri al-ḥaqqi wa-bi-mā kuntum tamraḥūna 40:76 udkhulū abwāba jahannama khālidīna fīhā fa-biʾsa mathwá al-mutakabbirīna 40:77 fa-iṣbir inna waʿda Allāhi ḥaqqun fa-immā nuriyannaka baʿḍa al-ladhī naʿiduhum aw natawaffayannaka fa-ilaynā yurjaʿūna 40:78 wa-laqad arsalnā rusulan min qablika minhum man qaṣaṣnā ʿalayka wa-minhum man lam naqṣuṣ ʿalayka wa-mā kāna li-rasūlin an yaʾtiya bi-āyatin illā bi-idhni Allāhi fa-idhā jāʾa amru Allāhi quḍiya bi-al-ḥaqqi wa-khasira hunālika al-mubṭilūna 40:79 Allāhu al-ladhī jaʿala lakumu al-anʿāma li-tarkabū minhā wa-minhā taʾkulūna 40:80 wa-lakum fīhā manāfiʿu wa-li-tablughū ʿalayhā ḥājatan fī ṣudūrikum wa-ʿalayhā wa-ʿalá al-fulki tuḥmalūna 40:81 wa-yurīkum āyātihi fa-ayya āyāti Allāhi tunkirūna 40:82 a-fa-lam yasīrū fī al-arḍi fa-yanẓurū kayfa kāna ʿāqibatu al-ladhīna min qablihim kānū akthara minhum wa-ashadda qūwatan wa-āthāran fī al-arḍi fa-mā aghná ʿanhum mā kānū yaksibūna 40:83 fa-lammā jāʾatʾhum rusuluhum bi-al-bayyināti fariḥū bi-mā ʿindahum mina al-ʿilmi wa-ḥāqa bi-him mā kānū bi-hi yastahziʾūna 40:84 fa-lammā raʾaw baʾsanā qālū āmannā billāhi waḥdahu wa-kafarnā bi-mā kunnā bi-hi mushrikīna 40:85 fa-lam yaku yanfaʿuhum īmānuhum lammā raʾaw baʾsanā sunnata Allāhi al-latī qad khalat fī ʿibādihi wa-khasira hunālika al-kāfirūna 41:1 bismillāhi al-raḥmāni al-raḥīmi ḥāʾ mīm 41:2 tanzīlun mina al-raḥmani al-raḥīmi 41:3 kitābun fuṣṣilat āyātuhu Qur'ānan ʿArabīyan li-qawmin yaʿlamūna 41:4 bashīran wa-nadhīran fa-aʿraḍa aktharuhum fa-hum lā yasmaʿūna 41:5 wa-qālū qulūbunā fī akinnatin mimmā tadʿūnā ilayhi wa-fī adhāninā waqrun wa-min bayninā wa-baynika ḥijābun fa-iʿmal innanā ʿāmilūna 41:6 qul innamā anā basharun mithlukum yūḥá ilayya annamā ilāhukum ilāhun wāḥidun fa-istaqīmū ilayhi wa-istaghfirūhu wa-waylun lil-mushrikīna 41:7 al-ladhīna lā yu'tūna al-zakāta wa-hum bi-al-ākhirati hum kāfirūna 41:8 inna al-ladhīna āmanū wa-ʿamilū al-ṣāliḥāti lahum ajrun ghayru mamnūnin 41:9 qul a-innakum la-takfurūna bi-al-ladhī khalaqa al-arḍa fī yawmayni wa-tajʿalūna lahu andādan dhālika rabbu al-ʿālamīna 41:10 wa-jaʿala fīhā rawāsiya min fawqihā wa-bāraka fīhā wa-qaddara fīhā aqwātahā fī arbaʿati ayyāmin sawā'an lil-sā'ilīna 41:11 thumma istawá ilá al-samā'i wa-hiya dukhānun fa-qāla lahā wa-lil-arḍi i'tiyā ṭawʿan aw karhan qālatā ataynā ṭā'iʿīna 41:12 fa-qaḍāhunna sabʿa samāwātin fī yawmayni wa-awḥá fī kulli samā'in amrahā wa-zayyannā al-samā'a al-dunyā bi-maṣābīḥa wa-ḥifẓan dhālika taqdīru al-ʿazīzi al-ʿalīmi 41:13 fa-in aʿraḍū fa-qul andhartukum ṣāʿiqatan mithla ṣāʿiqati ʿĀdin wa-Thamūda 41:14 idh jā'at'humu al-rusulu min bayni aydīhim wa-min khalfihim allā taʿbudū illā Allāha qālū law shā'a rabbunā la-anzala malā'ikatan fa-innā bi-mā ursiltum bi-hi kāfirūna 41:15 fa-ammā ʿĀdun fa-istakbarū fī al-arḍi bi-ghayri al-ḥaqqi wa-qālū man ashaddu minnā qūwatan a-wa-lam yaraw anna Allāha al-ladhī khalaqahum huwa ashaddu minhum qūwatan wa-kānū bi-āyātinā yajḥadūna 41:16 fa-arsalnā ʿalayhim rīḥan ṣarṣaran fī ayyāmin naḥisātin li-nudhīqahum ʿadhāba al-khizyi fī al-ḥayāti al-dunyā wa-la-ʿadhābu al-ākhirati akhzá wa-hum lā yunṣarūna 41:17 wa-ammā Thamūdu fa-hadaynāhum fa-istaḥabbū al-ʿamá ʿalá al-hudá fa-akhadhat'hum ṣāʿiqatu al-ʿadhābi al-hūni bi-mā kānū yaksibūna 41:18 wa-najjaynā al-ladhīna āmanū wa-kānū yattaqūna 41:19 wa-yawma yuḥsharu aʿdā'u Allāhi ilá al-nāri fa-hum yūzaʿūna 41:20 ḥattá idhā mā jā'ūhā shahida ʿalayhim samʿuhum wa-abṣāruhum wa-julūduhum bi-mā kānū yaʿmalūna 41:21 wa-qālū li-julūdihim li-ma shahidtum ʿalaynā qālū anṭaqanā Allāhu al-ladhī anṭaqa kulla shay'in wa-huwa khalaqakum awwala marratin wa-ilayhi turjaʿūna 41:22 wa-mā kuntum tastatirūna an yashhada ʿalaykum samʿukum wa-lā abṣārukum wa-lā julūdukum wa-lākin ẓanantum anna Allāha lā yaʿlamu kathīran mimmā taʿmalūna 41:23 wa-dhālikum ẓannukumu al-ladhī ẓanantum bi-rabbikum ardākum fa-aṣbaḥtum mina al-khāsirīna 41:24 fa-in yaṣbirū fa-al-nāru mathwan lahum wa-in yastaʿtibū fa-mā hum mina al-muʿtabīna 41:25 wa-qayyaḍnā lahum quranā'a fa-zayyanū lahum mā bayna aydīhim wa-mā khalfahum wa-ḥaqqa ʿalayhimu al-qawlu fī umamin qad khalat min qablihim mina al-jinni wa-al-insi innahum kānū khāsirīna 41:26 wa-qāla al-ladhīna kafarū lā tasmaʿū li-hādhā al-Qur'āni wa-ilghaw fīhi laʿallakum taghlibūna 41:27 fa-la-nudhīqanna al-ladhīna kafarū ʿadhāban shadīdan wa-la-najziyannahum aswa'a al-ladhī kānū yaʿmalūna 41:28 dhālika jazā'u aʿdā'i Allāhi al-nāru lahum fīhā dāru al-khuldi jazā'an bi-mā kānū bi-āyātinā yajḥadūna 41:29 wa-qāla al-ladhīna kafarū rabbanā arinā al-ladhayni aḍallānā mina al-jinni wa-al-insi najʿalhumā taḥta aqdāminā li-yakūnā mina al-asfalīna 41:30 inna al-ladhīna qālū rabbunā Allāhu thumma istaqāmū tatanazzalu ʿalayhimu al-malā'ikatu allā takhāfū wa-lā taḥzanū wa-abshirū bi-al-jannati al-latī kuntum tūʿadūna 41:31 naḥnu awliyā'ukum fī al-ḥayāti al-dunyā wa-fī al-ākhirati wa-lakum fīhā mā tashtahī anfusukum wa-lakum fīhā mā taddaʿūna 41:32 nuzulan min ghafūrin raḥīmin 41:33 wa-man aḥsanu qawlan miman daʿā ilá Allāhi wa-ʿamila ṣāliḥan wa-qāla innanī mina al-Muslimīna 41:34 wa-lā tastawī al-ḥasanatu wa-lā al-sayyi'atu idfaʿ bi-al-latī hiya aḥsanu fa-idhā al-ladhī baynaka wa-baynahu ʿadāwatun ka-annahu walīyun ḥamīmun 41:35 wa-mā yulaqqāhā illā al-ladhīna ṣabarū wa-mā yulaqqāhā illā dhū ḥaẓẓin ʿaẓīmin 41:36 wa-immā yanzaghannaka mina al-shayṭāni nazghun fa-istaʿidh billāhi innahu huwa al-samīʿu al-ʿalīmu 41:37 wa-min āyātihi al-laylu wa-alnahāru wa-al-shamsu wa-al-qamaru lā tasjudū lil-shamsi wa-lā lil-qamari wa-usjudū lillāhi al-ladhī khalaqahunna in kuntum iyyāhu taʿbudūna 41:38 fa-ini istakbarū fa-al-ladhīna ʿinda rabbika yusabbiḥūna lahu bi-al-layli wa-al-nahāri wa-hum lā yasʾamūna 41:39 wa-min āyātihi annaka tará al-arḍa khāshiʿatan fa-idhā anzalnā ʿalayhā al-māʾa ihtazzat wa-rabat inna al-ladhī aḥyāhā lamuḥyī al-mawtá innahu ʿalá kulli shayʾin qadīrun 41:40 inna al-ladhīna yulḥidūna fī āyātinā lā yakhfawna ʿalaynā a-fa-man yulqá fī al-nāri khayrun am man yaʾtī āminan yawma al-qiyāmati iʿmalū mā shiʾtum innahu bi-mā taʿmalūna baṣīrun 41:41 inna al-ladhīna kafarū bi-al-dhikri lammā jāʾahum wa-innahu lakitābun ʿazīzun 41:42 lā yaʾtīhi al-bāṭilu min bayni yadayhi wa-lā min khalfihi tanzīlun min ḥakīmin ḥamīdin 41:43 mā yuqālu laka illā mā qad qīla lil-rusuli min qablika inna rabbaka la-dhū maghfiratin wa-dhū ʿiqābin alīmin 41:44 wa-law jaʿalnāhu Qurʾānan aʿjamīyan la-qālū lawlā fuṣṣilat āyātuhu a-aʿjamīyun wa-ʿArabīyun qul huwa lil-ladhīna āmanū hudan wa-shifāʾun wa-al-ladhīna lā yuʾminūna fī ādhānihim waqrun wa-huwa ʿalayhim ʿaman ulāʾika yunādawna min makānin baʿīdin 41:45 wa-laqad ātaynā Mūsá al-kitāba fa-ikhtulifa fīhi wa-lawlā kalimatun sabaqat min rabbika la-quḍiya baynahum wa-innahum la-fī shakkin minhu murībin 41:46 man ʿamila ṣāliḥan fa-li-nafsihi wa-man asāʾa fa-ʿalayhā wa-mā rabbuka bi-ẓallāmin lil-ʿabīdi 41:47 ilayhi yuraddu ʿilmu al-sāʿati wa-mā takhruju min thamarātin min akmāmihā wa-mā taḥmilu min unthá wa-lā taḍaʿu illā bi-ʿilmihi wa-yawma yunādīhim ayna shurakāʾī qālū ādhannāka mā minnā min shahīdin 41:48 wa-ḍalla ʿanhum mā kānū yadʿūna min qablu wa-ẓannū mā lahum min maḥīṣin 41:49 lā yasʾamu al-insānu min duʿāʾi al-khayri wa-in massahu al-sharru fa-yaʾūsun qanūṭun 41:50 wa-la-in adhaqnāhu raḥmatan minnā min baʿdi ḍarrāʾa massatʹhu la-yaqūlanna hādhā lī wa-mā aẓunnu al-sāʿata qāʾimatan wa-la-in rujiʿtu ilá rabbī inna lī ʿindahu la-al-ḥusná fa-la-nunabbiʾanna al-ladhīna kafarū bi-mā ʿamilū wa-la-nudhīqannahum min ʿadhābin ghalīẓin 41:51 wa-idhā anʿamnā ʿalá al-insāni aʿraḍa wa-naʾá bi-jānibihi wa-idhā massahu al-sharru fa-dhū duʿāʾin ʿarīḍin 41:52 qul a-raʾytum in kāna min ʿindi Allāhi thumma kafartum bi-hi man aḍallu miman huwa fī shiqāqin baʿīdin 41:53 sa-nurīhim āyātinā fī al-āfāqi wa-fī anfusihim ḥattá yatabayyana lahum annahu al-ḥaqqu a-wa-lam yakfi bi-rabbika annahu ʿalá kulli shayʾin shahīdun 41:54 alā innahum fī miryatin min liqāʾi rabbihim alā innahu bi-kulli shayʾin muḥīṭin 42:1 bismillāhi al-raḥmāni al-raḥīmi ḥāʾ mīm 42:2 ʿayn sīn qāf 42:3 kadhālika yūḥī ilayka wa-ilá al-ladhīna min qablika Allāhu al-ʿazīzu al-ḥakīmu 42:4 lahu mā fī al-samāwāti wa-mā fī al-arḍi wa-huwa al-ʿalīyu al-ʿaẓīmu 42:5 takādu al-samāwātu yatafaṭṭarna min fawqihinna wa-al-malāʾikatu yusabbiḥūna bi-ḥamdi rabbihim wa-yastaghfirūna li-man fī al-arḍi alā inna Allāha huwa al-ghafūru al-raḥīmu 42:6 wa-al-ladhīna ittakhadhū min dūnihi awliyāʾa Allāhu ḥafīẓun ʿalayhim wa-mā anta ʿalayhim bi-wakīlin 42:7 wa-kadhālika awḥaynā ilayka Qurʾānan ʿArabīyan li-tundhira umma al-qurá wa-man ḥawlahā wa-tundhira yawma al-jamʿi lā rayba fīhi farīqun fī al-jannati wa-farīqun fī al-saʿīri 42:8 wa-law shāʾa Allāhu la-jaʿalahum ummatan wāḥidatan wa-lākin yudkhilu man yashāʾu fī raḥmatihi wa-al-ẓālimūna mā lahum min walīyin wa-lā naṣīrin 42:9 ami ittakhadhū min dūnihi awliyāʾa fallāhu huwa al-walīyu wa-huwa yuḥyī al-mawtá wa-huwa ʿalá kulli shayʾin qadīrun 42:10 wa-mā ikhtalaftum fīhi min shayʾin fa-ḥukmuhu ilá Allāhi dhālikumu Allāhu rabbī ʿalayhi tawakkaltu wa-ilayhi unību 42:11 fāṭiru al-samāwāti wa-al-arḍi jaʿala lakum min anfusikum azwājan wa-mina al-anʿāmi azwājan yadhraʾukum fīhi laysa ka-mithlihi shayʾun wa-huwa al-samīʿu al-baṣīru 42:12 lahu maqālīdu al-samāwāti wa-al-arḍi yabsuṭu al-rizqa li-man yashāʾu wa-yaqdiru innahu bi-kulli shayʾin ʿalīmun 42:13 sharaʿa lakum mina al-dīni mā waṣṣá bi-hi Nūḥan wa-al-ladhī awḥaynā ilayka wa-mā waṣṣaynā bi-hi Ibrāhīma wa-Mūsá wa-ʿĪsá an aqīmū al-dīna wa-lā tatafarraqū fīhi kabura ʿalá al-mushrikīna mā tadʿūhum ilayhi Allāhu yajtabī ilayhi man yashāʾu wa-yahdī ilayhi man yunību 42:14 wa-mā tafarraqū illā min baʿdi mā jāʾahumu al-ʿilmu baghyan baynahum wa-lawlā kalimatun sabaqat min rabbika ilá ajalin musamman la-quḍiya baynahum wa-inna al-ladhīna ūrithū al-kitāba min baʿdihim la-fī shakkin minhu murībin 42:15 fa-li-dhālika fa-udʿu wa-istaqim ka-mā umirta wa-lā tattabiʿ ahwāʾahum wa-qul āmantu bi-mā anzala Allāhu min kitābin wa-umirtu li-aʿdila baynakumu Allāhu rabbunā wa-rabbukum lanā aʿmālunā wa-lakum aʿmālukum lā ḥujjata baynanā wa-baynakumu Allāhu yajmaʿu baynanā wa-ilayhi al-maṣīru 42:16 wa-al-ladhīna yuḥājjūna fī Allāhi min baʿdi mā ustujība lahu ḥujjatuhum dāḥiḍatun ʿinda rabbihim wa-ʿalayhim ghaḍabun wa-lahum ʿadhābun shadīdun 42:17 Allāhu al-ladhī anzala al-kitāba bi-al-ḥaqqi wa-al-mīzāna wa-mā yudrīka laʿalla al-sāʿata qarībun 42:18 yastaʿjilu bi-hā al-ladhīna lā yuʾminūna bi-hā wa-al-ladhīna āmanū mushfiqūna minhā wa-yaʿlamūna annahā al-ḥaqqu alā inna al-ladhīna yumārūna fī al-sāʿati la-fī ḍalālin baʿīdin 42:19 Allāhu laṭīfun bi-ʿibādihi yarzuqu man yashāʾu wa-huwa al-qawīyu al-ʿazīzu 42:20 man kāna yurīdu ḥartha al-ākhirati nazid lahu fī ḥarthihi wa-man kāna yurīdu ḥartha al-dunyā nuʾtihi minhā wa-mā lahu fī al-ākhirati min naṣībin 42:21 am lahum shurakāʾu sharaʿū lahum mina al-dīni mā lam yaʾdhan bi-hi Allāhu wa-lawlā kalimatu al-faṣli la-quḍiya baynahum wa-inna al-ẓālimīna lahum ʿadhābun alīmun 42:22 tará al-ẓālimīna mushfiqīna mimmā kasabū wa-huwa wāqiʿun bi-him wa-al-ladhīna āmanū wa-ʿamilū al-ṣāliḥāti fī rawḍāti al-jannāti lahum mā yashāʾūna ʿinda rabbihim dhālika huwa al-faḍlu al-kabīru 42:23 dhālika al-ladhī yubashshiru Allāhu ʿibādahu al-ladhīna āmanū wa-ʿamilū al-ṣāliḥāti qul lā asʾalukum ʿalayhi ajran illā al-mawaddata fī al-qurbá wa-man yaqtarif ḥasanatan nazid lahu fīhā ḥusnan inna Allāha ghafūrun shakūrun 42:24 am yaqūlūna iftará ʿalá Allāhi kadhiban fa-in yashaʾi Allāhu yakhtim ʿalá qalbika wa-yamḥu Allāhu al-bāṭila wa-yuḥiqqu al-ḥaqqa bi-kalimātihi innahu ʿalīmun bi-dhāti al-ṣudūri 42:25 wa-huwa al-ladhī yaqbalu al-tawbata ʿan ʿibādihi wa-yaʿfū ʿani al-sayyiʾāti wa-yaʿlamu mā tafʿalūna 42:26 wa-yastajību al-ladhīna āmanū wa-ʿamilū al-ṣāliḥāti wa-yazīduhum min faḍlihi wa-al-kāfirūna lahum ʿadhābun shadīdun 42:27 wa-law basaṭa Allāhu al-rizqa li-ʿibādihi la-baghaw fī al-arḍi wa-lākin yunazzilu bi-qadarin mā yashāʾu innahu bi-ʿibādihi khabīrun baṣīrun 42:28 wa-huwa al-ladhī yunazzilu al-ghaytha min baʿdi mā qanaṭū wa-yanshuru raḥmatahu wa-huwa al-walīyu al-ḥamīdu 42:29 wa-min āyātihi khalqu al-samāwāti wa-al-arḍi wa-mā baththa fīhimā min dābbatin wa-huwa ʿalá jamʿihim idhā yashāʾu qadīrun 42:30 wa-mā aṣābakum min muṣībatin fa-bi-mā kasabat aydīkum wa-yaʿfū ʿan kathīrin 42:31 wa-mā antum bi-muʿjizīna fī al-arḍi wa-mā lakum min dūni Allāhi min walīyin wa-lā naṣīrin 42:32 wa-min āyātihi al-jawāri fī al-baḥri ka-al-aʿlāmi 42:33 in yashaʾa yuskini al-rīḥa fa-yaẓlalna rawākida ʿalá ẓahrihi inna fī dhālika la-āyātin li-kulli ṣabbārin shakūrin 42:34 aw yūbiqhunna bi-mā kasabū wa-yaʿfu ʿan kathīrin 42:35 wa-yaʿlama al-ladhīna yujādilūna fī āyātinā mā lahum min maḥīṣin 42:36 fa-mā ūtītum min shayʾin fa-matāʿu al-ḥayāti al-dunyā wa-mā ʿinda Allāhi khayrun wa-abqá lil-ladhīna āmanū wa-ʿalá rabbihim yatawakkalūna 42:37 wa-al-ladhīna yajtanibūna kabāʾira al-ithmi wa-al-fawāḥisha wa-idhā mā ghaḍibū hum yaghfirūna 42:38 wa-al-ladhīna istajābū li-rabbihim wa-aqāmū al-ṣalāta wa-amruhum shūrá baynahum wa-mimmā razaqnāhum yunfiqūna 42:39 wa-al-ladhīna idhā aṣābahumu al-baghyu hum yantaṣirūna 42:40 wa-jazāʾu sayyiʾatin sayyiʾatun mithluhā fa-man ʿafā wa-aṣlaḥa fa-ajruhu ʿalá Allāhi innahu lā yuḥibbu al-ẓālimīna 42:41 wa-la-mani intaṣara baʿda ẓulmihi fa-ulāʾika mā ʿalayhim min sabīlin 42:42 innamā al-sabīlu ʿalá al-ladhīna yaẓlimūna al-nāsa wa-yabghūna fī al-arḍi bi-ghayri al-ḥaqqi ulāʾika lahum ʿadhābun alīmun 42:43 wa-laman ṣabara wa-ghafara inna dhālika la-min ʿazmi al-umūri 42:44 wa-man yuḍlili Allāhu fa-mā lahu min walīyin min baʿdihi wa-tará al-ẓālimīna lammā raʾawū al-ʿadhāba yaqūlūna hal ilá maraddin min sabīlin 42:45 wa-tarāhum yuʿraḍūna ʿalayhā khāshiʿīna mina al-dhulli yanẓurūna min ṭarfin khafīyin wa-qāla al-ladhīna āmanū inna al-khāsirīna al-ladhīna khasirū anfusahum wa-ahlīhim yawma al-qiyāmati alā inna al-ẓālimīna fī ʿadhābin muqīmin 42:46 wa-mā kāna lahum min awliyāʾa yanṣurūnahum min dūni Allāhi wa-man yuḍlili Allāhu fa-mā lahu min sabīlin 42:47 istajībū li-rabbikum min qabli an yaʾtiya yawmun lā maradda lahu mina Allāhi mā lakum min maljaʾin yawmaʾidhin wa-mā lakum min nakīrin 42:48 fa-in aʿraḍū fa-mā arsalnāka ʿalayhim ḥafīẓan in ʿalayka illā al-balāghu wa-innā idhā adhaqnā al-insāna minnā raḥmatan fariḥa bi-hā wa-in tuṣibhum sayyiʾatun bi-mā qaddamat aydīhim fa-inna al-insāna kafūrun 42:49 lillāhi mulku al-samāwāti wa-al-arḍi yakhluqu mā yashāʾu yahabu li-man yashāʾu ināthan wa-yahabu li-man yashāʾu al-dhukūra 42:50 aw yuzawwijuhum dhukrānan wa-ināthan wa-yajʿalu man yashāʾu ʿaqīman innahu ʿalīmun qadīrun 42:51 wa-mā kāna li-basharin an yukallimahu Allāhu illā waḥyan aw min warāʾi ḥijābin aw yursila rasūlan fa-yūḥiya bi-idhnihi mā yashāʾu innahu ʿalīyun ḥakīmun 42:52 wa-kadhālika awḥaynā ilayka rūḥan min amrinā mā kunta tadrī mā al-kitābu wa-lā al-īmānu wa-lākin jaʿalnāhu nūran nahdī bi-hi man nashāʾu min ʿibādinā wa-innaka la-tahdī ilá ṣirāṭin mustaqīmin 42:53 ṣirāṭi Allāhi al-ladhī lahu mā fī al-samāwāti wa-mā fī al-arḍi alā ilá Allāhi taṣīru al-umūru 43:1 bismillāhi al-raḥmāni al-raḥīmi ḥāʾ mīm 43:2 wa-al-kitābi al-mubīni 43:3 innā jaʿalnāhu Qurʾānan ʿArabīyan laʿallakum taʿqilūna 43:4 wa-innahu fī ummi al-kitābi ladaynā laʿalīyun ḥakīmun 43:5 a-fa-naḍribu ʿankumu al-dhikra ṣafḥan kuntum qawman musrifīna 43:6 wa-kam arsalnā min nabīyin fī al-awwalīna 43:7 wa-mā yaʾtīhim min nabīyin illā kānū bi-hi yastahziʾūna 43:8 fa-ahlaknā ashadda minhum baṭshan wa-maḍá mathalu al-awwalīna 43:9 wa-la-in saʾaltahum man khalaqa al-samāwāti wa-al-arḍa la-yaqūlunna khalaqahunna al-ʿazīzu al-ʿalīmu 43:10 al-ladhī jaʿala lakumu al-arḍa mahdan wa-jaʿala lakum fīhā subulan laʿallakum tahtadūna 43:11 wa-al-ladhī nazzala mina al-samāʾi māʾan bi-qadarin fa-ansharnā bi-hi baldatan maytan kadhālika tukhrajūna 43:12 wa-al-ladhī khalaqa al-azwāja kullahā wa-jaʿala lakum mina al-fulki wa-al-anʿāmi mā tarkabūna 43:13 li-tastawū ʿalá ẓuhūrihi thumma tadhkurū niʿmata rabbikum idhā istawaytum ʿalayhi wa-taqūlū subḥāna al-ladhī sakhkhara lanā hādhā wa-mā kunnā lahu muqrinīna 43:14 wa-innā ilá rabbinā la-munqalibūna 43:15 wa-jaʿalū lahu min ʿibādihi juzʾan inna al-insāna la-kafūrun mubīnun 43:16 ami ittakhadha mimmā yakhluqu banātin wa-aṣfākum bi-al-banīna 43:17 wa-idhā bushshira aḥaduhum bi-mā ḍaraba lil-raḥmani mathalan ẓalla wajhuhu muswaddan wa-huwa kaẓīmun 43:18 a-waman yunashshaʾu fī al-ḥilyati wa-huwa fī al-khiṣāmi ghayru mubīnin 43:19 wa-jaʿalū al-malāʾikata al-ladhīna hum ʿibādu al-raḥmani ināthan a-shahidū khalqahum sa-tuktabu shahādatuhum wa-yusʾalūna 43:20 wa-qālū law shāʾa al-raḥmanu mā ʿabadnāhum mā lahum bi-dhālika min ʿilmin in hum illā yakhruṣūna 43:21 am ātaynāhum kitāban min qablihi fa-hum bi-hi mustamsikūna 43:22 bal qālū innā wajadnā ābāʾanā ʿalá ummatin wa-innā ʿalá āthārihim muhtadūna 43:23 wa-kadhālika mā arsalnā min qablika fī qaryatin min nadhīrin illā qāla mutrafūhā innā wajadnā ābāʾanā ʿalá ummatin wa-innā ʿalá āthārihim muqtadūna 43:24 qāla a-wa-law jiʾtukum bi-ahdá mimmā wajadtum ʿalayhi ābāʾakum qālū innā bi-mā ursiltum bi-hi kāfirūna 43:25 fa-intaqamnā minhum fa-unẓur kayfa kāna ʿāqibatu al-mukadhdhibīna 43:26 wa-idh qāla Ibrāhīmu li-abīhi wa-qawmihi innanī barāʾun mimmā taʿbudūna 43:27 illā al-ladhī faṭaranī fa-innahu sa-yahdīni 43:28 wa-jaʿalahā kalimatan bāqiyatan fī ʿaqibihi laʿallahum yarjiʿūna 43:29 bal mattaʿtu hāʾulāʾi wa-ābāʾahum ḥattá jāʾahumu al-ḥaqqu wa-rasūlun mubīnun 43:30 wa-lammā jāʾahumu al-ḥaqqu qālū hādhā siḥrun wa-innā bi-hi kāfirūna 43:31 wa-qālū lawlā nuzzila hādhā al-Qurʾānu ʿalá rajulin mina al-qaryatayni ʿaẓīmin 43:32 a-hum yaqsimūna raḥmata rabbika naḥnu qasamnā baynahum maʿīshatahum fī al-ḥayāti al-dunyā wa-rafaʿnā baʿḍahum fawqa baʿḍin darajātin li-yattakhidha baʿḍuhum baʿḍan sukhrīyan wa-raḥmatu rabbika khayrun mimmā yajmaʿūna

43:33 wa-lawlā an yakūna al-nāsu ummatan wāḥidatan la-jaʿalnā li-man yakfuru bi-al-raḥmani li-buyūtihim suqufan min fiḍḍatin wa-maʿārija ʿalayhā yaẓharūna 43:34 wa-li-buyūtihim abwāban wa-sururan ʿalayhā yattakiʾūna 43:35 wa-zukhrufan wa-in kullu dhālika lammā matāʿu al-ḥayāti al-dunyā wa-al-ākhiratu ʿinda rabbika lil-muttaqīna 43:36 wa-man yaʿshu ʿan dhikri al-raḥmani nuqayyiḍ lahu shayṭānan fa-huwa lahu qarīnun 43:37 wa-innahum la-yaṣuddūnahum ʿani al-sabīli wa-yaḥsabūna annahum muhtadūna 43:38 ḥattá idhā jāʾanā qāla yā layta baynī wa-baynaka buʿda al-mashriqayni fa-biʾsa al-qarīnu 43:39 wa-lan yanfaʿakumu al-yawma idh ẓalamtum annakum fī al-ʿadhābi mushtarikūna 43:40 a-fa-anta tusmiʿu al-ṣumma aw tahdī al-ʿumya wa-man kāna fī ḍalālin mubīnin 43:41 fa-immā nadhhabanna bika fa-innā minhum muntaqimūna 43:42 aw nuriyannaka al-ladhī waʿadnāhum fa-innā ʿalayhim muqtadirūna 43:43 fa-istamsik bi-al-ladhī ūḥiya ilayka innaka ʿalá ṣirāṭin mustaqīmin 43:44 wa-innahu la-dhikrun laka wa-li-qawmika wa-sawfa tusʾalūna 43:45 wa-isʾal man arsalnā min qablika min rusulinā a-jaʿalnā min dūni al-raḥmani ālihatan yuʿbadūna 43:46 wa-laqad arsalnā Mūsá bi-āyātinā ilá Firʿawna wa-malaʾihi fa-qāla innī rasūlu rabbi al-ʿālamīna 43:47 fa-lammā jāʾahum bi-āyātinā idhā hum minhā yaḍḥakūna 43:48 wa-mā nurīhim min āyatin illā hiya akbaru min ukhtihā wa-akhadhnāhum bi-al-ʿadhābi laʿallahum yarjiʿūna 43:49 wa-qālū yā ayyuha al-sāḥiru udʿu lanā rabbaka bi-mā ʿahida ʿindaka innanā la-muhtadūna 43:50 fa-lammā kashafnā ʿanhumu al-ʿadhāba idhā hum yankuthūna 43:51 wa-nādá Firʿawnu fī qawmihi qāla yā qawmi a-laysa lī mulku Miṣra wa-hādhihi al-anhāru tajrī min taḥtī a-fa-lā tubṣirūna 43:52 am anā khayrun min hādhā al-ladhī huwa mahīnun wa-lā yakādu yubīnu 43:53 fa-lawlā ulqiya ʿalayhi aswiratun min dhahabin aw jāʾa maʿahu al-malāʾikatu muqtarinīna 43:54 fa-istakhaffa qawmahu fa-aṭāʿūhu innahum kānū qawman fāsiqīna 43:55 fa-lammā āsafūnā intaqamnā minhum fa-aghraqnāhum ajmaʿīna 43:56 fa-jaʿalnāhum salafan wa-mathalan lil-ākhirīna 43:57 wa-lammā ḍuriba ibnu Maryama mathalan idhā qawmuka minhu yaṣiddūna 43:58 wa-qālū a-ālihatunā khayrun am huwa mā ḍarabūhu laka illā jadalan bal hum qawmun khaṣimūna 43:59 in huwa illā ʿabdun anʿamnā ʿalayhi wa-jaʿalnāhu mathalan li-banī Isrāʾīla 43:60 wa-law nashāʾu la-jaʿalnā minkum malāʾikatan fī al-arḍi yakhlufūna 43:61 wa-innahu laʿilmun lil-sāʿati fa-lā tamtarunna bi-hā wa-ittabiʿūni hādhā ṣirāṭun mustaqīmun 43:62 wa-lā yaṣuddannakumu al-shayṭānu innahu lakum ʿadūwwun mubīnun 43:63 wa-lammā jāʾa ʿĪsá bi-al-bayyināti qāla qad jiʾtukum bi-al-ḥikmati wa-li-ubayyina lakum baʿḍa al-ladhī takhtalifūna fīhi fa-ittaqū Allāha wa-aṭīʿūni 43:64 inna Allāha huwa rabbī wa-rabbukum fa-uʿbudūhu hādhā ṣirāṭun mustaqīmun 43:65 fa-ikhtalafa al-aḥzābu min baynihim fa-waylun lil-ladhīna ẓalamū min ʿadhābi yawmin alīmin 43:66 hal yanẓurūna illā al-sāʿata an taʾtiyahum baghtatan wa-hum lā yashʿurūna 43:67 al-akhillāʾu yawmaʾidhin baʿḍuhum li-baʿḍin ʿadūwun illā al-muttaqīna 43:68 yā ʿibādi lā khawfun ʿalaykumu al-yawma wa-lā antum taḥzanūna 43:69 al-ladhīna āmanū bi-āyātinā wa-kānū Muslimīna 43:70 udkhulū al-jannata antum wa-azwājukum tuḥbarūna 43:71 yuṭāfu ʿalayhim bi-ṣiḥāfin min dhahabin wa-akwābin wa-fīhā mā tashtahīhi al-anfusu wa-taladhdhu al-aʿyunu wa-antum fīhā khālidūna 43:72 wa-tilka al-jannatu al-latī ūrithtumūhā bi-mā kuntum taʿmalūna 43:73 lakum fīhā fākihatun kathīratun minhā taʾkulūna 43:74 inna al-mujrimīna fī ʿadhābi jahannama khālidūna 43:75 lā yufattaru ʿanhum wa-hum fīhi mublisūna 43:76 wa-mā ẓalamnāhum wa-lākin kānū humu al-ẓālimīna 43:77 wa-nādaw yā māliku li-yaqḍi ʿalaynā rabbuka qāla innakum mākithūna 43:78 laqad jiʾnākum bi-al-ḥaqqi wa-lākinna aktharakum lil-ḥaqqi kārihūna 43:79 am abramū amran fa-innā mubrimūna 43:80 am yaḥsabūna annā lā nasmaʿu sirrahum wa-najwāhum balá wa-rusulunā ladayhim yaktubūna 43:81 qul in kāna lil-raḥmani waladun fa-anā awwalu al-ʿābidīna 43:82 subḥāna rabbi al-samāwāti wa-al-arḍi rabbi al-ʿarshi ʿammā yaṣifūna 43:83

fa-dharhum yakhūḍū wa-yalʿabū ḥattá yulāqū yawmahumu al-ladhī yūʿadūna 43:84 wa-huwa al-ladhī fī al-samāʾi ilāhun wa-fī al-arḍi ilāhun wa-huwa al-ḥakīmu al-ʿalīmu 43:85 wa-tabāraka al-ladhī lahu mulku al-samāwāti wa-al-arḍi wa-mā baynahumā wa-ʿindahu ʿilmu al-sāʿati wa-ilayhi turjaʿūna 43:86 wa-lā yamliku al-ladhīna yadʿūna min dūnihi al-shafāʿata illā man shahida bi-al-ḥaqqi wa-hum yaʿlamūna 43:87 wa-la-in saʾaltahum man khalaqahum la-yaqūlunna Allāhu fa-anná yuʾfakūna 43:88 wa-qīlihi yā rabbi inna hāʾulāʾi qawmun lā yuʾminūna 43:89 fa-iṣfaḥ ʿanhum wa-qul salāmun fa-sawfa yaʿlamūna 44:1 bismillāhi al-raḥmāni al-raḥīmi ḥāʾ mīm 44:2 wa-al-kitābi al-mubīni 44:3 innā anzalnāhu fī laylatin mubārakatin innā kunnā mundhirīna 44:4 fīhā yufraqu kullu amrin ḥakīmin 44:5 amran min ʿindinā innā kunnā mursilīna 44:6 raḥmatan min rabbika innahu huwa al-samīʿu al-ʿalīmu 44:7 rabbi al-samāwāti wa-al-arḍi wa-mā baynahumā in kuntum mūqinīna 44:8 lā ilāha illā huwa yuḥyī wa-yumītu rabbukum wa-rabbu ābāʾikumu al-awwalīna 44:9 bal hum fī shakkin yalʿabūna 44:10 fa-irtaqib yawma taʾtī al-samāʾu bi-dukhānin mubīnin 44:11 yaghshá al-nāsa hādhā ʿadhābun alīmun 44:12 rabbanā ikshif ʿannā al-ʿadhāba innā muʾminūna 44:13 anná lahumu al-dhikrá wa-qad jāʾahum rasūlun mubīnun 44:14 thumma tawallaw ʿanhu wa-qālū muʿallamun majnūnun 44:15 innā kāshifū al-ʿadhābi qalīlan innakum ʿāʾidūna 44:16 yawma nabṭishu al-baṭshata al-kubrá innā muntaqimūna 44:17 wa-laqad fatannā qablahum qawma Firʿawna wa-jāʾahum rasūlun karīmun 44:18 an addū ilayya ʿibāda Allāhi innī lakum rasūlun amīnun 44:19 wa-an lā taʿlū ʿalá Allāhi innī ātīkum bi-sulṭānin mubīnin 44:20 wa-innī ʿudhtu bi-rabbī wa-rabbikum an tarjumūni 44:21 wa-in lam tuʾminū lī fa-iʿtazilūni 44:22 fa-daʿā rabbahu anna hāʾulāʾi qawmun mujrimūna 44:23 fa-asri bi-ʿibādī laylan innakum muttabaʿūna 44:24 wa-utruki al-baḥra rahwan innahum jundun mughraqūna 44:25 kam tarakū min jannātin waʿuyūnin 44:26 wa-zurūʿin wa-maqāmin karīmin 44:27 wa-naʿmatin kānū fīhā fākihīna 44:28 kadhālika wa-awrathnāhā qawman ākharīna 44:29 fa-mā bakat ʿalayhimu al-samāʾu wa-al-arḍu wa-mā kānū munẓarīna 44:30 wa-laqad najjaynā banī Isrāʾīla mina al-ʿadhābi al-muhīni 44:31 min Firʿawna innahu kāna ʿāliyan mina al-musrifīna 44:32 wa-laqadi ikhtarnāhum ʿalá ʿilmin ʿalá al-ʿālamīna 44:33 wa-ātaynāhum mina al-āyāti mā fīhi balāʾun mubīnun 44:34 inna hāʾulāʾi la-yaqūlūna 44:35 in hiya illā mawtatunā al-ūlá wa-mā naḥnu bi-munsharīna 44:36 fa-iʾtū bi-ābāʾinā in kuntum ṣādiqīna 44:37 a-hum khayrun am qawmu Tubbaʿin wa-al-ladhīna min qablihim ahlaknāhum innahum kānū mujrimīna 44:38 wa-mā khalaqnā al-samāwāti wa-al-arḍa wa-mā baynahumā lāʿibīna 44:39 mā khalaqnāhumā illā bi-al-ḥaqqi wa-lākinna aktharahum lā yaʿlamūna 44:40 inna yawma al-faṣli mīqātuhum ajmaʿīna 44:41 yawma lā yughnī mawlan ʿan mawlan shayʾan wa-lā hum yunṣarūna 44:42 illā man raḥima Allāhu innahu huwa al-ʿazīzu al-raḥīmu 44:43 inna shajarata al-zaqqūmi 44:44 ṭaʿāmu al-athīmi 44:45 ka-al-muhli yaghlī fī al-buṭūni 44:46 ka-ghalyi al-ḥamīmi 44:47 khudhūhu fa-iʿtilūhu ilá sawāʾi al-jaḥīmi 44:48 thumma ṣubbū fawqa raʾsihi min ʿadhābi al-ḥamīmi 44:49 dhuq innaka anta al-ʿazīzu al-karīmu 44:50 inna hādhā mā kuntum bi-hi tamtarūna 44:51 inna al-muttaqīna fī maqāmin amīnin 44:52 fī jannātin wa-ʿuyūnin 44:53 yalbasūna min sundusin wa-istabraqin mutaqābilīna 44:54 kadhālika wa-zawwajnāhum bi-ḥūrin ʿīnin 44:55 yadʿūna fīhā bi-kulli fākihatin āminīna 44:56 lā yadhūqūna fīhā al-mawta illā al-mawtata al-ūlá wa-waqāhum ʿadhāba al-jaḥīmi 44:57 faḍlan min rabbika dhālika huwa al-fawzu al-ʿaẓīmu 44:58 fa-innamā yassarnāhu bi-lisānika laʿallahum yatadhakkarūna 44:59 fa-irtaqib innahum murtaqibūna 45:1 bismillāhi al-raḥmāni al-raḥīmi ḥāʾ mīm 45:2 tanzīlu al-kitābi mina Allāhi al-ʿazīzi al-ḥakīmi 45:3 inna fī al-samāwāti wa-al-arḍi la-āyātin lil-muʾminīna 45:4 wa-fī khalqikum wa-mā yabuththu min dābbatin āyātun li-qawmin yūqinūna 45:5 wa-ikhtilāfi al-layli wa-al-nahāri wa-mā anzala Allāhu mina al-samāʾi min rizqin fa-aḥyā bi-hi al-arḍa baʿda mawtihā wa-taṣrīfi al-riyāḥi āyātun li-qawmin yaʿqilūna 45:6 tilka āyātu Allāhi natlūhā ʿalayka bi-al-ḥaqqi fa-bi-ayyi ḥadīthin baʿda Allāhi wa-āyātihi yuʾminūna 45:7 waylun li-kulli affākin athīmin 45:8 yasmaʿu āyāti Allāhi tutlá ʿalayhi thumma yuṣirru mustakbiran ka-an lam yasmaʿhā fa-bashshirhu bi-ʿadhābin alīmin 45:9 wa-idhā ʿalima min āyātinā shayʾan ittakhadhahā huzuwan ulāʾika lahum ʿadhābun muhīnun 45:10 min warāʾihim jahannamu wa-lā yughnī ʿanhum mā kasabū shayʾan wa-lā mā ittakhadhū min dūni Allāhi awliyāʾa wa-lahum ʿadhābun ʿaẓīmun 45:11 hādhā hudan wa-al-ladhīna kafarū bi-āyāti rabbihim lahum ʿadhābun min rijzin alīmun 45:12 Allāhu al-ladhī sakhkhara lakumu al-baḥra li-tajriya al-fulku fīhi bi-amrihi wa-li-tabtaghū min faḍlihi wa-laʿallakum tashkurūna 45:13 wa-sakhkhara lakum mā fī al-samāwāti wa-mā fī al-arḍi jamīʿan minhu inna fī dhālika la-āyātin li-qawmin yatafakkarūna 45:14 qul lil-ladhīna āmanū yaghfirū lil-ladhīna lā yarjūna ayyāma Allāhi li-yajziya qawman bi-mā kānū yaksibūna 45:15 man ʿamila ṣāliḥan fa-li-nafsihi wa-man asāʾa fa-ʿalayhā thumma ilá rabbikum turjaʿūna 45:16 wa-laqad ātaynā banī Isrāʾīla al-kitāba wa-al-ḥukma wa-al-nubūwata wa-razaqnāhum mina al-ṭayyibāti wa-faḍḍalnāhum ʿalá al-ʿālamīna 45:17 wa-ātaynāhum bayyinātin mina al-amri fa-mā ikhtalafū illā min baʿdi mā jāʾahumu al-ʿilmu baghyan baynahum inna rabbaka yaqḍī baynahum yawma al-qiyāmati fī-mā kānū fīhi yakhtalifūna 45:18 thumma jaʿalnāka ʿalá sharīʿatin mina al-amri fa-ittabiʿhā wa-lā tattabiʿ ahwāʾa al-ladhīna lā yaʿlamūna 45:19 innahum lan yughnū ʿanka mina Allāhi shayʾan wa-inna al-ẓālimīna baʿḍuhum awliyāʾu baʿḍin wallāhu walīyu al-muttaqīna 45:20 hādhā baṣāʾiru lil-nāsi wa-hudan wa-raḥmatun li-qawmin yūqinūna 45:21 am ḥasiba al-ladhīna ijtaraḥū al-sayyiʾāti an najʿalahum ka-al-ladhīna āmanū wa-ʿamilū al-ṣāliḥāti sawāʾan maḥyāhum wa-mamātuhum sāʾa mā yaḥkumūna 45:22 wa-khalaqa Allāhu al-samāwāti wa-al-arḍa bi-al-ḥaqqi wa-li-tujzá kullu nafsin bi-mā kasabat wa-hum lā yuẓlamūna 45:23 a-fa-raʾayta mani ittakhadha ilāhahu hawāhu wa-aḍallahu Allāhu ʿalá ʿilmin wa-khatama ʿalá samʿihi wa-qalbihi wa-jaʿala ʿalá baṣarihi ghishāwatan fa-man yahdīhi min baʿdi Allāhi a-fa-lā tadhakkarūna 45:24 wa-qālū mā hiya illā ḥayātunā al-dunyā namūtu wa-naḥyā wa-mā yuhlikunā illā al-dahru wa-mā lahum bi-dhālika min ʿilmin in hum illā yaẓunnūna 45:25 wa-idhā tutlá ʿalayhim āyātunā bayyinātin mā kāna ḥujjatahum illā an qālū iʾtū bi-ābāʾinā in kuntum ṣādiqīna 45:26 quli Allāhu yuḥyīkum thumma yumītukum thumma yajmaʿukum ilá yawmi al-qiyāmati lā rayba fīhi wa-lākinna akthara al-nāsi lā yaʿlamūna 45:27 wa-lillāhi mulku al-samāwāti wa-al-arḍi wa-yawma taqūmu al-sāʿatu yawmaʾidhin yakhsaru al-mubṭilūna 45:28 wa-tará kulla ummatin jāthiyatan kullu ummatin tudʿá ilá kitābihā al-yawma tujzawna mā kuntum taʿmalūna 45:29 hādhā kitābunā yanṭiqu ʿalaykum bi-al-ḥaqqi innā kunnā nastansikhu mā kuntum taʿmalūna 45:30 fa-ammā al-ladhīna āmanū wa-ʿamilū al-ṣāliḥāti fa-yudkhiluhum rabbuhum fī raḥmatihi dhālika huwa al-fawzu al-mubīnu 45:31 wa-ammā al-ladhīna kafarū a-fa-lam takun ayātī tutlá ʿalaykum fa-istakbartum wa-kuntum qawman mujrimīna 45:32 wa-idhā qīla inna waʿda Allāhi ḥaqqun wa-al-sāʿatu lā rayba fīhā qultum mā nadrī mā al-sāʿatu in naẓunnu illā ẓannan wa-mā naḥnu bi-mustayqinīna 45:33 wa-badā lahum sayyiʾātu mā ʿamilū wa-ḥāqa bi-him mā kānū bi-hi yastahziʾūna 45:34 wa-qīla al-yawma nansākum ka-mā nasītum liqāʾa yawmikum hādhā wa-maʾwākumu al-nāru wa-mā lakum min nāṣirīna 45:35 dhālikum bi-annakumu ittakhadhtum āyāti Allāhi huzuwan wa-gharratkumu al-ḥayātu al-dunyā fa-al-yawma lā yukhrajūna minhā wa-lā hum yustaʿtabūna 45:36 fa-lillāhi al-ḥamdu rabbi al-samāwāti wa-rabbi al-arḍi rabbi al-ʿālamīna 45:37 wa-lahu al-kibriyāʾu fī al-samāwāti wa-al-arḍi wa-huwa al-ʿazīzu al-ḥakīmu 46:1 bismillāhi al-raḥmāni al-raḥīmi ḥāʾ mīm 46:2 tanzīlu al-kitābi mina Allāhi al-ʿazīzi al-ḥakīmi 46:3 mā khalaqnā al-samāwāti wa-al-arḍa wa-mā baynahumā illā bi-al-ḥaqqi wa-ajalin musamman wa-al-ladhīna kafarū ʿammā undhirū muʿriḍūna 46:4 qul a-raʾytum mā tadʿūna min dūni Allāhi arūnī mādhā khalaqū mina al-arḍi am lahum shirkun fī al-samāwāti iʾtūnī bi-kitābin min qabli hādhā aw athāratin min ʿilmin in kuntum ṣādiqīna 46:5 wa-man aḍallu miman yadʿū min dūni Allāhi man lā yastajību lahu ilá yawmi al-qiyāmati wa-hum ʿan duʿāʾihim ghāfilūna 46:6 wa-idhā ḥushira al-nāsu kānū lahum aʿdāʾan wa-kānū bi-ʿibādatihim kāfirīna 46:7 wa-idhā tutlá ʿalayhim āyātunā bayyinātin qāla al-ladhīna kafarū lil-ḥaqqi lammā jāʾahum hādhā siḥrun mubīnun 46:8 am yaqūlūna iftarāhu qul ini iftaraytuhu fa-lā tamlikūna lī mina Allāhi shayʾan huwa aʿlamu bi-mā tufīḍūna fīhi kafá bi-hi shahīdan baynī wa-baynakum wa-huwa al-ghafūru al-raḥīmu 46:9 qul mā kuntu bidʿan mina al-rusuli wa-mā adrī mā yufʿalu bī wa-lā bikum in attabiʿu illā mā yūḥá ilayya wa-mā anā illā nadhīrun mubīnun 46:10 qul a-raʾytum in kāna min ʿindi Allāhi wa-kafartum bi-hi wa-shahida shāhidun min banī Isrāʾīla ʿalá mithlihi fa-āmana wa-istakbartum inna Allāha lā yahdī al-qawma al-ẓālimīna 46:11 wa-qāla al-ladhīna kafarū lil-ladhīna āmanū law kāna khayran mā sabaqūnā ilayhi wa-idh lam yahtadū bi-hi fa-sa-yaqūlūna hādhā ifkun qadīmun 46:12 wa-min qablihi kitābu Mūsá imāman wa-raḥmatan wa-hādhā kitābun muṣaddiqun lisānan ʿArabīyan li-yundhira al-ladhīna ẓalamū wa-bushrá lil-muḥsinīna 46:13 inna al-ladhīna qālū rabbunā Allāhu thumma istaqāmū fa-lā khawfun ʿalayhim wa-lā hum yaḥzanūna 46:14 ulāʾika aṣḥābu al-jannati khālidīna fīhā jazāʾan bi-mā kānū yaʿmalūna 46:15 wa-waṣṣaynā al-insāna bi-wālidayhi iḥsānan ḥamalat'hu ummuhu kurhan wa-waḍaʿat'hu kurhan wa-ḥamluhu wa-fiṣāluhu thalāthūna shahran ḥattá idhā balagha ashuddahu wa-balagha arbaʿīna sanatan qāla rabbi awziʿnī an ashkura niʿmataka al-latī anʿamta ʿalayya wa-ʿalá wālidayya wa-an aʿmala ṣāliḥan tarḍāhu wa-aṣliḥ lī fī dhurrīyatī innī tubtu ilayka wa-innī mina al-Muslimīna 46:16 ulāʾika al-ladhīna nataqabbalu ʿanhum aḥsana mā ʿamilū wa-natajāwazu ʿan sayyiʾātihim fī aṣḥābi al-jannati waʿda al-ṣidqi al-ladhī kānū yūʿadūna 46:17 wa-al-ladhī qāla li-wālidayhi uffin lakumā a-taʿidāninī an ukhraja wa-qad khalati al-qurūnu min qablī wa-humā yastaghīthāni Allāha waylaka āmin inna waʿda Allāhi ḥaqqun fa-yaqūlu mā hādhā illā asāṭīru al-awwalīna 46:18 ulāʾika al-ladhīna ḥaqqa ʿalayhimu al-qawlu fī umamin qad khalat min qablihim mina al-jinni wa-al-insi innahum kānū khāsirīna 46:19 wa-li-kullin darajātun mimmā ʿamilū wa-li-yuwaffiyahum aʿmālahum wa-hum lā yuẓlamūna 46:20 wa-yawma yuʿraḍu al-ladhīna kafarū ʿalá al-nāri adhhabtum ṭayyibātikum fī ḥayātikumu al-dunyā wa-istamtaʿtum bi-hā fa-al-yawma tujzawna ʿadhāba al-hūni bi-mā kuntum tastakbirūna fī al-arḍi bi-ghayri al-ḥaqqi wa-bi-mā kuntum tafsuqūna 46:21 wa-udhkur akhā ʿĀdin idh andhara qawmahu bi-al-aḥqāfi wa-qad khalati al-nudhuru min bayni yadayhi wa-min khalfihi allā taʿbudū illā Allāha innī akhāfu ʿalaykum ʿadhāba yawmun ʿaẓīmun 46:22 qālū a-jiʾtanā li-taʾfikanā ʿan ālihatinā fa-iʾtinā bi-mā taʿidunā in kunta mina al-ṣādiqīna 46:23 qāla innamā al-ʿilmu ʿinda Allāhi wa-uballighukum mā ursiltu bi-hi wa-lākinnī arākum qawman tajhalūna 46:24 fa-lammā raʾawhu ʿāriḍan mustaqbila awdiyatihim qālū hādhā ʿāriḍun mumṭirunā bal huwa mā istaʿjaltum bi-hi rīḥun fīhā ʿadhābun alīmun 46:25 tudammiru kulla shayʾin bi-amri rabbihā fa-aṣbaḥū lā yurá illā masākinuhum kadhālika najzī al-qawma al-mujrimīna 46:26 wa-laqad makkannāhum fī-mā in makkannākum fīhi wa-jaʿalnā lahum samʿan wa-abṣāran wa-afʾidatan fa-mā aghná ʿanhum samʿuhum wa-lā abṣāruhum wa-lā afʾidatuhum min shayʾin idh kānū yajḥadūna bi-āyāti Allāhi wa-ḥāqa bi-him mā kānū bi-hi yastahziʾūna 46:27 wa-laqad ahlaknā mā ḥawlakum mina al-qurá wa-ṣarrafnā al-āyāti laʿallahum yarjiʿūna 46:28 fa-lawlā naṣarahumu al-ladhīna ittakhadhū min dūni Allāhi qurbānan ālihatan bal ḍallū ʿanhum wa-dhālika ifkuhum wa-mā kānū yaftarūna 46:29 wa-idh ṣarafnā ilayka nafaran mina al-jinni yastamiʿūna al-Qurʾāna fa-lammā ḥaḍarūhu qālū anṣitū fa-lammā quḍiya wallaw ilá qawmihim mundhirīna 46:30 qālū yā qawmanā innā samiʿnā kitāban unzila min baʿdi

Mūsá muṣaddiqan li-mā bayna yadayhi yahdī ilá al-ḥaqqi wa-ilá ṭarīqin mustaqīm 46:31 yā qawmanā ajībū dāʿiya Allāhi wa-āminū bi-hi yaghfir lakum min dhunūbikum wa-yujirkum min ʿadhābin alīmin 46:32 wa-man lā yujib dāʿiya Allāhi fa-laysa bi-muʿjizin fī al-arḍi wa-laysa lahu min dūnihi awliyāʾu ulāʾika fī ḍalālin mubīnin 46:33 a-wa-lam yaraw anna Allāha al-ladhī khalaqa al-samāwāti wa-al-arḍa wa-lam yaʿya bi-khalqihinna bi-qādirin ʿalá an yuḥyiya al-mawtá balá innahu ʿalá kulli shayʾin qadīrun 46:34 wa-yawma yuʿraḍu al-ladhīna kafarū ʿalá al-nāri a-laysa hādhā bi-al-ḥaqqi qālū balá wa-rabbinā qāla fa-dhūqū al-ʿadhāba bi-mā kuntum takfurūna 46:35 fa-iṣbir ka-mā ṣabara ulū al-ʿazmi mina al-rusuli wa-lā tastaʿjil lahum ka-annahum yawma yarawna mā yūʿadūna lam yalbathū illā sāʿatan min nahārin balāghun fa-hal yuhlaku illā al-qawmu al-fāsiqūna 47:1 bismillāhi al-raḥmāni al-raḥīmi al-ladhīna kafarū wa-ṣaddū ʿan sabīli Allāhi aḍalla aʿmālahum 47:2 wa-al-ladhīna āmanū wa-ʿamilū al-ṣāliḥāti wa-āmanū bi-mā nuzzila ʿalá Muḥammadin wa-huwa al-ḥaqqu min rabbihim kaffara ʿanhum sayyiʾātihim wa-aṣlaḥa bālahum 47:3 dhālika bi-anna al-ladhīna kafarū ittabaʿū al-bāṭila wa-anna al-ladhīna āmanū ittabaʿū al-ḥaqqa min rabbihim kadhālika yaḍribu Allāhu lil-nāsi amthālahum 47:4 fa-idhā laqītumu al-ladhīna kafarū fa-ḍarba al-riqābi ḥattá idhā athkhantumūhum fa-shuddū al-wathāqa fa-immā mannan baʿdu wa-immā fidāʾan ḥattá taḍaʿa al-ḥarbu awzārahā dhālika wa-law yashāʾu Allāhu la-intaṣara minhum wa-lākin li-yabluwa baʿḍakum bi-baʿḍin wa-al-ladhīna qutilū fī sabīli Allāhi fa-lan yuḍilla aʿmālahum 47:5 sa-yahdīhim wa-yuṣliḥu bālahum 47:6 wa-yudkhiluhumu al-jannata ʿarrafahā lahum 47:7 yā ayyuhā al-ladhīna āmanū in tanṣurū Allāha yanṣurkum wa-yuthabbit aqdāmakum 47:8 wa-al-ladhīna kafarū fa-taʿsan lahum wa-aḍalla aʿmālahum 47:9 dhālika bi-annahum karihū mā anzala Allāhu fa-aḥbaṭa aʿmālahum 47:10 a-fa-lam yasīrū fī al-arḍi fa-yanẓurū kayfa kāna ʿāqibatu al-ladhīna min qablihim dammara Allāhu ʿalayhim wa-lil-kāfirīna amthāluhā 47:11 dhālika bi-anna Allāha mawlá al-ladhīna āmanū wa-anna al-kāfirīna lā mawlá lahum 47:12 inna Allāha yudkhilu al-ladhīna āmanū wa-ʿamilū al-ṣāliḥāti jannātin tajrī min taḥtihā al-anhāru wa-al-ladhīna kafarū yatamattaʿūna wa-yaʾkulūna ka-mā taʾkulu al-anʿāmu wa-al-nāru mathwan lahum 47:13 wa-ka-ayyin min qaryatin hiya ashaddu qūwatan min qaryatika al-latī akhrajatka ahlaknāhum fa-lā nāṣira lahum 47:14 a-fa-man kāna ʿalá bayyinatin min rabbihi ka-man zuyyina lahu sūʾu ʿamalihi wa-ittabaʿū ahwāʾahum 47:15 mathalu al-jannati al-latī wuʿida al-muttaqūna fīhā anhārun min māʾin ghayri āsinin wa-anhārun min labanin lam yataghayyar ṭaʿmuhu wa-anhārun min khamrin ladhdhatin lil-shāribīna wa-anhārun min ʿasalin muṣaffan wa-lahum fīhā min kulli al-thamarāti wa-maghfiratun min rabbihim ka-man huwa khālidun fī al-nāri wa-suqū māʾan ḥamīman fa-qaṭṭaʿa amʿāʾahum 47:16 wa-minhum man yastamiʿu ilayka ḥattá idhā kharajū min ʿindika qālū lil-ladhīna ūtū al-ʿilma mādhā qāla ānifan ulāʾika al-ladhīna ṭabaʿa Allāhu ʿalá qulūbihim wa-ittabaʿū ahwāʾahum 47:17 wa-al-ladhīna ihtadaw zādahum hudan wa-ātāhum taqwāhum 47:18 fa-hal yanẓurūna illā al-sāʿata an taʾtiyahum baghtatan fa-qad jāʾa ashrāṭuhā fa-anná lahum idhā jāʾatʾhum dhikrāhum 47:19 fa-iʿlam annahu lā ilāha illā Allāhu wa-istaghfir li-dhanbika wa-lil-muʾminīna wa-al-muʾmināti wallāhu yaʿlamu mutaqallabakum wa-mathwākum 47:20 wa-yaqūlu al-ladhīna āmanū lawlā nuzzilat sūratun fa-idhā unzilat sūratun muḥkamatun wa-dhukira fīhā al-qitālu raʾayta al-ladhīna fī qulūbihim maraḍun yanẓurūna ilayka naẓara al-maghshīyi ʿalayhi mina al-mawti fa-awlá lahum 47:21 ṭāʿatun wa-qawlun maʿrūfun fa-idhā ʿazama al-amru fa-law ṣadaqū Allāha la-kāna khayran lahum 47:22 fa-hal ʿasaytum in tawallaytum an tufsidū fī al-arḍi wa-tuqaṭṭiʿū arḥāmakum 47:23 ulāʾika al-ladhīna laʿanahumu Allāhu fa-aṣammahum wa-aʿmá abṣārahum 47:24 a-fa-lā yatadabbarūna al-Qurʾāna am ʿalá qulūbin aqfāluhā 47:25 inna al-ladhīna irtaddū ʿalá adbārihim min baʿdi mā tabayyana lahumu al-hudá al-shayṭānu sawwala lahum wa-amlá lahum 47:26 dhālika bi-annahum qālū lil-ladhīna karihū mā nazzala Allāhu sa-nuṭīʿukum fī baʿḍi al-amri wallāhu yaʿlamu isrārahum 47:27 fa-kayfa idhā tawaffat'humu al-malāʾikatu yaḍribūna wujūhahum wa-adbārahum 47:28 dhālika bi-annahumu ittabaʿū mā askhaṭa Allāha wa-karihū riḍwānahu fa-aḥbaṭa aʿmālahum 47:29 am ḥasiba al-ladhīna fī qulūbihim maraḍun an lan yukhrija Allāhu aḍghānahum 47:30 wa-law nashāʾu la-araynākahum fa-la-ʿaraftahum bi-sīmāhum wa-la-taʿrifannahum fī laḥni al-qawli wallāhu yaʿlamu aʿmālakum 47:31 wa-la-nabluwannakum ḥattá naʿlama al-mujāhidīna minkum wa-al-ṣābirīna wa-nabluwa akhbārakum 47:32 inna al-ladhīna kafarū wa-ṣaddū ʿan sabīli Allāhi wa-shāqqū al-rasūla min baʿdi mā tabayyana lahumu al-hudá lan yaḍurrū Allāha shayʾan wa-sa-yuḥbiṭu aʿmālahum 47:33 yā ayyuhā al-ladhīna āmanū aṭīʿū Allāha wa-aṭīʿū al-rasūla wa-lā tubṭilū aʿmālakum 47:34 inna al-ladhīna kafarū wa-ṣaddū ʿan sabīli Allāhi thumma mātū wa-hum kuffārun fa-lan yaghfira Allāhu lahum 47:35 fa-lā tahinū wa-tadʿū ilá al-salmi wa-antumu al-aʿlawna wallāhu maʿakum wa-lan yatirakum aʿmālakum 47:36 innamā al-ḥayātu al-dunyā laʿibun wa-lahwun wa-in tuʾminū wa-tattaqū yuʾtikum ujūrakum wa-lā yasʾalkum amwālakum 47:37 in yasʾalkumūhā fa-yuḥfikum tabkhalū wa-yukhrij aḍghānakum 47:38 hā antum hāʾulāʾi tudʿawna li-tunfiqū fī sabīli Allāhi fa-minkum man yabkhalu wa-man yabkhal fa-innamā yabkhalu ʿan nafsihi wallāhu al-ghanīyu wa-antumu al-fuqarāʾu wa-in tatawallaw yastabdil qawman ghayrakum thumma lā yakūnū amthālakum 48:1 bismillāhi al-raḥmāni al-raḥīmi innā fataḥnā laka fatḥan mubīnan 48:2 li-yaghfira laka Allāhu mā taqaddama min dhanbika wa-mā taʾakhkhara wa-yutimma niʿmatahu ʿalayka wa-yahdiyaka ṣirāṭan mustaqīman 48:3 wa-yanṣuraka Allāhu naṣrran ʿazīzan 48:4 huwa al-ladhī anzala al-sakīnata fī qulūbi al-muʾminīna li-yazdādū īmānan maʿa īmānihim wa-lillāhi junūdu al-samāwāti wa-al-arḍi wa-kāna Allāhu ʿalīman ḥakīman 48:5 li-yudkhila al-muʾminīna wa-al-muʾmināti jannātin tajrī min taḥtihā al-anhāru khālidīna fīhā wa-yukaffira ʿanhum sayyiʾātihim wa-kāna dhālika ʿinda Allāhi fawzan ʿaẓīman 48:6 wa-yuʿadhdhiba al-munāfiqīna wa-al-munāfiqāti wa-al-mushrikīna wa-al-mushrikāti al-ẓānnīna billāhi ẓanna al-sawʾi ʿalayhim dāʾiratu al-sawʾi wa-ghaḍiba Allāhu ʿalayhim wa-laʿanahum wa-aʿadda lahum jahannama wa-sāʾat maṣīran 48:7 wa-lillāhi junūdu al-samāwāti wa-al-arḍi wa-kāna Allāhu ʿazīzan ḥakīman 48:8 innā arsalnāka shāhidan wa-mubashshiran wa-nadhīran 48:9 li-tuʾminū billāhi wa-rasūlihi wa-tuʿazzirūhu wa-tuwaqqirūhu wa-tusabbiḥūhu bukratan wa-aṣīlan 48:10 inna al-ladhīna yubāyiʿūnaka innamā yubāyiʿūna Allāha yadu Allāhi fawqa aydīhim fa-man nakatha fa-innamā yankuthu ʿalá nafsihi wa-man awfá bi-mā ʿāhada ʿalayhu Allāha fa-sa-yuʾtīhi ajran ʿaẓīman 48:11 sa-yaqūlu laka al-mukhallafūna mina al-Aʿrābi shaghalatnā amwālunā wa-ahlūnā fa-istaghfir lanā yaqūlūna bi-alsinatihim mā laysa fī qulūbihim qul fa-man yamliku lakum mina Allāhi shayʾan in arāda bikum ḍarran aw arāda bikum nafʿan bal kāna Allāhu bi-mā taʿmalūna khabīran 48:12 bal ẓanantum an lan yanqaliba al-rasūlu wa-al-muʾminūna ilá ahlīhim abadan wa-zuyyina dhālika fī qulūbikum wa-ẓanantum ẓanna al-sawʾi wa-kuntum qawman būran 48:13 wa-man lam yuʾmin billāhi wa-rasūlihi fa-innā aʿtadnā lil-kāfirīna saʿīran 48:14 wa-lillāhi mulku al-samāwāti wa-al-arḍi yaghfiru li-man yashāʾu wa-yuʿadhdhibu man yashāʾu wa-kāna Allāhu ghafūran raḥīman 48:15 sa-yaqūlu al-mukhallafūna idhā inṭalaqtum ilá maghānima li-taʾkhudhūhā dharūnā nattabiʿkum yurīdūna an yubaddilū kalāma Allāhi qul lan tattabiʿūnā kadhālikum qāla Allāhu min qablu fa-sa-yaqūlūna bal taḥsudūnanā bal kānū lā yafqahūna illā qalīlan 48:16 qul lil-mukhallafīna mina al-Aʿrābi sa-tudʿawna ilá qawmin ulī baʾsin shadīdin tuqātilūnahum aw yuslimūna fa-in tuṭīʿū yuʾtikumu Allāhu ajran ḥasanan wa-in tatawallaw ka-mā tawallaytum min qablu yuʿadhdhibkum ʿadhāban alīman 48:17 laysa ʿalá al-aʿmá ḥarajun wa-lā ʿalá al-aʿraji ḥarajun wa-lā ʿalá al-marīḍi ḥarajun wa-man yuṭiʿi Allāha wa-rasūlahu yudkhilhu jannātin tajrī min taḥtihā al-anhāru wa-man yatawalla yuʿadhdhibhu ʿadhāban alīman 48:18 laqad raḍiya Allāhu ʿani al-muʾminīna idh yubāyiʿūnaka taḥta al-shajarati fa-ʿalima mā fī qulūbihim fa-anzala al-sakīnata ʿalayhim wa-athābahum fatḥan qarīban 48:19 wa-maghānima kathīratan yaʾkhudhūnahā wa-kāna Allāhu ʿazīzan ḥakīman 48:20 waʿadakumu Allāhu maghānima kathīratun taʾkhudhūnahā fa-ʿajjala lakum hādhihi wa-kaffa aydiya al-nāsi ʿankum wa-li-takūna āyatan lil-muʾminīna wa-yahdiyakum ṣirāṭan mustaqīman 48:21 wa-ukhrá lam taqdirū ʿalayhā qad aḥāṭa Allāhu bi-hā wa-kāna Allāhu ʿalá kulli shayʾin qadīran 48:22 wa-law qātalakumu al-ladhīna kafarū la-wallawu al-adbāra thumma lā yajidūna walīyan wa-lā naṣīran 48:23 sunnata Allāhi al-latī qad khalat min qablu wa-lan tajida li-sunnati Allāhi tabdīlan 48:24 wa-huwa al-ladhī kaffa aydiyahum ʿankum wa-aydiyakum ʿanhum bi-baṭni Makkata min baʿdi an aẓfarakum ʿalayhim wa-kāna Allāhu bi-mā taʿmalūna baṣīran 48:25 humu al-ladhīna kafarū wa-ṣaddūkum ʿani al-masjidi al-ḥarāmi wa-al-hadya maʿkūfan an yablugha maḥillahu wa-lawlā rijālun muʾminūna wa-nisāʾun muʾminātun lam taʿlamūhum an taṭaʾūhum fa-tuṣībakum minhum maʿarratun bi-ghayri ʿilmin li-yudkhila Allāhu fī raḥmatihi man yashāʾu law tazayyalū la-ʿadhdhabnā al-ladhīna kafarū minhum ʿadhāban alīman 48:26 idh jaʿala al-ladhīna kafarū fī qulūbihimu al-ḥamīyata ḥamīyata al-jāhilīyati fa-anzala Allāhu sakīnatahu ʿalá rasūlihi wa-ʿalá al-muʾminīna wa-alzamahum kalimata al-taqwá wa-kānū aḥaqqa bi-hā wa-ahlahā wa-kāna Allāhu bi-kulli shayʾin ʿalīman 48:27 laqad ṣadaqa Allāhu rasūlahu al-ruʾyā bi-al-ḥaqqi la-tadkhulunna al-masjida al-ḥarāma in shāʾa Allāhu āminīna muḥalliqīna ruʾūsakum wa-muqaṣṣirīna lā takhāfūna fa-ʿalima mā lam taʿlamū fa-jaʿala min dūni dhālika fatḥan qarīban 48:28 huwa al-ladhī arsala rasūlahu bi-al-hudá wa-dīni al-ḥaqqi li-yuẓhirahu ʿalá al-dīni kullihi wa-kafá billāhi shahīdan 48:29 Muḥammadun rasūlu Allāhi wa-al-ladhīna maʿahu ashiddāʾu ʿalá al-kuffāri ruḥamāʾu baynahum tarāhum rukkaʿan sujjadan yabtaghūna faḍlan mina Allāhi wa-riḍwānan sīmāhum fī wujūhihim min athari al-sujūdi dhālika mathaluhum fī al-Tawrāti wa-mathaluhum fī al-Injīli ka-zarʿin akhraja shaṭʾahu fa-āzarahu fa-istaghlaẓa fa-istawá ʿalá sūqihi yuʿjibu al-zurrāʿa li-yaghīẓa bi-himu al-kuffāra waʿada Allāhu al-ladhīna āmanū wa-ʿamilū al-ṣāliḥāti minhum maghfiratan wa-ajran ʿaẓīman 49:1 bismillāhi al-raḥmāni al-raḥīmi yā ayyuhā al-ladhīna āmanū lā tuqaddimū bayna yadayi Allāhi wa-rasūlihi wa-ittaqū Allāha inna Allāha samīʿun ʿalīmun 49:2 yā ayyuhā al-ladhīna āmanū lā tarfaʿū aṣwātakum fawqa ṣawti al-nabīyi wa-lā tajharū lahu bi-al-qawli ka-jahri baʿḍikum li-baʿḍin an taḥbaṭa aʿmālukum wa-antum lā tashʿurūna 49:3 inna al-ladhīna yaghuḍḍūna aṣwātahum ʿinda rasūli Allāhi ulāʾika al-ladhīna imtaḥana Allāhu qulūbahum lil-taqwá lahum maghfiratun wa-ajrun ʿaẓīmun 49:4 inna al-ladhīna yunādūnaka min warāʾi al-ḥujurāti aktharuhum lā yaʿqilūna 49:5 wa-law annahum ṣabarū ḥattá takhruja ilayhim la-kāna khayran lahum wallāhu ghafūrun raḥīmun 49:6 yā ayyuhā al-ladhīna āmanū in jāʾakum fāsiqun bi-nabaʾin fa-tabayyanū an tuṣībū qawman bi-jahālatin fa-tuṣbiḥū ʿalá mā faʿaltum nādimīna 49:7 wa-iʿlamū anna fīkum rasūla Allāhi law yuṭīʿukum fī kathīrin mina al-amri la-ʿanittum wa-lākinna Allāha ḥabbaba ilaykumu al-īmāna wa-zayyanahu fī qulūbikum wa-karraha ilaykumu al-kufra wa-al-fusūqa wa-al-ʿiṣyāna ulāʾika humu al-rāshidūna 49:8 faḍlan mina Allāhi wa-niʿmatan wallāhu ʿalīmun ḥakīmun 49:9 wa-in ṭāʾifatāni mina al-muʾminīna iqtatalū fa-aṣliḥū baynahumā fa-in baghat iḥdāhumā ʿalá al-ukhrá fa-qātilū al-latī tabghī ḥattá tafīʾa ilá amri Allāhi fa-in fāʾat fa-aṣliḥū baynahumā bi-al-ʿadli wa-aqsiṭū inna Allāha yuḥibbu al-muqsiṭīna 49:10 innamā al-muʾminūna ikhwatun fa-aṣliḥū bayna akhawaykum wa-ittaqū Allāha laʿallakum turḥamūna 49:11 yā ayyuhā al-ladhīna āmanū lā yaskhar qawmun min qawmin ʿasá an yakūnū khayran minhum wa-lā nisāʾun min nisāʾin ʿasá an yakunna khayran minhunna wa-lā talmizū anfusakum wa-lā tanābazū bi-al-

alqābi bi'sa al-ismu al-fusūqu ba'da al-īmāni wa-man lam yatub fa-ulā'ika humu al-ẓālimūna 49:12 yā ayyuhā al-ladhīna āmanū ijtanibū kathīran mina al-ẓanni inna ba'ḍa al-ẓanni ithmun wa-lā tajassasū wa-lā yaghtab ba'ḍukum ba'ḍan a-yuḥibbu aḥadukum an ya'kula laḥma akhīhi maytan fa-karihtumūhu wa-ittaqū Allāha inna Allāha tawwābun raḥīmun 49:13 yā ayyuhā al-nāsu innā khalaqnākum min dhakarin wa-unthá wa-ja'alnākum shu'ūban wa-qabā'ila li-ta'ārafū inna akramakum 'inda Allāhi atqākum inna Allāha 'alīmun khabīrun 49:14 qālati al-A'rābu āmannā qul lam tu'minū wa-lākin qūlū aslamnā wa-lammā yadkhuli al-īmānu fī qulūbikum wa-in tuṭī'ū Allāha wa-rasūlahu lā yalitkum min a'mālikum shay'an inna Allāha ghafūrun raḥīmun 49:15 innamā al-mu'minūna al-ladhīna āmanū billāhi wa-rasūlihi thumma lam yartābū wa-jāhadū bi-amwālihim wa-anfusihim fī sabīli Allāhi ulā'ika humu al-ṣādiqūna 49:16 qul a-tu'allimūna Allāha bi-dīnikum wallāhu ya'lamu mā fī al-samāwāti wa-mā fī al-arḍi wallāhu bi-kulli shay'in 'alīmun 49:17 yamunnūna 'alayka an aslamū qul lā tamunnū 'alayya Islāmakum bali Allāhu yamunnu 'alaykum an hadākum lil-īmāni in kuntum ṣādiqīna 49:18 inna Allāha ya'lamu ghayba al-samāwāti wa-al-arḍi wallāhu baṣīrun bi-mā ta'malūna 50:1 bismillāhi al-raḥmāni al-raḥīmi qāf wa-al-Qur'āni al-majīdi 50:2 bal 'ajibū an jā'ahum mundhirun minhum fa-qāla al-kāfirūna hādhā shay'un 'ajībun 50:3 a-idhā mitnā wa-kunnā turāban dhālika raj'un ba'īdun 50:4 qad 'alimnā mā tanquṣu al-arḍu minhum wa-'indanā kitābun ḥafīẓun 50:5 bal kadhdhabū bi-al-ḥaqqi lammā jā'ahum fa-hum fī amrin marījin 50:6 a-fa-lam yanẓurū ilá al-samā'i fawqahum kayfa banaynāhā wa-zayyannāhā wa-mā lahā min furūjin 50:7 wa-al-arḍa madadnāhā wa-alqaynā fīhā rawāsiya wa-anbatnā fīhā min kulli zawjin bahījin 50:8 tabṣiratan wa-dhikrá li-kulli 'abdin munībin 50:9 wa-nazzalnā mina al-samā'i mā'an mubārakan fa-anbatnā bi-hi jannātin wa-ḥabba al-ḥaṣīdi 50:10 wa-al-nakhla bāsiqātin lahā ṭal'un naḍīdun 50:11 rizqan lil-'ibādi wa-aḥyaynā bi-hi baldatan maytan kadhālika al-khurūju 50:12 kadhdhabat qablahum qawmu Nūḥin wa-aṣḥābu al-rassi wa-Thamūdu 50:13 wa-'Ādun wa-Fir'awnu wa-ikhwānu Lūṭin 50:14 wa-aṣḥābu al-aykati wa-qawmu Tubba'in kullun kadhdhaba al-rusula fa-ḥaqqa wa'īdi 50:15 a-fa-'ayīnā bi-al-khalqi al-awwali bal hum fī labsin min khalqin jadīdin 50:16 wa-laqad khalaqnā al-insāna wa-na'lamu mā tuwaswisu bi-hi nafsuhu wa-naḥnu aqrabu ilayhi min ḥabli al-warīdi 50:17 idh yatalaqqá al-mutalaqqiyāni 'ani al-yamīni wa-'ani al-shimāli qa'īdun 50:18 mā yalfiẓu min qawlin illā ladayhi raqībun 'atīdun 50:19 wa-jā'at sakratu al-mawti bi-al-ḥaqqi dhālika mā kunta minhu taḥīdu 50:20 wa-nufikha fī al-ṣūri dhālika yawmu al-wa'īdi 50:21 wa-jā'at kullu nafsin ma'ahā sā'iqun wa-shahīdun 50:22 laqad kunta fī ghaflatin min hādhā fa-kashafnā 'anka ghiṭā'aka fa-baṣaruka al-yawma ḥadīdun 50:23 wa-qāla qarīnuhu hādhā mā ladayya 'atīdun 50:24 alqiyā fī jahannama kulla kaffārin 'anīdin 50:25 mannā'in lil-khayri mu'tadin murībin 50:26 al-ladhī ja'ala ma'a Allāhi ilāhan ākhara fa-alqiyāhu fī al-'adhābi al-shadīdi 50:27 qāla qarīnuhu rabbanā mā aṭghaytuhu wa-lākin kāna fī ḍalālin ba'īdin 50:28 qāla lā takhtaṣimū ladayya wa-qad qaddamtu ilaykum bi-al-wa'īdi 50:29 mā yubaddalu al-qawlu ladayya wa-mā anā bi-ẓallāmin lil-'abīdi 50:30 yawma naqūlu li-jahannama hali amtala'ati wa-taqūlu hal min mazīdin 50:31 wa-uzlifati al-jannatu lil-muttaqīna ghayra ba'īdin 50:32 hādhā mā tū'adūna li-kulli awwābin ḥafīẓin 50:33 man khashiya al-raḥmana bi-al-ghaybi wa-jā'a bi-qalbin munībin 50:34 udkhulūhā bi-salāmin dhālika yawmu al-khulūdi 50:35 lahum mā yashā'ūna fīhā wa-ladaynā mazīdun 50:36 wa-kam ahlaknā qablahum min qarnin hum ashaddu minhum baṭshan fa-naqqabū fī al-bilādi hal min maḥīṣin 50:37 inna fī dhālika la-dhikrá li-man kāna lahu qalbun aw alqá al-sam'a wa-huwa shahīdun 50:38 wa-laqad khalaqnā al-samāwāti wa-al-arḍa wa-mā baynahumā fī sittati ayyāmin wa-mā massanā min lughūbin 50:39 fa-iṣbir 'alá mā yaqūlūna wa-sabbiḥ bi-ḥamdi rabbika qabla ṭulū'i al-shamsi wa-qabla al-ghurūbi 50:40 wa-mina al-layli fa-sabbiḥhu wa-adbāra al-sujūdi 50:41 wa-istamiʿ yawma yunādi al-munādi min makānin qarībin 50:42 yawma yasmaʿūna al-ṣayḥata bi-al-ḥaqqi dhālika yawmu al-khurūji 50:43 innā naḥnu nuḥyī wa-numītu wa-ilaynā al-maṣīru 50:44 yawma tashaqqaqu al-arḍu ʿanhum sirāʿan dhālika ḥashrun ʿalaynā yasīrun 50:45 naḥnu aʿlamu bi-mā yaqūlūna wa-mā anta ʿalayhim bi-jabbārin fa-dhakkir bi-al-Qurʾāni man yakhāfu waʿīdi 51:1 bismillāhi al-raḥmāni al-raḥīmi wa-al-dhāriyāti dharwan 51:2 fa-al-ḥāmilāti wiqran 51:3 fa-al-jāriyāti yusran 51:4 fa-al-muqassimāti amran 51:5 innamā tūʿadūna la-ṣādiqun 51:6 wa-inna al-dīna la-wāqiʿun 51:7 wa-al-samāʾi dhāti al-ḥubuki 51:8 innakum la-fī qawlin mukhtalifin 51:9 yuʾfaku ʿanhu man ufika 51:10 qutila al-kharrāṣūna 51:11 al-ladhīna hum fī ghamratin sāhūna 51:12 yasʾalūna ayyāna yawmu al-dīni 51:13 yawma hum ʿalá al-nāri yuftanūna 51:14 dhūqū fitnatakum hādhā al-ladhī kuntum bi-hi tastaʿjilūna 51:15 inna al-muttaqīna fī jannātin wa-ʿuyūnin 51:16 ākhidhīna mā ātāhum rabbuhum innahum kānū qabla dhālika muḥsinīna 51:17 kānū qalīlan mina al-layli mā yahjaʿūna 51:18 wa-bi-al-asḥāri hum yastaghfirūna 51:19 wa-fī amwālihim ḥaqqun lil-sāʾili wa-al-maḥrūmi 51:20 wa-fī al-arḍi āyātun lil-mūqinīna 51:21 wa-fī anfusikum a-fa-lā tubṣirūna 51:22 wa-fī al-samāʾi rizqukum wa-mā tūʿadūna 51:23 fa-wa-rabbi al-samāʾi wa-al-arḍi innahu la-ḥaqqun mithla mā annakum tanṭiqūna 51:24 hal atāka ḥadīthu ḍayfi Ibrāhīma al-mukramīna 51:25 idh dakhalū ʿalayhi fa-qālū salāman qāla salāmun qawmun munkarūna 51:26 fa-rāgha ilá ahlihi fa-jāʾa bi-ʿijlin samīnin 51:27 fa-qarrabahu ilayhim qāla alā taʾkulūna 51:28 fa-awjasa minhum khīfatan qālū lā takhaf wa-bashsharūhu bi-ghulāmin ʿalīmin 51:29 fa-aqbalati imraʾatuhu fī ṣarratin fa-ṣakkat wajhahā wa-qālat ʿajūzun ʿaqīmun 51:30 qālū kadhaliki qāla rabbuki innahu huwa al-ḥakīmu al-ʿalīmu 51:31 qāla fa-mā khaṭbukum ayyuhā al-mursalūna 51:32 qālū innā ursilnā ilá qawmin mujrimīna 51:33 li-nursila ʿalayhim ḥijāratan min ṭīnin 51:34 musawwamatan ʿinda rabbika lil-musrifīna 51:35 fa-akhrajnā man kāna fīhā mina al-muʾminīna 51:36 fa-mā wajadnā fīhā ghayra baytin mina al-Muslimīna 51:37 wa-taraknā fīhā āyatan lil-ladhīna yakhāfūna al-ʿadhāba al-alīma 51:38 wa-fī Mūsá idh arsalnāhu ilá Firʿawna bi-sulṭānin mubīnin 51:39 fa-tawallá bi-ruknihi wa-qāla sāḥirun aw majnūnun 51:40 fa-akhadhnāhu wa-junūdahu fa-nabadhnāhum fī al-yammi wa-huwa mulīmun 51:41 wa-fī ʿĀdin idh arsalnā ʿalayhimu al-rīḥa al-ʿaqīma 51:42 mā tadharu min shayʾin atat ʿalayhi illā jaʿalathu ka-al-ramīmi 51:43 wa-fī Thamūda idh qīla lahum tamattaʿū ḥattá ḥīnin 51:44 fa-ʿataw ʿan amri rabbihim fa-akhadhat'humu al-ṣāʿiqatu wa-hum yanẓurūna 51:45 fa-mā istaṭāʿū min qiyāmin wa-mā kānū muntaṣirīna 51:46 wa-qawma Nūḥin min qablu innahum kānū qawman fāsiqīna 51:47 wa-al-samāʾa banaynāhā bi-aydin wa-innā la-mūsiʿūna 51:48 wa-al-arḍa farashnāhā fa-niʿma al-māhidūna 51:49 wa-min kulli shayʾin khalaqnā zawjayni laʿallakum tadhakkarūna 51:50 fa-firrū ilá Allāhi innī lakum minhu nadhīrun mubīnun 51:51 wa-lā tajʿalū maʿa Allāhi ilāhan ākhara innī lakum minhu nadhīrun mubīnun 51:52 kadhālika mā atá al-ladhīna min qablihim min rasūlin illā qālū sāḥirun aw majnūnun 51:53 a-tawāṣaw bi-hi bal hum qawmun ṭāghūna 51:54 fa-tawalla ʿanhum fa-mā anta bi-malūmin 51:55 wa-dhakkir fa-inna al-dhikrá tanfaʿu al-muʾminīna 51:56 wa-mā khalaqtu al-jinna wa-al-insa illā li-yaʿbudūni 51:57 mā urīdu minhum min rizqin wa-mā urīdu an yuṭʿimūni 51:58 inna Allāha huwa al-razzāqu dhū al-qūwati al-matīnu 51:59 fa-inna lil-ladhīna ẓalamū dhanūban mithla dhanūbi aṣḥābihim fa-lā yastaʿjilūni 51:60 fa-waylun lil-ladhīna kafarū min yawmihimu al-ladhī yūʿadūna 52:1 bismillāhi al-raḥmāni al-raḥīmi wa-al-ṭūri 52:2 wa-kitābin masṭūrin 52:3 fī raqqin manshūrin 52:4 wa-al-bayti al-maʿmūri 52:5 wa-al-saqfi al-marfūʿi 52:6 wa-al-baḥri al-masjūri 52:7 inna ʿadhāba rabbika la-wāqiʿun 52:8 mā lahu min dāfiʿin 52:9 yawma tamūru al-samāʾu mawran 52:10 wa-tasīru al-jibālu sayran 52:11 fa-waylun yawmaʾidhin lil-mukadhdhibīna 52:12 al-ladhīna hum fī khawḍin yalʿabūna 52:13 yawma yudaʿʿūna ilá nāri jahannama daʿʿan 52:14 hādhihi al-nāru al-latī kuntum bi-hā tukadhdhibūna 52:15 a-fa-siḥrun hādhā am antum lā tubṣirūna 52:16 iṣlawhā fa-iṣbirū aw lā taṣbirū sawāʾun ʿalaykum innamā tujzawna mā kuntum taʿmalūna 52:17 inna al-muttaqīna fī jannātin wa-naʿīmin 52:18 fākihīna bi-mā ātāhum rabbuhum wa-waqāhum rabbuhum ʿadhāba al-jaḥīmi 52:19 kulū wa-ishrabū hanīʾan bi-mā kuntum taʿmalūna 52:20 muttakiʾīna ʿalá sururin maṣfūfatin wa-zawwajnāhum bi-ḥūrin ʿīnin 52:21 wa-al-ladhīna āmanū wa-ittabaʿat'hum dhurrīyatuhum bi-īmānin alḥaqnā bi-him dhurrīyatahum wa-mā alatnāhum min ʿamalihim min shayʾin kullu imriʾin bi-mā kasaba rahīnun 52:22 wa-amdadnāhum bi-fākihatin wa-laḥm mimmā yashtahūna 52:23 yatanāzaʿūna fīhā kaʾsan lā laghwun fīhā wa-lā taʾthīmun 52:24 wa-yaṭūfu ʿalayhim ghilmānun lahum ka-annahum luʾluʾun maknūnun 52:25 wa-aqbala baʿḍuhum ʿalá baʿḍin yatasāʾalūna 52:26 qālū innā kunnā qablu fī ahlinā mushfiqīna 52:27 fa-manna Allāhu ʿalaynā wa-waqānā ʿadhāba al-samūmi 52:28 innā kunnā min qablu nadʿūhu innahu huwa al-barru al-raḥīmu 52:29 fa-dhakkir fa-mā anta bi-niʿmati rabbika bi-kāhinin wa-lā majnūnin 52:30 am yaqūlūna shāʿirun natarabbaṣu bi-hi rayba al-manūni 52:31 qul tarabbaṣū fa-innī maʿakum mina al-mutarabbiṣīna 52:32 am taʾmuruhum aḥlāmuhum bi-hādhā am hum qawmun ṭāghūna 52:33 am yaqūlūna taqawwalahu bal lā yuʾminūna 52:34 fa-li-yaʾtū bi-ḥadīthin mithlihi in kānū ṣādiqīna 52:35 am khuliqū min ghayri shayʾin am humu al-khāliqūna 52:36 am khalaqū al-samāwāti wa-al-arḍa bal lā yūqinūna 52:37 am ʿindahum khazāʾinu rabbika am humu al-muṣayṭirūna 52:38 am lahum sullamun yastamiʿūna fīhi fa-li-yaʾti mustamiʿuhum bi-sulṭānin mubīnin 52:39 am lahu al-banātu wa-lakumu al-banūna 52:40 am tasʾaluhum ajran fa-hum min maghramin muthqalūna 52:41 am ʿindahumu al-ghaybu fa-hum yaktubūna 52:42 am yurīdūna kaydan fa-al-ladhīna kafarū humu al-makīdūna 52:43 am lahum ilāhun ghayru Allāhi subḥāna Allāhi ʿammā yushrikūna 52:44 wa-in yaraw kisfan mina al-samāʾi sāqiṭan yaqūlū saḥābun markūmun 52:45 fa-dharhum ḥattá yulāqū yawmahumu al-ladhī fīhi yuṣʿaqūna 52:46 yawma lā yughnī ʿanhum kayduhum shayʾan wa-lā hum yunṣarūna 52:47 wa-inna lil-ladhīna ẓalamū ʿadhāban dūna dhālika wa-lākinna aktharahum lā yaʿlamūna 52:48 wa-iṣbir li-ḥukmi rabbika fa-innaka bi-aʿyuninā wa-sabbiḥ bi-ḥamdi rabbika ḥīna taqūmu 52:49 wa-mina al-layli fa-sabbiḥhu wa-idbāra al-nujūmi 53:1 bismillāhi al-raḥmāni al-raḥīmi wa-al-najmi idhā hawá 53:2 mā ḍalla ṣāḥibukum wa-mā ghawá 53:3 wa-mā yanṭiqu ʿani al-hawá 53:4 in huwa illā waḥyun yūḥá 53:5 ʿallamahu shadīdu al-quwá 53:6 dhū mirratin fa-istawá 53:7 wa-huwa bi-al-ufuqi al-aʿlá 53:8 thumma danā fa-tadallá 53:9 fa-kāna qāba qawsayni aw adná 53:10 fa-awḥá ilá ʿabdihi mā awḥá 53:11 mā kadhaba al-fuʾādu mā raʾá 53:12 a-fa-tumārūnahu ʿalá mā yará 53:13 wa-laqad raʾāhu nazlatan ukhrá 53:14 ʿinda sidrati al-muntahá 53:15 ʿindahā jannatu al-maʾwá 53:16 idh yaghshá al-sidrata mā yaghshá 53:17 mā zāgha al-baṣaru wa-mā ṭaghá 53:18 laqad raʾá min āyāti rabbihi al-kubrá 53:19 a-fa-raʾaytumu al-Lāta wa-al-ʿUzzá 53:20 wa-Manāta al-thālithata al-ukhrá 53:21 a-lakumu al-dhakaru wa-lahu al-unthá 53:22 tilka idhan qismatun ḍīzá 53:23 in hiya illā asmāʾun sammaytumūhā antum wa-ābāʾukum mā anzala Allāhu bi-hā min sulṭānin in yattabiʿūna illā al-ẓanna wa-mā tahwá al-anfusu wa-laqad jāʾahum min rabbihimu al-hudá 53:24 am lil-insāni mā tamanná 53:25 fa-lillāhi al-ākhiratu wa-al-ūlá 53:26 wa-kam min malakin fī al-samāwāti lā tughnī shafāʿatuhum shayʾan illā min baʿdi an yaʾadhana Allāhu li-man yashāʾu wa-yarḍá 53:27 inna al-ladhīna lā yuʾminūna bi-al-ākhirati la-yusammūna al-malāʾikata tasmiyata al-unthá 53:28 wa-mā lahum bi-hi min ʿilmin in yattabiʿūna illā al-ẓanna wa-inna al-ẓanna lā yughnī mina al-ḥaqqi shayʾan 53:29 fa-aʿriḍ ʿan man tawallá ʿan dhikrinā wa-lam yurid illā al-ḥayāta al-dunyā 53:30 dhālika mablaghuhum mina al-ʿilmi inna rabbaka huwa aʿlamu bi-man ḍalla ʿan sabīlihi wa-huwa aʿlamu bi-mani ihtadá 53:31 wa-lillāhi mā fī al-samāwāti wa-mā fī al-arḍi li-yajziya al-ladhīna asāʾū bi-mā ʿamilū wa-yajziya al-ladhīna aḥsanū bi-al-ḥusná 53:32 al-ladhīna yajtanibūna kabā'ira al-ithmi wa-al-fawāḥisha illā al-lamama inna rabbaka wāsi'u al-maghfirati huwa a'lamu bikum idh ansha'akum mina al-arḍi wa-idh antum ajinnatun fī buṭūni ummahātikum fa-lā tuzakkū anfusakum huwa a'lamu bi-mani ittaqá 53:33 a-fa-ra'ayta al-ladhī tawallá 53:34 wa-a'ṭá qalīlan wa-akdá 53:35 a-'indahu 'ilmu al-ghaybi fa-huwa yará 53:36 am lam yunabba' bi-mā fī ṣuḥufi Mūsá 53:37 wa-Ibrāhīma al-ladhī waffá 53:38 allā taziru wāziratun wizra ukhrá 53:39 wa-an laysa lil-insāni illā mā sa'á 53:40 wa-anna sa'yahu sawfa yurá 53:41 thumma yujzāhu al-jazā'a al-awfá 53:42 wa-anna ilá rabbika al-muntahá 53:43 wa-annahu huwa aḍḥaka wa-abká 53:44 wa-annahu huwa amāta wa-aḥyā 53:45 wa-annahu khalaqa al-zawjayni al-dhakara wa-al-unthá 53:46 min nuṭfatin idhā tumná 53:47 wa-anna 'alayhi al-nash'ata al-ukhrá 53:48 wa-annahu huwa aghná wa-aqná 53:49 wa-annahu huwa rabbu al-shi'rá 53:50 wa-annahu ahlaka 'Ādan al-ūlá 53:51 wa-Thamūda fa-mā abqá 53:52 wa-qawma Nūḥin min qablu innahum kānū hum aẓlama wa-aṭghá 53:53 wa-al-mu'tafikata ahwá 53:54 fa-ghashshāhā mā ghashshá 53:55 fa-bi-ayyi ālā'i rabbika tatamārá 53:56 hādhā nadhīrun mina al-nudhuri al-ūlá 53:57 azifati al-āzifatu 53:58 laysa lahā min dūni Allāhi kāshifatun 53:59 a-fa-min hādhā al-ḥadīthi ta'jabūna 53:60 wa-taḍḥakūna wa-lā tabkūna 53:61 wa-antum sāmidūna 53:62 fa-usjudū lillāhi wa-u'budū 54:1 bismillāhi al-raḥmāni al-raḥīmi iqtarabati al-sā'atu wa-inshaqqa al-qamaru 54:2 wa-in yaraw āyatan yu'riḍū wa-yaqūlū siḥrun mustamirrun 54:3 wa-kadhdhabū wa-ittaba'ū ahwā'ahum wa-kullu amrin mustaqirrun 54:4 wa-laqad jā'ahum mina al-anbā'i mā fīhi muzdajarun 54:5 ḥikmatun bālighatun fa-mā tughni al-nudhuru 54:6 fa-tawalla 'anhum yawma yad'u al-dā'i ilá shay'in nukurin 54:7 khushsha'an abṣāruhum yakhrujūna mina al-ajdāthi ka-annahum jarādun muntashirun 54:8 muhṭi'īna ilá al-dā'i yaqūlu al-kāfirūna hādhā yawmun 'asirun 54:9 kadhdhabat qablahum qawmu Nūḥin fa-kadhdhabū 'abdanā wa-qālū majnūnun wa-izdujira 54:10 fa-da'ā rabbahu annī maghlūbun fa-intaṣir 54:11 fa-fataḥnā abwāba al-samā'i bi-mā'in munhamirin 54:12 wa-fajjarnā al-arḍa 'uyūnan fa-iltaqá al-mā'u 'alá amrin qad qudira 54:13 wa-ḥamalnāhu 'alá dhāti alwāḥin wa-dusurin 54:14 tajrī bi-a'yuninā jazā'an li-man kāna kufira 54:15 wa-laqad taraknāhā āyatan fa-hal min muddakirin 54:16 fa-kayfa kāna 'adhābī wa-nudhuri 54:17 wa-laqad yassarnā al-Qur'āna lil-dhikri fa-hal min muddakirin 54:18 kadhdhabat 'Ādun fa-kayfa kāna 'adhābī wa-nudhuri 54:19 innā arsalnā 'alayhim rīḥan ṣarṣaran fī yawmi naḥsin mustamirrin 54:20 tanzi'u al-nāsa ka-annahum a'jāzu nakhlin munqa'irin 54:21 fa-kayfa kāna 'adhābī wa-nudhuri 54:22 wa-laqad yassarnā al-Qur'āna lil-dhikri fa-hal min muddakirin 54:23 kadhdhabat Thamūdu bi-al-nudhuri 54:24 fa-qālū a-basharan minnā wāḥidan nattabi'uhu innā idhan la-fī ḍalālin wa-su'urin 54:25 a-ulqiya al-dhikru 'alayhi min bayninā bal huwa kadhdhābun ashirun 54:26 sa-ya'lamūna ghadan mani al-kadhdhābu al-ashiru 54:27 innā mursilū al-nāqati fitnatan lahum fa-irtaqibhum wa-iṣṭabir 54:28 wa-nabbi'hum anna al-mā'a qismatun baynahum kullu shirbin muḥtaḍarun 54:29 fa-nādaw ṣāḥibahum fa-ta'āṭá fa-'aqara 54:30 fa-kayfa kāna 'adhābī wa-nudhuri 54:31 innā arsalnā 'alayhim ṣayḥatan wāḥidatan fa-kānū ka-hashīmi al-muḥtaẓiri 54:32 wa-laqad yassarnā al-Qur'āna lil-dhikri fa-hal min muddakirin 54:33 kadhdhabat qawmu Lūṭin bi-al-nudhuri 54:34 innā arsalnā 'alayhim ḥāṣiban illā āla Lūṭin najjaynāhum bi-saḥarin 54:35 ni'matan min 'indinā kadhālika najzī man shakara 54:36 wa-laqad andharahum baṭshatanā fa-tamāraw bi-al-nudhuri 54:37 wa-laqad rāwadūhu 'an ḍayfihi fa-ṭamasnā a'yunahum fa-dhūqū 'adhābī wa-nudhuri 54:38 wa-laqad ṣabbaḥahum bukratan 'adhābun mustaqirrun 54:39 fa-dhūqū 'adhābī wa-nudhuri 54:40 wa-laqad yassarnā al-Qur'āna lil-dhikri fa-hal min muddakirin 54:41 wa-laqad jā'a āla Fir'awna al-nudhuru 54:42 kadhdhabū bi-āyātinā kullihā fa-akhadhnāhum akhdha 'azīzin muqtadirin 54:43 a-kuffārukum khayrun min ulā'ikum am lakum barā'atun fī al-zuburi 54:44 am yaqūlūna naḥnu jamīʿun muntaṣirun 54:45 sa-yuhzamu al-jamʿu wa-yuwallūna al-dubura 54:46 bali al-sāʿatu mawʿiduhum wa-al-sāʿatu ad'há wa-amarru 54:47 inna al-mujrimīna fī ḍalālin wa-suʿurin 54:48 yawma yusḥabūna fī al-nāri ʿalá wujūhihim dhūqū massa saqara 54:49 innā kulla shayʾin khalaqnāhu bi-qadarin 54:50 wa-mā amrunā illā wāḥidatun ka-lamḥin bi-al-baṣari 54:51 wa-laqad ahlaknā ashyāʿakum fa-hal min muddakirin 54:52 wa-kullu shayʾin faʿalūhu fī al-zuburi 54:53 wa-kullu ṣaghīrin wa-kabīrin mustaṭarun 54:54 inna al-muttaqīna fī jannātin wa-naharin 54:55 fī maqʿadi ṣidqin ʿinda malīkin muqtadirin 55:1 bismillāhi al-raḥmāni al-raḥīmi al-raḥmanu 55:2 ʿallama al-Qurʾāna 55:3 khalaqa al-insāna 55:4 ʿallamahu al-bayāna 55:5 al-shamsu wa-al-qamaru bi-ḥusbānin 55:6 wa-al-najmu wa-al-shajaru yasjudāni 55:7 wa-al-samāʾa rafaʿahā wa-waḍaʿa al-mīzāna 55:8 allā taṭghaw fī al-mīzāni 55:9 wa-aqīmū al-wazna bi-al-qisṭi wa-lā tukhsirū al-mīzāna 55:10 wa-al-arḍa waḍaʿahā lil-anāmi 55:11 fīhā fākihatun wa-al-nakhlu dhātu al-akmāmi 55:12 wa-al-ḥabbu dhū al-ʿaṣfi wa-al-rayḥānu 55:13 fa-bi-ayyi ālāʾi rabbikumā tukadhdhibāni 55:14 khalaqa al-insāna min ṣalṣālin ka-al-fakhkhāri 55:15 wa-khalaqa al-jānna min mārijin min nārin 55:16 fa-bi-ayyi ālāʾi rabbikumā tukadhdhibāni 55:17 rabbu al-mashriqayni wa-rabbu al-maghribayni 55:18 fa-bi-ayyi ālāʾi rabbikumā tukadhdhibāni 55:19 maraja al-baḥrayni yaltaqiyāni 55:20 baynahumā barzakhun lā yabghiyāni 55:21 fa-bi-ayyi ālāʾi rabbikumā tukadhdhibāni 55:22 yakhruju minhumā al-luʾluʾu wa-al-marjānu 55:23 fa-bi-ayyi ālāʾi rabbikumā tukadhdhibāni 55:24 wa-lahu al-jawāri al-munshaʾātu fī al-baḥri ka-al-aʿlāmi 55:25 fa-bi-ayyi ālāʾi rabbikumā tukadhdhibāni 55:26 kullu man ʿalayhā fānin 55:27 wa-yabqá wajhu rabbika dhū al-jalāli wa-al-ikrāmi 55:28 fa-bi-ayyi ālāʾi rabbikumā tukadhdhibāni 55:29 yasʾaluhu man fī al-samāwāti wa-al-arḍi kulla yawmin huwa fī shaʾnin 55:30 fa-bi-ayyi ālāʾi rabbikumā tukadhdhibāni 55:31 sa-nafrughu lakum ayyuha al-thaqalāni 55:32 fa-bi-ayyi ālāʾi rabbikumā tukadhdhibāni 55:33 yā maʿshara al-jinni wa-al-insi ini istaṭaʿtum an tanfudhū min aqṭāri al-samāwāti wa-al-arḍi fa-infudhū lā tanfudhūna illā bi-sulṭānin 55:34 fa-bi-ayyi ālāʾi rabbikumā tukadhdhibāni 55:35 yursalu ʿalaykumā shuwāẓun min nārin wa-nuḥāsun fa-lā tantaṣirāni 55:36 fa-bi-ayyi ālāʾi rabbikumā tukadhdhibāni 55:37 fa-idhā inshaqqati al-samāʾu fa-kānat wardatan ka-al-dihāni 55:38 fa-bi-ayyi ālāʾi rabbikumā tukadhdhibāni 55:39 fa-yawmaʾidhin lā yusʾalu ʿan dhanbihi insun wa-lā jānnun 55:40 fa-bi-ayyi ālāʾi rabbikumā tukadhdhibāni 55:41 yuʿrafu al-mujrimūna bi-sīmāhum fa-yuʾkhadhu bi-al-nawāṣī wa-al-aqdāmi 55:42 fa-bi-ayyi ālāʾi rabbikumā tukadhdhibāni 55:43 hādhihi jahannamu al-latī yukadhdhibu bi-hā al-mujrimūna 55:44 yaṭūfūna baynahā wa-bayna ḥamīmin ānin 55:45 fa-bi-ayyi ālāʾi rabbikumā tukadhdhibāni 55:46 wa-li-man khāfa maqāma rabbihi jannatāni 55:47 fa-bi-ayyi ālāʾi rabbikumā tukadhdhibāni 55:48 dhawātā afnānin 55:49 fa-bi-ayyi ālāʾi rabbikumā tukadhdhibāni 55:50 fīhimā ʿaynāni tajriyāni 55:51 fa-bi-ayyi ālāʾi rabbikumā tukadhdhibāni 55:52 fīhimā min kulli fākihatin zawjāni 55:53 fa-bi-ayyi ālāʾi rabbikumā tukadhdhibāni 55:54 muttakiʾīna ʿalá furushin baṭāʾinuhā min istabraqin wa-janá al-jannatayni dānin 55:55 fa-bi-ayyi ālāʾi rabbikumā tukadhdhibāni 55:56 fīhinna qāṣirātu al-ṭarfi lam yaṭmithhunna insun qablahum wa-lā jānnun 55:57 fa-bi-ayyi ālāʾi rabbikumā tukadhdhibāni 55:58 ka-annahunna al-yāqūtu wa-al-marjānu 55:59 fa-bi-ayyi ālāʾi rabbikumā tukadhdhibāni 55:60 hal jazāʾu al-iḥsāni illā al-iḥsānu 55:61 fa-bi-ayyi ālāʾi rabbikumā tukadhdhibāni 55:62 wa-min dūnihimā jannatāni 55:63 fa-bi-ayyi ālāʾi rabbikumā tukadhdhibāni 55:64 mud'hāmmatāni 55:65 fa-bi-ayyi ālāʾi rabbikumā tukadhdhibāni 55:66 fīhimā ʿaynāni naḍḍākhatāni 55:67 fa-bi-ayyi ālāʾi rabbikumā tukadhdhibāni 55:68 fīhimā fākihatun wa-nakhlun wa-rummānun 55:69 fa-bi-ayyi ālāʾi rabbikumā tukadhdhibāni 55:70 fīhinna khayrātun ḥisānun 55:71 fa-bi-ayyi ālāʾi rabbikumā tukadhdhibāni 55:72 ḥūrun maqṣūrātun fī al-khiyāmi 55:73 fa-bi-ayyi ālāʾi rabbikumā tukadhdhibāni 55:74 lam yaṭmithhunna insun qablahum wa-lā jānnun 55:75 fa-bi-ayyi ālā'i rabbikumā tukadhdhibāni 55:76 muttaki'īna ʿalá rafrafin khuḍrin wa-ʿabqarīyin ḥisānin 55:77 fa-bi-ayyi ālā'i rabbikumā tukadhdhibāni 55:78 tabāraka ismu rabbika dhī al-jalāli wa-al-ikrāmi 56:1 bismillāhi al-raḥmāni al-raḥīmi idhā waqaʿati al-wāqiʿatu 56:2 laysa li-waqʿatihā kādhibatun 56:3 khāfiḍatun rāfiʿatun 56:4 idhā rujjati al-arḍu rajjan 56:5 wa-bussati al-jibālu bassan 56:6 fa-kānat habā'an munbaththan 56:7 wa-kuntum azwājan thalāthatan 56:8 fa-aṣḥābu al-maymanati mā aṣḥābu al-maymanati 56:9 wa-aṣḥābu al-mash'amati mā aṣḥābu al-mash'amati 56:10 wa-al-sābiqūna al-sābiqūna 56:11 ulā'ika al-muqarrabūna 56:12 fī jannāti al-naʿīmi 56:13 thullatun mina al-awwalīna 56:14 wa-qalīlun mina al-ākhirīna 56:15 ʿalá sururin mawḍūnatin 56:16 muttaki'īna ʿalayhā mutaqābilīna 56:17 yaṭūfu ʿalayhim wildānun mukhalladūna 56:18 bi-akwābin wa-abārīqa wa-ka'sin min maʿīnin 56:19 lā yuṣaddaʿūna ʿanhā wa-lā yunzifūna 56:20 wa-fākihatin mimmā yatakhayyarūna 56:21 wa-laḥmi ṭayrin mimmā yashtahūna 56:22 wa-ḥūrun ʿīnun 56:23 ka'amthāli al-lu'lu'i al-maknūni 56:24 jazā'an bi-mā kānū yaʿmalūna 56:25 lā yasmaʿūna fīhā laghwan wa-lā ta'thīman 56:26 illā qīlan salāman salāman 56:27 wa-aṣḥābu al-yamīni mā aṣḥābu al-yamīni 56:28 fī sidrin makhḍūdin 56:29 wa-ṭalḥin manḍūdin 56:30 wa-ẓillin mamdūdin 56:31 wa-mā'in maskūbin 56:32 wa-fākihatin kathīratin 56:33 lā maqṭūʿatin wa-lā mamnūʿatin 56:34 wa-furushin marfūʿatin 56:35 innā ansha'nāhunna inshā'an 56:36 fa-jaʿalnāhunna abkāran 56:37 ʿuruban atrāban 56:38 li-aṣḥābi al-yamīni 56:39 thullatun mina al-awwalīna 56:40 wa-thullatun mina al-ākhirīna 56:41 wa-aṣḥābu al-shimāli mā aṣḥābu al-shimāli 56:42 fī samūmin wa-ḥamīmin 56:43 wa-ẓillin min yaḥmūmin 56:44 lā bāridin wa-lā karīmin 56:45 innahum kānū qabla dhālika mutrafīna 56:46 wa-kānū yuṣirrūna ʿalá al-ḥinthi al-ʿaẓīmi 56:47 wa-kānū yaqūlūna a-idhā mitnā wa-kunnā turāban wa-ʿiẓāman a-innā la-mabʿūthūna 56:48 a-wa-ābā'unā al-awwalūna 56:49 qul inna al-awwalīna wa-al-ākhirīna 56:50 la-majmūʿūna ilá mīqāti yawmin maʿlūmin 56:51 thumma innakum ayyuhā al-ḍāllūna al-mukadhdhibūna 56:52 la-ākilūna min shajarin min zaqqūmin 56:53 fa-māli'ūna minhā al-buṭūna 56:54 fa-shāribūna ʿalayhi mina al-ḥamīmi 56:55 fa-shāribūna shurba al-hīmi 56:56 hādhā nuzuluhum yawma al-dīni 56:57 naḥnu khalaqnākum fa-lawlā tuṣaddiqūna 56:58 a-fa-ra'aytum mā tumnūna 56:59 a-antum takhluqūnahu am naḥnu al-khāliqūna 56:60 naḥnu qaddarnā baynakumu al-mawta wa-mā naḥnu bi-masbūqīna 56:61 ʿalá an nubaddila amthālakum wa-nunshi'akum fī mā lā taʿlamūna 56:62 wa-laqad ʿalimtumu al-nash'ata al-ūlá fa-lawlā tadhakkarūna 56:63 a-fa-ra'aytum mā taḥruthūna 56:64 a-antum tazraʿūnahu am naḥnu al-zāriʿūna 56:65 law nashā'u la-jaʿalnāhu ḥuṭāman fa-ẓaltum tafakkahūna 56:66 innā la-mughramūna 56:67 bal naḥnu maḥrūmūna 56:68 a-fa-ra'aytumu al-mā'a al-ladhī tashrabūna 56:69 a-antum anzaltumūhu mina al-muzni am naḥnu al-munzilūna 56:70 law nashā'u jaʿalnāhu ujājan fa-lawlā tashkurūna 56:71 a-fa-ra'aytumu al-nāra al-latī tūrūna 56:72 a-antum ansha'tum shajaratahā am naḥnu al-munshi'ūna 56:73 naḥnu jaʿalnāhā tadhkiratan wa-matāʿan lil-muqwīna 56:74 fa-sabbiḥ bi-ismi rabbika al-ʿaẓīmi 56:75 fa-lā uqsimu bi-mawāqiʿi al-nujūmi 56:76 wa-innahu la-qasamun law taʿlamūna ʿaẓīmun 56:77 innahu la-Qur'ānun karīmun 56:78 fī kitābin maknūnin 56:79 lā yamassuhu illā al-muṭahharūna 56:80 tanzīlun min rabbi al-ʿālamīna 56:81 a-fa-bi-hādhā al-ḥadīthi antum mud'hinūna 56:82 wa-tajʿalūna rizqakum annakum tukadhdhibūna 56:83 fa-lawlā idhā balaghati al-ḥulqūma 56:84 wa-antum ḥīna'idhin tanẓurūna 56:85 wa-naḥnu aqrabu ilayhi minkum wa-lākin lā tubṣirūna 56:86 fa-lawlā in kuntum ghayra madīnīna 56:87 tarjiʿūnahā in kuntum ṣādiqīna 56:88 fa-ammā in kāna mina al-muqarrabīna 56:89 fa-rawḥun wa-rayḥānun wa-jannatu naʿīmin 56:90 wa-ammā in kāna min aṣḥābi al-yamīni 56:91 fa-salāmun laka min aṣḥābi al-yamīni 56:92 wa-ammā in kāna mina al-mukadhdhibīna al-ḍāllīna 56:93

fa-nuzulun min ḥamīmin 56:94 wa-taṣliyatu jaḥīmin 56:95 inna hādhā la-huwa ḥaqqu al-yaqīni 56:96 fa-sabbiḥ bi-ismi rabbika al-ʿaẓīmi 57:1 bismillāhi al-raḥmāni al-raḥīmi sabbaḥa lillāhi mā fī al-samāwāti wa-al-arḍi wa-huwa al-ʿazīzu al-ḥakīmu 57:2 lahu mulku al-samāwāti wa-al-arḍi yuḥyī wa-yumītu wa-huwa ʿalá kulli shayʾin qadīrun 57:3 huwa al-awwalu wa-al-ākhiru wa-al-ẓāhiru wa-al-bāṭinu wa-huwa bi-kulli shayʾin ʿalīmun 57:4 huwa al-ladhī khalaqa al-samāwāti wa-al-arḍa fī sittati ayyāmin thumma istawá ʿalá al-ʿarshi yaʿlamu mā yaliju fī al-arḍi wa-mā yakhruju minhā wa-mā yanzilu mina al-samāʾi wa-mā yaʿruju fīhā wa-huwa maʿakum ayna mā kuntum wallāhu bi-mā taʿmalūna baṣīrun 57:5 lahu mulku al-samāwāti wa-al-arḍi wa-ilá Allāhi turjaʿu al-umūru 57:6 yūliju al-layla fī al-nahāri wa-yūliju al-nahāra fī al-layli wa-huwa ʿalīmun bi-dhāti al-ṣudūri 57:7 āminū billāhi wa-rasūlihi wa-anfiqū mimmā jaʿalakum mustakhlafīna fīhi fa-al-ladhīna āmanū minkum wa-anfaqū lahum ajrun kabīrun 57:8 wa-mā lakum lā tuʾminūna billāhi wa-al-rasūlu yadʿūkum li-tuʾminū bi-rabbikum wa-qad akhadha mīthāqakum in kuntum muʾminīna 57:9 huwa al-ladhī yunazzilu ʿalá ʿabdihi āyātin bayyinātin li-yukhrijakum mina al-ẓulumāti ilá al-nūri wa-inna Allāha bikum la-raʾūfun raḥīmun 57:10 wa-mā lakum allā tunfiqū fī sabīli Allāhi wa-lillāhi mīrāthu al-samāwāti wa-al-arḍi lā yastawī minkum man anfaqa min qabli al-fatḥi wa-qātala ulāʾika aʿẓamu darajatan mina al-ladhīna anfaqū min baʿdu wa-qātalū wa-kullan waʿada Allāhu al-ḥusná wallāhu bi-mā taʿmalūna khabīrun 57:11 man dhā al-ladhī yuqriḍu Allāha qarḍan ḥasanan fa-yuḍāʿifahu lahu wa-lahu ajrun karīmun 57:12 yawma tará al-muʾminīna wa-al-muʾmināti yasʿá nūruhum bayna aydīhim wa-bi-aymānihim bushrākumu al-yawma jannātun tajrī min taḥtihā al-anhāru khālidīna fīhā dhālika huwa al-fawzu al-ʿaẓīmu 57:13 yawma yaqūlu al-munāfiqūna wa-al-munāfiqātu lil-ladhīna āmanū unẓurūnā naqtabis min nūrikum qīla irjiʿū warāʾakum fa-iltamisū nūran fa-ḍuriba baynahum bi-sūrin lahu bābun bāṭinuhu fīhi al-raḥmatu wa-ẓāhiruhu min qibalihi al-ʿadhābu 57:14 yunādūnahum a-lam nakun maʿakum qālū balá wa-lākinnakum fatantum anfusakum wa-tarabbaṣtum wa-irtabtum wa-gharratkumu al-amānīyu ḥattá jāʾa amru Allāhi wa-gharrakum billāhi al-gharūru 57:15 fa-al-yawma lā yuʾkhadhu minkum fidyatun wa-lā mina al-ladhīna kafarū maʾwākumu al-nāru hiya mawlākum wa-biʾsa al-maṣīru 57:16 a-lam yaʾni lil-ladhīna āmanū an takhshaʿa qulūbuhum li-dhikri Allāhi wa-mā nazala mina al-ḥaqqi wa-lā yakūnū ka-al-ladhīna ūtū al-kitāba min qablu fa-ṭāla ʿalayhimu al-amadu fa-qasat qulūbuhum wa-kathīrun minhum fāsiqūna 57:17 iʿlamū anna Allāha yuḥyī al-arḍa baʿda mawtihā qad bayyannā lakumu al-āyāti laʿallakum taʿqilūna 57:18 inna al-muṣṣaddiqīna wa-al-muṣṣaddiqāti wa-aqraḍū Allāha qarḍan ḥasanan yuḍāʿafu lahum wa-lahum ajrun karīmun 57:19 wa-al-ladhīna āmanū billāhi wa-rusulihi ulāʾika humu al-ṣiddīqūna wa-al-shuhadāʾu ʿinda rabbihim lahum ajruhum wa-nūruhum wa-al-ladhīna kafarū wa-kadhdhabū bi-āyātinā ulāʾika aṣḥābu al-jaḥīmi 57:20 iʿlamū annamā al-ḥayātu al-dunyā laʿibun wa-lahwun wa-zīnatun wa-tafākhurun baynakum wa-takāthurun fī al-amwāli wa-al-awlādi ka-mathali ghaythin aʿjaba al-kuffāra nabātuhu thumma yahīju fa-tarāhu muṣfarran thumma yakūnu ḥuṭāman wa-fī al-ākhirati ʿadhābun shadīdun wa-maghfiratun mina Allāhi wa-riḍwānun wa-mā al-ḥayātu al-dunyā illā matāʿu al-ghurūri 57:21 sābiqū ilá maghfiratin min rabbikum wa-jannatin ʿarḍuhā ka-ʿarḍi al-samāʾi wa-al-arḍi uʿiddat lil-ladhīna āmanū billāhi wa-rusulihi dhālika faḍlu Allāhi yuʾtīhi man yashāʾu wallāhu dhū al-faḍli al-ʿaẓīmi 57:22 mā aṣāba min muṣībatin fī al-arḍi wa-lā fī anfusikum illā fī kitābin min qabli an nabraʾahā inna dhālika ʿalá Allāhi yasīrun 57:23 li-kay-lā taʾsaw ʿalá mā fātakum wa-lā tafraḥū bi-mā ātākum wallāhu lā yuḥibbu kulla mukhtālin fakhūrin 57:24 al-ladhīna yabkhalūna wa-yaʾmurūna al-nāsa bi-al-bukhli wa-man yatawalla fa-inna Allāha huwa al-ghanīyu al-ḥamīdu 57:25 laqad arsalnā rusulanā bi-al-bayyināti wa-anzalnā maʿahumu al-kitāba wa-al-mīzāna li-yaqūma al-nāsu bi-al-qisṭi wa-anzalnā al-ḥadīda fīhi ba'sun shadīdun wa-manāfi'u lil-nāsi wa-li-ya'lama Allāhu man yanṣuruhu wa-rusulahu bi-al-ghaybi inna Allāha qawīyun 'azīzun 57:26 wa-laqad arsalnā Nūḥan wa-Ibrāhīma wa-ja'alnā fī dhurrīyatihimā al-nubūwata wa-al-kitāba fa-minhum muhtadin wa-kathīrun minhum fāsiqūna 57:27 thumma qaffaynā 'alá āthārihim bi-rusulinā wa-qaffaynā bi-'Īsá ibni Maryama wa-ātaynāhu al-Injīla wa-ja'alnā fī qulūbi al-ladhīna ittaba'ūhu ra'fatan wa-raḥmatan wa-rahbānīyatan ibtada'ūhā mā katabnāhā 'alayhim illā ibtighā'a riḍwāni Allāhi fa-mā ra'awhā ḥaqqa ri'āyatihā fa-ātaynā al-ladhīna āmanū minhum ajrahum wa-kathīrun minhum fāsiqūna 57:28 yā ayyuhā al-ladhīna āmanū ittaqū Allāha wa-āminū bi-rasūlihi yu'tikum kiflayni min raḥmatihi wa-yaj'al lakum nūran tamshūna bi-hi wa-yaghfir lakum wallāhu ghafūrun raḥīmun 57:29 li-allā ya'lama ahlu al-kitābi allā yaqdirūna 'alá shay'in min faḍli Allāhi wa-anna al-faḍla bi-yadi Allāhi yu'tīhi man yashā'u wallāhu dhū al-faḍli al-'aẓīmi 58:1 bismillāhi al-raḥmāni al-raḥīmi qad sami'a Allāhu qawla al-latī tujādiluka fī zawjihā wa-tashtakī ilá Allāhi wallāhu yasma'u taḥāwurakumā inna Allāha samī'un baṣīrun 58:2 al-ladhīna yuẓāhirūna minkum min nisā'ihim mā hunna ummahātihim in ummahātuhum illā al-lā'ī waladnahum wa-innahum la-yaqūlūna munkaran mina al-qawli wa-zūran wa-inna Allāha la-'afūwun ghafūrun 58:3 wa-al-ladhīna yuẓāhirūna min nisā'ihim thumma ya'ūdūna li-mā qālū fa-taḥrīru raqabatin min qabli an yatamāssā dhālikum tū'aẓūna bi-hi wallāhu bi-mā ta'malūna khabīrun 58:4 fa-man lam yajid fa-ṣiyāmu shahrayni mutatābi'ayni min qabli an yatamāssā fa-man lam yastaṭi' fa-iṭ'āmu sittīna miskīnan dhālika li-tu'minū billāhi wa-rasūlihi wa-tilka ḥudūdu Allāhi wa-lil-kāfirīna 'adhābun alīmun 58:5 inna al-ladhīna yuḥāddūna Allāha wa-rasūlahu kubitū ka-mā kubita al-ladhīna min qablihim wa-qad anzalnā āyātin bayyinātin wa-lil-kāfirīna 'adhābun muhīnun 58:6 yawma yab'athuhumu Allāhu jamī'an fa-yunabbi'uhum bi-mā 'amilū aḥṣāhu Allāhu wa-nasūhu wallāhu 'alá kulli shay'in shahīdun 58:7 a-lam tara anna Allāha ya'lamu mā fī al-samāwāti wa-mā fī al-arḍi mā yakūnu min najwá thalāthatin illā huwa rābi'uhum wa-lā khamsatin illā huwa sādisuhum wa-lā adná min dhālika wa-lā akthara illā huwa ma'ahum ayna mā kānū thumma yunabbi'uhum bi-mā 'amilū yawma al-qiyāmati inna Allāha bi-kulli shay'in 'alīmun 58:8 a-lam tara ilá al-ladhīna nuhū 'ani al-najwá thumma ya'ūdūna li-mā nuhū 'anhu wa-yatanājawna bi-al-ithmi wa-al-'udwāni wa-ma'ṣiyati al-rasūli wa-idhā jā'ūka ḥayyawka bi-mā lam yuḥayyika bi-hi Allāhu wa-yaqūlūna fī anfusihim lawlā yu'adhdhibunā Allāhu bi-mā naqūlu ḥasbuhum jahannamu yaṣlawnahā fa-bi'sa al-maṣīru 58:9 yā ayyuhā al-ladhīna āmanū idhā tanājaytum fa-lā tatanājaw bi-al-ithmi wa-al-'udwāni wa-ma'ṣyati al-rasūli wa-tanājaw bi-al-birri wa-al-taqwá wa-ittaqū Allāha al-ladhī ilayhi tuḥsharūna 58:10 innamā al-najwá mina al-shayṭāni li-yaḥzuna al-ladhīna āmanū wa-laysa bi-ḍārrihim shay'an illā bi-idhni Allāhi wa-'alá Allāhi fa-li-yatawakkali al-mu'minūna 58:11 yā ayyuhā al-ladhīna āmanū idhā qīla lakum tafassaḥū fī al-majālisi fa-ifsaḥū yafsaḥi Allāhu lakum wa-idhā qīla unshuzū fa-unshuzū yarfa'i Allāhu al-ladhīna āmanū minkum wa-al-ladhīna ūtū al-'ilma darajātin wallāhu bi-mā ta'malūna khabīrun 58:12 yā ayyuhā al-ladhīna āmanū idhā nājaytumu al-rasūla fa-qaddimū bayna yaday najwākum ṣadaqatan dhālika khayrun lakum wa-aṭharu fa-in lam tajidū fa-inna Allāha ghafūrun raḥīmun 58:13 a-ashfaqtum an tuqaddimū bayna yaday najwākum ṣadaqātin fa-idh lam taf'alū wa-tāba Allāhu 'alaykum fa-aqīmū al-ṣalāta wa-ātū al-zakāta wa-aṭī'ū Allāha wa-rasūlahu wallāhu khabīrun bi-mā ta'malūna 58:14 a-lam tara ilá al-ladhīna tawallaw qawman ghaḍiba Allāhu 'alayhim mā hum minkum wa-lā minhum wa-yaḥlifūna 'alá al-kadhibi wa-hum ya'lamūna 58:15 a'adda Allāhu lahum 'adhāban shadīdan innahum sā'a mā kānū ya'malūna 58:16 ittakhadhū aymānahum junnatan fa-ṣaddū 'an sabīli Allāhi fa-lahum 'adhābun muhīnun 58:17 lan tughniya 'anhum amwāluhum wa-lā awlāduhum mina Allāhi shay'an ulā'ika aṣḥābu al-nāri hum fīhā khālidūna 58:18 yawma yab'athuhumu Allāhu jamī'an fa-yaḥlifūna lahu ka-mā yaḥlifūna lakum wa-yaḥsabūna annahum 'alá shay'in alā innahum humu al-kādhibūna 58:19 istaḥwadha 'alayhimu al-shayṭānu fa-ansāhum dhikra Allāhi ulā'ika ḥizbu al-shayṭāni alā inna ḥizba al-shayṭāni humu al-khāsirūna 58:20 inna al-ladhīna yuḥāddūna Allāha wa-rasūlahu ulā'ika fī al-adhallīna 58:21 kataba Allāhu la-aghlibanna anā wa-rusulī inna Allāha qawīyun 'azīzun 58:22 lā tajidu qawman yu'minūna billāhi wa-al-yawmi al-ākhiri yuwāddūna man ḥādda Allāha wa-rasūlahu wa-law kānū ābā'ahum aw abnā'ahum aw ikhwānahum aw 'ashīratahum ulā'ika kataba fī qulūbihimu al-īmāna wa-ayyadahum bi-rūḥin minhu wa-yudkhiluhum jannātin tajrī min taḥtihā al-anhāru khālidīna fīhā raḍiya Allāhu 'anhum wa-raḍū 'anhu ulā'ika ḥizbu Allāhi alā inna ḥizba Allāhi humu al-mufliḥūna 59:1 bismillāhi al-raḥmāni al-raḥīmi sabbaḥa lillāhi mā fī al-samāwāti wa-mā fī al-arḍi wa-huwa al-'azīzu al-ḥakīmu 59:2 huwa al-ladhī akhraja al-ladhīna kafarū min ahli al-kitābi min diyārihim li-awwali al-ḥashri mā ẓanantum an yakhrujū wa-ẓannū annahum māni'atuhum ḥuṣūnuhum mina Allāhi fa-ātāhumu Allāhu min ḥaythu lam yaḥtasibū wa-qadhafa fī qulūbihimu al-ru'ba yukhribūna buyūtahum bi-aydīhim wa-aydī al-mu'minīna fa-i'tabirū yā ulī al-abṣāri 59:3 wa-lawlā an kataba Allāhu 'alayhimu al-jalā'a la-'adhdhabahum fī al-dunyā wa-lahum fī al-ākhirati 'adhābu al-nāri 59:4 dhālika bi-annahum shāqqū Allāha wa-rasūlahu wa-man yushāqqi Allāha fa-inna Allāha shadīdu al-'iqābi 59:5 mā qaṭa'tum min līnatin aw taraktumūhā qā'imatan 'alá uṣūlihā fa-bi-idhni Allāhi wa-li-yukhziya al-fāsiqīna 59:6 wa-mā afā'a Allāhu 'alá rasūlihi minhum fa-mā awjaftum 'alayhi min khaylin wa-lā rikābin wa-lākinna Allāha yusalliṭu rusulahu 'alá man yashā'u wallāhu 'alá kulli shay'in qadīrun 59:7 mā afā'a Allāhu 'alá rasūlihi min ahli al-qurá fa-lillāhi wa-lil-rasūli wa-li-dhī al-qurbá wa-al-yatāmá wa-al-masākīni wa-ibni al-sabīli kay lā yakūna dūlatan bayna al-aghniyā'i minkum wa-mā ātākumu al-rasūlu fa-khudhūhu wa-mā nahākum 'anhu fa-intahū wa-ittaqū Allāha inna Allāha shadīdu al-'iqābi 59:8 lil-fuqarā'i al-muhājirīna al-ladhīna ukhrijū min diyārihim wa-amwālihim yabtaghūna faḍlan mina Allāhi wa-riḍwānan wa-yanṣurūna Allāha wa-rasūlahu ulā'ika humu al-ṣādiqūna 59:9 wa-al-ladhīna tabawwa'ū al-dāra wa-al-īmāna min qablihim yuḥibbūna man hājara ilayhim wa-lā yajidūna fī ṣudūrihim ḥājatan mimmā ūtū wa-yu'thirūna 'alá anfusihim wa-law kāna bi-him khaṣāṣatun wa-man yūqa shuḥḥa nafsihi fa-ulā'ika humu al-mufliḥūna 59:10 wa-al-ladhīna jā'ū min ba'dihim yaqūlūna rabbanā ighfir lanā wa-li-ikhwāninā al-ladhīna sabaqūnā bi-al-īmāni wa-lā taj'al fī qulūbinā ghillan lil-ladhīna āmanū rabbanā innaka ra'ūfun raḥīmun 59:11 a-lam tara ilá al-ladhīna nāfaqū yaqūlūna li-ikhwānihimu al-ladhīna kafarū min ahli al-kitābi la-in ukhrijtum la-nakhrujanna ma'akum wa-lā nuṭī'u fīkum aḥadan abadan wa-in qūtiltum la-nanṣurannakum wallāhu yashhadu innahum la-kādhibūna 59:12 la-in ukhrijū lā yakhrujūna ma'ahum wa-la-in qūtilū lā yanṣurūnahum wa-la-in naṣarūhum la-yuwallunna al-adbāra thumma lā yunṣarūna 59:13 la-antum ashaddu rahbatan fī ṣudūrihim mina Allāhi dhālika bi-annahum qawmun lā yafqahūna 59:14 lā yuqātilūnakum jamī'an illā fī quran muḥaṣṣanatin aw min warā'i judurin ba'suhum baynahum shadīdun taḥsabuhum jamī'an wa-qulūbuhum shattá dhālika bi-annahum qawmun lā ya'qilūna 59:15 ka-mathali al-ladhīna min qablihim qarīban dhāqū wabāla amrihim wa-lahum 'adhābun alīmun 59:16 ka-mathali al-shayṭāni idh qāla lil-insāni ukfur fa-lammā kafara qāla innī barī'un minka innī akhāfu Allāha rabba al-'ālamīna 59:17 fa-kāna 'āqibatahumā annahumā fī al-nāri khālidayni fīhā wa-dhālika jazā'u al-ẓālimīna 59:18 yā ayyuhā al-ladhīna āmanū ittaqū Allāha wa-li-tanẓur nafsun mā qaddamat li-ghadin wa-ittaqū Allāha inna Allāha khabīrun bi-mā ta'malūna 59:19 wa-lā takūnū ka-al-ladhīna nasū Allāha fa-ansāhum anfusahum ulā'ika humu al-fāsiqūna 59:20 lā yastawī aṣḥābu al-nāri wa-aṣḥābu al-jannati aṣḥābu al-jannati humu al-fā'izūna 59:21 law anzalnā hādhā al-Qur'āna 'alá jabalin la-ra'aytahu khāshi'an mutaṣaddi'an min khashyati Allāhi wa-tilka al-amthālu naḍribuhā lil-nāsi la'allahum yatafakkarūna 59:22 huwa Allāhu al-ladhī lā ilāha illā huwa 'ālimu al-ghaybi wa-al-shahādati huwa al-raḥmanu al-raḥīmu 59:23 huwa Allāhu al-ladhī lā ilāha illā huwa al-maliku al-quddūsu al-salāmu al-mu'minu al-muhayminu al-'azīzu al-jabbāru al-mutakabbiru subḥāna Allāhi 'ammā yushrikūna 59:24 huwa Allāhu al-khāliqu al-bāri'u al-muṣawwiru lahu al-asmā'u al-ḥusná yusabbiḥu lahu mā fī al-samāwāti wa-al-arḍi wa-huwa al-'azīzu al-ḥakīmu 60:1 bismillāhi al-raḥmāni al-raḥīmi yā ayyuhā al-ladhīna āmanū lā tattakhidhū 'adūwī wa-'adūwakum awliyā'a tulqūna ilayhim bi-al-mawaddati wa-qad kafarū bi-mā jā'akum mina al-ḥaqqi yukhrijūna al-rasūla wa-iyyākum an tu'minū billāhi rabbikum in kuntum kharajtum jihādan fī sabīlī wa-ibtighā'a marḍātī tusirrūna ilayhim bi-al-mawaddati wa-anā a'lamu bi-mā akhfaytum wa-mā a'lantum wa-man yaf'alhu minkum fa-qad ḍalla sawā'a al-sabīli 60:2 in yathqafūkum yakūnū lakum a'dā'an wa-yabsuṭū ilaykum aydiyahum wa-alsinatahum bi-al-sū'i wa-waddū law takfurūna 60:3 lan tanfa'akum arḥāmukum wa-lā awlādukum yawma al-qiyāmati yafṣilu baynakum wallāhu bi-mā ta'malūna baṣīrun 60:4 qad kānat lakum uswatun ḥasanatun fī Ibrāhīma wa-al-ladhīna ma'ahu idh qālū li-qawmihim innā bura'ā'u minkum wa-mimmā ta'budūna min dūni Allāhi kafarnā bikum wa-badā baynanā wa-baynakumu al-'adāwatu wa-al-baghḍā'u abadan ḥattá tu'minū billāhi waḥdahu illā qawla Ibrāhīma li-abīhi la-astaghfiranna laka wa-mā amliku laka mina Allāhi min shay'in rabbanā 'alayka tawakkalnā wa-ilayka anabnā wa-ilayka al-maṣīru 60:5 rabbanā lā taj'alnā fitnatan lil-ladhīna kafarū wa-ighfir lanā rabbanā innaka anta al-'azīzu al-ḥakīmu 60:6 laqad kāna lakum fīhim uswatun ḥasanatun li-man kāna yarjū Allāha wa-al-yawma al-ākhira wa-man yatawalla fa-inna Allāha huwa al-ghanīyu al-ḥamīdu 60:7 'asá Allāhu an yaj'ala baynakum wa-bayna al-ladhīna 'ādaytum minhum mawaddatan wallāhu qadīrun wallāhu ghafūrun raḥīmun 60:8 lā yanhākumu Allāhu 'ani al-ladhīna lam yuqātilūkum fī al-dīni wa-lam yukhrijūkum min diyārikum an tabarrūhum wa-tuqsiṭū ilayhim inna Allāha yuḥibbu al-muqsiṭīna 60:9 innamā yanhākumu Allāhu 'ani al-ladhīna qātalūkum fī al-dīni wa-akhrajūkum min diyārikum wa-ẓāharū 'alá ikhrājikum an tawallawhum wa-man yatawallahum fa-ulā'ika humu al-ẓālimūna 60:10 yā ayyuhā al-ladhīna āmanū idhā jā'akumu al-mu'minātu muhājirātin fa-imtaḥinūhunna Allāhu a'lamu bi-īmāninihinna fa-in 'alimtumūhunna mu'minātin fa-lā tarji'ūhunna ilá al-kuffāri lā hunna ḥillun lahum wa-lā hum yaḥillūna lahunna wa-ātūhum mā anfaqū wa-lā junāḥa 'alaykum an tankiḥūhunna idhā ātaytumūhunna ujūrahunna wa-lā tumsikū bi-'iṣami al-kawāfiri wa-is'alū mā anfaqtum wa-li-yas'alū mā anfaqū dhālikum ḥukmu Allāhi yaḥkumu baynakum wallāhu 'alīmun ḥakīmun 60:11 wa-in fātakum shay'un min azwājikum ilá al-kuffāri fa-'āqabtum fa-ātū al-ladhīna dhahabat azwājuhum mithla mā anfaqū wa-ittaqū Allāha al-ladhī antum bi-hi mu'minūna 60:12 yā ayyuhā al-nabīyu idhā jā'aka al-mu'minātu yubāyi'naka 'alá an lā yushrikna billāhi shay'an wa-lā yasriqna wa-lā yaznīna wa-lā yaqtulna awlādahunna wa-lā ya'tīna bi-buhtānin yaftarīnahu bayna aydīhinna wa-arjulihinna wa-lā ya'ṣīnaka fī ma'rūfin fa-bāyi'hunna wa-istaghfir lahunna Allāha inna Allāha ghafūrun raḥīmun 60:13 yā ayyuhā al-ladhīna āmanū lā tatawallaw qawman ghaḍiba Allāhu 'alayhim qad ya'isū mina al-ākhirati ka-mā ya'isa al-kuffāru min aṣḥābi al-qubūri 61:1 bismillāhi al-raḥmāni al-raḥīmi sabbaḥa lillāhi mā fī al-samāwāti wa-mā fī al-arḍi wa-huwa al-'azīzu al-ḥakīmu 61:2 yā ayyuhā al-ladhīna āmanū li-ma taqūlūna mā lā taf'alūna 61:3 kabura maqtan 'inda Allāhi an taqūlū mā lā taf'alūna 61:4 inna Allāha yuḥibbu al-ladhīna yuqātilūna fī sabīlihi ṣaffan ka-annahum bunyānun marṣūṣun 61:5 wa-idh qāla Mūsá li-qawmihi yā qawmi li-ma tu'dhūnanī wa-qad ta'lamūna annī rasūlu Allāhi ilaykum fa-lammā zāghū azāgha Allāhu qulūbahum wallāhu lā yahdī al-qawma al-fāsiqīna 61:6 wa-idh qāla 'Īsá ibnu Maryama yā banī Isrāʾīla innī rasūlu Allāhi ilaykum muṣaddiqan li-mā bayna yadayya mina al-Tawrāti wa-mubashshiran bi-rasūlin yaʾtī min baʿdī ismuhu aḥmadu fa-lammā jāʾahum bi-al-bayyināti qālū hādhā siḥrun mubīnun 61:7 wa-man aẓlamu mimani iftará ʿalá Allāhi al-kadhiba wa-huwa yudʿá ilá al-Islāmi wallāhu lā yahdī al-qawma al-ẓālimīna 61:8 yurīdūna li-yuṭfiʾū nūra Allāhi bi-afwāhihim wallāhu mutimmu nūrihi wa-law kariha al-kāfirūna 61:9 huwa al-ladhī arsala rasūlahu bi-al-hudá wa-dīni al-ḥaqqi li-yuẓhirahu ʿalá al-dīni kullihi wa-law kariha al-mushrikūna 61:10 yā ayyuhā al-ladhīna āmanū hal adullukum ʿalá tijāratin tunjīkum min ʿadhābin alīmin 61:11 tuʾminūna billāhi wa-rasūlihi wa-tujāhidūna fī sabīli Allāhi bi-amwālikum wa-anfusikum dhālikum khayrun lakum in kuntum taʿlamūna 61:12 yaghfir lakum dhunūbakum wa-yudkhilkum jannātin tajrī min taḥtihā al-anhāru wa-masākina ṭayyibatan fī jannāti ʿadnin dhālika al-fawzu al-ʿaẓīmu 61:13 wa-ukhrá tuḥibbūnahā naṣrun mina Allāhi wa-fatḥun qarībun wa-bashshiri al-muʾminīna 61:14 yā ayyuhā al-ladhīna āmanū kūnū anṣāra Allāhi ka-mā qāla ʿĪsá ibnu Maryama lil-Ḥawārīyīna man anṣārī ilá Allāhi qāla al-Ḥawārīyūna naḥnu anṣāru Allāhi fa-āmanat ṭāʾifatun min banī Isrāʾīla wa-kafarat ṭāʾifatun fa-ayyadnā al-ladhīna āmanū ʿalá ʿadūwihim fa-aṣbaḥū ẓāhirīna 62:1 bismillāhi al-raḥmāni al-raḥīmi yusabbiḥu lillāhi mā fī al-samāwāti wa-mā fī al-arḍi al-maliki al-quddūsi al-ʿazīzi al-ḥakīmi 62:2 huwa al-ladhī baʿatha fī al-ummīyīna rasūlan minhum yatlū ʿalayhim āyātihi wa-yuzakkīhim wa-yuʿallimuhumu al-kitāba wa-al-ḥikmata wa-in kānū min qablu la-fī ḍalālin mubīnin 62:3 wa-ākharīna minhum lammā yalḥaqū bi-him wa-huwa al-ʿazīzu al-ḥakīmu 62:4 dhālika faḍlu Allāhi yuʾtīhi man yashāʾu wallāhu dhū al-faḍli al-ʿaẓīmi 62:5 mathalu al-ladhīna ḥummilū al-Tawrāta thumma lam yaḥmilūhā ka-mathali al-ḥimāri yaḥmilu asfāran biʾsa mathalu al-qawmi al-ladhīna kadhdhabū bi-āyāti Allāhi wallāhu lā yahdī al-qawma al-ẓālimīna 62:6 qul yā ayyuhā al-ladhīna hādū in zaʿamtum annakum awliyāʾu lillāhi min dūni al-nāsi fa-tamannawu al-mawta in kuntum ṣādiqīna 62:7 wa-lā yatamannawnahu abadan bi-mā qaddamat aydīhim wallāhu ʿalīmun bi-al-ẓālimīna 62:8 qul inna al-mawta al-ladhī tafirrūna minhu fa-innahu mulāqīkum thumma turaddūna ilá ʿālimi al-ghaybi wa-al-shahādati fa-yunabbiʾukum bi-mā kuntum taʿmalūna 62:9 yā ayyuhā al-ladhīna āmanū idhā nūdiya lil-ṣalāti min yawmi al-jumuʿati fa-isʿaw ilá dhikri Allāhi wa-dharū al-bayʿa dhālikum khayrun lakum in kuntum taʿlamūna 62:10 fa-idhā quḍiyati al-ṣalātu fa-intashirū fī al-arḍi wa-ibtaghū min faḍli Allāhi wa-udhkurū Allāha kathīran laʿallakum tufliḥūna 62:11 wa-idhā raʾaw tijāratan aw lahwan infaḍḍū ilayhā wa-tarakūka qāʾiman qul mā ʿinda Allāhi khayrun mina al-lahwi wa-mina al-tijārati wallāhu khayru al-rāziqīna 63:1 bismillāhi al-raḥmāni al-raḥīmi idhā jāʾaka al-munāfiqūna qālū nashhadu innaka la-rasūlu Allāhi wallāhu yaʿlamu innaka la-rasūluhu wallāhu yashhadu inna al-munāfiqīna la-kādhibūna 63:2 ittakhadhū aymānahum junnatan fa-ṣaddū ʿan sabīli Allāhi innahum sāʾa mā kānū yaʿmalūna 63:3 dhālika bi-annahum āmanū thumma kafarū fa-ṭubiʿa ʿalá qulūbihim fa-hum lā yafqahūna 63:4 wa-idhā raʾaytahum tuʿjibuka ajsāmuhum wa-in yaqūlū tasmaʿ li-qawlihim ka-annahum khushubun musannadatun yaḥsabūna kulla ṣayḥatin ʿalayhim humu al-ʿadūwu fa-iḥdharhum qātalahumu Allāhu anná yuʾfakūna 63:5 wa-idhā qīla lahum taʿālaw yastaghfir lakum rasūlu Allāhi lawwaw ruʾūsahum wa-raʾaytahum yaṣuddūna wa-hum mustakbirūna 63:6 sawāʾun ʿalayhim astaghfarta lahum am lam tastaghfir lahum lan yaghfira Allāhu lahum inna Allāha lā yahdī al-qawma al-fāsiqīna 63:7 humu al-ladhīna yaqūlūna lā tunfiqū ʿalá man ʿinda rasūli Allāhi ḥattá yanfaḍḍū wa-lillāhi khazāʾinu al-samāwāti wa-al-arḍi wa-lākinna al-munāfiqīna lā yafqahūna 63:8 yaqūlūna la-in rajaʿnā ilá al-madīnati la-yukhrijanna al-aʿazzu minhā al-adhalla wa-lillāhi al-ʿizzatu wa-li-rasūlihi wa-lil-muʾminīna wa-lākinna al-munāfiqīna lā yaʿlamūna 63:9 yā ayyuhā al-ladhīna āmanū lā tulhikum amwālukum wa-lā awlādukum ʿan dhikri Allāhi wa-man yafʿal dhālika fa-ulāʾika humu al-khāsirūna 63:10 wa-anfiqū min mā razaqnākum min qabli an yaʾtiya aḥadakumu al-mawtu fa-yaqūla rabbi lawlā akhkhartanī ilá ajalin qarībin fa-aṣṣaddaqa wa-akun mina al-ṣāliḥīna 63:11 wa-lan yuʾakhkhira Allāhu nafsan idhā jāʾa ajaluhā wallāhu khabīrun bi-mā taʿmalūna 64:1 bismillāhi al-raḥmāni al-raḥīmi yusabbiḥu lillāhi mā fī al-samāwāti wa-mā fī al-arḍi lahu al-mulku wa-lahu al-ḥamdu wa-huwa ʿalá kulli shayʾin qadīrun 64:2 huwa al-ladhī khalaqakum fa-minkum kāfirun wa-minkum muʾminun wallāhu bi-mā taʿmalūna baṣīrun 64:3 khalaqa al-samāwāti wa-al-arḍa bi-al-ḥaqqi wa-ṣawwarakum fa-aḥsana ṣuwarakum wa-ilayhi al-maṣīru 64:4 yaʿlamu mā fī al-samāwāti wa-al-arḍi wa-yaʿlamu mā tusirrūna wa-mā tuʿlinūna wallāhu ʿalīmun bi-dhāti al-ṣudūri 64:5 a-lam yaʾtikum nabaʾu al-ladhīna kafarū min qablu fa-dhāqū wabāla amrihim wa-lahum ʿadhābun alīmun 64:6 dhālika bi-annahu kānat taʾtīhim rusuluhum bi-al-bayyināti fa-qālū a-basharun yahdūnanā fa-kafarū wa-tawallaw wa-istaghná Allāhu wallāhu ghanīyun ḥamīdun 64:7 zaʿama al-ladhīna kafarū an lan yubʿathū qul balá wa-rabbī la-tubʿathunna thumma la-tunabbaʾunna bi-mā ʿamiltum wa-dhālika ʿalá Allāhi yasīrun 64:8 fa-āminū billāhi wa-rasūlihi wa-al-nūri al-ladhī anzalnā wallāhu bi-mā taʿmalūna khabīrun 64:9 yawma yajmaʿukum li-yawmi al-jamʿi dhālika yawmu al-taghābuni wa-man yuʾmin billāhi wa-yaʿmal ṣāliḥan yukaffir ʿanhu sayyiʾātihi wa-yudkhilhu jannātin tajrī min taḥtihā al-anhāru khālidīna fīhā abadan dhālika al-fawzu al-ʿaẓīmu 64:10 wa-al-ladhīna kafarū wa-kadhdhabū bi-āyātinā ulāʾika aṣḥābu al-nāri khālidīna fīhā wa-biʾsa al-maṣīru 64:11 mā aṣāba min muṣībatin illā bi-idhni Allāhi wa-man yuʾmin billāhi yahdi qalbahu wallāhu bi-kulli shayʾin ʿalīmun 64:12 wa-aṭīʿū Allāha wa-aṭīʿū al-rasūla fa-in tawallaytum fa-innamā ʿalá rasūlinā al-balāghu al-mubīnu 64:13 Allāhu lā ilāha illā huwa wa-ʿalá Allāhi fa-li-yatawakkali al-muʾminūna 64:14 yā ayyuhā al-ladhīna āmanū inna min azwājikum wa-awlādikum ʿaduwwan lakum fa-iḥdharūhum wa-in taʿfū wa-taṣfaḥū wa-taghfirū fa-inna Allāha ghafūrun raḥīmun 64:15 innamā amwālukum wa-awlādukum fitnatun wallāhu ʿindahu ajrun ʿaẓīmun 64:16 fa-ittaqū Allāha mā istaṭaʿtum wa-ismaʿū wa-aṭīʿū wa-anfiqū khayran li-anfusikum wa-man yūqa shuḥḥa nafsihi fa-ulāʾika humu al-mufliḥūna 64:17 in tuqriḍū Allāha qarḍan ḥasanan yuḍāʿifhu lakum wa-yaghfir lakum wallāhu shakūrun ḥalīmun 64:18 ʿālimu al-ghaybi wa-al-shahādati al-ʿazīzu al-ḥakīmu 65:1 bismillāhi al-raḥmāni al-raḥīmi yā ayyuhā al-nabīyu idhā ṭallaqtumu al-nisāʾa fa-ṭalliqūhunna li-ʿiddatihinna wa-aḥṣū al-ʿiddata wa-ittaqū Allāha rabbakum lā tukhrijūhunna min buyūtihinna wa-lā yakhrujna illā an yaʾtīna bi-fāḥishatin mubayyinatin wa-tilka ḥudūdu Allāhi wa-man yataʿadda ḥudūda Allāhi fa-qad ẓalama nafsahu lā tadrī laʿalla Allāha yuḥdithu baʿda dhālika amran 65:2 fa-idhā balaghna ajalahunna fa-amsikūhunna bi-maʿrūfin aw fāriqūhunna bi-maʿrūfin wa-ashhidū dhaway ʿadlin minkum wa-aqīmū al-shahādata lillāhi dhālikum yūʿaẓu bi-hi man kāna yuʾminu billāhi wa-al-yawmi al-ākhiri wa-man yattaqi Allāha yajʿal lahu makhrajan 65:3 wa-yarzuqhu min ḥaythu lā yaḥtasibu wa-man yatawakkal ʿalá Allāhi fa-huwa ḥasbuhu inna Allāha bālighu amrihi qad jaʿala Allāhu li-kulli shayʾin qadran 65:4 wa-al-lāʾī yaʾisna mina al-maḥīḍi min nisāʾikum ini irtabtum fa-ʿiddatuhunna thalāthatu ashhurin wa-al-lāʾī lam yaḥiḍna wa-ulātu al-aḥmāli ajaluhunna an yaḍaʿna ḥamlahunna wa-man yattaqi Allāha yajʿal lahu min amrihi yusran 65:5 dhālika amru Allāhi anzalahu ilaykum wa-man yattaqi Allāha yukaffir ʿanhu sayyiʾātihi wa-yuʿẓim lahu ajran 65:6 askinūhunna min ḥaythu sakantum min wujdikum wa-lā tuḍārrūhunna li-tuḍayyiqū ʿalayhinna wa-in kunna ulāti ḥamlin fa-anfiqū ʿalayhinna ḥattá yaḍaʿna ḥamlahunna fa-in arḍaʿna lakum fa-ātūhunna ujūrahunna wa-iʾtamirū baynakum bi-maʿrūfin wa-in taʿāsartum fa-sa-turḍiʿu lahu ukhrá 65:7 li-yunfiq dhū saʿatin min saʿatihi wa-man qudira ʿalayhi rizquhu fa-li-yunfiq mimmā ātāhu Allāhu lā yukallifu Allāhu nafsan illā mā ātāhā sa-yajʿalu Allāhu baʿda ʿusrin yusran 65:8

wa-ka-ayyin min qaryatin ʿatat ʿan amri rabbihā wa-rusulihi fa-ḥāsabnāhā ḥisāban shadīdan wa-ʿadhdhabnāhā ʿadhāban nukran 65:9 fa-dhāqat wabāla amrihā wa-kāna ʿāqibatu amrihā khusran 65:10 aʿadda Allāhu lahum ʿadhāban shadīdan fa-ittaqū Allāha yā ulī al-albābi al-ladhīna āmanū qad anzala Allāhu ilaykum dhikran 65:11 rasūlan yatlū ʿalaykum āyāti Allāhi mubayyinātin li-yukhrija al-ladhīna āmanū wa-ʿamilū al-ṣāliḥāti mina al-ẓulumāti ilá al-nūri wa-man yu'min billāhi wa-yaʿmal ṣāliḥan yudkhilhu jannātin tajrī min taḥtihā al-anhāru khālidīna fīhā abadan qad aḥsana Allāhu lahu rizqan 65:12 Allāhu al-ladhī khalaqa sabʿa samāwātin wa-mina al-arḍi mithlahunna yatanazzalu al-amru baynahunna li-taʿlamū anna Allāha ʿalá kulli shay'in qadīrun wa-anna Allāha qad aḥāṭa bi-kulli shay'in ʿilman 66:1 bismillāhi al-raḥmāni al-raḥīmi yā ayyuhā al-nabīyu li-ma tuḥarrimu mā aḥalla Allāhu laka tabtaghī marḍāta azwājika wallāhu ghafūrun raḥīmun 66:2 qad faraḍa Allāhu lakum taḥillata aymānikum wallāhu mawlākum wa-huwa al-ʿalīmu al-ḥakīmu 66:3 wa-idh asarra al-nabīyu ilá baʿḍi azwājihi ḥadīthan fa-lammā nabba'at bi-hi wa-aẓharahu Allāhu ʿalayhi ʿarrafa baʿḍahu wa-aʿraḍa ʿan baʿḍin fa-lammā nabba'ahā bi-hi qālat man anba'aka hādhā qāla nabba'aniya al-ʿalīmu al-khabīru 66:4 in tatūbā ilá Allāhi fa-qad ṣaghat qulūbukumā wa-in taẓāharā ʿalayhi fa-inna Allāha huwa mawlāhu wa-Jibrīlu wa-ṣāliḥu al-mu'minīna wa-al-malā'ikatu baʿda dhālika ẓahīrun 66:5 ʿasá rabbuhu in ṭallaqakunna an yubdilahu azwājan khayran minkunna Muslimātinn mu'minātin qānitātin tā'ibātin ʿābidātin sā'iḥātin thayyibātin wa-abkāran 66:6 yā ayyuhā al-ladhīna āmanū qū anfusakum wa-ahlīkum nāran waqūduhā al-nāsu wa-al-ḥijāratu ʿalayhā malā'ikatun ghilāẓun shidādun lā yaʿṣūna Allāha mā amarahum wa-yafʿalūna mā yu'marūna 66:7 yā ayyuhā al-ladhīna kafarū lā taʿtadhirū al-yawma innamā tujzawna mā kuntum taʿmalūna 66:8 yā ayyuhā al-ladhīna āmanū tūbū ilá Allāhi tawbatan naṣūḥan ʿasá rabbukum an yukaffira ʿankum sayyi'ātikum wa-yudkhilakum jannātin tajrī min taḥtihā al-anhāru yawma lā yukhzī Allāhu al-nabīya wa-al-ladhīna āmanū maʿahu nūruhum yasʿá bayna aydīhim wa-bi-aymānihim yaqūlūna rabbanā atmim lanā nūranā wa-ighfir lanā innaka ʿalá kulli shay'in qadīrun 66:9 yā ayyuhā al-nabīyu jāhidi al-kuffāra wa-al-munāfiqīna wa-ughluẓ ʿalayhim wa-ma'wāhum jahannamu wa-bi'sa al-maṣīru 66:10 ḍaraba Allāhu mathalan lil-ladhīna kafarū imra'ata Nūḥin wa-imra'ata Lūṭin kānatā taḥta ʿabdayni min ʿibādinā ṣāliḥayni fa-khānatāhumā fa-lam yughniyā ʿanhumā mina Allāhi shay'an wa-qīla udkhulā al-nāra maʿa al-dākhilīna 66:11 wa-ḍaraba Allāhu mathalan lil-ladhīna āmanū imra'ata Firʿawna idh qālat rabbi ibni lī ʿindaka baytan fī al-jannati wa-najjinī min Firʿawna wa-ʿamalihi wa-najjinī mina al-qawmi al-ẓālimīna 66:12 wa-Maryama ibnata ʿImrāna al-latī aḥṣanat farjahā fa-nafakhnā fīhi min rūḥinā wa-ṣaddaqat bi-kalimāti rabbihā wa-kutubihi wa-kānat mina al-qānitīna 67:1 bismillāhi al-raḥmāni al-raḥīmi tabāraka al-ladhī bi-yadihi al-mulku wa-huwa ʿalá kulli shay'in qadīrun 67:2 al-ladhī khalaqa al-mawta wa-al-ḥayāta li-yabluwakum ayyukum aḥsanu ʿamalan wa-huwa al-ʿazīzu al-ghafūru 67:3 al-ladhī khalaqa sabʿa samāwātin ṭibāqan mā tará fī khalqi al-raḥmani min tafāwutin fa-irjiʿi al-baṣara hal tará min fuṭūrin 67:4 thumma irjiʿi al-baṣara karratayni yanqalib ilayka al-baṣaru khāsi'an wa-huwa ḥasīrun 67:5 wa-laqad zayyannā al-samā'a al-dunyā bi-maṣābīḥa wa-jaʿalnāhā rujūman lil-shayāṭīni wa-aʿtadnā lahum ʿadhāba al-saʿīri 67:6 wa-lil-ladhīna kafarū bi-rabbihim ʿadhābu jahannama wa-bi'sa al-maṣīru 67:7 idhā ulqū fīhā samiʿū lahā shahīqan wa-hiya tafūru 67:8 takādu tamayyazu mina al-ghayẓi kullamā ulqiya fīhā fawjun sa'alahum khazanatuhā a-lam ya'tikum nadhīrun 67:9 qālū balá qad jā'anā nadhīrun fa-kadhdhabnā wa-qulnā mā nazzala Allāhu min shay'in in antum illā fī ḍalālin kabīrin 67:10 wa-qālū law kunnā nasmaʿu aw naʿqilu mā kunnā fī aṣḥābi al-saʿīri 67:11 fa-iʿtarafū bi-dhanbihim fa-suḥqan li-aṣḥābi al-saʿīri 67:12 inna al-ladhīna yakhshawna rabbahum bi-al-ghaybi lahum maghfiratun wa-ajrun kabīrun 67:13 wa-asirrū qawlakum awi ijharū bi-hi innahu ʿalīmun bi-dhāti al-ṣudūri 67:14 alā yaʿlamu man khalaqa wa-huwa al-laṭīfu al-khabīru 67:15 huwa al-ladhī jaʿala lakumu al-arḍa dhalūlan fa-imshū fī manākibihā wa-kulū min rizqihi wa-ilayhi al-nushūru 67:16 a-amintum man fī al-samāʾi an yakhsifa bi-kumu al-arḍa fa-idhā hiya tamūru 67:17 am amintum man fī al-samāʾi an yursila ʿalaykum ḥāṣiban fa-sa-taʿlamūna kayfa nadhīri 67:18 wa-laqad kadhdhaba al-ladhīna min qablihim fa-kayfa kāna nakīri 67:19 a-wa-lam yaraw ilá al-ṭayri fawqahum ṣāffātin wa-yaqbiḍna mā yumsikuhunna illā al-raḥmanu innahu bi-kulli shayʾin baṣīrun 67:20 amman hādhā al-ladhī huwa jundun lakum yanṣurukum min dūni al-raḥmani ini al-kāfirūna illā fī ghurūrin 67:21 a-man hādhā al-ladhī yarzuqukum in amsaka rizqahu bal lajjū fī ʿutūwin wa-nufūrin 67:22 a-fa-man yamshī mukibban ʿalá wajhihi ahdá amman yamshī sawīyan ʿalá ṣirāṭin mustaqīmin 67:23 qul huwa al-ladhī anshaʾakum wa-jaʿala lakumu al-samʿa wa-al-abṣāra wa-al-afʾidata qalīlan mā tashkurūna 67:24 qul huwa al-ladhī dharaʾakum fī al-arḍi wa-ilayhi tuḥsharūna 67:25 wa-yaqūlūna matá hādhā al-waʿdu in kuntum ṣādiqīna 67:26 qul innamā al-ʿilmu ʿinda Allāhi wa-innamā anā nadhīrun mubīnun 67:27 fa-lammā raʾawhu zulfatan sīʾat wujūhu al-ladhīna kafarū wa-qīla hādhā al-ladhī kuntum bi-hi taddaʿūna 67:28 qul a-raʾaytum in ahlakaniya Allāhu wa-man maʿiya aw raḥimanā fa-man yujīru al-kāfirīna min ʿadhābin alīmin 67:29 qul huwa al-raḥmanu āmannā bi-hi wa-ʿalayhi tawakkalnā fa-sa-taʿlamūna man huwa fī ḍalālin mubīnin 67:30 qul a-raʾaytum in aṣbaḥa māʾukum ghawran fa-man yaʾtīkum bi-māʾin maʿīnin 68:1 bismillāhi al-raḥmāni al-raḥīmi nūn wa-al-qalami wa-mā yasṭurūna 68:2 mā anta bi-niʿmati rabbika bi-majnūnin 68:3 wa-inna laka la-ajran ghayra mamnūnin 68:4 wa-innaka laʿalá khuluqin ʿaẓīmin 68:5 fa-sa-tubṣiru wa-yubṣirūna 68:6 bi-ayīyikumu al-maftūnu 68:7 inna rabbaka huwa aʿlamu bi-man ḍalla ʿan sabīlihi wa-huwa aʿlamu bi-al-muhtadīna 68:8 fa-lā tuṭiʿi al-mukadhdhibīna 68:9 waddū law tudhinu fa-yud'hinūna 68:10 wa-lā tuṭiʿ kulla ḥallāfin mahīnin 68:11 hammāzin mashshāʾin bi-namīmin 68:12 mannāʿin lil-khayri muʿtadin athīmin 68:13 ʿutullin baʿda dhālika zanīmin 68:14 an kāna dhā mālin wa-banīna 68:15 idhā tutlá ʿalayhi āyātunā qāla asāṭīru al-awwalīna 68:16 sa-nasimuhu ʿalá al-khurṭūmi 68:17 innā balawnāhum ka-mā balawnā aṣḥāba al-jannati idh aqsamū la-yaṣrimunnahā muṣbiḥīna 68:18 wa-lā yastathnūna 68:19 fa-ṭāfa ʿalayhā ṭāʾifun min rabbika wa-hum nāʾimūna 68:20 fa-aṣbaḥat ka-al-ṣarīmi 68:21 fa-tanādaw muṣbiḥīna 68:22 ani ighdū ʿalá ḥarthikum in kuntum ṣārimīna 68:23 fa-inṭalaqū wa-hum yatakhāfatūna 68:24 an lā yadkhulannahā al-yawma ʿalaykum miskīnun 68:25 wa-ghadaw ʿalá ḥardin qādirīna 68:26 fa-lammā raʾawhā qālū innā la-ḍāllūna 68:27 bal naḥnu maḥrūmūna 68:28 qāla awsaṭuhum a-lam aqul lakum lawlā tusabbiḥūna 68:29 qālū subḥāna rabbinā innā kunnā ẓālimīna 68:30 fa-aqbala baʿḍuhum ʿalá baʿḍin yatalāwamūna 68:31 qālū yā waylanā innā kunnā ṭāghīna 68:32 ʿasá rabbunā an yubdilanā khayran minhā innā ilá rabbinā rāghibūna 68:33 kadhālika al-ʿadhābu wa-la-ʿadhābu al-ākhirati akbaru law kānū yaʿlamūna 68:34 inna lil-muttaqīna ʿinda rabbihim jannāti al-naʿīmi 68:35 a-fa-najʿalu al-Muslimīna ka-al-mujrimīna 68:36 mā lakum kayfa taḥkumūna 68:37 am lakum kitābun fīhi tadrusūna 68:38 inna lakum fīhi la-mā takhayyarūna 68:39 am lakum aymānun ʿalaynā bālighatun ilá yawmi al-qiyāmati inna lakum la-mā taḥkumūna 68:40 salhum ayyuhum bi-dhālika zaʿīmun 68:41 am lahum shurakāʾu fa-li-yaʾtū bi-shurakāʾihim in kānū ṣādiqīna 68:42 yawma yukshafu ʿan sāqin wa-yudʿawna ilá al-sujūdi fa-lā yastaṭīʿūna 68:43 khāshiʿatan abṣāruhum tarhaquhum dhillatun wa-qad kānū yudʿawna ilá al-sujūdi wa-hum sālimūna 68:44 fa-dharnī wa-man yukadhdhibu bi-hādhā al-ḥadīthi sa-nastadrijuhum min ḥaythu lā yaʿlamūna 68:45 wa-umlī lahum inna kaydī matīnun 68:46 am tasʾaluhum ajran fa-hum min maghramin muthqalūna 68:47 am ʿindahumu al-ghaybu fa-hum yaktubūna 68:48 fa-iṣbir li-ḥukmi rabbika wa-lā takun ka-ṣāḥibi al-ḥūti idh nādá wa-huwa makẓūmun

68:49 lawlā an tadārakahu niʿmatun min rabbihi la-nubidha bi-al-ʿarāʾi wa-huwa madhmūmun 68:50 fa-ijtabāhu rabbuhu fa-jaʿalahu mina al-ṣāliḥīna 68:51 wa-in yakādu al-ladhīna kafarū la-yuzliqūnaka bi-abṣārihim lammā samiʿū al-dhikra wa-yaqūlūna innahu la-majnūnun 68:52 wa-mā huwa illā dhikrun lil-ʿālamīna 69:1 bismillāhi al-raḥmāni al-raḥīmi al-ḥāqqatu 69:2 mā al-ḥāqqatu 69:3 wa-mā adrāka mā al-ḥāqqatu 69:4 kadhdhabat Thamūdu wa-ʿĀdun bi-al-qāriʿati 69:5 fa-ammā Thamūdu fa-uhlikū bi-al-ṭāghiyati 69:6 wa-ammā ʿĀdun fa-uhlikū bi-rīḥin ṣarṣarin ʿātiyatin 69:7 sakhkharahā ʿalayhim sabʿa layālin wa-thamāniyata ayyāmin ḥusūman fa-tará al-qawma fīhā ṣarʿá ka-annahum aʿjāzu nakhlin khāwiyatin 69:8 fa-hal tará lahum min bāqiyatin 69:9 wa-jāʾa Firʿawnu wa-man qablahu wa-al-muʾtafikātu bi-al-khāṭiʾati 69:10 fa-ʿaṣaw rasūla rabbihim fa-akhadhahum akhdhatan rābiyatan 69:11 innā lammā ṭaghá al-māʾu ḥamalnākum fī al-jāriyati 69:12 li-najʿalahā lakum tadhkiratan wa-taʿiyahā udhunun wāʿiyatun 69:13 fa-idhā nufikha fī al-ṣūri nafkhatun wāḥidatun 69:14 wa-ḥumilati al-arḍu wa-al-jibālu fa-dukkatā dakkatan wāḥidatan 69:15 fa-yawmaʾidhin waqaʿati al-wāqiʿatu 69:16 wa-inshaqqati al-samāʾu fa-hiya yawmaʾidhin wāhiyatun 69:17 wa-al-malaku ʿalá arjāʾihā wa-yaḥmilu ʿarsha rabbika fawqahum yawmaʾidhin thamāniyatun 69:18 yawmaʾidhin tuʿraḍūna lā takhfá minkum khāfiyatun 69:19 fa-ammā man ūtiya kitābahu bi-yamīnihi fa-yaqūlu hāʾumu iqraʾū kitābiyah 69:20 innī ẓanantu annī mulāqin ḥisābiyah 69:21 fa-huwa fī ʿīshatin rāḍiyatin 69:22 fī jannatin ʿāliyatin 69:23 quṭūfuhā dāniyatun 69:24 kulū wa-ishrabū hanīʾan bi-mā aslaftum fī al-ayyāmi al-khāliyati 69:25 wa-ammā man ūtiya kitābahu bi-shimālihi fa-yaqūlu yā laytanī lam ūta kitābiyah 69:26 wa-lam adri mā ḥisābiyah 69:27 yā laytahā kānati al-qāḍiyata 69:28 mā aghná ʿannī māliyah 69:29 halaka ʿannī sulṭāniyah 69:30 khudhūhu fa-ghullūhu 69:31 thumma al-jaḥīma ṣallūhu 69:32 thumma fī silsilatin dharʿuhā sabʿūna dhirāʿan fa-islukūhu 69:33 innahu kāna lā yuʾminu billāhi al-ʿaẓīmi 69:34 wa-lā yaḥuḍḍu ʿalá ṭaʿāmi al-miskīni 69:35 fa-laysa lahu al-yawma hāhunā ḥamīmun 69:36 wa-lā ṭaʿāmun illā min ghislīnin 69:37 lā yaʾkuluhu illā al-khāṭiʾūna 69:38 fa-lā uqsimu bi-mā tubṣirūna 69:39 wa-mā lā tubṣirūna 69:40 innahu la-qawlu rasūlin karīmin 69:41 wa-mā huwa bi-qawli shāʿirin qalīlan mā tuʾminūna 69:42 wa-lā bi-qawli kāhinin qalīlan mā tadhakkarūna 69:43 tanzīlun min rabbi al-ʿālamīna 69:44 wa-law taqawwala ʿalaynā baʿḍa al-aqāwīli 69:45 la-akhadhnā minhu bi-al-yamīni 69:46 thumma la-qaṭaʿnā minhu al-watīna 69:47 fa-mā minkum min aḥadin ʿanhu ḥājizīna 69:48 wa-innahu la-tadhkiratun lil-muttaqīna 69:49 wa-innā la-naʿlamu anna minkum mukadhdhibīna 69:50 wa-innahu la-ḥasratun ʿalá al-kāfirīna 69:51 wa-innahu la-ḥaqqu al-yaqīni 69:52 fa-sabbiḥ bi-ismi rabbika al-ʿaẓīmi 70:1 bismillāhi al-raḥmāni al-raḥīmi saʾala sāʾilun bi-ʿadhābin wāqiʿin 70:2 lil-kāfirīna laysa lahu dāfiʿun 70:3 mina Allāhi dhī al-maʿāriji 70:4 taʿruju al-malāʾikatu wa-al-rūḥu ilayhi fī yawmin kāna miqdāruhu khamsīna alfa sanatin 70:5 fa-iṣbir ṣabran jamīlan 70:6 innahum yarawnahu baʿīdan 70:7 wa-narāhu qarīban 70:8 yawma takūnu al-samāʾu ka-al-muhli 70:9 wa-takūnu al-jibālu ka-al-ʿihni 70:10 wa-lā yasʾalu ḥamīmun ḥamīman 70:11 yubaṣṣarūnahum yawaddu al-mujrimu law yaftadī min ʿadhābi yawmiʾidhin bi-banīhi 70:12 wa-ṣāḥibatihi wa-akhīhi 70:13 wa-faṣīlatihi al-latī tuʾwīhi 70:14 wa-man fī al-arḍi jamīʿan thumma yunjīhi 70:15 kallā innahā laẓá 70:16 nazzāʿatan lil-shawá 70:17 tadʿū man adbara wa-tawallá 70:18 wa-jamaʿa fa-awʿá 70:19 inna al-insāna khuliqa halūʿan 70:20 idhā massahu al-sharru jazūʿan 70:21 wa-idhā massahu al-khayru manūʿan 70:22 illā al-muṣallīna 70:23 al-ladhīna hum ʿalá ṣalātihim dāʾimūna 70:24 wa-al-ladhīna fī amwālihim ḥaqqun maʿlūmun 70:25 lil-sāʾili wa-al-maḥrūmi 70:26 wa-al-ladhīna yuṣaddiqūna bi-yawmi al-dīni 70:27 wa-al-ladhīna hum min ʿadhābi rabbihim mushfiqūna 70:28 inna ʿadhāba rabbihim ghayru maʾmūnin 70:29 wa-al-ladhīna hum li-furūjihim ḥāfiẓūna 70:30 illā ʿalá azwājihim aw mā malakat aymānuhum fa-innahum ghayru malūmīna 70:31 fa-mani ibtaghá warā'a dhālika fa-ulā'ika humu al-ʿādūna 70:32 wa-al-ladhīna hum li-amānātihim wa-ʿahdihim rāʿūna 70:33 wa-al-ladhīna hum bi-shahādātihim qā'imūna 70:34 wa-al-ladhīna hum ʿalá ṣalātihim yuḥāfiẓūna 70:35 ulā'ika fī jannātin mukramūna 70:36 fa-māli al-ladhīna kafarū qibalaka muhṭiʿīna 70:37 ʿani al-yamīni wa-ʿani al-shimāli ʿizīna 70:38 a-yaṭmaʿu kullu imri'in minhum an yudkhala jannata naʿīmin 70:39 kallā innā khalaqnāhum mimmā yaʿlamūna 70:40 fa-lā uqsimu bi-rabbi al-mashāriqi wa-al-maghāribi innā la-qādirūna 70:41 ʿalá an nubaddila khayran minhum wa-mā naḥnu bi-masbūqīna 70:42 fa-dharhum yakhūḍū wa-yalʿabū ḥattá yulāqū yawmahumu al-ladhī yūʿadūna 70:43 yawma yakhrujūna mina al-ajdāthi sirāʿan ka-annahum ilá nuṣubin yūfiḍūna 70:44 khāshiʿatan abṣāruhum tarhaquhum dhillatun dhālika al-yawmu al-ladhī kānū yūʿadūna 71:1 bismillāhi al-raḥmāni al-raḥīmi innā arsalnā Nūḥan ilá qawmihi an andhir qawmaka min qabli an ya'tiyahum ʿadhābun alīmun 71:2 qāla yā qawmi innī lakum nadhīrun mubīnun 71:3 ani uʿbudū Allāha wa-ittaqūhu wa-aṭīʿūni 71:4 yaghfir lakum min dhunūbikum wa-yu'akhkhirkum ilá ajalin musamman inna ajala Allāhi idhā jā'a lā yu'akhkharu law kuntum taʿlamūna 71:5 qāla rabbi innī daʿawtu qawmī laylan wa-nahāran 71:6 fa-lam yazid'hum duʿā'ī illā firāran 71:7 wa-innī kullamā daʿawtuhum li-taghfira lahum jaʿalū aṣābiʿahum fī ādhānihim wa-istaghshaw thiyābahum wa-aṣarrū wa-istakbarū istikbāran 71:8 thumma innī daʿawtuhum jihāran 71:9 thumma innī aʿlantu lahum wa-asrartu lahum isrāran 71:10 fa-qultu istaghfirū rabbakum innahu kāna ghaffāran 71:11 yursili al-samā'a ʿalaykum midrāran 71:12 wa-yumdidkum bi-amwālin wa-banīna wa-yajʿal lakum jannātin wa-yajʿal lakum anhāran 71:13 mā lakum lā tarjūna lillāhi waqāran 71:14 wa-qad khalaqakum aṭwāran 71:15 a-lam taraw kayfa khalaqa Allāhu sabʿa samāwātin ṭibāqan 71:16 wa-jaʿala al-qamara fīhinna nūran wa-jaʿala al-shamsa sirājan 71:17 wallāhu anbatakum mina al-arḍi nabātan 71:18 thumma yuʿīdukum fīhā wa-yukhrijukum ikhrājan 71:19 wallāhu jaʿala lakumu al-arḍa bisāṭan 71:20 li-taslukū minhā subulan fijājan 71:21 qāla Nūḥun rabbi innahum ʿaṣawnī wa-ittabaʿū man lam yazid'hu māluhu wa-waladuhu illā khasāran 71:22 wa-makarū makran kubbāran 71:23 wa-qālū lā tadharunna ālihatakum wa-lā tadharunna Waddan wa-lā Suwāʿan wa-lā Yaghūtha wa-Yaʿūqa wa-Nasran 71:24 wa-qad aḍallū kathīran wa-lā tazidi al-ẓālimīna illā ḍalālan 71:25 mimmā khaṭī'ātihim ughriqū fa-udkhilū nāran fa-lam yajidū lahum min dūni Allāhi anṣāran 71:26 wa-qāla Nūḥun rabbi lā tadhar ʿalá al-arḍi mina al-kāfirīna dayyāran 71:27 innaka in tadharhum yuḍillū ʿibādaka wa-lā yalidū illā fājiran kaffāran 71:28 rabbi ighfir lī wa-li-wālidayya wa-li-man dakhala baytiya mu'minan wa-lil-mu'minīna wa-al-mu'mināti wa-lā tazidi al-ẓālimīna illā tabāran 72:1 bismillāhi al-raḥmāni al-raḥīmi qul ūḥiya ilayya annahu istamaʿa nafarun mina al-jinni fa-qālū innā samiʿnā Qur'ānan ʿajaban 72:2 yahdī ilá al-rushdi fa-āmannā bi-hi wa-lan nushrika bi-rabbinā aḥadan 72:3 wa-annahu taʿālá jaddu rabbinā mā ittakhadha ṣāḥibatan wa-lā waladan 72:4 wa-annahu kāna yaqūlu safīhunā ʿalá Allāhi shaṭaṭan 72:5 wa-annā ẓanannā an lan taqūla al-insu wa-al-jinnu ʿalá Allāhi kadhiban 72:6 wa-annahu kāna rijālun mina al-insi yaʿūdhūna bi-rijālin mina al-jinni fa-zādūhum rahaqan 72:7 wa-annahum ẓannū ka-mā ẓanantum an lan yabʿatha Allāhu aḥadan 72:8 wa-annā lamasnā al-samā'a fa-wajadnāhā muli'at ḥarasan shadīdan wa-shuhuban 72:9 wa-annā kunnā naqʿudu minhā maqāʿida lil-samʿi fa-man yastamiʿi al-āna yajid lahu shihāban raṣadan 72:10 wa-annā lā nadrī a-sharrun urīda bi-man fī al-arḍi am arāda bi-him rabbuhum rashadan 72:11 wa-annā minnā al-ṣāliḥūna wa-minnā dūna dhālika kunnā ṭarā'iqa qidadan 72:12 wa-annā ẓanannā an lan nuʿjiza Allāha fī al-arḍi wa-lan nuʿjizahu haraban 72:13 wa-annā lammā samiʿnā al-hudá āmannā bi-hi fa-man yu'min bi-rabbihi fa-lā yakhāfu bakhsan wa-lā rahaqan 72:14 wa-annā minnā al-Muslimūna wa-minnā al-qāsiṭūna fa-man aslama fa-ulā'ika taḥarraw rashadan 72:15 wa-ammā al-qāsiṭūna fa-kānū li-jahannama ḥaṭaban 72:16 wa-an lawi istaqāmū ʿalá al-ṭarīqati la-asqaynāhum māʾan ghadaqan 72:17 li-naftinahum fīhi wa-man yuʿriḍ ʿan dhikri rabbihi yasluk'hu ʿadhāban ṣaʿadan 72:18 wa-anna al-masājida lillāhi fa-lā tadʿū maʿa Allāhi aḥadan 72:19 wa-annahu lammā qāma ʿabdu Allāhi yadʿūhu kādū yakūnūna ʿalayhi libadan 72:20 qul innamā adʿū rabbī wa-lā ushriku bi-hi aḥadan 72:21 qul innī lā amliku lakum ḍarran wa-lā rashadan 72:22 qul innī lan yujīranī mina Allāhi aḥadun wa-lan ajida min dūnihi multaḥadan 72:23 illā balāghan mina Allāhi wa-risālātihi wa-man yaʿṣi Allāha wa-rasūlahu fa-inna lahu nāra jahannama khālidīna fīhā abadan 72:24 ḥattá idhā raʾaw mā yūʿadūna fa-sa-yaʿlamūna man aḍʿafu nāṣiran wa-aqallu ʿadadan 72:25 qul in adrī a-qarībun mā tūʿadūna am yajʿalu lahu rabbī amadan 72:26 ʿālimu al-ghaybi fa-lā yuẓhiru ʿalá ghaybihi aḥadan 72:27 illā mani irtaḍá min rasūlin fa-innahu yasluku min bayni yadayhi wa-min khalfihi raṣadan 72:28 li-yaʿlama an qad ablaghū risālāti rabbihim wa-aḥāṭa bi-mā ladayhim wa-aḥṣá kulla shayʾin ʿadadan 73:1 bismillāhi al-raḥmāni al-raḥīmi yā ayyuhā al-muzzammilu 73:2 qumi al-layla illā qalīlan 73:3 niṣfahu awi unquṣ minhu qalīlan 73:4 aw zid ʿalayhi wa-rattili al-Qurʾāna tartīlan 73:5 innā sa-nulqī ʿalayka qawlan thaqīlan 73:6 inna nāshiʾata al-layli hiya ashaddu waṭʾan wa-aqwamu qīlan 73:7 inna laka fī al-nahāri sabḥan ṭawīlan 73:8 wa-udhkuri isma rabbika wa-tabattal ilayhi tabtīlan 73:9 rabbu al-mashriqi wa-al-maghribi lā ilāha illā huwa fa-ittakhidhhu wakīlan 73:10 wa-iṣbir ʿalá mā yaqūlūna wa-uhjurhum hajran jamīlan 73:11 wa-dharnī wa-al-mukadhdhibīna ulī al-naʿmati wa-mahhilhum qalīlan 73:12 inna ladaynā ankālan wa-jaḥīman 73:13 wa-ṭaʿāman dhā ghuṣṣatin wa-ʿadhāban alīman 73:14 yawma tarjufu al-arḍu wa-al-jibālu wa-kānati al-jibālu ka-thīban mahīlan 73:15 innā arsalnā ilaykum rasūlan shāhidan ʿalaykum ka-mā arsalnā ilá Firʿawna rasūlan 73:16 fa-ʿaṣá Firʿawnu al-rasūla fa-akhadhnāhu akhdhan wabīlan 73:17 fa-kayfa tattaqūna in kafartum yawman yajʿalu al-wildāna shīban 73:18 al-samāʾu munfaṭirun bi-hi kāna waʿduhu mafʿūlan 73:19 inna hādhihi tadhkiratun fa-man shāʾa ittakhadha ilá rabbihi sabīlan 73:20 inna rabbaka yaʿlamu annaka taqūmu adná min thuluthayi al-layli wa-niṣfahu wa-thuluthahu wa-ṭāʾifatun mina al-ladhīna maʿaka wallāhu yuqaddiru al-layla wa-al-nahāra ʿalima an lan tuḥṣūhu fa-tāba ʿalaykum fa-iqraʾū mā tayassara mina al-Qurʾāni ʿalima an sa-yakūnu minkum marḍá wa-ākharūna yaḍribūna fī al-arḍi yabtaghūna min faḍli Allāhi wa-ākharūna yuqātilūna fī sabīli Allāhi fa-iqraʾū mā tayassara minhu wa-aqīmū al-ṣalāta wa-ātū al-zakāta wa-aqriḍū Allāha qarḍan ḥasanan wa-mā tuqaddimū li-anfusikum min khayrin tajidūhu ʿinda Allāhi huwa khayran wa-aʿẓama ajran wa-istaghfirū Allāha inna Allāha ghafūrun raḥīmun 74:1 bismillāhi al-raḥmāni al-raḥīmi yā ayyuhā al-muddaththiru 74:2 qum fa-andhir 74:3 wa-rabbaka fa-kabbir 74:4 wa-thiyābaka fa-ṭahhir 74:5 wa-al-rujza fa-ihjur 74:6 wa-lā tamnun tastakthiru 74:7 wa-li-rabbika fa-iṣbir 74:8 fa-idhā nuqira fī al-nāqūri 74:9 fa-dhālika yawmaʾidhin yawmun ʿasīrun 74:10 ʿalá al-kāfirīna ghayru yasīrin 74:11 dharnī wa-man khalaqtu waḥīdan 74:12 wa-jaʿaltu lahu mālan mamdūdan 74:13 wa-banīna shuhūdan 74:14 wa-mahhadtu lahu tamhīdan 74:15 thumma yaṭmaʿu an azīda 74:16 kallā innahu kāna li-āyātinā ʿanīdan 74:17 sa-urhiquhu ṣaʿūdan 74:18 innahu fakkara wa-qaddara 74:19 fa-qutila kayfa qaddara 74:20 thumma qutila kayfa qaddara 74:21 thumma naẓara 74:22 thumma ʿabasa wa-basara 74:23 thumma adbara wa-istakbara 74:24 fa-qāla in hādhā illā siḥrun yuʾtharu 74:25 in hādhā illā qawlu al-bashari 74:26 sa-uṣlīhi saqara 74:27 wa-mā adrāka mā saqaru 74:28 lā tubqī wa-lā tadharu 74:29 lawwāḥatun lil-bashari 74:30 ʿalayhā tisʿata ʿashara 74:31 wa-mā jaʿalnā aṣḥāba al-nāri illā malāʾikatan wa-mā jaʿalnā ʿiddatahum illā fitnatan lil-ladhīna kafarū li-yastayqina al-ladhīna ūtū al-kitāba wa-yazdāda al-ladhīna āmanū īmānan wa-lā yartāba al-ladhīna ūtū al-kitāba wa-al-muʾminūna wa-li-yaqūla al-ladhīna fī qulūbihim maraḍun wa-al-kāfirūna mādhā arāda Allāhu bi-hādhā mathalan kadhālika yuḍillu Allāhu man yashā'u wa-yahdī man yashā'u wa-mā ya'lamu junūda rabbika illā huwa wa-mā hiya illā dhikrá lil-bashari 74:32 kallā wa-al-qamari 74:33 wa-al-layli idh adbara 74:34 wa-al-ṣubḥi idhā asfara 74:35 innahā la-iḥdá al-kubari 74:36 nadhīran lil-bashari 74:37 li-man shā'a minkum an yataqaddama aw yata'akhkhara 74:38 kullu nafsin bi-mā kasabat rahīnatun 74:39 illā aṣḥāba al-yamīni 74:40 fī jannātin yatasā'alūna 74:41 'ani al-mujrimīna 74:42 mā salakakum fī saqara 74:43 qālū lam naku mina al-muṣallīna 74:44 wa-lam naku nuṭ'imu al-miskīna 74:45 wa-kunnā nakhūḍu ma'a al-khā'iḍīna 74:46 wa-kunnā nukadhdhibu bi-yawmi al-dīni 74:47 ḥattá atānā al-yaqīnu 74:48 fa-mā tanfa'uhum shafā'atu al-shāfi'īna 74:49 fa-mā lahum 'ani al-tadhkirati mu'riḍīna 74:50 ka-annahum ḥumurun mustanfiratun 74:51 farrat min qaswaratin 74:52 bal yurīdu kullu imri'in minhum an yu'tá ṣuḥufan munashsharatan 74:53 kallā bal lā yakhāfūna al-ākhirata 74:54 kallā innahu tadhkiratun 74:55 fa-man shā'a dhakarahu 74:56 wa-mā yadhkurūna illā an yashā'a Allāhu huwa ahlu al-taqwá wa-ahlu al-maghfirati 75:1 bismillāhi al-raḥmāni al-raḥīmi lā uqsimu bi-yawmi al-qiyāmati 75:2 wa-lā uqsimu bi-al-nafsi al-lawwāmati 75:3 a-yaḥsabu al-insānu allan najma'a 'iẓāmahu 75:4 balá qādirīna 'alá an nusawwya banānahu 75:5 bal yurīdu al-insānu li-yafjura amāmahu 75:6 yas'alu ayyāna yawmu al-qiyāmati 75:7 fa-idhā bariqa al-baṣaru 75:8 wa-khasafa al-qamaru 75:9 wa-jumi'a al-shamsu wa-al-qamaru 75:10 yaqūlu al-insānu yawma'idhin ayna al-mafarru 75:11 kallā lā wazara 75:12 ilá rabbika yawma'idhin al-mustaqarru 75:13 yunabba'u al-insānu yawma'idhin bi-mā qaddama wa-akhkhara 75:14 bali al-insānu 'alá nafsihi baṣīratun 75:15 wa-law alqá ma'ādhīrahu 75:16 lā tuḥarrik bi-hi lisānaka li-ta'jala bi-hi 75:17 inna 'alaynā jam'ahu wa-Qur'ānahu 75:18 fa-idhā qara'nāhu fa-ittabi' Qur'ānahu 75:19 thumma inna 'alaynā bayānahu 75:20 kallā bal tuḥibbūna al-'ājilata 75:21 wa-tadharūna al-ākhirata 75:22 wujūhun yawma'idhin nāḍiratun 75:23 ilá rabbihā nāẓiratun 75:24 wa-wujūhun yawma'idhin bāsiratun 75:25 taẓunnu an yuf'ala bi-hā fāqiratun 75:26 kallā idhā balaghati al-tarāqiya 75:27 wa-qīla man rāqin 75:28 wa-ẓanna annahu al-firāqu 75:29 wa-iltaffati al-sāqu bi-al-sāqi 75:30 ilá rabbika yawma'idhin al-masāqu 75:31 fa-lā ṣaddaqa wa-lā ṣallá 75:32 wa-lākin kadhdhaba wa-tawallá 75:33 thumma dhahaba ilá ahlihi yatamaṭṭá 75:34 awlá laka fa-awlá 75:35 thumma awlá laka fa-awlá 75:36 a-yaḥsabu al-insānu an yutraka sudan 75:37 a-lam yaku nuṭfatan min manīyin yumná 75:38 thumma kāna 'alaqatan fa-khalaqa fa-sawwá 75:39 fa-ja'ala minhu al-zawjayni al-dhakara wa-al-unthá 75:40 a-laysa dhālika bi-qādirin 'alá an yuḥyiya al-mawtá 76:1 bismillāhi al-raḥmāni al-raḥīmi hal atá 'alá al-insāni ḥīnun mina al-dahri lam yakun shay'an madhkūran 76:2 innā khalaqnā al-insāna min nuṭfatin amshājin nabtalīhi fa-ja'alnāhu samī'an baṣīran 76:3 innā hadaynāhu al-sabīla immā shākiran wa-immā kafūran 76:4 innā a'tadnā lil-kāfirīna salāsila wa-aghlālan wa-sa'īran 76:5 inna al-abrāra yashrabūna min ka'sin kāna mizājuhā kāfūran 76:6 'aynan yashrabu bi-hā 'ibādu Allāhi yufajjirūnahā tafjīran 76:7 yūfūna bi-al-nadhri wa-yakhāfūna yawman kāna sharruhu mustaṭīran 76:8 wa-yuṭ'imūna al-ṭa'āma 'alá ḥubbihi miskīnan wa-yatīman wa-asīran 76:9 innamā nuṭ'imukum li-wajhi Allāhi lā nurīdu minkum jazā'an wa-lā shukūran 76:10 innā nakhāfu min rabbinā yawman 'abūsan qamṭarīran 76:11 fa-waqāhumu Allāhu sharra dhālika al-yawmi wa-laqqāhum naḍratan wa-surūran 76:12 wa-jazāhum bi-mā ṣabarū jannatan wa-ḥarīran 76:13 muttaki'īna fīhā 'alá al-arā'iki lā yarawna fīhā shamsan wa-lā zamharīran 76:14 wa-dānyatan 'alayhim ẓilāluhā wa-dhullilat quṭūfuhā tadhlīlan 76:15 wa-yuṭāfu 'alayhim bi-āniyatin min fiḍḍatin wa-akwābin kānat qawārīran 76:16 qawārīra min fiḍḍatin qaddarūhā taqdīran 76:17 wa-yusqawna fīhā ka'san kāna mizājuhā zanjabīlan 76:18 'aynan fīhā tusammá salsabīlan 76:19 wa-yaṭūfu 'alayhim wildānun mukhalladūna idhā ra'aytahum ḥasibtahum lu'u'an manthūran 76:20 wa-idhā ra'ayta thamma ra'ayta na'īman wa-mulkan kabīran 76:21 ʿāliyahum thiyābu sundusin khuḍrun wa-istabraqun wa-ḥullū asāwira min fiḍḍatin wa-saqāhum rabbuhum sharāban ṭahūran 76:22 inna hādhā kāna lakum jazāʾan wa-kāna saʿyukum mashkūran 76:23 innā naḥnu nazzalnā ʿalayka al-Qurʾāna tanzīlan 76:24 fa-iṣbir li-ḥukmi rabbika wa-lā tuṭiʿ minhum āthiman aw kafūran 76:25 wa-udhkuri isma rabbika bukratan wa-aṣīlan 76:26 wa-mina al-layli fa-usjud lahu wa-sabbiḥhu laylan ṭawīlan 76:27 inna hāʾulāʾi yuḥibbūna al-ʿājilata wa-yadharūna warāʾahum yawmanan thaqīlan 76:28 naḥnu khalaqnāhum wa-shadadnā asrahum wa-idhā shiʾnā baddalnā amthālahum tabdīlan 76:29 inna hādhihi tadhkiratun fa-man shāʾa ittakhadha ilá rabbihi sabīlan 76:30 wa-mā tashāʾūna illā an yashāʾa Allāhu inna Allāha kāna ʿalīman ḥakīman 76:31 yudkhilu man yashāʾu fī raḥmatihi wa-al-ẓālimīna aʿadda lahum ʿadhāban alīman 77:1 bismillāhi al-raḥmāni al-raḥīmi wa-al-mursalāti ʿurfan 77:2 fa-al-ʿāṣifāti ʿaṣfan 77:3 wa-al-nāshirāti nashran 77:4 fa-al-fāriqāti farqan 77:5 fa-al-mulqiyāti dhikran 77:6 ʿudhran aw nudhran 77:7 innamā tūʿadūna la-wāqiʿun 77:8 fa-idhā al-nujūmu ṭumisat 77:9 wa-idhā al-samāʾu furijat 77:10 wa-idhā al-jibālu nusifat 77:11 wa-idhā al-rusulu uqqitat 77:12 li-ayyi yawmin ujjilat 77:13 li-yawmi al-faṣli 77:14 wa-mā adrāka mā yawmu al-faṣli 77:15 waylun yawmaʾidhin lil-mukadhdhibīna 77:16 a-lam nuhliki al-awwalīna 77:17 thumma nutbiʿuhumu al-ākhirīna 77:18 kadhālika nafʿalu bi-al-mujrimīna 77:19 waylun yawmaʾidhin lil-mukadhdhibīna 77:20 a-lam nakhluqkum min māʾin mahīnin 77:21 fa-jaʿalnāhu fī qarārin makīnin 77:22 ilá qadarin maʿlūmin 77:23 fa-qadarnā fa-niʿma al-qādirūna 77:24 waylun yawmaʾidhin lil-mukadhdhibīna 77:25 a-lam najʿali al-arḍa kifātan 77:26 aḥyāʾan wa-amwātan 77:27 wa-jaʿalnā fīhā rawāsiya shāmikhātin wa-asqaynākum māʾan furātan 77:28 waylun yawmaʾidhin lil-mukadhdhibīna 77:29 inṭaliqū ilá mā kuntum bi-hi tukadhdhibūna 77:30 inṭaliqū ilá ẓillin dhī thalāthi shuʿabin 77:31 lā ẓalīlin wa-lā yughnī mina al-lahabi 77:32 innahā tarmī bi-shararin ka-al-qaṣri 77:33 ka-annahu jimālatun ṣufrun 77:34 waylun yawmaʾidhin lil-mukadhdhibīna 77:35 hādhā yawmu lā yanṭiqūna 77:36 wa-lā yuʾdhanu lahum fa-yaʿtadhirūna 77:37 waylun yawmaʾidhin lil-mukadhdhibīna 77:38 hādhā yawmu al-faṣli jamaʿnākum wa-al-awwalīna 77:39 fa-in kāna lakum kaydun fa-kīdūni 77:40 waylun yawmaʾidhin lil-mukadhdhibīna 77:41 inna al-muttaqīna fī ẓilālin wa-ʿuyūnin 77:42 wa-fawākiha mimmā yashtahūna 77:43 kulū wa-ishrabū hanīʾan bi-mā kuntum taʿmalūna 77:44 innā kadhālika najzī al-muḥsinīna 77:45 waylun yawmaʾidhin lil-mukadhdhibīna 77:46 kulū wa-tamattaʿū qalīlan innakum mujrimūna 77:47 waylun yawmaʾidhin lil-mukadhdhibīna 77:48 wa-idhā qīla lahumu irkaʿū lā yarkaʿūna 77:49 waylun yawmaʾidhin lil-mukadhdhibīna 77:50 fa-bi-ayyi ḥadīthin baʿdahu yuʾminūna 78:1 bismillāhi al-raḥmāni al-raḥīmi ʿamma yatasāʾalūna 78:2 ʿani al-nabaʾi al-ʿaẓīmi 78:3 al-ladhī hum fīhi mukhtalifūna 78:4 kallā sa-yaʿlamūna 78:5 thumma kallā sa-yaʿlamūna 78:6 a-lam najʿali al-arḍa mihādan 78:7 wa-al-jibāla awtādan 78:8 wa-khalaqnākum azwājan 78:9 wa-jaʿalnā nawmakum subātan 78:10 wa-jaʿalnā al-layla libāsan 78:11 wa-jaʿalnā al-nahāra maʿāshan 78:12 wa-banaynā fawqakum sabʿan shidādan 78:13 wa-jaʿalnā sirājan wahhājan 78:14 wa-anzalnā mina al-muʿṣirāti māʾan thajjājan 78:15 li-nukhrija bi-hi ḥabban wa-nabātan 78:16 wa-jannātin alfāfan 78:17 inna yawma al-faṣli kāna mīqātan 78:18 yawma yunfakhu fī al-ṣūri fa-taʾtūna afwājan 78:19 wa-futiḥati al-samāʾu fa-kānat abwāban 78:20 wa-suyyirati al-jibālu fa-kānat sarāban 78:21 inna jahannama kānat mirṣādan 78:22 lil-ṭāghīna maʾāban 78:23 lābithīna fīhā aḥqāban 78:24 lā yadhūqūna fīhā bardan wa-lā sharāban 78:25 illā ḥamīman wa-ghassāqan 78:26 jazāʾan wifāqan 78:27 innahum kānū lā yarjūna ḥisāban 78:28 wa-kadhdhabū bi-āyātinā kidhdhāban 78:29 wa-kulla shayʾin aḥṣaynāhu kitāban 78:30 fa-dhūqū fa-lan nazīdakum illā ʿadhāban 78:31 inna lil-muttaqīna mafāzan 78:32 ḥadāʾiqa wa-aʿnāban 78:33 wa-kawāʿiba atrāban 78:34 wa-kaʾsan dihāqan 78:35 lā yasmaʿūna fīhā laghwan wa-lā kidhdhāban 78:36

jazā'an min rabbika ʿaṭā'an ḥisāban 78:37 rabbi al-samāwāti wa-al-arḍi wa-mā baynahumā al-raḥmani lā yamlikūna minhu khiṭāban 78:38 yawma yaqūmu al-rūḥu wa-al-malā'ikatu ṣaffan lā yatakallamūna illā man adhina lahu al-raḥmanu wa-qāla ṣawāban 78:39 dhālika al-yawmu al-ḥaqqu fa-man shā'a ittakhadha ilá rabbihi ma'āban 78:40 innā andharnākum ʿadhāban qarīban yawma yanẓuru al-mar'u mā qaddamat yadāhu wa-yaqūlu al-kāfiru yā laytanī kuntu turāban 79:1 bismillāhi al-raḥmāni al-raḥīmi wa-al-nāziʿāti gharqan 79:2 wa-al-nāshiṭāti nashṭan 79:3 wa-al-sābiḥāti sabḥan 79:4 fa-al-sābiqāti sabqan 79:5 fa-al-mudabbirāti amran 79:6 yawma tarjufu al-rājifatu 79:7 tatbaʿuhā al-rādifatu 79:8 qulūbun yawma'idhin wājifatun 79:9 abṣāruhā khāshiʿatun 79:10 yaqūlūna a-innā la-mardūdūna fī al-ḥāfirati 79:11 a-idhā kunnā ʿiẓāman nakhiratan 79:12 qālū tilka idhan karratun khāsiratun 79:13 fa-innamā hiya zajratun wāḥidatun 79:14 fa-idhā hum bi-al-sāhirati 79:15 hal atāka ḥadīthu Mūsá 79:16 idh nādāhu rabbuhu bi-al-wādi al-muqaddasi ṭuwan 79:17 adhhab ilá Firʿawna innahu ṭaghá 79:18 fa-qul hal laka ilá an tazakká 79:19 wa-ahdiyaka ilá rabbika fa-takhshá 79:20 fa-arāhu al-āyata al-kubrá 79:21 fa-kadhdhaba wa-ʿaṣá 79:22 thumma adbara yasʿá 79:23 fa-ḥashara fa-nādá 79:24 fa-qāla anā rabbukumu al-aʿlá 79:25 fa-akhadhahu Allāhu nakāla al-ākhirati wa-al-ūlá 79:26 inna fī dhālika la-ʿibratan li-man yakhshá 79:27 a-antum ashaddu khalqan ami al-samā'u banāhā 79:28 rafaʿa samkahā fa-sawwāhā 79:29 wa-aghṭasha laylahā wa-akhraja ḍuḥāhā 79:30 wa-al-arḍa baʿda dhālika daḥāhā 79:31 akhraja minhā mā'ahā wa-marʿāhā 79:32 wa-al-jibāla arsāhā 79:33 matāʿan lakum wa-li-anʿāmikum 79:34 fa-idhā jā'ati al-ṭāmmatu al-kubrá 79:35 yawma yatadhakkaru al-insānu mā saʿá 79:36 wa-burrizati al-jaḥīmu li-man yará 79:37 fa-ammā man ṭaghá 79:38 wa-āthara al-ḥayāta al-dunyā 79:39 fa-inna al-jaḥīma hiya al-ma'wá 79:40 wa-ammā man khāfa maqāma rabbihi wa-nahá al-nafsa ʿani al-hawá 79:41 fa-inna al-jannata hiya al-ma'wá 79:42 yas'alūnaka ʿani al-sāʿati ayyāna mursāhā 79:43 fīma anta min dhikrāhā 79:44 ilá rabbika muntahāhā 79:45 innamā anta mundhiru man yakhshāhā 79:46 ka-annahum yawma yarawnahā lam yalbathū illā ʿashīyatan aw ḍuḥāhā 80:1 bismillāhi al-raḥmāni al-raḥīmi ʿabasa wa-tawallá 80:2 an jā'ahu al-aʿmá 80:3 wa-mā yudrīka laʿallahu yazzakká 80:4 aw yadhdhakkaru fa-tanfaʿahu al-dhikrá 80:5 ammā mani istaghná 80:6 fa-anta lahu taṣaddá 80:7 wa-mā ʿalayka allā yazzakká 80:8 wa-ammā man jā'aka yasʿá 80:9 wa-huwa yakhshá 80:10 fa-anta ʿanhu talahhá 80:11 kallā innahā tadhkiratun 80:12 fa-man shā'a dhakarahu 80:13 fī ṣuḥufin mukarramatin 80:14 marfūʿatin muṭahharatin 80:15 bi-aydī safaratin 80:16 kirāmin bararatin 80:17 qutila al-insānu mā akfarahu 80:18 min ayyi shay'in khalaqahu 80:19 min nuṭfatin khalaqahu fa-qaddarahu 80:20 thumma al-sabīla yassarahu 80:21 thumma amātahu fa-aqbarahu 80:22 thumma idhā shā'a ansharahu 80:23 kallā lammā yaqḍi mā amarahu 80:24 fa-li-yanẓuri al-insānu ilá ṭaʿāmihi 80:25 annā ṣababnā al-mā'a ṣabban 80:26 thumma shaqaqnā al-arḍa shaqqan 80:27 fa-anbatnā fīhā ḥabban 80:28 wa-ʿinaban wa-qaḍban 80:29 wa-zaytūnan wa-nakhlan 80:30 wa-ḥadā'iqa ghulban 80:31 wa-fākihatan wa-abban 80:32 matāʿan lakum wa-li-anʿāmikum 80:33 fa-idhā jā'ati al-ṣākhkhatu 80:34 yawma yafirru al-mar'u min akhīhi 80:35 wa-ummihi wa-abīhi 80:36 wa-ṣāḥibatihi wa-banīhi 80:37 li-kulli imri'in minhum yawma'idhin sha'nun yughnīhi 80:38 wujūhun yawma'idhin musfiratun 80:39 ḍāḥikatun mustabshiratun 80:40 wa-wujūhun yawma'idhin ʿalayhā ghabaratun 80:41 tarhaquhā qataratun 80:42 ulā'ika humu al-kafaratu al-fajaratu 81:1 bismillāhi al-raḥmāni al-raḥīmi idhā al-shamsu kūwirat 81:2 wa-idhā al-nujūmu inkadarat 81:3 wa-idhā al-jibālu suyyirat 81:4 wa-idhā al-ʿishāru ʿuṭṭilat 81:5 wa-idhā al-wuḥūshu ḥushirat 81:6 wa-idhā al-biḥāru sujjirat 81:7 wa-idhā al-nufūsu zūwijat 81:8 wa-idhā al-maw'ūdatu su'ilat 81:9 bi-ayyi dhanbin qutilat 81:10 wa-idhā al-ṣuḥufu nushirat 81:11 wa-idhā al-samā'u kushiṭat 81:12 wa-idhā al-jaḥīmu suʿʿirat 81:13 wa-idhā al-jannatu uzlifat 81:14

ʿalimat nafsun mā aḥḍarat 81:15 fa-lā uqsimu bi-al-khunnasi 81:16 al-jawāri al-kunnasi 81:17 wa-al-layli idhā ʿasʿasa 81:18 wa-al-ṣubḥi idhā tanaffasa 81:19 innahu la-qawlu rasūlin karīmin 81:20 dhī qūwatin ʿinda dhī al-ʿarshi makīnin 81:21 muṭāʿin thamma amīnin 81:22 wa-mā ṣāḥibukum bi-majnūnin 81:23 wa-laqad raʾāhu bi-al-ufuqi al-mubīni 81:24 wa-mā huwa ʿalá al-ghaybi bi-ḍanīnin 81:25 wa-mā huwa bi-qawli shayṭānin rajīmin 81:26 fa-ayna tadhhabūna 81:27 in huwa illā dhikrun lil-ʿālamīna 81:28 li-man shāʾa minkum an yastaqīma 81:29 wa-mā tashāʾūna illā an yashāʾa Allāhu rabbu al-ʿālamīna 82:1 bismillāhi al-raḥmāni al-raḥīmi idhā al-samāʾu infaṭarat 82:2 wa-idhā al-kawākibu intatharat 82:3 wa-idhā al-biḥāru fujjirat 82:4 wa-idhā al-qubūru buʿthirat 82:5 ʿalimat nafsun mā qaddamat wa-akhkharat 82:6 yā ayyuhā al-insānu mā gharraka bi-rabbika al-karīmi 82:7 al-ladhī khalaqaka fa-sawwāka fa-ʿadalaka 82:8 fī ayyi ṣūratin mā shāʾa rakkabaka 82:9 kallā bal tukadhdhibūna bi-al-dīni 82:10 wa-inna ʿalaykum la-ḥāfiẓīna 82:11 kirāman kātibīna 82:12 yaʿlamūna mā tafʿalūna 82:13 inna al-abrāra la-fī naʿīmin 82:14 wa-inna al-fujjāra la-fī jaḥīmin 82:15 yaṣlawnahā yawma al-dīni 82:16 wa-mā hum ʿanhā bi-ghāʾibīna 82:17 wa-mā adrāka mā yawmu al-dīni 82:18 thumma mā adrāka mā yawmu al-dīni 82:19 yawma lā tamliku nafsun li-nafsin shayʾan wa-al-amru yawmaʾidhin lillāhi 83:1 bismillāhi al-raḥmāni al-raḥīmi waylun lil-muṭaffifīna 83:2 al-ladhīna idhā iktālū ʿalá al-nāsi yastawfūna 83:3 wa-idhā kālūhum aw wazanūhum yukhsirūna 83:4 alā yaẓunnu ulāʾika annahum mabʿūthūna 83:5 li-yawmin ʿaẓīmin 83:6 yawma yaqūmu al-nāsu li-rabbi al-ʿālamīna 83:7 kallā inna kitāba al-fujjāri la-fī sijjīnin 83:8 wa-mā adrāka mā sijjīnun 83:9 kitābun marqūmun 83:10 waylun yawmaʾidhin lil-mukadhdhibīna 83:11 al-ladhīna yukadhdhibūna bi-yawmi al-dīni 83:12 wa-mā yukadhdhibu bi-hi illā kullu muʿtadin athīmin 83:13 idhā tutlá ʿalayhi āyātunā qāla asāṭīru al-awwalīna 83:14 kallā bal rāna ʿalá qulūbihim mā kānū yaksibūna 83:15 kallā innahum ʿan rabbihim yawmaʾidhin la-maḥjūbūna 83:16 thumma innahum la-ṣālū al-jaḥīmi 83:17 thumma yuqālu hādhā al-ladhī kuntum bi-hi tukadhdhibūna 83:18 kallā inna kitāba al-abrāri la-fī ʿillīyīna 83:19 wa-mā adrāka mā ʿillīyūna 83:20 kitābun marqūmun 83:21 yashhaduhu al-muqarrabūna 83:22 inna al-abrāra la-fī naʿīmin 83:23 ʿalá al-arāʾiki yanẓurūna 83:24 taʿrifu fī wujūhihim naḍrata al-naʿīmi 83:25 yusqawna min raḥīqin makhtūmin 83:26 khitāmuhu miskun wa-fī dhālika fa-li-yatanāfasi al-mutanāfisūna 83:27 wa-mizājuhu min tasnīmin 83:28 ʿaynan yashrabu bi-hā al-muqarrabūna 83:29 inna al-ladhīna ajramū kānū mina al-ladhīna āmanū yaḍḥakūna 83:30 wa-idhā marrū bi-him yataghāmazūna 83:31 wa-idhā inqalabū ilá ahlihimu inqalabū fakihīna 83:32 wa-idhā raʾawhum qālū inna hāʾulāʾi la-ḍāllūna 83:33 wa-mā ursilū ʿalayhim ḥāfiẓīna 83:34 fa-al-yawma al-ladhīna āmanū mina al-kuffāri yaḍḥakūna 83:35 ʿalá al-arāʾiki yanẓurūna 83:36 hal thuwwiba al-kuffāru mā kānū yafʿalūna 84:1 bismillāhi al-raḥmāni al-raḥīmi idhā al-samāʾu inshaqqat 84:2 wa-adhinat li-rabbihā wa-ḥuqqat 84:3 wa-idhā al-arḍu muddat 84:4 wa-alqat mā fīhā wa-takhallat 84:5 wa-adhinat li-rabbihā wa-ḥuqqat 84:6 yā ayyuhā al-insānu innaka kādiḥun ilá rabbika kadḥan fa-mulāqīhi 84:7 fa-ammā man ūtiya kitābahu bi-yamīnihi 84:8 fa-sawfa yuḥāsabu ḥisāban yasīran 84:9 wa-yanqalibu ilá ahlihi masrūran 84:10 wa-ammā man ūtiya kitābahu warāʾa ẓahrihi 84:11 fa-sawfa yadʿū thubūran 84:12 wa-yaṣlá saʿīran 84:13 innahu kāna fī ahlihi masrūran 84:14 innahu ẓanna an lan yaḥūra 84:15 balá inna rabbahu kāna bi-hi baṣīran 84:16 fa-lā uqsimu bi-al-shafaqi 84:17 wa-al-layli wa-mā wasaqa 84:18 wa-al-qamari idhā ittasaqa 84:19 la-tarkabunna ṭabaqan ʿan ṭabaqin 84:20 fa-mā lahum lā yuʾminūna 84:21 wa-idhā quriʾa ʿalayhimu al-Qurʾānu lā yasjudūna 84:22 bali al-ladhīna kafarū yukadhdhibūna 84:23 wallāhu aʿlamu bi-mā yūʿūna 84:24 fa-bashshirhum bi-ʿadhābin alīmin 84:25 illā al-ladhīna āmanū wa-ʿamilū al-ṣāliḥāti lahum ajrun ghayru mamnūnin 85:1 bismillāhi al-raḥmāni al-raḥīmi wa-al-samāʾi dhāti al-burūji 85:2 wa-al-yawmi al-mawʿūdi 85:3

wa-shāhidin wa-mashhūdin 85:4 qutila aṣḥābu al-ukhdūdi 85:5 al-nāri dhāti al-waqūdi 85:6 idh hum ʿalayhā quʿūdun 85:7 wa-hum ʿalá mā yafʿalūna bi-al-muʾminīna shuhūdun 85:8 wa-mā naqamū minhum illā an yuʾminū billāhi al-ʿazīzi al-ḥamīdi 85:9 al-ladhī lahu mulku al-samāwāti wa-al-arḍi wallāhu ʿalá kulli shayʾin shahīdun 85:10 inna al-ladhīna fatanū al-muʾminīna wa-al-muʾmināti thumma lam yatūbū fa-lahum ʿadhābu jahannama wa-lahum ʿadhābu al-ḥarīqi 85:11 inna al-ladhīna āmanū wa-ʿamilū al-ṣāliḥāti lahum jannātun tajrī min taḥtihā al-anhāru dhālika al-fawzu al-kabīru 85:12 inna baṭsha rabbika la-shadīdun 85:13 innahu huwa yubdiʾu wa-yuʿīdu 85:14 wa-huwa al-ghafūru al-wadūdu 85:15 dhu al-ʿarshi al-majīdu 85:16 faʿʿālun li-mā yurīdu 85:17 hal atāka ḥadīthu al-junūdi 85:18 Firʿawna wa-Thamūda 85:19 bali al-ladhīna kafarū fī takdhībin 85:20 wallāhu min warāʾihim muḥīṭun 85:21 bal huwa Qurʾānun majīdun 85:22 fī lawḥin maḥfūẓin 86:1 bismillāhi al-raḥmāni al-raḥīmi wa-al-samāʾi wa-al-ṭāriqi 86:2 wa-mā adrāka mā al-ṭāriqu 86:3 al-najmu al-thāqibu 86:4 in kullu nafsin lammā ʿalayhā ḥāfiẓun 86:5 fa-li-yanẓuri al-insānu mimma khuliqa 86:6 khuliqa min māʾin dāfiqin 86:7 yakhruju min bayni al-ṣulbi wa-al-tarāʾibi 86:8 innahu ʿalá rajʿihi la-qādirun 86:9 yawma tublá al-sarāʾiru 86:10 fa-mā lahu min qūwatin wa-lā nāṣirin 86:11 wa-al-samāʾi dhāti al-rajʿi 86:12 wa-al-arḍi dhāti al-ṣadʿi 86:13 innahu la-qawlun faṣlun 86:14 wa-mā huwa bi-al-hazli 86:15 innahum yakīdūna kaydan 86:16 wa-akīdu kaydan 86:17 fa-mahhili al-kāfirīna amhilhum ruwaydan 87:1 bismillāhi al-raḥmāni al-raḥīmi sabbiḥi isma rabbika al-aʿlá 87:2 al-ladhī khalaqa fa-sawwá 87:3 wa-al-ladhī qaddara fa-hadá 87:4 wa-al-ladhī akhraja al-marʿá 87:5 fa-jaʿalahu ghuthāʾan aḥwá 87:6 sa-nuqriʾuka fa-lā tansá 87:7 illā mā shāʾa Allāhu innahu yaʿlamu al-jahra wa-mā yakhfá 87:8 wa-nuyassiruka lil-yusrá 87:9 fa-dhakkir in nafaʿati al-dhikrá 87:10 sa-yadhdhakkaru man yakhshá 87:11 wa-yatajannabuhā al-ashqá 87:12 al-ladhī yaṣlá al-nāra al-kubrá 87:13 thumma lā yamūtu fīhā wa-lā yaḥyá 87:14 qad aflaḥa man tazakká 87:15 wa-dhakara isma rabbihi fa-ṣallá 87:16 bal tuʾthirūna al-ḥayāta al-dunyā 87:17 wa-al-ākhiratu khayrun wa-abqá 87:18 inna hādhā la-fī al-ṣuḥufi al-ūlá 87:19 ṣuḥufi Ibrāhīma wa-Mūsá 88:1 bismillāhi al-raḥmāni al-raḥīmi hal atāka ḥadīthu al-ghāshiyati 88:2 wujūhun yawmaʾidhin khāshiʿatun 88:3 ʿāmilatun nāṣibatun 88:4 taṣlá nāran ḥāmiyatan 88:5 tusqá min ʿaynin āniyatin 88:6 laysa lahum ṭaʿāmun illā min ḍarīʿin 88:7 lā yusminu wa-lā yughnī min jūʿin 88:8 wujūhun yawmaʾidhin nāʿimatun 88:9 li-saʿyihā rāḍyatun 88:10 fī jannatin ʿālyatin 88:11 lā tasmaʿu fīhā lāghiyatan 88:12 fīhā ʿaynun jāriyatun 88:13 fīhā sururun marfūʿatun 88:14 wa-akwābun mawḍūʿatun 88:15 wa-namāriqu maṣfūfatun 88:16 wa-zarābīyu mabthūthatun 88:17 a-fa-lā yanẓurūna ilá al-ibili kayfa khuliqat 88:18 wa-ilá al-samāʾi kayfa rufiʿat 88:19 wa-ilá al-jibāli kayfa nuṣibat 88:20 wa-ilá al-arḍi kayfa suṭiḥat 88:21 fa-dhakkir innamā anta mudhakkirun 88:22 lasta ʿalayhim bi-muṣayṭirin 88:23 illā man tawallá wa-kafara 88:24 fa-yuʿadhdhibuhu Allāhu al-ʿadhāba al-akbara 88:25 inna ilaynā iyābahum 88:26 thumma inna ʿalaynā ḥisābahum 89:1 bismillāhi al-raḥmāni al-raḥīmi wa-al-fajri 89:2 wa-layālin ʿashrin 89:3 wa-al-shafʿi wa-al-watri 89:4 wa-al-layli idhā yasri 89:5 hal fī dhālika qasamun li-dhī ḥijrin 89:6 a-lam tara kayfa faʿala rabbuka bi-ʿĀdin 89:7 irama dhāti al-ʿimādi 89:8 al-latī lam yukhlaq mithluhā fī al-bilādi 89:9 wa-Thamūda al-ladhīna jābū al-ṣakhra bi-al-wādi 89:10 wa-Firʿawna dhī al-awtādi 89:11 al-ladhīna ṭaghaw fī al-bilādi 89:12 fa-aktharū fīhā al-fasāda 89:13 fa-ṣabba ʿalayhim rabbuka sawṭa ʿadhābin 89:14 inna rabbaka la-bi-al-mirṣādi 89:15 fa-ammā al-insānu idhā mā ibtalāhu rabbuhu fa-akramahu wa-naʿʿamahu fa-yaqūlu rabbī akramani 89:16 wa-ammā idhā mā ibtalāhu fa-qadara ʿalayhi rizqahu fa-yaqūlu rabbī ahānani 89:17 kallā bal lā tukrimūna al-yatīma 89:18 wa-lā taḥāḍḍūna ʿalá ṭaʿāmi al-miskīni 89:19 wa-taʾkulūna al-turātha aklan lamman 89:20 wa-tuḥibbūna al-māla ḥubban jamman 89:21 kallā idhā dukkati al-arḍu dakkan dakkan 89:22 wa-jāʾa rabbuka wa-al-malaku ṣaffan

ṣaffan 89:23 wa-jīʾa yawmaʾidhin bi-jahannama yawmaʾidhin yatadhakkaru al-insānu wa-anná lahu al-dhikrá 89:24 yaqūlu yā laytanī qaddamtu li-ḥayātī 89:25 fa-yawmaʾidhin lā yuʿadhdhibu ʿadhābahu aḥadun 89:26 wa-lā yūthiqu wathāqahu aḥadun 89:27 yā ayyatuhā al-nafsu al-muṭmaʾinnatu 89:28 irjiʿī ilá rabbiki rāḍyatan marḍīyatan 89:29 fa-udkhulī fī ʿibādī 89:30 wa-udkhulī jannatī 90:1 bismillāhi al-raḥmāni al-raḥīmi lā uqsimu bi-hādhā al-baladi 90:2 wa-anta ḥillun bi-hādhā al-baladi 90:3 wa-wālidin wa-mā walada 90:4 laqad khalaqnā al-insāna fī kabadin 90:5 a-yaḥsabu an lan yaqdira ʿalayhi aḥadun 90:6 yaqūlu ahlaktu mālan lubadan 90:7 a-yaḥsabu an lam yarahu aḥadun 90:8 a-lam najʿal lahu ʿaynayni 90:9 wa-lisānan wa-shafatayni 90:10 wa-hadaynāhu al-najdayni 90:11 fa-lā iqtaḥama al-ʿaqabata 90:12 wa-mā adrāka mā al-ʿaqabatu 90:13 fakku raqabatin 90:14 aw iṭʿāmun fī yawmin dhī masghabatin 90:15 yatīman dhā maqrabatin 90:16 aw miskīnan dhā matrabatin 90:17 thumma kāna mina al-ladhīna āmanū wa-tawāṣaw bi-al-ṣabri wa-tawāṣaw bi-al-marḥamati 90:18 ulāʾika aṣḥābu al-maymanati 90:19 wa-al-ladhīna kafarū bi-āyātinā hum aṣḥābu al-mashʾamati 90:20 ʿalayhim nārun muʾṣadatun 91:1 bismillāhi al-raḥmāni al-raḥīmi wa-al-shamsi wa-ḍuḥāhā 91:2 wa-al-qamari idhā talāhā 91:3 wa-al-nahāri idhā jallāhā 91:4 wa-al-layli idhā yaghshāhā 91:5 wa-al-samāʾi wa-mā banāhā 91:6 wa-al-arḍi wa-mā ṭaḥāhā 91:7 wa-nafsin wa-mā sawwāhā 91:8 fa-alhamahā fujūrahā wa-taqwāhā 91:9 qad aflaḥa man zakkāhā 91:10 wa-qad khāba man dassāhā 91:11 kadhdhabat Thamūdu bi-ṭaghwāhā 91:12 idhi inbaʿatha ashqāhā 91:13 fa-qāla lahum rasūlu Allāhi nāqata Allāhi wa-suqyāhā 91:14 fa-kadhdhabūhu fa-ʿaqarūhā fa-damdama ʿalayhim rabbuhum bi-dhanbihim fa-sawwāhā 91:15 wa-lā yakhāfu ʿuqbāhā 92:1 bismillāhi al-raḥmāni al-raḥīmi wa-al-layli idhā yaghshá 92:2 wa-al-nahāri idhā tajallá 92:3 wa-mā khalaqa al-dhakara wa-al-unthá 92:4 inna saʿyakum la-shattá 92:5 fa-ammā man aʿṭá wa-ittaqá 92:6 wa-ṣaddaqa bi-al-ḥusná 92:7 fa-sa-nuyassiruhu lil-yusrá 92:8 wa-ammā man bakhila wa-istaghná 92:9 wa-kadhdhaba bi-al-ḥusná 92:10 fa-sa-nuyassiruhu lil-ʿusrá 92:11 wa-mā yughnī ʿanhu māluhu idhā taraddá 92:12 inna ʿalaynā lil-hudá 92:13 wa-inna lanā la-al-ākhirata wa-al-ūlá 92:14 fa-andhartukum nāran talaẓẓá 92:15 lā yaṣlāhā illā al-ashqá 92:16 al-ladhī kadhdhaba wa-tawallá 92:17 wa-sa-yujannabuhā al-atqá 92:18 al-ladhī yuʾtī mālahu yatazakká 92:19 wa-mā li-aḥadin ʿindahu min niʿmatin tujzá 92:20 illā ibtighāʾa wajhi rabbihi al-aʿlá 92:21 wa-la-sawfa yarḍá 93:1 bismillāhi al-raḥmāni al-raḥīmi wa-al-ḍuḥá 93:2 wa-al-layli idhā sajá 93:3 mā waddaʿaka rabbuka wa-mā qalá 93:4 wa-la-al-ākhiratu khayrun laka mina al-ūlá 93:5 wa-la-sawfa yuʿṭīka rabbuka fa-tarḍá 93:6 a-lam yajidka yatīman fa-āwá 93:7 wa-wajadaka ḍāllan fa-hadá 93:8 wa-wajadaka ʿāʾilan fa-aghná 93:9 fa-ammā al-yatīma fa-lā taqhar 93:10 wa-ammā al-sāʾila fa-lā tanhar 93:11 wa-ammā bi-niʿmati rabbika fa-ḥaddith 94:1 bismillāhi al-raḥmāni al-raḥīmi a-lam nashraḥ laka ṣadraka 94:2 wa-waḍaʿnā ʿanka wizraka 94:3 al-ladhī anqaḍa ẓahraka 94:4 wa-rafaʿnā laka dhikraka 94:5 fa-inna maʿa al-ʿusri yusran 94:6 inna maʿa al-ʿusri yusran 94:7 fa-idhā faraghta fa-inṣab 94:8 wa-ilá rabbika fa-irghab 95:1 bismillāhi al-raḥmāni al-raḥīmi wa-al-tīni wa-al-zaytūni 95:2 wa-ṭūri sīnīna 95:3 wa-hādhā al-baladi al-amīni 95:4 laqad khalaqnā al-insāna fī aḥsani taqwīmin 95:5 thumma radadnāhu asfala sāfilīna 95:6 illā al-ladhīna āmanū wa-ʿamilū al-ṣāliḥāti fa-lahum ajrun ghayru mamnūnin 95:7 fa-mā yukadhdhibuka baʿdu bi-al-dīni 95:8 a-laysa Allāhu bi-aḥkami al-ḥākimīna 96:1 bismillāhi al-raḥmāni al-raḥīmi iqraʾa bi-ismi rabbika al-ladhī khalaqa 96:2 khalaqa al-insāna min ʿalaqin 96:3 iqraʾa wa-rabbuka al-akramu 96:4 al-ladhī ʿallama bi-al-qalami 96:5 ʿallama al-insāna mā lam yaʿlam 96:6 kallā inna al-insāna la-yaṭghá 96:7 an raʾāhu istaghná 96:8 inna ilá rabbika al-rujʿá 96:9 a-raʾayta al-ladhī yanhá 96:10 ʿabdan idhā ṣallá 96:11 a-raʾayta in kāna ʿalá al-hudá 96:12 aw amara bi-al-taqwá 96:13 a-raʾayta in kadhdhaba wa-tawallá 96:14 a-lam yaʿlam bi-anna Allāha yará 96:15 kallā la-in lam yantahi la-nasfaʿan bi-al-nāṣyati 96:16 nāṣyatin kādhibatin khāṭiʾatin 96:17 fa-li-yadʿu nādiyahu 96:18 sa-nadʿu al-zabānyata 96:19 kallā lā tuṭiʿhu wa-usjud wa-iqtarib 97:1 bismillāhi al-raḥmāni al-raḥīmi innā anzalnāhu fī laylati al-qadri 97:2 wa-mā adrāka mā laylatu al-qadri 97:3 laylatu al-qadri khayrun min alfi shahrin 97:4 tanazzalu al-malāʾikatu wa-al-rūḥu fīhā bi-idhni rabbihim min kulli amrin 97:5 salāmun hiya ḥattá maṭlaʿi al-fajri 98:1 bismillāhi al-raḥmāni al-raḥīmi lam yakuni al-ladhīna kafarū min ahli al-kitābi wa-al-mushrikīna munfakkīna ḥattá taʾtiyahumu al-bayyinatu 98:2 rasūlun mina Allāhi yatlū ṣuḥufan muṭahharatan 98:3 fīhā kutubun qayyimatun 98:4 wa-mā tafarraqa al-ladhīna ūtū al-kitāba illā min baʿdi mā jāʾatʾhumu al-bayyinatu 98:5 wa-mā umirū illā li-yaʿbudū Allāha mukhliṣīna lahu al-dīna ḥunafāʾa wa-yuqīmū al-ṣalāta wa-yuʾtū al-zakāta wa-dhālika dīnu al-qayyimati 98:6 inna al-ladhīna kafarū min ahli al-kitābi wa-al-mushrikīna fī nāri jahannama khālidīna fīhā ulāʾika hum sharru al-barīyati 98:7 inna al-ladhīna āmanū wa-ʿamilū al-ṣāliḥāti ulāʾika hum khayru al-barīyati 98:8 jazāʾuhum ʿinda rabbihim jannātu ʿadnin tajrī min taḥtihā al-anhāru khālidīna fīhā abadan raḍiya Allāhu ʿanhum wa-raḍū ʿanhu dhālika li-man khashiya rabbahu 99:1 bismillāhi al-raḥmāni al-raḥīmi idhā zulzilati al-arḍu zilzālahā 99:2 wa-akhrajati al-arḍu athqālahā 99:3 wa-qāla al-insānu mā lahā 99:4 yawmaʾidhin tuḥaddithu akhbārahā 99:5 bi-anna rabbaka awḥá lahā 99:6 yawmaʾidhin yaṣduru al-nāsu ashtātan li-yuraw aʿmālahum 99:7 fa-man yaʿmal mithqāla dharratin khayran yarahu 99:8 wa-man yaʿmal mithqāla dharratin sharran yarahu 100:1 bismillāhi al-raḥmāni al-raḥīmi wa-al-ʿādiyāti ḍabḥan 100:2 fa-al-mūriyāti qadḥan 100:3 fa-al-mughīrāti ṣubḥan 100:4 fa-atharna bi-hi naqʿan 100:5 fa-wasaṭna bi-hi jamʿan 100:6 inna al-insāna li-rabbihi la-kanūdun 100:7 wa-innahu ʿalá dhālika la-shahīdun 100:8 wa-innahu li-ḥubbi al-khayri la-shadīdun 100:9 a-fa-lā yaʿlamu idhā buʿthira mā fī al-qubūri 100:10 wa-ḥuṣṣila mā fī al-ṣudūri 100:11 inna rabbahum bi-him yawmaʾidhin la-khabīrun 101:1 bismillāhi al-raḥmāni al-raḥīmi al-qāriʿatu 101:2 mā al-qāriʿatu 101:3 wa-mā adrāka mā al-qāriʿatu 101:4 yawma yakūnu al-nāsu ka-al-farāshi al-mabthūthi 101:5 wa-takūnu al-jibālu ka-al-ʿihni al-manfūshi 101:6 fa-ammā man thaqulat mawāzīnuhu 101:7 fa-huwa fī ʿīshatin rāḍyatin 101:8 wa-ammā man khaffat mawāzīnuhu 101:9 fa-ummuhu hāwiyatun 101:10 wa-mā adrāka mā hiyah 101:11 nārun ḥāmiyatun 102:1 bismillāhi al-raḥmāni al-raḥīmi alhākumu al-takāthuru 102:2 ḥattá zurtumu al-maqābira 102:3 kallā sawfa taʿlamūna 102:4 thumma kallā sawfa taʿlamūna 102:5 kallā law taʿlamūna ʿilma al-yaqīni 102:6 la-tarawunna al-jaḥīma 102:7 thumma la-tarawunnahā ʿayna al-yaqīni 102:8 thumma la-tusʾalunna yawmaʾidhin ʿani al-naʿīmi 103:1 bismillāhi al-raḥmāni al-raḥīmi wa-al-ʿaṣri 103:2 inna al-insāna la-fī khusrin 103:3 illā al-ladhīna āmanū wa-ʿamilū al-ṣāliḥāti wa-tawāṣaw bi-al-ḥaqqi wa-tawāṣaw bi-al-ṣabri 104:1 bismillāhi al-raḥmāni al-raḥīmi waylun li-kulli humazatin lumazatin 104:2 al-ladhī jamaʿa mālan wa-ʿaddadahu 104:3 yaḥsabu anna mālahu akhladahu 104:4 kallā la-yunbadhanna fī al-ḥuṭamati 104:5 wa-mā adrāka mā al-ḥuṭamatu 104:6 nāru Allāhi al-muwqadatu 104:7 al-latī taṭṭaliʿu ʿalá al-afʾidati 104:8 innahā ʿalayhim muʾṣadatun 104:9 fī ʿamadin mumaddadatin 105:1 bismillāhi al-raḥmāni al-raḥīmi a-lam tara kayfa faʿala rabbuka bi-aṣḥābi al-fīli 105:2 a-lam yajʿal kaydahum fī taḍlīlin 105:3 wa-arsala ʿalayhim ṭayran abābīla 105:4 tarmīhim bi-ḥijāratin min sijjīlin 105:5 fa-jaʿalahum ka-ʿaṣfin maʾakūlin 106:1 bismillāhi al-raḥmāni al-raḥīmi li-īlāfi qurayshin 106:2 īlāfihim riḥlata al-shitāʾi wa-al-ṣayfi 106:3 fa-li-yaʿbudū rabba hādhā al-bayti 106:4 al-ladhī aṭʿamahum min jūʿin wa-āmanahum min khawfin 107:1 bismillāhi al-raḥmāni al-raḥīmi a-raʾayta al-ladhī yukadhdhibu bi-al-dīni 107:2 fa-dhālika al-ladhī yaduʿʿu al-yatīma 107:3 wa-lā yaḥuḍḍu ʿalá ṭaʿāmi al-miskīni 107:4 fa-waylun lil-muṣallīna 107:5 al-ladhīna hum ʿan ṣalātihim sāhūna 107:6 al-ladhīna hum yurāʾūna 107:7 wa-yamnaʿūna al-māʿūna 108:1 bismillāhi al-raḥmāni al-raḥīmi innā aʿṭaynāka al-kawthara 108:2 fa-ṣalli li-rabbika wa-inḥar 108:3 inna shāni'aka huwa al-abtaru 109:1 bismillāhi al-raḥmāni al-raḥīmi qul yā ayyuhā al-kāfirūna 109:2 lā a'budu mā ta'budūna 109:3 wa-lā antum 'ābidūna mā a'budu 109:4 wa-lā anā 'ābidun mā 'abadtum 109:5 wa-lā antum 'ābidūna mā a'budu 109:6 lakum dīnukum wa-liya dīni 110:1 bismillāhi al-raḥmāni al-raḥīmi idhā jā'a naṣru Allāhi wa-al-fatḥu 110:2 wa-ra'ayta al-nāsa yadkhulūna fī dīni Allāhi afwājan 110:3 fa-sabbiḥ bi-ḥamdi rabbika wa-istaghfirhu innahu kāna tawwāban 111:1 bismillāhi al-raḥmāni al-raḥīmi tabbat yadā abī lahabin wa-tabba 111:2 mā aghná 'anhu māluhu wa-mā kasaba 111:3 sa-yaṣlá nāran dhāta lahabin 111:4 wa-imra'atuhu ḥammālata al-ḥaṭabi 111:5 fī jīdihā ḥablun min masadin 112:1 bismillāhi al-raḥmāni al-raḥīmi qul huwa Allāhu aḥadun 112:2 Allāhu al-ṣamadu 112:3 lam yalid wa-lam yūlad 112:4 wa-lam yakun lahu kufuwan aḥadun 113:1 bismillāhi al-raḥmāni al-raḥīmi qul a'ūdhu bi-rabbi al-falaqi 113:2 min sharri mā khalaqa 113:3 wa-min sharri ghāsiqin idhā waqaba 113:4 wa-min sharri al-naffāthāti fī al-'uqadi 113:5 wa-min sharri ḥāsidin idhā ḥasada 114:1 bismillāhi al-raḥmāni al-raḥīmi qul a'ūdhu bi-rabbi al-nāsi 114:2 maliki al-nāsi 114:3 ilāhi al-nāsi 114:4 min sharri al-waswāsi al-khannāsi 114:5 al-ladhī yuwaswisu fī ṣudūri al-nāsi 114:6 mina al-jinnati wa-al-nāsi

CPSIA information can be obtained
at www.ICGtesting.com
Printed in the USA
LVHW021959260623
750795LV00007B/132

9 780998 172736

الجزء الثاني

النص الكامل للقرآن الكريم بالعربية الحديثة

1:1 بِسْمِ اللَّهِ الرَّحْمَٰنِ الرَّحِيمِ 1:2 الْحَمْدُ لِلَّهِ رَبِّ الْعَالَمِينَ 1:3 الرَّحْمَٰنِ الرَّحِيمِ 1:4 مَالِكِ يَوْمِ الدِّينِ 1:5 إِيَّاكَ نَعْبُدُ وَإِيَّاكَ نَسْتَعِينُ 1:6
اهْدِنَا الصِّرَاطَ الْمُسْتَقِيمَ 1:7 صِرَاطَ الَّذِينَ أَنْعَمْتَ عَلَيْهِمْ غَيْرِ الْمَغْضُوبِ عَلَيْهِمْ وَلَا الضَّالِّينَ 2:1 بِسْمِ اللَّهِ الرَّحْمَٰنِ الرَّحِيمِ الم 2:2
ذَٰلِكَ الْكِتَابُ لَا رَيْبَ فِيهِ هُدًى لِلْمُتَّقِينَ 2:3 الَّذِينَ يُؤْمِنُونَ بِالْغَيْبِ وَيُقِيمُونَ الصَّلَاةَ وَمِمَّا رَزَقْنَاهُمْ يُنْفِقُونَ 2:4 وَالَّذِينَ يُؤْمِنُونَ بِمَا أُنْزِلَ
إِلَيْكَ وَمَا أُنْزِلَ مِنْ قَبْلِكَ وَبِالْآخِرَةِ هُمْ يُوقِنُونَ 2:5 أُولَٰئِكَ عَلَىٰ هُدًى مِنْ رَبِّهِمْ وَأُولَٰئِكَ هُمُ الْمُفْلِحُونَ 2:6 إِنَّ الَّذِينَ كَفَرُوا سَوَاءٌ عَلَيْهِمْ
أَأَنْذَرْتَهُمْ أَمْ لَمْ تُنْذِرْهُمْ لَا يُؤْمِنُونَ 2:7 خَتَمَ اللَّهُ عَلَىٰ قُلُوبِهِمْ وَعَلَىٰ سَمْعِهِمْ وَعَلَىٰ أَبْصَارِهِمْ غِشَاوَةٌ وَلَهُمْ عَذَابٌ عَظِيمٌ 2:8 وَمِنَ
النَّاسِ مَنْ يَقُولُ آمَنَّا بِاللَّهِ وَبِالْيَوْمِ الْآخِرِ وَمَا هُمْ بِمُؤْمِنِينَ 2:9 يُخَادِعُونَ اللَّهَ وَالَّذِينَ آمَنُوا وَمَا يَخْدَعُونَ إِلَّا أَنْفُسَهُمْ وَمَا يَشْعُرُونَ
2:10 فِي قُلُوبِهِمْ مَرَضٌ فَزَادَهُمُ اللَّهُ مَرَضًا وَلَهُمْ عَذَابٌ أَلِيمٌ بِمَا كَانُوا يَكْذِبُونَ 2:11 وَإِذَا قِيلَ لَهُمْ لَا تُفْسِدُوا فِي الْأَرْضِ قَالُوا إِنَّمَا نَحْنُ
مُصْلِحُونَ 2:12 أَلَا إِنَّهُمْ هُمُ الْمُفْسِدُونَ وَلَٰكِنْ لَا يَشْعُرُونَ 2:13 وَإِذَا قِيلَ لَهُمْ آمِنُوا كَمَا آمَنَ النَّاسُ قَالُوا أَنُؤْمِنُ كَمَا آمَنَ السُّفَهَاءُ أَلَا
إِنَّهُمْ هُمُ السُّفَهَاءُ وَلَٰكِنْ لَا يَعْلَمُونَ 2:14 وَإِذَا لَقُوا الَّذِينَ آمَنُوا قَالُوا آمَنَّا وَإِذَا خَلَوْا إِلَىٰ شَيَاطِينِهِمْ قَالُوا إِنَّا مَعَكُمْ إِنَّمَا نَحْنُ مُسْتَهْزِئُونَ
2:15 اللَّهُ يَسْتَهْزِئُ بِهِمْ وَيَمُدُّهُمْ فِي طُغْيَانِهِمْ يَعْمَهُونَ 2:16 أُولَٰئِكَ الَّذِينَ اشْتَرَوُا الضَّلَالَةَ بِالْهُدَىٰ فَمَا رَبِحَتْ تِجَارَتُهُمْ وَمَا كَانُوا
مُهْتَدِينَ 2:17 مَثَلُهُمْ كَمَثَلِ الَّذِي اسْتَوْقَدَ نَارًا فَلَمَّا أَضَاءَتْ مَا حَوْلَهُ ذَهَبَ اللَّهُ بِنُورِهِمْ وَتَرَكَهُمْ فِي ظُلُمَاتٍ لَا يُبْصِرُونَ 2:18 صُمٌّ بُكْمٌ
عُمْيٌ فَهُمْ لَا يَرْجِعُونَ 2:19 أَوْ كَصَيِّبٍ مِنَ السَّمَاءِ فِيهِ ظُلُمَاتٌ وَرَعْدٌ وَبَرْقٌ يَجْعَلُونَ أَصَابِعَهُمْ فِي آذَانِهِمْ مِنَ الصَّوَاعِقِ حَذَرَ الْمَوْتِ
وَاللَّهُ مُحِيطٌ بِالْكَافِرِينَ 2:20 يَكَادُ الْبَرْقُ يَخْطَفُ أَبْصَارَهُمْ كُلَّمَا أَضَاءَ لَهُمْ مَشَوْا فِيهِ وَإِذَا أَظْلَمَ عَلَيْهِمْ قَامُوا وَلَوْ شَاءَ اللَّهُ لَذَهَبَ
بِسَمْعِهِمْ وَأَبْصَارِهِمْ إِنَّ اللَّهَ عَلَىٰ كُلِّ شَيْءٍ قَدِيرٌ 2:21 يَا أَيُّهَا النَّاسُ اعْبُدُوا رَبَّكُمُ الَّذِي خَلَقَكُمْ وَالَّذِينَ مِنْ قَبْلِكُمْ لَعَلَّكُمْ تَتَّقُونَ 2:22
الَّذِي جَعَلَ لَكُمُ الْأَرْضَ فِرَاشًا وَالسَّمَاءَ بِنَاءً وَأَنْزَلَ مِنَ السَّمَاءِ مَاءً فَأَخْرَجَ بِهِ مِنَ الثَّمَرَاتِ رِزْقًا لَكُمْ فَلَا تَجْعَلُوا لِلَّهِ أَنْدَادًا وَأَنْتُمْ تَعْلَمُونَ
2:23 وَإِنْ كُنْتُمْ فِي رَيْبٍ مِمَّا نَزَّلْنَا عَلَىٰ عَبْدِنَا فَأْتُوا بِسُورَةٍ مِنْ مِثْلِهِ وَادْعُوا شُهَدَاءَكُمْ مِنْ دُونِ اللَّهِ إِنْ كُنْتُمْ صَادِقِينَ 2:24 فَإِنْ لَمْ
تَفْعَلُوا وَلَنْ تَفْعَلُوا فَاتَّقُوا النَّارَ الَّتِي وَقُودُهَا النَّاسُ وَالْحِجَارَةُ أُعِدَّتْ لِلْكَافِرِينَ 2:25 وَبَشِّرِ الَّذِينَ آمَنُوا وَعَمِلُوا الصَّالِحَاتِ أَنَّ لَهُمْ جَنَّاتٍ
تَجْرِي مِنْ تَحْتِهَا الْأَنْهَارُ كُلَّمَا رُزِقُوا مِنْهَا مِنْ ثَمَرَةٍ رِزْقًا قَالُوا هَٰذَا الَّذِي رُزِقْنَا مِنْ قَبْلُ وَأُتُوا بِهِ مُتَشَابِهًا وَلَهُمْ فِيهَا أَزْوَاجٌ مُطَهَّرَةٌ وَهُمْ
فِيهَا خَالِدُونَ 2:26 إِنَّ اللَّهَ لَا يَسْتَحْيِي أَنْ يَضْرِبَ مَثَلًا مَا بَعُوضَةً فَمَا فَوْقَهَا فَأَمَّا الَّذِينَ آمَنُوا فَيَعْلَمُونَ أَنَّهُ الْحَقُّ مِنْ رَبِّهِمْ وَأَمَّا الَّذِينَ
كَفَرُوا فَيَقُولُونَ مَاذَا أَرَادَ اللَّهُ بِهَٰذَا مَثَلًا يُضِلُّ بِهِ كَثِيرًا وَيَهْدِي بِهِ كَثِيرًا وَمَا يُضِلُّ بِهِ إِلَّا الْفَاسِقِينَ 2:27 الَّذِينَ يَنْقُضُونَ عَهْدَ اللَّهِ مِنْ
بَعْدِ مِيثَاقِهِ وَيَقْطَعُونَ مَا أَمَرَ اللَّهُ بِهِ أَنْ يُوصَلَ وَيُفْسِدُونَ فِي الْأَرْضِ أُولَٰئِكَ هُمُ الْخَاسِرُونَ 2:28 كَيْفَ تَكْفُرُونَ بِاللَّهِ وَكُنْتُمْ أَمْوَاتًا
فَأَحْيَاكُمْ ثُمَّ يُمِيتُكُمْ ثُمَّ يُحْيِيكُمْ ثُمَّ إِلَيْهِ تُرْجَعُونَ 2:29 هُوَ الَّذِي خَلَقَ لَكُمْ مَا فِي الْأَرْضِ جَمِيعًا ثُمَّ اسْتَوَىٰ إِلَى السَّمَاءِ فَسَوَّاهُنَّ سَبْعَ
سَمَاوَاتٍ وَهُوَ بِكُلِّ شَيْءٍ عَلِيمٌ 2:30 وَإِذْ قَالَ رَبُّكَ لِلْمَلَائِكَةِ إِنِّي جَاعِلٌ فِي الْأَرْضِ خَلِيفَةً قَالُوا أَتَجْعَلُ فِيهَا مَنْ يُفْسِدُ فِيهَا وَيَسْفِكُ
الدِّمَاءَ وَنَحْنُ نُسَبِّحُ بِحَمْدِكَ وَنُقَدِّسُ لَكَ قَالَ إِنِّي أَعْلَمُ مَا لَا تَعْلَمُونَ 2:31 وَعَلَّمَ آدَمَ الْأَسْمَاءَ كُلَّهَا ثُمَّ عَرَضَهُمْ عَلَى الْمَلَائِكَةِ فَقَالَ
أَنْبِئُونِي بِأَسْمَاءِ هَٰؤُلَاءِ إِنْ كُنْتُمْ صَادِقِينَ 2:32 قَالُوا سُبْحَانَكَ لَا عِلْمَ لَنَا إِلَّا مَا عَلَّمْتَنَا إِنَّكَ أَنْتَ الْعَلِيمُ الْحَكِيمُ 2:33 قَالَ يَا آدَمُ أَنْبِئْهُمْ
بِأَسْمَائِهِمْ فَلَمَّا أَنْبَأَهُمْ بِأَسْمَائِهِمْ قَالَ أَلَمْ أَقُلْ لَكُمْ إِنِّي أَعْلَمُ غَيْبَ السَّمَاوَاتِ وَالْأَرْضِ وَأَعْلَمُ مَا تُبْدُونَ وَمَا كُنْتُمْ تَكْتُمُونَ 2:34 وَإِذْ
قُلْنَا لِلْمَلَائِكَةِ اسْجُدُوا لِآدَمَ فَسَجَدُوا إِلَّا إِبْلِيسَ أَبَىٰ وَاسْتَكْبَرَ وَكَانَ مِنَ الْكَافِرِينَ 2:35 وَقُلْنَا يَا آدَمُ اسْكُنْ أَنْتَ وَزَوْجُكَ الْجَنَّةَ وَكُلَا مِنْهَا
رَغَدًا حَيْثُ شِئْتُمَا وَلَا تَقْرَبَا هَٰذِهِ الشَّجَرَةَ فَتَكُونَا مِنَ الظَّالِمِينَ 2:36 فَأَزَلَّهُمَا الشَّيْطَانُ عَنْهَا فَأَخْرَجَهُمَا مِمَّا كَانَا فِيهِ وَقُلْنَا اهْبِطُوا
بَعْضُكُمْ لِبَعْضٍ عَدُوٌّ وَلَكُمْ فِي الْأَرْضِ مُسْتَقَرٌّ وَمَتَاعٌ إِلَىٰ حِينٍ 2:37 فَتَلَقَّىٰ آدَمُ مِنْ رَبِّهِ كَلِمَاتٍ فَتَابَ عَلَيْهِ إِنَّهُ هُوَ التَّوَّابُ الرَّحِيمُ 2:38
قُلْنَا اهْبِطُوا مِنْهَا جَمِيعًا فَإِمَّا يَأْتِيَنَّكُمْ مِنِّي هُدًى فَمَنْ تَبِعَ هُدَايَ فَلَا خَوْفٌ عَلَيْهِمْ وَلَا هُمْ يَحْزَنُونَ 2:39 وَالَّذِينَ كَفَرُوا وَكَذَّبُوا بِآيَاتِنَا

أُولَٰئِكَ أَصْحَابُ النَّارِ هُمْ فِيهَا خَالِدُونَ 2:40 يَا بَنِي إِسْرَائِيلَ اذْكُرُوا نِعْمَتِيَ الَّتِي أَنْعَمْتُ عَلَيْكُمْ وَأَوْفُوا بِعَهْدِي أُوفِ بِعَهْدِكُمْ وَإِيَّايَ
فَارْهَبُونِ 2:41 وَآمِنُوا بِمَا أَنْزَلْتُ مُصَدِّقًا لِمَا مَعَكُمْ وَلَا تَكُونُوا أَوَّلَ كَافِرٍ بِهِ وَلَا تَشْتَرُوا بِآيَاتِي ثَمَنًا قَلِيلًا وَإِيَّايَ فَاتَّقُونِ 2:42 وَلَا تَلْبِسُوا
الْحَقَّ بِالْبَاطِلِ وَتَكْتُمُوا الْحَقَّ وَأَنْتُمْ تَعْلَمُونَ 2:43 وَأَقِيمُوا الصَّلَاةَ وَآتُوا الزَّكَاةَ وَارْكَعُوا مَعَ الرَّاكِعِينَ 2:44 أَتَأْمُرُونَ النَّاسَ بِالْبِرِّ وَتَنْسَوْنَ
أَنْفُسَكُمْ وَأَنْتُمْ تَتْلُونَ الْكِتَابَ أَفَلَا تَعْقِلُونَ 2:45 وَاسْتَعِينُوا بِالصَّبْرِ وَالصَّلَاةِ وَإِنَّهَا لَكَبِيرَةٌ إِلَّا عَلَى الْخَاشِعِينَ 2:46 الَّذِينَ يَظُنُّونَ أَنَّهُمْ
مُلَاقُو رَبِّهِمْ وَأَنَّهُمْ إِلَيْهِ رَاجِعُونَ 2:47 يَا بَنِي إِسْرَائِيلَ اذْكُرُوا نِعْمَتِيَ الَّتِي أَنْعَمْتُ عَلَيْكُمْ وَأَنِّي فَضَّلْتُكُمْ عَلَى الْعَالَمِينَ 2:48 وَاتَّقُوا
يَوْمًا لَا تَجْزِي نَفْسٌ عَنْ نَفْسٍ شَيْئًا وَلَا يُقْبَلُ مِنْهَا شَفَاعَةٌ وَلَا يُؤْخَذُ مِنْهَا عَدْلٌ وَلَا هُمْ يُنْصَرُونَ 2:49 وَإِذْ نَجَّيْنَاكُمْ مِنْ آلِ فِرْعَوْنَ
يَسُومُونَكُمْ سُوءَ الْعَذَابِ يُذَبِّحُونَ أَبْنَاءَكُمْ وَيَسْتَحْيُونَ نِسَاءَكُمْ وَفِي ذَٰلِكُمْ بَلَاءٌ مِنْ رَبِّكُمْ عَظِيمٌ 2:50 وَإِذْ فَرَقْنَا بِكُمُ الْبَحْرَ فَأَنْجَيْنَاكُمْ
وَأَغْرَقْنَا آلَ فِرْعَوْنَ وَأَنْتُمْ تَنْظُرُونَ 2:51 وَإِذْ وَاعَدْنَا مُوسَىٰ أَرْبَعِينَ لَيْلَةً ثُمَّ اتَّخَذْتُمُ الْعِجْلَ مِنْ بَعْدِهِ وَأَنْتُمْ ظَالِمُونَ 2:52 ثُمَّ عَفَوْنَا
عَنْكُمْ مِنْ بَعْدِ ذَٰلِكَ لَعَلَّكُمْ تَشْكُرُونَ 2:53 وَإِذْ آتَيْنَا مُوسَى الْكِتَابَ وَالْفُرْقَانَ لَعَلَّكُمْ تَهْتَدُونَ 2:54 وَإِذْ قَالَ مُوسَىٰ لِقَوْمِهِ يَا قَوْمِ إِنَّكُمْ
ظَلَمْتُمْ أَنْفُسَكُمْ بِاتِّخَاذِكُمُ الْعِجْلَ فَتُوبُوا إِلَىٰ بَارِئِكُمْ فَاقْتُلُوا أَنْفُسَكُمْ ذَٰلِكُمْ خَيْرٌ لَكُمْ عِنْدَ بَارِئِكُمْ فَتَابَ عَلَيْكُمْ إِنَّهُ هُوَ التَّوَّابُ الرَّحِيمُ
2:55 وَإِذْ قُلْتُمْ يَا مُوسَىٰ لَنْ نُؤْمِنَ لَكَ حَتَّىٰ نَرَى اللَّهَ جَهْرَةً فَأَخَذَتْكُمُ الصَّاعِقَةُ وَأَنْتُمْ تَنْظُرُونَ 2:56 ثُمَّ بَعَثْنَاكُمْ مِنْ بَعْدِ مَوْتِكُمْ لَعَلَّكُمْ
تَشْكُرُونَ 2:57 وَظَلَّلْنَا عَلَيْكُمُ الْغَمَامَ وَأَنْزَلْنَا عَلَيْكُمُ الْمَنَّ وَالسَّلْوَىٰ كُلُوا مِنْ طَيِّبَاتِ مَا رَزَقْنَاكُمْ وَمَا ظَلَمُونَا وَلَٰكِنْ كَانُوا أَنْفُسَهُمْ يَظْلِمُونَ
2:58 وَإِذْ قُلْنَا ادْخُلُوا هَٰذِهِ الْقَرْيَةَ فَكُلُوا مِنْهَا حَيْثُ شِئْتُمْ رَغَدًا وَادْخُلُوا الْبَابَ سُجَّدًا وَقُولُوا حِطَّةٌ نَغْفِرْ لَكُمْ خَطَايَاكُمْ وَسَنَزِيدُ
الْمُحْسِنِينَ 2:59 فَبَدَّلَ الَّذِينَ ظَلَمُوا قَوْلًا غَيْرَ الَّذِي قِيلَ لَهُمْ فَأَنْزَلْنَا عَلَى الَّذِينَ ظَلَمُوا رِجْزًا مِنَ السَّمَاءِ بِمَا كَانُوا يَفْسُقُونَ 2:60 وَإِذِ
اسْتَسْقَىٰ مُوسَىٰ لِقَوْمِهِ فَقُلْنَا اضْرِبْ بِعَصَاكَ الْحَجَرَ فَانْفَجَرَتْ مِنْهُ اثْنَتَا عَشْرَةَ عَيْنًا قَدْ عَلِمَ كُلُّ أُنَاسٍ مَشْرَبَهُمْ كُلُوا وَاشْرَبُوا مِنْ
رِزْقِ اللَّهِ وَلَا تَعْثَوْا فِي الْأَرْضِ مُفْسِدِينَ 2:61 وَإِذْ قُلْتُمْ يَا مُوسَىٰ لَنْ نَصْبِرَ عَلَىٰ طَعَامٍ وَاحِدٍ فَادْعُ لَنَا رَبَّكَ يُخْرِجْ لَنَا مِمَّا تُنْبِتُ الْأَرْضُ
مِنْ بَقْلِهَا وَقِثَّائِهَا وَفُومِهَا وَعَدَسِهَا وَبَصَلِهَا قَالَ أَتَسْتَبْدِلُونَ الَّذِي هُوَ أَدْنَىٰ بِالَّذِي هُوَ خَيْرٌ اهْبِطُوا مِصْرًا فَإِنَّ لَكُمْ مَا سَأَلْتُمْ وَضُرِبَتْ
عَلَيْهِمُ الذِّلَّةُ وَالْمَسْكَنَةُ وَبَاءُوا بِغَضَبٍ مِنَ اللَّهِ ذَٰلِكَ بِأَنَّهُمْ كَانُوا يَكْفُرُونَ بِآيَاتِ اللَّهِ وَيَقْتُلُونَ النَّبِيِّينَ بِغَيْرِ الْحَقِّ ذَٰلِكَ بِمَا عَصَوْا وَكَانُوا
يَعْتَدُونَ 2:62 إِنَّ الَّذِينَ آمَنُوا وَالَّذِينَ هَادُوا وَالنَّصَارَىٰ وَالصَّابِئِينَ مَنْ آمَنَ بِاللَّهِ وَالْيَوْمِ الْآخِرِ وَعَمِلَ صَالِحًا فَلَهُمْ أَجْرُهُمْ عِنْدَ رَبِّهِمْ وَلَا
خَوْفٌ عَلَيْهِمْ وَلَا هُمْ يَحْزَنُونَ 2:63 وَإِذْ أَخَذْنَا مِيثَاقَكُمْ وَرَفَعْنَا فَوْقَكُمُ الطُّورَ خُذُوا مَا آتَيْنَاكُمْ بِقُوَّةٍ وَاذْكُرُوا مَا فِيهِ لَعَلَّكُمْ تَتَّقُونَ 2:64
ثُمَّ تَوَلَّيْتُمْ مِنْ بَعْدِ ذَٰلِكَ فَلَوْلَا فَضْلُ اللَّهِ عَلَيْكُمْ وَرَحْمَتُهُ لَكُنْتُمْ مِنَ الْخَاسِرِينَ 2:65 وَلَقَدْ عَلِمْتُمُ الَّذِينَ اعْتَدَوْا مِنْكُمْ فِي السَّبْتِ فَقُلْنَا
لَهُمْ كُونُوا قِرَدَةً خَاسِئِينَ 2:66 فَجَعَلْنَاهَا نَكَالًا لِمَا بَيْنَ يَدَيْهَا وَمَا خَلْفَهَا وَمَوْعِظَةً لِلْمُتَّقِينَ 2:67 وَإِذْ قَالَ مُوسَىٰ لِقَوْمِهِ إِنَّ اللَّهَ يَأْمُرُكُمْ
أَنْ تَذْبَحُوا بَقَرَةً قَالُوا أَتَتَّخِذُنَا هُزُوًا قَالَ أَعُوذُ بِاللَّهِ أَنْ أَكُونَ مِنَ الْجَاهِلِينَ 2:68 قَالُوا ادْعُ لَنَا رَبَّكَ يُبَيِّنْ لَنَا مَا هِيَ قَالَ إِنَّهُ يَقُولُ إِنَّهَا
بَقَرَةٌ لَا فَارِضٌ وَلَا بِكْرٌ عَوَانٌ بَيْنَ ذَٰلِكَ فَافْعَلُوا مَا تُؤْمَرُونَ 2:69 قَالُوا ادْعُ لَنَا رَبَّكَ يُبَيِّنْ لَنَا مَا لَوْنُهَا قَالَ إِنَّهُ يَقُولُ إِنَّهَا بَقَرَةٌ صَفْرَاءُ فَاقِعٌ
لَوْنُهَا تَسُرُّ النَّاظِرِينَ 2:70 قَالُوا ادْعُ لَنَا رَبَّكَ يُبَيِّنْ لَنَا مَا هِيَ إِنَّ الْبَقَرَ تَشَابَهَ عَلَيْنَا وَإِنَّا إِنْ شَاءَ اللَّهُ لَمُهْتَدُونَ 2:71 قَالَ إِنَّهُ يَقُولُ إِنَّهَا
بَقَرَةٌ لَا ذَلُولٌ تُثِيرُ الْأَرْضَ وَلَا تَسْقِي الْحَرْثَ مُسَلَّمَةٌ لَا شِيَةَ فِيهَا قَالُوا الْآنَ جِئْتَ بِالْحَقِّ فَذَبَحُوهَا وَمَا كَادُوا يَفْعَلُونَ 2:72 وَإِذْ قَتَلْتُمْ
نَفْسًا فَادَّارَأْتُمْ فِيهَا وَاللَّهُ مُخْرِجٌ مَا كُنْتُمْ تَكْتُمُونَ 2:73 فَقُلْنَا اضْرِبُوهُ بِبَعْضِهَا كَذَٰلِكَ يُحْيِي اللَّهُ الْمَوْتَىٰ وَيُرِيكُمْ آيَاتِهِ لَعَلَّكُمْ تَعْقِلُونَ
2:74 ثُمَّ قَسَتْ قُلُوبُكُمْ مِنْ بَعْدِ ذَٰلِكَ فَهِيَ كَالْحِجَارَةِ أَوْ أَشَدُّ قَسْوَةً وَإِنَّ مِنَ الْحِجَارَةِ لَمَا يَتَفَجَّرُ مِنْهُ الْأَنْهَارُ وَإِنَّ مِنْهَا لَمَا يَشَّقَّقُ
فَيَخْرُجُ مِنْهُ الْمَاءُ وَإِنَّ مِنْهَا لَمَا يَهْبِطُ مِنْ خَشْيَةِ اللَّهِ وَمَا اللَّهُ بِغَافِلٍ عَمَّا تَعْمَلُونَ 2:75 أَفَتَطْمَعُونَ أَنْ يُؤْمِنُوا لَكُمْ وَقَدْ كَانَ فَرِيقٌ
مِنْهُمْ يَسْمَعُونَ كَلَامَ اللَّهِ ثُمَّ يُحَرِّفُونَهُ مِنْ بَعْدِ مَا عَقَلُوهُ وَهُمْ يَعْلَمُونَ 2:76 وَإِذَا لَقُوا الَّذِينَ آمَنُوا قَالُوا آمَنَّا وَإِذَا خَلَا بَعْضُهُمْ إِلَىٰ

بَعْضٍ قَالُوا أَتُحَدِّثُونَهُمْ بِمَا فَتَحَ اللَّهُ عَلَيْكُمْ لِيُحَاجُّوكُمْ بِهِ عِنْدَ رَبِّكُمْ أَفَلَا تَعْقِلُونَ 2:77 أَوَلَا يَعْلَمُونَ أَنَّ اللَّهَ يَعْلَمُ مَا يُسِرُّونَ وَمَا
يُعْلِنُونَ 2:78 وَمِنْهُمْ أُمِّيُّونَ لَا يَعْلَمُونَ الْكِتَابَ إِلَّا أَمَانِيَّ وَإِنْ هُمْ إِلَّا يَظُنُّونَ 2:79 فَوَيْلٌ لِلَّذِينَ يَكْتُبُونَ الْكِتَابَ بِأَيْدِيهِمْ ثُمَّ يَقُولُونَ هَٰذَا
مِنْ عِنْدِ اللَّهِ لِيَشْتَرُوا بِهِ ثَمَنًا قَلِيلًا فَوَيْلٌ لَهُمْ مِمَّا كَتَبَتْ أَيْدِيهِمْ وَوَيْلٌ لَهُمْ مِمَّا يَكْسِبُونَ 2:80 وَقَالُوا لَنْ تَمَسَّنَا النَّارُ إِلَّا أَيَّامًا مَعْدُودَةً
قُلْ أَتَّخَذْتُمْ عِنْدَ اللَّهِ عَهْدًا فَلَنْ يُخْلِفَ اللَّهُ عَهْدَهُ أَمْ تَقُولُونَ عَلَى اللَّهِ مَا لَا تَعْلَمُونَ 2:81 بَلَىٰ مَنْ كَسَبَ سَيِّئَةً وَأَحَاطَتْ بِهِ خَطِيئَتُهُ
فَأُولَٰئِكَ أَصْحَابُ النَّارِ هُمْ فِيهَا خَالِدُونَ 2:82 وَالَّذِينَ آمَنُوا وَعَمِلُوا الصَّالِحَاتِ أُولَٰئِكَ أَصْحَابُ الْجَنَّةِ هُمْ فِيهَا خَالِدُونَ 2:83 وَإِذْ أَخَذْنَا
مِيثَاقَ بَنِي إِسْرَائِيلَ لَا تَعْبُدُونَ إِلَّا اللَّهَ وَبِالْوَالِدَيْنِ إِحْسَانًا وَذِي الْقُرْبَىٰ وَالْيَتَامَىٰ وَالْمَسَاكِينِ وَقُولُوا لِلنَّاسِ حُسْنًا وَأَقِيمُوا الصَّلَاةَ
وَآتُوا الزَّكَاةَ ثُمَّ تَوَلَّيْتُمْ إِلَّا قَلِيلًا مِنْكُمْ وَأَنْتُمْ مُعْرِضُونَ 2:84 وَإِذْ أَخَذْنَا مِيثَاقَكُمْ لَا تَسْفِكُونَ دِمَاءَكُمْ وَلَا تُخْرِجُونَ أَنْفُسَكُمْ مِنْ دِيَارِكُمْ
ثُمَّ أَقْرَرْتُمْ وَأَنْتُمْ تَشْهَدُونَ 2:85 ثُمَّ أَنْتُمْ هَٰؤُلَاءِ تَقْتُلُونَ أَنْفُسَكُمْ وَتُخْرِجُونَ فَرِيقًا مِنْكُمْ مِنْ دِيَارِهِمْ تَظَاهَرُونَ عَلَيْهِمْ بِالْإِثْمِ وَالْعُدْوَانِ
وَإِنْ يَأْتُوكُمْ أُسَارَىٰ تُفَادُوهُمْ وَهُوَ مُحَرَّمٌ عَلَيْكُمْ إِخْرَاجُهُمْ أَفَتُؤْمِنُونَ بِبَعْضِ الْكِتَابِ وَتَكْفُرُونَ بِبَعْضٍ فَمَا جَزَاءُ مَنْ يَفْعَلُ ذَٰلِكَ مِنْكُمْ
إِلَّا خِزْيٌ فِي الْحَيَاةِ الدُّنْيَا وَيَوْمَ الْقِيَامَةِ يُرَدُّونَ إِلَىٰ أَشَدِّ الْعَذَابِ وَمَا اللَّهُ بِغَافِلٍ عَمَّا تَعْمَلُونَ 2:86 أُولَٰئِكَ الَّذِينَ اشْتَرَوُا الْحَيَاةَ الدُّنْيَا
بِالْآخِرَةِ فَلَا يُخَفَّفُ عَنْهُمُ الْعَذَابُ وَلَا هُمْ يُنْصَرُونَ 2:87 وَلَقَدْ آتَيْنَا مُوسَى الْكِتَابَ وَقَفَّيْنَا مِنْ بَعْدِهِ بِالرُّسُلِ وَآتَيْنَا عِيسَى ابْنَ مَرْيَمَ
الْبَيِّنَاتِ وَأَيَّدْنَاهُ بِرُوحِ الْقُدُسِ أَفَكُلَّمَا جَاءَكُمْ رَسُولٌ بِمَا لَا تَهْوَىٰ أَنْفُسُكُمُ اسْتَكْبَرْتُمْ فَفَرِيقًا كَذَّبْتُمْ وَفَرِيقًا تَقْتُلُونَ 2:88 وَقَالُوا قُلُوبُنَا
غُلْفٌ بَلْ لَعَنَهُمُ اللَّهُ بِكُفْرِهِمْ فَقَلِيلًا مَا يُؤْمِنُونَ 2:89 وَلَمَّا جَاءَهُمْ كِتَابٌ مِنْ عِنْدِ اللَّهِ مُصَدِّقٌ لِمَا مَعَهُمْ وَكَانُوا مِنْ قَبْلُ يَسْتَفْتِحُونَ
عَلَى الَّذِينَ كَفَرُوا فَلَمَّا جَاءَهُمْ مَا عَرَفُوا كَفَرُوا بِهِ فَلَعْنَةُ اللَّهِ عَلَى الْكَافِرِينَ 2:90 بِئْسَمَا اشْتَرَوْا بِهِ أَنْفُسَهُمْ أَنْ يَكْفُرُوا بِمَا أَنْزَلَ اللَّهُ
بَغْيًا أَنْ يُنَزِّلَ اللَّهُ مِنْ فَضْلِهِ عَلَىٰ مَنْ يَشَاءُ مِنْ عِبَادِهِ فَبَاءُوا بِغَضَبٍ عَلَىٰ غَضَبٍ وَلِلْكَافِرِينَ عَذَابٌ مُهِينٌ 2:91 وَإِذَا قِيلَ لَهُمْ آمِنُوا بِمَا
أَنْزَلَ اللَّهُ قَالُوا نُؤْمِنُ بِمَا أُنْزِلَ عَلَيْنَا وَيَكْفُرُونَ بِمَا وَرَاءَهُ وَهُوَ الْحَقُّ مُصَدِّقًا لِمَا مَعَهُمْ قُلْ فَلِمَ تَقْتُلُونَ أَنْبِيَاءَ اللَّهِ مِنْ قَبْلُ إِنْ كُنْتُمْ
مُؤْمِنِينَ 2:92 وَلَقَدْ جَاءَكُمْ مُوسَىٰ بِالْبَيِّنَاتِ ثُمَّ اتَّخَذْتُمُ الْعِجْلَ مِنْ بَعْدِهِ وَأَنْتُمْ ظَالِمُونَ 2:93 وَإِذْ أَخَذْنَا مِيثَاقَكُمْ وَرَفَعْنَا فَوْقَكُمُ الطُّورَ
خُذُوا مَا آتَيْنَاكُمْ بِقُوَّةٍ وَاسْمَعُوا قَالُوا سَمِعْنَا وَعَصَيْنَا وَأُشْرِبُوا فِي قُلُوبِهِمُ الْعِجْلَ بِكُفْرِهِمْ قُلْ بِئْسَمَا يَأْمُرُكُمْ بِهِ إِيمَانُكُمْ إِنْ كُنْتُمْ
مُؤْمِنِينَ 2:94 قُلْ إِنْ كَانَتْ لَكُمُ الدَّارُ الْآخِرَةُ عِنْدَ اللَّهِ خَالِصَةً مِنْ دُونِ النَّاسِ فَتَمَنَّوُا الْمَوْتَ إِنْ كُنْتُمْ صَادِقِينَ 2:95 وَلَنْ يَتَمَنَّوْهُ أَبَدًا بِمَا
قَدَّمَتْ أَيْدِيهِمْ وَاللَّهُ عَلِيمٌ بِالظَّالِمِينَ 2:96 وَلَتَجِدَنَّهُمْ أَحْرَصَ النَّاسِ عَلَىٰ حَيَاةٍ وَمِنَ الَّذِينَ أَشْرَكُوا يَوَدُّ أَحَدُهُمْ لَوْ يُعَمَّرُ أَلْفَ سَنَةٍ وَمَا
هُوَ بِمُزَحْزِحِهِ مِنَ الْعَذَابِ أَنْ يُعَمَّرَ وَاللَّهُ بَصِيرٌ بِمَا يَعْمَلُونَ 2:97 قُلْ مَنْ كَانَ عَدُوًّا لِجِبْرِيلَ فَإِنَّهُ نَزَّلَهُ عَلَىٰ قَلْبِكَ بِإِذْنِ اللَّهِ مُصَدِّقًا لِمَا
بَيْنَ يَدَيْهِ وَهُدًى وَبُشْرَىٰ لِلْمُؤْمِنِينَ 2:98 مَنْ كَانَ عَدُوًّا لِلَّهِ وَمَلَائِكَتِهِ وَرُسُلِهِ وَجِبْرِيلَ وَمِيكَالَ فَإِنَّ اللَّهَ عَدُوٌّ لِلْكَافِرِينَ 2:99 وَلَقَدْ أَنْزَلْنَا
إِلَيْكَ آيَاتٍ بَيِّنَاتٍ وَمَا يَكْفُرُ بِهَا إِلَّا الْفَاسِقُونَ 2:100 أَوَكُلَّمَا عَاهَدُوا عَهْدًا نَبَذَهُ فَرِيقٌ مِنْهُمْ بَلْ أَكْثَرُهُمْ لَا يُؤْمِنُونَ 2:101 وَلَمَّا جَاءَهُمْ
رَسُولٌ مِنْ عِنْدِ اللَّهِ مُصَدِّقٌ لِمَا مَعَهُمْ نَبَذَ فَرِيقٌ مِنَ الَّذِينَ أُوتُوا الْكِتَابَ كِتَابَ اللَّهِ وَرَاءَ ظُهُورِهِمْ كَأَنَّهُمْ لَا يَعْلَمُونَ 2:102 وَاتَّبَعُوا مَا
تَتْلُو الشَّيَاطِينُ عَلَىٰ مُلْكِ سُلَيْمَانَ وَمَا كَفَرَ سُلَيْمَانُ وَلَٰكِنَّ الشَّيَاطِينَ كَفَرُوا يُعَلِّمُونَ النَّاسَ السِّحْرَ وَمَا أُنْزِلَ عَلَى الْمَلَكَيْنِ بِبَابِلَ هَارُوتَ
وَمَارُوتَ وَمَا يُعَلِّمَانِ مِنْ أَحَدٍ حَتَّىٰ يَقُولَا إِنَّمَا نَحْنُ فِتْنَةٌ فَلَا تَكْفُرْ فَيَتَعَلَّمُونَ مِنْهُمَا مَا يُفَرِّقُونَ بِهِ بَيْنَ الْمَرْءِ وَزَوْجِهِ وَمَا هُمْ بِضَارِّينَ
بِهِ مِنْ أَحَدٍ إِلَّا بِإِذْنِ اللَّهِ وَيَتَعَلَّمُونَ مَا يَضُرُّهُمْ وَلَا يَنْفَعُهُمْ وَلَقَدْ عَلِمُوا لَمَنِ اشْتَرَاهُ مَا لَهُ فِي الْآخِرَةِ مِنْ خَلَاقٍ وَلَبِئْسَ مَا شَرَوْا بِهِ
أَنْفُسَهُمْ لَوْ كَانُوا يَعْلَمُونَ 2:103 وَلَوْ أَنَّهُمْ آمَنُوا وَاتَّقَوْا لَمَثُوبَةٌ مِنْ عِنْدِ اللَّهِ خَيْرٌ لَوْ كَانُوا يَعْلَمُونَ 2:104 يَا أَيُّهَا الَّذِينَ آمَنُوا لَا تَقُولُوا
رَاعِنَا وَقُولُوا انْظُرْنَا وَاسْمَعُوا وَلِلْكَافِرِينَ عَذَابٌ أَلِيمٌ 2:105 مَا يَوَدُّ الَّذِينَ كَفَرُوا مِنْ أَهْلِ الْكِتَابِ وَلَا الْمُشْرِكِينَ أَنْ يُنَزَّلَ عَلَيْكُمْ مِنْ خَيْرٍ
مِنْ رَبِّكُمْ وَاللَّهُ يَخْتَصُّ بِرَحْمَتِهِ مَنْ يَشَاءُ وَاللَّهُ ذُو الْفَضْلِ الْعَظِيمِ 2:106 مَا نَنْسَخْ مِنْ آيَةٍ أَوْ نُنْسِهَا نَأْتِ بِخَيْرٍ مِنْهَا أَوْ مِثْلِهَا أَلَمْ تَعْلَمْ

أَنَّ اللَّهَ عَلَىٰ كُلِّ شَيْءٍ قَدِيرٌ 2:107 أَلَمْ تَعْلَمْ أَنَّ اللَّهَ لَهُ مُلْكُ السَّمَاوَاتِ وَالْأَرْضِ وَمَا لَكُمْ مِنْ دُونِ اللَّهِ مِنْ وَلِيٍّ وَلَا نَصِيرٍ 2:108 أَمْ تُرِيدُونَ
أَنْ تَسْأَلُوا رَسُولَكُمْ كَمَا سُئِلَ مُوسَىٰ مِنْ قَبْلُ وَمَنْ يَتَبَدَّلِ الْكُفْرَ بِالْإِيمَانِ فَقَدْ ضَلَّ سَوَاءَ السَّبِيلِ 2:109 وَدَّ كَثِيرٌ مِنْ أَهْلِ الْكِتَابِ لَوْ
يَرُدُّونَكُمْ مِنْ بَعْدِ إِيمَانِكُمْ كُفَّارًا حَسَدًا مِنْ عِنْدِ أَنْفُسِهِمْ مِنْ بَعْدِ مَا تَبَيَّنَ لَهُمُ الْحَقُّ فَاعْفُوا وَاصْفَحُوا حَتَّىٰ يَأْتِيَ اللَّهُ بِأَمْرِهِ إِنَّ اللَّهَ
عَلَىٰ كُلِّ شَيْءٍ قَدِيرٌ 2:110 وَأَقِيمُوا الصَّلَاةَ وَآتُوا الزَّكَاةَ وَمَا تُقَدِّمُوا لِأَنْفُسِكُمْ مِنْ خَيْرٍ تَجِدُوهُ عِنْدَ اللَّهِ إِنَّ اللَّهَ بِمَا تَعْمَلُونَ بَصِيرٌ 2:111
وَقَالُوا لَنْ يَدْخُلَ الْجَنَّةَ إِلَّا مَنْ كَانَ هُودًا أَوْ نَصَارَىٰ تِلْكَ أَمَانِيُّهُمْ قُلْ هَاتُوا بُرْهَانَكُمْ إِنْ كُنْتُمْ صَادِقِينَ 2:112 بَلَىٰ مَنْ أَسْلَمَ وَجْهَهُ لِلَّهِ
وَهُوَ مُحْسِنٌ فَلَهُ أَجْرُهُ عِنْدَ رَبِّهِ وَلَا خَوْفٌ عَلَيْهِمْ وَلَا هُمْ يَحْزَنُونَ 2:113 وَقَالَتِ الْيَهُودُ لَيْسَتِ النَّصَارَىٰ عَلَىٰ شَيْءٍ وَقَالَتِ النَّصَارَىٰ
لَيْسَتِ الْيَهُودُ عَلَىٰ شَيْءٍ وَهُمْ يَتْلُونَ الْكِتَابَ كَذَٰلِكَ قَالَ الَّذِينَ لَا يَعْلَمُونَ مِثْلَ قَوْلِهِمْ فَاللَّهُ يَحْكُمُ بَيْنَهُمْ يَوْمَ الْقِيَامَةِ فِيمَا كَانُوا فِيهِ
يَخْتَلِفُونَ 2:114 وَمَنْ أَظْلَمُ مِمَّنْ مَنَعَ مَسَاجِدَ اللَّهِ أَنْ يُذْكَرَ فِيهَا اسْمُهُ وَسَعَىٰ فِي خَرَابِهَا أُولَٰئِكَ مَا كَانَ لَهُمْ أَنْ يَدْخُلُوهَا إِلَّا خَائِفِينَ
لَهُمْ فِي الدُّنْيَا خِزْيٌ وَلَهُمْ فِي الْآخِرَةِ عَذَابٌ عَظِيمٌ 2:115 وَلِلَّهِ الْمَشْرِقُ وَالْمَغْرِبُ فَأَيْنَمَا تُوَلُّوا فَثَمَّ وَجْهُ اللَّهِ إِنَّ اللَّهَ وَاسِعٌ عَلِيمٌ 2:116
وَقَالُوا اتَّخَذَ اللَّهُ وَلَدًا سُبْحَانَهُ بَلْ لَهُ مَا فِي السَّمَاوَاتِ وَالْأَرْضِ كُلٌّ لَهُ قَانِتُونَ 2:117 بَدِيعُ السَّمَاوَاتِ وَالْأَرْضِ وَإِذَا قَضَىٰ أَمْرًا فَإِنَّمَا
يَقُولُ لَهُ كُنْ فَيَكُونُ 2:118 وَقَالَ الَّذِينَ لَا يَعْلَمُونَ لَوْلَا يُكَلِّمُنَا اللَّهُ أَوْ تَأْتِينَا آيَةٌ كَذَٰلِكَ قَالَ الَّذِينَ مِنْ قَبْلِهِمْ مِثْلَ قَوْلِهِمْ تَشَابَهَتْ
قُلُوبُهُمْ قَدْ بَيَّنَّا الْآيَاتِ لِقَوْمٍ يُوقِنُونَ 2:119 إِنَّا أَرْسَلْنَاكَ بِالْحَقِّ بَشِيرًا وَنَذِيرًا وَلَا تُسْأَلُ عَنْ أَصْحَابِ الْجَحِيمِ 2:120 وَلَنْ تَرْضَىٰ عَنْكَ
الْيَهُودُ وَلَا النَّصَارَىٰ حَتَّىٰ تَتَّبِعَ مِلَّتَهُمْ قُلْ إِنَّ هُدَى اللَّهِ هُوَ الْهُدَىٰ وَلَئِنِ اتَّبَعْتَ أَهْوَاءَهُمْ بَعْدَ الَّذِي جَاءَكَ مِنَ الْعِلْمِ مَا لَكَ مِنَ اللَّهِ
مِنْ وَلِيٍّ وَلَا نَصِيرٍ 2:121 الَّذِينَ آتَيْنَاهُمُ الْكِتَابَ يَتْلُونَهُ حَقَّ تِلَاوَتِهِ أُولَٰئِكَ يُؤْمِنُونَ بِهِ وَمَنْ يَكْفُرْ بِهِ فَأُولَٰئِكَ هُمُ الْخَاسِرُونَ 2:122 يَا بَنِي
إِسْرَائِيلَ اذْكُرُوا نِعْمَتِيَ الَّتِي أَنْعَمْتُ عَلَيْكُمْ وَأَنِّي فَضَّلْتُكُمْ عَلَى الْعَالَمِينَ 2:123 وَاتَّقُوا يَوْمًا لَا تَجْزِي نَفْسٌ عَنْ نَفْسٍ شَيْئًا وَلَا يُقْبَلُ
مِنْهَا عَدْلٌ وَلَا تَنْفَعُهَا شَفَاعَةٌ وَلَا هُمْ يُنْصَرُونَ 2:124 وَإِذِ ابْتَلَىٰ إِبْرَاهِيمَ رَبُّهُ بِكَلِمَاتٍ فَأَتَمَّهُنَّ قَالَ إِنِّي جَاعِلُكَ لِلنَّاسِ إِمَامًا قَالَ وَمِنْ
ذُرِّيَّتِي قَالَ لَا يَنَالُ عَهْدِي الظَّالِمِينَ 2:125 وَإِذْ جَعَلْنَا الْبَيْتَ مَثَابَةً لِلنَّاسِ وَأَمْنًا وَاتَّخِذُوا مِنْ مَقَامِ إِبْرَاهِيمَ مُصَلًّى وَعَهِدْنَا إِلَىٰ إِبْرَاهِيمَ
وَإِسْمَاعِيلَ أَنْ طَهِّرَا بَيْتِيَ لِلطَّائِفِينَ وَالْعَاكِفِينَ وَالرُّكَّعِ السُّجُودِ 2:126 وَإِذْ قَالَ إِبْرَاهِيمُ رَبِّ اجْعَلْ هَٰذَا بَلَدًا آمِنًا وَارْزُقْ أَهْلَهُ مِنَ الثَّمَرَاتِ
مَنْ آمَنَ مِنْهُمْ بِاللَّهِ وَالْيَوْمِ الْآخِرِ قَالَ وَمَنْ كَفَرَ فَأُمَتِّعُهُ قَلِيلًا ثُمَّ أَضْطَرُّهُ إِلَىٰ عَذَابِ النَّارِ وَبِئْسَ الْمَصِيرُ 2:127 وَإِذْ يَرْفَعُ إِبْرَاهِيمُ الْقَوَاعِدَ
مِنَ الْبَيْتِ وَإِسْمَاعِيلُ رَبَّنَا تَقَبَّلْ مِنَّا إِنَّكَ أَنْتَ السَّمِيعُ الْعَلِيمُ 2:128 رَبَّنَا وَاجْعَلْنَا مُسْلِمَيْنِ لَكَ وَمِنْ ذُرِّيَّتِنَا أُمَّةً مُسْلِمَةً لَكَ وَأَرِنَا مَنَاسِكَنَا
وَتُبْ عَلَيْنَا إِنَّكَ أَنْتَ التَّوَّابُ الرَّحِيمُ 2:129 رَبَّنَا وَابْعَثْ فِيهِمْ رَسُولًا مِنْهُمْ يَتْلُو عَلَيْهِمْ آيَاتِكَ وَيُعَلِّمُهُمُ الْكِتَابَ وَالْحِكْمَةَ وَيُزَكِّيهِمْ إِنَّكَ
أَنْتَ الْعَزِيزُ الْحَكِيمُ 2:130 وَمَنْ يَرْغَبُ عَنْ مِلَّةِ إِبْرَاهِيمَ إِلَّا مَنْ سَفِهَ نَفْسَهُ وَلَقَدِ اصْطَفَيْنَاهُ فِي الدُّنْيَا وَإِنَّهُ فِي الْآخِرَةِ لَمِنَ الصَّالِحِينَ
2:131 إِذْ قَالَ لَهُ رَبُّهُ أَسْلِمْ قَالَ أَسْلَمْتُ لِرَبِّ الْعَالَمِينَ 2:132 وَوَصَّىٰ بِهَا إِبْرَاهِيمُ بَنِيهِ وَيَعْقُوبُ يَا بَنِيَّ إِنَّ اللَّهَ اصْطَفَىٰ لَكُمُ الدِّينَ فَلَا
تَمُوتُنَّ إِلَّا وَأَنْتُمْ مُسْلِمُونَ 2:133 أَمْ كُنْتُمْ شُهَدَاءَ إِذْ حَضَرَ يَعْقُوبَ الْمَوْتُ إِذْ قَالَ لِبَنِيهِ مَا تَعْبُدُونَ مِنْ بَعْدِي قَالُوا نَعْبُدُ إِلَٰهَكَ وَإِلَٰهَ
آبَائِكَ إِبْرَاهِيمَ وَإِسْمَاعِيلَ وَإِسْحَاقَ إِلَٰهًا وَاحِدًا وَنَحْنُ لَهُ مُسْلِمُونَ 2:134 تِلْكَ أُمَّةٌ قَدْ خَلَتْ لَهَا مَا كَسَبَتْ وَلَكُمْ مَا كَسَبْتُمْ وَلَا تُسْأَلُونَ
عَمَّا كَانُوا يَعْمَلُونَ 2:135 وَقَالُوا كُونُوا هُودًا أَوْ نَصَارَىٰ تَهْتَدُوا قُلْ بَلْ مِلَّةَ إِبْرَاهِيمَ حَنِيفًا وَمَا كَانَ مِنَ الْمُشْرِكِينَ 2:136 قُولُوا آمَنَّا بِاللَّهِ
وَمَا أُنْزِلَ إِلَيْنَا وَمَا أُنْزِلَ إِلَىٰ إِبْرَاهِيمَ وَإِسْمَاعِيلَ وَإِسْحَاقَ وَيَعْقُوبَ وَالْأَسْبَاطِ وَمَا أُوتِيَ مُوسَىٰ وَعِيسَىٰ وَمَا أُوتِيَ النَّبِيُّونَ مِنْ رَبِّهِمْ
لَا نُفَرِّقُ بَيْنَ أَحَدٍ مِنْهُمْ وَنَحْنُ لَهُ مُسْلِمُونَ 2:137 فَإِنْ آمَنُوا بِمِثْلِ مَا آمَنْتُمْ بِهِ فَقَدِ اهْتَدَوْا وَإِنْ تَوَلَّوْا فَإِنَّمَا هُمْ فِي شِقَاقٍ فَسَيَكْفِيكَهُمُ
اللَّهُ وَهُوَ السَّمِيعُ الْعَلِيمُ 2:138 صِبْغَةَ اللَّهِ وَمَنْ أَحْسَنُ مِنَ اللَّهِ صِبْغَةً وَنَحْنُ لَهُ عَابِدُونَ 2:139 قُلْ أَتُحَاجُّونَنَا فِي اللَّهِ وَهُوَ رَبُّنَا وَرَبُّكُمْ
وَلَنَا أَعْمَالُنَا وَلَكُمْ أَعْمَالُكُمْ وَنَحْنُ لَهُ مُخْلِصُونَ 2:140 أَمْ تَقُولُونَ إِنَّ إِبْرَاهِيمَ وَإِسْمَاعِيلَ وَإِسْحَاقَ وَيَعْقُوبَ وَالْأَسْبَاطَ كَانُوا هُودًا أَوْ

نَصَارَىٰ قُلْ أَأَنْتُمْ أَعْلَمُ أَمِ اللَّهُ وَمَنْ أَظْلَمُ مِمَّنْ كَتَمَ شَهَادَةً عِنْدَهُ مِنَ اللَّهِ وَمَا اللَّهُ بِغَافِلٍ عَمَّا تَعْمَلُونَ 2:141 تِلْكَ أُمَّةٌ قَدْ خَلَتْ لَهَا مَا
كَسَبَتْ وَلَكُمْ مَا كَسَبْتُمْ وَلَا تُسْأَلُونَ عَمَّا كَانُوا يَعْمَلُونَ 2:142 سَيَقُولُ السُّفَهَاءُ مِنَ النَّاسِ مَا وَلَّاهُمْ عَنْ قِبْلَتِهِمُ الَّتِي كَانُوا عَلَيْهَا قُلْ
لِلَّهِ الْمَشْرِقُ وَالْمَغْرِبُ يَهْدِي مَنْ يَشَاءُ إِلَىٰ صِرَاطٍ مُسْتَقِيمٍ 2:143 وَكَذَٰلِكَ جَعَلْنَاكُمْ أُمَّةً وَسَطًا لِتَكُونُوا شُهَدَاءَ عَلَى النَّاسِ وَيَكُونَ
الرَّسُولُ عَلَيْكُمْ شَهِيدًا وَمَا جَعَلْنَا الْقِبْلَةَ الَّتِي كُنْتَ عَلَيْهَا إِلَّا لِنَعْلَمَ مَنْ يَتَّبِعُ الرَّسُولَ مِمَّنْ يَنْقَلِبُ عَلَىٰ عَقِبَيْهِ وَإِنْ كَانَتْ لَكَبِيرَةً إِلَّا
عَلَى الَّذِينَ هَدَى اللَّهُ وَمَا كَانَ اللَّهُ لِيُضِيعَ إِيمَانَكُمْ إِنَّ اللَّهَ بِالنَّاسِ لَرَءُوفٌ رَحِيمٌ 2:144 قَدْ نَرَىٰ تَقَلُّبَ وَجْهِكَ فِي السَّمَاءِ فَلَنُوَلِّيَنَّكَ
قِبْلَةً تَرْضَاهَا فَوَلِّ وَجْهَكَ شَطْرَ الْمَسْجِدِ الْحَرَامِ وَحَيْثُ مَا كُنْتُمْ فَوَلُّوا وُجُوهَكُمْ شَطْرَهُ وَإِنَّ الَّذِينَ أُوتُوا الْكِتَابَ لَيَعْلَمُونَ أَنَّهُ الْحَقُّ
مِنْ رَبِّهِمْ وَمَا اللَّهُ بِغَافِلٍ عَمَّا يَعْمَلُونَ 2:145 وَلَئِنْ أَتَيْتَ الَّذِينَ أُوتُوا الْكِتَابَ بِكُلِّ آيَةٍ مَا تَبِعُوا قِبْلَتَكَ وَمَا أَنْتَ بِتَابِعٍ قِبْلَتَهُمْ وَمَا بَعْضُهُمْ
بِتَابِعٍ قِبْلَةَ بَعْضٍ وَلَئِنِ اتَّبَعْتَ أَهْوَاءَهُمْ مِنْ بَعْدِ مَا جَاءَكَ مِنَ الْعِلْمِ إِنَّكَ إِذًا لَمِنَ الظَّالِمِينَ 2:146 الَّذِينَ آتَيْنَاهُمُ الْكِتَابَ يَعْرِفُونَهُ كَمَا
يَعْرِفُونَ أَبْنَاءَهُمْ وَإِنَّ فَرِيقًا مِنْهُمْ لَيَكْتُمُونَ الْحَقَّ وَهُمْ يَعْلَمُونَ 2:147 الْحَقُّ مِنْ رَبِّكَ فَلَا تَكُونَنَّ مِنَ الْمُمْتَرِينَ 2:148 وَلِكُلٍّ وِجْهَةٌ هُوَ
مُوَلِّيهَا فَاسْتَبِقُوا الْخَيْرَاتِ أَيْنَ مَا تَكُونُوا يَأْتِ بِكُمُ اللَّهُ جَمِيعًا إِنَّ اللَّهَ عَلَىٰ كُلِّ شَيْءٍ قَدِيرٌ 2:149 وَمِنْ حَيْثُ خَرَجْتَ فَوَلِّ وَجْهَكَ شَطْرَ
الْمَسْجِدِ الْحَرَامِ وَإِنَّهُ لَلْحَقُّ مِنْ رَبِّكَ وَمَا اللَّهُ بِغَافِلٍ عَمَّا تَعْمَلُونَ 2:150 وَمِنْ حَيْثُ خَرَجْتَ فَوَلِّ وَجْهَكَ شَطْرَ الْمَسْجِدِ الْحَرَامِ وَحَيْثُ
مَا كُنْتُمْ فَوَلُّوا وُجُوهَكُمْ شَطْرَهُ لِئَلَّا يَكُونَ لِلنَّاسِ عَلَيْكُمْ حُجَّةٌ إِلَّا الَّذِينَ ظَلَمُوا مِنْهُمْ فَلَا تَخْشَوْهُمْ وَاخْشَوْنِي وَلِأُتِمَّ نِعْمَتِي عَلَيْكُمْ
وَلَعَلَّكُمْ تَهْتَدُونَ 2:151 كَمَا أَرْسَلْنَا فِيكُمْ رَسُولًا مِنْكُمْ يَتْلُو عَلَيْكُمْ آيَاتِنَا وَيُزَكِّيكُمْ وَيُعَلِّمُكُمُ الْكِتَابَ وَالْحِكْمَةَ وَيُعَلِّمُكُمْ مَا لَمْ تَكُونُوا
تَعْلَمُونَ 2:152 فَاذْكُرُونِي أَذْكُرْكُمْ وَاشْكُرُوا لِي وَلَا تَكْفُرُونِ 2:153 يَا أَيُّهَا الَّذِينَ آمَنُوا اسْتَعِينُوا بِالصَّبْرِ وَالصَّلَاةِ إِنَّ اللَّهَ مَعَ الصَّابِرِينَ
2:154 وَلَا تَقُولُوا لِمَنْ يُقْتَلُ فِي سَبِيلِ اللَّهِ أَمْوَاتٌ بَلْ أَحْيَاءٌ وَلَٰكِنْ لَا تَشْعُرُونَ 2:155 وَلَنَبْلُوَنَّكُمْ بِشَيْءٍ مِنَ الْخَوْفِ وَالْجُوعِ وَنَقْصٍ مِنَ
الْأَمْوَالِ وَالْأَنْفُسِ وَالثَّمَرَاتِ وَبَشِّرِ الصَّابِرِينَ 2:156 الَّذِينَ إِذَا أَصَابَتْهُمْ مُصِيبَةٌ قَالُوا إِنَّا لِلَّهِ وَإِنَّا إِلَيْهِ رَاجِعُونَ 2:157 أُولَٰئِكَ عَلَيْهِمْ صَلَوَاتٌ
مِنْ رَبِّهِمْ وَرَحْمَةٌ وَأُولَٰئِكَ هُمُ الْمُهْتَدُونَ 2:158 إِنَّ الصَّفَا وَالْمَرْوَةَ مِنْ شَعَائِرِ اللَّهِ فَمَنْ حَجَّ الْبَيْتَ أَوِ اعْتَمَرَ فَلَا جُنَاحَ عَلَيْهِ أَنْ يَطَّوَّفَ
بِهِمَا وَمَنْ تَطَوَّعَ خَيْرًا فَإِنَّ اللَّهَ شَاكِرٌ عَلِيمٌ 2:159 إِنَّ الَّذِينَ يَكْتُمُونَ مَا أَنْزَلْنَا مِنَ الْبَيِّنَاتِ وَالْهُدَىٰ مِنْ بَعْدِ مَا بَيَّنَّاهُ لِلنَّاسِ فِي الْكِتَابِ
أُولَٰئِكَ يَلْعَنُهُمُ اللَّهُ وَيَلْعَنُهُمُ اللَّاعِنُونَ 2:160 إِلَّا الَّذِينَ تَابُوا وَأَصْلَحُوا وَبَيَّنُوا فَأُولَٰئِكَ أَتُوبُ عَلَيْهِمْ وَأَنَا التَّوَّابُ الرَّحِيمُ 2:161 إِنَّ الَّذِينَ
كَفَرُوا وَمَاتُوا وَهُمْ كُفَّارٌ أُولَٰئِكَ عَلَيْهِمْ لَعْنَةُ اللَّهِ وَالْمَلَائِكَةِ وَالنَّاسِ أَجْمَعِينَ 2:162 خَالِدِينَ فِيهَا لَا يُخَفَّفُ عَنْهُمُ الْعَذَابُ وَلَا هُمْ يُنْظَرُونَ
2:163 وَإِلَٰهُكُمْ إِلَٰهٌ وَاحِدٌ لَا إِلَٰهَ إِلَّا هُوَ الرَّحْمَٰنُ الرَّحِيمُ 2:164 إِنَّ فِي خَلْقِ السَّمَاوَاتِ وَالْأَرْضِ وَاخْتِلَافِ اللَّيْلِ وَالنَّهَارِ وَالْفُلْكِ الَّتِي تَجْرِي
فِي الْبَحْرِ بِمَا يَنْفَعُ النَّاسَ وَمَا أَنْزَلَ اللَّهُ مِنَ السَّمَاءِ مِنْ مَاءٍ فَأَحْيَا بِهِ الْأَرْضَ بَعْدَ مَوْتِهَا وَبَثَّ فِيهَا مِنْ كُلِّ دَابَّةٍ وَتَصْرِيفِ الرِّيَاحِ
وَالسَّحَابِ الْمُسَخَّرِ بَيْنَ السَّمَاءِ وَالْأَرْضِ لَآيَاتٍ لِقَوْمٍ يَعْقِلُونَ 2:165 وَمِنَ النَّاسِ مَنْ يَتَّخِذُ مِنْ دُونِ اللَّهِ أَنْدَادًا يُحِبُّونَهُمْ كَحُبِّ اللَّهِ
وَالَّذِينَ آمَنُوا أَشَدُّ حُبًّا لِلَّهِ وَلَوْ يَرَى الَّذِينَ ظَلَمُوا إِذْ يَرَوْنَ الْعَذَابَ أَنَّ الْقُوَّةَ لِلَّهِ جَمِيعًا وَأَنَّ اللَّهَ شَدِيدُ الْعَذَابِ 2:166 إِذْ تَبَرَّأَ الَّذِينَ
اتُّبِعُوا مِنَ الَّذِينَ اتَّبَعُوا وَرَأَوُا الْعَذَابَ وَتَقَطَّعَتْ بِهِمُ الْأَسْبَابُ 2:167 وَقَالَ الَّذِينَ اتَّبَعُوا لَوْ أَنَّ لَنَا كَرَّةً فَنَتَبَرَّأَ مِنْهُمْ كَمَا تَبَرَّءُوا مِنَّا كَذَٰلِكَ
يُرِيهِمُ اللَّهُ أَعْمَالَهُمْ حَسَرَاتٍ عَلَيْهِمْ وَمَا هُمْ بِخَارِجِينَ مِنَ النَّارِ 2:168 يَا أَيُّهَا النَّاسُ كُلُوا مِمَّا فِي الْأَرْضِ حَلَالًا طَيِّبًا وَلَا تَتَّبِعُوا خُطُوَاتِ
الشَّيْطَانِ إِنَّهُ لَكُمْ عَدُوٌّ مُبِينٌ 2:169 إِنَّمَا يَأْمُرُكُمْ بِالسُّوءِ وَالْفَحْشَاءِ وَأَنْ تَقُولُوا عَلَى اللَّهِ مَا لَا تَعْلَمُونَ 2:170 وَإِذَا قِيلَ لَهُمُ اتَّبِعُوا مَا
أَنْزَلَ اللَّهُ قَالُوا بَلْ نَتَّبِعُ مَا أَلْفَيْنَا عَلَيْهِ آبَاءَنَا أَوَلَوْ كَانَ آبَاؤُهُمْ لَا يَعْقِلُونَ شَيْئًا وَلَا يَهْتَدُونَ 2:171 وَمَثَلُ الَّذِينَ كَفَرُوا كَمَثَلِ الَّذِي يَنْعِقُ
بِمَا لَا يَسْمَعُ إِلَّا دُعَاءً وَنِدَاءً صُمٌّ بُكْمٌ عُمْيٌ فَهُمْ لَا يَعْقِلُونَ 2:172 يَا أَيُّهَا الَّذِينَ آمَنُوا كُلُوا مِنْ طَيِّبَاتِ مَا رَزَقْنَاكُمْ وَاشْكُرُوا لِلَّهِ إِنْ كُنْتُمْ
إِيَّاهُ تَعْبُدُونَ 2:173 إِنَّمَا حَرَّمَ عَلَيْكُمُ الْمَيْتَةَ وَالدَّمَ وَلَحْمَ الْخِنْزِيرِ وَمَا أُهِلَّ بِهِ لِغَيْرِ اللَّهِ فَمَنِ اضْطُرَّ غَيْرَ بَاغٍ وَلَا عَادٍ فَلَا إِثْمَ عَلَيْهِ إِنَّ اللَّهَ

غَفُورٌ رَحِيمٌ 2:174 إِنَّ الَّذِينَ يَكْتُمُونَ مَا أَنْزَلَ اللَّهُ مِنَ الْكِتَابِ وَيَشْتَرُونَ بِهِ ثَمَنًا قَلِيلًا أُولَٰئِكَ مَا يَأْكُلُونَ فِي بُطُونِهِمْ إِلَّا النَّارَ وَلَا يُكَلِّمُهُمُ
اللَّهُ يَوْمَ الْقِيَامَةِ وَلَا يُزَكِّيهِمْ وَلَهُمْ عَذَابٌ أَلِيمٌ 2:175 أُولَٰئِكَ الَّذِينَ اشْتَرَوُا الضَّلَالَةَ بِالْهُدَىٰ وَالْعَذَابَ بِالْمَغْفِرَةِ فَمَا أَصْبَرَهُمْ عَلَى النَّارِ
2:176 ذَٰلِكَ بِأَنَّ اللَّهَ نَزَّلَ الْكِتَابَ بِالْحَقِّ وَإِنَّ الَّذِينَ اخْتَلَفُوا فِي الْكِتَابِ لَفِي شِقَاقٍ بَعِيدٍ 2:177 لَيْسَ الْبِرَّ أَنْ تُوَلُّوا وُجُوهَكُمْ قِبَلَ الْمَشْرِقِ
وَالْمَغْرِبِ وَلَٰكِنَّ الْبِرَّ مَنْ آمَنَ بِاللَّهِ وَالْيَوْمِ الْآخِرِ وَالْمَلَائِكَةِ وَالْكِتَابِ وَالنَّبِيِّينَ وَآتَى الْمَالَ عَلَىٰ حُبِّهِ ذَوِي الْقُرْبَىٰ وَالْيَتَامَىٰ وَالْمَسَاكِينَ
وَابْنَ السَّبِيلِ وَالسَّائِلِينَ وَفِي الرِّقَابِ وَأَقَامَ الصَّلَاةَ وَآتَى الزَّكَاةَ وَالْمُوفُونَ بِعَهْدِهِمْ إِذَا عَاهَدُوا وَالصَّابِرِينَ فِي الْبَأْسَاءِ وَالضَّرَّاءِ وَحِينَ
الْبَأْسِ أُولَٰئِكَ الَّذِينَ صَدَقُوا وَأُولَٰئِكَ هُمُ الْمُتَّقُونَ 2:178 يَا أَيُّهَا الَّذِينَ آمَنُوا كُتِبَ عَلَيْكُمُ الْقِصَاصُ فِي الْقَتْلَى الْحُرُّ بِالْحُرِّ وَالْعَبْدُ بِالْعَبْدِ
وَالْأُنْثَىٰ بِالْأُنْثَىٰ فَمَنْ عُفِيَ لَهُ مِنْ أَخِيهِ شَيْءٌ فَاتِّبَاعٌ بِالْمَعْرُوفِ وَأَدَاءٌ إِلَيْهِ بِإِحْسَانٍ ذَٰلِكَ تَخْفِيفٌ مِنْ رَبِّكُمْ وَرَحْمَةٌ فَمَنِ اعْتَدَىٰ بَعْدَ
ذَٰلِكَ فَلَهُ عَذَابٌ أَلِيمٌ 2:179 وَلَكُمْ فِي الْقِصَاصِ حَيَاةٌ يَا أُولِي الْأَلْبَابِ لَعَلَّكُمْ تَتَّقُونَ 2:180 كُتِبَ عَلَيْكُمْ إِذَا حَضَرَ أَحَدَكُمُ الْمَوْتُ إِنْ تَرَكَ
خَيْرًا الْوَصِيَّةُ لِلْوَالِدَيْنِ وَالْأَقْرَبِينَ بِالْمَعْرُوفِ حَقًّا عَلَى الْمُتَّقِينَ 2:181 فَمَنْ بَدَّلَهُ بَعْدَمَا سَمِعَهُ فَإِنَّمَا إِثْمُهُ عَلَى الَّذِينَ يُبَدِّلُونَهُ إِنَّ اللَّهَ
سَمِيعٌ عَلِيمٌ 2:182 فَمَنْ خَافَ مِنْ مُوصٍ جَنَفًا أَوْ إِثْمًا فَأَصْلَحَ بَيْنَهُمْ فَلَا إِثْمَ عَلَيْهِ إِنَّ اللَّهَ غَفُورٌ رَحِيمٌ 2:183 يَا أَيُّهَا الَّذِينَ آمَنُوا كُتِبَ
عَلَيْكُمُ الصِّيَامُ كَمَا كُتِبَ عَلَى الَّذِينَ مِنْ قَبْلِكُمْ لَعَلَّكُمْ تَتَّقُونَ 2:184 أَيَّامًا مَعْدُودَاتٍ فَمَنْ كَانَ مِنْكُمْ مَرِيضًا أَوْ عَلَىٰ سَفَرٍ فَعِدَّةٌ مِنْ أَيَّامٍ
أُخَرَ وَعَلَى الَّذِينَ يُطِيقُونَهُ فِدْيَةٌ طَعَامُ مِسْكِينٍ فَمَنْ تَطَوَّعَ خَيْرًا فَهُوَ خَيْرٌ لَهُ وَأَنْ تَصُومُوا خَيْرٌ لَكُمْ إِنْ كُنْتُمْ تَعْلَمُونَ 2:185 شَهْرُ
رَمَضَانَ الَّذِي أُنْزِلَ فِيهِ الْقُرْآنُ هُدًى لِلنَّاسِ وَبَيِّنَاتٍ مِنَ الْهُدَىٰ وَالْفُرْقَانِ فَمَنْ شَهِدَ مِنْكُمُ الشَّهْرَ فَلْيَصُمْهُ وَمَنْ كَانَ مَرِيضًا أَوْ عَلَىٰ
سَفَرٍ فَعِدَّةٌ مِنْ أَيَّامٍ أُخَرَ يُرِيدُ اللَّهُ بِكُمُ الْيُسْرَ وَلَا يُرِيدُ بِكُمُ الْعُسْرَ وَلِتُكْمِلُوا الْعِدَّةَ وَلِتُكَبِّرُوا اللَّهَ عَلَىٰ مَا هَدَاكُمْ وَلَعَلَّكُمْ تَشْكُرُونَ 2:186
وَإِذَا سَأَلَكَ عِبَادِي عَنِّي فَإِنِّي قَرِيبٌ أُجِيبُ دَعْوَةَ الدَّاعِ إِذَا دَعَانِ فَلْيَسْتَجِيبُوا لِي وَلْيُؤْمِنُوا بِي لَعَلَّهُمْ يَرْشُدُونَ 2:187 أُحِلَّ لَكُمْ لَيْلَةَ
الصِّيَامِ الرَّفَثُ إِلَىٰ نِسَائِكُمْ هُنَّ لِبَاسٌ لَكُمْ وَأَنْتُمْ لِبَاسٌ لَهُنَّ عَلِمَ اللَّهُ أَنَّكُمْ كُنْتُمْ تَخْتَانُونَ أَنْفُسَكُمْ فَتَابَ عَلَيْكُمْ وَعَفَا عَنْكُمْ فَالْآنَ
بَاشِرُوهُنَّ وَابْتَغُوا مَا كَتَبَ اللَّهُ لَكُمْ وَكُلُوا وَاشْرَبُوا حَتَّىٰ يَتَبَيَّنَ لَكُمُ الْخَيْطُ الْأَبْيَضُ مِنَ الْخَيْطِ الْأَسْوَدِ مِنَ الْفَجْرِ ثُمَّ أَتِمُّوا الصِّيَامَ إِلَى
اللَّيْلِ وَلَا تُبَاشِرُوهُنَّ وَأَنْتُمْ عَاكِفُونَ فِي الْمَسَاجِدِ تِلْكَ حُدُودُ اللَّهِ فَلَا تَقْرَبُوهَا كَذَٰلِكَ يُبَيِّنُ اللَّهُ آيَاتِهِ لِلنَّاسِ لَعَلَّهُمْ يَتَّقُونَ 2:188 وَلَا
تَأْكُلُوا أَمْوَالَكُمْ بَيْنَكُمْ بِالْبَاطِلِ وَتُدْلُوا بِهَا إِلَى الْحُكَّامِ لِتَأْكُلُوا فَرِيقًا مِنْ أَمْوَالِ النَّاسِ بِالْإِثْمِ وَأَنْتُمْ تَعْلَمُونَ 2:189 يَسْأَلُونَكَ عَنِ الْأَهِلَّةِ
قُلْ هِيَ مَوَاقِيتُ لِلنَّاسِ وَالْحَجِّ وَلَيْسَ الْبِرُّ بِأَنْ تَأْتُوا الْبُيُوتَ مِنْ ظُهُورِهَا وَلَٰكِنَّ الْبِرَّ مَنِ اتَّقَىٰ وَأْتُوا الْبُيُوتَ مِنْ أَبْوَابِهَا وَاتَّقُوا اللَّهَ لَعَلَّكُمْ
تُفْلِحُونَ 2:190 وَقَاتِلُوا فِي سَبِيلِ اللَّهِ الَّذِينَ يُقَاتِلُونَكُمْ وَلَا تَعْتَدُوا إِنَّ اللَّهَ لَا يُحِبُّ الْمُعْتَدِينَ 2:191 وَاقْتُلُوهُمْ حَيْثُ ثَقِفْتُمُوهُمْ
وَأَخْرِجُوهُمْ مِنْ حَيْثُ أَخْرَجُوكُمْ وَالْفِتْنَةُ أَشَدُّ مِنَ الْقَتْلِ وَلَا تُقَاتِلُوهُمْ عِنْدَ الْمَسْجِدِ الْحَرَامِ حَتَّىٰ يُقَاتِلُوكُمْ فِيهِ فَإِنْ قَاتَلُوكُمْ فَاقْتُلُوهُمْ
كَذَٰلِكَ جَزَاءُ الْكَافِرِينَ 2:192 فَإِنِ انْتَهَوْا فَإِنَّ اللَّهَ غَفُورٌ رَحِيمٌ 2:193 وَقَاتِلُوهُمْ حَتَّىٰ لَا تَكُونَ فِتْنَةٌ وَيَكُونَ الدِّينُ لِلَّهِ فَإِنِ انْتَهَوْا فَلَا عُدْوَانَ
إِلَّا عَلَى الظَّالِمِينَ 2:194 الشَّهْرُ الْحَرَامُ بِالشَّهْرِ الْحَرَامِ وَالْحُرُمَاتُ قِصَاصٌ فَمَنِ اعْتَدَىٰ عَلَيْكُمْ فَاعْتَدُوا عَلَيْهِ بِمِثْلِ مَا اعْتَدَىٰ عَلَيْكُمْ
وَاتَّقُوا اللَّهَ وَاعْلَمُوا أَنَّ اللَّهَ مَعَ الْمُتَّقِينَ 2:195 وَأَنْفِقُوا فِي سَبِيلِ اللَّهِ وَلَا تُلْقُوا بِأَيْدِيكُمْ إِلَى التَّهْلُكَةِ وَأَحْسِنُوا إِنَّ اللَّهَ يُحِبُّ الْمُحْسِنِينَ
2:196 وَأَتِمُّوا الْحَجَّ وَالْعُمْرَةَ لِلَّهِ فَإِنْ أُحْصِرْتُمْ فَمَا اسْتَيْسَرَ مِنَ الْهَدْيِ وَلَا تَحْلِقُوا رُءُوسَكُمْ حَتَّىٰ يَبْلُغَ الْهَدْيُ مَحِلَّهُ فَمَنْ كَانَ مِنْكُمْ
مَرِيضًا أَوْ بِهِ أَذًى مِنْ رَأْسِهِ فَفِدْيَةٌ مِنْ صِيَامٍ أَوْ صَدَقَةٍ أَوْ نُسُكٍ فَإِذَا أَمِنْتُمْ فَمَنْ تَمَتَّعَ بِالْعُمْرَةِ إِلَى الْحَجِّ فَمَا اسْتَيْسَرَ مِنَ الْهَدْيِ
فَمَنْ لَمْ يَجِدْ فَصِيَامُ ثَلَاثَةِ أَيَّامٍ فِي الْحَجِّ وَسَبْعَةٍ إِذَا رَجَعْتُمْ تِلْكَ عَشَرَةٌ كَامِلَةٌ ذَٰلِكَ لِمَنْ لَمْ يَكُنْ أَهْلُهُ حَاضِرِي الْمَسْجِدِ الْحَرَامِ وَاتَّقُوا
اللَّهَ وَاعْلَمُوا أَنَّ اللَّهَ شَدِيدُ الْعِقَابِ 2:197 الْحَجُّ أَشْهُرٌ مَعْلُومَاتٌ فَمَنْ فَرَضَ فِيهِنَّ الْحَجَّ فَلَا رَفَثَ وَلَا فُسُوقَ وَلَا جِدَالَ فِي الْحَجِّ وَمَا
تَفْعَلُوا مِنْ خَيْرٍ يَعْلَمْهُ اللَّهُ وَتَزَوَّدُوا فَإِنَّ خَيْرَ الزَّادِ التَّقْوَىٰ وَاتَّقُونِ يَا أُولِي الْأَلْبَابِ 2:198 لَيْسَ عَلَيْكُمْ جُنَاحٌ أَنْ تَبْتَغُوا فَضْلًا مِنْ رَبِّكُمْ

فَإِذَا أَفَضْتُمْ مِنْ عَرَفَاتٍ فَاذْكُرُوا اللَّهَ عِنْدَ الْمَشْعَرِ الْحَرَامِ وَاذْكُرُوهُ كَمَا هَدَاكُمْ وَإِنْ كُنْتُمْ مِنْ قَبْلِهِ لَمِنَ الضَّالِّينَ 2:199 ثُمَّ أَفِيضُوا مِنْ
حَيْثُ أَفَاضَ النَّاسُ وَاسْتَغْفِرُوا اللَّهَ إِنَّ اللَّهَ غَفُورٌ رَحِيمٌ 2:200 فَإِذَا قَضَيْتُمْ مَنَاسِكَكُمْ فَاذْكُرُوا اللَّهَ كَذِكْرِكُمْ آبَاءَكُمْ أَوْ أَشَدَّ ذِكْرًا فَمِنَ
النَّاسِ مَنْ يَقُولُ رَبَّنَا آتِنَا فِي الدُّنْيَا وَمَا لَهُ فِي الْآخِرَةِ مِنْ خَلَاقٍ 2:201 وَمِنْهُمْ مَنْ يَقُولُ رَبَّنَا آتِنَا فِي الدُّنْيَا حَسَنَةً وَفِي الْآخِرَةِ حَسَنَةً
وَقِنَا عَذَابَ النَّارِ 2:202 أُولَٰئِكَ لَهُمْ نَصِيبٌ مِمَّا كَسَبُوا وَاللَّهُ سَرِيعُ الْحِسَابِ 2:203 وَاذْكُرُوا اللَّهَ فِي أَيَّامٍ مَعْدُودَاتٍ فَمَنْ تَعَجَّلَ فِي يَوْمَيْنِ
فَلَا إِثْمَ عَلَيْهِ وَمَنْ تَأَخَّرَ فَلَا إِثْمَ عَلَيْهِ لِمَنِ اتَّقَىٰ وَاتَّقُوا اللَّهَ وَاعْلَمُوا أَنَّكُمْ إِلَيْهِ تُحْشَرُونَ 2:204 وَمِنَ النَّاسِ مَنْ يُعْجِبُكَ قَوْلُهُ فِي الْحَيَاةِ
الدُّنْيَا وَيُشْهِدُ اللَّهَ عَلَىٰ مَا فِي قَلْبِهِ وَهُوَ أَلَدُّ الْخِصَامِ 2:205 وَإِذَا تَوَلَّىٰ سَعَىٰ فِي الْأَرْضِ لِيُفْسِدَ فِيهَا وَيُهْلِكَ الْحَرْثَ وَالنَّسْلَ وَاللَّهُ لَا
يُحِبُّ الْفَسَادَ 2:206 وَإِذَا قِيلَ لَهُ اتَّقِ اللَّهَ أَخَذَتْهُ الْعِزَّةُ بِالْإِثْمِ فَحَسْبُهُ جَهَنَّمُ وَلَبِئْسَ الْمِهَادُ 2:207 وَمِنَ النَّاسِ مَنْ يَشْرِي نَفْسَهُ ابْتِغَاءَ
مَرْضَاتِ اللَّهِ وَاللَّهُ رَءُوفٌ بِالْعِبَادِ 2:208 يَا أَيُّهَا الَّذِينَ آمَنُوا ادْخُلُوا فِي السِّلْمِ كَافَّةً وَلَا تَتَّبِعُوا خُطُوَاتِ الشَّيْطَانِ إِنَّهُ لَكُمْ عَدُوٌّ مُبِينٌ
2:209 فَإِنْ زَلَلْتُمْ مِنْ بَعْدِ مَا جَاءَتْكُمُ الْبَيِّنَاتُ فَاعْلَمُوا أَنَّ اللَّهَ عَزِيزٌ حَكِيمٌ 2:210 هَلْ يَنْظُرُونَ إِلَّا أَنْ يَأْتِيَهُمُ اللَّهُ فِي ظُلَلٍ مِنَ الْغَمَامِ
وَالْمَلَائِكَةُ وَقُضِيَ الْأَمْرُ وَإِلَى اللَّهِ تُرْجَعُ الْأُمُورُ 2:211 سَلْ بَنِي إِسْرَائِيلَ كَمْ آتَيْنَاهُمْ مِنْ آيَةٍ بَيِّنَةٍ وَمَنْ يُبَدِّلْ نِعْمَةَ اللَّهِ مِنْ بَعْدِ مَا
جَاءَتْهُ فَإِنَّ اللَّهَ شَدِيدُ الْعِقَابِ 2:212 زُيِّنَ لِلَّذِينَ كَفَرُوا الْحَيَاةُ الدُّنْيَا وَيَسْخَرُونَ مِنَ الَّذِينَ آمَنُوا وَالَّذِينَ اتَّقَوْا فَوْقَهُمْ يَوْمَ الْقِيَامَةِ
وَاللَّهُ يَرْزُقُ مَنْ يَشَاءُ بِغَيْرِ حِسَابٍ 2:213 كَانَ النَّاسُ أُمَّةً وَاحِدَةً فَبَعَثَ اللَّهُ النَّبِيِّينَ مُبَشِّرِينَ وَمُنْذِرِينَ وَأَنْزَلَ مَعَهُمُ الْكِتَابَ بِالْحَقِّ
لِيَحْكُمَ بَيْنَ النَّاسِ فِيمَا اخْتَلَفُوا فِيهِ وَمَا اخْتَلَفَ فِيهِ إِلَّا الَّذِينَ أُوتُوهُ مِنْ بَعْدِ مَا جَاءَتْهُمُ الْبَيِّنَاتُ بَغْيًا بَيْنَهُمْ فَهَدَى اللَّهُ الَّذِينَ آمَنُوا
لِمَا اخْتَلَفُوا فِيهِ مِنَ الْحَقِّ بِإِذْنِهِ وَاللَّهُ يَهْدِي مَنْ يَشَاءُ إِلَىٰ صِرَاطٍ مُسْتَقِيمٍ 2:214 أَمْ حَسِبْتُمْ أَنْ تَدْخُلُوا الْجَنَّةَ وَلَمَّا يَأْتِكُمْ مَثَلُ الَّذِينَ
خَلَوْا مِنْ قَبْلِكُمْ مَسَّتْهُمُ الْبَأْسَاءُ وَالضَّرَّاءُ وَزُلْزِلُوا حَتَّىٰ يَقُولَ الرَّسُولُ وَالَّذِينَ آمَنُوا مَعَهُ مَتَىٰ نَصْرُ اللَّهِ أَلَا إِنَّ نَصْرَ اللَّهِ قَرِيبٌ 2:215
يَسْأَلُونَكَ مَاذَا يُنْفِقُونَ قُلْ مَا أَنْفَقْتُمْ مِنْ خَيْرٍ فَلِلْوَالِدَيْنِ وَالْأَقْرَبِينَ وَالْيَتَامَىٰ وَالْمَسَاكِينِ وَابْنِ السَّبِيلِ وَمَا تَفْعَلُوا مِنْ خَيْرٍ فَإِنَّ اللَّهَ
بِهِ عَلِيمٌ 2:216 كُتِبَ عَلَيْكُمُ الْقِتَالُ وَهُوَ كُرْهٌ لَكُمْ وَعَسَىٰ أَنْ تَكْرَهُوا شَيْئًا وَهُوَ خَيْرٌ لَكُمْ وَعَسَىٰ أَنْ تُحِبُّوا شَيْئًا وَهُوَ شَرٌّ لَكُمْ وَاللَّهُ يَعْلَمُ
وَأَنْتُمْ لَا تَعْلَمُونَ 2:217 يَسْأَلُونَكَ عَنِ الشَّهْرِ الْحَرَامِ قِتَالٍ فِيهِ قُلْ قِتَالٌ فِيهِ كَبِيرٌ وَصَدٌّ عَنْ سَبِيلِ اللَّهِ وَكُفْرٌ بِهِ وَالْمَسْجِدِ الْحَرَامِ وَإِخْرَاجُ
أَهْلِهِ مِنْهُ أَكْبَرُ عِنْدَ اللَّهِ وَالْفِتْنَةُ أَكْبَرُ مِنَ الْقَتْلِ وَلَا يَزَالُونَ يُقَاتِلُونَكُمْ حَتَّىٰ يَرُدُّوكُمْ عَنْ دِينِكُمْ إِنِ اسْتَطَاعُوا وَمَنْ يَرْتَدِدْ مِنْكُمْ عَنْ
دِينِهِ فَيَمُتْ وَهُوَ كَافِرٌ فَأُولَٰئِكَ حَبِطَتْ أَعْمَالُهُمْ فِي الدُّنْيَا وَالْآخِرَةِ وَأُولَٰئِكَ أَصْحَابُ النَّارِ هُمْ فِيهَا خَالِدُونَ 2:218 إِنَّ الَّذِينَ آمَنُوا وَالَّذِينَ
هَاجَرُوا وَجَاهَدُوا فِي سَبِيلِ اللَّهِ أُولَٰئِكَ يَرْجُونَ رَحْمَتَ اللَّهِ وَاللَّهُ غَفُورٌ رَحِيمٌ 2:219 يَسْأَلُونَكَ عَنِ الْخَمْرِ وَالْمَيْسِرِ قُلْ فِيهِمَا إِثْمٌ كَبِيرٌ
وَمَنَافِعُ لِلنَّاسِ وَإِثْمُهُمَا أَكْبَرُ مِنْ نَفْعِهِمَا وَيَسْأَلُونَكَ مَاذَا يُنْفِقُونَ قُلِ الْعَفْوَ كَذَٰلِكَ يُبَيِّنُ اللَّهُ لَكُمُ الْآيَاتِ لَعَلَّكُمْ تَتَفَكَّرُونَ 2:220 فِي
الدُّنْيَا وَالْآخِرَةِ وَيَسْأَلُونَكَ عَنِ الْيَتَامَىٰ قُلْ إِصْلَاحٌ لَهُمْ خَيْرٌ وَإِنْ تُخَالِطُوهُمْ فَإِخْوَانُكُمْ وَاللَّهُ يَعْلَمُ الْمُفْسِدَ مِنَ الْمُصْلِحِ وَلَوْ شَاءَ اللَّهُ
لَأَعْنَتَكُمْ إِنَّ اللَّهَ عَزِيزٌ حَكِيمٌ 2:221 وَلَا تَنْكِحُوا الْمُشْرِكَاتِ حَتَّىٰ يُؤْمِنَّ وَلَأَمَةٌ مُؤْمِنَةٌ خَيْرٌ مِنْ مُشْرِكَةٍ وَلَوْ أَعْجَبَتْكُمْ وَلَا تُنْكِحُوا الْمُشْرِكِينَ
حَتَّىٰ يُؤْمِنُوا وَلَعَبْدٌ مُؤْمِنٌ خَيْرٌ مِنْ مُشْرِكٍ وَلَوْ أَعْجَبَكُمْ أُولَٰئِكَ يَدْعُونَ إِلَى النَّارِ وَاللَّهُ يَدْعُو إِلَى الْجَنَّةِ وَالْمَغْفِرَةِ بِإِذْنِهِ وَيُبَيِّنُ آيَاتِهِ
لِلنَّاسِ لَعَلَّهُمْ يَتَذَكَّرُونَ 2:222 وَيَسْأَلُونَكَ عَنِ الْمَحِيضِ قُلْ هُوَ أَذًى فَاعْتَزِلُوا النِّسَاءَ فِي الْمَحِيضِ وَلَا تَقْرَبُوهُنَّ حَتَّىٰ يَطْهُرْنَ فَإِذَا
تَطَهَّرْنَ فَأْتُوهُنَّ مِنْ حَيْثُ أَمَرَكُمُ اللَّهُ إِنَّ اللَّهَ يُحِبُّ التَّوَّابِينَ وَيُحِبُّ الْمُتَطَهِّرِينَ 2:223 نِسَاؤُكُمْ حَرْثٌ لَكُمْ فَأْتُوا حَرْثَكُمْ أَنَّىٰ شِئْتُمْ
وَقَدِّمُوا لِأَنْفُسِكُمْ وَاتَّقُوا اللَّهَ وَاعْلَمُوا أَنَّكُمْ مُلَاقُوهُ وَبَشِّرِ الْمُؤْمِنِينَ 2:224 وَلَا تَجْعَلُوا اللَّهَ عُرْضَةً لِأَيْمَانِكُمْ أَنْ تَبَرُّوا وَتَتَّقُوا وَتُصْلِحُوا
بَيْنَ النَّاسِ وَاللَّهُ سَمِيعٌ عَلِيمٌ 2:225 لَا يُؤَاخِذُكُمُ اللَّهُ بِاللَّغْوِ فِي أَيْمَانِكُمْ وَلَٰكِنْ يُؤَاخِذُكُمْ بِمَا كَسَبَتْ قُلُوبُكُمْ وَاللَّهُ غَفُورٌ حَلِيمٌ 2:226
لِلَّذِينَ يُؤْلُونَ مِنْ نِسَائِهِمْ تَرَبُّصُ أَرْبَعَةِ أَشْهُرٍ فَإِنْ فَاءُوا فَإِنَّ اللَّهَ غَفُورٌ رَحِيمٌ 2:227 وَإِنْ عَزَمُوا الطَّلَاقَ فَإِنَّ اللَّهَ سَمِيعٌ عَلِيمٌ 2:228

وَالْمُطَلَّقَاتُ يَتَرَبَّصْنَ بِأَنْفُسِهِنَّ ثَلَاثَةَ قُرُوءٍ وَلَا يَحِلُّ لَهُنَّ أَنْ يَكْتُمْنَ مَا خَلَقَ اللَّهُ فِي أَرْحَامِهِنَّ إِنْ كُنَّ يُؤْمِنَّ بِاللَّهِ وَالْيَوْمِ الْآخِرِ وَبُعُولَتُهُنَّ
أَحَقُّ بِرَدِّهِنَّ فِي ذَٰلِكَ إِنْ أَرَادُوا إِصْلَاحًا وَلَهُنَّ مِثْلُ الَّذِي عَلَيْهِنَّ بِالْمَعْرُوفِ وَلِلرِّجَالِ عَلَيْهِنَّ دَرَجَةٌ وَاللَّهُ عَزِيزٌ حَكِيمٌ 2:229 الطَّلَاقُ
مَرَّتَانِ فَإِمْسَاكٌ بِمَعْرُوفٍ أَوْ تَسْرِيحٌ بِإِحْسَانٍ وَلَا يَحِلُّ لَكُمْ أَنْ تَأْخُذُوا مِمَّا آتَيْتُمُوهُنَّ شَيْئًا إِلَّا أَنْ يَخَافَا أَلَّا يُقِيمَا حُدُودَ اللَّهِ فَإِنْ خِفْتُمْ
أَلَّا يُقِيمَا حُدُودَ اللَّهِ فَلَا جُنَاحَ عَلَيْهِمَا فِيمَا افْتَدَتْ بِهِ تِلْكَ حُدُودُ اللَّهِ فَلَا تَعْتَدُوهَا وَمَنْ يَتَعَدَّ حُدُودَ اللَّهِ فَأُولَٰئِكَ هُمُ الظَّالِمُونَ 2:230
فَإِنْ طَلَّقَهَا فَلَا تَحِلُّ لَهُ مِنْ بَعْدُ حَتَّىٰ تَنْكِحَ زَوْجًا غَيْرَهُ فَإِنْ طَلَّقَهَا فَلَا جُنَاحَ عَلَيْهِمَا أَنْ يَتَرَاجَعَا إِنْ ظَنَّا أَنْ يُقِيمَا حُدُودَ اللَّهِ وَتِلْكَ
حُدُودُ اللَّهِ يُبَيِّنُهَا لِقَوْمٍ يَعْلَمُونَ 2:231 وَإِذَا طَلَّقْتُمُ النِّسَاءَ فَبَلَغْنَ أَجَلَهُنَّ فَأَمْسِكُوهُنَّ بِمَعْرُوفٍ أَوْ سَرِّحُوهُنَّ بِمَعْرُوفٍ وَلَا تُمْسِكُوهُنَّ
ضِرَارًا لِتَعْتَدُوا وَمَنْ يَفْعَلْ ذَٰلِكَ فَقَدْ ظَلَمَ نَفْسَهُ وَلَا تَتَّخِذُوا آيَاتِ اللَّهِ هُزُوًا وَاذْكُرُوا نِعْمَتَ اللَّهِ عَلَيْكُمْ وَمَا أَنْزَلَ عَلَيْكُمْ مِنَ الْكِتَابِ
وَالْحِكْمَةِ يَعِظُكُمْ بِهِ وَاتَّقُوا اللَّهَ وَاعْلَمُوا أَنَّ اللَّهَ بِكُلِّ شَيْءٍ عَلِيمٌ 2:232 وَإِذَا طَلَّقْتُمُ النِّسَاءَ فَبَلَغْنَ أَجَلَهُنَّ فَلَا تَعْضُلُوهُنَّ أَنْ يَنْكِحْنَ
أَزْوَاجَهُنَّ إِذَا تَرَاضَوْا بَيْنَهُمْ بِالْمَعْرُوفِ ذَٰلِكَ يُوعَظُ بِهِ مَنْ كَانَ مِنْكُمْ يُؤْمِنُ بِاللَّهِ وَالْيَوْمِ الْآخِرِ ذَٰلِكُمْ أَزْكَىٰ لَكُمْ وَأَطْهَرُ وَاللَّهُ يَعْلَمُ وَأَنْتُمْ
لَا تَعْلَمُونَ 2:233 وَالْوَالِدَاتُ يُرْضِعْنَ أَوْلَادَهُنَّ حَوْلَيْنِ كَامِلَيْنِ لِمَنْ أَرَادَ أَنْ يُتِمَّ الرَّضَاعَةَ وَعَلَى الْمَوْلُودِ لَهُ رِزْقُهُنَّ وَكِسْوَتُهُنَّ بِالْمَعْرُوفِ
لَا تُكَلَّفُ نَفْسٌ إِلَّا وُسْعَهَا لَا تُضَارَّ وَالِدَةٌ بِوَلَدِهَا وَلَا مَوْلُودٌ لَهُ بِوَلَدِهِ وَعَلَى الْوَارِثِ مِثْلُ ذَٰلِكَ فَإِنْ أَرَادَا فِصَالًا عَنْ تَرَاضٍ مِنْهُمَا وَتَشَاوُرٍ
فَلَا جُنَاحَ عَلَيْهِمَا وَإِنْ أَرَدْتُمْ أَنْ تَسْتَرْضِعُوا أَوْلَادَكُمْ فَلَا جُنَاحَ عَلَيْكُمْ إِذَا سَلَّمْتُمْ مَا آتَيْتُمْ بِالْمَعْرُوفِ وَاتَّقُوا اللَّهَ وَاعْلَمُوا أَنَّ اللَّهَ بِمَا
تَعْمَلُونَ بَصِيرٌ 2:234 وَالَّذِينَ يُتَوَفَّوْنَ مِنْكُمْ وَيَذَرُونَ أَزْوَاجًا يَتَرَبَّصْنَ بِأَنْفُسِهِنَّ أَرْبَعَةَ أَشْهُرٍ وَعَشْرًا فَإِذَا بَلَغْنَ أَجَلَهُنَّ فَلَا جُنَاحَ عَلَيْكُمْ
فِيمَا فَعَلْنَ فِي أَنْفُسِهِنَّ بِالْمَعْرُوفِ وَاللَّهُ بِمَا تَعْمَلُونَ خَبِيرٌ 2:235 وَلَا جُنَاحَ عَلَيْكُمْ فِيمَا عَرَّضْتُمْ بِهِ مِنْ خِطْبَةِ النِّسَاءِ أَوْ أَكْنَنْتُمْ فِي
أَنْفُسِكُمْ عَلِمَ اللَّهُ أَنَّكُمْ سَتَذْكُرُونَهُنَّ وَلَٰكِنْ لَا تُوَاعِدُوهُنَّ سِرًّا إِلَّا أَنْ تَقُولُوا قَوْلًا مَعْرُوفًا وَلَا تَعْزِمُوا عُقْدَةَ النِّكَاحِ حَتَّىٰ يَبْلُغَ الْكِتَابُ
أَجَلَهُ وَاعْلَمُوا أَنَّ اللَّهَ يَعْلَمُ مَا فِي أَنْفُسِكُمْ فَاحْذَرُوهُ وَاعْلَمُوا أَنَّ اللَّهَ غَفُورٌ حَلِيمٌ 2:236 لَا جُنَاحَ عَلَيْكُمْ إِنْ طَلَّقْتُمُ النِّسَاءَ مَا لَمْ
تَمَسُّوهُنَّ أَوْ تَفْرِضُوا لَهُنَّ فَرِيضَةً وَمَتِّعُوهُنَّ عَلَى الْمُوسِعِ قَدَرُهُ وَعَلَى الْمُقْتِرِ قَدَرُهُ مَتَاعًا بِالْمَعْرُوفِ حَقًّا عَلَى الْمُحْسِنِينَ 2:237 وَإِنْ
طَلَّقْتُمُوهُنَّ مِنْ قَبْلِ أَنْ تَمَسُّوهُنَّ وَقَدْ فَرَضْتُمْ لَهُنَّ فَرِيضَةً فَنِصْفُ مَا فَرَضْتُمْ إِلَّا أَنْ يَعْفُونَ أَوْ يَعْفُوَ الَّذِي بِيَدِهِ عُقْدَةُ النِّكَاحِ وَأَنْ
تَعْفُوا أَقْرَبُ لِلتَّقْوَىٰ وَلَا تَنْسَوُا الْفَضْلَ بَيْنَكُمْ إِنَّ اللَّهَ بِمَا تَعْمَلُونَ بَصِيرٌ 2:238 حَافِظُوا عَلَى الصَّلَوَاتِ وَالصَّلَاةِ الْوُسْطَىٰ وَقُومُوا لِلَّهِ
قَانِتِينَ 2:239 فَإِنْ خِفْتُمْ فَرِجَالًا أَوْ رُكْبَانًا فَإِذَا أَمِنْتُمْ فَاذْكُرُوا اللَّهَ كَمَا عَلَّمَكُمْ مَا لَمْ تَكُونُوا تَعْلَمُونَ 2:240 وَالَّذِينَ يُتَوَفَّوْنَ مِنْكُمْ وَيَذَرُونَ
أَزْوَاجًا وَصِيَّةً لِأَزْوَاجِهِمْ مَتَاعًا إِلَى الْحَوْلِ غَيْرَ إِخْرَاجٍ فَإِنْ خَرَجْنَ فَلَا جُنَاحَ عَلَيْكُمْ فِي مَا فَعَلْنَ فِي أَنْفُسِهِنَّ مِنْ مَعْرُوفٍ وَاللَّهُ عَزِيزٌ
حَكِيمٌ 2:241 وَلِلْمُطَلَّقَاتِ مَتَاعٌ بِالْمَعْرُوفِ حَقًّا عَلَى الْمُتَّقِينَ 2:242 كَذَٰلِكَ يُبَيِّنُ اللَّهُ لَكُمْ آيَاتِهِ لَعَلَّكُمْ تَعْقِلُونَ 2:243 أَلَمْ تَرَ إِلَى الَّذِينَ
خَرَجُوا مِنْ دِيَارِهِمْ وَهُمْ أُلُوفٌ حَذَرَ الْمَوْتِ فَقَالَ لَهُمُ اللَّهُ مُوتُوا ثُمَّ أَحْيَاهُمْ إِنَّ اللَّهَ لَذُو فَضْلٍ عَلَى النَّاسِ وَلَٰكِنَّ أَكْثَرَ النَّاسِ لَا يَشْكُرُونَ
2:244 وَقَاتِلُوا فِي سَبِيلِ اللَّهِ وَاعْلَمُوا أَنَّ اللَّهَ سَمِيعٌ عَلِيمٌ 2:245 مَنْ ذَا الَّذِي يُقْرِضُ اللَّهَ قَرْضًا حَسَنًا فَيُضَاعِفَهُ لَهُ أَضْعَافًا كَثِيرَةً وَاللَّهُ
يَقْبِضُ وَيَبْسُطُ وَإِلَيْهِ تُرْجَعُونَ 2:246 أَلَمْ تَرَ إِلَى الْمَلَإِ مِنْ بَنِي إِسْرَائِيلَ مِنْ بَعْدِ مُوسَىٰ إِذْ قَالُوا لِنَبِيٍّ لَهُمُ ابْعَثْ لَنَا مَلِكًا نُقَاتِلْ فِي
سَبِيلِ اللَّهِ قَالَ هَلْ عَسَيْتُمْ إِنْ كُتِبَ عَلَيْكُمُ الْقِتَالُ أَلَّا تُقَاتِلُوا قَالُوا وَمَا لَنَا أَلَّا نُقَاتِلَ فِي سَبِيلِ اللَّهِ وَقَدْ أُخْرِجْنَا مِنْ دِيَارِنَا وَأَبْنَائِنَا فَلَمَّا
كُتِبَ عَلَيْهِمُ الْقِتَالُ تَوَلَّوْا إِلَّا قَلِيلًا مِنْهُمْ وَاللَّهُ عَلِيمٌ بِالظَّالِمِينَ 2:247 وَقَالَ لَهُمْ نَبِيُّهُمْ إِنَّ اللَّهَ قَدْ بَعَثَ لَكُمْ طَالُوتَ مَلِكًا قَالُوا أَنَّىٰ
يَكُونُ لَهُ الْمُلْكُ عَلَيْنَا وَنَحْنُ أَحَقُّ بِالْمُلْكِ مِنْهُ وَلَمْ يُؤْتَ سَعَةً مِنَ الْمَالِ قَالَ إِنَّ اللَّهَ اصْطَفَاهُ عَلَيْكُمْ وَزَادَهُ بَسْطَةً فِي الْعِلْمِ وَالْجِسْمِ
وَاللَّهُ يُؤْتِي مُلْكَهُ مَنْ يَشَاءُ وَاللَّهُ وَاسِعٌ عَلِيمٌ 2:248 وَقَالَ لَهُمْ نَبِيُّهُمْ إِنَّ آيَةَ مُلْكِهِ أَنْ يَأْتِيَكُمُ التَّابُوتُ فِيهِ سَكِينَةٌ مِنْ رَبِّكُمْ وَبَقِيَّةٌ مِمَّا
تَرَكَ آلُ مُوسَىٰ وَآلُ هَارُونَ تَحْمِلُهُ الْمَلَائِكَةُ إِنَّ فِي ذَٰلِكَ لَآيَةً لَكُمْ إِنْ كُنْتُمْ مُؤْمِنِينَ 2:249 فَلَمَّا فَصَلَ طَالُوتُ بِالْجُنُودِ قَالَ إِنَّ اللَّهَ

مُبْتَلِيكُمْ بِنَهَرٍ فَمَنْ شَرِبَ مِنْهُ فَلَيْسَ مِنِّي وَمَنْ لَمْ يَطْعَمْهُ فَإِنَّهُ مِنِّي إِلَّا مَنِ اغْتَرَفَ غُرْفَةً بِيَدِهِ فَشَرِبُوا مِنْهُ إِلَّا قَلِيلًا مِنْهُمْ فَلَمَّا
جَاوَزَهُ هُوَ وَالَّذِينَ آمَنُوا مَعَهُ قَالُوا لَا طَاقَةَ لَنَا الْيَوْمَ بِجَالُوتَ وَجُنُودِهِ قَالَ الَّذِينَ يَظُنُّونَ أَنَّهُمْ مُلَاقُو اللَّهِ كَمْ مِنْ فِئَةٍ قَلِيلَةٍ غَلَبَتْ
فِئَةً كَثِيرَةً بِإِذْنِ اللَّهِ وَاللَّهُ مَعَ الصَّابِرِينَ 2:250 وَلَمَّا بَرَزُوا لِجَالُوتَ وَجُنُودِهِ قَالُوا رَبَّنَا أَفْرِغْ عَلَيْنَا صَبْرًا وَثَبِّتْ أَقْدَامَنَا وَانْصُرْنَا عَلَى الْقَوْمِ
الْكَافِرِينَ 2:251 فَهَزَمُوهُمْ بِإِذْنِ اللَّهِ وَقَتَلَ دَاوُودُ جَالُوتَ وَآتَاهُ اللَّهُ الْمُلْكَ وَالْحِكْمَةَ وَعَلَّمَهُ مِمَّا يَشَاءُ وَلَوْلَا دَفْعُ اللَّهِ النَّاسَ بَعْضَهُمْ
بِبَعْضٍ لَفَسَدَتِ الْأَرْضُ وَلَٰكِنَّ اللَّهَ ذُو فَضْلٍ عَلَى الْعَالَمِينَ 2:252 تِلْكَ آيَاتُ اللَّهِ نَتْلُوهَا عَلَيْكَ بِالْحَقِّ وَإِنَّكَ لَمِنَ الْمُرْسَلِينَ 2:253 تِلْكَ
الرُّسُلُ فَضَّلْنَا بَعْضَهُمْ عَلَىٰ بَعْضٍ مِنْهُمْ مَنْ كَلَّمَ اللَّهُ وَرَفَعَ بَعْضَهُمْ دَرَجَاتٍ وَآتَيْنَا عِيسَى ابْنَ مَرْيَمَ الْبَيِّنَاتِ وَأَيَّدْنَاهُ بِرُوحِ الْقُدُسِ
وَلَوْ شَاءَ اللَّهُ مَا اقْتَتَلَ الَّذِينَ مِنْ بَعْدِهِمْ مِنْ بَعْدِ مَا جَاءَتْهُمُ الْبَيِّنَاتُ وَلَٰكِنِ اخْتَلَفُوا فَمِنْهُمْ مَنْ آمَنَ وَمِنْهُمْ مَنْ كَفَرَ وَلَوْ شَاءَ اللَّهُ مَا
اقْتَتَلُوا وَلَٰكِنَّ اللَّهَ يَفْعَلُ مَا يُرِيدُ 2:254 يَا أَيُّهَا الَّذِينَ آمَنُوا أَنْفِقُوا مِمَّا رَزَقْنَاكُمْ مِنْ قَبْلِ أَنْ يَأْتِيَ يَوْمٌ لَا بَيْعٌ فِيهِ وَلَا خُلَّةٌ وَلَا شَفَاعَةٌ
وَالْكَافِرُونَ هُمُ الظَّالِمُونَ 2:255 اللَّهُ لَا إِلَٰهَ إِلَّا هُوَ الْحَيُّ الْقَيُّومُ لَا تَأْخُذُهُ سِنَةٌ وَلَا نَوْمٌ لَهُ مَا فِي السَّمَاوَاتِ وَمَا فِي الْأَرْضِ مَنْ ذَا الَّذِي
يَشْفَعُ عِنْدَهُ إِلَّا بِإِذْنِهِ يَعْلَمُ مَا بَيْنَ أَيْدِيهِمْ وَمَا خَلْفَهُمْ وَلَا يُحِيطُونَ بِشَيْءٍ مِنْ عِلْمِهِ إِلَّا بِمَا شَاءَ وَسِعَ كُرْسِيُّهُ السَّمَاوَاتِ وَالْأَرْضَ وَلَا
يَئُودُهُ حِفْظُهُمَا وَهُوَ الْعَلِيُّ الْعَظِيمُ 2:256 لَا إِكْرَاهَ فِي الدِّينِ قَدْ تَبَيَّنَ الرُّشْدُ مِنَ الْغَيِّ فَمَنْ يَكْفُرْ بِالطَّاغُوتِ وَيُؤْمِنْ بِاللَّهِ فَقَدِ
اسْتَمْسَكَ بِالْعُرْوَةِ الْوُثْقَىٰ لَا انْفِصَامَ لَهَا وَاللَّهُ سَمِيعٌ عَلِيمٌ 2:257 اللَّهُ وَلِيُّ الَّذِينَ آمَنُوا يُخْرِجُهُمْ مِنَ الظُّلُمَاتِ إِلَى النُّورِ وَالَّذِينَ كَفَرُوا
أَوْلِيَاؤُهُمُ الطَّاغُوتُ يُخْرِجُونَهُمْ مِنَ النُّورِ إِلَى الظُّلُمَاتِ أُولَٰئِكَ أَصْحَابُ النَّارِ هُمْ فِيهَا خَالِدُونَ 2:258 أَلَمْ تَرَ إِلَى الَّذِي حَاجَّ إِبْرَاهِيمَ فِي
رَبِّهِ أَنْ آتَاهُ اللَّهُ الْمُلْكَ إِذْ قَالَ إِبْرَاهِيمُ رَبِّيَ الَّذِي يُحْيِي وَيُمِيتُ قَالَ أَنَا أُحْيِي وَأُمِيتُ قَالَ إِبْرَاهِيمُ فَإِنَّ اللَّهَ يَأْتِي بِالشَّمْسِ مِنَ الْمَشْرِقِ
فَأْتِ بِهَا مِنَ الْمَغْرِبِ فَبُهِتَ الَّذِي كَفَرَ وَاللَّهُ لَا يَهْدِي الْقَوْمَ الظَّالِمِينَ 2:259 أَوْ كَالَّذِي مَرَّ عَلَىٰ قَرْيَةٍ وَهِيَ خَاوِيَةٌ عَلَىٰ عُرُوشِهَا قَالَ
أَنَّىٰ يُحْيِي هَٰذِهِ اللَّهُ بَعْدَ مَوْتِهَا فَأَمَاتَهُ اللَّهُ مِائَةَ عَامٍ ثُمَّ بَعَثَهُ قَالَ كَمْ لَبِثْتَ قَالَ لَبِثْتُ يَوْمًا أَوْ بَعْضَ يَوْمٍ قَالَ بَلْ لَبِثْتَ مِائَةَ عَامٍ
فَانْظُرْ إِلَىٰ طَعَامِكَ وَشَرَابِكَ لَمْ يَتَسَنَّهْ وَانْظُرْ إِلَىٰ حِمَارِكَ وَلِنَجْعَلَكَ آيَةً لِلنَّاسِ وَانْظُرْ إِلَى الْعِظَامِ كَيْفَ نُنْشِزُهَا ثُمَّ نَكْسُوهَا لَحْمًا
فَلَمَّا تَبَيَّنَ لَهُ قَالَ أَعْلَمُ أَنَّ اللَّهَ عَلَىٰ كُلِّ شَيْءٍ قَدِيرٌ 2:260 وَإِذْ قَالَ إِبْرَاهِيمُ رَبِّ أَرِنِي كَيْفَ تُحْيِي الْمَوْتَىٰ قَالَ أَوَلَمْ تُؤْمِنْ قَالَ بَلَىٰ وَلَٰكِنْ
لِيَطْمَئِنَّ قَلْبِي قَالَ فَخُذْ أَرْبَعَةً مِنَ الطَّيْرِ فَصُرْهُنَّ إِلَيْكَ ثُمَّ اجْعَلْ عَلَىٰ كُلِّ جَبَلٍ مِنْهُنَّ جُزْءًا ثُمَّ ادْعُهُنَّ يَأْتِينَكَ سَعْيًا وَاعْلَمْ أَنَّ اللَّهَ
عَزِيزٌ حَكِيمٌ 2:261 مَثَلُ الَّذِينَ يُنْفِقُونَ أَمْوَالَهُمْ فِي سَبِيلِ اللَّهِ كَمَثَلِ حَبَّةٍ أَنْبَتَتْ سَبْعَ سَنَابِلَ فِي كُلِّ سُنْبُلَةٍ مِائَةُ حَبَّةٍ وَاللَّهُ يُضَاعِفُ
لِمَنْ يَشَاءُ وَاللَّهُ وَاسِعٌ عَلِيمٌ 2:262 الَّذِينَ يُنْفِقُونَ أَمْوَالَهُمْ فِي سَبِيلِ اللَّهِ ثُمَّ لَا يُتْبِعُونَ مَا أَنْفَقُوا مَنًّا وَلَا أَذًى لَهُمْ أَجْرُهُمْ عِنْدَ رَبِّهِمْ
وَلَا خَوْفٌ عَلَيْهِمْ وَلَا هُمْ يَحْزَنُونَ 2:263 قَوْلٌ مَعْرُوفٌ وَمَغْفِرَةٌ خَيْرٌ مِنْ صَدَقَةٍ يَتْبَعُهَا أَذًى وَاللَّهُ غَنِيٌّ حَلِيمٌ 2:264 يَا أَيُّهَا الَّذِينَ آمَنُوا
لَا تُبْطِلُوا صَدَقَاتِكُمْ بِالْمَنِّ وَالْأَذَىٰ كَالَّذِي يُنْفِقُ مَالَهُ رِئَاءَ النَّاسِ وَلَا يُؤْمِنُ بِاللَّهِ وَالْيَوْمِ الْآخِرِ فَمَثَلُهُ كَمَثَلِ صَفْوَانٍ عَلَيْهِ تُرَابٌ فَأَصَابَهُ
وَابِلٌ فَتَرَكَهُ صَلْدًا لَا يَقْدِرُونَ عَلَىٰ شَيْءٍ مِمَّا كَسَبُوا وَاللَّهُ لَا يَهْدِي الْقَوْمَ الْكَافِرِينَ 2:265 وَمَثَلُ الَّذِينَ يُنْفِقُونَ أَمْوَالَهُمُ ابْتِغَاءَ مَرْضَاتِ
اللَّهِ وَتَثْبِيتًا مِنْ أَنْفُسِهِمْ كَمَثَلِ جَنَّةٍ بِرَبْوَةٍ أَصَابَهَا وَابِلٌ فَآتَتْ أُكُلَهَا ضِعْفَيْنِ فَإِنْ لَمْ يُصِبْهَا وَابِلٌ فَطَلٌّ وَاللَّهُ بِمَا تَعْمَلُونَ بَصِيرٌ 2:266
أَيَوَدُّ أَحَدُكُمْ أَنْ تَكُونَ لَهُ جَنَّةٌ مِنْ نَخِيلٍ وَأَعْنَابٍ تَجْرِي مِنْ تَحْتِهَا الْأَنْهَارُ لَهُ فِيهَا مِنْ كُلِّ الثَّمَرَاتِ وَأَصَابَهُ الْكِبَرُ وَلَهُ ذُرِّيَّةٌ ضُعَفَاءُ
فَأَصَابَهَا إِعْصَارٌ فِيهِ نَارٌ فَاحْتَرَقَتْ كَذَٰلِكَ يُبَيِّنُ اللَّهُ لَكُمُ الْآيَاتِ لَعَلَّكُمْ تَتَفَكَّرُونَ 2:267 يَا أَيُّهَا الَّذِينَ آمَنُوا أَنْفِقُوا مِنْ طَيِّبَاتِ مَا كَسَبْتُمْ
وَمِمَّا أَخْرَجْنَا لَكُمْ مِنَ الْأَرْضِ وَلَا تَيَمَّمُوا الْخَبِيثَ مِنْهُ تُنْفِقُونَ وَلَسْتُمْ بِآخِذِيهِ إِلَّا أَنْ تُغْمِضُوا فِيهِ وَاعْلَمُوا أَنَّ اللَّهَ غَنِيٌّ حَمِيدٌ 2:268
الشَّيْطَانُ يَعِدُكُمُ الْفَقْرَ وَيَأْمُرُكُمْ بِالْفَحْشَاءِ وَاللَّهُ يَعِدُكُمْ مَغْفِرَةً مِنْهُ وَفَضْلًا وَاللَّهُ وَاسِعٌ عَلِيمٌ 2:269 يُؤْتِي الْحِكْمَةَ مَنْ يَشَاءُ وَمَنْ يُؤْتَ
الْحِكْمَةَ فَقَدْ أُوتِيَ خَيْرًا كَثِيرًا وَمَا يَذَّكَّرُ إِلَّا أُولُو الْأَلْبَابِ 2:270 وَمَا أَنْفَقْتُمْ مِنْ نَفَقَةٍ أَوْ نَذَرْتُمْ مِنْ نَذْرٍ فَإِنَّ اللَّهَ يَعْلَمُهُ وَمَا لِلظَّالِمِينَ مِنْ

أَنْصَارٍ 2:271 إِنْ تُبْدُوا الصَّدَقَاتِ فَنِعِمَّا هِيَ وَإِنْ تُخْفُوهَا وَتُؤْتُوهَا الْفُقَرَاءَ فَهُوَ خَيْرٌ لَكُمْ وَيُكَفِّرُ عَنْكُمْ مِنْ سَيِّئَاتِكُمْ وَاللَّهُ بِمَا تَعْمَلُونَ
خَبِيرٌ 2:272 لَيْسَ عَلَيْكَ هُدَاهُمْ وَلَٰكِنَّ اللَّهَ يَهْدِي مَنْ يَشَاءُ وَمَا تُنْفِقُوا مِنْ خَيْرٍ فَلِأَنْفُسِكُمْ وَمَا تُنْفِقُونَ إِلَّا ابْتِغَاءَ وَجْهِ اللَّهِ وَمَا تُنْفِقُوا
مِنْ خَيْرٍ يُوَفَّ إِلَيْكُمْ وَأَنْتُمْ لَا تُظْلَمُونَ 2:273 لِلْفُقَرَاءِ الَّذِينَ أُحْصِرُوا فِي سَبِيلِ اللَّهِ لَا يَسْتَطِيعُونَ ضَرْبًا فِي الْأَرْضِ يَحْسَبُهُمُ الْجَاهِلُ
أَغْنِيَاءَ مِنَ التَّعَفُّفِ تَعْرِفُهُمْ بِسِيمَاهُمْ لَا يَسْأَلُونَ النَّاسَ إِلْحَافًا وَمَا تُنْفِقُوا مِنْ خَيْرٍ فَإِنَّ اللَّهَ بِهِ عَلِيمٌ 2:274 الَّذِينَ يُنْفِقُونَ أَمْوَالَهُمْ
بِاللَّيْلِ وَالنَّهَارِ سِرًّا وَعَلَانِيَةً فَلَهُمْ أَجْرُهُمْ عِنْدَ رَبِّهِمْ وَلَا خَوْفٌ عَلَيْهِمْ وَلَا هُمْ يَحْزَنُونَ 2:275 الَّذِينَ يَأْكُلُونَ الرِّبَا لَا يَقُومُونَ إِلَّا كَمَا يَقُومُ
الَّذِي يَتَخَبَّطُهُ الشَّيْطَانُ مِنَ الْمَسِّ ذَٰلِكَ بِأَنَّهُمْ قَالُوا إِنَّمَا الْبَيْعُ مِثْلُ الرِّبَا وَأَحَلَّ اللَّهُ الْبَيْعَ وَحَرَّمَ الرِّبَا فَمَنْ جَاءَهُ مَوْعِظَةٌ مِنْ رَبِّهِ
فَانْتَهَىٰ فَلَهُ مَا سَلَفَ وَأَمْرُهُ إِلَى اللَّهِ وَمَنْ عَادَ فَأُولَٰئِكَ أَصْحَابُ النَّارِ هُمْ فِيهَا خَالِدُونَ 2:276 يَمْحَقُ اللَّهُ الرِّبَا وَيُرْبِي الصَّدَقَاتِ وَاللَّهُ لَا
يُحِبُّ كُلَّ كَفَّارٍ أَثِيمٍ 2:277 إِنَّ الَّذِينَ آمَنُوا وَعَمِلُوا الصَّالِحَاتِ وَأَقَامُوا الصَّلَاةَ وَآتَوُا الزَّكَاةَ لَهُمْ أَجْرُهُمْ عِنْدَ رَبِّهِمْ وَلَا خَوْفٌ عَلَيْهِمْ وَلَا
هُمْ يَحْزَنُونَ 2:278 يَا أَيُّهَا الَّذِينَ آمَنُوا اتَّقُوا اللَّهَ وَذَرُوا مَا بَقِيَ مِنَ الرِّبَا إِنْ كُنْتُمْ مُؤْمِنِينَ 2:279 فَإِنْ لَمْ تَفْعَلُوا فَأْذَنُوا بِحَرْبٍ مِنَ اللَّهِ
وَرَسُولِهِ وَإِنْ تُبْتُمْ فَلَكُمْ رُءُوسُ أَمْوَالِكُمْ لَا تَظْلِمُونَ وَلَا تُظْلَمُونَ 2:280 وَإِنْ كَانَ ذُو عُسْرَةٍ فَنَظِرَةٌ إِلَىٰ مَيْسَرَةٍ وَأَنْ تَصَدَّقُوا خَيْرٌ لَكُمْ إِنْ
كُنْتُمْ تَعْلَمُونَ 2:281 وَاتَّقُوا يَوْمًا تُرْجَعُونَ فِيهِ إِلَى اللَّهِ ثُمَّ تُوَفَّىٰ كُلُّ نَفْسٍ مَا كَسَبَتْ وَهُمْ لَا يُظْلَمُونَ 2:282 يَا أَيُّهَا الَّذِينَ آمَنُوا إِذَا
تَدَايَنْتُمْ بِدَيْنٍ إِلَىٰ أَجَلٍ مُسَمًّى فَاكْتُبُوهُ وَلْيَكْتُبْ بَيْنَكُمْ كَاتِبٌ بِالْعَدْلِ وَلَا يَأْبَ كَاتِبٌ أَنْ يَكْتُبَ كَمَا عَلَّمَهُ اللَّهُ فَلْيَكْتُبْ وَلْيُمْلِلِ الَّذِي
عَلَيْهِ الْحَقُّ وَلْيَتَّقِ اللَّهَ رَبَّهُ وَلَا يَبْخَسْ مِنْهُ شَيْئًا فَإِنْ كَانَ الَّذِي عَلَيْهِ الْحَقُّ سَفِيهًا أَوْ ضَعِيفًا أَوْ لَا يَسْتَطِيعُ أَنْ يُمِلَّ هُوَ فَلْيُمْلِلْ وَلِيُّهُ
بِالْعَدْلِ وَاسْتَشْهِدُوا شَهِيدَيْنِ مِنْ رِجَالِكُمْ فَإِنْ لَمْ يَكُونَا رَجُلَيْنِ فَرَجُلٌ وَامْرَأَتَانِ مِمَّنْ تَرْضَوْنَ مِنَ الشُّهَدَاءِ أَنْ تَضِلَّ إِحْدَاهُمَا فَتُذَكِّرَ
إِحْدَاهُمَا الْأُخْرَىٰ وَلَا يَأْبَ الشُّهَدَاءُ إِذَا مَا دُعُوا وَلَا تَسْأَمُوا أَنْ تَكْتُبُوهُ صَغِيرًا أَوْ كَبِيرًا إِلَىٰ أَجَلِهِ ذَٰلِكُمْ أَقْسَطُ عِنْدَ اللَّهِ وَأَقْوَمُ لِلشَّهَادَةِ
وَأَدْنَىٰ أَلَّا تَرْتَابُوا إِلَّا أَنْ تَكُونَ تِجَارَةً حَاضِرَةً تُدِيرُونَهَا بَيْنَكُمْ فَلَيْسَ عَلَيْكُمْ جُنَاحٌ أَلَّا تَكْتُبُوهَا وَأَشْهِدُوا إِذَا تَبَايَعْتُمْ وَلَا يُضَارَّ كَاتِبٌ وَلَا
شَهِيدٌ وَإِنْ تَفْعَلُوا فَإِنَّهُ فُسُوقٌ بِكُمْ وَاتَّقُوا اللَّهَ وَيُعَلِّمُكُمُ اللَّهُ وَاللَّهُ بِكُلِّ شَيْءٍ عَلِيمٌ 2:283 وَإِنْ كُنْتُمْ عَلَىٰ سَفَرٍ وَلَمْ تَجِدُوا كَاتِبًا فَرِهَانٌ
مَقْبُوضَةٌ فَإِنْ أَمِنَ بَعْضُكُمْ بَعْضًا فَلْيُؤَدِّ الَّذِي اؤْتُمِنَ أَمَانَتَهُ وَلْيَتَّقِ اللَّهَ رَبَّهُ وَلَا تَكْتُمُوا الشَّهَادَةَ وَمَنْ يَكْتُمْهَا فَإِنَّهُ آثِمٌ قَلْبُهُ وَاللَّهُ بِمَا
تَعْمَلُونَ عَلِيمٌ 2:284 لِلَّهِ مَا فِي السَّمَاوَاتِ وَمَا فِي الْأَرْضِ وَإِنْ تُبْدُوا مَا فِي أَنْفُسِكُمْ أَوْ تُخْفُوهُ يُحَاسِبْكُمْ بِهِ اللَّهُ فَيَغْفِرُ لِمَنْ يَشَاءُ
وَيُعَذِّبُ مَنْ يَشَاءُ وَاللَّهُ عَلَىٰ كُلِّ شَيْءٍ قَدِيرٌ 2:285 آمَنَ الرَّسُولُ بِمَا أُنْزِلَ إِلَيْهِ مِنْ رَبِّهِ وَالْمُؤْمِنُونَ كُلٌّ آمَنَ بِاللَّهِ وَمَلَائِكَتِهِ وَكُتُبِهِ وَرُسُلِهِ
لَا نُفَرِّقُ بَيْنَ أَحَدٍ مِنْ رُسُلِهِ وَقَالُوا سَمِعْنَا وَأَطَعْنَا غُفْرَانَكَ رَبَّنَا وَإِلَيْكَ الْمَصِيرُ 2:286 لَا يُكَلِّفُ اللَّهُ نَفْسًا إِلَّا وُسْعَهَا لَهَا مَا كَسَبَتْ وَعَلَيْهَا
مَا اكْتَسَبَتْ رَبَّنَا لَا تُؤَاخِذْنَا إِنْ نَسِينَا أَوْ أَخْطَأْنَا رَبَّنَا وَلَا تَحْمِلْ عَلَيْنَا إِصْرًا كَمَا حَمَلْتَهُ عَلَى الَّذِينَ مِنْ قَبْلِنَا رَبَّنَا وَلَا تُحَمِّلْنَا مَا لَا طَاقَةَ
لَنَا بِهِ وَاعْفُ عَنَّا وَاغْفِرْ لَنَا وَارْحَمْنَا أَنْتَ مَوْلَانَا فَانْصُرْنَا عَلَى الْقَوْمِ الْكَافِرِينَ 3:1 بِسْمِ اللَّهِ الرَّحْمَٰنِ الرَّحِيمِ الم 3:2 اللَّهُ لَا إِلَٰهَ إِلَّا هُوَ
الْحَيُّ الْقَيُّومُ 3:3 نَزَّلَ عَلَيْكَ الْكِتَابَ بِالْحَقِّ مُصَدِّقًا لِمَا بَيْنَ يَدَيْهِ وَأَنْزَلَ التَّوْرَاةَ وَالْإِنْجِيلَ 3:4 مِنْ قَبْلُ هُدًى لِلنَّاسِ وَأَنْزَلَ الْفُرْقَانَ إِنَّ
الَّذِينَ كَفَرُوا بِآيَاتِ اللَّهِ لَهُمْ عَذَابٌ شَدِيدٌ وَاللَّهُ عَزِيزٌ ذُو انْتِقَامٍ 3:5 إِنَّ اللَّهَ لَا يَخْفَىٰ عَلَيْهِ شَيْءٌ فِي الْأَرْضِ وَلَا فِي السَّمَاءِ 3:6 هُوَ
الَّذِي يُصَوِّرُكُمْ فِي الْأَرْحَامِ كَيْفَ يَشَاءُ لَا إِلَٰهَ إِلَّا هُوَ الْعَزِيزُ الْحَكِيمُ 3:7 هُوَ الَّذِي أَنْزَلَ عَلَيْكَ الْكِتَابَ مِنْهُ آيَاتٌ مُحْكَمَاتٌ هُنَّ أُمُّ الْكِتَابِ
وَأُخَرُ مُتَشَابِهَاتٌ فَأَمَّا الَّذِينَ فِي قُلُوبِهِمْ زَيْغٌ فَيَتَّبِعُونَ مَا تَشَابَهَ مِنْهُ ابْتِغَاءَ الْفِتْنَةِ وَابْتِغَاءَ تَأْوِيلِهِ وَمَا يَعْلَمُ تَأْوِيلَهُ إِلَّا اللَّهُ وَالرَّاسِخُونَ
فِي الْعِلْمِ يَقُولُونَ آمَنَّا بِهِ كُلٌّ مِنْ عِنْدِ رَبِّنَا وَمَا يَذَّكَّرُ إِلَّا أُولُو الْأَلْبَابِ 3:8 رَبَّنَا لَا تُزِغْ قُلُوبَنَا بَعْدَ إِذْ هَدَيْتَنَا وَهَبْ لَنَا مِنْ لَدُنْكَ رَحْمَةً إِنَّكَ
أَنْتَ الْوَهَّابُ 3:9 رَبَّنَا إِنَّكَ جَامِعُ النَّاسِ لِيَوْمٍ لَا رَيْبَ فِيهِ إِنَّ اللَّهَ لَا يُخْلِفُ الْمِيعَادَ 3:10 إِنَّ الَّذِينَ كَفَرُوا لَنْ تُغْنِيَ عَنْهُمْ أَمْوَالُهُمْ وَلَا
أَوْلَادُهُمْ مِنَ اللَّهِ شَيْئًا وَأُولَٰئِكَ هُمْ وَقُودُ النَّارِ 3:11 كَدَأْبِ آلِ فِرْعَوْنَ وَالَّذِينَ مِنْ قَبْلِهِمْ كَذَّبُوا بِآيَاتِنَا فَأَخَذَهُمُ اللَّهُ بِذُنُوبِهِمْ وَاللَّهُ

شَدِيدُ الْعِقَابِ 3:12 قُلْ لِلَّذِينَ كَفَرُوا سَتُغْلَبُونَ وَتُحْشَرُونَ إِلَىٰ جَهَنَّمَ وَبِئْسَ الْمِهَادُ 3:13 قَدْ كَانَ لَكُمْ آيَةٌ فِي فِئَتَيْنِ الْتَقَتَا فِئَةٌ تُقَاتِلُ
فِي سَبِيلِ اللَّهِ وَأُخْرَىٰ كَافِرَةٌ يَرَوْنَهُمْ مِثْلَيْهِمْ رَأْيَ الْعَيْنِ وَاللَّهُ يُؤَيِّدُ بِنَصْرِهِ مَنْ يَشَاءُ إِنَّ فِي ذَٰلِكَ لَعِبْرَةً لِأُولِي الْأَبْصَارِ 3:14 زُيِّنَ لِلنَّاسِ
حُبُّ الشَّهَوَاتِ مِنَ النِّسَاءِ وَالْبَنِينَ وَالْقَنَاطِيرِ الْمُقَنْطَرَةِ مِنَ الذَّهَبِ وَالْفِضَّةِ وَالْخَيْلِ الْمُسَوَّمَةِ وَالْأَنْعَامِ وَالْحَرْثِ ذَٰلِكَ مَتَاعُ الْحَيَاةِ
الدُّنْيَا وَاللَّهُ عِنْدَهُ حُسْنُ الْمَآبِ 3:15 قُلْ أَؤُنَبِّئُكُمْ بِخَيْرٍ مِنْ ذَٰلِكُمْ لِلَّذِينَ اتَّقَوْا عِنْدَ رَبِّهِمْ جَنَّاتٌ تَجْرِي مِنْ تَحْتِهَا الْأَنْهَارُ خَالِدِينَ فِيهَا
وَأَزْوَاجٌ مُطَهَّرَةٌ وَرِضْوَانٌ مِنَ اللَّهِ وَاللَّهُ بَصِيرٌ بِالْعِبَادِ 3:16 الَّذِينَ يَقُولُونَ رَبَّنَا إِنَّنَا آمَنَّا فَاغْفِرْ لَنَا ذُنُوبَنَا وَقِنَا عَذَابَ النَّارِ 3:17 الصَّابِرِينَ
وَالصَّادِقِينَ وَالْقَانِتِينَ وَالْمُنْفِقِينَ وَالْمُسْتَغْفِرِينَ بِالْأَسْحَارِ 3:18 شَهِدَ اللَّهُ أَنَّهُ لَا إِلَٰهَ إِلَّا هُوَ وَالْمَلَائِكَةُ وَأُولُو الْعِلْمِ قَائِمًا بِالْقِسْطِ لَا إِلَٰهَ
إِلَّا هُوَ الْعَزِيزُ الْحَكِيمُ 3:19 إِنَّ الدِّينَ عِنْدَ اللَّهِ الْإِسْلَامُ وَمَا اخْتَلَفَ الَّذِينَ أُوتُوا الْكِتَابَ إِلَّا مِنْ بَعْدِ مَا جَاءَهُمُ الْعِلْمُ بَغْيًا بَيْنَهُمْ وَمَنْ
يَكْفُرْ بِآيَاتِ اللَّهِ فَإِنَّ اللَّهَ سَرِيعُ الْحِسَابِ 3:20 فَإِنْ حَاجُّوكَ فَقُلْ أَسْلَمْتُ وَجْهِيَ لِلَّهِ وَمَنِ اتَّبَعَنِ وَقُلْ لِلَّذِينَ أُوتُوا الْكِتَابَ وَالْأُمِّيِّينَ
أَأَسْلَمْتُمْ فَإِنْ أَسْلَمُوا فَقَدِ اهْتَدَوْا وَإِنْ تَوَلَّوْا فَإِنَّمَا عَلَيْكَ الْبَلَاغُ وَاللَّهُ بَصِيرٌ بِالْعِبَادِ 3:21 إِنَّ الَّذِينَ يَكْفُرُونَ بِآيَاتِ اللَّهِ وَيَقْتُلُونَ النَّبِيِّينَ
بِغَيْرِ حَقٍّ وَيَقْتُلُونَ الَّذِينَ يَأْمُرُونَ بِالْقِسْطِ مِنَ النَّاسِ فَبَشِّرْهُمْ بِعَذَابٍ أَلِيمٍ 3:22 أُولَٰئِكَ الَّذِينَ حَبِطَتْ أَعْمَالُهُمْ فِي الدُّنْيَا وَالْآخِرَةِ وَمَا
لَهُمْ مِنْ نَاصِرِينَ 3:23 أَلَمْ تَرَ إِلَى الَّذِينَ أُوتُوا نَصِيبًا مِنَ الْكِتَابِ يُدْعَوْنَ إِلَىٰ كِتَابِ اللَّهِ لِيَحْكُمَ بَيْنَهُمْ ثُمَّ يَتَوَلَّىٰ فَرِيقٌ مِنْهُمْ وَهُمْ
مُعْرِضُونَ 3:24 ذَٰلِكَ بِأَنَّهُمْ قَالُوا لَنْ تَمَسَّنَا النَّارُ إِلَّا أَيَّامًا مَعْدُودَاتٍ وَغَرَّهُمْ فِي دِينِهِمْ مَا كَانُوا يَفْتَرُونَ 3:25 فَكَيْفَ إِذَا جَمَعْنَاهُمْ لِيَوْمٍ
لَا رَيْبَ فِيهِ وَوُفِّيَتْ كُلُّ نَفْسٍ مَا كَسَبَتْ وَهُمْ لَا يُظْلَمُونَ 3:26 قُلِ اللَّهُمَّ مَالِكَ الْمُلْكِ تُؤْتِي الْمُلْكَ مَنْ تَشَاءُ وَتَنْزِعُ الْمُلْكَ مِمَّنْ تَشَاءُ
وَتُعِزُّ مَنْ تَشَاءُ وَتُذِلُّ مَنْ تَشَاءُ بِيَدِكَ الْخَيْرُ إِنَّكَ عَلَىٰ كُلِّ شَيْءٍ قَدِيرٌ 3:27 تُولِجُ اللَّيْلَ فِي النَّهَارِ وَتُولِجُ النَّهَارَ فِي اللَّيْلِ وَتُخْرِجُ الْحَيَّ
مِنَ الْمَيِّتِ وَتُخْرِجُ الْمَيِّتَ مِنَ الْحَيِّ وَتَرْزُقُ مَنْ تَشَاءُ بِغَيْرِ حِسَابٍ 3:28 لَا يَتَّخِذِ الْمُؤْمِنُونَ الْكَافِرِينَ أَوْلِيَاءَ مِنْ دُونِ الْمُؤْمِنِينَ وَمَنْ
يَفْعَلْ ذَٰلِكَ فَلَيْسَ مِنَ اللَّهِ فِي شَيْءٍ إِلَّا أَنْ تَتَّقُوا مِنْهُمْ تُقَاةً وَيُحَذِّرُكُمُ اللَّهُ نَفْسَهُ وَإِلَى اللَّهِ الْمَصِيرُ 3:29 قُلْ إِنْ تُخْفُوا مَا فِي صُدُورِكُمْ
أَوْ تُبْدُوهُ يَعْلَمْهُ اللَّهُ وَيَعْلَمُ مَا فِي السَّمَاوَاتِ وَمَا فِي الْأَرْضِ وَاللَّهُ عَلَىٰ كُلِّ شَيْءٍ قَدِيرٌ 3:30 يَوْمَ تَجِدُ كُلُّ نَفْسٍ مَا عَمِلَتْ مِنْ خَيْرٍ
مُحْضَرًا وَمَا عَمِلَتْ مِنْ سُوءٍ تَوَدُّ لَوْ أَنَّ بَيْنَهَا وَبَيْنَهُ أَمَدًا بَعِيدًا وَيُحَذِّرُكُمُ اللَّهُ نَفْسَهُ وَاللَّهُ رَءُوفٌ بِالْعِبَادِ 3:31 قُلْ إِنْ كُنْتُمْ تُحِبُّونَ اللَّهَ
فَاتَّبِعُونِي يُحْبِبْكُمُ اللَّهُ وَيَغْفِرْ لَكُمْ ذُنُوبَكُمْ وَاللَّهُ غَفُورٌ رَحِيمٌ 3:32 قُلْ أَطِيعُوا اللَّهَ وَالرَّسُولَ فَإِنْ تَوَلَّوْا فَإِنَّ اللَّهَ لَا يُحِبُّ الْكَافِرِينَ 3:33
إِنَّ اللَّهَ اصْطَفَىٰ آدَمَ وَنُوحًا وَآلَ إِبْرَاهِيمَ وَآلَ عِمْرَانَ عَلَى الْعَالَمِينَ 3:34 ذُرِّيَّةً بَعْضُهَا مِنْ بَعْضٍ وَاللَّهُ سَمِيعٌ عَلِيمٌ 3:35 إِذْ قَالَتِ امْرَأَتُ
عِمْرَانَ رَبِّ إِنِّي نَذَرْتُ لَكَ مَا فِي بَطْنِي مُحَرَّرًا فَتَقَبَّلْ مِنِّي إِنَّكَ أَنْتَ السَّمِيعُ الْعَلِيمُ 3:36 فَلَمَّا وَضَعَتْهَا قَالَتْ رَبِّ إِنِّي وَضَعْتُهَا أُنْثَىٰ
وَاللَّهُ أَعْلَمُ بِمَا وَضَعَتْ وَلَيْسَ الذَّكَرُ كَالْأُنْثَىٰ وَإِنِّي سَمَّيْتُهَا مَرْيَمَ وَإِنِّي أُعِيذُهَا بِكَ وَذُرِّيَّتَهَا مِنَ الشَّيْطَانِ الرَّجِيمِ 3:37 فَتَقَبَّلَهَا رَبُّهَا
بِقَبُولٍ حَسَنٍ وَأَنْبَتَهَا نَبَاتًا حَسَنًا وَكَفَّلَهَا زَكَرِيَّا كُلَّمَا دَخَلَ عَلَيْهَا زَكَرِيَّا الْمِحْرَابَ وَجَدَ عِنْدَهَا رِزْقًا قَالَ يَا مَرْيَمُ أَنَّىٰ لَكِ هَٰذَا قَالَتْ هُوَ مِنْ
عِنْدِ اللَّهِ إِنَّ اللَّهَ يَرْزُقُ مَنْ يَشَاءُ بِغَيْرِ حِسَابٍ 3:38 هُنَالِكَ دَعَا زَكَرِيَّا رَبَّهُ قَالَ رَبِّ هَبْ لِي مِنْ لَدُنْكَ ذُرِّيَّةً طَيِّبَةً إِنَّكَ سَمِيعُ الدُّعَاءِ 3:39
فَنَادَتْهُ الْمَلَائِكَةُ وَهُوَ قَائِمٌ يُصَلِّي فِي الْمِحْرَابِ أَنَّ اللَّهَ يُبَشِّرُكَ بِيَحْيَىٰ مُصَدِّقًا بِكَلِمَةٍ مِنَ اللَّهِ وَسَيِّدًا وَحَصُورًا وَنَبِيًّا مِنَ الصَّالِحِينَ
3:40 قَالَ رَبِّ أَنَّىٰ يَكُونُ لِي غُلَامٌ وَقَدْ بَلَغَنِيَ الْكِبَرُ وَامْرَأَتِي عَاقِرٌ قَالَ كَذَٰلِكَ اللَّهُ يَفْعَلُ مَا يَشَاءُ 3:41 قَالَ رَبِّ اجْعَلْ لِي آيَةً قَالَ آيَتُكَ
أَلَّا تُكَلِّمَ النَّاسَ ثَلَاثَةَ أَيَّامٍ إِلَّا رَمْزًا وَاذْكُرْ رَبَّكَ كَثِيرًا وَسَبِّحْ بِالْعَشِيِّ وَالْإِبْكَارِ 3:42 وَإِذْ قَالَتِ الْمَلَائِكَةُ يَا مَرْيَمُ إِنَّ اللَّهَ اصْطَفَاكِ وَطَهَّرَكِ
وَاصْطَفَاكِ عَلَىٰ نِسَاءِ الْعَالَمِينَ 3:43 يَا مَرْيَمُ اقْنُتِي لِرَبِّكِ وَاسْجُدِي وَارْكَعِي مَعَ الرَّاكِعِينَ 3:44 ذَٰلِكَ مِنْ أَنْبَاءِ الْغَيْبِ نُوحِيهِ إِلَيْكَ وَمَا
كُنْتَ لَدَيْهِمْ إِذْ يُلْقُونَ أَقْلَامَهُمْ أَيُّهُمْ يَكْفُلُ مَرْيَمَ وَمَا كُنْتَ لَدَيْهِمْ إِذْ يَخْتَصِمُونَ 3:45 إِذْ قَالَتِ الْمَلَائِكَةُ يَا مَرْيَمُ إِنَّ اللَّهَ يُبَشِّرُكِ بِكَلِمَةٍ
مِنْهُ اسْمُهُ الْمَسِيحُ عِيسَى ابْنُ مَرْيَمَ وَجِيهًا فِي الدُّنْيَا وَالْآخِرَةِ وَمِنَ الْمُقَرَّبِينَ 3:46 وَيُكَلِّمُ النَّاسَ فِي الْمَهْدِ وَكَهْلًا وَمِنَ الصَّالِحِينَ

3:47 قَالَتْ رَبِّ أَنَّىٰ يَكُونُ لِي وَلَدٌ وَلَمْ يَمْسَسْنِي بَشَرٌ قَالَ كَذَٰلِكِ اللَّهُ يَخْلُقُ مَا يَشَاءُ إِذَا قَضَىٰ أَمْرًا فَإِنَّمَا يَقُولُ لَهُ كُنْ فَيَكُونُ 3:48
وَيُعَلِّمُهُ الْكِتَابَ وَالْحِكْمَةَ وَالتَّوْرَاةَ وَالْإِنْجِيلَ 3:49 وَرَسُولًا إِلَىٰ بَنِي إِسْرَائِيلَ أَنِّي قَدْ جِئْتُكُمْ بِآيَةٍ مِنْ رَبِّكُمْ أَنِّي أَخْلُقُ لَكُمْ مِنَ الطِّينِ
كَهَيْئَةِ الطَّيْرِ فَأَنْفُخُ فِيهِ فَيَكُونُ طَيْرًا بِإِذْنِ اللَّهِ وَأُبْرِئُ الْأَكْمَهَ وَالْأَبْرَصَ وَأُحْيِي الْمَوْتَىٰ بِإِذْنِ اللَّهِ وَأُنَبِّئُكُمْ بِمَا تَأْكُلُونَ وَمَا تَدَّخِرُونَ فِي
بُيُوتِكُمْ إِنَّ فِي ذَٰلِكَ لَآيَةً لَكُمْ إِنْ كُنْتُمْ مُؤْمِنِينَ 3:50 وَمُصَدِّقًا لِمَا بَيْنَ يَدَيَّ مِنَ التَّوْرَاةِ وَلِأُحِلَّ لَكُمْ بَعْضَ الَّذِي حُرِّمَ عَلَيْكُمْ وَجِئْتُكُمْ
بِآيَةٍ مِنْ رَبِّكُمْ فَاتَّقُوا اللَّهَ وَأَطِيعُونِ 3:51 إِنَّ اللَّهَ رَبِّي وَرَبُّكُمْ فَاعْبُدُوهُ هَٰذَا صِرَاطٌ مُسْتَقِيمٌ 3:52 فَلَمَّا أَحَسَّ عِيسَىٰ مِنْهُمُ الْكُفْرَ قَالَ
مَنْ أَنْصَارِي إِلَى اللَّهِ قَالَ الْحَوَارِيُّونَ نَحْنُ أَنْصَارُ اللَّهِ آمَنَّا بِاللَّهِ وَاشْهَدْ بِأَنَّا مُسْلِمُونَ 3:53 رَبَّنَا آمَنَّا بِمَا أَنْزَلْتَ وَاتَّبَعْنَا الرَّسُولَ فَاكْتُبْنَا
مَعَ الشَّاهِدِينَ 3:54 وَمَكَرُوا وَمَكَرَ اللَّهُ وَاللَّهُ خَيْرُ الْمَاكِرِينَ 3:55 إِذْ قَالَ اللَّهُ يَا عِيسَىٰ إِنِّي مُتَوَفِّيكَ وَرَافِعُكَ إِلَيَّ وَمُطَهِّرُكَ مِنَ الَّذِينَ
كَفَرُوا وَجَاعِلُ الَّذِينَ اتَّبَعُوكَ فَوْقَ الَّذِينَ كَفَرُوا إِلَىٰ يَوْمِ الْقِيَامَةِ ثُمَّ إِلَيَّ مَرْجِعُكُمْ فَأَحْكُمُ بَيْنَكُمْ فِيمَا كُنْتُمْ فِيهِ تَخْتَلِفُونَ 3:56 فَأَمَّا
الَّذِينَ كَفَرُوا فَأُعَذِّبُهُمْ عَذَابًا شَدِيدًا فِي الدُّنْيَا وَالْآخِرَةِ وَمَا لَهُمْ مِنْ نَاصِرِينَ 3:57 وَأَمَّا الَّذِينَ آمَنُوا وَعَمِلُوا الصَّالِحَاتِ فَيُوَفِّيهِمْ أُجُورَهُمْ
وَاللَّهُ لَا يُحِبُّ الظَّالِمِينَ 3:58 ذَٰلِكَ نَتْلُوهُ عَلَيْكَ مِنَ الْآيَاتِ وَالذِّكْرِ الْحَكِيمِ 3:59 إِنَّ مَثَلَ عِيسَىٰ عِنْدَ اللَّهِ كَمَثَلِ آدَمَ خَلَقَهُ مِنْ تُرَابٍ ثُمَّ
قَالَ لَهُ كُنْ فَيَكُونُ 3:60 الْحَقُّ مِنْ رَبِّكَ فَلَا تَكُنْ مِنَ الْمُمْتَرِينَ 3:61 فَمَنْ حَاجَّكَ فِيهِ مِنْ بَعْدِ مَا جَاءَكَ مِنَ الْعِلْمِ فَقُلْ تَعَالَوْا نَدْعُ أَبْنَاءَنَا
وَأَبْنَاءَكُمْ وَنِسَاءَنَا وَنِسَاءَكُمْ وَأَنْفُسَنَا وَأَنْفُسَكُمْ ثُمَّ نَبْتَهِلْ فَنَجْعَلْ لَعْنَتَ اللَّهِ عَلَى الْكَاذِبِينَ 3:62 إِنَّ هَٰذَا لَهُوَ الْقَصَصُ الْحَقُّ وَمَا مِنْ
إِلَٰهٍ إِلَّا اللَّهُ وَإِنَّ اللَّهَ لَهُوَ الْعَزِيزُ الْحَكِيمُ 3:63 فَإِنْ تَوَلَّوْا فَإِنَّ اللَّهَ عَلِيمٌ بِالْمُفْسِدِينَ 3:64 قُلْ يَا أَهْلَ الْكِتَابِ تَعَالَوْا إِلَىٰ كَلِمَةٍ سَوَاءٍ بَيْنَنَا
وَبَيْنَكُمْ أَلَّا نَعْبُدَ إِلَّا اللَّهَ وَلَا نُشْرِكَ بِهِ شَيْئًا وَلَا يَتَّخِذَ بَعْضُنَا بَعْضًا أَرْبَابًا مِنْ دُونِ اللَّهِ فَإِنْ تَوَلَّوْا فَقُولُوا اشْهَدُوا بِأَنَّا مُسْلِمُونَ 3:65 يَا
أَهْلَ الْكِتَابِ لِمَ تُحَاجُّونَ فِي إِبْرَاهِيمَ وَمَا أُنْزِلَتِ التَّوْرَاةُ وَالْإِنْجِيلُ إِلَّا مِنْ بَعْدِهِ أَفَلَا تَعْقِلُونَ 3:66 هَا أَنْتُمْ هَٰؤُلَاءِ حَاجَجْتُمْ فِيمَا لَكُمْ بِهِ
عِلْمٌ فَلِمَ تُحَاجُّونَ فِيمَا لَيْسَ لَكُمْ بِهِ عِلْمٌ وَاللَّهُ يَعْلَمُ وَأَنْتُمْ لَا تَعْلَمُونَ 3:67 مَا كَانَ إِبْرَاهِيمُ يَهُودِيًّا وَلَا نَصْرَانِيًّا وَلَٰكِنْ كَانَ حَنِيفًا مُسْلِمًا
وَمَا كَانَ مِنَ الْمُشْرِكِينَ 3:68 إِنَّ أَوْلَى النَّاسِ بِإِبْرَاهِيمَ لَلَّذِينَ اتَّبَعُوهُ وَهَٰذَا النَّبِيُّ وَالَّذِينَ آمَنُوا وَاللَّهُ وَلِيُّ الْمُؤْمِنِينَ 3:69 وَدَّتْ طَائِفَةٌ
مِنْ أَهْلِ الْكِتَابِ لَوْ يُضِلُّونَكُمْ وَمَا يُضِلُّونَ إِلَّا أَنْفُسَهُمْ وَمَا يَشْعُرُونَ 3:70 يَا أَهْلَ الْكِتَابِ لِمَ تَكْفُرُونَ بِآيَاتِ اللَّهِ وَأَنْتُمْ تَشْهَدُونَ 3:71 يَا
أَهْلَ الْكِتَابِ لِمَ تَلْبِسُونَ الْحَقَّ بِالْبَاطِلِ وَتَكْتُمُونَ الْحَقَّ وَأَنْتُمْ تَعْلَمُونَ 3:72 وَقَالَتْ طَائِفَةٌ مِنْ أَهْلِ الْكِتَابِ آمِنُوا بِالَّذِي أُنْزِلَ عَلَى الَّذِينَ
آمَنُوا وَجْهَ النَّهَارِ وَاكْفُرُوا آخِرَهُ لَعَلَّهُمْ يَرْجِعُونَ 3:73 وَلَا تُؤْمِنُوا إِلَّا لِمَنْ تَبِعَ دِينَكُمْ قُلْ إِنَّ الْهُدَىٰ هُدَى اللَّهِ أَنْ يُؤْتَىٰ أَحَدٌ مِثْلَ مَا
أُوتِيتُمْ أَوْ يُحَاجُّوكُمْ عِنْدَ رَبِّكُمْ قُلْ إِنَّ الْفَضْلَ بِيَدِ اللَّهِ يُؤْتِيهِ مَنْ يَشَاءُ وَاللَّهُ وَاسِعٌ عَلِيمٌ 3:74 يَخْتَصُّ بِرَحْمَتِهِ مَنْ يَشَاءُ وَاللَّهُ ذُو الْفَضْلِ
الْعَظِيمِ 3:75 وَمِنْ أَهْلِ الْكِتَابِ مَنْ إِنْ تَأْمَنْهُ بِقِنْطَارٍ يُؤَدِّهِ إِلَيْكَ وَمِنْهُمْ مَنْ إِنْ تَأْمَنْهُ بِدِينَارٍ لَا يُؤَدِّهِ إِلَيْكَ إِلَّا مَا دُمْتَ عَلَيْهِ قَائِمًا ذَٰلِكَ
بِأَنَّهُمْ قَالُوا لَيْسَ عَلَيْنَا فِي الْأُمِّيِّينَ سَبِيلٌ وَيَقُولُونَ عَلَى اللَّهِ الْكَذِبَ وَهُمْ يَعْلَمُونَ 3:76 بَلَىٰ مَنْ أَوْفَىٰ بِعَهْدِهِ وَاتَّقَىٰ فَإِنَّ اللَّهَ يُحِبُّ
الْمُتَّقِينَ 3:77 إِنَّ الَّذِينَ يَشْتَرُونَ بِعَهْدِ اللَّهِ وَأَيْمَانِهِمْ ثَمَنًا قَلِيلًا أُولَٰئِكَ لَا خَلَاقَ لَهُمْ فِي الْآخِرَةِ وَلَا يُكَلِّمُهُمُ اللَّهُ وَلَا يَنْظُرُ إِلَيْهِمْ يَوْمَ
الْقِيَامَةِ وَلَا يُزَكِّيهِمْ وَلَهُمْ عَذَابٌ أَلِيمٌ 3:78 وَإِنَّ مِنْهُمْ لَفَرِيقًا يَلْوُونَ أَلْسِنَتَهُمْ بِالْكِتَابِ لِتَحْسَبُوهُ مِنَ الْكِتَابِ وَمَا هُوَ مِنَ الْكِتَابِ وَيَقُولُونَ
هُوَ مِنْ عِنْدِ اللَّهِ وَمَا هُوَ مِنْ عِنْدِ اللَّهِ وَيَقُولُونَ عَلَى اللَّهِ الْكَذِبَ وَهُمْ يَعْلَمُونَ 3:79 مَا كَانَ لِبَشَرٍ أَنْ يُؤْتِيَهُ اللَّهُ الْكِتَابَ وَالْحُكْمَ وَالنُّبُوَّةَ
ثُمَّ يَقُولَ لِلنَّاسِ كُونُوا عِبَادًا لِي مِنْ دُونِ اللَّهِ وَلَٰكِنْ كُونُوا رَبَّانِيِّينَ بِمَا كُنْتُمْ تُعَلِّمُونَ الْكِتَابَ وَبِمَا كُنْتُمْ تَدْرُسُونَ 3:80 وَلَا يَأْمُرَكُمْ أَنْ
تَتَّخِذُوا الْمَلَائِكَةَ وَالنَّبِيِّينَ أَرْبَابًا أَيَأْمُرُكُمْ بِالْكُفْرِ بَعْدَ إِذْ أَنْتُمْ مُسْلِمُونَ 3:81 وَإِذْ أَخَذَ اللَّهُ مِيثَاقَ النَّبِيِّينَ لَمَا آتَيْتُكُمْ مِنْ كِتَابٍ وَحِكْمَةٍ
ثُمَّ جَاءَكُمْ رَسُولٌ مُصَدِّقٌ لِمَا مَعَكُمْ لَتُؤْمِنُنَّ بِهِ وَلَتَنْصُرُنَّهُ قَالَ أَأَقْرَرْتُمْ وَأَخَذْتُمْ عَلَىٰ ذَٰلِكُمْ إِصْرِي قَالُوا أَقْرَرْنَا قَالَ فَاشْهَدُوا وَأَنَا مَعَكُمْ
مِنَ الشَّاهِدِينَ 3:82 فَمَنْ تَوَلَّىٰ بَعْدَ ذَٰلِكَ فَأُولَٰئِكَ هُمُ الْفَاسِقُونَ 3:83 أَفَغَيْرَ دِينِ اللَّهِ يَبْغُونَ وَلَهُ أَسْلَمَ مَنْ فِي السَّمَاوَاتِ وَالْأَرْضِ طَوْعًا

وَكَرْهًا وَإِلَيْهِ يُرْجَعُونَ 3:84 قُلْ آمَنَّا بِاللَّهِ وَمَا أُنْزِلَ عَلَيْنَا وَمَا أُنْزِلَ عَلَىٰ إِبْرَاهِيمَ وَإِسْمَاعِيلَ وَإِسْحَاقَ وَيَعْقُوبَ وَالْأَسْبَاطِ وَمَا أُوتِيَ
مُوسَىٰ وَعِيسَىٰ وَالنَّبِيُّونَ مِنْ رَبِّهِمْ لَا نُفَرِّقُ بَيْنَ أَحَدٍ مِنْهُمْ وَنَحْنُ لَهُ مُسْلِمُونَ 3:85 وَمَنْ يَبْتَغِ غَيْرَ الْإِسْلَامِ دِينًا فَلَنْ يُقْبَلَ مِنْهُ وَهُوَ
فِي الْآخِرَةِ مِنَ الْخَاسِرِينَ 3:86 كَيْفَ يَهْدِي اللَّهُ قَوْمًا كَفَرُوا بَعْدَ إِيمَانِهِمْ وَشَهِدُوا أَنَّ الرَّسُولَ حَقٌّ وَجَاءَهُمُ الْبَيِّنَاتُ وَاللَّهُ لَا يَهْدِي
الْقَوْمَ الظَّالِمِينَ 3:87 أُولَٰئِكَ جَزَاؤُهُمْ أَنَّ عَلَيْهِمْ لَعْنَةَ اللَّهِ وَالْمَلَائِكَةِ وَالنَّاسِ أَجْمَعِينَ 3:88 خَالِدِينَ فِيهَا لَا يُخَفَّفُ عَنْهُمُ الْعَذَابُ وَلَا
هُمْ يُنْظَرُونَ 3:89 إِلَّا الَّذِينَ تَابُوا مِنْ بَعْدِ ذَٰلِكَ وَأَصْلَحُوا فَإِنَّ اللَّهَ غَفُورٌ رَحِيمٌ 3:90 إِنَّ الَّذِينَ كَفَرُوا بَعْدَ إِيمَانِهِمْ ثُمَّ ازْدَادُوا كُفْرًا لَنْ
تُقْبَلَ تَوْبَتُهُمْ وَأُولَٰئِكَ هُمُ الضَّالُّونَ 3:91 إِنَّ الَّذِينَ كَفَرُوا وَمَاتُوا وَهُمْ كُفَّارٌ فَلَنْ يُقْبَلَ مِنْ أَحَدِهِمْ مِلْءُ الْأَرْضِ ذَهَبًا وَلَوِ افْتَدَىٰ بِهِ أُولَٰئِكَ
لَهُمْ عَذَابٌ أَلِيمٌ وَمَا لَهُمْ مِنْ نَاصِرِينَ 3:92 لَنْ تَنَالُوا الْبِرَّ حَتَّىٰ تُنْفِقُوا مِمَّا تُحِبُّونَ وَمَا تُنْفِقُوا مِنْ شَيْءٍ فَإِنَّ اللَّهَ بِهِ عَلِيمٌ 3:93 كُلُّ
الطَّعَامِ كَانَ حِلًّا لِبَنِي إِسْرَائِيلَ إِلَّا مَا حَرَّمَ إِسْرَائِيلُ عَلَىٰ نَفْسِهِ مِنْ قَبْلِ أَنْ تُنَزَّلَ التَّوْرَاةُ قُلْ فَأْتُوا بِالتَّوْرَاةِ فَاتْلُوهَا إِنْ كُنْتُمْ صَادِقِينَ
3:94 فَمَنِ افْتَرَىٰ عَلَى اللَّهِ الْكَذِبَ مِنْ بَعْدِ ذَٰلِكَ فَأُولَٰئِكَ هُمُ الظَّالِمُونَ 3:95 قُلْ صَدَقَ اللَّهُ فَاتَّبِعُوا مِلَّةَ إِبْرَاهِيمَ حَنِيفًا وَمَا كَانَ مِنَ
الْمُشْرِكِينَ 3:96 إِنَّ أَوَّلَ بَيْتٍ وُضِعَ لِلنَّاسِ لَلَّذِي بِبَكَّةَ مُبَارَكًا وَهُدًى لِلْعَالَمِينَ 3:97 فِيهِ آيَاتٌ بَيِّنَاتٌ مَقَامُ إِبْرَاهِيمَ وَمَنْ دَخَلَهُ كَانَ آمِنًا
وَلِلَّهِ عَلَى النَّاسِ حِجُّ الْبَيْتِ مَنِ اسْتَطَاعَ إِلَيْهِ سَبِيلًا وَمَنْ كَفَرَ فَإِنَّ اللَّهَ غَنِيٌّ عَنِ الْعَالَمِينَ 3:98 قُلْ يَا أَهْلَ الْكِتَابِ لِمَ تَكْفُرُونَ بِآيَاتِ اللَّهِ
وَاللَّهُ شَهِيدٌ عَلَىٰ مَا تَعْمَلُونَ 3:99 قُلْ يَا أَهْلَ الْكِتَابِ لِمَ تَصُدُّونَ عَنْ سَبِيلِ اللَّهِ مَنْ آمَنَ تَبْغُونَهَا عِوَجًا وَأَنْتُمْ شُهَدَاءُ وَمَا اللَّهُ بِغَافِلٍ
عَمَّا تَعْمَلُونَ 3:100 يَا أَيُّهَا الَّذِينَ آمَنُوا إِنْ تُطِيعُوا فَرِيقًا مِنَ الَّذِينَ أُوتُوا الْكِتَابَ يَرُدُّوكُمْ بَعْدَ إِيمَانِكُمْ كَافِرِينَ 3:101 وَكَيْفَ تَكْفُرُونَ وَأَنْتُمْ
تُتْلَىٰ عَلَيْكُمْ آيَاتُ اللَّهِ وَفِيكُمْ رَسُولُهُ وَمَنْ يَعْتَصِمْ بِاللَّهِ فَقَدْ هُدِيَ إِلَىٰ صِرَاطٍ مُسْتَقِيمٍ 3:102 يَا أَيُّهَا الَّذِينَ آمَنُوا اتَّقُوا اللَّهَ حَقَّ تُقَاتِهِ
وَلَا تَمُوتُنَّ إِلَّا وَأَنْتُمْ مُسْلِمُونَ 3:103 وَاعْتَصِمُوا بِحَبْلِ اللَّهِ جَمِيعًا وَلَا تَفَرَّقُوا وَاذْكُرُوا نِعْمَتَ اللَّهِ عَلَيْكُمْ إِذْ كُنْتُمْ أَعْدَاءً فَأَلَّفَ بَيْنَ
قُلُوبِكُمْ فَأَصْبَحْتُمْ بِنِعْمَتِهِ إِخْوَانًا وَكُنْتُمْ عَلَىٰ شَفَا حُفْرَةٍ مِنَ النَّارِ فَأَنْقَذَكُمْ مِنْهَا كَذَٰلِكَ يُبَيِّنُ اللَّهُ لَكُمْ آيَاتِهِ لَعَلَّكُمْ تَهْتَدُونَ 3:104
وَلْتَكُنْ مِنْكُمْ أُمَّةٌ يَدْعُونَ إِلَى الْخَيْرِ وَيَأْمُرُونَ بِالْمَعْرُوفِ وَيَنْهَوْنَ عَنِ الْمُنْكَرِ وَأُولَٰئِكَ هُمُ الْمُفْلِحُونَ 3:105 وَلَا تَكُونُوا كَالَّذِينَ تَفَرَّقُوا
وَاخْتَلَفُوا مِنْ بَعْدِ مَا جَاءَهُمُ الْبَيِّنَاتُ وَأُولَٰئِكَ لَهُمْ عَذَابٌ عَظِيمٌ 3:106 يَوْمَ تَبْيَضُّ وُجُوهٌ وَتَسْوَدُّ وُجُوهٌ فَأَمَّا الَّذِينَ اسْوَدَّتْ وُجُوهُهُمْ
أَكَفَرْتُمْ بَعْدَ إِيمَانِكُمْ فَذُوقُوا الْعَذَابَ بِمَا كُنْتُمْ تَكْفُرُونَ 3:107 وَأَمَّا الَّذِينَ ابْيَضَّتْ وُجُوهُهُمْ فَفِي رَحْمَةِ اللَّهِ هُمْ فِيهَا خَالِدُونَ 3:108
تِلْكَ آيَاتُ اللَّهِ نَتْلُوهَا عَلَيْكَ بِالْحَقِّ وَمَا اللَّهُ يُرِيدُ ظُلْمًا لِلْعَالَمِينَ 3:109 وَلِلَّهِ مَا فِي السَّمَاوَاتِ وَمَا فِي الْأَرْضِ وَإِلَى اللَّهِ تُرْجَعُ الْأُمُورُ
3:110 كُنْتُمْ خَيْرَ أُمَّةٍ أُخْرِجَتْ لِلنَّاسِ تَأْمُرُونَ بِالْمَعْرُوفِ وَتَنْهَوْنَ عَنِ الْمُنْكَرِ وَتُؤْمِنُونَ بِاللَّهِ وَلَوْ آمَنَ أَهْلُ الْكِتَابِ لَكَانَ خَيْرًا لَهُمْ مِنْهُمُ
الْمُؤْمِنُونَ وَأَكْثَرُهُمُ الْفَاسِقُونَ 3:111 لَنْ يَضُرُّوكُمْ إِلَّا أَذًى وَإِنْ يُقَاتِلُوكُمْ يُوَلُّوكُمُ الْأَدْبَارَ ثُمَّ لَا يُنْصَرُونَ 3:112 ضُرِبَتْ عَلَيْهِمُ الذِّلَّةُ أَيْنَ مَا
ثُقِفُوا إِلَّا بِحَبْلٍ مِنَ اللَّهِ وَحَبْلٍ مِنَ النَّاسِ وَبَاءُوا بِغَضَبٍ مِنَ اللَّهِ وَضُرِبَتْ عَلَيْهِمُ الْمَسْكَنَةُ ذَٰلِكَ بِأَنَّهُمْ كَانُوا يَكْفُرُونَ بِآيَاتِ اللَّهِ وَيَقْتُلُونَ
الْأَنْبِيَاءَ بِغَيْرِ حَقٍّ ذَٰلِكَ بِمَا عَصَوْا وَكَانُوا يَعْتَدُونَ 3:113 لَيْسُوا سَوَاءً مِنْ أَهْلِ الْكِتَابِ أُمَّةٌ قَائِمَةٌ يَتْلُونَ آيَاتِ اللَّهِ آنَاءَ اللَّيْلِ وَهُمْ
يَسْجُدُونَ 3:114 يُؤْمِنُونَ بِاللَّهِ وَالْيَوْمِ الْآخِرِ وَيَأْمُرُونَ بِالْمَعْرُوفِ وَيَنْهَوْنَ عَنِ الْمُنْكَرِ وَيُسَارِعُونَ فِي الْخَيْرَاتِ وَأُولَٰئِكَ مِنَ الصَّالِحِينَ
3:115 وَمَا يَفْعَلُوا مِنْ خَيْرٍ فَلَنْ يُكْفَرُوهُ وَاللَّهُ عَلِيمٌ بِالْمُتَّقِينَ 3:116 إِنَّ الَّذِينَ كَفَرُوا لَنْ تُغْنِيَ عَنْهُمْ أَمْوَالُهُمْ وَلَا أَوْلَادُهُمْ مِنَ اللَّهِ شَيْئًا
وَأُولَٰئِكَ أَصْحَابُ النَّارِ هُمْ فِيهَا خَالِدُونَ 3:117 مَثَلُ مَا يُنْفِقُونَ فِي هَٰذِهِ الْحَيَاةِ الدُّنْيَا كَمَثَلِ رِيحٍ فِيهَا صِرٌّ أَصَابَتْ حَرْثَ قَوْمٍ ظَلَمُوا
أَنْفُسَهُمْ فَأَهْلَكَتْهُ وَمَا ظَلَمَهُمُ اللَّهُ وَلَٰكِنْ أَنْفُسَهُمْ يَظْلِمُونَ 3:118 يَا أَيُّهَا الَّذِينَ آمَنُوا لَا تَتَّخِذُوا بِطَانَةً مِنْ دُونِكُمْ لَا يَأْلُونَكُمْ خَبَالًا وَدُّوا
مَا عَنِتُّمْ قَدْ بَدَتِ الْبَغْضَاءُ مِنْ أَفْوَاهِهِمْ وَمَا تُخْفِي صُدُورُهُمْ أَكْبَرُ قَدْ بَيَّنَّا لَكُمُ الْآيَاتِ إِنْ كُنْتُمْ تَعْقِلُونَ 3:119 هَا أَنْتُمْ أُولَاءِ تُحِبُّونَهُمْ
وَلَا يُحِبُّونَكُمْ وَتُؤْمِنُونَ بِالْكِتَابِ كُلِّهِ وَإِذَا لَقُوكُمْ قَالُوا آمَنَّا وَإِذَا خَلَوْا عَضُّوا عَلَيْكُمُ الْأَنَامِلَ مِنَ الْغَيْظِ قُلْ مُوتُوا بِغَيْظِكُمْ إِنَّ اللَّهَ عَلِيمٌ

بِذَاتِ الصُّدُورِ 3:120 إِنْ تَمْسَسْكُمْ حَسَنَةٌ تَسُؤْهُمْ وَإِنْ تُصِبْكُمْ سَيِّئَةٌ يَفْرَحُوا بِهَا وَإِنْ تَصْبِرُوا وَتَتَّقُوا لَا يَضُرُّكُمْ كَيْدُهُمْ شَيْئًا إِنَّ اللَّهَ بِمَا
يَعْمَلُونَ مُحِيطٌ 3:121 وَإِذْ غَدَوْتَ مِنْ أَهْلِكَ تُبَوِّئُ الْمُؤْمِنِينَ مَقَاعِدَ لِلْقِتَالِ وَاللَّهُ سَمِيعٌ عَلِيمٌ 3:122 إِذْ هَمَّتْ طَائِفَتَانِ مِنْكُمْ أَنْ تَفْشَلَا
وَاللَّهُ وَلِيُّهُمَا وَعَلَى اللَّهِ فَلْيَتَوَكَّلِ الْمُؤْمِنُونَ 3:123 وَلَقَدْ نَصَرَكُمُ اللَّهُ بِبَدْرٍ وَأَنْتُمْ أَذِلَّةٌ فَاتَّقُوا اللَّهَ لَعَلَّكُمْ تَشْكُرُونَ 3:124 إِذْ تَقُولُ
لِلْمُؤْمِنِينَ أَلَنْ يَكْفِيَكُمْ أَنْ يُمِدَّكُمْ رَبُّكُمْ بِثَلَاثَةِ آلَافٍ مِنَ الْمَلَائِكَةِ مُنْزَلِينَ 3:125 بَلَىٰ إِنْ تَصْبِرُوا وَتَتَّقُوا وَيَأْتُوكُمْ مِنْ فَوْرِهِمْ هَٰذَا يُمْدِدْكُمْ
رَبُّكُمْ بِخَمْسَةِ آلَافٍ مِنَ الْمَلَائِكَةِ مُسَوِّمِينَ 3:126 وَمَا جَعَلَهُ اللَّهُ إِلَّا بُشْرَىٰ لَكُمْ وَلِتَطْمَئِنَّ قُلُوبُكُمْ بِهِ وَمَا النَّصْرُ إِلَّا مِنْ عِنْدِ اللَّهِ الْعَزِيزِ
الْحَكِيمِ 3:127 لِيَقْطَعَ طَرَفًا مِنَ الَّذِينَ كَفَرُوا أَوْ يَكْبِتَهُمْ فَيَنْقَلِبُوا خَائِبِينَ 3:128 لَيْسَ لَكَ مِنَ الْأَمْرِ شَيْءٌ أَوْ يَتُوبَ عَلَيْهِمْ أَوْ يُعَذِّبَهُمْ
فَإِنَّهُمْ ظَالِمُونَ 3:129 وَلِلَّهِ مَا فِي السَّمَاوَاتِ وَمَا فِي الْأَرْضِ يَغْفِرُ لِمَنْ يَشَاءُ وَيُعَذِّبُ مَنْ يَشَاءُ وَاللَّهُ غَفُورٌ رَحِيمٌ 3:130 يَا أَيُّهَا الَّذِينَ
آمَنُوا لَا تَأْكُلُوا الرِّبَا أَضْعَافًا مُضَاعَفَةً وَاتَّقُوا اللَّهَ لَعَلَّكُمْ تُفْلِحُونَ 3:131 وَاتَّقُوا النَّارَ الَّتِي أُعِدَّتْ لِلْكَافِرِينَ 3:132 وَأَطِيعُوا اللَّهَ وَالرَّسُولَ
لَعَلَّكُمْ تُرْحَمُونَ 3:133 وَسَارِعُوا إِلَىٰ مَغْفِرَةٍ مِنْ رَبِّكُمْ وَجَنَّةٍ عَرْضُهَا السَّمَاوَاتُ وَالْأَرْضُ أُعِدَّتْ لِلْمُتَّقِينَ 3:134 الَّذِينَ يُنْفِقُونَ فِي السَّرَّاءِ
وَالضَّرَّاءِ وَالْكَاظِمِينَ الْغَيْظَ وَالْعَافِينَ عَنِ النَّاسِ وَاللَّهُ يُحِبُّ الْمُحْسِنِينَ 3:135 وَالَّذِينَ إِذَا فَعَلُوا فَاحِشَةً أَوْ ظَلَمُوا أَنْفُسَهُمْ ذَكَرُوا اللَّهَ
فَاسْتَغْفَرُوا لِذُنُوبِهِمْ وَمَنْ يَغْفِرُ الذُّنُوبَ إِلَّا اللَّهُ وَلَمْ يُصِرُّوا عَلَىٰ مَا فَعَلُوا وَهُمْ يَعْلَمُونَ 3:136 أُولَٰئِكَ جَزَاؤُهُمْ مَغْفِرَةٌ مِنْ رَبِّهِمْ وَجَنَّاتٌ
تَجْرِي مِنْ تَحْتِهَا الْأَنْهَارُ خَالِدِينَ فِيهَا وَنِعْمَ أَجْرُ الْعَامِلِينَ 3:137 قَدْ خَلَتْ مِنْ قَبْلِكُمْ سُنَنٌ فَسِيرُوا فِي الْأَرْضِ فَانْظُرُوا كَيْفَ كَانَ عَاقِبَةُ
الْمُكَذِّبِينَ 3:138 هَٰذَا بَيَانٌ لِلنَّاسِ وَهُدًى وَمَوْعِظَةٌ لِلْمُتَّقِينَ 3:139 وَلَا تَهِنُوا وَلَا تَحْزَنُوا وَأَنْتُمُ الْأَعْلَوْنَ إِنْ كُنْتُمْ مُؤْمِنِينَ 3:140 إِنْ يَمْسَسْكُمْ
قَرْحٌ فَقَدْ مَسَّ الْقَوْمَ قَرْحٌ مِثْلُهُ وَتِلْكَ الْأَيَّامُ نُدَاوِلُهَا بَيْنَ النَّاسِ وَلِيَعْلَمَ اللَّهُ الَّذِينَ آمَنُوا وَيَتَّخِذَ مِنْكُمْ شُهَدَاءَ وَاللَّهُ لَا يُحِبُّ الظَّالِمِينَ
3:141 وَلِيُمَحِّصَ اللَّهُ الَّذِينَ آمَنُوا وَيَمْحَقَ الْكَافِرِينَ 3:142 أَمْ حَسِبْتُمْ أَنْ تَدْخُلُوا الْجَنَّةَ وَلَمَّا يَعْلَمِ اللَّهُ الَّذِينَ جَاهَدُوا مِنْكُمْ وَيَعْلَمَ
الصَّابِرِينَ 3:143 وَلَقَدْ كُنْتُمْ تَمَنَّوْنَ الْمَوْتَ مِنْ قَبْلِ أَنْ تَلْقَوْهُ فَقَدْ رَأَيْتُمُوهُ وَأَنْتُمْ تَنْظُرُونَ 3:144 وَمَا مُحَمَّدٌ إِلَّا رَسُولٌ قَدْ خَلَتْ مِنْ قَبْلِهِ
الرُّسُلُ أَفَإِنْ مَاتَ أَوْ قُتِلَ انْقَلَبْتُمْ عَلَىٰ أَعْقَابِكُمْ وَمَنْ يَنْقَلِبْ عَلَىٰ عَقِبَيْهِ فَلَنْ يَضُرَّ اللَّهَ شَيْئًا وَسَيَجْزِي اللَّهُ الشَّاكِرِينَ 3:145 وَمَا كَانَ
لِنَفْسٍ أَنْ تَمُوتَ إِلَّا بِإِذْنِ اللَّهِ كِتَابًا مُؤَجَّلًا وَمَنْ يُرِدْ ثَوَابَ الدُّنْيَا نُؤْتِهِ مِنْهَا وَمَنْ يُرِدْ ثَوَابَ الْآخِرَةِ نُؤْتِهِ مِنْهَا وَسَنَجْزِي الشَّاكِرِينَ 3:146
وَكَأَيِّنْ مِنْ نَبِيٍّ قَاتَلَ مَعَهُ رِبِّيُّونَ كَثِيرٌ فَمَا وَهَنُوا لِمَا أَصَابَهُمْ فِي سَبِيلِ اللَّهِ وَمَا ضَعُفُوا وَمَا اسْتَكَانُوا وَاللَّهُ يُحِبُّ الصَّابِرِينَ 3:147 وَمَا
كَانَ قَوْلَهُمْ إِلَّا أَنْ قَالُوا رَبَّنَا اغْفِرْ لَنَا ذُنُوبَنَا وَإِسْرَافَنَا فِي أَمْرِنَا وَثَبِّتْ أَقْدَامَنَا وَانْصُرْنَا عَلَى الْقَوْمِ الْكَافِرِينَ 3:148 فَآتَاهُمُ اللَّهُ ثَوَابَ
الدُّنْيَا وَحُسْنَ ثَوَابِ الْآخِرَةِ وَاللَّهُ يُحِبُّ الْمُحْسِنِينَ 3:149 يَا أَيُّهَا الَّذِينَ آمَنُوا إِنْ تُطِيعُوا الَّذِينَ كَفَرُوا يَرُدُّوكُمْ عَلَىٰ أَعْقَابِكُمْ فَتَنْقَلِبُوا
خَاسِرِينَ 3:150 بَلِ اللَّهُ مَوْلَاكُمْ وَهُوَ خَيْرُ النَّاصِرِينَ 3:151 سَنُلْقِي فِي قُلُوبِ الَّذِينَ كَفَرُوا الرُّعْبَ بِمَا أَشْرَكُوا بِاللَّهِ مَا لَمْ يُنَزِّلْ بِهِ سُلْطَانًا
وَمَأْوَاهُمُ النَّارُ وَبِئْسَ مَثْوَى الظَّالِمِينَ 3:152 وَلَقَدْ صَدَقَكُمُ اللَّهُ وَعْدَهُ إِذْ تَحُسُّونَهُمْ بِإِذْنِهِ حَتَّىٰ إِذَا فَشِلْتُمْ وَتَنَازَعْتُمْ فِي الْأَمْرِ وَعَصَيْتُمْ
مِنْ بَعْدِ مَا أَرَاكُمْ مَا تُحِبُّونَ مِنْكُمْ مَنْ يُرِيدُ الدُّنْيَا وَمِنْكُمْ مَنْ يُرِيدُ الْآخِرَةَ ثُمَّ صَرَفَكُمْ عَنْهُمْ لِيَبْتَلِيَكُمْ وَلَقَدْ عَفَا عَنْكُمْ وَاللَّهُ ذُو فَضْلٍ
عَلَى الْمُؤْمِنِينَ 3:153 إِذْ تُصْعِدُونَ وَلَا تَلْوُونَ عَلَىٰ أَحَدٍ وَالرَّسُولُ يَدْعُوكُمْ فِي أُخْرَاكُمْ فَأَثَابَكُمْ غَمًّا بِغَمٍّ لِكَيْلَا تَحْزَنُوا عَلَىٰ مَا فَاتَكُمْ
وَلَا مَا أَصَابَكُمْ وَاللَّهُ خَبِيرٌ بِمَا تَعْمَلُونَ 3:154 ثُمَّ أَنْزَلَ عَلَيْكُمْ مِنْ بَعْدِ الْغَمِّ أَمَنَةً نُعَاسًا يَغْشَىٰ طَائِفَةً مِنْكُمْ وَطَائِفَةٌ قَدْ أَهَمَّتْهُمْ
أَنْفُسُهُمْ يَظُنُّونَ بِاللَّهِ غَيْرَ الْحَقِّ ظَنَّ الْجَاهِلِيَّةِ يَقُولُونَ هَلْ لَنَا مِنَ الْأَمْرِ مِنْ شَيْءٍ قُلْ إِنَّ الْأَمْرَ كُلَّهُ لِلَّهِ يُخْفُونَ فِي أَنْفُسِهِمْ مَا لَا
يُبْدُونَ لَكَ يَقُولُونَ لَوْ كَانَ لَنَا مِنَ الْأَمْرِ شَيْءٌ مَا قُتِلْنَا هَاهُنَا قُلْ لَوْ كُنْتُمْ فِي بُيُوتِكُمْ لَبَرَزَ الَّذِينَ كُتِبَ عَلَيْهِمُ الْقَتْلُ إِلَىٰ مَضَاجِعِهِمْ
وَلِيَبْتَلِيَ اللَّهُ مَا فِي صُدُورِكُمْ وَلِيُمَحِّصَ مَا فِي قُلُوبِكُمْ وَاللَّهُ عَلِيمٌ بِذَاتِ الصُّدُورِ 3:155 إِنَّ الَّذِينَ تَوَلَّوْا مِنْكُمْ يَوْمَ الْتَقَى الْجَمْعَانِ إِنَّمَا
اسْتَزَلَّهُمُ الشَّيْطَانُ بِبَعْضِ مَا كَسَبُوا وَلَقَدْ عَفَا اللَّهُ عَنْهُمْ إِنَّ اللَّهَ غَفُورٌ حَلِيمٌ 3:156 يَا أَيُّهَا الَّذِينَ آمَنُوا لَا تَكُونُوا كَالَّذِينَ كَفَرُوا وَقَالُوا

لِإِخْوَانِهِمْ إِذَا ضَرَبُوا فِي الْأَرْضِ أَوْ كَانُوا غُزًّى لَوْ كَانُوا عِنْدَنَا مَا مَاتُوا وَمَا قُتِلُوا لِيَجْعَلَ اللَّهُ ذَٰلِكَ حَسْرَةً فِي قُلُوبِهِمْ وَاللَّهُ يُحْيِي
وَيُمِيتُ وَاللَّهُ بِمَا تَعْمَلُونَ بَصِيرٌ 3:157 وَلَئِنْ قُتِلْتُمْ فِي سَبِيلِ اللَّهِ أَوْ مُتُّمْ لَمَغْفِرَةٌ مِنَ اللَّهِ وَرَحْمَةٌ خَيْرٌ مِمَّا يَجْمَعُونَ 3:158 وَلَئِنْ مُتُّمْ
أَوْ قُتِلْتُمْ لَإِلَى اللَّهِ تُحْشَرُونَ 3:159 فَبِمَا رَحْمَةٍ مِنَ اللَّهِ لِنْتَ لَهُمْ وَلَوْ كُنْتَ فَظًّا غَلِيظَ الْقَلْبِ لَانْفَضُّوا مِنْ حَوْلِكَ فَاعْفُ عَنْهُمْ وَاسْتَغْفِرْ
لَهُمْ وَشَاوِرْهُمْ فِي الْأَمْرِ فَإِذَا عَزَمْتَ فَتَوَكَّلْ عَلَى اللَّهِ إِنَّ اللَّهَ يُحِبُّ الْمُتَوَكِّلِينَ 3:160 إِنْ يَنْصُرْكُمُ اللَّهُ فَلَا غَالِبَ لَكُمْ وَإِنْ يَخْذُلْكُمْ فَمَنْ
ذَا الَّذِي يَنْصُرُكُمْ مِنْ بَعْدِهِ وَعَلَى اللَّهِ فَلْيَتَوَكَّلِ الْمُؤْمِنُونَ 3:161 وَمَا كَانَ لِنَبِيٍّ أَنْ يَغُلَّ وَمَنْ يَغْلُلْ يَأْتِ بِمَا غَلَّ يَوْمَ الْقِيَامَةِ ثُمَّ تُوَفَّىٰ
كُلُّ نَفْسٍ مَا كَسَبَتْ وَهُمْ لَا يُظْلَمُونَ 3:162 أَفَمَنِ اتَّبَعَ رِضْوَانَ اللَّهِ كَمَنْ بَاءَ بِسَخَطٍ مِنَ اللَّهِ وَمَأْوَاهُ جَهَنَّمُ وَبِئْسَ الْمَصِيرُ 3:163 هُمْ
دَرَجَاتٌ عِنْدَ اللَّهِ وَاللَّهُ بَصِيرٌ بِمَا يَعْمَلُونَ 3:164 لَقَدْ مَنَّ اللَّهُ عَلَى الْمُؤْمِنِينَ إِذْ بَعَثَ فِيهِمْ رَسُولًا مِنْ أَنْفُسِهِمْ يَتْلُو عَلَيْهِمْ آيَاتِهِ
وَيُزَكِّيهِمْ وَيُعَلِّمُهُمُ الْكِتَابَ وَالْحِكْمَةَ وَإِنْ كَانُوا مِنْ قَبْلُ لَفِي ضَلَالٍ مُبِينٍ 3:165 أَوَلَمَّا أَصَابَتْكُمْ مُصِيبَةٌ قَدْ أَصَبْتُمْ مِثْلَيْهَا قُلْتُمْ أَنَّىٰ هَٰذَا
قُلْ هُوَ مِنْ عِنْدِ أَنْفُسِكُمْ إِنَّ اللَّهَ عَلَىٰ كُلِّ شَيْءٍ قَدِيرٌ 3:166 وَمَا أَصَابَكُمْ يَوْمَ الْتَقَى الْجَمْعَانِ فَبِإِذْنِ اللَّهِ وَلِيَعْلَمَ الْمُؤْمِنِينَ 3:167
وَلِيَعْلَمَ الَّذِينَ نَافَقُوا وَقِيلَ لَهُمْ تَعَالَوْا قَاتِلُوا فِي سَبِيلِ اللَّهِ أَوِ ادْفَعُوا قَالُوا لَوْ نَعْلَمُ قِتَالًا لَاتَّبَعْنَاكُمْ هُمْ لِلْكُفْرِ يَوْمَئِذٍ أَقْرَبُ مِنْهُمْ
لِلْإِيمَانِ يَقُولُونَ بِأَفْوَاهِهِمْ مَا لَيْسَ فِي قُلُوبِهِمْ وَاللَّهُ أَعْلَمُ بِمَا يَكْتُمُونَ 3:168 الَّذِينَ قَالُوا لِإِخْوَانِهِمْ وَقَعَدُوا لَوْ أَطَاعُونَا مَا قُتِلُوا قُلْ
فَادْرَءُوا عَنْ أَنْفُسِكُمُ الْمَوْتَ إِنْ كُنْتُمْ صَادِقِينَ 3:169 وَلَا تَحْسَبَنَّ الَّذِينَ قُتِلُوا فِي سَبِيلِ اللَّهِ أَمْوَاتًا بَلْ أَحْيَاءٌ عِنْدَ رَبِّهِمْ يُرْزَقُونَ 3:170
فَرِحِينَ بِمَا آتَاهُمُ اللَّهُ مِنْ فَضْلِهِ وَيَسْتَبْشِرُونَ بِالَّذِينَ لَمْ يَلْحَقُوا بِهِمْ مِنْ خَلْفِهِمْ أَلَّا خَوْفٌ عَلَيْهِمْ وَلَا هُمْ يَحْزَنُونَ 3:171 يَسْتَبْشِرُونَ
بِنِعْمَةٍ مِنَ اللَّهِ وَفَضْلٍ وَأَنَّ اللَّهَ لَا يُضِيعُ أَجْرَ الْمُؤْمِنِينَ 3:172 الَّذِينَ اسْتَجَابُوا لِلَّهِ وَالرَّسُولِ مِنْ بَعْدِ مَا أَصَابَهُمُ الْقَرْحُ لِلَّذِينَ أَحْسَنُوا
مِنْهُمْ وَاتَّقَوْا أَجْرٌ عَظِيمٌ 3:173 الَّذِينَ قَالَ لَهُمُ النَّاسُ إِنَّ النَّاسَ قَدْ جَمَعُوا لَكُمْ فَاخْشَوْهُمْ فَزَادَهُمْ إِيمَانًا وَقَالُوا حَسْبُنَا اللَّهُ وَنِعْمَ
الْوَكِيلُ 3:174 فَانْقَلَبُوا بِنِعْمَةٍ مِنَ اللَّهِ وَفَضْلٍ لَمْ يَمْسَسْهُمْ سُوءٌ وَاتَّبَعُوا رِضْوَانَ اللَّهِ وَاللَّهُ ذُو فَضْلٍ عَظِيمٍ 3:175 إِنَّمَا ذَٰلِكُمُ الشَّيْطَانُ
يُخَوِّفُ أَوْلِيَاءَهُ فَلَا تَخَافُوهُمْ وَخَافُونِ إِنْ كُنْتُمْ مُؤْمِنِينَ 3:176 وَلَا يَحْزُنْكَ الَّذِينَ يُسَارِعُونَ فِي الْكُفْرِ إِنَّهُمْ لَنْ يَضُرُّوا اللَّهَ شَيْئًا يُرِيدُ اللَّهُ
أَلَّا يَجْعَلَ لَهُمْ حَظًّا فِي الْآخِرَةِ وَلَهُمْ عَذَابٌ عَظِيمٌ 3:177 إِنَّ الَّذِينَ اشْتَرَوُا الْكُفْرَ بِالْإِيمَانِ لَنْ يَضُرُّوا اللَّهَ شَيْئًا وَلَهُمْ عَذَابٌ أَلِيمٌ 3:178
وَلَا يَحْسَبَنَّ الَّذِينَ كَفَرُوا أَنَّمَا نُمْلِي لَهُمْ خَيْرٌ لِأَنْفُسِهِمْ إِنَّمَا نُمْلِي لَهُمْ لِيَزْدَادُوا إِثْمًا وَلَهُمْ عَذَابٌ مُهِينٌ 3:179 مَا كَانَ اللَّهُ لِيَذَرَ الْمُؤْمِنِينَ
عَلَىٰ مَا أَنْتُمْ عَلَيْهِ حَتَّىٰ يَمِيزَ الْخَبِيثَ مِنَ الطَّيِّبِ وَمَا كَانَ اللَّهُ لِيُطْلِعَكُمْ عَلَى الْغَيْبِ وَلَٰكِنَّ اللَّهَ يَجْتَبِي مِنْ رُسُلِهِ مَنْ يَشَاءُ فَآمِنُوا
بِاللَّهِ وَرُسُلِهِ وَإِنْ تُؤْمِنُوا وَتَتَّقُوا فَلَكُمْ أَجْرٌ عَظِيمٌ 3:180 وَلَا يَحْسَبَنَّ الَّذِينَ يَبْخَلُونَ بِمَا آتَاهُمُ اللَّهُ مِنْ فَضْلِهِ هُوَ خَيْرًا لَهُمْ بَلْ هُوَ شَرٌّ
لَهُمْ سَيُطَوَّقُونَ مَا بَخِلُوا بِهِ يَوْمَ الْقِيَامَةِ وَلِلَّهِ مِيرَاثُ السَّمَاوَاتِ وَالْأَرْضِ وَاللَّهُ بِمَا تَعْمَلُونَ خَبِيرٌ 3:181 لَقَدْ سَمِعَ اللَّهُ قَوْلَ الَّذِينَ قَالُوا
إِنَّ اللَّهَ فَقِيرٌ وَنَحْنُ أَغْنِيَاءُ سَنَكْتُبُ مَا قَالُوا وَقَتْلَهُمُ الْأَنْبِيَاءَ بِغَيْرِ حَقٍّ وَنَقُولُ ذُوقُوا عَذَابَ الْحَرِيقِ 3:182 ذَٰلِكَ بِمَا قَدَّمَتْ أَيْدِيكُمْ وَأَنَّ
اللَّهَ لَيْسَ بِظَلَّامٍ لِلْعَبِيدِ 3:183 الَّذِينَ قَالُوا إِنَّ اللَّهَ عَهِدَ إِلَيْنَا أَلَّا نُؤْمِنَ لِرَسُولٍ حَتَّىٰ يَأْتِيَنَا بِقُرْبَانٍ تَأْكُلُهُ النَّارُ قُلْ قَدْ جَاءَكُمْ رُسُلٌ مِنْ
قَبْلِي بِالْبَيِّنَاتِ وَبِالَّذِي قُلْتُمْ فَلِمَ قَتَلْتُمُوهُمْ إِنْ كُنْتُمْ صَادِقِينَ 3:184 فَإِنْ كَذَّبُوكَ فَقَدْ كُذِّبَ رُسُلٌ مِنْ قَبْلِكَ جَاءُوا بِالْبَيِّنَاتِ وَالزُّبُرِ
وَالْكِتَابِ الْمُنِيرِ 3:185 كُلُّ نَفْسٍ ذَائِقَةُ الْمَوْتِ وَإِنَّمَا تُوَفَّوْنَ أُجُورَكُمْ يَوْمَ الْقِيَامَةِ فَمَنْ زُحْزِحَ عَنِ النَّارِ وَأُدْخِلَ الْجَنَّةَ فَقَدْ فَازَ وَمَا الْحَيَاةُ
الدُّنْيَا إِلَّا مَتَاعُ الْغُرُورِ 3:186 لَتُبْلَوُنَّ فِي أَمْوَالِكُمْ وَأَنْفُسِكُمْ وَلَتَسْمَعُنَّ مِنَ الَّذِينَ أُوتُوا الْكِتَابَ مِنْ قَبْلِكُمْ وَمِنَ الَّذِينَ أَشْرَكُوا أَذًى كَثِيرًا
وَإِنْ تَصْبِرُوا وَتَتَّقُوا فَإِنَّ ذَٰلِكَ مِنْ عَزْمِ الْأُمُورِ 3:187 وَإِذْ أَخَذَ اللَّهُ مِيثَاقَ الَّذِينَ أُوتُوا الْكِتَابَ لَتُبَيِّنُنَّهُ لِلنَّاسِ وَلَا تَكْتُمُونَهُ فَنَبَذُوهُ وَرَاءَ
ظُهُورِهِمْ وَاشْتَرَوْا بِهِ ثَمَنًا قَلِيلًا فَبِئْسَ مَا يَشْتَرُونَ 3:188 لَا تَحْسَبَنَّ الَّذِينَ يَفْرَحُونَ بِمَا أَتَوْا وَيُحِبُّونَ أَنْ يُحْمَدُوا بِمَا لَمْ يَفْعَلُوا فَلَا
تَحْسَبَنَّهُمْ بِمَفَازَةٍ مِنَ الْعَذَابِ وَلَهُمْ عَذَابٌ أَلِيمٌ 3:189 وَلِلَّهِ مُلْكُ السَّمَاوَاتِ وَالْأَرْضِ وَاللَّهُ عَلَىٰ كُلِّ شَيْءٍ قَدِيرٌ 3:190 إِنَّ فِي خَلْقِ

السَّمَاوَاتِ وَالْأَرْضِ وَاخْتِلَافِ اللَّيْلِ وَالنَّهَارِ لَآيَاتٍ لِأُولِي الْأَلْبَابِ 3:191 الَّذِينَ يَذْكُرُونَ اللَّهَ قِيَامًا وَقُعُودًا وَعَلَىٰ جُنُوبِهِمْ وَيَتَفَكَّرُونَ فِي
خَلْقِ السَّمَاوَاتِ وَالْأَرْضِ رَبَّنَا مَا خَلَقْتَ هَٰذَا بَاطِلًا سُبْحَانَكَ فَقِنَا عَذَابَ النَّارِ 3:192 رَبَّنَا إِنَّكَ مَنْ تُدْخِلِ النَّارَ فَقَدْ أَخْزَيْتَهُ وَمَا لِلظَّالِمِينَ
مِنْ أَنْصَارٍ 3:193 رَبَّنَا إِنَّنَا سَمِعْنَا مُنَادِيًا يُنَادِي لِلْإِيمَانِ أَنْ آمِنُوا بِرَبِّكُمْ فَآمَنَّا رَبَّنَا فَاغْفِرْ لَنَا ذُنُوبَنَا وَكَفِّرْ عَنَّا سَيِّئَاتِنَا وَتَوَفَّنَا مَعَ الْأَبْرَارِ
3:194 رَبَّنَا وَآتِنَا مَا وَعَدْتَنَا عَلَىٰ رُسُلِكَ وَلَا تُخْزِنَا يَوْمَ الْقِيَامَةِ إِنَّكَ لَا تُخْلِفُ الْمِيعَادَ 3:195 فَاسْتَجَابَ لَهُمْ رَبُّهُمْ أَنِّي لَا أُضِيعُ عَمَلَ عَامِلٍ
مِنْكُمْ مِنْ ذَكَرٍ أَوْ أُنْثَىٰ بَعْضُكُمْ مِنْ بَعْضٍ فَالَّذِينَ هَاجَرُوا وَأُخْرِجُوا مِنْ دِيَارِهِمْ وَأُوذُوا فِي سَبِيلِي وَقَاتَلُوا وَقُتِلُوا لَأُكَفِّرَنَّ عَنْهُمْ
سَيِّئَاتِهِمْ وَلَأُدْخِلَنَّهُمْ جَنَّاتٍ تَجْرِي مِنْ تَحْتِهَا الْأَنْهَارُ ثَوَابًا مِنْ عِنْدِ اللَّهِ وَاللَّهُ عِنْدَهُ حُسْنُ الثَّوَابِ 3:196 لَا يَغُرَّنَّكَ تَقَلُّبُ الَّذِينَ كَفَرُوا
فِي الْبِلَادِ 3:197 مَتَاعٌ قَلِيلٌ ثُمَّ مَأْوَاهُمْ جَهَنَّمُ وَبِئْسَ الْمِهَادُ 3:198 لَٰكِنِ الَّذِينَ اتَّقَوْا رَبَّهُمْ لَهُمْ جَنَّاتٌ تَجْرِي مِنْ تَحْتِهَا الْأَنْهَارُ خَالِدِينَ
فِيهَا نُزُلًا مِنْ عِنْدِ اللَّهِ وَمَا عِنْدَ اللَّهِ خَيْرٌ لِلْأَبْرَارِ 3:199 وَإِنَّ مِنْ أَهْلِ الْكِتَابِ لَمَنْ يُؤْمِنُ بِاللَّهِ وَمَا أُنْزِلَ إِلَيْكُمْ وَمَا أُنْزِلَ إِلَيْهِمْ خَاشِعِينَ
لِلَّهِ لَا يَشْتَرُونَ بِآيَاتِ اللَّهِ ثَمَنًا قَلِيلًا أُولَٰئِكَ لَهُمْ أَجْرُهُمْ عِنْدَ رَبِّهِمْ إِنَّ اللَّهَ سَرِيعُ الْحِسَابِ 3:200 يَا أَيُّهَا الَّذِينَ آمَنُوا اصْبِرُوا وَصَابِرُوا
وَرَابِطُوا وَاتَّقُوا اللَّهَ لَعَلَّكُمْ تُفْلِحُونَ 4:1 بِسْمِ اللَّهِ الرَّحْمَٰنِ الرَّحِيمِ يَا أَيُّهَا النَّاسُ اتَّقُوا رَبَّكُمُ الَّذِي خَلَقَكُمْ مِنْ نَفْسٍ وَاحِدَةٍ وَخَلَقَ مِنْهَا
زَوْجَهَا وَبَثَّ مِنْهُمَا رِجَالًا كَثِيرًا وَنِسَاءً وَاتَّقُوا اللَّهَ الَّذِي تَسَاءَلُونَ بِهِ وَالْأَرْحَامَ إِنَّ اللَّهَ كَانَ عَلَيْكُمْ رَقِيبًا 4:2 وَآتُوا الْيَتَامَىٰ أَمْوَالَهُمْ وَلَا
تَتَبَدَّلُوا الْخَبِيثَ بِالطَّيِّبِ وَلَا تَأْكُلُوا أَمْوَالَهُمْ إِلَىٰ أَمْوَالِكُمْ إِنَّهُ كَانَ حُوبًا كَبِيرًا 4:3 وَإِنْ خِفْتُمْ أَلَّا تُقْسِطُوا فِي الْيَتَامَىٰ فَانْكِحُوا مَا طَابَ
لَكُمْ مِنَ النِّسَاءِ مَثْنَىٰ وَثُلَاثَ وَرُبَاعَ فَإِنْ خِفْتُمْ أَلَّا تَعْدِلُوا فَوَاحِدَةً أَوْ مَا مَلَكَتْ أَيْمَانُكُمْ ذَٰلِكَ أَدْنَىٰ أَلَّا تَعُولُوا 4:4 وَآتُوا النِّسَاءَ صَدُقَاتِهِنَّ
نِحْلَةً فَإِنْ طِبْنَ لَكُمْ عَنْ شَيْءٍ مِنْهُ نَفْسًا فَكُلُوهُ هَنِيئًا مَرِيئًا 4:5 وَلَا تُؤْتُوا السُّفَهَاءَ أَمْوَالَكُمُ الَّتِي جَعَلَ اللَّهُ لَكُمْ قِيَامًا وَارْزُقُوهُمْ فِيهَا
وَاكْسُوهُمْ وَقُولُوا لَهُمْ قَوْلًا مَعْرُوفًا 4:6 وَابْتَلُوا الْيَتَامَىٰ حَتَّىٰ إِذَا بَلَغُوا النِّكَاحَ فَإِنْ آنَسْتُمْ مِنْهُمْ رُشْدًا فَادْفَعُوا إِلَيْهِمْ أَمْوَالَهُمْ وَلَا
تَأْكُلُوهَا إِسْرَافًا وَبِدَارًا أَنْ يَكْبَرُوا وَمَنْ كَانَ غَنِيًّا فَلْيَسْتَعْفِفْ وَمَنْ كَانَ فَقِيرًا فَلْيَأْكُلْ بِالْمَعْرُوفِ فَإِذَا دَفَعْتُمْ إِلَيْهِمْ أَمْوَالَهُمْ فَأَشْهِدُوا
عَلَيْهِمْ وَكَفَىٰ بِاللَّهِ حَسِيبًا 4:7 لِلرِّجَالِ نَصِيبٌ مِمَّا تَرَكَ الْوَالِدَانِ وَالْأَقْرَبُونَ وَلِلنِّسَاءِ نَصِيبٌ مِمَّا تَرَكَ الْوَالِدَانِ وَالْأَقْرَبُونَ مِمَّا قَلَّ مِنْهُ
أَوْ كَثُرَ نَصِيبًا مَفْرُوضًا 4:8 وَإِذَا حَضَرَ الْقِسْمَةَ أُولُو الْقُرْبَىٰ وَالْيَتَامَىٰ وَالْمَسَاكِينُ فَارْزُقُوهُمْ مِنْهُ وَقُولُوا لَهُمْ قَوْلًا مَعْرُوفًا 4:9 وَلْيَخْشَ
الَّذِينَ لَوْ تَرَكُوا مِنْ خَلْفِهِمْ ذُرِّيَّةً ضِعَافًا خَافُوا عَلَيْهِمْ فَلْيَتَّقُوا اللَّهَ وَلْيَقُولُوا قَوْلًا سَدِيدًا 4:10 إِنَّ الَّذِينَ يَأْكُلُونَ أَمْوَالَ الْيَتَامَىٰ ظُلْمًا
إِنَّمَا يَأْكُلُونَ فِي بُطُونِهِمْ نَارًا وَسَيَصْلَوْنَ سَعِيرًا 4:11 يُوصِيكُمُ اللَّهُ فِي أَوْلَادِكُمْ لِلذَّكَرِ مِثْلُ حَظِّ الْأُنْثَيَيْنِ فَإِنْ كُنَّ نِسَاءً فَوْقَ اثْنَتَيْنِ
فَلَهُنَّ ثُلُثَا مَا تَرَكَ وَإِنْ كَانَتْ وَاحِدَةً فَلَهَا النِّصْفُ وَلِأَبَوَيْهِ لِكُلِّ وَاحِدٍ مِنْهُمَا السُّدُسُ مِمَّا تَرَكَ إِنْ كَانَ لَهُ وَلَدٌ فَإِنْ لَمْ يَكُنْ لَهُ وَلَدٌ وَوَرِثَهُ
أَبَوَاهُ فَلِأُمِّهِ الثُّلُثُ فَإِنْ كَانَ لَهُ إِخْوَةٌ فَلِأُمِّهِ السُّدُسُ مِنْ بَعْدِ وَصِيَّةٍ يُوصِي بِهَا أَوْ دَيْنٍ آبَاؤُكُمْ وَأَبْنَاؤُكُمْ لَا تَدْرُونَ أَيُّهُمْ أَقْرَبُ لَكُمْ نَفْعًا
فَرِيضَةً مِنَ اللَّهِ إِنَّ اللَّهَ كَانَ عَلِيمًا حَكِيمًا 4:12 وَلَكُمْ نِصْفُ مَا تَرَكَ أَزْوَاجُكُمْ إِنْ لَمْ يَكُنْ لَهُنَّ وَلَدٌ فَإِنْ كَانَ لَهُنَّ وَلَدٌ فَلَكُمُ الرُّبُعُ مِمَّا تَرَكْنَ
مِنْ بَعْدِ وَصِيَّةٍ يُوصِينَ بِهَا أَوْ دَيْنٍ وَلَهُنَّ الرُّبُعُ مِمَّا تَرَكْتُمْ إِنْ لَمْ يَكُنْ لَكُمْ وَلَدٌ فَإِنْ كَانَ لَكُمْ وَلَدٌ فَلَهُنَّ الثُّمُنُ مِمَّا تَرَكْتُمْ مِنْ بَعْدِ وَصِيَّةٍ
تُوصُونَ بِهَا أَوْ دَيْنٍ وَإِنْ كَانَ رَجُلٌ يُورَثُ كَلَالَةً أَوِ امْرَأَةٌ وَلَهُ أَخٌ أَوْ أُخْتٌ فَلِكُلِّ وَاحِدٍ مِنْهُمَا السُّدُسُ فَإِنْ كَانُوا أَكْثَرَ مِنْ ذَٰلِكَ فَهُمْ شُرَكَاءُ
فِي الثُّلُثِ مِنْ بَعْدِ وَصِيَّةٍ يُوصَىٰ بِهَا أَوْ دَيْنٍ غَيْرَ مُضَارٍّ وَصِيَّةً مِنَ اللَّهِ وَاللَّهُ عَلِيمٌ حَلِيمٌ 4:13 تِلْكَ حُدُودُ اللَّهِ وَمَنْ يُطِعِ اللَّهَ وَرَسُولَهُ
يُدْخِلْهُ جَنَّاتٍ تَجْرِي مِنْ تَحْتِهَا الْأَنْهَارُ خَالِدِينَ فِيهَا وَذَٰلِكَ الْفَوْزُ الْعَظِيمُ 4:14 وَمَنْ يَعْصِ اللَّهَ وَرَسُولَهُ وَيَتَعَدَّ حُدُودَهُ يُدْخِلْهُ نَارًا
خَالِدًا فِيهَا وَلَهُ عَذَابٌ مُهِينٌ 4:15 وَاللَّاتِي يَأْتِينَ الْفَاحِشَةَ مِنْ نِسَائِكُمْ فَاسْتَشْهِدُوا عَلَيْهِنَّ أَرْبَعَةً مِنْكُمْ فَإِنْ شَهِدُوا فَأَمْسِكُوهُنَّ فِي
الْبُيُوتِ حَتَّىٰ يَتَوَفَّاهُنَّ الْمَوْتُ أَوْ يَجْعَلَ اللَّهُ لَهُنَّ سَبِيلًا 4:16 وَاللَّذَانِ يَأْتِيَانِهَا مِنْكُمْ فَآذُوهُمَا فَإِنْ تَابَا وَأَصْلَحَا فَأَعْرِضُوا عَنْهُمَا إِنَّ اللَّهَ
كَانَ تَوَّابًا رَحِيمًا 4:17 إِنَّمَا التَّوْبَةُ عَلَى اللَّهِ لِلَّذِينَ يَعْمَلُونَ السُّوءَ بِجَهَالَةٍ ثُمَّ يَتُوبُونَ مِنْ قَرِيبٍ فَأُولَٰئِكَ يَتُوبُ اللَّهُ عَلَيْهِمْ وَكَانَ اللَّهُ

عَلِيمًا حَكِيمًا 4:18 وَلَيْسَتِ التَّوْبَةُ لِلَّذِينَ يَعْمَلُونَ السَّيِّئَاتِ حَتَّىٰ إِذَا حَضَرَ أَحَدَهُمُ الْمَوْتُ قَالَ إِنِّي تُبْتُ الْآنَ وَلَا الَّذِينَ يَمُوتُونَ وَهُمْ
كُفَّارٌ أُولَٰئِكَ أَعْتَدْنَا لَهُمْ عَذَابًا أَلِيمًا 4:19 يَا أَيُّهَا الَّذِينَ آمَنُوا لَا يَحِلُّ لَكُمْ أَنْ تَرِثُوا النِّسَاءَ كَرْهًا وَلَا تَعْضُلُوهُنَّ لِتَذْهَبُوا بِبَعْضِ مَا آتَيْتُمُوهُنَّ
إِلَّا أَنْ يَأْتِينَ بِفَاحِشَةٍ مُبَيِّنَةٍ وَعَاشِرُوهُنَّ بِالْمَعْرُوفِ فَإِنْ كَرِهْتُمُوهُنَّ فَعَسَىٰ أَنْ تَكْرَهُوا شَيْئًا وَيَجْعَلَ اللَّهُ فِيهِ خَيْرًا كَثِيرًا 4:20 وَإِنْ أَرَدْتُمُ
اسْتِبْدَالَ زَوْجٍ مَكَانَ زَوْجٍ وَآتَيْتُمْ إِحْدَاهُنَّ قِنْطَارًا فَلَا تَأْخُذُوا مِنْهُ شَيْئًا أَتَأْخُذُونَهُ بُهْتَانًا وَإِثْمًا مُبِينًا 4:21 وَكَيْفَ تَأْخُذُونَهُ وَقَدْ أَفْضَىٰ
بَعْضُكُمْ إِلَىٰ بَعْضٍ وَأَخَذْنَ مِنْكُمْ مِيثَاقًا غَلِيظًا 4:22 وَلَا تَنْكِحُوا مَا نَكَحَ آبَاؤُكُمْ مِنَ النِّسَاءِ إِلَّا مَا قَدْ سَلَفَ إِنَّهُ كَانَ فَاحِشَةً وَمَقْتًا وَسَاءَ
سَبِيلًا 4:23 حُرِّمَتْ عَلَيْكُمْ أُمَّهَاتُكُمْ وَبَنَاتُكُمْ وَأَخَوَاتُكُمْ وَعَمَّاتُكُمْ وَخَالَاتُكُمْ وَبَنَاتُ الْأَخِ وَبَنَاتُ الْأُخْتِ وَأُمَّهَاتُكُمُ اللَّاتِي أَرْضَعْنَكُمْ
وَأَخَوَاتُكُمْ مِنَ الرَّضَاعَةِ وَأُمَّهَاتُ نِسَائِكُمْ وَرَبَائِبُكُمُ اللَّاتِي فِي حُجُورِكُمْ مِنْ نِسَائِكُمُ اللَّاتِي دَخَلْتُمْ بِهِنَّ فَإِنْ لَمْ تَكُونُوا دَخَلْتُمْ بِهِنَّ
فَلَا جُنَاحَ عَلَيْكُمْ وَحَلَائِلُ أَبْنَائِكُمُ الَّذِينَ مِنْ أَصْلَابِكُمْ وَأَنْ تَجْمَعُوا بَيْنَ الْأُخْتَيْنِ إِلَّا مَا قَدْ سَلَفَ إِنَّ اللَّهَ كَانَ غَفُورًا رَحِيمًا 4:24 وَالْمُحْصَنَاتُ
مِنَ النِّسَاءِ إِلَّا مَا مَلَكَتْ أَيْمَانُكُمْ كِتَابَ اللَّهِ عَلَيْكُمْ وَأُحِلَّ لَكُمْ مَا وَرَاءَ ذَٰلِكُمْ أَنْ تَبْتَغُوا بِأَمْوَالِكُمْ مُحْصِنِينَ غَيْرَ مُسَافِحِينَ فَمَا اسْتَمْتَعْتُمْ
بِهِ مِنْهُنَّ فَآتُوهُنَّ أُجُورَهُنَّ فَرِيضَةً وَلَا جُنَاحَ عَلَيْكُمْ فِيمَا تَرَاضَيْتُمْ بِهِ مِنْ بَعْدِ الْفَرِيضَةِ إِنَّ اللَّهَ كَانَ عَلِيمًا حَكِيمًا 4:25 وَمَنْ لَمْ يَسْتَطِعْ
مِنْكُمْ طَوْلًا أَنْ يَنْكِحَ الْمُحْصَنَاتِ الْمُؤْمِنَاتِ فَمِنْ مَا مَلَكَتْ أَيْمَانُكُمْ مِنْ فَتَيَاتِكُمُ الْمُؤْمِنَاتِ وَاللَّهُ أَعْلَمُ بِإِيمَانِكُمْ بَعْضُكُمْ مِنْ بَعْضٍ
فَانْكِحُوهُنَّ بِإِذْنِ أَهْلِهِنَّ وَآتُوهُنَّ أُجُورَهُنَّ بِالْمَعْرُوفِ مُحْصَنَاتٍ غَيْرَ مُسَافِحَاتٍ وَلَا مُتَّخِذَاتِ أَخْدَانٍ فَإِذَا أُحْصِنَّ فَإِنْ أَتَيْنَ بِفَاحِشَةٍ
فَعَلَيْهِنَّ نِصْفُ مَا عَلَى الْمُحْصَنَاتِ مِنَ الْعَذَابِ ذَٰلِكَ لِمَنْ خَشِيَ الْعَنَتَ مِنْكُمْ وَأَنْ تَصْبِرُوا خَيْرٌ لَكُمْ وَاللَّهُ غَفُورٌ رَحِيمٌ 4:26 يُرِيدُ اللَّهُ
لِيُبَيِّنَ لَكُمْ وَيَهْدِيَكُمْ سُنَنَ الَّذِينَ مِنْ قَبْلِكُمْ وَيَتُوبَ عَلَيْكُمْ وَاللَّهُ عَلِيمٌ حَكِيمٌ 4:27 وَاللَّهُ يُرِيدُ أَنْ يَتُوبَ عَلَيْكُمْ وَيُرِيدُ الَّذِينَ يَتَّبِعُونَ
الشَّهَوَاتِ أَنْ تَمِيلُوا مَيْلًا عَظِيمًا 4:28 يُرِيدُ اللَّهُ أَنْ يُخَفِّفَ عَنْكُمْ وَخُلِقَ الْإِنْسَانُ ضَعِيفًا 4:29 يَا أَيُّهَا الَّذِينَ آمَنُوا لَا تَأْكُلُوا أَمْوَالَكُمْ بَيْنَكُمْ
بِالْبَاطِلِ إِلَّا أَنْ تَكُونَ تِجَارَةً عَنْ تَرَاضٍ مِنْكُمْ وَلَا تَقْتُلُوا أَنْفُسَكُمْ إِنَّ اللَّهَ كَانَ بِكُمْ رَحِيمًا 4:30 وَمَنْ يَفْعَلْ ذَٰلِكَ عُدْوَانًا وَظُلْمًا فَسَوْفَ
نُصْلِيهِ نَارًا وَكَانَ ذَٰلِكَ عَلَى اللَّهِ يَسِيرًا 4:31 إِنْ تَجْتَنِبُوا كَبَائِرَ مَا تُنْهَوْنَ عَنْهُ نُكَفِّرْ عَنْكُمْ سَيِّئَاتِكُمْ وَنُدْخِلْكُمْ مُدْخَلًا كَرِيمًا 4:32 وَلَا تَتَمَنَّوْا
مَا فَضَّلَ اللَّهُ بِهِ بَعْضَكُمْ عَلَىٰ بَعْضٍ لِلرِّجَالِ نَصِيبٌ مِمَّا اكْتَسَبُوا وَلِلنِّسَاءِ نَصِيبٌ مِمَّا اكْتَسَبْنَ وَاسْأَلُوا اللَّهَ مِنْ فَضْلِهِ إِنَّ اللَّهَ كَانَ بِكُلِّ
شَيْءٍ عَلِيمًا 4:33 وَلِكُلٍّ جَعَلْنَا مَوَالِيَ مِمَّا تَرَكَ الْوَالِدَانِ وَالْأَقْرَبُونَ وَالَّذِينَ عَقَدَتْ أَيْمَانُكُمْ فَآتُوهُمْ نَصِيبَهُمْ إِنَّ اللَّهَ كَانَ عَلَىٰ كُلِّ شَيْءٍ
شَهِيدًا 4:34 الرِّجَالُ قَوَّامُونَ عَلَى النِّسَاءِ بِمَا فَضَّلَ اللَّهُ بَعْضَهُمْ عَلَىٰ بَعْضٍ وَبِمَا أَنْفَقُوا مِنْ أَمْوَالِهِمْ فَالصَّالِحَاتُ قَانِتَاتٌ حَافِظَاتٌ
لِلْغَيْبِ بِمَا حَفِظَ اللَّهُ وَاللَّاتِي تَخَافُونَ نُشُوزَهُنَّ فَعِظُوهُنَّ وَاهْجُرُوهُنَّ فِي الْمَضَاجِعِ وَاضْرِبُوهُنَّ فَإِنْ أَطَعْنَكُمْ فَلَا تَبْغُوا عَلَيْهِنَّ سَبِيلًا
إِنَّ اللَّهَ كَانَ عَلِيًّا كَبِيرًا 4:35 وَإِنْ خِفْتُمْ شِقَاقَ بَيْنِهِمَا فَابْعَثُوا حَكَمًا مِنْ أَهْلِهِ وَحَكَمًا مِنْ أَهْلِهَا إِنْ يُرِيدَا إِصْلَاحًا يُوَفِّقِ اللَّهُ بَيْنَهُمَا إِنَّ
اللَّهَ كَانَ عَلِيمًا خَبِيرًا 4:36 وَاعْبُدُوا اللَّهَ وَلَا تُشْرِكُوا بِهِ شَيْئًا وَبِالْوَالِدَيْنِ إِحْسَانًا وَبِذِي الْقُرْبَىٰ وَالْيَتَامَىٰ وَالْمَسَاكِينِ وَالْجَارِ ذِي الْقُرْبَىٰ
وَالْجَارِ الْجُنُبِ وَالصَّاحِبِ بِالْجَنْبِ وَابْنِ السَّبِيلِ وَمَا مَلَكَتْ أَيْمَانُكُمْ إِنَّ اللَّهَ لَا يُحِبُّ مَنْ كَانَ مُخْتَالًا فَخُورًا 4:37 الَّذِينَ يَبْخَلُونَ وَيَأْمُرُونَ
النَّاسَ بِالْبُخْلِ وَيَكْتُمُونَ مَا آتَاهُمُ اللَّهُ مِنْ فَضْلِهِ وَأَعْتَدْنَا لِلْكَافِرِينَ عَذَابًا مُهِينًا 4:38 وَالَّذِينَ يُنْفِقُونَ أَمْوَالَهُمْ رِئَاءَ النَّاسِ وَلَا يُؤْمِنُونَ
بِاللَّهِ وَلَا بِالْيَوْمِ الْآخِرِ وَمَنْ يَكُنِ الشَّيْطَانُ لَهُ قَرِينًا فَسَاءَ قَرِينًا 4:39 وَمَاذَا عَلَيْهِمْ لَوْ آمَنُوا بِاللَّهِ وَالْيَوْمِ الْآخِرِ وَأَنْفَقُوا مِمَّا رَزَقَهُمُ اللَّهُ
وَكَانَ اللَّهُ بِهِمْ عَلِيمًا 4:40 إِنَّ اللَّهَ لَا يَظْلِمُ مِثْقَالَ ذَرَّةٍ وَإِنْ تَكُ حَسَنَةً يُضَاعِفْهَا وَيُؤْتِ مِنْ لَدُنْهُ أَجْرًا عَظِيمًا 4:41 فَكَيْفَ إِذَا جِئْنَا مِنْ
كُلِّ أُمَّةٍ بِشَهِيدٍ وَجِئْنَا بِكَ عَلَىٰ هَٰؤُلَاءِ شَهِيدًا 4:42 يَوْمَئِذٍ يَوَدُّ الَّذِينَ كَفَرُوا وَعَصَوُا الرَّسُولَ لَوْ تُسَوَّىٰ بِهِمُ الْأَرْضُ وَلَا يَكْتُمُونَ اللَّهَ
حَدِيثًا 4:43 يَا أَيُّهَا الَّذِينَ آمَنُوا لَا تَقْرَبُوا الصَّلَاةَ وَأَنْتُمْ سُكَارَىٰ حَتَّىٰ تَعْلَمُوا مَا تَقُولُونَ وَلَا جُنُبًا إِلَّا عَابِرِي سَبِيلٍ حَتَّىٰ تَغْتَسِلُوا وَإِنْ
كُنْتُمْ مَرْضَىٰ أَوْ عَلَىٰ سَفَرٍ أَوْ جَاءَ أَحَدٌ مِنْكُمْ مِنَ الْغَائِطِ أَوْ لَامَسْتُمُ النِّسَاءَ فَلَمْ تَجِدُوا مَاءً فَتَيَمَّمُوا صَعِيدًا طَيِّبًا فَامْسَحُوا بِوُجُوهِكُمْ

وَأَيْدِيكُمْ إِنَّ اللَّهَ كَانَ عَفُوًّا غَفُورًا 4:44 أَلَمْ تَرَ إِلَى الَّذِينَ أُوتُوا نَصِيبًا مِنَ الْكِتَابِ يَشْتَرُونَ الضَّلَالَةَ وَيُرِيدُونَ أَنْ تَضِلُّوا السَّبِيلَ 4:45 وَاللَّهُ
أَعْلَمُ بِأَعْدَائِكُمْ وَكَفَىٰ بِاللَّهِ وَلِيًّا وَكَفَىٰ بِاللَّهِ نَصِيرًا 4:46 مِنَ الَّذِينَ هَادُوا يُحَرِّفُونَ الْكَلِمَ عَنْ مَوَاضِعِهِ وَيَقُولُونَ سَمِعْنَا وَعَصَيْنَا وَاسْمَعْ
غَيْرَ مُسْمَعٍ وَرَاعِنَا لَيًّا بِأَلْسِنَتِهِمْ وَطَعْنًا فِي الدِّينِ وَلَوْ أَنَّهُمْ قَالُوا سَمِعْنَا وَأَطَعْنَا وَاسْمَعْ وَانْظُرْنَا لَكَانَ خَيْرًا لَهُمْ وَأَقْوَمَ وَلَٰكِنْ لَعَنَهُمُ
اللَّهُ بِكُفْرِهِمْ فَلَا يُؤْمِنُونَ إِلَّا قَلِيلًا 4:47 يَا أَيُّهَا الَّذِينَ أُوتُوا الْكِتَابَ آمِنُوا بِمَا نَزَّلْنَا مُصَدِّقًا لِمَا مَعَكُمْ مِنْ قَبْلِ أَنْ نَطْمِسَ وُجُوهًا فَنَرُدَّهَا
عَلَىٰ أَدْبَارِهَا أَوْ نَلْعَنَهُمْ كَمَا لَعَنَّا أَصْحَابَ السَّبْتِ وَكَانَ أَمْرُ اللَّهِ مَفْعُولًا 4:48 إِنَّ اللَّهَ لَا يَغْفِرُ أَنْ يُشْرَكَ بِهِ وَيَغْفِرُ مَا دُونَ ذَٰلِكَ لِمَنْ
يَشَاءُ وَمَنْ يُشْرِكْ بِاللَّهِ فَقَدِ افْتَرَىٰ إِثْمًا عَظِيمًا 4:49 أَلَمْ تَرَ إِلَى الَّذِينَ يُزَكُّونَ أَنْفُسَهُمْ بَلِ اللَّهُ يُزَكِّي مَنْ يَشَاءُ وَلَا يُظْلَمُونَ فَتِيلًا 4:50
انْظُرْ كَيْفَ يَفْتَرُونَ عَلَى اللَّهِ الْكَذِبَ وَكَفَىٰ بِهِ إِثْمًا مُبِينًا 4:51 أَلَمْ تَرَ إِلَى الَّذِينَ أُوتُوا نَصِيبًا مِنَ الْكِتَابِ يُؤْمِنُونَ بِالْجِبْتِ وَالطَّاغُوتِ
وَيَقُولُونَ لِلَّذِينَ كَفَرُوا هَٰؤُلَاءِ أَهْدَىٰ مِنَ الَّذِينَ آمَنُوا سَبِيلًا 4:52 أُولَٰئِكَ الَّذِينَ لَعَنَهُمُ اللَّهُ وَمَنْ يَلْعَنِ اللَّهُ فَلَنْ تَجِدَ لَهُ نَصِيرًا 4:53 أَمْ
لَهُمْ نَصِيبٌ مِنَ الْمُلْكِ فَإِذًا لَا يُؤْتُونَ النَّاسَ نَقِيرًا 4:54 أَمْ يَحْسُدُونَ النَّاسَ عَلَىٰ مَا آتَاهُمُ اللَّهُ مِنْ فَضْلِهِ فَقَدْ آتَيْنَا آلَ إِبْرَاهِيمَ الْكِتَابَ
وَالْحِكْمَةَ وَآتَيْنَاهُمْ مُلْكًا عَظِيمًا 4:55 فَمِنْهُمْ مَنْ آمَنَ بِهِ وَمِنْهُمْ مَنْ صَدَّ عَنْهُ وَكَفَىٰ بِجَهَنَّمَ سَعِيرًا 4:56 إِنَّ الَّذِينَ كَفَرُوا بِآيَاتِنَا سَوْفَ
نُصْلِيهِمْ نَارًا كُلَّمَا نَضِجَتْ جُلُودُهُمْ بَدَّلْنَاهُمْ جُلُودًا غَيْرَهَا لِيَذُوقُوا الْعَذَابَ إِنَّ اللَّهَ كَانَ عَزِيزًا حَكِيمًا 4:57 وَالَّذِينَ آمَنُوا وَعَمِلُوا الصَّالِحَاتِ
سَنُدْخِلُهُمْ جَنَّاتٍ تَجْرِي مِنْ تَحْتِهَا الْأَنْهَارُ خَالِدِينَ فِيهَا أَبَدًا لَهُمْ فِيهَا أَزْوَاجٌ مُطَهَّرَةٌ وَنُدْخِلُهُمْ ظِلًّا ظَلِيلًا 4:58 إِنَّ اللَّهَ يَأْمُرُكُمْ أَنْ
تُؤَدُّوا الْأَمَانَاتِ إِلَىٰ أَهْلِهَا وَإِذَا حَكَمْتُمْ بَيْنَ النَّاسِ أَنْ تَحْكُمُوا بِالْعَدْلِ إِنَّ اللَّهَ نِعِمَّا يَعِظُكُمْ بِهِ إِنَّ اللَّهَ كَانَ سَمِيعًا بَصِيرًا 4:59 يَا أَيُّهَا
الَّذِينَ آمَنُوا أَطِيعُوا اللَّهَ وَأَطِيعُوا الرَّسُولَ وَأُولِي الْأَمْرِ مِنْكُمْ فَإِنْ تَنَازَعْتُمْ فِي شَيْءٍ فَرُدُّوهُ إِلَى اللَّهِ وَالرَّسُولِ إِنْ كُنْتُمْ تُؤْمِنُونَ بِاللَّهِ
وَالْيَوْمِ الْآخِرِ ذَٰلِكَ خَيْرٌ وَأَحْسَنُ تَأْوِيلًا 4:60 أَلَمْ تَرَ إِلَى الَّذِينَ يَزْعُمُونَ أَنَّهُمْ آمَنُوا بِمَا أُنْزِلَ إِلَيْكَ وَمَا أُنْزِلَ مِنْ قَبْلِكَ يُرِيدُونَ أَنْ يَتَحَاكَمُوا
إِلَى الطَّاغُوتِ وَقَدْ أُمِرُوا أَنْ يَكْفُرُوا بِهِ وَيُرِيدُ الشَّيْطَانُ أَنْ يُضِلَّهُمْ ضَلَالًا بَعِيدًا 4:61 وَإِذَا قِيلَ لَهُمْ تَعَالَوْا إِلَىٰ مَا أَنْزَلَ اللَّهُ وَإِلَى الرَّسُولِ
رَأَيْتَ الْمُنَافِقِينَ يَصُدُّونَ عَنْكَ صُدُودًا 4:62 فَكَيْفَ إِذَا أَصَابَتْهُمْ مُصِيبَةٌ بِمَا قَدَّمَتْ أَيْدِيهِمْ ثُمَّ جَاءُوكَ يَحْلِفُونَ بِاللَّهِ إِنْ أَرَدْنَا إِلَّا إِحْسَانًا
وَتَوْفِيقًا 4:63 أُولَٰئِكَ الَّذِينَ يَعْلَمُ اللَّهُ مَا فِي قُلُوبِهِمْ فَأَعْرِضْ عَنْهُمْ وَعِظْهُمْ وَقُلْ لَهُمْ فِي أَنْفُسِهِمْ قَوْلًا بَلِيغًا 4:64 وَمَا أَرْسَلْنَا مِنْ
رَسُولٍ إِلَّا لِيُطَاعَ بِإِذْنِ اللَّهِ وَلَوْ أَنَّهُمْ إِذْ ظَلَمُوا أَنْفُسَهُمْ جَاءُوكَ فَاسْتَغْفَرُوا اللَّهَ وَاسْتَغْفَرَ لَهُمُ الرَّسُولُ لَوَجَدُوا اللَّهَ تَوَّابًا رَحِيمًا 4:65
فَلَا وَرَبِّكَ لَا يُؤْمِنُونَ حَتَّىٰ يُحَكِّمُوكَ فِيمَا شَجَرَ بَيْنَهُمْ ثُمَّ لَا يَجِدُوا فِي أَنْفُسِهِمْ حَرَجًا مِمَّا قَضَيْتَ وَيُسَلِّمُوا تَسْلِيمًا 4:66 وَلَوْ أَنَّا كَتَبْنَا
عَلَيْهِمْ أَنِ اقْتُلُوا أَنْفُسَكُمْ أَوِ اخْرُجُوا مِنْ دِيَارِكُمْ مَا فَعَلُوهُ إِلَّا قَلِيلٌ مِنْهُمْ وَلَوْ أَنَّهُمْ فَعَلُوا مَا يُوعَظُونَ بِهِ لَكَانَ خَيْرًا لَهُمْ وَأَشَدَّ تَثْبِيتًا
4:67 وَإِذًا لَآتَيْنَاهُمْ مِنْ لَدُنَّا أَجْرًا عَظِيمًا 4:68 وَلَهَدَيْنَاهُمْ صِرَاطًا مُسْتَقِيمًا 4:69 وَمَنْ يُطِعِ اللَّهَ وَالرَّسُولَ فَأُولَٰئِكَ مَعَ الَّذِينَ أَنْعَمَ اللَّهُ
عَلَيْهِمْ مِنَ النَّبِيِّينَ وَالصِّدِّيقِينَ وَالشُّهَدَاءِ وَالصَّالِحِينَ وَحَسُنَ أُولَٰئِكَ رَفِيقًا 4:70 ذَٰلِكَ الْفَضْلُ مِنَ اللَّهِ وَكَفَىٰ بِاللَّهِ عَلِيمًا 4:71 يَا أَيُّهَا
الَّذِينَ آمَنُوا خُذُوا حِذْرَكُمْ فَانْفِرُوا ثُبَاتٍ أَوِ انْفِرُوا جَمِيعًا 4:72 وَإِنَّ مِنْكُمْ لَمَنْ لَيُبَطِّئَنَّ فَإِنْ أَصَابَتْكُمْ مُصِيبَةٌ قَالَ قَدْ أَنْعَمَ اللَّهُ عَلَيَّ إِذْ
لَمْ أَكُنْ مَعَهُمْ شَهِيدًا 4:73 وَلَئِنْ أَصَابَكُمْ فَضْلٌ مِنَ اللَّهِ لَيَقُولَنَّ كَأَنْ لَمْ تَكُنْ بَيْنَكُمْ وَبَيْنَهُ مَوَدَّةٌ يَا لَيْتَنِي كُنْتُ مَعَهُمْ فَأَفُوزَ فَوْزًا عَظِيمًا
4:74 فَلْيُقَاتِلْ فِي سَبِيلِ اللَّهِ الَّذِينَ يَشْرُونَ الْحَيَاةَ الدُّنْيَا بِالْآخِرَةِ وَمَنْ يُقَاتِلْ فِي سَبِيلِ اللَّهِ فَيُقْتَلْ أَوْ يَغْلِبْ فَسَوْفَ نُؤْتِيهِ أَجْرًا عَظِيمًا
4:75 وَمَا لَكُمْ لَا تُقَاتِلُونَ فِي سَبِيلِ اللَّهِ وَالْمُسْتَضْعَفِينَ مِنَ الرِّجَالِ وَالنِّسَاءِ وَالْوِلْدَانِ الَّذِينَ يَقُولُونَ رَبَّنَا أَخْرِجْنَا مِنْ هَٰذِهِ الْقَرْيَةِ الظَّالِمِ
أَهْلُهَا وَاجْعَلْ لَنَا مِنْ لَدُنْكَ وَلِيًّا وَاجْعَلْ لَنَا مِنْ لَدُنْكَ نَصِيرًا 4:76 الَّذِينَ آمَنُوا يُقَاتِلُونَ فِي سَبِيلِ اللَّهِ وَالَّذِينَ كَفَرُوا يُقَاتِلُونَ فِي سَبِيلِ
الطَّاغُوتِ فَقَاتِلُوا أَوْلِيَاءَ الشَّيْطَانِ إِنَّ كَيْدَ الشَّيْطَانِ كَانَ ضَعِيفًا 4:77 أَلَمْ تَرَ إِلَى الَّذِينَ قِيلَ لَهُمْ كُفُّوا أَيْدِيَكُمْ وَأَقِيمُوا الصَّلَاةَ وَآتُوا
الزَّكَاةَ فَلَمَّا كُتِبَ عَلَيْهِمُ الْقِتَالُ إِذَا فَرِيقٌ مِنْهُمْ يَخْشَوْنَ النَّاسَ كَخَشْيَةِ اللَّهِ أَوْ أَشَدَّ خَشْيَةً وَقَالُوا رَبَّنَا لِمَ كَتَبْتَ عَلَيْنَا الْقِتَالَ لَوْلَا

أَخَّرْتَنَا إِلَىٰ أَجَلٍ قَرِيبٍ قُلْ مَتَاعُ الدُّنْيَا قَلِيلٌ وَالْآخِرَةُ خَيْرٌ لِمَنِ اتَّقَىٰ وَلَا تُظْلَمُونَ فَتِيلًا 4:78 أَيْنَمَا تَكُونُوا يُدْرِكْكُمُ الْمَوْتُ وَلَوْ كُنْتُمْ فِي
بُرُوجٍ مُشَيَّدَةٍ وَإِنْ تُصِبْهُمْ حَسَنَةٌ يَقُولُوا هَٰذِهِ مِنْ عِنْدِ اللَّهِ وَإِنْ تُصِبْهُمْ سَيِّئَةٌ يَقُولُوا هَٰذِهِ مِنْ عِنْدِكَ قُلْ كُلٌّ مِنْ عِنْدِ اللَّهِ فَمَالِ
هَٰؤُلَاءِ الْقَوْمِ لَا يَكَادُونَ يَفْقَهُونَ حَدِيثًا 4:79 مَا أَصَابَكَ مِنْ حَسَنَةٍ فَمِنَ اللَّهِ وَمَا أَصَابَكَ مِنْ سَيِّئَةٍ فَمِنْ نَفْسِكَ وَأَرْسَلْنَاكَ لِلنَّاسِ رَسُولًا
وَكَفَىٰ بِاللَّهِ شَهِيدًا 4:80 مَنْ يُطِعِ الرَّسُولَ فَقَدْ أَطَاعَ اللَّهَ وَمَنْ تَوَلَّىٰ فَمَا أَرْسَلْنَاكَ عَلَيْهِمْ حَفِيظًا 4:81 وَيَقُولُونَ طَاعَةٌ فَإِذَا بَرَزُوا مِنْ
عِنْدِكَ بَيَّتَ طَائِفَةٌ مِنْهُمْ غَيْرَ الَّذِي تَقُولُ وَاللَّهُ يَكْتُبُ مَا يُبَيِّتُونَ فَأَعْرِضْ عَنْهُمْ وَتَوَكَّلْ عَلَى اللَّهِ وَكَفَىٰ بِاللَّهِ وَكِيلًا 4:82 أَفَلَا يَتَدَبَّرُونَ
الْقُرْآنَ وَلَوْ كَانَ مِنْ عِنْدِ غَيْرِ اللَّهِ لَوَجَدُوا فِيهِ اخْتِلَافًا كَثِيرًا 4:83 وَإِذَا جَاءَهُمْ أَمْرٌ مِنَ الْأَمْنِ أَوِ الْخَوْفِ أَذَاعُوا بِهِ وَلَوْ رَدُّوهُ إِلَى الرَّسُولِ
وَإِلَىٰ أُولِي الْأَمْرِ مِنْهُمْ لَعَلِمَهُ الَّذِينَ يَسْتَنْبِطُونَهُ مِنْهُمْ وَلَوْلَا فَضْلُ اللَّهِ عَلَيْكُمْ وَرَحْمَتُهُ لَاتَّبَعْتُمُ الشَّيْطَانَ إِلَّا قَلِيلًا 4:84 فَقَاتِلْ فِي
سَبِيلِ اللَّهِ لَا تُكَلَّفُ إِلَّا نَفْسَكَ وَحَرِّضِ الْمُؤْمِنِينَ عَسَى اللَّهُ أَنْ يَكُفَّ بَأْسَ الَّذِينَ كَفَرُوا وَاللَّهُ أَشَدُّ بَأْسًا وَأَشَدُّ تَنْكِيلًا 4:85 مَنْ يَشْفَعْ
شَفَاعَةً حَسَنَةً يَكُنْ لَهُ نَصِيبٌ مِنْهَا وَمَنْ يَشْفَعْ شَفَاعَةً سَيِّئَةً يَكُنْ لَهُ كِفْلٌ مِنْهَا وَكَانَ اللَّهُ عَلَىٰ كُلِّ شَيْءٍ مُقِيتًا 4:86 وَإِذَا حُيِّيتُمْ
بِتَحِيَّةٍ فَحَيُّوا بِأَحْسَنَ مِنْهَا أَوْ رُدُّوهَا إِنَّ اللَّهَ كَانَ عَلَىٰ كُلِّ شَيْءٍ حَسِيبًا 4:87 اللَّهُ لَا إِلَٰهَ إِلَّا هُوَ لَيَجْمَعَنَّكُمْ إِلَىٰ يَوْمِ الْقِيَامَةِ لَا رَيْبَ فِيهِ
وَمَنْ أَصْدَقُ مِنَ اللَّهِ حَدِيثًا 4:88 فَمَا لَكُمْ فِي الْمُنَافِقِينَ فِئَتَيْنِ وَاللَّهُ أَرْكَسَهُمْ بِمَا كَسَبُوا أَتُرِيدُونَ أَنْ تَهْدُوا مَنْ أَضَلَّ اللَّهُ وَمَنْ يُضْلِلِ
اللَّهُ فَلَنْ تَجِدَ لَهُ سَبِيلًا 4:89 وَدُّوا لَوْ تَكْفُرُونَ كَمَا كَفَرُوا فَتَكُونُونَ سَوَاءً فَلَا تَتَّخِذُوا مِنْهُمْ أَوْلِيَاءَ حَتَّىٰ يُهَاجِرُوا فِي سَبِيلِ اللَّهِ فَإِنْ
تَوَلَّوْا فَخُذُوهُمْ وَاقْتُلُوهُمْ حَيْثُ وَجَدْتُمُوهُمْ وَلَا تَتَّخِذُوا مِنْهُمْ وَلِيًّا وَلَا نَصِيرًا 4:90 إِلَّا الَّذِينَ يَصِلُونَ إِلَىٰ قَوْمٍ بَيْنَكُمْ وَبَيْنَهُمْ مِيثَاقٌ أَوْ
جَاءُوكُمْ حَصِرَتْ صُدُورُهُمْ أَنْ يُقَاتِلُوكُمْ أَوْ يُقَاتِلُوا قَوْمَهُمْ وَلَوْ شَاءَ اللَّهُ لَسَلَّطَهُمْ عَلَيْكُمْ فَلَقَاتَلُوكُمْ فَإِنِ اعْتَزَلُوكُمْ فَلَمْ يُقَاتِلُوكُمْ وَأَلْقَوْا
إِلَيْكُمُ السَّلَمَ فَمَا جَعَلَ اللَّهُ لَكُمْ عَلَيْهِمْ سَبِيلًا 4:91 سَتَجِدُونَ آخَرِينَ يُرِيدُونَ أَنْ يَأْمَنُوكُمْ وَيَأْمَنُوا قَوْمَهُمْ كُلَّ مَا رُدُّوا إِلَى الْفِتْنَةِ أُرْكِسُوا
فِيهَا فَإِنْ لَمْ يَعْتَزِلُوكُمْ وَيُلْقُوا إِلَيْكُمُ السَّلَمَ وَيَكُفُّوا أَيْدِيَهُمْ فَخُذُوهُمْ وَاقْتُلُوهُمْ حَيْثُ ثَقِفْتُمُوهُمْ وَأُولَٰئِكُمْ جَعَلْنَا لَكُمْ عَلَيْهِمْ سُلْطَانًا
مُبِينًا 4:92 وَمَا كَانَ لِمُؤْمِنٍ أَنْ يَقْتُلَ مُؤْمِنًا إِلَّا خَطَأً وَمَنْ قَتَلَ مُؤْمِنًا خَطَأً فَتَحْرِيرُ رَقَبَةٍ مُؤْمِنَةٍ وَدِيَةٌ مُسَلَّمَةٌ إِلَىٰ أَهْلِهِ إِلَّا أَنْ يَصَّدَّقُوا
فَإِنْ كَانَ مِنْ قَوْمٍ عَدُوٍّ لَكُمْ وَهُوَ مُؤْمِنٌ فَتَحْرِيرُ رَقَبَةٍ مُؤْمِنَةٍ وَإِنْ كَانَ مِنْ قَوْمٍ بَيْنَكُمْ وَبَيْنَهُمْ مِيثَاقٌ فَدِيَةٌ مُسَلَّمَةٌ إِلَىٰ أَهْلِهِ وَتَحْرِيرُ
رَقَبَةٍ مُؤْمِنَةٍ فَمَنْ لَمْ يَجِدْ فَصِيَامُ شَهْرَيْنِ مُتَتَابِعَيْنِ تَوْبَةً مِنَ اللَّهِ وَكَانَ اللَّهُ عَلِيمًا حَكِيمًا 4:93 وَمَنْ يَقْتُلْ مُؤْمِنًا مُتَعَمِّدًا فَجَزَاؤُهُ
جَهَنَّمُ خَالِدًا فِيهَا وَغَضِبَ اللَّهُ عَلَيْهِ وَلَعَنَهُ وَأَعَدَّ لَهُ عَذَابًا عَظِيمًا 4:94 يَا أَيُّهَا الَّذِينَ آمَنُوا إِذَا ضَرَبْتُمْ فِي سَبِيلِ اللَّهِ فَتَبَيَّنُوا وَلَا تَقُولُوا
لِمَنْ أَلْقَىٰ إِلَيْكُمُ السَّلَامَ لَسْتَ مُؤْمِنًا تَبْتَغُونَ عَرَضَ الْحَيَاةِ الدُّنْيَا فَعِنْدَ اللَّهِ مَغَانِمُ كَثِيرَةٌ كَذَٰلِكَ كُنْتُمْ مِنْ قَبْلُ فَمَنَّ اللَّهُ عَلَيْكُمْ فَتَبَيَّنُوا
إِنَّ اللَّهَ كَانَ بِمَا تَعْمَلُونَ خَبِيرًا 4:95 لَا يَسْتَوِي الْقَاعِدُونَ مِنَ الْمُؤْمِنِينَ غَيْرُ أُولِي الضَّرَرِ وَالْمُجَاهِدُونَ فِي سَبِيلِ اللَّهِ بِأَمْوَالِهِمْ وَأَنْفُسِهِمْ
فَضَّلَ اللَّهُ الْمُجَاهِدِينَ بِأَمْوَالِهِمْ وَأَنْفُسِهِمْ عَلَى الْقَاعِدِينَ دَرَجَةً وَكُلًّا وَعَدَ اللَّهُ الْحُسْنَىٰ وَفَضَّلَ اللَّهُ الْمُجَاهِدِينَ عَلَى الْقَاعِدِينَ أَجْرًا
عَظِيمًا 4:96 دَرَجَاتٍ مِنْهُ وَمَغْفِرَةً وَرَحْمَةً وَكَانَ اللَّهُ غَفُورًا رَحِيمًا 4:97 إِنَّ الَّذِينَ تَوَفَّاهُمُ الْمَلَائِكَةُ ظَالِمِي أَنْفُسِهِمْ قَالُوا فِيمَ كُنْتُمْ
قَالُوا كُنَّا مُسْتَضْعَفِينَ فِي الْأَرْضِ قَالُوا أَلَمْ تَكُنْ أَرْضُ اللَّهِ وَاسِعَةً فَتُهَاجِرُوا فِيهَا فَأُولَٰئِكَ مَأْوَاهُمْ جَهَنَّمُ وَسَاءَتْ مَصِيرًا 4:98 إِلَّا
الْمُسْتَضْعَفِينَ مِنَ الرِّجَالِ وَالنِّسَاءِ وَالْوِلْدَانِ لَا يَسْتَطِيعُونَ حِيلَةً وَلَا يَهْتَدُونَ سَبِيلًا 4:99 فَأُولَٰئِكَ عَسَى اللَّهُ أَنْ يَعْفُوَ عَنْهُمْ وَكَانَ اللَّهُ
عَفُوًّا غَفُورًا 4:100 وَمَنْ يُهَاجِرْ فِي سَبِيلِ اللَّهِ يَجِدْ فِي الْأَرْضِ مُرَاغَمًا كَثِيرًا وَسَعَةً وَمَنْ يَخْرُجْ مِنْ بَيْتِهِ مُهَاجِرًا إِلَى اللَّهِ وَرَسُولِهِ ثُمَّ
يُدْرِكْهُ الْمَوْتُ فَقَدْ وَقَعَ أَجْرُهُ عَلَى اللَّهِ وَكَانَ اللَّهُ غَفُورًا رَحِيمًا 4:101 وَإِذَا ضَرَبْتُمْ فِي الْأَرْضِ فَلَيْسَ عَلَيْكُمْ جُنَاحٌ أَنْ تَقْصُرُوا مِنَ الصَّلَاةِ
إِنْ خِفْتُمْ أَنْ يَفْتِنَكُمُ الَّذِينَ كَفَرُوا إِنَّ الْكَافِرِينَ كَانُوا لَكُمْ عَدُوًّا مُبِينًا 4:102 وَإِذَا كُنْتَ فِيهِمْ فَأَقَمْتَ لَهُمُ الصَّلَاةَ فَلْتَقُمْ طَائِفَةٌ مِنْهُمْ
مَعَكَ وَلْيَأْخُذُوا أَسْلِحَتَهُمْ فَإِذَا سَجَدُوا فَلْيَكُونُوا مِنْ وَرَائِكُمْ وَلْتَأْتِ طَائِفَةٌ أُخْرَىٰ لَمْ يُصَلُّوا فَلْيُصَلُّوا مَعَكَ وَلْيَأْخُذُوا حِذْرَهُمْ وَأَسْلِحَتَهُمْ

وَدَّ الَّذِينَ كَفَرُوا لَوْ تَغْفُلُونَ عَنْ أَسْلِحَتِكُمْ وَأَمْتِعَتِكُمْ فَيَمِيلُونَ عَلَيْكُم مَّيْلَةً وَاحِدَةً وَلَا جُنَاحَ عَلَيْكُمْ إِنْ كَانَ بِكُمْ أَذًى مِنْ مَطَرٍ أَوْ كُنْتُم
مَرْضَىٰ أَنْ تَضَعُوا أَسْلِحَتَكُمْ وَخُذُوا حِذْرَكُمْ إِنَّ اللَّهَ أَعَدَّ لِلْكَافِرِينَ عَذَابًا مُهِينًا 4:103 فَإِذَا قَضَيْتُمُ الصَّلَاةَ فَاذْكُرُوا اللَّهَ قِيَامًا وَقُعُودًا
وَعَلَىٰ جُنُوبِكُمْ فَإِذَا اطْمَأْنَنْتُمْ فَأَقِيمُوا الصَّلَاةَ إِنَّ الصَّلَاةَ كَانَتْ عَلَى الْمُؤْمِنِينَ كِتَابًا مَوْقُوتًا 4:104 وَلَا تَهِنُوا فِي ابْتِغَاءِ الْقَوْمِ إِنْ تَكُونُوا
تَأْلَمُونَ فَإِنَّهُمْ يَأْلَمُونَ كَمَا تَأْلَمُونَ وَتَرْجُونَ مِنَ اللَّهِ مَا لَا يَرْجُونَ وَكَانَ اللَّهُ عَلِيمًا حَكِيمًا 4:105 إِنَّا أَنْزَلْنَا إِلَيْكَ الْكِتَابَ بِالْحَقِّ لِتَحْكُمَ بَيْنَ
النَّاسِ بِمَا أَرَاكَ اللَّهُ وَلَا تَكُنْ لِلْخَائِنِينَ خَصِيمًا 4:106 وَاسْتَغْفِرِ اللَّهَ إِنَّ اللَّهَ كَانَ غَفُورًا رَحِيمًا 4:107 وَلَا تُجَادِلْ عَنِ الَّذِينَ يَخْتَانُونَ
أَنْفُسَهُمْ إِنَّ اللَّهَ لَا يُحِبُّ مَنْ كَانَ خَوَّانًا أَثِيمًا 4:108 يَسْتَخْفُونَ مِنَ النَّاسِ وَلَا يَسْتَخْفُونَ مِنَ اللَّهِ وَهُوَ مَعَهُمْ إِذْ يُبَيِّتُونَ مَا لَا يَرْضَىٰ مِنَ
الْقَوْلِ وَكَانَ اللَّهُ بِمَا يَعْمَلُونَ مُحِيطًا 4:109 هَا أَنْتُمْ هَٰؤُلَاءِ جَادَلْتُمْ عَنْهُمْ فِي الْحَيَاةِ الدُّنْيَا فَمَنْ يُجَادِلُ اللَّهَ عَنْهُمْ يَوْمَ الْقِيَامَةِ أَمْ مَنْ
يَكُونُ عَلَيْهِمْ وَكِيلًا 4:110 وَمَنْ يَعْمَلْ سُوءًا أَوْ يَظْلِمْ نَفْسَهُ ثُمَّ يَسْتَغْفِرِ اللَّهَ يَجِدِ اللَّهَ غَفُورًا رَحِيمًا 4:111 وَمَنْ يَكْسِبْ إِثْمًا فَإِنَّمَا يَكْسِبُهُ
عَلَىٰ نَفْسِهِ وَكَانَ اللَّهُ عَلِيمًا حَكِيمًا 4:112 وَمَنْ يَكْسِبْ خَطِيئَةً أَوْ إِثْمًا ثُمَّ يَرْمِ بِهِ بَرِيئًا فَقَدِ احْتَمَلَ بُهْتَانًا وَإِثْمًا مُبِينًا 4:113 وَلَوْلَا فَضْلُ
اللَّهِ عَلَيْكَ وَرَحْمَتُهُ لَهَمَّتْ طَائِفَةٌ مِنْهُمْ أَنْ يُضِلُّوكَ وَمَا يُضِلُّونَ إِلَّا أَنْفُسَهُمْ وَمَا يَضُرُّونَكَ مِنْ شَيْءٍ وَأَنْزَلَ اللَّهُ عَلَيْكَ الْكِتَابَ وَالْحِكْمَةَ
وَعَلَّمَكَ مَا لَمْ تَكُنْ تَعْلَمُ وَكَانَ فَضْلُ اللَّهِ عَلَيْكَ عَظِيمًا 4:114 لَا خَيْرَ فِي كَثِيرٍ مِنْ نَجْوَاهُمْ إِلَّا مَنْ أَمَرَ بِصَدَقَةٍ أَوْ مَعْرُوفٍ أَوْ إِصْلَاحٍ بَيْنَ
النَّاسِ وَمَنْ يَفْعَلْ ذَٰلِكَ ابْتِغَاءَ مَرْضَاتِ اللَّهِ فَسَوْفَ نُؤْتِيهِ أَجْرًا عَظِيمًا 4:115 وَمَنْ يُشَاقِقِ الرَّسُولَ مِنْ بَعْدِ مَا تَبَيَّنَ لَهُ الْهُدَىٰ وَيَتَّبِعْ
غَيْرَ سَبِيلِ الْمُؤْمِنِينَ نُوَلِّهِ مَا تَوَلَّىٰ وَنُصْلِهِ جَهَنَّمَ وَسَاءَتْ مَصِيرًا 4:116 إِنَّ اللَّهَ لَا يَغْفِرُ أَنْ يُشْرَكَ بِهِ وَيَغْفِرُ مَا دُونَ ذَٰلِكَ لِمَنْ يَشَاءُ
وَمَنْ يُشْرِكْ بِاللَّهِ فَقَدْ ضَلَّ ضَلَالًا بَعِيدًا 4:117 إِنْ يَدْعُونَ مِنْ دُونِهِ إِلَّا إِنَاثًا وَإِنْ يَدْعُونَ إِلَّا شَيْطَانًا مَرِيدًا 4:118 لَعَنَهُ اللَّهُ وَقَالَ لَأَتَّخِذَنَّ
مِنْ عِبَادِكَ نَصِيبًا مَفْرُوضًا 4:119 وَلَأُضِلَّنَّهُمْ وَلَأُمَنِّيَنَّهُمْ وَلَآمُرَنَّهُمْ فَلَيُبَتِّكُنَّ آذَانَ الْأَنْعَامِ وَلَآمُرَنَّهُمْ فَلَيُغَيِّرُنَّ خَلْقَ اللَّهِ وَمَنْ يَتَّخِذِ
الشَّيْطَانَ وَلِيًّا مِنْ دُونِ اللَّهِ فَقَدْ خَسِرَ خُسْرَانًا مُبِينًا 4:120 يَعِدُهُمْ وَيُمَنِّيهِمْ وَمَا يَعِدُهُمُ الشَّيْطَانُ إِلَّا غُرُورًا 4:121 أُولَٰئِكَ مَأْوَاهُمْ جَهَنَّمُ
وَلَا يَجِدُونَ عَنْهَا مَحِيصًا 4:122 وَالَّذِينَ آمَنُوا وَعَمِلُوا الصَّالِحَاتِ سَنُدْخِلُهُمْ جَنَّاتٍ تَجْرِي مِنْ تَحْتِهَا الْأَنْهَارُ خَالِدِينَ فِيهَا أَبَدًا وَعْدَ اللَّهِ
حَقًّا وَمَنْ أَصْدَقُ مِنَ اللَّهِ قِيلًا 4:123 لَيْسَ بِأَمَانِيِّكُمْ وَلَا أَمَانِيِّ أَهْلِ الْكِتَابِ مَنْ يَعْمَلْ سُوءًا يُجْزَ بِهِ وَلَا يَجِدْ لَهُ مِنْ دُونِ اللَّهِ وَلِيًّا وَلَا
نَصِيرًا 4:124 وَمَنْ يَعْمَلْ مِنَ الصَّالِحَاتِ مِنْ ذَكَرٍ أَوْ أُنْثَىٰ وَهُوَ مُؤْمِنٌ فَأُولَٰئِكَ يَدْخُلُونَ الْجَنَّةَ وَلَا يُظْلَمُونَ نَقِيرًا 4:125 وَمَنْ أَحْسَنُ دِينًا
مِمَّنْ أَسْلَمَ وَجْهَهُ لِلَّهِ وَهُوَ مُحْسِنٌ وَاتَّبَعَ مِلَّةَ إِبْرَاهِيمَ حَنِيفًا وَاتَّخَذَ اللَّهُ إِبْرَاهِيمَ خَلِيلًا 4:126 وَلِلَّهِ مَا فِي السَّمَاوَاتِ وَمَا فِي الْأَرْضِ
وَكَانَ اللَّهُ بِكُلِّ شَيْءٍ مُحِيطًا 4:127 وَيَسْتَفْتُونَكَ فِي النِّسَاءِ قُلِ اللَّهُ يُفْتِيكُمْ فِيهِنَّ وَمَا يُتْلَىٰ عَلَيْكُمْ فِي الْكِتَابِ فِي يَتَامَى النِّسَاءِ
اللَّاتِي لَا تُؤْتُونَهُنَّ مَا كُتِبَ لَهُنَّ وَتَرْغَبُونَ أَنْ تَنْكِحُوهُنَّ وَالْمُسْتَضْعَفِينَ مِنَ الْوِلْدَانِ وَأَنْ تَقُومُوا لِلْيَتَامَىٰ بِالْقِسْطِ وَمَا تَفْعَلُوا مِنْ خَيْرٍ
فَإِنَّ اللَّهَ كَانَ بِهِ عَلِيمًا 4:128 وَإِنِ امْرَأَةٌ خَافَتْ مِنْ بَعْلِهَا نُشُوزًا أَوْ إِعْرَاضًا فَلَا جُنَاحَ عَلَيْهِمَا أَنْ يُصْلِحَا بَيْنَهُمَا صُلْحًا وَالصُّلْحُ خَيْرٌ
وَأُحْضِرَتِ الْأَنْفُسُ الشُّحَّ وَإِنْ تُحْسِنُوا وَتَتَّقُوا فَإِنَّ اللَّهَ كَانَ بِمَا تَعْمَلُونَ خَبِيرًا 4:129 وَلَنْ تَسْتَطِيعُوا أَنْ تَعْدِلُوا بَيْنَ النِّسَاءِ وَلَوْ حَرَصْتُمْ
فَلَا تَمِيلُوا كُلَّ الْمَيْلِ فَتَذَرُوهَا كَالْمُعَلَّقَةِ وَإِنْ تُصْلِحُوا وَتَتَّقُوا فَإِنَّ اللَّهَ كَانَ غَفُورًا رَحِيمًا 4:130 وَإِنْ يَتَفَرَّقَا يُغْنِ اللَّهُ كُلًّا مِنْ سَعَتِهِ وَكَانَ
اللَّهُ وَاسِعًا حَكِيمًا 4:131 وَلِلَّهِ مَا فِي السَّمَاوَاتِ وَمَا فِي الْأَرْضِ وَلَقَدْ وَصَّيْنَا الَّذِينَ أُوتُوا الْكِتَابَ مِنْ قَبْلِكُمْ وَإِيَّاكُمْ أَنِ اتَّقُوا اللَّهَ وَإِنْ
تَكْفُرُوا فَإِنَّ لِلَّهِ مَا فِي السَّمَاوَاتِ وَمَا فِي الْأَرْضِ وَكَانَ اللَّهُ غَنِيًّا حَمِيدًا 4:132 وَلِلَّهِ مَا فِي السَّمَاوَاتِ وَمَا فِي الْأَرْضِ وَكَفَىٰ بِاللَّهِ وَكِيلًا
4:133 إِنْ يَشَأْ يُذْهِبْكُمْ أَيُّهَا النَّاسُ وَيَأْتِ بِآخَرِينَ وَكَانَ اللَّهُ عَلَىٰ ذَٰلِكَ قَدِيرًا 4:134 مَنْ كَانَ يُرِيدُ ثَوَابَ الدُّنْيَا فَعِنْدَ اللَّهِ ثَوَابُ الدُّنْيَا
وَالْآخِرَةِ وَكَانَ اللَّهُ سَمِيعًا بَصِيرًا 4:135 يَا أَيُّهَا الَّذِينَ آمَنُوا كُونُوا قَوَّامِينَ بِالْقِسْطِ شُهَدَاءَ لِلَّهِ وَلَوْ عَلَىٰ أَنْفُسِكُمْ أَوِ الْوَالِدَيْنِ وَالْأَقْرَبِينَ
إِنْ يَكُنْ غَنِيًّا أَوْ فَقِيرًا فَاللَّهُ أَوْلَىٰ بِهِمَا فَلَا تَتَّبِعُوا الْهَوَىٰ أَنْ تَعْدِلُوا وَإِنْ تَلْوُوا أَوْ تُعْرِضُوا فَإِنَّ اللَّهَ كَانَ بِمَا تَعْمَلُونَ خَبِيرًا 4:136 يَا أَيُّهَا

الَّذِينَ آمَنُوا آمِنُوا بِاللَّهِ وَرَسُولِهِ وَالْكِتَابِ الَّذِي نَزَّلَ عَلَىٰ رَسُولِهِ وَالْكِتَابِ الَّذِي أَنْزَلَ مِنْ قَبْلُ وَمَنْ يَكْفُرْ بِاللَّهِ وَمَلَائِكَتِهِ وَكُتُبِهِ وَرُسُلِهِ
وَالْيَوْمِ الْآخِرِ فَقَدْ ضَلَّ ضَلَالًا بَعِيدًا 4:137 إِنَّ الَّذِينَ آمَنُوا ثُمَّ كَفَرُوا ثُمَّ آمَنُوا ثُمَّ كَفَرُوا ثُمَّ ازْدَادُوا كُفْرًا لَمْ يَكُنِ اللَّهُ لِيَغْفِرَ لَهُمْ وَلَا
لِيَهْدِيَهُمْ سَبِيلًا 4:138 بَشِّرِ الْمُنَافِقِينَ بِأَنَّ لَهُمْ عَذَابًا أَلِيمًا 4:139 الَّذِينَ يَتَّخِذُونَ الْكَافِرِينَ أَوْلِيَاءَ مِنْ دُونِ الْمُؤْمِنِينَ أَيَبْتَغُونَ عِنْدَهُمُ
الْعِزَّةَ فَإِنَّ الْعِزَّةَ لِلَّهِ جَمِيعًا 4:140 وَقَدْ نَزَّلَ عَلَيْكُمْ فِي الْكِتَابِ أَنْ إِذَا سَمِعْتُمْ آيَاتِ اللَّهِ يُكْفَرُ بِهَا وَيُسْتَهْزَأُ بِهَا فَلَا تَقْعُدُوا مَعَهُمْ حَتَّىٰ
يَخُوضُوا فِي حَدِيثٍ غَيْرِهِ إِنَّكُمْ إِذًا مِثْلُهُمْ إِنَّ اللَّهَ جَامِعُ الْمُنَافِقِينَ وَالْكَافِرِينَ فِي جَهَنَّمَ جَمِيعًا 4:141 الَّذِينَ يَتَرَبَّصُونَ بِكُمْ فَإِنْ كَانَ
لَكُمْ فَتْحٌ مِنَ اللَّهِ قَالُوا أَلَمْ نَكُنْ مَعَكُمْ وَإِنْ كَانَ لِلْكَافِرِينَ نَصِيبٌ قَالُوا أَلَمْ نَسْتَحْوِذْ عَلَيْكُمْ وَنَمْنَعْكُمْ مِنَ الْمُؤْمِنِينَ فَاللَّهُ يَحْكُمُ بَيْنَكُمْ
يَوْمَ الْقِيَامَةِ وَلَنْ يَجْعَلَ اللَّهُ لِلْكَافِرِينَ عَلَى الْمُؤْمِنِينَ سَبِيلًا 4:142 إِنَّ الْمُنَافِقِينَ يُخَادِعُونَ اللَّهَ وَهُوَ خَادِعُهُمْ وَإِذَا قَامُوا إِلَى الصَّلَاةِ
قَامُوا كُسَالَىٰ يُرَاءُونَ النَّاسَ وَلَا يَذْكُرُونَ اللَّهَ إِلَّا قَلِيلًا 4:143 مُذَبْذَبِينَ بَيْنَ ذَٰلِكَ لَا إِلَىٰ هَٰؤُلَاءِ وَلَا إِلَىٰ هَٰؤُلَاءِ وَمَنْ يُضْلِلِ اللَّهُ فَلَنْ تَجِدَ
لَهُ سَبِيلًا 4:144 يَا أَيُّهَا الَّذِينَ آمَنُوا لَا تَتَّخِذُوا الْكَافِرِينَ أَوْلِيَاءَ مِنْ دُونِ الْمُؤْمِنِينَ أَتُرِيدُونَ أَنْ تَجْعَلُوا لِلَّهِ عَلَيْكُمْ سُلْطَانًا مُبِينًا 4:145 إِنَّ
الْمُنَافِقِينَ فِي الدَّرْكِ الْأَسْفَلِ مِنَ النَّارِ وَلَنْ تَجِدَ لَهُمْ نَصِيرًا 4:146 إِلَّا الَّذِينَ تَابُوا وَأَصْلَحُوا وَاعْتَصَمُوا بِاللَّهِ وَأَخْلَصُوا دِينَهُمْ لِلَّهِ فَأُولَٰئِكَ
مَعَ الْمُؤْمِنِينَ وَسَوْفَ يُؤْتِ اللَّهُ الْمُؤْمِنِينَ أَجْرًا عَظِيمًا 4:147 مَا يَفْعَلُ اللَّهُ بِعَذَابِكُمْ إِنْ شَكَرْتُمْ وَآمَنْتُمْ وَكَانَ اللَّهُ شَاكِرًا عَلِيمًا 4:148 لَا
يُحِبُّ اللَّهُ الْجَهْرَ بِالسُّوءِ مِنَ الْقَوْلِ إِلَّا مَنْ ظُلِمَ وَكَانَ اللَّهُ سَمِيعًا عَلِيمًا 4:149 إِنْ تُبْدُوا خَيْرًا أَوْ تُخْفُوهُ أَوْ تَعْفُوا عَنْ سُوءٍ فَإِنَّ اللَّهَ كَانَ
عَفُوًّا قَدِيرًا 4:150 إِنَّ الَّذِينَ يَكْفُرُونَ بِاللَّهِ وَرُسُلِهِ وَيُرِيدُونَ أَنْ يُفَرِّقُوا بَيْنَ اللَّهِ وَرُسُلِهِ وَيَقُولُونَ نُؤْمِنُ بِبَعْضٍ وَنَكْفُرُ بِبَعْضٍ وَيُرِيدُونَ أَنْ
يَتَّخِذُوا بَيْنَ ذَٰلِكَ سَبِيلًا 4:151 أُولَٰئِكَ هُمُ الْكَافِرُونَ حَقًّا وَأَعْتَدْنَا لِلْكَافِرِينَ عَذَابًا مُهِينًا 4:152 وَالَّذِينَ آمَنُوا بِاللَّهِ وَرُسُلِهِ وَلَمْ يُفَرِّقُوا بَيْنَ
أَحَدٍ مِنْهُمْ أُولَٰئِكَ سَوْفَ يُؤْتِيهِمْ أُجُورَهُمْ وَكَانَ اللَّهُ غَفُورًا رَحِيمًا 4:153 يَسْأَلُكَ أَهْلُ الْكِتَابِ أَنْ تُنَزِّلَ عَلَيْهِمْ كِتَابًا مِنَ السَّمَاءِ فَقَدْ سَأَلُوا
مُوسَىٰ أَكْبَرَ مِنْ ذَٰلِكَ فَقَالُوا أَرِنَا اللَّهَ جَهْرَةً فَأَخَذَتْهُمُ الصَّاعِقَةُ بِظُلْمِهِمْ ثُمَّ اتَّخَذُوا الْعِجْلَ مِنْ بَعْدِ مَا جَاءَتْهُمُ الْبَيِّنَاتُ فَعَفَوْنَا عَنْ
ذَٰلِكَ وَآتَيْنَا مُوسَىٰ سُلْطَانًا مُبِينًا 4:154 وَرَفَعْنَا فَوْقَهُمُ الطُّورَ بِمِيثَاقِهِمْ وَقُلْنَا لَهُمُ ادْخُلُوا الْبَابَ سُجَّدًا وَقُلْنَا لَهُمْ لَا تَعْدُوا فِي السَّبْتِ
وَأَخَذْنَا مِنْهُمْ مِيثَاقًا غَلِيظًا 4:155 فَبِمَا نَقْضِهِمْ مِيثَاقَهُمْ وَكُفْرِهِمْ بِآيَاتِ اللَّهِ وَقَتْلِهِمُ الْأَنْبِيَاءَ بِغَيْرِ حَقٍّ وَقَوْلِهِمْ قُلُوبُنَا غُلْفٌ بَلْ طَبَعَ
اللَّهُ عَلَيْهَا بِكُفْرِهِمْ فَلَا يُؤْمِنُونَ إِلَّا قَلِيلًا 4:156 وَبِكُفْرِهِمْ وَقَوْلِهِمْ عَلَىٰ مَرْيَمَ بُهْتَانًا عَظِيمًا 4:157 وَقَوْلِهِمْ إِنَّا قَتَلْنَا الْمَسِيحَ عِيسَى ابْنَ
مَرْيَمَ رَسُولَ اللَّهِ وَمَا قَتَلُوهُ وَمَا صَلَبُوهُ وَلَٰكِنْ شُبِّهَ لَهُمْ وَإِنَّ الَّذِينَ اخْتَلَفُوا فِيهِ لَفِي شَكٍّ مِنْهُ مَا لَهُمْ بِهِ مِنْ عِلْمٍ إِلَّا اتِّبَاعَ الظَّنِّ وَمَا
قَتَلُوهُ يَقِينًا 4:158 بَلْ رَفَعَهُ اللَّهُ إِلَيْهِ وَكَانَ اللَّهُ عَزِيزًا حَكِيمًا 4:159 وَإِنْ مِنْ أَهْلِ الْكِتَابِ إِلَّا لَيُؤْمِنَنَّ بِهِ قَبْلَ مَوْتِهِ وَيَوْمَ الْقِيَامَةِ يَكُونُ
عَلَيْهِمْ شَهِيدًا 4:160 فَبِظُلْمٍ مِنَ الَّذِينَ هَادُوا حَرَّمْنَا عَلَيْهِمْ طَيِّبَاتٍ أُحِلَّتْ لَهُمْ وَبِصَدِّهِمْ عَنْ سَبِيلِ اللَّهِ كَثِيرًا 4:161 وَأَخْذِهِمُ الرِّبَا وَقَدْ
نُهُوا عَنْهُ وَأَكْلِهِمْ أَمْوَالَ النَّاسِ بِالْبَاطِلِ وَأَعْتَدْنَا لِلْكَافِرِينَ مِنْهُمْ عَذَابًا أَلِيمًا 4:162 لَٰكِنِ الرَّاسِخُونَ فِي الْعِلْمِ مِنْهُمْ وَالْمُؤْمِنُونَ يُؤْمِنُونَ
بِمَا أُنْزِلَ إِلَيْكَ وَمَا أُنْزِلَ مِنْ قَبْلِكَ وَالْمُقِيمِينَ الصَّلَاةَ وَالْمُؤْتُونَ الزَّكَاةَ وَالْمُؤْمِنُونَ بِاللَّهِ وَالْيَوْمِ الْآخِرِ أُولَٰئِكَ سَنُؤْتِيهِمْ أَجْرًا عَظِيمًا
4:163 إِنَّا أَوْحَيْنَا إِلَيْكَ كَمَا أَوْحَيْنَا إِلَىٰ نُوحٍ وَالنَّبِيِّينَ مِنْ بَعْدِهِ وَأَوْحَيْنَا إِلَىٰ إِبْرَاهِيمَ وَإِسْمَاعِيلَ وَإِسْحَاقَ وَيَعْقُوبَ وَالْأَسْبَاطِ وَعِيسَىٰ
وَأَيُّوبَ وَيُونُسَ وَهَارُونَ وَسُلَيْمَانَ وَآتَيْنَا دَاوُودَ زَبُورًا 4:164 وَرُسُلًا قَدْ قَصَصْنَاهُمْ عَلَيْكَ مِنْ قَبْلُ وَرُسُلًا لَمْ نَقْصُصْهُمْ عَلَيْكَ وَكَلَّمَ اللَّهُ
مُوسَىٰ تَكْلِيمًا 4:165 رُسُلًا مُبَشِّرِينَ وَمُنْذِرِينَ لِئَلَّا يَكُونَ لِلنَّاسِ عَلَى اللَّهِ حُجَّةٌ بَعْدَ الرُّسُلِ وَكَانَ اللَّهُ عَزِيزًا حَكِيمًا 4:166 لَٰكِنِ اللَّهُ يَشْهَدُ
بِمَا أَنْزَلَ إِلَيْكَ أَنْزَلَهُ بِعِلْمِهِ وَالْمَلَائِكَةُ يَشْهَدُونَ وَكَفَىٰ بِاللَّهِ شَهِيدًا 4:167 إِنَّ الَّذِينَ كَفَرُوا وَصَدُّوا عَنْ سَبِيلِ اللَّهِ قَدْ ضَلُّوا ضَلَالًا بَعِيدًا
4:168 إِنَّ الَّذِينَ كَفَرُوا وَظَلَمُوا لَمْ يَكُنِ اللَّهُ لِيَغْفِرَ لَهُمْ وَلَا لِيَهْدِيَهُمْ طَرِيقًا 4:169 إِلَّا طَرِيقَ جَهَنَّمَ خَالِدِينَ فِيهَا أَبَدًا وَكَانَ ذَٰلِكَ عَلَى
اللَّهِ يَسِيرًا 4:170 يَا أَيُّهَا النَّاسُ قَدْ جَاءَكُمُ الرَّسُولُ بِالْحَقِّ مِنْ رَبِّكُمْ فَآمِنُوا خَيْرًا لَكُمْ وَإِنْ تَكْفُرُوا فَإِنَّ لِلَّهِ مَا فِي السَّمَاوَاتِ وَالْأَرْضِ وَكَانَ

اللَّهُ عَلِيمًا حَكِيمًا 4:171 يَا أَهْلَ الْكِتَابِ لَا تَغْلُوا فِي دِينِكُمْ وَلَا تَقُولُوا عَلَى اللَّهِ إِلَّا الْحَقَّ إِنَّمَا الْمَسِيحُ عِيسَى ابْنُ مَرْيَمَ رَسُولُ اللَّهِ
وَكَلِمَتُهُ أَلْقَاهَا إِلَىٰ مَرْيَمَ وَرُوحٌ مِنْهُ فَآمِنُوا بِاللَّهِ وَرُسُلِهِ وَلَا تَقُولُوا ثَلَاثَةٌ انْتَهُوا خَيْرًا لَكُمْ إِنَّمَا اللَّهُ إِلَٰهٌ وَاحِدٌ سُبْحَانَهُ أَنْ يَكُونَ لَهُ وَلَدٌ
لَهُ مَا فِي السَّمَاوَاتِ وَمَا فِي الْأَرْضِ وَكَفَىٰ بِاللَّهِ وَكِيلًا 4:172 لَنْ يَسْتَنْكِفَ الْمَسِيحُ أَنْ يَكُونَ عَبْدًا لِلَّهِ وَلَا الْمَلَائِكَةُ الْمُقَرَّبُونَ وَمَنْ
يَسْتَنْكِفْ عَنْ عِبَادَتِهِ وَيَسْتَكْبِرْ فَسَيَحْشُرُهُمْ إِلَيْهِ جَمِيعًا 4:173 فَأَمَّا الَّذِينَ آمَنُوا وَعَمِلُوا الصَّالِحَاتِ فَيُوَفِّيهِمْ أُجُورَهُمْ وَيَزِيدُهُمْ مِنْ
فَضْلِهِ وَأَمَّا الَّذِينَ اسْتَنْكَفُوا وَاسْتَكْبَرُوا فَيُعَذِّبُهُمْ عَذَابًا أَلِيمًا وَلَا يَجِدُونَ لَهُمْ مِنْ دُونِ اللَّهِ وَلِيًّا وَلَا نَصِيرًا 4:174 يَا أَيُّهَا النَّاسُ قَدْ
جَاءَكُمْ بُرْهَانٌ مِنْ رَبِّكُمْ وَأَنْزَلْنَا إِلَيْكُمْ نُورًا مُبِينًا 4:175 فَأَمَّا الَّذِينَ آمَنُوا بِاللَّهِ وَاعْتَصَمُوا بِهِ فَسَيُدْخِلُهُمْ فِي رَحْمَةٍ مِنْهُ وَفَضْلٍ وَيَهْدِيهِمْ
إِلَيْهِ صِرَاطًا مُسْتَقِيمًا 4:176 يَسْتَفْتُونَكَ قُلِ اللَّهُ يُفْتِيكُمْ فِي الْكَلَالَةِ إِنِ امْرُؤٌ هَلَكَ لَيْسَ لَهُ وَلَدٌ وَلَهُ أُخْتٌ فَلَهَا نِصْفُ مَا تَرَكَ وَهُوَ يَرِثُهَا
إِنْ لَمْ يَكُنْ لَهَا وَلَدٌ فَإِنْ كَانَتَا اثْنَتَيْنِ فَلَهُمَا الثُّلُثَانِ مِمَّا تَرَكَ وَإِنْ كَانُوا إِخْوَةً رِجَالًا وَنِسَاءً فَلِلذَّكَرِ مِثْلُ حَظِّ الْأُنْثَيَيْنِ يُبَيِّنُ اللَّهُ لَكُمْ أَنْ
تَضِلُّوا وَاللَّهُ بِكُلِّ شَيْءٍ عَلِيمٌ 5:1 بِسْمِ اللَّهِ الرَّحْمَٰنِ الرَّحِيمِ يَا أَيُّهَا الَّذِينَ آمَنُوا أَوْفُوا بِالْعُقُودِ أُحِلَّتْ لَكُمْ بَهِيمَةُ الْأَنْعَامِ إِلَّا مَا يُتْلَىٰ
عَلَيْكُمْ غَيْرَ مُحِلِّي الصَّيْدِ وَأَنْتُمْ حُرُمٌ إِنَّ اللَّهَ يَحْكُمُ مَا يُرِيدُ 5:2 يَا أَيُّهَا الَّذِينَ آمَنُوا لَا تُحِلُّوا شَعَائِرَ اللَّهِ وَلَا الشَّهْرَ الْحَرَامَ وَلَا الْهَدْيَ
وَلَا الْقَلَائِدَ وَلَا آمِّينَ الْبَيْتَ الْحَرَامَ يَبْتَغُونَ فَضْلًا مِنْ رَبِّهِمْ وَرِضْوَانًا وَإِذَا حَلَلْتُمْ فَاصْطَادُوا وَلَا يَجْرِمَنَّكُمْ شَنَآنُ قَوْمٍ أَنْ صَدُّوكُمْ عَنِ
الْمَسْجِدِ الْحَرَامِ أَنْ تَعْتَدُوا وَتَعَاوَنُوا عَلَى الْبِرِّ وَالتَّقْوَىٰ وَلَا تَعَاوَنُوا عَلَى الْإِثْمِ وَالْعُدْوَانِ وَاتَّقُوا اللَّهَ إِنَّ اللَّهَ شَدِيدُ الْعِقَابِ 5:3 حُرِّمَتْ
عَلَيْكُمُ الْمَيْتَةُ وَالدَّمُ وَلَحْمُ الْخِنْزِيرِ وَمَا أُهِلَّ لِغَيْرِ اللَّهِ بِهِ وَالْمُنْخَنِقَةُ وَالْمَوْقُوذَةُ وَالْمُتَرَدِّيَةُ وَالنَّطِيحَةُ وَمَا أَكَلَ السَّبُعُ إِلَّا مَا ذَكَّيْتُمْ
وَمَا ذُبِحَ عَلَى النُّصُبِ وَأَنْ تَسْتَقْسِمُوا بِالْأَزْلَامِ ذَٰلِكُمْ فِسْقٌ الْيَوْمَ يَئِسَ الَّذِينَ كَفَرُوا مِنْ دِينِكُمْ فَلَا تَخْشَوْهُمْ وَاخْشَوْنِ الْيَوْمَ أَكْمَلْتُ
لَكُمْ دِينَكُمْ وَأَتْمَمْتُ عَلَيْكُمْ نِعْمَتِي وَرَضِيتُ لَكُمُ الْإِسْلَامَ دِينًا فَمَنِ اضْطُرَّ فِي مَخْمَصَةٍ غَيْرَ مُتَجَانِفٍ لِإِثْمٍ فَإِنَّ اللَّهَ غَفُورٌ رَحِيمٌ 5:4
يَسْأَلُونَكَ مَاذَا أُحِلَّ لَهُمْ قُلْ أُحِلَّ لَكُمُ الطَّيِّبَاتُ وَمَا عَلَّمْتُمْ مِنَ الْجَوَارِحِ مُكَلِّبِينَ تُعَلِّمُونَهُنَّ مِمَّا عَلَّمَكُمُ اللَّهُ فَكُلُوا مِمَّا أَمْسَكْنَ عَلَيْكُمْ
وَاذْكُرُوا اسْمَ اللَّهِ عَلَيْهِ وَاتَّقُوا اللَّهَ إِنَّ اللَّهَ سَرِيعُ الْحِسَابِ 5:5 الْيَوْمَ أُحِلَّ لَكُمُ الطَّيِّبَاتُ وَطَعَامُ الَّذِينَ أُوتُوا الْكِتَابَ حِلٌّ لَكُمْ وَطَعَامُكُمْ
حِلٌّ لَهُمْ وَالْمُحْصَنَاتُ مِنَ الْمُؤْمِنَاتِ وَالْمُحْصَنَاتُ مِنَ الَّذِينَ أُوتُوا الْكِتَابَ مِنْ قَبْلِكُمْ إِذَا آتَيْتُمُوهُنَّ أُجُورَهُنَّ مُحْصِنِينَ غَيْرَ مُسَافِحِينَ
وَلَا مُتَّخِذِي أَخْدَانٍ وَمَنْ يَكْفُرْ بِالْإِيمَانِ فَقَدْ حَبِطَ عَمَلُهُ وَهُوَ فِي الْآخِرَةِ مِنَ الْخَاسِرِينَ 5:6 يَا أَيُّهَا الَّذِينَ آمَنُوا إِذَا قُمْتُمْ إِلَى الصَّلَاةِ
فَاغْسِلُوا وُجُوهَكُمْ وَأَيْدِيَكُمْ إِلَى الْمَرَافِقِ وَامْسَحُوا بِرُءُوسِكُمْ وَأَرْجُلَكُمْ إِلَى الْكَعْبَيْنِ وَإِنْ كُنْتُمْ جُنُبًا فَاطَّهَّرُوا وَإِنْ كُنْتُمْ مَرْضَىٰ أَوْ
عَلَىٰ سَفَرٍ أَوْ جَاءَ أَحَدٌ مِنْكُمْ مِنَ الْغَائِطِ أَوْ لَامَسْتُمُ النِّسَاءَ فَلَمْ تَجِدُوا مَاءً فَتَيَمَّمُوا صَعِيدًا طَيِّبًا فَامْسَحُوا بِوُجُوهِكُمْ وَأَيْدِيكُمْ مِنْهُ
مَا يُرِيدُ اللَّهُ لِيَجْعَلَ عَلَيْكُمْ مِنْ حَرَجٍ وَلَٰكِنْ يُرِيدُ لِيُطَهِّرَكُمْ وَلِيُتِمَّ نِعْمَتَهُ عَلَيْكُمْ لَعَلَّكُمْ تَشْكُرُونَ 5:7 وَاذْكُرُوا نِعْمَةَ اللَّهِ عَلَيْكُمْ وَمِيثَاقَهُ
الَّذِي وَاثَقَكُمْ بِهِ إِذْ قُلْتُمْ سَمِعْنَا وَأَطَعْنَا وَاتَّقُوا اللَّهَ إِنَّ اللَّهَ عَلِيمٌ بِذَاتِ الصُّدُورِ 5:8 يَا أَيُّهَا الَّذِينَ آمَنُوا كُونُوا قَوَّامِينَ لِلَّهِ شُهَدَاءَ
بِالْقِسْطِ وَلَا يَجْرِمَنَّكُمْ شَنَآنُ قَوْمٍ عَلَىٰ أَلَّا تَعْدِلُوا اعْدِلُوا هُوَ أَقْرَبُ لِلتَّقْوَىٰ وَاتَّقُوا اللَّهَ إِنَّ اللَّهَ خَبِيرٌ بِمَا تَعْمَلُونَ 5:9 وَعَدَ اللَّهُ الَّذِينَ
آمَنُوا وَعَمِلُوا الصَّالِحَاتِ لَهُمْ مَغْفِرَةٌ وَأَجْرٌ عَظِيمٌ 5:10 وَالَّذِينَ كَفَرُوا وَكَذَّبُوا بِآيَاتِنَا أُولَٰئِكَ أَصْحَابُ الْجَحِيمِ 5:11 يَا أَيُّهَا الَّذِينَ آمَنُوا
اذْكُرُوا نِعْمَتَ اللَّهِ عَلَيْكُمْ إِذْ هَمَّ قَوْمٌ أَنْ يَبْسُطُوا إِلَيْكُمْ أَيْدِيَهُمْ فَكَفَّ أَيْدِيَهُمْ عَنْكُمْ وَاتَّقُوا اللَّهَ وَعَلَى اللَّهِ فَلْيَتَوَكَّلِ الْمُؤْمِنُونَ 5:12
وَلَقَدْ أَخَذَ اللَّهُ مِيثَاقَ بَنِي إِسْرَائِيلَ وَبَعَثْنَا مِنْهُمُ اثْنَيْ عَشَرَ نَقِيبًا وَقَالَ اللَّهُ إِنِّي مَعَكُمْ لَئِنْ أَقَمْتُمُ الصَّلَاةَ وَآتَيْتُمُ الزَّكَاةَ وَآمَنْتُمْ
بِرُسُلِي وَعَزَّرْتُمُوهُمْ وَأَقْرَضْتُمُ اللَّهَ قَرْضًا حَسَنًا لَأُكَفِّرَنَّ عَنْكُمْ سَيِّئَاتِكُمْ وَلَأُدْخِلَنَّكُمْ جَنَّاتٍ تَجْرِي مِنْ تَحْتِهَا الْأَنْهَارُ فَمَنْ كَفَرَ بَعْدَ ذَٰلِكَ
مِنْكُمْ فَقَدْ ضَلَّ سَوَاءَ السَّبِيلِ 5:13 فَبِمَا نَقْضِهِمْ مِيثَاقَهُمْ لَعَنَّاهُمْ وَجَعَلْنَا قُلُوبَهُمْ قَاسِيَةً يُحَرِّفُونَ الْكَلِمَ عَنْ مَوَاضِعِهِ وَنَسُوا حَظًّا
مِمَّا ذُكِّرُوا بِهِ وَلَا تَزَالُ تَطَّلِعُ عَلَىٰ خَائِنَةٍ مِنْهُمْ إِلَّا قَلِيلًا مِنْهُمْ فَاعْفُ عَنْهُمْ وَاصْفَحْ إِنَّ اللَّهَ يُحِبُّ الْمُحْسِنِينَ 5:14 وَمِنَ الَّذِينَ قَالُوا إِنَّا

نَصَارَىٰ أَخَذْنَا مِيثَاقَهُمْ فَنَسُوا حَظًّا مِمَّا ذُكِّرُوا بِهِ فَأَغْرَيْنَا بَيْنَهُمُ الْعَدَاوَةَ وَالْبَغْضَاءَ إِلَىٰ يَوْمِ الْقِيَامَةِ وَسَوْفَ يُنَبِّئُهُمُ اللَّهُ بِمَا كَانُوا
يَصْنَعُونَ 5:15 يَا أَهْلَ الْكِتَابِ قَدْ جَاءَكُمْ رَسُولُنَا يُبَيِّنُ لَكُمْ كَثِيرًا مِمَّا كُنْتُمْ تُخْفُونَ مِنَ الْكِتَابِ وَيَعْفُو عَنْ كَثِيرٍ قَدْ جَاءَكُمْ مِنَ اللَّهِ نُورٌ
وَكِتَابٌ مُبِينٌ 5:16 يَهْدِي بِهِ اللَّهُ مَنِ اتَّبَعَ رِضْوَانَهُ سُبُلَ السَّلَامِ وَيُخْرِجُهُمْ مِنَ الظُّلُمَاتِ إِلَى النُّورِ بِإِذْنِهِ وَيَهْدِيهِمْ إِلَىٰ صِرَاطٍ مُسْتَقِيمٍ
5:17 لَقَدْ كَفَرَ الَّذِينَ قَالُوا إِنَّ اللَّهَ هُوَ الْمَسِيحُ ابْنُ مَرْيَمَ قُلْ فَمَنْ يَمْلِكُ مِنَ اللَّهِ شَيْئًا إِنْ أَرَادَ أَنْ يُهْلِكَ الْمَسِيحَ ابْنَ مَرْيَمَ وَأُمَّهُ وَمَنْ
فِي الْأَرْضِ جَمِيعًا وَلِلَّهِ مُلْكُ السَّمَاوَاتِ وَالْأَرْضِ وَمَا بَيْنَهُمَا يَخْلُقُ مَا يَشَاءُ وَاللَّهُ عَلَىٰ كُلِّ شَيْءٍ قَدِيرٌ 5:18 وَقَالَتِ الْيَهُودُ وَالنَّصَارَىٰ
نَحْنُ أَبْنَاءُ اللَّهِ وَأَحِبَّاؤُهُ قُلْ فَلِمَ يُعَذِّبُكُمْ بِذُنُوبِكُمْ بَلْ أَنْتُمْ بَشَرٌ مِمَّنْ خَلَقَ يَغْفِرُ لِمَنْ يَشَاءُ وَيُعَذِّبُ مَنْ يَشَاءُ وَلِلَّهِ مُلْكُ السَّمَاوَاتِ
وَالْأَرْضِ وَمَا بَيْنَهُمَا وَإِلَيْهِ الْمَصِيرُ 5:19 يَا أَهْلَ الْكِتَابِ قَدْ جَاءَكُمْ رَسُولُنَا يُبَيِّنُ لَكُمْ عَلَىٰ فَتْرَةٍ مِنَ الرُّسُلِ أَنْ تَقُولُوا مَا جَاءَنَا مِنْ بَشِيرٍ
وَلَا نَذِيرٍ فَقَدْ جَاءَكُمْ بَشِيرٌ وَنَذِيرٌ وَاللَّهُ عَلَىٰ كُلِّ شَيْءٍ قَدِيرٌ 5:20 وَإِذْ قَالَ مُوسَىٰ لِقَوْمِهِ يَا قَوْمِ اذْكُرُوا نِعْمَةَ اللَّهِ عَلَيْكُمْ إِذْ جَعَلَ
فِيكُمْ أَنْبِيَاءَ وَجَعَلَكُمْ مُلُوكًا وَآتَاكُمْ مَا لَمْ يُؤْتِ أَحَدًا مِنَ الْعَالَمِينَ 5:21 يَا قَوْمِ ادْخُلُوا الْأَرْضَ الْمُقَدَّسَةَ الَّتِي كَتَبَ اللَّهُ لَكُمْ وَلَا تَرْتَدُّوا
عَلَىٰ أَدْبَارِكُمْ فَتَنْقَلِبُوا خَاسِرِينَ 5:22 قَالُوا يَا مُوسَىٰ إِنَّ فِيهَا قَوْمًا جَبَّارِينَ وَإِنَّا لَنْ نَدْخُلَهَا حَتَّىٰ يَخْرُجُوا مِنْهَا فَإِنْ يَخْرُجُوا مِنْهَا فَإِنَّا
دَاخِلُونَ 5:23 قَالَ رَجُلَانِ مِنَ الَّذِينَ يَخَافُونَ أَنْعَمَ اللَّهُ عَلَيْهِمَا ادْخُلُوا عَلَيْهِمُ الْبَابَ فَإِذَا دَخَلْتُمُوهُ فَإِنَّكُمْ غَالِبُونَ وَعَلَى اللَّهِ فَتَوَكَّلُوا
إِنْ كُنْتُمْ مُؤْمِنِينَ 5:24 قَالُوا يَا مُوسَىٰ إِنَّا لَنْ نَدْخُلَهَا أَبَدًا مَا دَامُوا فِيهَا فَاذْهَبْ أَنْتَ وَرَبُّكَ فَقَاتِلَا إِنَّا هَاهُنَا قَاعِدُونَ 5:25 قَالَ رَبِّ إِنِّي
لَا أَمْلِكُ إِلَّا نَفْسِي وَأَخِي فَافْرُقْ بَيْنَنَا وَبَيْنَ الْقَوْمِ الْفَاسِقِينَ 5:26 قَالَ فَإِنَّهَا مُحَرَّمَةٌ عَلَيْهِمْ أَرْبَعِينَ سَنَةً يَتِيهُونَ فِي الْأَرْضِ فَلَا تَأْسَ
عَلَى الْقَوْمِ الْفَاسِقِينَ 5:27 وَاتْلُ عَلَيْهِمْ نَبَأَ ابْنَيْ آدَمَ بِالْحَقِّ إِذْ قَرَّبَا قُرْبَانًا فَتُقُبِّلَ مِنْ أَحَدِهِمَا وَلَمْ يُتَقَبَّلْ مِنَ الْآخَرِ قَالَ لَأَقْتُلَنَّكَ قَالَ
إِنَّمَا يَتَقَبَّلُ اللَّهُ مِنَ الْمُتَّقِينَ 5:28 لَئِنْ بَسَطْتَ إِلَيَّ يَدَكَ لِتَقْتُلَنِي مَا أَنَا بِبَاسِطٍ يَدِيَ إِلَيْكَ لِأَقْتُلَكَ إِنِّي أَخَافُ اللَّهَ رَبَّ الْعَالَمِينَ 5:29 إِنِّي
أُرِيدُ أَنْ تَبُوءَ بِإِثْمِي وَإِثْمِكَ فَتَكُونَ مِنْ أَصْحَابِ النَّارِ وَذَٰلِكَ جَزَاءُ الظَّالِمِينَ 5:30 فَطَوَّعَتْ لَهُ نَفْسُهُ قَتْلَ أَخِيهِ فَقَتَلَهُ فَأَصْبَحَ مِنَ
الْخَاسِرِينَ 5:31 فَبَعَثَ اللَّهُ غُرَابًا يَبْحَثُ فِي الْأَرْضِ لِيُرِيَهُ كَيْفَ يُوَارِي سَوْءَةَ أَخِيهِ قَالَ يَا وَيْلَتَا أَعَجَزْتُ أَنْ أَكُونَ مِثْلَ هَٰذَا الْغُرَابِ فَأُوَارِيَ
سَوْءَةَ أَخِي فَأَصْبَحَ مِنَ النَّادِمِينَ 5:32 مِنْ أَجْلِ ذَٰلِكَ كَتَبْنَا عَلَىٰ بَنِي إِسْرَائِيلَ أَنَّهُ مَنْ قَتَلَ نَفْسًا بِغَيْرِ نَفْسٍ أَوْ فَسَادٍ فِي الْأَرْضِ فَكَأَنَّمَا
قَتَلَ النَّاسَ جَمِيعًا وَمَنْ أَحْيَاهَا فَكَأَنَّمَا أَحْيَا النَّاسَ جَمِيعًا وَلَقَدْ جَاءَتْهُمْ رُسُلُنَا بِالْبَيِّنَاتِ ثُمَّ إِنَّ كَثِيرًا مِنْهُمْ بَعْدَ ذَٰلِكَ فِي الْأَرْضِ
لَمُسْرِفُونَ 5:33 إِنَّمَا جَزَاءُ الَّذِينَ يُحَارِبُونَ اللَّهَ وَرَسُولَهُ وَيَسْعَوْنَ فِي الْأَرْضِ فَسَادًا أَنْ يُقَتَّلُوا أَوْ يُصَلَّبُوا أَوْ تُقَطَّعَ أَيْدِيهِمْ وَأَرْجُلُهُمْ مِنْ
خِلَافٍ أَوْ يُنْفَوْا مِنَ الْأَرْضِ ذَٰلِكَ لَهُمْ خِزْيٌ فِي الدُّنْيَا وَلَهُمْ فِي الْآخِرَةِ عَذَابٌ عَظِيمٌ 5:34 إِلَّا الَّذِينَ تَابُوا مِنْ قَبْلِ أَنْ تَقْدِرُوا عَلَيْهِمْ
فَاعْلَمُوا أَنَّ اللَّهَ غَفُورٌ رَحِيمٌ 5:35 يَا أَيُّهَا الَّذِينَ آمَنُوا اتَّقُوا اللَّهَ وَابْتَغُوا إِلَيْهِ الْوَسِيلَةَ وَجَاهِدُوا فِي سَبِيلِهِ لَعَلَّكُمْ تُفْلِحُونَ 5:36 إِنَّ الَّذِينَ
كَفَرُوا لَوْ أَنَّ لَهُمْ مَا فِي الْأَرْضِ جَمِيعًا وَمِثْلَهُ مَعَهُ لِيَفْتَدُوا بِهِ مِنْ عَذَابِ يَوْمِ الْقِيَامَةِ مَا تُقُبِّلَ مِنْهُمْ وَلَهُمْ عَذَابٌ أَلِيمٌ 5:37 يُرِيدُونَ
أَنْ يَخْرُجُوا مِنَ النَّارِ وَمَا هُمْ بِخَارِجِينَ مِنْهَا وَلَهُمْ عَذَابٌ مُقِيمٌ 5:38 وَالسَّارِقُ وَالسَّارِقَةُ فَاقْطَعُوا أَيْدِيَهُمَا جَزَاءً بِمَا كَسَبَا نَكَالًا مِنَ اللَّهِ
وَاللَّهُ عَزِيزٌ حَكِيمٌ 5:39 فَمَنْ تَابَ مِنْ بَعْدِ ظُلْمِهِ وَأَصْلَحَ فَإِنَّ اللَّهَ يَتُوبُ عَلَيْهِ إِنَّ اللَّهَ غَفُورٌ رَحِيمٌ 5:40 أَلَمْ تَعْلَمْ أَنَّ اللَّهَ لَهُ مُلْكُ السَّمَاوَاتِ
وَالْأَرْضِ يُعَذِّبُ مَنْ يَشَاءُ وَيَغْفِرُ لِمَنْ يَشَاءُ وَاللَّهُ عَلَىٰ كُلِّ شَيْءٍ قَدِيرٌ 5:41 يَا أَيُّهَا الرَّسُولُ لَا يَحْزُنْكَ الَّذِينَ يُسَارِعُونَ فِي الْكُفْرِ مِنَ
الَّذِينَ قَالُوا آمَنَّا بِأَفْوَاهِهِمْ وَلَمْ تُؤْمِنْ قُلُوبُهُمْ وَمِنَ الَّذِينَ هَادُوا سَمَّاعُونَ لِلْكَذِبِ سَمَّاعُونَ لِقَوْمٍ آخَرِينَ لَمْ يَأْتُوكَ يُحَرِّفُونَ الْكَلِمَ مِنْ
بَعْدِ مَوَاضِعِهِ يَقُولُونَ إِنْ أُوتِيتُمْ هَٰذَا فَخُذُوهُ وَإِنْ لَمْ تُؤْتَوْهُ فَاحْذَرُوا وَمَنْ يُرِدِ اللَّهُ فِتْنَتَهُ فَلَنْ تَمْلِكَ لَهُ مِنَ اللَّهِ شَيْئًا أُولَٰئِكَ الَّذِينَ لَمْ
يُرِدِ اللَّهُ أَنْ يُطَهِّرَ قُلُوبَهُمْ لَهُمْ فِي الدُّنْيَا خِزْيٌ وَلَهُمْ فِي الْآخِرَةِ عَذَابٌ عَظِيمٌ 5:42 سَمَّاعُونَ لِلْكَذِبِ أَكَّالُونَ لِلسُّحْتِ فَإِنْ جَاءُوكَ
فَاحْكُمْ بَيْنَهُمْ أَوْ أَعْرِضْ عَنْهُمْ وَإِنْ تُعْرِضْ عَنْهُمْ فَلَنْ يَضُرُّوكَ شَيْئًا وَإِنْ حَكَمْتَ فَاحْكُمْ بَيْنَهُمْ بِالْقِسْطِ إِنَّ اللَّهَ يُحِبُّ الْمُقْسِطِينَ 5:43

وَكَيْفَ يُحَكِّمُونَكَ وَعِنْدَهُمُ التَّوْرَاةُ فِيهَا حُكْمُ اللَّهِ ثُمَّ يَتَوَلَّوْنَ مِنْ بَعْدِ ذَٰلِكَ وَمَا أُولَٰئِكَ بِالْمُؤْمِنِينَ 5:44 إِنَّا أَنْزَلْنَا التَّوْرَاةَ فِيهَا هُدًى وَنُورٌ
يَحْكُمُ بِهَا النَّبِيُّونَ الَّذِينَ أَسْلَمُوا لِلَّذِينَ هَادُوا وَالرَّبَّانِيُّونَ وَالْأَحْبَارُ بِمَا اسْتُحْفِظُوا مِنْ كِتَابِ اللَّهِ وَكَانُوا عَلَيْهِ شُهَدَاءَ فَلَا تَخْشَوُا النَّاسَ
وَاخْشَوْنِ وَلَا تَشْتَرُوا بِآيَاتِي ثَمَنًا قَلِيلًا وَمَنْ لَمْ يَحْكُمْ بِمَا أَنْزَلَ اللَّهُ فَأُولَٰئِكَ هُمُ الْكَافِرُونَ 5:45 وَكَتَبْنَا عَلَيْهِمْ فِيهَا أَنَّ النَّفْسَ بِالنَّفْسِ
وَالْعَيْنَ بِالْعَيْنِ وَالْأَنْفَ بِالْأَنْفِ وَالْأُذُنَ بِالْأُذُنِ وَالسِّنَّ بِالسِّنِّ وَالْجُرُوحَ قِصَاصٌ فَمَنْ تَصَدَّقَ بِهِ فَهُوَ كَفَّارَةٌ لَهُ وَمَنْ لَمْ يَحْكُمْ بِمَا أَنْزَلَ
اللَّهُ فَأُولَٰئِكَ هُمُ الظَّالِمُونَ 5:46 وَقَفَّيْنَا عَلَىٰ آثَارِهِمْ بِعِيسَى ابْنِ مَرْيَمَ مُصَدِّقًا لِمَا بَيْنَ يَدَيْهِ مِنَ التَّوْرَاةِ وَآتَيْنَاهُ الْإِنْجِيلَ فِيهِ هُدًى
وَنُورٌ وَمُصَدِّقًا لِمَا بَيْنَ يَدَيْهِ مِنَ التَّوْرَاةِ وَهُدًى وَمَوْعِظَةً لِلْمُتَّقِينَ 5:47 وَلْيَحْكُمْ أَهْلُ الْإِنْجِيلِ بِمَا أَنْزَلَ اللَّهُ فِيهِ وَمَنْ لَمْ يَحْكُمْ بِمَا أَنْزَلَ
اللَّهُ فَأُولَٰئِكَ هُمُ الْفَاسِقُونَ 5:48 وَأَنْزَلْنَا إِلَيْكَ الْكِتَابَ بِالْحَقِّ مُصَدِّقًا لِمَا بَيْنَ يَدَيْهِ مِنَ الْكِتَابِ وَمُهَيْمِنًا عَلَيْهِ فَاحْكُمْ بَيْنَهُمْ بِمَا أَنْزَلَ
اللَّهُ وَلَا تَتَّبِعْ أَهْوَاءَهُمْ عَمَّا جَاءَكَ مِنَ الْحَقِّ لِكُلٍّ جَعَلْنَا مِنْكُمْ شِرْعَةً وَمِنْهَاجًا وَلَوْ شَاءَ اللَّهُ لَجَعَلَكُمْ أُمَّةً وَاحِدَةً وَلَٰكِنْ لِيَبْلُوَكُمْ فِي مَا
آتَاكُمْ فَاسْتَبِقُوا الْخَيْرَاتِ إِلَى اللَّهِ مَرْجِعُكُمْ جَمِيعًا فَيُنَبِّئُكُمْ بِمَا كُنْتُمْ فِيهِ تَخْتَلِفُونَ 5:49 وَأَنِ احْكُمْ بَيْنَهُمْ بِمَا أَنْزَلَ اللَّهُ وَلَا تَتَّبِعْ
أَهْوَاءَهُمْ وَاحْذَرْهُمْ أَنْ يَفْتِنُوكَ عَنْ بَعْضِ مَا أَنْزَلَ اللَّهُ إِلَيْكَ فَإِنْ تَوَلَّوْا فَاعْلَمْ أَنَّمَا يُرِيدُ اللَّهُ أَنْ يُصِيبَهُمْ بِبَعْضِ ذُنُوبِهِمْ وَإِنَّ كَثِيرًا مِنَ
النَّاسِ لَفَاسِقُونَ 5:50 أَفَحُكْمَ الْجَاهِلِيَّةِ يَبْغُونَ وَمَنْ أَحْسَنُ مِنَ اللَّهِ حُكْمًا لِقَوْمٍ يُوقِنُونَ 5:51 يَا أَيُّهَا الَّذِينَ آمَنُوا لَا تَتَّخِذُوا الْيَهُودَ
وَالنَّصَارَىٰ أَوْلِيَاءَ بَعْضُهُمْ أَوْلِيَاءُ بَعْضٍ وَمَنْ يَتَوَلَّهُمْ مِنْكُمْ فَإِنَّهُ مِنْهُمْ إِنَّ اللَّهَ لَا يَهْدِي الْقَوْمَ الظَّالِمِينَ 5:52 فَتَرَى الَّذِينَ فِي قُلُوبِهِمْ
مَرَضٌ يُسَارِعُونَ فِيهِمْ يَقُولُونَ نَخْشَىٰ أَنْ تُصِيبَنَا دَائِرَةٌ فَعَسَى اللَّهُ أَنْ يَأْتِيَ بِالْفَتْحِ أَوْ أَمْرٍ مِنْ عِنْدِهِ فَيُصْبِحُوا عَلَىٰ مَا أَسَرُّوا فِي
أَنْفُسِهِمْ نَادِمِينَ 5:53 وَيَقُولُ الَّذِينَ آمَنُوا أَهَٰؤُلَاءِ الَّذِينَ أَقْسَمُوا بِاللَّهِ جَهْدَ أَيْمَانِهِمْ إِنَّهُمْ لَمَعَكُمْ حَبِطَتْ أَعْمَالُهُمْ فَأَصْبَحُوا خَاسِرِينَ
5:54 يَا أَيُّهَا الَّذِينَ آمَنُوا مَنْ يَرْتَدَّ مِنْكُمْ عَنْ دِينِهِ فَسَوْفَ يَأْتِي اللَّهُ بِقَوْمٍ يُحِبُّهُمْ وَيُحِبُّونَهُ أَذِلَّةٍ عَلَى الْمُؤْمِنِينَ أَعِزَّةٍ عَلَى الْكَافِرِينَ
يُجَاهِدُونَ فِي سَبِيلِ اللَّهِ وَلَا يَخَافُونَ لَوْمَةَ لَائِمٍ ذَٰلِكَ فَضْلُ اللَّهِ يُؤْتِيهِ مَنْ يَشَاءُ وَاللَّهُ وَاسِعٌ عَلِيمٌ 5:55 إِنَّمَا وَلِيُّكُمُ اللَّهُ وَرَسُولُهُ وَالَّذِينَ
آمَنُوا الَّذِينَ يُقِيمُونَ الصَّلَاةَ وَيُؤْتُونَ الزَّكَاةَ وَهُمْ رَاكِعُونَ 5:56 وَمَنْ يَتَوَلَّ اللَّهَ وَرَسُولَهُ وَالَّذِينَ آمَنُوا فَإِنَّ حِزْبَ اللَّهِ هُمُ الْغَالِبُونَ 5:57 يَا
أَيُّهَا الَّذِينَ آمَنُوا لَا تَتَّخِذُوا الَّذِينَ اتَّخَذُوا دِينَكُمْ هُزُوًا وَلَعِبًا مِنَ الَّذِينَ أُوتُوا الْكِتَابَ مِنْ قَبْلِكُمْ وَالْكُفَّارَ أَوْلِيَاءَ وَاتَّقُوا اللَّهَ إِنْ كُنْتُمْ
مُؤْمِنِينَ 5:58 وَإِذَا نَادَيْتُمْ إِلَى الصَّلَاةِ اتَّخَذُوهَا هُزُوًا وَلَعِبًا ذَٰلِكَ بِأَنَّهُمْ قَوْمٌ لَا يَعْقِلُونَ 5:59 قُلْ يَا أَهْلَ الْكِتَابِ هَلْ تَنْقِمُونَ مِنَّا إِلَّا أَنْ
آمَنَّا بِاللَّهِ وَمَا أُنْزِلَ إِلَيْنَا وَمَا أُنْزِلَ مِنْ قَبْلُ وَأَنَّ أَكْثَرَكُمْ فَاسِقُونَ 5:60 قُلْ هَلْ أُنَبِّئُكُمْ بِشَرٍّ مِنْ ذَٰلِكَ مَثُوبَةً عِنْدَ اللَّهِ مَنْ لَعَنَهُ اللَّهُ وَغَضِبَ
عَلَيْهِ وَجَعَلَ مِنْهُمُ الْقِرَدَةَ وَالْخَنَازِيرَ وَعَبَدَ الطَّاغُوتَ أُولَٰئِكَ شَرٌّ مَكَانًا وَأَضَلُّ عَنْ سَوَاءِ السَّبِيلِ 5:61 وَإِذَا جَاءُوكُمْ قَالُوا آمَنَّا وَقَدْ دَخَلُوا
بِالْكُفْرِ وَهُمْ قَدْ خَرَجُوا بِهِ وَاللَّهُ أَعْلَمُ بِمَا كَانُوا يَكْتُمُونَ 5:62 وَتَرَىٰ كَثِيرًا مِنْهُمْ يُسَارِعُونَ فِي الْإِثْمِ وَالْعُدْوَانِ وَأَكْلِهِمُ السُّحْتَ لَبِئْسَ
مَا كَانُوا يَعْمَلُونَ 5:63 لَوْلَا يَنْهَاهُمُ الرَّبَّانِيُّونَ وَالْأَحْبَارُ عَنْ قَوْلِهِمُ الْإِثْمَ وَأَكْلِهِمُ السُّحْتَ لَبِئْسَ مَا كَانُوا يَصْنَعُونَ 5:64 وَقَالَتِ الْيَهُودُ يَدُ
اللَّهِ مَغْلُولَةٌ غُلَّتْ أَيْدِيهِمْ وَلُعِنُوا بِمَا قَالُوا بَلْ يَدَاهُ مَبْسُوطَتَانِ يُنْفِقُ كَيْفَ يَشَاءُ وَلَيَزِيدَنَّ كَثِيرًا مِنْهُمْ مَا أُنْزِلَ إِلَيْكَ مِنْ رَبِّكَ طُغْيَانًا
وَكُفْرًا وَأَلْقَيْنَا بَيْنَهُمُ الْعَدَاوَةَ وَالْبَغْضَاءَ إِلَىٰ يَوْمِ الْقِيَامَةِ كُلَّمَا أَوْقَدُوا نَارًا لِلْحَرْبِ أَطْفَأَهَا اللَّهُ وَيَسْعَوْنَ فِي الْأَرْضِ فَسَادًا وَاللَّهُ لَا يُحِبُّ
الْمُفْسِدِينَ 5:65 وَلَوْ أَنَّ أَهْلَ الْكِتَابِ آمَنُوا وَاتَّقَوْا لَكَفَّرْنَا عَنْهُمْ سَيِّئَاتِهِمْ وَلَأَدْخَلْنَاهُمْ جَنَّاتِ النَّعِيمِ 5:66 وَلَوْ أَنَّهُمْ أَقَامُوا التَّوْرَاةَ
وَالْإِنْجِيلَ وَمَا أُنْزِلَ إِلَيْهِمْ مِنْ رَبِّهِمْ لَأَكَلُوا مِنْ فَوْقِهِمْ وَمِنْ تَحْتِ أَرْجُلِهِمْ مِنْهُمْ أُمَّةٌ مُقْتَصِدَةٌ وَكَثِيرٌ مِنْهُمْ سَاءَ مَا يَعْمَلُونَ 5:67 يَا
أَيُّهَا الرَّسُولُ بَلِّغْ مَا أُنْزِلَ إِلَيْكَ مِنْ رَبِّكَ وَإِنْ لَمْ تَفْعَلْ فَمَا بَلَّغْتَ رِسَالَتَهُ وَاللَّهُ يَعْصِمُكَ مِنَ النَّاسِ إِنَّ اللَّهَ لَا يَهْدِي الْقَوْمَ الْكَافِرِينَ 5:68
قُلْ يَا أَهْلَ الْكِتَابِ لَسْتُمْ عَلَىٰ شَيْءٍ حَتَّىٰ تُقِيمُوا التَّوْرَاةَ وَالْإِنْجِيلَ وَمَا أُنْزِلَ إِلَيْكُمْ مِنْ رَبِّكُمْ وَلَيَزِيدَنَّ كَثِيرًا مِنْهُمْ مَا أُنْزِلَ إِلَيْكَ مِنْ
رَبِّكَ طُغْيَانًا وَكُفْرًا فَلَا تَأْسَ عَلَى الْقَوْمِ الْكَافِرِينَ 5:69 إِنَّ الَّذِينَ آمَنُوا وَالَّذِينَ هَادُوا وَالصَّابِئُونَ وَالنَّصَارَىٰ مَنْ آمَنَ بِاللَّهِ وَالْيَوْمِ الْآخِرِ

وَعَمِلَ صَالِحًا فَلَا خَوْفٌ عَلَيْهِمْ وَلَا هُمْ يَحْزَنُونَ 5:70 لَقَدْ أَخَذْنَا مِيثَاقَ بَنِي إِسْرَائِيلَ وَأَرْسَلْنَا إِلَيْهِمْ رُسُلًا كُلَّمَا جَاءَهُمْ رَسُولٌ بِمَا لَا
تَهْوَىٰ أَنْفُسُهُمْ فَرِيقًا كَذَّبُوا وَفَرِيقًا يَقْتُلُونَ 5:71 وَحَسِبُوا أَلَّا تَكُونَ فِتْنَةٌ فَعَمُوا وَصَمُّوا ثُمَّ تَابَ اللَّهُ عَلَيْهِمْ ثُمَّ عَمُوا وَصَمُّوا كَثِيرٌ مِنْهُمْ
وَاللَّهُ بَصِيرٌ بِمَا يَعْمَلُونَ 5:72 لَقَدْ كَفَرَ الَّذِينَ قَالُوا إِنَّ اللَّهَ هُوَ الْمَسِيحُ ابْنُ مَرْيَمَ وَقَالَ الْمَسِيحُ يَا بَنِي إِسْرَائِيلَ اعْبُدُوا اللَّهَ رَبِّي وَرَبَّكُمْ
إِنَّهُ مَنْ يُشْرِكْ بِاللَّهِ فَقَدْ حَرَّمَ اللَّهُ عَلَيْهِ الْجَنَّةَ وَمَأْوَاهُ النَّارُ وَمَا لِلظَّالِمِينَ مِنْ أَنْصَارٍ 5:73 لَقَدْ كَفَرَ الَّذِينَ قَالُوا إِنَّ اللَّهَ ثَالِثُ ثَلَاثَةٍ وَمَا
مِنْ إِلَٰهٍ إِلَّا إِلَٰهٌ وَاحِدٌ وَإِنْ لَمْ يَنْتَهُوا عَمَّا يَقُولُونَ لَيَمَسَّنَّ الَّذِينَ كَفَرُوا مِنْهُمْ عَذَابٌ أَلِيمٌ 5:74 أَفَلَا يَتُوبُونَ إِلَى اللَّهِ وَيَسْتَغْفِرُونَهُ وَاللَّهُ
غَفُورٌ رَحِيمٌ 5:75 مَا الْمَسِيحُ ابْنُ مَرْيَمَ إِلَّا رَسُولٌ قَدْ خَلَتْ مِنْ قَبْلِهِ الرُّسُلُ وَأُمُّهُ صِدِّيقَةٌ كَانَا يَأْكُلَانِ الطَّعَامَ انْظُرْ كَيْفَ نُبَيِّنُ لَهُمُ الْآيَاتِ
ثُمَّ انْظُرْ أَنَّىٰ يُؤْفَكُونَ 5:76 قُلْ أَتَعْبُدُونَ مِنْ دُونِ اللَّهِ مَا لَا يَمْلِكُ لَكُمْ ضَرًّا وَلَا نَفْعًا وَاللَّهُ هُوَ السَّمِيعُ الْعَلِيمُ 5:77 قُلْ يَا أَهْلَ الْكِتَابِ لَا
تَغْلُوا فِي دِينِكُمْ غَيْرَ الْحَقِّ وَلَا تَتَّبِعُوا أَهْوَاءَ قَوْمٍ قَدْ ضَلُّوا مِنْ قَبْلُ وَأَضَلُّوا كَثِيرًا وَضَلُّوا عَنْ سَوَاءِ السَّبِيلِ 5:78 لُعِنَ الَّذِينَ كَفَرُوا مِنْ
بَنِي إِسْرَائِيلَ عَلَىٰ لِسَانِ دَاوُودَ وَعِيسَى ابْنِ مَرْيَمَ ذَٰلِكَ بِمَا عَصَوْا وَكَانُوا يَعْتَدُونَ 5:79 كَانُوا لَا يَتَنَاهَوْنَ عَنْ مُنْكَرٍ فَعَلُوهُ لَبِئْسَ مَا
كَانُوا يَفْعَلُونَ 5:80 تَرَىٰ كَثِيرًا مِنْهُمْ يَتَوَلَّوْنَ الَّذِينَ كَفَرُوا لَبِئْسَ مَا قَدَّمَتْ لَهُمْ أَنْفُسُهُمْ أَنْ سَخِطَ اللَّهُ عَلَيْهِمْ وَفِي الْعَذَابِ هُمْ خَالِدُونَ
5:81 وَلَوْ كَانُوا يُؤْمِنُونَ بِاللَّهِ وَالنَّبِيِّ وَمَا أُنْزِلَ إِلَيْهِ مَا اتَّخَذُوهُمْ أَوْلِيَاءَ وَلَٰكِنَّ كَثِيرًا مِنْهُمْ فَاسِقُونَ 5:82 لَتَجِدَنَّ أَشَدَّ النَّاسِ عَدَاوَةً لِلَّذِينَ
آمَنُوا الْيَهُودَ وَالَّذِينَ أَشْرَكُوا وَلَتَجِدَنَّ أَقْرَبَهُمْ مَوَدَّةً لِلَّذِينَ آمَنُوا الَّذِينَ قَالُوا إِنَّا نَصَارَىٰ ذَٰلِكَ بِأَنَّ مِنْهُمْ قِسِّيسِينَ وَرُهْبَانًا وَأَنَّهُمْ لَا
يَسْتَكْبِرُونَ 5:83 وَإِذَا سَمِعُوا مَا أُنْزِلَ إِلَى الرَّسُولِ تَرَىٰ أَعْيُنَهُمْ تَفِيضُ مِنَ الدَّمْعِ مِمَّا عَرَفُوا مِنَ الْحَقِّ يَقُولُونَ رَبَّنَا آمَنَّا فَاكْتُبْنَا مَعَ
الشَّاهِدِينَ 5:84 وَمَا لَنَا لَا نُؤْمِنُ بِاللَّهِ وَمَا جَاءَنَا مِنَ الْحَقِّ وَنَطْمَعُ أَنْ يُدْخِلَنَا رَبُّنَا مَعَ الْقَوْمِ الصَّالِحِينَ 5:85 فَأَثَابَهُمُ اللَّهُ بِمَا قَالُوا جَنَّاتٍ
تَجْرِي مِنْ تَحْتِهَا الْأَنْهَارُ خَالِدِينَ فِيهَا وَذَٰلِكَ جَزَاءُ الْمُحْسِنِينَ 5:86 وَالَّذِينَ كَفَرُوا وَكَذَّبُوا بِآيَاتِنَا أُولَٰئِكَ أَصْحَابُ الْجَحِيمِ 5:87 يَا أَيُّهَا
الَّذِينَ آمَنُوا لَا تُحَرِّمُوا طَيِّبَاتِ مَا أَحَلَّ اللَّهُ لَكُمْ وَلَا تَعْتَدُوا إِنَّ اللَّهَ لَا يُحِبُّ الْمُعْتَدِينَ 5:88 وَكُلُوا مِمَّا رَزَقَكُمُ اللَّهُ حَلَالًا طَيِّبًا وَاتَّقُوا اللَّهَ
الَّذِي أَنْتُمْ بِهِ مُؤْمِنُونَ 5:89 لَا يُؤَاخِذُكُمُ اللَّهُ بِاللَّغْوِ فِي أَيْمَانِكُمْ وَلَٰكِنْ يُؤَاخِذُكُمْ بِمَا عَقَّدْتُمُ الْأَيْمَانَ فَكَفَّارَتُهُ إِطْعَامُ عَشَرَةِ مَسَاكِينَ
مِنْ أَوْسَطِ مَا تُطْعِمُونَ أَهْلِيكُمْ أَوْ كِسْوَتُهُمْ أَوْ تَحْرِيرُ رَقَبَةٍ فَمَنْ لَمْ يَجِدْ فَصِيَامُ ثَلَاثَةِ أَيَّامٍ ذَٰلِكَ كَفَّارَةُ أَيْمَانِكُمْ إِذَا حَلَفْتُمْ وَاحْفَظُوا
أَيْمَانَكُمْ كَذَٰلِكَ يُبَيِّنُ اللَّهُ لَكُمْ آيَاتِهِ لَعَلَّكُمْ تَشْكُرُونَ 5:90 يَا أَيُّهَا الَّذِينَ آمَنُوا إِنَّمَا الْخَمْرُ وَالْمَيْسِرُ وَالْأَنْصَابُ وَالْأَزْلَامُ رِجْسٌ مِنْ عَمَلِ
الشَّيْطَانِ فَاجْتَنِبُوهُ لَعَلَّكُمْ تُفْلِحُونَ 5:91 إِنَّمَا يُرِيدُ الشَّيْطَانُ أَنْ يُوقِعَ بَيْنَكُمُ الْعَدَاوَةَ وَالْبَغْضَاءَ فِي الْخَمْرِ وَالْمَيْسِرِ وَيَصُدَّكُمْ عَنْ ذِكْرِ
اللَّهِ وَعَنِ الصَّلَاةِ فَهَلْ أَنْتُمْ مُنْتَهُونَ 5:92 وَأَطِيعُوا اللَّهَ وَأَطِيعُوا الرَّسُولَ وَاحْذَرُوا فَإِنْ تَوَلَّيْتُمْ فَاعْلَمُوا أَنَّمَا عَلَىٰ رَسُولِنَا الْبَلَاغُ الْمُبِينُ
5:93 لَيْسَ عَلَى الَّذِينَ آمَنُوا وَعَمِلُوا الصَّالِحَاتِ جُنَاحٌ فِيمَا طَعِمُوا إِذَا مَا اتَّقَوْا وَآمَنُوا وَعَمِلُوا الصَّالِحَاتِ ثُمَّ اتَّقَوْا وَآمَنُوا ثُمَّ اتَّقَوْا
وَأَحْسَنُوا وَاللَّهُ يُحِبُّ الْمُحْسِنِينَ 5:94 يَا أَيُّهَا الَّذِينَ آمَنُوا لَيَبْلُوَنَّكُمُ اللَّهُ بِشَيْءٍ مِنَ الصَّيْدِ تَنَالُهُ أَيْدِيكُمْ وَرِمَاحُكُمْ لِيَعْلَمَ اللَّهُ مَنْ يَخَافُهُ
بِالْغَيْبِ فَمَنِ اعْتَدَىٰ بَعْدَ ذَٰلِكَ فَلَهُ عَذَابٌ أَلِيمٌ 5:95 يَا أَيُّهَا الَّذِينَ آمَنُوا لَا تَقْتُلُوا الصَّيْدَ وَأَنْتُمْ حُرُمٌ وَمَنْ قَتَلَهُ مِنْكُمْ مُتَعَمِّدًا فَجَزَاءٌ
مِثْلُ مَا قَتَلَ مِنَ النَّعَمِ يَحْكُمُ بِهِ ذَوَا عَدْلٍ مِنْكُمْ هَدْيًا بَالِغَ الْكَعْبَةِ أَوْ كَفَّارَةٌ طَعَامُ مَسَاكِينَ أَوْ عَدْلُ ذَٰلِكَ صِيَامًا لِيَذُوقَ وَبَالَ أَمْرِهِ عَفَا
اللَّهُ عَمَّا سَلَفَ وَمَنْ عَادَ فَيَنْتَقِمُ اللَّهُ مِنْهُ وَاللَّهُ عَزِيزٌ ذُو انْتِقَامٍ 5:96 أُحِلَّ لَكُمْ صَيْدُ الْبَحْرِ وَطَعَامُهُ مَتَاعًا لَكُمْ وَلِلسَّيَّارَةِ وَحُرِّمَ عَلَيْكُمْ
صَيْدُ الْبَرِّ مَا دُمْتُمْ حُرُمًا وَاتَّقُوا اللَّهَ الَّذِي إِلَيْهِ تُحْشَرُونَ 5:97 جَعَلَ اللَّهُ الْكَعْبَةَ الْبَيْتَ الْحَرَامَ قِيَامًا لِلنَّاسِ وَالشَّهْرَ الْحَرَامَ وَالْهَدْيَ
وَالْقَلَائِدَ ذَٰلِكَ لِتَعْلَمُوا أَنَّ اللَّهَ يَعْلَمُ مَا فِي السَّمَاوَاتِ وَمَا فِي الْأَرْضِ وَأَنَّ اللَّهَ بِكُلِّ شَيْءٍ عَلِيمٌ 5:98 اعْلَمُوا أَنَّ اللَّهَ شَدِيدُ الْعِقَابِ وَأَنَّ
اللَّهَ غَفُورٌ رَحِيمٌ 5:99 مَا عَلَى الرَّسُولِ إِلَّا الْبَلَاغُ وَاللَّهُ يَعْلَمُ مَا تُبْدُونَ وَمَا تَكْتُمُونَ 5:100 قُلْ لَا يَسْتَوِي الْخَبِيثُ وَالطَّيِّبُ وَلَوْ أَعْجَبَكَ
كَثْرَةُ الْخَبِيثِ فَاتَّقُوا اللَّهَ يَا أُولِي الْأَلْبَابِ لَعَلَّكُمْ تُفْلِحُونَ 5:101 يَا أَيُّهَا الَّذِينَ آمَنُوا لَا تَسْأَلُوا عَنْ أَشْيَاءَ إِنْ تُبْدَ لَكُمْ تَسُؤْكُمْ وَإِنْ تَسْأَلُوا

عَنْهَا حِينَ يُنَزَّلُ الْقُرْآنُ تُبْدَ لَكُمْ عَفَا اللَّهُ عَنْهَا وَاللَّهُ غَفُورٌ حَلِيمٌ 5:102 قَدْ سَأَلَهَا قَوْمٌ مِنْ قَبْلِكُمْ ثُمَّ أَصْبَحُوا بِهَا كَافِرِينَ 5:103 مَا جَعَلَ
اللَّهُ مِنْ بَحِيرَةٍ وَلَا سَائِبَةٍ وَلَا وَصِيلَةٍ وَلَا حَامٍ وَلَٰكِنَّ الَّذِينَ كَفَرُوا يَفْتَرُونَ عَلَى اللَّهِ الْكَذِبَ وَأَكْثَرُهُمْ لَا يَعْقِلُونَ 5:104 وَإِذَا قِيلَ لَهُمْ
تَعَالَوْا إِلَىٰ مَا أَنْزَلَ اللَّهُ وَإِلَى الرَّسُولِ قَالُوا حَسْبُنَا مَا وَجَدْنَا عَلَيْهِ آبَاءَنَا أَوَلَوْ كَانَ آبَاؤُهُمْ لَا يَعْلَمُونَ شَيْئًا وَلَا يَهْتَدُونَ 5:105 يَا أَيُّهَا
الَّذِينَ آمَنُوا عَلَيْكُمْ أَنْفُسَكُمْ لَا يَضُرُّكُمْ مَنْ ضَلَّ إِذَا اهْتَدَيْتُمْ إِلَى اللَّهِ مَرْجِعُكُمْ جَمِيعًا فَيُنَبِّئُكُمْ بِمَا كُنْتُمْ تَعْمَلُونَ 5:106 يَا أَيُّهَا الَّذِينَ
آمَنُوا شَهَادَةُ بَيْنِكُمْ إِذَا حَضَرَ أَحَدَكُمُ الْمَوْتُ حِينَ الْوَصِيَّةِ اثْنَانِ ذَوَا عَدْلٍ مِنْكُمْ أَوْ آخَرَانِ مِنْ غَيْرِكُمْ إِنْ أَنْتُمْ ضَرَبْتُمْ فِي الْأَرْضِ
فَأَصَابَتْكُمْ مُصِيبَةُ الْمَوْتِ تَحْبِسُونَهُمَا مِنْ بَعْدِ الصَّلَاةِ فَيُقْسِمَانِ بِاللَّهِ إِنِ ارْتَبْتُمْ لَا نَشْتَرِي بِهِ ثَمَنًا وَلَوْ كَانَ ذَا قُرْبَىٰ وَلَا نَكْتُمُ شَهَادَةَ
اللَّهِ إِنَّا إِذًا لَمِنَ الْآثِمِينَ 5:107 فَإِنْ عُثِرَ عَلَىٰ أَنَّهُمَا اسْتَحَقَّا إِثْمًا فَآخَرَانِ يَقُومَانِ مَقَامَهُمَا مِنَ الَّذِينَ اسْتَحَقَّ عَلَيْهِمُ الْأَوْلَيَانِ فَيُقْسِمَانِ
بِاللَّهِ لَشَهَادَتُنَا أَحَقُّ مِنْ شَهَادَتِهِمَا وَمَا اعْتَدَيْنَا إِنَّا إِذًا لَمِنَ الظَّالِمِينَ 5:108 ذَٰلِكَ أَدْنَىٰ أَنْ يَأْتُوا بِالشَّهَادَةِ عَلَىٰ وَجْهِهَا أَوْ يَخَافُوا أَنْ
تُرَدَّ أَيْمَانٌ بَعْدَ أَيْمَانِهِمْ وَاتَّقُوا اللَّهَ وَاسْمَعُوا وَاللَّهُ لَا يَهْدِي الْقَوْمَ الْفَاسِقِينَ 5:109 يَوْمَ يَجْمَعُ اللَّهُ الرُّسُلَ فَيَقُولُ مَاذَا أُجِبْتُمْ قَالُوا لَا
عِلْمَ لَنَا إِنَّكَ أَنْتَ عَلَّامُ الْغُيُوبِ 5:110 إِذْ قَالَ اللَّهُ يَا عِيسَى ابْنَ مَرْيَمَ اذْكُرْ نِعْمَتِي عَلَيْكَ وَعَلَىٰ وَالِدَتِكَ إِذْ أَيَّدْتُكَ بِرُوحِ الْقُدُسِ تُكَلِّمُ
النَّاسَ فِي الْمَهْدِ وَكَهْلًا وَإِذْ عَلَّمْتُكَ الْكِتَابَ وَالْحِكْمَةَ وَالتَّوْرَاةَ وَالْإِنْجِيلَ وَإِذْ تَخْلُقُ مِنَ الطِّينِ كَهَيْئَةِ الطَّيْرِ بِإِذْنِي فَتَنْفُخُ فِيهَا فَتَكُونُ
طَيْرًا بِإِذْنِي وَتُبْرِئُ الْأَكْمَهَ وَالْأَبْرَصَ بِإِذْنِي وَإِذْ تُخْرِجُ الْمَوْتَىٰ بِإِذْنِي وَإِذْ كَفَفْتُ بَنِي إِسْرَائِيلَ عَنْكَ إِذْ جِئْتَهُمْ بِالْبَيِّنَاتِ فَقَالَ الَّذِينَ
كَفَرُوا مِنْهُمْ إِنْ هَٰذَا إِلَّا سِحْرٌ مُبِينٌ 5:111 وَإِذْ أَوْحَيْتُ إِلَى الْحَوَارِيِّينَ أَنْ آمِنُوا بِي وَبِرَسُولِي قَالُوا آمَنَّا وَاشْهَدْ بِأَنَّنَا مُسْلِمُونَ 5:112 إِذْ
قَالَ الْحَوَارِيُّونَ يَا عِيسَى ابْنَ مَرْيَمَ هَلْ يَسْتَطِيعُ رَبُّكَ أَنْ يُنَزِّلَ عَلَيْنَا مَائِدَةً مِنَ السَّمَاءِ قَالَ اتَّقُوا اللَّهَ إِنْ كُنْتُمْ مُؤْمِنِينَ 5:113 قَالُوا
نُرِيدُ أَنْ نَأْكُلَ مِنْهَا وَتَطْمَئِنَّ قُلُوبُنَا وَنَعْلَمَ أَنْ قَدْ صَدَقْتَنَا وَنَكُونَ عَلَيْهَا مِنَ الشَّاهِدِينَ 5:114 قَالَ عِيسَى ابْنُ مَرْيَمَ اللَّهُمَّ رَبَّنَا أَنْزِلْ عَلَيْنَا
مَائِدَةً مِنَ السَّمَاءِ تَكُونُ لَنَا عِيدًا لِأَوَّلِنَا وَآخِرِنَا وَآيَةً مِنْكَ وَارْزُقْنَا وَأَنْتَ خَيْرُ الرَّازِقِينَ 5:115 قَالَ اللَّهُ إِنِّي مُنَزِّلُهَا عَلَيْكُمْ فَمَنْ يَكْفُرْ بَعْدُ
مِنْكُمْ فَإِنِّي أُعَذِّبُهُ عَذَابًا لَا أُعَذِّبُهُ أَحَدًا مِنَ الْعَالَمِينَ 5:116 وَإِذْ قَالَ اللَّهُ يَا عِيسَى ابْنَ مَرْيَمَ أَأَنْتَ قُلْتَ لِلنَّاسِ اتَّخِذُونِي وَأُمِّيَ إِلَٰهَيْنِ
مِنْ دُونِ اللَّهِ قَالَ سُبْحَانَكَ مَا يَكُونُ لِي أَنْ أَقُولَ مَا لَيْسَ لِي بِحَقٍّ إِنْ كُنْتُ قُلْتُهُ فَقَدْ عَلِمْتَهُ تَعْلَمُ مَا فِي نَفْسِي وَلَا أَعْلَمُ مَا فِي
نَفْسِكَ إِنَّكَ أَنْتَ عَلَّامُ الْغُيُوبِ 5:117 مَا قُلْتُ لَهُمْ إِلَّا مَا أَمَرْتَنِي بِهِ أَنِ اعْبُدُوا اللَّهَ رَبِّي وَرَبَّكُمْ وَكُنْتُ عَلَيْهِمْ شَهِيدًا مَا دُمْتُ فِيهِمْ فَلَمَّا
تَوَفَّيْتَنِي كُنْتَ أَنْتَ الرَّقِيبَ عَلَيْهِمْ وَأَنْتَ عَلَىٰ كُلِّ شَيْءٍ شَهِيدٌ 5:118 إِنْ تُعَذِّبْهُمْ فَإِنَّهُمْ عِبَادُكَ وَإِنْ تَغْفِرْ لَهُمْ فَإِنَّكَ أَنْتَ الْعَزِيزُ
الْحَكِيمُ 5:119 قَالَ اللَّهُ هَٰذَا يَوْمُ يَنْفَعُ الصَّادِقِينَ صِدْقُهُمْ لَهُمْ جَنَّاتٌ تَجْرِي مِنْ تَحْتِهَا الْأَنْهَارُ خَالِدِينَ فِيهَا أَبَدًا رَضِيَ اللَّهُ عَنْهُمْ وَرَضُوا
عَنْهُ ذَٰلِكَ الْفَوْزُ الْعَظِيمُ 5:120 لِلَّهِ مُلْكُ السَّمَاوَاتِ وَالْأَرْضِ وَمَا فِيهِنَّ وَهُوَ عَلَىٰ كُلِّ شَيْءٍ قَدِيرٌ 6:1 بِسْمِ اللَّهِ الرَّحْمَٰنِ الرَّحِيمِ الْحَمْدُ
لِلَّهِ الَّذِي خَلَقَ السَّمَاوَاتِ وَالْأَرْضَ وَجَعَلَ الظُّلُمَاتِ وَالنُّورَ ثُمَّ الَّذِينَ كَفَرُوا بِرَبِّهِمْ يَعْدِلُونَ 6:2 هُوَ الَّذِي خَلَقَكُمْ مِنْ طِينٍ ثُمَّ قَضَىٰ أَجَلًا
وَأَجَلٌ مُسَمًّى عِنْدَهُ ثُمَّ أَنْتُمْ تَمْتَرُونَ 6:3 وَهُوَ اللَّهُ فِي السَّمَاوَاتِ وَفِي الْأَرْضِ يَعْلَمُ سِرَّكُمْ وَجَهْرَكُمْ وَيَعْلَمُ مَا تَكْسِبُونَ 6:4 وَمَا تَأْتِيهِمْ
مِنْ آيَةٍ مِنْ آيَاتِ رَبِّهِمْ إِلَّا كَانُوا عَنْهَا مُعْرِضِينَ 6:5 فَقَدْ كَذَّبُوا بِالْحَقِّ لَمَّا جَاءَهُمْ فَسَوْفَ يَأْتِيهِمْ أَنْبَاءُ مَا كَانُوا بِهِ يَسْتَهْزِئُونَ 6:6 أَلَمْ
يَرَوْا كَمْ أَهْلَكْنَا مِنْ قَبْلِهِمْ مِنْ قَرْنٍ مَكَّنَّاهُمْ فِي الْأَرْضِ مَا لَمْ نُمَكِّنْ لَكُمْ وَأَرْسَلْنَا السَّمَاءَ عَلَيْهِمْ مِدْرَارًا وَجَعَلْنَا الْأَنْهَارَ تَجْرِي مِنْ تَحْتِهِمْ
فَأَهْلَكْنَاهُمْ بِذُنُوبِهِمْ وَأَنْشَأْنَا مِنْ بَعْدِهِمْ قَرْنًا آخَرِينَ 6:7 وَلَوْ نَزَّلْنَا عَلَيْكَ كِتَابًا فِي قِرْطَاسٍ فَلَمَسُوهُ بِأَيْدِيهِمْ لَقَالَ الَّذِينَ كَفَرُوا إِنْ هَٰذَا
إِلَّا سِحْرٌ مُبِينٌ 6:8 وَقَالُوا لَوْلَا أُنْزِلَ عَلَيْهِ مَلَكٌ وَلَوْ أَنْزَلْنَا مَلَكًا لَقُضِيَ الْأَمْرُ ثُمَّ لَا يُنْظَرُونَ 6:9 وَلَوْ جَعَلْنَاهُ مَلَكًا لَجَعَلْنَاهُ رَجُلًا وَلَلَبَسْنَا
عَلَيْهِمْ مَا يَلْبِسُونَ 6:10 وَلَقَدِ اسْتُهْزِئَ بِرُسُلٍ مِنْ قَبْلِكَ فَحَاقَ بِالَّذِينَ سَخِرُوا مِنْهُمْ مَا كَانُوا بِهِ يَسْتَهْزِئُونَ 6:11 قُلْ سِيرُوا فِي الْأَرْضِ
ثُمَّ انْظُرُوا كَيْفَ كَانَ عَاقِبَةُ الْمُكَذِّبِينَ 6:12 قُلْ لِمَنْ مَا فِي السَّمَاوَاتِ وَالْأَرْضِ قُلْ لِلَّهِ كَتَبَ عَلَىٰ نَفْسِهِ الرَّحْمَةَ لَيَجْمَعَنَّكُمْ إِلَىٰ يَوْمِ

الْقِيَامَةِ لَا رَيْبَ فِيهِ الَّذِينَ خَسِرُوا أَنْفُسَهُمْ فَهُمْ لَا يُؤْمِنُونَ 6:13 وَلَهُ مَا سَكَنَ فِي اللَّيْلِ وَالنَّهَارِ وَهُوَ السَّمِيعُ الْعَلِيمُ 6:14 قُلْ أَغَيْرَ اللَّهِ
أَتَّخِذُ وَلِيًّا فَاطِرِ السَّمَاوَاتِ وَالْأَرْضِ وَهُوَ يُطْعِمُ وَلَا يُطْعَمُ قُلْ إِنِّي أُمِرْتُ أَنْ أَكُونَ أَوَّلَ مَنْ أَسْلَمَ وَلَا تَكُونَنَّ مِنَ الْمُشْرِكِينَ 6:15 قُلْ إِنِّي
أَخَافُ إِنْ عَصَيْتُ رَبِّي عَذَابَ يَوْمٍ عَظِيمٍ 6:16 مَنْ يُصْرَفْ عَنْهُ يَوْمَئِذٍ فَقَدْ رَحِمَهُ وَذَٰلِكَ الْفَوْزُ الْمُبِينُ 6:17 وَإِنْ يَمْسَسْكَ اللَّهُ بِضُرٍّ فَلَا
كَاشِفَ لَهُ إِلَّا هُوَ وَإِنْ يَمْسَسْكَ بِخَيْرٍ فَهُوَ عَلَىٰ كُلِّ شَيْءٍ قَدِيرٌ 6:18 وَهُوَ الْقَاهِرُ فَوْقَ عِبَادِهِ وَهُوَ الْحَكِيمُ الْخَبِيرُ 6:19 قُلْ أَيُّ شَيْءٍ أَكْبَرُ
شَهَادَةً قُلِ اللَّهُ شَهِيدٌ بَيْنِي وَبَيْنَكُمْ وَأُوحِيَ إِلَيَّ هَٰذَا الْقُرْآنُ لِأُنْذِرَكُمْ بِهِ وَمَنْ بَلَغَ أَئِنَّكُمْ لَتَشْهَدُونَ أَنَّ مَعَ اللَّهِ آلِهَةً أُخْرَىٰ قُلْ لَا أَشْهَدُ
قُلْ إِنَّمَا هُوَ إِلَٰهٌ وَاحِدٌ وَإِنَّنِي بَرِيءٌ مِمَّا تُشْرِكُونَ 6:20 الَّذِينَ آتَيْنَاهُمُ الْكِتَابَ يَعْرِفُونَهُ كَمَا يَعْرِفُونَ أَبْنَاءَهُمُ الَّذِينَ خَسِرُوا أَنْفُسَهُمْ فَهُمْ
لَا يُؤْمِنُونَ 6:21 وَمَنْ أَظْلَمُ مِمَّنِ افْتَرَىٰ عَلَى اللَّهِ كَذِبًا أَوْ كَذَّبَ بِآيَاتِهِ إِنَّهُ لَا يُفْلِحُ الظَّالِمُونَ 6:22 وَيَوْمَ نَحْشُرُهُمْ جَمِيعًا ثُمَّ نَقُولُ لِلَّذِينَ
أَشْرَكُوا أَيْنَ شُرَكَاؤُكُمُ الَّذِينَ كُنْتُمْ تَزْعُمُونَ 6:23 ثُمَّ لَمْ تَكُنْ فِتْنَتُهُمْ إِلَّا أَنْ قَالُوا وَاللَّهِ رَبِّنَا مَا كُنَّا مُشْرِكِينَ 6:24 انْظُرْ كَيْفَ كَذَبُوا عَلَىٰ
أَنْفُسِهِمْ وَضَلَّ عَنْهُمْ مَا كَانُوا يَفْتَرُونَ 6:25 وَمِنْهُمْ مَنْ يَسْتَمِعُ إِلَيْكَ وَجَعَلْنَا عَلَىٰ قُلُوبِهِمْ أَكِنَّةً أَنْ يَفْقَهُوهُ وَفِي آذَانِهِمْ وَقْرًا وَإِنْ يَرَوْا
كُلَّ آيَةٍ لَا يُؤْمِنُوا بِهَا حَتَّىٰ إِذَا جَاءُوكَ يُجَادِلُونَكَ يَقُولُ الَّذِينَ كَفَرُوا إِنْ هَٰذَا إِلَّا أَسَاطِيرُ الْأَوَّلِينَ 6:26 وَهُمْ يَنْهَوْنَ عَنْهُ وَيَنْأَوْنَ عَنْهُ وَإِنْ
يُهْلِكُونَ إِلَّا أَنْفُسَهُمْ وَمَا يَشْعُرُونَ 6:27 وَلَوْ تَرَىٰ إِذْ وُقِفُوا عَلَى النَّارِ فَقَالُوا يَا لَيْتَنَا نُرَدُّ وَلَا نُكَذِّبَ بِآيَاتِ رَبِّنَا وَنَكُونَ مِنَ الْمُؤْمِنِينَ 6:28
بَلْ بَدَا لَهُمْ مَا كَانُوا يُخْفُونَ مِنْ قَبْلُ وَلَوْ رُدُّوا لَعَادُوا لِمَا نُهُوا عَنْهُ وَإِنَّهُمْ لَكَاذِبُونَ 6:29 وَقَالُوا إِنْ هِيَ إِلَّا حَيَاتُنَا الدُّنْيَا وَمَا نَحْنُ
بِمَبْعُوثِينَ 6:30 وَلَوْ تَرَىٰ إِذْ وُقِفُوا عَلَىٰ رَبِّهِمْ قَالَ أَلَيْسَ هَٰذَا بِالْحَقِّ قَالُوا بَلَىٰ وَرَبِّنَا قَالَ فَذُوقُوا الْعَذَابَ بِمَا كُنْتُمْ تَكْفُرُونَ 6:31 قَدْ
خَسِرَ الَّذِينَ كَذَّبُوا بِلِقَاءِ اللَّهِ حَتَّىٰ إِذَا جَاءَتْهُمُ السَّاعَةُ بَغْتَةً قَالُوا يَا حَسْرَتَنَا عَلَىٰ مَا فَرَّطْنَا فِيهَا وَهُمْ يَحْمِلُونَ أَوْزَارَهُمْ عَلَىٰ ظُهُورِهِمْ
أَلَا سَاءَ مَا يَزِرُونَ 6:32 وَمَا الْحَيَاةُ الدُّنْيَا إِلَّا لَعِبٌ وَلَهْوٌ وَلَلدَّارُ الْآخِرَةُ خَيْرٌ لِلَّذِينَ يَتَّقُونَ أَفَلَا تَعْقِلُونَ 6:33 قَدْ نَعْلَمُ إِنَّهُ لَيَحْزُنُكَ الَّذِي
يَقُولُونَ فَإِنَّهُمْ لَا يُكَذِّبُونَكَ وَلَٰكِنَّ الظَّالِمِينَ بِآيَاتِ اللَّهِ يَجْحَدُونَ 6:34 وَلَقَدْ كُذِّبَتْ رُسُلٌ مِنْ قَبْلِكَ فَصَبَرُوا عَلَىٰ مَا كُذِّبُوا وَأُوذُوا حَتَّىٰ
أَتَاهُمْ نَصْرُنَا وَلَا مُبَدِّلَ لِكَلِمَاتِ اللَّهِ وَلَقَدْ جَاءَكَ مِنْ نَبَإِ الْمُرْسَلِينَ 6:35 وَإِنْ كَانَ كَبُرَ عَلَيْكَ إِعْرَاضُهُمْ فَإِنِ اسْتَطَعْتَ أَنْ تَبْتَغِيَ نَفَقًا فِي
الْأَرْضِ أَوْ سُلَّمًا فِي السَّمَاءِ فَتَأْتِيَهُمْ بِآيَةٍ وَلَوْ شَاءَ اللَّهُ لَجَمَعَهُمْ عَلَى الْهُدَىٰ فَلَا تَكُونَنَّ مِنَ الْجَاهِلِينَ 6:36 إِنَّمَا يَسْتَجِيبُ الَّذِينَ
يَسْمَعُونَ وَالْمَوْتَىٰ يَبْعَثُهُمُ اللَّهُ ثُمَّ إِلَيْهِ يُرْجَعُونَ 6:37 وَقَالُوا لَوْلَا نُزِّلَ عَلَيْهِ آيَةٌ مِنْ رَبِّهِ قُلْ إِنَّ اللَّهَ قَادِرٌ عَلَىٰ أَنْ يُنَزِّلَ آيَةً وَلَٰكِنَّ
أَكْثَرَهُمْ لَا يَعْلَمُونَ 6:38 وَمَا مِنْ دَابَّةٍ فِي الْأَرْضِ وَلَا طَائِرٍ يَطِيرُ بِجَنَاحَيْهِ إِلَّا أُمَمٌ أَمْثَالُكُمْ مَا فَرَّطْنَا فِي الْكِتَابِ مِنْ شَيْءٍ ثُمَّ إِلَىٰ رَبِّهِمْ
يُحْشَرُونَ 6:39 وَالَّذِينَ كَذَّبُوا بِآيَاتِنَا صُمٌّ وَبُكْمٌ فِي الظُّلُمَاتِ مَنْ يَشَإِ اللَّهُ يُضْلِلْهُ وَمَنْ يَشَأْ يَجْعَلْهُ عَلَىٰ صِرَاطٍ مُسْتَقِيمٍ 6:40 قُلْ أَرَأَيْتَكُمْ
إِنْ أَتَاكُمْ عَذَابُ اللَّهِ أَوْ أَتَتْكُمُ السَّاعَةُ أَغَيْرَ اللَّهِ تَدْعُونَ إِنْ كُنْتُمْ صَادِقِينَ 6:41 بَلْ إِيَّاهُ تَدْعُونَ فَيَكْشِفُ مَا تَدْعُونَ إِلَيْهِ إِنْ شَاءَ وَتَنْسَوْنَ
مَا تُشْرِكُونَ 6:42 وَلَقَدْ أَرْسَلْنَا إِلَىٰ أُمَمٍ مِنْ قَبْلِكَ فَأَخَذْنَاهُمْ بِالْبَأْسَاءِ وَالضَّرَّاءِ لَعَلَّهُمْ يَتَضَرَّعُونَ 6:43 فَلَوْلَا إِذْ جَاءَهُمْ بَأْسُنَا تَضَرَّعُوا
وَلَٰكِنْ قَسَتْ قُلُوبُهُمْ وَزَيَّنَ لَهُمُ الشَّيْطَانُ مَا كَانُوا يَعْمَلُونَ 6:44 فَلَمَّا نَسُوا مَا ذُكِّرُوا بِهِ فَتَحْنَا عَلَيْهِمْ أَبْوَابَ كُلِّ شَيْءٍ حَتَّىٰ إِذَا فَرِحُوا
بِمَا أُوتُوا أَخَذْنَاهُمْ بَغْتَةً فَإِذَا هُمْ مُبْلِسُونَ 6:45 فَقُطِعَ دَابِرُ الْقَوْمِ الَّذِينَ ظَلَمُوا وَالْحَمْدُ لِلَّهِ رَبِّ الْعَالَمِينَ 6:46 قُلْ أَرَأَيْتُمْ إِنْ أَخَذَ اللَّهُ
سَمْعَكُمْ وَأَبْصَارَكُمْ وَخَتَمَ عَلَىٰ قُلُوبِكُمْ مَنْ إِلَٰهٌ غَيْرُ اللَّهِ يَأْتِيكُمْ بِهِ انْظُرْ كَيْفَ نُصَرِّفُ الْآيَاتِ ثُمَّ هُمْ يَصْدِفُونَ 6:47 قُلْ أَرَأَيْتَكُمْ إِنْ أَتَاكُمْ
عَذَابُ اللَّهِ بَغْتَةً أَوْ جَهْرَةً هَلْ يُهْلَكُ إِلَّا الْقَوْمُ الظَّالِمُونَ 6:48 وَمَا نُرْسِلُ الْمُرْسَلِينَ إِلَّا مُبَشِّرِينَ وَمُنْذِرِينَ فَمَنْ آمَنَ وَأَصْلَحَ فَلَا خَوْفٌ
عَلَيْهِمْ وَلَا هُمْ يَحْزَنُونَ 6:49 وَالَّذِينَ كَذَّبُوا بِآيَاتِنَا يَمَسُّهُمُ الْعَذَابُ بِمَا كَانُوا يَفْسُقُونَ 6:50 قُلْ لَا أَقُولُ لَكُمْ عِنْدِي خَزَائِنُ اللَّهِ وَلَا أَعْلَمُ
الْغَيْبَ وَلَا أَقُولُ لَكُمْ إِنِّي مَلَكٌ إِنْ أَتَّبِعُ إِلَّا مَا يُوحَىٰ إِلَيَّ قُلْ هَلْ يَسْتَوِي الْأَعْمَىٰ وَالْبَصِيرُ أَفَلَا تَتَفَكَّرُونَ 6:51 وَأَنْذِرْ بِهِ الَّذِينَ يَخَافُونَ
أَنْ يُحْشَرُوا إِلَىٰ رَبِّهِمْ لَيْسَ لَهُمْ مِنْ دُونِهِ وَلِيٌّ وَلَا شَفِيعٌ لَعَلَّهُمْ يَتَّقُونَ 6:52 وَلَا تَطْرُدِ الَّذِينَ يَدْعُونَ رَبَّهُمْ بِالْغَدَاةِ وَالْعَشِيِّ يُرِيدُونَ

وَجْهَهُ مَا عَلَيْكَ مِنْ حِسَابِهِمْ مِنْ شَيْءٍ وَمَا مِنْ حِسَابِكَ عَلَيْهِمْ مِنْ شَيْءٍ فَتَطْرُدَهُمْ فَتَكُونَ مِنَ الظَّالِمِينَ 6:53 وَكَذَٰلِكَ فَتَنَّا بَعْضَهُمْ
بِبَعْضٍ لِيَقُولُوا أَهَٰؤُلَاءِ مَنَّ اللَّهُ عَلَيْهِمْ مِنْ بَيْنِنَا أَلَيْسَ اللَّهُ بِأَعْلَمَ بِالشَّاكِرِينَ 6:54 وَإِذَا جَاءَكَ الَّذِينَ يُؤْمِنُونَ بِآيَاتِنَا فَقُلْ سَلَامٌ عَلَيْكُمْ
كَتَبَ رَبُّكُمْ عَلَىٰ نَفْسِهِ الرَّحْمَةَ أَنَّهُ مَنْ عَمِلَ مِنْكُمْ سُوءًا بِجَهَالَةٍ ثُمَّ تَابَ مِنْ بَعْدِهِ وَأَصْلَحَ فَأَنَّهُ غَفُورٌ رَحِيمٌ 6:55 وَكَذَٰلِكَ نُفَصِّلُ الْآيَاتِ
وَلِتَسْتَبِينَ سَبِيلُ الْمُجْرِمِينَ 6:56 قُلْ إِنِّي نُهِيتُ أَنْ أَعْبُدَ الَّذِينَ تَدْعُونَ مِنْ دُونِ اللَّهِ قُلْ لَا أَتَّبِعُ أَهْوَاءَكُمْ قَدْ ضَلَلْتُ إِذًا وَمَا أَنَا مِنَ
الْمُهْتَدِينَ 6:57 قُلْ إِنِّي عَلَىٰ بَيِّنَةٍ مِنْ رَبِّي وَكَذَّبْتُمْ بِهِ مَا عِنْدِي مَا تَسْتَعْجِلُونَ بِهِ إِنِ الْحُكْمُ إِلَّا لِلَّهِ يَقُصُّ الْحَقَّ وَهُوَ خَيْرُ الْفَاصِلِينَ
6:58 قُلْ لَوْ أَنَّ عِنْدِي مَا تَسْتَعْجِلُونَ بِهِ لَقُضِيَ الْأَمْرُ بَيْنِي وَبَيْنَكُمْ وَاللَّهُ أَعْلَمُ بِالظَّالِمِينَ 6:59 وَعِنْدَهُ مَفَاتِحُ الْغَيْبِ لَا يَعْلَمُهَا إِلَّا هُوَ
وَيَعْلَمُ مَا فِي الْبَرِّ وَالْبَحْرِ وَمَا تَسْقُطُ مِنْ وَرَقَةٍ إِلَّا يَعْلَمُهَا وَلَا حَبَّةٍ فِي ظُلُمَاتِ الْأَرْضِ وَلَا رَطْبٍ وَلَا يَابِسٍ إِلَّا فِي كِتَابٍ مُبِينٍ 6:60 وَهُوَ
الَّذِي يَتَوَفَّاكُمْ بِاللَّيْلِ وَيَعْلَمُ مَا جَرَحْتُمْ بِالنَّهَارِ ثُمَّ يَبْعَثُكُمْ فِيهِ لِيُقْضَىٰ أَجَلٌ مُسَمًّى ثُمَّ إِلَيْهِ مَرْجِعُكُمْ ثُمَّ يُنَبِّئُكُمْ بِمَا كُنْتُمْ تَعْمَلُونَ
6:61 وَهُوَ الْقَاهِرُ فَوْقَ عِبَادِهِ وَيُرْسِلُ عَلَيْكُمْ حَفَظَةً حَتَّىٰ إِذَا جَاءَ أَحَدَكُمُ الْمَوْتُ تَوَفَّتْهُ رُسُلُنَا وَهُمْ لَا يُفَرِّطُونَ 6:62 ثُمَّ رُدُّوا إِلَى اللَّهِ
مَوْلَاهُمُ الْحَقِّ أَلَا لَهُ الْحُكْمُ وَهُوَ أَسْرَعُ الْحَاسِبِينَ 6:63 قُلْ مَنْ يُنَجِّيكُمْ مِنْ ظُلُمَاتِ الْبَرِّ وَالْبَحْرِ تَدْعُونَهُ تَضَرُّعًا وَخُفْيَةً لَئِنْ أَنْجَانَا مِنْ
هَٰذِهِ لَنَكُونَنَّ مِنَ الشَّاكِرِينَ 6:64 قُلِ اللَّهُ يُنَجِّيكُمْ مِنْهَا وَمِنْ كُلِّ كَرْبٍ ثُمَّ أَنْتُمْ تُشْرِكُونَ 6:65 قُلْ هُوَ الْقَادِرُ عَلَىٰ أَنْ يَبْعَثَ عَلَيْكُمْ عَذَابًا
مِنْ فَوْقِكُمْ أَوْ مِنْ تَحْتِ أَرْجُلِكُمْ أَوْ يَلْبِسَكُمْ شِيَعًا وَيُذِيقَ بَعْضَكُمْ بَأْسَ بَعْضٍ انْظُرْ كَيْفَ نُصَرِّفُ الْآيَاتِ لَعَلَّهُمْ يَفْقَهُونَ 6:66 وَكَذَّبَ بِهِ
قَوْمُكَ وَهُوَ الْحَقُّ قُلْ لَسْتُ عَلَيْكُمْ بِوَكِيلٍ 6:67 لِكُلِّ نَبَإٍ مُسْتَقَرٌّ وَسَوْفَ تَعْلَمُونَ 6:68 وَإِذَا رَأَيْتَ الَّذِينَ يَخُوضُونَ فِي آيَاتِنَا فَأَعْرِضْ عَنْهُمْ
حَتَّىٰ يَخُوضُوا فِي حَدِيثٍ غَيْرِهِ وَإِمَّا يُنْسِيَنَّكَ الشَّيْطَانُ فَلَا تَقْعُدْ بَعْدَ الذِّكْرَىٰ مَعَ الْقَوْمِ الظَّالِمِينَ 6:69 وَمَا عَلَى الَّذِينَ يَتَّقُونَ مِنْ
حِسَابِهِمْ مِنْ شَيْءٍ وَلَٰكِنْ ذِكْرَىٰ لَعَلَّهُمْ يَتَّقُونَ 6:70 وَذَرِ الَّذِينَ اتَّخَذُوا دِينَهُمْ لَعِبًا وَلَهْوًا وَغَرَّتْهُمُ الْحَيَاةُ الدُّنْيَا وَذَكِّرْ بِهِ أَنْ تُبْسَلَ
نَفْسٌ بِمَا كَسَبَتْ لَيْسَ لَهَا مِنْ دُونِ اللَّهِ وَلِيٌّ وَلَا شَفِيعٌ وَإِنْ تَعْدِلْ كُلَّ عَدْلٍ لَا يُؤْخَذْ مِنْهَا أُولَٰئِكَ الَّذِينَ أُبْسِلُوا بِمَا كَسَبُوا لَهُمْ شَرَابٌ
مِنْ حَمِيمٍ وَعَذَابٌ أَلِيمٌ بِمَا كَانُوا يَكْفُرُونَ 6:71 قُلْ أَنَدْعُو مِنْ دُونِ اللَّهِ مَا لَا يَنْفَعُنَا وَلَا يَضُرُّنَا وَنُرَدُّ عَلَىٰ أَعْقَابِنَا بَعْدَ إِذْ هَدَانَا اللَّهُ
كَالَّذِي اسْتَهْوَتْهُ الشَّيَاطِينُ فِي الْأَرْضِ حَيْرَانَ لَهُ أَصْحَابٌ يَدْعُونَهُ إِلَى الْهُدَى ائْتِنَا قُلْ إِنَّ هُدَى اللَّهِ هُوَ الْهُدَىٰ وَأُمِرْنَا لِنُسْلِمَ لِرَبِّ
الْعَالَمِينَ 6:72 وَأَنْ أَقِيمُوا الصَّلَاةَ وَاتَّقُوهُ وَهُوَ الَّذِي إِلَيْهِ تُحْشَرُونَ 6:73 وَهُوَ الَّذِي خَلَقَ السَّمَاوَاتِ وَالْأَرْضَ بِالْحَقِّ وَيَوْمَ يَقُولُ كُنْ
فَيَكُونُ قَوْلُهُ الْحَقُّ وَلَهُ الْمُلْكُ يَوْمَ يُنْفَخُ فِي الصُّورِ عَالِمُ الْغَيْبِ وَالشَّهَادَةِ وَهُوَ الْحَكِيمُ الْخَبِيرُ 6:74 وَإِذْ قَالَ إِبْرَاهِيمُ لِأَبِيهِ آزَرَ أَتَتَّخِذُ
أَصْنَامًا آلِهَةً إِنِّي أَرَاكَ وَقَوْمَكَ فِي ضَلَالٍ مُبِينٍ 6:75 وَكَذَٰلِكَ نُرِي إِبْرَاهِيمَ مَلَكُوتَ السَّمَاوَاتِ وَالْأَرْضِ وَلِيَكُونَ مِنَ الْمُوقِنِينَ 6:76 فَلَمَّا
جَنَّ عَلَيْهِ اللَّيْلُ رَأَىٰ كَوْكَبًا قَالَ هَٰذَا رَبِّي فَلَمَّا أَفَلَ قَالَ لَا أُحِبُّ الْآفِلِينَ 6:77 فَلَمَّا رَأَى الْقَمَرَ بَازِغًا قَالَ هَٰذَا رَبِّي فَلَمَّا أَفَلَ قَالَ لَئِنْ لَمْ
يَهْدِنِي رَبِّي لَأَكُونَنَّ مِنَ الْقَوْمِ الضَّالِّينَ 6:78 فَلَمَّا رَأَى الشَّمْسَ بَازِغَةً قَالَ هَٰذَا رَبِّي هَٰذَا أَكْبَرُ فَلَمَّا أَفَلَتْ قَالَ يَا قَوْمِ إِنِّي بَرِيءٌ مِمَّا
تُشْرِكُونَ 6:79 إِنِّي وَجَّهْتُ وَجْهِيَ لِلَّذِي فَطَرَ السَّمَاوَاتِ وَالْأَرْضَ حَنِيفًا وَمَا أَنَا مِنَ الْمُشْرِكِينَ 6:80 وَحَاجَّهُ قَوْمُهُ قَالَ أَتُحَاجُّونِّي فِي
اللَّهِ وَقَدْ هَدَانِ وَلَا أَخَافُ مَا تُشْرِكُونَ بِهِ إِلَّا أَنْ يَشَاءَ رَبِّي شَيْئًا وَسِعَ رَبِّي كُلَّ شَيْءٍ عِلْمًا أَفَلَا تَتَذَكَّرُونَ 6:81 وَكَيْفَ أَخَافُ مَا أَشْرَكْتُمْ
وَلَا تَخَافُونَ أَنَّكُمْ أَشْرَكْتُمْ بِاللَّهِ مَا لَمْ يُنَزِّلْ بِهِ عَلَيْكُمْ سُلْطَانًا فَأَيُّ الْفَرِيقَيْنِ أَحَقُّ بِالْأَمْنِ إِنْ كُنْتُمْ تَعْلَمُونَ 6:82 الَّذِينَ آمَنُوا وَلَمْ يَلْبِسُوا
إِيمَانَهُمْ بِظُلْمٍ أُولَٰئِكَ لَهُمُ الْأَمْنُ وَهُمْ مُهْتَدُونَ 6:83 وَتِلْكَ حُجَّتُنَا آتَيْنَاهَا إِبْرَاهِيمَ عَلَىٰ قَوْمِهِ نَرْفَعُ دَرَجَاتٍ مَنْ نَشَاءُ إِنَّ رَبَّكَ حَكِيمٌ
عَلِيمٌ 6:84 وَوَهَبْنَا لَهُ إِسْحَاقَ وَيَعْقُوبَ كُلًّا هَدَيْنَا وَنُوحًا هَدَيْنَا مِنْ قَبْلُ وَمِنْ ذُرِّيَّتِهِ دَاوُودَ وَسُلَيْمَانَ وَأَيُّوبَ وَيُوسُفَ وَمُوسَىٰ وَهَارُونَ
وَكَذَٰلِكَ نَجْزِي الْمُحْسِنِينَ 6:85 وَزَكَرِيَّا وَيَحْيَىٰ وَعِيسَىٰ وَإِلْيَاسَ كُلٌّ مِنَ الصَّالِحِينَ 6:86 وَإِسْمَاعِيلَ وَالْيَسَعَ وَيُونُسَ وَلُوطًا وَكُلًّا فَضَّلْنَا
عَلَى الْعَالَمِينَ 6:87 وَمِنْ آبَائِهِمْ وَذُرِّيَّاتِهِمْ وَإِخْوَانِهِمْ وَاجْتَبَيْنَاهُمْ وَهَدَيْنَاهُمْ إِلَىٰ صِرَاطٍ مُسْتَقِيمٍ 6:88 ذَٰلِكَ هُدَى اللَّهِ يَهْدِي بِهِ مَنْ

يَشَاءُ مِنْ عِبَادِهِ وَلَوْ أَشْرَكُوا لَحَبِطَ عَنْهُمْ مَا كَانُوا يَعْمَلُونَ 6:89 أُولَٰئِكَ الَّذِينَ آتَيْنَاهُمُ الْكِتَابَ وَالْحُكْمَ وَالنُّبُوَّةَ فَإِنْ يَكْفُرْ بِهَا هَٰؤُلَاءِ فَقَدْ
وَكَّلْنَا بِهَا قَوْمًا لَيْسُوا بِهَا بِكَافِرِينَ 6:90 أُولَٰئِكَ الَّذِينَ هَدَى اللَّهُ فَبِهُدَاهُمُ اقْتَدِهْ قُلْ لَا أَسْأَلُكُمْ عَلَيْهِ أَجْرًا إِنْ هُوَ إِلَّا ذِكْرَىٰ لِلْعَالَمِينَ 6:91
وَمَا قَدَرُوا اللَّهَ حَقَّ قَدْرِهِ إِذْ قَالُوا مَا أَنْزَلَ اللَّهُ عَلَىٰ بَشَرٍ مِنْ شَيْءٍ قُلْ مَنْ أَنْزَلَ الْكِتَابَ الَّذِي جَاءَ بِهِ مُوسَىٰ نُورًا وَهُدًى لِلنَّاسِ
تَجْعَلُونَهُ قَرَاطِيسَ تُبْدُونَهَا وَتُخْفُونَ كَثِيرًا وَعُلِّمْتُمْ مَا لَمْ تَعْلَمُوا أَنْتُمْ وَلَا آبَاؤُكُمْ قُلِ اللَّهُ ثُمَّ ذَرْهُمْ فِي خَوْضِهِمْ يَلْعَبُونَ 6:92 وَهَٰذَا
كِتَابٌ أَنْزَلْنَاهُ مُبَارَكٌ مُصَدِّقُ الَّذِي بَيْنَ يَدَيْهِ وَلِتُنْذِرَ أُمَّ الْقُرَىٰ وَمَنْ حَوْلَهَا وَالَّذِينَ يُؤْمِنُونَ بِالْآخِرَةِ يُؤْمِنُونَ بِهِ وَهُمْ عَلَىٰ صَلَاتِهِمْ
يُحَافِظُونَ 6:93 وَمَنْ أَظْلَمُ مِمَّنِ افْتَرَىٰ عَلَى اللَّهِ كَذِبًا أَوْ قَالَ أُوحِيَ إِلَيَّ وَلَمْ يُوحَ إِلَيْهِ شَيْءٌ وَمَنْ قَالَ سَأُنْزِلُ مِثْلَ مَا أَنْزَلَ اللَّهُ وَلَوْ
تَرَىٰ إِذِ الظَّالِمُونَ فِي غَمَرَاتِ الْمَوْتِ وَالْمَلَائِكَةُ بَاسِطُو أَيْدِيهِمْ أَخْرِجُوا أَنْفُسَكُمُ الْيَوْمَ تُجْزَوْنَ عَذَابَ الْهُونِ بِمَا كُنْتُمْ تَقُولُونَ عَلَى
اللَّهِ غَيْرَ الْحَقِّ وَكُنْتُمْ عَنْ آيَاتِهِ تَسْتَكْبِرُونَ 6:94 وَلَقَدْ جِئْتُمُونَا فُرَادَىٰ كَمَا خَلَقْنَاكُمْ أَوَّلَ مَرَّةٍ وَتَرَكْتُمْ مَا خَوَّلْنَاكُمْ وَرَاءَ ظُهُورِكُمْ وَمَا
نَرَىٰ مَعَكُمْ شُفَعَاءَكُمُ الَّذِينَ زَعَمْتُمْ أَنَّهُمْ فِيكُمْ شُرَكَاءُ لَقَدْ تَقَطَّعَ بَيْنَكُمْ وَضَلَّ عَنْكُمْ مَا كُنْتُمْ تَزْعُمُونَ 6:95 إِنَّ اللَّهَ فَالِقُ الْحَبِّ وَالنَّوَىٰ
يُخْرِجُ الْحَيَّ مِنَ الْمَيِّتِ وَمُخْرِجُ الْمَيِّتِ مِنَ الْحَيِّ ذَٰلِكُمُ اللَّهُ فَأَنَّىٰ تُؤْفَكُونَ 6:96 فَالِقُ الْإِصْبَاحِ وَجَعَلَ اللَّيْلَ سَكَنًا وَالشَّمْسَ وَالْقَمَرَ
حُسْبَانًا ذَٰلِكَ تَقْدِيرُ الْعَزِيزِ الْعَلِيمِ 6:97 وَهُوَ الَّذِي جَعَلَ لَكُمُ النُّجُومَ لِتَهْتَدُوا بِهَا فِي ظُلُمَاتِ الْبَرِّ وَالْبَحْرِ قَدْ فَصَّلْنَا الْآيَاتِ لِقَوْمٍ يَعْلَمُونَ
6:98 وَهُوَ الَّذِي أَنْشَأَكُمْ مِنْ نَفْسٍ وَاحِدَةٍ فَمُسْتَقَرٌّ وَمُسْتَوْدَعٌ قَدْ فَصَّلْنَا الْآيَاتِ لِقَوْمٍ يَفْقَهُونَ 6:99 وَهُوَ الَّذِي أَنْزَلَ مِنَ السَّمَاءِ مَاءً
فَأَخْرَجْنَا بِهِ نَبَاتَ كُلِّ شَيْءٍ فَأَخْرَجْنَا مِنْهُ خَضِرًا نُخْرِجُ مِنْهُ حَبًّا مُتَرَاكِبًا وَمِنَ النَّخْلِ مِنْ طَلْعِهَا قِنْوَانٌ دَانِيَةٌ وَجَنَّاتٍ مِنْ أَعْنَابٍ وَالزَّيْتُونَ
وَالرُّمَّانَ مُشْتَبِهًا وَغَيْرَ مُتَشَابِهٍ انْظُرُوا إِلَىٰ ثَمَرِهِ إِذَا أَثْمَرَ وَيَنْعِهِ إِنَّ فِي ذَٰلِكُمْ لَآيَاتٍ لِقَوْمٍ يُؤْمِنُونَ 6:100 وَجَعَلُوا لِلَّهِ شُرَكَاءَ الْجِنَّ
وَخَلَقَهُمْ وَخَرَقُوا لَهُ بَنِينَ وَبَنَاتٍ بِغَيْرِ عِلْمٍ سُبْحَانَهُ وَتَعَالَىٰ عَمَّا يَصِفُونَ 6:101 بَدِيعُ السَّمَاوَاتِ وَالْأَرْضِ أَنَّىٰ يَكُونُ لَهُ وَلَدٌ وَلَمْ تَكُنْ لَهُ
صَاحِبَةٌ وَخَلَقَ كُلَّ شَيْءٍ وَهُوَ بِكُلِّ شَيْءٍ عَلِيمٌ 6:102 ذَٰلِكُمُ اللَّهُ رَبُّكُمْ لَا إِلَٰهَ إِلَّا هُوَ خَالِقُ كُلِّ شَيْءٍ فَاعْبُدُوهُ وَهُوَ عَلَىٰ كُلِّ شَيْءٍ وَكِيلٌ
6:103 لَا تُدْرِكُهُ الْأَبْصَارُ وَهُوَ يُدْرِكُ الْأَبْصَارَ وَهُوَ اللَّطِيفُ الْخَبِيرُ 6:104 قَدْ جَاءَكُمْ بَصَائِرُ مِنْ رَبِّكُمْ فَمَنْ أَبْصَرَ فَلِنَفْسِهِ وَمَنْ عَمِيَ فَعَلَيْهَا
وَمَا أَنَا عَلَيْكُمْ بِحَفِيظٍ 6:105 وَكَذَٰلِكَ نُصَرِّفُ الْآيَاتِ وَلِيَقُولُوا دَرَسْتَ وَلِنُبَيِّنَهُ لِقَوْمٍ يَعْلَمُونَ 6:106 اتَّبِعْ مَا أُوحِيَ إِلَيْكَ مِنْ رَبِّكَ لَا إِلَٰهَ إِلَّا
هُوَ وَأَعْرِضْ عَنِ الْمُشْرِكِينَ 6:107 وَلَوْ شَاءَ اللَّهُ مَا أَشْرَكُوا وَمَا جَعَلْنَاكَ عَلَيْهِمْ حَفِيظًا وَمَا أَنْتَ عَلَيْهِمْ بِوَكِيلٍ 6:108 وَلَا تَسُبُّوا الَّذِينَ
يَدْعُونَ مِنْ دُونِ اللَّهِ فَيَسُبُّوا اللَّهَ عَدْوًا بِغَيْرِ عِلْمٍ كَذَٰلِكَ زَيَّنَّا لِكُلِّ أُمَّةٍ عَمَلَهُمْ ثُمَّ إِلَىٰ رَبِّهِمْ مَرْجِعُهُمْ فَيُنَبِّئُهُمْ بِمَا كَانُوا يَعْمَلُونَ
6:109 وَأَقْسَمُوا بِاللَّهِ جَهْدَ أَيْمَانِهِمْ لَئِنْ جَاءَتْهُمْ آيَةٌ لَيُؤْمِنُنَّ بِهَا قُلْ إِنَّمَا الْآيَاتُ عِنْدَ اللَّهِ وَمَا يُشْعِرُكُمْ أَنَّهَا إِذَا جَاءَتْ لَا يُؤْمِنُونَ 6:110
وَنُقَلِّبُ أَفْئِدَتَهُمْ وَأَبْصَارَهُمْ كَمَا لَمْ يُؤْمِنُوا بِهِ أَوَّلَ مَرَّةٍ وَنَذَرُهُمْ فِي طُغْيَانِهِمْ يَعْمَهُونَ 6:111 وَلَوْ أَنَّنَا نَزَّلْنَا إِلَيْهِمُ الْمَلَائِكَةَ وَكَلَّمَهُمُ
الْمَوْتَىٰ وَحَشَرْنَا عَلَيْهِمْ كُلَّ شَيْءٍ قُبُلًا مَا كَانُوا لِيُؤْمِنُوا إِلَّا أَنْ يَشَاءَ اللَّهُ وَلَٰكِنَّ أَكْثَرَهُمْ يَجْهَلُونَ 6:112 وَكَذَٰلِكَ جَعَلْنَا لِكُلِّ نَبِيٍّ عَدُوًّا
شَيَاطِينَ الْإِنْسِ وَالْجِنِّ يُوحِي بَعْضُهُمْ إِلَىٰ بَعْضٍ زُخْرُفَ الْقَوْلِ غُرُورًا وَلَوْ شَاءَ رَبُّكَ مَا فَعَلُوهُ فَذَرْهُمْ وَمَا يَفْتَرُونَ 6:113 وَلِتَصْغَىٰ إِلَيْهِ
أَفْئِدَةُ الَّذِينَ لَا يُؤْمِنُونَ بِالْآخِرَةِ وَلِيَرْضَوْهُ وَلِيَقْتَرِفُوا مَا هُمْ مُقْتَرِفُونَ 6:114 أَفَغَيْرَ اللَّهِ أَبْتَغِي حَكَمًا وَهُوَ الَّذِي أَنْزَلَ إِلَيْكُمُ الْكِتَابَ مُفَصَّلًا
وَالَّذِينَ آتَيْنَاهُمُ الْكِتَابَ يَعْلَمُونَ أَنَّهُ مُنَزَّلٌ مِنْ رَبِّكَ بِالْحَقِّ فَلَا تَكُونَنَّ مِنَ الْمُمْتَرِينَ 6:115 وَتَمَّتْ كَلِمَتُ رَبِّكَ صِدْقًا وَعَدْلًا لَا مُبَدِّلَ
لِكَلِمَاتِهِ وَهُوَ السَّمِيعُ الْعَلِيمُ 6:116 وَإِنْ تُطِعْ أَكْثَرَ مَنْ فِي الْأَرْضِ يُضِلُّوكَ عَنْ سَبِيلِ اللَّهِ إِنْ يَتَّبِعُونَ إِلَّا الظَّنَّ وَإِنْ هُمْ إِلَّا يَخْرُصُونَ 6:117
إِنَّ رَبَّكَ هُوَ أَعْلَمُ مَنْ يَضِلُّ عَنْ سَبِيلِهِ وَهُوَ أَعْلَمُ بِالْمُهْتَدِينَ 6:118 فَكُلُوا مِمَّا ذُكِرَ اسْمُ اللَّهِ عَلَيْهِ إِنْ كُنْتُمْ بِآيَاتِهِ مُؤْمِنِينَ 6:119 وَمَا لَكُمْ
أَلَّا تَأْكُلُوا مِمَّا ذُكِرَ اسْمُ اللَّهِ عَلَيْهِ وَقَدْ فَصَّلَ لَكُمْ مَا حَرَّمَ عَلَيْكُمْ إِلَّا مَا اضْطُرِرْتُمْ إِلَيْهِ وَإِنَّ كَثِيرًا لَيُضِلُّونَ بِأَهْوَائِهِمْ بِغَيْرِ عِلْمٍ إِنَّ رَبَّكَ
هُوَ أَعْلَمُ بِالْمُعْتَدِينَ 6:120 وَذَرُوا ظَاهِرَ الْإِثْمِ وَبَاطِنَهُ إِنَّ الَّذِينَ يَكْسِبُونَ الْإِثْمَ سَيُجْزَوْنَ بِمَا كَانُوا يَقْتَرِفُونَ 6:121 وَلَا تَأْكُلُوا مِمَّا لَمْ يُذْكَرِ

اسْمُ اللَّهِ عَلَيْهِ وَإِنَّهُ لَفِسْقٌ وَإِنَّ الشَّيَاطِينَ لَيُوحُونَ إِلَىٰ أَوْلِيَائِهِمْ لِيُجَادِلُوكُمْ وَإِنْ أَطَعْتُمُوهُمْ إِنَّكُمْ لَمُشْرِكُونَ 6:122 أَوَمَنْ كَانَ مَيْتًا
فَأَحْيَيْنَاهُ وَجَعَلْنَا لَهُ نُورًا يَمْشِي بِهِ فِي النَّاسِ كَمَنْ مَثَلُهُ فِي الظُّلُمَاتِ لَيْسَ بِخَارِجٍ مِنْهَا كَذَٰلِكَ زُيِّنَ لِلْكَافِرِينَ مَا كَانُوا يَعْمَلُونَ 6:123
وَكَذَٰلِكَ جَعَلْنَا فِي كُلِّ قَرْيَةٍ أَكَابِرَ مُجْرِمِيهَا لِيَمْكُرُوا فِيهَا وَمَا يَمْكُرُونَ إِلَّا بِأَنْفُسِهِمْ وَمَا يَشْعُرُونَ 6:124 وَإِذَا جَاءَتْهُمْ آيَةٌ قَالُوا لَنْ نُؤْمِنَ
حَتَّىٰ نُؤْتَىٰ مِثْلَ مَا أُوتِيَ رُسُلُ اللَّهِ اللَّهُ أَعْلَمُ حَيْثُ يَجْعَلُ رِسَالَتَهُ سَيُصِيبُ الَّذِينَ أَجْرَمُوا صَغَارٌ عِنْدَ اللَّهِ وَعَذَابٌ شَدِيدٌ بِمَا كَانُوا
يَمْكُرُونَ 6:125 فَمَنْ يُرِدِ اللَّهُ أَنْ يَهْدِيَهُ يَشْرَحْ صَدْرَهُ لِلْإِسْلَامِ وَمَنْ يُرِدْ أَنْ يُضِلَّهُ يَجْعَلْ صَدْرَهُ ضَيِّقًا حَرَجًا كَأَنَّمَا يَصَّعَّدُ فِي السَّمَاءِ
كَذَٰلِكَ يَجْعَلُ اللَّهُ الرِّجْسَ عَلَى الَّذِينَ لَا يُؤْمِنُونَ 6:126 وَهَٰذَا صِرَاطُ رَبِّكَ مُسْتَقِيمًا قَدْ فَصَّلْنَا الْآيَاتِ لِقَوْمٍ يَذَّكَّرُونَ 6:127 لَهُمْ دَارُ السَّلَامِ
عِنْدَ رَبِّهِمْ وَهُوَ وَلِيُّهُمْ بِمَا كَانُوا يَعْمَلُونَ 6:128 وَيَوْمَ يَحْشُرُهُمْ جَمِيعًا يَا مَعْشَرَ الْجِنِّ قَدِ اسْتَكْثَرْتُمْ مِنَ الْإِنْسِ وَقَالَ أَوْلِيَاؤُهُمْ مِنَ
الْإِنْسِ رَبَّنَا اسْتَمْتَعَ بَعْضُنَا بِبَعْضٍ وَبَلَغْنَا أَجَلَنَا الَّذِي أَجَّلْتَ لَنَا قَالَ النَّارُ مَثْوَاكُمْ خَالِدِينَ فِيهَا إِلَّا مَا شَاءَ اللَّهُ إِنَّ رَبَّكَ حَكِيمٌ عَلِيمٌ 6:129
وَكَذَٰلِكَ نُوَلِّي بَعْضَ الظَّالِمِينَ بَعْضًا بِمَا كَانُوا يَكْسِبُونَ 6:130 يَا مَعْشَرَ الْجِنِّ وَالْإِنْسِ أَلَمْ يَأْتِكُمْ رُسُلٌ مِنْكُمْ يَقُصُّونَ عَلَيْكُمْ آيَاتِي
وَيُنْذِرُونَكُمْ لِقَاءَ يَوْمِكُمْ هَٰذَا قَالُوا شَهِدْنَا عَلَىٰ أَنْفُسِنَا وَغَرَّتْهُمُ الْحَيَاةُ الدُّنْيَا وَشَهِدُوا عَلَىٰ أَنْفُسِهِمْ أَنَّهُمْ كَانُوا كَافِرِينَ 6:131 ذَٰلِكَ أَنْ
لَمْ يَكُنْ رَبُّكَ مُهْلِكَ الْقُرَىٰ بِظُلْمٍ وَأَهْلُهَا غَافِلُونَ 6:132 وَلِكُلٍّ دَرَجَاتٌ مِمَّا عَمِلُوا وَمَا رَبُّكَ بِغَافِلٍ عَمَّا يَعْمَلُونَ 6:133 وَرَبُّكَ الْغَنِيُّ ذُو
الرَّحْمَةِ إِنْ يَشَأْ يُذْهِبْكُمْ وَيَسْتَخْلِفْ مِنْ بَعْدِكُمْ مَا يَشَاءُ كَمَا أَنْشَأَكُمْ مِنْ ذُرِّيَّةِ قَوْمٍ آخَرِينَ 6:134 إِنَّ مَا تُوعَدُونَ لَآتٍ وَمَا أَنْتُمْ بِمُعْجِزِينَ
6:135 قُلْ يَا قَوْمِ اعْمَلُوا عَلَىٰ مَكَانَتِكُمْ إِنِّي عَامِلٌ فَسَوْفَ تَعْلَمُونَ مَنْ تَكُونُ لَهُ عَاقِبَةُ الدَّارِ إِنَّهُ لَا يُفْلِحُ الظَّالِمُونَ 6:136 وَجَعَلُوا لِلَّهِ
مِمَّا ذَرَأَ مِنَ الْحَرْثِ وَالْأَنْعَامِ نَصِيبًا فَقَالُوا هَٰذَا لِلَّهِ بِزَعْمِهِمْ وَهَٰذَا لِشُرَكَائِنَا فَمَا كَانَ لِشُرَكَائِهِمْ فَلَا يَصِلُ إِلَى اللَّهِ وَمَا كَانَ لِلَّهِ فَهُوَ يَصِلُ
إِلَىٰ شُرَكَائِهِمْ سَاءَ مَا يَحْكُمُونَ 6:137 وَكَذَٰلِكَ زَيَّنَ لِكَثِيرٍ مِنَ الْمُشْرِكِينَ قَتْلَ أَوْلَادِهِمْ شُرَكَاؤُهُمْ لِيُرْدُوهُمْ وَلِيَلْبِسُوا عَلَيْهِمْ دِينَهُمْ وَلَوْ
شَاءَ اللَّهُ مَا فَعَلُوهُ فَذَرْهُمْ وَمَا يَفْتَرُونَ 6:138 وَقَالُوا هَٰذِهِ أَنْعَامٌ وَحَرْثٌ حِجْرٌ لَا يَطْعَمُهَا إِلَّا مَنْ نَشَاءُ بِزَعْمِهِمْ وَأَنْعَامٌ حُرِّمَتْ ظُهُورُهَا
وَأَنْعَامٌ لَا يَذْكُرُونَ اسْمَ اللَّهِ عَلَيْهَا افْتِرَاءً عَلَيْهِ سَيَجْزِيهِمْ بِمَا كَانُوا يَفْتَرُونَ 6:139 وَقَالُوا مَا فِي بُطُونِ هَٰذِهِ الْأَنْعَامِ خَالِصَةٌ لِذُكُورِنَا
وَمُحَرَّمٌ عَلَىٰ أَزْوَاجِنَا وَإِنْ يَكُنْ مَيْتَةً فَهُمْ فِيهِ شُرَكَاءُ سَيَجْزِيهِمْ وَصْفَهُمْ إِنَّهُ حَكِيمٌ عَلِيمٌ 6:140 قَدْ خَسِرَ الَّذِينَ قَتَلُوا أَوْلَادَهُمْ سَفَهًا
بِغَيْرِ عِلْمٍ وَحَرَّمُوا مَا رَزَقَهُمُ اللَّهُ افْتِرَاءً عَلَى اللَّهِ قَدْ ضَلُّوا وَمَا كَانُوا مُهْتَدِينَ 6:141 وَهُوَ الَّذِي أَنْشَأَ جَنَّاتٍ مَعْرُوشَاتٍ وَغَيْرَ مَعْرُوشَاتٍ
وَالنَّخْلَ وَالزَّرْعَ مُخْتَلِفًا أُكُلُهُ وَالزَّيْتُونَ وَالرُّمَّانَ مُتَشَابِهًا وَغَيْرَ مُتَشَابِهٍ كُلُوا مِنْ ثَمَرِهِ إِذَا أَثْمَرَ وَآتُوا حَقَّهُ يَوْمَ حَصَادِهِ وَلَا تُسْرِفُوا إِنَّهُ لَا
يُحِبُّ الْمُسْرِفِينَ 6:142 وَمِنَ الْأَنْعَامِ حَمُولَةً وَفَرْشًا كُلُوا مِمَّا رَزَقَكُمُ اللَّهُ وَلَا تَتَّبِعُوا خُطُوَاتِ الشَّيْطَانِ إِنَّهُ لَكُمْ عَدُوٌّ مُبِينٌ 6:143 ثَمَانِيَةَ
أَزْوَاجٍ مِنَ الضَّأْنِ اثْنَيْنِ وَمِنَ الْمَعْزِ اثْنَيْنِ قُلْ آلذَّكَرَيْنِ حَرَّمَ أَمِ الْأُنْثَيَيْنِ أَمَّا اشْتَمَلَتْ عَلَيْهِ أَرْحَامُ الْأُنْثَيَيْنِ نَبِّئُونِي بِعِلْمٍ إِنْ كُنْتُمْ صَادِقِينَ
6:144 وَمِنَ الْإِبِلِ اثْنَيْنِ وَمِنَ الْبَقَرِ اثْنَيْنِ قُلْ آلذَّكَرَيْنِ حَرَّمَ أَمِ الْأُنْثَيَيْنِ أَمَّا اشْتَمَلَتْ عَلَيْهِ أَرْحَامُ الْأُنْثَيَيْنِ أَمْ كُنْتُمْ شُهَدَاءَ إِذْ وَصَّاكُمُ اللَّهُ
بِهَٰذَا فَمَنْ أَظْلَمُ مِمَّنِ افْتَرَىٰ عَلَى اللَّهِ كَذِبًا لِيُضِلَّ النَّاسَ بِغَيْرِ عِلْمٍ إِنَّ اللَّهَ لَا يَهْدِي الْقَوْمَ الظَّالِمِينَ 6:145 قُلْ لَا أَجِدُ فِي مَا أُوحِيَ
إِلَيَّ مُحَرَّمًا عَلَىٰ طَاعِمٍ يَطْعَمُهُ إِلَّا أَنْ يَكُونَ مَيْتَةً أَوْ دَمًا مَسْفُوحًا أَوْ لَحْمَ خِنْزِيرٍ فَإِنَّهُ رِجْسٌ أَوْ فِسْقًا أُهِلَّ لِغَيْرِ اللَّهِ بِهِ فَمَنِ اضْطُرَّ
غَيْرَ بَاغٍ وَلَا عَادٍ فَإِنَّ رَبَّكَ غَفُورٌ رَحِيمٌ 6:146 وَعَلَى الَّذِينَ هَادُوا حَرَّمْنَا كُلَّ ذِي ظُفُرٍ وَمِنَ الْبَقَرِ وَالْغَنَمِ حَرَّمْنَا عَلَيْهِمْ شُحُومَهُمَا إِلَّا مَا
حَمَلَتْ ظُهُورُهُمَا أَوِ الْحَوَايَا أَوْ مَا اخْتَلَطَ بِعَظْمٍ ذَٰلِكَ جَزَيْنَاهُمْ بِبَغْيِهِمْ وَإِنَّا لَصَادِقُونَ 6:147 فَإِنْ كَذَّبُوكَ فَقُلْ رَبُّكُمْ ذُو رَحْمَةٍ وَاسِعَةٍ
وَلَا يُرَدُّ بَأْسُهُ عَنِ الْقَوْمِ الْمُجْرِمِينَ 6:148 سَيَقُولُ الَّذِينَ أَشْرَكُوا لَوْ شَاءَ اللَّهُ مَا أَشْرَكْنَا وَلَا آبَاؤُنَا وَلَا حَرَّمْنَا مِنْ شَيْءٍ كَذَٰلِكَ كَذَّبَ الَّذِينَ
مِنْ قَبْلِهِمْ حَتَّىٰ ذَاقُوا بَأْسَنَا قُلْ هَلْ عِنْدَكُمْ مِنْ عِلْمٍ فَتُخْرِجُوهُ لَنَا إِنْ تَتَّبِعُونَ إِلَّا الظَّنَّ وَإِنْ أَنْتُمْ إِلَّا تَخْرُصُونَ 6:149 قُلْ فَلِلَّهِ الْحُجَّةُ
الْبَالِغَةُ فَلَوْ شَاءَ لَهَدَاكُمْ أَجْمَعِينَ 6:150 قُلْ هَلُمَّ شُهَدَاءَكُمُ الَّذِينَ يَشْهَدُونَ أَنَّ اللَّهَ حَرَّمَ هَٰذَا فَإِنْ شَهِدُوا فَلَا تَشْهَدْ مَعَهُمْ وَلَا تَتَّبِعْ

أَهْوَاءَ الَّذِينَ كَذَّبُوا بِآيَاتِنَا وَالَّذِينَ لَا يُؤْمِنُونَ بِالْآخِرَةِ وَهُمْ بِرَبِّهِمْ يَعْدِلُونَ 6:151 قُلْ تَعَالَوْا أَتْلُ مَا حَرَّمَ رَبُّكُمْ عَلَيْكُمْ أَلَّا تُشْرِكُوا بِهِ شَيْئًا
وَبِالْوَالِدَيْنِ إِحْسَانًا وَلَا تَقْتُلُوا أَوْلَادَكُمْ مِنْ إِمْلَاقٍ نَحْنُ نَرْزُقُكُمْ وَإِيَّاهُمْ وَلَا تَقْرَبُوا الْفَوَاحِشَ مَا ظَهَرَ مِنْهَا وَمَا بَطَنَ وَلَا تَقْتُلُوا النَّفْسَ
الَّتِي حَرَّمَ اللَّهُ إِلَّا بِالْحَقِّ ذَٰلِكُمْ وَصَّاكُمْ بِهِ لَعَلَّكُمْ تَعْقِلُونَ 6:152 وَلَا تَقْرَبُوا مَالَ الْيَتِيمِ إِلَّا بِالَّتِي هِيَ أَحْسَنُ حَتَّىٰ يَبْلُغَ أَشُدَّهُ وَأَوْفُوا
الْكَيْلَ وَالْمِيزَانَ بِالْقِسْطِ لَا نُكَلِّفُ نَفْسًا إِلَّا وُسْعَهَا وَإِذَا قُلْتُمْ فَاعْدِلُوا وَلَوْ كَانَ ذَا قُرْبَىٰ وَبِعَهْدِ اللَّهِ أَوْفُوا ذَٰلِكُمْ وَصَّاكُمْ بِهِ لَعَلَّكُمْ
تَذَكَّرُونَ 6:153 وَأَنَّ هَٰذَا صِرَاطِي مُسْتَقِيمًا فَاتَّبِعُوهُ وَلَا تَتَّبِعُوا السُّبُلَ فَتَفَرَّقَ بِكُمْ عَنْ سَبِيلِهِ ذَٰلِكُمْ وَصَّاكُمْ بِهِ لَعَلَّكُمْ تَتَّقُونَ 6:154 ثُمَّ
آتَيْنَا مُوسَى الْكِتَابَ تَمَامًا عَلَى الَّذِي أَحْسَنَ وَتَفْصِيلًا لِكُلِّ شَيْءٍ وَهُدًى وَرَحْمَةً لَعَلَّهُمْ بِلِقَاءِ رَبِّهِمْ يُؤْمِنُونَ 6:155 وَهَٰذَا كِتَابٌ أَنْزَلْنَاهُ
مُبَارَكٌ فَاتَّبِعُوهُ وَاتَّقُوا لَعَلَّكُمْ تُرْحَمُونَ 6:156 أَنْ تَقُولُوا إِنَّمَا أُنْزِلَ الْكِتَابُ عَلَىٰ طَائِفَتَيْنِ مِنْ قَبْلِنَا وَإِنْ كُنَّا عَنْ دِرَاسَتِهِمْ لَغَافِلِينَ 6:157
أَوْ تَقُولُوا لَوْ أَنَّا أُنْزِلَ عَلَيْنَا الْكِتَابُ لَكُنَّا أَهْدَىٰ مِنْهُمْ فَقَدْ جَاءَكُمْ بَيِّنَةٌ مِنْ رَبِّكُمْ وَهُدًى وَرَحْمَةٌ فَمَنْ أَظْلَمُ مِمَّنْ كَذَّبَ بِآيَاتِ اللَّهِ وَصَدَفَ
عَنْهَا سَنَجْزِي الَّذِينَ يَصْدِفُونَ عَنْ آيَاتِنَا سُوءَ الْعَذَابِ بِمَا كَانُوا يَصْدِفُونَ 6:158 هَلْ يَنْظُرُونَ إِلَّا أَنْ تَأْتِيَهُمُ الْمَلَائِكَةُ أَوْ يَأْتِيَ رَبُّكَ أَوْ
يَأْتِيَ بَعْضُ آيَاتِ رَبِّكَ يَوْمَ يَأْتِي بَعْضُ آيَاتِ رَبِّكَ لَا يَنْفَعُ نَفْسًا إِيمَانُهَا لَمْ تَكُنْ آمَنَتْ مِنْ قَبْلُ أَوْ كَسَبَتْ فِي إِيمَانِهَا خَيْرًا قُلِ انْتَظِرُوا
إِنَّا مُنْتَظِرُونَ 6:159 إِنَّ الَّذِينَ فَرَّقُوا دِينَهُمْ وَكَانُوا شِيَعًا لَسْتَ مِنْهُمْ فِي شَيْءٍ إِنَّمَا أَمْرُهُمْ إِلَى اللَّهِ ثُمَّ يُنَبِّئُهُمْ بِمَا كَانُوا يَفْعَلُونَ 6:160
مَنْ جَاءَ بِالْحَسَنَةِ فَلَهُ عَشْرُ أَمْثَالِهَا وَمَنْ جَاءَ بِالسَّيِّئَةِ فَلَا يُجْزَىٰ إِلَّا مِثْلَهَا وَهُمْ لَا يُظْلَمُونَ 6:161 قُلْ إِنَّنِي هَدَانِي رَبِّي إِلَىٰ صِرَاطٍ
مُسْتَقِيمٍ دِينًا قِيَمًا مِلَّةَ إِبْرَاهِيمَ حَنِيفًا وَمَا كَانَ مِنَ الْمُشْرِكِينَ 6:162 قُلْ إِنَّ صَلَاتِي وَنُسُكِي وَمَحْيَايَ وَمَمَاتِي لِلَّهِ رَبِّ الْعَالَمِينَ 6:163
لَا شَرِيكَ لَهُ وَبِذَٰلِكَ أُمِرْتُ وَأَنَا أَوَّلُ الْمُسْلِمِينَ 6:164 قُلْ أَغَيْرَ اللَّهِ أَبْغِي رَبًّا وَهُوَ رَبُّ كُلِّ شَيْءٍ وَلَا تَكْسِبُ كُلُّ نَفْسٍ إِلَّا عَلَيْهَا وَلَا تَزِرُ
وَازِرَةٌ وِزْرَ أُخْرَىٰ ثُمَّ إِلَىٰ رَبِّكُمْ مَرْجِعُكُمْ فَيُنَبِّئُكُمْ بِمَا كُنْتُمْ فِيهِ تَخْتَلِفُونَ 6:165 وَهُوَ الَّذِي جَعَلَكُمْ خَلَائِفَ الْأَرْضِ وَرَفَعَ بَعْضَكُمْ فَوْقَ
بَعْضٍ دَرَجَاتٍ لِيَبْلُوَكُمْ فِي مَا آتَاكُمْ إِنَّ رَبَّكَ سَرِيعُ الْعِقَابِ وَإِنَّهُ لَغَفُورٌ رَحِيمٌ 7:1 بِسْمِ اللَّهِ الرَّحْمَٰنِ الرَّحِيمِ المص 7:2 كِتَابٌ أُنْزِلَ إِلَيْكَ
فَلَا يَكُنْ فِي صَدْرِكَ حَرَجٌ مِنْهُ لِتُنْذِرَ بِهِ وَذِكْرَىٰ لِلْمُؤْمِنِينَ 7:3 اتَّبِعُوا مَا أُنْزِلَ إِلَيْكُمْ مِنْ رَبِّكُمْ وَلَا تَتَّبِعُوا مِنْ دُونِهِ أَوْلِيَاءَ قَلِيلًا مَا تَذَكَّرُونَ
7:4 وَكَمْ مِنْ قَرْيَةٍ أَهْلَكْنَاهَا فَجَاءَهَا بَأْسُنَا بَيَاتًا أَوْ هُمْ قَائِلُونَ 7:5 فَمَا كَانَ دَعْوَاهُمْ إِذْ جَاءَهُمْ بَأْسُنَا إِلَّا أَنْ قَالُوا إِنَّا كُنَّا ظَالِمِينَ 7:6
فَلَنَسْأَلَنَّ الَّذِينَ أُرْسِلَ إِلَيْهِمْ وَلَنَسْأَلَنَّ الْمُرْسَلِينَ 7:7 فَلَنَقُصَّنَّ عَلَيْهِمْ بِعِلْمٍ وَمَا كُنَّا غَائِبِينَ 7:8 وَالْوَزْنُ يَوْمَئِذٍ الْحَقُّ فَمَنْ ثَقُلَتْ مَوَازِينُهُ
فَأُولَٰئِكَ هُمُ الْمُفْلِحُونَ 7:9 وَمَنْ خَفَّتْ مَوَازِينُهُ فَأُولَٰئِكَ الَّذِينَ خَسِرُوا أَنْفُسَهُمْ بِمَا كَانُوا بِآيَاتِنَا يَظْلِمُونَ 7:10 وَلَقَدْ مَكَّنَّاكُمْ فِي الْأَرْضِ
وَجَعَلْنَا لَكُمْ فِيهَا مَعَايِشَ قَلِيلًا مَا تَشْكُرُونَ 7:11 وَلَقَدْ خَلَقْنَاكُمْ ثُمَّ صَوَّرْنَاكُمْ ثُمَّ قُلْنَا لِلْمَلَائِكَةِ اسْجُدُوا لِآدَمَ فَسَجَدُوا إِلَّا إِبْلِيسَ لَمْ
يَكُنْ مِنَ السَّاجِدِينَ 7:12 قَالَ مَا مَنَعَكَ أَلَّا تَسْجُدَ إِذْ أَمَرْتُكَ قَالَ أَنَا خَيْرٌ مِنْهُ خَلَقْتَنِي مِنْ نَارٍ وَخَلَقْتَهُ مِنْ طِينٍ 7:13 قَالَ فَاهْبِطْ مِنْهَا
فَمَا يَكُونُ لَكَ أَنْ تَتَكَبَّرَ فِيهَا فَاخْرُجْ إِنَّكَ مِنَ الصَّاغِرِينَ 7:14 قَالَ أَنْظِرْنِي إِلَىٰ يَوْمِ يُبْعَثُونَ 7:15 قَالَ إِنَّكَ مِنَ الْمُنْظَرِينَ 7:16 قَالَ فَبِمَا
أَغْوَيْتَنِي لَأَقْعُدَنَّ لَهُمْ صِرَاطَكَ الْمُسْتَقِيمَ 7:17 ثُمَّ لَآتِيَنَّهُمْ مِنْ بَيْنِ أَيْدِيهِمْ وَمِنْ خَلْفِهِمْ وَعَنْ أَيْمَانِهِمْ وَعَنْ شَمَائِلِهِمْ وَلَا تَجِدُ
أَكْثَرَهُمْ شَاكِرِينَ 7:18 قَالَ اخْرُجْ مِنْهَا مَذْءُومًا مَدْحُورًا لَمَنْ تَبِعَكَ مِنْهُمْ لَأَمْلَأَنَّ جَهَنَّمَ مِنْكُمْ أَجْمَعِينَ 7:19 وَيَا آدَمُ اسْكُنْ أَنْتَ وَزَوْجُكَ
الْجَنَّةَ فَكُلَا مِنْ حَيْثُ شِئْتُمَا وَلَا تَقْرَبَا هَٰذِهِ الشَّجَرَةَ فَتَكُونَا مِنَ الظَّالِمِينَ 7:20 فَوَسْوَسَ لَهُمَا الشَّيْطَانُ لِيُبْدِيَ لَهُمَا مَا وُورِيَ عَنْهُمَا
مِنْ سَوْآتِهِمَا وَقَالَ مَا نَهَاكُمَا رَبُّكُمَا عَنْ هَٰذِهِ الشَّجَرَةِ إِلَّا أَنْ تَكُونَا مَلَكَيْنِ أَوْ تَكُونَا مِنَ الْخَالِدِينَ 7:21 وَقَاسَمَهُمَا إِنِّي لَكُمَا لَمِنَ النَّاصِحِينَ
7:22 فَدَلَّاهُمَا بِغُرُورٍ فَلَمَّا ذَاقَا الشَّجَرَةَ بَدَتْ لَهُمَا سَوْآتُهُمَا وَطَفِقَا يَخْصِفَانِ عَلَيْهِمَا مِنْ وَرَقِ الْجَنَّةِ وَنَادَاهُمَا رَبُّهُمَا أَلَمْ أَنْهَكُمَا عَنْ
تِلْكُمَا الشَّجَرَةِ وَأَقُلْ لَكُمَا إِنَّ الشَّيْطَانَ لَكُمَا عَدُوٌّ مُبِينٌ 7:23 قَالَا رَبَّنَا ظَلَمْنَا أَنْفُسَنَا وَإِنْ لَمْ تَغْفِرْ لَنَا وَتَرْحَمْنَا لَنَكُونَنَّ مِنَ الْخَاسِرِينَ 7:24
قَالَ اهْبِطُوا بَعْضُكُمْ لِبَعْضٍ عَدُوٌّ وَلَكُمْ فِي الْأَرْضِ مُسْتَقَرٌّ وَمَتَاعٌ إِلَىٰ حِينٍ 7:25 قَالَ فِيهَا تَحْيَوْنَ وَفِيهَا تَمُوتُونَ وَمِنْهَا تُخْرَجُونَ 7:26

يَا بَنِي آدَمَ قَدْ أَنْزَلْنَا عَلَيْكُمْ لِبَاسًا يُوَارِي سَوْآتِكُمْ وَرِيشًا وَلِبَاسُ التَّقْوَىٰ ذَٰلِكَ خَيْرٌ ذَٰلِكَ مِنْ آيَاتِ اللَّهِ لَعَلَّهُمْ يَذَّكَّرُونَ 7:27 يَا بَنِي آدَمَ
لَا يَفْتِنَنَّكُمُ الشَّيْطَانُ كَمَا أَخْرَجَ أَبَوَيْكُمْ مِنَ الْجَنَّةِ يَنْزِعُ عَنْهُمَا لِبَاسَهُمَا لِيُرِيَهُمَا سَوْآتِهِمَا إِنَّهُ يَرَاكُمْ هُوَ وَقَبِيلُهُ مِنْ حَيْثُ لَا تَرَوْنَهُمْ إِنَّا
جَعَلْنَا الشَّيَاطِينَ أَوْلِيَاءَ لِلَّذِينَ لَا يُؤْمِنُونَ 7:28 وَإِذَا فَعَلُوا فَاحِشَةً قَالُوا وَجَدْنَا عَلَيْهَا آبَاءَنَا وَاللَّهُ أَمَرَنَا بِهَا قُلْ إِنَّ اللَّهَ لَا يَأْمُرُ بِالْفَحْشَاءِ
أَتَقُولُونَ عَلَى اللَّهِ مَا لَا تَعْلَمُونَ 7:29 قُلْ أَمَرَ رَبِّي بِالْقِسْطِ وَأَقِيمُوا وُجُوهَكُمْ عِنْدَ كُلِّ مَسْجِدٍ وَادْعُوهُ مُخْلِصِينَ لَهُ الدِّينَ كَمَا بَدَأَكُمْ
تَعُودُونَ 7:30 فَرِيقًا هَدَىٰ وَفَرِيقًا حَقَّ عَلَيْهِمُ الضَّلَالَةُ إِنَّهُمُ اتَّخَذُوا الشَّيَاطِينَ أَوْلِيَاءَ مِنْ دُونِ اللَّهِ وَيَحْسَبُونَ أَنَّهُمْ مُهْتَدُونَ 7:31 يَا
بَنِي آدَمَ خُذُوا زِينَتَكُمْ عِنْدَ كُلِّ مَسْجِدٍ وَكُلُوا وَاشْرَبُوا وَلَا تُسْرِفُوا إِنَّهُ لَا يُحِبُّ الْمُسْرِفِينَ 7:32 قُلْ مَنْ حَرَّمَ زِينَةَ اللَّهِ الَّتِي أَخْرَجَ لِعِبَادِهِ
وَالطَّيِّبَاتِ مِنَ الرِّزْقِ قُلْ هِيَ لِلَّذِينَ آمَنُوا فِي الْحَيَاةِ الدُّنْيَا خَالِصَةً يَوْمَ الْقِيَامَةِ كَذَٰلِكَ نُفَصِّلُ الْآيَاتِ لِقَوْمٍ يَعْلَمُونَ 7:33 قُلْ إِنَّمَا حَرَّمَ
رَبِّيَ الْفَوَاحِشَ مَا ظَهَرَ مِنْهَا وَمَا بَطَنَ وَالْإِثْمَ وَالْبَغْيَ بِغَيْرِ الْحَقِّ وَأَنْ تُشْرِكُوا بِاللَّهِ مَا لَمْ يُنَزِّلْ بِهِ سُلْطَانًا وَأَنْ تَقُولُوا عَلَى اللَّهِ مَا لَا
تَعْلَمُونَ 7:34 وَلِكُلِّ أُمَّةٍ أَجَلٌ فَإِذَا جَاءَ أَجَلُهُمْ لَا يَسْتَأْخِرُونَ سَاعَةً وَلَا يَسْتَقْدِمُونَ 7:35 يَا بَنِي آدَمَ إِمَّا يَأْتِيَنَّكُمْ رُسُلٌ مِنْكُمْ يَقُصُّونَ
عَلَيْكُمْ آيَاتِي فَمَنِ اتَّقَىٰ وَأَصْلَحَ فَلَا خَوْفٌ عَلَيْهِمْ وَلَا هُمْ يَحْزَنُونَ 7:36 وَالَّذِينَ كَذَّبُوا بِآيَاتِنَا وَاسْتَكْبَرُوا عَنْهَا أُولَٰئِكَ أَصْحَابُ النَّارِ هُمْ
فِيهَا خَالِدُونَ 7:37 فَمَنْ أَظْلَمُ مِمَّنِ افْتَرَىٰ عَلَى اللَّهِ كَذِبًا أَوْ كَذَّبَ بِآيَاتِهِ أُولَٰئِكَ يَنَالُهُمْ نَصِيبُهُمْ مِنَ الْكِتَابِ حَتَّىٰ إِذَا جَاءَتْهُمْ رُسُلُنَا
يَتَوَفَّوْنَهُمْ قَالُوا أَيْنَ مَا كُنْتُمْ تَدْعُونَ مِنْ دُونِ اللَّهِ قَالُوا ضَلُّوا عَنَّا وَشَهِدُوا عَلَىٰ أَنْفُسِهِمْ أَنَّهُمْ كَانُوا كَافِرِينَ 7:38 قَالَ ادْخُلُوا فِي أُمَمٍ
قَدْ خَلَتْ مِنْ قَبْلِكُمْ مِنَ الْجِنِّ وَالْإِنْسِ فِي النَّارِ كُلَّمَا دَخَلَتْ أُمَّةٌ لَعَنَتْ أُخْتَهَا حَتَّىٰ إِذَا ادَّارَكُوا فِيهَا جَمِيعًا قَالَتْ أُخْرَاهُمْ لِأُولَاهُمْ رَبَّنَا
هَٰؤُلَاءِ أَضَلُّونَا فَآتِهِمْ عَذَابًا ضِعْفًا مِنَ النَّارِ قَالَ لِكُلٍّ ضِعْفٌ وَلَٰكِنْ لَا تَعْلَمُونَ 7:39 وَقَالَتْ أُولَاهُمْ لِأُخْرَاهُمْ فَمَا كَانَ لَكُمْ عَلَيْنَا مِنْ فَضْلٍ
فَذُوقُوا الْعَذَابَ بِمَا كُنْتُمْ تَكْسِبُونَ 7:40 إِنَّ الَّذِينَ كَذَّبُوا بِآيَاتِنَا وَاسْتَكْبَرُوا عَنْهَا لَا تُفَتَّحُ لَهُمْ أَبْوَابُ السَّمَاءِ وَلَا يَدْخُلُونَ الْجَنَّةَ حَتَّىٰ
يَلِجَ الْجَمَلُ فِي سَمِّ الْخِيَاطِ وَكَذَٰلِكَ نَجْزِي الْمُجْرِمِينَ 7:41 لَهُمْ مِنْ جَهَنَّمَ مِهَادٌ وَمِنْ فَوْقِهِمْ غَوَاشٍ وَكَذَٰلِكَ نَجْزِي الظَّالِمِينَ 7:42
وَالَّذِينَ آمَنُوا وَعَمِلُوا الصَّالِحَاتِ لَا نُكَلِّفُ نَفْسًا إِلَّا وُسْعَهَا أُولَٰئِكَ أَصْحَابُ الْجَنَّةِ هُمْ فِيهَا خَالِدُونَ 7:43 وَنَزَعْنَا مَا فِي صُدُورِهِمْ مِنْ غِلٍّ
تَجْرِي مِنْ تَحْتِهِمُ الْأَنْهَارُ وَقَالُوا الْحَمْدُ لِلَّهِ الَّذِي هَدَانَا لِهَٰذَا وَمَا كُنَّا لِنَهْتَدِيَ لَوْلَا أَنْ هَدَانَا اللَّهُ لَقَدْ جَاءَتْ رُسُلُ رَبِّنَا بِالْحَقِّ وَنُودُوا أَنْ
تِلْكُمُ الْجَنَّةُ أُورِثْتُمُوهَا بِمَا كُنْتُمْ تَعْمَلُونَ 7:44 وَنَادَىٰ أَصْحَابُ الْجَنَّةِ أَصْحَابَ النَّارِ أَنْ قَدْ وَجَدْنَا مَا وَعَدَنَا رَبُّنَا حَقًّا فَهَلْ وَجَدْتُمْ مَا وَعَدَ
رَبُّكُمْ حَقًّا قَالُوا نَعَمْ فَأَذَّنَ مُؤَذِّنٌ بَيْنَهُمْ أَنْ لَعْنَةُ اللَّهِ عَلَى الظَّالِمِينَ 7:45 الَّذِينَ يَصُدُّونَ عَنْ سَبِيلِ اللَّهِ وَيَبْغُونَهَا عِوَجًا وَهُمْ بِالْآخِرَةِ
كَافِرُونَ 7:46 وَبَيْنَهُمَا حِجَابٌ وَعَلَى الْأَعْرَافِ رِجَالٌ يَعْرِفُونَ كُلًّا بِسِيمَاهُمْ وَنَادَوْا أَصْحَابَ الْجَنَّةِ أَنْ سَلَامٌ عَلَيْكُمْ لَمْ يَدْخُلُوهَا وَهُمْ
يَطْمَعُونَ 7:47 وَإِذَا صُرِفَتْ أَبْصَارُهُمْ تِلْقَاءَ أَصْحَابِ النَّارِ قَالُوا رَبَّنَا لَا تَجْعَلْنَا مَعَ الْقَوْمِ الظَّالِمِينَ 7:48 وَنَادَىٰ أَصْحَابُ الْأَعْرَافِ رِجَالًا
يَعْرِفُونَهُمْ بِسِيمَاهُمْ قَالُوا مَا أَغْنَىٰ عَنْكُمْ جَمْعُكُمْ وَمَا كُنْتُمْ تَسْتَكْبِرُونَ 7:49 أَهَٰؤُلَاءِ الَّذِينَ أَقْسَمْتُمْ لَا يَنَالُهُمُ اللَّهُ بِرَحْمَةٍ ادْخُلُوا
الْجَنَّةَ لَا خَوْفٌ عَلَيْكُمْ وَلَا أَنْتُمْ تَحْزَنُونَ 7:50 وَنَادَىٰ أَصْحَابُ النَّارِ أَصْحَابَ الْجَنَّةِ أَنْ أَفِيضُوا عَلَيْنَا مِنَ الْمَاءِ أَوْ مِمَّا رَزَقَكُمُ اللَّهُ قَالُوا إِنَّ
اللَّهَ حَرَّمَهُمَا عَلَى الْكَافِرِينَ 7:51 الَّذِينَ اتَّخَذُوا دِينَهُمْ لَهْوًا وَلَعِبًا وَغَرَّتْهُمُ الْحَيَاةُ الدُّنْيَا فَالْيَوْمَ نَنْسَاهُمْ كَمَا نَسُوا لِقَاءَ يَوْمِهِمْ هَٰذَا
وَمَا كَانُوا بِآيَاتِنَا يَجْحَدُونَ 7:52 وَلَقَدْ جِئْنَاهُمْ بِكِتَابٍ فَصَّلْنَاهُ عَلَىٰ عِلْمٍ هُدًى وَرَحْمَةً لِقَوْمٍ يُؤْمِنُونَ 7:53 هَلْ يَنْظُرُونَ إِلَّا تَأْوِيلَهُ يَوْمَ
يَأْتِي تَأْوِيلُهُ يَقُولُ الَّذِينَ نَسُوهُ مِنْ قَبْلُ قَدْ جَاءَتْ رُسُلُ رَبِّنَا بِالْحَقِّ فَهَلْ لَنَا مِنْ شُفَعَاءَ فَيَشْفَعُوا لَنَا أَوْ نُرَدُّ فَنَعْمَلَ غَيْرَ الَّذِي كُنَّا
نَعْمَلُ قَدْ خَسِرُوا أَنْفُسَهُمْ وَضَلَّ عَنْهُمْ مَا كَانُوا يَفْتَرُونَ 7:54 إِنَّ رَبَّكُمُ اللَّهُ الَّذِي خَلَقَ السَّمَاوَاتِ وَالْأَرْضَ فِي سِتَّةِ أَيَّامٍ ثُمَّ اسْتَوَىٰ
عَلَى الْعَرْشِ يُغْشِي اللَّيْلَ النَّهَارَ يَطْلُبُهُ حَثِيثًا وَالشَّمْسَ وَالْقَمَرَ وَالنُّجُومَ مُسَخَّرَاتٍ بِأَمْرِهِ أَلَا لَهُ الْخَلْقُ وَالْأَمْرُ تَبَارَكَ اللَّهُ رَبُّ الْعَالَمِينَ
7:55 ادْعُوا رَبَّكُمْ تَضَرُّعًا وَخُفْيَةً إِنَّهُ لَا يُحِبُّ الْمُعْتَدِينَ 7:56 وَلَا تُفْسِدُوا فِي الْأَرْضِ بَعْدَ إِصْلَاحِهَا وَادْعُوهُ خَوْفًا وَطَمَعًا إِنَّ رَحْمَتَ اللَّهِ

قَرِيبٌ مِنَ الْمُحْسِنِينَ 7:57 وَهُوَ الَّذِي يُرْسِلُ الرِّيَاحَ بُشْرًا بَيْنَ يَدَيْ رَحْمَتِهِ حَتَّىٰ إِذَا أَقَلَّتْ سَحَابًا ثِقَالًا سُقْنَاهُ لِبَلَدٍ مَيِّتٍ فَأَنْزَلْنَا بِهِ الْمَاءَ
فَأَخْرَجْنَا بِهِ مِنْ كُلِّ الثَّمَرَاتِ كَذَٰلِكَ نُخْرِجُ الْمَوْتَىٰ لَعَلَّكُمْ تَذَكَّرُونَ 7:58 وَالْبَلَدُ الطَّيِّبُ يَخْرُجُ نَبَاتُهُ بِإِذْنِ رَبِّهِ وَالَّذِي خَبُثَ لَا يَخْرُجُ إِلَّا
نَكِدًا كَذَٰلِكَ نُصَرِّفُ الْآيَاتِ لِقَوْمٍ يَشْكُرُونَ 7:59 لَقَدْ أَرْسَلْنَا نُوحًا إِلَىٰ قَوْمِهِ فَقَالَ يَا قَوْمِ اعْبُدُوا اللَّهَ مَا لَكُمْ مِنْ إِلَٰهٍ غَيْرُهُ إِنِّي أَخَافُ
عَلَيْكُمْ عَذَابَ يَوْمٍ عَظِيمٍ 7:60 قَالَ الْمَلَأُ مِنْ قَوْمِهِ إِنَّا لَنَرَاكَ فِي ضَلَالٍ مُبِينٍ 7:61 قَالَ يَا قَوْمِ لَيْسَ بِي ضَلَالَةٌ وَلَٰكِنِّي رَسُولٌ مِنْ رَبِّ
الْعَالَمِينَ 7:62 أُبَلِّغُكُمْ رِسَالَاتِ رَبِّي وَأَنْصَحُ لَكُمْ وَأَعْلَمُ مِنَ اللَّهِ مَا لَا تَعْلَمُونَ 7:63 أَوَعَجِبْتُمْ أَنْ جَاءَكُمْ ذِكْرٌ مِنْ رَبِّكُمْ عَلَىٰ رَجُلٍ مِنْكُمْ
لِيُنْذِرَكُمْ وَلِتَتَّقُوا وَلَعَلَّكُمْ تُرْحَمُونَ 7:64 فَكَذَّبُوهُ فَأَنْجَيْنَاهُ وَالَّذِينَ مَعَهُ فِي الْفُلْكِ وَأَغْرَقْنَا الَّذِينَ كَذَّبُوا بِآيَاتِنَا إِنَّهُمْ كَانُوا قَوْمًا عَمِينَ
7:65 وَإِلَىٰ عَادٍ أَخَاهُمْ هُودًا قَالَ يَا قَوْمِ اعْبُدُوا اللَّهَ مَا لَكُمْ مِنْ إِلَٰهٍ غَيْرُهُ أَفَلَا تَتَّقُونَ 7:66 قَالَ الْمَلَأُ الَّذِينَ كَفَرُوا مِنْ قَوْمِهِ إِنَّا لَنَرَاكَ فِي
سَفَاهَةٍ وَإِنَّا لَنَظُنُّكَ مِنَ الْكَاذِبِينَ 7:67 قَالَ يَا قَوْمِ لَيْسَ بِي سَفَاهَةٌ وَلَٰكِنِّي رَسُولٌ مِنْ رَبِّ الْعَالَمِينَ 7:68 أُبَلِّغُكُمْ رِسَالَاتِ رَبِّي وَأَنَا لَكُمْ
نَاصِحٌ أَمِينٌ 7:69 أَوَعَجِبْتُمْ أَنْ جَاءَكُمْ ذِكْرٌ مِنْ رَبِّكُمْ عَلَىٰ رَجُلٍ مِنْكُمْ لِيُنْذِرَكُمْ وَاذْكُرُوا إِذْ جَعَلَكُمْ خُلَفَاءَ مِنْ بَعْدِ قَوْمِ نُوحٍ وَزَادَكُمْ فِي
الْخَلْقِ بَسْطَةً فَاذْكُرُوا آلَاءَ اللَّهِ لَعَلَّكُمْ تُفْلِحُونَ 7:70 قَالُوا أَجِئْتَنَا لِنَعْبُدَ اللَّهَ وَحْدَهُ وَنَذَرَ مَا كَانَ يَعْبُدُ آبَاؤُنَا فَأْتِنَا بِمَا تَعِدُنَا إِنْ كُنْتَ
مِنَ الصَّادِقِينَ 7:71 قَالَ قَدْ وَقَعَ عَلَيْكُمْ مِنْ رَبِّكُمْ رِجْسٌ وَغَضَبٌ أَتُجَادِلُونَنِي فِي أَسْمَاءٍ سَمَّيْتُمُوهَا أَنْتُمْ وَآبَاؤُكُمْ مَا نَزَّلَ اللَّهُ بِهَا مِنْ
سُلْطَانٍ فَانْتَظِرُوا إِنِّي مَعَكُمْ مِنَ الْمُنْتَظِرِينَ 7:72 فَأَنْجَيْنَاهُ وَالَّذِينَ مَعَهُ بِرَحْمَةٍ مِنَّا وَقَطَعْنَا دَابِرَ الَّذِينَ كَذَّبُوا بِآيَاتِنَا وَمَا كَانُوا مُؤْمِنِينَ
7:73 وَإِلَىٰ ثَمُودَ أَخَاهُمْ صَالِحًا قَالَ يَا قَوْمِ اعْبُدُوا اللَّهَ مَا لَكُمْ مِنْ إِلَٰهٍ غَيْرُهُ قَدْ جَاءَتْكُمْ بَيِّنَةٌ مِنْ رَبِّكُمْ هَٰذِهِ نَاقَةُ اللَّهِ لَكُمْ آيَةً فَذَرُوهَا
تَأْكُلْ فِي أَرْضِ اللَّهِ وَلَا تَمَسُّوهَا بِسُوءٍ فَيَأْخُذَكُمْ عَذَابٌ أَلِيمٌ 7:74 وَاذْكُرُوا إِذْ جَعَلَكُمْ خُلَفَاءَ مِنْ بَعْدِ عَادٍ وَبَوَّأَكُمْ فِي الْأَرْضِ تَتَّخِذُونَ
مِنْ سُهُولِهَا قُصُورًا وَتَنْحِتُونَ الْجِبَالَ بُيُوتًا فَاذْكُرُوا آلَاءَ اللَّهِ وَلَا تَعْثَوْا فِي الْأَرْضِ مُفْسِدِينَ 7:75 قَالَ الْمَلَأُ الَّذِينَ اسْتَكْبَرُوا مِنْ قَوْمِهِ
لِلَّذِينَ اسْتُضْعِفُوا لِمَنْ آمَنَ مِنْهُمْ أَتَعْلَمُونَ أَنَّ صَالِحًا مُرْسَلٌ مِنْ رَبِّهِ قَالُوا إِنَّا بِمَا أُرْسِلَ بِهِ مُؤْمِنُونَ 7:76 قَالَ الَّذِينَ اسْتَكْبَرُوا إِنَّا بِالَّذِي
آمَنْتُمْ بِهِ كَافِرُونَ 7:77 فَعَقَرُوا النَّاقَةَ وَعَتَوْا عَنْ أَمْرِ رَبِّهِمْ وَقَالُوا يَا صَالِحُ ائْتِنَا بِمَا تَعِدُنَا إِنْ كُنْتَ مِنَ الْمُرْسَلِينَ 7:78 فَأَخَذَتْهُمُ الرَّجْفَةُ
فَأَصْبَحُوا فِي دَارِهِمْ جَاثِمِينَ 7:79 فَتَوَلَّىٰ عَنْهُمْ وَقَالَ يَا قَوْمِ لَقَدْ أَبْلَغْتُكُمْ رِسَالَةَ رَبِّي وَنَصَحْتُ لَكُمْ وَلَٰكِنْ لَا تُحِبُّونَ النَّاصِحِينَ 7:80
وَلُوطًا إِذْ قَالَ لِقَوْمِهِ أَتَأْتُونَ الْفَاحِشَةَ مَا سَبَقَكُمْ بِهَا مِنْ أَحَدٍ مِنَ الْعَالَمِينَ 7:81 إِنَّكُمْ لَتَأْتُونَ الرِّجَالَ شَهْوَةً مِنْ دُونِ النِّسَاءِ بَلْ أَنْتُمْ
قَوْمٌ مُسْرِفُونَ 7:82 وَمَا كَانَ جَوَابَ قَوْمِهِ إِلَّا أَنْ قَالُوا أَخْرِجُوهُمْ مِنْ قَرْيَتِكُمْ إِنَّهُمْ أُنَاسٌ يَتَطَهَّرُونَ 7:83 فَأَنْجَيْنَاهُ وَأَهْلَهُ إِلَّا امْرَأَتَهُ كَانَتْ
مِنَ الْغَابِرِينَ 7:84 وَأَمْطَرْنَا عَلَيْهِمْ مَطَرًا فَانْظُرْ كَيْفَ كَانَ عَاقِبَةُ الْمُجْرِمِينَ 7:85 وَإِلَىٰ مَدْيَنَ أَخَاهُمْ شُعَيْبًا قَالَ يَا قَوْمِ اعْبُدُوا اللَّهَ مَا
لَكُمْ مِنْ إِلَٰهٍ غَيْرُهُ قَدْ جَاءَتْكُمْ بَيِّنَةٌ مِنْ رَبِّكُمْ فَأَوْفُوا الْكَيْلَ وَالْمِيزَانَ وَلَا تَبْخَسُوا النَّاسَ أَشْيَاءَهُمْ وَلَا تُفْسِدُوا فِي الْأَرْضِ بَعْدَ إِصْلَاحِهَا
ذَٰلِكُمْ خَيْرٌ لَكُمْ إِنْ كُنْتُمْ مُؤْمِنِينَ 7:86 وَلَا تَقْعُدُوا بِكُلِّ صِرَاطٍ تُوعِدُونَ وَتَصُدُّونَ عَنْ سَبِيلِ اللَّهِ مَنْ آمَنَ بِهِ وَتَبْغُونَهَا عِوَجًا وَاذْكُرُوا إِذْ
كُنْتُمْ قَلِيلًا فَكَثَّرَكُمْ وَانْظُرُوا كَيْفَ كَانَ عَاقِبَةُ الْمُفْسِدِينَ 7:87 وَإِنْ كَانَ طَائِفَةٌ مِنْكُمْ آمَنُوا بِالَّذِي أُرْسِلْتُ بِهِ وَطَائِفَةٌ لَمْ يُؤْمِنُوا فَاصْبِرُوا
حَتَّىٰ يَحْكُمَ اللَّهُ بَيْنَنَا وَهُوَ خَيْرُ الْحَاكِمِينَ 7:88 قَالَ الْمَلَأُ الَّذِينَ اسْتَكْبَرُوا مِنْ قَوْمِهِ لَنُخْرِجَنَّكَ يَا شُعَيْبُ وَالَّذِينَ آمَنُوا مَعَكَ مِنْ قَرْيَتِنَا
أَوْ لَتَعُودُنَّ فِي مِلَّتِنَا قَالَ أَوَلَوْ كُنَّا كَارِهِينَ 7:89 قَدِ افْتَرَيْنَا عَلَى اللَّهِ كَذِبًا إِنْ عُدْنَا فِي مِلَّتِكُمْ بَعْدَ إِذْ نَجَّانَا اللَّهُ مِنْهَا وَمَا يَكُونُ لَنَا أَنْ
نَعُودَ فِيهَا إِلَّا أَنْ يَشَاءَ اللَّهُ رَبُّنَا وَسِعَ رَبُّنَا كُلَّ شَيْءٍ عِلْمًا عَلَى اللَّهِ تَوَكَّلْنَا رَبَّنَا افْتَحْ بَيْنَنَا وَبَيْنَ قَوْمِنَا بِالْحَقِّ وَأَنْتَ خَيْرُ الْفَاتِحِينَ 7:90
وَقَالَ الْمَلَأُ الَّذِينَ كَفَرُوا مِنْ قَوْمِهِ لَئِنِ اتَّبَعْتُمْ شُعَيْبًا إِنَّكُمْ إِذًا لَخَاسِرُونَ 7:91 فَأَخَذَتْهُمُ الرَّجْفَةُ فَأَصْبَحُوا فِي دَارِهِمْ جَاثِمِينَ 7:92
الَّذِينَ كَذَّبُوا شُعَيْبًا كَأَنْ لَمْ يَغْنَوْا فِيهَا الَّذِينَ كَذَّبُوا شُعَيْبًا كَانُوا هُمُ الْخَاسِرِينَ 7:93 فَتَوَلَّىٰ عَنْهُمْ وَقَالَ يَا قَوْمِ لَقَدْ أَبْلَغْتُكُمْ رِسَالَاتِ
رَبِّي وَنَصَحْتُ لَكُمْ فَكَيْفَ آسَىٰ عَلَىٰ قَوْمٍ كَافِرِينَ 7:94 وَمَا أَرْسَلْنَا فِي قَرْيَةٍ مِنْ نَبِيٍّ إِلَّا أَخَذْنَا أَهْلَهَا بِالْبَأْسَاءِ وَالضَّرَّاءِ لَعَلَّهُمْ يَضَّرَّعُونَ

7:95 ثُمَّ بَدَّلْنَا مَكَانَ السَّيِّئَةِ الْحَسَنَةَ حَتَّىٰ عَفَوْا وَقَالُوا قَدْ مَسَّ آبَاءَنَا الضَّرَّاءُ وَالسَّرَّاءُ فَأَخَذْنَاهُمْ بَغْتَةً وَهُمْ لَا يَشْعُرُونَ 7:96 وَلَوْ أَنَّ
أَهْلَ الْقُرَىٰ آمَنُوا وَاتَّقَوْا لَفَتَحْنَا عَلَيْهِمْ بَرَكَاتٍ مِنَ السَّمَاءِ وَالْأَرْضِ وَلَٰكِنْ كَذَّبُوا فَأَخَذْنَاهُمْ بِمَا كَانُوا يَكْسِبُونَ 7:97 أَفَأَمِنَ أَهْلُ الْقُرَىٰ أَنْ
يَأْتِيَهُمْ بَأْسُنَا بَيَاتًا وَهُمْ نَائِمُونَ 7:98 أَوَأَمِنَ أَهْلُ الْقُرَىٰ أَنْ يَأْتِيَهُمْ بَأْسُنَا ضُحًى وَهُمْ يَلْعَبُونَ 7:99 أَفَأَمِنُوا مَكْرَ اللَّهِ فَلَا يَأْمَنُ مَكْرَ اللَّهِ إِلَّا
الْقَوْمُ الْخَاسِرُونَ 7:100 أَوَلَمْ يَهْدِ لِلَّذِينَ يَرِثُونَ الْأَرْضَ مِنْ بَعْدِ أَهْلِهَا أَنْ لَوْ نَشَاءُ أَصَبْنَاهُمْ بِذُنُوبِهِمْ وَنَطْبَعُ عَلَىٰ قُلُوبِهِمْ فَهُمْ لَا
يَسْمَعُونَ 7:101 تِلْكَ الْقُرَىٰ نَقُصُّ عَلَيْكَ مِنْ أَنْبَائِهَا وَلَقَدْ جَاءَتْهُمْ رُسُلُهُمْ بِالْبَيِّنَاتِ فَمَا كَانُوا لِيُؤْمِنُوا بِمَا كَذَّبُوا مِنْ قَبْلُ كَذَٰلِكَ يَطْبَعُ
اللَّهُ عَلَىٰ قُلُوبِ الْكَافِرِينَ 7:102 وَمَا وَجَدْنَا لِأَكْثَرِهِمْ مِنْ عَهْدٍ وَإِنْ وَجَدْنَا أَكْثَرَهُمْ لَفَاسِقِينَ 7:103 ثُمَّ بَعَثْنَا مِنْ بَعْدِهِمْ مُوسَىٰ بِآيَاتِنَا
إِلَىٰ فِرْعَوْنَ وَمَلَئِهِ فَظَلَمُوا بِهَا فَانْظُرْ كَيْفَ كَانَ عَاقِبَةُ الْمُفْسِدِينَ 7:104 وَقَالَ مُوسَىٰ يَا فِرْعَوْنُ إِنِّي رَسُولٌ مِنْ رَبِّ الْعَالَمِينَ 7:105
حَقِيقٌ عَلَىٰ أَنْ لَا أَقُولَ عَلَى اللَّهِ إِلَّا الْحَقَّ قَدْ جِئْتُكُمْ بِبَيِّنَةٍ مِنْ رَبِّكُمْ فَأَرْسِلْ مَعِيَ بَنِي إِسْرَائِيلَ 7:106 قَالَ إِنْ كُنْتَ جِئْتَ بِآيَةٍ فَأْتِ
بِهَا إِنْ كُنْتَ مِنَ الصَّادِقِينَ 7:107 فَأَلْقَىٰ عَصَاهُ فَإِذَا هِيَ ثُعْبَانٌ مُبِينٌ 7:108 وَنَزَعَ يَدَهُ فَإِذَا هِيَ بَيْضَاءُ لِلنَّاظِرِينَ 7:109 قَالَ الْمَلَأُ مِنْ قَوْمِ
فِرْعَوْنَ إِنَّ هَٰذَا لَسَاحِرٌ عَلِيمٌ 7:110 يُرِيدُ أَنْ يُخْرِجَكُمْ مِنْ أَرْضِكُمْ فَمَاذَا تَأْمُرُونَ 7:111 قَالُوا أَرْجِهْ وَأَخَاهُ وَأَرْسِلْ فِي الْمَدَائِنِ حَاشِرِينَ
7:112 يَأْتُوكَ بِكُلِّ سَاحِرٍ عَلِيمٍ 7:113 وَجَاءَ السَّحَرَةُ فِرْعَوْنَ قَالُوا إِنَّ لَنَا لَأَجْرًا إِنْ كُنَّا نَحْنُ الْغَالِبِينَ 7:114 قَالَ نَعَمْ وَإِنَّكُمْ لَمِنَ الْمُقَرَّبِينَ
7:115 قَالُوا يَا مُوسَىٰ إِمَّا أَنْ تُلْقِيَ وَإِمَّا أَنْ نَكُونَ نَحْنُ الْمُلْقِينَ 7:116 قَالَ أَلْقُوا فَلَمَّا أَلْقَوْا سَحَرُوا أَعْيُنَ النَّاسِ وَاسْتَرْهَبُوهُمْ وَجَاءُوا
بِسِحْرٍ عَظِيمٍ 7:117 وَأَوْحَيْنَا إِلَىٰ مُوسَىٰ أَنْ أَلْقِ عَصَاكَ فَإِذَا هِيَ تَلْقَفُ مَا يَأْفِكُونَ 7:118 فَوَقَعَ الْحَقُّ وَبَطَلَ مَا كَانُوا يَعْمَلُونَ 7:119
فَغُلِبُوا هُنَالِكَ وَانْقَلَبُوا صَاغِرِينَ 7:120 وَأُلْقِيَ السَّحَرَةُ سَاجِدِينَ 7:121 قَالُوا آمَنَّا بِرَبِّ الْعَالَمِينَ 7:122 رَبِّ مُوسَىٰ وَهَارُونَ 7:123 قَالَ
فِرْعَوْنُ آمَنْتُمْ بِهِ قَبْلَ أَنْ آذَنَ لَكُمْ إِنَّ هَٰذَا لَمَكْرٌ مَكَرْتُمُوهُ فِي الْمَدِينَةِ لِتُخْرِجُوا مِنْهَا أَهْلَهَا فَسَوْفَ تَعْلَمُونَ 7:124 لَأُقَطِّعَنَّ أَيْدِيَكُمْ
وَأَرْجُلَكُمْ مِنْ خِلَافٍ ثُمَّ لَأُصَلِّبَنَّكُمْ أَجْمَعِينَ 7:125 قَالُوا إِنَّا إِلَىٰ رَبِّنَا مُنْقَلِبُونَ 7:126 وَمَا تَنْقِمُ مِنَّا إِلَّا أَنْ آمَنَّا بِآيَاتِ رَبِّنَا لَمَّا جَاءَتْنَا رَبَّنَا
أَفْرِغْ عَلَيْنَا صَبْرًا وَتَوَفَّنَا مُسْلِمِينَ 7:127 وَقَالَ الْمَلَأُ مِنْ قَوْمِ فِرْعَوْنَ أَتَذَرُ مُوسَىٰ وَقَوْمَهُ لِيُفْسِدُوا فِي الْأَرْضِ وَيَذَرَكَ وَآلِهَتَكَ قَالَ
سَنُقَتِّلُ أَبْنَاءَهُمْ وَنَسْتَحْيِي نِسَاءَهُمْ وَإِنَّا فَوْقَهُمْ قَاهِرُونَ 7:128 قَالَ مُوسَىٰ لِقَوْمِهِ اسْتَعِينُوا بِاللَّهِ وَاصْبِرُوا إِنَّ الْأَرْضَ لِلَّهِ يُورِثُهَا مَنْ
يَشَاءُ مِنْ عِبَادِهِ وَالْعَاقِبَةُ لِلْمُتَّقِينَ 7:129 قَالُوا أُوذِينَا مِنْ قَبْلِ أَنْ تَأْتِيَنَا وَمِنْ بَعْدِ مَا جِئْتَنَا قَالَ عَسَىٰ رَبُّكُمْ أَنْ يُهْلِكَ عَدُوَّكُمْ
وَيَسْتَخْلِفَكُمْ فِي الْأَرْضِ فَيَنْظُرَ كَيْفَ تَعْمَلُونَ 7:130 وَلَقَدْ أَخَذْنَا آلَ فِرْعَوْنَ بِالسِّنِينَ وَنَقْصٍ مِنَ الثَّمَرَاتِ لَعَلَّهُمْ يَذَّكَّرُونَ 7:131 فَإِذَا
جَاءَتْهُمُ الْحَسَنَةُ قَالُوا لَنَا هَٰذِهِ وَإِنْ تُصِبْهُمْ سَيِّئَةٌ يَطَّيَّرُوا بِمُوسَىٰ وَمَنْ مَعَهُ أَلَا إِنَّمَا طَائِرُهُمْ عِنْدَ اللَّهِ وَلَٰكِنَّ أَكْثَرَهُمْ لَا يَعْلَمُونَ 7:132
وَقَالُوا مَهْمَا تَأْتِنَا بِهِ مِنْ آيَةٍ لِتَسْحَرَنَا بِهَا فَمَا نَحْنُ لَكَ بِمُؤْمِنِينَ 7:133 فَأَرْسَلْنَا عَلَيْهِمُ الطُّوفَانَ وَالْجَرَادَ وَالْقُمَّلَ وَالضَّفَادِعَ وَالدَّمَ آيَاتٍ
مُفَصَّلَاتٍ فَاسْتَكْبَرُوا وَكَانُوا قَوْمًا مُجْرِمِينَ 7:134 وَلَمَّا وَقَعَ عَلَيْهِمُ الرِّجْزُ قَالُوا يَا مُوسَى ادْعُ لَنَا رَبَّكَ بِمَا عَهِدَ عِنْدَكَ لَئِنْ كَشَفْتَ عَنَّا
الرِّجْزَ لَنُؤْمِنَنَّ لَكَ وَلَنُرْسِلَنَّ مَعَكَ بَنِي إِسْرَائِيلَ 7:135 فَلَمَّا كَشَفْنَا عَنْهُمُ الرِّجْزَ إِلَىٰ أَجَلٍ هُمْ بَالِغُوهُ إِذَا هُمْ يَنْكُثُونَ 7:136 فَانْتَقَمْنَا
مِنْهُمْ فَأَغْرَقْنَاهُمْ فِي الْيَمِّ بِأَنَّهُمْ كَذَّبُوا بِآيَاتِنَا وَكَانُوا عَنْهَا غَافِلِينَ 7:137 وَأَوْرَثْنَا الْقَوْمَ الَّذِينَ كَانُوا يُسْتَضْعَفُونَ مَشَارِقَ الْأَرْضِ
وَمَغَارِبَهَا الَّتِي بَارَكْنَا فِيهَا وَتَمَّتْ كَلِمَتُ رَبِّكَ الْحُسْنَىٰ عَلَىٰ بَنِي إِسْرَائِيلَ بِمَا صَبَرُوا وَدَمَّرْنَا مَا كَانَ يَصْنَعُ فِرْعَوْنُ وَقَوْمُهُ وَمَا كَانُوا
يَعْرِشُونَ 7:138 وَجَاوَزْنَا بِبَنِي إِسْرَائِيلَ الْبَحْرَ فَأَتَوْا عَلَىٰ قَوْمٍ يَعْكُفُونَ عَلَىٰ أَصْنَامٍ لَهُمْ قَالُوا يَا مُوسَى اجْعَلْ لَنَا إِلَٰهًا كَمَا لَهُمْ آلِهَةٌ
قَالَ إِنَّكُمْ قَوْمٌ تَجْهَلُونَ 7:139 إِنَّ هَٰؤُلَاءِ مُتَبَّرٌ مَا هُمْ فِيهِ وَبَاطِلٌ مَا كَانُوا يَعْمَلُونَ 7:140 قَالَ أَغَيْرَ اللَّهِ أَبْغِيكُمْ إِلَٰهًا وَهُوَ فَضَّلَكُمْ عَلَى
الْعَالَمِينَ 7:141 وَإِذْ أَنْجَيْنَاكُمْ مِنْ آلِ فِرْعَوْنَ يَسُومُونَكُمْ سُوءَ الْعَذَابِ يُقَتِّلُونَ أَبْنَاءَكُمْ وَيَسْتَحْيُونَ نِسَاءَكُمْ وَفِي ذَٰلِكُمْ بَلَاءٌ مِنْ رَبِّكُمْ
عَظِيمٌ 7:142 وَوَاعَدْنَا مُوسَىٰ ثَلَاثِينَ لَيْلَةً وَأَتْمَمْنَاهَا بِعَشْرٍ فَتَمَّ مِيقَاتُ رَبِّهِ أَرْبَعِينَ لَيْلَةً وَقَالَ مُوسَىٰ لِأَخِيهِ هَارُونَ اخْلُفْنِي فِي قَوْمِي

وَأَصْلِحْ وَلَا تَتَّبِعْ سَبِيلَ الْمُفْسِدِينَ 7:143 وَلَمَّا جَاءَ مُوسَىٰ لِمِيقَاتِنَا وَكَلَّمَهُ رَبُّهُ قَالَ رَبِّ أَرِنِي أَنْظُرْ إِلَيْكَ قَالَ لَنْ تَرَانِي وَلَٰكِنِ انْظُرْ إِلَى
الْجَبَلِ فَإِنِ اسْتَقَرَّ مَكَانَهُ فَسَوْفَ تَرَانِي فَلَمَّا تَجَلَّىٰ رَبُّهُ لِلْجَبَلِ جَعَلَهُ دَكًّا وَخَرَّ مُوسَىٰ صَعِقًا فَلَمَّا أَفَاقَ قَالَ سُبْحَانَكَ تُبْتُ إِلَيْكَ وَأَنَا
أَوَّلُ الْمُؤْمِنِينَ 7:144 قَالَ يَا مُوسَىٰ إِنِّي اصْطَفَيْتُكَ عَلَى النَّاسِ بِرِسَالَاتِي وَبِكَلَامِي فَخُذْ مَا آتَيْتُكَ وَكُنْ مِنَ الشَّاكِرِينَ 7:145 وَكَتَبْنَا لَهُ
فِي الْأَلْوَاحِ مِنْ كُلِّ شَيْءٍ مَوْعِظَةً وَتَفْصِيلًا لِكُلِّ شَيْءٍ فَخُذْهَا بِقُوَّةٍ وَأْمُرْ قَوْمَكَ يَأْخُذُوا بِأَحْسَنِهَا سَأُرِيكُمْ دَارَ الْفَاسِقِينَ 7:146 سَأَصْرِفُ
عَنْ آيَاتِيَ الَّذِينَ يَتَكَبَّرُونَ فِي الْأَرْضِ بِغَيْرِ الْحَقِّ وَإِنْ يَرَوْا كُلَّ آيَةٍ لَا يُؤْمِنُوا بِهَا وَإِنْ يَرَوْا سَبِيلَ الرُّشْدِ لَا يَتَّخِذُوهُ سَبِيلًا وَإِنْ يَرَوْا سَبِيلَ
الْغَيِّ يَتَّخِذُوهُ سَبِيلًا ذَٰلِكَ بِأَنَّهُمْ كَذَّبُوا بِآيَاتِنَا وَكَانُوا عَنْهَا غَافِلِينَ 7:147 وَالَّذِينَ كَذَّبُوا بِآيَاتِنَا وَلِقَاءِ الْآخِرَةِ حَبِطَتْ أَعْمَالُهُمْ هَلْ يُجْزَوْنَ
إِلَّا مَا كَانُوا يَعْمَلُونَ 7:148 وَاتَّخَذَ قَوْمُ مُوسَىٰ مِنْ بَعْدِهِ مِنْ حُلِيِّهِمْ عِجْلًا جَسَدًا لَهُ خُوَارٌ أَلَمْ يَرَوْا أَنَّهُ لَا يُكَلِّمُهُمْ وَلَا يَهْدِيهِمْ سَبِيلًا
اتَّخَذُوهُ وَكَانُوا ظَالِمِينَ 7:149 وَلَمَّا سُقِطَ فِي أَيْدِيهِمْ وَرَأَوْا أَنَّهُمْ قَدْ ضَلُّوا قَالُوا لَئِنْ لَمْ يَرْحَمْنَا رَبُّنَا وَيَغْفِرْ لَنَا لَنَكُونَنَّ مِنَ الْخَاسِرِينَ
7:150 وَلَمَّا رَجَعَ مُوسَىٰ إِلَىٰ قَوْمِهِ غَضْبَانَ أَسِفًا قَالَ بِئْسَمَا خَلَفْتُمُونِي مِنْ بَعْدِي أَعَجِلْتُمْ أَمْرَ رَبِّكُمْ وَأَلْقَى الْأَلْوَاحَ وَأَخَذَ بِرَأْسِ أَخِيهِ
يَجُرُّهُ إِلَيْهِ قَالَ ابْنَ أُمَّ إِنَّ الْقَوْمَ اسْتَضْعَفُونِي وَكَادُوا يَقْتُلُونَنِي فَلَا تُشْمِتْ بِيَ الْأَعْدَاءَ وَلَا تَجْعَلْنِي مَعَ الْقَوْمِ الظَّالِمِينَ 7:151 قَالَ رَبِّ
اغْفِرْ لِي وَلِأَخِي وَأَدْخِلْنَا فِي رَحْمَتِكَ وَأَنْتَ أَرْحَمُ الرَّاحِمِينَ 7:152 إِنَّ الَّذِينَ اتَّخَذُوا الْعِجْلَ سَيَنَالُهُمْ غَضَبٌ مِنْ رَبِّهِمْ وَذِلَّةٌ فِي الْحَيَاةِ
الدُّنْيَا وَكَذَٰلِكَ نَجْزِي الْمُفْتَرِينَ 7:153 وَالَّذِينَ عَمِلُوا السَّيِّئَاتِ ثُمَّ تَابُوا مِنْ بَعْدِهَا وَآمَنُوا إِنَّ رَبَّكَ مِنْ بَعْدِهَا لَغَفُورٌ رَحِيمٌ 7:154 وَلَمَّا
سَكَتَ عَنْ مُوسَى الْغَضَبُ أَخَذَ الْأَلْوَاحَ وَفِي نُسْخَتِهَا هُدًى وَرَحْمَةٌ لِلَّذِينَ هُمْ لِرَبِّهِمْ يَرْهَبُونَ 7:155 وَاخْتَارَ مُوسَىٰ قَوْمَهُ سَبْعِينَ رَجُلًا
لِمِيقَاتِنَا فَلَمَّا أَخَذَتْهُمُ الرَّجْفَةُ قَالَ رَبِّ لَوْ شِئْتَ أَهْلَكْتَهُمْ مِنْ قَبْلُ وَإِيَّايَ أَتُهْلِكُنَا بِمَا فَعَلَ السُّفَهَاءُ مِنَّا إِنْ هِيَ إِلَّا فِتْنَتُكَ تُضِلُّ بِهَا مَنْ
تَشَاءُ وَتَهْدِي مَنْ تَشَاءُ أَنْتَ وَلِيُّنَا فَاغْفِرْ لَنَا وَارْحَمْنَا وَأَنْتَ خَيْرُ الْغَافِرِينَ 7:156 وَاكْتُبْ لَنَا فِي هَٰذِهِ الدُّنْيَا حَسَنَةً وَفِي الْآخِرَةِ إِنَّا هُدْنَا
إِلَيْكَ قَالَ عَذَابِي أُصِيبُ بِهِ مَنْ أَشَاءُ وَرَحْمَتِي وَسِعَتْ كُلَّ شَيْءٍ فَسَأَكْتُبُهَا لِلَّذِينَ يَتَّقُونَ وَيُؤْتُونَ الزَّكَاةَ وَالَّذِينَ هُمْ بِآيَاتِنَا يُؤْمِنُونَ
7:157 الَّذِينَ يَتَّبِعُونَ الرَّسُولَ النَّبِيَّ الْأُمِّيَّ الَّذِي يَجِدُونَهُ مَكْتُوبًا عِنْدَهُمْ فِي التَّوْرَاةِ وَالْإِنْجِيلِ يَأْمُرُهُمْ بِالْمَعْرُوفِ وَيَنْهَاهُمْ عَنِ الْمُنْكَرِ
وَيُحِلُّ لَهُمُ الطَّيِّبَاتِ وَيُحَرِّمُ عَلَيْهِمُ الْخَبَائِثَ وَيَضَعُ عَنْهُمْ إِصْرَهُمْ وَالْأَغْلَالَ الَّتِي كَانَتْ عَلَيْهِمْ فَالَّذِينَ آمَنُوا بِهِ وَعَزَّرُوهُ وَنَصَرُوهُ وَاتَّبَعُوا
النُّورَ الَّذِي أُنْزِلَ مَعَهُ أُولَٰئِكَ هُمُ الْمُفْلِحُونَ 7:158 قُلْ يَا أَيُّهَا النَّاسُ إِنِّي رَسُولُ اللَّهِ إِلَيْكُمْ جَمِيعًا الَّذِي لَهُ مُلْكُ السَّمَاوَاتِ وَالْأَرْضِ لَا
إِلَٰهَ إِلَّا هُوَ يُحْيِي وَيُمِيتُ فَآمِنُوا بِاللَّهِ وَرَسُولِهِ النَّبِيِّ الْأُمِّيِّ الَّذِي يُؤْمِنُ بِاللَّهِ وَكَلِمَاتِهِ وَاتَّبِعُوهُ لَعَلَّكُمْ تَهْتَدُونَ 7:159 وَمِنْ قَوْمِ مُوسَىٰ
أُمَّةٌ يَهْدُونَ بِالْحَقِّ وَبِهِ يَعْدِلُونَ 7:160 وَقَطَّعْنَاهُمُ اثْنَتَيْ عَشْرَةَ أَسْبَاطًا أُمَمًا وَأَوْحَيْنَا إِلَىٰ مُوسَىٰ إِذِ اسْتَسْقَاهُ قَوْمُهُ أَنِ اضْرِبْ بِعَصَاكَ
الْحَجَرَ فَانْبَجَسَتْ مِنْهُ اثْنَتَا عَشْرَةَ عَيْنًا قَدْ عَلِمَ كُلُّ أُنَاسٍ مَشْرَبَهُمْ وَظَلَّلْنَا عَلَيْهِمُ الْغَمَامَ وَأَنْزَلْنَا عَلَيْهِمُ الْمَنَّ وَالسَّلْوَىٰ كُلُوا مِنْ
طَيِّبَاتِ مَا رَزَقْنَاكُمْ وَمَا ظَلَمُونَا وَلَٰكِنْ كَانُوا أَنْفُسَهُمْ يَظْلِمُونَ 7:161 وَإِذْ قِيلَ لَهُمُ اسْكُنُوا هَٰذِهِ الْقَرْيَةَ وَكُلُوا مِنْهَا حَيْثُ شِئْتُمْ وَقُولُوا
حِطَّةٌ وَادْخُلُوا الْبَابَ سُجَّدًا نَغْفِرْ لَكُمْ خَطِيئَاتِكُمْ سَنَزِيدُ الْمُحْسِنِينَ 7:162 فَبَدَّلَ الَّذِينَ ظَلَمُوا مِنْهُمْ قَوْلًا غَيْرَ الَّذِي قِيلَ لَهُمْ فَأَرْسَلْنَا
عَلَيْهِمْ رِجْزًا مِنَ السَّمَاءِ بِمَا كَانُوا يَظْلِمُونَ 7:163 وَاسْأَلْهُمْ عَنِ الْقَرْيَةِ الَّتِي كَانَتْ حَاضِرَةَ الْبَحْرِ إِذْ يَعْدُونَ فِي السَّبْتِ إِذْ تَأْتِيهِمْ
حِيتَانُهُمْ يَوْمَ سَبْتِهِمْ شُرَّعًا وَيَوْمَ لَا يَسْبِتُونَ لَا تَأْتِيهِمْ كَذَٰلِكَ نَبْلُوهُمْ بِمَا كَانُوا يَفْسُقُونَ 7:164 وَإِذْ قَالَتْ أُمَّةٌ مِنْهُمْ لِمَ تَعِظُونَ قَوْمًا
اللَّهُ مُهْلِكُهُمْ أَوْ مُعَذِّبُهُمْ عَذَابًا شَدِيدًا قَالُوا مَعْذِرَةً إِلَىٰ رَبِّكُمْ وَلَعَلَّهُمْ يَتَّقُونَ 7:165 فَلَمَّا نَسُوا مَا ذُكِّرُوا بِهِ أَنْجَيْنَا الَّذِينَ يَنْهَوْنَ عَنِ
السُّوءِ وَأَخَذْنَا الَّذِينَ ظَلَمُوا بِعَذَابٍ بَئِيسٍ بِمَا كَانُوا يَفْسُقُونَ 7:166 فَلَمَّا عَتَوْا عَنْ مَا نُهُوا عَنْهُ قُلْنَا لَهُمْ كُونُوا قِرَدَةً خَاسِئِينَ 7:167
وَإِذْ تَأَذَّنَ رَبُّكَ لَيَبْعَثَنَّ عَلَيْهِمْ إِلَىٰ يَوْمِ الْقِيَامَةِ مَنْ يَسُومُهُمْ سُوءَ الْعَذَابِ إِنَّ رَبَّكَ لَسَرِيعُ الْعِقَابِ وَإِنَّهُ لَغَفُورٌ رَحِيمٌ 7:168 وَقَطَّعْنَاهُمْ
فِي الْأَرْضِ أُمَمًا مِنْهُمُ الصَّالِحُونَ وَمِنْهُمْ دُونَ ذَٰلِكَ وَبَلَوْنَاهُمْ بِالْحَسَنَاتِ وَالسَّيِّئَاتِ لَعَلَّهُمْ يَرْجِعُونَ 7:169 فَخَلَفَ مِنْ بَعْدِهِمْ خَلْفٌ

وَرِثُوا الْكِتَابَ يَأْخُذُونَ عَرَضَ هَٰذَا الْأَدْنَىٰ وَيَقُولُونَ سَيُغْفَرُ لَنَا وَإِنْ يَأْتِهِمْ عَرَضٌ مِثْلُهُ يَأْخُذُوهُ أَلَمْ يُؤْخَذْ عَلَيْهِمْ مِيثَاقُ الْكِتَابِ أَنْ لَا
يَقُولُوا عَلَى اللَّهِ إِلَّا الْحَقَّ وَدَرَسُوا مَا فِيهِ وَالدَّارُ الْآخِرَةُ خَيْرٌ لِلَّذِينَ يَتَّقُونَ أَفَلَا تَعْقِلُونَ 7:170 وَالَّذِينَ يُمَسِّكُونَ بِالْكِتَابِ وَأَقَامُوا الصَّلَاةَ
إِنَّا لَا نُضِيعُ أَجْرَ الْمُصْلِحِينَ 7:171 وَإِذْ نَتَقْنَا الْجَبَلَ فَوْقَهُمْ كَأَنَّهُ ظُلَّةٌ وَظَنُّوا أَنَّهُ وَاقِعٌ بِهِمْ خُذُوا مَا آتَيْنَاكُمْ بِقُوَّةٍ وَاذْكُرُوا مَا فِيهِ لَعَلَّكُمْ
تَتَّقُونَ 7:172 وَإِذْ أَخَذَ رَبُّكَ مِنْ بَنِي آدَمَ مِنْ ظُهُورِهِمْ ذُرِّيَّتَهُمْ وَأَشْهَدَهُمْ عَلَىٰ أَنْفُسِهِمْ أَلَسْتُ بِرَبِّكُمْ قَالُوا بَلَىٰ شَهِدْنَا أَنْ تَقُولُوا يَوْمَ
الْقِيَامَةِ إِنَّا كُنَّا عَنْ هَٰذَا غَافِلِينَ 7:173 أَوْ تَقُولُوا إِنَّمَا أَشْرَكَ آبَاؤُنَا مِنْ قَبْلُ وَكُنَّا ذُرِّيَّةً مِنْ بَعْدِهِمْ أَفَتُهْلِكُنَا بِمَا فَعَلَ الْمُبْطِلُونَ 7:174
وَكَذَٰلِكَ نُفَصِّلُ الْآيَاتِ وَلَعَلَّهُمْ يَرْجِعُونَ 7:175 وَاتْلُ عَلَيْهِمْ نَبَأَ الَّذِي آتَيْنَاهُ آيَاتِنَا فَانْسَلَخَ مِنْهَا فَأَتْبَعَهُ الشَّيْطَانُ فَكَانَ مِنَ الْغَاوِينَ 7:176
وَلَوْ شِئْنَا لَرَفَعْنَاهُ بِهَا وَلَٰكِنَّهُ أَخْلَدَ إِلَى الْأَرْضِ وَاتَّبَعَ هَوَاهُ فَمَثَلُهُ كَمَثَلِ الْكَلْبِ إِنْ تَحْمِلْ عَلَيْهِ يَلْهَثْ أَوْ تَتْرُكْهُ يَلْهَثْ ذَٰلِكَ مَثَلُ الْقَوْمِ
الَّذِينَ كَذَّبُوا بِآيَاتِنَا فَاقْصُصِ الْقَصَصَ لَعَلَّهُمْ يَتَفَكَّرُونَ 7:177 سَاءَ مَثَلًا الْقَوْمُ الَّذِينَ كَذَّبُوا بِآيَاتِنَا وَأَنْفُسَهُمْ كَانُوا يَظْلِمُونَ 7:178 مَنْ
يَهْدِ اللَّهُ فَهُوَ الْمُهْتَدِي وَمَنْ يُضْلِلْ فَأُولَٰئِكَ هُمُ الْخَاسِرُونَ 7:179 وَلَقَدْ ذَرَأْنَا لِجَهَنَّمَ كَثِيرًا مِنَ الْجِنِّ وَالْإِنْسِ لَهُمْ قُلُوبٌ لَا يَفْقَهُونَ بِهَا
وَلَهُمْ أَعْيُنٌ لَا يُبْصِرُونَ بِهَا وَلَهُمْ آذَانٌ لَا يَسْمَعُونَ بِهَا أُولَٰئِكَ كَالْأَنْعَامِ بَلْ هُمْ أَضَلُّ أُولَٰئِكَ هُمُ الْغَافِلُونَ 7:180 وَلِلَّهِ الْأَسْمَاءُ الْحُسْنَىٰ
فَادْعُوهُ بِهَا وَذَرُوا الَّذِينَ يُلْحِدُونَ فِي أَسْمَائِهِ سَيُجْزَوْنَ مَا كَانُوا يَعْمَلُونَ 7:181 وَمِمَّنْ خَلَقْنَا أُمَّةٌ يَهْدُونَ بِالْحَقِّ وَبِهِ يَعْدِلُونَ 7:182
وَالَّذِينَ كَذَّبُوا بِآيَاتِنَا سَنَسْتَدْرِجُهُمْ مِنْ حَيْثُ لَا يَعْلَمُونَ 7:183 وَأُمْلِي لَهُمْ إِنَّ كَيْدِي مَتِينٌ 7:184 أَوَلَمْ يَتَفَكَّرُوا مَا بِصَاحِبِهِمْ مِنْ جِنَّةٍ
إِنْ هُوَ إِلَّا نَذِيرٌ مُبِينٌ 7:185 أَوَلَمْ يَنْظُرُوا فِي مَلَكُوتِ السَّمَاوَاتِ وَالْأَرْضِ وَمَا خَلَقَ اللَّهُ مِنْ شَيْءٍ وَأَنْ عَسَىٰ أَنْ يَكُونَ قَدِ اقْتَرَبَ أَجَلُهُمْ
فَبِأَيِّ حَدِيثٍ بَعْدَهُ يُؤْمِنُونَ 7:186 مَنْ يُضْلِلِ اللَّهُ فَلَا هَادِيَ لَهُ وَيَذَرُهُمْ فِي طُغْيَانِهِمْ يَعْمَهُونَ 7:187 يَسْأَلُونَكَ عَنِ السَّاعَةِ أَيَّانَ مُرْسَاهَا
قُلْ إِنَّمَا عِلْمُهَا عِنْدَ رَبِّي لَا يُجَلِّيهَا لِوَقْتِهَا إِلَّا هُوَ ثَقُلَتْ فِي السَّمَاوَاتِ وَالْأَرْضِ لَا تَأْتِيكُمْ إِلَّا بَغْتَةً يَسْأَلُونَكَ كَأَنَّكَ حَفِيٌّ عَنْهَا قُلْ إِنَّمَا
عِلْمُهَا عِنْدَ اللَّهِ وَلَٰكِنَّ أَكْثَرَ النَّاسِ لَا يَعْلَمُونَ 7:188 قُلْ لَا أَمْلِكُ لِنَفْسِي نَفْعًا وَلَا ضَرًّا إِلَّا مَا شَاءَ اللَّهُ وَلَوْ كُنْتُ أَعْلَمُ الْغَيْبَ لَاسْتَكْثَرْتُ
مِنَ الْخَيْرِ وَمَا مَسَّنِيَ السُّوءُ إِنْ أَنَا إِلَّا نَذِيرٌ وَبَشِيرٌ لِقَوْمٍ يُؤْمِنُونَ 7:189 هُوَ الَّذِي خَلَقَكُمْ مِنْ نَفْسٍ وَاحِدَةٍ وَجَعَلَ مِنْهَا زَوْجَهَا لِيَسْكُنَ
إِلَيْهَا فَلَمَّا تَغَشَّاهَا حَمَلَتْ حَمْلًا خَفِيفًا فَمَرَّتْ بِهِ فَلَمَّا أَثْقَلَتْ دَعَوَا اللَّهَ رَبَّهُمَا لَئِنْ آتَيْتَنَا صَالِحًا لَنَكُونَنَّ مِنَ الشَّاكِرِينَ 7:190 فَلَمَّا آتَاهُمَا
صَالِحًا جَعَلَا لَهُ شُرَكَاءَ فِيمَا آتَاهُمَا فَتَعَالَى اللَّهُ عَمَّا يُشْرِكُونَ 7:191 أَيُشْرِكُونَ مَا لَا يَخْلُقُ شَيْئًا وَهُمْ يُخْلَقُونَ 7:192 وَلَا يَسْتَطِيعُونَ
لَهُمْ نَصْرًا وَلَا أَنْفُسَهُمْ يَنْصُرُونَ 7:193 وَإِنْ تَدْعُوهُمْ إِلَى الْهُدَىٰ لَا يَتَّبِعُوكُمْ سَوَاءٌ عَلَيْكُمْ أَدَعَوْتُمُوهُمْ أَمْ أَنْتُمْ صَامِتُونَ 7:194 إِنَّ الَّذِينَ
تَدْعُونَ مِنْ دُونِ اللَّهِ عِبَادٌ أَمْثَالُكُمْ فَادْعُوهُمْ فَلْيَسْتَجِيبُوا لَكُمْ إِنْ كُنْتُمْ صَادِقِينَ 7:195 أَلَهُمْ أَرْجُلٌ يَمْشُونَ بِهَا أَمْ لَهُمْ أَيْدٍ يَبْطِشُونَ
بِهَا أَمْ لَهُمْ أَعْيُنٌ يُبْصِرُونَ بِهَا أَمْ لَهُمْ آذَانٌ يَسْمَعُونَ بِهَا قُلِ ادْعُوا شُرَكَاءَكُمْ ثُمَّ كِيدُونِ فَلَا تُنْظِرُونِ 7:196 إِنَّ وَلِيِّيَ اللَّهُ الَّذِي نَزَّلَ
الْكِتَابَ وَهُوَ يَتَوَلَّى الصَّالِحِينَ 7:197 وَالَّذِينَ تَدْعُونَ مِنْ دُونِهِ لَا يَسْتَطِيعُونَ نَصْرَكُمْ وَلَا أَنْفُسَهُمْ يَنْصُرُونَ 7:198 وَإِنْ تَدْعُوهُمْ إِلَى
الْهُدَىٰ لَا يَسْمَعُوا وَتَرَاهُمْ يَنْظُرُونَ إِلَيْكَ وَهُمْ لَا يُبْصِرُونَ 7:199 خُذِ الْعَفْوَ وَأْمُرْ بِالْعُرْفِ وَأَعْرِضْ عَنِ الْجَاهِلِينَ 7:200 وَإِمَّا يَنْزَغَنَّكَ مِنَ
الشَّيْطَانِ نَزْغٌ فَاسْتَعِذْ بِاللَّهِ إِنَّهُ سَمِيعٌ عَلِيمٌ 7:201 إِنَّ الَّذِينَ اتَّقَوْا إِذَا مَسَّهُمْ طَائِفٌ مِنَ الشَّيْطَانِ تَذَكَّرُوا فَإِذَا هُمْ مُبْصِرُونَ 7:202
وَإِخْوَانُهُمْ يَمُدُّونَهُمْ فِي الْغَيِّ ثُمَّ لَا يُقْصِرُونَ 7:203 وَإِذَا لَمْ تَأْتِهِمْ بِآيَةٍ قَالُوا لَوْلَا اجْتَبَيْتَهَا قُلْ إِنَّمَا أَتَّبِعُ مَا يُوحَىٰ إِلَيَّ مِنْ رَبِّي هَٰذَا
بَصَائِرُ مِنْ رَبِّكُمْ وَهُدًى وَرَحْمَةٌ لِقَوْمٍ يُؤْمِنُونَ 7:204 وَإِذَا قُرِئَ الْقُرْآنُ فَاسْتَمِعُوا لَهُ وَأَنْصِتُوا لَعَلَّكُمْ تُرْحَمُونَ 7:205 وَاذْكُرْ رَبَّكَ فِي نَفْسِكَ
تَضَرُّعًا وَخِيفَةً وَدُونَ الْجَهْرِ مِنَ الْقَوْلِ بِالْغُدُوِّ وَالْآصَالِ وَلَا تَكُنْ مِنَ الْغَافِلِينَ 7:206 إِنَّ الَّذِينَ عِنْدَ رَبِّكَ لَا يَسْتَكْبِرُونَ عَنْ عِبَادَتِهِ
وَيُسَبِّحُونَهُ وَلَهُ يَسْجُدُونَ 8:1 بِسْمِ اللَّهِ الرَّحْمَٰنِ الرَّحِيمِ يَسْأَلُونَكَ عَنِ الْأَنْفَالِ قُلِ الْأَنْفَالُ لِلَّهِ وَالرَّسُولِ فَاتَّقُوا اللَّهَ وَأَصْلِحُوا ذَاتَ
بَيْنِكُمْ وَأَطِيعُوا اللَّهَ وَرَسُولَهُ إِنْ كُنْتُمْ مُؤْمِنِينَ 8:2 إِنَّمَا الْمُؤْمِنُونَ الَّذِينَ إِذَا ذُكِرَ اللَّهُ وَجِلَتْ قُلُوبُهُمْ وَإِذَا تُلِيَتْ عَلَيْهِمْ آيَاتُهُ زَادَتْهُمْ

إِيمَانًا وَعَلَىٰ رَبِّهِمْ يَتَوَكَّلُونَ 8:3 الَّذِينَ يُقِيمُونَ الصَّلَاةَ وَمِمَّا رَزَقْنَاهُمْ يُنْفِقُونَ 8:4 أُولَٰئِكَ هُمُ الْمُؤْمِنُونَ حَقًّا لَهُمْ دَرَجَاتٌ عِنْدَ رَبِّهِمْ
وَمَغْفِرَةٌ وَرِزْقٌ كَرِيمٌ 8:5 كَمَا أَخْرَجَكَ رَبُّكَ مِنْ بَيْتِكَ بِالْحَقِّ وَإِنَّ فَرِيقًا مِنَ الْمُؤْمِنِينَ لَكَارِهُونَ 8:6 يُجَادِلُونَكَ فِي الْحَقِّ بَعْدَمَا تَبَيَّنَ
كَأَنَّمَا يُسَاقُونَ إِلَى الْمَوْتِ وَهُمْ يَنْظُرُونَ 8:7 وَإِذْ يَعِدُكُمُ اللَّهُ إِحْدَى الطَّائِفَتَيْنِ أَنَّهَا لَكُمْ وَتَوَدُّونَ أَنَّ غَيْرَ ذَاتِ الشَّوْكَةِ تَكُونُ لَكُمْ وَيُرِيدُ
اللَّهُ أَنْ يُحِقَّ الْحَقَّ بِكَلِمَاتِهِ وَيَقْطَعَ دَابِرَ الْكَافِرِينَ 8:8 لِيُحِقَّ الْحَقَّ وَيُبْطِلَ الْبَاطِلَ وَلَوْ كَرِهَ الْمُجْرِمُونَ 8:9 إِذْ تَسْتَغِيثُونَ رَبَّكُمْ فَاسْتَجَابَ
لَكُمْ أَنِّي مُمِدُّكُمْ بِأَلْفٍ مِنَ الْمَلَائِكَةِ مُرْدِفِينَ 8:10 وَمَا جَعَلَهُ اللَّهُ إِلَّا بُشْرَىٰ وَلِتَطْمَئِنَّ بِهِ قُلُوبُكُمْ وَمَا النَّصْرُ إِلَّا مِنْ عِنْدِ اللَّهِ إِنَّ اللَّهَ
عَزِيزٌ حَكِيمٌ 8:11 إِذْ يُغَشِّيكُمُ النُّعَاسَ أَمَنَةً مِنْهُ وَيُنَزِّلُ عَلَيْكُمْ مِنَ السَّمَاءِ مَاءً لِيُطَهِّرَكُمْ بِهِ وَيُذْهِبَ عَنْكُمْ رِجْزَ الشَّيْطَانِ وَلِيَرْبِطَ عَلَىٰ
قُلُوبِكُمْ وَيُثَبِّتَ بِهِ الْأَقْدَامَ 8:12 إِذْ يُوحِي رَبُّكَ إِلَى الْمَلَائِكَةِ أَنِّي مَعَكُمْ فَثَبِّتُوا الَّذِينَ آمَنُوا سَأُلْقِي فِي قُلُوبِ الَّذِينَ كَفَرُوا الرُّعْبَ
فَاضْرِبُوا فَوْقَ الْأَعْنَاقِ وَاضْرِبُوا مِنْهُمْ كُلَّ بَنَانٍ 8:13 ذَٰلِكَ بِأَنَّهُمْ شَاقُّوا اللَّهَ وَرَسُولَهُ وَمَنْ يُشَاقِقِ اللَّهَ وَرَسُولَهُ فَإِنَّ اللَّهَ شَدِيدُ الْعِقَابِ
8:14 ذَٰلِكُمْ فَذُوقُوهُ وَأَنَّ لِلْكَافِرِينَ عَذَابَ النَّارِ 8:15 يَا أَيُّهَا الَّذِينَ آمَنُوا إِذَا لَقِيتُمُ الَّذِينَ كَفَرُوا زَحْفًا فَلَا تُوَلُّوهُمُ الْأَدْبَارَ 8:16 وَمَنْ يُوَلِّهِمْ
يَوْمَئِذٍ دُبُرَهُ إِلَّا مُتَحَرِّفًا لِقِتَالٍ أَوْ مُتَحَيِّزًا إِلَىٰ فِئَةٍ فَقَدْ بَاءَ بِغَضَبٍ مِنَ اللَّهِ وَمَأْوَاهُ جَهَنَّمُ وَبِئْسَ الْمَصِيرُ 8:17 فَلَمْ تَقْتُلُوهُمْ وَلَٰكِنَّ اللَّهَ
قَتَلَهُمْ وَمَا رَمَيْتَ إِذْ رَمَيْتَ وَلَٰكِنَّ اللَّهَ رَمَىٰ وَلِيُبْلِيَ الْمُؤْمِنِينَ مِنْهُ بَلَاءً حَسَنًا إِنَّ اللَّهَ سَمِيعٌ عَلِيمٌ 8:18 ذَٰلِكُمْ وَأَنَّ اللَّهَ مُوهِنُ كَيْدِ
الْكَافِرِينَ 8:19 إِنْ تَسْتَفْتِحُوا فَقَدْ جَاءَكُمُ الْفَتْحُ وَإِنْ تَنْتَهُوا فَهُوَ خَيْرٌ لَكُمْ وَإِنْ تَعُودُوا نَعُدْ وَلَنْ تُغْنِيَ عَنْكُمْ فِئَتُكُمْ شَيْئًا وَلَوْ كَثُرَتْ وَأَنَّ
اللَّهَ مَعَ الْمُؤْمِنِينَ 8:20 يَا أَيُّهَا الَّذِينَ آمَنُوا أَطِيعُوا اللَّهَ وَرَسُولَهُ وَلَا تَوَلَّوْا عَنْهُ وَأَنْتُمْ تَسْمَعُونَ 8:21 وَلَا تَكُونُوا كَالَّذِينَ قَالُوا سَمِعْنَا
وَهُمْ لَا يَسْمَعُونَ 8:22 إِنَّ شَرَّ الدَّوَابِّ عِنْدَ اللَّهِ الصُّمُّ الْبُكْمُ الَّذِينَ لَا يَعْقِلُونَ 8:23 وَلَوْ عَلِمَ اللَّهُ فِيهِمْ خَيْرًا لَأَسْمَعَهُمْ وَلَوْ أَسْمَعَهُمْ
لَتَوَلَّوْا وَهُمْ مُعْرِضُونَ 8:24 يَا أَيُّهَا الَّذِينَ آمَنُوا اسْتَجِيبُوا لِلَّهِ وَلِلرَّسُولِ إِذَا دَعَاكُمْ لِمَا يُحْيِيكُمْ وَاعْلَمُوا أَنَّ اللَّهَ يَحُولُ بَيْنَ الْمَرْءِ وَقَلْبِهِ
وَأَنَّهُ إِلَيْهِ تُحْشَرُونَ 8:25 وَاتَّقُوا فِتْنَةً لَا تُصِيبَنَّ الَّذِينَ ظَلَمُوا مِنْكُمْ خَاصَّةً وَاعْلَمُوا أَنَّ اللَّهَ شَدِيدُ الْعِقَابِ 8:26 وَاذْكُرُوا إِذْ أَنْتُمْ قَلِيلٌ
مُسْتَضْعَفُونَ فِي الْأَرْضِ تَخَافُونَ أَنْ يَتَخَطَّفَكُمُ النَّاسُ فَآوَاكُمْ وَأَيَّدَكُمْ بِنَصْرِهِ وَرَزَقَكُمْ مِنَ الطَّيِّبَاتِ لَعَلَّكُمْ تَشْكُرُونَ 8:27 يَا أَيُّهَا الَّذِينَ
آمَنُوا لَا تَخُونُوا اللَّهَ وَالرَّسُولَ وَتَخُونُوا أَمَانَاتِكُمْ وَأَنْتُمْ تَعْلَمُونَ 8:28 وَاعْلَمُوا أَنَّمَا أَمْوَالُكُمْ وَأَوْلَادُكُمْ فِتْنَةٌ وَأَنَّ اللَّهَ عِنْدَهُ أَجْرٌ عَظِيمٌ
8:29 يَا أَيُّهَا الَّذِينَ آمَنُوا إِنْ تَتَّقُوا اللَّهَ يَجْعَلْ لَكُمْ فُرْقَانًا وَيُكَفِّرْ عَنْكُمْ سَيِّئَاتِكُمْ وَيَغْفِرْ لَكُمْ وَاللَّهُ ذُو الْفَضْلِ الْعَظِيمِ 8:30 وَإِذْ يَمْكُرُ بِكَ
الَّذِينَ كَفَرُوا لِيُثْبِتُوكَ أَوْ يَقْتُلُوكَ أَوْ يُخْرِجُوكَ وَيَمْكُرُونَ وَيَمْكُرُ اللَّهُ وَاللَّهُ خَيْرُ الْمَاكِرِينَ 8:31 وَإِذَا تُتْلَىٰ عَلَيْهِمْ آيَاتُنَا قَالُوا قَدْ سَمِعْنَا لَوْ
نَشَاءُ لَقُلْنَا مِثْلَ هَٰذَا إِنْ هَٰذَا إِلَّا أَسَاطِيرُ الْأَوَّلِينَ 8:32 وَإِذْ قَالُوا اللَّهُمَّ إِنْ كَانَ هَٰذَا هُوَ الْحَقَّ مِنْ عِنْدِكَ فَأَمْطِرْ عَلَيْنَا حِجَارَةً مِنَ السَّمَاءِ
أَوِ ائْتِنَا بِعَذَابٍ أَلِيمٍ 8:33 وَمَا كَانَ اللَّهُ لِيُعَذِّبَهُمْ وَأَنْتَ فِيهِمْ وَمَا كَانَ اللَّهُ مُعَذِّبَهُمْ وَهُمْ يَسْتَغْفِرُونَ 8:34 وَمَا لَهُمْ أَلَّا يُعَذِّبَهُمُ اللَّهُ
وَهُمْ يَصُدُّونَ عَنِ الْمَسْجِدِ الْحَرَامِ وَمَا كَانُوا أَوْلِيَاءَهُ إِنْ أَوْلِيَاؤُهُ إِلَّا الْمُتَّقُونَ وَلَٰكِنَّ أَكْثَرَهُمْ لَا يَعْلَمُونَ 8:35 وَمَا كَانَ صَلَاتُهُمْ عِنْدَ الْبَيْتِ
إِلَّا مُكَاءً وَتَصْدِيَةً فَذُوقُوا الْعَذَابَ بِمَا كُنْتُمْ تَكْفُرُونَ 8:36 إِنَّ الَّذِينَ كَفَرُوا يُنْفِقُونَ أَمْوَالَهُمْ لِيَصُدُّوا عَنْ سَبِيلِ اللَّهِ فَسَيُنْفِقُونَهَا ثُمَّ
تَكُونُ عَلَيْهِمْ حَسْرَةً ثُمَّ يُغْلَبُونَ وَالَّذِينَ كَفَرُوا إِلَىٰ جَهَنَّمَ يُحْشَرُونَ 8:37 لِيَمِيزَ اللَّهُ الْخَبِيثَ مِنَ الطَّيِّبِ وَيَجْعَلَ الْخَبِيثَ بَعْضَهُ عَلَىٰ
بَعْضٍ فَيَرْكُمَهُ جَمِيعًا فَيَجْعَلَهُ فِي جَهَنَّمَ أُولَٰئِكَ هُمُ الْخَاسِرُونَ 8:38 قُلْ لِلَّذِينَ كَفَرُوا إِنْ يَنْتَهُوا يُغْفَرْ لَهُمْ مَا قَدْ سَلَفَ وَإِنْ يَعُودُوا
فَقَدْ مَضَتْ سُنَّتُ الْأَوَّلِينَ 8:39 وَقَاتِلُوهُمْ حَتَّىٰ لَا تَكُونَ فِتْنَةٌ وَيَكُونَ الدِّينُ كُلُّهُ لِلَّهِ فَإِنِ انْتَهَوْا فَإِنَّ اللَّهَ بِمَا يَعْمَلُونَ بَصِيرٌ 8:40 وَإِنْ تَوَلَّوْا
فَاعْلَمُوا أَنَّ اللَّهَ مَوْلَاكُمْ نِعْمَ الْمَوْلَىٰ وَنِعْمَ النَّصِيرُ 8:41 وَاعْلَمُوا أَنَّمَا غَنِمْتُمْ مِنْ شَيْءٍ فَأَنَّ لِلَّهِ خُمُسَهُ وَلِلرَّسُولِ وَلِذِي الْقُرْبَىٰ
وَالْيَتَامَىٰ وَالْمَسَاكِينِ وَابْنِ السَّبِيلِ إِنْ كُنْتُمْ آمَنْتُمْ بِاللَّهِ وَمَا أَنْزَلْنَا عَلَىٰ عَبْدِنَا يَوْمَ الْفُرْقَانِ يَوْمَ الْتَقَى الْجَمْعَانِ وَاللَّهُ عَلَىٰ كُلِّ شَيْءٍ
قَدِيرٌ 8:42 إِذْ أَنْتُمْ بِالْعُدْوَةِ الدُّنْيَا وَهُمْ بِالْعُدْوَةِ الْقُصْوَىٰ وَالرَّكْبُ أَسْفَلَ مِنْكُمْ وَلَوْ تَوَاعَدْتُمْ لَاخْتَلَفْتُمْ فِي الْمِيعَادِ وَلَٰكِنْ لِيَقْضِيَ اللَّهُ

أَمْرًا كَانَ مَفْعُولًا لِيَهْلِكَ مَنْ هَلَكَ عَنْ بَيِّنَةٍ وَيَحْيَىٰ مَنْ حَيَّ عَنْ بَيِّنَةٍ وَإِنَّ اللَّهَ لَسَمِيعٌ عَلِيمٌ 8:43 إِذْ يُرِيكَهُمُ اللَّهُ فِي مَنَامِكَ قَلِيلًا وَلَوْ
أَرَاكَهُمْ كَثِيرًا لَفَشِلْتُمْ وَلَتَنَازَعْتُمْ فِي الْأَمْرِ وَلَٰكِنَّ اللَّهَ سَلَّمَ إِنَّهُ عَلِيمٌ بِذَاتِ الصُّدُورِ 8:44 وَإِذْ يُرِيكُمُوهُمْ إِذِ الْتَقَيْتُمْ فِي أَعْيُنِكُمْ قَلِيلًا
وَيُقَلِّلُكُمْ فِي أَعْيُنِهِمْ لِيَقْضِيَ اللَّهُ أَمْرًا كَانَ مَفْعُولًا وَإِلَى اللَّهِ تُرْجَعُ الْأُمُورُ 8:45 يَا أَيُّهَا الَّذِينَ آمَنُوا إِذَا لَقِيتُمْ فِئَةً فَاثْبُتُوا وَاذْكُرُوا اللَّهَ
كَثِيرًا لَعَلَّكُمْ تُفْلِحُونَ 8:46 وَأَطِيعُوا اللَّهَ وَرَسُولَهُ وَلَا تَنَازَعُوا فَتَفْشَلُوا وَتَذْهَبَ رِيحُكُمْ وَاصْبِرُوا إِنَّ اللَّهَ مَعَ الصَّابِرِينَ 8:47 وَلَا تَكُونُوا
كَالَّذِينَ خَرَجُوا مِنْ دِيَارِهِمْ بَطَرًا وَرِئَاءَ النَّاسِ وَيَصُدُّونَ عَنْ سَبِيلِ اللَّهِ وَاللَّهُ بِمَا يَعْمَلُونَ مُحِيطٌ 8:48 وَإِذْ زَيَّنَ لَهُمُ الشَّيْطَانُ أَعْمَالَهُمْ
وَقَالَ لَا غَالِبَ لَكُمُ الْيَوْمَ مِنَ النَّاسِ وَإِنِّي جَارٌ لَكُمْ فَلَمَّا تَرَاءَتِ الْفِئَتَانِ نَكَصَ عَلَىٰ عَقِبَيْهِ وَقَالَ إِنِّي بَرِيءٌ مِنْكُمْ إِنِّي أَرَىٰ مَا لَا تَرَوْنَ
إِنِّي أَخَافُ اللَّهَ وَاللَّهُ شَدِيدُ الْعِقَابِ 8:49 إِذْ يَقُولُ الْمُنَافِقُونَ وَالَّذِينَ فِي قُلُوبِهِمْ مَرَضٌ غَرَّ هَٰؤُلَاءِ دِينُهُمْ وَمَنْ يَتَوَكَّلْ عَلَى اللَّهِ فَإِنَّ
اللَّهَ عَزِيزٌ حَكِيمٌ 8:50 وَلَوْ تَرَىٰ إِذْ يَتَوَفَّى الَّذِينَ كَفَرُوا الْمَلَائِكَةُ يَضْرِبُونَ وُجُوهَهُمْ وَأَدْبَارَهُمْ وَذُوقُوا عَذَابَ الْحَرِيقِ 8:51 ذَٰلِكَ بِمَا قَدَّمَتْ
أَيْدِيكُمْ وَأَنَّ اللَّهَ لَيْسَ بِظَلَّامٍ لِلْعَبِيدِ 8:52 كَدَأْبِ آلِ فِرْعَوْنَ وَالَّذِينَ مِنْ قَبْلِهِمْ كَفَرُوا بِآيَاتِ اللَّهِ فَأَخَذَهُمُ اللَّهُ بِذُنُوبِهِمْ إِنَّ اللَّهَ قَوِيٌّ
شَدِيدُ الْعِقَابِ 8:53 ذَٰلِكَ بِأَنَّ اللَّهَ لَمْ يَكُ مُغَيِّرًا نِعْمَةً أَنْعَمَهَا عَلَىٰ قَوْمٍ حَتَّىٰ يُغَيِّرُوا مَا بِأَنْفُسِهِمْ وَأَنَّ اللَّهَ سَمِيعٌ عَلِيمٌ 8:54 كَدَأْبِ آلِ
فِرْعَوْنَ وَالَّذِينَ مِنْ قَبْلِهِمْ كَذَّبُوا بِآيَاتِ رَبِّهِمْ فَأَهْلَكْنَاهُمْ بِذُنُوبِهِمْ وَأَغْرَقْنَا آلَ فِرْعَوْنَ وَكُلٌّ كَانُوا ظَالِمِينَ 8:55 إِنَّ شَرَّ الدَّوَابِّ عِنْدَ اللَّهِ
الَّذِينَ كَفَرُوا فَهُمْ لَا يُؤْمِنُونَ 8:56 الَّذِينَ عَاهَدْتَ مِنْهُمْ ثُمَّ يَنْقُضُونَ عَهْدَهُمْ فِي كُلِّ مَرَّةٍ وَهُمْ لَا يَتَّقُونَ 8:57 فَإِمَّا تَثْقَفَنَّهُمْ فِي الْحَرْبِ
فَشَرِّدْ بِهِمْ مَنْ خَلْفَهُمْ لَعَلَّهُمْ يَذَّكَّرُونَ 8:58 وَإِمَّا تَخَافَنَّ مِنْ قَوْمٍ خِيَانَةً فَانْبِذْ إِلَيْهِمْ عَلَىٰ سَوَاءٍ إِنَّ اللَّهَ لَا يُحِبُّ الْخَائِنِينَ 8:59 وَلَا
يَحْسَبَنَّ الَّذِينَ كَفَرُوا سَبَقُوا إِنَّهُمْ لَا يُعْجِزُونَ 8:60 وَأَعِدُّوا لَهُمْ مَا اسْتَطَعْتُمْ مِنْ قُوَّةٍ وَمِنْ رِبَاطِ الْخَيْلِ تُرْهِبُونَ بِهِ عَدُوَّ اللَّهِ وَعَدُوَّكُمْ
وَآخَرِينَ مِنْ دُونِهِمْ لَا تَعْلَمُونَهُمُ اللَّهُ يَعْلَمُهُمْ وَمَا تُنْفِقُوا مِنْ شَيْءٍ فِي سَبِيلِ اللَّهِ يُوَفَّ إِلَيْكُمْ وَأَنْتُمْ لَا تُظْلَمُونَ 8:61 وَإِنْ جَنَحُوا
لِلسَّلْمِ فَاجْنَحْ لَهَا وَتَوَكَّلْ عَلَى اللَّهِ إِنَّهُ هُوَ السَّمِيعُ الْعَلِيمُ 8:62 وَإِنْ يُرِيدُوا أَنْ يَخْدَعُوكَ فَإِنَّ حَسْبَكَ اللَّهُ هُوَ الَّذِي أَيَّدَكَ بِنَصْرِهِ
وَبِالْمُؤْمِنِينَ 8:63 وَأَلَّفَ بَيْنَ قُلُوبِهِمْ لَوْ أَنْفَقْتَ مَا فِي الْأَرْضِ جَمِيعًا مَا أَلَّفْتَ بَيْنَ قُلُوبِهِمْ وَلَٰكِنَّ اللَّهَ أَلَّفَ بَيْنَهُمْ إِنَّهُ عَزِيزٌ حَكِيمٌ 8:64
يَا أَيُّهَا النَّبِيُّ حَسْبُكَ اللَّهُ وَمَنِ اتَّبَعَكَ مِنَ الْمُؤْمِنِينَ 8:65 يَا أَيُّهَا النَّبِيُّ حَرِّضِ الْمُؤْمِنِينَ عَلَى الْقِتَالِ إِنْ يَكُنْ مِنْكُمْ عِشْرُونَ صَابِرُونَ
يَغْلِبُوا مِائَتَيْنِ وَإِنْ يَكُنْ مِنْكُمْ مِائَةٌ يَغْلِبُوا أَلْفًا مِنَ الَّذِينَ كَفَرُوا بِأَنَّهُمْ قَوْمٌ لَا يَفْقَهُونَ 8:66 الْآنَ خَفَّفَ اللَّهُ عَنْكُمْ وَعَلِمَ أَنَّ فِيكُمْ ضَعْفًا
فَإِنْ يَكُنْ مِنْكُمْ مِائَةٌ صَابِرَةٌ يَغْلِبُوا مِائَتَيْنِ وَإِنْ يَكُنْ مِنْكُمْ أَلْفٌ يَغْلِبُوا أَلْفَيْنِ بِإِذْنِ اللَّهِ وَاللَّهُ مَعَ الصَّابِرِينَ 8:67 مَا كَانَ لِنَبِيٍّ أَنْ يَكُونَ لَهُ
أَسْرَىٰ حَتَّىٰ يُثْخِنَ فِي الْأَرْضِ تُرِيدُونَ عَرَضَ الدُّنْيَا وَاللَّهُ يُرِيدُ الْآخِرَةَ وَاللَّهُ عَزِيزٌ حَكِيمٌ 8:68 لَوْلَا كِتَابٌ مِنَ اللَّهِ سَبَقَ لَمَسَّكُمْ فِيمَا
أَخَذْتُمْ عَذَابٌ عَظِيمٌ 8:69 فَكُلُوا مِمَّا غَنِمْتُمْ حَلَالًا طَيِّبًا وَاتَّقُوا اللَّهَ إِنَّ اللَّهَ غَفُورٌ رَحِيمٌ 8:70 يَا أَيُّهَا النَّبِيُّ قُلْ لِمَنْ فِي أَيْدِيكُمْ مِنَ
الْأَسْرَىٰ إِنْ يَعْلَمِ اللَّهُ فِي قُلُوبِكُمْ خَيْرًا يُؤْتِكُمْ خَيْرًا مِمَّا أُخِذَ مِنْكُمْ وَيَغْفِرْ لَكُمْ وَاللَّهُ غَفُورٌ رَحِيمٌ 8:71 وَإِنْ يُرِيدُوا خِيَانَتَكَ فَقَدْ خَانُوا
اللَّهَ مِنْ قَبْلُ فَأَمْكَنَ مِنْهُمْ وَاللَّهُ عَلِيمٌ حَكِيمٌ 8:72 إِنَّ الَّذِينَ آمَنُوا وَهَاجَرُوا وَجَاهَدُوا بِأَمْوَالِهِمْ وَأَنْفُسِهِمْ فِي سَبِيلِ اللَّهِ وَالَّذِينَ آوَوْا
وَنَصَرُوا أُولَٰئِكَ بَعْضُهُمْ أَوْلِيَاءُ بَعْضٍ وَالَّذِينَ آمَنُوا وَلَمْ يُهَاجِرُوا مَا لَكُمْ مِنْ وَلَايَتِهِمْ مِنْ شَيْءٍ حَتَّىٰ يُهَاجِرُوا وَإِنِ اسْتَنْصَرُوكُمْ فِي
الدِّينِ فَعَلَيْكُمُ النَّصْرُ إِلَّا عَلَىٰ قَوْمٍ بَيْنَكُمْ وَبَيْنَهُمْ مِيثَاقٌ وَاللَّهُ بِمَا تَعْمَلُونَ بَصِيرٌ 8:73 وَالَّذِينَ كَفَرُوا بَعْضُهُمْ أَوْلِيَاءُ بَعْضٍ إِلَّا تَفْعَلُوهُ
تَكُنْ فِتْنَةٌ فِي الْأَرْضِ وَفَسَادٌ كَبِيرٌ 8:74 وَالَّذِينَ آمَنُوا وَهَاجَرُوا وَجَاهَدُوا فِي سَبِيلِ اللَّهِ وَالَّذِينَ آوَوْا وَنَصَرُوا أُولَٰئِكَ هُمُ الْمُؤْمِنُونَ حَقًّا
لَهُمْ مَغْفِرَةٌ وَرِزْقٌ كَرِيمٌ 8:75 وَالَّذِينَ آمَنُوا مِنْ بَعْدُ وَهَاجَرُوا وَجَاهَدُوا مَعَكُمْ فَأُولَٰئِكَ مِنْكُمْ وَأُولُو الْأَرْحَامِ بَعْضُهُمْ أَوْلَىٰ بِبَعْضٍ فِي
كِتَابِ اللَّهِ إِنَّ اللَّهَ بِكُلِّ شَيْءٍ عَلِيمٌ 9:1 بَرَاءَةٌ مِنَ اللَّهِ وَرَسُولِهِ إِلَى الَّذِينَ عَاهَدْتُمْ مِنَ الْمُشْرِكِينَ 9:2 فَسِيحُوا فِي الْأَرْضِ أَرْبَعَةَ أَشْهُرٍ
وَاعْلَمُوا أَنَّكُمْ غَيْرُ مُعْجِزِي اللَّهِ وَأَنَّ اللَّهَ مُخْزِي الْكَافِرِينَ 9:3 وَأَذَانٌ مِنَ اللَّهِ وَرَسُولِهِ إِلَى النَّاسِ يَوْمَ الْحَجِّ الْأَكْبَرِ أَنَّ اللَّهَ بَرِيءٌ مِنَ

الْمُشْرِكِينَ وَرَسُولُهُ فَإِنْ تُبْتُمْ فَهُوَ خَيْرٌ لَكُمْ وَإِنْ تَوَلَّيْتُمْ فَاعْلَمُوا أَنَّكُمْ غَيْرُ مُعْجِزِي اللَّهِ وَبَشِّرِ الَّذِينَ كَفَرُوا بِعَذَابٍ أَلِيمٍ 9:4 إِلَّا الَّذِينَ
عَاهَدْتُمْ مِنَ الْمُشْرِكِينَ ثُمَّ لَمْ يَنْقُصُوكُمْ شَيْئًا وَلَمْ يُظَاهِرُوا عَلَيْكُمْ أَحَدًا فَأَتِمُّوا إِلَيْهِمْ عَهْدَهُمْ إِلَىٰ مُدَّتِهِمْ إِنَّ اللَّهَ يُحِبُّ الْمُتَّقِينَ 9:5
فَإِذَا انْسَلَخَ الْأَشْهُرُ الْحُرُمُ فَاقْتُلُوا الْمُشْرِكِينَ حَيْثُ وَجَدْتُمُوهُمْ وَخُذُوهُمْ وَاحْصُرُوهُمْ وَاقْعُدُوا لَهُمْ كُلَّ مَرْصَدٍ فَإِنْ تَابُوا وَأَقَامُوا
الصَّلَاةَ وَآتَوُا الزَّكَاةَ فَخَلُّوا سَبِيلَهُمْ إِنَّ اللَّهَ غَفُورٌ رَحِيمٌ 9:6 وَإِنْ أَحَدٌ مِنَ الْمُشْرِكِينَ اسْتَجَارَكَ فَأَجِرْهُ حَتَّىٰ يَسْمَعَ كَلَامَ اللَّهِ ثُمَّ أَبْلِغْهُ
مَأْمَنَهُ ذَٰلِكَ بِأَنَّهُمْ قَوْمٌ لَا يَعْلَمُونَ 9:7 كَيْفَ يَكُونُ لِلْمُشْرِكِينَ عَهْدٌ عِنْدَ اللَّهِ وَعِنْدَ رَسُولِهِ إِلَّا الَّذِينَ عَاهَدْتُمْ عِنْدَ الْمَسْجِدِ الْحَرَامِ فَمَا
اسْتَقَامُوا لَكُمْ فَاسْتَقِيمُوا لَهُمْ إِنَّ اللَّهَ يُحِبُّ الْمُتَّقِينَ 9:8 كَيْفَ وَإِنْ يَظْهَرُوا عَلَيْكُمْ لَا يَرْقُبُوا فِيكُمْ إِلًّا وَلَا ذِمَّةً يُرْضُونَكُمْ بِأَفْوَاهِهِمْ
وَتَأْبَىٰ قُلُوبُهُمْ وَأَكْثَرُهُمْ فَاسِقُونَ 9:9 اشْتَرَوْا بِآيَاتِ اللَّهِ ثَمَنًا قَلِيلًا فَصَدُّوا عَنْ سَبِيلِهِ إِنَّهُمْ سَاءَ مَا كَانُوا يَعْمَلُونَ 9:10 لَا يَرْقُبُونَ فِي
مُؤْمِنٍ إِلًّا وَلَا ذِمَّةً وَأُولَٰئِكَ هُمُ الْمُعْتَدُونَ 9:11 فَإِنْ تَابُوا وَأَقَامُوا الصَّلَاةَ وَآتَوُا الزَّكَاةَ فَإِخْوَانُكُمْ فِي الدِّينِ وَنُفَصِّلُ الْآيَاتِ لِقَوْمٍ يَعْلَمُونَ
9:12 وَإِنْ نَكَثُوا أَيْمَانَهُمْ مِنْ بَعْدِ عَهْدِهِمْ وَطَعَنُوا فِي دِينِكُمْ فَقَاتِلُوا أَئِمَّةَ الْكُفْرِ إِنَّهُمْ لَا أَيْمَانَ لَهُمْ لَعَلَّهُمْ يَنْتَهُونَ 9:13 أَلَا تُقَاتِلُونَ
قَوْمًا نَكَثُوا أَيْمَانَهُمْ وَهَمُّوا بِإِخْرَاجِ الرَّسُولِ وَهُمْ بَدَءُوكُمْ أَوَّلَ مَرَّةٍ أَتَخْشَوْنَهُمْ فَاللَّهُ أَحَقُّ أَنْ تَخْشَوْهُ إِنْ كُنْتُمْ مُؤْمِنِينَ 9:14 قَاتِلُوهُمْ
يُعَذِّبْهُمُ اللَّهُ بِأَيْدِيكُمْ وَيُخْزِهِمْ وَيَنْصُرْكُمْ عَلَيْهِمْ وَيَشْفِ صُدُورَ قَوْمٍ مُؤْمِنِينَ 9:15 وَيُذْهِبْ غَيْظَ قُلُوبِهِمْ وَيَتُوبُ اللَّهُ عَلَىٰ مَنْ يَشَاءُ
وَاللَّهُ عَلِيمٌ حَكِيمٌ 9:16 أَمْ حَسِبْتُمْ أَنْ تُتْرَكُوا وَلَمَّا يَعْلَمِ اللَّهُ الَّذِينَ جَاهَدُوا مِنْكُمْ وَلَمْ يَتَّخِذُوا مِنْ دُونِ اللَّهِ وَلَا رَسُولِهِ وَلَا الْمُؤْمِنِينَ
وَلِيجَةً وَاللَّهُ خَبِيرٌ بِمَا تَعْمَلُونَ 9:17 مَا كَانَ لِلْمُشْرِكِينَ أَنْ يَعْمُرُوا مَسَاجِدَ اللَّهِ شَاهِدِينَ عَلَىٰ أَنْفُسِهِمْ بِالْكُفْرِ أُولَٰئِكَ حَبِطَتْ أَعْمَالُهُمْ
وَفِي النَّارِ هُمْ خَالِدُونَ 9:18 إِنَّمَا يَعْمُرُ مَسَاجِدَ اللَّهِ مَنْ آمَنَ بِاللَّهِ وَالْيَوْمِ الْآخِرِ وَأَقَامَ الصَّلَاةَ وَآتَى الزَّكَاةَ وَلَمْ يَخْشَ إِلَّا اللَّهَ فَعَسَىٰ
أُولَٰئِكَ أَنْ يَكُونُوا مِنَ الْمُهْتَدِينَ 9:19 أَجَعَلْتُمْ سِقَايَةَ الْحَاجِّ وَعِمَارَةَ الْمَسْجِدِ الْحَرَامِ كَمَنْ آمَنَ بِاللَّهِ وَالْيَوْمِ الْآخِرِ وَجَاهَدَ فِي سَبِيلِ
اللَّهِ لَا يَسْتَوُونَ عِنْدَ اللَّهِ وَاللَّهُ لَا يَهْدِي الْقَوْمَ الظَّالِمِينَ 9:20 الَّذِينَ آمَنُوا وَهَاجَرُوا وَجَاهَدُوا فِي سَبِيلِ اللَّهِ بِأَمْوَالِهِمْ وَأَنْفُسِهِمْ أَعْظَمُ
دَرَجَةً عِنْدَ اللَّهِ وَأُولَٰئِكَ هُمُ الْفَائِزُونَ 9:21 يُبَشِّرُهُمْ رَبُّهُمْ بِرَحْمَةٍ مِنْهُ وَرِضْوَانٍ وَجَنَّاتٍ لَهُمْ فِيهَا نَعِيمٌ مُقِيمٌ 9:22 خَالِدِينَ فِيهَا أَبَدًا إِنَّ
اللَّهَ عِنْدَهُ أَجْرٌ عَظِيمٌ 9:23 يَا أَيُّهَا الَّذِينَ آمَنُوا لَا تَتَّخِذُوا آبَاءَكُمْ وَإِخْوَانَكُمْ أَوْلِيَاءَ إِنِ اسْتَحَبُّوا الْكُفْرَ عَلَى الْإِيمَانِ وَمَنْ يَتَوَلَّهُمْ مِنْكُمْ
فَأُولَٰئِكَ هُمُ الظَّالِمُونَ 9:24 قُلْ إِنْ كَانَ آبَاؤُكُمْ وَأَبْنَاؤُكُمْ وَإِخْوَانُكُمْ وَأَزْوَاجُكُمْ وَعَشِيرَتُكُمْ وَأَمْوَالٌ اقْتَرَفْتُمُوهَا وَتِجَارَةٌ تَخْشَوْنَ كَسَادَهَا
وَمَسَاكِنُ تَرْضَوْنَهَا أَحَبَّ إِلَيْكُمْ مِنَ اللَّهِ وَرَسُولِهِ وَجِهَادٍ فِي سَبِيلِهِ فَتَرَبَّصُوا حَتَّىٰ يَأْتِيَ اللَّهُ بِأَمْرِهِ وَاللَّهُ لَا يَهْدِي الْقَوْمَ الْفَاسِقِينَ 9:25
لَقَدْ نَصَرَكُمُ اللَّهُ فِي مَوَاطِنَ كَثِيرَةٍ وَيَوْمَ حُنَيْنٍ إِذْ أَعْجَبَتْكُمْ كَثْرَتُكُمْ فَلَمْ تُغْنِ عَنْكُمْ شَيْئًا وَضَاقَتْ عَلَيْكُمُ الْأَرْضُ بِمَا رَحُبَتْ ثُمَّ وَلَّيْتُمْ
مُدْبِرِينَ 9:26 ثُمَّ أَنْزَلَ اللَّهُ سَكِينَتَهُ عَلَىٰ رَسُولِهِ وَعَلَى الْمُؤْمِنِينَ وَأَنْزَلَ جُنُودًا لَمْ تَرَوْهَا وَعَذَّبَ الَّذِينَ كَفَرُوا وَذَٰلِكَ جَزَاءُ الْكَافِرِينَ 9:27
ثُمَّ يَتُوبُ اللَّهُ مِنْ بَعْدِ ذَٰلِكَ عَلَىٰ مَنْ يَشَاءُ وَاللَّهُ غَفُورٌ رَحِيمٌ 9:28 يَا أَيُّهَا الَّذِينَ آمَنُوا إِنَّمَا الْمُشْرِكُونَ نَجَسٌ فَلَا يَقْرَبُوا الْمَسْجِدَ الْحَرَامَ
بَعْدَ عَامِهِمْ هَٰذَا وَإِنْ خِفْتُمْ عَيْلَةً فَسَوْفَ يُغْنِيكُمُ اللَّهُ مِنْ فَضْلِهِ إِنْ شَاءَ إِنَّ اللَّهَ عَلِيمٌ حَكِيمٌ 9:29 قَاتِلُوا الَّذِينَ لَا يُؤْمِنُونَ بِاللَّهِ وَلَا
بِالْيَوْمِ الْآخِرِ وَلَا يُحَرِّمُونَ مَا حَرَّمَ اللَّهُ وَرَسُولُهُ وَلَا يَدِينُونَ دِينَ الْحَقِّ مِنَ الَّذِينَ أُوتُوا الْكِتَابَ حَتَّىٰ يُعْطُوا الْجِزْيَةَ عَنْ يَدٍ وَهُمْ صَاغِرُونَ
9:30 وَقَالَتِ الْيَهُودُ عُزَيْرٌ ابْنُ اللَّهِ وَقَالَتِ النَّصَارَى الْمَسِيحُ ابْنُ اللَّهِ ذَٰلِكَ قَوْلُهُمْ بِأَفْوَاهِهِمْ يُضَاهِئُونَ قَوْلَ الَّذِينَ كَفَرُوا مِنْ قَبْلُ قَاتَلَهُمُ
اللَّهُ أَنَّىٰ يُؤْفَكُونَ 9:31 اتَّخَذُوا أَحْبَارَهُمْ وَرُهْبَانَهُمْ أَرْبَابًا مِنْ دُونِ اللَّهِ وَالْمَسِيحَ ابْنَ مَرْيَمَ وَمَا أُمِرُوا إِلَّا لِيَعْبُدُوا إِلَٰهًا وَاحِدًا لَا إِلَٰهَ إِلَّا هُوَ
سُبْحَانَهُ عَمَّا يُشْرِكُونَ 9:32 يُرِيدُونَ أَنْ يُطْفِئُوا نُورَ اللَّهِ بِأَفْوَاهِهِمْ وَيَأْبَى اللَّهُ إِلَّا أَنْ يُتِمَّ نُورَهُ وَلَوْ كَرِهَ الْكَافِرُونَ 9:33 هُوَ الَّذِي أَرْسَلَ
رَسُولَهُ بِالْهُدَىٰ وَدِينِ الْحَقِّ لِيُظْهِرَهُ عَلَى الدِّينِ كُلِّهِ وَلَوْ كَرِهَ الْمُشْرِكُونَ 9:34 يَا أَيُّهَا الَّذِينَ آمَنُوا إِنَّ كَثِيرًا مِنَ الْأَحْبَارِ وَالرُّهْبَانِ لَيَأْكُلُونَ
أَمْوَالَ النَّاسِ بِالْبَاطِلِ وَيَصُدُّونَ عَنْ سَبِيلِ اللَّهِ وَالَّذِينَ يَكْنِزُونَ الذَّهَبَ وَالْفِضَّةَ وَلَا يُنْفِقُونَهَا فِي سَبِيلِ اللَّهِ فَبَشِّرْهُمْ بِعَذَابٍ أَلِيمٍ 9:35

يَوْمَ يُحْمَىٰ عَلَيْهَا فِي نَارِ جَهَنَّمَ فَتُكْوَىٰ بِهَا جِبَاهُهُمْ وَجُنُوبُهُمْ وَظُهُورُهُمْ هَٰذَا مَا كَنَزْتُمْ لِأَنْفُسِكُمْ فَذُوقُوا مَا كُنْتُمْ تَكْنِزُونَ 9:36 إِنَّ
عِدَّةَ الشُّهُورِ عِنْدَ اللَّهِ اثْنَا عَشَرَ شَهْرًا فِي كِتَابِ اللَّهِ يَوْمَ خَلَقَ السَّمَاوَاتِ وَالْأَرْضَ مِنْهَا أَرْبَعَةٌ حُرُمٌ ذَٰلِكَ الدِّينُ الْقَيِّمُ فَلَا تَظْلِمُوا
فِيهِنَّ أَنْفُسَكُمْ وَقَاتِلُوا الْمُشْرِكِينَ كَافَّةً كَمَا يُقَاتِلُونَكُمْ كَافَّةً وَاعْلَمُوا أَنَّ اللَّهَ مَعَ الْمُتَّقِينَ 9:37 إِنَّمَا النَّسِيءُ زِيَادَةٌ فِي الْكُفْرِ يُضَلُّ بِهِ
الَّذِينَ كَفَرُوا يُحِلُّونَهُ عَامًا وَيُحَرِّمُونَهُ عَامًا لِيُوَاطِئُوا عِدَّةَ مَا حَرَّمَ اللَّهُ فَيُحِلُّوا مَا حَرَّمَ اللَّهُ زُيِّنَ لَهُمْ سُوءُ أَعْمَالِهِمْ وَاللَّهُ لَا يَهْدِي
الْقَوْمَ الْكَافِرِينَ 9:38 يَا أَيُّهَا الَّذِينَ آمَنُوا مَا لَكُمْ إِذَا قِيلَ لَكُمُ انْفِرُوا فِي سَبِيلِ اللَّهِ اثَّاقَلْتُمْ إِلَى الْأَرْضِ أَرَضِيتُمْ بِالْحَيَاةِ الدُّنْيَا مِنَ الْآخِرَةِ
فَمَا مَتَاعُ الْحَيَاةِ الدُّنْيَا فِي الْآخِرَةِ إِلَّا قَلِيلٌ 9:39 إِلَّا تَنْفِرُوا يُعَذِّبْكُمْ عَذَابًا أَلِيمًا وَيَسْتَبْدِلْ قَوْمًا غَيْرَكُمْ وَلَا تَضُرُّوهُ شَيْئًا وَاللَّهُ عَلَىٰ كُلِّ
شَيْءٍ قَدِيرٌ 9:40 إِلَّا تَنْصُرُوهُ فَقَدْ نَصَرَهُ اللَّهُ إِذْ أَخْرَجَهُ الَّذِينَ كَفَرُوا ثَانِيَ اثْنَيْنِ إِذْ هُمَا فِي الْغَارِ إِذْ يَقُولُ لِصَاحِبِهِ لَا تَحْزَنْ إِنَّ اللَّهَ مَعَنَا
فَأَنْزَلَ اللَّهُ سَكِينَتَهُ عَلَيْهِ وَأَيَّدَهُ بِجُنُودٍ لَمْ تَرَوْهَا وَجَعَلَ كَلِمَةَ الَّذِينَ كَفَرُوا السُّفْلَىٰ وَكَلِمَةُ اللَّهِ هِيَ الْعُلْيَا وَاللَّهُ عَزِيزٌ حَكِيمٌ 9:41 انْفِرُوا
خِفَافًا وَثِقَالًا وَجَاهِدُوا بِأَمْوَالِكُمْ وَأَنْفُسِكُمْ فِي سَبِيلِ اللَّهِ ذَٰلِكُمْ خَيْرٌ لَكُمْ إِنْ كُنْتُمْ تَعْلَمُونَ 9:42 لَوْ كَانَ عَرَضًا قَرِيبًا وَسَفَرًا قَاصِدًا
لَاتَّبَعُوكَ وَلَٰكِنْ بَعُدَتْ عَلَيْهِمُ الشُّقَّةُ وَسَيَحْلِفُونَ بِاللَّهِ لَوِ اسْتَطَعْنَا لَخَرَجْنَا مَعَكُمْ يُهْلِكُونَ أَنْفُسَهُمْ وَاللَّهُ يَعْلَمُ إِنَّهُمْ لَكَاذِبُونَ 9:43
عَفَا اللَّهُ عَنْكَ لِمَ أَذِنْتَ لَهُمْ حَتَّىٰ يَتَبَيَّنَ لَكَ الَّذِينَ صَدَقُوا وَتَعْلَمَ الْكَاذِبِينَ 9:44 لَا يَسْتَأْذِنُكَ الَّذِينَ يُؤْمِنُونَ بِاللَّهِ وَالْيَوْمِ الْآخِرِ أَنْ
يُجَاهِدُوا بِأَمْوَالِهِمْ وَأَنْفُسِهِمْ وَاللَّهُ عَلِيمٌ بِالْمُتَّقِينَ 9:45 إِنَّمَا يَسْتَأْذِنُكَ الَّذِينَ لَا يُؤْمِنُونَ بِاللَّهِ وَالْيَوْمِ الْآخِرِ وَارْتَابَتْ قُلُوبُهُمْ فَهُمْ فِي
رَيْبِهِمْ يَتَرَدَّدُونَ 9:46 وَلَوْ أَرَادُوا الْخُرُوجَ لَأَعَدُّوا لَهُ عُدَّةً وَلَٰكِنْ كَرِهَ اللَّهُ انْبِعَاثَهُمْ فَثَبَّطَهُمْ وَقِيلَ اقْعُدُوا مَعَ الْقَاعِدِينَ 9:47 لَوْ خَرَجُوا
فِيكُمْ مَا زَادُوكُمْ إِلَّا خَبَالًا وَلَأَوْضَعُوا خِلَالَكُمْ يَبْغُونَكُمُ الْفِتْنَةَ وَفِيكُمْ سَمَّاعُونَ لَهُمْ وَاللَّهُ عَلِيمٌ بِالظَّالِمِينَ 9:48 لَقَدِ ابْتَغَوُا الْفِتْنَةَ مِنْ
قَبْلُ وَقَلَّبُوا لَكَ الْأُمُورَ حَتَّىٰ جَاءَ الْحَقُّ وَظَهَرَ أَمْرُ اللَّهِ وَهُمْ كَارِهُونَ 9:49 وَمِنْهُمْ مَنْ يَقُولُ ائْذَنْ لِي وَلَا تَفْتِنِّي أَلَا فِي الْفِتْنَةِ سَقَطُوا
وَإِنَّ جَهَنَّمَ لَمُحِيطَةٌ بِالْكَافِرِينَ 9:50 إِنْ تُصِبْكَ حَسَنَةٌ تَسُؤْهُمْ وَإِنْ تُصِبْكَ مُصِيبَةٌ يَقُولُوا قَدْ أَخَذْنَا أَمْرَنَا مِنْ قَبْلُ وَيَتَوَلَّوْا وَهُمْ فَرِحُونَ
9:51 قُلْ لَنْ يُصِيبَنَا إِلَّا مَا كَتَبَ اللَّهُ لَنَا هُوَ مَوْلَانَا وَعَلَى اللَّهِ فَلْيَتَوَكَّلِ الْمُؤْمِنُونَ 9:52 قُلْ هَلْ تَرَبَّصُونَ بِنَا إِلَّا إِحْدَى الْحُسْنَيَيْنِ وَنَحْنُ
نَتَرَبَّصُ بِكُمْ أَنْ يُصِيبَكُمُ اللَّهُ بِعَذَابٍ مِنْ عِنْدِهِ أَوْ بِأَيْدِينَا فَتَرَبَّصُوا إِنَّا مَعَكُمْ مُتَرَبِّصُونَ 9:53 قُلْ أَنْفِقُوا طَوْعًا أَوْ كَرْهًا لَنْ يُتَقَبَّلَ مِنْكُمْ
إِنَّكُمْ كُنْتُمْ قَوْمًا فَاسِقِينَ 9:54 وَمَا مَنَعَهُمْ أَنْ تُقْبَلَ مِنْهُمْ نَفَقَاتُهُمْ إِلَّا أَنَّهُمْ كَفَرُوا بِاللَّهِ وَبِرَسُولِهِ وَلَا يَأْتُونَ الصَّلَاةَ إِلَّا وَهُمْ كُسَالَىٰ وَلَا
يُنْفِقُونَ إِلَّا وَهُمْ كَارِهُونَ 9:55 فَلَا تُعْجِبْكَ أَمْوَالُهُمْ وَلَا أَوْلَادُهُمْ إِنَّمَا يُرِيدُ اللَّهُ لِيُعَذِّبَهُمْ بِهَا فِي الْحَيَاةِ الدُّنْيَا وَتَزْهَقَ أَنْفُسُهُمْ وَهُمْ
كَافِرُونَ 9:56 وَيَحْلِفُونَ بِاللَّهِ إِنَّهُمْ لَمِنْكُمْ وَمَا هُمْ مِنْكُمْ وَلَٰكِنَّهُمْ قَوْمٌ يَفْرَقُونَ 9:57 لَوْ يَجِدُونَ مَلْجَأً أَوْ مَغَارَاتٍ أَوْ مُدَّخَلًا لَوَلَّوْا إِلَيْهِ وَهُمْ
يَجْمَحُونَ 9:58 وَمِنْهُمْ مَنْ يَلْمِزُكَ فِي الصَّدَقَاتِ فَإِنْ أُعْطُوا مِنْهَا رَضُوا وَإِنْ لَمْ يُعْطَوْا مِنْهَا إِذَا هُمْ يَسْخَطُونَ 9:59 وَلَوْ أَنَّهُمْ رَضُوا مَا
آتَاهُمُ اللَّهُ وَرَسُولُهُ وَقَالُوا حَسْبُنَا اللَّهُ سَيُؤْتِينَا اللَّهُ مِنْ فَضْلِهِ وَرَسُولُهُ إِنَّا إِلَى اللَّهِ رَاغِبُونَ 9:60 إِنَّمَا الصَّدَقَاتُ لِلْفُقَرَاءِ وَالْمَسَاكِينِ
وَالْعَامِلِينَ عَلَيْهَا وَالْمُؤَلَّفَةِ قُلُوبُهُمْ وَفِي الرِّقَابِ وَالْغَارِمِينَ وَفِي سَبِيلِ اللَّهِ وَابْنِ السَّبِيلِ فَرِيضَةً مِنَ اللَّهِ وَاللَّهُ عَلِيمٌ حَكِيمٌ 9:61
وَمِنْهُمُ الَّذِينَ يُؤْذُونَ النَّبِيَّ وَيَقُولُونَ هُوَ أُذُنٌ قُلْ أُذُنُ خَيْرٍ لَكُمْ يُؤْمِنُ بِاللَّهِ وَيُؤْمِنُ لِلْمُؤْمِنِينَ وَرَحْمَةٌ لِلَّذِينَ آمَنُوا مِنْكُمْ وَالَّذِينَ يُؤْذُونَ
رَسُولَ اللَّهِ لَهُمْ عَذَابٌ أَلِيمٌ 9:62 يَحْلِفُونَ بِاللَّهِ لَكُمْ لِيُرْضُوكُمْ وَاللَّهُ وَرَسُولُهُ أَحَقُّ أَنْ يُرْضُوهُ إِنْ كَانُوا مُؤْمِنِينَ 9:63 أَلَمْ يَعْلَمُوا أَنَّهُ مَنْ
يُحَادِدِ اللَّهَ وَرَسُولَهُ فَأَنَّ لَهُ نَارَ جَهَنَّمَ خَالِدًا فِيهَا ذَٰلِكَ الْخِزْيُ الْعَظِيمُ 9:64 يَحْذَرُ الْمُنَافِقُونَ أَنْ تُنَزَّلَ عَلَيْهِمْ سُورَةٌ تُنَبِّئُهُمْ بِمَا فِي
قُلُوبِهِمْ قُلِ اسْتَهْزِئُوا إِنَّ اللَّهَ مُخْرِجٌ مَا تَحْذَرُونَ 9:65 وَلَئِنْ سَأَلْتَهُمْ لَيَقُولُنَّ إِنَّمَا كُنَّا نَخُوضُ وَنَلْعَبُ قُلْ أَبِاللَّهِ وَآيَاتِهِ وَرَسُولِهِ كُنْتُمْ
تَسْتَهْزِئُونَ 9:66 لَا تَعْتَذِرُوا قَدْ كَفَرْتُمْ بَعْدَ إِيمَانِكُمْ إِنْ نَعْفُ عَنْ طَائِفَةٍ مِنْكُمْ نُعَذِّبْ طَائِفَةً بِأَنَّهُمْ كَانُوا مُجْرِمِينَ 9:67 الْمُنَافِقُونَ
وَالْمُنَافِقَاتُ بَعْضُهُمْ مِنْ بَعْضٍ يَأْمُرُونَ بِالْمُنْكَرِ وَيَنْهَوْنَ عَنِ الْمَعْرُوفِ وَيَقْبِضُونَ أَيْدِيَهُمْ نَسُوا اللَّهَ فَنَسِيَهُمْ إِنَّ الْمُنَافِقِينَ هُمُ

الْفَاسِقُونَ 9:68 وَعَدَ اللَّهُ الْمُنَافِقِينَ وَالْمُنَافِقَاتِ وَالْكُفَّارَ نَارَ جَهَنَّمَ خَالِدِينَ فِيهَا هِيَ حَسْبُهُمْ وَلَعَنَهُمُ اللَّهُ وَلَهُمْ عَذَابٌ مُقِيمٌ 9:69
كَالَّذِينَ مِنْ قَبْلِكُمْ كَانُوا أَشَدَّ مِنْكُمْ قُوَّةً وَأَكْثَرَ أَمْوَالًا وَأَوْلَادًا فَاسْتَمْتَعُوا بِخَلَاقِهِمْ فَاسْتَمْتَعْتُمْ بِخَلَاقِكُمْ كَمَا اسْتَمْتَعَ الَّذِينَ مِنْ قَبْلِكُمْ
بِخَلَاقِهِمْ وَخُضْتُمْ كَالَّذِي خَاضُوا أُولَٰئِكَ حَبِطَتْ أَعْمَالُهُمْ فِي الدُّنْيَا وَالْآخِرَةِ وَأُولَٰئِكَ هُمُ الْخَاسِرُونَ 9:70 أَلَمْ يَأْتِهِمْ نَبَأُ الَّذِينَ مِنْ قَبْلِهِمْ
قَوْمِ نُوحٍ وَعَادٍ وَثَمُودَ وَقَوْمِ إِبْرَاهِيمَ وَأَصْحَابِ مَدْيَنَ وَالْمُؤْتَفِكَاتِ أَتَتْهُمْ رُسُلُهُمْ بِالْبَيِّنَاتِ فَمَا كَانَ اللَّهُ لِيَظْلِمَهُمْ وَلَٰكِنْ كَانُوا أَنْفُسَهُمْ
يَظْلِمُونَ 9:71 وَالْمُؤْمِنُونَ وَالْمُؤْمِنَاتُ بَعْضُهُمْ أَوْلِيَاءُ بَعْضٍ يَأْمُرُونَ بِالْمَعْرُوفِ وَيَنْهَوْنَ عَنِ الْمُنْكَرِ وَيُقِيمُونَ الصَّلَاةَ وَيُؤْتُونَ الزَّكَاةَ
وَيُطِيعُونَ اللَّهَ وَرَسُولَهُ أُولَٰئِكَ سَيَرْحَمُهُمُ اللَّهُ إِنَّ اللَّهَ عَزِيزٌ حَكِيمٌ 9:72 وَعَدَ اللَّهُ الْمُؤْمِنِينَ وَالْمُؤْمِنَاتِ جَنَّاتٍ تَجْرِي مِنْ تَحْتِهَا الْأَنْهَارُ
خَالِدِينَ فِيهَا وَمَسَاكِنَ طَيِّبَةً فِي جَنَّاتِ عَدْنٍ وَرِضْوَانٌ مِنَ اللَّهِ أَكْبَرُ ذَٰلِكَ هُوَ الْفَوْزُ الْعَظِيمُ 9:73 يَا أَيُّهَا النَّبِيُّ جَاهِدِ الْكُفَّارَ وَالْمُنَافِقِينَ
وَاغْلُظْ عَلَيْهِمْ وَمَأْوَاهُمْ جَهَنَّمُ وَبِئْسَ الْمَصِيرُ 9:74 يَحْلِفُونَ بِاللَّهِ مَا قَالُوا وَلَقَدْ قَالُوا كَلِمَةَ الْكُفْرِ وَكَفَرُوا بَعْدَ إِسْلَامِهِمْ وَهَمُّوا بِمَا لَمْ
يَنَالُوا وَمَا نَقَمُوا إِلَّا أَنْ أَغْنَاهُمُ اللَّهُ وَرَسُولُهُ مِنْ فَضْلِهِ فَإِنْ يَتُوبُوا يَكُ خَيْرًا لَهُمْ وَإِنْ يَتَوَلَّوْا يُعَذِّبْهُمُ اللَّهُ عَذَابًا أَلِيمًا فِي الدُّنْيَا وَالْآخِرَةِ
وَمَا لَهُمْ فِي الْأَرْضِ مِنْ وَلِيٍّ وَلَا نَصِيرٍ 9:75 وَمِنْهُمْ مَنْ عَاهَدَ اللَّهَ لَئِنْ آتَانَا مِنْ فَضْلِهِ لَنَصَّدَّقَنَّ وَلَنَكُونَنَّ مِنَ الصَّالِحِينَ 9:76 فَلَمَّا آتَاهُمْ
مِنْ فَضْلِهِ بَخِلُوا بِهِ وَتَوَلَّوْا وَهُمْ مُعْرِضُونَ 9:77 فَأَعْقَبَهُمْ نِفَاقًا فِي قُلُوبِهِمْ إِلَىٰ يَوْمِ يَلْقَوْنَهُ بِمَا أَخْلَفُوا اللَّهَ مَا وَعَدُوهُ وَبِمَا كَانُوا
يَكْذِبُونَ 9:78 أَلَمْ يَعْلَمُوا أَنَّ اللَّهَ يَعْلَمُ سِرَّهُمْ وَنَجْوَاهُمْ وَأَنَّ اللَّهَ عَلَّامُ الْغُيُوبِ 9:79 الَّذِينَ يَلْمِزُونَ الْمُطَّوِّعِينَ مِنَ الْمُؤْمِنِينَ فِي
الصَّدَقَاتِ وَالَّذِينَ لَا يَجِدُونَ إِلَّا جُهْدَهُمْ فَيَسْخَرُونَ مِنْهُمْ سَخِرَ اللَّهُ مِنْهُمْ وَلَهُمْ عَذَابٌ أَلِيمٌ 9:80 اسْتَغْفِرْ لَهُمْ أَوْ لَا تَسْتَغْفِرْ لَهُمْ إِنْ
تَسْتَغْفِرْ لَهُمْ سَبْعِينَ مَرَّةً فَلَنْ يَغْفِرَ اللَّهُ لَهُمْ ذَٰلِكَ بِأَنَّهُمْ كَفَرُوا بِاللَّهِ وَرَسُولِهِ وَاللَّهُ لَا يَهْدِي الْقَوْمَ الْفَاسِقِينَ 9:81 فَرِحَ الْمُخَلَّفُونَ
بِمَقْعَدِهِمْ خِلَافَ رَسُولِ اللَّهِ وَكَرِهُوا أَنْ يُجَاهِدُوا بِأَمْوَالِهِمْ وَأَنْفُسِهِمْ فِي سَبِيلِ اللَّهِ وَقَالُوا لَا تَنْفِرُوا فِي الْحَرِّ قُلْ نَارُ جَهَنَّمَ أَشَدُّ حَرًّا
لَوْ كَانُوا يَفْقَهُونَ 9:82 فَلْيَضْحَكُوا قَلِيلًا وَلْيَبْكُوا كَثِيرًا جَزَاءً بِمَا كَانُوا يَكْسِبُونَ 9:83 فَإِنْ رَجَعَكَ اللَّهُ إِلَىٰ طَائِفَةٍ مِنْهُمْ فَاسْتَأْذَنُوكَ
لِلْخُرُوجِ فَقُلْ لَنْ تَخْرُجُوا مَعِيَ أَبَدًا وَلَنْ تُقَاتِلُوا مَعِيَ عَدُوًّا إِنَّكُمْ رَضِيتُمْ بِالْقُعُودِ أَوَّلَ مَرَّةٍ فَاقْعُدُوا مَعَ الْخَالِفِينَ 9:84 وَلَا تُصَلِّ عَلَىٰ
أَحَدٍ مِنْهُمْ مَاتَ أَبَدًا وَلَا تَقُمْ عَلَىٰ قَبْرِهِ إِنَّهُمْ كَفَرُوا بِاللَّهِ وَرَسُولِهِ وَمَاتُوا وَهُمْ فَاسِقُونَ 9:85 وَلَا تُعْجِبْكَ أَمْوَالُهُمْ وَأَوْلَادُهُمْ إِنَّمَا يُرِيدُ
اللَّهُ أَنْ يُعَذِّبَهُمْ بِهَا فِي الدُّنْيَا وَتَزْهَقَ أَنْفُسُهُمْ وَهُمْ كَافِرُونَ 9:86 وَإِذَا أُنْزِلَتْ سُورَةٌ أَنْ آمِنُوا بِاللَّهِ وَجَاهِدُوا مَعَ رَسُولِهِ اسْتَأْذَنَكَ أُولُو
الطَّوْلِ مِنْهُمْ وَقَالُوا ذَرْنَا نَكُنْ مَعَ الْقَاعِدِينَ 9:87 رَضُوا بِأَنْ يَكُونُوا مَعَ الْخَوَالِفِ وَطُبِعَ عَلَىٰ قُلُوبِهِمْ فَهُمْ لَا يَفْقَهُونَ 9:88 لَٰكِنِ الرَّسُولُ
وَالَّذِينَ آمَنُوا مَعَهُ جَاهَدُوا بِأَمْوَالِهِمْ وَأَنْفُسِهِمْ وَأُولَٰئِكَ لَهُمُ الْخَيْرَاتُ وَأُولَٰئِكَ هُمُ الْمُفْلِحُونَ 9:89 أَعَدَّ اللَّهُ لَهُمْ جَنَّاتٍ تَجْرِي مِنْ تَحْتِهَا
الْأَنْهَارُ خَالِدِينَ فِيهَا ذَٰلِكَ الْفَوْزُ الْعَظِيمُ 9:90 وَجَاءَ الْمُعَذِّرُونَ مِنَ الْأَعْرَابِ لِيُؤْذَنَ لَهُمْ وَقَعَدَ الَّذِينَ كَذَبُوا اللَّهَ وَرَسُولَهُ سَيُصِيبُ الَّذِينَ
كَفَرُوا مِنْهُمْ عَذَابٌ أَلِيمٌ 9:91 لَيْسَ عَلَى الضُّعَفَاءِ وَلَا عَلَى الْمَرْضَىٰ وَلَا عَلَى الَّذِينَ لَا يَجِدُونَ مَا يُنْفِقُونَ حَرَجٌ إِذَا نَصَحُوا لِلَّهِ وَرَسُولِهِ
مَا عَلَى الْمُحْسِنِينَ مِنْ سَبِيلٍ وَاللَّهُ غَفُورٌ رَحِيمٌ 9:92 وَلَا عَلَى الَّذِينَ إِذَا مَا أَتَوْكَ لِتَحْمِلَهُمْ قُلْتَ لَا أَجِدُ مَا أَحْمِلُكُمْ عَلَيْهِ تَوَلَّوْا وَأَعْيُنُهُمْ
تَفِيضُ مِنَ الدَّمْعِ حَزَنًا أَلَّا يَجِدُوا مَا يُنْفِقُونَ 9:93 إِنَّمَا السَّبِيلُ عَلَى الَّذِينَ يَسْتَأْذِنُونَكَ وَهُمْ أَغْنِيَاءُ رَضُوا بِأَنْ يَكُونُوا مَعَ الْخَوَالِفِ وَطَبَعَ
اللَّهُ عَلَىٰ قُلُوبِهِمْ فَهُمْ لَا يَعْلَمُونَ 9:94 يَعْتَذِرُونَ إِلَيْكُمْ إِذَا رَجَعْتُمْ إِلَيْهِمْ قُلْ لَا تَعْتَذِرُوا لَنْ نُؤْمِنَ لَكُمْ قَدْ نَبَّأَنَا اللَّهُ مِنْ أَخْبَارِكُمْ
وَسَيَرَى اللَّهُ عَمَلَكُمْ وَرَسُولُهُ ثُمَّ تُرَدُّونَ إِلَىٰ عَالِمِ الْغَيْبِ وَالشَّهَادَةِ فَيُنَبِّئُكُمْ بِمَا كُنْتُمْ تَعْمَلُونَ 9:95 سَيَحْلِفُونَ بِاللَّهِ لَكُمْ إِذَا انْقَلَبْتُمْ
إِلَيْهِمْ لِتُعْرِضُوا عَنْهُمْ فَأَعْرِضُوا عَنْهُمْ إِنَّهُمْ رِجْسٌ وَمَأْوَاهُمْ جَهَنَّمُ جَزَاءً بِمَا كَانُوا يَكْسِبُونَ 9:96 يَحْلِفُونَ لَكُمْ لِتَرْضَوْا عَنْهُمْ فَإِنْ تَرْضَوْا
عَنْهُمْ فَإِنَّ اللَّهَ لَا يَرْضَىٰ عَنِ الْقَوْمِ الْفَاسِقِينَ 9:97 الْأَعْرَابُ أَشَدُّ كُفْرًا وَنِفَاقًا وَأَجْدَرُ أَلَّا يَعْلَمُوا حُدُودَ مَا أَنْزَلَ اللَّهُ عَلَىٰ رَسُولِهِ وَاللَّهُ
عَلِيمٌ حَكِيمٌ 9:98 وَمِنَ الْأَعْرَابِ مَنْ يَتَّخِذُ مَا يُنْفِقُ مَغْرَمًا وَيَتَرَبَّصُ بِكُمُ الدَّوَائِرَ عَلَيْهِمْ دَائِرَةُ السَّوْءِ وَاللَّهُ سَمِيعٌ عَلِيمٌ 9:99 وَمِنَ الْأَعْرَابِ

مَنْ يُؤْمِنُ بِاللَّهِ وَالْيَوْمِ الْآخِرِ وَيَتَّخِذُ مَا يُنْفِقُ قُرُبَاتٍ عِنْدَ اللَّهِ وَصَلَوَاتِ الرَّسُولِ أَلَا إِنَّهَا قُرْبَةٌ لَهُمْ سَيُدْخِلُهُمُ اللَّهُ فِي رَحْمَتِهِ إِنَّ اللَّهَ
غَفُورٌ رَحِيمٌ 9:100 وَالسَّابِقُونَ الْأَوَّلُونَ مِنَ الْمُهَاجِرِينَ وَالْأَنْصَارِ وَالَّذِينَ اتَّبَعُوهُمْ بِإِحْسَانٍ رَضِيَ اللَّهُ عَنْهُمْ وَرَضُوا عَنْهُ وَأَعَدَّ لَهُمْ جَنَّاتٍ
تَجْرِي تَحْتَهَا الْأَنْهَارُ خَالِدِينَ فِيهَا أَبَدًا ذَٰلِكَ الْفَوْزُ الْعَظِيمُ 9:101 وَمِمَّنْ حَوْلَكُمْ مِنَ الْأَعْرَابِ مُنَافِقُونَ وَمِنْ أَهْلِ الْمَدِينَةِ مَرَدُوا عَلَى
النِّفَاقِ لَا تَعْلَمُهُمْ نَحْنُ نَعْلَمُهُمْ سَنُعَذِّبُهُمْ مَرَّتَيْنِ ثُمَّ يُرَدُّونَ إِلَىٰ عَذَابٍ عَظِيمٍ 9:102 وَآخَرُونَ اعْتَرَفُوا بِذُنُوبِهِمْ خَلَطُوا عَمَلًا صَالِحًا
وَآخَرَ سَيِّئًا عَسَى اللَّهُ أَنْ يَتُوبَ عَلَيْهِمْ إِنَّ اللَّهَ غَفُورٌ رَحِيمٌ 9:103 خُذْ مِنْ أَمْوَالِهِمْ صَدَقَةً تُطَهِّرُهُمْ وَتُزَكِّيهِمْ بِهَا وَصَلِّ عَلَيْهِمْ إِنَّ
صَلَاتَكَ سَكَنٌ لَهُمْ وَاللَّهُ سَمِيعٌ عَلِيمٌ 9:104 أَلَمْ يَعْلَمُوا أَنَّ اللَّهَ هُوَ يَقْبَلُ التَّوْبَةَ عَنْ عِبَادِهِ وَيَأْخُذُ الصَّدَقَاتِ وَأَنَّ اللَّهَ هُوَ التَّوَّابُ الرَّحِيمُ
9:105 وَقُلِ اعْمَلُوا فَسَيَرَى اللَّهُ عَمَلَكُمْ وَرَسُولُهُ وَالْمُؤْمِنُونَ وَسَتُرَدُّونَ إِلَىٰ عَالِمِ الْغَيْبِ وَالشَّهَادَةِ فَيُنَبِّئُكُمْ بِمَا كُنْتُمْ تَعْمَلُونَ 9:106
وَآخَرُونَ مُرْجَوْنَ لِأَمْرِ اللَّهِ إِمَّا يُعَذِّبُهُمْ وَإِمَّا يَتُوبُ عَلَيْهِمْ وَاللَّهُ عَلِيمٌ حَكِيمٌ 9:107 وَالَّذِينَ اتَّخَذُوا مَسْجِدًا ضِرَارًا وَكُفْرًا وَتَفْرِيقًا بَيْنَ
الْمُؤْمِنِينَ وَإِرْصَادًا لِمَنْ حَارَبَ اللَّهَ وَرَسُولَهُ مِنْ قَبْلُ وَلَيَحْلِفُنَّ إِنْ أَرَدْنَا إِلَّا الْحُسْنَىٰ وَاللَّهُ يَشْهَدُ إِنَّهُمْ لَكَاذِبُونَ 9:108 لَا تَقُمْ فِيهِ أَبَدًا
لَمَسْجِدٌ أُسِّسَ عَلَى التَّقْوَىٰ مِنْ أَوَّلِ يَوْمٍ أَحَقُّ أَنْ تَقُومَ فِيهِ فِيهِ رِجَالٌ يُحِبُّونَ أَنْ يَتَطَهَّرُوا وَاللَّهُ يُحِبُّ الْمُطَّهِّرِينَ 9:109 أَفَمَنْ أَسَّسَ
بُنْيَانَهُ عَلَىٰ تَقْوَىٰ مِنَ اللَّهِ وَرِضْوَانٍ خَيْرٌ أَمْ مَنْ أَسَّسَ بُنْيَانَهُ عَلَىٰ شَفَا جُرُفٍ هَارٍ فَانْهَارَ بِهِ فِي نَارِ جَهَنَّمَ وَاللَّهُ لَا يَهْدِي الْقَوْمَ
الظَّالِمِينَ 9:110 لَا يَزَالُ بُنْيَانُهُمُ الَّذِي بَنَوْا رِيبَةً فِي قُلُوبِهِمْ إِلَّا أَنْ تَقَطَّعَ قُلُوبُهُمْ وَاللَّهُ عَلِيمٌ حَكِيمٌ 9:111 إِنَّ اللَّهَ اشْتَرَىٰ مِنَ الْمُؤْمِنِينَ
أَنْفُسَهُمْ وَأَمْوَالَهُمْ بِأَنَّ لَهُمُ الْجَنَّةَ يُقَاتِلُونَ فِي سَبِيلِ اللَّهِ فَيَقْتُلُونَ وَيُقْتَلُونَ وَعْدًا عَلَيْهِ حَقًّا فِي التَّوْرَاةِ وَالْإِنْجِيلِ وَالْقُرْآنِ وَمَنْ أَوْفَىٰ
بِعَهْدِهِ مِنَ اللَّهِ فَاسْتَبْشِرُوا بِبَيْعِكُمُ الَّذِي بَايَعْتُمْ بِهِ وَذَٰلِكَ هُوَ الْفَوْزُ الْعَظِيمُ 9:112 التَّائِبُونَ الْعَابِدُونَ الْحَامِدُونَ السَّائِحُونَ الرَّاكِعُونَ
السَّاجِدُونَ الْآمِرُونَ بِالْمَعْرُوفِ وَالنَّاهُونَ عَنِ الْمُنْكَرِ وَالْحَافِظُونَ لِحُدُودِ اللَّهِ وَبَشِّرِ الْمُؤْمِنِينَ 9:113 مَا كَانَ لِلنَّبِيِّ وَالَّذِينَ آمَنُوا أَنْ
يَسْتَغْفِرُوا لِلْمُشْرِكِينَ وَلَوْ كَانُوا أُولِي قُرْبَىٰ مِنْ بَعْدِ مَا تَبَيَّنَ لَهُمْ أَنَّهُمْ أَصْحَابُ الْجَحِيمِ 9:114 وَمَا كَانَ اسْتِغْفَارُ إِبْرَاهِيمَ لِأَبِيهِ إِلَّا عَنْ
مَوْعِدَةٍ وَعَدَهَا إِيَّاهُ فَلَمَّا تَبَيَّنَ لَهُ أَنَّهُ عَدُوٌّ لِلَّهِ تَبَرَّأَ مِنْهُ إِنَّ إِبْرَاهِيمَ لَأَوَّاهٌ حَلِيمٌ 9:115 وَمَا كَانَ اللَّهُ لِيُضِلَّ قَوْمًا بَعْدَ إِذْ هَدَاهُمْ حَتَّىٰ
يُبَيِّنَ لَهُمْ مَا يَتَّقُونَ إِنَّ اللَّهَ بِكُلِّ شَيْءٍ عَلِيمٌ 9:116 إِنَّ اللَّهَ لَهُ مُلْكُ السَّمَاوَاتِ وَالْأَرْضِ يُحْيِي وَيُمِيتُ وَمَا لَكُمْ مِنْ دُونِ اللَّهِ مِنْ وَلِيٍّ وَلَا
نَصِيرٍ 9:117 لَقَدْ تَابَ اللَّهُ عَلَى النَّبِيِّ وَالْمُهَاجِرِينَ وَالْأَنْصَارِ الَّذِينَ اتَّبَعُوهُ فِي سَاعَةِ الْعُسْرَةِ مِنْ بَعْدِ مَا كَادَ يَزِيغُ قُلُوبُ فَرِيقٍ مِنْهُمْ
ثُمَّ تَابَ عَلَيْهِمْ إِنَّهُ بِهِمْ رَءُوفٌ رَحِيمٌ 9:118 وَعَلَى الثَّلَاثَةِ الَّذِينَ خُلِّفُوا حَتَّىٰ إِذَا ضَاقَتْ عَلَيْهِمُ الْأَرْضُ بِمَا رَحُبَتْ وَضَاقَتْ عَلَيْهِمْ
أَنْفُسُهُمْ وَظَنُّوا أَنْ لَا مَلْجَأَ مِنَ اللَّهِ إِلَّا إِلَيْهِ ثُمَّ تَابَ عَلَيْهِمْ لِيَتُوبُوا إِنَّ اللَّهَ هُوَ التَّوَّابُ الرَّحِيمُ 9:119 يَا أَيُّهَا الَّذِينَ آمَنُوا اتَّقُوا اللَّهَ وَكُونُوا
مَعَ الصَّادِقِينَ 9:120 مَا كَانَ لِأَهْلِ الْمَدِينَةِ وَمَنْ حَوْلَهُمْ مِنَ الْأَعْرَابِ أَنْ يَتَخَلَّفُوا عَنْ رَسُولِ اللَّهِ وَلَا يَرْغَبُوا بِأَنْفُسِهِمْ عَنْ نَفْسِهِ ذَٰلِكَ
بِأَنَّهُمْ لَا يُصِيبُهُمْ ظَمَأٌ وَلَا نَصَبٌ وَلَا مَخْمَصَةٌ فِي سَبِيلِ اللَّهِ وَلَا يَطَئُونَ مَوْطِئًا يَغِيظُ الْكُفَّارَ وَلَا يَنَالُونَ مِنْ عَدُوٍّ نَيْلًا إِلَّا كُتِبَ لَهُمْ بِهِ
عَمَلٌ صَالِحٌ إِنَّ اللَّهَ لَا يُضِيعُ أَجْرَ الْمُحْسِنِينَ 9:121 وَلَا يُنْفِقُونَ نَفَقَةً صَغِيرَةً وَلَا كَبِيرَةً وَلَا يَقْطَعُونَ وَادِيًا إِلَّا كُتِبَ لَهُمْ لِيَجْزِيَهُمُ اللَّهُ
أَحْسَنَ مَا كَانُوا يَعْمَلُونَ 9:122 وَمَا كَانَ الْمُؤْمِنُونَ لِيَنْفِرُوا كَافَّةً فَلَوْلَا نَفَرَ مِنْ كُلِّ فِرْقَةٍ مِنْهُمْ طَائِفَةٌ لِيَتَفَقَّهُوا فِي الدِّينِ وَلِيُنْذِرُوا
قَوْمَهُمْ إِذَا رَجَعُوا إِلَيْهِمْ لَعَلَّهُمْ يَحْذَرُونَ 9:123 يَا أَيُّهَا الَّذِينَ آمَنُوا قَاتِلُوا الَّذِينَ يَلُونَكُمْ مِنَ الْكُفَّارِ وَلْيَجِدُوا فِيكُمْ غِلْظَةً وَاعْلَمُوا أَنَّ
اللَّهَ مَعَ الْمُتَّقِينَ 9:124 وَإِذَا مَا أُنْزِلَتْ سُورَةٌ فَمِنْهُمْ مَنْ يَقُولُ أَيُّكُمْ زَادَتْهُ هَٰذِهِ إِيمَانًا فَأَمَّا الَّذِينَ آمَنُوا فَزَادَتْهُمْ إِيمَانًا وَهُمْ يَسْتَبْشِرُونَ
9:125 وَأَمَّا الَّذِينَ فِي قُلُوبِهِمْ مَرَضٌ فَزَادَتْهُمْ رِجْسًا إِلَىٰ رِجْسِهِمْ وَمَاتُوا وَهُمْ كَافِرُونَ 9:126 أَوَلَا يَرَوْنَ أَنَّهُمْ يُفْتَنُونَ فِي كُلِّ عَامٍ مَرَّةً
أَوْ مَرَّتَيْنِ ثُمَّ لَا يَتُوبُونَ وَلَا هُمْ يَذَّكَّرُونَ 9:127 وَإِذَا مَا أُنْزِلَتْ سُورَةٌ نَظَرَ بَعْضُهُمْ إِلَىٰ بَعْضٍ هَلْ يَرَاكُمْ مِنْ أَحَدٍ ثُمَّ انْصَرَفُوا صَرَفَ اللَّهُ
قُلُوبَهُمْ بِأَنَّهُمْ قَوْمٌ لَا يَفْقَهُونَ 9:128 لَقَدْ جَاءَكُمْ رَسُولٌ مِنْ أَنْفُسِكُمْ عَزِيزٌ عَلَيْهِ مَا عَنِتُّمْ حَرِيصٌ عَلَيْكُمْ بِالْمُؤْمِنِينَ رَءُوفٌ رَحِيمٌ 9:129

فَإِنْ تَوَلَّوْا فَقُلْ حَسْبِيَ اللَّهُ لَا إِلَٰهَ إِلَّا هُوَ عَلَيْهِ تَوَكَّلْتُ وَهُوَ رَبُّ الْعَرْشِ الْعَظِيمِ 10:1 بِسْمِ اللَّهِ الرَّحْمَٰنِ الرَّحِيمِ الر تِلْكَ آيَاتُ الْكِتَابِ
الْحَكِيمِ 10:2 أَكَانَ لِلنَّاسِ عَجَبًا أَنْ أَوْحَيْنَا إِلَىٰ رَجُلٍ مِنْهُمْ أَنْ أَنْذِرِ النَّاسَ وَبَشِّرِ الَّذِينَ آمَنُوا أَنَّ لَهُمْ قَدَمَ صِدْقٍ عِنْدَ رَبِّهِمْ قَالَ الْكَافِرُونَ
إِنَّ هَٰذَا لَسَاحِرٌ مُبِينٌ 10:3 إِنَّ رَبَّكُمُ اللَّهُ الَّذِي خَلَقَ السَّمَاوَاتِ وَالْأَرْضَ فِي سِتَّةِ أَيَّامٍ ثُمَّ اسْتَوَىٰ عَلَى الْعَرْشِ يُدَبِّرُ الْأَمْرَ مَا مِنْ شَفِيعٍ
إِلَّا مِنْ بَعْدِ إِذْنِهِ ذَٰلِكُمُ اللَّهُ رَبُّكُمْ فَاعْبُدُوهُ أَفَلَا تَذَكَّرُونَ 10:4 إِلَيْهِ مَرْجِعُكُمْ جَمِيعًا وَعْدَ اللَّهِ حَقًّا إِنَّهُ يَبْدَأُ الْخَلْقَ ثُمَّ يُعِيدُهُ لِيَجْزِيَ
الَّذِينَ آمَنُوا وَعَمِلُوا الصَّالِحَاتِ بِالْقِسْطِ وَالَّذِينَ كَفَرُوا لَهُمْ شَرَابٌ مِنْ حَمِيمٍ وَعَذَابٌ أَلِيمٌ بِمَا كَانُوا يَكْفُرُونَ 10:5 هُوَ الَّذِي جَعَلَ الشَّمْسَ
ضِيَاءً وَالْقَمَرَ نُورًا وَقَدَّرَهُ مَنَازِلَ لِتَعْلَمُوا عَدَدَ السِّنِينَ وَالْحِسَابَ مَا خَلَقَ اللَّهُ ذَٰلِكَ إِلَّا بِالْحَقِّ يُفَصِّلُ الْآيَاتِ لِقَوْمٍ يَعْلَمُونَ 10:6 إِنَّ فِي
اخْتِلَافِ اللَّيْلِ وَالنَّهَارِ وَمَا خَلَقَ اللَّهُ فِي السَّمَاوَاتِ وَالْأَرْضِ لَآيَاتٍ لِقَوْمٍ يَتَّقُونَ 10:7 إِنَّ الَّذِينَ لَا يَرْجُونَ لِقَاءَنَا وَرَضُوا بِالْحَيَاةِ الدُّنْيَا
وَاطْمَأَنُّوا بِهَا وَالَّذِينَ هُمْ عَنْ آيَاتِنَا غَافِلُونَ 10:8 أُولَٰئِكَ مَأْوَاهُمُ النَّارُ بِمَا كَانُوا يَكْسِبُونَ 10:9 إِنَّ الَّذِينَ آمَنُوا وَعَمِلُوا الصَّالِحَاتِ يَهْدِيهِمْ
رَبُّهُمْ بِإِيمَانِهِمْ تَجْرِي مِنْ تَحْتِهِمُ الْأَنْهَارُ فِي جَنَّاتِ النَّعِيمِ 10:10 دَعْوَاهُمْ فِيهَا سُبْحَانَكَ اللَّهُمَّ وَتَحِيَّتُهُمْ فِيهَا سَلَامٌ وَآخِرُ دَعْوَاهُمْ
أَنِ الْحَمْدُ لِلَّهِ رَبِّ الْعَالَمِينَ 10:11 وَلَوْ يُعَجِّلُ اللَّهُ لِلنَّاسِ الشَّرَّ اسْتِعْجَالَهُمْ بِالْخَيْرِ لَقُضِيَ إِلَيْهِمْ أَجَلُهُمْ فَنَذَرُ الَّذِينَ لَا يَرْجُونَ لِقَاءَنَا
فِي طُغْيَانِهِمْ يَعْمَهُونَ 10:12 وَإِذَا مَسَّ الْإِنْسَانَ الضُّرُّ دَعَانَا لِجَنْبِهِ أَوْ قَاعِدًا أَوْ قَائِمًا فَلَمَّا كَشَفْنَا عَنْهُ ضُرَّهُ مَرَّ كَأَنْ لَمْ يَدْعُنَا إِلَىٰ ضُرٍّ
مَسَّهُ كَذَٰلِكَ زُيِّنَ لِلْمُسْرِفِينَ مَا كَانُوا يَعْمَلُونَ 10:13 وَلَقَدْ أَهْلَكْنَا الْقُرُونَ مِنْ قَبْلِكُمْ لَمَّا ظَلَمُوا وَجَاءَتْهُمْ رُسُلُهُمْ بِالْبَيِّنَاتِ وَمَا كَانُوا
لِيُؤْمِنُوا كَذَٰلِكَ نَجْزِي الْقَوْمَ الْمُجْرِمِينَ 10:14 ثُمَّ جَعَلْنَاكُمْ خَلَائِفَ فِي الْأَرْضِ مِنْ بَعْدِهِمْ لِنَنْظُرَ كَيْفَ تَعْمَلُونَ 10:15 وَإِذَا تُتْلَىٰ عَلَيْهِمْ
آيَاتُنَا بَيِّنَاتٍ قَالَ الَّذِينَ لَا يَرْجُونَ لِقَاءَنَا ائْتِ بِقُرْآنٍ غَيْرِ هَٰذَا أَوْ بَدِّلْهُ قُلْ مَا يَكُونُ لِي أَنْ أُبَدِّلَهُ مِنْ تِلْقَاءِ نَفْسِي إِنْ أَتَّبِعُ إِلَّا مَا يُوحَىٰ
إِلَيَّ إِنِّي أَخَافُ إِنْ عَصَيْتُ رَبِّي عَذَابَ يَوْمٍ عَظِيمٍ 10:16 قُلْ لَوْ شَاءَ اللَّهُ مَا تَلَوْتُهُ عَلَيْكُمْ وَلَا أَدْرَاكُمْ بِهِ فَقَدْ لَبِثْتُ فِيكُمْ عُمُرًا مِنْ قَبْلِهِ
أَفَلَا تَعْقِلُونَ 10:17 فَمَنْ أَظْلَمُ مِمَّنِ افْتَرَىٰ عَلَى اللَّهِ كَذِبًا أَوْ كَذَّبَ بِآيَاتِهِ إِنَّهُ لَا يُفْلِحُ الْمُجْرِمُونَ 10:18 وَيَعْبُدُونَ مِنْ دُونِ اللَّهِ مَا لَا
يَضُرُّهُمْ وَلَا يَنْفَعُهُمْ وَيَقُولُونَ هَٰؤُلَاءِ شُفَعَاؤُنَا عِنْدَ اللَّهِ قُلْ أَتُنَبِّئُونَ اللَّهَ بِمَا لَا يَعْلَمُ فِي السَّمَاوَاتِ وَلَا فِي الْأَرْضِ سُبْحَانَهُ وَتَعَالَىٰ
عَمَّا يُشْرِكُونَ 10:19 وَمَا كَانَ النَّاسُ إِلَّا أُمَّةً وَاحِدَةً فَاخْتَلَفُوا وَلَوْلَا كَلِمَةٌ سَبَقَتْ مِنْ رَبِّكَ لَقُضِيَ بَيْنَهُمْ فِيمَا فِيهِ يَخْتَلِفُونَ 10:20 وَيَقُولُونَ
لَوْلَا أُنْزِلَ عَلَيْهِ آيَةٌ مِنْ رَبِّهِ فَقُلْ إِنَّمَا الْغَيْبُ لِلَّهِ فَانْتَظِرُوا إِنِّي مَعَكُمْ مِنَ الْمُنْتَظِرِينَ 10:21 وَإِذَا أَذَقْنَا النَّاسَ رَحْمَةً مِنْ بَعْدِ ضَرَّاءَ
مَسَّتْهُمْ إِذَا لَهُمْ مَكْرٌ فِي آيَاتِنَا قُلِ اللَّهُ أَسْرَعُ مَكْرًا إِنَّ رُسُلَنَا يَكْتُبُونَ مَا تَمْكُرُونَ 10:22 هُوَ الَّذِي يُسَيِّرُكُمْ فِي الْبَرِّ وَالْبَحْرِ حَتَّىٰ إِذَا كُنْتُمْ
فِي الْفُلْكِ وَجَرَيْنَ بِهِمْ بِرِيحٍ طَيِّبَةٍ وَفَرِحُوا بِهَا جَاءَتْهَا رِيحٌ عَاصِفٌ وَجَاءَهُمُ الْمَوْجُ مِنْ كُلِّ مَكَانٍ وَظَنُّوا أَنَّهُمْ أُحِيطَ بِهِمْ دَعَوُا اللَّهَ
مُخْلِصِينَ لَهُ الدِّينَ لَئِنْ أَنْجَيْتَنَا مِنْ هَٰذِهِ لَنَكُونَنَّ مِنَ الشَّاكِرِينَ 10:23 فَلَمَّا أَنْجَاهُمْ إِذَا هُمْ يَبْغُونَ فِي الْأَرْضِ بِغَيْرِ الْحَقِّ يَا أَيُّهَا النَّاسُ
إِنَّمَا بَغْيُكُمْ عَلَىٰ أَنْفُسِكُمْ مَتَاعَ الْحَيَاةِ الدُّنْيَا ثُمَّ إِلَيْنَا مَرْجِعُكُمْ فَنُنَبِّئُكُمْ بِمَا كُنْتُمْ تَعْمَلُونَ 10:24 إِنَّمَا مَثَلُ الْحَيَاةِ الدُّنْيَا كَمَاءٍ أَنْزَلْنَاهُ
مِنَ السَّمَاءِ فَاخْتَلَطَ بِهِ نَبَاتُ الْأَرْضِ مِمَّا يَأْكُلُ النَّاسُ وَالْأَنْعَامُ حَتَّىٰ إِذَا أَخَذَتِ الْأَرْضُ زُخْرُفَهَا وَازَّيَّنَتْ وَظَنَّ أَهْلُهَا أَنَّهُمْ قَادِرُونَ عَلَيْهَا
أَتَاهَا أَمْرُنَا لَيْلًا أَوْ نَهَارًا فَجَعَلْنَاهَا حَصِيدًا كَأَنْ لَمْ تَغْنَ بِالْأَمْسِ كَذَٰلِكَ نُفَصِّلُ الْآيَاتِ لِقَوْمٍ يَتَفَكَّرُونَ 10:25 وَاللَّهُ يَدْعُو إِلَىٰ دَارِ السَّلَامِ
وَيَهْدِي مَنْ يَشَاءُ إِلَىٰ صِرَاطٍ مُسْتَقِيمٍ 10:26 لِلَّذِينَ أَحْسَنُوا الْحُسْنَىٰ وَزِيَادَةٌ وَلَا يَرْهَقُ وُجُوهَهُمْ قَتَرٌ وَلَا ذِلَّةٌ أُولَٰئِكَ أَصْحَابُ الْجَنَّةِ هُمْ
فِيهَا خَالِدُونَ 10:27 وَالَّذِينَ كَسَبُوا السَّيِّئَاتِ جَزَاءُ سَيِّئَةٍ بِمِثْلِهَا وَتَرْهَقُهُمْ ذِلَّةٌ مَا لَهُمْ مِنَ اللَّهِ مِنْ عَاصِمٍ كَأَنَّمَا أُغْشِيَتْ وُجُوهُهُمْ
قِطَعًا مِنَ اللَّيْلِ مُظْلِمًا أُولَٰئِكَ أَصْحَابُ النَّارِ هُمْ فِيهَا خَالِدُونَ 10:28 وَيَوْمَ نَحْشُرُهُمْ جَمِيعًا ثُمَّ نَقُولُ لِلَّذِينَ أَشْرَكُوا مَكَانَكُمْ أَنْتُمْ
وَشُرَكَاؤُكُمْ فَزَيَّلْنَا بَيْنَهُمْ وَقَالَ شُرَكَاؤُهُمْ مَا كُنْتُمْ إِيَّانَا تَعْبُدُونَ 10:29 فَكَفَىٰ بِاللَّهِ شَهِيدًا بَيْنَنَا وَبَيْنَكُمْ إِنْ كُنَّا عَنْ عِبَادَتِكُمْ لَغَافِلِينَ
10:30 هُنَالِكَ تَبْلُو كُلُّ نَفْسٍ مَا أَسْلَفَتْ وَرُدُّوا إِلَى اللَّهِ مَوْلَاهُمُ الْحَقِّ وَضَلَّ عَنْهُمْ مَا كَانُوا يَفْتَرُونَ 10:31 قُلْ مَنْ يَرْزُقُكُمْ مِنَ السَّمَاءِ

وَالْأَرْضِ أَمَّنْ يَمْلِكُ السَّمْعَ وَالْأَبْصَارَ وَمَنْ يُخْرِجُ الْحَيَّ مِنَ الْمَيِّتِ وَيُخْرِجُ الْمَيِّتَ مِنَ الْحَيِّ وَمَنْ يُدَبِّرُ الْأَمْرَ فَسَيَقُولُونَ اللَّهُ فَقُلْ أَفَلَا
تَتَّقُونَ 10:32 فَذَٰلِكُمُ اللَّهُ رَبُّكُمُ الْحَقُّ فَمَاذَا بَعْدَ الْحَقِّ إِلَّا الضَّلَالُ فَأَنَّىٰ تُصْرَفُونَ 10:33 كَذَٰلِكَ حَقَّتْ كَلِمَتُ رَبِّكَ عَلَى الَّذِينَ فَسَقُوا أَنَّهُمْ
لَا يُؤْمِنُونَ 10:34 قُلْ هَلْ مِنْ شُرَكَائِكُمْ مَنْ يَبْدَأُ الْخَلْقَ ثُمَّ يُعِيدُهُ قُلِ اللَّهُ يَبْدَأُ الْخَلْقَ ثُمَّ يُعِيدُهُ فَأَنَّىٰ تُؤْفَكُونَ 10:35 قُلْ هَلْ مِنْ
شُرَكَائِكُمْ مَنْ يَهْدِي إِلَى الْحَقِّ قُلِ اللَّهُ يَهْدِي لِلْحَقِّ أَفَمَنْ يَهْدِي إِلَى الْحَقِّ أَحَقُّ أَنْ يُتَّبَعَ أَمَّنْ لَا يَهِدِّي إِلَّا أَنْ يُهْدَىٰ فَمَا لَكُمْ كَيْفَ
تَحْكُمُونَ 10:36 وَمَا يَتَّبِعُ أَكْثَرُهُمْ إِلَّا ظَنًّا إِنَّ الظَّنَّ لَا يُغْنِي مِنَ الْحَقِّ شَيْئًا إِنَّ اللَّهَ عَلِيمٌ بِمَا يَفْعَلُونَ 10:37 وَمَا كَانَ هَٰذَا الْقُرْآنُ أَنْ يُفْتَرَىٰ
مِنْ دُونِ اللَّهِ وَلَٰكِنْ تَصْدِيقَ الَّذِي بَيْنَ يَدَيْهِ وَتَفْصِيلَ الْكِتَابِ لَا رَيْبَ فِيهِ مِنْ رَبِّ الْعَالَمِينَ 10:38 أَمْ يَقُولُونَ افْتَرَاهُ قُلْ فَأْتُوا بِسُورَةٍ
مِثْلِهِ وَادْعُوا مَنِ اسْتَطَعْتُمْ مِنْ دُونِ اللَّهِ إِنْ كُنْتُمْ صَادِقِينَ 10:39 بَلْ كَذَّبُوا بِمَا لَمْ يُحِيطُوا بِعِلْمِهِ وَلَمَّا يَأْتِهِمْ تَأْوِيلُهُ كَذَٰلِكَ كَذَّبَ الَّذِينَ
مِنْ قَبْلِهِمْ فَانْظُرْ كَيْفَ كَانَ عَاقِبَةُ الظَّالِمِينَ 10:40 وَمِنْهُمْ مَنْ يُؤْمِنُ بِهِ وَمِنْهُمْ مَنْ لَا يُؤْمِنُ بِهِ وَرَبُّكَ أَعْلَمُ بِالْمُفْسِدِينَ 10:41 وَإِنْ
كَذَّبُوكَ فَقُلْ لِي عَمَلِي وَلَكُمْ عَمَلُكُمْ أَنْتُمْ بَرِيئُونَ مِمَّا أَعْمَلُ وَأَنَا بَرِيءٌ مِمَّا تَعْمَلُونَ 10:42 وَمِنْهُمْ مَنْ يَسْتَمِعُونَ إِلَيْكَ أَفَأَنْتَ تُسْمِعُ
الصُّمَّ وَلَوْ كَانُوا لَا يَعْقِلُونَ 10:43 وَمِنْهُمْ مَنْ يَنْظُرُ إِلَيْكَ أَفَأَنْتَ تَهْدِي الْعُمْيَ وَلَوْ كَانُوا لَا يُبْصِرُونَ 10:44 إِنَّ اللَّهَ لَا يَظْلِمُ النَّاسَ شَيْئًا
وَلَٰكِنَّ النَّاسَ أَنْفُسَهُمْ يَظْلِمُونَ 10:45 وَيَوْمَ يَحْشُرُهُمْ كَأَنْ لَمْ يَلْبَثُوا إِلَّا سَاعَةً مِنَ النَّهَارِ يَتَعَارَفُونَ بَيْنَهُمْ قَدْ خَسِرَ الَّذِينَ كَذَّبُوا بِلِقَاءِ
اللَّهِ وَمَا كَانُوا مُهْتَدِينَ 10:46 وَإِمَّا نُرِيَنَّكَ بَعْضَ الَّذِي نَعِدُهُمْ أَوْ نَتَوَفَّيَنَّكَ فَإِلَيْنَا مَرْجِعُهُمْ ثُمَّ اللَّهُ شَهِيدٌ عَلَىٰ مَا يَفْعَلُونَ 10:47 وَلِكُلِّ
أُمَّةٍ رَسُولٌ فَإِذَا جَاءَ رَسُولُهُمْ قُضِيَ بَيْنَهُمْ بِالْقِسْطِ وَهُمْ لَا يُظْلَمُونَ 10:48 وَيَقُولُونَ مَتَىٰ هَٰذَا الْوَعْدُ إِنْ كُنْتُمْ صَادِقِينَ 10:49 قُلْ لَا
أَمْلِكُ لِنَفْسِي ضَرًّا وَلَا نَفْعًا إِلَّا مَا شَاءَ اللَّهُ لِكُلِّ أُمَّةٍ أَجَلٌ إِذَا جَاءَ أَجَلُهُمْ فَلَا يَسْتَأْخِرُونَ سَاعَةً وَلَا يَسْتَقْدِمُونَ 10:50 قُلْ أَرَأَيْتُمْ إِنْ أَتَاكُمْ
عَذَابُهُ بَيَاتًا أَوْ نَهَارًا مَاذَا يَسْتَعْجِلُ مِنْهُ الْمُجْرِمُونَ 10:51 أَثُمَّ إِذَا مَا وَقَعَ آمَنْتُمْ بِهِ آلْآنَ وَقَدْ كُنْتُمْ بِهِ تَسْتَعْجِلُونَ 10:52 ثُمَّ قِيلَ لِلَّذِينَ
ظَلَمُوا ذُوقُوا عَذَابَ الْخُلْدِ هَلْ تُجْزَوْنَ إِلَّا بِمَا كُنْتُمْ تَكْسِبُونَ 10:53 وَيَسْتَنْبِئُونَكَ أَحَقٌّ هُوَ قُلْ إِي وَرَبِّي إِنَّهُ لَحَقٌّ وَمَا أَنْتُمْ بِمُعْجِزِينَ
10:54 وَلَوْ أَنَّ لِكُلِّ نَفْسٍ ظَلَمَتْ مَا فِي الْأَرْضِ لَافْتَدَتْ بِهِ وَأَسَرُّوا النَّدَامَةَ لَمَّا رَأَوُا الْعَذَابَ وَقُضِيَ بَيْنَهُمْ بِالْقِسْطِ وَهُمْ لَا يُظْلَمُونَ 10:55
أَلَا إِنَّ لِلَّهِ مَا فِي السَّمَاوَاتِ وَالْأَرْضِ أَلَا إِنَّ وَعْدَ اللَّهِ حَقٌّ وَلَٰكِنَّ أَكْثَرَهُمْ لَا يَعْلَمُونَ 10:56 هُوَ يُحْيِي وَيُمِيتُ وَإِلَيْهِ تُرْجَعُونَ 10:57 يَا أَيُّهَا
النَّاسُ قَدْ جَاءَتْكُمْ مَوْعِظَةٌ مِنْ رَبِّكُمْ وَشِفَاءٌ لِمَا فِي الصُّدُورِ وَهُدًى وَرَحْمَةٌ لِلْمُؤْمِنِينَ 10:58 قُلْ بِفَضْلِ اللَّهِ وَبِرَحْمَتِهِ فَبِذَٰلِكَ فَلْيَفْرَحُوا
هُوَ خَيْرٌ مِمَّا يَجْمَعُونَ 10:59 قُلْ أَرَأَيْتُمْ مَا أَنْزَلَ اللَّهُ لَكُمْ مِنْ رِزْقٍ فَجَعَلْتُمْ مِنْهُ حَرَامًا وَحَلَالًا قُلْ آللَّهُ أَذِنَ لَكُمْ أَمْ عَلَى اللَّهِ تَفْتَرُونَ
10:60 وَمَا ظَنُّ الَّذِينَ يَفْتَرُونَ عَلَى اللَّهِ الْكَذِبَ يَوْمَ الْقِيَامَةِ إِنَّ اللَّهَ لَذُو فَضْلٍ عَلَى النَّاسِ وَلَٰكِنَّ أَكْثَرَهُمْ لَا يَشْكُرُونَ 10:61 وَمَا تَكُونُ فِي
شَأْنٍ وَمَا تَتْلُو مِنْهُ مِنْ قُرْآنٍ وَلَا تَعْمَلُونَ مِنْ عَمَلٍ إِلَّا كُنَّا عَلَيْكُمْ شُهُودًا إِذْ تُفِيضُونَ فِيهِ وَمَا يَعْزُبُ عَنْ رَبِّكَ مِنْ مِثْقَالِ ذَرَّةٍ فِي الْأَرْضِ
وَلَا فِي السَّمَاءِ وَلَا أَصْغَرَ مِنْ ذَٰلِكَ وَلَا أَكْبَرَ إِلَّا فِي كِتَابٍ مُبِينٍ 10:62 أَلَا إِنَّ أَوْلِيَاءَ اللَّهِ لَا خَوْفٌ عَلَيْهِمْ وَلَا هُمْ يَحْزَنُونَ 10:63 الَّذِينَ آمَنُوا
وَكَانُوا يَتَّقُونَ 10:64 لَهُمُ الْبُشْرَىٰ فِي الْحَيَاةِ الدُّنْيَا وَفِي الْآخِرَةِ لَا تَبْدِيلَ لِكَلِمَاتِ اللَّهِ ذَٰلِكَ هُوَ الْفَوْزُ الْعَظِيمُ 10:65 وَلَا يَحْزُنْكَ قَوْلُهُمْ
إِنَّ الْعِزَّةَ لِلَّهِ جَمِيعًا هُوَ السَّمِيعُ الْعَلِيمُ 10:66 أَلَا إِنَّ لِلَّهِ مَنْ فِي السَّمَاوَاتِ وَمَنْ فِي الْأَرْضِ وَمَا يَتَّبِعُ الَّذِينَ يَدْعُونَ مِنْ دُونِ اللَّهِ شُرَكَاءَ
إِنْ يَتَّبِعُونَ إِلَّا الظَّنَّ وَإِنْ هُمْ إِلَّا يَخْرُصُونَ 10:67 هُوَ الَّذِي جَعَلَ لَكُمُ اللَّيْلَ لِتَسْكُنُوا فِيهِ وَالنَّهَارَ مُبْصِرًا إِنَّ فِي ذَٰلِكَ لَآيَاتٍ لِقَوْمٍ يَسْمَعُونَ
10:68 قَالُوا اتَّخَذَ اللَّهُ وَلَدًا سُبْحَانَهُ هُوَ الْغَنِيُّ لَهُ مَا فِي السَّمَاوَاتِ وَمَا فِي الْأَرْضِ إِنْ عِنْدَكُمْ مِنْ سُلْطَانٍ بِهَٰذَا أَتَقُولُونَ عَلَى اللَّهِ مَا
لَا تَعْلَمُونَ 10:69 قُلْ إِنَّ الَّذِينَ يَفْتَرُونَ عَلَى اللَّهِ الْكَذِبَ لَا يُفْلِحُونَ 10:70 مَتَاعٌ فِي الدُّنْيَا ثُمَّ إِلَيْنَا مَرْجِعُهُمْ ثُمَّ نُذِيقُهُمُ الْعَذَابَ الشَّدِيدَ
بِمَا كَانُوا يَكْفُرُونَ 10:71 وَاتْلُ عَلَيْهِمْ نَبَأَ نُوحٍ إِذْ قَالَ لِقَوْمِهِ يَا قَوْمِ إِنْ كَانَ كَبُرَ عَلَيْكُمْ مَقَامِي وَتَذْكِيرِي بِآيَاتِ اللَّهِ فَعَلَى اللَّهِ تَوَكَّلْتُ
فَأَجْمِعُوا أَمْرَكُمْ وَشُرَكَاءَكُمْ ثُمَّ لَا يَكُنْ أَمْرُكُمْ عَلَيْكُمْ غُمَّةً ثُمَّ اقْضُوا إِلَيَّ وَلَا تُنْظِرُونِ 10:72 فَإِنْ تَوَلَّيْتُمْ فَمَا سَأَلْتُكُمْ مِنْ أَجْرٍ إِنْ أَجْرِيَ

إِلَّا عَلَى اللَّهِ وَأُمِرْتُ أَنْ أَكُونَ مِنَ الْمُسْلِمِينَ 10:73 فَكَذَّبُوهُ فَنَجَّيْنَاهُ وَمَنْ مَعَهُ فِي الْفُلْكِ وَجَعَلْنَاهُمْ خَلَائِفَ وَأَغْرَقْنَا الَّذِينَ كَذَّبُوا
بِآيَاتِنَا فَانْظُرْ كَيْفَ كَانَ عَاقِبَةُ الْمُنْذَرِينَ 10:74 ثُمَّ بَعَثْنَا مِنْ بَعْدِهِ رُسُلًا إِلَىٰ قَوْمِهِمْ فَجَاءُوهُمْ بِالْبَيِّنَاتِ فَمَا كَانُوا لِيُؤْمِنُوا بِمَا كَذَّبُوا بِهِ
مِنْ قَبْلُ كَذَٰلِكَ نَطْبَعُ عَلَىٰ قُلُوبِ الْمُعْتَدِينَ 10:75 ثُمَّ بَعَثْنَا مِنْ بَعْدِهِمْ مُوسَىٰ وَهَارُونَ إِلَىٰ فِرْعَوْنَ وَمَلَئِهِ بِآيَاتِنَا فَاسْتَكْبَرُوا وَكَانُوا
قَوْمًا مُجْرِمِينَ 10:76 فَلَمَّا جَاءَهُمُ الْحَقُّ مِنْ عِنْدِنَا قَالُوا إِنَّ هَٰذَا لَسِحْرٌ مُبِينٌ 10:77 قَالَ مُوسَىٰ أَتَقُولُونَ لِلْحَقِّ لَمَّا جَاءَكُمْ أَسِحْرٌ هَٰذَا
وَلَا يُفْلِحُ السَّاحِرُونَ 10:78 قَالُوا أَجِئْتَنَا لِتَلْفِتَنَا عَمَّا وَجَدْنَا عَلَيْهِ آبَاءَنَا وَتَكُونَ لَكُمَا الْكِبْرِيَاءُ فِي الْأَرْضِ وَمَا نَحْنُ لَكُمَا بِمُؤْمِنِينَ 10:79
وَقَالَ فِرْعَوْنُ ائْتُونِي بِكُلِّ سَاحِرٍ عَلِيمٍ 10:80 فَلَمَّا جَاءَ السَّحَرَةُ قَالَ لَهُمْ مُوسَىٰ أَلْقُوا مَا أَنْتُمْ مُلْقُونَ 10:81 فَلَمَّا أَلْقَوْا قَالَ مُوسَىٰ مَا
جِئْتُمْ بِهِ السِّحْرُ إِنَّ اللَّهَ سَيُبْطِلُهُ إِنَّ اللَّهَ لَا يُصْلِحُ عَمَلَ الْمُفْسِدِينَ 10:82 وَيُحِقُّ اللَّهُ الْحَقَّ بِكَلِمَاتِهِ وَلَوْ كَرِهَ الْمُجْرِمُونَ 10:83 فَمَا آمَنَ
لِمُوسَىٰ إِلَّا ذُرِّيَّةٌ مِنْ قَوْمِهِ عَلَىٰ خَوْفٍ مِنْ فِرْعَوْنَ وَمَلَئِهِمْ أَنْ يَفْتِنَهُمْ وَإِنَّ فِرْعَوْنَ لَعَالٍ فِي الْأَرْضِ وَإِنَّهُ لَمِنَ الْمُسْرِفِينَ 10:84 وَقَالَ
مُوسَىٰ يَا قَوْمِ إِنْ كُنْتُمْ آمَنْتُمْ بِاللَّهِ فَعَلَيْهِ تَوَكَّلُوا إِنْ كُنْتُمْ مُسْلِمِينَ 10:85 فَقَالُوا عَلَى اللَّهِ تَوَكَّلْنَا رَبَّنَا لَا تَجْعَلْنَا فِتْنَةً لِلْقَوْمِ الظَّالِمِينَ
10:86 وَنَجِّنَا بِرَحْمَتِكَ مِنَ الْقَوْمِ الْكَافِرِينَ 10:87 وَأَوْحَيْنَا إِلَىٰ مُوسَىٰ وَأَخِيهِ أَنْ تَبَوَّآ لِقَوْمِكُمَا بِمِصْرَ بُيُوتًا وَاجْعَلُوا بُيُوتَكُمْ قِبْلَةً وَأَقِيمُوا
الصَّلَاةَ وَبَشِّرِ الْمُؤْمِنِينَ 10:88 وَقَالَ مُوسَىٰ رَبَّنَا إِنَّكَ آتَيْتَ فِرْعَوْنَ وَمَلَأَهُ زِينَةً وَأَمْوَالًا فِي الْحَيَاةِ الدُّنْيَا رَبَّنَا لِيُضِلُّوا عَنْ سَبِيلِكَ رَبَّنَا
اطْمِسْ عَلَىٰ أَمْوَالِهِمْ وَاشْدُدْ عَلَىٰ قُلُوبِهِمْ فَلَا يُؤْمِنُوا حَتَّىٰ يَرَوُا الْعَذَابَ الْأَلِيمَ 10:89 قَالَ قَدْ أُجِيبَتْ دَعْوَتُكُمَا فَاسْتَقِيمَا وَلَا تَتَّبِعَانِّ
سَبِيلَ الَّذِينَ لَا يَعْلَمُونَ 10:90 وَجَاوَزْنَا بِبَنِي إِسْرَائِيلَ الْبَحْرَ فَأَتْبَعَهُمْ فِرْعَوْنُ وَجُنُودُهُ بَغْيًا وَعَدْوًا حَتَّىٰ إِذَا أَدْرَكَهُ الْغَرَقُ قَالَ آمَنْتُ
أَنَّهُ لَا إِلَٰهَ إِلَّا الَّذِي آمَنَتْ بِهِ بَنُو إِسْرَائِيلَ وَأَنَا مِنَ الْمُسْلِمِينَ 10:91 آلْآنَ وَقَدْ عَصَيْتَ قَبْلُ وَكُنْتَ مِنَ الْمُفْسِدِينَ 10:92 فَالْيَوْمَ نُنَجِّيكَ
بِبَدَنِكَ لِتَكُونَ لِمَنْ خَلْفَكَ آيَةً وَإِنَّ كَثِيرًا مِنَ النَّاسِ عَنْ آيَاتِنَا لَغَافِلُونَ 10:93 وَلَقَدْ بَوَّأْنَا بَنِي إِسْرَائِيلَ مُبَوَّأَ صِدْقٍ وَرَزَقْنَاهُمْ مِنَ الطَّيِّبَاتِ
فَمَا اخْتَلَفُوا حَتَّىٰ جَاءَهُمُ الْعِلْمُ إِنَّ رَبَّكَ يَقْضِي بَيْنَهُمْ يَوْمَ الْقِيَامَةِ فِيمَا كَانُوا فِيهِ يَخْتَلِفُونَ 10:94 فَإِنْ كُنْتَ فِي شَكٍّ مِمَّا أَنْزَلْنَا إِلَيْكَ
فَاسْأَلِ الَّذِينَ يَقْرَءُونَ الْكِتَابَ مِنْ قَبْلِكَ لَقَدْ جَاءَكَ الْحَقُّ مِنْ رَبِّكَ فَلَا تَكُونَنَّ مِنَ الْمُمْتَرِينَ 10:95 وَلَا تَكُونَنَّ مِنَ الَّذِينَ كَذَّبُوا بِآيَاتِ اللَّهِ
فَتَكُونَ مِنَ الْخَاسِرِينَ 10:96 إِنَّ الَّذِينَ حَقَّتْ عَلَيْهِمْ كَلِمَتُ رَبِّكَ لَا يُؤْمِنُونَ 10:97 وَلَوْ جَاءَتْهُمْ كُلُّ آيَةٍ حَتَّىٰ يَرَوُا الْعَذَابَ الْأَلِيمَ 10:98
فَلَوْلَا كَانَتْ قَرْيَةٌ آمَنَتْ فَنَفَعَهَا إِيمَانُهَا إِلَّا قَوْمَ يُونُسَ لَمَّا آمَنُوا كَشَفْنَا عَنْهُمْ عَذَابَ الْخِزْيِ فِي الْحَيَاةِ الدُّنْيَا وَمَتَّعْنَاهُمْ إِلَىٰ حِينٍ
10:99 وَلَوْ شَاءَ رَبُّكَ لَآمَنَ مَنْ فِي الْأَرْضِ كُلُّهُمْ جَمِيعًا أَفَأَنْتَ تُكْرِهُ النَّاسَ حَتَّىٰ يَكُونُوا مُؤْمِنِينَ 10:100 وَمَا كَانَ لِنَفْسٍ أَنْ تُؤْمِنَ إِلَّا بِإِذْنِ
اللَّهِ وَيَجْعَلُ الرِّجْسَ عَلَى الَّذِينَ لَا يَعْقِلُونَ 10:101 قُلِ انْظُرُوا مَاذَا فِي السَّمَاوَاتِ وَالْأَرْضِ وَمَا تُغْنِي الْآيَاتُ وَالنُّذُرُ عَنْ قَوْمٍ لَا يُؤْمِنُونَ
10:102 فَهَلْ يَنْتَظِرُونَ إِلَّا مِثْلَ أَيَّامِ الَّذِينَ خَلَوْا مِنْ قَبْلِهِمْ قُلْ فَانْتَظِرُوا إِنِّي مَعَكُمْ مِنَ الْمُنْتَظِرِينَ 10:103 ثُمَّ نُنَجِّي رُسُلَنَا وَالَّذِينَ آمَنُوا
كَذَٰلِكَ حَقًّا عَلَيْنَا نُنْجِ الْمُؤْمِنِينَ 10:104 قُلْ يَا أَيُّهَا النَّاسُ إِنْ كُنْتُمْ فِي شَكٍّ مِنْ دِينِي فَلَا أَعْبُدُ الَّذِينَ تَعْبُدُونَ مِنْ دُونِ اللَّهِ وَلَٰكِنْ أَعْبُدُ
اللَّهَ الَّذِي يَتَوَفَّاكُمْ وَأُمِرْتُ أَنْ أَكُونَ مِنَ الْمُؤْمِنِينَ 10:105 وَأَنْ أَقِمْ وَجْهَكَ لِلدِّينِ حَنِيفًا وَلَا تَكُونَنَّ مِنَ الْمُشْرِكِينَ 10:106 وَلَا تَدْعُ مِنْ
دُونِ اللَّهِ مَا لَا يَنْفَعُكَ وَلَا يَضُرُّكَ فَإِنْ فَعَلْتَ فَإِنَّكَ إِذًا مِنَ الظَّالِمِينَ 10:107 وَإِنْ يَمْسَسْكَ اللَّهُ بِضُرٍّ فَلَا كَاشِفَ لَهُ إِلَّا هُوَ وَإِنْ يُرِدْكَ بِخَيْرٍ
فَلَا رَادَّ لِفَضْلِهِ يُصِيبُ بِهِ مَنْ يَشَاءُ مِنْ عِبَادِهِ وَهُوَ الْغَفُورُ الرَّحِيمُ 10:108 قُلْ يَا أَيُّهَا النَّاسُ قَدْ جَاءَكُمُ الْحَقُّ مِنْ رَبِّكُمْ فَمَنِ اهْتَدَىٰ
فَإِنَّمَا يَهْتَدِي لِنَفْسِهِ وَمَنْ ضَلَّ فَإِنَّمَا يَضِلُّ عَلَيْهَا وَمَا أَنَا عَلَيْكُمْ بِوَكِيلٍ 10:109 وَاتَّبِعْ مَا يُوحَىٰ إِلَيْكَ وَاصْبِرْ حَتَّىٰ يَحْكُمَ اللَّهُ وَهُوَ خَيْرُ
الْحَاكِمِينَ 11:1 بِسْمِ اللَّهِ الرَّحْمَٰنِ الرَّحِيمِ الر كِتَابٌ أُحْكِمَتْ آيَاتُهُ ثُمَّ فُصِّلَتْ مِنْ لَدُنْ حَكِيمٍ خَبِيرٍ 11:2 أَلَّا تَعْبُدُوا إِلَّا اللَّهَ إِنَّنِي لَكُمْ مِنْهُ
نَذِيرٌ وَبَشِيرٌ 11:3 وَأَنِ اسْتَغْفِرُوا رَبَّكُمْ ثُمَّ تُوبُوا إِلَيْهِ يُمَتِّعْكُمْ مَتَاعًا حَسَنًا إِلَىٰ أَجَلٍ مُسَمًّى وَيُؤْتِ كُلَّ ذِي فَضْلٍ فَضْلَهُ وَإِنْ تَوَلَّوْا فَإِنِّي
أَخَافُ عَلَيْكُمْ عَذَابَ يَوْمٍ كَبِيرٍ 11:4 إِلَى اللَّهِ مَرْجِعُكُمْ وَهُوَ عَلَىٰ كُلِّ شَيْءٍ قَدِيرٌ 11:5 أَلَا إِنَّهُمْ يَثْنُونَ صُدُورَهُمْ لِيَسْتَخْفُوا مِنْهُ أَلَا حِينَ

يَسْتَغْشُونَ ثِيَابَهُمْ يَعْلَمُ مَا يُسِرُّونَ وَمَا يُعْلِنُونَ إِنَّهُ عَلِيمٌ بِذَاتِ الصُّدُورِ 11:6 وَمَا مِنْ دَابَّةٍ فِي الْأَرْضِ إِلَّا عَلَى اللَّهِ رِزْقُهَا وَيَعْلَمُ
مُسْتَقَرَّهَا وَمُسْتَوْدَعَهَا كُلٌّ فِي كِتَابٍ مُبِينٍ 11:7 وَهُوَ الَّذِي خَلَقَ السَّمَاوَاتِ وَالْأَرْضَ فِي سِتَّةِ أَيَّامٍ وَكَانَ عَرْشُهُ عَلَى الْمَاءِ لِيَبْلُوَكُمْ أَيُّكُمْ
أَحْسَنُ عَمَلًا وَلَئِنْ قُلْتَ إِنَّكُمْ مَبْعُوثُونَ مِنْ بَعْدِ الْمَوْتِ لَيَقُولَنَّ الَّذِينَ كَفَرُوا إِنْ هَٰذَا إِلَّا سِحْرٌ مُبِينٌ 11:8 وَلَئِنْ أَخَّرْنَا عَنْهُمُ الْعَذَابَ إِلَىٰ
أُمَّةٍ مَعْدُودَةٍ لَيَقُولُنَّ مَا يَحْبِسُهُ أَلَا يَوْمَ يَأْتِيهِمْ لَيْسَ مَصْرُوفًا عَنْهُمْ وَحَاقَ بِهِمْ مَا كَانُوا بِهِ يَسْتَهْزِئُونَ 11:9 وَلَئِنْ أَذَقْنَا الْإِنْسَانَ مِنَّا
رَحْمَةً ثُمَّ نَزَعْنَاهَا مِنْهُ إِنَّهُ لَيَئُوسٌ كَفُورٌ 11:10 وَلَئِنْ أَذَقْنَاهُ نَعْمَاءَ بَعْدَ ضَرَّاءَ مَسَّتْهُ لَيَقُولَنَّ ذَهَبَ السَّيِّئَاتُ عَنِّي إِنَّهُ لَفَرِحٌ فَخُورٌ 11:11
إِلَّا الَّذِينَ صَبَرُوا وَعَمِلُوا الصَّالِحَاتِ أُولَٰئِكَ لَهُمْ مَغْفِرَةٌ وَأَجْرٌ كَبِيرٌ 11:12 فَلَعَلَّكَ تَارِكٌ بَعْضَ مَا يُوحَىٰ إِلَيْكَ وَضَائِقٌ بِهِ صَدْرُكَ أَنْ يَقُولُوا
لَوْلَا أُنْزِلَ عَلَيْهِ كَنْزٌ أَوْ جَاءَ مَعَهُ مَلَكٌ إِنَّمَا أَنْتَ نَذِيرٌ وَاللَّهُ عَلَىٰ كُلِّ شَيْءٍ وَكِيلٌ 11:13 أَمْ يَقُولُونَ افْتَرَاهُ قُلْ فَأْتُوا بِعَشْرِ سُوَرٍ مِثْلِهِ
مُفْتَرَيَاتٍ وَادْعُوا مَنِ اسْتَطَعْتُمْ مِنْ دُونِ اللَّهِ إِنْ كُنْتُمْ صَادِقِينَ 11:14 فَإِلَّمْ يَسْتَجِيبُوا لَكُمْ فَاعْلَمُوا أَنَّمَا أُنْزِلَ بِعِلْمِ اللَّهِ وَأَنْ لَا إِلَٰهَ إِلَّا
هُوَ فَهَلْ أَنْتُمْ مُسْلِمُونَ 11:15 مَنْ كَانَ يُرِيدُ الْحَيَاةَ الدُّنْيَا وَزِينَتَهَا نُوَفِّ إِلَيْهِمْ أَعْمَالَهُمْ فِيهَا وَهُمْ فِيهَا لَا يُبْخَسُونَ 11:16 أُولَٰئِكَ الَّذِينَ
لَيْسَ لَهُمْ فِي الْآخِرَةِ إِلَّا النَّارُ وَحَبِطَ مَا صَنَعُوا فِيهَا وَبَاطِلٌ مَا كَانُوا يَعْمَلُونَ 11:17 أَفَمَنْ كَانَ عَلَىٰ بَيِّنَةٍ مِنْ رَبِّهِ وَيَتْلُوهُ شَاهِدٌ مِنْهُ
وَمِنْ قَبْلِهِ كِتَابُ مُوسَىٰ إِمَامًا وَرَحْمَةً أُولَٰئِكَ يُؤْمِنُونَ بِهِ وَمَنْ يَكْفُرْ بِهِ مِنَ الْأَحْزَابِ فَالنَّارُ مَوْعِدُهُ فَلَا تَكُ فِي مِرْيَةٍ مِنْهُ إِنَّهُ الْحَقُّ مِنْ
رَبِّكَ وَلَٰكِنَّ أَكْثَرَ النَّاسِ لَا يُؤْمِنُونَ 11:18 وَمَنْ أَظْلَمُ مِمَّنِ افْتَرَىٰ عَلَى اللَّهِ كَذِبًا أُولَٰئِكَ يُعْرَضُونَ عَلَىٰ رَبِّهِمْ وَيَقُولُ الْأَشْهَادُ هَٰؤُلَاءِ الَّذِينَ
كَذَبُوا عَلَىٰ رَبِّهِمْ أَلَا لَعْنَةُ اللَّهِ عَلَى الظَّالِمِينَ 11:19 الَّذِينَ يَصُدُّونَ عَنْ سَبِيلِ اللَّهِ وَيَبْغُونَهَا عِوَجًا وَهُمْ بِالْآخِرَةِ هُمْ كَافِرُونَ 11:20
أُولَٰئِكَ لَمْ يَكُونُوا مُعْجِزِينَ فِي الْأَرْضِ وَمَا كَانَ لَهُمْ مِنْ دُونِ اللَّهِ مِنْ أَوْلِيَاءَ يُضَاعَفُ لَهُمُ الْعَذَابُ مَا كَانُوا يَسْتَطِيعُونَ السَّمْعَ وَمَا
كَانُوا يُبْصِرُونَ 11:21 أُولَٰئِكَ الَّذِينَ خَسِرُوا أَنْفُسَهُمْ وَضَلَّ عَنْهُمْ مَا كَانُوا يَفْتَرُونَ 11:22 لَا جَرَمَ أَنَّهُمْ فِي الْآخِرَةِ هُمُ الْأَخْسَرُونَ 11:23 إِنَّ
الَّذِينَ آمَنُوا وَعَمِلُوا الصَّالِحَاتِ وَأَخْبَتُوا إِلَىٰ رَبِّهِمْ أُولَٰئِكَ أَصْحَابُ الْجَنَّةِ هُمْ فِيهَا خَالِدُونَ 11:24 مَثَلُ الْفَرِيقَيْنِ كَالْأَعْمَىٰ وَالْأَصَمِّ وَالْبَصِيرِ
وَالسَّمِيعِ هَلْ يَسْتَوِيَانِ مَثَلًا أَفَلَا تَذَكَّرُونَ 11:25 وَلَقَدْ أَرْسَلْنَا نُوحًا إِلَىٰ قَوْمِهِ إِنِّي لَكُمْ نَذِيرٌ مُبِينٌ 11:26 أَنْ لَا تَعْبُدُوا إِلَّا اللَّهَ إِنِّي أَخَافُ
عَلَيْكُمْ عَذَابَ يَوْمٍ أَلِيمٍ 11:27 فَقَالَ الْمَلَأُ الَّذِينَ كَفَرُوا مِنْ قَوْمِهِ مَا نَرَاكَ إِلَّا بَشَرًا مِثْلَنَا وَمَا نَرَاكَ اتَّبَعَكَ إِلَّا الَّذِينَ هُمْ أَرَاذِلُنَا بَادِيَ الرَّأْيِ
وَمَا نَرَىٰ لَكُمْ عَلَيْنَا مِنْ فَضْلٍ بَلْ نَظُنُّكُمْ كَاذِبِينَ 11:28 قَالَ يَا قَوْمِ أَرَأَيْتُمْ إِنْ كُنْتُ عَلَىٰ بَيِّنَةٍ مِنْ رَبِّي وَآتَانِي رَحْمَةً مِنْ عِنْدِهِ فَعُمِّيَتْ
عَلَيْكُمْ أَنُلْزِمُكُمُوهَا وَأَنْتُمْ لَهَا كَارِهُونَ 11:29 وَيَا قَوْمِ لَا أَسْأَلُكُمْ عَلَيْهِ مَالًا إِنْ أَجْرِيَ إِلَّا عَلَى اللَّهِ وَمَا أَنَا بِطَارِدِ الَّذِينَ آمَنُوا إِنَّهُمْ مُلَاقُو
رَبِّهِمْ وَلَٰكِنِّي أَرَاكُمْ قَوْمًا تَجْهَلُونَ 11:30 وَيَا قَوْمِ مَنْ يَنْصُرُنِي مِنَ اللَّهِ إِنْ طَرَدْتُهُمْ أَفَلَا تَذَكَّرُونَ 11:31 وَلَا أَقُولُ لَكُمْ عِنْدِي خَزَائِنُ اللَّهِ
وَلَا أَعْلَمُ الْغَيْبَ وَلَا أَقُولُ إِنِّي مَلَكٌ وَلَا أَقُولُ لِلَّذِينَ تَزْدَرِي أَعْيُنُكُمْ لَنْ يُؤْتِيَهُمُ اللَّهُ خَيْرًا اللَّهُ أَعْلَمُ بِمَا فِي أَنْفُسِهِمْ إِنِّي إِذًا لَمِنَ
الظَّالِمِينَ 11:32 قَالُوا يَا نُوحُ قَدْ جَادَلْتَنَا فَأَكْثَرْتَ جِدَالَنَا فَأْتِنَا بِمَا تَعِدُنَا إِنْ كُنْتَ مِنَ الصَّادِقِينَ 11:33 قَالَ إِنَّمَا يَأْتِيكُمْ بِهِ اللَّهُ إِنْ شَاءَ
وَمَا أَنْتُمْ بِمُعْجِزِينَ 11:34 وَلَا يَنْفَعُكُمْ نُصْحِي إِنْ أَرَدْتُ أَنْ أَنْصَحَ لَكُمْ إِنْ كَانَ اللَّهُ يُرِيدُ أَنْ يُغْوِيَكُمْ هُوَ رَبُّكُمْ وَإِلَيْهِ تُرْجَعُونَ 11:35 أَمْ
يَقُولُونَ افْتَرَاهُ قُلْ إِنِ افْتَرَيْتُهُ فَعَلَيَّ إِجْرَامِي وَأَنَا بَرِيءٌ مِمَّا تُجْرِمُونَ 11:36 وَأُوحِيَ إِلَىٰ نُوحٍ أَنَّهُ لَنْ يُؤْمِنَ مِنْ قَوْمِكَ إِلَّا مَنْ قَدْ آمَنَ
فَلَا تَبْتَئِسْ بِمَا كَانُوا يَفْعَلُونَ 11:37 وَاصْنَعِ الْفُلْكَ بِأَعْيُنِنَا وَوَحْيِنَا وَلَا تُخَاطِبْنِي فِي الَّذِينَ ظَلَمُوا إِنَّهُمْ مُغْرَقُونَ 11:38 وَيَصْنَعُ الْفُلْكَ
وَكُلَّمَا مَرَّ عَلَيْهِ مَلَأٌ مِنْ قَوْمِهِ سَخِرُوا مِنْهُ قَالَ إِنْ تَسْخَرُوا مِنَّا فَإِنَّا نَسْخَرُ مِنْكُمْ كَمَا تَسْخَرُونَ 11:39 فَسَوْفَ تَعْلَمُونَ مَنْ يَأْتِيهِ عَذَابٌ
يُخْزِيهِ وَيَحِلُّ عَلَيْهِ عَذَابٌ مُقِيمٌ 11:40 حَتَّىٰ إِذَا جَاءَ أَمْرُنَا وَفَارَ التَّنُّورُ قُلْنَا احْمِلْ فِيهَا مِنْ كُلٍّ زَوْجَيْنِ اثْنَيْنِ وَأَهْلَكَ إِلَّا مَنْ سَبَقَ عَلَيْهِ
الْقَوْلُ وَمَنْ آمَنَ وَمَا آمَنَ مَعَهُ إِلَّا قَلِيلٌ 11:41 وَقَالَ ارْكَبُوا فِيهَا بِسْمِ اللَّهِ مَجْرَاهَا وَمُرْسَاهَا إِنَّ رَبِّي لَغَفُورٌ رَحِيمٌ 11:42 وَهِيَ تَجْرِي بِهِمْ
فِي مَوْجٍ كَالْجِبَالِ وَنَادَىٰ نُوحٌ ابْنَهُ وَكَانَ فِي مَعْزِلٍ يَا بُنَيَّ ارْكَبْ مَعَنَا وَلَا تَكُنْ مَعَ الْكَافِرِينَ 11:43 قَالَ سَآوِي إِلَىٰ جَبَلٍ يَعْصِمُنِي مِنَ

الْمَاءَ قَالَ لَا عَاصِمَ الْيَوْمَ مِنْ أَمْرِ اللَّهِ إِلَّا مَنْ رَحِمَ وَحَالَ بَيْنَهُمَا الْمَوْجُ فَكَانَ مِنَ الْمُغْرَقِينَ 11:44 وَقِيلَ يَا أَرْضُ ابْلَعِي مَاءَكِ وَيَا سَمَاءُ
أَقْلِعِي وَغِيضَ الْمَاءُ وَقُضِيَ الْأَمْرُ وَاسْتَوَتْ عَلَى الْجُودِيِّ وَقِيلَ بُعْدًا لِلْقَوْمِ الظَّالِمِينَ 11:45 وَنَادَىٰ نُوحٌ رَبَّهُ فَقَالَ رَبِّ إِنَّ ابْنِي مِنْ
أَهْلِي وَإِنَّ وَعْدَكَ الْحَقُّ وَأَنْتَ أَحْكَمُ الْحَاكِمِينَ 11:46 قَالَ يَا نُوحُ إِنَّهُ لَيْسَ مِنْ أَهْلِكَ إِنَّهُ عَمَلٌ غَيْرُ صَالِحٍ فَلَا تَسْأَلْنِ مَا لَيْسَ لَكَ بِهِ عِلْمٌ
إِنِّي أَعِظُكَ أَنْ تَكُونَ مِنَ الْجَاهِلِينَ 11:47 قَالَ رَبِّ إِنِّي أَعُوذُ بِكَ أَنْ أَسْأَلَكَ مَا لَيْسَ لِي بِهِ عِلْمٌ وَإِلَّا تَغْفِرْ لِي وَتَرْحَمْنِي أَكُنْ مِنَ الْخَاسِرِينَ
11:48 قِيلَ يَا نُوحُ اهْبِطْ بِسَلَامٍ مِنَّا وَبَرَكَاتٍ عَلَيْكَ وَعَلَىٰ أُمَمٍ مِمَّنْ مَعَكَ وَأُمَمٌ سَنُمَتِّعُهُمْ ثُمَّ يَمَسُّهُمْ مِنَّا عَذَابٌ أَلِيمٌ 11:49 تِلْكَ مِنْ
أَنْبَاءِ الْغَيْبِ نُوحِيهَا إِلَيْكَ مَا كُنْتَ تَعْلَمُهَا أَنْتَ وَلَا قَوْمُكَ مِنْ قَبْلِ هَٰذَا فَاصْبِرْ إِنَّ الْعَاقِبَةَ لِلْمُتَّقِينَ 11:50 وَإِلَىٰ عَادٍ أَخَاهُمْ هُودًا قَالَ يَا
قَوْمِ اعْبُدُوا اللَّهَ مَا لَكُمْ مِنْ إِلَٰهٍ غَيْرُهُ إِنْ أَنْتُمْ إِلَّا مُفْتَرُونَ 11:51 يَا قَوْمِ لَا أَسْأَلُكُمْ عَلَيْهِ أَجْرًا إِنْ أَجْرِيَ إِلَّا عَلَى الَّذِي فَطَرَنِي أَفَلَا تَعْقِلُونَ
11:52 وَيَا قَوْمِ اسْتَغْفِرُوا رَبَّكُمْ ثُمَّ تُوبُوا إِلَيْهِ يُرْسِلِ السَّمَاءَ عَلَيْكُمْ مِدْرَارًا وَيَزِدْكُمْ قُوَّةً إِلَىٰ قُوَّتِكُمْ وَلَا تَتَوَلَّوْا مُجْرِمِينَ 11:53 قَالُوا يَا
هُودُ مَا جِئْتَنَا بِبَيِّنَةٍ وَمَا نَحْنُ بِتَارِكِي آلِهَتِنَا عَنْ قَوْلِكَ وَمَا نَحْنُ لَكَ بِمُؤْمِنِينَ 11:54 إِنْ نَقُولُ إِلَّا اعْتَرَاكَ بَعْضُ آلِهَتِنَا بِسُوءٍ قَالَ إِنِّي
أُشْهِدُ اللَّهَ وَاشْهَدُوا أَنِّي بَرِيءٌ مِمَّا تُشْرِكُونَ 11:55 مِنْ دُونِهِ فَكِيدُونِي جَمِيعًا ثُمَّ لَا تُنْظِرُونِ 11:56 إِنِّي تَوَكَّلْتُ عَلَى اللَّهِ رَبِّي وَرَبِّكُمْ
مَا مِنْ دَابَّةٍ إِلَّا هُوَ آخِذٌ بِنَاصِيَتِهَا إِنَّ رَبِّي عَلَىٰ صِرَاطٍ مُسْتَقِيمٍ 11:57 فَإِنْ تَوَلَّوْا فَقَدْ أَبْلَغْتُكُمْ مَا أُرْسِلْتُ بِهِ إِلَيْكُمْ وَيَسْتَخْلِفُ رَبِّي قَوْمًا
غَيْرَكُمْ وَلَا تَضُرُّونَهُ شَيْئًا إِنَّ رَبِّي عَلَىٰ كُلِّ شَيْءٍ حَفِيظٌ 11:58 وَلَمَّا جَاءَ أَمْرُنَا نَجَّيْنَا هُودًا وَالَّذِينَ آمَنُوا مَعَهُ بِرَحْمَةٍ مِنَّا وَنَجَّيْنَاهُمْ مِنْ
عَذَابٍ غَلِيظٍ 11:59 وَتِلْكَ عَادٌ جَحَدُوا بِآيَاتِ رَبِّهِمْ وَعَصَوْا رُسُلَهُ وَاتَّبَعُوا أَمْرَ كُلِّ جَبَّارٍ عَنِيدٍ 11:60 وَأُتْبِعُوا فِي هَٰذِهِ الدُّنْيَا لَعْنَةً وَيَوْمَ
الْقِيَامَةِ أَلَا إِنَّ عَادًا كَفَرُوا رَبَّهُمْ أَلَا بُعْدًا لِعَادٍ قَوْمِ هُودٍ 11:61 وَإِلَىٰ ثَمُودَ أَخَاهُمْ صَالِحًا قَالَ يَا قَوْمِ اعْبُدُوا اللَّهَ مَا لَكُمْ مِنْ إِلَٰهٍ غَيْرُهُ
هُوَ أَنْشَأَكُمْ مِنَ الْأَرْضِ وَاسْتَعْمَرَكُمْ فِيهَا فَاسْتَغْفِرُوهُ ثُمَّ تُوبُوا إِلَيْهِ إِنَّ رَبِّي قَرِيبٌ مُجِيبٌ 11:62 قَالُوا يَا صَالِحُ قَدْ كُنْتَ فِينَا مَرْجُوًّا قَبْلَ
هَٰذَا أَتَنْهَانَا أَنْ نَعْبُدَ مَا يَعْبُدُ آبَاؤُنَا وَإِنَّنَا لَفِي شَكٍّ مِمَّا تَدْعُونَا إِلَيْهِ مُرِيبٍ 11:63 قَالَ يَا قَوْمِ أَرَأَيْتُمْ إِنْ كُنْتُ عَلَىٰ بَيِّنَةٍ مِنْ رَبِّي وَآتَانِي
مِنْهُ رَحْمَةً فَمَنْ يَنْصُرُنِي مِنَ اللَّهِ إِنْ عَصَيْتُهُ فَمَا تَزِيدُونَنِي غَيْرَ تَخْسِيرٍ 11:64 وَيَا قَوْمِ هَٰذِهِ نَاقَةُ اللَّهِ لَكُمْ آيَةً فَذَرُوهَا تَأْكُلْ فِي أَرْضِ
اللَّهِ وَلَا تَمَسُّوهَا بِسُوءٍ فَيَأْخُذَكُمْ عَذَابٌ قَرِيبٌ 11:65 فَعَقَرُوهَا فَقَالَ تَمَتَّعُوا فِي دَارِكُمْ ثَلَاثَةَ أَيَّامٍ ذَٰلِكَ وَعْدٌ غَيْرُ مَكْذُوبٍ 11:66 فَلَمَّا
جَاءَ أَمْرُنَا نَجَّيْنَا صَالِحًا وَالَّذِينَ آمَنُوا مَعَهُ بِرَحْمَةٍ مِنَّا وَمِنْ خِزْيِ يَوْمِئِذٍ إِنَّ رَبَّكَ هُوَ الْقَوِيُّ الْعَزِيزُ 11:67 وَأَخَذَ الَّذِينَ ظَلَمُوا الصَّيْحَةُ
فَأَصْبَحُوا فِي دِيَارِهِمْ جَاثِمِينَ 11:68 كَأَنْ لَمْ يَغْنَوْا فِيهَا أَلَا إِنَّ ثَمُودَ كَفَرُوا رَبَّهُمْ أَلَا بُعْدًا لِثَمُودَ 11:69 وَلَقَدْ جَاءَتْ رُسُلُنَا إِبْرَاهِيمَ
بِالْبُشْرَىٰ قَالُوا سَلَامًا قَالَ سَلَامٌ فَمَا لَبِثَ أَنْ جَاءَ بِعِجْلٍ حَنِيذٍ 11:70 فَلَمَّا رَأَىٰ أَيْدِيَهُمْ لَا تَصِلُ إِلَيْهِ نَكِرَهُمْ وَأَوْجَسَ مِنْهُمْ خِيفَةً قَالُوا
لَا تَخَفْ إِنَّا أُرْسِلْنَا إِلَىٰ قَوْمِ لُوطٍ 11:71 وَامْرَأَتُهُ قَائِمَةٌ فَضَحِكَتْ فَبَشَّرْنَاهَا بِإِسْحَاقَ وَمِنْ وَرَاءِ إِسْحَاقَ يَعْقُوبَ 11:72 قَالَتْ يَا وَيْلَتَىٰ أَأَلِدُ
وَأَنَا عَجُوزٌ وَهَٰذَا بَعْلِي شَيْخًا إِنَّ هَٰذَا لَشَيْءٌ عَجِيبٌ 11:73 قَالُوا أَتَعْجَبِينَ مِنْ أَمْرِ اللَّهِ رَحْمَتُ اللَّهِ وَبَرَكَاتُهُ عَلَيْكُمْ أَهْلَ الْبَيْتِ إِنَّهُ حَمِيدٌ
مَجِيدٌ 11:74 فَلَمَّا ذَهَبَ عَنْ إِبْرَاهِيمَ الرَّوْعُ وَجَاءَتْهُ الْبُشْرَىٰ يُجَادِلُنَا فِي قَوْمِ لُوطٍ 11:75 إِنَّ إِبْرَاهِيمَ لَحَلِيمٌ أَوَّاهٌ مُنِيبٌ 11:76 يَا إِبْرَاهِيمُ
أَعْرِضْ عَنْ هَٰذَا إِنَّهُ قَدْ جَاءَ أَمْرُ رَبِّكَ وَإِنَّهُمْ آتِيهِمْ عَذَابٌ غَيْرُ مَرْدُودٍ 11:77 وَلَمَّا جَاءَتْ رُسُلُنَا لُوطًا سِيءَ بِهِمْ وَضَاقَ بِهِمْ ذَرْعًا وَقَالَ
هَٰذَا يَوْمٌ عَصِيبٌ 11:78 وَجَاءَهُ قَوْمُهُ يُهْرَعُونَ إِلَيْهِ وَمِنْ قَبْلُ كَانُوا يَعْمَلُونَ السَّيِّئَاتِ قَالَ يَا قَوْمِ هَٰؤُلَاءِ بَنَاتِي هُنَّ أَطْهَرُ لَكُمْ فَاتَّقُوا اللَّهَ
وَلَا تُخْزُونِ فِي ضَيْفِي أَلَيْسَ مِنْكُمْ رَجُلٌ رَشِيدٌ 11:79 قَالُوا لَقَدْ عَلِمْتَ مَا لَنَا فِي بَنَاتِكَ مِنْ حَقٍّ وَإِنَّكَ لَتَعْلَمُ مَا نُرِيدُ 11:80 قَالَ لَوْ أَنَّ
لِي بِكُمْ قُوَّةً أَوْ آوِي إِلَىٰ رُكْنٍ شَدِيدٍ 11:81 قَالُوا يَا لُوطُ إِنَّا رُسُلُ رَبِّكَ لَنْ يَصِلُوا إِلَيْكَ فَأَسْرِ بِأَهْلِكَ بِقِطْعٍ مِنَ اللَّيْلِ وَلَا يَلْتَفِتْ مِنْكُمْ أَحَدٌ
إِلَّا امْرَأَتَكَ إِنَّهُ مُصِيبُهَا مَا أَصَابَهُمْ إِنَّ مَوْعِدَهُمُ الصُّبْحُ أَلَيْسَ الصُّبْحُ بِقَرِيبٍ 11:82 فَلَمَّا جَاءَ أَمْرُنَا جَعَلْنَا عَالِيَهَا سَافِلَهَا وَأَمْطَرْنَا عَلَيْهَا
حِجَارَةً مِنْ سِجِّيلٍ مَنْضُودٍ 11:83 مُسَوَّمَةً عِنْدَ رَبِّكَ وَمَا هِيَ مِنَ الظَّالِمِينَ بِبَعِيدٍ 11:84 وَإِلَىٰ مَدْيَنَ أَخَاهُمْ شُعَيْبًا قَالَ يَا قَوْمِ اعْبُدُوا

اللَّهَ مَا لَكُم مِّنْ إِلَٰهٍ غَيْرُهُ وَلَا تَنقُصُوا الْمِكْيَالَ وَالْمِيزَانَ إِنِّي أَرَاكُم بِخَيْرٍ وَإِنِّي أَخَافُ عَلَيْكُمْ عَذَابَ يَوْمٍ مُّحِيطٍ 11:85 وَيَا قَوْمِ أَوْفُوا
الْمِكْيَالَ وَالْمِيزَانَ بِالْقِسْطِ وَلَا تَبْخَسُوا النَّاسَ أَشْيَاءَهُمْ وَلَا تَعْثَوْا فِي الْأَرْضِ مُفْسِدِينَ 11:86 بَقِيَّتُ اللَّهِ خَيْرٌ لَّكُمْ إِن كُنتُم مُّؤْمِنِينَ وَمَا
أَنَا عَلَيْكُم بِحَفِيظٍ 11:87 قَالُوا يَا شُعَيْبُ أَصَلَاتُكَ تَأْمُرُكَ أَن نَّتْرُكَ مَا يَعْبُدُ آبَاؤُنَا أَوْ أَن نَّفْعَلَ فِي أَمْوَالِنَا مَا نَشَاءُ إِنَّكَ لَأَنتَ الْحَلِيمُ
الرَّشِيدُ 11:88 قَالَ يَا قَوْمِ أَرَأَيْتُمْ إِن كُنتُ عَلَىٰ بَيِّنَةٍ مِّن رَّبِّي وَرَزَقَنِي مِنْهُ رِزْقًا حَسَنًا وَمَا أُرِيدُ أَنْ أُخَالِفَكُمْ إِلَىٰ مَا أَنْهَاكُمْ عَنْهُ إِنْ أُرِيدُ
إِلَّا الْإِصْلَاحَ مَا اسْتَطَعْتُ وَمَا تَوْفِيقِي إِلَّا بِاللَّهِ عَلَيْهِ تَوَكَّلْتُ وَإِلَيْهِ أُنِيبُ 11:89 وَيَا قَوْمِ لَا يَجْرِمَنَّكُمْ شِقَاقِي أَن يُصِيبَكُم مِّثْلُ مَا أَصَابَ
قَوْمَ نُوحٍ أَوْ قَوْمَ هُودٍ أَوْ قَوْمَ صَالِحٍ وَمَا قَوْمُ لُوطٍ مِّنكُم بِبَعِيدٍ 11:90 وَاسْتَغْفِرُوا رَبَّكُمْ ثُمَّ تُوبُوا إِلَيْهِ إِنَّ رَبِّي رَحِيمٌ وَدُودٌ 11:91 قَالُوا
يَا شُعَيْبُ مَا نَفْقَهُ كَثِيرًا مِّمَّا تَقُولُ وَإِنَّا لَنَرَاكَ فِينَا ضَعِيفًا وَلَوْلَا رَهْطُكَ لَرَجَمْنَاكَ وَمَا أَنتَ عَلَيْنَا بِعَزِيزٍ 11:92 قَالَ يَا قَوْمِ أَرَهْطِي أَعَزُّ
عَلَيْكُم مِّنَ اللَّهِ وَاتَّخَذْتُمُوهُ وَرَاءَكُمْ ظِهْرِيًّا إِنَّ رَبِّي بِمَا تَعْمَلُونَ مُحِيطٌ 11:93 وَيَا قَوْمِ اعْمَلُوا عَلَىٰ مَكَانَتِكُمْ إِنِّي عَامِلٌ سَوْفَ تَعْلَمُونَ
مَن يَأْتِيهِ عَذَابٌ يُخْزِيهِ وَمَنْ هُوَ كَاذِبٌ وَارْتَقِبُوا إِنِّي مَعَكُمْ رَقِيبٌ 11:94 وَلَمَّا جَاءَ أَمْرُنَا نَجَّيْنَا شُعَيْبًا وَالَّذِينَ آمَنُوا مَعَهُ بِرَحْمَةٍ مِّنَّا
وَأَخَذَتِ الَّذِينَ ظَلَمُوا الصَّيْحَةُ فَأَصْبَحُوا فِي دِيَارِهِمْ جَاثِمِينَ 11:95 كَأَن لَّمْ يَغْنَوْا فِيهَا أَلَا بُعْدًا لِّمَدْيَنَ كَمَا بَعِدَتْ ثَمُودُ 11:96 وَلَقَدْ
أَرْسَلْنَا مُوسَىٰ بِآيَاتِنَا وَسُلْطَانٍ مُّبِينٍ 11:97 إِلَىٰ فِرْعَوْنَ وَمَلَئِهِ فَاتَّبَعُوا أَمْرَ فِرْعَوْنَ وَمَا أَمْرُ فِرْعَوْنَ بِرَشِيدٍ 11:98 يَقْدُمُ قَوْمَهُ يَوْمَ الْقِيَامَةِ
فَأَوْرَدَهُمُ النَّارَ وَبِئْسَ الْوِرْدُ الْمَوْرُودُ 11:99 وَأُتْبِعُوا فِي هَٰذِهِ لَعْنَةً وَيَوْمَ الْقِيَامَةِ بِئْسَ الرِّفْدُ الْمَرْفُودُ 11:100 ذَٰلِكَ مِنْ أَنبَاءِ الْقُرَىٰ نَقُصُّهُ
عَلَيْكَ مِنْهَا قَائِمٌ وَحَصِيدٌ 11:101 وَمَا ظَلَمْنَاهُمْ وَلَٰكِن ظَلَمُوا أَنفُسَهُمْ فَمَا أَغْنَتْ عَنْهُمْ آلِهَتُهُمُ الَّتِي يَدْعُونَ مِن دُونِ اللَّهِ مِن شَيْءٍ
لَّمَّا جَاءَ أَمْرُ رَبِّكَ وَمَا زَادُوهُمْ غَيْرَ تَتْبِيبٍ 11:102 وَكَذَٰلِكَ أَخْذُ رَبِّكَ إِذَا أَخَذَ الْقُرَىٰ وَهِيَ ظَالِمَةٌ إِنَّ أَخْذَهُ أَلِيمٌ شَدِيدٌ 11:103 إِنَّ فِي ذَٰلِكَ
لَآيَةً لِّمَنْ خَافَ عَذَابَ الْآخِرَةِ ذَٰلِكَ يَوْمٌ مَّجْمُوعٌ لَّهُ النَّاسُ وَذَٰلِكَ يَوْمٌ مَّشْهُودٌ 11:104 وَمَا نُؤَخِّرُهُ إِلَّا لِأَجَلٍ مَّعْدُودٍ 11:105 يَوْمَ يَأْتِ لَا
تَكَلَّمُ نَفْسٌ إِلَّا بِإِذْنِهِ فَمِنْهُمْ شَقِيٌّ وَسَعِيدٌ 11:106 فَأَمَّا الَّذِينَ شَقُوا فَفِي النَّارِ لَهُمْ فِيهَا زَفِيرٌ وَشَهِيقٌ 11:107 خَالِدِينَ فِيهَا مَا دَامَتِ
السَّمَاوَاتُ وَالْأَرْضُ إِلَّا مَا شَاءَ رَبُّكَ إِنَّ رَبَّكَ فَعَّالٌ لِّمَا يُرِيدُ 11:108 وَأَمَّا الَّذِينَ سُعِدُوا فَفِي الْجَنَّةِ خَالِدِينَ فِيهَا مَا دَامَتِ السَّمَاوَاتُ
وَالْأَرْضُ إِلَّا مَا شَاءَ رَبُّكَ عَطَاءً غَيْرَ مَجْذُوذٍ 11:109 فَلَا تَكُ فِي مِرْيَةٍ مِّمَّا يَعْبُدُ هَٰؤُلَاءِ مَا يَعْبُدُونَ إِلَّا كَمَا يَعْبُدُ آبَاؤُهُم مِّن قَبْلُ وَإِنَّا
لَمُوَفُّوهُمْ نَصِيبَهُمْ غَيْرَ مَنقُوصٍ 11:110 وَلَقَدْ آتَيْنَا مُوسَى الْكِتَابَ فَاخْتُلِفَ فِيهِ وَلَوْلَا كَلِمَةٌ سَبَقَتْ مِن رَّبِّكَ لَقُضِيَ بَيْنَهُمْ وَإِنَّهُمْ لَفِي
شَكٍّ مِّنْهُ مُرِيبٍ 11:111 وَإِنَّ كُلًّا لَّمَّا لَيُوَفِّيَنَّهُمْ رَبُّكَ أَعْمَالَهُمْ إِنَّهُ بِمَا يَعْمَلُونَ خَبِيرٌ 11:112 فَاسْتَقِمْ كَمَا أُمِرْتَ وَمَن تَابَ مَعَكَ وَلَا تَطْغَوْا
إِنَّهُ بِمَا تَعْمَلُونَ بَصِيرٌ 11:113 وَلَا تَرْكَنُوا إِلَى الَّذِينَ ظَلَمُوا فَتَمَسَّكُمُ النَّارُ وَمَا لَكُم مِّن دُونِ اللَّهِ مِنْ أَوْلِيَاءَ ثُمَّ لَا تُنصَرُونَ 11:114 وَأَقِمِ
الصَّلَاةَ طَرَفَيِ النَّهَارِ وَزُلَفًا مِّنَ اللَّيْلِ إِنَّ الْحَسَنَاتِ يُذْهِبْنَ السَّيِّئَاتِ ذَٰلِكَ ذِكْرَىٰ لِلذَّاكِرِينَ 11:115 وَاصْبِرْ فَإِنَّ اللَّهَ لَا يُضِيعُ أَجْرَ الْمُحْسِنِينَ
11:116 فَلَوْلَا كَانَ مِنَ الْقُرُونِ مِن قَبْلِكُمْ أُولُو بَقِيَّةٍ يَنْهَوْنَ عَنِ الْفَسَادِ فِي الْأَرْضِ إِلَّا قَلِيلًا مِّمَّنْ أَنجَيْنَا مِنْهُمْ وَاتَّبَعَ الَّذِينَ ظَلَمُوا مَا
أُتْرِفُوا فِيهِ وَكَانُوا مُجْرِمِينَ 11:117 وَمَا كَانَ رَبُّكَ لِيُهْلِكَ الْقُرَىٰ بِظُلْمٍ وَأَهْلُهَا مُصْلِحُونَ 11:118 وَلَوْ شَاءَ رَبُّكَ لَجَعَلَ النَّاسَ أُمَّةً وَاحِدَةً وَلَا
يَزَالُونَ مُخْتَلِفِينَ 11:119 إِلَّا مَن رَّحِمَ رَبُّكَ وَلِذَٰلِكَ خَلَقَهُمْ وَتَمَّتْ كَلِمَةُ رَبِّكَ لَأَمْلَأَنَّ جَهَنَّمَ مِنَ الْجِنَّةِ وَالنَّاسِ أَجْمَعِينَ 11:120 وَكُلًّا نَّقُصُّ
عَلَيْكَ مِنْ أَنبَاءِ الرُّسُلِ مَا نُثَبِّتُ بِهِ فُؤَادَكَ وَجَاءَكَ فِي هَٰذِهِ الْحَقُّ وَمَوْعِظَةٌ وَذِكْرَىٰ لِلْمُؤْمِنِينَ 11:121 وَقُل لِّلَّذِينَ لَا يُؤْمِنُونَ اعْمَلُوا
عَلَىٰ مَكَانَتِكُمْ إِنَّا عَامِلُونَ 11:122 وَانتَظِرُوا إِنَّا مُنتَظِرُونَ 11:123 وَلِلَّهِ غَيْبُ السَّمَاوَاتِ وَالْأَرْضِ وَإِلَيْهِ يُرْجَعُ الْأَمْرُ كُلُّهُ فَاعْبُدْهُ وَتَوَكَّلْ عَلَيْهِ
وَمَا رَبُّكَ بِغَافِلٍ عَمَّا تَعْمَلُونَ 12:1 بِسْمِ اللَّهِ الرَّحْمَٰنِ الرَّحِيمِ الر تِلْكَ آيَاتُ الْكِتَابِ الْمُبِينِ 12:2 إِنَّا أَنزَلْنَاهُ قُرْآنًا عَرَبِيًّا لَّعَلَّكُمْ تَعْقِلُونَ 12:3
نَحْنُ نَقُصُّ عَلَيْكَ أَحْسَنَ الْقَصَصِ بِمَا أَوْحَيْنَا إِلَيْكَ هَٰذَا الْقُرْآنَ وَإِن كُنتَ مِن قَبْلِهِ لَمِنَ الْغَافِلِينَ 12:4 إِذْ قَالَ يُوسُفُ لِأَبِيهِ يَا أَبَتِ إِنِّي
رَأَيْتُ أَحَدَ عَشَرَ كَوْكَبًا وَالشَّمْسَ وَالْقَمَرَ رَأَيْتُهُمْ لِي سَاجِدِينَ 12:5 قَالَ يَا بُنَيَّ لَا تَقْصُصْ رُؤْيَاكَ عَلَىٰ إِخْوَتِكَ فَيَكِيدُوا لَكَ كَيْدًا إِنَّ

الشَّيْطَانَ لِلْإِنْسَانِ عَدُوٌّ مُبِينٌ 12:6 وَكَذَٰلِكَ يَجْتَبِيكَ رَبُّكَ وَيُعَلِّمُكَ مِنْ تَأْوِيلِ الْأَحَادِيثِ وَيُتِمُّ نِعْمَتَهُ عَلَيْكَ وَعَلَىٰ آلِ يَعْقُوبَ كَمَا أَتَمَّهَا
عَلَىٰ أَبَوَيْكَ مِنْ قَبْلُ إِبْرَاهِيمَ وَإِسْحَاقَ إِنَّ رَبَّكَ عَلِيمٌ حَكِيمٌ 12:7 لَقَدْ كَانَ فِي يُوسُفَ وَإِخْوَتِهِ آيَاتٌ لِلسَّائِلِينَ 12:8 إِذْ قَالُوا لَيُوسُفُ
وَأَخُوهُ أَحَبُّ إِلَىٰ أَبِينَا مِنَّا وَنَحْنُ عُصْبَةٌ إِنَّ أَبَانَا لَفِي ضَلَالٍ مُبِينٍ 12:9 اقْتُلُوا يُوسُفَ أَوِ اطْرَحُوهُ أَرْضًا يَخْلُ لَكُمْ وَجْهُ أَبِيكُمْ وَتَكُونُوا مِنْ
بَعْدِهِ قَوْمًا صَالِحِينَ 12:10 قَالَ قَائِلٌ مِنْهُمْ لَا تَقْتُلُوا يُوسُفَ وَأَلْقُوهُ فِي غَيَابَتِ الْجُبِّ يَلْتَقِطْهُ بَعْضُ السَّيَّارَةِ إِنْ كُنْتُمْ فَاعِلِينَ 12:11
قَالُوا يَا أَبَانَا مَا لَكَ لَا تَأْمَنَّا عَلَىٰ يُوسُفَ وَإِنَّا لَهُ لَنَاصِحُونَ 12:12 أَرْسِلْهُ مَعَنَا غَدًا يَرْتَعْ وَيَلْعَبْ وَإِنَّا لَهُ لَحَافِظُونَ 12:13 قَالَ إِنِّي لَيَحْزُنُنِي
أَنْ تَذْهَبُوا بِهِ وَأَخَافُ أَنْ يَأْكُلَهُ الذِّئْبُ وَأَنْتُمْ عَنْهُ غَافِلُونَ 12:14 قَالُوا لَئِنْ أَكَلَهُ الذِّئْبُ وَنَحْنُ عُصْبَةٌ إِنَّا إِذًا لَخَاسِرُونَ 12:15 فَلَمَّا ذَهَبُوا
بِهِ وَأَجْمَعُوا أَنْ يَجْعَلُوهُ فِي غَيَابَتِ الْجُبِّ وَأَوْحَيْنَا إِلَيْهِ لَتُنَبِّئَنَّهُمْ بِأَمْرِهِمْ هَٰذَا وَهُمْ لَا يَشْعُرُونَ 12:16 وَجَاءُوا أَبَاهُمْ عِشَاءً يَبْكُونَ 12:17
قَالُوا يَا أَبَانَا إِنَّا ذَهَبْنَا نَسْتَبِقُ وَتَرَكْنَا يُوسُفَ عِنْدَ مَتَاعِنَا فَأَكَلَهُ الذِّئْبُ وَمَا أَنْتَ بِمُؤْمِنٍ لَنَا وَلَوْ كُنَّا صَادِقِينَ 12:18 وَجَاءُوا عَلَىٰ قَمِيصِهِ
بِدَمٍ كَذِبٍ قَالَ بَلْ سَوَّلَتْ لَكُمْ أَنْفُسُكُمْ أَمْرًا فَصَبْرٌ جَمِيلٌ وَاللَّهُ الْمُسْتَعَانُ عَلَىٰ مَا تَصِفُونَ 12:19 وَجَاءَتْ سَيَّارَةٌ فَأَرْسَلُوا وَارِدَهُمْ فَأَدْلَىٰ
دَلْوَهُ قَالَ يَا بُشْرَىٰ هَٰذَا غُلَامٌ وَأَسَرُّوهُ بِضَاعَةً وَاللَّهُ عَلِيمٌ بِمَا يَعْمَلُونَ 12:20 وَشَرَوْهُ بِثَمَنٍ بَخْسٍ دَرَاهِمَ مَعْدُودَةٍ وَكَانُوا فِيهِ مِنَ
الزَّاهِدِينَ 12:21 وَقَالَ الَّذِي اشْتَرَاهُ مِنْ مِصْرَ لِامْرَأَتِهِ أَكْرِمِي مَثْوَاهُ عَسَىٰ أَنْ يَنْفَعَنَا أَوْ نَتَّخِذَهُ وَلَدًا وَكَذَٰلِكَ مَكَّنَّا لِيُوسُفَ فِي الْأَرْضِ
وَلِنُعَلِّمَهُ مِنْ تَأْوِيلِ الْأَحَادِيثِ وَاللَّهُ غَالِبٌ عَلَىٰ أَمْرِهِ وَلَٰكِنَّ أَكْثَرَ النَّاسِ لَا يَعْلَمُونَ 12:22 وَلَمَّا بَلَغَ أَشُدَّهُ آتَيْنَاهُ حُكْمًا وَعِلْمًا وَكَذَٰلِكَ نَجْزِي
الْمُحْسِنِينَ 12:23 وَرَاوَدَتْهُ الَّتِي هُوَ فِي بَيْتِهَا عَنْ نَفْسِهِ وَغَلَّقَتِ الْأَبْوَابَ وَقَالَتْ هَيْتَ لَكَ قَالَ مَعَاذَ اللَّهِ إِنَّهُ رَبِّي أَحْسَنَ مَثْوَايَ إِنَّهُ لَا
يُفْلِحُ الظَّالِمُونَ 12:24 وَلَقَدْ هَمَّتْ بِهِ وَهَمَّ بِهَا لَوْلَا أَنْ رَأَىٰ بُرْهَانَ رَبِّهِ كَذَٰلِكَ لِنَصْرِفَ عَنْهُ السُّوءَ وَالْفَحْشَاءَ إِنَّهُ مِنْ عِبَادِنَا الْمُخْلَصِينَ
12:25 وَاسْتَبَقَا الْبَابَ وَقَدَّتْ قَمِيصَهُ مِنْ دُبُرٍ وَأَلْفَيَا سَيِّدَهَا لَدَى الْبَابِ قَالَتْ مَا جَزَاءُ مَنْ أَرَادَ بِأَهْلِكَ سُوءًا إِلَّا أَنْ يُسْجَنَ أَوْ عَذَابٌ أَلِيمٌ
12:26 قَالَ هِيَ رَاوَدَتْنِي عَنْ نَفْسِي وَشَهِدَ شَاهِدٌ مِنْ أَهْلِهَا إِنْ كَانَ قَمِيصُهُ قُدَّ مِنْ قُبُلٍ فَصَدَقَتْ وَهُوَ مِنَ الْكَاذِبِينَ 12:27 وَإِنْ كَانَ
قَمِيصُهُ قُدَّ مِنْ دُبُرٍ فَكَذَبَتْ وَهُوَ مِنَ الصَّادِقِينَ 12:28 فَلَمَّا رَأَىٰ قَمِيصَهُ قُدَّ مِنْ دُبُرٍ قَالَ إِنَّهُ مِنْ كَيْدِكُنَّ إِنَّ كَيْدَكُنَّ عَظِيمٌ 12:29 يُوسُفُ
أَعْرِضْ عَنْ هَٰذَا وَاسْتَغْفِرِي لِذَنْبِكِ إِنَّكِ كُنْتِ مِنَ الْخَاطِئِينَ 12:30 وَقَالَ نِسْوَةٌ فِي الْمَدِينَةِ امْرَأَتُ الْعَزِيزِ تُرَاوِدُ فَتَاهَا عَنْ نَفْسِهِ قَدْ
شَغَفَهَا حُبًّا إِنَّا لَنَرَاهَا فِي ضَلَالٍ مُبِينٍ 12:31 فَلَمَّا سَمِعَتْ بِمَكْرِهِنَّ أَرْسَلَتْ إِلَيْهِنَّ وَأَعْتَدَتْ لَهُنَّ مُتَّكَأً وَآتَتْ كُلَّ وَاحِدَةٍ مِنْهُنَّ سِكِّينًا
وَقَالَتِ اخْرُجْ عَلَيْهِنَّ فَلَمَّا رَأَيْنَهُ أَكْبَرْنَهُ وَقَطَّعْنَ أَيْدِيَهُنَّ وَقُلْنَ حَاشَ لِلَّهِ مَا هَٰذَا بَشَرًا إِنْ هَٰذَا إِلَّا مَلَكٌ كَرِيمٌ 12:32 قَالَتْ فَذَٰلِكُنَّ الَّذِي
لُمْتُنَّنِي فِيهِ وَلَقَدْ رَاوَدْتُهُ عَنْ نَفْسِهِ فَاسْتَعْصَمَ وَلَئِنْ لَمْ يَفْعَلْ مَا آمُرُهُ لَيُسْجَنَنَّ وَلَيَكُونًا مِنَ الصَّاغِرِينَ 12:33 قَالَ رَبِّ السِّجْنُ أَحَبُّ
إِلَيَّ مِمَّا يَدْعُونَنِي إِلَيْهِ وَإِلَّا تَصْرِفْ عَنِّي كَيْدَهُنَّ أَصْبُ إِلَيْهِنَّ وَأَكُنْ مِنَ الْجَاهِلِينَ 12:34 فَاسْتَجَابَ لَهُ رَبُّهُ فَصَرَفَ عَنْهُ كَيْدَهُنَّ إِنَّهُ هُوَ
السَّمِيعُ الْعَلِيمُ 12:35 ثُمَّ بَدَا لَهُمْ مِنْ بَعْدِ مَا رَأَوُا الْآيَاتِ لَيَسْجُنُنَّهُ حَتَّىٰ حِينٍ 12:36 وَدَخَلَ مَعَهُ السِّجْنَ فَتَيَانِ قَالَ أَحَدُهُمَا إِنِّي أَرَانِي
أَعْصِرُ خَمْرًا وَقَالَ الْآخَرُ إِنِّي أَرَانِي أَحْمِلُ فَوْقَ رَأْسِي خُبْزًا تَأْكُلُ الطَّيْرُ مِنْهُ نَبِّئْنَا بِتَأْوِيلِهِ إِنَّا نَرَاكَ مِنَ الْمُحْسِنِينَ 12:37 قَالَ لَا يَأْتِيكُمَا
طَعَامٌ تُرْزَقَانِهِ إِلَّا نَبَّأْتُكُمَا بِتَأْوِيلِهِ قَبْلَ أَنْ يَأْتِيَكُمَا ذَٰلِكُمَا مِمَّا عَلَّمَنِي رَبِّي إِنِّي تَرَكْتُ مِلَّةَ قَوْمٍ لَا يُؤْمِنُونَ بِاللَّهِ وَهُمْ بِالْآخِرَةِ هُمْ كَافِرُونَ
12:38 وَاتَّبَعْتُ مِلَّةَ آبَائِي إِبْرَاهِيمَ وَإِسْحَاقَ وَيَعْقُوبَ مَا كَانَ لَنَا أَنْ نُشْرِكَ بِاللَّهِ مِنْ شَيْءٍ ذَٰلِكَ مِنْ فَضْلِ اللَّهِ عَلَيْنَا وَعَلَى النَّاسِ وَلَٰكِنَّ
أَكْثَرَ النَّاسِ لَا يَشْكُرُونَ 12:39 يَا صَاحِبَيِ السِّجْنِ أَأَرْبَابٌ مُتَفَرِّقُونَ خَيْرٌ أَمِ اللَّهُ الْوَاحِدُ الْقَهَّارُ 12:40 مَا تَعْبُدُونَ مِنْ دُونِهِ إِلَّا أَسْمَاءً
سَمَّيْتُمُوهَا أَنْتُمْ وَآبَاؤُكُمْ مَا أَنْزَلَ اللَّهُ بِهَا مِنْ سُلْطَانٍ إِنِ الْحُكْمُ إِلَّا لِلَّهِ أَمَرَ أَلَّا تَعْبُدُوا إِلَّا إِيَّاهُ ذَٰلِكَ الدِّينُ الْقَيِّمُ وَلَٰكِنَّ أَكْثَرَ النَّاسِ لَا
يَعْلَمُونَ 12:41 يَا صَاحِبَيِ السِّجْنِ أَمَّا أَحَدُكُمَا فَيَسْقِي رَبَّهُ خَمْرًا وَأَمَّا الْآخَرُ فَيُصْلَبُ فَتَأْكُلُ الطَّيْرُ مِنْ رَأْسِهِ قُضِيَ الْأَمْرُ الَّذِي فِيهِ
تَسْتَفْتِيَانِ 12:42 وَقَالَ لِلَّذِي ظَنَّ أَنَّهُ نَاجٍ مِنْهُمَا اذْكُرْنِي عِنْدَ رَبِّكَ فَأَنْسَاهُ الشَّيْطَانُ ذِكْرَ رَبِّهِ فَلَبِثَ فِي السِّجْنِ بِضْعَ سِنِينَ 12:43 وَقَالَ

الْمَلِكُ إِنِّي أَرَىٰ سَبْعَ بَقَرَاتٍ سِمَانٍ يَأْكُلُهُنَّ سَبْعٌ عِجَافٌ وَسَبْعَ سُنْبُلَاتٍ خُضْرٍ وَأُخَرَ يَابِسَاتٍ يَا أَيُّهَا الْمَلَأُ أَفْتُونِي فِي رُؤْيَايَ إِنْ كُنْتُمْ
لِلرُّؤْيَا تَعْبُرُونَ 12:44 قَالُوا أَضْغَاثُ أَحْلَامٍ وَمَا نَحْنُ بِتَأْوِيلِ الْأَحْلَامِ بِعَالِمِينَ 12:45 وَقَالَ الَّذِي نَجَا مِنْهُمَا وَادَّكَرَ بَعْدَ أُمَّةٍ أَنَا أُنَبِّئُكُمْ بِتَأْوِيلِهِ
فَأَرْسِلُونِ 12:46 يُوسُفُ أَيُّهَا الصِّدِّيقُ أَفْتِنَا فِي سَبْعِ بَقَرَاتٍ سِمَانٍ يَأْكُلُهُنَّ سَبْعٌ عِجَافٌ وَسَبْعِ سُنْبُلَاتٍ خُضْرٍ وَأُخَرَ يَابِسَاتٍ لَعَلِّي أَرْجِعُ
إِلَى النَّاسِ لَعَلَّهُمْ يَعْلَمُونَ 12:47 قَالَ تَزْرَعُونَ سَبْعَ سِنِينَ دَأَبًا فَمَا حَصَدْتُمْ فَذَرُوهُ فِي سُنْبُلِهِ إِلَّا قَلِيلًا مِمَّا تَأْكُلُونَ 12:48 ثُمَّ يَأْتِي مِنْ
بَعْدِ ذَٰلِكَ سَبْعٌ شِدَادٌ يَأْكُلْنَ مَا قَدَّمْتُمْ لَهُنَّ إِلَّا قَلِيلًا مِمَّا تُحْصِنُونَ 12:49 ثُمَّ يَأْتِي مِنْ بَعْدِ ذَٰلِكَ عَامٌ فِيهِ يُغَاثُ النَّاسُ وَفِيهِ يَعْصِرُونَ
12:50 وَقَالَ الْمَلِكُ ائْتُونِي بِهِ فَلَمَّا جَاءَهُ الرَّسُولُ قَالَ ارْجِعْ إِلَىٰ رَبِّكَ فَاسْأَلْهُ مَا بَالُ النِّسْوَةِ اللَّاتِي قَطَّعْنَ أَيْدِيَهُنَّ إِنَّ رَبِّي بِكَيْدِهِنَّ
عَلِيمٌ 12:51 قَالَ مَا خَطْبُكُنَّ إِذْ رَاوَدْتُنَّ يُوسُفَ عَنْ نَفْسِهِ قُلْنَ حَاشَ لِلَّهِ مَا عَلِمْنَا عَلَيْهِ مِنْ سُوءٍ قَالَتِ امْرَأَتُ الْعَزِيزِ الْآنَ حَصْحَصَ
الْحَقُّ أَنَا رَاوَدْتُهُ عَنْ نَفْسِهِ وَإِنَّهُ لَمِنَ الصَّادِقِينَ 12:52 ذَٰلِكَ لِيَعْلَمَ أَنِّي لَمْ أَخُنْهُ بِالْغَيْبِ وَأَنَّ اللَّهَ لَا يَهْدِي كَيْدَ الْخَائِنِينَ 12:53 وَمَا أُبَرِّئُ
نَفْسِي إِنَّ النَّفْسَ لَأَمَّارَةٌ بِالسُّوءِ إِلَّا مَا رَحِمَ رَبِّي إِنَّ رَبِّي غَفُورٌ رَحِيمٌ 12:54 وَقَالَ الْمَلِكُ ائْتُونِي بِهِ أَسْتَخْلِصْهُ لِنَفْسِي فَلَمَّا كَلَّمَهُ قَالَ
إِنَّكَ الْيَوْمَ لَدَيْنَا مَكِينٌ أَمِينٌ 12:55 قَالَ اجْعَلْنِي عَلَىٰ خَزَائِنِ الْأَرْضِ إِنِّي حَفِيظٌ عَلِيمٌ 12:56 وَكَذَٰلِكَ مَكَّنَّا لِيُوسُفَ فِي الْأَرْضِ يَتَبَوَّأُ مِنْهَا
حَيْثُ يَشَاءُ نُصِيبُ بِرَحْمَتِنَا مَنْ نَشَاءُ وَلَا نُضِيعُ أَجْرَ الْمُحْسِنِينَ 12:57 وَلَأَجْرُ الْآخِرَةِ خَيْرٌ لِلَّذِينَ آمَنُوا وَكَانُوا يَتَّقُونَ 12:58 وَجَاءَ إِخْوَةُ
يُوسُفَ فَدَخَلُوا عَلَيْهِ فَعَرَفَهُمْ وَهُمْ لَهُ مُنْكِرُونَ 12:59 وَلَمَّا جَهَّزَهُمْ بِجَهَازِهِمْ قَالَ ائْتُونِي بِأَخٍ لَكُمْ مِنْ أَبِيكُمْ أَلَا تَرَوْنَ أَنِّي أُوفِي الْكَيْلَ
وَأَنَا خَيْرُ الْمُنْزِلِينَ 12:60 فَإِنْ لَمْ تَأْتُونِي بِهِ فَلَا كَيْلَ لَكُمْ عِنْدِي وَلَا تَقْرَبُونِ 12:61 قَالُوا سَنُرَاوِدُ عَنْهُ أَبَاهُ وَإِنَّا لَفَاعِلُونَ 12:62 وَقَالَ لِفِتْيَانِهِ
اجْعَلُوا بِضَاعَتَهُمْ فِي رِحَالِهِمْ لَعَلَّهُمْ يَعْرِفُونَهَا إِذَا انْقَلَبُوا إِلَىٰ أَهْلِهِمْ لَعَلَّهُمْ يَرْجِعُونَ 12:63 فَلَمَّا رَجَعُوا إِلَىٰ أَبِيهِمْ قَالُوا يَا أَبَانَا مُنِعَ
مِنَّا الْكَيْلُ فَأَرْسِلْ مَعَنَا أَخَانَا نَكْتَلْ وَإِنَّا لَهُ لَحَافِظُونَ 12:64 قَالَ هَلْ آمَنُكُمْ عَلَيْهِ إِلَّا كَمَا أَمِنْتُكُمْ عَلَىٰ أَخِيهِ مِنْ قَبْلُ فَاللَّهُ خَيْرٌ حَافِظًا
وَهُوَ أَرْحَمُ الرَّاحِمِينَ 12:65 وَلَمَّا فَتَحُوا مَتَاعَهُمْ وَجَدُوا بِضَاعَتَهُمْ رُدَّتْ إِلَيْهِمْ قَالُوا يَا أَبَانَا مَا نَبْغِي هَٰذِهِ بِضَاعَتُنَا رُدَّتْ إِلَيْنَا وَنَمِيرُ أَهْلَنَا
وَنَحْفَظُ أَخَانَا وَنَزْدَادُ كَيْلَ بَعِيرٍ ذَٰلِكَ كَيْلٌ يَسِيرٌ 12:66 قَالَ لَنْ أُرْسِلَهُ مَعَكُمْ حَتَّىٰ تُؤْتُونِ مَوْثِقًا مِنَ اللَّهِ لَتَأْتُنَّنِي بِهِ إِلَّا أَنْ يُحَاطَ بِكُمْ
فَلَمَّا آتَوْهُ مَوْثِقَهُمْ قَالَ اللَّهُ عَلَىٰ مَا نَقُولُ وَكِيلٌ 12:67 وَقَالَ يَا بَنِيَّ لَا تَدْخُلُوا مِنْ بَابٍ وَاحِدٍ وَادْخُلُوا مِنْ أَبْوَابٍ مُتَفَرِّقَةٍ وَمَا أُغْنِي
عَنْكُمْ مِنَ اللَّهِ مِنْ شَيْءٍ إِنِ الْحُكْمُ إِلَّا لِلَّهِ عَلَيْهِ تَوَكَّلْتُ وَعَلَيْهِ فَلْيَتَوَكَّلِ الْمُتَوَكِّلُونَ 12:68 وَلَمَّا دَخَلُوا مِنْ حَيْثُ أَمَرَهُمْ أَبُوهُمْ مَا كَانَ
يُغْنِي عَنْهُمْ مِنَ اللَّهِ مِنْ شَيْءٍ إِلَّا حَاجَةً فِي نَفْسِ يَعْقُوبَ قَضَاهَا وَإِنَّهُ لَذُو عِلْمٍ لِمَا عَلَّمْنَاهُ وَلَٰكِنَّ أَكْثَرَ النَّاسِ لَا يَعْلَمُونَ 12:69 وَلَمَّا
دَخَلُوا عَلَىٰ يُوسُفَ آوَىٰ إِلَيْهِ أَخَاهُ قَالَ إِنِّي أَنَا أَخُوكَ فَلَا تَبْتَئِسْ بِمَا كَانُوا يَعْمَلُونَ 12:70 فَلَمَّا جَهَّزَهُمْ بِجَهَازِهِمْ جَعَلَ السِّقَايَةَ فِي
رَحْلِ أَخِيهِ ثُمَّ أَذَّنَ مُؤَذِّنٌ أَيَّتُهَا الْعِيرُ إِنَّكُمْ لَسَارِقُونَ 12:71 قَالُوا وَأَقْبَلُوا عَلَيْهِمْ مَاذَا تَفْقِدُونَ 12:72 قَالُوا نَفْقِدُ صُوَاعَ الْمَلِكِ وَلِمَنْ جَاءَ
بِهِ حِمْلُ بَعِيرٍ وَأَنَا بِهِ زَعِيمٌ 12:73 قَالُوا تَاللَّهِ لَقَدْ عَلِمْتُمْ مَا جِئْنَا لِنُفْسِدَ فِي الْأَرْضِ وَمَا كُنَّا سَارِقِينَ 12:74 قَالُوا فَمَا جَزَاؤُهُ إِنْ كُنْتُمْ
كَاذِبِينَ 12:75 قَالُوا جَزَاؤُهُ مَنْ وُجِدَ فِي رَحْلِهِ فَهُوَ جَزَاؤُهُ كَذَٰلِكَ نَجْزِي الظَّالِمِينَ 12:76 فَبَدَأَ بِأَوْعِيَتِهِمْ قَبْلَ وِعَاءِ أَخِيهِ ثُمَّ اسْتَخْرَجَهَا
مِنْ وِعَاءِ أَخِيهِ كَذَٰلِكَ كِدْنَا لِيُوسُفَ مَا كَانَ لِيَأْخُذَ أَخَاهُ فِي دِينِ الْمَلِكِ إِلَّا أَنْ يَشَاءَ اللَّهُ نَرْفَعُ دَرَجَاتٍ مَنْ نَشَاءُ وَفَوْقَ كُلِّ ذِي عِلْمٍ
عَلِيمٌ 12:77 قَالُوا إِنْ يَسْرِقْ فَقَدْ سَرَقَ أَخٌ لَهُ مِنْ قَبْلُ فَأَسَرَّهَا يُوسُفُ فِي نَفْسِهِ وَلَمْ يُبْدِهَا لَهُمْ قَالَ أَنْتُمْ شَرٌّ مَكَانًا وَاللَّهُ أَعْلَمُ بِمَا
تَصِفُونَ 12:78 قَالُوا يَا أَيُّهَا الْعَزِيزُ إِنَّ لَهُ أَبًا شَيْخًا كَبِيرًا فَخُذْ أَحَدَنَا مَكَانَهُ إِنَّا نَرَاكَ مِنَ الْمُحْسِنِينَ 12:79 قَالَ مَعَاذَ اللَّهِ أَنْ نَأْخُذَ إِلَّا مَنْ
وَجَدْنَا مَتَاعَنَا عِنْدَهُ إِنَّا إِذًا لَظَالِمُونَ 12:80 فَلَمَّا اسْتَيْأَسُوا مِنْهُ خَلَصُوا نَجِيًّا قَالَ كَبِيرُهُمْ أَلَمْ تَعْلَمُوا أَنَّ أَبَاكُمْ قَدْ أَخَذَ عَلَيْكُمْ مَوْثِقًا
مِنَ اللَّهِ وَمِنْ قَبْلُ مَا فَرَّطْتُمْ فِي يُوسُفَ فَلَنْ أَبْرَحَ الْأَرْضَ حَتَّىٰ يَأْذَنَ لِي أَبِي أَوْ يَحْكُمَ اللَّهُ لِي وَهُوَ خَيْرُ الْحَاكِمِينَ 12:81 ارْجِعُوا إِلَىٰ
أَبِيكُمْ فَقُولُوا يَا أَبَانَا إِنَّ ابْنَكَ سَرَقَ وَمَا شَهِدْنَا إِلَّا بِمَا عَلِمْنَا وَمَا كُنَّا لِلْغَيْبِ حَافِظِينَ 12:82 وَاسْأَلِ الْقَرْيَةَ الَّتِي كُنَّا فِيهَا وَالْعِيرَ الَّتِي

أَقْبَلْنَا فِيهَا وَإِنَّا لَصَادِقُونَ 12:83 قَالَ بَلْ سَوَّلَتْ لَكُمْ أَنْفُسُكُمْ أَمْرًا فَصَبْرٌ جَمِيلٌ عَسَى اللَّهُ أَنْ يَأْتِيَنِي بِهِمْ جَمِيعًا إِنَّهُ هُوَ الْعَلِيمُ الْحَكِيمُ
12:84 وَتَوَلَّىٰ عَنْهُمْ وَقَالَ يَا أَسَفَىٰ عَلَىٰ يُوسُفَ وَابْيَضَّتْ عَيْنَاهُ مِنَ الْحُزْنِ فَهُوَ كَظِيمٌ 12:85 قَالُوا تَاللَّهِ تَفْتَأُ تَذْكُرُ يُوسُفَ حَتَّىٰ تَكُونَ
حَرَضًا أَوْ تَكُونَ مِنَ الْهَالِكِينَ 12:86 قَالَ إِنَّمَا أَشْكُو بَثِّي وَحُزْنِي إِلَى اللَّهِ وَأَعْلَمُ مِنَ اللَّهِ مَا لَا تَعْلَمُونَ 12:87 يَا بَنِيَّ اذْهَبُوا فَتَحَسَّسُوا
مِنْ يُوسُفَ وَأَخِيهِ وَلَا تَيْأَسُوا مِنْ رَوْحِ اللَّهِ إِنَّهُ لَا يَيْأَسُ مِنْ رَوْحِ اللَّهِ إِلَّا الْقَوْمُ الْكَافِرُونَ 12:88 فَلَمَّا دَخَلُوا عَلَيْهِ قَالُوا يَا أَيُّهَا الْعَزِيزُ
مَسَّنَا وَأَهْلَنَا الضُّرُّ وَجِئْنَا بِبِضَاعَةٍ مُزْجَاةٍ فَأَوْفِ لَنَا الْكَيْلَ وَتَصَدَّقْ عَلَيْنَا إِنَّ اللَّهَ يَجْزِي الْمُتَصَدِّقِينَ 12:89 قَالَ هَلْ عَلِمْتُمْ مَا فَعَلْتُمْ
بِيُوسُفَ وَأَخِيهِ إِذْ أَنْتُمْ جَاهِلُونَ 12:90 قَالُوا أَإِنَّكَ لَأَنْتَ يُوسُفُ قَالَ أَنَا يُوسُفُ وَهَٰذَا أَخِي قَدْ مَنَّ اللَّهُ عَلَيْنَا إِنَّهُ مَنْ يَتَّقِ وَيَصْبِرْ فَإِنَّ
اللَّهَ لَا يُضِيعُ أَجْرَ الْمُحْسِنِينَ 12:91 قَالُوا تَاللَّهِ لَقَدْ آثَرَكَ اللَّهُ عَلَيْنَا وَإِنْ كُنَّا لَخَاطِئِينَ 12:92 قَالَ لَا تَثْرِيبَ عَلَيْكُمُ الْيَوْمَ يَغْفِرُ اللَّهُ لَكُمْ
وَهُوَ أَرْحَمُ الرَّاحِمِينَ 12:93 اذْهَبُوا بِقَمِيصِي هَٰذَا فَأَلْقُوهُ عَلَىٰ وَجْهِ أَبِي يَأْتِ بَصِيرًا وَأْتُونِي بِأَهْلِكُمْ أَجْمَعِينَ 12:94 وَلَمَّا فَصَلَتِ الْعِيرُ
قَالَ أَبُوهُمْ إِنِّي لَأَجِدُ رِيحَ يُوسُفَ لَوْلَا أَنْ تُفَنِّدُونِ 12:95 قَالُوا تَاللَّهِ إِنَّكَ لَفِي ضَلَالِكَ الْقَدِيمِ 12:96 فَلَمَّا أَنْ جَاءَ الْبَشِيرُ أَلْقَاهُ عَلَىٰ وَجْهِهِ
فَارْتَدَّ بَصِيرًا قَالَ أَلَمْ أَقُلْ لَكُمْ إِنِّي أَعْلَمُ مِنَ اللَّهِ مَا لَا تَعْلَمُونَ 12:97 قَالُوا يَا أَبَانَا اسْتَغْفِرْ لَنَا ذُنُوبَنَا إِنَّا كُنَّا خَاطِئِينَ 12:98 قَالَ سَوْفَ
أَسْتَغْفِرُ لَكُمْ رَبِّي إِنَّهُ هُوَ الْغَفُورُ الرَّحِيمُ 12:99 فَلَمَّا دَخَلُوا عَلَىٰ يُوسُفَ آوَىٰ إِلَيْهِ أَبَوَيْهِ وَقَالَ ادْخُلُوا مِصْرَ إِنْ شَاءَ اللَّهُ آمِنِينَ 12:100
وَرَفَعَ أَبَوَيْهِ عَلَى الْعَرْشِ وَخَرُّوا لَهُ سُجَّدًا وَقَالَ يَا أَبَتِ هَٰذَا تَأْوِيلُ رُؤْيَايَ مِنْ قَبْلُ قَدْ جَعَلَهَا رَبِّي حَقًّا وَقَدْ أَحْسَنَ بِي إِذْ أَخْرَجَنِي مِنَ
السِّجْنِ وَجَاءَ بِكُمْ مِنَ الْبَدْوِ مِنْ بَعْدِ أَنْ نَزَغَ الشَّيْطَانُ بَيْنِي وَبَيْنَ إِخْوَتِي إِنَّ رَبِّي لَطِيفٌ لِمَا يَشَاءُ إِنَّهُ هُوَ الْعَلِيمُ الْحَكِيمُ 12:101 رَبِّ
قَدْ آتَيْتَنِي مِنَ الْمُلْكِ وَعَلَّمْتَنِي مِنْ تَأْوِيلِ الْأَحَادِيثِ فَاطِرَ السَّمَاوَاتِ وَالْأَرْضِ أَنْتَ وَلِيِّي فِي الدُّنْيَا وَالْآخِرَةِ تَوَفَّنِي مُسْلِمًا وَأَلْحِقْنِي
بِالصَّالِحِينَ 12:102 ذَٰلِكَ مِنْ أَنْبَاءِ الْغَيْبِ نُوحِيهِ إِلَيْكَ وَمَا كُنْتَ لَدَيْهِمْ إِذْ أَجْمَعُوا أَمْرَهُمْ وَهُمْ يَمْكُرُونَ 12:103 وَمَا أَكْثَرُ النَّاسِ وَلَوْ حَرَصْتَ
بِمُؤْمِنِينَ 12:104 وَمَا تَسْأَلُهُمْ عَلَيْهِ مِنْ أَجْرٍ إِنْ هُوَ إِلَّا ذِكْرٌ لِلْعَالَمِينَ 12:105 وَكَأَيِّنْ مِنْ آيَةٍ فِي السَّمَاوَاتِ وَالْأَرْضِ يَمُرُّونَ عَلَيْهَا وَهُمْ
عَنْهَا مُعْرِضُونَ 12:106 وَمَا يُؤْمِنُ أَكْثَرُهُمْ بِاللَّهِ إِلَّا وَهُمْ مُشْرِكُونَ 12:107 أَفَأَمِنُوا أَنْ تَأْتِيَهُمْ غَاشِيَةٌ مِنْ عَذَابِ اللَّهِ أَوْ تَأْتِيَهُمُ السَّاعَةُ
بَغْتَةً وَهُمْ لَا يَشْعُرُونَ 12:108 قُلْ هَٰذِهِ سَبِيلِي أَدْعُو إِلَى اللَّهِ عَلَىٰ بَصِيرَةٍ أَنَا وَمَنِ اتَّبَعَنِي وَسُبْحَانَ اللَّهِ وَمَا أَنَا مِنَ الْمُشْرِكِينَ 12:109
وَمَا أَرْسَلْنَا مِنْ قَبْلِكَ إِلَّا رِجَالًا نُوحِي إِلَيْهِمْ مِنْ أَهْلِ الْقُرَىٰ أَفَلَمْ يَسِيرُوا فِي الْأَرْضِ فَيَنْظُرُوا كَيْفَ كَانَ عَاقِبَةُ الَّذِينَ مِنْ قَبْلِهِمْ وَلَدَارُ
الْآخِرَةِ خَيْرٌ لِلَّذِينَ اتَّقَوْا أَفَلَا تَعْقِلُونَ 12:110 حَتَّىٰ إِذَا اسْتَيْأَسَ الرُّسُلُ وَظَنُّوا أَنَّهُمْ قَدْ كُذِبُوا جَاءَهُمْ نَصْرُنَا فَنُجِّيَ مَنْ نَشَاءُ وَلَا يُرَدُّ
بَأْسُنَا عَنِ الْقَوْمِ الْمُجْرِمِينَ 12:111 لَقَدْ كَانَ فِي قَصَصِهِمْ عِبْرَةٌ لِأُولِي الْأَلْبَابِ مَا كَانَ حَدِيثًا يُفْتَرَىٰ وَلَٰكِنْ تَصْدِيقَ الَّذِي بَيْنَ يَدَيْهِ
وَتَفْصِيلَ كُلِّ شَيْءٍ وَهُدًى وَرَحْمَةً لِقَوْمٍ يُؤْمِنُونَ 13:1 بِسْمِ اللَّهِ الرَّحْمَٰنِ الرَّحِيمِ المر تِلْكَ آيَاتُ الْكِتَابِ وَالَّذِي أُنْزِلَ إِلَيْكَ مِنْ رَبِّكَ الْحَقُّ
وَلَٰكِنَّ أَكْثَرَ النَّاسِ لَا يُؤْمِنُونَ 13:2 اللَّهُ الَّذِي رَفَعَ السَّمَاوَاتِ بِغَيْرِ عَمَدٍ تَرَوْنَهَا ثُمَّ اسْتَوَىٰ عَلَى الْعَرْشِ وَسَخَّرَ الشَّمْسَ وَالْقَمَرَ كُلٌّ يَجْرِي
لِأَجَلٍ مُسَمًّى يُدَبِّرُ الْأَمْرَ يُفَصِّلُ الْآيَاتِ لَعَلَّكُمْ بِلِقَاءِ رَبِّكُمْ تُوقِنُونَ 13:3 وَهُوَ الَّذِي مَدَّ الْأَرْضَ وَجَعَلَ فِيهَا رَوَاسِيَ وَأَنْهَارًا وَمِنْ كُلِّ
الثَّمَرَاتِ جَعَلَ فِيهَا زَوْجَيْنِ اثْنَيْنِ يُغْشِي اللَّيْلَ النَّهَارَ إِنَّ فِي ذَٰلِكَ لَآيَاتٍ لِقَوْمٍ يَتَفَكَّرُونَ 13:4 وَفِي الْأَرْضِ قِطَعٌ مُتَجَاوِرَاتٌ وَجَنَّاتٌ مِنْ
أَعْنَابٍ وَزَرْعٌ وَنَخِيلٌ صِنْوَانٌ وَغَيْرُ صِنْوَانٍ يُسْقَىٰ بِمَاءٍ وَاحِدٍ وَنُفَضِّلُ بَعْضَهَا عَلَىٰ بَعْضٍ فِي الْأُكُلِ إِنَّ فِي ذَٰلِكَ لَآيَاتٍ لِقَوْمٍ يَعْقِلُونَ
13:5 وَإِنْ تَعْجَبْ فَعَجَبٌ قَوْلُهُمْ أَإِذَا كُنَّا تُرَابًا أَإِنَّا لَفِي خَلْقٍ جَدِيدٍ أُولَٰئِكَ الَّذِينَ كَفَرُوا بِرَبِّهِمْ وَأُولَٰئِكَ الْأَغْلَالُ فِي أَعْنَاقِهِمْ وَأُولَٰئِكَ
أَصْحَابُ النَّارِ هُمْ فِيهَا خَالِدُونَ 13:6 وَيَسْتَعْجِلُونَكَ بِالسَّيِّئَةِ قَبْلَ الْحَسَنَةِ وَقَدْ خَلَتْ مِنْ قَبْلِهِمُ الْمَثُلَاتُ وَإِنَّ رَبَّكَ لَذُو مَغْفِرَةٍ لِلنَّاسِ
عَلَىٰ ظُلْمِهِمْ وَإِنَّ رَبَّكَ لَشَدِيدُ الْعِقَابِ 13:7 وَيَقُولُ الَّذِينَ كَفَرُوا لَوْلَا أُنْزِلَ عَلَيْهِ آيَةٌ مِنْ رَبِّهِ إِنَّمَا أَنْتَ مُنْذِرٌ وَلِكُلِّ قَوْمٍ هَادٍ 13:8 اللَّهُ
يَعْلَمُ مَا تَحْمِلُ كُلُّ أُنْثَىٰ وَمَا تَغِيضُ الْأَرْحَامُ وَمَا تَزْدَادُ وَكُلُّ شَيْءٍ عِنْدَهُ بِمِقْدَارٍ 13:9 عَالِمُ الْغَيْبِ وَالشَّهَادَةِ الْكَبِيرُ الْمُتَعَالِ 13:10

سَوَاءٌ مِنْكُمْ مَنْ أَسَرَّ الْقَوْلَ وَمَنْ جَهَرَ بِهِ وَمَنْ هُوَ مُسْتَخْفٍ بِاللَّيْلِ وَسَارِبٌ بِالنَّهَارِ 13:11 لَهُ مُعَقِّبَاتٌ مِنْ بَيْنِ يَدَيْهِ وَمِنْ خَلْفِهِ يَحْفَظُونَهُ
مِنْ أَمْرِ اللَّهِ إِنَّ اللَّهَ لَا يُغَيِّرُ مَا بِقَوْمٍ حَتَّىٰ يُغَيِّرُوا مَا بِأَنْفُسِهِمْ وَإِذَا أَرَادَ اللَّهُ بِقَوْمٍ سُوءًا فَلَا مَرَدَّ لَهُ وَمَا لَهُمْ مِنْ دُونِهِ مِنْ وَالٍ 13:12
هُوَ الَّذِي يُرِيكُمُ الْبَرْقَ خَوْفًا وَطَمَعًا وَيُنْشِئُ السَّحَابَ الثِّقَالَ 13:13 وَيُسَبِّحُ الرَّعْدُ بِحَمْدِهِ وَالْمَلَائِكَةُ مِنْ خِيفَتِهِ وَيُرْسِلُ الصَّوَاعِقَ
فَيُصِيبُ بِهَا مَنْ يَشَاءُ وَهُمْ يُجَادِلُونَ فِي اللَّهِ وَهُوَ شَدِيدُ الْمِحَالِ 13:14 لَهُ دَعْوَةُ الْحَقِّ وَالَّذِينَ يَدْعُونَ مِنْ دُونِهِ لَا يَسْتَجِيبُونَ لَهُمْ
بِشَيْءٍ إِلَّا كَبَاسِطِ كَفَّيْهِ إِلَى الْمَاءِ لِيَبْلُغَ فَاهُ وَمَا هُوَ بِبَالِغِهِ وَمَا دُعَاءُ الْكَافِرِينَ إِلَّا فِي ضَلَالٍ 13:15 وَلِلَّهِ يَسْجُدُ مَنْ فِي السَّمَاوَاتِ
وَالْأَرْضِ طَوْعًا وَكَرْهًا وَظِلَالُهُمْ بِالْغُدُوِّ وَالْآصَالِ 13:16 قُلْ مَنْ رَبُّ السَّمَاوَاتِ وَالْأَرْضِ قُلِ اللَّهُ قُلْ أَفَاتَّخَذْتُمْ مِنْ دُونِهِ أَوْلِيَاءَ لَا يَمْلِكُونَ
لِأَنْفُسِهِمْ نَفْعًا وَلَا ضَرًّا قُلْ هَلْ يَسْتَوِي الْأَعْمَىٰ وَالْبَصِيرُ أَمْ هَلْ تَسْتَوِي الظُّلُمَاتُ وَالنُّورُ أَمْ جَعَلُوا لِلَّهِ شُرَكَاءَ خَلَقُوا كَخَلْقِهِ فَتَشَابَهَ
الْخَلْقُ عَلَيْهِمْ قُلِ اللَّهُ خَالِقُ كُلِّ شَيْءٍ وَهُوَ الْوَاحِدُ الْقَهَّارُ 13:17 أَنْزَلَ مِنَ السَّمَاءِ مَاءً فَسَالَتْ أَوْدِيَةٌ بِقَدَرِهَا فَاحْتَمَلَ السَّيْلُ زَبَدًا رَابِيًا
وَمِمَّا يُوقِدُونَ عَلَيْهِ فِي النَّارِ ابْتِغَاءَ حِلْيَةٍ أَوْ مَتَاعٍ زَبَدٌ مِثْلُهُ كَذَٰلِكَ يَضْرِبُ اللَّهُ الْحَقَّ وَالْبَاطِلَ فَأَمَّا الزَّبَدُ فَيَذْهَبُ جُفَاءً وَأَمَّا مَا يَنْفَعُ
النَّاسَ فَيَمْكُثُ فِي الْأَرْضِ كَذَٰلِكَ يَضْرِبُ اللَّهُ الْأَمْثَالَ 13:18 لِلَّذِينَ اسْتَجَابُوا لِرَبِّهِمُ الْحُسْنَىٰ وَالَّذِينَ لَمْ يَسْتَجِيبُوا لَهُ لَوْ أَنَّ لَهُمْ مَا فِي
الْأَرْضِ جَمِيعًا وَمِثْلَهُ مَعَهُ لَافْتَدَوْا بِهِ أُولَٰئِكَ لَهُمْ سُوءُ الْحِسَابِ وَمَأْوَاهُمْ جَهَنَّمُ وَبِئْسَ الْمِهَادُ 13:19 أَفَمَنْ يَعْلَمُ أَنَّمَا أُنْزِلَ إِلَيْكَ مِنْ
رَبِّكَ الْحَقُّ كَمَنْ هُوَ أَعْمَىٰ إِنَّمَا يَتَذَكَّرُ أُولُو الْأَلْبَابِ 13:20 الَّذِينَ يُوفُونَ بِعَهْدِ اللَّهِ وَلَا يَنْقُضُونَ الْمِيثَاقَ 13:21 وَالَّذِينَ يَصِلُونَ مَا أَمَرَ اللَّهُ
بِهِ أَنْ يُوصَلَ وَيَخْشَوْنَ رَبَّهُمْ وَيَخَافُونَ سُوءَ الْحِسَابِ 13:22 وَالَّذِينَ صَبَرُوا ابْتِغَاءَ وَجْهِ رَبِّهِمْ وَأَقَامُوا الصَّلَاةَ وَأَنْفَقُوا مِمَّا رَزَقْنَاهُمْ سِرًّا
وَعَلَانِيَةً وَيَدْرَءُونَ بِالْحَسَنَةِ السَّيِّئَةَ أُولَٰئِكَ لَهُمْ عُقْبَى الدَّارِ 13:23 جَنَّاتُ عَدْنٍ يَدْخُلُونَهَا وَمَنْ صَلَحَ مِنْ آبَائِهِمْ وَأَزْوَاجِهِمْ وَذُرِّيَّاتِهِمْ
وَالْمَلَائِكَةُ يَدْخُلُونَ عَلَيْهِمْ مِنْ كُلِّ بَابٍ 13:24 سَلَامٌ عَلَيْكُمْ بِمَا صَبَرْتُمْ فَنِعْمَ عُقْبَى الدَّارِ 13:25 وَالَّذِينَ يَنْقُضُونَ عَهْدَ اللَّهِ مِنْ بَعْدِ
مِيثَاقِهِ وَيَقْطَعُونَ مَا أَمَرَ اللَّهُ بِهِ أَنْ يُوصَلَ وَيُفْسِدُونَ فِي الْأَرْضِ أُولَٰئِكَ لَهُمُ اللَّعْنَةُ وَلَهُمْ سُوءُ الدَّارِ 13:26 اللَّهُ يَبْسُطُ الرِّزْقَ لِمَنْ
يَشَاءُ وَيَقْدِرُ وَفَرِحُوا بِالْحَيَاةِ الدُّنْيَا وَمَا الْحَيَاةُ الدُّنْيَا فِي الْآخِرَةِ إِلَّا مَتَاعٌ 13:27 وَيَقُولُ الَّذِينَ كَفَرُوا لَوْلَا أُنْزِلَ عَلَيْهِ آيَةٌ مِنْ رَبِّهِ قُلْ إِنَّ
اللَّهَ يُضِلُّ مَنْ يَشَاءُ وَيَهْدِي إِلَيْهِ مَنْ أَنَابَ 13:28 الَّذِينَ آمَنُوا وَتَطْمَئِنُّ قُلُوبُهُمْ بِذِكْرِ اللَّهِ أَلَا بِذِكْرِ اللَّهِ تَطْمَئِنُّ الْقُلُوبُ 13:29 الَّذِينَ آمَنُوا
وَعَمِلُوا الصَّالِحَاتِ طُوبَىٰ لَهُمْ وَحُسْنُ مَآبٍ 13:30 كَذَٰلِكَ أَرْسَلْنَاكَ فِي أُمَّةٍ قَدْ خَلَتْ مِنْ قَبْلِهَا أُمَمٌ لِتَتْلُوَ عَلَيْهِمُ الَّذِي أَوْحَيْنَا إِلَيْكَ وَهُمْ
يَكْفُرُونَ بِالرَّحْمَٰنِ قُلْ هُوَ رَبِّي لَا إِلَٰهَ إِلَّا هُوَ عَلَيْهِ تَوَكَّلْتُ وَإِلَيْهِ مَتَابِ 13:31 وَلَوْ أَنَّ قُرْآنًا سُيِّرَتْ بِهِ الْجِبَالُ أَوْ قُطِّعَتْ بِهِ الْأَرْضُ أَوْ كُلِّمَ بِهِ
الْمَوْتَىٰ بَلْ لِلَّهِ الْأَمْرُ جَمِيعًا أَفَلَمْ يَيْأَسِ الَّذِينَ آمَنُوا أَنْ لَوْ يَشَاءُ اللَّهُ لَهَدَى النَّاسَ جَمِيعًا وَلَا يَزَالُ الَّذِينَ كَفَرُوا تُصِيبُهُمْ بِمَا صَنَعُوا
قَارِعَةٌ أَوْ تَحُلُّ قَرِيبًا مِنْ دَارِهِمْ حَتَّىٰ يَأْتِيَ وَعْدُ اللَّهِ إِنَّ اللَّهَ لَا يُخْلِفُ الْمِيعَادَ 13:32 وَلَقَدِ اسْتُهْزِئَ بِرُسُلٍ مِنْ قَبْلِكَ فَأَمْلَيْتُ لِلَّذِينَ
كَفَرُوا ثُمَّ أَخَذْتُهُمْ فَكَيْفَ كَانَ عِقَابِ 13:33 أَفَمَنْ هُوَ قَائِمٌ عَلَىٰ كُلِّ نَفْسٍ بِمَا كَسَبَتْ وَجَعَلُوا لِلَّهِ شُرَكَاءَ قُلْ سَمُّوهُمْ أَمْ تُنَبِّئُونَهُ بِمَا لَا
يَعْلَمُ فِي الْأَرْضِ أَمْ بِظَاهِرٍ مِنَ الْقَوْلِ بَلْ زُيِّنَ لِلَّذِينَ كَفَرُوا مَكْرُهُمْ وَصُدُّوا عَنِ السَّبِيلِ وَمَنْ يُضْلِلِ اللَّهُ فَمَا لَهُ مِنْ هَادٍ 13:34 لَهُمْ عَذَابٌ
فِي الْحَيَاةِ الدُّنْيَا وَلَعَذَابُ الْآخِرَةِ أَشَقُّ وَمَا لَهُمْ مِنَ اللَّهِ مِنْ وَاقٍ 13:35 مَثَلُ الْجَنَّةِ الَّتِي وُعِدَ الْمُتَّقُونَ تَجْرِي مِنْ تَحْتِهَا الْأَنْهَارُ أُكُلُهَا
دَائِمٌ وَظِلُّهَا تِلْكَ عُقْبَى الَّذِينَ اتَّقَوْا وَعُقْبَى الْكَافِرِينَ النَّارُ 13:36 وَالَّذِينَ آتَيْنَاهُمُ الْكِتَابَ يَفْرَحُونَ بِمَا أُنْزِلَ إِلَيْكَ وَمِنَ الْأَحْزَابِ مَنْ يُنْكِرُ
بَعْضَهُ قُلْ إِنَّمَا أُمِرْتُ أَنْ أَعْبُدَ اللَّهَ وَلَا أُشْرِكَ بِهِ إِلَيْهِ أَدْعُو وَإِلَيْهِ مَآبِ 13:37 وَكَذَٰلِكَ أَنْزَلْنَاهُ حُكْمًا عَرَبِيًّا وَلَئِنِ اتَّبَعْتَ أَهْوَاءَهُمْ بَعْدَمَا
جَاءَكَ مِنَ الْعِلْمِ مَا لَكَ مِنَ اللَّهِ مِنْ وَلِيٍّ وَلَا وَاقٍ 13:38 وَلَقَدْ أَرْسَلْنَا رُسُلًا مِنْ قَبْلِكَ وَجَعَلْنَا لَهُمْ أَزْوَاجًا وَذُرِّيَّةً وَمَا كَانَ لِرَسُولٍ أَنْ يَأْتِيَ
بِآيَةٍ إِلَّا بِإِذْنِ اللَّهِ لِكُلِّ أَجَلٍ كِتَابٌ 13:39 يَمْحُو اللَّهُ مَا يَشَاءُ وَيُثْبِتُ وَعِنْدَهُ أُمُّ الْكِتَابِ 13:40 وَإِنْ مَا نُرِيَنَّكَ بَعْضَ الَّذِي نَعِدُهُمْ أَوْ نَتَوَفَّيَنَّكَ
فَإِنَّمَا عَلَيْكَ الْبَلَاغُ وَعَلَيْنَا الْحِسَابُ 13:41 أَوَلَمْ يَرَوْا أَنَّا نَأْتِي الْأَرْضَ نَنْقُصُهَا مِنْ أَطْرَافِهَا وَاللَّهُ يَحْكُمُ لَا مُعَقِّبَ لِحُكْمِهِ وَهُوَ سَرِيعُ

الْحِسَابِ 13:42 وَقَدْ مَكَرَ الَّذِينَ مِنْ قَبْلِهِمْ فَلِلَّهِ الْمَكْرُ جَمِيعًا يَعْلَمُ مَا تَكْسِبُ كُلُّ نَفْسٍ وَسَيَعْلَمُ الْكُفَّارُ لِمَنْ عُقْبَى الدَّارِ 13:43 وَيَقُولُ
الَّذِينَ كَفَرُوا لَسْتَ مُرْسَلًا قُلْ كَفَىٰ بِاللَّهِ شَهِيدًا بَيْنِي وَبَيْنَكُمْ وَمَنْ عِنْدَهُ عِلْمُ الْكِتَابِ 14:1 بِسْمِ اللَّهِ الرَّحْمَٰنِ الرَّحِيمِ الر كِتَابٌ أَنْزَلْنَاهُ
إِلَيْكَ لِتُخْرِجَ النَّاسَ مِنَ الظُّلُمَاتِ إِلَى النُّورِ بِإِذْنِ رَبِّهِمْ إِلَىٰ صِرَاطِ الْعَزِيزِ الْحَمِيدِ 14:2 اللَّهِ الَّذِي لَهُ مَا فِي السَّمَاوَاتِ وَمَا فِي الْأَرْضِ
وَوَيْلٌ لِلْكَافِرِينَ مِنْ عَذَابٍ شَدِيدٍ 14:3 الَّذِينَ يَسْتَحِبُّونَ الْحَيَاةَ الدُّنْيَا عَلَى الْآخِرَةِ وَيَصُدُّونَ عَنْ سَبِيلِ اللَّهِ وَيَبْغُونَهَا عِوَجًا أُولَٰئِكَ فِي
ضَلَالٍ بَعِيدٍ 14:4 وَمَا أَرْسَلْنَا مِنْ رَسُولٍ إِلَّا بِلِسَانِ قَوْمِهِ لِيُبَيِّنَ لَهُمْ فَيُضِلُّ اللَّهُ مَنْ يَشَاءُ وَيَهْدِي مَنْ يَشَاءُ وَهُوَ الْعَزِيزُ الْحَكِيمُ 14:5
وَلَقَدْ أَرْسَلْنَا مُوسَىٰ بِآيَاتِنَا أَنْ أَخْرِجْ قَوْمَكَ مِنَ الظُّلُمَاتِ إِلَى النُّورِ وَذَكِّرْهُمْ بِأَيَّامِ اللَّهِ إِنَّ فِي ذَٰلِكَ لَآيَاتٍ لِكُلِّ صَبَّارٍ شَكُورٍ 14:6 وَإِذْ قَالَ
مُوسَىٰ لِقَوْمِهِ اذْكُرُوا نِعْمَةَ اللَّهِ عَلَيْكُمْ إِذْ أَنْجَاكُمْ مِنْ آلِ فِرْعَوْنَ يَسُومُونَكُمْ سُوءَ الْعَذَابِ وَيُذَبِّحُونَ أَبْنَاءَكُمْ وَيَسْتَحْيُونَ نِسَاءَكُمْ
وَفِي ذَٰلِكُمْ بَلَاءٌ مِنْ رَبِّكُمْ عَظِيمٌ 14:7 وَإِذْ تَأَذَّنَ رَبُّكُمْ لَئِنْ شَكَرْتُمْ لَأَزِيدَنَّكُمْ وَلَئِنْ كَفَرْتُمْ إِنَّ عَذَابِي لَشَدِيدٌ 14:8 وَقَالَ مُوسَىٰ إِنْ تَكْفُرُوا
أَنْتُمْ وَمَنْ فِي الْأَرْضِ جَمِيعًا فَإِنَّ اللَّهَ لَغَنِيٌّ حَمِيدٌ 14:9 أَلَمْ يَأْتِكُمْ نَبَأُ الَّذِينَ مِنْ قَبْلِكُمْ قَوْمِ نُوحٍ وَعَادٍ وَثَمُودَ وَالَّذِينَ مِنْ بَعْدِهِمْ لَا
يَعْلَمُهُمْ إِلَّا اللَّهُ جَاءَتْهُمْ رُسُلُهُمْ بِالْبَيِّنَاتِ فَرَدُّوا أَيْدِيَهُمْ فِي أَفْوَاهِهِمْ وَقَالُوا إِنَّا كَفَرْنَا بِمَا أُرْسِلْتُمْ بِهِ وَإِنَّا لَفِي شَكٍّ مِمَّا تَدْعُونَنَا إِلَيْهِ
مُرِيبٍ 14:10 قَالَتْ رُسُلُهُمْ أَفِي اللَّهِ شَكٌّ فَاطِرِ السَّمَاوَاتِ وَالْأَرْضِ يَدْعُوكُمْ لِيَغْفِرَ لَكُمْ مِنْ ذُنُوبِكُمْ وَيُؤَخِّرَكُمْ إِلَىٰ أَجَلٍ مُسَمًّى قَالُوا إِنْ
أَنْتُمْ إِلَّا بَشَرٌ مِثْلُنَا تُرِيدُونَ أَنْ تَصُدُّونَا عَمَّا كَانَ يَعْبُدُ آبَاؤُنَا فَأْتُونَا بِسُلْطَانٍ مُبِينٍ 14:11 قَالَتْ لَهُمْ رُسُلُهُمْ إِنْ نَحْنُ إِلَّا بَشَرٌ مِثْلُكُمْ وَلَٰكِنَّ
اللَّهَ يَمُنُّ عَلَىٰ مَنْ يَشَاءُ مِنْ عِبَادِهِ وَمَا كَانَ لَنَا أَنْ نَأْتِيَكُمْ بِسُلْطَانٍ إِلَّا بِإِذْنِ اللَّهِ وَعَلَى اللَّهِ فَلْيَتَوَكَّلِ الْمُؤْمِنُونَ 14:12 وَمَا لَنَا أَلَّا نَتَوَكَّلَ
عَلَى اللَّهِ وَقَدْ هَدَانَا سُبُلَنَا وَلَنَصْبِرَنَّ عَلَىٰ مَا آذَيْتُمُونَا وَعَلَى اللَّهِ فَلْيَتَوَكَّلِ الْمُتَوَكِّلُونَ 14:13 وَقَالَ الَّذِينَ كَفَرُوا لِرُسُلِهِمْ لَنُخْرِجَنَّكُمْ مِنْ
أَرْضِنَا أَوْ لَتَعُودُنَّ فِي مِلَّتِنَا فَأَوْحَىٰ إِلَيْهِمْ رَبُّهُمْ لَنُهْلِكَنَّ الظَّالِمِينَ 14:14 وَلَنُسْكِنَنَّكُمُ الْأَرْضَ مِنْ بَعْدِهِمْ ذَٰلِكَ لِمَنْ خَافَ مَقَامِي وَخَافَ
وَعِيدِ 14:15 وَاسْتَفْتَحُوا وَخَابَ كُلُّ جَبَّارٍ عَنِيدٍ 14:16 مِنْ وَرَائِهِ جَهَنَّمُ وَيُسْقَىٰ مِنْ مَاءٍ صَدِيدٍ 14:17 يَتَجَرَّعُهُ وَلَا يَكَادُ يُسِيغُهُ وَيَأْتِيهِ
الْمَوْتُ مِنْ كُلِّ مَكَانٍ وَمَا هُوَ بِمَيِّتٍ وَمِنْ وَرَائِهِ عَذَابٌ غَلِيظٌ 14:18 مَثَلُ الَّذِينَ كَفَرُوا بِرَبِّهِمْ أَعْمَالُهُمْ كَرَمَادٍ اشْتَدَّتْ بِهِ الرِّيحُ فِي يَوْمٍ
عَاصِفٍ لَا يَقْدِرُونَ مِمَّا كَسَبُوا عَلَىٰ شَيْءٍ ذَٰلِكَ هُوَ الضَّلَالُ الْبَعِيدُ 14:19 أَلَمْ تَرَ أَنَّ اللَّهَ خَلَقَ السَّمَاوَاتِ وَالْأَرْضَ بِالْحَقِّ إِنْ يَشَأْ يُذْهِبْكُمْ
وَيَأْتِ بِخَلْقٍ جَدِيدٍ 14:20 وَمَا ذَٰلِكَ عَلَى اللَّهِ بِعَزِيزٍ 14:21 وَبَرَزُوا لِلَّهِ جَمِيعًا فَقَالَ الضُّعَفَاءُ لِلَّذِينَ اسْتَكْبَرُوا إِنَّا كُنَّا لَكُمْ تَبَعًا فَهَلْ أَنْتُمْ
مُغْنُونَ عَنَّا مِنْ عَذَابِ اللَّهِ مِنْ شَيْءٍ قَالُوا لَوْ هَدَانَا اللَّهُ لَهَدَيْنَاكُمْ سَوَاءٌ عَلَيْنَا أَجَزِعْنَا أَمْ صَبَرْنَا مَا لَنَا مِنْ مَحِيصٍ 14:22 وَقَالَ الشَّيْطَانُ
لَمَّا قُضِيَ الْأَمْرُ إِنَّ اللَّهَ وَعَدَكُمْ وَعْدَ الْحَقِّ وَوَعَدْتُكُمْ فَأَخْلَفْتُكُمْ وَمَا كَانَ لِيَ عَلَيْكُمْ مِنْ سُلْطَانٍ إِلَّا أَنْ دَعَوْتُكُمْ فَاسْتَجَبْتُمْ لِي فَلَا
تَلُومُونِي وَلُومُوا أَنْفُسَكُمْ مَا أَنَا بِمُصْرِخِكُمْ وَمَا أَنْتُمْ بِمُصْرِخِيَّ إِنِّي كَفَرْتُ بِمَا أَشْرَكْتُمُونِ مِنْ قَبْلُ إِنَّ الظَّالِمِينَ لَهُمْ عَذَابٌ أَلِيمٌ 14:23
وَأُدْخِلَ الَّذِينَ آمَنُوا وَعَمِلُوا الصَّالِحَاتِ جَنَّاتٍ تَجْرِي مِنْ تَحْتِهَا الْأَنْهَارُ خَالِدِينَ فِيهَا بِإِذْنِ رَبِّهِمْ تَحِيَّتُهُمْ فِيهَا سَلَامٌ 14:24 أَلَمْ تَرَ كَيْفَ
ضَرَبَ اللَّهُ مَثَلًا كَلِمَةً طَيِّبَةً كَشَجَرَةٍ طَيِّبَةٍ أَصْلُهَا ثَابِتٌ وَفَرْعُهَا فِي السَّمَاءِ 14:25 تُؤْتِي أُكُلَهَا كُلَّ حِينٍ بِإِذْنِ رَبِّهَا وَيَضْرِبُ اللَّهُ الْأَمْثَالَ
لِلنَّاسِ لَعَلَّهُمْ يَتَذَكَّرُونَ 14:26 وَمَثَلُ كَلِمَةٍ خَبِيثَةٍ كَشَجَرَةٍ خَبِيثَةٍ اجْتُثَّتْ مِنْ فَوْقِ الْأَرْضِ مَا لَهَا مِنْ قَرَارٍ 14:27 يُثَبِّتُ اللَّهُ الَّذِينَ آمَنُوا
بِالْقَوْلِ الثَّابِتِ فِي الْحَيَاةِ الدُّنْيَا وَفِي الْآخِرَةِ وَيُضِلُّ اللَّهُ الظَّالِمِينَ وَيَفْعَلُ اللَّهُ مَا يَشَاءُ 14:28 أَلَمْ تَرَ إِلَى الَّذِينَ بَدَّلُوا نِعْمَتَ اللَّهِ كُفْرًا
وَأَحَلُّوا قَوْمَهُمْ دَارَ الْبَوَارِ 14:29 جَهَنَّمَ يَصْلَوْنَهَا وَبِئْسَ الْقَرَارُ 14:30 وَجَعَلُوا لِلَّهِ أَنْدَادًا لِيُضِلُّوا عَنْ سَبِيلِهِ قُلْ تَمَتَّعُوا فَإِنَّ مَصِيرَكُمْ إِلَى
النَّارِ 14:31 قُلْ لِعِبَادِيَ الَّذِينَ آمَنُوا يُقِيمُوا الصَّلَاةَ وَيُنْفِقُوا مِمَّا رَزَقْنَاهُمْ سِرًّا وَعَلَانِيَةً مِنْ قَبْلِ أَنْ يَأْتِيَ يَوْمٌ لَا بَيْعٌ فِيهِ وَلَا خِلَالٌ 14:32
اللَّهُ الَّذِي خَلَقَ السَّمَاوَاتِ وَالْأَرْضَ وَأَنْزَلَ مِنَ السَّمَاءِ مَاءً فَأَخْرَجَ بِهِ مِنَ الثَّمَرَاتِ رِزْقًا لَكُمْ وَسَخَّرَ لَكُمُ الْفُلْكَ لِتَجْرِيَ فِي الْبَحْرِ بِأَمْرِهِ
وَسَخَّرَ لَكُمُ الْأَنْهَارَ 14:33 وَسَخَّرَ لَكُمُ الشَّمْسَ وَالْقَمَرَ دَائِبَيْنِ وَسَخَّرَ لَكُمُ اللَّيْلَ وَالنَّهَارَ 14:34 وَآتَاكُمْ مِنْ كُلِّ مَا سَأَلْتُمُوهُ وَإِنْ تَعُدُّوا

نِعْمَتَ اللَّهِ لَا تُحْصُوهَا إِنَّ الْإِنْسَانَ لَظَلُومٌ كَفَّارٌ 14:35 وَإِذْ قَالَ إِبْرَاهِيمُ رَبِّ اجْعَلْ هَٰذَا الْبَلَدَ آمِنًا وَاجْنُبْنِي وَبَنِيَّ أَنْ نَعْبُدَ الْأَصْنَامَ 14:36
رَبِّ إِنَّهُنَّ أَضْلَلْنَ كَثِيرًا مِنَ النَّاسِ فَمَنْ تَبِعَنِي فَإِنَّهُ مِنِّي وَمَنْ عَصَانِي فَإِنَّكَ غَفُورٌ رَحِيمٌ 14:37 رَبَّنَا إِنِّي أَسْكَنْتُ مِنْ ذُرِّيَّتِي بِوَادٍ غَيْرِ
ذِي زَرْعٍ عِنْدَ بَيْتِكَ الْمُحَرَّمِ رَبَّنَا لِيُقِيمُوا الصَّلَاةَ فَاجْعَلْ أَفْئِدَةً مِنَ النَّاسِ تَهْوِي إِلَيْهِمْ وَارْزُقْهُمْ مِنَ الثَّمَرَاتِ لَعَلَّهُمْ يَشْكُرُونَ 14:38 رَبَّنَا
إِنَّكَ تَعْلَمُ مَا نُخْفِي وَمَا نُعْلِنُ وَمَا يَخْفَىٰ عَلَى اللَّهِ مِنْ شَيْءٍ فِي الْأَرْضِ وَلَا فِي السَّمَاءِ 14:39 الْحَمْدُ لِلَّهِ الَّذِي وَهَبَ لِي عَلَى الْكِبَرِ
إِسْمَاعِيلَ وَإِسْحَاقَ إِنَّ رَبِّي لَسَمِيعُ الدُّعَاءِ 14:40 رَبِّ اجْعَلْنِي مُقِيمَ الصَّلَاةِ وَمِنْ ذُرِّيَّتِي رَبَّنَا وَتَقَبَّلْ دُعَاءِ 14:41 رَبَّنَا اغْفِرْ لِي وَلِوَالِدَيَّ
وَلِلْمُؤْمِنِينَ يَوْمَ يَقُومُ الْحِسَابُ 14:42 وَلَا تَحْسَبَنَّ اللَّهَ غَافِلًا عَمَّا يَعْمَلُ الظَّالِمُونَ إِنَّمَا يُؤَخِّرُهُمْ لِيَوْمٍ تَشْخَصُ فِيهِ الْأَبْصَارُ 14:43
مُهْطِعِينَ مُقْنِعِي رُءُوسِهِمْ لَا يَرْتَدُّ إِلَيْهِمْ طَرْفُهُمْ وَأَفْئِدَتُهُمْ هَوَاءٌ 14:44 وَأَنْذِرِ النَّاسَ يَوْمَ يَأْتِيهِمُ الْعَذَابُ فَيَقُولُ الَّذِينَ ظَلَمُوا رَبَّنَا
أَخِّرْنَا إِلَىٰ أَجَلٍ قَرِيبٍ نُجِبْ دَعْوَتَكَ وَنَتَّبِعِ الرُّسُلَ أَوَلَمْ تَكُونُوا أَقْسَمْتُمْ مِنْ قَبْلُ مَا لَكُمْ مِنْ زَوَالٍ 14:45 وَسَكَنْتُمْ فِي مَسَاكِنِ الَّذِينَ
ظَلَمُوا أَنْفُسَهُمْ وَتَبَيَّنَ لَكُمْ كَيْفَ فَعَلْنَا بِهِمْ وَضَرَبْنَا لَكُمُ الْأَمْثَالَ 14:46 وَقَدْ مَكَرُوا مَكْرَهُمْ وَعِنْدَ اللَّهِ مَكْرُهُمْ وَإِنْ كَانَ مَكْرُهُمْ لِتَزُولَ
مِنْهُ الْجِبَالُ 14:47 فَلَا تَحْسَبَنَّ اللَّهَ مُخْلِفَ وَعْدِهِ رُسُلَهُ إِنَّ اللَّهَ عَزِيزٌ ذُو انْتِقَامٍ 14:48 يَوْمَ تُبَدَّلُ الْأَرْضُ غَيْرَ الْأَرْضِ وَالسَّمَاوَاتُ وَبَرَزُوا
لِلَّهِ الْوَاحِدِ الْقَهَّارِ 14:49 وَتَرَى الْمُجْرِمِينَ يَوْمَئِذٍ مُقَرَّنِينَ فِي الْأَصْفَادِ 14:50 سَرَابِيلُهُمْ مِنْ قَطِرَانٍ وَتَغْشَىٰ وُجُوهَهُمُ النَّارُ 14:51 لِيَجْزِيَ
اللَّهُ كُلَّ نَفْسٍ مَا كَسَبَتْ إِنَّ اللَّهَ سَرِيعُ الْحِسَابِ 14:52 هَٰذَا بَلَاغٌ لِلنَّاسِ وَلِيُنْذَرُوا بِهِ وَلِيَعْلَمُوا أَنَّمَا هُوَ إِلَٰهٌ وَاحِدٌ وَلِيَذَّكَّرَ أُولُو الْأَلْبَابِ 15:1
بِسْمِ اللَّهِ الرَّحْمَٰنِ الرَّحِيمِ الر تِلْكَ آيَاتُ الْكِتَابِ وَقُرْآنٍ مُبِينٍ 15:2 رُبَمَا يَوَدُّ الَّذِينَ كَفَرُوا لَوْ كَانُوا مُسْلِمِينَ 15:3 ذَرْهُمْ يَأْكُلُوا وَيَتَمَتَّعُوا
وَيُلْهِهِمُ الْأَمَلُ فَسَوْفَ يَعْلَمُونَ 15:4 وَمَا أَهْلَكْنَا مِنْ قَرْيَةٍ إِلَّا وَلَهَا كِتَابٌ مَعْلُومٌ 15:5 مَا تَسْبِقُ مِنْ أُمَّةٍ أَجَلَهَا وَمَا يَسْتَأْخِرُونَ 15:6 وَقَالُوا
يَا أَيُّهَا الَّذِي نُزِّلَ عَلَيْهِ الذِّكْرُ إِنَّكَ لَمَجْنُونٌ 15:7 لَوْ مَا تَأْتِينَا بِالْمَلَائِكَةِ إِنْ كُنْتَ مِنَ الصَّادِقِينَ 15:8 مَا نُنَزِّلُ الْمَلَائِكَةَ إِلَّا بِالْحَقِّ وَمَا كَانُوا
إِذًا مُنْظَرِينَ 15:9 إِنَّا نَحْنُ نَزَّلْنَا الذِّكْرَ وَإِنَّا لَهُ لَحَافِظُونَ 15:10 وَلَقَدْ أَرْسَلْنَا مِنْ قَبْلِكَ فِي شِيَعِ الْأَوَّلِينَ 15:11 وَمَا يَأْتِيهِمْ مِنْ رَسُولٍ إِلَّا
كَانُوا بِهِ يَسْتَهْزِئُونَ 15:12 كَذَٰلِكَ نَسْلُكُهُ فِي قُلُوبِ الْمُجْرِمِينَ 15:13 لَا يُؤْمِنُونَ بِهِ وَقَدْ خَلَتْ سُنَّةُ الْأَوَّلِينَ 15:14 وَلَوْ فَتَحْنَا عَلَيْهِمْ بَابًا
مِنَ السَّمَاءِ فَظَلُّوا فِيهِ يَعْرُجُونَ 15:15 لَقَالُوا إِنَّمَا سُكِّرَتْ أَبْصَارُنَا بَلْ نَحْنُ قَوْمٌ مَسْحُورُونَ 15:16 وَلَقَدْ جَعَلْنَا فِي السَّمَاءِ بُرُوجًا وَزَيَّنَّاهَا
لِلنَّاظِرِينَ 15:17 وَحَفِظْنَاهَا مِنْ كُلِّ شَيْطَانٍ رَجِيمٍ 15:18 إِلَّا مَنِ اسْتَرَقَ السَّمْعَ فَأَتْبَعَهُ شِهَابٌ مُبِينٌ 15:19 وَالْأَرْضَ مَدَدْنَاهَا وَأَلْقَيْنَا فِيهَا
رَوَاسِيَ وَأَنْبَتْنَا فِيهَا مِنْ كُلِّ شَيْءٍ مَوْزُونٍ 15:20 وَجَعَلْنَا لَكُمْ فِيهَا مَعَايِشَ وَمَنْ لَسْتُمْ لَهُ بِرَازِقِينَ 15:21 وَإِنْ مِنْ شَيْءٍ إِلَّا عِنْدَنَا خَزَائِنُهُ
وَمَا نُنَزِّلُهُ إِلَّا بِقَدَرٍ مَعْلُومٍ 15:22 وَأَرْسَلْنَا الرِّيَاحَ لَوَاقِحَ فَأَنْزَلْنَا مِنَ السَّمَاءِ مَاءً فَأَسْقَيْنَاكُمُوهُ وَمَا أَنْتُمْ لَهُ بِخَازِنِينَ 15:23 وَإِنَّا لَنَحْنُ نُحْيِي
وَنُمِيتُ وَنَحْنُ الْوَارِثُونَ 15:24 وَلَقَدْ عَلِمْنَا الْمُسْتَقْدِمِينَ مِنْكُمْ وَلَقَدْ عَلِمْنَا الْمُسْتَأْخِرِينَ 15:25 وَإِنَّ رَبَّكَ هُوَ يَحْشُرُهُمْ إِنَّهُ حَكِيمٌ عَلِيمٌ
15:26 وَلَقَدْ خَلَقْنَا الْإِنْسَانَ مِنْ صَلْصَالٍ مِنْ حَمَإٍ مَسْنُونٍ 15:27 وَالْجَانَّ خَلَقْنَاهُ مِنْ قَبْلُ مِنْ نَارِ السَّمُومِ 15:28 وَإِذْ قَالَ رَبُّكَ لِلْمَلَائِكَةِ
إِنِّي خَالِقٌ بَشَرًا مِنْ صَلْصَالٍ مِنْ حَمَإٍ مَسْنُونٍ 15:29 فَإِذَا سَوَّيْتُهُ وَنَفَخْتُ فِيهِ مِنْ رُوحِي فَقَعُوا لَهُ سَاجِدِينَ 15:30 فَسَجَدَ الْمَلَائِكَةُ
كُلُّهُمْ أَجْمَعُونَ 15:31 إِلَّا إِبْلِيسَ أَبَىٰ أَنْ يَكُونَ مَعَ السَّاجِدِينَ 15:32 قَالَ يَا إِبْلِيسُ مَا لَكَ أَلَّا تَكُونَ مَعَ السَّاجِدِينَ 15:33 قَالَ لَمْ أَكُنْ لِأَسْجُدَ
لِبَشَرٍ خَلَقْتَهُ مِنْ صَلْصَالٍ مِنْ حَمَإٍ مَسْنُونٍ 15:34 قَالَ فَاخْرُجْ مِنْهَا فَإِنَّكَ رَجِيمٌ 15:35 وَإِنَّ عَلَيْكَ اللَّعْنَةَ إِلَىٰ يَوْمِ الدِّينِ 15:36 قَالَ رَبِّ
فَأَنْظِرْنِي إِلَىٰ يَوْمِ يُبْعَثُونَ 15:37 قَالَ فَإِنَّكَ مِنَ الْمُنْظَرِينَ 15:38 إِلَىٰ يَوْمِ الْوَقْتِ الْمَعْلُومِ 15:39 قَالَ رَبِّ بِمَا أَغْوَيْتَنِي لَأُزَيِّنَنَّ لَهُمْ فِي
الْأَرْضِ وَلَأُغْوِيَنَّهُمْ أَجْمَعِينَ 15:40 إِلَّا عِبَادَكَ مِنْهُمُ الْمُخْلَصِينَ 15:41 قَالَ هَٰذَا صِرَاطٌ عَلَيَّ مُسْتَقِيمٌ 15:42 إِنَّ عِبَادِي لَيْسَ لَكَ عَلَيْهِمْ
سُلْطَانٌ إِلَّا مَنِ اتَّبَعَكَ مِنَ الْغَاوِينَ 15:43 وَإِنَّ جَهَنَّمَ لَمَوْعِدُهُمْ أَجْمَعِينَ 15:44 لَهَا سَبْعَةُ أَبْوَابٍ لِكُلِّ بَابٍ مِنْهُمْ جُزْءٌ مَقْسُومٌ 15:45 إِنَّ
الْمُتَّقِينَ فِي جَنَّاتٍ وَعُيُونٍ 15:46 ادْخُلُوهَا بِسَلَامٍ آمِنِينَ 15:47 وَنَزَعْنَا مَا فِي صُدُورِهِمْ مِنْ غِلٍّ إِخْوَانًا عَلَىٰ سُرُرٍ مُتَقَابِلِينَ 15:48 لَا

يَمَسُّهُمْ فِيهَا نَصَبٌ وَمَا هُمْ مِنْهَا بِمُخْرَجِينَ 15:49 نَبِّئْ عِبَادِي أَنِّي أَنَا الْغَفُورُ الرَّحِيمُ 15:50 وَأَنَّ عَذَابِي هُوَ الْعَذَابُ الْأَلِيمُ 15:51 وَنَبِّئْهُمْ
عَنْ ضَيْفِ إِبْرَاهِيمَ 15:52 إِذْ دَخَلُوا عَلَيْهِ فَقَالُوا سَلَامًا قَالَ إِنَّا مِنْكُمْ وَجِلُونَ 15:53 قَالُوا لَا تَوْجَلْ إِنَّا نُبَشِّرُكَ بِغُلَامٍ عَلِيمٍ 15:54 قَالَ
أَبَشَّرْتُمُونِي عَلَىٰ أَنْ مَسَّنِيَ الْكِبَرُ فَبِمَ تُبَشِّرُونَ 15:55 قَالُوا بَشَّرْنَاكَ بِالْحَقِّ فَلَا تَكُنْ مِنَ الْقَانِطِينَ 15:56 قَالَ وَمَنْ يَقْنَطُ مِنْ رَحْمَةِ رَبِّهِ
إِلَّا الضَّالُّونَ 15:57 قَالَ فَمَا خَطْبُكُمْ أَيُّهَا الْمُرْسَلُونَ 15:58 قَالُوا إِنَّا أُرْسِلْنَا إِلَىٰ قَوْمٍ مُجْرِمِينَ 15:59 إِلَّا آلَ لُوطٍ إِنَّا لَمُنَجُّوهُمْ أَجْمَعِينَ 15:60
إِلَّا امْرَأَتَهُ قَدَّرْنَا إِنَّهَا لَمِنَ الْغَابِرِينَ 15:61 فَلَمَّا جَاءَ آلَ لُوطٍ الْمُرْسَلُونَ 15:62 قَالَ إِنَّكُمْ قَوْمٌ مُنْكَرُونَ 15:63 قَالُوا بَلْ جِئْنَاكَ بِمَا كَانُوا فِيهِ
يَمْتَرُونَ 15:64 وَأَتَيْنَاكَ بِالْحَقِّ وَإِنَّا لَصَادِقُونَ 15:65 فَأَسْرِ بِأَهْلِكَ بِقِطْعٍ مِنَ اللَّيْلِ وَاتَّبِعْ أَدْبَارَهُمْ وَلَا يَلْتَفِتْ مِنْكُمْ أَحَدٌ وَامْضُوا حَيْثُ
تُؤْمَرُونَ 15:66 وَقَضَيْنَا إِلَيْهِ ذَٰلِكَ الْأَمْرَ أَنَّ دَابِرَ هَٰؤُلَاءِ مَقْطُوعٌ مُصْبِحِينَ 15:67 وَجَاءَ أَهْلُ الْمَدِينَةِ يَسْتَبْشِرُونَ 15:68 قَالَ إِنَّ هَٰؤُلَاءِ ضَيْفِي
فَلَا تَفْضَحُونِ 15:69 وَاتَّقُوا اللَّهَ وَلَا تُخْزُونِ 15:70 قَالُوا أَوَلَمْ نَنْهَكَ عَنِ الْعَالَمِينَ 15:71 قَالَ هَٰؤُلَاءِ بَنَاتِي إِنْ كُنْتُمْ فَاعِلِينَ 15:72 لَعَمْرُكَ
إِنَّهُمْ لَفِي سَكْرَتِهِمْ يَعْمَهُونَ 15:73 فَأَخَذَتْهُمُ الصَّيْحَةُ مُشْرِقِينَ 15:74 فَجَعَلْنَا عَالِيَهَا سَافِلَهَا وَأَمْطَرْنَا عَلَيْهِمْ حِجَارَةً مِنْ سِجِّيلٍ 15:75
إِنَّ فِي ذَٰلِكَ لَآيَاتٍ لِلْمُتَوَسِّمِينَ 15:76 وَإِنَّهَا لَبِسَبِيلٍ مُقِيمٍ 15:77 إِنَّ فِي ذَٰلِكَ لَآيَةً لِلْمُؤْمِنِينَ 15:78 وَإِنْ كَانَ أَصْحَابُ الْأَيْكَةِ لَظَالِمِينَ 15:79
فَانْتَقَمْنَا مِنْهُمْ وَإِنَّهُمَا لَبِإِمَامٍ مُبِينٍ 15:80 وَلَقَدْ كَذَّبَ أَصْحَابُ الْحِجْرِ الْمُرْسَلِينَ 15:81 وَآتَيْنَاهُمْ آيَاتِنَا فَكَانُوا عَنْهَا مُعْرِضِينَ 15:82 وَكَانُوا
يَنْحِتُونَ مِنَ الْجِبَالِ بُيُوتًا آمِنِينَ 15:83 فَأَخَذَتْهُمُ الصَّيْحَةُ مُصْبِحِينَ 15:84 فَمَا أَغْنَىٰ عَنْهُمْ مَا كَانُوا يَكْسِبُونَ 15:85 وَمَا خَلَقْنَا السَّمَاوَاتِ
وَالْأَرْضَ وَمَا بَيْنَهُمَا إِلَّا بِالْحَقِّ وَإِنَّ السَّاعَةَ لَآتِيَةٌ فَاصْفَحِ الصَّفْحَ الْجَمِيلَ 15:86 إِنَّ رَبَّكَ هُوَ الْخَلَّاقُ الْعَلِيمُ 15:87 وَلَقَدْ آتَيْنَاكَ سَبْعًا مِنَ
الْمَثَانِي وَالْقُرْآنَ الْعَظِيمَ 15:88 لَا تَمُدَّنَّ عَيْنَيْكَ إِلَىٰ مَا مَتَّعْنَا بِهِ أَزْوَاجًا مِنْهُمْ وَلَا تَحْزَنْ عَلَيْهِمْ وَاخْفِضْ جَنَاحَكَ لِلْمُؤْمِنِينَ 15:89 وَقُلْ
إِنِّي أَنَا النَّذِيرُ الْمُبِينُ 15:90 كَمَا أَنْزَلْنَا عَلَى الْمُقْتَسِمِينَ 15:91 الَّذِينَ جَعَلُوا الْقُرْآنَ عِضِينَ 15:92 فَوَرَبِّكَ لَنَسْأَلَنَّهُمْ أَجْمَعِينَ 15:93 عَمَّا
كَانُوا يَعْمَلُونَ 15:94 فَاصْدَعْ بِمَا تُؤْمَرُ وَأَعْرِضْ عَنِ الْمُشْرِكِينَ 15:95 إِنَّا كَفَيْنَاكَ الْمُسْتَهْزِئِينَ 15:96 الَّذِينَ يَجْعَلُونَ مَعَ اللَّهِ إِلَٰهًا آخَرَ
فَسَوْفَ يَعْلَمُونَ 15:97 وَلَقَدْ نَعْلَمُ أَنَّكَ يَضِيقُ صَدْرُكَ بِمَا يَقُولُونَ 15:98 فَسَبِّحْ بِحَمْدِ رَبِّكَ وَكُنْ مِنَ السَّاجِدِينَ 15:99 وَاعْبُدْ رَبَّكَ حَتَّىٰ
يَأْتِيَكَ الْيَقِينُ 16:1 بِسْمِ اللَّهِ الرَّحْمَٰنِ الرَّحِيمِ أَتَىٰ أَمْرُ اللَّهِ فَلَا تَسْتَعْجِلُوهُ سُبْحَانَهُ وَتَعَالَىٰ عَمَّا يُشْرِكُونَ 16:2 يُنَزِّلُ الْمَلَائِكَةَ بِالرُّوحِ مِنْ
أَمْرِهِ عَلَىٰ مَنْ يَشَاءُ مِنْ عِبَادِهِ أَنْ أَنْذِرُوا أَنَّهُ لَا إِلَٰهَ إِلَّا أَنَا فَاتَّقُونِ 16:3 خَلَقَ السَّمَاوَاتِ وَالْأَرْضَ بِالْحَقِّ تَعَالَىٰ عَمَّا يُشْرِكُونَ 16:4 خَلَقَ
الْإِنْسَانَ مِنْ نُطْفَةٍ فَإِذَا هُوَ خَصِيمٌ مُبِينٌ 16:5 وَالْأَنْعَامَ خَلَقَهَا لَكُمْ فِيهَا دِفْءٌ وَمَنَافِعُ وَمِنْهَا تَأْكُلُونَ 16:6 وَلَكُمْ فِيهَا جَمَالٌ حِينَ تُرِيحُونَ
وَحِينَ تَسْرَحُونَ 16:7 وَتَحْمِلُ أَثْقَالَكُمْ إِلَىٰ بَلَدٍ لَمْ تَكُونُوا بَالِغِيهِ إِلَّا بِشِقِّ الْأَنْفُسِ إِنَّ رَبَّكُمْ لَرَءُوفٌ رَحِيمٌ 16:8 وَالْخَيْلَ وَالْبِغَالَ وَالْحَمِيرَ
لِتَرْكَبُوهَا وَزِينَةً وَيَخْلُقُ مَا لَا تَعْلَمُونَ 16:9 وَعَلَى اللَّهِ قَصْدُ السَّبِيلِ وَمِنْهَا جَائِرٌ وَلَوْ شَاءَ لَهَدَاكُمْ أَجْمَعِينَ 16:10 هُوَ الَّذِي أَنْزَلَ مِنَ
السَّمَاءِ مَاءً لَكُمْ مِنْهُ شَرَابٌ وَمِنْهُ شَجَرٌ فِيهِ تُسِيمُونَ 16:11 يُنْبِتُ لَكُمْ بِهِ الزَّرْعَ وَالزَّيْتُونَ وَالنَّخِيلَ وَالْأَعْنَابَ وَمِنْ كُلِّ الثَّمَرَاتِ إِنَّ فِي
ذَٰلِكَ لَآيَةً لِقَوْمٍ يَتَفَكَّرُونَ 16:12 وَسَخَّرَ لَكُمُ اللَّيْلَ وَالنَّهَارَ وَالشَّمْسَ وَالْقَمَرَ وَالنُّجُومُ مُسَخَّرَاتٌ بِأَمْرِهِ إِنَّ فِي ذَٰلِكَ لَآيَاتٍ لِقَوْمٍ يَعْقِلُونَ
16:13 وَمَا ذَرَأَ لَكُمْ فِي الْأَرْضِ مُخْتَلِفًا أَلْوَانُهُ إِنَّ فِي ذَٰلِكَ لَآيَةً لِقَوْمٍ يَذَّكَّرُونَ 16:14 وَهُوَ الَّذِي سَخَّرَ الْبَحْرَ لِتَأْكُلُوا مِنْهُ لَحْمًا طَرِيًّا
وَتَسْتَخْرِجُوا مِنْهُ حِلْيَةً تَلْبَسُونَهَا وَتَرَى الْفُلْكَ مَوَاخِرَ فِيهِ وَلِتَبْتَغُوا مِنْ فَضْلِهِ وَلَعَلَّكُمْ تَشْكُرُونَ 16:15 وَأَلْقَىٰ فِي الْأَرْضِ رَوَاسِيَ أَنْ
تَمِيدَ بِكُمْ وَأَنْهَارًا وَسُبُلًا لَعَلَّكُمْ تَهْتَدُونَ 16:16 وَعَلَامَاتٍ وَبِالنَّجْمِ هُمْ يَهْتَدُونَ 16:17 أَفَمَنْ يَخْلُقُ كَمَنْ لَا يَخْلُقُ أَفَلَا تَذَكَّرُونَ 16:18 وَإِنْ
تَعُدُّوا نِعْمَةَ اللَّهِ لَا تُحْصُوهَا إِنَّ اللَّهَ لَغَفُورٌ رَحِيمٌ 16:19 وَاللَّهُ يَعْلَمُ مَا تُسِرُّونَ وَمَا تُعْلِنُونَ 16:20 وَالَّذِينَ يَدْعُونَ مِنْ دُونِ اللَّهِ لَا يَخْلُقُونَ
شَيْئًا وَهُمْ يُخْلَقُونَ 16:21 أَمْوَاتٌ غَيْرُ أَحْيَاءٍ وَمَا يَشْعُرُونَ أَيَّانَ يُبْعَثُونَ 16:22 إِلَٰهُكُمْ إِلَٰهٌ وَاحِدٌ فَالَّذِينَ لَا يُؤْمِنُونَ بِالْآخِرَةِ قُلُوبُهُمْ مُنْكِرَةٌ
وَهُمْ مُسْتَكْبِرُونَ 16:23 لَا جَرَمَ أَنَّ اللَّهَ يَعْلَمُ مَا يُسِرُّونَ وَمَا يُعْلِنُونَ إِنَّهُ لَا يُحِبُّ الْمُسْتَكْبِرِينَ 16:24 وَإِذَا قِيلَ لَهُمْ مَاذَا أَنْزَلَ رَبُّكُمْ قَالُوا

أَسَاطِيرُ الْأَوَّلِينَ 16:25 لِيَحْمِلُوا أَوْزَارَهُمْ كَامِلَةً يَوْمَ الْقِيَامَةِ وَمِنْ أَوْزَارِ الَّذِينَ يُضِلُّونَهُمْ بِغَيْرِ عِلْمٍ أَلَا سَاءَ مَا يَزِرُونَ 16:26 قَدْ مَكَرَ الَّذِينَ
مِنْ قَبْلِهِمْ فَأَتَى اللَّهُ بُنْيَانَهُمْ مِنَ الْقَوَاعِدِ فَخَرَّ عَلَيْهِمُ السَّقْفُ مِنْ فَوْقِهِمْ وَأَتَاهُمُ الْعَذَابُ مِنْ حَيْثُ لَا يَشْعُرُونَ 16:27 ثُمَّ يَوْمَ الْقِيَامَةِ
يُخْزِيهِمْ وَيَقُولُ أَيْنَ شُرَكَائِيَ الَّذِينَ كُنْتُمْ تُشَاقُّونَ فِيهِمْ قَالَ الَّذِينَ أُوتُوا الْعِلْمَ إِنَّ الْخِزْيَ الْيَوْمَ وَالسُّوءَ عَلَى الْكَافِرِينَ 16:28 الَّذِينَ
تَتَوَفَّاهُمُ الْمَلَائِكَةُ ظَالِمِي أَنْفُسِهِمْ فَأَلْقَوُا السَّلَمَ مَا كُنَّا نَعْمَلُ مِنْ سُوءٍ بَلَىٰ إِنَّ اللَّهَ عَلِيمٌ بِمَا كُنْتُمْ تَعْمَلُونَ 16:29 فَادْخُلُوا أَبْوَابَ
جَهَنَّمَ خَالِدِينَ فِيهَا فَلَبِئْسَ مَثْوَى الْمُتَكَبِّرِينَ 16:30 وَقِيلَ لِلَّذِينَ اتَّقَوْا مَاذَا أَنْزَلَ رَبُّكُمْ قَالُوا خَيْرًا لِلَّذِينَ أَحْسَنُوا فِي هَٰذِهِ الدُّنْيَا حَسَنَةٌ
وَلَدَارُ الْآخِرَةِ خَيْرٌ وَلَنِعْمَ دَارُ الْمُتَّقِينَ 16:31 جَنَّاتُ عَدْنٍ يَدْخُلُونَهَا تَجْرِي مِنْ تَحْتِهَا الْأَنْهَارُ لَهُمْ فِيهَا مَا يَشَاءُونَ كَذَٰلِكَ يَجْزِي اللَّهُ
الْمُتَّقِينَ 16:32 الَّذِينَ تَتَوَفَّاهُمُ الْمَلَائِكَةُ طَيِّبِينَ يَقُولُونَ سَلَامٌ عَلَيْكُمُ ادْخُلُوا الْجَنَّةَ بِمَا كُنْتُمْ تَعْمَلُونَ 16:33 هَلْ يَنْظُرُونَ إِلَّا أَنْ تَأْتِيَهُمُ
الْمَلَائِكَةُ أَوْ يَأْتِيَ أَمْرُ رَبِّكَ كَذَٰلِكَ فَعَلَ الَّذِينَ مِنْ قَبْلِهِمْ وَمَا ظَلَمَهُمُ اللَّهُ وَلَٰكِنْ كَانُوا أَنْفُسَهُمْ يَظْلِمُونَ 16:34 فَأَصَابَهُمْ سَيِّئَاتُ مَا عَمِلُوا
وَحَاقَ بِهِمْ مَا كَانُوا بِهِ يَسْتَهْزِئُونَ 16:35 وَقَالَ الَّذِينَ أَشْرَكُوا لَوْ شَاءَ اللَّهُ مَا عَبَدْنَا مِنْ دُونِهِ مِنْ شَيْءٍ نَحْنُ وَلَا آبَاؤُنَا وَلَا حَرَّمْنَا مِنْ
دُونِهِ مِنْ شَيْءٍ كَذَٰلِكَ فَعَلَ الَّذِينَ مِنْ قَبْلِهِمْ فَهَلْ عَلَى الرُّسُلِ إِلَّا الْبَلَاغُ الْمُبِينُ 16:36 وَلَقَدْ بَعَثْنَا فِي كُلِّ أُمَّةٍ رَسُولًا أَنِ اعْبُدُوا اللَّهَ
وَاجْتَنِبُوا الطَّاغُوتَ فَمِنْهُمْ مَنْ هَدَى اللَّهُ وَمِنْهُمْ مَنْ حَقَّتْ عَلَيْهِ الضَّلَالَةُ فَسِيرُوا فِي الْأَرْضِ فَانْظُرُوا كَيْفَ كَانَ عَاقِبَةُ الْمُكَذِّبِينَ 16:37
إِنْ تَحْرِصْ عَلَىٰ هُدَاهُمْ فَإِنَّ اللَّهَ لَا يَهْدِي مَنْ يُضِلُّ وَمَا لَهُمْ مِنْ نَاصِرِينَ 16:38 وَأَقْسَمُوا بِاللَّهِ جَهْدَ أَيْمَانِهِمْ لَا يَبْعَثُ اللَّهُ مَنْ يَمُوتُ
بَلَىٰ وَعْدًا عَلَيْهِ حَقًّا وَلَٰكِنَّ أَكْثَرَ النَّاسِ لَا يَعْلَمُونَ 16:39 لِيُبَيِّنَ لَهُمُ الَّذِي يَخْتَلِفُونَ فِيهِ وَلِيَعْلَمَ الَّذِينَ كَفَرُوا أَنَّهُمْ كَانُوا كَاذِبِينَ 16:40
إِنَّمَا قَوْلُنَا لِشَيْءٍ إِذَا أَرَدْنَاهُ أَنْ نَقُولَ لَهُ كُنْ فَيَكُونُ 16:41 وَالَّذِينَ هَاجَرُوا فِي اللَّهِ مِنْ بَعْدِ مَا ظُلِمُوا لَنُبَوِّئَنَّهُمْ فِي الدُّنْيَا حَسَنَةً وَلَأَجْرُ
الْآخِرَةِ أَكْبَرُ لَوْ كَانُوا يَعْلَمُونَ 16:42 الَّذِينَ صَبَرُوا وَعَلَىٰ رَبِّهِمْ يَتَوَكَّلُونَ 16:43 وَمَا أَرْسَلْنَا مِنْ قَبْلِكَ إِلَّا رِجَالًا نُوحِي إِلَيْهِمْ فَاسْأَلُوا أَهْلَ
الذِّكْرِ إِنْ كُنْتُمْ لَا تَعْلَمُونَ 16:44 بِالْبَيِّنَاتِ وَالزُّبُرِ وَأَنْزَلْنَا إِلَيْكَ الذِّكْرَ لِتُبَيِّنَ لِلنَّاسِ مَا نُزِّلَ إِلَيْهِمْ وَلَعَلَّهُمْ يَتَفَكَّرُونَ 16:45 أَفَأَمِنَ الَّذِينَ مَكَرُوا
السَّيِّئَاتِ أَنْ يَخْسِفَ اللَّهُ بِهِمُ الْأَرْضَ أَوْ يَأْتِيَهُمُ الْعَذَابُ مِنْ حَيْثُ لَا يَشْعُرُونَ 16:46 أَوْ يَأْخُذَهُمْ فِي تَقَلُّبِهِمْ فَمَا هُمْ بِمُعْجِزِينَ 16:47
أَوْ يَأْخُذَهُمْ عَلَىٰ تَخَوُّفٍ فَإِنَّ رَبَّكُمْ لَرَءُوفٌ رَحِيمٌ 16:48 أَوَلَمْ يَرَوْا إِلَىٰ مَا خَلَقَ اللَّهُ مِنْ شَيْءٍ يَتَفَيَّأُ ظِلَالُهُ عَنِ الْيَمِينِ وَالشَّمَائِلِ سُجَّدًا
لِلَّهِ وَهُمْ دَاخِرُونَ 16:49 وَلِلَّهِ يَسْجُدُ مَا فِي السَّمَاوَاتِ وَمَا فِي الْأَرْضِ مِنْ دَابَّةٍ وَالْمَلَائِكَةُ وَهُمْ لَا يَسْتَكْبِرُونَ 16:50 يَخَافُونَ رَبَّهُمْ مِنْ
فَوْقِهِمْ وَيَفْعَلُونَ مَا يُؤْمَرُونَ 16:51 وَقَالَ اللَّهُ لَا تَتَّخِذُوا إِلَٰهَيْنِ اثْنَيْنِ إِنَّمَا هُوَ إِلَٰهٌ وَاحِدٌ فَإِيَّايَ فَارْهَبُونِ 16:52 وَلَهُ مَا فِي السَّمَاوَاتِ
وَالْأَرْضِ وَلَهُ الدِّينُ وَاصِبًا أَفَغَيْرَ اللَّهِ تَتَّقُونَ 16:53 وَمَا بِكُمْ مِنْ نِعْمَةٍ فَمِنَ اللَّهِ ثُمَّ إِذَا مَسَّكُمُ الضُّرُّ فَإِلَيْهِ تَجْأَرُونَ 16:54 ثُمَّ إِذَا كَشَفَ
الضُّرَّ عَنْكُمْ إِذَا فَرِيقٌ مِنْكُمْ بِرَبِّهِمْ يُشْرِكُونَ 16:55 لِيَكْفُرُوا بِمَا آتَيْنَاهُمْ فَتَمَتَّعُوا فَسَوْفَ تَعْلَمُونَ 16:56 وَيَجْعَلُونَ لِمَا لَا يَعْلَمُونَ نَصِيبًا
مِمَّا رَزَقْنَاهُمْ تَاللَّهِ لَتُسْأَلُنَّ عَمَّا كُنْتُمْ تَفْتَرُونَ 16:57 وَيَجْعَلُونَ لِلَّهِ الْبَنَاتِ سُبْحَانَهُ وَلَهُمْ مَا يَشْتَهُونَ 16:58 وَإِذَا بُشِّرَ أَحَدُهُمْ بِالْأُنْثَىٰ
ظَلَّ وَجْهُهُ مُسْوَدًّا وَهُوَ كَظِيمٌ 16:59 يَتَوَارَىٰ مِنَ الْقَوْمِ مِنْ سُوءِ مَا بُشِّرَ بِهِ أَيُمْسِكُهُ عَلَىٰ هُونٍ أَمْ يَدُسُّهُ فِي التُّرَابِ أَلَا سَاءَ مَا يَحْكُمُونَ
16:60 لِلَّذِينَ لَا يُؤْمِنُونَ بِالْآخِرَةِ مَثَلُ السَّوْءِ وَلِلَّهِ الْمَثَلُ الْأَعْلَىٰ وَهُوَ الْعَزِيزُ الْحَكِيمُ 16:61 وَلَوْ يُؤَاخِذُ اللَّهُ النَّاسَ بِظُلْمِهِمْ مَا تَرَكَ عَلَيْهَا
مِنْ دَابَّةٍ وَلَٰكِنْ يُؤَخِّرُهُمْ إِلَىٰ أَجَلٍ مُسَمًّى فَإِذَا جَاءَ أَجَلُهُمْ لَا يَسْتَأْخِرُونَ سَاعَةً وَلَا يَسْتَقْدِمُونَ 16:62 وَيَجْعَلُونَ لِلَّهِ مَا يَكْرَهُونَ وَتَصِفُ
أَلْسِنَتُهُمُ الْكَذِبَ أَنَّ لَهُمُ الْحُسْنَىٰ لَا جَرَمَ أَنَّ لَهُمُ النَّارَ وَأَنَّهُمْ مُفْرَطُونَ 16:63 تَاللَّهِ لَقَدْ أَرْسَلْنَا إِلَىٰ أُمَمٍ مِنْ قَبْلِكَ فَزَيَّنَ لَهُمُ الشَّيْطَانُ
أَعْمَالَهُمْ فَهُوَ وَلِيُّهُمُ الْيَوْمَ وَلَهُمْ عَذَابٌ أَلِيمٌ 16:64 وَمَا أَنْزَلْنَا عَلَيْكَ الْكِتَابَ إِلَّا لِتُبَيِّنَ لَهُمُ الَّذِي اخْتَلَفُوا فِيهِ وَهُدًى وَرَحْمَةً لِقَوْمٍ
يُؤْمِنُونَ 16:65 وَاللَّهُ أَنْزَلَ مِنَ السَّمَاءِ مَاءً فَأَحْيَا بِهِ الْأَرْضَ بَعْدَ مَوْتِهَا إِنَّ فِي ذَٰلِكَ لَآيَةً لِقَوْمٍ يَسْمَعُونَ 16:66 وَإِنَّ لَكُمْ فِي الْأَنْعَامِ لَعِبْرَةً
نُسْقِيكُمْ مِمَّا فِي بُطُونِهِ مِنْ بَيْنِ فَرْثٍ وَدَمٍ لَبَنًا خَالِصًا سَائِغًا لِلشَّارِبِينَ 16:67 وَمِنْ ثَمَرَاتِ النَّخِيلِ وَالْأَعْنَابِ تَتَّخِذُونَ مِنْهُ سَكَرًا وَرِزْقًا

حَسَنًا إِنَّ فِي ذَٰلِكَ لَآيَةً لِقَوْمٍ يَعْقِلُونَ 16:68 وَأَوْحَىٰ رَبُّكَ إِلَى النَّحْلِ أَنِ اتَّخِذِي مِنَ الْجِبَالِ بُيُوتًا وَمِنَ الشَّجَرِ وَمِمَّا يَعْرِشُونَ 16:69 ثُمَّ
كُلِي مِنْ كُلِّ الثَّمَرَاتِ فَاسْلُكِي سُبُلَ رَبِّكِ ذُلُلًا يَخْرُجُ مِنْ بُطُونِهَا شَرَابٌ مُخْتَلِفٌ أَلْوَانُهُ فِيهِ شِفَاءٌ لِلنَّاسِ إِنَّ فِي ذَٰلِكَ لَآيَةً لِقَوْمٍ يَتَفَكَّرُونَ
16:70 وَاللَّهُ خَلَقَكُمْ ثُمَّ يَتَوَفَّاكُمْ وَمِنْكُمْ مَنْ يُرَدُّ إِلَىٰ أَرْذَلِ الْعُمُرِ لِكَيْ لَا يَعْلَمَ بَعْدَ عِلْمٍ شَيْئًا إِنَّ اللَّهَ عَلِيمٌ قَدِيرٌ 16:71 وَاللَّهُ فَضَّلَ
بَعْضَكُمْ عَلَىٰ بَعْضٍ فِي الرِّزْقِ فَمَا الَّذِينَ فُضِّلُوا بِرَادِّي رِزْقِهِمْ عَلَىٰ مَا مَلَكَتْ أَيْمَانُهُمْ فَهُمْ فِيهِ سَوَاءٌ أَفَبِنِعْمَةِ اللَّهِ يَجْحَدُونَ 16:72
وَاللَّهُ جَعَلَ لَكُمْ مِنْ أَنْفُسِكُمْ أَزْوَاجًا وَجَعَلَ لَكُمْ مِنْ أَزْوَاجِكُمْ بَنِينَ وَحَفَدَةً وَرَزَقَكُمْ مِنَ الطَّيِّبَاتِ أَفَبِالْبَاطِلِ يُؤْمِنُونَ وَبِنِعْمَتِ اللَّهِ هُمْ
يَكْفُرُونَ 16:73 وَيَعْبُدُونَ مِنْ دُونِ اللَّهِ مَا لَا يَمْلِكُ لَهُمْ رِزْقًا مِنَ السَّمَاوَاتِ وَالْأَرْضِ شَيْئًا وَلَا يَسْتَطِيعُونَ 16:74 فَلَا تَضْرِبُوا لِلَّهِ الْأَمْثَالَ
إِنَّ اللَّهَ يَعْلَمُ وَأَنْتُمْ لَا تَعْلَمُونَ 16:75 ضَرَبَ اللَّهُ مَثَلًا عَبْدًا مَمْلُوكًا لَا يَقْدِرُ عَلَىٰ شَيْءٍ وَمَنْ رَزَقْنَاهُ مِنَّا رِزْقًا حَسَنًا فَهُوَ يُنْفِقُ مِنْهُ سِرًّا
وَجَهْرًا هَلْ يَسْتَوُونَ الْحَمْدُ لِلَّهِ بَلْ أَكْثَرُهُمْ لَا يَعْلَمُونَ 16:76 وَضَرَبَ اللَّهُ مَثَلًا رَجُلَيْنِ أَحَدُهُمَا أَبْكَمُ لَا يَقْدِرُ عَلَىٰ شَيْءٍ وَهُوَ كَلٌّ عَلَىٰ
مَوْلَاهُ أَيْنَمَا يُوَجِّهْهُ لَا يَأْتِ بِخَيْرٍ هَلْ يَسْتَوِي هُوَ وَمَنْ يَأْمُرُ بِالْعَدْلِ وَهُوَ عَلَىٰ صِرَاطٍ مُسْتَقِيمٍ 16:77 وَلِلَّهِ غَيْبُ السَّمَاوَاتِ وَالْأَرْضِ وَمَا
أَمْرُ السَّاعَةِ إِلَّا كَلَمْحِ الْبَصَرِ أَوْ هُوَ أَقْرَبُ إِنَّ اللَّهَ عَلَىٰ كُلِّ شَيْءٍ قَدِيرٌ 16:78 وَاللَّهُ أَخْرَجَكُمْ مِنْ بُطُونِ أُمَّهَاتِكُمْ لَا تَعْلَمُونَ شَيْئًا وَجَعَلَ
لَكُمُ السَّمْعَ وَالْأَبْصَارَ وَالْأَفْئِدَةَ لَعَلَّكُمْ تَشْكُرُونَ 16:79 أَلَمْ يَرَوْا إِلَى الطَّيْرِ مُسَخَّرَاتٍ فِي جَوِّ السَّمَاءِ مَا يُمْسِكُهُنَّ إِلَّا اللَّهُ إِنَّ فِي ذَٰلِكَ
لَآيَاتٍ لِقَوْمٍ يُؤْمِنُونَ 16:80 وَاللَّهُ جَعَلَ لَكُمْ مِنْ بُيُوتِكُمْ سَكَنًا وَجَعَلَ لَكُمْ مِنْ جُلُودِ الْأَنْعَامِ بُيُوتًا تَسْتَخِفُّونَهَا يَوْمَ ظَعْنِكُمْ وَيَوْمَ
إِقَامَتِكُمْ وَمِنْ أَصْوَافِهَا وَأَوْبَارِهَا وَأَشْعَارِهَا أَثَاثًا وَمَتَاعًا إِلَىٰ حِينٍ 16:81 وَاللَّهُ جَعَلَ لَكُمْ مِمَّا خَلَقَ ظِلَالًا وَجَعَلَ لَكُمْ مِنَ الْجِبَالِ أَكْنَانًا
وَجَعَلَ لَكُمْ سَرَابِيلَ تَقِيكُمُ الْحَرَّ وَسَرَابِيلَ تَقِيكُمْ بَأْسَكُمْ كَذَٰلِكَ يُتِمُّ نِعْمَتَهُ عَلَيْكُمْ لَعَلَّكُمْ تُسْلِمُونَ 16:82 فَإِنْ تَوَلَّوْا فَإِنَّمَا عَلَيْكَ الْبَلَاغُ
الْمُبِينُ 16:83 يَعْرِفُونَ نِعْمَتَ اللَّهِ ثُمَّ يُنْكِرُونَهَا وَأَكْثَرُهُمُ الْكَافِرُونَ 16:84 وَيَوْمَ نَبْعَثُ مِنْ كُلِّ أُمَّةٍ شَهِيدًا ثُمَّ لَا يُؤْذَنُ لِلَّذِينَ كَفَرُوا وَلَا
هُمْ يُسْتَعْتَبُونَ 16:85 وَإِذَا رَأَى الَّذِينَ ظَلَمُوا الْعَذَابَ فَلَا يُخَفَّفُ عَنْهُمْ وَلَا هُمْ يُنْظَرُونَ 16:86 وَإِذَا رَأَى الَّذِينَ أَشْرَكُوا شُرَكَاءَهُمْ قَالُوا
رَبَّنَا هَٰؤُلَاءِ شُرَكَاؤُنَا الَّذِينَ كُنَّا نَدْعُو مِنْ دُونِكَ فَأَلْقَوْا إِلَيْهِمُ الْقَوْلَ إِنَّكُمْ لَكَاذِبُونَ 16:87 وَأَلْقَوْا إِلَى اللَّهِ يَوْمَئِذٍ السَّلَمَ وَضَلَّ عَنْهُمْ مَا
كَانُوا يَفْتَرُونَ 16:88 الَّذِينَ كَفَرُوا وَصَدُّوا عَنْ سَبِيلِ اللَّهِ زِدْنَاهُمْ عَذَابًا فَوْقَ الْعَذَابِ بِمَا كَانُوا يُفْسِدُونَ 16:89 وَيَوْمَ نَبْعَثُ فِي كُلِّ أُمَّةٍ
شَهِيدًا عَلَيْهِمْ مِنْ أَنْفُسِهِمْ وَجِئْنَا بِكَ شَهِيدًا عَلَىٰ هَٰؤُلَاءِ وَنَزَّلْنَا عَلَيْكَ الْكِتَابَ تِبْيَانًا لِكُلِّ شَيْءٍ وَهُدًى وَرَحْمَةً وَبُشْرَىٰ لِلْمُسْلِمِينَ
16:90 إِنَّ اللَّهَ يَأْمُرُ بِالْعَدْلِ وَالْإِحْسَانِ وَإِيتَاءِ ذِي الْقُرْبَىٰ وَيَنْهَىٰ عَنِ الْفَحْشَاءِ وَالْمُنْكَرِ وَالْبَغْيِ يَعِظُكُمْ لَعَلَّكُمْ تَذَكَّرُونَ 16:91 وَأَوْفُوا
بِعَهْدِ اللَّهِ إِذَا عَاهَدْتُمْ وَلَا تَنْقُضُوا الْأَيْمَانَ بَعْدَ تَوْكِيدِهَا وَقَدْ جَعَلْتُمُ اللَّهَ عَلَيْكُمْ كَفِيلًا إِنَّ اللَّهَ يَعْلَمُ مَا تَفْعَلُونَ 16:92 وَلَا تَكُونُوا كَالَّتِي
نَقَضَتْ غَزْلَهَا مِنْ بَعْدِ قُوَّةٍ أَنْكَاثًا تَتَّخِذُونَ أَيْمَانَكُمْ دَخَلًا بَيْنَكُمْ أَنْ تَكُونَ أُمَّةٌ هِيَ أَرْبَىٰ مِنْ أُمَّةٍ إِنَّمَا يَبْلُوكُمُ اللَّهُ بِهِ وَلَيُبَيِّنَنَّ لَكُمْ يَوْمَ
الْقِيَامَةِ مَا كُنْتُمْ فِيهِ تَخْتَلِفُونَ 16:93 وَلَوْ شَاءَ اللَّهُ لَجَعَلَكُمْ أُمَّةً وَاحِدَةً وَلَٰكِنْ يُضِلُّ مَنْ يَشَاءُ وَيَهْدِي مَنْ يَشَاءُ وَلَتُسْأَلُنَّ عَمَّا كُنْتُمْ
تَعْمَلُونَ 16:94 وَلَا تَتَّخِذُوا أَيْمَانَكُمْ دَخَلًا بَيْنَكُمْ فَتَزِلَّ قَدَمٌ بَعْدَ ثُبُوتِهَا وَتَذُوقُوا السُّوءَ بِمَا صَدَدْتُمْ عَنْ سَبِيلِ اللَّهِ وَلَكُمْ عَذَابٌ عَظِيمٌ
16:95 وَلَا تَشْتَرُوا بِعَهْدِ اللَّهِ ثَمَنًا قَلِيلًا إِنَّمَا عِنْدَ اللَّهِ هُوَ خَيْرٌ لَكُمْ إِنْ كُنْتُمْ تَعْلَمُونَ 16:96 مَا عِنْدَكُمْ يَنْفَدُ وَمَا عِنْدَ اللَّهِ بَاقٍ وَلَنَجْزِيَنَّ
الَّذِينَ صَبَرُوا أَجْرَهُمْ بِأَحْسَنِ مَا كَانُوا يَعْمَلُونَ 16:97 مَنْ عَمِلَ صَالِحًا مِنْ ذَكَرٍ أَوْ أُنْثَىٰ وَهُوَ مُؤْمِنٌ فَلَنُحْيِيَنَّهُ حَيَاةً طَيِّبَةً وَلَنَجْزِيَنَّهُمْ
أَجْرَهُمْ بِأَحْسَنِ مَا كَانُوا يَعْمَلُونَ 16:98 فَإِذَا قَرَأْتَ الْقُرْآنَ فَاسْتَعِذْ بِاللَّهِ مِنَ الشَّيْطَانِ الرَّجِيمِ 16:99 إِنَّهُ لَيْسَ لَهُ سُلْطَانٌ عَلَى الَّذِينَ
آمَنُوا وَعَلَىٰ رَبِّهِمْ يَتَوَكَّلُونَ 16:100 إِنَّمَا سُلْطَانُهُ عَلَى الَّذِينَ يَتَوَلَّوْنَهُ وَالَّذِينَ هُمْ بِهِ مُشْرِكُونَ 16:101 وَإِذَا بَدَّلْنَا آيَةً مَكَانَ آيَةٍ وَاللَّهُ أَعْلَمُ
بِمَا يُنَزِّلُ قَالُوا إِنَّمَا أَنْتَ مُفْتَرٍ بَلْ أَكْثَرُهُمْ لَا يَعْلَمُونَ 16:102 قُلْ نَزَّلَهُ رُوحُ الْقُدُسِ مِنْ رَبِّكَ بِالْحَقِّ لِيُثَبِّتَ الَّذِينَ آمَنُوا وَهُدًى وَبُشْرَىٰ
لِلْمُسْلِمِينَ 16:103 وَلَقَدْ نَعْلَمُ أَنَّهُمْ يَقُولُونَ إِنَّمَا يُعَلِّمُهُ بَشَرٌ لِسَانُ الَّذِي يُلْحِدُونَ إِلَيْهِ أَعْجَمِيٌّ وَهَٰذَا لِسَانٌ عَرَبِيٌّ مُبِينٌ 16:104 إِنَّ الَّذِينَ

لَا يُؤْمِنُونَ بِآيَاتِ اللَّهِ لَا يَهْدِيهِمُ اللَّهُ وَلَهُمْ عَذَابٌ أَلِيمٌ 16:105 إِنَّمَا يَفْتَرِي الْكَذِبَ الَّذِينَ لَا يُؤْمِنُونَ بِآيَاتِ اللَّهِ وَأُولَٰئِكَ هُمُ الْكَاذِبُونَ
16:106 مَنْ كَفَرَ بِاللَّهِ مِنْ بَعْدِ إِيمَانِهِ إِلَّا مَنْ أُكْرِهَ وَقَلْبُهُ مُطْمَئِنٌّ بِالْإِيمَانِ وَلَٰكِنْ مَنْ شَرَحَ بِالْكُفْرِ صَدْرًا فَعَلَيْهِمْ غَضَبٌ مِنَ اللَّهِ وَلَهُمْ
عَذَابٌ عَظِيمٌ 16:107 ذَٰلِكَ بِأَنَّهُمُ اسْتَحَبُّوا الْحَيَاةَ الدُّنْيَا عَلَى الْآخِرَةِ وَأَنَّ اللَّهَ لَا يَهْدِي الْقَوْمَ الْكَافِرِينَ 16:108 أُولَٰئِكَ الَّذِينَ طَبَعَ اللَّهُ
عَلَىٰ قُلُوبِهِمْ وَسَمْعِهِمْ وَأَبْصَارِهِمْ وَأُولَٰئِكَ هُمُ الْغَافِلُونَ 16:109 لَا جَرَمَ أَنَّهُمْ فِي الْآخِرَةِ هُمُ الْخَاسِرُونَ 16:110 ثُمَّ إِنَّ رَبَّكَ لِلَّذِينَ هَاجَرُوا
مِنْ بَعْدِ مَا فُتِنُوا ثُمَّ جَاهَدُوا وَصَبَرُوا إِنَّ رَبَّكَ مِنْ بَعْدِهَا لَغَفُورٌ رَحِيمٌ 16:111 يَوْمَ تَأْتِي كُلُّ نَفْسٍ تُجَادِلُ عَنْ نَفْسِهَا وَتُوَفَّىٰ كُلُّ نَفْسٍ
مَا عَمِلَتْ وَهُمْ لَا يُظْلَمُونَ 16:112 وَضَرَبَ اللَّهُ مَثَلًا قَرْيَةً كَانَتْ آمِنَةً مُطْمَئِنَّةً يَأْتِيهَا رِزْقُهَا رَغَدًا مِنْ كُلِّ مَكَانٍ فَكَفَرَتْ بِأَنْعُمِ اللَّهِ فَأَذَاقَهَا
اللَّهُ لِبَاسَ الْجُوعِ وَالْخَوْفِ بِمَا كَانُوا يَصْنَعُونَ 16:113 وَلَقَدْ جَاءَهُمْ رَسُولٌ مِنْهُمْ فَكَذَّبُوهُ فَأَخَذَهُمُ الْعَذَابُ وَهُمْ ظَالِمُونَ 16:114 فَكُلُوا
مِمَّا رَزَقَكُمُ اللَّهُ حَلَالًا طَيِّبًا وَاشْكُرُوا نِعْمَتَ اللَّهِ إِنْ كُنْتُمْ إِيَّاهُ تَعْبُدُونَ 16:115 إِنَّمَا حَرَّمَ عَلَيْكُمُ الْمَيْتَةَ وَالدَّمَ وَلَحْمَ الْخِنْزِيرِ وَمَا أُهِلَّ
لِغَيْرِ اللَّهِ بِهِ فَمَنِ اضْطُرَّ غَيْرَ بَاغٍ وَلَا عَادٍ فَإِنَّ اللَّهَ غَفُورٌ رَحِيمٌ 16:116 وَلَا تَقُولُوا لِمَا تَصِفُ أَلْسِنَتُكُمُ الْكَذِبَ هَٰذَا حَلَالٌ وَهَٰذَا حَرَامٌ لِتَفْتَرُوا
عَلَى اللَّهِ الْكَذِبَ إِنَّ الَّذِينَ يَفْتَرُونَ عَلَى اللَّهِ الْكَذِبَ لَا يُفْلِحُونَ 16:117 مَتَاعٌ قَلِيلٌ وَلَهُمْ عَذَابٌ أَلِيمٌ 16:118 وَعَلَى الَّذِينَ هَادُوا حَرَّمْنَا مَا
قَصَصْنَا عَلَيْكَ مِنْ قَبْلُ وَمَا ظَلَمْنَاهُمْ وَلَٰكِنْ كَانُوا أَنْفُسَهُمْ يَظْلِمُونَ 16:119 ثُمَّ إِنَّ رَبَّكَ لِلَّذِينَ عَمِلُوا السُّوءَ بِجَهَالَةٍ ثُمَّ تَابُوا مِنْ بَعْدِ
ذَٰلِكَ وَأَصْلَحُوا إِنَّ رَبَّكَ مِنْ بَعْدِهَا لَغَفُورٌ رَحِيمٌ 16:120 إِنَّ إِبْرَاهِيمَ كَانَ أُمَّةً قَانِتًا لِلَّهِ حَنِيفًا وَلَمْ يَكُ مِنَ الْمُشْرِكِينَ 16:121 شَاكِرًا لِأَنْعُمِهِ
اجْتَبَاهُ وَهَدَاهُ إِلَىٰ صِرَاطٍ مُسْتَقِيمٍ 16:122 وَآتَيْنَاهُ فِي الدُّنْيَا حَسَنَةً وَإِنَّهُ فِي الْآخِرَةِ لَمِنَ الصَّالِحِينَ 16:123 ثُمَّ أَوْحَيْنَا إِلَيْكَ أَنِ اتَّبِعْ مِلَّةَ
إِبْرَاهِيمَ حَنِيفًا وَمَا كَانَ مِنَ الْمُشْرِكِينَ 16:124 إِنَّمَا جُعِلَ السَّبْتُ عَلَى الَّذِينَ اخْتَلَفُوا فِيهِ وَإِنَّ رَبَّكَ لَيَحْكُمُ بَيْنَهُمْ يَوْمَ الْقِيَامَةِ فِيمَا
كَانُوا فِيهِ يَخْتَلِفُونَ 16:125 ادْعُ إِلَىٰ سَبِيلِ رَبِّكَ بِالْحِكْمَةِ وَالْمَوْعِظَةِ الْحَسَنَةِ وَجَادِلْهُمْ بِالَّتِي هِيَ أَحْسَنُ إِنَّ رَبَّكَ هُوَ أَعْلَمُ بِمَنْ ضَلَّ
عَنْ سَبِيلِهِ وَهُوَ أَعْلَمُ بِالْمُهْتَدِينَ 16:126 وَإِنْ عَاقَبْتُمْ فَعَاقِبُوا بِمِثْلِ مَا عُوقِبْتُمْ بِهِ وَلَئِنْ صَبَرْتُمْ لَهُوَ خَيْرٌ لِلصَّابِرِينَ 16:127 وَاصْبِرْ وَمَا
صَبْرُكَ إِلَّا بِاللَّهِ وَلَا تَحْزَنْ عَلَيْهِمْ وَلَا تَكُ فِي ضَيْقٍ مِمَّا يَمْكُرُونَ 16:128 إِنَّ اللَّهَ مَعَ الَّذِينَ اتَّقَوْا وَالَّذِينَ هُمْ مُحْسِنُونَ 17:1 بِسْمِ اللَّهِ
الرَّحْمَٰنِ الرَّحِيمِ سُبْحَانَ الَّذِي أَسْرَىٰ بِعَبْدِهِ لَيْلًا مِنَ الْمَسْجِدِ الْحَرَامِ إِلَى الْمَسْجِدِ الْأَقْصَى الَّذِي بَارَكْنَا حَوْلَهُ لِنُرِيَهُ مِنْ آيَاتِنَا إِنَّهُ هُوَ
السَّمِيعُ الْبَصِيرُ 17:2 وَآتَيْنَا مُوسَى الْكِتَابَ وَجَعَلْنَاهُ هُدًى لِبَنِي إِسْرَائِيلَ أَلَّا تَتَّخِذُوا مِنْ دُونِي وَكِيلًا 17:3 ذُرِّيَّةَ مَنْ حَمَلْنَا مَعَ نُوحٍ إِنَّهُ
كَانَ عَبْدًا شَكُورًا 17:4 وَقَضَيْنَا إِلَىٰ بَنِي إِسْرَائِيلَ فِي الْكِتَابِ لَتُفْسِدُنَّ فِي الْأَرْضِ مَرَّتَيْنِ وَلَتَعْلُنَّ عُلُوًّا كَبِيرًا 17:5 فَإِذَا جَاءَ وَعْدُ أُولَاهُمَا
بَعَثْنَا عَلَيْكُمْ عِبَادًا لَنَا أُولِي بَأْسٍ شَدِيدٍ فَجَاسُوا خِلَالَ الدِّيَارِ وَكَانَ وَعْدًا مَفْعُولًا 17:6 ثُمَّ رَدَدْنَا لَكُمُ الْكَرَّةَ عَلَيْهِمْ وَأَمْدَدْنَاكُمْ بِأَمْوَالٍ
وَبَنِينَ وَجَعَلْنَاكُمْ أَكْثَرَ نَفِيرًا 17:7 إِنْ أَحْسَنْتُمْ أَحْسَنْتُمْ لِأَنْفُسِكُمْ وَإِنْ أَسَأْتُمْ فَلَهَا فَإِذَا جَاءَ وَعْدُ الْآخِرَةِ لِيَسُوءُوا وُجُوهَكُمْ وَلِيَدْخُلُوا
الْمَسْجِدَ كَمَا دَخَلُوهُ أَوَّلَ مَرَّةٍ وَلِيُتَبِّرُوا مَا عَلَوْا تَتْبِيرًا 17:8 عَسَىٰ رَبُّكُمْ أَنْ يَرْحَمَكُمْ وَإِنْ عُدْتُمْ عُدْنَا وَجَعَلْنَا جَهَنَّمَ لِلْكَافِرِينَ حَصِيرًا
17:9 إِنَّ هَٰذَا الْقُرْآنَ يَهْدِي لِلَّتِي هِيَ أَقْوَمُ وَيُبَشِّرُ الْمُؤْمِنِينَ الَّذِينَ يَعْمَلُونَ الصَّالِحَاتِ أَنَّ لَهُمْ أَجْرًا كَبِيرًا 17:10 وَأَنَّ الَّذِينَ لَا يُؤْمِنُونَ
بِالْآخِرَةِ أَعْتَدْنَا لَهُمْ عَذَابًا أَلِيمًا 17:11 وَيَدْعُ الْإِنْسَانُ بِالشَّرِّ دُعَاءَهُ بِالْخَيْرِ وَكَانَ الْإِنْسَانُ عَجُولًا 17:12 وَجَعَلْنَا اللَّيْلَ وَالنَّهَارَ آيَتَيْنِ فَمَحَوْنَا
آيَةَ اللَّيْلِ وَجَعَلْنَا آيَةَ النَّهَارِ مُبْصِرَةً لِتَبْتَغُوا فَضْلًا مِنْ رَبِّكُمْ وَلِتَعْلَمُوا عَدَدَ السِّنِينَ وَالْحِسَابَ وَكُلَّ شَيْءٍ فَصَّلْنَاهُ تَفْصِيلًا 17:13 وَكُلَّ
إِنْسَانٍ أَلْزَمْنَاهُ طَائِرَهُ فِي عُنُقِهِ وَنُخْرِجُ لَهُ يَوْمَ الْقِيَامَةِ كِتَابًا يَلْقَاهُ مَنْشُورًا 17:14 اقْرَأْ كِتَابَكَ كَفَىٰ بِنَفْسِكَ الْيَوْمَ عَلَيْكَ حَسِيبًا 17:15
مَنِ اهْتَدَىٰ فَإِنَّمَا يَهْتَدِي لِنَفْسِهِ وَمَنْ ضَلَّ فَإِنَّمَا يَضِلُّ عَلَيْهَا وَلَا تَزِرُ وَازِرَةٌ وِزْرَ أُخْرَىٰ وَمَا كُنَّا مُعَذِّبِينَ حَتَّىٰ نَبْعَثَ رَسُولًا 17:16 وَإِذَا
أَرَدْنَا أَنْ نُهْلِكَ قَرْيَةً أَمَرْنَا مُتْرَفِيهَا فَفَسَقُوا فِيهَا فَحَقَّ عَلَيْهَا الْقَوْلُ فَدَمَّرْنَاهَا تَدْمِيرًا 17:17 وَكَمْ أَهْلَكْنَا مِنَ الْقُرُونِ مِنْ بَعْدِ نُوحٍ وَكَفَىٰ
بِرَبِّكَ بِذُنُوبِ عِبَادِهِ خَبِيرًا بَصِيرًا 17:18 مَنْ كَانَ يُرِيدُ الْعَاجِلَةَ عَجَّلْنَا لَهُ فِيهَا مَا نَشَاءُ لِمَنْ نُرِيدُ ثُمَّ جَعَلْنَا لَهُ جَهَنَّمَ يَصْلَاهَا مَذْمُومًا

مَدْحُورًا 17:19 وَمَنْ أَرَادَ الْآخِرَةَ وَسَعَىٰ لَهَا سَعْيَهَا وَهُوَ مُؤْمِنٌ فَأُولَٰئِكَ كَانَ سَعْيُهُمْ مَشْكُورًا 17:20 كُلًّا نُمِدُّ هَٰؤُلَاءِ وَهَٰؤُلَاءِ مِنْ عَطَاءِ
رَبِّكَ وَمَا كَانَ عَطَاءُ رَبِّكَ مَحْظُورًا 17:21 انْظُرْ كَيْفَ فَضَّلْنَا بَعْضَهُمْ عَلَىٰ بَعْضٍ وَلَلْآخِرَةُ أَكْبَرُ دَرَجَاتٍ وَأَكْبَرُ تَفْضِيلًا 17:22 لَا تَجْعَلْ مَعَ
اللَّهِ إِلَٰهًا آخَرَ فَتَقْعُدَ مَذْمُومًا مَخْذُولًا 17:23 وَقَضَىٰ رَبُّكَ أَلَّا تَعْبُدُوا إِلَّا إِيَّاهُ وَبِالْوَالِدَيْنِ إِحْسَانًا إِمَّا يَبْلُغَنَّ عِنْدَكَ الْكِبَرَ أَحَدُهُمَا أَوْ كِلَاهُمَا
فَلَا تَقُلْ لَهُمَا أُفٍّ وَلَا تَنْهَرْهُمَا وَقُلْ لَهُمَا قَوْلًا كَرِيمًا 17:24 وَاخْفِضْ لَهُمَا جَنَاحَ الذُّلِّ مِنَ الرَّحْمَةِ وَقُلْ رَبِّ ارْحَمْهُمَا كَمَا رَبَّيَانِي صَغِيرًا
17:25 رَبُّكُمْ أَعْلَمُ بِمَا فِي نُفُوسِكُمْ إِنْ تَكُونُوا صَالِحِينَ فَإِنَّهُ كَانَ لِلْأَوَّابِينَ غَفُورًا 17:26 وَآتِ ذَا الْقُرْبَىٰ حَقَّهُ وَالْمِسْكِينَ وَابْنَ السَّبِيلِ وَلَا
تُبَذِّرْ تَبْذِيرًا 17:27 إِنَّ الْمُبَذِّرِينَ كَانُوا إِخْوَانَ الشَّيَاطِينِ وَكَانَ الشَّيْطَانُ لِرَبِّهِ كَفُورًا 17:28 وَإِمَّا تُعْرِضَنَّ عَنْهُمُ ابْتِغَاءَ رَحْمَةٍ مِنْ رَبِّكَ
تَرْجُوهَا فَقُلْ لَهُمْ قَوْلًا مَيْسُورًا 17:29 وَلَا تَجْعَلْ يَدَكَ مَغْلُولَةً إِلَىٰ عُنُقِكَ وَلَا تَبْسُطْهَا كُلَّ الْبَسْطِ فَتَقْعُدَ مَلُومًا مَحْسُورًا 17:30 إِنَّ رَبَّكَ
يَبْسُطُ الرِّزْقَ لِمَنْ يَشَاءُ وَيَقْدِرُ إِنَّهُ كَانَ بِعِبَادِهِ خَبِيرًا بَصِيرًا 17:31 وَلَا تَقْتُلُوا أَوْلَادَكُمْ خَشْيَةَ إِمْلَاقٍ نَحْنُ نَرْزُقُهُمْ وَإِيَّاكُمْ إِنَّ قَتْلَهُمْ كَانَ
خِطْئًا كَبِيرًا 17:32 وَلَا تَقْرَبُوا الزِّنَا إِنَّهُ كَانَ فَاحِشَةً وَسَاءَ سَبِيلًا 17:33 وَلَا تَقْتُلُوا النَّفْسَ الَّتِي حَرَّمَ اللَّهُ إِلَّا بِالْحَقِّ وَمَنْ قُتِلَ مَظْلُومًا فَقَدْ
جَعَلْنَا لِوَلِيِّهِ سُلْطَانًا فَلَا يُسْرِفْ فِي الْقَتْلِ إِنَّهُ كَانَ مَنْصُورًا 17:34 وَلَا تَقْرَبُوا مَالَ الْيَتِيمِ إِلَّا بِالَّتِي هِيَ أَحْسَنُ حَتَّىٰ يَبْلُغَ أَشُدَّهُ وَأَوْفُوا
بِالْعَهْدِ إِنَّ الْعَهْدَ كَانَ مَسْئُولًا 17:35 وَأَوْفُوا الْكَيْلَ إِذَا كِلْتُمْ وَزِنُوا بِالْقِسْطَاسِ الْمُسْتَقِيمِ ذَٰلِكَ خَيْرٌ وَأَحْسَنُ تَأْوِيلًا 17:36 وَلَا تَقْفُ مَا
لَيْسَ لَكَ بِهِ عِلْمٌ إِنَّ السَّمْعَ وَالْبَصَرَ وَالْفُؤَادَ كُلُّ أُولَٰئِكَ كَانَ عَنْهُ مَسْئُولًا 17:37 وَلَا تَمْشِ فِي الْأَرْضِ مَرَحًا إِنَّكَ لَنْ تَخْرِقَ الْأَرْضَ وَلَنْ تَبْلُغَ
الْجِبَالَ طُولًا 17:38 كُلُّ ذَٰلِكَ كَانَ سَيِّئُهُ عِنْدَ رَبِّكَ مَكْرُوهًا 17:39 ذَٰلِكَ مِمَّا أَوْحَىٰ إِلَيْكَ رَبُّكَ مِنَ الْحِكْمَةِ وَلَا تَجْعَلْ مَعَ اللَّهِ إِلَٰهًا آخَرَ فَتُلْقَىٰ
فِي جَهَنَّمَ مَلُومًا مَدْحُورًا 17:40 أَفَأَصْفَاكُمْ رَبُّكُمْ بِالْبَنِينَ وَاتَّخَذَ مِنَ الْمَلَائِكَةِ إِنَاثًا إِنَّكُمْ لَتَقُولُونَ قَوْلًا عَظِيمًا 17:41 وَلَقَدْ صَرَّفْنَا فِي هَٰذَا
الْقُرْآنِ لِيَذَّكَّرُوا وَمَا يَزِيدُهُمْ إِلَّا نُفُورًا 17:42 قُلْ لَوْ كَانَ مَعَهُ آلِهَةٌ كَمَا يَقُولُونَ إِذًا لَابْتَغَوْا إِلَىٰ ذِي الْعَرْشِ سَبِيلًا 17:43 سُبْحَانَهُ وَتَعَالَىٰ
عَمَّا يَقُولُونَ عُلُوًّا كَبِيرًا 17:44 تُسَبِّحُ لَهُ السَّمَاوَاتُ السَّبْعُ وَالْأَرْضُ وَمَنْ فِيهِنَّ وَإِنْ مِنْ شَيْءٍ إِلَّا يُسَبِّحُ بِحَمْدِهِ وَلَٰكِنْ لَا تَفْقَهُونَ تَسْبِيحَهُمْ
إِنَّهُ كَانَ حَلِيمًا غَفُورًا 17:45 وَإِذَا قَرَأْتَ الْقُرْآنَ جَعَلْنَا بَيْنَكَ وَبَيْنَ الَّذِينَ لَا يُؤْمِنُونَ بِالْآخِرَةِ حِجَابًا مَسْتُورًا 17:46 وَجَعَلْنَا عَلَىٰ قُلُوبِهِمْ
أَكِنَّةً أَنْ يَفْقَهُوهُ وَفِي آذَانِهِمْ وَقْرًا وَإِذَا ذَكَرْتَ رَبَّكَ فِي الْقُرْآنِ وَحْدَهُ وَلَّوْا عَلَىٰ أَدْبَارِهِمْ نُفُورًا 17:47 نَحْنُ أَعْلَمُ بِمَا يَسْتَمِعُونَ بِهِ إِذْ
يَسْتَمِعُونَ إِلَيْكَ وَإِذْ هُمْ نَجْوَىٰ إِذْ يَقُولُ الظَّالِمُونَ إِنْ تَتَّبِعُونَ إِلَّا رَجُلًا مَسْحُورًا 17:48 انْظُرْ كَيْفَ ضَرَبُوا لَكَ الْأَمْثَالَ فَضَلُّوا فَلَا
يَسْتَطِيعُونَ سَبِيلًا 17:49 وَقَالُوا أَإِذَا كُنَّا عِظَامًا وَرُفَاتًا أَإِنَّا لَمَبْعُوثُونَ خَلْقًا جَدِيدًا 17:50 قُلْ كُونُوا حِجَارَةً أَوْ حَدِيدًا 17:51 أَوْ خَلْقًا مِمَّا
يَكْبُرُ فِي صُدُورِكُمْ فَسَيَقُولُونَ مَنْ يُعِيدُنَا قُلِ الَّذِي فَطَرَكُمْ أَوَّلَ مَرَّةٍ فَسَيُنْغِضُونَ إِلَيْكَ رُءُوسَهُمْ وَيَقُولُونَ مَتَىٰ هُوَ قُلْ عَسَىٰ أَنْ يَكُونَ
قَرِيبًا 17:52 يَوْمَ يَدْعُوكُمْ فَتَسْتَجِيبُونَ بِحَمْدِهِ وَتَظُنُّونَ إِنْ لَبِثْتُمْ إِلَّا قَلِيلًا 17:53 وَقُلْ لِعِبَادِي يَقُولُوا الَّتِي هِيَ أَحْسَنُ إِنَّ الشَّيْطَانَ يَنْزَغُ
بَيْنَهُمْ إِنَّ الشَّيْطَانَ كَانَ لِلْإِنْسَانِ عَدُوًّا مُبِينًا 17:54 رَبُّكُمْ أَعْلَمُ بِكُمْ إِنْ يَشَأْ يَرْحَمْكُمْ أَوْ إِنْ يَشَأْ يُعَذِّبْكُمْ وَمَا أَرْسَلْنَاكَ عَلَيْهِمْ وَكِيلًا 17:55
وَرَبُّكَ أَعْلَمُ بِمَنْ فِي السَّمَاوَاتِ وَالْأَرْضِ وَلَقَدْ فَضَّلْنَا بَعْضَ النَّبِيِّينَ عَلَىٰ بَعْضٍ وَآتَيْنَا دَاوُودَ زَبُورًا 17:56 قُلِ ادْعُوا الَّذِينَ زَعَمْتُمْ مِنْ
دُونِهِ فَلَا يَمْلِكُونَ كَشْفَ الضُّرِّ عَنْكُمْ وَلَا تَحْوِيلًا 17:57 أُولَٰئِكَ الَّذِينَ يَدْعُونَ يَبْتَغُونَ إِلَىٰ رَبِّهِمُ الْوَسِيلَةَ أَيُّهُمْ أَقْرَبُ وَيَرْجُونَ رَحْمَتَهُ
وَيَخَافُونَ عَذَابَهُ إِنَّ عَذَابَ رَبِّكَ كَانَ مَحْذُورًا 17:58 وَإِنْ مِنْ قَرْيَةٍ إِلَّا نَحْنُ مُهْلِكُوهَا قَبْلَ يَوْمِ الْقِيَامَةِ أَوْ مُعَذِّبُوهَا عَذَابًا شَدِيدًا كَانَ ذَٰلِكَ
فِي الْكِتَابِ مَسْطُورًا 17:59 وَمَا مَنَعَنَا أَنْ نُرْسِلَ بِالْآيَاتِ إِلَّا أَنْ كَذَّبَ بِهَا الْأَوَّلُونَ وَآتَيْنَا ثَمُودَ النَّاقَةَ مُبْصِرَةً فَظَلَمُوا بِهَا وَمَا نُرْسِلُ بِالْآيَاتِ
إِلَّا تَخْوِيفًا 17:60 وَإِذْ قُلْنَا لَكَ إِنَّ رَبَّكَ أَحَاطَ بِالنَّاسِ وَمَا جَعَلْنَا الرُّؤْيَا الَّتِي أَرَيْنَاكَ إِلَّا فِتْنَةً لِلنَّاسِ وَالشَّجَرَةَ الْمَلْعُونَةَ فِي الْقُرْآنِ
وَنُخَوِّفُهُمْ فَمَا يَزِيدُهُمْ إِلَّا طُغْيَانًا كَبِيرًا 17:61 وَإِذْ قُلْنَا لِلْمَلَائِكَةِ اسْجُدُوا لِآدَمَ فَسَجَدُوا إِلَّا إِبْلِيسَ قَالَ أَأَسْجُدُ لِمَنْ خَلَقْتَ طِينًا 17:62
قَالَ أَرَأَيْتَكَ هَٰذَا الَّذِي كَرَّمْتَ عَلَيَّ لَئِنْ أَخَّرْتَنِ إِلَىٰ يَوْمِ الْقِيَامَةِ لَأَحْتَنِكَنَّ ذُرِّيَّتَهُ إِلَّا قَلِيلًا 17:63 قَالَ اذْهَبْ فَمَنْ تَبِعَكَ مِنْهُمْ فَإِنَّ جَهَنَّمَ

جَزَاؤُكُمْ جَزَاءً مَوْفُورًا 17:64 وَاسْتَفْزِزْ مَنِ اسْتَطَعْتَ مِنْهُمْ بِصَوْتِكَ وَأَجْلِبْ عَلَيْهِمْ بِخَيْلِكَ وَرَجِلِكَ وَشَارِكْهُمْ فِي الْأَمْوَالِ وَالْأَوْلَادِ
وَعِدْهُمْ وَمَا يَعِدُهُمُ الشَّيْطَانُ إِلَّا غُرُورًا 17:65 إِنَّ عِبَادِي لَيْسَ لَكَ عَلَيْهِمْ سُلْطَانٌ وَكَفَىٰ بِرَبِّكَ وَكِيلًا 17:66 رَبُّكُمُ الَّذِي يُزْجِي لَكُمُ الْفُلْكَ
فِي الْبَحْرِ لِتَبْتَغُوا مِنْ فَضْلِهِ إِنَّهُ كَانَ بِكُمْ رَحِيمًا 17:67 وَإِذَا مَسَّكُمُ الضُّرُّ فِي الْبَحْرِ ضَلَّ مَنْ تَدْعُونَ إِلَّا إِيَّاهُ فَلَمَّا نَجَّاكُمْ إِلَى الْبَرِّ أَعْرَضْتُمْ
وَكَانَ الْإِنْسَانُ كَفُورًا 17:68 أَفَأَمِنْتُمْ أَنْ يَخْسِفَ بِكُمْ جَانِبَ الْبَرِّ أَوْ يُرْسِلَ عَلَيْكُمْ حَاصِبًا ثُمَّ لَا تَجِدُوا لَكُمْ وَكِيلًا 17:69 أَمْ أَمِنْتُمْ أَنْ يُعِيدَكُمْ
فِيهِ تَارَةً أُخْرَىٰ فَيُرْسِلَ عَلَيْكُمْ قَاصِفًا مِنَ الرِّيحِ فَيُغْرِقَكُمْ بِمَا كَفَرْتُمْ ثُمَّ لَا تَجِدُوا لَكُمْ عَلَيْنَا بِهِ تَبِيعًا 17:70 وَلَقَدْ كَرَّمْنَا بَنِي آدَمَ
وَحَمَلْنَاهُمْ فِي الْبَرِّ وَالْبَحْرِ وَرَزَقْنَاهُمْ مِنَ الطَّيِّبَاتِ وَفَضَّلْنَاهُمْ عَلَىٰ كَثِيرٍ مِمَّنْ خَلَقْنَا تَفْضِيلًا 17:71 يَوْمَ نَدْعُو كُلَّ أُنَاسٍ بِإِمَامِهِمْ فَمَنْ
أُوتِيَ كِتَابَهُ بِيَمِينِهِ فَأُولَٰئِكَ يَقْرَءُونَ كِتَابَهُمْ وَلَا يُظْلَمُونَ فَتِيلًا 17:72 وَمَنْ كَانَ فِي هَٰذِهِ أَعْمَىٰ فَهُوَ فِي الْآخِرَةِ أَعْمَىٰ وَأَضَلُّ سَبِيلًا 17:73
وَإِنْ كَادُوا لَيَفْتِنُونَكَ عَنِ الَّذِي أَوْحَيْنَا إِلَيْكَ لِتَفْتَرِيَ عَلَيْنَا غَيْرَهُ وَإِذًا لَاتَّخَذُوكَ خَلِيلًا 17:74 وَلَوْلَا أَنْ ثَبَّتْنَاكَ لَقَدْ كِدْتَ تَرْكَنُ إِلَيْهِمْ شَيْئًا
قَلِيلًا 17:75 إِذًا لَأَذَقْنَاكَ ضِعْفَ الْحَيَاةِ وَضِعْفَ الْمَمَاتِ ثُمَّ لَا تَجِدُ لَكَ عَلَيْنَا نَصِيرًا 17:76 وَإِنْ كَادُوا لَيَسْتَفِزُّونَكَ مِنَ الْأَرْضِ لِيُخْرِجُوكَ
مِنْهَا وَإِذًا لَا يَلْبَثُونَ خِلَافَكَ إِلَّا قَلِيلًا 17:77 سُنَّةَ مَنْ قَدْ أَرْسَلْنَا قَبْلَكَ مِنْ رُسُلِنَا وَلَا تَجِدُ لِسُنَّتِنَا تَحْوِيلًا 17:78 أَقِمِ الصَّلَاةَ لِدُلُوكِ الشَّمْسِ
إِلَىٰ غَسَقِ اللَّيْلِ وَقُرْآنَ الْفَجْرِ إِنَّ قُرْآنَ الْفَجْرِ كَانَ مَشْهُودًا 17:79 وَمِنَ اللَّيْلِ فَتَهَجَّدْ بِهِ نَافِلَةً لَكَ عَسَىٰ أَنْ يَبْعَثَكَ رَبُّكَ مَقَامًا مَحْمُودًا
17:80 وَقُلْ رَبِّ أَدْخِلْنِي مُدْخَلَ صِدْقٍ وَأَخْرِجْنِي مُخْرَجَ صِدْقٍ وَاجْعَلْ لِي مِنْ لَدُنْكَ سُلْطَانًا نَصِيرًا 17:81 وَقُلْ جَاءَ الْحَقُّ وَزَهَقَ الْبَاطِلُ
إِنَّ الْبَاطِلَ كَانَ زَهُوقًا 17:82 وَنُنَزِّلُ مِنَ الْقُرْآنِ مَا هُوَ شِفَاءٌ وَرَحْمَةٌ لِلْمُؤْمِنِينَ وَلَا يَزِيدُ الظَّالِمِينَ إِلَّا خَسَارًا 17:83 وَإِذَا أَنْعَمْنَا عَلَى الْإِنْسَانِ
أَعْرَضَ وَنَأَىٰ بِجَانِبِهِ وَإِذَا مَسَّهُ الشَّرُّ كَانَ يَئُوسًا 17:84 قُلْ كُلٌّ يَعْمَلُ عَلَىٰ شَاكِلَتِهِ فَرَبُّكُمْ أَعْلَمُ بِمَنْ هُوَ أَهْدَىٰ سَبِيلًا 17:85 وَيَسْأَلُونَكَ
عَنِ الرُّوحِ قُلِ الرُّوحُ مِنْ أَمْرِ رَبِّي وَمَا أُوتِيتُمْ مِنَ الْعِلْمِ إِلَّا قَلِيلًا 17:86 وَلَئِنْ شِئْنَا لَنَذْهَبَنَّ بِالَّذِي أَوْحَيْنَا إِلَيْكَ ثُمَّ لَا تَجِدُ لَكَ بِهِ عَلَيْنَا
وَكِيلًا 17:87 إِلَّا رَحْمَةً مِنْ رَبِّكَ إِنَّ فَضْلَهُ كَانَ عَلَيْكَ كَبِيرًا 17:88 قُلْ لَئِنِ اجْتَمَعَتِ الْإِنْسُ وَالْجِنُّ عَلَىٰ أَنْ يَأْتُوا بِمِثْلِ هَٰذَا الْقُرْآنِ لَا يَأْتُونَ
بِمِثْلِهِ وَلَوْ كَانَ بَعْضُهُمْ لِبَعْضٍ ظَهِيرًا 17:89 وَلَقَدْ صَرَّفْنَا لِلنَّاسِ فِي هَٰذَا الْقُرْآنِ مِنْ كُلِّ مَثَلٍ فَأَبَىٰ أَكْثَرُ النَّاسِ إِلَّا كُفُورًا 17:90 وَقَالُوا لَنْ
نُؤْمِنَ لَكَ حَتَّىٰ تَفْجُرَ لَنَا مِنَ الْأَرْضِ يَنْبُوعًا 17:91 أَوْ تَكُونَ لَكَ جَنَّةٌ مِنْ نَخِيلٍ وَعِنَبٍ فَتُفَجِّرَ الْأَنْهَارَ خِلَالَهَا تَفْجِيرًا 17:92 أَوْ تُسْقِطَ
السَّمَاءَ كَمَا زَعَمْتَ عَلَيْنَا كِسَفًا أَوْ تَأْتِيَ بِاللَّهِ وَالْمَلَائِكَةِ قَبِيلًا 17:93 أَوْ يَكُونَ لَكَ بَيْتٌ مِنْ زُخْرُفٍ أَوْ تَرْقَىٰ فِي السَّمَاءِ وَلَنْ نُؤْمِنَ لِرُقِيِّكَ
حَتَّىٰ تُنَزِّلَ عَلَيْنَا كِتَابًا نَقْرَؤُهُ قُلْ سُبْحَانَ رَبِّي هَلْ كُنْتُ إِلَّا بَشَرًا رَسُولًا 17:94 وَمَا مَنَعَ النَّاسَ أَنْ يُؤْمِنُوا إِذْ جَاءَهُمُ الْهُدَىٰ إِلَّا أَنْ قَالُوا
أَبَعَثَ اللَّهُ بَشَرًا رَسُولًا 17:95 قُلْ لَوْ كَانَ فِي الْأَرْضِ مَلَائِكَةٌ يَمْشُونَ مُطْمَئِنِّينَ لَنَزَّلْنَا عَلَيْهِمْ مِنَ السَّمَاءِ مَلَكًا رَسُولًا 17:96 قُلْ كَفَىٰ بِاللَّهِ
شَهِيدًا بَيْنِي وَبَيْنَكُمْ إِنَّهُ كَانَ بِعِبَادِهِ خَبِيرًا بَصِيرًا 17:97 وَمَنْ يَهْدِ اللَّهُ فَهُوَ الْمُهْتَدِ وَمَنْ يُضْلِلْ فَلَنْ تَجِدَ لَهُمْ أَوْلِيَاءَ مِنْ دُونِهِ
وَنَحْشُرُهُمْ يَوْمَ الْقِيَامَةِ عَلَىٰ وُجُوهِهِمْ عُمْيًا وَبُكْمًا وَصُمًّا مَأْوَاهُمْ جَهَنَّمُ كُلَّمَا خَبَتْ زِدْنَاهُمْ سَعِيرًا 17:98 ذَٰلِكَ جَزَاؤُهُمْ بِأَنَّهُمْ كَفَرُوا
بِآيَاتِنَا وَقَالُوا أَإِذَا كُنَّا عِظَامًا وَرُفَاتًا أَإِنَّا لَمَبْعُوثُونَ خَلْقًا جَدِيدًا 17:99 أَوَلَمْ يَرَوْا أَنَّ اللَّهَ الَّذِي خَلَقَ السَّمَاوَاتِ وَالْأَرْضَ قَادِرٌ عَلَىٰ أَنْ
يَخْلُقَ مِثْلَهُمْ وَجَعَلَ لَهُمْ أَجَلًا لَا رَيْبَ فِيهِ فَأَبَى الظَّالِمُونَ إِلَّا كُفُورًا 17:100 قُلْ لَوْ أَنْتُمْ تَمْلِكُونَ خَزَائِنَ رَحْمَةِ رَبِّي إِذًا لَأَمْسَكْتُمْ خَشْيَةَ
الْإِنْفَاقِ وَكَانَ الْإِنْسَانُ قَتُورًا 17:101 وَلَقَدْ آتَيْنَا مُوسَىٰ تِسْعَ آيَاتٍ بَيِّنَاتٍ فَاسْأَلْ بَنِي إِسْرَائِيلَ إِذْ جَاءَهُمْ فَقَالَ لَهُ فِرْعَوْنُ إِنِّي لَأَظُنُّكَ يَا
مُوسَىٰ مَسْحُورًا 17:102 قَالَ لَقَدْ عَلِمْتَ مَا أَنْزَلَ هَٰؤُلَاءِ إِلَّا رَبُّ السَّمَاوَاتِ وَالْأَرْضِ بَصَائِرَ وَإِنِّي لَأَظُنُّكَ يَا فِرْعَوْنُ مَثْبُورًا 17:103 فَأَرَادَ أَنْ
يَسْتَفِزَّهُمْ مِنَ الْأَرْضِ فَأَغْرَقْنَاهُ وَمَنْ مَعَهُ جَمِيعًا 17:104 وَقُلْنَا مِنْ بَعْدِهِ لِبَنِي إِسْرَائِيلَ اسْكُنُوا الْأَرْضَ فَإِذَا جَاءَ وَعْدُ الْآخِرَةِ جِئْنَا بِكُمْ
لَفِيفًا 17:105 وَبِالْحَقِّ أَنْزَلْنَاهُ وَبِالْحَقِّ نَزَلَ وَمَا أَرْسَلْنَاكَ إِلَّا مُبَشِّرًا وَنَذِيرًا 17:106 وَقُرْآنًا فَرَقْنَاهُ لِتَقْرَأَهُ عَلَى النَّاسِ عَلَىٰ مُكْثٍ وَنَزَّلْنَاهُ
تَنْزِيلًا 17:107 قُلْ آمِنُوا بِهِ أَوْ لَا تُؤْمِنُوا إِنَّ الَّذِينَ أُوتُوا الْعِلْمَ مِنْ قَبْلِهِ إِذَا يُتْلَىٰ عَلَيْهِمْ يَخِرُّونَ لِلْأَذْقَانِ سُجَّدًا 17:108 وَيَقُولُونَ سُبْحَانَ

رَبِّنَا إِنْ كَانَ وَعْدُ رَبِّنَا لَمَفْعُولًا 17:109 وَيَخِرُّونَ لِلْأَذْقَانِ يَبْكُونَ وَيَزِيدُهُمْ خُشُوعًا 17:110 قُلِ ادْعُوا اللَّهَ أَوِ ادْعُوا الرَّحْمَٰنَ أَيًّا مَا تَدْعُوا
فَلَهُ الْأَسْمَاءُ الْحُسْنَىٰ وَلَا تَجْهَرْ بِصَلَاتِكَ وَلَا تُخَافِتْ بِهَا وَابْتَغِ بَيْنَ ذَٰلِكَ سَبِيلًا 17:111 وَقُلِ الْحَمْدُ لِلَّهِ الَّذِي لَمْ يَتَّخِذْ وَلَدًا وَلَمْ يَكُنْ لَهُ
شَرِيكٌ فِي الْمُلْكِ وَلَمْ يَكُنْ لَهُ وَلِيٌّ مِنَ الذُّلِّ وَكَبِّرْهُ تَكْبِيرًا 18:1 بِسْمِ اللَّهِ الرَّحْمَٰنِ الرَّحِيمِ الْحَمْدُ لِلَّهِ الَّذِي أَنْزَلَ عَلَىٰ عَبْدِهِ الْكِتَابَ وَلَمْ
يَجْعَلْ لَهُ عِوَجًا 18:2 قَيِّمًا لِيُنْذِرَ بَأْسًا شَدِيدًا مِنْ لَدُنْهُ وَيُبَشِّرَ الْمُؤْمِنِينَ الَّذِينَ يَعْمَلُونَ الصَّالِحَاتِ أَنَّ لَهُمْ أَجْرًا حَسَنًا 18:3 مَاكِثِينَ فِيهِ
أَبَدًا 18:4 وَيُنْذِرَ الَّذِينَ قَالُوا اتَّخَذَ اللَّهُ وَلَدًا 18:5 مَا لَهُمْ بِهِ مِنْ عِلْمٍ وَلَا لِآبَائِهِمْ كَبُرَتْ كَلِمَةً تَخْرُجُ مِنْ أَفْوَاهِهِمْ إِنْ يَقُولُونَ إِلَّا كَذِبًا 18:6
فَلَعَلَّكَ بَاخِعٌ نَفْسَكَ عَلَىٰ آثَارِهِمْ إِنْ لَمْ يُؤْمِنُوا بِهَٰذَا الْحَدِيثِ أَسَفًا 18:7 إِنَّا جَعَلْنَا مَا عَلَى الْأَرْضِ زِينَةً لَهَا لِنَبْلُوَهُمْ أَيُّهُمْ أَحْسَنُ عَمَلًا
18:8 وَإِنَّا لَجَاعِلُونَ مَا عَلَيْهَا صَعِيدًا جُرُزًا 18:9 أَمْ حَسِبْتَ أَنَّ أَصْحَابَ الْكَهْفِ وَالرَّقِيمِ كَانُوا مِنْ آيَاتِنَا عَجَبًا 18:10 إِذْ أَوَى الْفِتْيَةُ إِلَى
الْكَهْفِ فَقَالُوا رَبَّنَا آتِنَا مِنْ لَدُنْكَ رَحْمَةً وَهَيِّئْ لَنَا مِنْ أَمْرِنَا رَشَدًا 18:11 فَضَرَبْنَا عَلَىٰ آذَانِهِمْ فِي الْكَهْفِ سِنِينَ عَدَدًا 18:12 ثُمَّ بَعَثْنَاهُمْ
لِنَعْلَمَ أَيُّ الْحِزْبَيْنِ أَحْصَىٰ لِمَا لَبِثُوا أَمَدًا 18:13 نَحْنُ نَقُصُّ عَلَيْكَ نَبَأَهُمْ بِالْحَقِّ إِنَّهُمْ فِتْيَةٌ آمَنُوا بِرَبِّهِمْ وَزِدْنَاهُمْ هُدًى 18:14 وَرَبَطْنَا
عَلَىٰ قُلُوبِهِمْ إِذْ قَامُوا فَقَالُوا رَبُّنَا رَبُّ السَّمَاوَاتِ وَالْأَرْضِ لَنْ نَدْعُوَ مِنْ دُونِهِ إِلَٰهًا لَقَدْ قُلْنَا إِذًا شَطَطًا 18:15 هَٰؤُلَاءِ قَوْمُنَا اتَّخَذُوا مِنْ
دُونِهِ آلِهَةً لَوْلَا يَأْتُونَ عَلَيْهِمْ بِسُلْطَانٍ بَيِّنٍ فَمَنْ أَظْلَمُ مِمَّنِ افْتَرَىٰ عَلَى اللَّهِ كَذِبًا 18:16 وَإِذِ اعْتَزَلْتُمُوهُمْ وَمَا يَعْبُدُونَ إِلَّا اللَّهَ فَأْوُوا
إِلَى الْكَهْفِ يَنْشُرْ لَكُمْ رَبُّكُمْ مِنْ رَحْمَتِهِ وَيُهَيِّئْ لَكُمْ مِنْ أَمْرِكُمْ مِرْفَقًا 18:17 وَتَرَى الشَّمْسَ إِذَا طَلَعَتْ تَزَاوَرُ عَنْ كَهْفِهِمْ ذَاتَ الْيَمِينِ
وَإِذَا غَرَبَتْ تَقْرِضُهُمْ ذَاتَ الشِّمَالِ وَهُمْ فِي فَجْوَةٍ مِنْهُ ذَٰلِكَ مِنْ آيَاتِ اللَّهِ مَنْ يَهْدِ اللَّهُ فَهُوَ الْمُهْتَدِ وَمَنْ يُضْلِلْ فَلَنْ تَجِدَ لَهُ وَلِيًّا
مُرْشِدًا 18:18 وَتَحْسَبُهُمْ أَيْقَاظًا وَهُمْ رُقُودٌ وَنُقَلِّبُهُمْ ذَاتَ الْيَمِينِ وَذَاتَ الشِّمَالِ وَكَلْبُهُمْ بَاسِطٌ ذِرَاعَيْهِ بِالْوَصِيدِ لَوِ اطَّلَعْتَ عَلَيْهِمْ
لَوَلَّيْتَ مِنْهُمْ فِرَارًا وَلَمُلِئْتَ مِنْهُمْ رُعْبًا 18:19 وَكَذَٰلِكَ بَعَثْنَاهُمْ لِيَتَسَاءَلُوا بَيْنَهُمْ قَالَ قَائِلٌ مِنْهُمْ كَمْ لَبِثْتُمْ قَالُوا لَبِثْنَا يَوْمًا أَوْ بَعْضَ يَوْمٍ
قَالُوا رَبُّكُمْ أَعْلَمُ بِمَا لَبِثْتُمْ فَابْعَثُوا أَحَدَكُمْ بِوَرِقِكُمْ هَٰذِهِ إِلَى الْمَدِينَةِ فَلْيَنْظُرْ أَيُّهَا أَزْكَىٰ طَعَامًا فَلْيَأْتِكُمْ بِرِزْقٍ مِنْهُ وَلْيَتَلَطَّفْ وَلَا
يُشْعِرَنَّ بِكُمْ أَحَدًا 18:20 إِنَّهُمْ إِنْ يَظْهَرُوا عَلَيْكُمْ يَرْجُمُوكُمْ أَوْ يُعِيدُوكُمْ فِي مِلَّتِهِمْ وَلَنْ تُفْلِحُوا إِذًا أَبَدًا 18:21 وَكَذَٰلِكَ أَعْثَرْنَا عَلَيْهِمْ
لِيَعْلَمُوا أَنَّ وَعْدَ اللَّهِ حَقٌّ وَأَنَّ السَّاعَةَ لَا رَيْبَ فِيهَا إِذْ يَتَنَازَعُونَ بَيْنَهُمْ أَمْرَهُمْ فَقَالُوا ابْنُوا عَلَيْهِمْ بُنْيَانًا رَبُّهُمْ أَعْلَمُ بِهِمْ قَالَ الَّذِينَ
غَلَبُوا عَلَىٰ أَمْرِهِمْ لَنَتَّخِذَنَّ عَلَيْهِمْ مَسْجِدًا 18:22 سَيَقُولُونَ ثَلَاثَةٌ رَابِعُهُمْ كَلْبُهُمْ وَيَقُولُونَ خَمْسَةٌ سَادِسُهُمْ كَلْبُهُمْ رَجْمًا بِالْغَيْبِ
وَيَقُولُونَ سَبْعَةٌ وَثَامِنُهُمْ كَلْبُهُمْ قُلْ رَبِّي أَعْلَمُ بِعِدَّتِهِمْ مَا يَعْلَمُهُمْ إِلَّا قَلِيلٌ فَلَا تُمَارِ فِيهِمْ إِلَّا مِرَاءً ظَاهِرًا وَلَا تَسْتَفْتِ فِيهِمْ مِنْهُمْ
أَحَدًا 18:23 وَلَا تَقُولَنَّ لِشَيْءٍ إِنِّي فَاعِلٌ ذَٰلِكَ غَدًا 18:24 إِلَّا أَنْ يَشَاءَ اللَّهُ وَاذْكُرْ رَبَّكَ إِذَا نَسِيتَ وَقُلْ عَسَىٰ أَنْ يَهْدِيَنِ رَبِّي لِأَقْرَبَ مِنْ
هَٰذَا رَشَدًا 18:25 وَلَبِثُوا فِي كَهْفِهِمْ ثَلَاثَ مِائَةٍ سِنِينَ وَازْدَادُوا تِسْعًا 18:26 قُلِ اللَّهُ أَعْلَمُ بِمَا لَبِثُوا لَهُ غَيْبُ السَّمَاوَاتِ وَالْأَرْضِ أَبْصِرْ بِهِ
وَأَسْمِعْ مَا لَهُمْ مِنْ دُونِهِ مِنْ وَلِيٍّ وَلَا يُشْرِكُ فِي حُكْمِهِ أَحَدًا 18:27 وَاتْلُ مَا أُوحِيَ إِلَيْكَ مِنْ كِتَابِ رَبِّكَ لَا مُبَدِّلَ لِكَلِمَاتِهِ وَلَنْ تَجِدَ مِنْ
دُونِهِ مُلْتَحَدًا 18:28 وَاصْبِرْ نَفْسَكَ مَعَ الَّذِينَ يَدْعُونَ رَبَّهُمْ بِالْغَدَاةِ وَالْعَشِيِّ يُرِيدُونَ وَجْهَهُ وَلَا تَعْدُ عَيْنَاكَ عَنْهُمْ تُرِيدُ زِينَةَ الْحَيَاةِ
الدُّنْيَا وَلَا تُطِعْ مَنْ أَغْفَلْنَا قَلْبَهُ عَنْ ذِكْرِنَا وَاتَّبَعَ هَوَاهُ وَكَانَ أَمْرُهُ فُرُطًا 18:29 وَقُلِ الْحَقُّ مِنْ رَبِّكُمْ فَمَنْ شَاءَ فَلْيُؤْمِنْ وَمَنْ شَاءَ فَلْيَكْفُرْ
إِنَّا أَعْتَدْنَا لِلظَّالِمِينَ نَارًا أَحَاطَ بِهِمْ سُرَادِقُهَا وَإِنْ يَسْتَغِيثُوا يُغَاثُوا بِمَاءٍ كَالْمُهْلِ يَشْوِي الْوُجُوهَ بِئْسَ الشَّرَابُ وَسَاءَتْ مُرْتَفَقًا 18:30
إِنَّ الَّذِينَ آمَنُوا وَعَمِلُوا الصَّالِحَاتِ إِنَّا لَا نُضِيعُ أَجْرَ مَنْ أَحْسَنَ عَمَلًا 18:31 أُولَٰئِكَ لَهُمْ جَنَّاتُ عَدْنٍ تَجْرِي مِنْ تَحْتِهِمُ الْأَنْهَارُ يُحَلَّوْنَ فِيهَا
مِنْ أَسَاوِرَ مِنْ ذَهَبٍ وَيَلْبَسُونَ ثِيَابًا خُضْرًا مِنْ سُنْدُسٍ وَإِسْتَبْرَقٍ مُتَّكِئِينَ فِيهَا عَلَى الْأَرَائِكِ نِعْمَ الثَّوَابُ وَحَسُنَتْ مُرْتَفَقًا 18:32 وَاضْرِبْ
لَهُمْ مَثَلًا رَجُلَيْنِ جَعَلْنَا لِأَحَدِهِمَا جَنَّتَيْنِ مِنْ أَعْنَابٍ وَحَفَفْنَاهُمَا بِنَخْلٍ وَجَعَلْنَا بَيْنَهُمَا زَرْعًا 18:33 كِلْتَا الْجَنَّتَيْنِ آتَتْ أُكُلَهَا وَلَمْ تَظْلِمْ
مِنْهُ شَيْئًا وَفَجَّرْنَا خِلَالَهُمَا نَهَرًا 18:34 وَكَانَ لَهُ ثَمَرٌ فَقَالَ لِصَاحِبِهِ وَهُوَ يُحَاوِرُهُ أَنَا أَكْثَرُ مِنْكَ مَالًا وَأَعَزُّ نَفَرًا 18:35 وَدَخَلَ جَنَّتَهُ وَهُوَ ظَالِمٌ

لِنَفْسِهِ قَالَ مَا أَظُنُّ أَنْ تَبِيدَ هَٰذِهِ أَبَدًا 18:36 وَمَا أَظُنُّ السَّاعَةَ قَائِمَةً وَلَئِنْ رُدِدْتُ إِلَىٰ رَبِّي لَأَجِدَنَّ خَيْرًا مِنْهَا مُنْقَلَبًا 18:37 قَالَ لَهُ صَاحِبُهُ
وَهُوَ يُحَاوِرُهُ أَكَفَرْتَ بِالَّذِي خَلَقَكَ مِنْ تُرَابٍ ثُمَّ مِنْ نُطْفَةٍ ثُمَّ سَوَّاكَ رَجُلًا 18:38 لَٰكِنَّا هُوَ اللَّهُ رَبِّي وَلَا أُشْرِكُ بِرَبِّي أَحَدًا 18:39 وَلَوْلَا إِذْ
دَخَلْتَ جَنَّتَكَ قُلْتَ مَا شَاءَ اللَّهُ لَا قُوَّةَ إِلَّا بِاللَّهِ إِنْ تَرَنِ أَنَا أَقَلَّ مِنْكَ مَالًا وَوَلَدًا 18:40 فَعَسَىٰ رَبِّي أَنْ يُؤْتِيَنِ خَيْرًا مِنْ جَنَّتِكَ وَيُرْسِلَ
عَلَيْهَا حُسْبَانًا مِنَ السَّمَاءِ فَتُصْبِحَ صَعِيدًا زَلَقًا 18:41 أَوْ يُصْبِحَ مَاؤُهَا غَوْرًا فَلَنْ تَسْتَطِيعَ لَهُ طَلَبًا 18:42 وَأُحِيطَ بِثَمَرِهِ فَأَصْبَحَ يُقَلِّبُ كَفَّيْهِ
عَلَىٰ مَا أَنْفَقَ فِيهَا وَهِيَ خَاوِيَةٌ عَلَىٰ عُرُوشِهَا وَيَقُولُ يَا لَيْتَنِي لَمْ أُشْرِكْ بِرَبِّي أَحَدًا 18:43 وَلَمْ تَكُنْ لَهُ فِئَةٌ يَنْصُرُونَهُ مِنْ دُونِ اللَّهِ وَمَا
كَانَ مُنْتَصِرًا 18:44 هُنَالِكَ الْوَلَايَةُ لِلَّهِ الْحَقِّ هُوَ خَيْرٌ ثَوَابًا وَخَيْرٌ عُقْبًا 18:45 وَاضْرِبْ لَهُمْ مَثَلَ الْحَيَاةِ الدُّنْيَا كَمَاءٍ أَنْزَلْنَاهُ مِنَ السَّمَاءِ
فَاخْتَلَطَ بِهِ نَبَاتُ الْأَرْضِ فَأَصْبَحَ هَشِيمًا تَذْرُوهُ الرِّيَاحُ وَكَانَ اللَّهُ عَلَىٰ كُلِّ شَيْءٍ مُقْتَدِرًا 18:46 الْمَالُ وَالْبَنُونَ زِينَةُ الْحَيَاةِ الدُّنْيَا وَالْبَاقِيَاتُ
الصَّالِحَاتُ خَيْرٌ عِنْدَ رَبِّكَ ثَوَابًا وَخَيْرٌ أَمَلًا 18:47 وَيَوْمَ نُسَيِّرُ الْجِبَالَ وَتَرَى الْأَرْضَ بَارِزَةً وَحَشَرْنَاهُمْ فَلَمْ نُغَادِرْ مِنْهُمْ أَحَدًا 18:48 وَعُرِضُوا
عَلَىٰ رَبِّكَ صَفًّا لَقَدْ جِئْتُمُونَا كَمَا خَلَقْنَاكُمْ أَوَّلَ مَرَّةٍ بَلْ زَعَمْتُمْ أَلَّنْ نَجْعَلَ لَكُمْ مَوْعِدًا 18:49 وَوُضِعَ الْكِتَابُ فَتَرَى الْمُجْرِمِينَ مُشْفِقِينَ
مِمَّا فِيهِ وَيَقُولُونَ يَا وَيْلَتَنَا مَالِ هَٰذَا الْكِتَابِ لَا يُغَادِرُ صَغِيرَةً وَلَا كَبِيرَةً إِلَّا أَحْصَاهَا وَوَجَدُوا مَا عَمِلُوا حَاضِرًا وَلَا يَظْلِمُ رَبُّكَ أَحَدًا 18:50
وَإِذْ قُلْنَا لِلْمَلَائِكَةِ اسْجُدُوا لِآدَمَ فَسَجَدُوا إِلَّا إِبْلِيسَ كَانَ مِنَ الْجِنِّ فَفَسَقَ عَنْ أَمْرِ رَبِّهِ أَفَتَتَّخِذُونَهُ وَذُرِّيَّتَهُ أَوْلِيَاءَ مِنْ دُونِي وَهُمْ لَكُمْ
عَدُوٌّ بِئْسَ لِلظَّالِمِينَ بَدَلًا 18:51 مَا أَشْهَدْتُهُمْ خَلْقَ السَّمَاوَاتِ وَالْأَرْضِ وَلَا خَلْقَ أَنْفُسِهِمْ وَمَا كُنْتُ مُتَّخِذَ الْمُضِلِّينَ عَضُدًا 18:52 وَيَوْمَ
يَقُولُ نَادُوا شُرَكَائِيَ الَّذِينَ زَعَمْتُمْ فَدَعَوْهُمْ فَلَمْ يَسْتَجِيبُوا لَهُمْ وَجَعَلْنَا بَيْنَهُمْ مَوْبِقًا 18:53 وَرَأَى الْمُجْرِمُونَ النَّارَ فَظَنُّوا أَنَّهُمْ
مُوَاقِعُوهَا وَلَمْ يَجِدُوا عَنْهَا مَصْرِفًا 18:54 وَلَقَدْ صَرَّفْنَا فِي هَٰذَا الْقُرْآنِ لِلنَّاسِ مِنْ كُلِّ مَثَلٍ وَكَانَ الْإِنْسَانُ أَكْثَرَ شَيْءٍ جَدَلًا 18:55 وَمَا مَنَعَ
النَّاسَ أَنْ يُؤْمِنُوا إِذْ جَاءَهُمُ الْهُدَىٰ وَيَسْتَغْفِرُوا رَبَّهُمْ إِلَّا أَنْ تَأْتِيَهُمْ سُنَّةُ الْأَوَّلِينَ أَوْ يَأْتِيَهُمُ الْعَذَابُ قُبُلًا 18:56 وَمَا نُرْسِلُ الْمُرْسَلِينَ إِلَّا
مُبَشِّرِينَ وَمُنْذِرِينَ وَيُجَادِلُ الَّذِينَ كَفَرُوا بِالْبَاطِلِ لِيُدْحِضُوا بِهِ الْحَقَّ وَاتَّخَذُوا آيَاتِي وَمَا أُنْذِرُوا هُزُوًا 18:57 وَمَنْ أَظْلَمُ مِمَّنْ ذُكِّرَ بِآيَاتِ
رَبِّهِ فَأَعْرَضَ عَنْهَا وَنَسِيَ مَا قَدَّمَتْ يَدَاهُ إِنَّا جَعَلْنَا عَلَىٰ قُلُوبِهِمْ أَكِنَّةً أَنْ يَفْقَهُوهُ وَفِي آذَانِهِمْ وَقْرًا وَإِنْ تَدْعُهُمْ إِلَى الْهُدَىٰ فَلَنْ
يَهْتَدُوا إِذًا أَبَدًا 18:58 وَرَبُّكَ الْغَفُورُ ذُو الرَّحْمَةِ لَوْ يُؤَاخِذُهُمْ بِمَا كَسَبُوا لَعَجَّلَ لَهُمُ الْعَذَابَ بَلْ لَهُمْ مَوْعِدٌ لَنْ يَجِدُوا مِنْ دُونِهِ مَوْئِلًا
18:59 وَتِلْكَ الْقُرَىٰ أَهْلَكْنَاهُمْ لَمَّا ظَلَمُوا وَجَعَلْنَا لِمَهْلِكِهِمْ مَوْعِدًا 18:60 وَإِذْ قَالَ مُوسَىٰ لِفَتَاهُ لَا أَبْرَحُ حَتَّىٰ أَبْلُغَ مَجْمَعَ الْبَحْرَيْنِ أَوْ
أَمْضِيَ حُقُبًا 18:61 فَلَمَّا بَلَغَا مَجْمَعَ بَيْنِهِمَا نَسِيَا حُوتَهُمَا فَاتَّخَذَ سَبِيلَهُ فِي الْبَحْرِ سَرَبًا 18:62 فَلَمَّا جَاوَزَا قَالَ لِفَتَاهُ آتِنَا غَدَاءَنَا لَقَدْ
لَقِينَا مِنْ سَفَرِنَا هَٰذَا نَصَبًا 18:63 قَالَ أَرَأَيْتَ إِذْ أَوَيْنَا إِلَى الصَّخْرَةِ فَإِنِّي نَسِيتُ الْحُوتَ وَمَا أَنْسَانِيهُ إِلَّا الشَّيْطَانُ أَنْ أَذْكُرَهُ وَاتَّخَذَ سَبِيلَهُ
فِي الْبَحْرِ عَجَبًا 18:64 قَالَ ذَٰلِكَ مَا كُنَّا نَبْغِ فَارْتَدَّا عَلَىٰ آثَارِهِمَا قَصَصًا 18:65 فَوَجَدَا عَبْدًا مِنْ عِبَادِنَا آتَيْنَاهُ رَحْمَةً مِنْ عِنْدِنَا وَعَلَّمْنَاهُ
مِنْ لَدُنَّا عِلْمًا 18:66 قَالَ لَهُ مُوسَىٰ هَلْ أَتَّبِعُكَ عَلَىٰ أَنْ تُعَلِّمَنِ مِمَّا عُلِّمْتَ رُشْدًا 18:67 قَالَ إِنَّكَ لَنْ تَسْتَطِيعَ مَعِيَ صَبْرًا 18:68 وَكَيْفَ
تَصْبِرُ عَلَىٰ مَا لَمْ تُحِطْ بِهِ خُبْرًا 18:69 قَالَ سَتَجِدُنِي إِنْ شَاءَ اللَّهُ صَابِرًا وَلَا أَعْصِي لَكَ أَمْرًا 18:70 قَالَ فَإِنِ اتَّبَعْتَنِي فَلَا تَسْأَلْنِي عَنْ
شَيْءٍ حَتَّىٰ أُحْدِثَ لَكَ مِنْهُ ذِكْرًا 18:71 فَانْطَلَقَا حَتَّىٰ إِذَا رَكِبَا فِي السَّفِينَةِ خَرَقَهَا قَالَ أَخَرَقْتَهَا لِتُغْرِقَ أَهْلَهَا لَقَدْ جِئْتَ شَيْئًا إِمْرًا 18:72
قَالَ أَلَمْ أَقُلْ إِنَّكَ لَنْ تَسْتَطِيعَ مَعِيَ صَبْرًا 18:73 قَالَ لَا تُؤَاخِذْنِي بِمَا نَسِيتُ وَلَا تُرْهِقْنِي مِنْ أَمْرِي عُسْرًا 18:74 فَانْطَلَقَا حَتَّىٰ إِذَا لَقِيَا
غُلَامًا فَقَتَلَهُ قَالَ أَقَتَلْتَ نَفْسًا زَكِيَّةً بِغَيْرِ نَفْسٍ لَقَدْ جِئْتَ شَيْئًا نُكْرًا 18:75 قَالَ أَلَمْ أَقُلْ لَكَ إِنَّكَ لَنْ تَسْتَطِيعَ مَعِيَ صَبْرًا 18:76 قَالَ إِنْ
سَأَلْتُكَ عَنْ شَيْءٍ بَعْدَهَا فَلَا تُصَاحِبْنِي قَدْ بَلَغْتَ مِنْ لَدُنِّي عُذْرًا 18:77 فَانْطَلَقَا حَتَّىٰ إِذَا أَتَيَا أَهْلَ قَرْيَةٍ اسْتَطْعَمَا أَهْلَهَا فَأَبَوْا أَنْ
يُضَيِّفُوهُمَا فَوَجَدَا فِيهَا جِدَارًا يُرِيدُ أَنْ يَنْقَضَّ فَأَقَامَهُ قَالَ لَوْ شِئْتَ لَاتَّخَذْتَ عَلَيْهِ أَجْرًا 18:78 قَالَ هَٰذَا فِرَاقُ بَيْنِي وَبَيْنِكَ سَأُنَبِّئُكَ
بِتَأْوِيلِ مَا لَمْ تَسْتَطِعْ عَلَيْهِ صَبْرًا 18:79 أَمَّا السَّفِينَةُ فَكَانَتْ لِمَسَاكِينَ يَعْمَلُونَ فِي الْبَحْرِ فَأَرَدْتُ أَنْ أَعِيبَهَا وَكَانَ وَرَاءَهُمْ مَلِكٌ يَأْخُذُ كُلَّ

سَفِينَةٍ غَصْبًا 18:80 وَأَمَّا الْغُلَامُ فَكَانَ أَبَوَاهُ مُؤْمِنَيْنِ فَخَشِينَا أَنْ يُرْهِقَهُمَا طُغْيَانًا وَكُفْرًا 18:81 فَأَرَدْنَا أَنْ يُبْدِلَهُمَا رَبُّهُمَا خَيْرًا مِنْهُ زَكَاةً
وَأَقْرَبَ رُحْمًا 18:82 وَأَمَّا الْجِدَارُ فَكَانَ لِغُلَامَيْنِ يَتِيمَيْنِ فِي الْمَدِينَةِ وَكَانَ تَحْتَهُ كَنْزٌ لَهُمَا وَكَانَ أَبُوهُمَا صَالِحًا فَأَرَادَ رَبُّكَ أَنْ يَبْلُغَا أَشُدَّهُمَا
وَيَسْتَخْرِجَا كَنْزَهُمَا رَحْمَةً مِنْ رَبِّكَ وَمَا فَعَلْتُهُ عَنْ أَمْرِي ذَٰلِكَ تَأْوِيلُ مَا لَمْ تَسْطِعْ عَلَيْهِ صَبْرًا 18:83 وَيَسْأَلُونَكَ عَنْ ذِي الْقَرْنَيْنِ قُلْ
سَأَتْلُو عَلَيْكُمْ مِنْهُ ذِكْرًا 18:84 إِنَّا مَكَّنَّا لَهُ فِي الْأَرْضِ وَآتَيْنَاهُ مِنْ كُلِّ شَيْءٍ سَبَبًا 18:85 فَأَتْبَعَ سَبَبًا 18:86 حَتَّىٰ إِذَا بَلَغَ مَغْرِبَ الشَّمْسِ
وَجَدَهَا تَغْرُبُ فِي عَيْنٍ حَمِئَةٍ وَوَجَدَ عِنْدَهَا قَوْمًا قُلْنَا يَا ذَا الْقَرْنَيْنِ إِمَّا أَنْ تُعَذِّبَ وَإِمَّا أَنْ تَتَّخِذَ فِيهِمْ حُسْنًا 18:87 قَالَ أَمَّا مَنْ ظَلَمَ
فَسَوْفَ نُعَذِّبُهُ ثُمَّ يُرَدُّ إِلَىٰ رَبِّهِ فَيُعَذِّبُهُ عَذَابًا نُكْرًا 18:88 وَأَمَّا مَنْ آمَنَ وَعَمِلَ صَالِحًا فَلَهُ جَزَاءً الْحُسْنَىٰ وَسَنَقُولُ لَهُ مِنْ أَمْرِنَا يُسْرًا
18:89 ثُمَّ أَتْبَعَ سَبَبًا 18:90 حَتَّىٰ إِذَا بَلَغَ مَطْلِعَ الشَّمْسِ وَجَدَهَا تَطْلُعُ عَلَىٰ قَوْمٍ لَمْ نَجْعَلْ لَهُمْ مِنْ دُونِهَا سِتْرًا 18:91 كَذَٰلِكَ وَقَدْ أَحَطْنَا
بِمَا لَدَيْهِ خُبْرًا 18:92 ثُمَّ أَتْبَعَ سَبَبًا 18:93 حَتَّىٰ إِذَا بَلَغَ بَيْنَ السَّدَّيْنِ وَجَدَ مِنْ دُونِهِمَا قَوْمًا لَا يَكَادُونَ يَفْقَهُونَ قَوْلًا 18:94 قَالُوا يَا ذَا
الْقَرْنَيْنِ إِنَّ يَأْجُوجَ وَمَأْجُوجَ مُفْسِدُونَ فِي الْأَرْضِ فَهَلْ نَجْعَلُ لَكَ خَرْجًا عَلَىٰ أَنْ تَجْعَلَ بَيْنَنَا وَبَيْنَهُمْ سَدًّا 18:95 قَالَ مَا مَكَّنِّي فِيهِ رَبِّي
خَيْرٌ فَأَعِينُونِي بِقُوَّةٍ أَجْعَلْ بَيْنَكُمْ وَبَيْنَهُمْ رَدْمًا 18:96 آتُونِي زُبَرَ الْحَدِيدِ حَتَّىٰ إِذَا سَاوَىٰ بَيْنَ الصَّدَفَيْنِ قَالَ انْفُخُوا حَتَّىٰ إِذَا جَعَلَهُ
نَارًا قَالَ آتُونِي أُفْرِغْ عَلَيْهِ قِطْرًا 18:97 فَمَا اسْطَاعُوا أَنْ يَظْهَرُوهُ وَمَا اسْتَطَاعُوا لَهُ نَقْبًا 18:98 قَالَ هَٰذَا رَحْمَةٌ مِنْ رَبِّي فَإِذَا جَاءَ وَعْدُ
رَبِّي جَعَلَهُ دَكَّاءَ وَكَانَ وَعْدُ رَبِّي حَقًّا 18:99 وَتَرَكْنَا بَعْضَهُمْ يَوْمَئِذٍ يَمُوجُ فِي بَعْضٍ وَنُفِخَ فِي الصُّورِ فَجَمَعْنَاهُمْ جَمْعًا 18:100 وَعَرَضْنَا
جَهَنَّمَ يَوْمَئِذٍ لِلْكَافِرِينَ عَرْضًا 18:101 الَّذِينَ كَانَتْ أَعْيُنُهُمْ فِي غِطَاءٍ عَنْ ذِكْرِي وَكَانُوا لَا يَسْتَطِيعُونَ سَمْعًا 18:102 أَفَحَسِبَ الَّذِينَ كَفَرُوا
أَنْ يَتَّخِذُوا عِبَادِي مِنْ دُونِي أَوْلِيَاءَ إِنَّا أَعْتَدْنَا جَهَنَّمَ لِلْكَافِرِينَ نُزُلًا 18:103 قُلْ هَلْ نُنَبِّئُكُمْ بِالْأَخْسَرِينَ أَعْمَالًا 18:104 الَّذِينَ ضَلَّ سَعْيُهُمْ
فِي الْحَيَاةِ الدُّنْيَا وَهُمْ يَحْسَبُونَ أَنَّهُمْ يُحْسِنُونَ صُنْعًا 18:105 أُولَٰئِكَ الَّذِينَ كَفَرُوا بِآيَاتِ رَبِّهِمْ وَلِقَائِهِ فَحَبِطَتْ أَعْمَالُهُمْ فَلَا نُقِيمُ لَهُمْ
يَوْمَ الْقِيَامَةِ وَزْنًا 18:106 ذَٰلِكَ جَزَاؤُهُمْ جَهَنَّمُ بِمَا كَفَرُوا وَاتَّخَذُوا آيَاتِي وَرُسُلِي هُزُوًا 18:107 إِنَّ الَّذِينَ آمَنُوا وَعَمِلُوا الصَّالِحَاتِ كَانَتْ لَهُمْ
جَنَّاتُ الْفِرْدَوْسِ نُزُلًا 18:108 خَالِدِينَ فِيهَا لَا يَبْغُونَ عَنْهَا حِوَلًا 18:109 قُلْ لَوْ كَانَ الْبَحْرُ مِدَادًا لِكَلِمَاتِ رَبِّي لَنَفِدَ الْبَحْرُ قَبْلَ أَنْ تَنْفَدَ
كَلِمَاتُ رَبِّي وَلَوْ جِئْنَا بِمِثْلِهِ مَدَدًا 18:110 قُلْ إِنَّمَا أَنَا بَشَرٌ مِثْلُكُمْ يُوحَىٰ إِلَيَّ أَنَّمَا إِلَٰهُكُمْ إِلَٰهٌ وَاحِدٌ فَمَنْ كَانَ يَرْجُو لِقَاءَ رَبِّهِ فَلْيَعْمَلْ عَمَلًا
صَالِحًا وَلَا يُشْرِكْ بِعِبَادَةِ رَبِّهِ أَحَدًا 19:1 بِسْمِ اللَّهِ الرَّحْمَٰنِ الرَّحِيمِ كهيعص 19:2 ذِكْرُ رَحْمَتِ رَبِّكَ عَبْدَهُ زَكَرِيَّا 19:3 إِذْ نَادَىٰ رَبَّهُ نِدَاءً
خَفِيًّا 19:4 قَالَ رَبِّ إِنِّي وَهَنَ الْعَظْمُ مِنِّي وَاشْتَعَلَ الرَّأْسُ شَيْبًا وَلَمْ أَكُنْ بِدُعَائِكَ رَبِّ شَقِيًّا 19:5 وَإِنِّي خِفْتُ الْمَوَالِيَ مِنْ وَرَائِي وَكَانَتِ
امْرَأَتِي عَاقِرًا فَهَبْ لِي مِنْ لَدُنْكَ وَلِيًّا 19:6 يَرِثُنِي وَيَرِثُ مِنْ آلِ يَعْقُوبَ وَاجْعَلْهُ رَبِّ رَضِيًّا 19:7 يَا زَكَرِيَّا إِنَّا نُبَشِّرُكَ بِغُلَامٍ اسْمُهُ يَحْيَىٰ
لَمْ نَجْعَلْ لَهُ مِنْ قَبْلُ سَمِيًّا 19:8 قَالَ رَبِّ أَنَّىٰ يَكُونُ لِي غُلَامٌ وَكَانَتِ امْرَأَتِي عَاقِرًا وَقَدْ بَلَغْتُ مِنَ الْكِبَرِ عِتِيًّا 19:9 قَالَ كَذَٰلِكَ قَالَ رَبُّكَ
هُوَ عَلَيَّ هَيِّنٌ وَقَدْ خَلَقْتُكَ مِنْ قَبْلُ وَلَمْ تَكُ شَيْئًا 19:10 قَالَ رَبِّ اجْعَلْ لِي آيَةً قَالَ آيَتُكَ أَلَّا تُكَلِّمَ النَّاسَ ثَلَاثَ لَيَالٍ سَوِيًّا 19:11 فَخَرَجَ
عَلَىٰ قَوْمِهِ مِنَ الْمِحْرَابِ فَأَوْحَىٰ إِلَيْهِمْ أَنْ سَبِّحُوا بُكْرَةً وَعَشِيًّا 19:12 يَا يَحْيَىٰ خُذِ الْكِتَابَ بِقُوَّةٍ وَآتَيْنَاهُ الْحُكْمَ صَبِيًّا 19:13 وَحَنَانًا مِنْ
لَدُنَّا وَزَكَاةً وَكَانَ تَقِيًّا 19:14 وَبَرًّا بِوَالِدَيْهِ وَلَمْ يَكُنْ جَبَّارًا عَصِيًّا 19:15 وَسَلَامٌ عَلَيْهِ يَوْمَ وُلِدَ وَيَوْمَ يَمُوتُ وَيَوْمَ يُبْعَثُ حَيًّا 19:16 وَاذْكُرْ فِي
الْكِتَابِ مَرْيَمَ إِذِ انْتَبَذَتْ مِنْ أَهْلِهَا مَكَانًا شَرْقِيًّا 19:17 فَاتَّخَذَتْ مِنْ دُونِهِمْ حِجَابًا فَأَرْسَلْنَا إِلَيْهَا رُوحَنَا فَتَمَثَّلَ لَهَا بَشَرًا سَوِيًّا 19:18 قَالَتْ
إِنِّي أَعُوذُ بِالرَّحْمَٰنِ مِنْكَ إِنْ كُنْتَ تَقِيًّا 19:19 قَالَ إِنَّمَا أَنَا رَسُولُ رَبِّكِ لِأَهَبَ لَكِ غُلَامًا زَكِيًّا 19:20 قَالَتْ أَنَّىٰ يَكُونُ لِي غُلَامٌ وَلَمْ يَمْسَسْنِي
بَشَرٌ وَلَمْ أَكُ بَغِيًّا 19:21 قَالَ كَذَٰلِكِ قَالَ رَبُّكِ هُوَ عَلَيَّ هَيِّنٌ وَلِنَجْعَلَهُ آيَةً لِلنَّاسِ وَرَحْمَةً مِنَّا وَكَانَ أَمْرًا مَقْضِيًّا 19:22 فَحَمَلَتْهُ فَانْتَبَذَتْ بِهِ
مَكَانًا قَصِيًّا 19:23 فَأَجَاءَهَا الْمَخَاضُ إِلَىٰ جِذْعِ النَّخْلَةِ قَالَتْ يَا لَيْتَنِي مِتُّ قَبْلَ هَٰذَا وَكُنْتُ نَسْيًا مَنْسِيًّا 19:24 فَنَادَاهَا مِنْ تَحْتِهَا أَلَّا تَحْزَنِي
قَدْ جَعَلَ رَبُّكِ تَحْتَكِ سَرِيًّا 19:25 وَهُزِّي إِلَيْكِ بِجِذْعِ النَّخْلَةِ تُسَاقِطْ عَلَيْكِ رُطَبًا جَنِيًّا 19:26 فَكُلِي وَاشْرَبِي وَقَرِّي عَيْنًا فَإِمَّا تَرَيِنَّ مِنَ

الْبَشَرِ أَحَدًا فَقُولِي إِنِّي نَذَرْتُ لِلرَّحْمَٰنِ صَوْمًا فَلَنْ أُكَلِّمَ الْيَوْمَ إِنْسِيًّا 19:27 فَأَتَتْ بِهِ قَوْمَهَا تَحْمِلُهُ قَالُوا يَا مَرْيَمُ لَقَدْ جِئْتِ شَيْئًا فَرِيًّا
19:28 يَا أُخْتَ هَارُونَ مَا كَانَ أَبُوكِ امْرَأَ سَوْءٍ وَمَا كَانَتْ أُمُّكِ بَغِيًّا 19:29 فَأَشَارَتْ إِلَيْهِ قَالُوا كَيْفَ نُكَلِّمُ مَنْ كَانَ فِي الْمَهْدِ صَبِيًّا 19:30 قَالَ
إِنِّي عَبْدُ اللَّهِ آتَانِيَ الْكِتَابَ وَجَعَلَنِي نَبِيًّا 19:31 وَجَعَلَنِي مُبَارَكًا أَيْنَ مَا كُنْتُ وَأَوْصَانِي بِالصَّلَاةِ وَالزَّكَاةِ مَا دُمْتُ حَيًّا 19:32 وَبَرًّا بِوَالِدَتِي
وَلَمْ يَجْعَلْنِي جَبَّارًا شَقِيًّا 19:33 وَالسَّلَامُ عَلَيَّ يَوْمَ وُلِدْتُ وَيَوْمَ أَمُوتُ وَيَوْمَ أُبْعَثُ حَيًّا 19:34 ذَٰلِكَ عِيسَى ابْنُ مَرْيَمَ قَوْلَ الْحَقِّ الَّذِي
فِيهِ يَمْتَرُونَ 19:35 مَا كَانَ لِلَّهِ أَنْ يَتَّخِذَ مِنْ وَلَدٍ سُبْحَانَهُ إِذَا قَضَىٰ أَمْرًا فَإِنَّمَا يَقُولُ لَهُ كُنْ فَيَكُونُ 19:36 وَإِنَّ اللَّهَ رَبِّي وَرَبُّكُمْ فَاعْبُدُوهُ
هَٰذَا صِرَاطٌ مُسْتَقِيمٌ 19:37 فَاخْتَلَفَ الْأَحْزَابُ مِنْ بَيْنِهِمْ فَوَيْلٌ لِلَّذِينَ كَفَرُوا مِنْ مَشْهَدِ يَوْمٍ عَظِيمٍ 19:38 أَسْمِعْ بِهِمْ وَأَبْصِرْ يَوْمَ يَأْتُونَنَا
لَٰكِنِ الظَّالِمُونَ الْيَوْمَ فِي ضَلَالٍ مُبِينٍ 19:39 وَأَنْذِرْهُمْ يَوْمَ الْحَسْرَةِ إِذْ قُضِيَ الْأَمْرُ وَهُمْ فِي غَفْلَةٍ وَهُمْ لَا يُؤْمِنُونَ 19:40 إِنَّا نَحْنُ نَرِثُ
الْأَرْضَ وَمَنْ عَلَيْهَا وَإِلَيْنَا يُرْجَعُونَ 19:41 وَاذْكُرْ فِي الْكِتَابِ إِبْرَاهِيمَ إِنَّهُ كَانَ صِدِّيقًا نَبِيًّا 19:42 إِذْ قَالَ لِأَبِيهِ يَا أَبَتِ لِمَ تَعْبُدُ مَا لَا يَسْمَعُ
وَلَا يُبْصِرُ وَلَا يُغْنِي عَنْكَ شَيْئًا 19:43 يَا أَبَتِ إِنِّي قَدْ جَاءَنِي مِنَ الْعِلْمِ مَا لَمْ يَأْتِكَ فَاتَّبِعْنِي أَهْدِكَ صِرَاطًا سَوِيًّا 19:44 يَا أَبَتِ لَا تَعْبُدِ
الشَّيْطَانَ إِنَّ الشَّيْطَانَ كَانَ لِلرَّحْمَٰنِ عَصِيًّا 19:45 يَا أَبَتِ إِنِّي أَخَافُ أَنْ يَمَسَّكَ عَذَابٌ مِنَ الرَّحْمَٰنِ فَتَكُونَ لِلشَّيْطَانِ وَلِيًّا 19:46 قَالَ أَرَاغِبٌ
أَنْتَ عَنْ آلِهَتِي يَا إِبْرَاهِيمُ لَئِنْ لَمْ تَنْتَهِ لَأَرْجُمَنَّكَ وَاهْجُرْنِي مَلِيًّا 19:47 قَالَ سَلَامٌ عَلَيْكَ سَأَسْتَغْفِرُ لَكَ رَبِّي إِنَّهُ كَانَ بِي حَفِيًّا 19:48
وَأَعْتَزِلُكُمْ وَمَا تَدْعُونَ مِنْ دُونِ اللَّهِ وَأَدْعُو رَبِّي عَسَىٰ أَلَّا أَكُونَ بِدُعَاءِ رَبِّي شَقِيًّا 19:49 فَلَمَّا اعْتَزَلَهُمْ وَمَا يَعْبُدُونَ مِنْ دُونِ اللَّهِ وَهَبْنَا
لَهُ إِسْحَاقَ وَيَعْقُوبَ وَكُلًّا جَعَلْنَا نَبِيًّا 19:50 وَوَهَبْنَا لَهُمْ مِنْ رَحْمَتِنَا وَجَعَلْنَا لَهُمْ لِسَانَ صِدْقٍ عَلِيًّا 19:51 وَاذْكُرْ فِي الْكِتَابِ مُوسَىٰ إِنَّهُ
كَانَ مُخْلَصًا وَكَانَ رَسُولًا نَبِيًّا 19:52 وَنَادَيْنَاهُ مِنْ جَانِبِ الطُّورِ الْأَيْمَنِ وَقَرَّبْنَاهُ نَجِيًّا 19:53 وَوَهَبْنَا لَهُ مِنْ رَحْمَتِنَا أَخَاهُ هَارُونَ نَبِيًّا 19:54
وَاذْكُرْ فِي الْكِتَابِ إِسْمَاعِيلَ إِنَّهُ كَانَ صَادِقَ الْوَعْدِ وَكَانَ رَسُولًا نَبِيًّا 19:55 وَكَانَ يَأْمُرُ أَهْلَهُ بِالصَّلَاةِ وَالزَّكَاةِ وَكَانَ عِنْدَ رَبِّهِ مَرْضِيًّا 19:56
وَاذْكُرْ فِي الْكِتَابِ إِدْرِيسَ إِنَّهُ كَانَ صِدِّيقًا نَبِيًّا 19:57 وَرَفَعْنَاهُ مَكَانًا عَلِيًّا 19:58 أُولَٰئِكَ الَّذِينَ أَنْعَمَ اللَّهُ عَلَيْهِمْ مِنَ النَّبِيِّينَ مِنْ ذُرِّيَّةِ آدَمَ
وَمِمَّنْ حَمَلْنَا مَعَ نُوحٍ وَمِنْ ذُرِّيَّةِ إِبْرَاهِيمَ وَإِسْرَائِيلَ وَمِمَّنْ هَدَيْنَا وَاجْتَبَيْنَا إِذَا تُتْلَىٰ عَلَيْهِمْ آيَاتُ الرَّحْمَٰنِ خَرُّوا سُجَّدًا وَبُكِيًّا 19:59 فَخَلَفَ
مِنْ بَعْدِهِمْ خَلْفٌ أَضَاعُوا الصَّلَاةَ وَاتَّبَعُوا الشَّهَوَاتِ فَسَوْفَ يَلْقَوْنَ غَيًّا 19:60 إِلَّا مَنْ تَابَ وَآمَنَ وَعَمِلَ صَالِحًا فَأُولَٰئِكَ يَدْخُلُونَ الْجَنَّةَ
وَلَا يُظْلَمُونَ شَيْئًا 19:61 جَنَّاتِ عَدْنٍ الَّتِي وَعَدَ الرَّحْمَٰنُ عِبَادَهُ بِالْغَيْبِ إِنَّهُ كَانَ وَعْدُهُ مَأْتِيًّا 19:62 لَا يَسْمَعُونَ فِيهَا لَغْوًا إِلَّا سَلَامًا وَلَهُمْ
رِزْقُهُمْ فِيهَا بُكْرَةً وَعَشِيًّا 19:63 تِلْكَ الْجَنَّةُ الَّتِي نُورِثُ مِنْ عِبَادِنَا مَنْ كَانَ تَقِيًّا 19:64 وَمَا نَتَنَزَّلُ إِلَّا بِأَمْرِ رَبِّكَ لَهُ مَا بَيْنَ أَيْدِينَا وَمَا خَلْفَنَا
وَمَا بَيْنَ ذَٰلِكَ وَمَا كَانَ رَبُّكَ نَسِيًّا 19:65 رَبُّ السَّمَاوَاتِ وَالْأَرْضِ وَمَا بَيْنَهُمَا فَاعْبُدْهُ وَاصْطَبِرْ لِعِبَادَتِهِ هَلْ تَعْلَمُ لَهُ سَمِيًّا 19:66 وَيَقُولُ
الْإِنْسَانُ أَإِذَا مَا مِتُّ لَسَوْفَ أُخْرَجُ حَيًّا 19:67 أَوَلَا يَذْكُرُ الْإِنْسَانُ أَنَّا خَلَقْنَاهُ مِنْ قَبْلُ وَلَمْ يَكُ شَيْئًا 19:68 فَوَرَبِّكَ لَنَحْشُرَنَّهُمْ وَالشَّيَاطِينَ
ثُمَّ لَنُحْضِرَنَّهُمْ حَوْلَ جَهَنَّمَ جِثِيًّا 19:69 ثُمَّ لَنَنْزِعَنَّ مِنْ كُلِّ شِيعَةٍ أَيُّهُمْ أَشَدُّ عَلَى الرَّحْمَٰنِ عِتِيًّا 19:70 ثُمَّ لَنَحْنُ أَعْلَمُ بِالَّذِينَ هُمْ أَوْلَىٰ
بِهَا صِلِيًّا 19:71 وَإِنْ مِنْكُمْ إِلَّا وَارِدُهَا كَانَ عَلَىٰ رَبِّكَ حَتْمًا مَقْضِيًّا 19:72 ثُمَّ نُنَجِّي الَّذِينَ اتَّقَوْا وَنَذَرُ الظَّالِمِينَ فِيهَا جِثِيًّا 19:73 وَإِذَا تُتْلَىٰ
عَلَيْهِمْ آيَاتُنَا بَيِّنَاتٍ قَالَ الَّذِينَ كَفَرُوا لِلَّذِينَ آمَنُوا أَيُّ الْفَرِيقَيْنِ خَيْرٌ مَقَامًا وَأَحْسَنُ نَدِيًّا 19:74 وَكَمْ أَهْلَكْنَا قَبْلَهُمْ مِنْ قَرْنٍ هُمْ أَحْسَنُ
أَثَاثًا وَرِئْيًا 19:75 قُلْ مَنْ كَانَ فِي الضَّلَالَةِ فَلْيَمْدُدْ لَهُ الرَّحْمَٰنُ مَدًّا حَتَّىٰ إِذَا رَأَوْا مَا يُوعَدُونَ إِمَّا الْعَذَابَ وَإِمَّا السَّاعَةَ فَسَيَعْلَمُونَ مَنْ
هُوَ شَرٌّ مَكَانًا وَأَضْعَفُ جُنْدًا 19:76 وَيَزِيدُ اللَّهُ الَّذِينَ اهْتَدَوْا هُدًى وَالْبَاقِيَاتُ الصَّالِحَاتُ خَيْرٌ عِنْدَ رَبِّكَ ثَوَابًا وَخَيْرٌ مَرَدًّا 19:77 أَفَرَأَيْتَ الَّذِي
كَفَرَ بِآيَاتِنَا وَقَالَ لَأُوتَيَنَّ مَالًا وَوَلَدًا 19:78 أَطَّلَعَ الْغَيْبَ أَمِ اتَّخَذَ عِنْدَ الرَّحْمَٰنِ عَهْدًا 19:79 كَلَّا سَنَكْتُبُ مَا يَقُولُ وَنَمُدُّ لَهُ مِنَ الْعَذَابِ مَدًّا
19:80 وَنَرِثُهُ مَا يَقُولُ وَيَأْتِينَا فَرْدًا 19:81 وَاتَّخَذُوا مِنْ دُونِ اللَّهِ آلِهَةً لِيَكُونُوا لَهُمْ عِزًّا 19:82 كَلَّا سَيَكْفُرُونَ بِعِبَادَتِهِمْ وَيَكُونُونَ عَلَيْهِمْ
ضِدًّا 19:83 أَلَمْ تَرَ أَنَّا أَرْسَلْنَا الشَّيَاطِينَ عَلَى الْكَافِرِينَ تَؤُزُّهُمْ أَزًّا 19:84 فَلَا تَعْجَلْ عَلَيْهِمْ إِنَّمَا نَعُدُّ لَهُمْ عَدًّا 19:85 يَوْمَ نَحْشُرُ الْمُتَّقِينَ

إِلَى الرَّحْمَٰنِ وَفْدًا 19:86 وَنَسُوقُ الْمُجْرِمِينَ إِلَىٰ جَهَنَّمَ وِرْدًا 19:87 لَا يَمْلِكُونَ الشَّفَاعَةَ إِلَّا مَنِ اتَّخَذَ عِنْدَ الرَّحْمَٰنِ عَهْدًا 19:88 وَقَالُوا
اتَّخَذَ الرَّحْمَٰنُ وَلَدًا 19:89 لَقَدْ جِئْتُمْ شَيْئًا إِدًّا 19:90 تَكَادُ السَّمَاوَاتُ يَتَفَطَّرْنَ مِنْهُ وَتَنْشَقُّ الْأَرْضُ وَتَخِرُّ الْجِبَالُ هَدًّا 19:91 أَنْ دَعَوْا لِلرَّحْمَٰنِ
وَلَدًا 19:92 وَمَا يَنْبَغِي لِلرَّحْمَٰنِ أَنْ يَتَّخِذَ وَلَدًا 19:93 إِنْ كُلُّ مَنْ فِي السَّمَاوَاتِ وَالْأَرْضِ إِلَّا آتِي الرَّحْمَٰنِ عَبْدًا 19:94 لَقَدْ أَحْصَاهُمْ وَعَدَّهُمْ
عَدًّا 19:95 وَكُلُّهُمْ آتِيهِ يَوْمَ الْقِيَامَةِ فَرْدًا 19:96 إِنَّ الَّذِينَ آمَنُوا وَعَمِلُوا الصَّالِحَاتِ سَيَجْعَلُ لَهُمُ الرَّحْمَٰنُ وُدًّا 19:97 فَإِنَّمَا يَسَّرْنَاهُ بِلِسَانِكَ
لِتُبَشِّرَ بِهِ الْمُتَّقِينَ وَتُنْذِرَ بِهِ قَوْمًا لُدًّا 19:98 وَكَمْ أَهْلَكْنَا قَبْلَهُمْ مِنْ قَرْنٍ هَلْ تُحِسُّ مِنْهُمْ مِنْ أَحَدٍ أَوْ تَسْمَعُ لَهُمْ رِكْزًا 20:1 بِسْمِ اللَّهِ
الرَّحْمَٰنِ الرَّحِيمِ طه 20:2 مَا أَنْزَلْنَا عَلَيْكَ الْقُرْآنَ لِتَشْقَىٰ 20:3 إِلَّا تَذْكِرَةً لِمَنْ يَخْشَىٰ 20:4 تَنْزِيلًا مِمَّنْ خَلَقَ الْأَرْضَ وَالسَّمَاوَاتِ الْعُلَى
20:5 الرَّحْمَٰنُ عَلَى الْعَرْشِ اسْتَوَىٰ 20:6 لَهُ مَا فِي السَّمَاوَاتِ وَمَا فِي الْأَرْضِ وَمَا بَيْنَهُمَا وَمَا تَحْتَ الثَّرَىٰ 20:7 وَإِنْ تَجْهَرْ بِالْقَوْلِ فَإِنَّهُ
يَعْلَمُ السِّرَّ وَأَخْفَى 20:8 اللَّهُ لَا إِلَٰهَ إِلَّا هُوَ لَهُ الْأَسْمَاءُ الْحُسْنَىٰ 20:9 وَهَلْ أَتَاكَ حَدِيثُ مُوسَىٰ 20:10 إِذْ رَأَىٰ نَارًا فَقَالَ لِأَهْلِهِ امْكُثُوا إِنِّي
آنَسْتُ نَارًا لَعَلِّي آتِيكُمْ مِنْهَا بِقَبَسٍ أَوْ أَجِدُ عَلَى النَّارِ هُدًى 20:11 فَلَمَّا أَتَاهَا نُودِيَ يَا مُوسَىٰ 20:12 إِنِّي أَنَا رَبُّكَ فَاخْلَعْ نَعْلَيْكَ إِنَّكَ بِالْوَادِ
الْمُقَدَّسِ طُوًى 20:13 وَأَنَا اخْتَرْتُكَ فَاسْتَمِعْ لِمَا يُوحَىٰ 20:14 إِنَّنِي أَنَا اللَّهُ لَا إِلَٰهَ إِلَّا أَنَا فَاعْبُدْنِي وَأَقِمِ الصَّلَاةَ لِذِكْرِي 20:15 إِنَّ السَّاعَةَ
آتِيَةٌ أَكَادُ أُخْفِيهَا لِتُجْزَىٰ كُلُّ نَفْسٍ بِمَا تَسْعَىٰ 20:16 فَلَا يَصُدَّنَّكَ عَنْهَا مَنْ لَا يُؤْمِنُ بِهَا وَاتَّبَعَ هَوَاهُ فَتَرْدَىٰ 20:17 وَمَا تِلْكَ بِيَمِينِكَ يَا
مُوسَىٰ 20:18 قَالَ هِيَ عَصَايَ أَتَوَكَّأُ عَلَيْهَا وَأَهُشُّ بِهَا عَلَىٰ غَنَمِي وَلِيَ فِيهَا مَآرِبُ أُخْرَىٰ 20:19 قَالَ أَلْقِهَا يَا مُوسَىٰ 20:20 فَأَلْقَاهَا فَإِذَا
هِيَ حَيَّةٌ تَسْعَىٰ 20:21 قَالَ خُذْهَا وَلَا تَخَفْ سَنُعِيدُهَا سِيرَتَهَا الْأُولَىٰ 20:22 وَاضْمُمْ يَدَكَ إِلَىٰ جَنَاحِكَ تَخْرُجْ بَيْضَاءَ مِنْ غَيْرِ سُوءٍ آيَةً
أُخْرَىٰ 20:23 لِنُرِيَكَ مِنْ آيَاتِنَا الْكُبْرَى 20:24 اذْهَبْ إِلَىٰ فِرْعَوْنَ إِنَّهُ طَغَىٰ 20:25 قَالَ رَبِّ اشْرَحْ لِي صَدْرِي 20:26 وَيَسِّرْ لِي أَمْرِي 20:27 وَاحْلُلْ
عُقْدَةً مِنْ لِسَانِي 20:28 يَفْقَهُوا قَوْلِي 20:29 وَاجْعَلْ لِي وَزِيرًا مِنْ أَهْلِي 20:30 هَارُونَ أَخِي 20:31 اشْدُدْ بِهِ أَزْرِي 20:32 وَأَشْرِكْهُ فِي أَمْرِي
20:33 كَيْ نُسَبِّحَكَ كَثِيرًا 20:34 وَنَذْكُرَكَ كَثِيرًا 20:35 إِنَّكَ كُنْتَ بِنَا بَصِيرًا 20:36 قَالَ قَدْ أُوتِيتَ سُؤْلَكَ يَا مُوسَىٰ 20:37 وَلَقَدْ مَنَنَّا عَلَيْكَ مَرَّةً
أُخْرَىٰ 20:38 إِذْ أَوْحَيْنَا إِلَىٰ أُمِّكَ مَا يُوحَىٰ 20:39 أَنِ اقْذِفِيهِ فِي التَّابُوتِ فَاقْذِفِيهِ فِي الْيَمِّ فَلْيُلْقِهِ الْيَمُّ بِالسَّاحِلِ يَأْخُذْهُ عَدُوٌّ لِي وَعَدُوٌّ
لَهُ وَأَلْقَيْتُ عَلَيْكَ مَحَبَّةً مِنِّي وَلِتُصْنَعَ عَلَىٰ عَيْنِي 20:40 إِذْ تَمْشِي أُخْتُكَ فَتَقُولُ هَلْ أَدُلُّكُمْ عَلَىٰ مَنْ يَكْفُلُهُ فَرَجَعْنَاكَ إِلَىٰ أُمِّكَ كَيْ
تَقَرَّ عَيْنُهَا وَلَا تَحْزَنَ وَقَتَلْتَ نَفْسًا فَنَجَّيْنَاكَ مِنَ الْغَمِّ وَفَتَنَّاكَ فُتُونًا فَلَبِثْتَ سِنِينَ فِي أَهْلِ مَدْيَنَ ثُمَّ جِئْتَ عَلَىٰ قَدَرٍ يَا مُوسَىٰ 20:41
وَاصْطَنَعْتُكَ لِنَفْسِي 20:42 اذْهَبْ أَنْتَ وَأَخُوكَ بِآيَاتِي وَلَا تَنِيَا فِي ذِكْرِي 20:43 اذْهَبَا إِلَىٰ فِرْعَوْنَ إِنَّهُ طَغَىٰ 20:44 فَقُولَا لَهُ قَوْلًا لَيِّنًا
لَعَلَّهُ يَتَذَكَّرُ أَوْ يَخْشَىٰ 20:45 قَالَا رَبَّنَا إِنَّنَا نَخَافُ أَنْ يَفْرُطَ عَلَيْنَا أَوْ أَنْ يَطْغَىٰ 20:46 قَالَ لَا تَخَافَا إِنَّنِي مَعَكُمَا أَسْمَعُ وَأَرَىٰ 20:47 فَأْتِيَاهُ
فَقُولَا إِنَّا رَسُولَا رَبِّكَ فَأَرْسِلْ مَعَنَا بَنِي إِسْرَائِيلَ وَلَا تُعَذِّبْهُمْ قَدْ جِئْنَاكَ بِآيَةٍ مِنْ رَبِّكَ وَالسَّلَامُ عَلَىٰ مَنِ اتَّبَعَ الْهُدَىٰ 20:48 إِنَّا قَدْ أُوحِيَ
إِلَيْنَا أَنَّ الْعَذَابَ عَلَىٰ مَنْ كَذَّبَ وَتَوَلَّىٰ 20:49 قَالَ فَمَنْ رَبُّكُمَا يَا مُوسَىٰ 20:50 قَالَ رَبُّنَا الَّذِي أَعْطَىٰ كُلَّ شَيْءٍ خَلْقَهُ ثُمَّ هَدَىٰ 20:51 قَالَ
فَمَا بَالُ الْقُرُونِ الْأُولَىٰ 20:52 قَالَ عِلْمُهَا عِنْدَ رَبِّي فِي كِتَابٍ لَا يَضِلُّ رَبِّي وَلَا يَنْسَى 20:53 الَّذِي جَعَلَ لَكُمُ الْأَرْضَ مَهْدًا وَسَلَكَ لَكُمْ
فِيهَا سُبُلًا وَأَنْزَلَ مِنَ السَّمَاءِ مَاءً فَأَخْرَجْنَا بِهِ أَزْوَاجًا مِنْ نَبَاتٍ شَتَّىٰ 20:54 كُلُوا وَارْعَوْا أَنْعَامَكُمْ إِنَّ فِي ذَٰلِكَ لَآيَاتٍ لِأُولِي النُّهَىٰ 20:55
مِنْهَا خَلَقْنَاكُمْ وَفِيهَا نُعِيدُكُمْ وَمِنْهَا نُخْرِجُكُمْ تَارَةً أُخْرَىٰ 20:56 وَلَقَدْ أَرَيْنَاهُ آيَاتِنَا كُلَّهَا فَكَذَّبَ وَأَبَىٰ 20:57 قَالَ أَجِئْتَنَا لِتُخْرِجَنَا مِنْ أَرْضِنَا
بِسِحْرِكَ يَا مُوسَىٰ 20:58 فَلَنَأْتِيَنَّكَ بِسِحْرٍ مِثْلِهِ فَاجْعَلْ بَيْنَنَا وَبَيْنَكَ مَوْعِدًا لَا نُخْلِفُهُ نَحْنُ وَلَا أَنْتَ مَكَانًا سُوًى 20:59 قَالَ مَوْعِدُكُمْ يَوْمُ
الزِّينَةِ وَأَنْ يُحْشَرَ النَّاسُ ضُحًى 20:60 فَتَوَلَّىٰ فِرْعَوْنُ فَجَمَعَ كَيْدَهُ ثُمَّ أَتَىٰ 20:61 قَالَ لَهُمْ مُوسَىٰ وَيْلَكُمْ لَا تَفْتَرُوا عَلَى اللَّهِ كَذِبًا
فَيُسْحِتَكُمْ بِعَذَابٍ وَقَدْ خَابَ مَنِ افْتَرَىٰ 20:62 فَتَنَازَعُوا أَمْرَهُمْ بَيْنَهُمْ وَأَسَرُّوا النَّجْوَىٰ 20:63 قَالُوا إِنْ هَٰذَانِ لَسَاحِرَانِ يُرِيدَانِ أَنْ يُخْرِجَاكُمْ
مِنْ أَرْضِكُمْ بِسِحْرِهِمَا وَيَذْهَبَا بِطَرِيقَتِكُمُ الْمُثْلَىٰ 20:64 فَأَجْمِعُوا كَيْدَكُمْ ثُمَّ ائْتُوا صَفًّا وَقَدْ أَفْلَحَ الْيَوْمَ مَنِ اسْتَعْلَىٰ 20:65 قَالُوا يَا

مُوسَىٰ إِمَّا أَنْ تُلْقِيَ وَإِمَّا أَنْ نَكُونَ أَوَّلَ مَنْ أَلْقَىٰ 20:66 قَالَ بَلْ أَلْقُوا فَإِذَا حِبَالُهُمْ وَعِصِيُّهُمْ يُخَيَّلُ إِلَيْهِ مِنْ سِحْرِهِمْ أَنَّهَا تَسْعَىٰ 20:67
فَأَوْجَسَ فِي نَفْسِهِ خِيفَةً مُوسَىٰ 20:68 قُلْنَا لَا تَخَفْ إِنَّكَ أَنْتَ الْأَعْلَىٰ 20:69 وَأَلْقِ مَا فِي يَمِينِكَ تَلْقَفْ مَا صَنَعُوا إِنَّمَا صَنَعُوا كَيْدُ
سَاحِرٍ وَلَا يُفْلِحُ السَّاحِرُ حَيْثُ أَتَىٰ 20:70 فَأُلْقِيَ السَّحَرَةُ سُجَّدًا قَالُوا آمَنَّا بِرَبِّ هَارُونَ وَمُوسَىٰ 20:71 قَالَ آمَنْتُمْ لَهُ قَبْلَ أَنْ آذَنَ لَكُمْ إِنَّهُ
لَكَبِيرُكُمُ الَّذِي عَلَّمَكُمُ السِّحْرَ فَلَأُقَطِّعَنَّ أَيْدِيَكُمْ وَأَرْجُلَكُمْ مِنْ خِلَافٍ وَلَأُصَلِّبَنَّكُمْ فِي جُذُوعِ النَّخْلِ وَلَتَعْلَمُنَّ أَيُّنَا أَشَدُّ عَذَابًا وَأَبْقَىٰ
20:72 قَالُوا لَنْ نُؤْثِرَكَ عَلَىٰ مَا جَاءَنَا مِنَ الْبَيِّنَاتِ وَالَّذِي فَطَرَنَا فَاقْضِ مَا أَنْتَ قَاضٍ إِنَّمَا تَقْضِي هَٰذِهِ الْحَيَاةَ الدُّنْيَا 20:73 إِنَّا آمَنَّا بِرَبِّنَا
لِيَغْفِرَ لَنَا خَطَايَانَا وَمَا أَكْرَهْتَنَا عَلَيْهِ مِنَ السِّحْرِ وَاللَّهُ خَيْرٌ وَأَبْقَىٰ 20:74 إِنَّهُ مَنْ يَأْتِ رَبَّهُ مُجْرِمًا فَإِنَّ لَهُ جَهَنَّمَ لَا يَمُوتُ فِيهَا وَلَا يَحْيَىٰ
20:75 وَمَنْ يَأْتِهِ مُؤْمِنًا قَدْ عَمِلَ الصَّالِحَاتِ فَأُولَٰئِكَ لَهُمُ الدَّرَجَاتُ الْعُلَىٰ 20:76 جَنَّاتُ عَدْنٍ تَجْرِي مِنْ تَحْتِهَا الْأَنْهَارُ خَالِدِينَ فِيهَا وَذَٰلِكَ
جَزَاءُ مَنْ تَزَكَّىٰ 20:77 وَلَقَدْ أَوْحَيْنَا إِلَىٰ مُوسَىٰ أَنْ أَسْرِ بِعِبَادِي فَاضْرِبْ لَهُمْ طَرِيقًا فِي الْبَحْرِ يَبَسًا لَا تَخَافُ دَرَكًا وَلَا تَخْشَىٰ 20:78
فَأَتْبَعَهُمْ فِرْعَوْنُ بِجُنُودِهِ فَغَشِيَهُمْ مِنَ الْيَمِّ مَا غَشِيَهُمْ 20:79 وَأَضَلَّ فِرْعَوْنُ قَوْمَهُ وَمَا هَدَىٰ 20:80 يَا بَنِي إِسْرَائِيلَ قَدْ أَنْجَيْنَاكُمْ مِنْ
عَدُوِّكُمْ وَوَاعَدْنَاكُمْ جَانِبَ الطُّورِ الْأَيْمَنَ وَنَزَّلْنَا عَلَيْكُمُ الْمَنَّ وَالسَّلْوَىٰ 20:81 كُلُوا مِنْ طَيِّبَاتِ مَا رَزَقْنَاكُمْ وَلَا تَطْغَوْا فِيهِ فَيَحِلَّ عَلَيْكُمْ
غَضَبِي وَمَنْ يَحْلِلْ عَلَيْهِ غَضَبِي فَقَدْ هَوَىٰ 20:82 وَإِنِّي لَغَفَّارٌ لِمَنْ تَابَ وَآمَنَ وَعَمِلَ صَالِحًا ثُمَّ اهْتَدَىٰ 20:83 وَمَا أَعْجَلَكَ عَنْ قَوْمِكَ يَا
مُوسَىٰ 20:84 قَالَ هُمْ أُولَاءِ عَلَىٰ أَثَرِي وَعَجِلْتُ إِلَيْكَ رَبِّ لِتَرْضَىٰ 20:85 قَالَ فَإِنَّا قَدْ فَتَنَّا قَوْمَكَ مِنْ بَعْدِكَ وَأَضَلَّهُمُ السَّامِرِيُّ 20:86
فَرَجَعَ مُوسَىٰ إِلَىٰ قَوْمِهِ غَضْبَانَ أَسِفًا قَالَ يَا قَوْمِ أَلَمْ يَعِدْكُمْ رَبُّكُمْ وَعْدًا حَسَنًا أَفَطَالَ عَلَيْكُمُ الْعَهْدُ أَمْ أَرَدْتُمْ أَنْ يَحِلَّ عَلَيْكُمْ غَضَبٌ
مِنْ رَبِّكُمْ فَأَخْلَفْتُمْ مَوْعِدِي 20:87 قَالُوا مَا أَخْلَفْنَا مَوْعِدَكَ بِمَلْكِنَا وَلَٰكِنَّا حُمِّلْنَا أَوْزَارًا مِنْ زِينَةِ الْقَوْمِ فَقَذَفْنَاهَا فَكَذَٰلِكَ أَلْقَى السَّامِرِيُّ
20:88 فَأَخْرَجَ لَهُمْ عِجْلًا جَسَدًا لَهُ خُوَارٌ فَقَالُوا هَٰذَا إِلَٰهُكُمْ وَإِلَٰهُ مُوسَىٰ فَنَسِيَ 20:89 أَفَلَا يَرَوْنَ أَلَّا يَرْجِعُ إِلَيْهِمْ قَوْلًا وَلَا يَمْلِكُ لَهُمْ ضَرًّا
وَلَا نَفْعًا 20:90 وَلَقَدْ قَالَ لَهُمْ هَارُونُ مِنْ قَبْلُ يَا قَوْمِ إِنَّمَا فُتِنْتُمْ بِهِ وَإِنَّ رَبَّكُمُ الرَّحْمَٰنُ فَاتَّبِعُونِي وَأَطِيعُوا أَمْرِي 20:91 قَالُوا لَنْ نَبْرَحَ
عَلَيْهِ عَاكِفِينَ حَتَّىٰ يَرْجِعَ إِلَيْنَا مُوسَىٰ 20:92 قَالَ يَا هَارُونُ مَا مَنَعَكَ إِذْ رَأَيْتَهُمْ ضَلُّوا 20:93 أَلَّا تَتَّبِعَنِ أَفَعَصَيْتَ أَمْرِي 20:94 قَالَ يَا ابْنَ
أُمَّ لَا تَأْخُذْ بِلِحْيَتِي وَلَا بِرَأْسِي إِنِّي خَشِيتُ أَنْ تَقُولَ فَرَّقْتَ بَيْنَ بَنِي إِسْرَائِيلَ وَلَمْ تَرْقُبْ قَوْلِي 20:95 قَالَ فَمَا خَطْبُكَ يَا سَامِرِيُّ 20:96
قَالَ بَصُرْتُ بِمَا لَمْ يَبْصُرُوا بِهِ فَقَبَضْتُ قَبْضَةً مِنْ أَثَرِ الرَّسُولِ فَنَبَذْتُهَا وَكَذَٰلِكَ سَوَّلَتْ لِي نَفْسِي 20:97 قَالَ فَاذْهَبْ فَإِنَّ لَكَ فِي الْحَيَاةِ
أَنْ تَقُولَ لَا مِسَاسَ وَإِنَّ لَكَ مَوْعِدًا لَنْ تُخْلَفَهُ وَانْظُرْ إِلَىٰ إِلَٰهِكَ الَّذِي ظَلْتَ عَلَيْهِ عَاكِفًا لَنُحَرِّقَنَّهُ ثُمَّ لَنَنْسِفَنَّهُ فِي الْيَمِّ نَسْفًا 20:98 إِنَّمَا
إِلَٰهُكُمُ اللَّهُ الَّذِي لَا إِلَٰهَ إِلَّا هُوَ وَسِعَ كُلَّ شَيْءٍ عِلْمًا 20:99 كَذَٰلِكَ نَقُصُّ عَلَيْكَ مِنْ أَنْبَاءِ مَا قَدْ سَبَقَ وَقَدْ آتَيْنَاكَ مِنْ لَدُنَّا ذِكْرًا 20:100 مَنْ
أَعْرَضَ عَنْهُ فَإِنَّهُ يَحْمِلُ يَوْمَ الْقِيَامَةِ وِزْرًا 20:101 خَالِدِينَ فِيهِ وَسَاءَ لَهُمْ يَوْمَ الْقِيَامَةِ حِمْلًا 20:102 يَوْمَ يُنْفَخُ فِي الصُّورِ وَنَحْشُرُ
الْمُجْرِمِينَ يَوْمَئِذٍ زُرْقًا 20:103 يَتَخَافَتُونَ بَيْنَهُمْ إِنْ لَبِثْتُمْ إِلَّا عَشْرًا 20:104 نَحْنُ أَعْلَمُ بِمَا يَقُولُونَ إِذْ يَقُولُ أَمْثَلُهُمْ طَرِيقَةً إِنْ لَبِثْتُمْ إِلَّا
يَوْمًا 20:105 وَيَسْأَلُونَكَ عَنِ الْجِبَالِ فَقُلْ يَنْسِفُهَا رَبِّي نَسْفًا 20:106 فَيَذَرُهَا قَاعًا صَفْصَفًا 20:107 لَا تَرَىٰ فِيهَا عِوَجًا وَلَا أَمْتًا 20:108 يَوْمَئِذٍ
يَتَّبِعُونَ الدَّاعِيَ لَا عِوَجَ لَهُ وَخَشَعَتِ الْأَصْوَاتُ لِلرَّحْمَٰنِ فَلَا تَسْمَعُ إِلَّا هَمْسًا 20:109 يَوْمَئِذٍ لَا تَنْفَعُ الشَّفَاعَةُ إِلَّا مَنْ أَذِنَ لَهُ الرَّحْمَٰنُ
وَرَضِيَ لَهُ قَوْلًا 20:110 يَعْلَمُ مَا بَيْنَ أَيْدِيهِمْ وَمَا خَلْفَهُمْ وَلَا يُحِيطُونَ بِهِ عِلْمًا 20:111 وَعَنَتِ الْوُجُوهُ لِلْحَيِّ الْقَيُّومِ وَقَدْ خَابَ مَنْ حَمَلَ
ظُلْمًا 20:112 وَمَنْ يَعْمَلْ مِنَ الصَّالِحَاتِ وَهُوَ مُؤْمِنٌ فَلَا يَخَافُ ظُلْمًا وَلَا هَضْمًا 20:113 وَكَذَٰلِكَ أَنْزَلْنَاهُ قُرْآنًا عَرَبِيًّا وَصَرَّفْنَا فِيهِ مِنَ الْوَعِيدِ
لَعَلَّهُمْ يَتَّقُونَ أَوْ يُحْدِثُ لَهُمْ ذِكْرًا 20:114 فَتَعَالَى اللَّهُ الْمَلِكُ الْحَقُّ وَلَا تَعْجَلْ بِالْقُرْآنِ مِنْ قَبْلِ أَنْ يُقْضَىٰ إِلَيْكَ وَحْيُهُ وَقُلْ رَبِّ زِدْنِي
عِلْمًا 20:115 وَلَقَدْ عَهِدْنَا إِلَىٰ آدَمَ مِنْ قَبْلُ فَنَسِيَ وَلَمْ نَجِدْ لَهُ عَزْمًا 20:116 وَإِذْ قُلْنَا لِلْمَلَائِكَةِ اسْجُدُوا لِآدَمَ فَسَجَدُوا إِلَّا إِبْلِيسَ أَبَىٰ
20:117 فَقُلْنَا يَا آدَمُ إِنَّ هَٰذَا عَدُوٌّ لَكَ وَلِزَوْجِكَ فَلَا يُخْرِجَنَّكُمَا مِنَ الْجَنَّةِ فَتَشْقَىٰ 20:118 إِنَّ لَكَ أَلَّا تَجُوعَ فِيهَا وَلَا تَعْرَىٰ 20:119 وَأَنَّكَ لَا

تَظْمَأُ فِيهَا وَلَا تَضْحَىٰ 20:120 فَوَسْوَسَ إِلَيْهِ الشَّيْطَانُ قَالَ يَا آدَمُ هَلْ أَدُلُّكَ عَلَىٰ شَجَرَةِ الْخُلْدِ وَمُلْكٍ لَا يَبْلَىٰ 20:121 فَأَكَلَا مِنْهَا فَبَدَتْ
لَهُمَا سَوْآتُهُمَا وَطَفِقَا يَخْصِفَانِ عَلَيْهِمَا مِنْ وَرَقِ الْجَنَّةِ وَعَصَىٰ آدَمُ رَبَّهُ فَغَوَىٰ 20:122 ثُمَّ اجْتَبَاهُ رَبُّهُ فَتَابَ عَلَيْهِ وَهَدَىٰ 20:123 قَالَ
اهْبِطَا مِنْهَا جَمِيعًا بَعْضُكُمْ لِبَعْضٍ عَدُوٌّ فَإِمَّا يَأْتِيَنَّكُمْ مِنِّي هُدًى فَمَنِ اتَّبَعَ هُدَايَ فَلَا يَضِلُّ وَلَا يَشْقَىٰ 20:124 وَمَنْ أَعْرَضَ عَنْ ذِكْرِي
فَإِنَّ لَهُ مَعِيشَةً ضَنْكًا وَنَحْشُرُهُ يَوْمَ الْقِيَامَةِ أَعْمَىٰ 20:125 قَالَ رَبِّ لِمَ حَشَرْتَنِي أَعْمَىٰ وَقَدْ كُنْتُ بَصِيرًا 20:126 قَالَ كَذَٰلِكَ أَتَتْكَ آيَاتُنَا
فَنَسِيتَهَا وَكَذَٰلِكَ الْيَوْمَ تُنْسَىٰ 20:127 وَكَذَٰلِكَ نَجْزِي مَنْ أَسْرَفَ وَلَمْ يُؤْمِنْ بِآيَاتِ رَبِّهِ وَلَعَذَابُ الْآخِرَةِ أَشَدُّ وَأَبْقَىٰ 20:128 أَفَلَمْ يَهْدِ لَهُمْ
كَمْ أَهْلَكْنَا قَبْلَهُمْ مِنَ الْقُرُونِ يَمْشُونَ فِي مَسَاكِنِهِمْ إِنَّ فِي ذَٰلِكَ لَآيَاتٍ لِأُولِي النُّهَىٰ 20:129 وَلَوْلَا كَلِمَةٌ سَبَقَتْ مِنْ رَبِّكَ لَكَانَ لِزَامًا
وَأَجَلٌ مُسَمًّى 20:130 فَاصْبِرْ عَلَىٰ مَا يَقُولُونَ وَسَبِّحْ بِحَمْدِ رَبِّكَ قَبْلَ طُلُوعِ الشَّمْسِ وَقَبْلَ غُرُوبِهَا وَمِنْ آنَاءِ اللَّيْلِ فَسَبِّحْ وَأَطْرَافَ النَّهَارِ
لَعَلَّكَ تَرْضَىٰ 20:131 وَلَا تَمُدَّنَّ عَيْنَيْكَ إِلَىٰ مَا مَتَّعْنَا بِهِ أَزْوَاجًا مِنْهُمْ زَهْرَةَ الْحَيَاةِ الدُّنْيَا لِنَفْتِنَهُمْ فِيهِ وَرِزْقُ رَبِّكَ خَيْرٌ وَأَبْقَىٰ 20:132
وَأْمُرْ أَهْلَكَ بِالصَّلَاةِ وَاصْطَبِرْ عَلَيْهَا لَا نَسْأَلُكَ رِزْقًا نَحْنُ نَرْزُقُكَ وَالْعَاقِبَةُ لِلتَّقْوَىٰ 20:133 وَقَالُوا لَوْلَا يَأْتِينَا بِآيَةٍ مِنْ رَبِّهِ أَوَلَمْ تَأْتِهِمْ بَيِّنَةُ
مَا فِي الصُّحُفِ الْأُولَىٰ 20:134 وَلَوْ أَنَّا أَهْلَكْنَاهُمْ بِعَذَابٍ مِنْ قَبْلِهِ لَقَالُوا رَبَّنَا لَوْلَا أَرْسَلْتَ إِلَيْنَا رَسُولًا فَنَتَّبِعَ آيَاتِكَ مِنْ قَبْلِ أَنْ نَذِلَّ وَنَخْزَىٰ
20:135 قُلْ كُلٌّ مُتَرَبِّصٌ فَتَرَبَّصُوا فَسَتَعْلَمُونَ مَنْ أَصْحَابُ الصِّرَاطِ السَّوِيِّ وَمَنِ اهْتَدَىٰ 21:1 بِسْمِ اللَّهِ الرَّحْمَٰنِ الرَّحِيمِ اقْتَرَبَ لِلنَّاسِ
حِسَابُهُمْ وَهُمْ فِي غَفْلَةٍ مُعْرِضُونَ 21:2 مَا يَأْتِيهِمْ مِنْ ذِكْرٍ مِنْ رَبِّهِمْ مُحْدَثٍ إِلَّا اسْتَمَعُوهُ وَهُمْ يَلْعَبُونَ 21:3 لَاهِيَةً قُلُوبُهُمْ وَأَسَرُّوا
النَّجْوَى الَّذِينَ ظَلَمُوا هَلْ هَٰذَا إِلَّا بَشَرٌ مِثْلُكُمْ أَفَتَأْتُونَ السِّحْرَ وَأَنْتُمْ تُبْصِرُونَ 21:4 قَالَ رَبِّي يَعْلَمُ الْقَوْلَ فِي السَّمَاءِ وَالْأَرْضِ وَهُوَ
السَّمِيعُ الْعَلِيمُ 21:5 بَلْ قَالُوا أَضْغَاثُ أَحْلَامٍ بَلِ افْتَرَاهُ بَلْ هُوَ شَاعِرٌ فَلْيَأْتِنَا بِآيَةٍ كَمَا أُرْسِلَ الْأَوَّلُونَ 21:6 مَا آمَنَتْ قَبْلَهُمْ مِنْ قَرْيَةٍ
أَهْلَكْنَاهَا أَفَهُمْ يُؤْمِنُونَ 21:7 وَمَا أَرْسَلْنَا قَبْلَكَ إِلَّا رِجَالًا نُوحِي إِلَيْهِمْ فَاسْأَلُوا أَهْلَ الذِّكْرِ إِنْ كُنْتُمْ لَا تَعْلَمُونَ 21:8 وَمَا جَعَلْنَاهُمْ جَسَدًا
لَا يَأْكُلُونَ الطَّعَامَ وَمَا كَانُوا خَالِدِينَ 21:9 ثُمَّ صَدَقْنَاهُمُ الْوَعْدَ فَأَنْجَيْنَاهُمْ وَمَنْ نَشَاءُ وَأَهْلَكْنَا الْمُسْرِفِينَ 21:10 لَقَدْ أَنْزَلْنَا إِلَيْكُمْ كِتَابًا فِيهِ
ذِكْرُكُمْ أَفَلَا تَعْقِلُونَ 21:11 وَكَمْ قَصَمْنَا مِنْ قَرْيَةٍ كَانَتْ ظَالِمَةً وَأَنْشَأْنَا بَعْدَهَا قَوْمًا آخَرِينَ 21:12 فَلَمَّا أَحَسُّوا بَأْسَنَا إِذَا هُمْ مِنْهَا يَرْكُضُونَ
21:13 لَا تَرْكُضُوا وَارْجِعُوا إِلَىٰ مَا أُتْرِفْتُمْ فِيهِ وَمَسَاكِنِكُمْ لَعَلَّكُمْ تُسْأَلُونَ 21:14 قَالُوا يَا وَيْلَنَا إِنَّا كُنَّا ظَالِمِينَ 21:15 فَمَا زَالَتْ تِلْكَ دَعْوَاهُمْ
حَتَّىٰ جَعَلْنَاهُمْ حَصِيدًا خَامِدِينَ 21:16 وَمَا خَلَقْنَا السَّمَاءَ وَالْأَرْضَ وَمَا بَيْنَهُمَا لَاعِبِينَ 21:17 لَوْ أَرَدْنَا أَنْ نَتَّخِذَ لَهْوًا لَاتَّخَذْنَاهُ مِنْ لَدُنَّا إِنْ
كُنَّا فَاعِلِينَ 21:18 بَلْ نَقْذِفُ بِالْحَقِّ عَلَى الْبَاطِلِ فَيَدْمَغُهُ فَإِذَا هُوَ زَاهِقٌ وَلَكُمُ الْوَيْلُ مِمَّا تَصِفُونَ 21:19 وَلَهُ مَنْ فِي السَّمَاوَاتِ وَالْأَرْضِ
وَمَنْ عِنْدَهُ لَا يَسْتَكْبِرُونَ عَنْ عِبَادَتِهِ وَلَا يَسْتَحْسِرُونَ 21:20 يُسَبِّحُونَ اللَّيْلَ وَالنَّهَارَ لَا يَفْتُرُونَ 21:21 أَمِ اتَّخَذُوا آلِهَةً مِنَ الْأَرْضِ هُمْ
يُنْشِرُونَ 21:22 لَوْ كَانَ فِيهِمَا آلِهَةٌ إِلَّا اللَّهُ لَفَسَدَتَا فَسُبْحَانَ اللَّهِ رَبِّ الْعَرْشِ عَمَّا يَصِفُونَ 21:23 لَا يُسْأَلُ عَمَّا يَفْعَلُ وَهُمْ يُسْأَلُونَ 21:24
أَمِ اتَّخَذُوا مِنْ دُونِهِ آلِهَةً قُلْ هَاتُوا بُرْهَانَكُمْ هَٰذَا ذِكْرُ مَنْ مَعِيَ وَذِكْرُ مَنْ قَبْلِي بَلْ أَكْثَرُهُمْ لَا يَعْلَمُونَ الْحَقَّ فَهُمْ مُعْرِضُونَ 21:25 وَمَا
أَرْسَلْنَا مِنْ قَبْلِكَ مِنْ رَسُولٍ إِلَّا نُوحِي إِلَيْهِ أَنَّهُ لَا إِلَٰهَ إِلَّا أَنَا فَاعْبُدُونِ 21:26 وَقَالُوا اتَّخَذَ الرَّحْمَٰنُ وَلَدًا سُبْحَانَهُ بَلْ عِبَادٌ مُكْرَمُونَ 21:27
لَا يَسْبِقُونَهُ بِالْقَوْلِ وَهُمْ بِأَمْرِهِ يَعْمَلُونَ 21:28 يَعْلَمُ مَا بَيْنَ أَيْدِيهِمْ وَمَا خَلْفَهُمْ وَلَا يَشْفَعُونَ إِلَّا لِمَنِ ارْتَضَىٰ وَهُمْ مِنْ خَشْيَتِهِ مُشْفِقُونَ
21:29 وَمَنْ يَقُلْ مِنْهُمْ إِنِّي إِلَٰهٌ مِنْ دُونِهِ فَذَٰلِكَ نَجْزِيهِ جَهَنَّمَ كَذَٰلِكَ نَجْزِي الظَّالِمِينَ 21:30 أَوَلَمْ يَرَ الَّذِينَ كَفَرُوا أَنَّ السَّمَاوَاتِ وَالْأَرْضَ
كَانَتَا رَتْقًا فَفَتَقْنَاهُمَا وَجَعَلْنَا مِنَ الْمَاءِ كُلَّ شَيْءٍ حَيٍّ أَفَلَا يُؤْمِنُونَ 21:31 وَجَعَلْنَا فِي الْأَرْضِ رَوَاسِيَ أَنْ تَمِيدَ بِهِمْ وَجَعَلْنَا فِيهَا فِجَاجًا
سُبُلًا لَعَلَّهُمْ يَهْتَدُونَ 21:32 وَجَعَلْنَا السَّمَاءَ سَقْفًا مَحْفُوظًا وَهُمْ عَنْ آيَاتِهَا مُعْرِضُونَ 21:33 وَهُوَ الَّذِي خَلَقَ اللَّيْلَ وَالنَّهَارَ وَالشَّمْسَ
وَالْقَمَرَ كُلٌّ فِي فَلَكٍ يَسْبَحُونَ 21:34 وَمَا جَعَلْنَا لِبَشَرٍ مِنْ قَبْلِكَ الْخُلْدَ أَفَإِنْ مِتَّ فَهُمُ الْخَالِدُونَ 21:35 كُلُّ نَفْسٍ ذَائِقَةُ الْمَوْتِ وَنَبْلُوكُمْ
بِالشَّرِّ وَالْخَيْرِ فِتْنَةً وَإِلَيْنَا تُرْجَعُونَ 21:36 وَإِذَا رَآكَ الَّذِينَ كَفَرُوا إِنْ يَتَّخِذُونَكَ إِلَّا هُزُوًا أَهَٰذَا الَّذِي يَذْكُرُ آلِهَتَكُمْ وَهُمْ بِذِكْرِ الرَّحْمَٰنِ هُمْ

كَافِرُونَ 21:37 خُلِقَ الْإِنْسَانُ مِنْ عَجَلٍ سَأُرِيكُمْ آيَاتِي فَلَا تَسْتَعْجِلُونِ 21:38 وَيَقُولُونَ مَتَىٰ هَٰذَا الْوَعْدُ إِنْ كُنْتُمْ صَادِقِينَ 21:39 لَوْ يَعْلَمُ
الَّذِينَ كَفَرُوا حِينَ لَا يَكُفُّونَ عَنْ وُجُوهِهِمُ النَّارَ وَلَا عَنْ ظُهُورِهِمْ وَلَا هُمْ يُنْصَرُونَ 21:40 بَلْ تَأْتِيهِمْ بَغْتَةً فَتَبْهَتُهُمْ فَلَا يَسْتَطِيعُونَ رَدَّهَا
وَلَا هُمْ يُنْظَرُونَ 21:41 وَلَقَدِ اسْتُهْزِئَ بِرُسُلٍ مِنْ قَبْلِكَ فَحَاقَ بِالَّذِينَ سَخِرُوا مِنْهُمْ مَا كَانُوا بِهِ يَسْتَهْزِئُونَ 21:42 قُلْ مَنْ يَكْلَؤُكُمْ بِاللَّيْلِ
وَالنَّهَارِ مِنَ الرَّحْمَٰنِ بَلْ هُمْ عَنْ ذِكْرِ رَبِّهِمْ مُعْرِضُونَ 21:43 أَمْ لَهُمْ آلِهَةٌ تَمْنَعُهُمْ مِنْ دُونِنَا لَا يَسْتَطِيعُونَ نَصْرَ أَنْفُسِهِمْ وَلَا هُمْ مِنَّا
يُصْحَبُونَ 21:44 بَلْ مَتَّعْنَا هَٰؤُلَاءِ وَآبَاءَهُمْ حَتَّىٰ طَالَ عَلَيْهِمُ الْعُمُرُ أَفَلَا يَرَوْنَ أَنَّا نَأْتِي الْأَرْضَ نَنْقُصُهَا مِنْ أَطْرَافِهَا أَفَهُمُ الْغَالِبُونَ 21:45
قُلْ إِنَّمَا أُنْذِرُكُمْ بِالْوَحْيِ وَلَا يَسْمَعُ الصُّمُّ الدُّعَاءَ إِذَا مَا يُنْذَرُونَ 21:46 وَلَئِنْ مَسَّتْهُمْ نَفْحَةٌ مِنْ عَذَابِ رَبِّكَ لَيَقُولُنَّ يَا وَيْلَنَا إِنَّا كُنَّا ظَالِمِينَ
21:47 وَنَضَعُ الْمَوَازِينَ الْقِسْطَ لِيَوْمِ الْقِيَامَةِ فَلَا تُظْلَمُ نَفْسٌ شَيْئًا وَإِنْ كَانَ مِثْقَالَ حَبَّةٍ مِنْ خَرْدَلٍ أَتَيْنَا بِهَا وَكَفَىٰ بِنَا حَاسِبِينَ 21:48
وَلَقَدْ آتَيْنَا مُوسَىٰ وَهَارُونَ الْفُرْقَانَ وَضِيَاءً وَذِكْرًا لِلْمُتَّقِينَ 21:49 الَّذِينَ يَخْشَوْنَ رَبَّهُمْ بِالْغَيْبِ وَهُمْ مِنَ السَّاعَةِ مُشْفِقُونَ 21:50 وَهَٰذَا
ذِكْرٌ مُبَارَكٌ أَنْزَلْنَاهُ أَفَأَنْتُمْ لَهُ مُنْكِرُونَ 21:51 وَلَقَدْ آتَيْنَا إِبْرَاهِيمَ رُشْدَهُ مِنْ قَبْلُ وَكُنَّا بِهِ عَالِمِينَ 21:52 إِذْ قَالَ لِأَبِيهِ وَقَوْمِهِ مَا هَٰذِهِ
التَّمَاثِيلُ الَّتِي أَنْتُمْ لَهَا عَاكِفُونَ 21:53 قَالُوا وَجَدْنَا آبَاءَنَا لَهَا عَابِدِينَ 21:54 قَالَ لَقَدْ كُنْتُمْ أَنْتُمْ وَآبَاؤُكُمْ فِي ضَلَالٍ مُبِينٍ 21:55 قَالُوا
أَجِئْتَنَا بِالْحَقِّ أَمْ أَنْتَ مِنَ اللَّاعِبِينَ 21:56 قَالَ بَلْ رَبُّكُمْ رَبُّ السَّمَاوَاتِ وَالْأَرْضِ الَّذِي فَطَرَهُنَّ وَأَنَا عَلَىٰ ذَٰلِكُمْ مِنَ الشَّاهِدِينَ 21:57 وَتَاللَّهِ
لَأَكِيدَنَّ أَصْنَامَكُمْ بَعْدَ أَنْ تُوَلُّوا مُدْبِرِينَ 21:58 فَجَعَلَهُمْ جُذَاذًا إِلَّا كَبِيرًا لَهُمْ لَعَلَّهُمْ إِلَيْهِ يَرْجِعُونَ 21:59 قَالُوا مَنْ فَعَلَ هَٰذَا بِآلِهَتِنَا إِنَّهُ
لَمِنَ الظَّالِمِينَ 21:60 قَالُوا سَمِعْنَا فَتًى يَذْكُرُهُمْ يُقَالُ لَهُ إِبْرَاهِيمُ 21:61 قَالُوا فَأْتُوا بِهِ عَلَىٰ أَعْيُنِ النَّاسِ لَعَلَّهُمْ يَشْهَدُونَ 21:62 قَالُوا
أَأَنْتَ فَعَلْتَ هَٰذَا بِآلِهَتِنَا يَا إِبْرَاهِيمُ 21:63 قَالَ بَلْ فَعَلَهُ كَبِيرُهُمْ هَٰذَا فَاسْأَلُوهُمْ إِنْ كَانُوا يَنْطِقُونَ 21:64 فَرَجَعُوا إِلَىٰ أَنْفُسِهِمْ فَقَالُوا
إِنَّكُمْ أَنْتُمُ الظَّالِمُونَ 21:65 ثُمَّ نُكِسُوا عَلَىٰ رُءُوسِهِمْ لَقَدْ عَلِمْتَ مَا هَٰؤُلَاءِ يَنْطِقُونَ 21:66 قَالَ أَفَتَعْبُدُونَ مِنْ دُونِ اللَّهِ مَا لَا يَنْفَعُكُمْ
شَيْئًا وَلَا يَضُرُّكُمْ 21:67 أُفٍّ لَكُمْ وَلِمَا تَعْبُدُونَ مِنْ دُونِ اللَّهِ أَفَلَا تَعْقِلُونَ 21:68 قَالُوا حَرِّقُوهُ وَانْصُرُوا آلِهَتَكُمْ إِنْ كُنْتُمْ فَاعِلِينَ 21:69 قُلْنَا
يَا نَارُ كُونِي بَرْدًا وَسَلَامًا عَلَىٰ إِبْرَاهِيمَ 21:70 وَأَرَادُوا بِهِ كَيْدًا فَجَعَلْنَاهُمُ الْأَخْسَرِينَ 21:71 وَنَجَّيْنَاهُ وَلُوطًا إِلَى الْأَرْضِ الَّتِي بَارَكْنَا فِيهَا
لِلْعَالَمِينَ 21:72 وَوَهَبْنَا لَهُ إِسْحَاقَ وَيَعْقُوبَ نَافِلَةً وَكُلًّا جَعَلْنَا صَالِحِينَ 21:73 وَجَعَلْنَاهُمْ أَئِمَّةً يَهْدُونَ بِأَمْرِنَا وَأَوْحَيْنَا إِلَيْهِمْ فِعْلَ
الْخَيْرَاتِ وَإِقَامَ الصَّلَاةِ وَإِيتَاءَ الزَّكَاةِ وَكَانُوا لَنَا عَابِدِينَ 21:74 وَلُوطًا آتَيْنَاهُ حُكْمًا وَعِلْمًا وَنَجَّيْنَاهُ مِنَ الْقَرْيَةِ الَّتِي كَانَتْ تَعْمَلُ الْخَبَائِثَ
إِنَّهُمْ كَانُوا قَوْمَ سَوْءٍ فَاسِقِينَ 21:75 وَأَدْخَلْنَاهُ فِي رَحْمَتِنَا إِنَّهُ مِنَ الصَّالِحِينَ 21:76 وَنُوحًا إِذْ نَادَىٰ مِنْ قَبْلُ فَاسْتَجَبْنَا لَهُ فَنَجَّيْنَاهُ
وَأَهْلَهُ مِنَ الْكَرْبِ الْعَظِيمِ 21:77 وَنَصَرْنَاهُ مِنَ الْقَوْمِ الَّذِينَ كَذَّبُوا بِآيَاتِنَا إِنَّهُمْ كَانُوا قَوْمَ سَوْءٍ فَأَغْرَقْنَاهُمْ أَجْمَعِينَ 21:78 وَدَاوُودَ
وَسُلَيْمَانَ إِذْ يَحْكُمَانِ فِي الْحَرْثِ إِذْ نَفَشَتْ فِيهِ غَنَمُ الْقَوْمِ وَكُنَّا لِحُكْمِهِمْ شَاهِدِينَ 21:79 فَفَهَّمْنَاهَا سُلَيْمَانَ وَكُلًّا آتَيْنَا حُكْمًا وَعِلْمًا
وَسَخَّرْنَا مَعَ دَاوُودَ الْجِبَالَ يُسَبِّحْنَ وَالطَّيْرَ وَكُنَّا فَاعِلِينَ 21:80 وَعَلَّمْنَاهُ صَنْعَةَ لَبُوسٍ لَكُمْ لِتُحْصِنَكُمْ مِنْ بَأْسِكُمْ فَهَلْ أَنْتُمْ شَاكِرُونَ
21:81 وَلِسُلَيْمَانَ الرِّيحَ عَاصِفَةً تَجْرِي بِأَمْرِهِ إِلَى الْأَرْضِ الَّتِي بَارَكْنَا فِيهَا وَكُنَّا بِكُلِّ شَيْءٍ عَالِمِينَ 21:82 وَمِنَ الشَّيَاطِينِ مَنْ يَغُوصُونَ لَهُ
وَيَعْمَلُونَ عَمَلًا دُونَ ذَٰلِكَ وَكُنَّا لَهُمْ حَافِظِينَ 21:83 وَأَيُّوبَ إِذْ نَادَىٰ رَبَّهُ أَنِّي مَسَّنِيَ الضُّرُّ وَأَنْتَ أَرْحَمُ الرَّاحِمِينَ 21:84 فَاسْتَجَبْنَا لَهُ
فَكَشَفْنَا مَا بِهِ مِنْ ضُرٍّ وَآتَيْنَاهُ أَهْلَهُ وَمِثْلَهُمْ مَعَهُمْ رَحْمَةً مِنْ عِنْدِنَا وَذِكْرَىٰ لِلْعَابِدِينَ 21:85 وَإِسْمَاعِيلَ وَإِدْرِيسَ وَذَا الْكِفْلِ كُلٌّ مِنَ
الصَّابِرِينَ 21:86 وَأَدْخَلْنَاهُمْ فِي رَحْمَتِنَا إِنَّهُمْ مِنَ الصَّالِحِينَ 21:87 وَذَا النُّونِ إِذْ ذَهَبَ مُغَاضِبًا فَظَنَّ أَنْ لَنْ نَقْدِرَ عَلَيْهِ فَنَادَىٰ فِي
الظُّلُمَاتِ أَنْ لَا إِلَٰهَ إِلَّا أَنْتَ سُبْحَانَكَ إِنِّي كُنْتُ مِنَ الظَّالِمِينَ 21:88 فَاسْتَجَبْنَا لَهُ وَنَجَّيْنَاهُ مِنَ الْغَمِّ وَكَذَٰلِكَ نُنْجِي الْمُؤْمِنِينَ 21:89 وَزَكَرِيَّا
إِذْ نَادَىٰ رَبَّهُ رَبِّ لَا تَذَرْنِي فَرْدًا وَأَنْتَ خَيْرُ الْوَارِثِينَ 21:90 فَاسْتَجَبْنَا لَهُ وَوَهَبْنَا لَهُ يَحْيَىٰ وَأَصْلَحْنَا لَهُ زَوْجَهُ إِنَّهُمْ كَانُوا يُسَارِعُونَ فِي
الْخَيْرَاتِ وَيَدْعُونَنَا رَغَبًا وَرَهَبًا وَكَانُوا لَنَا خَاشِعِينَ 21:91 وَالَّتِي أَحْصَنَتْ فَرْجَهَا فَنَفَخْنَا فِيهَا مِنْ رُوحِنَا وَجَعَلْنَاهَا وَابْنَهَا آيَةً لِلْعَالَمِينَ

21:92 إِنَّ هَٰذِهِ أُمَّتُكُمْ أُمَّةً وَاحِدَةً وَأَنَا رَبُّكُمْ فَاعْبُدُونِ 21:93 وَتَقَطَّعُوا أَمْرَهُمْ بَيْنَهُمْ كُلٌّ إِلَيْنَا رَاجِعُونَ 21:94 فَمَنْ يَعْمَلْ مِنَ الصَّالِحَاتِ
وَهُوَ مُؤْمِنٌ فَلَا كُفْرَانَ لِسَعْيِهِ وَإِنَّا لَهُ كَاتِبُونَ 21:95 وَحَرَامٌ عَلَىٰ قَرْيَةٍ أَهْلَكْنَاهَا أَنَّهُمْ لَا يَرْجِعُونَ 21:96 حَتَّىٰ إِذَا فُتِحَتْ يَأْجُوجُ وَمَأْجُوجُ
وَهُمْ مِنْ كُلِّ حَدَبٍ يَنْسِلُونَ 21:97 وَاقْتَرَبَ الْوَعْدُ الْحَقُّ فَإِذَا هِيَ شَاخِصَةٌ أَبْصَارُ الَّذِينَ كَفَرُوا يَا وَيْلَنَا قَدْ كُنَّا فِي غَفْلَةٍ مِنْ هَٰذَا بَلْ كُنَّا
ظَالِمِينَ 21:98 إِنَّكُمْ وَمَا تَعْبُدُونَ مِنْ دُونِ اللَّهِ حَصَبُ جَهَنَّمَ أَنْتُمْ لَهَا وَارِدُونَ 21:99 لَوْ كَانَ هَٰؤُلَاءِ آلِهَةً مَا وَرَدُوهَا وَكُلٌّ فِيهَا خَالِدُونَ
21:100 لَهُمْ فِيهَا زَفِيرٌ وَهُمْ فِيهَا لَا يَسْمَعُونَ 21:101 إِنَّ الَّذِينَ سَبَقَتْ لَهُمْ مِنَّا الْحُسْنَىٰ أُولَٰئِكَ عَنْهَا مُبْعَدُونَ 21:102 لَا يَسْمَعُونَ
حَسِيسَهَا وَهُمْ فِي مَا اشْتَهَتْ أَنْفُسُهُمْ خَالِدُونَ 21:103 لَا يَحْزُنُهُمُ الْفَزَعُ الْأَكْبَرُ وَتَتَلَقَّاهُمُ الْمَلَائِكَةُ هَٰذَا يَوْمُكُمُ الَّذِي كُنْتُمْ تُوعَدُونَ
21:104 يَوْمَ نَطْوِي السَّمَاءَ كَطَيِّ السِّجِلِّ لِلْكُتُبِ كَمَا بَدَأْنَا أَوَّلَ خَلْقٍ نُعِيدُهُ وَعْدًا عَلَيْنَا إِنَّا كُنَّا فَاعِلِينَ 21:105 وَلَقَدْ كَتَبْنَا فِي الزَّبُورِ مِنْ
بَعْدِ الذِّكْرِ أَنَّ الْأَرْضَ يَرِثُهَا عِبَادِيَ الصَّالِحُونَ 21:106 إِنَّ فِي هَٰذَا لَبَلَاغًا لِقَوْمٍ عَابِدِينَ 21:107 وَمَا أَرْسَلْنَاكَ إِلَّا رَحْمَةً لِلْعَالَمِينَ 21:108 قُلْ
إِنَّمَا يُوحَىٰ إِلَيَّ أَنَّمَا إِلَٰهُكُمْ إِلَٰهٌ وَاحِدٌ فَهَلْ أَنْتُمْ مُسْلِمُونَ 21:109 فَإِنْ تَوَلَّوْا فَقُلْ آذَنْتُكُمْ عَلَىٰ سَوَاءٍ وَإِنْ أَدْرِي أَقَرِيبٌ أَمْ بَعِيدٌ مَا
تُوعَدُونَ 21:110 إِنَّهُ يَعْلَمُ الْجَهْرَ مِنَ الْقَوْلِ وَيَعْلَمُ مَا تَكْتُمُونَ 21:111 وَإِنْ أَدْرِي لَعَلَّهُ فِتْنَةٌ لَكُمْ وَمَتَاعٌ إِلَىٰ حِينٍ 21:112 قَالَ رَبِّ احْكُمْ
بِالْحَقِّ وَرَبُّنَا الرَّحْمَٰنُ الْمُسْتَعَانُ عَلَىٰ مَا تَصِفُونَ 22:1 بِسْمِ اللَّهِ الرَّحْمَٰنِ الرَّحِيمِ يَا أَيُّهَا النَّاسُ اتَّقُوا رَبَّكُمْ إِنَّ زَلْزَلَةَ السَّاعَةِ شَيْءٌ عَظِيمٌ
22:2 يَوْمَ تَرَوْنَهَا تَذْهَلُ كُلُّ مُرْضِعَةٍ عَمَّا أَرْضَعَتْ وَتَضَعُ كُلُّ ذَاتِ حَمْلٍ حَمْلَهَا وَتَرَى النَّاسَ سُكَارَىٰ وَمَا هُمْ بِسُكَارَىٰ وَلَٰكِنَّ عَذَابَ اللَّهِ
شَدِيدٌ 22:3 وَمِنَ النَّاسِ مَنْ يُجَادِلُ فِي اللَّهِ بِغَيْرِ عِلْمٍ وَيَتَّبِعُ كُلَّ شَيْطَانٍ مَرِيدٍ 22:4 كُتِبَ عَلَيْهِ أَنَّهُ مَنْ تَوَلَّاهُ فَأَنَّهُ يُضِلُّهُ وَيَهْدِيهِ إِلَىٰ
عَذَابِ السَّعِيرِ 22:5 يَا أَيُّهَا النَّاسُ إِنْ كُنْتُمْ فِي رَيْبٍ مِنَ الْبَعْثِ فَإِنَّا خَلَقْنَاكُمْ مِنْ تُرَابٍ ثُمَّ مِنْ نُطْفَةٍ ثُمَّ مِنْ عَلَقَةٍ ثُمَّ مِنْ مُضْغَةٍ مُخَلَّقَةٍ
وَغَيْرِ مُخَلَّقَةٍ لِنُبَيِّنَ لَكُمْ وَنُقِرُّ فِي الْأَرْحَامِ مَا نَشَاءُ إِلَىٰ أَجَلٍ مُسَمًّى ثُمَّ نُخْرِجُكُمْ طِفْلًا ثُمَّ لِتَبْلُغُوا أَشُدَّكُمْ وَمِنْكُمْ مَنْ يُتَوَفَّىٰ وَمِنْكُمْ
مَنْ يُرَدُّ إِلَىٰ أَرْذَلِ الْعُمُرِ لِكَيْلَا يَعْلَمَ مِنْ بَعْدِ عِلْمٍ شَيْئًا وَتَرَى الْأَرْضَ هَامِدَةً فَإِذَا أَنْزَلْنَا عَلَيْهَا الْمَاءَ اهْتَزَّتْ وَرَبَتْ وَأَنْبَتَتْ مِنْ كُلِّ زَوْجٍ
بَهِيجٍ 22:6 ذَٰلِكَ بِأَنَّ اللَّهَ هُوَ الْحَقُّ وَأَنَّهُ يُحْيِي الْمَوْتَىٰ وَأَنَّهُ عَلَىٰ كُلِّ شَيْءٍ قَدِيرٌ 22:7 وَأَنَّ السَّاعَةَ آتِيَةٌ لَا رَيْبَ فِيهَا وَأَنَّ اللَّهَ يَبْعَثُ مَنْ
فِي الْقُبُورِ 22:8 وَمِنَ النَّاسِ مَنْ يُجَادِلُ فِي اللَّهِ بِغَيْرِ عِلْمٍ وَلَا هُدًى وَلَا كِتَابٍ مُنِيرٍ 22:9 ثَانِيَ عِطْفِهِ لِيُضِلَّ عَنْ سَبِيلِ اللَّهِ لَهُ فِي الدُّنْيَا
خِزْيٌ وَنُذِيقُهُ يَوْمَ الْقِيَامَةِ عَذَابَ الْحَرِيقِ 22:10 ذَٰلِكَ بِمَا قَدَّمَتْ يَدَاكَ وَأَنَّ اللَّهَ لَيْسَ بِظَلَّامٍ لِلْعَبِيدِ 22:11 وَمِنَ النَّاسِ مَنْ يَعْبُدُ اللَّهَ
عَلَىٰ حَرْفٍ فَإِنْ أَصَابَهُ خَيْرٌ اطْمَأَنَّ بِهِ وَإِنْ أَصَابَتْهُ فِتْنَةٌ انْقَلَبَ عَلَىٰ وَجْهِهِ خَسِرَ الدُّنْيَا وَالْآخِرَةَ ذَٰلِكَ هُوَ الْخُسْرَانُ الْمُبِينُ 22:12 يَدْعُو
مِنْ دُونِ اللَّهِ مَا لَا يَضُرُّهُ وَمَا لَا يَنْفَعُهُ ذَٰلِكَ هُوَ الضَّلَالُ الْبَعِيدُ 22:13 يَدْعُو لَمَنْ ضَرُّهُ أَقْرَبُ مِنْ نَفْعِهِ لَبِئْسَ الْمَوْلَىٰ وَلَبِئْسَ الْعَشِيرُ
22:14 إِنَّ اللَّهَ يُدْخِلُ الَّذِينَ آمَنُوا وَعَمِلُوا الصَّالِحَاتِ جَنَّاتٍ تَجْرِي مِنْ تَحْتِهَا الْأَنْهَارُ إِنَّ اللَّهَ يَفْعَلُ مَا يُرِيدُ 22:15 مَنْ كَانَ يَظُنُّ أَنْ لَنْ
يَنْصُرَهُ اللَّهُ فِي الدُّنْيَا وَالْآخِرَةِ فَلْيَمْدُدْ بِسَبَبٍ إِلَى السَّمَاءِ ثُمَّ لْيَقْطَعْ فَلْيَنْظُرْ هَلْ يُذْهِبَنَّ كَيْدُهُ مَا يَغِيظُ 22:16 وَكَذَٰلِكَ أَنْزَلْنَاهُ آيَاتٍ
بَيِّنَاتٍ وَأَنَّ اللَّهَ يَهْدِي مَنْ يُرِيدُ 22:17 إِنَّ الَّذِينَ آمَنُوا وَالَّذِينَ هَادُوا وَالصَّابِئِينَ وَالنَّصَارَىٰ وَالْمَجُوسَ وَالَّذِينَ أَشْرَكُوا إِنَّ اللَّهَ يَفْصِلُ
بَيْنَهُمْ يَوْمَ الْقِيَامَةِ إِنَّ اللَّهَ عَلَىٰ كُلِّ شَيْءٍ شَهِيدٌ 22:18 أَلَمْ تَرَ أَنَّ اللَّهَ يَسْجُدُ لَهُ مَنْ فِي السَّمَاوَاتِ وَمَنْ فِي الْأَرْضِ وَالشَّمْسُ وَالْقَمَرُ
وَالنُّجُومُ وَالْجِبَالُ وَالشَّجَرُ وَالدَّوَابُّ وَكَثِيرٌ مِنَ النَّاسِ وَكَثِيرٌ حَقَّ عَلَيْهِ الْعَذَابُ وَمَنْ يُهِنِ اللَّهُ فَمَا لَهُ مِنْ مُكْرِمٍ إِنَّ اللَّهَ يَفْعَلُ مَا يَشَاءُ
22:19 هَٰذَانِ خَصْمَانِ اخْتَصَمُوا فِي رَبِّهِمْ فَالَّذِينَ كَفَرُوا قُطِّعَتْ لَهُمْ ثِيَابٌ مِنْ نَارٍ يُصَبُّ مِنْ فَوْقِ رُءُوسِهِمُ الْحَمِيمُ 22:20 يُصْهَرُ بِهِ مَا
فِي بُطُونِهِمْ وَالْجُلُودُ 22:21 وَلَهُمْ مَقَامِعُ مِنْ حَدِيدٍ 22:22 كُلَّمَا أَرَادُوا أَنْ يَخْرُجُوا مِنْهَا مِنْ غَمٍّ أُعِيدُوا فِيهَا وَذُوقُوا عَذَابَ الْحَرِيقِ
22:23 إِنَّ اللَّهَ يُدْخِلُ الَّذِينَ آمَنُوا وَعَمِلُوا الصَّالِحَاتِ جَنَّاتٍ تَجْرِي مِنْ تَحْتِهَا الْأَنْهَارُ يُحَلَّوْنَ فِيهَا مِنْ أَسَاوِرَ مِنْ ذَهَبٍ وَلُؤْلُؤًا وَلِبَاسُهُمْ
فِيهَا حَرِيرٌ 22:24 وَهُدُوا إِلَى الطَّيِّبِ مِنَ الْقَوْلِ وَهُدُوا إِلَىٰ صِرَاطِ الْحَمِيدِ 22:25 إِنَّ الَّذِينَ كَفَرُوا وَيَصُدُّونَ عَنْ سَبِيلِ اللَّهِ وَالْمَسْجِدِ

الْحَرَامِ الَّذِي جَعَلْنَاهُ لِلنَّاسِ سَوَاءً الْعَاكِفُ فِيهِ وَالْبَادِ وَمَنْ يُرِدْ فِيهِ بِإِلْحَادٍ بِظُلْمٍ نُذِقْهُ مِنْ عَذَابٍ أَلِيمٍ 22:26 وَإِذْ بَوَّأْنَا لِإِبْرَاهِيمَ مَكَانَ
الْبَيْتِ أَنْ لَا تُشْرِكْ بِي شَيْئًا وَطَهِّرْ بَيْتِيَ لِلطَّائِفِينَ وَالْقَائِمِينَ وَالرُّكَّعِ السُّجُودِ 22:27 وَأَذِّنْ فِي النَّاسِ بِالْحَجِّ يَأْتُوكَ رِجَالًا وَعَلَىٰ كُلِّ
ضَامِرٍ يَأْتِينَ مِنْ كُلِّ فَجٍّ عَمِيقٍ 22:28 لِيَشْهَدُوا مَنَافِعَ لَهُمْ وَيَذْكُرُوا اسْمَ اللَّهِ فِي أَيَّامٍ مَعْلُومَاتٍ عَلَىٰ مَا رَزَقَهُمْ مِنْ بَهِيمَةِ الْأَنْعَامِ
فَكُلُوا مِنْهَا وَأَطْعِمُوا الْبَائِسَ الْفَقِيرَ 22:29 ثُمَّ لْيَقْضُوا تَفَثَهُمْ وَلْيُوفُوا نُذُورَهُمْ وَلْيَطَّوَّفُوا بِالْبَيْتِ الْعَتِيقِ 22:30 ذَٰلِكَ وَمَنْ يُعَظِّمْ حُرُمَاتِ
اللَّهِ فَهُوَ خَيْرٌ لَهُ عِنْدَ رَبِّهِ وَأُحِلَّتْ لَكُمُ الْأَنْعَامُ إِلَّا مَا يُتْلَىٰ عَلَيْكُمْ فَاجْتَنِبُوا الرِّجْسَ مِنَ الْأَوْثَانِ وَاجْتَنِبُوا قَوْلَ الزُّورِ 22:31 حُنَفَاءَ لِلَّهِ غَيْرَ
مُشْرِكِينَ بِهِ وَمَنْ يُشْرِكْ بِاللَّهِ فَكَأَنَّمَا خَرَّ مِنَ السَّمَاءِ فَتَخْطَفُهُ الطَّيْرُ أَوْ تَهْوِي بِهِ الرِّيحُ فِي مَكَانٍ سَحِيقٍ 22:32 ذَٰلِكَ وَمَنْ يُعَظِّمْ
شَعَائِرَ اللَّهِ فَإِنَّهَا مِنْ تَقْوَى الْقُلُوبِ 22:33 لَكُمْ فِيهَا مَنَافِعُ إِلَىٰ أَجَلٍ مُسَمًّى ثُمَّ مَحِلُّهَا إِلَى الْبَيْتِ الْعَتِيقِ 22:34 وَلِكُلِّ أُمَّةٍ جَعَلْنَا مَنْسَكًا
لِيَذْكُرُوا اسْمَ اللَّهِ عَلَىٰ مَا رَزَقَهُمْ مِنْ بَهِيمَةِ الْأَنْعَامِ فَإِلَٰهُكُمْ إِلَٰهٌ وَاحِدٌ فَلَهُ أَسْلِمُوا وَبَشِّرِ الْمُخْبِتِينَ 22:35 الَّذِينَ إِذَا ذُكِرَ اللَّهُ وَجِلَتْ
قُلُوبُهُمْ وَالصَّابِرِينَ عَلَىٰ مَا أَصَابَهُمْ وَالْمُقِيمِي الصَّلَاةِ وَمِمَّا رَزَقْنَاهُمْ يُنْفِقُونَ 22:36 وَالْبُدْنَ جَعَلْنَاهَا لَكُمْ مِنْ شَعَائِرِ اللَّهِ لَكُمْ فِيهَا
خَيْرٌ فَاذْكُرُوا اسْمَ اللَّهِ عَلَيْهَا صَوَافَّ فَإِذَا وَجَبَتْ جُنُوبُهَا فَكُلُوا مِنْهَا وَأَطْعِمُوا الْقَانِعَ وَالْمُعْتَرَّ كَذَٰلِكَ سَخَّرْنَاهَا لَكُمْ لَعَلَّكُمْ تَشْكُرُونَ
22:37 لَنْ يَنَالَ اللَّهَ لُحُومُهَا وَلَا دِمَاؤُهَا وَلَٰكِنْ يَنَالُهُ التَّقْوَىٰ مِنْكُمْ كَذَٰلِكَ سَخَّرَهَا لَكُمْ لِتُكَبِّرُوا اللَّهَ عَلَىٰ مَا هَدَاكُمْ وَبَشِّرِ الْمُحْسِنِينَ 22:38
إِنَّ اللَّهَ يُدَافِعُ عَنِ الَّذِينَ آمَنُوا إِنَّ اللَّهَ لَا يُحِبُّ كُلَّ خَوَّانٍ كَفُورٍ 22:39 أُذِنَ لِلَّذِينَ يُقَاتَلُونَ بِأَنَّهُمْ ظُلِمُوا وَإِنَّ اللَّهَ عَلَىٰ نَصْرِهِمْ لَقَدِيرٌ 22:40
الَّذِينَ أُخْرِجُوا مِنْ دِيَارِهِمْ بِغَيْرِ حَقٍّ إِلَّا أَنْ يَقُولُوا رَبُّنَا اللَّهُ وَلَوْلَا دَفْعُ اللَّهِ النَّاسَ بَعْضَهُمْ بِبَعْضٍ لَهُدِّمَتْ صَوَامِعُ وَبِيَعٌ وَصَلَوَاتٌ
وَمَسَاجِدُ يُذْكَرُ فِيهَا اسْمُ اللَّهِ كَثِيرًا وَلَيَنْصُرَنَّ اللَّهُ مَنْ يَنْصُرُهُ إِنَّ اللَّهَ لَقَوِيٌّ عَزِيزٌ 22:41 الَّذِينَ إِنْ مَكَّنَّاهُمْ فِي الْأَرْضِ أَقَامُوا الصَّلَاةَ وَآتَوُا
الزَّكَاةَ وَأَمَرُوا بِالْمَعْرُوفِ وَنَهَوْا عَنِ الْمُنْكَرِ وَلِلَّهِ عَاقِبَةُ الْأُمُورِ 22:42 وَإِنْ يُكَذِّبُوكَ فَقَدْ كَذَّبَتْ قَبْلَهُمْ قَوْمُ نُوحٍ وَعَادٌ وَثَمُودُ 22:43 وَقَوْمُ
إِبْرَاهِيمَ وَقَوْمُ لُوطٍ 22:44 وَأَصْحَابُ مَدْيَنَ وَكُذِّبَ مُوسَىٰ فَأَمْلَيْتُ لِلْكَافِرِينَ ثُمَّ أَخَذْتُهُمْ فَكَيْفَ كَانَ نَكِيرِ 22:45 فَكَأَيِّنْ مِنْ قَرْيَةٍ أَهْلَكْنَاهَا
وَهِيَ ظَالِمَةٌ فَهِيَ خَاوِيَةٌ عَلَىٰ عُرُوشِهَا وَبِئْرٍ مُعَطَّلَةٍ وَقَصْرٍ مَشِيدٍ 22:46 أَفَلَمْ يَسِيرُوا فِي الْأَرْضِ فَتَكُونَ لَهُمْ قُلُوبٌ يَعْقِلُونَ بِهَا أَوْ
آذَانٌ يَسْمَعُونَ بِهَا فَإِنَّهَا لَا تَعْمَى الْأَبْصَارُ وَلَٰكِنْ تَعْمَى الْقُلُوبُ الَّتِي فِي الصُّدُورِ 22:47 وَيَسْتَعْجِلُونَكَ بِالْعَذَابِ وَلَنْ يُخْلِفَ اللَّهُ وَعْدَهُ
وَإِنَّ يَوْمًا عِنْدَ رَبِّكَ كَأَلْفِ سَنَةٍ مِمَّا تَعُدُّونَ 22:48 وَكَأَيِّنْ مِنْ قَرْيَةٍ أَمْلَيْتُ لَهَا وَهِيَ ظَالِمَةٌ ثُمَّ أَخَذْتُهَا وَإِلَيَّ الْمَصِيرُ 22:49 قُلْ يَا أَيُّهَا
النَّاسُ إِنَّمَا أَنَا لَكُمْ نَذِيرٌ مُبِينٌ 22:50 فَالَّذِينَ آمَنُوا وَعَمِلُوا الصَّالِحَاتِ لَهُمْ مَغْفِرَةٌ وَرِزْقٌ كَرِيمٌ 22:51 وَالَّذِينَ سَعَوْا فِي آيَاتِنَا مُعَاجِزِينَ
أُولَٰئِكَ أَصْحَابُ الْجَحِيمِ 22:52 وَمَا أَرْسَلْنَا مِنْ قَبْلِكَ مِنْ رَسُولٍ وَلَا نَبِيٍّ إِلَّا إِذَا تَمَنَّىٰ أَلْقَى الشَّيْطَانُ فِي أُمْنِيَّتِهِ فَيَنْسَخُ اللَّهُ مَا يُلْقِي
الشَّيْطَانُ ثُمَّ يُحْكِمُ اللَّهُ آيَاتِهِ وَاللَّهُ عَلِيمٌ حَكِيمٌ 22:53 لِيَجْعَلَ مَا يُلْقِي الشَّيْطَانُ فِتْنَةً لِلَّذِينَ فِي قُلُوبِهِمْ مَرَضٌ وَالْقَاسِيَةِ قُلُوبُهُمْ وَإِنَّ
الظَّالِمِينَ لَفِي شِقَاقٍ بَعِيدٍ 22:54 وَلِيَعْلَمَ الَّذِينَ أُوتُوا الْعِلْمَ أَنَّهُ الْحَقُّ مِنْ رَبِّكَ فَيُؤْمِنُوا بِهِ فَتُخْبِتَ لَهُ قُلُوبُهُمْ وَإِنَّ اللَّهَ لَهَادِ الَّذِينَ
آمَنُوا إِلَىٰ صِرَاطٍ مُسْتَقِيمٍ 22:55 وَلَا يَزَالُ الَّذِينَ كَفَرُوا فِي مِرْيَةٍ مِنْهُ حَتَّىٰ تَأْتِيَهُمُ السَّاعَةُ بَغْتَةً أَوْ يَأْتِيَهُمْ عَذَابُ يَوْمٍ عَقِيمٍ 22:56
الْمُلْكُ يَوْمَئِذٍ لِلَّهِ يَحْكُمُ بَيْنَهُمْ فَالَّذِينَ آمَنُوا وَعَمِلُوا الصَّالِحَاتِ فِي جَنَّاتِ النَّعِيمِ 22:57 وَالَّذِينَ كَفَرُوا وَكَذَّبُوا بِآيَاتِنَا فَأُولَٰئِكَ لَهُمْ عَذَابٌ
مُهِينٌ 22:58 وَالَّذِينَ هَاجَرُوا فِي سَبِيلِ اللَّهِ ثُمَّ قُتِلُوا أَوْ مَاتُوا لَيَرْزُقَنَّهُمُ اللَّهُ رِزْقًا حَسَنًا وَإِنَّ اللَّهَ لَهُوَ خَيْرُ الرَّازِقِينَ 22:59 لَيُدْخِلَنَّهُمْ
مُدْخَلًا يَرْضَوْنَهُ وَإِنَّ اللَّهَ لَعَلِيمٌ حَلِيمٌ 22:60 ذَٰلِكَ وَمَنْ عَاقَبَ بِمِثْلِ مَا عُوقِبَ بِهِ ثُمَّ بُغِيَ عَلَيْهِ لَيَنْصُرَنَّهُ اللَّهُ إِنَّ اللَّهَ لَعَفُوٌّ غَفُورٌ 22:61
ذَٰلِكَ بِأَنَّ اللَّهَ يُولِجُ اللَّيْلَ فِي النَّهَارِ وَيُولِجُ النَّهَارَ فِي اللَّيْلِ وَأَنَّ اللَّهَ سَمِيعٌ بَصِيرٌ 22:62 ذَٰلِكَ بِأَنَّ اللَّهَ هُوَ الْحَقُّ وَأَنَّ مَا يَدْعُونَ مِنْ دُونِهِ
هُوَ الْبَاطِلُ وَأَنَّ اللَّهَ هُوَ الْعَلِيُّ الْكَبِيرُ 22:63 أَلَمْ تَرَ أَنَّ اللَّهَ أَنْزَلَ مِنَ السَّمَاءِ مَاءً فَتُصْبِحُ الْأَرْضُ مُخْضَرَّةً إِنَّ اللَّهَ لَطِيفٌ خَبِيرٌ 22:64 لَهُ مَا
فِي السَّمَاوَاتِ وَمَا فِي الْأَرْضِ وَإِنَّ اللَّهَ لَهُوَ الْغَنِيُّ الْحَمِيدُ 22:65 أَلَمْ تَرَ أَنَّ اللَّهَ سَخَّرَ لَكُمْ مَا فِي الْأَرْضِ وَالْفُلْكَ تَجْرِي فِي الْبَحْرِ بِأَمْرِهِ

وَيُمْسِكُ السَّمَاءَ أَنْ تَقَعَ عَلَى الْأَرْضِ إِلَّا بِإِذْنِهِ إِنَّ اللَّهَ بِالنَّاسِ لَرَءُوفٌ رَحِيمٌ 22:66 وَهُوَ الَّذِي أَحْيَاكُمْ ثُمَّ يُمِيتُكُمْ ثُمَّ يُحْيِيكُمْ إِنَّ الْإِنْسَانَ
لَكَفُورٌ 22:67 لِكُلِّ أُمَّةٍ جَعَلْنَا مَنْسَكًا هُمْ نَاسِكُوهُ فَلَا يُنَازِعُنَّكَ فِي الْأَمْرِ وَادْعُ إِلَىٰ رَبِّكَ إِنَّكَ لَعَلَىٰ هُدًى مُسْتَقِيمٍ 22:68 وَإِنْ جَادَلُوكَ
فَقُلِ اللَّهُ أَعْلَمُ بِمَا تَعْمَلُونَ 22:69 اللَّهُ يَحْكُمُ بَيْنَكُمْ يَوْمَ الْقِيَامَةِ فِيمَا كُنْتُمْ فِيهِ تَخْتَلِفُونَ 22:70 أَلَمْ تَعْلَمْ أَنَّ اللَّهَ يَعْلَمُ مَا فِي السَّمَاءِ
وَالْأَرْضِ إِنَّ ذَٰلِكَ فِي كِتَابٍ إِنَّ ذَٰلِكَ عَلَى اللَّهِ يَسِيرٌ 22:71 وَيَعْبُدُونَ مِنْ دُونِ اللَّهِ مَا لَمْ يُنَزِّلْ بِهِ سُلْطَانًا وَمَا لَيْسَ لَهُمْ بِهِ عِلْمٌ وَمَا
لِلظَّالِمِينَ مِنْ نَصِيرٍ 22:72 وَإِذَا تُتْلَىٰ عَلَيْهِمْ آيَاتُنَا بَيِّنَاتٍ تَعْرِفُ فِي وُجُوهِ الَّذِينَ كَفَرُوا الْمُنْكَرَ يَكَادُونَ يَسْطُونَ بِالَّذِينَ يَتْلُونَ عَلَيْهِمْ
آيَاتِنَا قُلْ أَفَأُنَبِّئُكُمْ بِشَرٍّ مِنْ ذَٰلِكُمُ النَّارُ وَعَدَهَا اللَّهُ الَّذِينَ كَفَرُوا وَبِئْسَ الْمَصِيرُ 22:73 يَا أَيُّهَا النَّاسُ ضُرِبَ مَثَلٌ فَاسْتَمِعُوا لَهُ إِنَّ الَّذِينَ
تَدْعُونَ مِنْ دُونِ اللَّهِ لَنْ يَخْلُقُوا ذُبَابًا وَلَوِ اجْتَمَعُوا لَهُ وَإِنْ يَسْلُبْهُمُ الذُّبَابُ شَيْئًا لَا يَسْتَنْقِذُوهُ مِنْهُ ضَعُفَ الطَّالِبُ وَالْمَطْلُوبُ 22:74
مَا قَدَرُوا اللَّهَ حَقَّ قَدْرِهِ إِنَّ اللَّهَ لَقَوِيٌّ عَزِيزٌ 22:75 اللَّهُ يَصْطَفِي مِنَ الْمَلَائِكَةِ رُسُلًا وَمِنَ النَّاسِ إِنَّ اللَّهَ سَمِيعٌ بَصِيرٌ 22:76 يَعْلَمُ مَا بَيْنَ
أَيْدِيهِمْ وَمَا خَلْفَهُمْ وَإِلَى اللَّهِ تُرْجَعُ الْأُمُورُ 22:77 يَا أَيُّهَا الَّذِينَ آمَنُوا ارْكَعُوا وَاسْجُدُوا وَاعْبُدُوا رَبَّكُمْ وَافْعَلُوا الْخَيْرَ لَعَلَّكُمْ تُفْلِحُونَ
22:78 وَجَاهِدُوا فِي اللَّهِ حَقَّ جِهَادِهِ هُوَ اجْتَبَاكُمْ وَمَا جَعَلَ عَلَيْكُمْ فِي الدِّينِ مِنْ حَرَجٍ مِلَّةَ أَبِيكُمْ إِبْرَاهِيمَ هُوَ سَمَّاكُمُ الْمُسْلِمِينَ مِنْ
قَبْلُ وَفِي هَٰذَا لِيَكُونَ الرَّسُولُ شَهِيدًا عَلَيْكُمْ وَتَكُونُوا شُهَدَاءَ عَلَى النَّاسِ فَأَقِيمُوا الصَّلَاةَ وَآتُوا الزَّكَاةَ وَاعْتَصِمُوا بِاللَّهِ هُوَ مَوْلَاكُمْ
فَنِعْمَ الْمَوْلَىٰ وَنِعْمَ النَّصِيرُ 23:1 بِسْمِ اللَّهِ الرَّحْمَٰنِ الرَّحِيمِ قَدْ أَفْلَحَ الْمُؤْمِنُونَ 23:2 الَّذِينَ هُمْ فِي صَلَاتِهِمْ خَاشِعُونَ 23:3 وَالَّذِينَ هُمْ
عَنِ اللَّغْوِ مُعْرِضُونَ 23:4 وَالَّذِينَ هُمْ لِلزَّكَاةِ فَاعِلُونَ 23:5 وَالَّذِينَ هُمْ لِفُرُوجِهِمْ حَافِظُونَ 23:6 إِلَّا عَلَىٰ أَزْوَاجِهِمْ أَوْ مَا مَلَكَتْ أَيْمَانُهُمْ
فَإِنَّهُمْ غَيْرُ مَلُومِينَ 23:7 فَمَنِ ابْتَغَىٰ وَرَاءَ ذَٰلِكَ فَأُولَٰئِكَ هُمُ الْعَادُونَ 23:8 وَالَّذِينَ هُمْ لِأَمَانَاتِهِمْ وَعَهْدِهِمْ رَاعُونَ 23:9 وَالَّذِينَ هُمْ عَلَىٰ
صَلَوَاتِهِمْ يُحَافِظُونَ 23:10 أُولَٰئِكَ هُمُ الْوَارِثُونَ 23:11 الَّذِينَ يَرِثُونَ الْفِرْدَوْسَ هُمْ فِيهَا خَالِدُونَ 23:12 وَلَقَدْ خَلَقْنَا الْإِنْسَانَ مِنْ سُلَالَةٍ مِنْ
طِينٍ 23:13 ثُمَّ جَعَلْنَاهُ نُطْفَةً فِي قَرَارٍ مَكِينٍ 23:14 ثُمَّ خَلَقْنَا النُّطْفَةَ عَلَقَةً فَخَلَقْنَا الْعَلَقَةَ مُضْغَةً فَخَلَقْنَا الْمُضْغَةَ عِظَامًا فَكَسَوْنَا
الْعِظَامَ لَحْمًا ثُمَّ أَنْشَأْنَاهُ خَلْقًا آخَرَ فَتَبَارَكَ اللَّهُ أَحْسَنُ الْخَالِقِينَ 23:15 ثُمَّ إِنَّكُمْ بَعْدَ ذَٰلِكَ لَمَيِّتُونَ 23:16 ثُمَّ إِنَّكُمْ يَوْمَ الْقِيَامَةِ تُبْعَثُونَ
23:17 وَلَقَدْ خَلَقْنَا فَوْقَكُمْ سَبْعَ طَرَائِقَ وَمَا كُنَّا عَنِ الْخَلْقِ غَافِلِينَ 23:18 وَأَنْزَلْنَا مِنَ السَّمَاءِ مَاءً بِقَدَرٍ فَأَسْكَنَّاهُ فِي الْأَرْضِ وَإِنَّا عَلَىٰ
ذَهَابٍ بِهِ لَقَادِرُونَ 23:19 فَأَنْشَأْنَا لَكُمْ بِهِ جَنَّاتٍ مِنْ نَخِيلٍ وَأَعْنَابٍ لَكُمْ فِيهَا فَوَاكِهُ كَثِيرَةٌ وَمِنْهَا تَأْكُلُونَ 23:20 وَشَجَرَةً تَخْرُجُ مِنْ طُورِ
سَيْنَاءَ تَنْبُتُ بِالدُّهْنِ وَصِبْغٍ لِلْآكِلِينَ 23:21 وَإِنَّ لَكُمْ فِي الْأَنْعَامِ لَعِبْرَةً نُسْقِيكُمْ مِمَّا فِي بُطُونِهَا وَلَكُمْ فِيهَا مَنَافِعُ كَثِيرَةٌ وَمِنْهَا تَأْكُلُونَ
23:22 وَعَلَيْهَا وَعَلَى الْفُلْكِ تُحْمَلُونَ 23:23 وَلَقَدْ أَرْسَلْنَا نُوحًا إِلَىٰ قَوْمِهِ فَقَالَ يَا قَوْمِ اعْبُدُوا اللَّهَ مَا لَكُمْ مِنْ إِلَٰهٍ غَيْرُهُ أَفَلَا تَتَّقُونَ 23:24
فَقَالَ الْمَلَأُ الَّذِينَ كَفَرُوا مِنْ قَوْمِهِ مَا هَٰذَا إِلَّا بَشَرٌ مِثْلُكُمْ يُرِيدُ أَنْ يَتَفَضَّلَ عَلَيْكُمْ وَلَوْ شَاءَ اللَّهُ لَأَنْزَلَ مَلَائِكَةً مَا سَمِعْنَا بِهَٰذَا فِي آبَائِنَا
الْأَوَّلِينَ 23:25 إِنْ هُوَ إِلَّا رَجُلٌ بِهِ جِنَّةٌ فَتَرَبَّصُوا بِهِ حَتَّىٰ حِينٍ 23:26 قَالَ رَبِّ انْصُرْنِي بِمَا كَذَّبُونِ 23:27 فَأَوْحَيْنَا إِلَيْهِ أَنِ اصْنَعِ الْفُلْكَ
بِأَعْيُنِنَا وَوَحْيِنَا فَإِذَا جَاءَ أَمْرُنَا وَفَارَ التَّنُّورُ فَاسْلُكْ فِيهَا مِنْ كُلٍّ زَوْجَيْنِ اثْنَيْنِ وَأَهْلَكَ إِلَّا مَنْ سَبَقَ عَلَيْهِ الْقَوْلُ مِنْهُمْ وَلَا تُخَاطِبْنِي فِي
الَّذِينَ ظَلَمُوا إِنَّهُمْ مُغْرَقُونَ 23:28 فَإِذَا اسْتَوَيْتَ أَنْتَ وَمَنْ مَعَكَ عَلَى الْفُلْكِ فَقُلِ الْحَمْدُ لِلَّهِ الَّذِي نَجَّانَا مِنَ الْقَوْمِ الظَّالِمِينَ 23:29
وَقُلْ رَبِّ أَنْزِلْنِي مُنْزَلًا مُبَارَكًا وَأَنْتَ خَيْرُ الْمُنْزِلِينَ 23:30 إِنَّ فِي ذَٰلِكَ لَآيَاتٍ وَإِنْ كُنَّا لَمُبْتَلِينَ 23:31 ثُمَّ أَنْشَأْنَا مِنْ بَعْدِهِمْ قَرْنًا آخَرِينَ 23:32
فَأَرْسَلْنَا فِيهِمْ رَسُولًا مِنْهُمْ أَنِ اعْبُدُوا اللَّهَ مَا لَكُمْ مِنْ إِلَٰهٍ غَيْرُهُ أَفَلَا تَتَّقُونَ 23:33 وَقَالَ الْمَلَأُ مِنْ قَوْمِهِ الَّذِينَ كَفَرُوا وَكَذَّبُوا بِلِقَاءِ الْآخِرَةِ
وَأَتْرَفْنَاهُمْ فِي الْحَيَاةِ الدُّنْيَا مَا هَٰذَا إِلَّا بَشَرٌ مِثْلُكُمْ يَأْكُلُ مِمَّا تَأْكُلُونَ مِنْهُ وَيَشْرَبُ مِمَّا تَشْرَبُونَ 23:34 وَلَئِنْ أَطَعْتُمْ بَشَرًا مِثْلَكُمْ إِنَّكُمْ
إِذًا لَخَاسِرُونَ 23:35 أَيَعِدُكُمْ أَنَّكُمْ إِذَا مِتُّمْ وَكُنْتُمْ تُرَابًا وَعِظَامًا أَنَّكُمْ مُخْرَجُونَ 23:36 هَيْهَاتَ هَيْهَاتَ لِمَا تُوعَدُونَ 23:37 إِنْ هِيَ إِلَّا حَيَاتُنَا
الدُّنْيَا نَمُوتُ وَنَحْيَا وَمَا نَحْنُ بِمَبْعُوثِينَ 23:38 إِنْ هُوَ إِلَّا رَجُلٌ افْتَرَىٰ عَلَى اللَّهِ كَذِبًا وَمَا نَحْنُ لَهُ بِمُؤْمِنِينَ 23:39 قَالَ رَبِّ انْصُرْنِي بِمَا

كَذَّبُونِ 23:40 قَالَ عَمَّا قَلِيلٍ لَيُصْبِحُنَّ نَادِمِينَ 23:41 فَأَخَذَتْهُمُ الصَّيْحَةُ بِالْحَقِّ فَجَعَلْنَاهُمْ غُثَاءً فَبُعْدًا لِلْقَوْمِ الظَّالِمِينَ 23:42 ثُمَّ أَنْشَأْنَا
مِنْ بَعْدِهِمْ قُرُونًا آخَرِينَ 23:43 مَا تَسْبِقُ مِنْ أُمَّةٍ أَجَلَهَا وَمَا يَسْتَأْخِرُونَ 23:44 ثُمَّ أَرْسَلْنَا رُسُلَنَا تَتْرَىٰ كُلَّ مَا جَاءَ أُمَّةً رَسُولُهَا كَذَّبُوهُ
فَأَتْبَعْنَا بَعْضَهُمْ بَعْضًا وَجَعَلْنَاهُمْ أَحَادِيثَ فَبُعْدًا لِقَوْمٍ لَا يُؤْمِنُونَ 23:45 ثُمَّ أَرْسَلْنَا مُوسَىٰ وَأَخَاهُ هَارُونَ بِآيَاتِنَا وَسُلْطَانٍ مُبِينٍ 23:46
إِلَىٰ فِرْعَوْنَ وَمَلَئِهِ فَاسْتَكْبَرُوا وَكَانُوا قَوْمًا عَالِينَ 23:47 فَقَالُوا أَنُؤْمِنُ لِبَشَرَيْنِ مِثْلِنَا وَقَوْمُهُمَا لَنَا عَابِدُونَ 23:48 فَكَذَّبُوهُمَا فَكَانُوا مِنَ
الْمُهْلَكِينَ 23:49 وَلَقَدْ آتَيْنَا مُوسَى الْكِتَابَ لَعَلَّهُمْ يَهْتَدُونَ 23:50 وَجَعَلْنَا ابْنَ مَرْيَمَ وَأُمَّهُ آيَةً وَآوَيْنَاهُمَا إِلَىٰ رَبْوَةٍ ذَاتِ قَرَارٍ وَمَعِينٍ 23:51
يَا أَيُّهَا الرُّسُلُ كُلُوا مِنَ الطَّيِّبَاتِ وَاعْمَلُوا صَالِحًا إِنِّي بِمَا تَعْمَلُونَ عَلِيمٌ 23:52 وَإِنَّ هَٰذِهِ أُمَّتُكُمْ أُمَّةً وَاحِدَةً وَأَنَا رَبُّكُمْ فَاتَّقُونِ 23:53
فَتَقَطَّعُوا أَمْرَهُمْ بَيْنَهُمْ زُبُرًا كُلُّ حِزْبٍ بِمَا لَدَيْهِمْ فَرِحُونَ 23:54 فَذَرْهُمْ فِي غَمْرَتِهِمْ حَتَّىٰ حِينٍ 23:55 أَيَحْسَبُونَ أَنَّمَا نُمِدُّهُمْ بِهِ مِنْ
مَالٍ وَبَنِينَ 23:56 نُسَارِعُ لَهُمْ فِي الْخَيْرَاتِ بَلْ لَا يَشْعُرُونَ 23:57 إِنَّ الَّذِينَ هُمْ مِنْ خَشْيَةِ رَبِّهِمْ مُشْفِقُونَ 23:58 وَالَّذِينَ هُمْ بِآيَاتِ رَبِّهِمْ
يُؤْمِنُونَ 23:59 وَالَّذِينَ هُمْ بِرَبِّهِمْ لَا يُشْرِكُونَ 23:60 وَالَّذِينَ يُؤْتُونَ مَا آتَوْا وَقُلُوبُهُمْ وَجِلَةٌ أَنَّهُمْ إِلَىٰ رَبِّهِمْ رَاجِعُونَ 23:61 أُولَٰئِكَ يُسَارِعُونَ
فِي الْخَيْرَاتِ وَهُمْ لَهَا سَابِقُونَ 23:62 وَلَا نُكَلِّفُ نَفْسًا إِلَّا وُسْعَهَا وَلَدَيْنَا كِتَابٌ يَنْطِقُ بِالْحَقِّ وَهُمْ لَا يُظْلَمُونَ 23:63 بَلْ قُلُوبُهُمْ فِي
غَمْرَةٍ مِنْ هَٰذَا وَلَهُمْ أَعْمَالٌ مِنْ دُونِ ذَٰلِكَ هُمْ لَهَا عَامِلُونَ 23:64 حَتَّىٰ إِذَا أَخَذْنَا مُتْرَفِيهِمْ بِالْعَذَابِ إِذَا هُمْ يَجْأَرُونَ 23:65 لَا تَجْأَرُوا
الْيَوْمَ إِنَّكُمْ مِنَّا لَا تُنْصَرُونَ 23:66 قَدْ كَانَتْ آيَاتِي تُتْلَىٰ عَلَيْكُمْ فَكُنْتُمْ عَلَىٰ أَعْقَابِكُمْ تَنْكِصُونَ 23:67 مُسْتَكْبِرِينَ بِهِ سَامِرًا تَهْجُرُونَ 23:68
أَفَلَمْ يَدَّبَّرُوا الْقَوْلَ أَمْ جَاءَهُمْ مَا لَمْ يَأْتِ آبَاءَهُمُ الْأَوَّلِينَ 23:69 أَمْ لَمْ يَعْرِفُوا رَسُولَهُمْ فَهُمْ لَهُ مُنْكِرُونَ 23:70 أَمْ يَقُولُونَ بِهِ جِنَّةٌ بَلْ
جَاءَهُمْ بِالْحَقِّ وَأَكْثَرُهُمْ لِلْحَقِّ كَارِهُونَ 23:71 وَلَوِ اتَّبَعَ الْحَقُّ أَهْوَاءَهُمْ لَفَسَدَتِ السَّمَاوَاتُ وَالْأَرْضُ وَمَنْ فِيهِنَّ بَلْ أَتَيْنَاهُمْ بِذِكْرِهِمْ فَهُمْ
عَنْ ذِكْرِهِمْ مُعْرِضُونَ 23:72 أَمْ تَسْأَلُهُمْ خَرْجًا فَخَرَاجُ رَبِّكَ خَيْرٌ وَهُوَ خَيْرُ الرَّازِقِينَ 23:73 وَإِنَّكَ لَتَدْعُوهُمْ إِلَىٰ صِرَاطٍ مُسْتَقِيمٍ 23:74 وَإِنَّ
الَّذِينَ لَا يُؤْمِنُونَ بِالْآخِرَةِ عَنِ الصِّرَاطِ لَنَاكِبُونَ 23:75 وَلَوْ رَحِمْنَاهُمْ وَكَشَفْنَا مَا بِهِمْ مِنْ ضُرٍّ لَلَجُّوا فِي طُغْيَانِهِمْ يَعْمَهُونَ 23:76 وَلَقَدْ
أَخَذْنَاهُمْ بِالْعَذَابِ فَمَا اسْتَكَانُوا لِرَبِّهِمْ وَمَا يَتَضَرَّعُونَ 23:77 حَتَّىٰ إِذَا فَتَحْنَا عَلَيْهِمْ بَابًا ذَا عَذَابٍ شَدِيدٍ إِذَا هُمْ فِيهِ مُبْلِسُونَ 23:78
وَهُوَ الَّذِي أَنْشَأَ لَكُمُ السَّمْعَ وَالْأَبْصَارَ وَالْأَفْئِدَةَ قَلِيلًا مَا تَشْكُرُونَ 23:79 وَهُوَ الَّذِي ذَرَأَكُمْ فِي الْأَرْضِ وَإِلَيْهِ تُحْشَرُونَ 23:80 وَهُوَ الَّذِي
يُحْيِي وَيُمِيتُ وَلَهُ اخْتِلَافُ اللَّيْلِ وَالنَّهَارِ أَفَلَا تَعْقِلُونَ 23:81 بَلْ قَالُوا مِثْلَ مَا قَالَ الْأَوَّلُونَ 23:82 قَالُوا أَإِذَا مِتْنَا وَكُنَّا تُرَابًا وَعِظَامًا أَإِنَّا
لَمَبْعُوثُونَ 23:83 لَقَدْ وُعِدْنَا نَحْنُ وَآبَاؤُنَا هَٰذَا مِنْ قَبْلُ إِنْ هَٰذَا إِلَّا أَسَاطِيرُ الْأَوَّلِينَ 23:84 قُلْ لِمَنِ الْأَرْضُ وَمَنْ فِيهَا إِنْ كُنْتُمْ تَعْلَمُونَ 23:85
سَيَقُولُونَ لِلَّهِ قُلْ أَفَلَا تَذَكَّرُونَ 23:86 قُلْ مَنْ رَبُّ السَّمَاوَاتِ السَّبْعِ وَرَبُّ الْعَرْشِ الْعَظِيمِ 23:87 سَيَقُولُونَ لِلَّهِ قُلْ أَفَلَا تَتَّقُونَ 23:88 قُلْ
مَنْ بِيَدِهِ مَلَكُوتُ كُلِّ شَيْءٍ وَهُوَ يُجِيرُ وَلَا يُجَارُ عَلَيْهِ إِنْ كُنْتُمْ تَعْلَمُونَ 23:89 سَيَقُولُونَ لِلَّهِ قُلْ فَأَنَّىٰ تُسْحَرُونَ 23:90 بَلْ أَتَيْنَاهُمْ بِالْحَقِّ
وَإِنَّهُمْ لَكَاذِبُونَ 23:91 مَا اتَّخَذَ اللَّهُ مِنْ وَلَدٍ وَمَا كَانَ مَعَهُ مِنْ إِلَٰهٍ إِذًا لَذَهَبَ كُلُّ إِلَٰهٍ بِمَا خَلَقَ وَلَعَلَا بَعْضُهُمْ عَلَىٰ بَعْضٍ سُبْحَانَ اللَّهِ
عَمَّا يَصِفُونَ 23:92 عَالِمِ الْغَيْبِ وَالشَّهَادَةِ فَتَعَالَىٰ عَمَّا يُشْرِكُونَ 23:93 قُلْ رَبِّ إِمَّا تُرِيَنِّي مَا يُوعَدُونَ 23:94 رَبِّ فَلَا تَجْعَلْنِي فِي الْقَوْمِ
الظَّالِمِينَ 23:95 وَإِنَّا عَلَىٰ أَنْ نُرِيَكَ مَا نَعِدُهُمْ لَقَادِرُونَ 23:96 ادْفَعْ بِالَّتِي هِيَ أَحْسَنُ السَّيِّئَةَ نَحْنُ أَعْلَمُ بِمَا يَصِفُونَ 23:97 وَقُلْ رَبِّ أَعُوذُ
بِكَ مِنْ هَمَزَاتِ الشَّيَاطِينِ 23:98 وَأَعُوذُ بِكَ رَبِّ أَنْ يَحْضُرُونِ 23:99 حَتَّىٰ إِذَا جَاءَ أَحَدَهُمُ الْمَوْتُ قَالَ رَبِّ ارْجِعُونِ 23:100 لَعَلِّي أَعْمَلُ
صَالِحًا فِيمَا تَرَكْتُ كَلَّا إِنَّهَا كَلِمَةٌ هُوَ قَائِلُهَا وَمِنْ وَرَائِهِمْ بَرْزَخٌ إِلَىٰ يَوْمِ يُبْعَثُونَ 23:101 فَإِذَا نُفِخَ فِي الصُّورِ فَلَا أَنْسَابَ بَيْنَهُمْ يَوْمَئِذٍ وَلَا
يَتَسَاءَلُونَ 23:102 فَمَنْ ثَقُلَتْ مَوَازِينُهُ فَأُولَٰئِكَ هُمُ الْمُفْلِحُونَ 23:103 وَمَنْ خَفَّتْ مَوَازِينُهُ فَأُولَٰئِكَ الَّذِينَ خَسِرُوا أَنْفُسَهُمْ فِي جَهَنَّمَ
خَالِدُونَ 23:104 تَلْفَحُ وُجُوهَهُمُ النَّارُ وَهُمْ فِيهَا كَالِحُونَ 23:105 أَلَمْ تَكُنْ آيَاتِي تُتْلَىٰ عَلَيْكُمْ فَكُنْتُمْ بِهَا تُكَذِّبُونَ 23:106 قَالُوا رَبَّنَا غَلَبَتْ
عَلَيْنَا شِقْوَتُنَا وَكُنَّا قَوْمًا ضَالِّينَ 23:107 رَبَّنَا أَخْرِجْنَا مِنْهَا فَإِنْ عُدْنَا فَإِنَّا ظَالِمُونَ 23:108 قَالَ اخْسَئُوا فِيهَا وَلَا تُكَلِّمُونِ 23:109 إِنَّهُ كَانَ

فَرِيقٌ مِنْ عِبَادِي يَقُولُونَ رَبَّنَا آمَنَّا فَاغْفِرْ لَنَا وَارْحَمْنَا وَأَنْتَ خَيْرُ الرَّاحِمِينَ 23:110 فَاتَّخَذْتُمُوهُمْ سِخْرِيًّا حَتَّىٰ أَنْسَوْكُمْ ذِكْرِي وَكُنْتُمْ
مِنْهُمْ تَضْحَكُونَ 23:111 إِنِّي جَزَيْتُهُمُ الْيَوْمَ بِمَا صَبَرُوا أَنَّهُمْ هُمُ الْفَائِزُونَ 23:112 قَالَ كَمْ لَبِثْتُمْ فِي الْأَرْضِ عَدَدَ سِنِينَ 23:113 قَالُوا لَبِثْنَا
يَوْمًا أَوْ بَعْضَ يَوْمٍ فَاسْأَلِ الْعَادِّينَ 23:114 قَالَ إِنْ لَبِثْتُمْ إِلَّا قَلِيلًا لَوْ أَنَّكُمْ كُنْتُمْ تَعْلَمُونَ 23:115 أَفَحَسِبْتُمْ أَنَّمَا خَلَقْنَاكُمْ عَبَثًا وَأَنَّكُمْ إِلَيْنَا
لَا تُرْجَعُونَ 23:116 فَتَعَالَى اللَّهُ الْمَلِكُ الْحَقُّ لَا إِلَٰهَ إِلَّا هُوَ رَبُّ الْعَرْشِ الْكَرِيمِ 23:117 وَمَنْ يَدْعُ مَعَ اللَّهِ إِلَٰهًا آخَرَ لَا بُرْهَانَ لَهُ بِهِ فَإِنَّمَا
حِسَابُهُ عِنْدَ رَبِّهِ إِنَّهُ لَا يُفْلِحُ الْكَافِرُونَ 23:118 وَقُلْ رَبِّ اغْفِرْ وَارْحَمْ وَأَنْتَ خَيْرُ الرَّاحِمِينَ 24:1 بِسْمِ اللَّهِ الرَّحْمَٰنِ الرَّحِيمِ سُورَةٌ أَنْزَلْنَاهَا
وَفَرَضْنَاهَا وَأَنْزَلْنَا فِيهَا آيَاتٍ بَيِّنَاتٍ لَعَلَّكُمْ تَذَكَّرُونَ 24:2 الزَّانِيَةُ وَالزَّانِي فَاجْلِدُوا كُلَّ وَاحِدٍ مِنْهُمَا مِائَةَ جَلْدَةٍ وَلَا تَأْخُذْكُمْ بِهِمَا رَأْفَةٌ فِي
دِينِ اللَّهِ إِنْ كُنْتُمْ تُؤْمِنُونَ بِاللَّهِ وَالْيَوْمِ الْآخِرِ وَلْيَشْهَدْ عَذَابَهُمَا طَائِفَةٌ مِنَ الْمُؤْمِنِينَ 24:3 الزَّانِي لَا يَنْكِحُ إِلَّا زَانِيَةً أَوْ مُشْرِكَةً وَالزَّانِيَةُ
لَا يَنْكِحُهَا إِلَّا زَانٍ أَوْ مُشْرِكٌ وَحُرِّمَ ذَٰلِكَ عَلَى الْمُؤْمِنِينَ 24:4 وَالَّذِينَ يَرْمُونَ الْمُحْصَنَاتِ ثُمَّ لَمْ يَأْتُوا بِأَرْبَعَةِ شُهَدَاءَ فَاجْلِدُوهُمْ ثَمَانِينَ
جَلْدَةً وَلَا تَقْبَلُوا لَهُمْ شَهَادَةً أَبَدًا وَأُولَٰئِكَ هُمُ الْفَاسِقُونَ 24:5 إِلَّا الَّذِينَ تَابُوا مِنْ بَعْدِ ذَٰلِكَ وَأَصْلَحُوا فَإِنَّ اللَّهَ غَفُورٌ رَحِيمٌ 24:6 وَالَّذِينَ
يَرْمُونَ أَزْوَاجَهُمْ وَلَمْ يَكُنْ لَهُمْ شُهَدَاءُ إِلَّا أَنْفُسُهُمْ فَشَهَادَةُ أَحَدِهِمْ أَرْبَعُ شَهَادَاتٍ بِاللَّهِ إِنَّهُ لَمِنَ الصَّادِقِينَ 24:7 وَالْخَامِسَةُ أَنَّ لَعْنَتَ
اللَّهِ عَلَيْهِ إِنْ كَانَ مِنَ الْكَاذِبِينَ 24:8 وَيَدْرَأُ عَنْهَا الْعَذَابَ أَنْ تَشْهَدَ أَرْبَعَ شَهَادَاتٍ بِاللَّهِ إِنَّهُ لَمِنَ الْكَاذِبِينَ 24:9 وَالْخَامِسَةَ أَنَّ غَضَبَ اللَّهِ
عَلَيْهَا إِنْ كَانَ مِنَ الصَّادِقِينَ 24:10 وَلَوْلَا فَضْلُ اللَّهِ عَلَيْكُمْ وَرَحْمَتُهُ وَأَنَّ اللَّهَ تَوَّابٌ حَكِيمٌ 24:11 إِنَّ الَّذِينَ جَاءُوا بِالْإِفْكِ عُصْبَةٌ مِنْكُمْ لَا
تَحْسَبُوهُ شَرًّا لَكُمْ بَلْ هُوَ خَيْرٌ لَكُمْ لِكُلِّ امْرِئٍ مِنْهُمْ مَا اكْتَسَبَ مِنَ الْإِثْمِ وَالَّذِي تَوَلَّىٰ كِبْرَهُ مِنْهُمْ لَهُ عَذَابٌ عَظِيمٌ 24:12 لَوْلَا إِذْ
سَمِعْتُمُوهُ ظَنَّ الْمُؤْمِنُونَ وَالْمُؤْمِنَاتُ بِأَنْفُسِهِمْ خَيْرًا وَقَالُوا هَٰذَا إِفْكٌ مُبِينٌ 24:13 لَوْلَا جَاءُوا عَلَيْهِ بِأَرْبَعَةِ شُهَدَاءَ فَإِذْ لَمْ يَأْتُوا بِالشُّهَدَاءِ
فَأُولَٰئِكَ عِنْدَ اللَّهِ هُمُ الْكَاذِبُونَ 24:14 وَلَوْلَا فَضْلُ اللَّهِ عَلَيْكُمْ وَرَحْمَتُهُ فِي الدُّنْيَا وَالْآخِرَةِ لَمَسَّكُمْ فِي مَا أَفَضْتُمْ فِيهِ عَذَابٌ عَظِيمٌ 24:15
إِذْ تَلَقَّوْنَهُ بِأَلْسِنَتِكُمْ وَتَقُولُونَ بِأَفْوَاهِكُمْ مَا لَيْسَ لَكُمْ بِهِ عِلْمٌ وَتَحْسَبُونَهُ هَيِّنًا وَهُوَ عِنْدَ اللَّهِ عَظِيمٌ 24:16 وَلَوْلَا إِذْ سَمِعْتُمُوهُ قُلْتُمْ مَا
يَكُونُ لَنَا أَنْ نَتَكَلَّمَ بِهَٰذَا سُبْحَانَكَ هَٰذَا بُهْتَانٌ عَظِيمٌ 24:17 يَعِظُكُمُ اللَّهُ أَنْ تَعُودُوا لِمِثْلِهِ أَبَدًا إِنْ كُنْتُمْ مُؤْمِنِينَ 24:18 وَيُبَيِّنُ اللَّهُ لَكُمُ
الْآيَاتِ وَاللَّهُ عَلِيمٌ حَكِيمٌ 24:19 إِنَّ الَّذِينَ يُحِبُّونَ أَنْ تَشِيعَ الْفَاحِشَةُ فِي الَّذِينَ آمَنُوا لَهُمْ عَذَابٌ أَلِيمٌ فِي الدُّنْيَا وَالْآخِرَةِ وَاللَّهُ يَعْلَمُ
وَأَنْتُمْ لَا تَعْلَمُونَ 24:20 وَلَوْلَا فَضْلُ اللَّهِ عَلَيْكُمْ وَرَحْمَتُهُ وَأَنَّ اللَّهَ رَءُوفٌ رَحِيمٌ 24:21 يَا أَيُّهَا الَّذِينَ آمَنُوا لَا تَتَّبِعُوا خُطُوَاتِ الشَّيْطَانِ
وَمَنْ يَتَّبِعْ خُطُوَاتِ الشَّيْطَانِ فَإِنَّهُ يَأْمُرُ بِالْفَحْشَاءِ وَالْمُنْكَرِ وَلَوْلَا فَضْلُ اللَّهِ عَلَيْكُمْ وَرَحْمَتُهُ مَا زَكَىٰ مِنْكُمْ مِنْ أَحَدٍ أَبَدًا وَلَٰكِنَّ اللَّهَ يُزَكِّي
مَنْ يَشَاءُ وَاللَّهُ سَمِيعٌ عَلِيمٌ 24:22 وَلَا يَأْتَلِ أُولُو الْفَضْلِ مِنْكُمْ وَالسَّعَةِ أَنْ يُؤْتُوا أُولِي الْقُرْبَىٰ وَالْمَسَاكِينَ وَالْمُهَاجِرِينَ فِي سَبِيلِ اللَّهِ
وَلْيَعْفُوا وَلْيَصْفَحُوا أَلَا تُحِبُّونَ أَنْ يَغْفِرَ اللَّهُ لَكُمْ وَاللَّهُ غَفُورٌ رَحِيمٌ 24:23 إِنَّ الَّذِينَ يَرْمُونَ الْمُحْصَنَاتِ الْغَافِلَاتِ الْمُؤْمِنَاتِ لُعِنُوا فِي
الدُّنْيَا وَالْآخِرَةِ وَلَهُمْ عَذَابٌ عَظِيمٌ 24:24 يَوْمَ تَشْهَدُ عَلَيْهِمْ أَلْسِنَتُهُمْ وَأَيْدِيهِمْ وَأَرْجُلُهُمْ بِمَا كَانُوا يَعْمَلُونَ 24:25 يَوْمَئِذٍ يُوَفِّيهِمُ اللَّهُ
دِينَهُمُ الْحَقَّ وَيَعْلَمُونَ أَنَّ اللَّهَ هُوَ الْحَقُّ الْمُبِينُ 24:26 الْخَبِيثَاتُ لِلْخَبِيثِينَ وَالْخَبِيثُونَ لِلْخَبِيثَاتِ وَالطَّيِّبَاتُ لِلطَّيِّبِينَ وَالطَّيِّبُونَ لِلطَّيِّبَاتِ
أُولَٰئِكَ مُبَرَّءُونَ مِمَّا يَقُولُونَ لَهُمْ مَغْفِرَةٌ وَرِزْقٌ كَرِيمٌ 24:27 يَا أَيُّهَا الَّذِينَ آمَنُوا لَا تَدْخُلُوا بُيُوتًا غَيْرَ بُيُوتِكُمْ حَتَّىٰ تَسْتَأْنِسُوا وَتُسَلِّمُوا
عَلَىٰ أَهْلِهَا ذَٰلِكُمْ خَيْرٌ لَكُمْ لَعَلَّكُمْ تَذَكَّرُونَ 24:28 فَإِنْ لَمْ تَجِدُوا فِيهَا أَحَدًا فَلَا تَدْخُلُوهَا حَتَّىٰ يُؤْذَنَ لَكُمْ وَإِنْ قِيلَ لَكُمُ ارْجِعُوا فَارْجِعُوا
هُوَ أَزْكَىٰ لَكُمْ وَاللَّهُ بِمَا تَعْمَلُونَ عَلِيمٌ 24:29 لَيْسَ عَلَيْكُمْ جُنَاحٌ أَنْ تَدْخُلُوا بُيُوتًا غَيْرَ مَسْكُونَةٍ فِيهَا مَتَاعٌ لَكُمْ وَاللَّهُ يَعْلَمُ مَا تُبْدُونَ وَمَا
تَكْتُمُونَ 24:30 قُلْ لِلْمُؤْمِنِينَ يَغُضُّوا مِنْ أَبْصَارِهِمْ وَيَحْفَظُوا فُرُوجَهُمْ ذَٰلِكَ أَزْكَىٰ لَهُمْ إِنَّ اللَّهَ خَبِيرٌ بِمَا يَصْنَعُونَ 24:31 وَقُلْ لِلْمُؤْمِنَاتِ
يَغْضُضْنَ مِنْ أَبْصَارِهِنَّ وَيَحْفَظْنَ فُرُوجَهُنَّ وَلَا يُبْدِينَ زِينَتَهُنَّ إِلَّا مَا ظَهَرَ مِنْهَا وَلْيَضْرِبْنَ بِخُمُرِهِنَّ عَلَىٰ جُيُوبِهِنَّ وَلَا يُبْدِينَ زِينَتَهُنَّ إِلَّا
لِبُعُولَتِهِنَّ أَوْ آبَائِهِنَّ أَوْ آبَاءِ بُعُولَتِهِنَّ أَوْ أَبْنَائِهِنَّ أَوْ أَبْنَاءِ بُعُولَتِهِنَّ أَوْ إِخْوَانِهِنَّ أَوْ بَنِي إِخْوَانِهِنَّ أَوْ بَنِي أَخَوَاتِهِنَّ أَوْ نِسَائِهِنَّ أَوْ مَا

مَلَكَتْ أَيْمَانُهُنَّ أَوِ التَّابِعِينَ غَيْرِ أُولِي الْإِرْبَةِ مِنَ الرِّجَالِ أَوِ الطِّفْلِ الَّذِينَ لَمْ يَظْهَرُوا عَلَىٰ عَوْرَاتِ النِّسَاءِ وَلَا يَضْرِبْنَ بِأَرْجُلِهِنَّ لِيُعْلَمَ مَا
يُخْفِينَ مِنْ زِينَتِهِنَّ وَتُوبُوا إِلَى اللَّهِ جَمِيعًا أَيُّهَ الْمُؤْمِنُونَ لَعَلَّكُمْ تُفْلِحُونَ 24:32 وَأَنْكِحُوا الْأَيَامَىٰ مِنْكُمْ وَالصَّالِحِينَ مِنْ عِبَادِكُمْ وَإِمَائِكُمْ
إِنْ يَكُونُوا فُقَرَاءَ يُغْنِهِمُ اللَّهُ مِنْ فَضْلِهِ وَاللَّهُ وَاسِعٌ عَلِيمٌ 24:33 وَلْيَسْتَعْفِفِ الَّذِينَ لَا يَجِدُونَ نِكَاحًا حَتَّىٰ يُغْنِيَهُمُ اللَّهُ مِنْ فَضْلِهِ
وَالَّذِينَ يَبْتَغُونَ الْكِتَابَ مِمَّا مَلَكَتْ أَيْمَانُكُمْ فَكَاتِبُوهُمْ إِنْ عَلِمْتُمْ فِيهِمْ خَيْرًا وَآتُوهُمْ مِنْ مَالِ اللَّهِ الَّذِي آتَاكُمْ وَلَا تُكْرِهُوا فَتَيَاتِكُمْ عَلَى
الْبِغَاءِ إِنْ أَرَدْنَ تَحَصُّنًا لِتَبْتَغُوا عَرَضَ الْحَيَاةِ الدُّنْيَا وَمَنْ يُكْرِهْهُنَّ فَإِنَّ اللَّهَ مِنْ بَعْدِ إِكْرَاهِهِنَّ غَفُورٌ رَحِيمٌ 24:34 وَلَقَدْ أَنْزَلْنَا إِلَيْكُمْ آيَاتٍ
مُبَيِّنَاتٍ وَمَثَلًا مِنَ الَّذِينَ خَلَوْا مِنْ قَبْلِكُمْ وَمَوْعِظَةً لِلْمُتَّقِينَ 24:35 اللَّهُ نُورُ السَّمَاوَاتِ وَالْأَرْضِ مَثَلُ نُورِهِ كَمِشْكَاةٍ فِيهَا مِصْبَاحٌ الْمِصْبَاحُ
فِي زُجَاجَةٍ الزُّجَاجَةُ كَأَنَّهَا كَوْكَبٌ دُرِّيٌّ يُوقَدُ مِنْ شَجَرَةٍ مُبَارَكَةٍ زَيْتُونَةٍ لَا شَرْقِيَّةٍ وَلَا غَرْبِيَّةٍ يَكَادُ زَيْتُهَا يُضِيءُ وَلَوْ لَمْ تَمْسَسْهُ نَارٌ نُورٌ
عَلَىٰ نُورٍ يَهْدِي اللَّهُ لِنُورِهِ مَنْ يَشَاءُ وَيَضْرِبُ اللَّهُ الْأَمْثَالَ لِلنَّاسِ وَاللَّهُ بِكُلِّ شَيْءٍ عَلِيمٌ 24:36 فِي بُيُوتٍ أَذِنَ اللَّهُ أَنْ تُرْفَعَ وَيُذْكَرَ فِيهَا
اسْمُهُ يُسَبِّحُ لَهُ فِيهَا بِالْغُدُوِّ وَالْآصَالِ 24:37 رِجَالٌ لَا تُلْهِيهِمْ تِجَارَةٌ وَلَا بَيْعٌ عَنْ ذِكْرِ اللَّهِ وَإِقَامِ الصَّلَاةِ وَإِيتَاءِ الزَّكَاةِ يَخَافُونَ يَوْمًا تَتَقَلَّبُ
فِيهِ الْقُلُوبُ وَالْأَبْصَارُ 24:38 لِيَجْزِيَهُمُ اللَّهُ أَحْسَنَ مَا عَمِلُوا وَيَزِيدَهُمْ مِنْ فَضْلِهِ وَاللَّهُ يَرْزُقُ مَنْ يَشَاءُ بِغَيْرِ حِسَابٍ 24:39 وَالَّذِينَ كَفَرُوا
أَعْمَالُهُمْ كَسَرَابٍ بِقِيعَةٍ يَحْسَبُهُ الظَّمْآنُ مَاءً حَتَّىٰ إِذَا جَاءَهُ لَمْ يَجِدْهُ شَيْئًا وَوَجَدَ اللَّهَ عِنْدَهُ فَوَفَّاهُ حِسَابَهُ وَاللَّهُ سَرِيعُ الْحِسَابِ
24:40 أَوْ كَظُلُمَاتٍ فِي بَحْرٍ لُجِّيٍّ يَغْشَاهُ مَوْجٌ مِنْ فَوْقِهِ مَوْجٌ مِنْ فَوْقِهِ سَحَابٌ ظُلُمَاتٌ بَعْضُهَا فَوْقَ بَعْضٍ إِذَا أَخْرَجَ يَدَهُ لَمْ يَكَدْ يَرَاهَا
وَمَنْ لَمْ يَجْعَلِ اللَّهُ لَهُ نُورًا فَمَا لَهُ مِنْ نُورٍ 24:41 أَلَمْ تَرَ أَنَّ اللَّهَ يُسَبِّحُ لَهُ مَنْ فِي السَّمَاوَاتِ وَالْأَرْضِ وَالطَّيْرُ صَافَّاتٍ كُلٌّ قَدْ عَلِمَ صَلَاتَهُ
وَتَسْبِيحَهُ وَاللَّهُ عَلِيمٌ بِمَا يَفْعَلُونَ 24:42 وَلِلَّهِ مُلْكُ السَّمَاوَاتِ وَالْأَرْضِ وَإِلَى اللَّهِ الْمَصِيرُ 24:43 أَلَمْ تَرَ أَنَّ اللَّهَ يُزْجِي سَحَابًا ثُمَّ يُؤَلِّفُ
بَيْنَهُ ثُمَّ يَجْعَلُهُ رُكَامًا فَتَرَى الْوَدْقَ يَخْرُجُ مِنْ خِلَالِهِ وَيُنَزِّلُ مِنَ السَّمَاءِ مِنْ جِبَالٍ فِيهَا مِنْ بَرَدٍ فَيُصِيبُ بِهِ مَنْ يَشَاءُ وَيَصْرِفُهُ عَنْ مَنْ
يَشَاءُ يَكَادُ سَنَا بَرْقِهِ يَذْهَبُ بِالْأَبْصَارِ 24:44 يُقَلِّبُ اللَّهُ اللَّيْلَ وَالنَّهَارَ إِنَّ فِي ذَٰلِكَ لَعِبْرَةً لِأُولِي الْأَبْصَارِ 24:45 وَاللَّهُ خَلَقَ كُلَّ دَابَّةٍ مِنْ مَاءٍ
فَمِنْهُمْ مَنْ يَمْشِي عَلَىٰ بَطْنِهِ وَمِنْهُمْ مَنْ يَمْشِي عَلَىٰ رِجْلَيْنِ وَمِنْهُمْ مَنْ يَمْشِي عَلَىٰ أَرْبَعٍ يَخْلُقُ اللَّهُ مَا يَشَاءُ إِنَّ اللَّهَ عَلَىٰ كُلِّ
شَيْءٍ قَدِيرٌ 24:46 لَقَدْ أَنْزَلْنَا آيَاتٍ مُبَيِّنَاتٍ وَاللَّهُ يَهْدِي مَنْ يَشَاءُ إِلَىٰ صِرَاطٍ مُسْتَقِيمٍ 24:47 وَيَقُولُونَ آمَنَّا بِاللَّهِ وَبِالرَّسُولِ وَأَطَعْنَا ثُمَّ
يَتَوَلَّىٰ فَرِيقٌ مِنْهُمْ مِنْ بَعْدِ ذَٰلِكَ وَمَا أُولَٰئِكَ بِالْمُؤْمِنِينَ 24:48 وَإِذَا دُعُوا إِلَى اللَّهِ وَرَسُولِهِ لِيَحْكُمَ بَيْنَهُمْ إِذَا فَرِيقٌ مِنْهُمْ مُعْرِضُونَ
24:49 وَإِنْ يَكُنْ لَهُمُ الْحَقُّ يَأْتُوا إِلَيْهِ مُذْعِنِينَ 24:50 أَفِي قُلُوبِهِمْ مَرَضٌ أَمِ ارْتَابُوا أَمْ يَخَافُونَ أَنْ يَحِيفَ اللَّهُ عَلَيْهِمْ وَرَسُولُهُ بَلْ أُولَٰئِكَ
هُمُ الظَّالِمُونَ 24:51 إِنَّمَا كَانَ قَوْلَ الْمُؤْمِنِينَ إِذَا دُعُوا إِلَى اللَّهِ وَرَسُولِهِ لِيَحْكُمَ بَيْنَهُمْ أَنْ يَقُولُوا سَمِعْنَا وَأَطَعْنَا وَأُولَٰئِكَ هُمُ الْمُفْلِحُونَ
24:52 وَمَنْ يُطِعِ اللَّهَ وَرَسُولَهُ وَيَخْشَ اللَّهَ وَيَتَّقْهِ فَأُولَٰئِكَ هُمُ الْفَائِزُونَ 24:53 وَأَقْسَمُوا بِاللَّهِ جَهْدَ أَيْمَانِهِمْ لَئِنْ أَمَرْتَهُمْ لَيَخْرُجُنَّ قُلْ لَا
تُقْسِمُوا طَاعَةٌ مَعْرُوفَةٌ إِنَّ اللَّهَ خَبِيرٌ بِمَا تَعْمَلُونَ 24:54 قُلْ أَطِيعُوا اللَّهَ وَأَطِيعُوا الرَّسُولَ فَإِنْ تَوَلَّوْا فَإِنَّمَا عَلَيْهِ مَا حُمِّلَ وَعَلَيْكُمْ مَا
حُمِّلْتُمْ وَإِنْ تُطِيعُوهُ تَهْتَدُوا وَمَا عَلَى الرَّسُولِ إِلَّا الْبَلَاغُ الْمُبِينُ 24:55 وَعَدَ اللَّهُ الَّذِينَ آمَنُوا مِنْكُمْ وَعَمِلُوا الصَّالِحَاتِ لَيَسْتَخْلِفَنَّهُمْ فِي
الْأَرْضِ كَمَا اسْتَخْلَفَ الَّذِينَ مِنْ قَبْلِهِمْ وَلَيُمَكِّنَنَّ لَهُمْ دِينَهُمُ الَّذِي ارْتَضَىٰ لَهُمْ وَلَيُبَدِّلَنَّهُمْ مِنْ بَعْدِ خَوْفِهِمْ أَمْنًا يَعْبُدُونَنِي لَا يُشْرِكُونَ
بِي شَيْئًا وَمَنْ كَفَرَ بَعْدَ ذَٰلِكَ فَأُولَٰئِكَ هُمُ الْفَاسِقُونَ 24:56 وَأَقِيمُوا الصَّلَاةَ وَآتُوا الزَّكَاةَ وَأَطِيعُوا الرَّسُولَ لَعَلَّكُمْ تُرْحَمُونَ 24:57 لَا تَحْسَبَنَّ
الَّذِينَ كَفَرُوا مُعْجِزِينَ فِي الْأَرْضِ وَمَأْوَاهُمُ النَّارُ وَلَبِئْسَ الْمَصِيرُ 24:58 يَا أَيُّهَا الَّذِينَ آمَنُوا لِيَسْتَأْذِنْكُمُ الَّذِينَ مَلَكَتْ أَيْمَانُكُمْ وَالَّذِينَ لَمْ
يَبْلُغُوا الْحُلُمَ مِنْكُمْ ثَلَاثَ مَرَّاتٍ مِنْ قَبْلِ صَلَاةِ الْفَجْرِ وَحِينَ تَضَعُونَ ثِيَابَكُمْ مِنَ الظَّهِيرَةِ وَمِنْ بَعْدِ صَلَاةِ الْعِشَاءِ ثَلَاثُ عَوْرَاتٍ لَكُمْ
لَيْسَ عَلَيْكُمْ وَلَا عَلَيْهِمْ جُنَاحٌ بَعْدَهُنَّ طَوَّافُونَ عَلَيْكُمْ بَعْضُكُمْ عَلَىٰ بَعْضٍ كَذَٰلِكَ يُبَيِّنُ اللَّهُ لَكُمُ الْآيَاتِ وَاللَّهُ عَلِيمٌ حَكِيمٌ 24:59 وَإِذَا
بَلَغَ الْأَطْفَالُ مِنْكُمُ الْحُلُمَ فَلْيَسْتَأْذِنُوا كَمَا اسْتَأْذَنَ الَّذِينَ مِنْ قَبْلِهِمْ كَذَٰلِكَ يُبَيِّنُ اللَّهُ لَكُمْ آيَاتِهِ وَاللَّهُ عَلِيمٌ حَكِيمٌ 24:60 وَالْقَوَاعِدُ مِنَ

النِّسَاءِ اللَّاتِي لَا يَرْجُونَ نِكَاحًا فَلَيْسَ عَلَيْهِنَّ جُنَاحٌ أَنْ يَضَعْنَ ثِيَابَهُنَّ غَيْرَ مُتَبَرِّجَاتٍ بِزِينَةٍ وَأَنْ يَسْتَعْفِفْنَ خَيْرٌ لَهُنَّ وَاللَّهُ سَمِيعٌ عَلِيمٌ
24:61 لَيْسَ عَلَى الْأَعْمَىٰ حَرَجٌ وَلَا عَلَى الْأَعْرَجِ حَرَجٌ وَلَا عَلَى الْمَرِيضِ حَرَجٌ وَلَا عَلَىٰ أَنْفُسِكُمْ أَنْ تَأْكُلُوا مِنْ بُيُوتِكُمْ أَوْ بُيُوتِ آبَائِكُمْ أَوْ
بُيُوتِ أُمَّهَاتِكُمْ أَوْ بُيُوتِ إِخْوَانِكُمْ أَوْ بُيُوتِ أَخَوَاتِكُمْ أَوْ بُيُوتِ أَعْمَامِكُمْ أَوْ بُيُوتِ عَمَّاتِكُمْ أَوْ بُيُوتِ أَخْوَالِكُمْ أَوْ بُيُوتِ خَالَاتِكُمْ أَوْ مَا مَلَكْتُمْ
مَفَاتِحَهُ أَوْ صَدِيقِكُمْ لَيْسَ عَلَيْكُمْ جُنَاحٌ أَنْ تَأْكُلُوا جَمِيعًا أَوْ أَشْتَاتًا فَإِذَا دَخَلْتُمْ بُيُوتًا فَسَلِّمُوا عَلَىٰ أَنْفُسِكُمْ تَحِيَّةً مِنْ عِنْدِ اللَّهِ مُبَارَكَةً
طَيِّبَةً كَذَٰلِكَ يُبَيِّنُ اللَّهُ لَكُمُ الْآيَاتِ لَعَلَّكُمْ تَعْقِلُونَ 24:62 إِنَّمَا الْمُؤْمِنُونَ الَّذِينَ آمَنُوا بِاللَّهِ وَرَسُولِهِ وَإِذَا كَانُوا مَعَهُ عَلَىٰ أَمْرٍ جَامِعٍ لَمْ
يَذْهَبُوا حَتَّىٰ يَسْتَأْذِنُوهُ إِنَّ الَّذِينَ يَسْتَأْذِنُونَكَ أُولَٰئِكَ الَّذِينَ يُؤْمِنُونَ بِاللَّهِ وَرَسُولِهِ فَإِذَا اسْتَأْذَنُوكَ لِبَعْضِ شَأْنِهِمْ فَأْذَنْ لِمَنْ شِئْتَ
مِنْهُمْ وَاسْتَغْفِرْ لَهُمُ اللَّهَ إِنَّ اللَّهَ غَفُورٌ رَحِيمٌ 24:63 لَا تَجْعَلُوا دُعَاءَ الرَّسُولِ بَيْنَكُمْ كَدُعَاءِ بَعْضِكُمْ بَعْضًا قَدْ يَعْلَمُ اللَّهُ الَّذِينَ يَتَسَلَّلُونَ
مِنْكُمْ لِوَاذًا فَلْيَحْذَرِ الَّذِينَ يُخَالِفُونَ عَنْ أَمْرِهِ أَنْ تُصِيبَهُمْ فِتْنَةٌ أَوْ يُصِيبَهُمْ عَذَابٌ أَلِيمٌ 24:64 أَلَا إِنَّ لِلَّهِ مَا فِي السَّمَاوَاتِ وَالْأَرْضِ قَدْ
يَعْلَمُ مَا أَنْتُمْ عَلَيْهِ وَيَوْمَ يُرْجَعُونَ إِلَيْهِ فَيُنَبِّئُهُمْ بِمَا عَمِلُوا وَاللَّهُ بِكُلِّ شَيْءٍ عَلِيمٌ 25:1 بِسْمِ اللَّهِ الرَّحْمَٰنِ الرَّحِيمِ تَبَارَكَ الَّذِي نَزَّلَ
الْفُرْقَانَ عَلَىٰ عَبْدِهِ لِيَكُونَ لِلْعَالَمِينَ نَذِيرًا 25:2 الَّذِي لَهُ مُلْكُ السَّمَاوَاتِ وَالْأَرْضِ وَلَمْ يَتَّخِذْ وَلَدًا وَلَمْ يَكُنْ لَهُ شَرِيكٌ فِي الْمُلْكِ وَخَلَقَ
كُلَّ شَيْءٍ فَقَدَّرَهُ تَقْدِيرًا 25:3 وَاتَّخَذُوا مِنْ دُونِهِ آلِهَةً لَا يَخْلُقُونَ شَيْئًا وَهُمْ يُخْلَقُونَ وَلَا يَمْلِكُونَ لِأَنْفُسِهِمْ ضَرًّا وَلَا نَفْعًا وَلَا يَمْلِكُونَ
مَوْتًا وَلَا حَيَاةً وَلَا نُشُورًا 25:4 وَقَالَ الَّذِينَ كَفَرُوا إِنْ هَٰذَا إِلَّا إِفْكٌ افْتَرَاهُ وَأَعَانَهُ عَلَيْهِ قَوْمٌ آخَرُونَ فَقَدْ جَاءُوا ظُلْمًا وَزُورًا 25:5 وَقَالُوا
أَسَاطِيرُ الْأَوَّلِينَ اكْتَتَبَهَا فَهِيَ تُمْلَىٰ عَلَيْهِ بُكْرَةً وَأَصِيلًا 25:6 قُلْ أَنْزَلَهُ الَّذِي يَعْلَمُ السِّرَّ فِي السَّمَاوَاتِ وَالْأَرْضِ إِنَّهُ كَانَ غَفُورًا رَحِيمًا
25:7 وَقَالُوا مَالِ هَٰذَا الرَّسُولِ يَأْكُلُ الطَّعَامَ وَيَمْشِي فِي الْأَسْوَاقِ لَوْلَا أُنْزِلَ إِلَيْهِ مَلَكٌ فَيَكُونَ مَعَهُ نَذِيرًا 25:8 أَوْ يُلْقَىٰ إِلَيْهِ كَنْزٌ أَوْ تَكُونُ
لَهُ جَنَّةٌ يَأْكُلُ مِنْهَا وَقَالَ الظَّالِمُونَ إِنْ تَتَّبِعُونَ إِلَّا رَجُلًا مَسْحُورًا 25:9 انْظُرْ كَيْفَ ضَرَبُوا لَكَ الْأَمْثَالَ فَضَلُّوا فَلَا يَسْتَطِيعُونَ سَبِيلًا 25:10
تَبَارَكَ الَّذِي إِنْ شَاءَ جَعَلَ لَكَ خَيْرًا مِنْ ذَٰلِكَ جَنَّاتٍ تَجْرِي مِنْ تَحْتِهَا الْأَنْهَارُ وَيَجْعَلْ لَكَ قُصُورًا 25:11 بَلْ كَذَّبُوا بِالسَّاعَةِ وَأَعْتَدْنَا لِمَنْ
كَذَّبَ بِالسَّاعَةِ سَعِيرًا 25:12 إِذَا رَأَتْهُمْ مِنْ مَكَانٍ بَعِيدٍ سَمِعُوا لَهَا تَغَيُّظًا وَزَفِيرًا 25:13 وَإِذَا أُلْقُوا مِنْهَا مَكَانًا ضَيِّقًا مُقَرَّنِينَ دَعَوْا هُنَالِكَ
ثُبُورًا 25:14 لَا تَدْعُوا الْيَوْمَ ثُبُورًا وَاحِدًا وَادْعُوا ثُبُورًا كَثِيرًا 25:15 قُلْ أَذَٰلِكَ خَيْرٌ أَمْ جَنَّةُ الْخُلْدِ الَّتِي وُعِدَ الْمُتَّقُونَ كَانَتْ لَهُمْ جَزَاءً
وَمَصِيرًا 25:16 لَهُمْ فِيهَا مَا يَشَاءُونَ خَالِدِينَ كَانَ عَلَىٰ رَبِّكَ وَعْدًا مَسْئُولًا 25:17 وَيَوْمَ يَحْشُرُهُمْ وَمَا يَعْبُدُونَ مِنْ دُونِ اللَّهِ فَيَقُولُ أَأَنْتُمْ
أَضْلَلْتُمْ عِبَادِي هَٰؤُلَاءِ أَمْ هُمْ ضَلُّوا السَّبِيلَ 25:18 قَالُوا سُبْحَانَكَ مَا كَانَ يَنْبَغِي لَنَا أَنْ نَتَّخِذَ مِنْ دُونِكَ مِنْ أَوْلِيَاءَ وَلَٰكِنْ مَتَّعْتَهُمْ وَآبَاءَهُمْ
حَتَّىٰ نَسُوا الذِّكْرَ وَكَانُوا قَوْمًا بُورًا 25:19 فَقَدْ كَذَّبُوكُمْ بِمَا تَقُولُونَ فَمَا تَسْتَطِيعُونَ صَرْفًا وَلَا نَصْرًا وَمَنْ يَظْلِمْ مِنْكُمْ نُذِقْهُ عَذَابًا كَبِيرًا
25:20 وَمَا أَرْسَلْنَا قَبْلَكَ مِنَ الْمُرْسَلِينَ إِلَّا إِنَّهُمْ لَيَأْكُلُونَ الطَّعَامَ وَيَمْشُونَ فِي الْأَسْوَاقِ وَجَعَلْنَا بَعْضَكُمْ لِبَعْضٍ فِتْنَةً أَتَصْبِرُونَ وَكَانَ
رَبُّكَ بَصِيرًا 25:21 وَقَالَ الَّذِينَ لَا يَرْجُونَ لِقَاءَنَا لَوْلَا أُنْزِلَ عَلَيْنَا الْمَلَائِكَةُ أَوْ نَرَىٰ رَبَّنَا لَقَدِ اسْتَكْبَرُوا فِي أَنْفُسِهِمْ وَعَتَوْا عُتُوًّا كَبِيرًا 25:22
يَوْمَ يَرَوْنَ الْمَلَائِكَةَ لَا بُشْرَىٰ يَوْمَئِذٍ لِلْمُجْرِمِينَ وَيَقُولُونَ حِجْرًا مَحْجُورًا 25:23 وَقَدِمْنَا إِلَىٰ مَا عَمِلُوا مِنْ عَمَلٍ فَجَعَلْنَاهُ هَبَاءً مَنْثُورًا
25:24 أَصْحَابُ الْجَنَّةِ يَوْمَئِذٍ خَيْرٌ مُسْتَقَرًّا وَأَحْسَنُ مَقِيلًا 25:25 وَيَوْمَ تَشَقَّقُ السَّمَاءُ بِالْغَمَامِ وَنُزِّلَ الْمَلَائِكَةُ تَنْزِيلًا 25:26 الْمُلْكُ يَوْمَئِذٍ
الْحَقُّ لِلرَّحْمَٰنِ وَكَانَ يَوْمًا عَلَى الْكَافِرِينَ عَسِيرًا 25:27 وَيَوْمَ يَعَضُّ الظَّالِمُ عَلَىٰ يَدَيْهِ يَقُولُ يَا لَيْتَنِي اتَّخَذْتُ مَعَ الرَّسُولِ سَبِيلًا 25:28 يَا
وَيْلَتَىٰ لَيْتَنِي لَمْ أَتَّخِذْ فُلَانًا خَلِيلًا 25:29 لَقَدْ أَضَلَّنِي عَنِ الذِّكْرِ بَعْدَ إِذْ جَاءَنِي وَكَانَ الشَّيْطَانُ لِلْإِنْسَانِ خَذُولًا 25:30 وَقَالَ الرَّسُولُ يَا رَبِّ
إِنَّ قَوْمِي اتَّخَذُوا هَٰذَا الْقُرْآنَ مَهْجُورًا 25:31 وَكَذَٰلِكَ جَعَلْنَا لِكُلِّ نَبِيٍّ عَدُوًّا مِنَ الْمُجْرِمِينَ وَكَفَىٰ بِرَبِّكَ هَادِيًا وَنَصِيرًا 25:32 وَقَالَ الَّذِينَ
كَفَرُوا لَوْلَا نُزِّلَ عَلَيْهِ الْقُرْآنُ جُمْلَةً وَاحِدَةً كَذَٰلِكَ لِنُثَبِّتَ بِهِ فُؤَادَكَ وَرَتَّلْنَاهُ تَرْتِيلًا 25:33 وَلَا يَأْتُونَكَ بِمَثَلٍ إِلَّا جِئْنَاكَ بِالْحَقِّ وَأَحْسَنَ
تَفْسِيرًا 25:34 الَّذِينَ يُحْشَرُونَ عَلَىٰ وُجُوهِهِمْ إِلَىٰ جَهَنَّمَ أُولَٰئِكَ شَرٌّ مَكَانًا وَأَضَلُّ سَبِيلًا 25:35 وَلَقَدْ آتَيْنَا مُوسَى الْكِتَابَ وَجَعَلْنَا مَعَهُ

أَخَاهُ هَارُونَ وَزِيرًا 25:36 فَقُلْنَا اذْهَبَا إِلَى الْقَوْمِ الَّذِينَ كَذَّبُوا بِآيَاتِنَا فَدَمَّرْنَاهُمْ تَدْمِيرًا 25:37 وَقَوْمَ نُوحٍ لَمَّا كَذَّبُوا الرُّسُلَ أَغْرَقْنَاهُمْ
وَجَعَلْنَاهُمْ لِلنَّاسِ آيَةً وَأَعْتَدْنَا لِلظَّالِمِينَ عَذَابًا أَلِيمًا 25:38 وَعَادًا وَثَمُودَ وَأَصْحَابَ الرَّسِّ وَقُرُونًا بَيْنَ ذَٰلِكَ كَثِيرًا 25:39 وَكُلًّا ضَرَبْنَا لَهُ
الْأَمْثَالَ وَكُلًّا تَبَّرْنَا تَتْبِيرًا 25:40 وَلَقَدْ أَتَوْا عَلَى الْقَرْيَةِ الَّتِي أُمْطِرَتْ مَطَرَ السَّوْءِ أَفَلَمْ يَكُونُوا يَرَوْنَهَا بَلْ كَانُوا لَا يَرْجُونَ نُشُورًا 25:41 وَإِذَا
رَأَوْكَ إِنْ يَتَّخِذُونَكَ إِلَّا هُزُوًا أَهَٰذَا الَّذِي بَعَثَ اللَّهُ رَسُولًا 25:42 إِنْ كَادَ لَيُضِلُّنَا عَنْ آلِهَتِنَا لَوْلَا أَنْ صَبَرْنَا عَلَيْهَا وَسَوْفَ يَعْلَمُونَ حِينَ يَرَوْنَ
الْعَذَابَ مَنْ أَضَلُّ سَبِيلًا 25:43 أَرَأَيْتَ مَنِ اتَّخَذَ إِلَٰهَهُ هَوَاهُ أَفَأَنْتَ تَكُونُ عَلَيْهِ وَكِيلًا 25:44 أَمْ تَحْسَبُ أَنَّ أَكْثَرَهُمْ يَسْمَعُونَ أَوْ يَعْقِلُونَ إِنْ
هُمْ إِلَّا كَالْأَنْعَامِ بَلْ هُمْ أَضَلُّ سَبِيلًا 25:45 أَلَمْ تَرَ إِلَىٰ رَبِّكَ كَيْفَ مَدَّ الظِّلَّ وَلَوْ شَاءَ لَجَعَلَهُ سَاكِنًا ثُمَّ جَعَلْنَا الشَّمْسَ عَلَيْهِ دَلِيلًا 25:46 ثُمَّ
قَبَضْنَاهُ إِلَيْنَا قَبْضًا يَسِيرًا 25:47 وَهُوَ الَّذِي جَعَلَ لَكُمُ اللَّيْلَ لِبَاسًا وَالنَّوْمَ سُبَاتًا وَجَعَلَ النَّهَارَ نُشُورًا 25:48 وَهُوَ الَّذِي أَرْسَلَ الرِّيَاحَ بُشْرًا
بَيْنَ يَدَيْ رَحْمَتِهِ وَأَنْزَلْنَا مِنَ السَّمَاءِ مَاءً طَهُورًا 25:49 لِنُحْيِيَ بِهِ بَلْدَةً مَيْتًا وَنُسْقِيَهُ مِمَّا خَلَقْنَا أَنْعَامًا وَأَنَاسِيَّ كَثِيرًا 25:50 وَلَقَدْ صَرَّفْنَاهُ
بَيْنَهُمْ لِيَذَّكَّرُوا فَأَبَىٰ أَكْثَرُ النَّاسِ إِلَّا كُفُورًا 25:51 وَلَوْ شِئْنَا لَبَعَثْنَا فِي كُلِّ قَرْيَةٍ نَذِيرًا 25:52 فَلَا تُطِعِ الْكَافِرِينَ وَجَاهِدْهُمْ بِهِ جِهَادًا كَبِيرًا
25:53 وَهُوَ الَّذِي مَرَجَ الْبَحْرَيْنِ هَٰذَا عَذْبٌ فُرَاتٌ وَهَٰذَا مِلْحٌ أُجَاجٌ وَجَعَلَ بَيْنَهُمَا بَرْزَخًا وَحِجْرًا مَحْجُورًا 25:54 وَهُوَ الَّذِي خَلَقَ مِنَ الْمَاءِ
بَشَرًا فَجَعَلَهُ نَسَبًا وَصِهْرًا وَكَانَ رَبُّكَ قَدِيرًا 25:55 وَيَعْبُدُونَ مِنْ دُونِ اللَّهِ مَا لَا يَنْفَعُهُمْ وَلَا يَضُرُّهُمْ وَكَانَ الْكَافِرُ عَلَىٰ رَبِّهِ ظَهِيرًا 25:56
وَمَا أَرْسَلْنَاكَ إِلَّا مُبَشِّرًا وَنَذِيرًا 25:57 قُلْ مَا أَسْأَلُكُمْ عَلَيْهِ مِنْ أَجْرٍ إِلَّا مَنْ شَاءَ أَنْ يَتَّخِذَ إِلَىٰ رَبِّهِ سَبِيلًا 25:58 وَتَوَكَّلْ عَلَى الْحَيِّ الَّذِي لَا
يَمُوتُ وَسَبِّحْ بِحَمْدِهِ وَكَفَىٰ بِهِ بِذُنُوبِ عِبَادِهِ خَبِيرًا 25:59 الَّذِي خَلَقَ السَّمَاوَاتِ وَالْأَرْضَ وَمَا بَيْنَهُمَا فِي سِتَّةِ أَيَّامٍ ثُمَّ اسْتَوَىٰ عَلَى
الْعَرْشِ الرَّحْمَٰنُ فَاسْأَلْ بِهِ خَبِيرًا 25:60 وَإِذَا قِيلَ لَهُمُ اسْجُدُوا لِلرَّحْمَٰنِ قَالُوا وَمَا الرَّحْمَٰنُ أَنَسْجُدُ لِمَا تَأْمُرُنَا وَزَادَهُمْ نُفُورًا 25:61 تَبَارَكَ
الَّذِي جَعَلَ فِي السَّمَاءِ بُرُوجًا وَجَعَلَ فِيهَا سِرَاجًا وَقَمَرًا مُنِيرًا 25:62 وَهُوَ الَّذِي جَعَلَ اللَّيْلَ وَالنَّهَارَ خِلْفَةً لِمَنْ أَرَادَ أَنْ يَذَّكَّرَ أَوْ أَرَادَ
شُكُورًا 25:63 وَعِبَادُ الرَّحْمَٰنِ الَّذِينَ يَمْشُونَ عَلَى الْأَرْضِ هَوْنًا وَإِذَا خَاطَبَهُمُ الْجَاهِلُونَ قَالُوا سَلَامًا 25:64 وَالَّذِينَ يَبِيتُونَ لِرَبِّهِمْ سُجَّدًا
وَقِيَامًا 25:65 وَالَّذِينَ يَقُولُونَ رَبَّنَا اصْرِفْ عَنَّا عَذَابَ جَهَنَّمَ إِنَّ عَذَابَهَا كَانَ غَرَامًا 25:66 إِنَّهَا سَاءَتْ مُسْتَقَرًّا وَمُقَامًا 25:67 وَالَّذِينَ إِذَا
أَنْفَقُوا لَمْ يُسْرِفُوا وَلَمْ يَقْتُرُوا وَكَانَ بَيْنَ ذَٰلِكَ قَوَامًا 25:68 وَالَّذِينَ لَا يَدْعُونَ مَعَ اللَّهِ إِلَٰهًا آخَرَ وَلَا يَقْتُلُونَ النَّفْسَ الَّتِي حَرَّمَ اللَّهُ إِلَّا
بِالْحَقِّ وَلَا يَزْنُونَ وَمَنْ يَفْعَلْ ذَٰلِكَ يَلْقَ أَثَامًا 25:69 يُضَاعَفْ لَهُ الْعَذَابُ يَوْمَ الْقِيَامَةِ وَيَخْلُدْ فِيهِ مُهَانًا 25:70 إِلَّا مَنْ تَابَ وَآمَنَ وَعَمِلَ
عَمَلًا صَالِحًا فَأُولَٰئِكَ يُبَدِّلُ اللَّهُ سَيِّئَاتِهِمْ حَسَنَاتٍ وَكَانَ اللَّهُ غَفُورًا رَحِيمًا 25:71 وَمَنْ تَابَ وَعَمِلَ صَالِحًا فَإِنَّهُ يَتُوبُ إِلَى اللَّهِ مَتَابًا 25:72
وَالَّذِينَ لَا يَشْهَدُونَ الزُّورَ وَإِذَا مَرُّوا بِاللَّغْوِ مَرُّوا كِرَامًا 25:73 وَالَّذِينَ إِذَا ذُكِّرُوا بِآيَاتِ رَبِّهِمْ لَمْ يَخِرُّوا عَلَيْهَا صُمًّا وَعُمْيَانًا 25:74 وَالَّذِينَ
يَقُولُونَ رَبَّنَا هَبْ لَنَا مِنْ أَزْوَاجِنَا وَذُرِّيَّاتِنَا قُرَّةَ أَعْيُنٍ وَاجْعَلْنَا لِلْمُتَّقِينَ إِمَامًا 25:75 أُولَٰئِكَ يُجْزَوْنَ الْغُرْفَةَ بِمَا صَبَرُوا وَيُلَقَّوْنَ فِيهَا تَحِيَّةً
وَسَلَامًا 25:76 خَالِدِينَ فِيهَا حَسُنَتْ مُسْتَقَرًّا وَمُقَامًا 25:77 قُلْ مَا يَعْبَأُ بِكُمْ رَبِّي لَوْلَا دُعَاؤُكُمْ فَقَدْ كَذَّبْتُمْ فَسَوْفَ يَكُونُ لِزَامًا 26:1 بِسْمِ
اللَّهِ الرَّحْمَٰنِ الرَّحِيمِ طسم 26:2 تِلْكَ آيَاتُ الْكِتَابِ الْمُبِينِ 26:3 لَعَلَّكَ بَاخِعٌ نَفْسَكَ أَلَّا يَكُونُوا مُؤْمِنِينَ 26:4 إِنْ نَشَأْ نُنَزِّلْ عَلَيْهِمْ مِنَ
السَّمَاءِ آيَةً فَظَلَّتْ أَعْنَاقُهُمْ لَهَا خَاضِعِينَ 26:5 وَمَا يَأْتِيهِمْ مِنْ ذِكْرٍ مِنَ الرَّحْمَٰنِ مُحْدَثٍ إِلَّا كَانُوا عَنْهُ مُعْرِضِينَ 26:6 فَقَدْ كَذَّبُوا
فَسَيَأْتِيهِمْ أَنْبَاءُ مَا كَانُوا بِهِ يَسْتَهْزِئُونَ 26:7 أَوَلَمْ يَرَوْا إِلَى الْأَرْضِ كَمْ أَنْبَتْنَا فِيهَا مِنْ كُلِّ زَوْجٍ كَرِيمٍ 26:8 إِنَّ فِي ذَٰلِكَ لَآيَةً وَمَا كَانَ أَكْثَرُهُمْ
مُؤْمِنِينَ 26:9 وَإِنَّ رَبَّكَ لَهُوَ الْعَزِيزُ الرَّحِيمُ 26:10 وَإِذْ نَادَىٰ رَبُّكَ مُوسَىٰ أَنِ ائْتِ الْقَوْمَ الظَّالِمِينَ 26:11 قَوْمَ فِرْعَوْنَ أَلَا يَتَّقُونَ 26:12 قَالَ
رَبِّ إِنِّي أَخَافُ أَنْ يُكَذِّبُونِ 26:13 وَيَضِيقُ صَدْرِي وَلَا يَنْطَلِقُ لِسَانِي فَأَرْسِلْ إِلَىٰ هَارُونَ 26:14 وَلَهُمْ عَلَيَّ ذَنْبٌ فَأَخَافُ أَنْ يَقْتُلُونِ 26:15
قَالَ كَلَّا فَاذْهَبَا بِآيَاتِنَا إِنَّا مَعَكُمْ مُسْتَمِعُونَ 26:16 فَأْتِيَا فِرْعَوْنَ فَقُولَا إِنَّا رَسُولُ رَبِّ الْعَالَمِينَ 26:17 أَنْ أَرْسِلْ مَعَنَا بَنِي إِسْرَائِيلَ 26:18
قَالَ أَلَمْ نُرَبِّكَ فِينَا وَلِيدًا وَلَبِثْتَ فِينَا مِنْ عُمُرِكَ سِنِينَ 26:19 وَفَعَلْتَ فَعْلَتَكَ الَّتِي فَعَلْتَ وَأَنْتَ مِنَ الْكَافِرِينَ 26:20 قَالَ فَعَلْتُهَا إِذًا وَأَنَا

مِنَ الضَّالِّينَ 26:21 فَفَرَرْتُ مِنْكُمْ لَمَّا خِفْتُكُمْ فَوَهَبَ لِي رَبِّي حُكْمًا وَجَعَلَنِي مِنَ الْمُرْسَلِينَ 26:22 وَتِلْكَ نِعْمَةٌ تَمُنُّهَا عَلَيَّ أَنْ عَبَّدْتَ بَنِي
إِسْرَائِيلَ 26:23 قَالَ فِرْعَوْنُ وَمَا رَبُّ الْعَالَمِينَ 26:24 قَالَ رَبُّ السَّمَاوَاتِ وَالْأَرْضِ وَمَا بَيْنَهُمَا إِنْ كُنْتُمْ مُوقِنِينَ 26:25 قَالَ لِمَنْ حَوْلَهُ أَلَا
تَسْتَمِعُونَ 26:26 قَالَ رَبُّكُمْ وَرَبُّ آبَائِكُمُ الْأَوَّلِينَ 26:27 قَالَ إِنَّ رَسُولَكُمُ الَّذِي أُرْسِلَ إِلَيْكُمْ لَمَجْنُونٌ 26:28 قَالَ رَبُّ الْمَشْرِقِ وَالْمَغْرِبِ وَمَا
بَيْنَهُمَا إِنْ كُنْتُمْ تَعْقِلُونَ 26:29 قَالَ لَئِنِ اتَّخَذْتَ إِلَٰهًا غَيْرِي لَأَجْعَلَنَّكَ مِنَ الْمَسْجُونِينَ 26:30 قَالَ أَوَلَوْ جِئْتُكَ بِشَيْءٍ مُبِينٍ 26:31 قَالَ فَأْتِ
بِهِ إِنْ كُنْتَ مِنَ الصَّادِقِينَ 26:32 فَأَلْقَىٰ عَصَاهُ فَإِذَا هِيَ ثُعْبَانٌ مُبِينٌ 26:33 وَنَزَعَ يَدَهُ فَإِذَا هِيَ بَيْضَاءُ لِلنَّاظِرِينَ 26:34 قَالَ لِلْمَلَإِ حَوْلَهُ إِنَّ
هَٰذَا لَسَاحِرٌ عَلِيمٌ 26:35 يُرِيدُ أَنْ يُخْرِجَكُمْ مِنْ أَرْضِكُمْ بِسِحْرِهِ فَمَاذَا تَأْمُرُونَ 26:36 قَالُوا أَرْجِهْ وَأَخَاهُ وَابْعَثْ فِي الْمَدَائِنِ حَاشِرِينَ 26:37
يَأْتُوكَ بِكُلِّ سَحَّارٍ عَلِيمٍ 26:38 فَجُمِعَ السَّحَرَةُ لِمِيقَاتِ يَوْمٍ مَعْلُومٍ 26:39 وَقِيلَ لِلنَّاسِ هَلْ أَنْتُمْ مُجْتَمِعُونَ 26:40 لَعَلَّنَا نَتَّبِعُ السَّحَرَةَ إِنْ
كَانُوا هُمُ الْغَالِبِينَ 26:41 فَلَمَّا جَاءَ السَّحَرَةُ قَالُوا لِفِرْعَوْنَ أَئِنَّ لَنَا لَأَجْرًا إِنْ كُنَّا نَحْنُ الْغَالِبِينَ 26:42 قَالَ نَعَمْ وَإِنَّكُمْ إِذًا لَمِنَ الْمُقَرَّبِينَ
26:43 قَالَ لَهُمْ مُوسَىٰ أَلْقُوا مَا أَنْتُمْ مُلْقُونَ 26:44 فَأَلْقَوْا حِبَالَهُمْ وَعِصِيَّهُمْ وَقَالُوا بِعِزَّةِ فِرْعَوْنَ إِنَّا لَنَحْنُ الْغَالِبُونَ 26:45 فَأَلْقَىٰ مُوسَىٰ
عَصَاهُ فَإِذَا هِيَ تَلْقَفُ مَا يَأْفِكُونَ 26:46 فَأُلْقِيَ السَّحَرَةُ سَاجِدِينَ 26:47 قَالُوا آمَنَّا بِرَبِّ الْعَالَمِينَ 26:48 رَبِّ مُوسَىٰ وَهَارُونَ 26:49 قَالَ
آمَنْتُمْ لَهُ قَبْلَ أَنْ آذَنَ لَكُمْ إِنَّهُ لَكَبِيرُكُمُ الَّذِي عَلَّمَكُمُ السِّحْرَ فَلَسَوْفَ تَعْلَمُونَ لَأُقَطِّعَنَّ أَيْدِيَكُمْ وَأَرْجُلَكُمْ مِنْ خِلَافٍ وَلَأُصَلِّبَنَّكُمْ أَجْمَعِينَ
26:50 قَالُوا لَا ضَيْرَ إِنَّا إِلَىٰ رَبِّنَا مُنْقَلِبُونَ 26:51 إِنَّا نَطْمَعُ أَنْ يَغْفِرَ لَنَا رَبُّنَا خَطَايَانَا أَنْ كُنَّا أَوَّلَ الْمُؤْمِنِينَ 26:52 وَأَوْحَيْنَا إِلَىٰ مُوسَىٰ أَنْ أَسْرِ
بِعِبَادِي إِنَّكُمْ مُتَّبَعُونَ 26:53 فَأَرْسَلَ فِرْعَوْنُ فِي الْمَدَائِنِ حَاشِرِينَ 26:54 إِنَّ هَٰؤُلَاءِ لَشِرْذِمَةٌ قَلِيلُونَ 26:55 وَإِنَّهُمْ لَنَا لَغَائِظُونَ 26:56 وَإِنَّا
لَجَمِيعٌ حَاذِرُونَ 26:57 فَأَخْرَجْنَاهُمْ مِنْ جَنَّاتٍ وَعُيُونٍ 26:58 وَكُنُوزٍ وَمَقَامٍ كَرِيمٍ 26:59 كَذَٰلِكَ وَأَوْرَثْنَاهَا بَنِي إِسْرَائِيلَ 26:60 فَأَتْبَعُوهُمْ
مُشْرِقِينَ 26:61 فَلَمَّا تَرَاءَى الْجَمْعَانِ قَالَ أَصْحَابُ مُوسَىٰ إِنَّا لَمُدْرَكُونَ 26:62 قَالَ كَلَّا إِنَّ مَعِيَ رَبِّي سَيَهْدِينِ 26:63 فَأَوْحَيْنَا إِلَىٰ مُوسَىٰ
أَنِ اضْرِبْ بِعَصَاكَ الْبَحْرَ فَانْفَلَقَ فَكَانَ كُلُّ فِرْقٍ كَالطَّوْدِ الْعَظِيمِ 26:64 وَأَزْلَفْنَا ثَمَّ الْآخَرِينَ 26:65 وَأَنْجَيْنَا مُوسَىٰ وَمَنْ مَعَهُ أَجْمَعِينَ
26:66 ثُمَّ أَغْرَقْنَا الْآخَرِينَ 26:67 إِنَّ فِي ذَٰلِكَ لَآيَةً وَمَا كَانَ أَكْثَرُهُمْ مُؤْمِنِينَ 26:68 وَإِنَّ رَبَّكَ لَهُوَ الْعَزِيزُ الرَّحِيمُ 26:69 وَاتْلُ عَلَيْهِمْ نَبَأَ
إِبْرَاهِيمَ 26:70 إِذْ قَالَ لِأَبِيهِ وَقَوْمِهِ مَا تَعْبُدُونَ 26:71 قَالُوا نَعْبُدُ أَصْنَامًا فَنَظَلُّ لَهَا عَاكِفِينَ 26:72 قَالَ هَلْ يَسْمَعُونَكُمْ إِذْ تَدْعُونَ 26:73
أَوْ يَنْفَعُونَكُمْ أَوْ يَضُرُّونَ 26:74 قَالُوا بَلْ وَجَدْنَا آبَاءَنَا كَذَٰلِكَ يَفْعَلُونَ 26:75 قَالَ أَفَرَأَيْتُمْ مَا كُنْتُمْ تَعْبُدُونَ 26:76 أَنْتُمْ وَآبَاؤُكُمُ الْأَقْدَمُونَ
26:77 فَإِنَّهُمْ عَدُوٌّ لِي إِلَّا رَبَّ الْعَالَمِينَ 26:78 الَّذِي خَلَقَنِي فَهُوَ يَهْدِينِ 26:79 وَالَّذِي هُوَ يُطْعِمُنِي وَيَسْقِينِ 26:80 وَإِذَا مَرِضْتُ فَهُوَ
يَشْفِينِ 26:81 وَالَّذِي يُمِيتُنِي ثُمَّ يُحْيِينِ 26:82 وَالَّذِي أَطْمَعُ أَنْ يَغْفِرَ لِي خَطِيئَتِي يَوْمَ الدِّينِ 26:83 رَبِّ هَبْ لِي حُكْمًا وَأَلْحِقْنِي
بِالصَّالِحِينَ 26:84 وَاجْعَلْ لِي لِسَانَ صِدْقٍ فِي الْآخِرِينَ 26:85 وَاجْعَلْنِي مِنْ وَرَثَةِ جَنَّةِ النَّعِيمِ 26:86 وَاغْفِرْ لِأَبِي إِنَّهُ كَانَ مِنَ الضَّالِّينَ
26:87 وَلَا تُخْزِنِي يَوْمَ يُبْعَثُونَ 26:88 يَوْمَ لَا يَنْفَعُ مَالٌ وَلَا بَنُونَ 26:89 إِلَّا مَنْ أَتَى اللَّهَ بِقَلْبٍ سَلِيمٍ 26:90 وَأُزْلِفَتِ الْجَنَّةُ لِلْمُتَّقِينَ 26:91
وَبُرِّزَتِ الْجَحِيمُ لِلْغَاوِينَ 26:92 وَقِيلَ لَهُمْ أَيْنَ مَا كُنْتُمْ تَعْبُدُونَ 26:93 مِنْ دُونِ اللَّهِ هَلْ يَنْصُرُونَكُمْ أَوْ يَنْتَصِرُونَ 26:94 فَكُبْكِبُوا فِيهَا هُمْ
وَالْغَاوُونَ 26:95 وَجُنُودُ إِبْلِيسَ أَجْمَعُونَ 26:96 قَالُوا وَهُمْ فِيهَا يَخْتَصِمُونَ 26:97 تَاللَّهِ إِنْ كُنَّا لَفِي ضَلَالٍ مُبِينٍ 26:98 إِذْ نُسَوِّيكُمْ بِرَبِّ
الْعَالَمِينَ 26:99 وَمَا أَضَلَّنَا إِلَّا الْمُجْرِمُونَ 26:100 فَمَا لَنَا مِنْ شَافِعِينَ 26:101 وَلَا صَدِيقٍ حَمِيمٍ 26:102 فَلَوْ أَنَّ لَنَا كَرَّةً فَنَكُونَ مِنَ الْمُؤْمِنِينَ
26:103 إِنَّ فِي ذَٰلِكَ لَآيَةً وَمَا كَانَ أَكْثَرُهُمْ مُؤْمِنِينَ 26:104 وَإِنَّ رَبَّكَ لَهُوَ الْعَزِيزُ الرَّحِيمُ 26:105 كَذَّبَتْ قَوْمُ نُوحٍ الْمُرْسَلِينَ 26:106 إِذْ قَالَ
لَهُمْ أَخُوهُمْ نُوحٌ أَلَا تَتَّقُونَ 26:107 إِنِّي لَكُمْ رَسُولٌ أَمِينٌ 26:108 فَاتَّقُوا اللَّهَ وَأَطِيعُونِ 26:109 وَمَا أَسْأَلُكُمْ عَلَيْهِ مِنْ أَجْرٍ إِنْ أَجْرِيَ إِلَّا عَلَىٰ
رَبِّ الْعَالَمِينَ 26:110 فَاتَّقُوا اللَّهَ وَأَطِيعُونِ 26:111 قَالُوا أَنُؤْمِنُ لَكَ وَاتَّبَعَكَ الْأَرْذَلُونَ 26:112 قَالَ وَمَا عِلْمِي بِمَا كَانُوا يَعْمَلُونَ 26:113 إِنْ
حِسَابُهُمْ إِلَّا عَلَىٰ رَبِّي لَوْ تَشْعُرُونَ 26:114 وَمَا أَنَا بِطَارِدِ الْمُؤْمِنِينَ 26:115 إِنْ أَنَا إِلَّا نَذِيرٌ مُبِينٌ 26:116 قَالُوا لَئِنْ لَمْ تَنْتَهِ يَا نُوحُ لَتَكُونَنَّ

مِنَ الْمَرْجُومِينَ 26:117 قَالَ رَبِّ إِنَّ قَوْمِي كَذَّبُونِ 26:118 فَافْتَحْ بَيْنِي وَبَيْنَهُمْ فَتْحًا وَنَجِّنِي وَمَنْ مَعِيَ مِنَ الْمُؤْمِنِينَ 26:119 فَأَنْجَيْنَاهُ
وَمَنْ مَعَهُ فِي الْفُلْكِ الْمَشْحُونِ 26:120 ثُمَّ أَغْرَقْنَا بَعْدُ الْبَاقِينَ 26:121 إِنَّ فِي ذَٰلِكَ لَآيَةً وَمَا كَانَ أَكْثَرُهُمْ مُؤْمِنِينَ 26:122 وَإِنَّ رَبَّكَ لَهُوَ
الْعَزِيزُ الرَّحِيمُ 26:123 كَذَّبَتْ عَادٌ الْمُرْسَلِينَ 26:124 إِذْ قَالَ لَهُمْ أَخُوهُمْ هُودٌ أَلَا تَتَّقُونَ 26:125 إِنِّي لَكُمْ رَسُولٌ أَمِينٌ 26:126 فَاتَّقُوا اللَّهَ
وَأَطِيعُونِ 26:127 وَمَا أَسْأَلُكُمْ عَلَيْهِ مِنْ أَجْرٍ إِنْ أَجْرِيَ إِلَّا عَلَىٰ رَبِّ الْعَالَمِينَ 26:128 أَتَبْنُونَ بِكُلِّ رِيعٍ آيَةً تَعْبَثُونَ 26:129 وَتَتَّخِذُونَ مَصَانِعَ
لَعَلَّكُمْ تَخْلُدُونَ 26:130 وَإِذَا بَطَشْتُمْ بَطَشْتُمْ جَبَّارِينَ 26:131 فَاتَّقُوا اللَّهَ وَأَطِيعُونِ 26:132 وَاتَّقُوا الَّذِي أَمَدَّكُمْ بِمَا تَعْلَمُونَ 26:133 أَمَدَّكُمْ
بِأَنْعَامٍ وَبَنِينَ 26:134 وَجَنَّاتٍ وَعُيُونٍ 26:135 إِنِّي أَخَافُ عَلَيْكُمْ عَذَابَ يَوْمٍ عَظِيمٍ 26:136 قَالُوا سَوَاءٌ عَلَيْنَا أَوَعَظْتَ أَمْ لَمْ تَكُنْ مِنَ
الْوَاعِظِينَ 26:137 إِنْ هَٰذَا إِلَّا خُلُقُ الْأَوَّلِينَ 26:138 وَمَا نَحْنُ بِمُعَذَّبِينَ 26:139 فَكَذَّبُوهُ فَأَهْلَكْنَاهُمْ إِنَّ فِي ذَٰلِكَ لَآيَةً وَمَا كَانَ أَكْثَرُهُمْ مُؤْمِنِينَ
26:140 وَإِنَّ رَبَّكَ لَهُوَ الْعَزِيزُ الرَّحِيمُ 26:141 كَذَّبَتْ ثَمُودُ الْمُرْسَلِينَ 26:142 إِذْ قَالَ لَهُمْ أَخُوهُمْ صَالِحٌ أَلَا تَتَّقُونَ 26:143 إِنِّي لَكُمْ رَسُولٌ
أَمِينٌ 26:144 فَاتَّقُوا اللَّهَ وَأَطِيعُونِ 26:145 وَمَا أَسْأَلُكُمْ عَلَيْهِ مِنْ أَجْرٍ إِنْ أَجْرِيَ إِلَّا عَلَىٰ رَبِّ الْعَالَمِينَ 26:146 أَتُتْرَكُونَ فِي مَا هَاهُنَا آمِنِينَ
26:147 فِي جَنَّاتٍ وَعُيُونٍ 26:148 وَزُرُوعٍ وَنَخْلٍ طَلْعُهَا هَضِيمٌ 26:149 وَتَنْحِتُونَ مِنَ الْجِبَالِ بُيُوتًا فَارِهِينَ 26:150 فَاتَّقُوا اللَّهَ وَأَطِيعُونِ
26:151 وَلَا تُطِيعُوا أَمْرَ الْمُسْرِفِينَ 26:152 الَّذِينَ يُفْسِدُونَ فِي الْأَرْضِ وَلَا يُصْلِحُونَ 26:153 قَالُوا إِنَّمَا أَنْتَ مِنَ الْمُسَحَّرِينَ 26:154 مَا أَنْتَ
إِلَّا بَشَرٌ مِثْلُنَا فَأْتِ بِآيَةٍ إِنْ كُنْتَ مِنَ الصَّادِقِينَ 26:155 قَالَ هَٰذِهِ نَاقَةٌ لَهَا شِرْبٌ وَلَكُمْ شِرْبُ يَوْمٍ مَعْلُومٍ 26:156 وَلَا تَمَسُّوهَا بِسُوءٍ
فَيَأْخُذَكُمْ عَذَابُ يَوْمٍ عَظِيمٍ 26:157 فَعَقَرُوهَا فَأَصْبَحُوا نَادِمِينَ 26:158 فَأَخَذَهُمُ الْعَذَابُ إِنَّ فِي ذَٰلِكَ لَآيَةً وَمَا كَانَ أَكْثَرُهُمْ مُؤْمِنِينَ
26:159 وَإِنَّ رَبَّكَ لَهُوَ الْعَزِيزُ الرَّحِيمُ 26:160 كَذَّبَتْ قَوْمُ لُوطٍ الْمُرْسَلِينَ 26:161 إِذْ قَالَ لَهُمْ أَخُوهُمْ لُوطٌ أَلَا تَتَّقُونَ 26:162 إِنِّي لَكُمْ رَسُولٌ
أَمِينٌ 26:163 فَاتَّقُوا اللَّهَ وَأَطِيعُونِ 26:164 وَمَا أَسْأَلُكُمْ عَلَيْهِ مِنْ أَجْرٍ إِنْ أَجْرِيَ إِلَّا عَلَىٰ رَبِّ الْعَالَمِينَ 26:165 أَتَأْتُونَ الذُّكْرَانَ مِنَ الْعَالَمِينَ
26:166 وَتَذَرُونَ مَا خَلَقَ لَكُمْ رَبُّكُمْ مِنْ أَزْوَاجِكُمْ بَلْ أَنْتُمْ قَوْمٌ عَادُونَ 26:167 قَالُوا لَئِنْ لَمْ تَنْتَهِ يَا لُوطُ لَتَكُونَنَّ مِنَ الْمُخْرَجِينَ 26:168 قَالَ
إِنِّي لِعَمَلِكُمْ مِنَ الْقَالِينَ 26:169 رَبِّ نَجِّنِي وَأَهْلِي مِمَّا يَعْمَلُونَ 26:170 فَنَجَّيْنَاهُ وَأَهْلَهُ أَجْمَعِينَ 26:171 إِلَّا عَجُوزًا فِي الْغَابِرِينَ 26:172 ثُمَّ
دَمَّرْنَا الْآخَرِينَ 26:173 وَأَمْطَرْنَا عَلَيْهِمْ مَطَرًا فَسَاءَ مَطَرُ الْمُنْذَرِينَ 26:174 إِنَّ فِي ذَٰلِكَ لَآيَةً وَمَا كَانَ أَكْثَرُهُمْ مُؤْمِنِينَ 26:175 وَإِنَّ رَبَّكَ لَهُوَ
الْعَزِيزُ الرَّحِيمُ 26:176 كَذَّبَ أَصْحَابُ الْأَيْكَةِ الْمُرْسَلِينَ 26:177 إِذْ قَالَ لَهُمْ شُعَيْبٌ أَلَا تَتَّقُونَ 26:178 إِنِّي لَكُمْ رَسُولٌ أَمِينٌ 26:179 فَاتَّقُوا
اللَّهَ وَأَطِيعُونِ 26:180 وَمَا أَسْأَلُكُمْ عَلَيْهِ مِنْ أَجْرٍ إِنْ أَجْرِيَ إِلَّا عَلَىٰ رَبِّ الْعَالَمِينَ 26:181 أَوْفُوا الْكَيْلَ وَلَا تَكُونُوا مِنَ الْمُخْسِرِينَ 26:182
وَزِنُوا بِالْقِسْطَاسِ الْمُسْتَقِيمِ 26:183 وَلَا تَبْخَسُوا النَّاسَ أَشْيَاءَهُمْ وَلَا تَعْثَوْا فِي الْأَرْضِ مُفْسِدِينَ 26:184 وَاتَّقُوا الَّذِي خَلَقَكُمْ وَالْجِبِلَّةَ
الْأَوَّلِينَ 26:185 قَالُوا إِنَّمَا أَنْتَ مِنَ الْمُسَحَّرِينَ 26:186 وَمَا أَنْتَ إِلَّا بَشَرٌ مِثْلُنَا وَإِنْ نَظُنُّكَ لَمِنَ الْكَاذِبِينَ 26:187 فَأَسْقِطْ عَلَيْنَا كِسَفًا مِنَ
السَّمَاءِ إِنْ كُنْتَ مِنَ الصَّادِقِينَ 26:188 قَالَ رَبِّي أَعْلَمُ بِمَا تَعْمَلُونَ 26:189 فَكَذَّبُوهُ فَأَخَذَهُمْ عَذَابُ يَوْمِ الظُّلَّةِ إِنَّهُ كَانَ عَذَابَ يَوْمٍ عَظِيمٍ
26:190 إِنَّ فِي ذَٰلِكَ لَآيَةً وَمَا كَانَ أَكْثَرُهُمْ مُؤْمِنِينَ 26:191 وَإِنَّ رَبَّكَ لَهُوَ الْعَزِيزُ الرَّحِيمُ 26:192 وَإِنَّهُ لَتَنْزِيلُ رَبِّ الْعَالَمِينَ 26:193 نَزَلَ بِهِ
الرُّوحُ الْأَمِينُ 26:194 عَلَىٰ قَلْبِكَ لِتَكُونَ مِنَ الْمُنْذِرِينَ 26:195 بِلِسَانٍ عَرَبِيٍّ مُبِينٍ 26:196 وَإِنَّهُ لَفِي زُبُرِ الْأَوَّلِينَ 26:197 أَوَلَمْ يَكُنْ لَهُمْ آيَةً
أَنْ يَعْلَمَهُ عُلَمَاءُ بَنِي إِسْرَائِيلَ 26:198 وَلَوْ نَزَّلْنَاهُ عَلَىٰ بَعْضِ الْأَعْجَمِينَ 26:199 فَقَرَأَهُ عَلَيْهِمْ مَا كَانُوا بِهِ مُؤْمِنِينَ 26:200 كَذَٰلِكَ سَلَكْنَاهُ
فِي قُلُوبِ الْمُجْرِمِينَ 26:201 لَا يُؤْمِنُونَ بِهِ حَتَّىٰ يَرَوُا الْعَذَابَ الْأَلِيمَ 26:202 فَيَأْتِيَهُمْ بَغْتَةً وَهُمْ لَا يَشْعُرُونَ 26:203 فَيَقُولُوا هَلْ نَحْنُ
مُنْظَرُونَ 26:204 أَفَبِعَذَابِنَا يَسْتَعْجِلُونَ 26:205 أَفَرَأَيْتَ إِنْ مَتَّعْنَاهُمْ سِنِينَ 26:206 ثُمَّ جَاءَهُمْ مَا كَانُوا يُوعَدُونَ 26:207 مَا أَغْنَىٰ عَنْهُمْ مَا
كَانُوا يُمَتَّعُونَ 26:208 وَمَا أَهْلَكْنَا مِنْ قَرْيَةٍ إِلَّا لَهَا مُنْذِرُونَ 26:209 ذِكْرَىٰ وَمَا كُنَّا ظَالِمِينَ 26:210 وَمَا تَنَزَّلَتْ بِهِ الشَّيَاطِينُ 26:211 وَمَا يَنْبَغِي
لَهُمْ وَمَا يَسْتَطِيعُونَ 26:212 إِنَّهُمْ عَنِ السَّمْعِ لَمَعْزُولُونَ 26:213 فَلَا تَدْعُ مَعَ اللَّهِ إِلَٰهًا آخَرَ فَتَكُونَ مِنَ الْمُعَذَّبِينَ 26:214 وَأَنْذِرْ عَشِيرَتَكَ

الْأَقْرَبِينَ 26:215 وَاخْفِضْ جَنَاحَكَ لِمَنِ اتَّبَعَكَ مِنَ الْمُؤْمِنِينَ 26:216 فَإِنْ عَصَوْكَ فَقُلْ إِنِّي بَرِيءٌ مِمَّا تَعْمَلُونَ 26:217 وَتَوَكَّلْ عَلَى الْعَزِيزِ
الرَّحِيمِ 26:218 الَّذِي يَرَاكَ حِينَ تَقُومُ 26:219 وَتَقَلُّبَكَ فِي السَّاجِدِينَ 26:220 إِنَّهُ هُوَ السَّمِيعُ الْعَلِيمُ 26:221 هَلْ أُنَبِّئُكُمْ عَلَىٰ مَنْ تَنَزَّلُ
الشَّيَاطِينُ 26:222 تَنَزَّلُ عَلَىٰ كُلِّ أَفَّاكٍ أَثِيمٍ 26:223 يُلْقُونَ السَّمْعَ وَأَكْثَرُهُمْ كَاذِبُونَ 26:224 وَالشُّعَرَاءُ يَتَّبِعُهُمُ الْغَاوُونَ 26:225 أَلَمْ تَرَ أَنَّهُمْ
فِي كُلِّ وَادٍ يَهِيمُونَ 26:226 وَأَنَّهُمْ يَقُولُونَ مَا لَا يَفْعَلُونَ 26:227 إِلَّا الَّذِينَ آمَنُوا وَعَمِلُوا الصَّالِحَاتِ وَذَكَرُوا اللَّهَ كَثِيرًا وَانْتَصَرُوا مِنْ بَعْدِ
مَا ظُلِمُوا وَسَيَعْلَمُ الَّذِينَ ظَلَمُوا أَيَّ مُنْقَلَبٍ يَنْقَلِبُونَ 27:1 بِسْمِ اللَّهِ الرَّحْمَٰنِ الرَّحِيمِ طس تِلْكَ آيَاتُ الْقُرْآنِ وَكِتَابٍ مُبِينٍ 27:2 هُدًى
وَبُشْرَىٰ لِلْمُؤْمِنِينَ 27:3 الَّذِينَ يُقِيمُونَ الصَّلَاةَ وَيُؤْتُونَ الزَّكَاةَ وَهُمْ بِالْآخِرَةِ هُمْ يُوقِنُونَ 27:4 إِنَّ الَّذِينَ لَا يُؤْمِنُونَ بِالْآخِرَةِ زَيَّنَّا لَهُمْ
أَعْمَالَهُمْ فَهُمْ يَعْمَهُونَ 27:5 أُولَٰئِكَ الَّذِينَ لَهُمْ سُوءُ الْعَذَابِ وَهُمْ فِي الْآخِرَةِ هُمُ الْأَخْسَرُونَ 27:6 وَإِنَّكَ لَتُلَقَّى الْقُرْآنَ مِنْ لَدُنْ حَكِيمٍ
عَلِيمٍ 27:7 إِذْ قَالَ مُوسَىٰ لِأَهْلِهِ إِنِّي آنَسْتُ نَارًا سَآتِيكُمْ مِنْهَا بِخَبَرٍ أَوْ آتِيكُمْ بِشِهَابٍ قَبَسٍ لَعَلَّكُمْ تَصْطَلُونَ 27:8 فَلَمَّا جَاءَهَا نُودِيَ أَنْ
بُورِكَ مَنْ فِي النَّارِ وَمَنْ حَوْلَهَا وَسُبْحَانَ اللَّهِ رَبِّ الْعَالَمِينَ 27:9 يَا مُوسَىٰ إِنَّهُ أَنَا اللَّهُ الْعَزِيزُ الْحَكِيمُ 27:10 وَأَلْقِ عَصَاكَ فَلَمَّا رَآهَا تَهْتَزُّ
كَأَنَّهَا جَانٌّ وَلَّىٰ مُدْبِرًا وَلَمْ يُعَقِّبْ يَا مُوسَىٰ لَا تَخَفْ إِنِّي لَا يَخَافُ لَدَيَّ الْمُرْسَلُونَ 27:11 إِلَّا مَنْ ظَلَمَ ثُمَّ بَدَّلَ حُسْنًا بَعْدَ سُوءٍ فَإِنِّي
غَفُورٌ رَحِيمٌ 27:12 وَأَدْخِلْ يَدَكَ فِي جَيْبِكَ تَخْرُجْ بَيْضَاءَ مِنْ غَيْرِ سُوءٍ فِي تِسْعِ آيَاتٍ إِلَىٰ فِرْعَوْنَ وَقَوْمِهِ إِنَّهُمْ كَانُوا قَوْمًا فَاسِقِينَ
27:13 فَلَمَّا جَاءَتْهُمْ آيَاتُنَا مُبْصِرَةً قَالُوا هَٰذَا سِحْرٌ مُبِينٌ 27:14 وَجَحَدُوا بِهَا وَاسْتَيْقَنَتْهَا أَنْفُسُهُمْ ظُلْمًا وَعُلُوًّا فَانْظُرْ كَيْفَ كَانَ عَاقِبَةُ
الْمُفْسِدِينَ 27:15 وَلَقَدْ آتَيْنَا دَاوُودَ وَسُلَيْمَانَ عِلْمًا وَقَالَا الْحَمْدُ لِلَّهِ الَّذِي فَضَّلَنَا عَلَىٰ كَثِيرٍ مِنْ عِبَادِهِ الْمُؤْمِنِينَ 27:16 وَوَرِثَ سُلَيْمَانُ
دَاوُودَ وَقَالَ يَا أَيُّهَا النَّاسُ عُلِّمْنَا مَنْطِقَ الطَّيْرِ وَأُوتِينَا مِنْ كُلِّ شَيْءٍ إِنَّ هَٰذَا لَهُوَ الْفَضْلُ الْمُبِينُ 27:17 وَحُشِرَ لِسُلَيْمَانَ جُنُودُهُ مِنَ الْجِنِّ
وَالْإِنْسِ وَالطَّيْرِ فَهُمْ يُوزَعُونَ 27:18 حَتَّىٰ إِذَا أَتَوْا عَلَىٰ وَادِ النَّمْلِ قَالَتْ نَمْلَةٌ يَا أَيُّهَا النَّمْلُ ادْخُلُوا مَسَاكِنَكُمْ لَا يَحْطِمَنَّكُمْ سُلَيْمَانُ
وَجُنُودُهُ وَهُمْ لَا يَشْعُرُونَ 27:19 فَتَبَسَّمَ ضَاحِكًا مِنْ قَوْلِهَا وَقَالَ رَبِّ أَوْزِعْنِي أَنْ أَشْكُرَ نِعْمَتَكَ الَّتِي أَنْعَمْتَ عَلَيَّ وَعَلَىٰ وَالِدَيَّ وَأَنْ
أَعْمَلَ صَالِحًا تَرْضَاهُ وَأَدْخِلْنِي بِرَحْمَتِكَ فِي عِبَادِكَ الصَّالِحِينَ 27:20 وَتَفَقَّدَ الطَّيْرَ فَقَالَ مَا لِيَ لَا أَرَى الْهُدْهُدَ أَمْ كَانَ مِنَ الْغَائِبِينَ 27:21
لَأُعَذِّبَنَّهُ عَذَابًا شَدِيدًا أَوْ لَأَذْبَحَنَّهُ أَوْ لَيَأْتِيَنِّي بِسُلْطَانٍ مُبِينٍ 27:22 فَمَكَثَ غَيْرَ بَعِيدٍ فَقَالَ أَحَطْتُ بِمَا لَمْ تُحِطْ بِهِ وَجِئْتُكَ مِنْ سَبَإٍ بِنَبَإٍ
يَقِينٍ 27:23 إِنِّي وَجَدْتُ امْرَأَةً تَمْلِكُهُمْ وَأُوتِيَتْ مِنْ كُلِّ شَيْءٍ وَلَهَا عَرْشٌ عَظِيمٌ 27:24 وَجَدْتُهَا وَقَوْمَهَا يَسْجُدُونَ لِلشَّمْسِ مِنْ دُونِ اللَّهِ
وَزَيَّنَ لَهُمُ الشَّيْطَانُ أَعْمَالَهُمْ فَصَدَّهُمْ عَنِ السَّبِيلِ فَهُمْ لَا يَهْتَدُونَ 27:25 أَلَّا يَسْجُدُوا لِلَّهِ الَّذِي يُخْرِجُ الْخَبْءَ فِي السَّمَاوَاتِ وَالْأَرْضِ
وَيَعْلَمُ مَا تُخْفُونَ وَمَا تُعْلِنُونَ 27:26 اللَّهُ لَا إِلَٰهَ إِلَّا هُوَ رَبُّ الْعَرْشِ الْعَظِيمِ 27:27 قَالَ سَنَنْظُرُ أَصَدَقْتَ أَمْ كُنْتَ مِنَ الْكَاذِبِينَ 27:28 اذْهَبْ
بِكِتَابِي هَٰذَا فَأَلْقِهْ إِلَيْهِمْ ثُمَّ تَوَلَّ عَنْهُمْ فَانْظُرْ مَاذَا يَرْجِعُونَ 27:29 قَالَتْ يَا أَيُّهَا الْمَلَأُ إِنِّي أُلْقِيَ إِلَيَّ كِتَابٌ كَرِيمٌ 27:30 إِنَّهُ مِنْ سُلَيْمَانَ
وَإِنَّهُ بِسْمِ اللَّهِ الرَّحْمَٰنِ الرَّحِيمِ 27:31 أَلَّا تَعْلُوا عَلَيَّ وَأْتُونِي مُسْلِمِينَ 27:32 قَالَتْ يَا أَيُّهَا الْمَلَأُ أَفْتُونِي فِي أَمْرِي مَا كُنْتُ قَاطِعَةً أَمْرًا
حَتَّىٰ تَشْهَدُونِ 27:33 قَالُوا نَحْنُ أُولُو قُوَّةٍ وَأُولُو بَأْسٍ شَدِيدٍ وَالْأَمْرُ إِلَيْكِ فَانْظُرِي مَاذَا تَأْمُرِينَ 27:34 قَالَتْ إِنَّ الْمُلُوكَ إِذَا دَخَلُوا قَرْيَةً
أَفْسَدُوهَا وَجَعَلُوا أَعِزَّةَ أَهْلِهَا أَذِلَّةً وَكَذَٰلِكَ يَفْعَلُونَ 27:35 وَإِنِّي مُرْسِلَةٌ إِلَيْهِمْ بِهَدِيَّةٍ فَنَاظِرَةٌ بِمَ يَرْجِعُ الْمُرْسَلُونَ 27:36 فَلَمَّا جَاءَ
سُلَيْمَانَ قَالَ أَتُمِدُّونَنِ بِمَالٍ فَمَا آتَانِيَ اللَّهُ خَيْرٌ مِمَّا آتَاكُمْ بَلْ أَنْتُمْ بِهَدِيَّتِكُمْ تَفْرَحُونَ 27:37 ارْجِعْ إِلَيْهِمْ فَلَنَأْتِيَنَّهُمْ بِجُنُودٍ لَا قِبَلَ لَهُمْ
بِهَا وَلَنُخْرِجَنَّهُمْ مِنْهَا أَذِلَّةً وَهُمْ صَاغِرُونَ 27:38 قَالَ يَا أَيُّهَا الْمَلَأُ أَيُّكُمْ يَأْتِينِي بِعَرْشِهَا قَبْلَ أَنْ يَأْتُونِي مُسْلِمِينَ 27:39 قَالَ عِفْرِيتٌ مِنَ
الْجِنِّ أَنَا آتِيكَ بِهِ قَبْلَ أَنْ تَقُومَ مِنْ مَقَامِكَ وَإِنِّي عَلَيْهِ لَقَوِيٌّ أَمِينٌ 27:40 قَالَ الَّذِي عِنْدَهُ عِلْمٌ مِنَ الْكِتَابِ أَنَا آتِيكَ بِهِ قَبْلَ أَنْ يَرْتَدَّ
إِلَيْكَ طَرْفُكَ فَلَمَّا رَآهُ مُسْتَقِرًّا عِنْدَهُ قَالَ هَٰذَا مِنْ فَضْلِ رَبِّي لِيَبْلُوَنِي أَأَشْكُرُ أَمْ أَكْفُرُ وَمَنْ شَكَرَ فَإِنَّمَا يَشْكُرُ لِنَفْسِهِ وَمَنْ كَفَرَ فَإِنَّ رَبِّي
غَنِيٌّ كَرِيمٌ 27:41 قَالَ نَكِّرُوا لَهَا عَرْشَهَا نَنْظُرْ أَتَهْتَدِي أَمْ تَكُونُ مِنَ الَّذِينَ لَا يَهْتَدُونَ 27:42 فَلَمَّا جَاءَتْ قِيلَ أَهَٰكَذَا عَرْشُكِ قَالَتْ كَأَنَّهُ هُوَ

وَأُوتِينَا الْعِلْمَ مِنْ قَبْلِهَا وَكُنَّا مُسْلِمِينَ 27:43 وَصَدَّهَا مَا كَانَتْ تَعْبُدُ مِنْ دُونِ اللَّهِ إِنَّهَا كَانَتْ مِنْ قَوْمٍ كَافِرِينَ 27:44 قِيلَ لَهَا ادْخُلِي
الصَّرْحَ فَلَمَّا رَأَتْهُ حَسِبَتْهُ لُجَّةً وَكَشَفَتْ عَنْ سَاقَيْهَا قَالَ إِنَّهُ صَرْحٌ مُمَرَّدٌ مِنْ قَوَارِيرَ قَالَتْ رَبِّ إِنِّي ظَلَمْتُ نَفْسِي وَأَسْلَمْتُ مَعَ سُلَيْمَانَ
لِلَّهِ رَبِّ الْعَالَمِينَ 27:45 وَلَقَدْ أَرْسَلْنَا إِلَىٰ ثَمُودَ أَخَاهُمْ صَالِحًا أَنِ اعْبُدُوا اللَّهَ فَإِذَا هُمْ فَرِيقَانِ يَخْتَصِمُونَ 27:46 قَالَ يَا قَوْمِ لِمَ تَسْتَعْجِلُونَ
بِالسَّيِّئَةِ قَبْلَ الْحَسَنَةِ لَوْلَا تَسْتَغْفِرُونَ اللَّهَ لَعَلَّكُمْ تُرْحَمُونَ 27:47 قَالُوا اطَّيَّرْنَا بِكَ وَبِمَنْ مَعَكَ قَالَ طَائِرُكُمْ عِنْدَ اللَّهِ بَلْ أَنْتُمْ قَوْمٌ
تُفْتَنُونَ 27:48 وَكَانَ فِي الْمَدِينَةِ تِسْعَةُ رَهْطٍ يُفْسِدُونَ فِي الْأَرْضِ وَلَا يُصْلِحُونَ 27:49 قَالُوا تَقَاسَمُوا بِاللَّهِ لَنُبَيِّتَنَّهُ وَأَهْلَهُ ثُمَّ لَنَقُولَنَّ
لِوَلِيِّهِ مَا شَهِدْنَا مَهْلِكَ أَهْلِهِ وَإِنَّا لَصَادِقُونَ 27:50 وَمَكَرُوا مَكْرًا وَمَكَرْنَا مَكْرًا وَهُمْ لَا يَشْعُرُونَ 27:51 فَانْظُرْ كَيْفَ كَانَ عَاقِبَةُ مَكْرِهِمْ أَنَّا
دَمَّرْنَاهُمْ وَقَوْمَهُمْ أَجْمَعِينَ 27:52 فَتِلْكَ بُيُوتُهُمْ خَاوِيَةً بِمَا ظَلَمُوا إِنَّ فِي ذَٰلِكَ لَآيَةً لِقَوْمٍ يَعْلَمُونَ 27:53 وَأَنْجَيْنَا الَّذِينَ آمَنُوا وَكَانُوا
يَتَّقُونَ 27:54 وَلُوطًا إِذْ قَالَ لِقَوْمِهِ أَتَأْتُونَ الْفَاحِشَةَ وَأَنْتُمْ تُبْصِرُونَ 27:55 أَئِنَّكُمْ لَتَأْتُونَ الرِّجَالَ شَهْوَةً مِنْ دُونِ النِّسَاءِ بَلْ أَنْتُمْ قَوْمٌ
تَجْهَلُونَ 27:56 فَمَا كَانَ جَوَابَ قَوْمِهِ إِلَّا أَنْ قَالُوا أَخْرِجُوا آلَ لُوطٍ مِنْ قَرْيَتِكُمْ إِنَّهُمْ أُنَاسٌ يَتَطَهَّرُونَ 27:57 فَأَنْجَيْنَاهُ وَأَهْلَهُ إِلَّا امْرَأَتَهُ
قَدَّرْنَاهَا مِنَ الْغَابِرِينَ 27:58 وَأَمْطَرْنَا عَلَيْهِمْ مَطَرًا فَسَاءَ مَطَرُ الْمُنْذَرِينَ 27:59 قُلِ الْحَمْدُ لِلَّهِ وَسَلَامٌ عَلَىٰ عِبَادِهِ الَّذِينَ اصْطَفَىٰ آللَّهُ
خَيْرٌ أَمَّا يُشْرِكُونَ 27:60 أَمَّنْ خَلَقَ السَّمَاوَاتِ وَالْأَرْضَ وَأَنْزَلَ لَكُمْ مِنَ السَّمَاءِ مَاءً فَأَنْبَتْنَا بِهِ حَدَائِقَ ذَاتَ بَهْجَةٍ مَا كَانَ لَكُمْ أَنْ تُنْبِتُوا
شَجَرَهَا أَإِلَٰهٌ مَعَ اللَّهِ بَلْ هُمْ قَوْمٌ يَعْدِلُونَ 27:61 أَمَّنْ جَعَلَ الْأَرْضَ قَرَارًا وَجَعَلَ خِلَالَهَا أَنْهَارًا وَجَعَلَ لَهَا رَوَاسِيَ وَجَعَلَ بَيْنَ الْبَحْرَيْنِ
حَاجِزًا أَإِلَٰهٌ مَعَ اللَّهِ بَلْ أَكْثَرُهُمْ لَا يَعْلَمُونَ 27:62 أَمَّنْ يُجِيبُ الْمُضْطَرَّ إِذَا دَعَاهُ وَيَكْشِفُ السُّوءَ وَيَجْعَلُكُمْ خُلَفَاءَ الْأَرْضِ أَإِلَٰهٌ مَعَ اللَّهِ
قَلِيلًا مَا تَذَكَّرُونَ 27:63 أَمَّنْ يَهْدِيكُمْ فِي ظُلُمَاتِ الْبَرِّ وَالْبَحْرِ وَمَنْ يُرْسِلُ الرِّيَاحَ بُشْرًا بَيْنَ يَدَيْ رَحْمَتِهِ أَإِلَٰهٌ مَعَ اللَّهِ تَعَالَى اللَّهُ عَمَّا
يُشْرِكُونَ 27:64 أَمَّنْ يَبْدَأُ الْخَلْقَ ثُمَّ يُعِيدُهُ وَمَنْ يَرْزُقُكُمْ مِنَ السَّمَاءِ وَالْأَرْضِ أَإِلَٰهٌ مَعَ اللَّهِ قُلْ هَاتُوا بُرْهَانَكُمْ إِنْ كُنْتُمْ صَادِقِينَ 27:65 قُلْ
لَا يَعْلَمُ مَنْ فِي السَّمَاوَاتِ وَالْأَرْضِ الْغَيْبَ إِلَّا اللَّهُ وَمَا يَشْعُرُونَ أَيَّانَ يُبْعَثُونَ 27:66 بَلِ ادَّارَكَ عِلْمُهُمْ فِي الْآخِرَةِ بَلْ هُمْ فِي شَكٍّ مِنْهَا
بَلْ هُمْ مِنْهَا عَمُونَ 27:67 وَقَالَ الَّذِينَ كَفَرُوا أَإِذَا كُنَّا تُرَابًا وَآبَاؤُنَا أَئِنَّا لَمُخْرَجُونَ 27:68 لَقَدْ وُعِدْنَا هَٰذَا نَحْنُ وَآبَاؤُنَا مِنْ قَبْلُ إِنْ هَٰذَا إِلَّا
أَسَاطِيرُ الْأَوَّلِينَ 27:69 قُلْ سِيرُوا فِي الْأَرْضِ فَانْظُرُوا كَيْفَ كَانَ عَاقِبَةُ الْمُجْرِمِينَ 27:70 وَلَا تَحْزَنْ عَلَيْهِمْ وَلَا تَكُنْ فِي ضَيْقٍ مِمَّا يَمْكُرُونَ
27:71 وَيَقُولُونَ مَتَىٰ هَٰذَا الْوَعْدُ إِنْ كُنْتُمْ صَادِقِينَ 27:72 قُلْ عَسَىٰ أَنْ يَكُونَ رَدِفَ لَكُمْ بَعْضُ الَّذِي تَسْتَعْجِلُونَ 27:73 وَإِنَّ رَبَّكَ لَذُو فَضْلٍ
عَلَى النَّاسِ وَلَٰكِنَّ أَكْثَرَهُمْ لَا يَشْكُرُونَ 27:74 وَإِنَّ رَبَّكَ لَيَعْلَمُ مَا تُكِنُّ صُدُورُهُمْ وَمَا يُعْلِنُونَ 27:75 وَمَا مِنْ غَائِبَةٍ فِي السَّمَاءِ وَالْأَرْضِ إِلَّا
فِي كِتَابٍ مُبِينٍ 27:76 إِنَّ هَٰذَا الْقُرْآنَ يَقُصُّ عَلَىٰ بَنِي إِسْرَائِيلَ أَكْثَرَ الَّذِي هُمْ فِيهِ يَخْتَلِفُونَ 27:77 وَإِنَّهُ لَهُدًى وَرَحْمَةٌ لِلْمُؤْمِنِينَ 27:78
إِنَّ رَبَّكَ يَقْضِي بَيْنَهُمْ بِحُكْمِهِ وَهُوَ الْعَزِيزُ الْعَلِيمُ 27:79 فَتَوَكَّلْ عَلَى اللَّهِ إِنَّكَ عَلَى الْحَقِّ الْمُبِينِ 27:80 إِنَّكَ لَا تُسْمِعُ الْمَوْتَىٰ وَلَا تُسْمِعُ
الصُّمَّ الدُّعَاءَ إِذَا وَلَّوْا مُدْبِرِينَ 27:81 وَمَا أَنْتَ بِهَادِي الْعُمْيِ عَنْ ضَلَالَتِهِمْ إِنْ تُسْمِعُ إِلَّا مَنْ يُؤْمِنُ بِآيَاتِنَا فَهُمْ مُسْلِمُونَ 27:82 وَإِذَا وَقَعَ
الْقَوْلُ عَلَيْهِمْ أَخْرَجْنَا لَهُمْ دَابَّةً مِنَ الْأَرْضِ تُكَلِّمُهُمْ أَنَّ النَّاسَ كَانُوا بِآيَاتِنَا لَا يُوقِنُونَ 27:83 وَيَوْمَ نَحْشُرُ مِنْ كُلِّ أُمَّةٍ فَوْجًا مِمَّنْ يُكَذِّبُ
بِآيَاتِنَا فَهُمْ يُوزَعُونَ 27:84 حَتَّىٰ إِذَا جَاءُوا قَالَ أَكَذَّبْتُمْ بِآيَاتِي وَلَمْ تُحِيطُوا بِهَا عِلْمًا أَمَّاذَا كُنْتُمْ تَعْمَلُونَ 27:85 وَوَقَعَ الْقَوْلُ عَلَيْهِمْ بِمَا
ظَلَمُوا فَهُمْ لَا يَنْطِقُونَ 27:86 أَلَمْ يَرَوْا أَنَّا جَعَلْنَا اللَّيْلَ لِيَسْكُنُوا فِيهِ وَالنَّهَارَ مُبْصِرًا إِنَّ فِي ذَٰلِكَ لَآيَاتٍ لِقَوْمٍ يُؤْمِنُونَ 27:87 وَيَوْمَ يُنْفَخُ
فِي الصُّورِ فَفَزِعَ مَنْ فِي السَّمَاوَاتِ وَمَنْ فِي الْأَرْضِ إِلَّا مَنْ شَاءَ اللَّهُ وَكُلٌّ أَتَوْهُ دَاخِرِينَ 27:88 وَتَرَى الْجِبَالَ تَحْسَبُهَا جَامِدَةً وَهِيَ تَمُرُّ
مَرَّ السَّحَابِ صُنْعَ اللَّهِ الَّذِي أَتْقَنَ كُلَّ شَيْءٍ إِنَّهُ خَبِيرٌ بِمَا تَفْعَلُونَ 27:89 مَنْ جَاءَ بِالْحَسَنَةِ فَلَهُ خَيْرٌ مِنْهَا وَهُمْ مِنْ فَزَعٍ يَوْمَئِذٍ آمِنُونَ
27:90 وَمَنْ جَاءَ بِالسَّيِّئَةِ فَكُبَّتْ وُجُوهُهُمْ فِي النَّارِ هَلْ تُجْزَوْنَ إِلَّا مَا كُنْتُمْ تَعْمَلُونَ 27:91 إِنَّمَا أُمِرْتُ أَنْ أَعْبُدَ رَبَّ هَٰذِهِ الْبَلْدَةِ الَّذِي
حَرَّمَهَا وَلَهُ كُلُّ شَيْءٍ وَأُمِرْتُ أَنْ أَكُونَ مِنَ الْمُسْلِمِينَ 27:92 وَأَنْ أَتْلُوَ الْقُرْآنَ فَمَنِ اهْتَدَىٰ فَإِنَّمَا يَهْتَدِي لِنَفْسِهِ وَمَنْ ضَلَّ فَقُلْ إِنَّمَا أَنَا

مِنَ الْمُنْذِرِينَ 27:93 وَقُلِ الْحَمْدُ لِلَّهِ سَيُرِيكُمْ آيَاتِهِ فَتَعْرِفُونَهَا وَمَا رَبُّكَ بِغَافِلٍ عَمَّا تَعْمَلُونَ 28:1 بِسْمِ اللَّهِ الرَّحْمَٰنِ الرَّحِيمِ طسم 28:2
تِلْكَ آيَاتُ الْكِتَابِ الْمُبِينِ 28:3 نَتْلُو عَلَيْكَ مِنْ نَبَإِ مُوسَىٰ وَفِرْعَوْنَ بِالْحَقِّ لِقَوْمٍ يُؤْمِنُونَ 28:4 إِنَّ فِرْعَوْنَ عَلَا فِي الْأَرْضِ وَجَعَلَ أَهْلَهَا
شِيَعًا يَسْتَضْعِفُ طَائِفَةً مِنْهُمْ يُذَبِّحُ أَبْنَاءَهُمْ وَيَسْتَحْيِي نِسَاءَهُمْ إِنَّهُ كَانَ مِنَ الْمُفْسِدِينَ 28:5 وَنُرِيدُ أَنْ نَمُنَّ عَلَى الَّذِينَ اسْتُضْعِفُوا
فِي الْأَرْضِ وَنَجْعَلَهُمْ أَئِمَّةً وَنَجْعَلَهُمُ الْوَارِثِينَ 28:6 وَنُمَكِّنَ لَهُمْ فِي الْأَرْضِ وَنُرِيَ فِرْعَوْنَ وَهَامَانَ وَجُنُودَهُمَا مِنْهُمْ مَا كَانُوا يَحْذَرُونَ
28:7 وَأَوْحَيْنَا إِلَىٰ أُمِّ مُوسَىٰ أَنْ أَرْضِعِيهِ فَإِذَا خِفْتِ عَلَيْهِ فَأَلْقِيهِ فِي الْيَمِّ وَلَا تَخَافِي وَلَا تَحْزَنِي إِنَّا رَادُّوهُ إِلَيْكِ وَجَاعِلُوهُ مِنَ الْمُرْسَلِينَ
28:8 فَالْتَقَطَهُ آلُ فِرْعَوْنَ لِيَكُونَ لَهُمْ عَدُوًّا وَحَزَنًا إِنَّ فِرْعَوْنَ وَهَامَانَ وَجُنُودَهُمَا كَانُوا خَاطِئِينَ 28:9 وَقَالَتِ امْرَأَتُ فِرْعَوْنَ قُرَّتُ عَيْنٍ لِي
وَلَكَ لَا تَقْتُلُوهُ عَسَىٰ أَنْ يَنْفَعَنَا أَوْ نَتَّخِذَهُ وَلَدًا وَهُمْ لَا يَشْعُرُونَ 28:10 وَأَصْبَحَ فُؤَادُ أُمِّ مُوسَىٰ فَارِغًا إِنْ كَادَتْ لَتُبْدِي بِهِ لَوْلَا أَنْ رَبَطْنَا
عَلَىٰ قَلْبِهَا لِتَكُونَ مِنَ الْمُؤْمِنِينَ 28:11 وَقَالَتْ لِأُخْتِهِ قُصِّيهِ فَبَصُرَتْ بِهِ عَنْ جُنُبٍ وَهُمْ لَا يَشْعُرُونَ 28:12 وَحَرَّمْنَا عَلَيْهِ الْمَرَاضِعَ مِنْ قَبْلُ
فَقَالَتْ هَلْ أَدُلُّكُمْ عَلَىٰ أَهْلِ بَيْتٍ يَكْفُلُونَهُ لَكُمْ وَهُمْ لَهُ نَاصِحُونَ 28:13 فَرَدَدْنَاهُ إِلَىٰ أُمِّهِ كَيْ تَقَرَّ عَيْنُهَا وَلَا تَحْزَنَ وَلِتَعْلَمَ أَنَّ وَعْدَ اللَّهِ
حَقٌّ وَلَٰكِنَّ أَكْثَرَهُمْ لَا يَعْلَمُونَ 28:14 وَلَمَّا بَلَغَ أَشُدَّهُ وَاسْتَوَىٰ آتَيْنَاهُ حُكْمًا وَعِلْمًا وَكَذَٰلِكَ نَجْزِي الْمُحْسِنِينَ 28:15 وَدَخَلَ الْمَدِينَةَ عَلَىٰ
حِينِ غَفْلَةٍ مِنْ أَهْلِهَا فَوَجَدَ فِيهَا رَجُلَيْنِ يَقْتَتِلَانِ هَٰذَا مِنْ شِيعَتِهِ وَهَٰذَا مِنْ عَدُوِّهِ فَاسْتَغَاثَهُ الَّذِي مِنْ شِيعَتِهِ عَلَى الَّذِي مِنْ عَدُوِّهِ
فَوَكَزَهُ مُوسَىٰ فَقَضَىٰ عَلَيْهِ قَالَ هَٰذَا مِنْ عَمَلِ الشَّيْطَانِ إِنَّهُ عَدُوٌّ مُضِلٌّ مُبِينٌ 28:16 قَالَ رَبِّ إِنِّي ظَلَمْتُ نَفْسِي فَاغْفِرْ لِي فَغَفَرَ لَهُ
إِنَّهُ هُوَ الْغَفُورُ الرَّحِيمُ 28:17 قَالَ رَبِّ بِمَا أَنْعَمْتَ عَلَيَّ فَلَنْ أَكُونَ ظَهِيرًا لِلْمُجْرِمِينَ 28:18 فَأَصْبَحَ فِي الْمَدِينَةِ خَائِفًا يَتَرَقَّبُ فَإِذَا الَّذِي
اسْتَنْصَرَهُ بِالْأَمْسِ يَسْتَصْرِخُهُ قَالَ لَهُ مُوسَىٰ إِنَّكَ لَغَوِيٌّ مُبِينٌ 28:19 فَلَمَّا أَنْ أَرَادَ أَنْ يَبْطِشَ بِالَّذِي هُوَ عَدُوٌّ لَهُمَا قَالَ يَا مُوسَىٰ أَتُرِيدُ
أَنْ تَقْتُلَنِي كَمَا قَتَلْتَ نَفْسًا بِالْأَمْسِ إِنْ تُرِيدُ إِلَّا أَنْ تَكُونَ جَبَّارًا فِي الْأَرْضِ وَمَا تُرِيدُ أَنْ تَكُونَ مِنَ الْمُصْلِحِينَ 28:20 وَجَاءَ رَجُلٌ مِنْ أَقْصَى
الْمَدِينَةِ يَسْعَىٰ قَالَ يَا مُوسَىٰ إِنَّ الْمَلَأَ يَأْتَمِرُونَ بِكَ لِيَقْتُلُوكَ فَاخْرُجْ إِنِّي لَكَ مِنَ النَّاصِحِينَ 28:21 فَخَرَجَ مِنْهَا خَائِفًا يَتَرَقَّبُ قَالَ رَبِّ
نَجِّنِي مِنَ الْقَوْمِ الظَّالِمِينَ 28:22 وَلَمَّا تَوَجَّهَ تِلْقَاءَ مَدْيَنَ قَالَ عَسَىٰ رَبِّي أَنْ يَهْدِيَنِي سَوَاءَ السَّبِيلِ 28:23 وَلَمَّا وَرَدَ مَاءَ مَدْيَنَ وَجَدَ
عَلَيْهِ أُمَّةً مِنَ النَّاسِ يَسْقُونَ وَوَجَدَ مِنْ دُونِهِمُ امْرَأَتَيْنِ تَذُودَانِ قَالَ مَا خَطْبُكُمَا قَالَتَا لَا نَسْقِي حَتَّىٰ يُصْدِرَ الرِّعَاءُ وَأَبُونَا شَيْخٌ كَبِيرٌ
28:24 فَسَقَىٰ لَهُمَا ثُمَّ تَوَلَّىٰ إِلَى الظِّلِّ فَقَالَ رَبِّ إِنِّي لِمَا أَنْزَلْتَ إِلَيَّ مِنْ خَيْرٍ فَقِيرٌ 28:25 فَجَاءَتْهُ إِحْدَاهُمَا تَمْشِي عَلَى اسْتِحْيَاءٍ قَالَتْ
إِنَّ أَبِي يَدْعُوكَ لِيَجْزِيَكَ أَجْرَ مَا سَقَيْتَ لَنَا فَلَمَّا جَاءَهُ وَقَصَّ عَلَيْهِ الْقَصَصَ قَالَ لَا تَخَفْ نَجَوْتَ مِنَ الْقَوْمِ الظَّالِمِينَ 28:26 قَالَتْ إِحْدَاهُمَا
يَا أَبَتِ اسْتَأْجِرْهُ إِنَّ خَيْرَ مَنِ اسْتَأْجَرْتَ الْقَوِيُّ الْأَمِينُ 28:27 قَالَ إِنِّي أُرِيدُ أَنْ أُنْكِحَكَ إِحْدَى ابْنَتَيَّ هَاتَيْنِ عَلَىٰ أَنْ تَأْجُرَنِي ثَمَانِيَ حِجَجٍ
فَإِنْ أَتْمَمْتَ عَشْرًا فَمِنْ عِنْدِكَ وَمَا أُرِيدُ أَنْ أَشُقَّ عَلَيْكَ سَتَجِدُنِي إِنْ شَاءَ اللَّهُ مِنَ الصَّالِحِينَ 28:28 قَالَ ذَٰلِكَ بَيْنِي وَبَيْنَكَ أَيَّمَا الْأَجَلَيْنِ
قَضَيْتُ فَلَا عُدْوَانَ عَلَيَّ وَاللَّهُ عَلَىٰ مَا نَقُولُ وَكِيلٌ 28:29 فَلَمَّا قَضَىٰ مُوسَى الْأَجَلَ وَسَارَ بِأَهْلِهِ آنَسَ مِنْ جَانِبِ الطُّورِ نَارًا قَالَ لِأَهْلِهِ
امْكُثُوا إِنِّي آنَسْتُ نَارًا لَعَلِّي آتِيكُمْ مِنْهَا بِخَبَرٍ أَوْ جَذْوَةٍ مِنَ النَّارِ لَعَلَّكُمْ تَصْطَلُونَ 28:30 فَلَمَّا أَتَاهَا نُودِيَ مِنْ شَاطِئِ الْوَادِ الْأَيْمَنِ فِي
الْبُقْعَةِ الْمُبَارَكَةِ مِنَ الشَّجَرَةِ أَنْ يَا مُوسَىٰ إِنِّي أَنَا اللَّهُ رَبُّ الْعَالَمِينَ 28:31 وَأَنْ أَلْقِ عَصَاكَ فَلَمَّا رَآهَا تَهْتَزُّ كَأَنَّهَا جَانٌّ وَلَّىٰ مُدْبِرًا وَلَمْ
يُعَقِّبْ يَا مُوسَىٰ أَقْبِلْ وَلَا تَخَفْ إِنَّكَ مِنَ الْآمِنِينَ 28:32 اسْلُكْ يَدَكَ فِي جَيْبِكَ تَخْرُجْ بَيْضَاءَ مِنْ غَيْرِ سُوءٍ وَاضْمُمْ إِلَيْكَ جَنَاحَكَ مِنَ
الرَّهْبِ فَذَانِكَ بُرْهَانَانِ مِنْ رَبِّكَ إِلَىٰ فِرْعَوْنَ وَمَلَئِهِ إِنَّهُمْ كَانُوا قَوْمًا فَاسِقِينَ 28:33 قَالَ رَبِّ إِنِّي قَتَلْتُ مِنْهُمْ نَفْسًا فَأَخَافُ أَنْ يَقْتُلُونِ
28:34 وَأَخِي هَارُونُ هُوَ أَفْصَحُ مِنِّي لِسَانًا فَأَرْسِلْهُ مَعِيَ رِدْءًا يُصَدِّقُنِي إِنِّي أَخَافُ أَنْ يُكَذِّبُونِ 28:35 قَالَ سَنَشُدُّ عَضُدَكَ بِأَخِيكَ وَنَجْعَلُ
لَكُمَا سُلْطَانًا فَلَا يَصِلُونَ إِلَيْكُمَا بِآيَاتِنَا أَنْتُمَا وَمَنِ اتَّبَعَكُمَا الْغَالِبُونَ 28:36 فَلَمَّا جَاءَهُمْ مُوسَىٰ بِآيَاتِنَا بَيِّنَاتٍ قَالُوا مَا هَٰذَا إِلَّا سِحْرٌ مُفْتَرًى
وَمَا سَمِعْنَا بِهَٰذَا فِي آبَائِنَا الْأَوَّلِينَ 28:37 وَقَالَ مُوسَىٰ رَبِّي أَعْلَمُ بِمَنْ جَاءَ بِالْهُدَىٰ مِنْ عِنْدِهِ وَمَنْ تَكُونُ لَهُ عَاقِبَةُ الدَّارِ إِنَّهُ لَا يُفْلِحُ

الظَّالِمُونَ 28:38 وَقَالَ فِرْعَوْنُ يَا أَيُّهَا الْمَلَأُ مَا عَلِمْتُ لَكُمْ مِنْ إِلَٰهٍ غَيْرِي فَأَوْقِدْ لِي يَا هَامَانُ عَلَى الطِّينِ فَاجْعَلْ لِي صَرْحًا لَعَلِّي أَطَّلِعُ
إِلَىٰ إِلَٰهِ مُوسَىٰ وَإِنِّي لَأَظُنُّهُ مِنَ الْكَاذِبِينَ 28:39 وَاسْتَكْبَرَ هُوَ وَجُنُودُهُ فِي الْأَرْضِ بِغَيْرِ الْحَقِّ وَظَنُّوا أَنَّهُمْ إِلَيْنَا لَا يُرْجَعُونَ 28:40 فَأَخَذْنَاهُ
وَجُنُودَهُ فَنَبَذْنَاهُمْ فِي الْيَمِّ فَانْظُرْ كَيْفَ كَانَ عَاقِبَةُ الظَّالِمِينَ 28:41 وَجَعَلْنَاهُمْ أَئِمَّةً يَدْعُونَ إِلَى النَّارِ وَيَوْمَ الْقِيَامَةِ لَا يُنْصَرُونَ 28:42
وَأَتْبَعْنَاهُمْ فِي هَٰذِهِ الدُّنْيَا لَعْنَةً وَيَوْمَ الْقِيَامَةِ هُمْ مِنَ الْمَقْبُوحِينَ 28:43 وَلَقَدْ آتَيْنَا مُوسَى الْكِتَابَ مِنْ بَعْدِ مَا أَهْلَكْنَا الْقُرُونَ الْأُولَىٰ
بَصَائِرَ لِلنَّاسِ وَهُدًى وَرَحْمَةً لَعَلَّهُمْ يَتَذَكَّرُونَ 28:44 وَمَا كُنْتَ بِجَانِبِ الْغَرْبِيِّ إِذْ قَضَيْنَا إِلَىٰ مُوسَى الْأَمْرَ وَمَا كُنْتَ مِنَ الشَّاهِدِينَ 28:45
وَلَٰكِنَّا أَنْشَأْنَا قُرُونًا فَتَطَاوَلَ عَلَيْهِمُ الْعُمُرُ وَمَا كُنْتَ ثَاوِيًا فِي أَهْلِ مَدْيَنَ تَتْلُو عَلَيْهِمْ آيَاتِنَا وَلَٰكِنَّا كُنَّا مُرْسِلِينَ 28:46 وَمَا كُنْتَ بِجَانِبِ
الطُّورِ إِذْ نَادَيْنَا وَلَٰكِنْ رَحْمَةً مِنْ رَبِّكَ لِتُنْذِرَ قَوْمًا مَا أَتَاهُمْ مِنْ نَذِيرٍ مِنْ قَبْلِكَ لَعَلَّهُمْ يَتَذَكَّرُونَ 28:47 وَلَوْلَا أَنْ تُصِيبَهُمْ مُصِيبَةٌ بِمَا
قَدَّمَتْ أَيْدِيهِمْ فَيَقُولُوا رَبَّنَا لَوْلَا أَرْسَلْتَ إِلَيْنَا رَسُولًا فَنَتَّبِعَ آيَاتِكَ وَنَكُونَ مِنَ الْمُؤْمِنِينَ 28:48 فَلَمَّا جَاءَهُمُ الْحَقُّ مِنْ عِنْدِنَا قَالُوا لَوْلَا
أُوتِيَ مِثْلَ مَا أُوتِيَ مُوسَىٰ أَوَلَمْ يَكْفُرُوا بِمَا أُوتِيَ مُوسَىٰ مِنْ قَبْلُ قَالُوا سِحْرَانِ تَظَاهَرَا وَقَالُوا إِنَّا بِكُلٍّ كَافِرُونَ 28:49 قُلْ فَأْتُوا بِكِتَابٍ
مِنْ عِنْدِ اللَّهِ هُوَ أَهْدَىٰ مِنْهُمَا أَتَّبِعْهُ إِنْ كُنْتُمْ صَادِقِينَ 28:50 فَإِنْ لَمْ يَسْتَجِيبُوا لَكَ فَاعْلَمْ أَنَّمَا يَتَّبِعُونَ أَهْوَاءَهُمْ وَمَنْ أَضَلُّ مِمَّنِ اتَّبَعَ
هَوَاهُ بِغَيْرِ هُدًى مِنَ اللَّهِ إِنَّ اللَّهَ لَا يَهْدِي الْقَوْمَ الظَّالِمِينَ 28:51 وَلَقَدْ وَصَّلْنَا لَهُمُ الْقَوْلَ لَعَلَّهُمْ يَتَذَكَّرُونَ 28:52 الَّذِينَ آتَيْنَاهُمُ الْكِتَابَ
مِنْ قَبْلِهِ هُمْ بِهِ يُؤْمِنُونَ 28:53 وَإِذَا يُتْلَىٰ عَلَيْهِمْ قَالُوا آمَنَّا بِهِ إِنَّهُ الْحَقُّ مِنْ رَبِّنَا إِنَّا كُنَّا مِنْ قَبْلِهِ مُسْلِمِينَ 28:54 أُولَٰئِكَ يُؤْتَوْنَ أَجْرَهُمْ
مَرَّتَيْنِ بِمَا صَبَرُوا وَيَدْرَءُونَ بِالْحَسَنَةِ السَّيِّئَةَ وَمِمَّا رَزَقْنَاهُمْ يُنْفِقُونَ 28:55 وَإِذَا سَمِعُوا اللَّغْوَ أَعْرَضُوا عَنْهُ وَقَالُوا لَنَا أَعْمَالُنَا وَلَكُمْ
أَعْمَالُكُمْ سَلَامٌ عَلَيْكُمْ لَا نَبْتَغِي الْجَاهِلِينَ 28:56 إِنَّكَ لَا تَهْدِي مَنْ أَحْبَبْتَ وَلَٰكِنَّ اللَّهَ يَهْدِي مَنْ يَشَاءُ وَهُوَ أَعْلَمُ بِالْمُهْتَدِينَ 28:57 وَقَالُوا
إِنْ نَتَّبِعِ الْهُدَىٰ مَعَكَ نُتَخَطَّفْ مِنْ أَرْضِنَا أَوَلَمْ نُمَكِّنْ لَهُمْ حَرَمًا آمِنًا يُجْبَىٰ إِلَيْهِ ثَمَرَاتُ كُلِّ شَيْءٍ رِزْقًا مِنْ لَدُنَّا وَلَٰكِنَّ أَكْثَرَهُمْ لَا يَعْلَمُونَ
28:58 وَكَمْ أَهْلَكْنَا مِنْ قَرْيَةٍ بَطِرَتْ مَعِيشَتَهَا فَتِلْكَ مَسَاكِنُهُمْ لَمْ تُسْكَنْ مِنْ بَعْدِهِمْ إِلَّا قَلِيلًا وَكُنَّا نَحْنُ الْوَارِثِينَ 28:59 وَمَا كَانَ رَبُّكَ
مُهْلِكَ الْقُرَىٰ حَتَّىٰ يَبْعَثَ فِي أُمِّهَا رَسُولًا يَتْلُو عَلَيْهِمْ آيَاتِنَا وَمَا كُنَّا مُهْلِكِي الْقُرَىٰ إِلَّا وَأَهْلُهَا ظَالِمُونَ 28:60 وَمَا أُوتِيتُمْ مِنْ شَيْءٍ
فَمَتَاعُ الْحَيَاةِ الدُّنْيَا وَزِينَتُهَا وَمَا عِنْدَ اللَّهِ خَيْرٌ وَأَبْقَىٰ أَفَلَا تَعْقِلُونَ 28:61 أَفَمَنْ وَعَدْنَاهُ وَعْدًا حَسَنًا فَهُوَ لَاقِيهِ كَمَنْ مَتَّعْنَاهُ مَتَاعَ الْحَيَاةِ
الدُّنْيَا ثُمَّ هُوَ يَوْمَ الْقِيَامَةِ مِنَ الْمُحْضَرِينَ 28:62 وَيَوْمَ يُنَادِيهِمْ فَيَقُولُ أَيْنَ شُرَكَائِيَ الَّذِينَ كُنْتُمْ تَزْعُمُونَ 28:63 قَالَ الَّذِينَ حَقَّ عَلَيْهِمُ
الْقَوْلُ رَبَّنَا هَٰؤُلَاءِ الَّذِينَ أَغْوَيْنَا أَغْوَيْنَاهُمْ كَمَا غَوَيْنَا تَبَرَّأْنَا إِلَيْكَ مَا كَانُوا إِيَّانَا يَعْبُدُونَ 28:64 وَقِيلَ ادْعُوا شُرَكَاءَكُمْ فَدَعَوْهُمْ فَلَمْ
يَسْتَجِيبُوا لَهُمْ وَرَأَوُا الْعَذَابَ لَوْ أَنَّهُمْ كَانُوا يَهْتَدُونَ 28:65 وَيَوْمَ يُنَادِيهِمْ فَيَقُولُ مَاذَا أَجَبْتُمُ الْمُرْسَلِينَ 28:66 فَعَمِيَتْ عَلَيْهِمُ الْأَنْبَاءُ
يَوْمَئِذٍ فَهُمْ لَا يَتَسَاءَلُونَ 28:67 فَأَمَّا مَنْ تَابَ وَآمَنَ وَعَمِلَ صَالِحًا فَعَسَىٰ أَنْ يَكُونَ مِنَ الْمُفْلِحِينَ 28:68 وَرَبُّكَ يَخْلُقُ مَا يَشَاءُ وَيَخْتَارُ مَا
كَانَ لَهُمُ الْخِيَرَةُ سُبْحَانَ اللَّهِ وَتَعَالَىٰ عَمَّا يُشْرِكُونَ 28:69 وَرَبُّكَ يَعْلَمُ مَا تُكِنُّ صُدُورُهُمْ وَمَا يُعْلِنُونَ 28:70 وَهُوَ اللَّهُ لَا إِلَٰهَ إِلَّا هُوَ لَهُ
الْحَمْدُ فِي الْأُولَىٰ وَالْآخِرَةِ وَلَهُ الْحُكْمُ وَإِلَيْهِ تُرْجَعُونَ 28:71 قُلْ أَرَأَيْتُمْ إِنْ جَعَلَ اللَّهُ عَلَيْكُمُ اللَّيْلَ سَرْمَدًا إِلَىٰ يَوْمِ الْقِيَامَةِ مَنْ إِلَٰهٌ غَيْرُ
اللَّهِ يَأْتِيكُمْ بِضِيَاءٍ أَفَلَا تَسْمَعُونَ 28:72 قُلْ أَرَأَيْتُمْ إِنْ جَعَلَ اللَّهُ عَلَيْكُمُ النَّهَارَ سَرْمَدًا إِلَىٰ يَوْمِ الْقِيَامَةِ مَنْ إِلَٰهٌ غَيْرُ اللَّهِ يَأْتِيكُمْ بِلَيْلٍ
تَسْكُنُونَ فِيهِ أَفَلَا تُبْصِرُونَ 28:73 وَمِنْ رَحْمَتِهِ جَعَلَ لَكُمُ اللَّيْلَ وَالنَّهَارَ لِتَسْكُنُوا فِيهِ وَلِتَبْتَغُوا مِنْ فَضْلِهِ وَلَعَلَّكُمْ تَشْكُرُونَ 28:74 وَيَوْمَ
يُنَادِيهِمْ فَيَقُولُ أَيْنَ شُرَكَائِيَ الَّذِينَ كُنْتُمْ تَزْعُمُونَ 28:75 وَنَزَعْنَا مِنْ كُلِّ أُمَّةٍ شَهِيدًا فَقُلْنَا هَاتُوا بُرْهَانَكُمْ فَعَلِمُوا أَنَّ الْحَقَّ لِلَّهِ وَضَلَّ
عَنْهُمْ مَا كَانُوا يَفْتَرُونَ 28:76 إِنَّ قَارُونَ كَانَ مِنْ قَوْمِ مُوسَىٰ فَبَغَىٰ عَلَيْهِمْ وَآتَيْنَاهُ مِنَ الْكُنُوزِ مَا إِنَّ مَفَاتِحَهُ لَتَنُوءُ بِالْعُصْبَةِ أُولِي الْقُوَّةِ
إِذْ قَالَ لَهُ قَوْمُهُ لَا تَفْرَحْ إِنَّ اللَّهَ لَا يُحِبُّ الْفَرِحِينَ 28:77 وَابْتَغِ فِيمَا آتَاكَ اللَّهُ الدَّارَ الْآخِرَةَ وَلَا تَنْسَ نَصِيبَكَ مِنَ الدُّنْيَا وَأَحْسِنْ كَمَا
أَحْسَنَ اللَّهُ إِلَيْكَ وَلَا تَبْغِ الْفَسَادَ فِي الْأَرْضِ إِنَّ اللَّهَ لَا يُحِبُّ الْمُفْسِدِينَ 28:78 قَالَ إِنَّمَا أُوتِيتُهُ عَلَىٰ عِلْمٍ عِنْدِي أَوَلَمْ يَعْلَمْ أَنَّ اللَّهَ قَدْ

أَهْلَكَ مِنْ قَبْلِهِ مِنَ الْقُرُونِ مَنْ هُوَ أَشَدُّ مِنْهُ قُوَّةً وَأَكْثَرُ جَمْعًا وَلَا يُسْأَلُ عَنْ ذُنُوبِهِمُ الْمُجْرِمُونَ 28:79 فَخَرَجَ عَلَىٰ قَوْمِهِ فِي زِينَتِهِ قَالَ
الَّذِينَ يُرِيدُونَ الْحَيَاةَ الدُّنْيَا يَا لَيْتَ لَنَا مِثْلَ مَا أُوتِيَ قَارُونُ إِنَّهُ لَذُو حَظٍّ عَظِيمٍ 28:80 وَقَالَ الَّذِينَ أُوتُوا الْعِلْمَ وَيْلَكُمْ ثَوَابُ اللَّهِ خَيْرٌ لِمَنْ
آمَنَ وَعَمِلَ صَالِحًا وَلَا يُلَقَّاهَا إِلَّا الصَّابِرُونَ 28:81 فَخَسَفْنَا بِهِ وَبِدَارِهِ الْأَرْضَ فَمَا كَانَ لَهُ مِنْ فِئَةٍ يَنْصُرُونَهُ مِنْ دُونِ اللَّهِ وَمَا كَانَ مِنَ
الْمُنْتَصِرِينَ 28:82 وَأَصْبَحَ الَّذِينَ تَمَنَّوْا مَكَانَهُ بِالْأَمْسِ يَقُولُونَ وَيْكَأَنَّ اللَّهَ يَبْسُطُ الرِّزْقَ لِمَنْ يَشَاءُ مِنْ عِبَادِهِ وَيَقْدِرُ لَوْلَا أَنْ مَنَّ اللَّهُ
عَلَيْنَا لَخَسَفَ بِنَا وَيْكَأَنَّهُ لَا يُفْلِحُ الْكَافِرُونَ 28:83 تِلْكَ الدَّارُ الْآخِرَةُ نَجْعَلُهَا لِلَّذِينَ لَا يُرِيدُونَ عُلُوًّا فِي الْأَرْضِ وَلَا فَسَادًا وَالْعَاقِبَةُ لِلْمُتَّقِينَ
28:84 مَنْ جَاءَ بِالْحَسَنَةِ فَلَهُ خَيْرٌ مِنْهَا وَمَنْ جَاءَ بِالسَّيِّئَةِ فَلَا يُجْزَى الَّذِينَ عَمِلُوا السَّيِّئَاتِ إِلَّا مَا كَانُوا يَعْمَلُونَ 28:85 إِنَّ الَّذِي فَرَضَ
عَلَيْكَ الْقُرْآنَ لَرَادُّكَ إِلَىٰ مَعَادٍ قُلْ رَبِّي أَعْلَمُ مَنْ جَاءَ بِالْهُدَىٰ وَمَنْ هُوَ فِي ضَلَالٍ مُبِينٍ 28:86 وَمَا كُنْتَ تَرْجُو أَنْ يُلْقَىٰ إِلَيْكَ الْكِتَابُ إِلَّا
رَحْمَةً مِنْ رَبِّكَ فَلَا تَكُونَنَّ ظَهِيرًا لِلْكَافِرِينَ 28:87 وَلَا يَصُدُّنَّكَ عَنْ آيَاتِ اللَّهِ بَعْدَ إِذْ أُنْزِلَتْ إِلَيْكَ وَادْعُ إِلَىٰ رَبِّكَ وَلَا تَكُونَنَّ مِنَ الْمُشْرِكِينَ
28:88 وَلَا تَدْعُ مَعَ اللَّهِ إِلَٰهًا آخَرَ لَا إِلَٰهَ إِلَّا هُوَ كُلُّ شَيْءٍ هَالِكٌ إِلَّا وَجْهَهُ لَهُ الْحُكْمُ وَإِلَيْهِ تُرْجَعُونَ 29:1 بِسْمِ اللَّهِ الرَّحْمَٰنِ الرَّحِيمِ الم 29:2
أَحَسِبَ النَّاسُ أَنْ يُتْرَكُوا أَنْ يَقُولُوا آمَنَّا وَهُمْ لَا يُفْتَنُونَ 29:3 وَلَقَدْ فَتَنَّا الَّذِينَ مِنْ قَبْلِهِمْ فَلَيَعْلَمَنَّ اللَّهُ الَّذِينَ صَدَقُوا وَلَيَعْلَمَنَّ الْكَاذِبِينَ
29:4 أَمْ حَسِبَ الَّذِينَ يَعْمَلُونَ السَّيِّئَاتِ أَنْ يَسْبِقُونَا سَاءَ مَا يَحْكُمُونَ 29:5 مَنْ كَانَ يَرْجُو لِقَاءَ اللَّهِ فَإِنَّ أَجَلَ اللَّهِ لَآتٍ وَهُوَ السَّمِيعُ الْعَلِيمُ
29:6 وَمَنْ جَاهَدَ فَإِنَّمَا يُجَاهِدُ لِنَفْسِهِ إِنَّ اللَّهَ لَغَنِيٌّ عَنِ الْعَالَمِينَ 29:7 وَالَّذِينَ آمَنُوا وَعَمِلُوا الصَّالِحَاتِ لَنُكَفِّرَنَّ عَنْهُمْ سَيِّئَاتِهِمْ
وَلَنَجْزِيَنَّهُمْ أَحْسَنَ الَّذِي كَانُوا يَعْمَلُونَ 29:8 وَوَصَّيْنَا الْإِنْسَانَ بِوَالِدَيْهِ حُسْنًا وَإِنْ جَاهَدَاكَ لِتُشْرِكَ بِي مَا لَيْسَ لَكَ بِهِ عِلْمٌ فَلَا تُطِعْهُمَا
إِلَيَّ مَرْجِعُكُمْ فَأُنَبِّئُكُمْ بِمَا كُنْتُمْ تَعْمَلُونَ 29:9 وَالَّذِينَ آمَنُوا وَعَمِلُوا الصَّالِحَاتِ لَنُدْخِلَنَّهُمْ فِي الصَّالِحِينَ 29:10 وَمِنَ النَّاسِ مَنْ يَقُولُ
آمَنَّا بِاللَّهِ فَإِذَا أُوذِيَ فِي اللَّهِ جَعَلَ فِتْنَةَ النَّاسِ كَعَذَابِ اللَّهِ وَلَئِنْ جَاءَ نَصْرٌ مِنْ رَبِّكَ لَيَقُولُنَّ إِنَّا كُنَّا مَعَكُمْ أَوَلَيْسَ اللَّهُ بِأَعْلَمَ بِمَا فِي
صُدُورِ الْعَالَمِينَ 29:11 وَلَيَعْلَمَنَّ اللَّهُ الَّذِينَ آمَنُوا وَلَيَعْلَمَنَّ الْمُنَافِقِينَ 29:12 وَقَالَ الَّذِينَ كَفَرُوا لِلَّذِينَ آمَنُوا اتَّبِعُوا سَبِيلَنَا وَلْنَحْمِلْ
خَطَايَاكُمْ وَمَا هُمْ بِحَامِلِينَ مِنْ خَطَايَاهُمْ مِنْ شَيْءٍ إِنَّهُمْ لَكَاذِبُونَ 29:13 وَلَيَحْمِلُنَّ أَثْقَالَهُمْ وَأَثْقَالًا مَعَ أَثْقَالِهِمْ وَلَيُسْأَلُنَّ يَوْمَ الْقِيَامَةِ
عَمَّا كَانُوا يَفْتَرُونَ 29:14 وَلَقَدْ أَرْسَلْنَا نُوحًا إِلَىٰ قَوْمِهِ فَلَبِثَ فِيهِمْ أَلْفَ سَنَةٍ إِلَّا خَمْسِينَ عَامًا فَأَخَذَهُمُ الطُّوفَانُ وَهُمْ ظَالِمُونَ 29:15
فَأَنْجَيْنَاهُ وَأَصْحَابَ السَّفِينَةِ وَجَعَلْنَاهَا آيَةً لِلْعَالَمِينَ 29:16 وَإِبْرَاهِيمَ إِذْ قَالَ لِقَوْمِهِ اعْبُدُوا اللَّهَ وَاتَّقُوهُ ذَٰلِكُمْ خَيْرٌ لَكُمْ إِنْ كُنْتُمْ تَعْلَمُونَ
29:17 إِنَّمَا تَعْبُدُونَ مِنْ دُونِ اللَّهِ أَوْثَانًا وَتَخْلُقُونَ إِفْكًا إِنَّ الَّذِينَ تَعْبُدُونَ مِنْ دُونِ اللَّهِ لَا يَمْلِكُونَ لَكُمْ رِزْقًا فَابْتَغُوا عِنْدَ اللَّهِ الرِّزْقَ
وَاعْبُدُوهُ وَاشْكُرُوا لَهُ إِلَيْهِ تُرْجَعُونَ 29:18 وَإِنْ تُكَذِّبُوا فَقَدْ كَذَّبَ أُمَمٌ مِنْ قَبْلِكُمْ وَمَا عَلَى الرَّسُولِ إِلَّا الْبَلَاغُ الْمُبِينُ 29:19 أَوَلَمْ يَرَوْا كَيْفَ
يُبْدِئُ اللَّهُ الْخَلْقَ ثُمَّ يُعِيدُهُ إِنَّ ذَٰلِكَ عَلَى اللَّهِ يَسِيرٌ 29:20 قُلْ سِيرُوا فِي الْأَرْضِ فَانْظُرُوا كَيْفَ بَدَأَ الْخَلْقَ ثُمَّ اللَّهُ يُنْشِئُ النَّشْأَةَ الْآخِرَةَ
إِنَّ اللَّهَ عَلَىٰ كُلِّ شَيْءٍ قَدِيرٌ 29:21 يُعَذِّبُ مَنْ يَشَاءُ وَيَرْحَمُ مَنْ يَشَاءُ وَإِلَيْهِ تُقْلَبُونَ 29:22 وَمَا أَنْتُمْ بِمُعْجِزِينَ فِي الْأَرْضِ وَلَا فِي السَّمَاءِ
وَمَا لَكُمْ مِنْ دُونِ اللَّهِ مِنْ وَلِيٍّ وَلَا نَصِيرٍ 29:23 وَالَّذِينَ كَفَرُوا بِآيَاتِ اللَّهِ وَلِقَائِهِ أُولَٰئِكَ يَئِسُوا مِنْ رَحْمَتِي وَأُولَٰئِكَ لَهُمْ عَذَابٌ أَلِيمٌ 29:24
فَمَا كَانَ جَوَابَ قَوْمِهِ إِلَّا أَنْ قَالُوا اقْتُلُوهُ أَوْ حَرِّقُوهُ فَأَنْجَاهُ اللَّهُ مِنَ النَّارِ إِنَّ فِي ذَٰلِكَ لَآيَاتٍ لِقَوْمٍ يُؤْمِنُونَ 29:25 وَقَالَ إِنَّمَا اتَّخَذْتُمْ مِنْ
دُونِ اللَّهِ أَوْثَانًا مَوَدَّةَ بَيْنِكُمْ فِي الْحَيَاةِ الدُّنْيَا ثُمَّ يَوْمَ الْقِيَامَةِ يَكْفُرُ بَعْضُكُمْ بِبَعْضٍ وَيَلْعَنُ بَعْضُكُمْ بَعْضًا وَمَأْوَاكُمُ النَّارُ وَمَا لَكُمْ مِنْ
نَاصِرِينَ 29:26 فَآمَنَ لَهُ لُوطٌ وَقَالَ إِنِّي مُهَاجِرٌ إِلَىٰ رَبِّي إِنَّهُ هُوَ الْعَزِيزُ الْحَكِيمُ 29:27 وَوَهَبْنَا لَهُ إِسْحَاقَ وَيَعْقُوبَ وَجَعَلْنَا فِي ذُرِّيَّتِهِ
النُّبُوَّةَ وَالْكِتَابَ وَآتَيْنَاهُ أَجْرَهُ فِي الدُّنْيَا وَإِنَّهُ فِي الْآخِرَةِ لَمِنَ الصَّالِحِينَ 29:28 وَلُوطًا إِذْ قَالَ لِقَوْمِهِ إِنَّكُمْ لَتَأْتُونَ الْفَاحِشَةَ مَا سَبَقَكُمْ
بِهَا مِنْ أَحَدٍ مِنَ الْعَالَمِينَ 29:29 أَئِنَّكُمْ لَتَأْتُونَ الرِّجَالَ وَتَقْطَعُونَ السَّبِيلَ وَتَأْتُونَ فِي نَادِيكُمُ الْمُنْكَرَ فَمَا كَانَ جَوَابَ قَوْمِهِ إِلَّا أَنْ قَالُوا
ائْتِنَا بِعَذَابِ اللَّهِ إِنْ كُنْتَ مِنَ الصَّادِقِينَ 29:30 قَالَ رَبِّ انْصُرْنِي عَلَى الْقَوْمِ الْمُفْسِدِينَ 29:31 وَلَمَّا جَاءَتْ رُسُلُنَا إِبْرَاهِيمَ بِالْبُشْرَىٰ قَالُوا

إِنَّا مُهْلِكُو أَهْلِ هَٰذِهِ الْقَرْيَةِ إِنَّ أَهْلَهَا كَانُوا ظَالِمِينَ 29:32 قَالَ إِنَّ فِيهَا لُوطًا قَالُوا نَحْنُ أَعْلَمُ بِمَنْ فِيهَا لَنُنَجِّيَنَّهُ وَأَهْلَهُ إِلَّا امْرَأَتَهُ كَانَتْ
مِنَ الْغَابِرِينَ 29:33 وَلَمَّا أَنْ جَاءَتْ رُسُلُنَا لُوطًا سِيءَ بِهِمْ وَضَاقَ بِهِمْ ذَرْعًا وَقَالُوا لَا تَخَفْ وَلَا تَحْزَنْ إِنَّا مُنَجُّوكَ وَأَهْلَكَ إِلَّا امْرَأَتَكَ كَانَتْ
مِنَ الْغَابِرِينَ 29:34 إِنَّا مُنْزِلُونَ عَلَىٰ أَهْلِ هَٰذِهِ الْقَرْيَةِ رِجْزًا مِنَ السَّمَاءِ بِمَا كَانُوا يَفْسُقُونَ 29:35 وَلَقَدْ تَرَكْنَا مِنْهَا آيَةً بَيِّنَةً لِقَوْمٍ يَعْقِلُونَ
29:36 وَإِلَىٰ مَدْيَنَ أَخَاهُمْ شُعَيْبًا فَقَالَ يَا قَوْمِ اعْبُدُوا اللَّهَ وَارْجُوا الْيَوْمَ الْآخِرَ وَلَا تَعْثَوْا فِي الْأَرْضِ مُفْسِدِينَ 29:37 فَكَذَّبُوهُ فَأَخَذَتْهُمُ
الرَّجْفَةُ فَأَصْبَحُوا فِي دَارِهِمْ جَاثِمِينَ 29:38 وَعَادًا وَثَمُودَ وَقَدْ تَبَيَّنَ لَكُمْ مِنْ مَسَاكِنِهِمْ وَزَيَّنَ لَهُمُ الشَّيْطَانُ أَعْمَالَهُمْ فَصَدَّهُمْ عَنِ
السَّبِيلِ وَكَانُوا مُسْتَبْصِرِينَ 29:39 وَقَارُونَ وَفِرْعَوْنَ وَهَامَانَ وَلَقَدْ جَاءَهُمْ مُوسَىٰ بِالْبَيِّنَاتِ فَاسْتَكْبَرُوا فِي الْأَرْضِ وَمَا كَانُوا سَابِقِينَ 29:40
فَكُلًّا أَخَذْنَا بِذَنْبِهِ فَمِنْهُمْ مَنْ أَرْسَلْنَا عَلَيْهِ حَاصِبًا وَمِنْهُمْ مَنْ أَخَذَتْهُ الصَّيْحَةُ وَمِنْهُمْ مَنْ خَسَفْنَا بِهِ الْأَرْضَ وَمِنْهُمْ مَنْ أَغْرَقْنَا وَمَا كَانَ
اللَّهُ لِيَظْلِمَهُمْ وَلَٰكِنْ كَانُوا أَنْفُسَهُمْ يَظْلِمُونَ 29:41 مَثَلُ الَّذِينَ اتَّخَذُوا مِنْ دُونِ اللَّهِ أَوْلِيَاءَ كَمَثَلِ الْعَنْكَبُوتِ اتَّخَذَتْ بَيْتًا وَإِنَّ أَوْهَنَ
الْبُيُوتِ لَبَيْتُ الْعَنْكَبُوتِ لَوْ كَانُوا يَعْلَمُونَ 29:42 إِنَّ اللَّهَ يَعْلَمُ مَا يَدْعُونَ مِنْ دُونِهِ مِنْ شَيْءٍ وَهُوَ الْعَزِيزُ الْحَكِيمُ 29:43 وَتِلْكَ الْأَمْثَالُ
نَضْرِبُهَا لِلنَّاسِ وَمَا يَعْقِلُهَا إِلَّا الْعَالِمُونَ 29:44 خَلَقَ اللَّهُ السَّمَاوَاتِ وَالْأَرْضَ بِالْحَقِّ إِنَّ فِي ذَٰلِكَ لَآيَةً لِلْمُؤْمِنِينَ 29:45 اتْلُ مَا أُوحِيَ إِلَيْكَ
مِنَ الْكِتَابِ وَأَقِمِ الصَّلَاةَ إِنَّ الصَّلَاةَ تَنْهَىٰ عَنِ الْفَحْشَاءِ وَالْمُنْكَرِ وَلَذِكْرُ اللَّهِ أَكْبَرُ وَاللَّهُ يَعْلَمُ مَا تَصْنَعُونَ 29:46 وَلَا تُجَادِلُوا أَهْلَ الْكِتَابِ
إِلَّا بِالَّتِي هِيَ أَحْسَنُ إِلَّا الَّذِينَ ظَلَمُوا مِنْهُمْ وَقُولُوا آمَنَّا بِالَّذِي أُنْزِلَ إِلَيْنَا وَأُنْزِلَ إِلَيْكُمْ وَإِلَٰهُنَا وَإِلَٰهُكُمْ وَاحِدٌ وَنَحْنُ لَهُ مُسْلِمُونَ 29:47
وَكَذَٰلِكَ أَنْزَلْنَا إِلَيْكَ الْكِتَابَ فَالَّذِينَ آتَيْنَاهُمُ الْكِتَابَ يُؤْمِنُونَ بِهِ وَمِنْ هَٰؤُلَاءِ مَنْ يُؤْمِنُ بِهِ وَمَا يَجْحَدُ بِآيَاتِنَا إِلَّا الْكَافِرُونَ 29:48 وَمَا كُنْتَ
تَتْلُو مِنْ قَبْلِهِ مِنْ كِتَابٍ وَلَا تَخُطُّهُ بِيَمِينِكَ إِذًا لَارْتَابَ الْمُبْطِلُونَ 29:49 بَلْ هُوَ آيَاتٌ بَيِّنَاتٌ فِي صُدُورِ الَّذِينَ أُوتُوا الْعِلْمَ وَمَا يَجْحَدُ
بِآيَاتِنَا إِلَّا الظَّالِمُونَ 29:50 وَقَالُوا لَوْلَا أُنْزِلَ عَلَيْهِ آيَاتٌ مِنْ رَبِّهِ قُلْ إِنَّمَا الْآيَاتُ عِنْدَ اللَّهِ وَإِنَّمَا أَنَا نَذِيرٌ مُبِينٌ 29:51 أَوَلَمْ يَكْفِهِمْ أَنَّا أَنْزَلْنَا
عَلَيْكَ الْكِتَابَ يُتْلَىٰ عَلَيْهِمْ إِنَّ فِي ذَٰلِكَ لَرَحْمَةً وَذِكْرَىٰ لِقَوْمٍ يُؤْمِنُونَ 29:52 قُلْ كَفَىٰ بِاللَّهِ بَيْنِي وَبَيْنَكُمْ شَهِيدًا يَعْلَمُ مَا فِي السَّمَاوَاتِ
وَالْأَرْضِ وَالَّذِينَ آمَنُوا بِالْبَاطِلِ وَكَفَرُوا بِاللَّهِ أُولَٰئِكَ هُمُ الْخَاسِرُونَ 29:53 وَيَسْتَعْجِلُونَكَ بِالْعَذَابِ وَلَوْلَا أَجَلٌ مُسَمًّى لَجَاءَهُمُ الْعَذَابُ
وَلَيَأْتِيَنَّهُمْ بَغْتَةً وَهُمْ لَا يَشْعُرُونَ 29:54 يَسْتَعْجِلُونَكَ بِالْعَذَابِ وَإِنَّ جَهَنَّمَ لَمُحِيطَةٌ بِالْكَافِرِينَ 29:55 يَوْمَ يَغْشَاهُمُ الْعَذَابُ مِنْ فَوْقِهِمْ
وَمِنْ تَحْتِ أَرْجُلِهِمْ وَيَقُولُ ذُوقُوا مَا كُنْتُمْ تَعْمَلُونَ 29:56 يَا عِبَادِيَ الَّذِينَ آمَنُوا إِنَّ أَرْضِي وَاسِعَةٌ فَإِيَّايَ فَاعْبُدُونِ 29:57 كُلُّ نَفْسٍ ذَائِقَةُ
الْمَوْتِ ثُمَّ إِلَيْنَا تُرْجَعُونَ 29:58 وَالَّذِينَ آمَنُوا وَعَمِلُوا الصَّالِحَاتِ لَنُبَوِّئَنَّهُمْ مِنَ الْجَنَّةِ غُرَفًا تَجْرِي مِنْ تَحْتِهَا الْأَنْهَارُ خَالِدِينَ فِيهَا نِعْمَ
أَجْرُ الْعَامِلِينَ 29:59 الَّذِينَ صَبَرُوا وَعَلَىٰ رَبِّهِمْ يَتَوَكَّلُونَ 29:60 وَكَأَيِّنْ مِنْ دَابَّةٍ لَا تَحْمِلُ رِزْقَهَا اللَّهُ يَرْزُقُهَا وَإِيَّاكُمْ وَهُوَ السَّمِيعُ الْعَلِيمُ
29:61 وَلَئِنْ سَأَلْتَهُمْ مَنْ خَلَقَ السَّمَاوَاتِ وَالْأَرْضَ وَسَخَّرَ الشَّمْسَ وَالْقَمَرَ لَيَقُولُنَّ اللَّهُ فَأَنَّىٰ يُؤْفَكُونَ 29:62 اللَّهُ يَبْسُطُ الرِّزْقَ لِمَنْ يَشَاءُ
مِنْ عِبَادِهِ وَيَقْدِرُ لَهُ إِنَّ اللَّهَ بِكُلِّ شَيْءٍ عَلِيمٌ 29:63 وَلَئِنْ سَأَلْتَهُمْ مَنْ نَزَّلَ مِنَ السَّمَاءِ مَاءً فَأَحْيَا بِهِ الْأَرْضَ مِنْ بَعْدِ مَوْتِهَا لَيَقُولُنَّ اللَّهُ
قُلِ الْحَمْدُ لِلَّهِ بَلْ أَكْثَرُهُمْ لَا يَعْقِلُونَ 29:64 وَمَا هَٰذِهِ الْحَيَاةُ الدُّنْيَا إِلَّا لَهْوٌ وَلَعِبٌ وَإِنَّ الدَّارَ الْآخِرَةَ لَهِيَ الْحَيَوَانُ لَوْ كَانُوا يَعْلَمُونَ 29:65
فَإِذَا رَكِبُوا فِي الْفُلْكِ دَعَوُا اللَّهَ مُخْلِصِينَ لَهُ الدِّينَ فَلَمَّا نَجَّاهُمْ إِلَى الْبَرِّ إِذَا هُمْ يُشْرِكُونَ 29:66 لِيَكْفُرُوا بِمَا آتَيْنَاهُمْ وَلِيَتَمَتَّعُوا فَسَوْفَ
يَعْلَمُونَ 29:67 أَوَلَمْ يَرَوْا أَنَّا جَعَلْنَا حَرَمًا آمِنًا وَيُتَخَطَّفُ النَّاسُ مِنْ حَوْلِهِمْ أَفَبِالْبَاطِلِ يُؤْمِنُونَ وَبِنِعْمَةِ اللَّهِ يَكْفُرُونَ 29:68 وَمَنْ أَظْلَمُ
مِمَّنِ افْتَرَىٰ عَلَى اللَّهِ كَذِبًا أَوْ كَذَّبَ بِالْحَقِّ لَمَّا جَاءَهُ أَلَيْسَ فِي جَهَنَّمَ مَثْوًى لِلْكَافِرِينَ 29:69 وَالَّذِينَ جَاهَدُوا فِينَا لَنَهْدِيَنَّهُمْ سُبُلَنَا وَإِنَّ
اللَّهَ لَمَعَ الْمُحْسِنِينَ 30:1 بِسْمِ اللَّهِ الرَّحْمَٰنِ الرَّحِيمِ الم 30:2 غُلِبَتِ الرُّومُ 30:3 فِي أَدْنَى الْأَرْضِ وَهُمْ مِنْ بَعْدِ غَلَبِهِمْ سَيَغْلِبُونَ 30:4
فِي بِضْعِ سِنِينَ لِلَّهِ الْأَمْرُ مِنْ قَبْلُ وَمِنْ بَعْدُ وَيَوْمَئِذٍ يَفْرَحُ الْمُؤْمِنُونَ 30:5 بِنَصْرِ اللَّهِ يَنْصُرُ مَنْ يَشَاءُ وَهُوَ الْعَزِيزُ الرَّحِيمُ 30:6 وَعْدَ اللَّهِ
لَا يُخْلِفُ اللَّهُ وَعْدَهُ وَلَٰكِنَّ أَكْثَرَ النَّاسِ لَا يَعْلَمُونَ 30:7 يَعْلَمُونَ ظَاهِرًا مِنَ الْحَيَاةِ الدُّنْيَا وَهُمْ عَنِ الْآخِرَةِ هُمْ غَافِلُونَ 30:8 أَوَلَمْ يَتَفَكَّرُوا

فِي أَنْفُسِهِمْ مَا خَلَقَ اللَّهُ السَّمَاوَاتِ وَالْأَرْضَ وَمَا بَيْنَهُمَا إِلَّا بِالْحَقِّ وَأَجَلٍ مُسَمًّى وَإِنَّ كَثِيرًا مِنَ النَّاسِ بِلِقَاءِ رَبِّهِمْ لَكَافِرُونَ 30:9 أَوَلَمْ
يَسِيرُوا فِي الْأَرْضِ فَيَنْظُرُوا كَيْفَ كَانَ عَاقِبَةُ الَّذِينَ مِنْ قَبْلِهِمْ كَانُوا أَشَدَّ مِنْهُمْ قُوَّةً وَأَثَارُوا الْأَرْضَ وَعَمَرُوهَا أَكْثَرَ مِمَّا عَمَرُوهَا وَجَاءَتْهُمْ
رُسُلُهُمْ بِالْبَيِّنَاتِ فَمَا كَانَ اللَّهُ لِيَظْلِمَهُمْ وَلَٰكِنْ كَانُوا أَنْفُسَهُمْ يَظْلِمُونَ 30:10 ثُمَّ كَانَ عَاقِبَةَ الَّذِينَ أَسَاءُوا السُّوأَىٰ أَنْ كَذَّبُوا بِآيَاتِ اللَّهِ
وَكَانُوا بِهَا يَسْتَهْزِئُونَ 30:11 اللَّهُ يَبْدَأُ الْخَلْقَ ثُمَّ يُعِيدُهُ ثُمَّ إِلَيْهِ تُرْجَعُونَ 30:12 وَيَوْمَ تَقُومُ السَّاعَةُ يُبْلِسُ الْمُجْرِمُونَ 30:13 وَلَمْ يَكُنْ
لَهُمْ مِنْ شُرَكَائِهِمْ شُفَعَاءُ وَكَانُوا بِشُرَكَائِهِمْ كَافِرِينَ 30:14 وَيَوْمَ تَقُومُ السَّاعَةُ يَوْمَئِذٍ يَتَفَرَّقُونَ 30:15 فَأَمَّا الَّذِينَ آمَنُوا وَعَمِلُوا الصَّالِحَاتِ
فَهُمْ فِي رَوْضَةٍ يُحْبَرُونَ 30:16 وَأَمَّا الَّذِينَ كَفَرُوا وَكَذَّبُوا بِآيَاتِنَا وَلِقَاءِ الْآخِرَةِ فَأُولَٰئِكَ فِي الْعَذَابِ مُحْضَرُونَ 30:17 فَسُبْحَانَ اللَّهِ حِينَ
تُمْسُونَ وَحِينَ تُصْبِحُونَ 30:18 وَلَهُ الْحَمْدُ فِي السَّمَاوَاتِ وَالْأَرْضِ وَعَشِيًّا وَحِينَ تُظْهِرُونَ 30:19 يُخْرِجُ الْحَيَّ مِنَ الْمَيِّتِ وَيُخْرِجُ الْمَيِّتَ
مِنَ الْحَيِّ وَيُحْيِي الْأَرْضَ بَعْدَ مَوْتِهَا وَكَذَٰلِكَ تُخْرَجُونَ 30:20 وَمِنْ آيَاتِهِ أَنْ خَلَقَكُمْ مِنْ تُرَابٍ ثُمَّ إِذَا أَنْتُمْ بَشَرٌ تَنْتَشِرُونَ 30:21 وَمِنْ آيَاتِهِ
أَنْ خَلَقَ لَكُمْ مِنْ أَنْفُسِكُمْ أَزْوَاجًا لِتَسْكُنُوا إِلَيْهَا وَجَعَلَ بَيْنَكُمْ مَوَدَّةً وَرَحْمَةً إِنَّ فِي ذَٰلِكَ لَآيَاتٍ لِقَوْمٍ يَتَفَكَّرُونَ 30:22 وَمِنْ آيَاتِهِ خَلْقُ
السَّمَاوَاتِ وَالْأَرْضِ وَاخْتِلَافُ أَلْسِنَتِكُمْ وَأَلْوَانِكُمْ إِنَّ فِي ذَٰلِكَ لَآيَاتٍ لِلْعَالِمِينَ 30:23 وَمِنْ آيَاتِهِ مَنَامُكُمْ بِاللَّيْلِ وَالنَّهَارِ وَابْتِغَاؤُكُمْ مِنْ
فَضْلِهِ إِنَّ فِي ذَٰلِكَ لَآيَاتٍ لِقَوْمٍ يَسْمَعُونَ 30:24 وَمِنْ آيَاتِهِ يُرِيكُمُ الْبَرْقَ خَوْفًا وَطَمَعًا وَيُنَزِّلُ مِنَ السَّمَاءِ مَاءً فَيُحْيِي بِهِ الْأَرْضَ بَعْدَ
مَوْتِهَا إِنَّ فِي ذَٰلِكَ لَآيَاتٍ لِقَوْمٍ يَعْقِلُونَ 30:25 وَمِنْ آيَاتِهِ أَنْ تَقُومَ السَّمَاءُ وَالْأَرْضُ بِأَمْرِهِ ثُمَّ إِذَا دَعَاكُمْ دَعْوَةً مِنَ الْأَرْضِ إِذَا أَنْتُمْ
تَخْرُجُونَ 30:26 وَلَهُ مَنْ فِي السَّمَاوَاتِ وَالْأَرْضِ كُلٌّ لَهُ قَانِتُونَ 30:27 وَهُوَ الَّذِي يَبْدَأُ الْخَلْقَ ثُمَّ يُعِيدُهُ وَهُوَ أَهْوَنُ عَلَيْهِ وَلَهُ الْمَثَلُ الْأَعْلَىٰ
فِي السَّمَاوَاتِ وَالْأَرْضِ وَهُوَ الْعَزِيزُ الْحَكِيمُ 30:28 ضَرَبَ لَكُمْ مَثَلًا مِنْ أَنْفُسِكُمْ هَلْ لَكُمْ مِنْ مَا مَلَكَتْ أَيْمَانُكُمْ مِنْ شُرَكَاءَ فِي مَا رَزَقْنَاكُمْ
فَأَنْتُمْ فِيهِ سَوَاءٌ تَخَافُونَهُمْ كَخِيفَتِكُمْ أَنْفُسَكُمْ كَذَٰلِكَ نُفَصِّلُ الْآيَاتِ لِقَوْمٍ يَعْقِلُونَ 30:29 بَلِ اتَّبَعَ الَّذِينَ ظَلَمُوا أَهْوَاءَهُمْ بِغَيْرِ عِلْمٍ فَمَنْ
يَهْدِي مَنْ أَضَلَّ اللَّهُ وَمَا لَهُمْ مِنْ نَاصِرِينَ 30:30 فَأَقِمْ وَجْهَكَ لِلدِّينِ حَنِيفًا فِطْرَتَ اللَّهِ الَّتِي فَطَرَ النَّاسَ عَلَيْهَا لَا تَبْدِيلَ لِخَلْقِ اللَّهِ
ذَٰلِكَ الدِّينُ الْقَيِّمُ وَلَٰكِنَّ أَكْثَرَ النَّاسِ لَا يَعْلَمُونَ 30:31 مُنِيبِينَ إِلَيْهِ وَاتَّقُوهُ وَأَقِيمُوا الصَّلَاةَ وَلَا تَكُونُوا مِنَ الْمُشْرِكِينَ 30:32 مِنَ الَّذِينَ
فَرَّقُوا دِينَهُمْ وَكَانُوا شِيَعًا كُلُّ حِزْبٍ بِمَا لَدَيْهِمْ فَرِحُونَ 30:33 وَإِذَا مَسَّ النَّاسَ ضُرٌّ دَعَوْا رَبَّهُمْ مُنِيبِينَ إِلَيْهِ ثُمَّ إِذَا أَذَاقَهُمْ مِنْهُ رَحْمَةً
إِذَا فَرِيقٌ مِنْهُمْ بِرَبِّهِمْ يُشْرِكُونَ 30:34 لِيَكْفُرُوا بِمَا آتَيْنَاهُمْ فَتَمَتَّعُوا فَسَوْفَ تَعْلَمُونَ 30:35 أَمْ أَنْزَلْنَا عَلَيْهِمْ سُلْطَانًا فَهُوَ يَتَكَلَّمُ بِمَا
كَانُوا بِهِ يُشْرِكُونَ 30:36 وَإِذَا أَذَقْنَا النَّاسَ رَحْمَةً فَرِحُوا بِهَا وَإِنْ تُصِبْهُمْ سَيِّئَةٌ بِمَا قَدَّمَتْ أَيْدِيهِمْ إِذَا هُمْ يَقْنَطُونَ 30:37 أَوَلَمْ يَرَوْا أَنَّ
اللَّهَ يَبْسُطُ الرِّزْقَ لِمَنْ يَشَاءُ وَيَقْدِرُ إِنَّ فِي ذَٰلِكَ لَآيَاتٍ لِقَوْمٍ يُؤْمِنُونَ 30:38 فَآتِ ذَا الْقُرْبَىٰ حَقَّهُ وَالْمِسْكِينَ وَابْنَ السَّبِيلِ ذَٰلِكَ خَيْرٌ
لِلَّذِينَ يُرِيدُونَ وَجْهَ اللَّهِ وَأُولَٰئِكَ هُمُ الْمُفْلِحُونَ 30:39 وَمَا آتَيْتُمْ مِنْ رِبًا لِيَرْبُوَ فِي أَمْوَالِ النَّاسِ فَلَا يَرْبُو عِنْدَ اللَّهِ وَمَا آتَيْتُمْ مِنْ زَكَاةٍ
تُرِيدُونَ وَجْهَ اللَّهِ فَأُولَٰئِكَ هُمُ الْمُضْعِفُونَ 30:40 اللَّهُ الَّذِي خَلَقَكُمْ ثُمَّ رَزَقَكُمْ ثُمَّ يُمِيتُكُمْ ثُمَّ يُحْيِيكُمْ هَلْ مِنْ شُرَكَائِكُمْ مَنْ يَفْعَلُ مِنْ
ذَٰلِكُمْ مِنْ شَيْءٍ سُبْحَانَهُ وَتَعَالَىٰ عَمَّا يُشْرِكُونَ 30:41 ظَهَرَ الْفَسَادُ فِي الْبَرِّ وَالْبَحْرِ بِمَا كَسَبَتْ أَيْدِي النَّاسِ لِيُذِيقَهُمْ بَعْضَ الَّذِي عَمِلُوا
لَعَلَّهُمْ يَرْجِعُونَ 30:42 قُلْ سِيرُوا فِي الْأَرْضِ فَانْظُرُوا كَيْفَ كَانَ عَاقِبَةُ الَّذِينَ مِنْ قَبْلُ كَانَ أَكْثَرُهُمْ مُشْرِكِينَ 30:43 فَأَقِمْ وَجْهَكَ لِلدِّينِ
الْقَيِّمِ مِنْ قَبْلِ أَنْ يَأْتِيَ يَوْمٌ لَا مَرَدَّ لَهُ مِنَ اللَّهِ يَوْمَئِذٍ يَصَّدَّعُونَ 30:44 مَنْ كَفَرَ فَعَلَيْهِ كُفْرُهُ وَمَنْ عَمِلَ صَالِحًا فَلِأَنْفُسِهِمْ يَمْهَدُونَ 30:45
لِيَجْزِيَ الَّذِينَ آمَنُوا وَعَمِلُوا الصَّالِحَاتِ مِنْ فَضْلِهِ إِنَّهُ لَا يُحِبُّ الْكَافِرِينَ 30:46 وَمِنْ آيَاتِهِ أَنْ يُرْسِلَ الرِّيَاحَ مُبَشِّرَاتٍ وَلِيُذِيقَكُمْ مِنْ رَحْمَتِهِ
وَلِتَجْرِيَ الْفُلْكُ بِأَمْرِهِ وَلِتَبْتَغُوا مِنْ فَضْلِهِ وَلَعَلَّكُمْ تَشْكُرُونَ 30:47 وَلَقَدْ أَرْسَلْنَا مِنْ قَبْلِكَ رُسُلًا إِلَىٰ قَوْمِهِمْ فَجَاءُوهُمْ بِالْبَيِّنَاتِ فَانْتَقَمْنَا
مِنَ الَّذِينَ أَجْرَمُوا وَكَانَ حَقًّا عَلَيْنَا نَصْرُ الْمُؤْمِنِينَ 30:48 اللَّهُ الَّذِي يُرْسِلُ الرِّيَاحَ فَتُثِيرُ سَحَابًا فَيَبْسُطُهُ فِي السَّمَاءِ كَيْفَ يَشَاءُ وَيَجْعَلُهُ
كِسَفًا فَتَرَى الْوَدْقَ يَخْرُجُ مِنْ خِلَالِهِ فَإِذَا أَصَابَ بِهِ مَنْ يَشَاءُ مِنْ عِبَادِهِ إِذَا هُمْ يَسْتَبْشِرُونَ 30:49 وَإِنْ كَانُوا مِنْ قَبْلِ أَنْ يُنَزَّلَ عَلَيْهِمْ

مِنْ قَبْلِهِ لَمُبْلِسِينَ 30:50 فَانْظُرْ إِلَىٰ آثَارِ رَحْمَتِ اللَّهِ كَيْفَ يُحْيِي الْأَرْضَ بَعْدَ مَوْتِهَا إِنَّ ذَٰلِكَ لَمُحْيِي الْمَوْتَىٰ وَهُوَ عَلَىٰ كُلِّ شَيْءٍ قَدِيرٌ
30:51 وَلَئِنْ أَرْسَلْنَا رِيحًا فَرَأَوْهُ مُصْفَرًّا لَظَلُّوا مِنْ بَعْدِهِ يَكْفُرُونَ 30:52 فَإِنَّكَ لَا تُسْمِعُ الْمَوْتَىٰ وَلَا تُسْمِعُ الصُّمَّ الدُّعَاءَ إِذَا وَلَّوْا مُدْبِرِينَ
30:53 وَمَا أَنْتَ بِهَادِ الْعُمْيِ عَنْ ضَلَالَتِهِمْ إِنْ تُسْمِعُ إِلَّا مَنْ يُؤْمِنُ بِآيَاتِنَا فَهُمْ مُسْلِمُونَ 30:54 اللَّهُ الَّذِي خَلَقَكُمْ مِنْ ضَعْفٍ ثُمَّ جَعَلَ مِنْ
بَعْدِ ضَعْفٍ قُوَّةً ثُمَّ جَعَلَ مِنْ بَعْدِ قُوَّةٍ ضَعْفًا وَشَيْبَةً يَخْلُقُ مَا يَشَاءُ وَهُوَ الْعَلِيمُ الْقَدِيرُ 30:55 وَيَوْمَ تَقُومُ السَّاعَةُ يُقْسِمُ الْمُجْرِمُونَ
مَا لَبِثُوا غَيْرَ سَاعَةٍ كَذَٰلِكَ كَانُوا يُؤْفَكُونَ 30:56 وَقَالَ الَّذِينَ أُوتُوا الْعِلْمَ وَالْإِيمَانَ لَقَدْ لَبِثْتُمْ فِي كِتَابِ اللَّهِ إِلَىٰ يَوْمِ الْبَعْثِ فَهَٰذَا يَوْمُ
الْبَعْثِ وَلَٰكِنَّكُمْ كُنْتُمْ لَا تَعْلَمُونَ 30:57 فَيَوْمَئِذٍ لَا يَنْفَعُ الَّذِينَ ظَلَمُوا مَعْذِرَتُهُمْ وَلَا هُمْ يُسْتَعْتَبُونَ 30:58 وَلَقَدْ ضَرَبْنَا لِلنَّاسِ فِي هَٰذَا
الْقُرْآنِ مِنْ كُلِّ مَثَلٍ وَلَئِنْ جِئْتَهُمْ بِآيَةٍ لَيَقُولَنَّ الَّذِينَ كَفَرُوا إِنْ أَنْتُمْ إِلَّا مُبْطِلُونَ 30:59 كَذَٰلِكَ يَطْبَعُ اللَّهُ عَلَىٰ قُلُوبِ الَّذِينَ لَا يَعْلَمُونَ
30:60 فَاصْبِرْ إِنَّ وَعْدَ اللَّهِ حَقٌّ وَلَا يَسْتَخِفَّنَّكَ الَّذِينَ لَا يُوقِنُونَ 31:1 بِسْمِ اللَّهِ الرَّحْمَٰنِ الرَّحِيمِ الم 31:2 تِلْكَ آيَاتُ الْكِتَابِ الْحَكِيمِ 31:3
هُدًى وَرَحْمَةً لِلْمُحْسِنِينَ 31:4 الَّذِينَ يُقِيمُونَ الصَّلَاةَ وَيُؤْتُونَ الزَّكَاةَ وَهُمْ بِالْآخِرَةِ هُمْ يُوقِنُونَ 31:5 أُولَٰئِكَ عَلَىٰ هُدًى مِنْ رَبِّهِمْ وَأُولَٰئِكَ
هُمُ الْمُفْلِحُونَ 31:6 وَمِنَ النَّاسِ مَنْ يَشْتَرِي لَهْوَ الْحَدِيثِ لِيُضِلَّ عَنْ سَبِيلِ اللَّهِ بِغَيْرِ عِلْمٍ وَيَتَّخِذَهَا هُزُوًا أُولَٰئِكَ لَهُمْ عَذَابٌ مُهِينٌ 31:7
وَإِذَا تُتْلَىٰ عَلَيْهِ آيَاتُنَا وَلَّىٰ مُسْتَكْبِرًا كَأَنْ لَمْ يَسْمَعْهَا كَأَنَّ فِي أُذُنَيْهِ وَقْرًا فَبَشِّرْهُ بِعَذَابٍ أَلِيمٍ 31:8 إِنَّ الَّذِينَ آمَنُوا وَعَمِلُوا الصَّالِحَاتِ
لَهُمْ جَنَّاتُ النَّعِيمِ 31:9 خَالِدِينَ فِيهَا وَعْدَ اللَّهِ حَقًّا وَهُوَ الْعَزِيزُ الْحَكِيمُ 31:10 خَلَقَ السَّمَاوَاتِ بِغَيْرِ عَمَدٍ تَرَوْنَهَا وَأَلْقَىٰ فِي الْأَرْضِ
رَوَاسِيَ أَنْ تَمِيدَ بِكُمْ وَبَثَّ فِيهَا مِنْ كُلِّ دَابَّةٍ وَأَنْزَلْنَا مِنَ السَّمَاءِ مَاءً فَأَنْبَتْنَا فِيهَا مِنْ كُلِّ زَوْجٍ كَرِيمٍ 31:11 هَٰذَا خَلْقُ اللَّهِ فَأَرُونِي مَاذَا
خَلَقَ الَّذِينَ مِنْ دُونِهِ بَلِ الظَّالِمُونَ فِي ضَلَالٍ مُبِينٍ 31:12 وَلَقَدْ آتَيْنَا لُقْمَانَ الْحِكْمَةَ أَنِ اشْكُرْ لِلَّهِ وَمَنْ يَشْكُرْ فَإِنَّمَا يَشْكُرُ لِنَفْسِهِ وَمَنْ
كَفَرَ فَإِنَّ اللَّهَ غَنِيٌّ حَمِيدٌ 31:13 وَإِذْ قَالَ لُقْمَانُ لِابْنِهِ وَهُوَ يَعِظُهُ يَا بُنَيَّ لَا تُشْرِكْ بِاللَّهِ إِنَّ الشِّرْكَ لَظُلْمٌ عَظِيمٌ 31:14 وَوَصَّيْنَا الْإِنْسَانَ
بِوَالِدَيْهِ حَمَلَتْهُ أُمُّهُ وَهْنًا عَلَىٰ وَهْنٍ وَفِصَالُهُ فِي عَامَيْنِ أَنِ اشْكُرْ لِي وَلِوَالِدَيْكَ إِلَيَّ الْمَصِيرُ 31:15 وَإِنْ جَاهَدَاكَ عَلَىٰ أَنْ تُشْرِكَ بِي مَا
لَيْسَ لَكَ بِهِ عِلْمٌ فَلَا تُطِعْهُمَا وَصَاحِبْهُمَا فِي الدُّنْيَا مَعْرُوفًا وَاتَّبِعْ سَبِيلَ مَنْ أَنَابَ إِلَيَّ ثُمَّ إِلَيَّ مَرْجِعُكُمْ فَأُنَبِّئُكُمْ بِمَا كُنْتُمْ تَعْمَلُونَ
31:16 يَا بُنَيَّ إِنَّهَا إِنْ تَكُ مِثْقَالَ حَبَّةٍ مِنْ خَرْدَلٍ فَتَكُنْ فِي صَخْرَةٍ أَوْ فِي السَّمَاوَاتِ أَوْ فِي الْأَرْضِ يَأْتِ بِهَا اللَّهُ إِنَّ اللَّهَ لَطِيفٌ خَبِيرٌ 31:17
يَا بُنَيَّ أَقِمِ الصَّلَاةَ وَأْمُرْ بِالْمَعْرُوفِ وَانْهَ عَنِ الْمُنْكَرِ وَاصْبِرْ عَلَىٰ مَا أَصَابَكَ إِنَّ ذَٰلِكَ مِنْ عَزْمِ الْأُمُورِ 31:18 وَلَا تُصَعِّرْ خَدَّكَ لِلنَّاسِ وَلَا
تَمْشِ فِي الْأَرْضِ مَرَحًا إِنَّ اللَّهَ لَا يُحِبُّ كُلَّ مُخْتَالٍ فَخُورٍ 31:19 وَاقْصِدْ فِي مَشْيِكَ وَاغْضُضْ مِنْ صَوْتِكَ إِنَّ أَنْكَرَ الْأَصْوَاتِ لَصَوْتُ الْحَمِيرِ
31:20 أَلَمْ تَرَوْا أَنَّ اللَّهَ سَخَّرَ لَكُمْ مَا فِي السَّمَاوَاتِ وَمَا فِي الْأَرْضِ وَأَسْبَغَ عَلَيْكُمْ نِعَمَهُ ظَاهِرَةً وَبَاطِنَةً وَمِنَ النَّاسِ مَنْ يُجَادِلُ فِي اللَّهِ
بِغَيْرِ عِلْمٍ وَلَا هُدًى وَلَا كِتَابٍ مُنِيرٍ 31:21 وَإِذَا قِيلَ لَهُمُ اتَّبِعُوا مَا أَنْزَلَ اللَّهُ قَالُوا بَلْ نَتَّبِعُ مَا وَجَدْنَا عَلَيْهِ آبَاءَنَا أَوَلَوْ كَانَ الشَّيْطَانُ
يَدْعُوهُمْ إِلَىٰ عَذَابِ السَّعِيرِ 31:22 وَمَنْ يُسْلِمْ وَجْهَهُ إِلَى اللَّهِ وَهُوَ مُحْسِنٌ فَقَدِ اسْتَمْسَكَ بِالْعُرْوَةِ الْوُثْقَىٰ وَإِلَى اللَّهِ عَاقِبَةُ الْأُمُورِ
31:23 وَمَنْ كَفَرَ فَلَا يَحْزُنْكَ كُفْرُهُ إِلَيْنَا مَرْجِعُهُمْ فَنُنَبِّئُهُمْ بِمَا عَمِلُوا إِنَّ اللَّهَ عَلِيمٌ بِذَاتِ الصُّدُورِ 31:24 نُمَتِّعُهُمْ قَلِيلًا ثُمَّ نَضْطَرُّهُمْ إِلَىٰ
عَذَابٍ غَلِيظٍ 31:25 وَلَئِنْ سَأَلْتَهُمْ مَنْ خَلَقَ السَّمَاوَاتِ وَالْأَرْضَ لَيَقُولُنَّ اللَّهُ قُلِ الْحَمْدُ لِلَّهِ بَلْ أَكْثَرُهُمْ لَا يَعْلَمُونَ 31:26 لِلَّهِ مَا فِي
السَّمَاوَاتِ وَالْأَرْضِ إِنَّ اللَّهَ هُوَ الْغَنِيُّ الْحَمِيدُ 31:27 وَلَوْ أَنَّمَا فِي الْأَرْضِ مِنْ شَجَرَةٍ أَقْلَامٌ وَالْبَحْرُ يَمُدُّهُ مِنْ بَعْدِهِ سَبْعَةُ أَبْحُرٍ مَا نَفِدَتْ
كَلِمَاتُ اللَّهِ إِنَّ اللَّهَ عَزِيزٌ حَكِيمٌ 31:28 مَا خَلْقُكُمْ وَلَا بَعْثُكُمْ إِلَّا كَنَفْسٍ وَاحِدَةٍ إِنَّ اللَّهَ سَمِيعٌ بَصِيرٌ 31:29 أَلَمْ تَرَ أَنَّ اللَّهَ يُولِجُ اللَّيْلَ فِي
النَّهَارِ وَيُولِجُ النَّهَارَ فِي اللَّيْلِ وَسَخَّرَ الشَّمْسَ وَالْقَمَرَ كُلٌّ يَجْرِي إِلَىٰ أَجَلٍ مُسَمًّى وَأَنَّ اللَّهَ بِمَا تَعْمَلُونَ خَبِيرٌ 31:30 ذَٰلِكَ بِأَنَّ اللَّهَ هُوَ
الْحَقُّ وَأَنَّ مَا يَدْعُونَ مِنْ دُونِهِ الْبَاطِلُ وَأَنَّ اللَّهَ هُوَ الْعَلِيُّ الْكَبِيرُ 31:31 أَلَمْ تَرَ أَنَّ الْفُلْكَ تَجْرِي فِي الْبَحْرِ بِنِعْمَتِ اللَّهِ لِيُرِيَكُمْ مِنْ آيَاتِهِ
إِنَّ فِي ذَٰلِكَ لَآيَاتٍ لِكُلِّ صَبَّارٍ شَكُورٍ 31:32 وَإِذَا غَشِيَهُمْ مَوْجٌ كَالظُّلَلِ دَعَوُا اللَّهَ مُخْلِصِينَ لَهُ الدِّينَ فَلَمَّا نَجَّاهُمْ إِلَى الْبَرِّ فَمِنْهُمْ مُقْتَصِدٌ

وَمَا يَجْحَدُ بِآيَاتِنَا إِلَّا كُلُّ خَتَّارٍ كَفُورٍ 31:33 يَا أَيُّهَا النَّاسُ اتَّقُوا رَبَّكُمْ وَاخْشَوْا يَوْمًا لَا يَجْزِي وَالِدٌ عَنْ وَلَدِهِ وَلَا مَوْلُودٌ هُوَ جَازٍ عَنْ وَالِدِهِ
شَيْئًا إِنَّ وَعْدَ اللَّهِ حَقٌّ فَلَا تَغُرَّنَّكُمُ الْحَيَاةُ الدُّنْيَا وَلَا يَغُرَّنَّكُمْ بِاللَّهِ الْغَرُورُ 31:34 إِنَّ اللَّهَ عِنْدَهُ عِلْمُ السَّاعَةِ وَيُنَزِّلُ الْغَيْثَ وَيَعْلَمُ مَا فِي
الْأَرْحَامِ وَمَا تَدْرِي نَفْسٌ مَاذَا تَكْسِبُ غَدًا وَمَا تَدْرِي نَفْسٌ بِأَيِّ أَرْضٍ تَمُوتُ إِنَّ اللَّهَ عَلِيمٌ خَبِيرٌ 32:1 بِسْمِ اللَّهِ الرَّحْمَٰنِ الرَّحِيمِ الم 32:2
تَنْزِيلُ الْكِتَابِ لَا رَيْبَ فِيهِ مِنْ رَبِّ الْعَالَمِينَ 32:3 أَمْ يَقُولُونَ افْتَرَاهُ بَلْ هُوَ الْحَقُّ مِنْ رَبِّكَ لِتُنْذِرَ قَوْمًا مَا أَتَاهُمْ مِنْ نَذِيرٍ مِنْ قَبْلِكَ لَعَلَّهُمْ
يَهْتَدُونَ 32:4 اللَّهُ الَّذِي خَلَقَ السَّمَاوَاتِ وَالْأَرْضَ وَمَا بَيْنَهُمَا فِي سِتَّةِ أَيَّامٍ ثُمَّ اسْتَوَىٰ عَلَى الْعَرْشِ مَا لَكُمْ مِنْ دُونِهِ مِنْ وَلِيٍّ وَلَا شَفِيعٍ
أَفَلَا تَتَذَكَّرُونَ 32:5 يُدَبِّرُ الْأَمْرَ مِنَ السَّمَاءِ إِلَى الْأَرْضِ ثُمَّ يَعْرُجُ إِلَيْهِ فِي يَوْمٍ كَانَ مِقْدَارُهُ أَلْفَ سَنَةٍ مِمَّا تَعُدُّونَ 32:6 ذَٰلِكَ عَالِمُ الْغَيْبِ
وَالشَّهَادَةِ الْعَزِيزُ الرَّحِيمُ 32:7 الَّذِي أَحْسَنَ كُلَّ شَيْءٍ خَلَقَهُ وَبَدَأَ خَلْقَ الْإِنْسَانِ مِنْ طِينٍ 32:8 ثُمَّ جَعَلَ نَسْلَهُ مِنْ سُلَالَةٍ مِنْ مَاءٍ مَهِينٍ
32:9 ثُمَّ سَوَّاهُ وَنَفَخَ فِيهِ مِنْ رُوحِهِ وَجَعَلَ لَكُمُ السَّمْعَ وَالْأَبْصَارَ وَالْأَفْئِدَةَ قَلِيلًا مَا تَشْكُرُونَ 32:10 وَقَالُوا أَإِذَا ضَلَلْنَا فِي الْأَرْضِ أَإِنَّا لَفِي
خَلْقٍ جَدِيدٍ بَلْ هُمْ بِلِقَاءِ رَبِّهِمْ كَافِرُونَ 32:11 قُلْ يَتَوَفَّاكُمْ مَلَكُ الْمَوْتِ الَّذِي وُكِّلَ بِكُمْ ثُمَّ إِلَىٰ رَبِّكُمْ تُرْجَعُونَ 32:12 وَلَوْ تَرَىٰ إِذِ الْمُجْرِمُونَ
نَاكِسُو رُءُوسِهِمْ عِنْدَ رَبِّهِمْ رَبَّنَا أَبْصَرْنَا وَسَمِعْنَا فَارْجِعْنَا نَعْمَلْ صَالِحًا إِنَّا مُوقِنُونَ 32:13 وَلَوْ شِئْنَا لَآتَيْنَا كُلَّ نَفْسٍ هُدَاهَا وَلَٰكِنْ حَقَّ
الْقَوْلُ مِنِّي لَأَمْلَأَنَّ جَهَنَّمَ مِنَ الْجِنَّةِ وَالنَّاسِ أَجْمَعِينَ 32:14 فَذُوقُوا بِمَا نَسِيتُمْ لِقَاءَ يَوْمِكُمْ هَٰذَا إِنَّا نَسِينَاكُمْ وَذُوقُوا عَذَابَ الْخُلْدِ بِمَا
كُنْتُمْ تَعْمَلُونَ 32:15 إِنَّمَا يُؤْمِنُ بِآيَاتِنَا الَّذِينَ إِذَا ذُكِّرُوا بِهَا خَرُّوا سُجَّدًا وَسَبَّحُوا بِحَمْدِ رَبِّهِمْ وَهُمْ لَا يَسْتَكْبِرُونَ 32:16 تَتَجَافَىٰ جُنُوبُهُمْ
عَنِ الْمَضَاجِعِ يَدْعُونَ رَبَّهُمْ خَوْفًا وَطَمَعًا وَمِمَّا رَزَقْنَاهُمْ يُنْفِقُونَ 32:17 فَلَا تَعْلَمُ نَفْسٌ مَا أُخْفِيَ لَهُمْ مِنْ قُرَّةِ أَعْيُنٍ جَزَاءً بِمَا كَانُوا
يَعْمَلُونَ 32:18 أَفَمَنْ كَانَ مُؤْمِنًا كَمَنْ كَانَ فَاسِقًا لَا يَسْتَوُونَ 32:19 أَمَّا الَّذِينَ آمَنُوا وَعَمِلُوا الصَّالِحَاتِ فَلَهُمْ جَنَّاتُ الْمَأْوَىٰ نُزُلًا بِمَا كَانُوا
يَعْمَلُونَ 32:20 وَأَمَّا الَّذِينَ فَسَقُوا فَمَأْوَاهُمُ النَّارُ كُلَّمَا أَرَادُوا أَنْ يَخْرُجُوا مِنْهَا أُعِيدُوا فِيهَا وَقِيلَ لَهُمْ ذُوقُوا عَذَابَ النَّارِ الَّذِي كُنْتُمْ بِهِ
تُكَذِّبُونَ 32:21 وَلَنُذِيقَنَّهُمْ مِنَ الْعَذَابِ الْأَدْنَىٰ دُونَ الْعَذَابِ الْأَكْبَرِ لَعَلَّهُمْ يَرْجِعُونَ 32:22 وَمَنْ أَظْلَمُ مِمَّنْ ذُكِّرَ بِآيَاتِ رَبِّهِ ثُمَّ أَعْرَضَ عَنْهَا
إِنَّا مِنَ الْمُجْرِمِينَ مُنْتَقِمُونَ 32:23 وَلَقَدْ آتَيْنَا مُوسَى الْكِتَابَ فَلَا تَكُنْ فِي مِرْيَةٍ مِنْ لِقَائِهِ وَجَعَلْنَاهُ هُدًى لِبَنِي إِسْرَائِيلَ 32:24 وَجَعَلْنَا
مِنْهُمْ أَئِمَّةً يَهْدُونَ بِأَمْرِنَا لَمَّا صَبَرُوا وَكَانُوا بِآيَاتِنَا يُوقِنُونَ 32:25 إِنَّ رَبَّكَ هُوَ يَفْصِلُ بَيْنَهُمْ يَوْمَ الْقِيَامَةِ فِيمَا كَانُوا فِيهِ يَخْتَلِفُونَ 32:26
أَوَلَمْ يَهْدِ لَهُمْ كَمْ أَهْلَكْنَا مِنْ قَبْلِهِمْ مِنَ الْقُرُونِ يَمْشُونَ فِي مَسَاكِنِهِمْ إِنَّ فِي ذَٰلِكَ لَآيَاتٍ أَفَلَا يَسْمَعُونَ 32:27 أَوَلَمْ يَرَوْا أَنَّا نَسُوقُ
الْمَاءَ إِلَى الْأَرْضِ الْجُرُزِ فَنُخْرِجُ بِهِ زَرْعًا تَأْكُلُ مِنْهُ أَنْعَامُهُمْ وَأَنْفُسُهُمْ أَفَلَا يُبْصِرُونَ 32:28 وَيَقُولُونَ مَتَىٰ هَٰذَا الْفَتْحُ إِنْ كُنْتُمْ صَادِقِينَ
32:29 قُلْ يَوْمَ الْفَتْحِ لَا يَنْفَعُ الَّذِينَ كَفَرُوا إِيمَانُهُمْ وَلَا هُمْ يُنْظَرُونَ 32:30 فَأَعْرِضْ عَنْهُمْ وَانْتَظِرْ إِنَّهُمْ مُنْتَظِرُونَ 33:1 بِسْمِ اللَّهِ الرَّحْمَٰنِ
الرَّحِيمِ يَا أَيُّهَا النَّبِيُّ اتَّقِ اللَّهَ وَلَا تُطِعِ الْكَافِرِينَ وَالْمُنَافِقِينَ إِنَّ اللَّهَ كَانَ عَلِيمًا حَكِيمًا 33:2 وَاتَّبِعْ مَا يُوحَىٰ إِلَيْكَ مِنْ رَبِّكَ إِنَّ اللَّهَ كَانَ
بِمَا تَعْمَلُونَ خَبِيرًا 33:3 وَتَوَكَّلْ عَلَى اللَّهِ وَكَفَىٰ بِاللَّهِ وَكِيلًا 33:4 مَا جَعَلَ اللَّهُ لِرَجُلٍ مِنْ قَلْبَيْنِ فِي جَوْفِهِ وَمَا جَعَلَ أَزْوَاجَكُمُ اللَّائِي
تُظَاهِرُونَ مِنْهُنَّ أُمَّهَاتِكُمْ وَمَا جَعَلَ أَدْعِيَاءَكُمْ أَبْنَاءَكُمْ ذَٰلِكُمْ قَوْلُكُمْ بِأَفْوَاهِكُمْ وَاللَّهُ يَقُولُ الْحَقَّ وَهُوَ يَهْدِي السَّبِيلَ 33:5 ادْعُوهُمْ
لِآبَائِهِمْ هُوَ أَقْسَطُ عِنْدَ اللَّهِ فَإِنْ لَمْ تَعْلَمُوا آبَاءَهُمْ فَإِخْوَانُكُمْ فِي الدِّينِ وَمَوَالِيكُمْ وَلَيْسَ عَلَيْكُمْ جُنَاحٌ فِيمَا أَخْطَأْتُمْ بِهِ وَلَٰكِنْ مَا
تَعَمَّدَتْ قُلُوبُكُمْ وَكَانَ اللَّهُ غَفُورًا رَحِيمًا 33:6 النَّبِيُّ أَوْلَىٰ بِالْمُؤْمِنِينَ مِنْ أَنْفُسِهِمْ وَأَزْوَاجُهُ أُمَّهَاتُهُمْ وَأُولُو الْأَرْحَامِ بَعْضُهُمْ أَوْلَىٰ
بِبَعْضٍ فِي كِتَابِ اللَّهِ مِنَ الْمُؤْمِنِينَ وَالْمُهَاجِرِينَ إِلَّا أَنْ تَفْعَلُوا إِلَىٰ أَوْلِيَائِكُمْ مَعْرُوفًا كَانَ ذَٰلِكَ فِي الْكِتَابِ مَسْطُورًا 33:7 وَإِذْ أَخَذْنَا مِنَ
النَّبِيِّينَ مِيثَاقَهُمْ وَمِنْكَ وَمِنْ نُوحٍ وَإِبْرَاهِيمَ وَمُوسَىٰ وَعِيسَى ابْنِ مَرْيَمَ وَأَخَذْنَا مِنْهُمْ مِيثَاقًا غَلِيظًا 33:8 لِيَسْأَلَ الصَّادِقِينَ عَنْ صِدْقِهِمْ
وَأَعَدَّ لِلْكَافِرِينَ عَذَابًا أَلِيمًا 33:9 يَا أَيُّهَا الَّذِينَ آمَنُوا اذْكُرُوا نِعْمَةَ اللَّهِ عَلَيْكُمْ إِذْ جَاءَتْكُمْ جُنُودٌ فَأَرْسَلْنَا عَلَيْهِمْ رِيحًا وَجُنُودًا لَمْ تَرَوْهَا
وَكَانَ اللَّهُ بِمَا تَعْمَلُونَ بَصِيرًا 33:10 إِذْ جَاءُوكُمْ مِنْ فَوْقِكُمْ وَمِنْ أَسْفَلَ مِنْكُمْ وَإِذْ زَاغَتِ الْأَبْصَارُ وَبَلَغَتِ الْقُلُوبُ الْحَنَاجِرَ وَتَظُنُّونَ بِاللَّهِ

الظُّنُونَا 33:11 هُنَالِكَ ابْتُلِيَ الْمُؤْمِنُونَ وَزُلْزِلُوا زِلْزَالًا شَدِيدًا 33:12 وَإِذْ يَقُولُ الْمُنَافِقُونَ وَالَّذِينَ فِي قُلُوبِهِمْ مَرَضٌ مَا وَعَدَنَا اللَّهُ وَرَسُولُهُ
إِلَّا غُرُورًا 33:13 وَإِذْ قَالَتْ طَائِفَةٌ مِنْهُمْ يَا أَهْلَ يَثْرِبَ لَا مُقَامَ لَكُمْ فَارْجِعُوا وَيَسْتَأْذِنُ فَرِيقٌ مِنْهُمُ النَّبِيَّ يَقُولُونَ إِنَّ بُيُوتَنَا عَوْرَةٌ وَمَا
هِيَ بِعَوْرَةٍ إِنْ يُرِيدُونَ إِلَّا فِرَارًا 33:14 وَلَوْ دُخِلَتْ عَلَيْهِمْ مِنْ أَقْطَارِهَا ثُمَّ سُئِلُوا الْفِتْنَةَ لَآتَوْهَا وَمَا تَلَبَّثُوا بِهَا إِلَّا يَسِيرًا 33:15 وَلَقَدْ كَانُوا
عَاهَدُوا اللَّهَ مِنْ قَبْلُ لَا يُوَلُّونَ الْأَدْبَارَ وَكَانَ عَهْدُ اللَّهِ مَسْئُولًا 33:16 قُلْ لَنْ يَنْفَعَكُمُ الْفِرَارُ إِنْ فَرَرْتُمْ مِنَ الْمَوْتِ أَوِ الْقَتْلِ وَإِذًا لَا تُمَتَّعُونَ
إِلَّا قَلِيلًا 33:17 قُلْ مَنْ ذَا الَّذِي يَعْصِمُكُمْ مِنَ اللَّهِ إِنْ أَرَادَ بِكُمْ سُوءًا أَوْ أَرَادَ بِكُمْ رَحْمَةً وَلَا يَجِدُونَ لَهُمْ مِنْ دُونِ اللَّهِ وَلِيًّا وَلَا نَصِيرًا
33:18 قَدْ يَعْلَمُ اللَّهُ الْمُعَوِّقِينَ مِنْكُمْ وَالْقَائِلِينَ لِإِخْوَانِهِمْ هَلُمَّ إِلَيْنَا وَلَا يَأْتُونَ الْبَأْسَ إِلَّا قَلِيلًا 33:19 أَشِحَّةً عَلَيْكُمْ فَإِذَا جَاءَ الْخَوْفُ
رَأَيْتَهُمْ يَنْظُرُونَ إِلَيْكَ تَدُورُ أَعْيُنُهُمْ كَالَّذِي يُغْشَىٰ عَلَيْهِ مِنَ الْمَوْتِ فَإِذَا ذَهَبَ الْخَوْفُ سَلَقُوكُمْ بِأَلْسِنَةٍ حِدَادٍ أَشِحَّةً عَلَى الْخَيْرِ أُولَٰئِكَ
لَمْ يُؤْمِنُوا فَأَحْبَطَ اللَّهُ أَعْمَالَهُمْ وَكَانَ ذَٰلِكَ عَلَى اللَّهِ يَسِيرًا 33:20 يَحْسَبُونَ الْأَحْزَابَ لَمْ يَذْهَبُوا وَإِنْ يَأْتِ الْأَحْزَابُ يَوَدُّوا لَوْ أَنَّهُمْ بَادُونَ
فِي الْأَعْرَابِ يَسْأَلُونَ عَنْ أَنْبَائِكُمْ وَلَوْ كَانُوا فِيكُمْ مَا قَاتَلُوا إِلَّا قَلِيلًا 33:21 لَقَدْ كَانَ لَكُمْ فِي رَسُولِ اللَّهِ أُسْوَةٌ حَسَنَةٌ لِمَنْ كَانَ يَرْجُو اللَّهَ
وَالْيَوْمَ الْآخِرَ وَذَكَرَ اللَّهَ كَثِيرًا 33:22 وَلَمَّا رَأَى الْمُؤْمِنُونَ الْأَحْزَابَ قَالُوا هَٰذَا مَا وَعَدَنَا اللَّهُ وَرَسُولُهُ وَصَدَقَ اللَّهُ وَرَسُولُهُ وَمَا زَادَهُمْ إِلَّا
إِيمَانًا وَتَسْلِيمًا 33:23 مِنَ الْمُؤْمِنِينَ رِجَالٌ صَدَقُوا مَا عَاهَدُوا اللَّهَ عَلَيْهِ فَمِنْهُمْ مَنْ قَضَىٰ نَحْبَهُ وَمِنْهُمْ مَنْ يَنْتَظِرُ وَمَا بَدَّلُوا تَبْدِيلًا
33:24 لِيَجْزِيَ اللَّهُ الصَّادِقِينَ بِصِدْقِهِمْ وَيُعَذِّبَ الْمُنَافِقِينَ إِنْ شَاءَ أَوْ يَتُوبَ عَلَيْهِمْ إِنَّ اللَّهَ كَانَ غَفُورًا رَحِيمًا 33:25 وَرَدَّ اللَّهُ الَّذِينَ كَفَرُوا
بِغَيْظِهِمْ لَمْ يَنَالُوا خَيْرًا وَكَفَى اللَّهُ الْمُؤْمِنِينَ الْقِتَالَ وَكَانَ اللَّهُ قَوِيًّا عَزِيزًا 33:26 وَأَنْزَلَ الَّذِينَ ظَاهَرُوهُمْ مِنْ أَهْلِ الْكِتَابِ مِنْ صَيَاصِيهِمْ
وَقَذَفَ فِي قُلُوبِهِمُ الرُّعْبَ فَرِيقًا تَقْتُلُونَ وَتَأْسِرُونَ فَرِيقًا 33:27 وَأَوْرَثَكُمْ أَرْضَهُمْ وَدِيَارَهُمْ وَأَمْوَالَهُمْ وَأَرْضًا لَمْ تَطَئُوهَا وَكَانَ اللَّهُ عَلَىٰ
كُلِّ شَيْءٍ قَدِيرًا 33:28 يَا أَيُّهَا النَّبِيُّ قُلْ لِأَزْوَاجِكَ إِنْ كُنْتُنَّ تُرِدْنَ الْحَيَاةَ الدُّنْيَا وَزِينَتَهَا فَتَعَالَيْنَ أُمَتِّعْكُنَّ وَأُسَرِّحْكُنَّ سَرَاحًا جَمِيلًا 33:29
وَإِنْ كُنْتُنَّ تُرِدْنَ اللَّهَ وَرَسُولَهُ وَالدَّارَ الْآخِرَةَ فَإِنَّ اللَّهَ أَعَدَّ لِلْمُحْسِنَاتِ مِنْكُنَّ أَجْرًا عَظِيمًا 33:30 يَا نِسَاءَ النَّبِيِّ مَنْ يَأْتِ مِنْكُنَّ بِفَاحِشَةٍ
مُبَيِّنَةٍ يُضَاعَفْ لَهَا الْعَذَابُ ضِعْفَيْنِ وَكَانَ ذَٰلِكَ عَلَى اللَّهِ يَسِيرًا 33:31 وَمَنْ يَقْنُتْ مِنْكُنَّ لِلَّهِ وَرَسُولِهِ وَتَعْمَلْ صَالِحًا نُؤْتِهَا أَجْرَهَا مَرَّتَيْنِ
وَأَعْتَدْنَا لَهَا رِزْقًا كَرِيمًا 33:32 يَا نِسَاءَ النَّبِيِّ لَسْتُنَّ كَأَحَدٍ مِنَ النِّسَاءِ إِنِ اتَّقَيْتُنَّ فَلَا تَخْضَعْنَ بِالْقَوْلِ فَيَطْمَعَ الَّذِي فِي قَلْبِهِ مَرَضٌ وَقُلْنَ
قَوْلًا مَعْرُوفًا 33:33 وَقَرْنَ فِي بُيُوتِكُنَّ وَلَا تَبَرَّجْنَ تَبَرُّجَ الْجَاهِلِيَّةِ الْأُولَىٰ وَأَقِمْنَ الصَّلَاةَ وَآتِينَ الزَّكَاةَ وَأَطِعْنَ اللَّهَ وَرَسُولَهُ إِنَّمَا يُرِيدُ اللَّهُ
لِيُذْهِبَ عَنْكُمُ الرِّجْسَ أَهْلَ الْبَيْتِ وَيُطَهِّرَكُمْ تَطْهِيرًا 33:34 وَاذْكُرْنَ مَا يُتْلَىٰ فِي بُيُوتِكُنَّ مِنْ آيَاتِ اللَّهِ وَالْحِكْمَةِ إِنَّ اللَّهَ كَانَ لَطِيفًا خَبِيرًا
33:35 إِنَّ الْمُسْلِمِينَ وَالْمُسْلِمَاتِ وَالْمُؤْمِنِينَ وَالْمُؤْمِنَاتِ وَالْقَانِتِينَ وَالْقَانِتَاتِ وَالصَّادِقِينَ وَالصَّادِقَاتِ وَالصَّابِرِينَ وَالصَّابِرَاتِ وَالْخَاشِعِينَ
وَالْخَاشِعَاتِ وَالْمُتَصَدِّقِينَ وَالْمُتَصَدِّقَاتِ وَالصَّائِمِينَ وَالصَّائِمَاتِ وَالْحَافِظِينَ فُرُوجَهُمْ وَالْحَافِظَاتِ وَالذَّاكِرِينَ اللَّهَ كَثِيرًا وَالذَّاكِرَاتِ أَعَدَّ
اللَّهُ لَهُمْ مَغْفِرَةً وَأَجْرًا عَظِيمًا 33:36 وَمَا كَانَ لِمُؤْمِنٍ وَلَا مُؤْمِنَةٍ إِذَا قَضَى اللَّهُ وَرَسُولُهُ أَمْرًا أَنْ يَكُونَ لَهُمُ الْخِيَرَةُ مِنْ أَمْرِهِمْ وَمَنْ يَعْصِ
اللَّهَ وَرَسُولَهُ فَقَدْ ضَلَّ ضَلَالًا مُبِينًا 33:37 وَإِذْ تَقُولُ لِلَّذِي أَنْعَمَ اللَّهُ عَلَيْهِ وَأَنْعَمْتَ عَلَيْهِ أَمْسِكْ عَلَيْكَ زَوْجَكَ وَاتَّقِ اللَّهَ وَتُخْفِي فِي
نَفْسِكَ مَا اللَّهُ مُبْدِيهِ وَتَخْشَى النَّاسَ وَاللَّهُ أَحَقُّ أَنْ تَخْشَاهُ فَلَمَّا قَضَىٰ زَيْدٌ مِنْهَا وَطَرًا زَوَّجْنَاكَهَا لِكَيْ لَا يَكُونَ عَلَى الْمُؤْمِنِينَ حَرَجٌ
فِي أَزْوَاجِ أَدْعِيَائِهِمْ إِذَا قَضَوْا مِنْهُنَّ وَطَرًا وَكَانَ أَمْرُ اللَّهِ مَفْعُولًا 33:38 مَا كَانَ عَلَى النَّبِيِّ مِنْ حَرَجٍ فِيمَا فَرَضَ اللَّهُ لَهُ سُنَّةَ اللَّهِ فِي
الَّذِينَ خَلَوْا مِنْ قَبْلُ وَكَانَ أَمْرُ اللَّهِ قَدَرًا مَقْدُورًا 33:39 الَّذِينَ يُبَلِّغُونَ رِسَالَاتِ اللَّهِ وَيَخْشَوْنَهُ وَلَا يَخْشَوْنَ أَحَدًا إِلَّا اللَّهَ وَكَفَىٰ بِاللَّهِ
حَسِيبًا 33:40 مَا كَانَ مُحَمَّدٌ أَبَا أَحَدٍ مِنْ رِجَالِكُمْ وَلَٰكِنْ رَسُولَ اللَّهِ وَخَاتَمَ النَّبِيِّينَ وَكَانَ اللَّهُ بِكُلِّ شَيْءٍ عَلِيمًا 33:41 يَا أَيُّهَا الَّذِينَ آمَنُوا
اذْكُرُوا اللَّهَ ذِكْرًا كَثِيرًا 33:42 وَسَبِّحُوهُ بُكْرَةً وَأَصِيلًا 33:43 هُوَ الَّذِي يُصَلِّي عَلَيْكُمْ وَمَلَائِكَتُهُ لِيُخْرِجَكُمْ مِنَ الظُّلُمَاتِ إِلَى النُّورِ وَكَانَ
بِالْمُؤْمِنِينَ رَحِيمًا 33:44 تَحِيَّتُهُمْ يَوْمَ يَلْقَوْنَهُ سَلَامٌ وَأَعَدَّ لَهُمْ أَجْرًا كَرِيمًا 33:45 يَا أَيُّهَا النَّبِيُّ إِنَّا أَرْسَلْنَاكَ شَاهِدًا وَمُبَشِّرًا وَنَذِيرًا 33:46

وَدَاعِيًا إِلَى اللَّهِ بِإِذْنِهِ وَسِرَاجًا مُنِيرًا 33:47 وَبَشِّرِ الْمُؤْمِنِينَ بِأَنَّ لَهُمْ مِنَ اللَّهِ فَضْلًا كَبِيرًا 33:48 وَلَا تُطِعِ الْكَافِرِينَ وَالْمُنَافِقِينَ وَدَعْ أَذَاهُمْ
وَتَوَكَّلْ عَلَى اللَّهِ وَكَفَىٰ بِاللَّهِ وَكِيلًا 33:49 يَا أَيُّهَا الَّذِينَ آمَنُوا إِذَا نَكَحْتُمُ الْمُؤْمِنَاتِ ثُمَّ طَلَّقْتُمُوهُنَّ مِنْ قَبْلِ أَنْ تَمَسُّوهُنَّ فَمَا لَكُمْ عَلَيْهِنَّ
مِنْ عِدَّةٍ تَعْتَدُّونَهَا فَمَتِّعُوهُنَّ وَسَرِّحُوهُنَّ سَرَاحًا جَمِيلًا 33:50 يَا أَيُّهَا النَّبِيُّ إِنَّا أَحْلَلْنَا لَكَ أَزْوَاجَكَ اللَّاتِي آتَيْتَ أُجُورَهُنَّ وَمَا مَلَكَتْ
يَمِينُكَ مِمَّا أَفَاءَ اللَّهُ عَلَيْكَ وَبَنَاتِ عَمِّكَ وَبَنَاتِ عَمَّاتِكَ وَبَنَاتِ خَالِكَ وَبَنَاتِ خَالَاتِكَ اللَّاتِي هَاجَرْنَ مَعَكَ وَامْرَأَةً مُؤْمِنَةً إِنْ وَهَبَتْ
نَفْسَهَا لِلنَّبِيِّ إِنْ أَرَادَ النَّبِيُّ أَنْ يَسْتَنْكِحَهَا خَالِصَةً لَكَ مِنْ دُونِ الْمُؤْمِنِينَ قَدْ عَلِمْنَا مَا فَرَضْنَا عَلَيْهِمْ فِي أَزْوَاجِهِمْ وَمَا مَلَكَتْ أَيْمَانُهُمْ
لِكَيْلَا يَكُونَ عَلَيْكَ حَرَجٌ وَكَانَ اللَّهُ غَفُورًا رَحِيمًا 33:51 تُرْجِي مَنْ تَشَاءُ مِنْهُنَّ وَتُؤْوِي إِلَيْكَ مَنْ تَشَاءُ وَمَنِ ابْتَغَيْتَ مِمَّنْ عَزَلْتَ فَلَا جُنَاحَ
عَلَيْكَ ذَٰلِكَ أَدْنَىٰ أَنْ تَقَرَّ أَعْيُنُهُنَّ وَلَا يَحْزَنَّ وَيَرْضَيْنَ بِمَا آتَيْتَهُنَّ كُلُّهُنَّ وَاللَّهُ يَعْلَمُ مَا فِي قُلُوبِكُمْ وَكَانَ اللَّهُ عَلِيمًا حَلِيمًا 33:52 لَا يَحِلُّ
لَكَ النِّسَاءُ مِنْ بَعْدُ وَلَا أَنْ تَبَدَّلَ بِهِنَّ مِنْ أَزْوَاجٍ وَلَوْ أَعْجَبَكَ حُسْنُهُنَّ إِلَّا مَا مَلَكَتْ يَمِينُكَ وَكَانَ اللَّهُ عَلَىٰ كُلِّ شَيْءٍ رَقِيبًا 33:53 يَا أَيُّهَا
الَّذِينَ آمَنُوا لَا تَدْخُلُوا بُيُوتَ النَّبِيِّ إِلَّا أَنْ يُؤْذَنَ لَكُمْ إِلَىٰ طَعَامٍ غَيْرَ نَاظِرِينَ إِنَاهُ وَلَٰكِنْ إِذَا دُعِيتُمْ فَادْخُلُوا فَإِذَا طَعِمْتُمْ فَانْتَشِرُوا وَلَا
مُسْتَأْنِسِينَ لِحَدِيثٍ إِنَّ ذَٰلِكُمْ كَانَ يُؤْذِي النَّبِيَّ فَيَسْتَحْيِي مِنْكُمْ وَاللَّهُ لَا يَسْتَحْيِي مِنَ الْحَقِّ وَإِذَا سَأَلْتُمُوهُنَّ مَتَاعًا فَاسْأَلُوهُنَّ مِنْ
وَرَاءِ حِجَابٍ ذَٰلِكُمْ أَطْهَرُ لِقُلُوبِكُمْ وَقُلُوبِهِنَّ وَمَا كَانَ لَكُمْ أَنْ تُؤْذُوا رَسُولَ اللَّهِ وَلَا أَنْ تَنْكِحُوا أَزْوَاجَهُ مِنْ بَعْدِهِ أَبَدًا إِنَّ ذَٰلِكُمْ كَانَ عِنْدَ
اللَّهِ عَظِيمًا 33:54 إِنْ تُبْدُوا شَيْئًا أَوْ تُخْفُوهُ فَإِنَّ اللَّهَ كَانَ بِكُلِّ شَيْءٍ عَلِيمًا 33:55 لَا جُنَاحَ عَلَيْهِنَّ فِي آبَائِهِنَّ وَلَا أَبْنَائِهِنَّ وَلَا إِخْوَانِهِنَّ
وَلَا أَبْنَاءِ إِخْوَانِهِنَّ وَلَا أَبْنَاءِ أَخَوَاتِهِنَّ وَلَا نِسَائِهِنَّ وَلَا مَا مَلَكَتْ أَيْمَانُهُنَّ وَاتَّقِينَ اللَّهَ إِنَّ اللَّهَ كَانَ عَلَىٰ كُلِّ شَيْءٍ شَهِيدًا 33:56 إِنَّ اللَّهَ
وَمَلَائِكَتَهُ يُصَلُّونَ عَلَى النَّبِيِّ يَا أَيُّهَا الَّذِينَ آمَنُوا صَلُّوا عَلَيْهِ وَسَلِّمُوا تَسْلِيمًا 33:57 إِنَّ الَّذِينَ يُؤْذُونَ اللَّهَ وَرَسُولَهُ لَعَنَهُمُ اللَّهُ فِي الدُّنْيَا
وَالْآخِرَةِ وَأَعَدَّ لَهُمْ عَذَابًا مُهِينًا 33:58 وَالَّذِينَ يُؤْذُونَ الْمُؤْمِنِينَ وَالْمُؤْمِنَاتِ بِغَيْرِ مَا اكْتَسَبُوا فَقَدِ احْتَمَلُوا بُهْتَانًا وَإِثْمًا مُبِينًا 33:59 يَا
أَيُّهَا النَّبِيُّ قُلْ لِأَزْوَاجِكَ وَبَنَاتِكَ وَنِسَاءِ الْمُؤْمِنِينَ يُدْنِينَ عَلَيْهِنَّ مِنْ جَلَابِيبِهِنَّ ذَٰلِكَ أَدْنَىٰ أَنْ يُعْرَفْنَ فَلَا يُؤْذَيْنَ وَكَانَ اللَّهُ غَفُورًا رَحِيمًا
33:60 لَئِنْ لَمْ يَنْتَهِ الْمُنَافِقُونَ وَالَّذِينَ فِي قُلُوبِهِمْ مَرَضٌ وَالْمُرْجِفُونَ فِي الْمَدِينَةِ لَنُغْرِيَنَّكَ بِهِمْ ثُمَّ لَا يُجَاوِرُونَكَ فِيهَا إِلَّا قَلِيلًا 33:61
مَلْعُونِينَ أَيْنَمَا ثُقِفُوا أُخِذُوا وَقُتِّلُوا تَقْتِيلًا 33:62 سُنَّةَ اللَّهِ فِي الَّذِينَ خَلَوْا مِنْ قَبْلُ وَلَنْ تَجِدَ لِسُنَّةِ اللَّهِ تَبْدِيلًا 33:63 يَسْأَلُكَ النَّاسُ عَنِ
السَّاعَةِ قُلْ إِنَّمَا عِلْمُهَا عِنْدَ اللَّهِ وَمَا يُدْرِيكَ لَعَلَّ السَّاعَةَ تَكُونُ قَرِيبًا 33:64 إِنَّ اللَّهَ لَعَنَ الْكَافِرِينَ وَأَعَدَّ لَهُمْ سَعِيرًا 33:65 خَالِدِينَ فِيهَا
أَبَدًا لَا يَجِدُونَ وَلِيًّا وَلَا نَصِيرًا 33:66 يَوْمَ تُقَلَّبُ وُجُوهُهُمْ فِي النَّارِ يَقُولُونَ يَا لَيْتَنَا أَطَعْنَا اللَّهَ وَأَطَعْنَا الرَّسُولَا 33:67 وَقَالُوا رَبَّنَا إِنَّا أَطَعْنَا
سَادَتَنَا وَكُبَرَاءَنَا فَأَضَلُّونَا السَّبِيلَا 33:68 رَبَّنَا آتِهِمْ ضِعْفَيْنِ مِنَ الْعَذَابِ وَالْعَنْهُمْ لَعْنًا كَبِيرًا 33:69 يَا أَيُّهَا الَّذِينَ آمَنُوا لَا تَكُونُوا كَالَّذِينَ
آذَوْا مُوسَىٰ فَبَرَّأَهُ اللَّهُ مِمَّا قَالُوا وَكَانَ عِنْدَ اللَّهِ وَجِيهًا 33:70 يَا أَيُّهَا الَّذِينَ آمَنُوا اتَّقُوا اللَّهَ وَقُولُوا قَوْلًا سَدِيدًا 33:71 يُصْلِحْ لَكُمْ أَعْمَالَكُمْ
وَيَغْفِرْ لَكُمْ ذُنُوبَكُمْ وَمَنْ يُطِعِ اللَّهَ وَرَسُولَهُ فَقَدْ فَازَ فَوْزًا عَظِيمًا 33:72 إِنَّا عَرَضْنَا الْأَمَانَةَ عَلَى السَّمَاوَاتِ وَالْأَرْضِ وَالْجِبَالِ فَأَبَيْنَ أَنْ
يَحْمِلْنَهَا وَأَشْفَقْنَ مِنْهَا وَحَمَلَهَا الْإِنْسَانُ إِنَّهُ كَانَ ظَلُومًا جَهُولًا 33:73 لِيُعَذِّبَ اللَّهُ الْمُنَافِقِينَ وَالْمُنَافِقَاتِ وَالْمُشْرِكِينَ وَالْمُشْرِكَاتِ
وَيَتُوبَ اللَّهُ عَلَى الْمُؤْمِنِينَ وَالْمُؤْمِنَاتِ وَكَانَ اللَّهُ غَفُورًا رَحِيمًا 34:1 بِسْمِ اللَّهِ الرَّحْمَٰنِ الرَّحِيمِ الْحَمْدُ لِلَّهِ الَّذِي لَهُ مَا فِي السَّمَاوَاتِ
وَمَا فِي الْأَرْضِ وَلَهُ الْحَمْدُ فِي الْآخِرَةِ وَهُوَ الْحَكِيمُ الْخَبِيرُ 34:2 يَعْلَمُ مَا يَلِجُ فِي الْأَرْضِ وَمَا يَخْرُجُ مِنْهَا وَمَا يَنْزِلُ مِنَ السَّمَاءِ وَمَا يَعْرُجُ
فِيهَا وَهُوَ الرَّحِيمُ الْغَفُورُ 34:3 وَقَالَ الَّذِينَ كَفَرُوا لَا تَأْتِينَا السَّاعَةُ قُلْ بَلَىٰ وَرَبِّي لَتَأْتِيَنَّكُمْ عَالِمِ الْغَيْبِ لَا يَعْزُبُ عَنْهُ مِثْقَالُ ذَرَّةٍ فِي
السَّمَاوَاتِ وَلَا فِي الْأَرْضِ وَلَا أَصْغَرُ مِنْ ذَٰلِكَ وَلَا أَكْبَرُ إِلَّا فِي كِتَابٍ مُبِينٍ 34:4 لِيَجْزِيَ الَّذِينَ آمَنُوا وَعَمِلُوا الصَّالِحَاتِ أُولَٰئِكَ لَهُمْ مَغْفِرَةٌ
وَرِزْقٌ كَرِيمٌ 34:5 وَالَّذِينَ سَعَوْا فِي آيَاتِنَا مُعَاجِزِينَ أُولَٰئِكَ لَهُمْ عَذَابٌ مِنْ رِجْزٍ أَلِيمٌ 34:6 وَيَرَى الَّذِينَ أُوتُوا الْعِلْمَ الَّذِي أُنْزِلَ إِلَيْكَ مِنْ
رَبِّكَ هُوَ الْحَقَّ وَيَهْدِي إِلَىٰ صِرَاطِ الْعَزِيزِ الْحَمِيدِ 34:7 وَقَالَ الَّذِينَ كَفَرُوا هَلْ نَدُلُّكُمْ عَلَىٰ رَجُلٍ يُنَبِّئُكُمْ إِذَا مُزِّقْتُمْ كُلَّ مُمَزَّقٍ إِنَّكُمْ لَفِي

خَلْقٍ جَدِيدٍ 34:8 أَفْتَرَىٰ عَلَى اللَّهِ كَذِبًا أَمْ بِهِ جِنَّةٌ بَلِ الَّذِينَ لَا يُؤْمِنُونَ بِالْآخِرَةِ فِي الْعَذَابِ وَالضَّلَالِ الْبَعِيدِ 34:9 أَفَلَمْ يَرَوْا إِلَىٰ مَا بَيْنَ
أَيْدِيهِمْ وَمَا خَلْفَهُمْ مِنَ السَّمَاءِ وَالْأَرْضِ إِنْ نَشَأْ نَخْسِفْ بِهِمُ الْأَرْضَ أَوْ نُسْقِطْ عَلَيْهِمْ كِسَفًا مِنَ السَّمَاءِ إِنَّ فِي ذَٰلِكَ لَآيَةً لِكُلِّ عَبْدٍ
مُنِيبٍ 34:10 وَلَقَدْ آتَيْنَا دَاوُودَ مِنَّا فَضْلًا يَا جِبَالُ أَوِّبِي مَعَهُ وَالطَّيْرَ وَأَلَنَّا لَهُ الْحَدِيدَ 34:11 أَنِ اعْمَلْ سَابِغَاتٍ وَقَدِّرْ فِي السَّرْدِ وَاعْمَلُوا
صَالِحًا إِنِّي بِمَا تَعْمَلُونَ بَصِيرٌ 34:12 وَلِسُلَيْمَانَ الرِّيحَ غُدُوُّهَا شَهْرٌ وَرَوَاحُهَا شَهْرٌ وَأَسَلْنَا لَهُ عَيْنَ الْقِطْرِ وَمِنَ الْجِنِّ مَنْ يَعْمَلُ بَيْنَ يَدَيْهِ
بِإِذْنِ رَبِّهِ وَمَنْ يَزِغْ مِنْهُمْ عَنْ أَمْرِنَا نُذِقْهُ مِنْ عَذَابِ السَّعِيرِ 34:13 يَعْمَلُونَ لَهُ مَا يَشَاءُ مِنْ مَحَارِيبَ وَتَمَاثِيلَ وَجِفَانٍ كَالْجَوَابِ وَقُدُورٍ
رَاسِيَاتٍ اعْمَلُوا آلَ دَاوُودَ شُكْرًا وَقَلِيلٌ مِنْ عِبَادِيَ الشَّكُورُ 34:14 فَلَمَّا قَضَيْنَا عَلَيْهِ الْمَوْتَ مَا دَلَّهُمْ عَلَىٰ مَوْتِهِ إِلَّا دَابَّةُ الْأَرْضِ تَأْكُلُ
مِنْسَأَتَهُ فَلَمَّا خَرَّ تَبَيَّنَتِ الْجِنُّ أَنْ لَوْ كَانُوا يَعْلَمُونَ الْغَيْبَ مَا لَبِثُوا فِي الْعَذَابِ الْمُهِينِ 34:15 لَقَدْ كَانَ لِسَبَإٍ فِي مَسْكَنِهِمْ آيَةٌ جَنَّتَانِ
عَنْ يَمِينٍ وَشِمَالٍ كُلُوا مِنْ رِزْقِ رَبِّكُمْ وَاشْكُرُوا لَهُ بَلْدَةٌ طَيِّبَةٌ وَرَبٌّ غَفُورٌ 34:16 فَأَعْرَضُوا فَأَرْسَلْنَا عَلَيْهِمْ سَيْلَ الْعَرِمِ وَبَدَّلْنَاهُمْ بِجَنَّتَيْهِمْ
جَنَّتَيْنِ ذَوَاتَيْ أُكُلٍ خَمْطٍ وَأَثْلٍ وَشَيْءٍ مِنْ سِدْرٍ قَلِيلٍ 34:17 ذَٰلِكَ جَزَيْنَاهُمْ بِمَا كَفَرُوا وَهَلْ نُجَازِي إِلَّا الْكَفُورَ 34:18 وَجَعَلْنَا بَيْنَهُمْ وَبَيْنَ
الْقُرَى الَّتِي بَارَكْنَا فِيهَا قُرًى ظَاهِرَةً وَقَدَّرْنَا فِيهَا السَّيْرَ سِيرُوا فِيهَا لَيَالِيَ وَأَيَّامًا آمِنِينَ 34:19 فَقَالُوا رَبَّنَا بَاعِدْ بَيْنَ أَسْفَارِنَا وَظَلَمُوا
أَنْفُسَهُمْ فَجَعَلْنَاهُمْ أَحَادِيثَ وَمَزَّقْنَاهُمْ كُلَّ مُمَزَّقٍ إِنَّ فِي ذَٰلِكَ لَآيَاتٍ لِكُلِّ صَبَّارٍ شَكُورٍ 34:20 وَلَقَدْ صَدَّقَ عَلَيْهِمْ إِبْلِيسُ ظَنَّهُ فَاتَّبَعُوهُ
إِلَّا فَرِيقًا مِنَ الْمُؤْمِنِينَ 34:21 وَمَا كَانَ لَهُ عَلَيْهِمْ مِنْ سُلْطَانٍ إِلَّا لِنَعْلَمَ مَنْ يُؤْمِنُ بِالْآخِرَةِ مِمَّنْ هُوَ مِنْهَا فِي شَكٍّ وَرَبُّكَ عَلَىٰ كُلِّ شَيْءٍ
حَفِيظٌ 34:22 قُلِ ادْعُوا الَّذِينَ زَعَمْتُمْ مِنْ دُونِ اللَّهِ لَا يَمْلِكُونَ مِثْقَالَ ذَرَّةٍ فِي السَّمَاوَاتِ وَلَا فِي الْأَرْضِ وَمَا لَهُمْ فِيهِمَا مِنْ شِرْكٍ وَمَا
لَهُ مِنْهُمْ مِنْ ظَهِيرٍ 34:23 وَلَا تَنْفَعُ الشَّفَاعَةُ عِنْدَهُ إِلَّا لِمَنْ أَذِنَ لَهُ حَتَّىٰ إِذَا فُزِّعَ عَنْ قُلُوبِهِمْ قَالُوا مَاذَا قَالَ رَبُّكُمْ قَالُوا الْحَقَّ وَهُوَ
الْعَلِيُّ الْكَبِيرُ 34:24 قُلْ مَنْ يَرْزُقُكُمْ مِنَ السَّمَاوَاتِ وَالْأَرْضِ قُلِ اللَّهُ وَإِنَّا أَوْ إِيَّاكُمْ لَعَلَىٰ هُدًى أَوْ فِي ضَلَالٍ مُبِينٍ 34:25 قُلْ لَا تُسْأَلُونَ عَمَّا
أَجْرَمْنَا وَلَا نُسْأَلُ عَمَّا تَعْمَلُونَ 34:26 قُلْ يَجْمَعُ بَيْنَنَا رَبُّنَا ثُمَّ يَفْتَحُ بَيْنَنَا بِالْحَقِّ وَهُوَ الْفَتَّاحُ الْعَلِيمُ 34:27 قُلْ أَرُونِيَ الَّذِينَ أَلْحَقْتُمْ بِهِ
شُرَكَاءَ كَلَّا بَلْ هُوَ اللَّهُ الْعَزِيزُ الْحَكِيمُ 34:28 وَمَا أَرْسَلْنَاكَ إِلَّا كَافَّةً لِلنَّاسِ بَشِيرًا وَنَذِيرًا وَلَٰكِنَّ أَكْثَرَ النَّاسِ لَا يَعْلَمُونَ 34:29 وَيَقُولُونَ مَتَىٰ
هَٰذَا الْوَعْدُ إِنْ كُنْتُمْ صَادِقِينَ 34:30 قُلْ لَكُمْ مِيعَادُ يَوْمٍ لَا تَسْتَأْخِرُونَ عَنْهُ سَاعَةً وَلَا تَسْتَقْدِمُونَ 34:31 وَقَالَ الَّذِينَ كَفَرُوا لَنْ نُؤْمِنَ بِهَٰذَا
الْقُرْآنِ وَلَا بِالَّذِي بَيْنَ يَدَيْهِ وَلَوْ تَرَىٰ إِذِ الظَّالِمُونَ مَوْقُوفُونَ عِنْدَ رَبِّهِمْ يَرْجِعُ بَعْضُهُمْ إِلَىٰ بَعْضٍ الْقَوْلَ يَقُولُ الَّذِينَ اسْتُضْعِفُوا لِلَّذِينَ
اسْتَكْبَرُوا لَوْلَا أَنْتُمْ لَكُنَّا مُؤْمِنِينَ 34:32 قَالَ الَّذِينَ اسْتَكْبَرُوا لِلَّذِينَ اسْتُضْعِفُوا أَنَحْنُ صَدَدْنَاكُمْ عَنِ الْهُدَىٰ بَعْدَ إِذْ جَاءَكُمْ بَلْ كُنْتُمْ
مُجْرِمِينَ 34:33 وَقَالَ الَّذِينَ اسْتُضْعِفُوا لِلَّذِينَ اسْتَكْبَرُوا بَلْ مَكْرُ اللَّيْلِ وَالنَّهَارِ إِذْ تَأْمُرُونَنَا أَنْ نَكْفُرَ بِاللَّهِ وَنَجْعَلَ لَهُ أَنْدَادًا وَأَسَرُّوا النَّدَامَةَ
لَمَّا رَأَوُا الْعَذَابَ وَجَعَلْنَا الْأَغْلَالَ فِي أَعْنَاقِ الَّذِينَ كَفَرُوا هَلْ يُجْزَوْنَ إِلَّا مَا كَانُوا يَعْمَلُونَ 34:34 وَمَا أَرْسَلْنَا فِي قَرْيَةٍ مِنْ نَذِيرٍ إِلَّا قَالَ
مُتْرَفُوهَا إِنَّا بِمَا أُرْسِلْتُمْ بِهِ كَافِرُونَ 34:35 وَقَالُوا نَحْنُ أَكْثَرُ أَمْوَالًا وَأَوْلَادًا وَمَا نَحْنُ بِمُعَذَّبِينَ 34:36 قُلْ إِنَّ رَبِّي يَبْسُطُ الرِّزْقَ لِمَنْ يَشَاءُ
وَيَقْدِرُ وَلَٰكِنَّ أَكْثَرَ النَّاسِ لَا يَعْلَمُونَ 34:37 وَمَا أَمْوَالُكُمْ وَلَا أَوْلَادُكُمْ بِالَّتِي تُقَرِّبُكُمْ عِنْدَنَا زُلْفَىٰ إِلَّا مَنْ آمَنَ وَعَمِلَ صَالِحًا فَأُولَٰئِكَ لَهُمْ
جَزَاءُ الضِّعْفِ بِمَا عَمِلُوا وَهُمْ فِي الْغُرُفَاتِ آمِنُونَ 34:38 وَالَّذِينَ يَسْعَوْنَ فِي آيَاتِنَا مُعَاجِزِينَ أُولَٰئِكَ فِي الْعَذَابِ مُحْضَرُونَ 34:39 قُلْ
إِنَّ رَبِّي يَبْسُطُ الرِّزْقَ لِمَنْ يَشَاءُ مِنْ عِبَادِهِ وَيَقْدِرُ لَهُ وَمَا أَنْفَقْتُمْ مِنْ شَيْءٍ فَهُوَ يُخْلِفُهُ وَهُوَ خَيْرُ الرَّازِقِينَ 34:40 وَيَوْمَ يَحْشُرُهُمْ جَمِيعًا
ثُمَّ يَقُولُ لِلْمَلَائِكَةِ أَهَٰؤُلَاءِ إِيَّاكُمْ كَانُوا يَعْبُدُونَ 34:41 قَالُوا سُبْحَانَكَ أَنْتَ وَلِيُّنَا مِنْ دُونِهِمْ بَلْ كَانُوا يَعْبُدُونَ الْجِنَّ أَكْثَرُهُمْ بِهِمْ مُؤْمِنُونَ
34:42 فَالْيَوْمَ لَا يَمْلِكُ بَعْضُكُمْ لِبَعْضٍ نَفْعًا وَلَا ضَرًّا وَنَقُولُ لِلَّذِينَ ظَلَمُوا ذُوقُوا عَذَابَ النَّارِ الَّتِي كُنْتُمْ بِهَا تُكَذِّبُونَ 34:43 وَإِذَا تُتْلَىٰ
عَلَيْهِمْ آيَاتُنَا بَيِّنَاتٍ قَالُوا مَا هَٰذَا إِلَّا رَجُلٌ يُرِيدُ أَنْ يَصُدَّكُمْ عَمَّا كَانَ يَعْبُدُ آبَاؤُكُمْ وَقَالُوا مَا هَٰذَا إِلَّا إِفْكٌ مُفْتَرًى وَقَالَ الَّذِينَ كَفَرُوا لِلْحَقِّ
لَمَّا جَاءَهُمْ إِنْ هَٰذَا إِلَّا سِحْرٌ مُبِينٌ 34:44 وَمَا آتَيْنَاهُمْ مِنْ كُتُبٍ يَدْرُسُونَهَا وَمَا أَرْسَلْنَا إِلَيْهِمْ قَبْلَكَ مِنْ نَذِيرٍ 34:45 وَكَذَّبَ الَّذِينَ مِنْ قَبْلِهِمْ

وَمَا بَلَغُوا مِعْشَارَ مَا آتَيْنَاهُمْ فَكَذَّبُوا رُسُلِي فَكَيْفَ كَانَ نَكِيرِ 34:46 قُلْ إِنَّمَا أَعِظُكُمْ بِوَاحِدَةٍ أَنْ تَقُومُوا لِلَّهِ مَثْنَىٰ وَفُرَادَىٰ ثُمَّ تَتَفَكَّرُوا
مَا بِصَاحِبِكُمْ مِنْ جِنَّةٍ إِنْ هُوَ إِلَّا نَذِيرٌ لَكُمْ بَيْنَ يَدَيْ عَذَابٍ شَدِيدٍ 34:47 قُلْ مَا سَأَلْتُكُمْ مِنْ أَجْرٍ فَهُوَ لَكُمْ إِنْ أَجْرِيَ إِلَّا عَلَى اللَّهِ وَهُوَ
عَلَىٰ كُلِّ شَيْءٍ شَهِيدٌ 34:48 قُلْ إِنَّ رَبِّي يَقْذِفُ بِالْحَقِّ عَلَّامُ الْغُيُوبِ 34:49 قُلْ جَاءَ الْحَقُّ وَمَا يُبْدِئُ الْبَاطِلُ وَمَا يُعِيدُ 34:50 قُلْ إِنْ
ضَلَلْتُ فَإِنَّمَا أَضِلُّ عَلَىٰ نَفْسِي وَإِنِ اهْتَدَيْتُ فَبِمَا يُوحِي إِلَيَّ رَبِّي إِنَّهُ سَمِيعٌ قَرِيبٌ 34:51 وَلَوْ تَرَىٰ إِذْ فَزِعُوا فَلَا فَوْتَ وَأُخِذُوا مِنْ مَكَانٍ
قَرِيبٍ 34:52 وَقَالُوا آمَنَّا بِهِ وَأَنَّىٰ لَهُمُ التَّنَاوُشُ مِنْ مَكَانٍ بَعِيدٍ 34:53 وَقَدْ كَفَرُوا بِهِ مِنْ قَبْلُ وَيَقْذِفُونَ بِالْغَيْبِ مِنْ مَكَانٍ بَعِيدٍ 34:54
وَحِيلَ بَيْنَهُمْ وَبَيْنَ مَا يَشْتَهُونَ كَمَا فُعِلَ بِأَشْيَاعِهِمْ مِنْ قَبْلُ إِنَّهُمْ كَانُوا فِي شَكٍّ مُرِيبٍ 35:1 بِسْمِ اللَّهِ الرَّحْمَٰنِ الرَّحِيمِ الْحَمْدُ لِلَّهِ
فَاطِرِ السَّمَاوَاتِ وَالْأَرْضِ جَاعِلِ الْمَلَائِكَةِ رُسُلًا أُولِي أَجْنِحَةٍ مَثْنَىٰ وَثُلَاثَ وَرُبَاعَ يَزِيدُ فِي الْخَلْقِ مَا يَشَاءُ إِنَّ اللَّهَ عَلَىٰ كُلِّ شَيْءٍ قَدِيرٌ
35:2 مَا يَفْتَحِ اللَّهُ لِلنَّاسِ مِنْ رَحْمَةٍ فَلَا مُمْسِكَ لَهَا وَمَا يُمْسِكْ فَلَا مُرْسِلَ لَهُ مِنْ بَعْدِهِ وَهُوَ الْعَزِيزُ الْحَكِيمُ 35:3 يَا أَيُّهَا النَّاسُ اذْكُرُوا
نِعْمَتَ اللَّهِ عَلَيْكُمْ هَلْ مِنْ خَالِقٍ غَيْرُ اللَّهِ يَرْزُقُكُمْ مِنَ السَّمَاءِ وَالْأَرْضِ لَا إِلَٰهَ إِلَّا هُوَ فَأَنَّىٰ تُؤْفَكُونَ 35:4 وَإِنْ يُكَذِّبُوكَ فَقَدْ كُذِّبَتْ رُسُلٌ
مِنْ قَبْلِكَ وَإِلَى اللَّهِ تُرْجَعُ الْأُمُورُ 35:5 يَا أَيُّهَا النَّاسُ إِنَّ وَعْدَ اللَّهِ حَقٌّ فَلَا تَغُرَّنَّكُمُ الْحَيَاةُ الدُّنْيَا وَلَا يَغُرَّنَّكُمْ بِاللَّهِ الْغَرُورُ 35:6 إِنَّ الشَّيْطَانَ
لَكُمْ عَدُوٌّ فَاتَّخِذُوهُ عَدُوًّا إِنَّمَا يَدْعُو حِزْبَهُ لِيَكُونُوا مِنْ أَصْحَابِ السَّعِيرِ 35:7 الَّذِينَ كَفَرُوا لَهُمْ عَذَابٌ شَدِيدٌ وَالَّذِينَ آمَنُوا وَعَمِلُوا
الصَّالِحَاتِ لَهُمْ مَغْفِرَةٌ وَأَجْرٌ كَبِيرٌ 35:8 أَفَمَنْ زُيِّنَ لَهُ سُوءُ عَمَلِهِ فَرَآهُ حَسَنًا فَإِنَّ اللَّهَ يُضِلُّ مَنْ يَشَاءُ وَيَهْدِي مَنْ يَشَاءُ فَلَا تَذْهَبْ نَفْسُكَ
عَلَيْهِمْ حَسَرَاتٍ إِنَّ اللَّهَ عَلِيمٌ بِمَا يَصْنَعُونَ 35:9 وَاللَّهُ الَّذِي أَرْسَلَ الرِّيَاحَ فَتُثِيرُ سَحَابًا فَسُقْنَاهُ إِلَىٰ بَلَدٍ مَيِّتٍ فَأَحْيَيْنَا بِهِ الْأَرْضَ بَعْدَ
مَوْتِهَا كَذَٰلِكَ النُّشُورُ 35:10 مَنْ كَانَ يُرِيدُ الْعِزَّةَ فَلِلَّهِ الْعِزَّةُ جَمِيعًا إِلَيْهِ يَصْعَدُ الْكَلِمُ الطَّيِّبُ وَالْعَمَلُ الصَّالِحُ يَرْفَعُهُ وَالَّذِينَ يَمْكُرُونَ
السَّيِّئَاتِ لَهُمْ عَذَابٌ شَدِيدٌ وَمَكْرُ أُولَٰئِكَ هُوَ يَبُورُ 35:11 وَاللَّهُ خَلَقَكُمْ مِنْ تُرَابٍ ثُمَّ مِنْ نُطْفَةٍ ثُمَّ جَعَلَكُمْ أَزْوَاجًا وَمَا تَحْمِلُ مِنْ أُنْثَىٰ وَلَا
تَضَعُ إِلَّا بِعِلْمِهِ وَمَا يُعَمَّرُ مِنْ مُعَمَّرٍ وَلَا يُنْقَصُ مِنْ عُمُرِهِ إِلَّا فِي كِتَابٍ إِنَّ ذَٰلِكَ عَلَى اللَّهِ يَسِيرٌ 35:12 وَمَا يَسْتَوِي الْبَحْرَانِ هَٰذَا عَذْبٌ
فُرَاتٌ سَائِغٌ شَرَابُهُ وَهَٰذَا مِلْحٌ أُجَاجٌ وَمِنْ كُلٍّ تَأْكُلُونَ لَحْمًا طَرِيًّا وَتَسْتَخْرِجُونَ حِلْيَةً تَلْبَسُونَهَا وَتَرَى الْفُلْكَ فِيهِ مَوَاخِرَ لِتَبْتَغُوا مِنْ فَضْلِهِ
وَلَعَلَّكُمْ تَشْكُرُونَ 35:13 يُولِجُ اللَّيْلَ فِي النَّهَارِ وَيُولِجُ النَّهَارَ فِي اللَّيْلِ وَسَخَّرَ الشَّمْسَ وَالْقَمَرَ كُلٌّ يَجْرِي لِأَجَلٍ مُسَمًّى ذَٰلِكُمُ اللَّهُ رَبُّكُمْ
لَهُ الْمُلْكُ وَالَّذِينَ تَدْعُونَ مِنْ دُونِهِ مَا يَمْلِكُونَ مِنْ قِطْمِيرٍ 35:14 إِنْ تَدْعُوهُمْ لَا يَسْمَعُوا دُعَاءَكُمْ وَلَوْ سَمِعُوا مَا اسْتَجَابُوا لَكُمْ وَيَوْمَ
الْقِيَامَةِ يَكْفُرُونَ بِشِرْكِكُمْ وَلَا يُنَبِّئُكَ مِثْلُ خَبِيرٍ 35:15 يَا أَيُّهَا النَّاسُ أَنْتُمُ الْفُقَرَاءُ إِلَى اللَّهِ وَاللَّهُ هُوَ الْغَنِيُّ الْحَمِيدُ 35:16 إِنْ يَشَأْ يُذْهِبْكُمْ
وَيَأْتِ بِخَلْقٍ جَدِيدٍ 35:17 وَمَا ذَٰلِكَ عَلَى اللَّهِ بِعَزِيزٍ 35:18 وَلَا تَزِرُ وَازِرَةٌ وِزْرَ أُخْرَىٰ وَإِنْ تَدْعُ مُثْقَلَةٌ إِلَىٰ حِمْلِهَا لَا يُحْمَلْ مِنْهُ شَيْءٌ وَلَوْ
كَانَ ذَا قُرْبَىٰ إِنَّمَا تُنْذِرُ الَّذِينَ يَخْشَوْنَ رَبَّهُمْ بِالْغَيْبِ وَأَقَامُوا الصَّلَاةَ وَمَنْ تَزَكَّىٰ فَإِنَّمَا يَتَزَكَّىٰ لِنَفْسِهِ وَإِلَى اللَّهِ الْمَصِيرُ 35:19 وَمَا يَسْتَوِي
الْأَعْمَىٰ وَالْبَصِيرُ 35:20 وَلَا الظُّلُمَاتُ وَلَا النُّورُ 35:21 وَلَا الظِّلُّ وَلَا الْحَرُورُ 35:22 وَمَا يَسْتَوِي الْأَحْيَاءُ وَلَا الْأَمْوَاتُ إِنَّ اللَّهَ يُسْمِعُ مَنْ يَشَاءُ
وَمَا أَنْتَ بِمُسْمِعٍ مَنْ فِي الْقُبُورِ 35:23 إِنْ أَنْتَ إِلَّا نَذِيرٌ 35:24 إِنَّا أَرْسَلْنَاكَ بِالْحَقِّ بَشِيرًا وَنَذِيرًا وَإِنْ مِنْ أُمَّةٍ إِلَّا خَلَا فِيهَا نَذِيرٌ 35:25 وَإِنْ
يُكَذِّبُوكَ فَقَدْ كَذَّبَ الَّذِينَ مِنْ قَبْلِهِمْ جَاءَتْهُمْ رُسُلُهُمْ بِالْبَيِّنَاتِ وَبِالزُّبُرِ وَبِالْكِتَابِ الْمُنِيرِ 35:26 ثُمَّ أَخَذْتُ الَّذِينَ كَفَرُوا فَكَيْفَ كَانَ نَكِيرِ
35:27 أَلَمْ تَرَ أَنَّ اللَّهَ أَنْزَلَ مِنَ السَّمَاءِ مَاءً فَأَخْرَجْنَا بِهِ ثَمَرَاتٍ مُخْتَلِفًا أَلْوَانُهَا وَمِنَ الْجِبَالِ جُدَدٌ بِيضٌ وَحُمْرٌ مُخْتَلِفٌ أَلْوَانُهَا وَغَرَابِيبُ
سُودٌ 35:28 وَمِنَ النَّاسِ وَالدَّوَابِّ وَالْأَنْعَامِ مُخْتَلِفٌ أَلْوَانُهُ كَذَٰلِكَ إِنَّمَا يَخْشَى اللَّهَ مِنْ عِبَادِهِ الْعُلَمَاءُ إِنَّ اللَّهَ عَزِيزٌ غَفُورٌ 35:29 إِنَّ الَّذِينَ
يَتْلُونَ كِتَابَ اللَّهِ وَأَقَامُوا الصَّلَاةَ وَأَنْفَقُوا مِمَّا رَزَقْنَاهُمْ سِرًّا وَعَلَانِيَةً يَرْجُونَ تِجَارَةً لَنْ تَبُورَ 35:30 لِيُوَفِّيَهُمْ أُجُورَهُمْ وَيَزِيدَهُمْ مِنْ فَضْلِهِ
إِنَّهُ غَفُورٌ شَكُورٌ 35:31 وَالَّذِي أَوْحَيْنَا إِلَيْكَ مِنَ الْكِتَابِ هُوَ الْحَقُّ مُصَدِّقًا لِمَا بَيْنَ يَدَيْهِ إِنَّ اللَّهَ بِعِبَادِهِ لَخَبِيرٌ بَصِيرٌ 35:32 ثُمَّ أَوْرَثْنَا الْكِتَابَ
الَّذِينَ اصْطَفَيْنَا مِنْ عِبَادِنَا فَمِنْهُمْ ظَالِمٌ لِنَفْسِهِ وَمِنْهُمْ مُقْتَصِدٌ وَمِنْهُمْ سَابِقٌ بِالْخَيْرَاتِ بِإِذْنِ اللَّهِ ذَٰلِكَ هُوَ الْفَضْلُ الْكَبِيرُ 35:33 جَنَّاتُ

عَدْنٍ يَدْخُلُونَهَا يُحَلَّوْنَ فِيهَا مِنْ أَسَاوِرَ مِنْ ذَهَبٍ وَلُؤْلُؤًا وَلِبَاسُهُمْ فِيهَا حَرِيرٌ 35:34 وَقَالُوا الْحَمْدُ لِلَّهِ الَّذِي أَذْهَبَ عَنَّا الْحَزَنَ إِنَّ رَبَّنَا
لَغَفُورٌ شَكُورٌ 35:35 الَّذِي أَحَلَّنَا دَارَ الْمُقَامَةِ مِنْ فَضْلِهِ لَا يَمَسُّنَا فِيهَا نَصَبٌ وَلَا يَمَسُّنَا فِيهَا لُغُوبٌ 35:36 وَالَّذِينَ كَفَرُوا لَهُمْ نَارُ جَهَنَّمَ لَا
يُقْضَىٰ عَلَيْهِمْ فَيَمُوتُوا وَلَا يُخَفَّفُ عَنْهُمْ مِنْ عَذَابِهَا كَذَٰلِكَ نَجْزِي كُلَّ كَفُورٍ 35:37 وَهُمْ يَصْطَرِخُونَ فِيهَا رَبَّنَا أَخْرِجْنَا نَعْمَلْ صَالِحًا غَيْرَ
الَّذِي كُنَّا نَعْمَلُ أَوَلَمْ نُعَمِّرْكُمْ مَا يَتَذَكَّرُ فِيهِ مَنْ تَذَكَّرَ وَجَاءَكُمُ النَّذِيرُ فَذُوقُوا فَمَا لِلظَّالِمِينَ مِنْ نَصِيرٍ 35:38 إِنَّ اللَّهَ عَالِمُ غَيْبِ السَّمَاوَاتِ
وَالْأَرْضِ إِنَّهُ عَلِيمٌ بِذَاتِ الصُّدُورِ 35:39 هُوَ الَّذِي جَعَلَكُمْ خَلَائِفَ فِي الْأَرْضِ فَمَنْ كَفَرَ فَعَلَيْهِ كُفْرُهُ وَلَا يَزِيدُ الْكَافِرِينَ كُفْرُهُمْ عِنْدَ رَبِّهِمْ
إِلَّا مَقْتًا وَلَا يَزِيدُ الْكَافِرِينَ كُفْرُهُمْ إِلَّا خَسَارًا 35:40 قُلْ أَرَأَيْتُمْ شُرَكَاءَكُمُ الَّذِينَ تَدْعُونَ مِنْ دُونِ اللَّهِ أَرُونِي مَاذَا خَلَقُوا مِنَ الْأَرْضِ أَمْ لَهُمْ
شِرْكٌ فِي السَّمَاوَاتِ أَمْ آتَيْنَاهُمْ كِتَابًا فَهُمْ عَلَىٰ بَيِّنَتٍ مِنْهُ بَلْ إِنْ يَعِدُ الظَّالِمُونَ بَعْضُهُمْ بَعْضًا إِلَّا غُرُورًا 35:41 إِنَّ اللَّهَ يُمْسِكُ السَّمَاوَاتِ
وَالْأَرْضَ أَنْ تَزُولَا وَلَئِنْ زَالَتَا إِنْ أَمْسَكَهُمَا مِنْ أَحَدٍ مِنْ بَعْدِهِ إِنَّهُ كَانَ حَلِيمًا غَفُورًا 35:42 وَأَقْسَمُوا بِاللَّهِ جَهْدَ أَيْمَانِهِمْ لَئِنْ جَاءَهُمْ نَذِيرٌ
لَيَكُونُنَّ أَهْدَىٰ مِنْ إِحْدَى الْأُمَمِ فَلَمَّا جَاءَهُمْ نَذِيرٌ مَا زَادَهُمْ إِلَّا نُفُورًا 35:43 اسْتِكْبَارًا فِي الْأَرْضِ وَمَكْرَ السَّيِّئِ وَلَا يَحِيقُ الْمَكْرُ السَّيِّئُ
إِلَّا بِأَهْلِهِ فَهَلْ يَنْظُرُونَ إِلَّا سُنَّتَ الْأَوَّلِينَ فَلَنْ تَجِدَ لِسُنَّتِ اللَّهِ تَبْدِيلًا وَلَنْ تَجِدَ لِسُنَّتِ اللَّهِ تَحْوِيلًا 35:44 أَوَلَمْ يَسِيرُوا فِي الْأَرْضِ فَيَنْظُرُوا
كَيْفَ كَانَ عَاقِبَةُ الَّذِينَ مِنْ قَبْلِهِمْ وَكَانُوا أَشَدَّ مِنْهُمْ قُوَّةً وَمَا كَانَ اللَّهُ لِيُعْجِزَهُ مِنْ شَيْءٍ فِي السَّمَاوَاتِ وَلَا فِي الْأَرْضِ إِنَّهُ كَانَ عَلِيمًا
قَدِيرًا 35:45 وَلَوْ يُؤَاخِذُ اللَّهُ النَّاسَ بِمَا كَسَبُوا مَا تَرَكَ عَلَىٰ ظَهْرِهَا مِنْ دَابَّةٍ وَلَٰكِنْ يُؤَخِّرُهُمْ إِلَىٰ أَجَلٍ مُسَمًّى فَإِذَا جَاءَ أَجَلُهُمْ فَإِنَّ اللَّهَ
كَانَ بِعِبَادِهِ بَصِيرًا 36:1 بِسْمِ اللَّهِ الرَّحْمَٰنِ الرَّحِيمِ يس 36:2 وَالْقُرْآنِ الْحَكِيمِ 36:3 إِنَّكَ لَمِنَ الْمُرْسَلِينَ 36:4 عَلَىٰ صِرَاطٍ مُسْتَقِيمٍ 36:5
تَنْزِيلَ الْعَزِيزِ الرَّحِيمِ 36:6 لِتُنْذِرَ قَوْمًا مَا أُنْذِرَ آبَاؤُهُمْ فَهُمْ غَافِلُونَ 36:7 لَقَدْ حَقَّ الْقَوْلُ عَلَىٰ أَكْثَرِهِمْ فَهُمْ لَا يُؤْمِنُونَ 36:8 إِنَّا جَعَلْنَا فِي
أَعْنَاقِهِمْ أَغْلَالًا فَهِيَ إِلَى الْأَذْقَانِ فَهُمْ مُقْمَحُونَ 36:9 وَجَعَلْنَا مِنْ بَيْنِ أَيْدِيهِمْ سَدًّا وَمِنْ خَلْفِهِمْ سَدًّا فَأَغْشَيْنَاهُمْ فَهُمْ لَا يُبْصِرُونَ
36:10 وَسَوَاءٌ عَلَيْهِمْ أَأَنْذَرْتَهُمْ أَمْ لَمْ تُنْذِرْهُمْ لَا يُؤْمِنُونَ 36:11 إِنَّمَا تُنْذِرُ مَنِ اتَّبَعَ الذِّكْرَ وَخَشِيَ الرَّحْمَٰنَ بِالْغَيْبِ فَبَشِّرْهُ بِمَغْفِرَةٍ وَأَجْرٍ
كَرِيمٍ 36:12 إِنَّا نَحْنُ نُحْيِي الْمَوْتَىٰ وَنَكْتُبُ مَا قَدَّمُوا وَآثَارَهُمْ وَكُلَّ شَيْءٍ أَحْصَيْنَاهُ فِي إِمَامٍ مُبِينٍ 36:13 وَاضْرِبْ لَهُمْ مَثَلًا أَصْحَابَ الْقَرْيَةِ
إِذْ جَاءَهَا الْمُرْسَلُونَ 36:14 إِذْ أَرْسَلْنَا إِلَيْهِمُ اثْنَيْنِ فَكَذَّبُوهُمَا فَعَزَّزْنَا بِثَالِثٍ فَقَالُوا إِنَّا إِلَيْكُمْ مُرْسَلُونَ 36:15 قَالُوا مَا أَنْتُمْ إِلَّا بَشَرٌ مِثْلُنَا
وَمَا أَنْزَلَ الرَّحْمَٰنُ مِنْ شَيْءٍ إِنْ أَنْتُمْ إِلَّا تَكْذِبُونَ 36:16 قَالُوا رَبُّنَا يَعْلَمُ إِنَّا إِلَيْكُمْ لَمُرْسَلُونَ 36:17 وَمَا عَلَيْنَا إِلَّا الْبَلَاغُ الْمُبِينُ 36:18 قَالُوا إِنَّا
تَطَيَّرْنَا بِكُمْ لَئِنْ لَمْ تَنْتَهُوا لَنَرْجُمَنَّكُمْ وَلَيَمَسَّنَّكُمْ مِنَّا عَذَابٌ أَلِيمٌ 36:19 قَالُوا طَائِرُكُمْ مَعَكُمْ أَئِنْ ذُكِّرْتُمْ بَلْ أَنْتُمْ قَوْمٌ مُسْرِفُونَ 36:20
وَجَاءَ مِنْ أَقْصَى الْمَدِينَةِ رَجُلٌ يَسْعَىٰ قَالَ يَا قَوْمِ اتَّبِعُوا الْمُرْسَلِينَ 36:21 اتَّبِعُوا مَنْ لَا يَسْأَلُكُمْ أَجْرًا وَهُمْ مُهْتَدُونَ 36:22 وَمَا لِيَ لَا
أَعْبُدُ الَّذِي فَطَرَنِي وَإِلَيْهِ تُرْجَعُونَ 36:23 أَأَتَّخِذُ مِنْ دُونِهِ آلِهَةً إِنْ يُرِدْنِ الرَّحْمَٰنُ بِضُرٍّ لَا تُغْنِ عَنِّي شَفَاعَتُهُمْ شَيْئًا وَلَا يُنْقِذُونِ 36:24
إِنِّي إِذًا لَفِي ضَلَالٍ مُبِينٍ 36:25 إِنِّي آمَنْتُ بِرَبِّكُمْ فَاسْمَعُونِ 36:26 قِيلَ ادْخُلِ الْجَنَّةَ قَالَ يَا لَيْتَ قَوْمِي يَعْلَمُونَ 36:27 بِمَا غَفَرَ لِي رَبِّي
وَجَعَلَنِي مِنَ الْمُكْرَمِينَ 36:28 وَمَا أَنْزَلْنَا عَلَىٰ قَوْمِهِ مِنْ بَعْدِهِ مِنْ جُنْدٍ مِنَ السَّمَاءِ وَمَا كُنَّا مُنْزِلِينَ 36:29 إِنْ كَانَتْ إِلَّا صَيْحَةً وَاحِدَةً
فَإِذَا هُمْ خَامِدُونَ 36:30 يَا حَسْرَةً عَلَى الْعِبَادِ مَا يَأْتِيهِمْ مِنْ رَسُولٍ إِلَّا كَانُوا بِهِ يَسْتَهْزِئُونَ 36:31 أَلَمْ يَرَوْا كَمْ أَهْلَكْنَا قَبْلَهُمْ مِنَ الْقُرُونِ
أَنَّهُمْ إِلَيْهِمْ لَا يَرْجِعُونَ 36:32 وَإِنْ كُلٌّ لَمَّا جَمِيعٌ لَدَيْنَا مُحْضَرُونَ 36:33 وَآيَةٌ لَهُمُ الْأَرْضُ الْمَيْتَةُ أَحْيَيْنَاهَا وَأَخْرَجْنَا مِنْهَا حَبًّا فَمِنْهُ يَأْكُلُونَ
36:34 وَجَعَلْنَا فِيهَا جَنَّاتٍ مِنْ نَخِيلٍ وَأَعْنَابٍ وَفَجَّرْنَا فِيهَا مِنَ الْعُيُونِ 36:35 لِيَأْكُلُوا مِنْ ثَمَرِهِ وَمَا عَمِلَتْهُ أَيْدِيهِمْ أَفَلَا يَشْكُرُونَ 36:36
سُبْحَانَ الَّذِي خَلَقَ الْأَزْوَاجَ كُلَّهَا مِمَّا تُنْبِتُ الْأَرْضُ وَمِنْ أَنْفُسِهِمْ وَمِمَّا لَا يَعْلَمُونَ 36:37 وَآيَةٌ لَهُمُ اللَّيْلُ نَسْلَخُ مِنْهُ النَّهَارَ فَإِذَا هُمْ
مُظْلِمُونَ 36:38 وَالشَّمْسُ تَجْرِي لِمُسْتَقَرٍّ لَهَا ذَٰلِكَ تَقْدِيرُ الْعَزِيزِ الْعَلِيمِ 36:39 وَالْقَمَرَ قَدَّرْنَاهُ مَنَازِلَ حَتَّىٰ عَادَ كَالْعُرْجُونِ الْقَدِيمِ 36:40
لَا الشَّمْسُ يَنْبَغِي لَهَا أَنْ تُدْرِكَ الْقَمَرَ وَلَا اللَّيْلُ سَابِقُ النَّهَارِ وَكُلٌّ فِي فَلَكٍ يَسْبَحُونَ 36:41 وَآيَةٌ لَهُمْ أَنَّا حَمَلْنَا ذُرِّيَّتَهُمْ فِي الْفُلْكِ

الْمَشْحُونِ 36:42 وَخَلَقْنَا لَهُمْ مِنْ مِثْلِهِ مَا يَرْكَبُونَ 36:43 وَإِنْ نَشَأْ نُغْرِقْهُمْ فَلَا صَرِيخَ لَهُمْ وَلَا هُمْ يُنْقَذُونَ 36:44 إِلَّا رَحْمَةً مِنَّا وَمَتَاعًا
إِلَىٰ حِينٍ 36:45 وَإِذَا قِيلَ لَهُمُ اتَّقُوا مَا بَيْنَ أَيْدِيكُمْ وَمَا خَلْفَكُمْ لَعَلَّكُمْ تُرْحَمُونَ 36:46 وَمَا تَأْتِيهِمْ مِنْ آيَةٍ مِنْ آيَاتِ رَبِّهِمْ إِلَّا كَانُوا عَنْهَا
مُعْرِضِينَ 36:47 وَإِذَا قِيلَ لَهُمْ أَنْفِقُوا مِمَّا رَزَقَكُمُ اللَّهُ قَالَ الَّذِينَ كَفَرُوا لِلَّذِينَ آمَنُوا أَنُطْعِمُ مَنْ لَوْ يَشَاءُ اللَّهُ أَطْعَمَهُ إِنْ أَنْتُمْ إِلَّا فِي
ضَلَالٍ مُبِينٍ 36:48 وَيَقُولُونَ مَتَىٰ هَٰذَا الْوَعْدُ إِنْ كُنْتُمْ صَادِقِينَ 36:49 مَا يَنْظُرُونَ إِلَّا صَيْحَةً وَاحِدَةً تَأْخُذُهُمْ وَهُمْ يَخِصِّمُونَ 36:50 فَلَا
يَسْتَطِيعُونَ تَوْصِيَةً وَلَا إِلَىٰ أَهْلِهِمْ يَرْجِعُونَ 36:51 وَنُفِخَ فِي الصُّورِ فَإِذَا هُمْ مِنَ الْأَجْدَاثِ إِلَىٰ رَبِّهِمْ يَنْسِلُونَ 36:52 قَالُوا يَا وَيْلَنَا مَنْ
بَعَثَنَا مِنْ مَرْقَدِنَا هَٰذَا مَا وَعَدَ الرَّحْمَٰنُ وَصَدَقَ الْمُرْسَلُونَ 36:53 إِنْ كَانَتْ إِلَّا صَيْحَةً وَاحِدَةً فَإِذَا هُمْ جَمِيعٌ لَدَيْنَا مُحْضَرُونَ 36:54 فَالْيَوْمَ
لَا تُظْلَمُ نَفْسٌ شَيْئًا وَلَا تُجْزَوْنَ إِلَّا مَا كُنْتُمْ تَعْمَلُونَ 36:55 إِنَّ أَصْحَابَ الْجَنَّةِ الْيَوْمَ فِي شُغُلٍ فَاكِهُونَ 36:56 هُمْ وَأَزْوَاجُهُمْ فِي ظِلَالٍ
عَلَى الْأَرَائِكِ مُتَّكِئُونَ 36:57 لَهُمْ فِيهَا فَاكِهَةٌ وَلَهُمْ مَا يَدَّعُونَ 36:58 سَلَامٌ قَوْلًا مِنْ رَبٍّ رَحِيمٍ 36:59 وَامْتَازُوا الْيَوْمَ أَيُّهَا الْمُجْرِمُونَ 36:60
أَلَمْ أَعْهَدْ إِلَيْكُمْ يَا بَنِي آدَمَ أَنْ لَا تَعْبُدُوا الشَّيْطَانَ إِنَّهُ لَكُمْ عَدُوٌّ مُبِينٌ 36:61 وَأَنِ اعْبُدُونِي هَٰذَا صِرَاطٌ مُسْتَقِيمٌ 36:62 وَلَقَدْ أَضَلَّ مِنْكُمْ
جِبِلًّا كَثِيرًا أَفَلَمْ تَكُونُوا تَعْقِلُونَ 36:63 هَٰذِهِ جَهَنَّمُ الَّتِي كُنْتُمْ تُوعَدُونَ 36:64 اصْلَوْهَا الْيَوْمَ بِمَا كُنْتُمْ تَكْفُرُونَ 36:65 الْيَوْمَ نَخْتِمُ عَلَىٰ
أَفْوَاهِهِمْ وَتُكَلِّمُنَا أَيْدِيهِمْ وَتَشْهَدُ أَرْجُلُهُمْ بِمَا كَانُوا يَكْسِبُونَ 36:66 وَلَوْ نَشَاءُ لَطَمَسْنَا عَلَىٰ أَعْيُنِهِمْ فَاسْتَبَقُوا الصِّرَاطَ فَأَنَّىٰ يُبْصِرُونَ
36:67 وَلَوْ نَشَاءُ لَمَسَخْنَاهُمْ عَلَىٰ مَكَانَتِهِمْ فَمَا اسْتَطَاعُوا مُضِيًّا وَلَا يَرْجِعُونَ 36:68 وَمَنْ نُعَمِّرْهُ نُنَكِّسْهُ فِي الْخَلْقِ أَفَلَا يَعْقِلُونَ 36:69
وَمَا عَلَّمْنَاهُ الشِّعْرَ وَمَا يَنْبَغِي لَهُ إِنْ هُوَ إِلَّا ذِكْرٌ وَقُرْآنٌ مُبِينٌ 36:70 لِيُنْذِرَ مَنْ كَانَ حَيًّا وَيَحِقَّ الْقَوْلُ عَلَى الْكَافِرِينَ 36:71 أَوَلَمْ يَرَوْا أَنَّا
خَلَقْنَا لَهُمْ مِمَّا عَمِلَتْ أَيْدِينَا أَنْعَامًا فَهُمْ لَهَا مَالِكُونَ 36:72 وَذَلَّلْنَاهَا لَهُمْ فَمِنْهَا رَكُوبُهُمْ وَمِنْهَا يَأْكُلُونَ 36:73 وَلَهُمْ فِيهَا مَنَافِعُ وَمَشَارِبُ
أَفَلَا يَشْكُرُونَ 36:74 وَاتَّخَذُوا مِنْ دُونِ اللَّهِ آلِهَةً لَعَلَّهُمْ يُنْصَرُونَ 36:75 لَا يَسْتَطِيعُونَ نَصْرَهُمْ وَهُمْ لَهُمْ جُنْدٌ مُحْضَرُونَ 36:76 فَلَا يَحْزُنْكَ
قَوْلُهُمْ إِنَّا نَعْلَمُ مَا يُسِرُّونَ وَمَا يُعْلِنُونَ 36:77 أَوَلَمْ يَرَ الْإِنْسَانُ أَنَّا خَلَقْنَاهُ مِنْ نُطْفَةٍ فَإِذَا هُوَ خَصِيمٌ مُبِينٌ 36:78 وَضَرَبَ لَنَا مَثَلًا وَنَسِيَ
خَلْقَهُ قَالَ مَنْ يُحْيِي الْعِظَامَ وَهِيَ رَمِيمٌ 36:79 قُلْ يُحْيِيهَا الَّذِي أَنْشَأَهَا أَوَّلَ مَرَّةٍ وَهُوَ بِكُلِّ خَلْقٍ عَلِيمٌ 36:80 الَّذِي جَعَلَ لَكُمْ مِنَ الشَّجَرِ
الْأَخْضَرِ نَارًا فَإِذَا أَنْتُمْ مِنْهُ تُوقِدُونَ 36:81 أَوَلَيْسَ الَّذِي خَلَقَ السَّمَاوَاتِ وَالْأَرْضَ بِقَادِرٍ عَلَىٰ أَنْ يَخْلُقَ مِثْلَهُمْ بَلَىٰ وَهُوَ الْخَلَّاقُ الْعَلِيمُ
36:82 إِنَّمَا أَمْرُهُ إِذَا أَرَادَ شَيْئًا أَنْ يَقُولَ لَهُ كُنْ فَيَكُونُ 36:83 فَسُبْحَانَ الَّذِي بِيَدِهِ مَلَكُوتُ كُلِّ شَيْءٍ وَإِلَيْهِ تُرْجَعُونَ 37:1 بِسْمِ اللَّهِ الرَّحْمَٰنِ
الرَّحِيمِ وَالصَّافَّاتِ صَفًّا 37:2 فَالزَّاجِرَاتِ زَجْرًا 37:3 فَالتَّالِيَاتِ ذِكْرًا 37:4 إِنَّ إِلَٰهَكُمْ لَوَاحِدٌ 37:5 رَبُّ السَّمَاوَاتِ وَالْأَرْضِ وَمَا بَيْنَهُمَا وَرَبُّ
الْمَشَارِقِ 37:6 إِنَّا زَيَّنَّا السَّمَاءَ الدُّنْيَا بِزِينَةٍ الْكَوَاكِبِ 37:7 وَحِفْظًا مِنْ كُلِّ شَيْطَانٍ مَارِدٍ 37:8 لَا يَسَّمَّعُونَ إِلَى الْمَلَإِ الْأَعْلَىٰ وَيُقْذَفُونَ مِنْ
كُلِّ جَانِبٍ 37:9 دُحُورًا وَلَهُمْ عَذَابٌ وَاصِبٌ 37:10 إِلَّا مَنْ خَطِفَ الْخَطْفَةَ فَأَتْبَعَهُ شِهَابٌ ثَاقِبٌ 37:11 فَاسْتَفْتِهِمْ أَهُمْ أَشَدُّ خَلْقًا أَمْ مَنْ
خَلَقْنَا إِنَّا خَلَقْنَاهُمْ مِنْ طِينٍ لَازِبٍ 37:12 بَلْ عَجِبْتَ وَيَسْخَرُونَ 37:13 وَإِذَا ذُكِّرُوا لَا يَذْكُرُونَ 37:14 وَإِذَا رَأَوْا آيَةً يَسْتَسْخِرُونَ 37:15 وَقَالُوا
إِنْ هَٰذَا إِلَّا سِحْرٌ مُبِينٌ 37:16 أَإِذَا مِتْنَا وَكُنَّا تُرَابًا وَعِظَامًا أَإِنَّا لَمَبْعُوثُونَ 37:17 أَوَآبَاؤُنَا الْأَوَّلُونَ 37:18 قُلْ نَعَمْ وَأَنْتُمْ دَاخِرُونَ 37:19 فَإِنَّمَا
هِيَ زَجْرَةٌ وَاحِدَةٌ فَإِذَا هُمْ يَنْظُرُونَ 37:20 وَقَالُوا يَا وَيْلَنَا هَٰذَا يَوْمُ الدِّينِ 37:21 هَٰذَا يَوْمُ الْفَصْلِ الَّذِي كُنْتُمْ بِهِ تُكَذِّبُونَ 37:22 احْشُرُوا
الَّذِينَ ظَلَمُوا وَأَزْوَاجَهُمْ وَمَا كَانُوا يَعْبُدُونَ 37:23 مِنْ دُونِ اللَّهِ فَاهْدُوهُمْ إِلَىٰ صِرَاطِ الْجَحِيمِ 37:24 وَقِفُوهُمْ إِنَّهُمْ مَسْئُولُونَ 37:25 مَا
لَكُمْ لَا تَنَاصَرُونَ 37:26 بَلْ هُمُ الْيَوْمَ مُسْتَسْلِمُونَ 37:27 وَأَقْبَلَ بَعْضُهُمْ عَلَىٰ بَعْضٍ يَتَسَاءَلُونَ 37:28 قَالُوا إِنَّكُمْ كُنْتُمْ تَأْتُونَنَا عَنِ الْيَمِينِ
37:29 قَالُوا بَلْ لَمْ تَكُونُوا مُؤْمِنِينَ 37:30 وَمَا كَانَ لَنَا عَلَيْكُمْ مِنْ سُلْطَانٍ بَلْ كُنْتُمْ قَوْمًا طَاغِينَ 37:31 فَحَقَّ عَلَيْنَا قَوْلُ رَبِّنَا إِنَّا لَذَائِقُونَ
37:32 فَأَغْوَيْنَاكُمْ إِنَّا كُنَّا غَاوِينَ 37:33 فَإِنَّهُمْ يَوْمَئِذٍ فِي الْعَذَابِ مُشْتَرِكُونَ 37:34 إِنَّا كَذَٰلِكَ نَفْعَلُ بِالْمُجْرِمِينَ 37:35 إِنَّهُمْ كَانُوا إِذَا قِيلَ
لَهُمْ لَا إِلَٰهَ إِلَّا اللَّهُ يَسْتَكْبِرُونَ 37:36 وَيَقُولُونَ أَئِنَّا لَتَارِكُو آلِهَتِنَا لِشَاعِرٍ مَجْنُونٍ 37:37 بَلْ جَاءَ بِالْحَقِّ وَصَدَّقَ الْمُرْسَلِينَ 37:38 إِنَّكُمْ لَذَائِقُو

الْعَذَابِ الْأَلِيمِ 37:39 وَمَا تُجْزَوْنَ إِلَّا مَا كُنْتُمْ تَعْمَلُونَ 37:40 إِلَّا عِبَادَ اللَّهِ الْمُخْلَصِينَ 37:41 أُولَٰئِكَ لَهُمْ رِزْقٌ مَعْلُومٌ 37:42 فَوَاكِهُ وَهُمْ
مُكْرَمُونَ 37:43 فِي جَنَّاتِ النَّعِيمِ 37:44 عَلَىٰ سُرُرٍ مُتَقَابِلِينَ 37:45 يُطَافُ عَلَيْهِمْ بِكَأْسٍ مِنْ مَعِينٍ 37:46 بَيْضَاءَ لَذَّةٍ لِلشَّارِبِينَ 37:47 لَا
فِيهَا غَوْلٌ وَلَا هُمْ عَنْهَا يُنْزَفُونَ 37:48 وَعِنْدَهُمْ قَاصِرَاتُ الطَّرْفِ عِينٌ 37:49 كَأَنَّهُنَّ بَيْضٌ مَكْنُونٌ 37:50 فَأَقْبَلَ بَعْضُهُمْ عَلَىٰ بَعْضٍ
يَتَسَاءَلُونَ 37:51 قَالَ قَائِلٌ مِنْهُمْ إِنِّي كَانَ لِي قَرِينٌ 37:52 يَقُولُ أَإِنَّكَ لَمِنَ الْمُصَدِّقِينَ 37:53 أَإِذَا مِتْنَا وَكُنَّا تُرَابًا وَعِظَامًا أَإِنَّا لَمَدِينُونَ
37:54 قَالَ هَلْ أَنْتُمْ مُطَّلِعُونَ 37:55 فَاطَّلَعَ فَرَآهُ فِي سَوَاءِ الْجَحِيمِ 37:56 قَالَ تَاللَّهِ إِنْ كِدْتَ لَتُرْدِينِ 37:57 وَلَوْلَا نِعْمَةُ رَبِّي لَكُنْتُ مِنَ
الْمُحْضَرِينَ 37:58 أَفَمَا نَحْنُ بِمَيِّتِينَ 37:59 إِلَّا مَوْتَتَنَا الْأُولَىٰ وَمَا نَحْنُ بِمُعَذَّبِينَ 37:60 إِنَّ هَٰذَا لَهُوَ الْفَوْزُ الْعَظِيمُ 37:61 لِمِثْلِ هَٰذَا فَلْيَعْمَلِ
الْعَامِلُونَ 37:62 أَذَٰلِكَ خَيْرٌ نُزُلًا أَمْ شَجَرَةُ الزَّقُّومِ 37:63 إِنَّا جَعَلْنَاهَا فِتْنَةً لِلظَّالِمِينَ 37:64 إِنَّهَا شَجَرَةٌ تَخْرُجُ فِي أَصْلِ الْجَحِيمِ 37:65
طَلْعُهَا كَأَنَّهُ رُءُوسُ الشَّيَاطِينِ 37:66 فَإِنَّهُمْ لَآكِلُونَ مِنْهَا فَمَالِئُونَ مِنْهَا الْبُطُونَ 37:67 ثُمَّ إِنَّ لَهُمْ عَلَيْهَا لَشَوْبًا مِنْ حَمِيمٍ 37:68 ثُمَّ إِنَّ
مَرْجِعَهُمْ لَإِلَى الْجَحِيمِ 37:69 إِنَّهُمْ أَلْفَوْا آبَاءَهُمْ ضَالِّينَ 37:70 فَهُمْ عَلَىٰ آثَارِهِمْ يُهْرَعُونَ 37:71 وَلَقَدْ ضَلَّ قَبْلَهُمْ أَكْثَرُ الْأَوَّلِينَ 37:72 وَلَقَدْ
أَرْسَلْنَا فِيهِمْ مُنْذِرِينَ 37:73 فَانْظُرْ كَيْفَ كَانَ عَاقِبَةُ الْمُنْذَرِينَ 37:74 إِلَّا عِبَادَ اللَّهِ الْمُخْلَصِينَ 37:75 وَلَقَدْ نَادَانَا نُوحٌ فَلَنِعْمَ الْمُجِيبُونَ
37:76 وَنَجَّيْنَاهُ وَأَهْلَهُ مِنَ الْكَرْبِ الْعَظِيمِ 37:77 وَجَعَلْنَا ذُرِّيَّتَهُ هُمُ الْبَاقِينَ 37:78 وَتَرَكْنَا عَلَيْهِ فِي الْآخِرِينَ 37:79 سَلَامٌ عَلَىٰ نُوحٍ فِي
الْعَالَمِينَ 37:80 إِنَّا كَذَٰلِكَ نَجْزِي الْمُحْسِنِينَ 37:81 إِنَّهُ مِنْ عِبَادِنَا الْمُؤْمِنِينَ 37:82 ثُمَّ أَغْرَقْنَا الْآخَرِينَ 37:83 وَإِنَّ مِنْ شِيعَتِهِ لَإِبْرَاهِيمَ 37:84
إِذْ جَاءَ رَبَّهُ بِقَلْبٍ سَلِيمٍ 37:85 إِذْ قَالَ لِأَبِيهِ وَقَوْمِهِ مَاذَا تَعْبُدُونَ 37:86 أَئِفْكًا آلِهَةً دُونَ اللَّهِ تُرِيدُونَ 37:87 فَمَا ظَنُّكُمْ بِرَبِّ الْعَالَمِينَ 37:88
فَنَظَرَ نَظْرَةً فِي النُّجُومِ 37:89 فَقَالَ إِنِّي سَقِيمٌ 37:90 فَتَوَلَّوْا عَنْهُ مُدْبِرِينَ 37:91 فَرَاغَ إِلَىٰ آلِهَتِهِمْ فَقَالَ أَلَا تَأْكُلُونَ 37:92 مَا لَكُمْ لَا
تَنْطِقُونَ 37:93 فَرَاغَ عَلَيْهِمْ ضَرْبًا بِالْيَمِينِ 37:94 فَأَقْبَلُوا إِلَيْهِ يَزِفُّونَ 37:95 قَالَ أَتَعْبُدُونَ مَا تَنْحِتُونَ 37:96 وَاللَّهُ خَلَقَكُمْ وَمَا تَعْمَلُونَ 37:97
قَالُوا ابْنُوا لَهُ بُنْيَانًا فَأَلْقُوهُ فِي الْجَحِيمِ 37:98 فَأَرَادُوا بِهِ كَيْدًا فَجَعَلْنَاهُمُ الْأَسْفَلِينَ 37:99 وَقَالَ إِنِّي ذَاهِبٌ إِلَىٰ رَبِّي سَيَهْدِينِ 37:100
رَبِّ هَبْ لِي مِنَ الصَّالِحِينَ 37:101 فَبَشَّرْنَاهُ بِغُلَامٍ حَلِيمٍ 37:102 فَلَمَّا بَلَغَ مَعَهُ السَّعْيَ قَالَ يَا بُنَيَّ إِنِّي أَرَىٰ فِي الْمَنَامِ أَنِّي أَذْبَحُكَ
فَانْظُرْ مَاذَا تَرَىٰ قَالَ يَا أَبَتِ افْعَلْ مَا تُؤْمَرُ سَتَجِدُنِي إِنْ شَاءَ اللَّهُ مِنَ الصَّابِرِينَ 37:103 فَلَمَّا أَسْلَمَا وَتَلَّهُ لِلْجَبِينِ 37:104 وَنَادَيْنَاهُ أَنْ يَا
إِبْرَاهِيمُ 37:105 قَدْ صَدَّقْتَ الرُّؤْيَا إِنَّا كَذَٰلِكَ نَجْزِي الْمُحْسِنِينَ 37:106 إِنَّ هَٰذَا لَهُوَ الْبَلَاءُ الْمُبِينُ 37:107 وَفَدَيْنَاهُ بِذِبْحٍ عَظِيمٍ 37:108 وَتَرَكْنَا
عَلَيْهِ فِي الْآخِرِينَ 37:109 سَلَامٌ عَلَىٰ إِبْرَاهِيمَ 37:110 كَذَٰلِكَ نَجْزِي الْمُحْسِنِينَ 37:111 إِنَّهُ مِنْ عِبَادِنَا الْمُؤْمِنِينَ 37:112 وَبَشَّرْنَاهُ بِإِسْحَاقَ
نَبِيًّا مِنَ الصَّالِحِينَ 37:113 وَبَارَكْنَا عَلَيْهِ وَعَلَىٰ إِسْحَاقَ وَمِنْ ذُرِّيَّتِهِمَا مُحْسِنٌ وَظَالِمٌ لِنَفْسِهِ مُبِينٌ 37:114 وَلَقَدْ مَنَنَّا عَلَىٰ مُوسَىٰ وَهَارُونَ
37:115 وَنَجَّيْنَاهُمَا وَقَوْمَهُمَا مِنَ الْكَرْبِ الْعَظِيمِ 37:116 وَنَصَرْنَاهُمْ فَكَانُوا هُمُ الْغَالِبِينَ 37:117 وَآتَيْنَاهُمَا الْكِتَابَ الْمُسْتَبِينَ 37:118
وَهَدَيْنَاهُمَا الصِّرَاطَ الْمُسْتَقِيمَ 37:119 وَتَرَكْنَا عَلَيْهِمَا فِي الْآخِرِينَ 37:120 سَلَامٌ عَلَىٰ مُوسَىٰ وَهَارُونَ 37:121 إِنَّا كَذَٰلِكَ نَجْزِي الْمُحْسِنِينَ
37:122 إِنَّهُمَا مِنْ عِبَادِنَا الْمُؤْمِنِينَ 37:123 وَإِنَّ إِلْيَاسَ لَمِنَ الْمُرْسَلِينَ 37:124 إِذْ قَالَ لِقَوْمِهِ أَلَا تَتَّقُونَ 37:125 أَتَدْعُونَ بَعْلًا وَتَذَرُونَ أَحْسَنَ
الْخَالِقِينَ 37:126 اللَّهَ رَبَّكُمْ وَرَبَّ آبَائِكُمُ الْأَوَّلِينَ 37:127 فَكَذَّبُوهُ فَإِنَّهُمْ لَمُحْضَرُونَ 37:128 إِلَّا عِبَادَ اللَّهِ الْمُخْلَصِينَ 37:129 وَتَرَكْنَا عَلَيْهِ فِي
الْآخِرِينَ 37:130 سَلَامٌ عَلَىٰ إِلْ يَاسِينَ 37:131 إِنَّا كَذَٰلِكَ نَجْزِي الْمُحْسِنِينَ 37:132 إِنَّهُ مِنْ عِبَادِنَا الْمُؤْمِنِينَ 37:133 وَإِنَّ لُوطًا لَمِنَ الْمُرْسَلِينَ
37:134 إِذْ نَجَّيْنَاهُ وَأَهْلَهُ أَجْمَعِينَ 37:135 إِلَّا عَجُوزًا فِي الْغَابِرِينَ 37:136 ثُمَّ دَمَّرْنَا الْآخَرِينَ 37:137 وَإِنَّكُمْ لَتَمُرُّونَ عَلَيْهِمْ مُصْبِحِينَ 37:138
وَبِاللَّيْلِ أَفَلَا تَعْقِلُونَ 37:139 وَإِنَّ يُونُسَ لَمِنَ الْمُرْسَلِينَ 37:140 إِذْ أَبَقَ إِلَى الْفُلْكِ الْمَشْحُونِ 37:141 فَسَاهَمَ فَكَانَ مِنَ الْمُدْحَضِينَ 37:142
فَالْتَقَمَهُ الْحُوتُ وَهُوَ مُلِيمٌ 37:143 فَلَوْلَا أَنَّهُ كَانَ مِنَ الْمُسَبِّحِينَ 37:144 لَلَبِثَ فِي بَطْنِهِ إِلَىٰ يَوْمِ يُبْعَثُونَ 37:145 فَنَبَذْنَاهُ بِالْعَرَاءِ وَهُوَ
سَقِيمٌ 37:146 وَأَنْبَتْنَا عَلَيْهِ شَجَرَةً مِنْ يَقْطِينٍ 37:147 وَأَرْسَلْنَاهُ إِلَىٰ مِائَةِ أَلْفٍ أَوْ يَزِيدُونَ 37:148 فَآمَنُوا فَمَتَّعْنَاهُمْ إِلَىٰ حِينٍ 37:149

فَاسْتَفْتِهِمْ أَلِرَبِّكَ الْبَنَاتُ وَلَهُمُ الْبَنُونَ 37:150 أَمْ خَلَقْنَا الْمَلَائِكَةَ إِنَاثًا وَهُمْ شَاهِدُونَ 37:151 أَلَا إِنَّهُمْ مِنْ إِفْكِهِمْ لَيَقُولُونَ 37:152 وَلَدَ اللَّهُ
وَإِنَّهُمْ لَكَاذِبُونَ 37:153 أَصْطَفَى الْبَنَاتِ عَلَى الْبَنِينَ 37:154 مَا لَكُمْ كَيْفَ تَحْكُمُونَ 37:155 أَفَلَا تَذَكَّرُونَ 37:156 أَمْ لَكُمْ سُلْطَانٌ مُبِينٌ 37:157
فَأْتُوا بِكِتَابِكُمْ إِنْ كُنْتُمْ صَادِقِينَ 37:158 وَجَعَلُوا بَيْنَهُ وَبَيْنَ الْجِنَّةِ نَسَبًا وَلَقَدْ عَلِمَتِ الْجِنَّةُ إِنَّهُمْ لَمُحْضَرُونَ 37:159 سُبْحَانَ اللَّهِ عَمَّا
يَصِفُونَ 37:160 إِلَّا عِبَادَ اللَّهِ الْمُخْلَصِينَ 37:161 فَإِنَّكُمْ وَمَا تَعْبُدُونَ 37:162 مَا أَنْتُمْ عَلَيْهِ بِفَاتِنِينَ 37:163 إِلَّا مَنْ هُوَ صَالِ الْجَحِيمِ 37:164
وَمَا مِنَّا إِلَّا لَهُ مَقَامٌ مَعْلُومٌ 37:165 وَإِنَّا لَنَحْنُ الصَّافُّونَ 37:166 وَإِنَّا لَنَحْنُ الْمُسَبِّحُونَ 37:167 وَإِنْ كَانُوا لَيَقُولُونَ 37:168 لَوْ أَنَّ عِنْدَنَا ذِكْرًا
مِنَ الْأَوَّلِينَ 37:169 لَكُنَّا عِبَادَ اللَّهِ الْمُخْلَصِينَ 37:170 فَكَفَرُوا بِهِ فَسَوْفَ يَعْلَمُونَ 37:171 وَلَقَدْ سَبَقَتْ كَلِمَتُنَا لِعِبَادِنَا الْمُرْسَلِينَ 37:172
إِنَّهُمْ لَهُمُ الْمَنْصُورُونَ 37:173 وَإِنَّ جُنْدَنَا لَهُمُ الْغَالِبُونَ 37:174 فَتَوَلَّ عَنْهُمْ حَتَّىٰ حِينٍ 37:175 وَأَبْصِرْهُمْ فَسَوْفَ يُبْصِرُونَ 37:176 أَفَبِعَذَابِنَا
يَسْتَعْجِلُونَ 37:177 فَإِذَا نَزَلَ بِسَاحَتِهِمْ فَسَاءَ صَبَاحُ الْمُنْذَرِينَ 37:178 وَتَوَلَّ عَنْهُمْ حَتَّىٰ حِينٍ 37:179 وَأَبْصِرْ فَسَوْفَ يُبْصِرُونَ 37:180
سُبْحَانَ رَبِّكَ رَبِّ الْعِزَّةِ عَمَّا يَصِفُونَ 37:181 وَسَلَامٌ عَلَى الْمُرْسَلِينَ 37:182 وَالْحَمْدُ لِلَّهِ رَبِّ الْعَالَمِينَ 38:1 بِسْمِ اللَّهِ الرَّحْمَٰنِ الرَّحِيمِ ص
وَالْقُرْآنِ ذِي الذِّكْرِ 38:2 بَلِ الَّذِينَ كَفَرُوا فِي عِزَّةٍ وَشِقَاقٍ 38:3 كَمْ أَهْلَكْنَا مِنْ قَبْلِهِمْ مِنْ قَرْنٍ فَنَادَوْا وَلَاتَ حِينَ مَنَاصٍ 38:4 وَعَجِبُوا أَنْ
جَاءَهُمْ مُنْذِرٌ مِنْهُمْ وَقَالَ الْكَافِرُونَ هَٰذَا سَاحِرٌ كَذَّابٌ 38:5 أَجَعَلَ الْآلِهَةَ إِلَٰهًا وَاحِدًا إِنَّ هَٰذَا لَشَيْءٌ عُجَابٌ 38:6 وَانْطَلَقَ الْمَلَأُ مِنْهُمْ أَنِ
امْشُوا وَاصْبِرُوا عَلَىٰ آلِهَتِكُمْ إِنَّ هَٰذَا لَشَيْءٌ يُرَادُ 38:7 مَا سَمِعْنَا بِهَٰذَا فِي الْمِلَّةِ الْآخِرَةِ إِنْ هَٰذَا إِلَّا اخْتِلَاقٌ 38:8 أَأُنْزِلَ عَلَيْهِ الذِّكْرُ مِنْ
بَيْنِنَا بَلْ هُمْ فِي شَكٍّ مِنْ ذِكْرِي بَلْ لَمَّا يَذُوقُوا عَذَابِ 38:9 أَمْ عِنْدَهُمْ خَزَائِنُ رَحْمَةِ رَبِّكَ الْعَزِيزِ الْوَهَّابِ 38:10 أَمْ لَهُمْ مُلْكُ السَّمَاوَاتِ
وَالْأَرْضِ وَمَا بَيْنَهُمَا فَلْيَرْتَقُوا فِي الْأَسْبَابِ 38:11 جُنْدٌ مَا هُنَالِكَ مَهْزُومٌ مِنَ الْأَحْزَابِ 38:12 كَذَّبَتْ قَبْلَهُمْ قَوْمُ نُوحٍ وَعَادٌ وَفِرْعَوْنُ ذُو
الْأَوْتَادِ 38:13 وَثَمُودُ وَقَوْمُ لُوطٍ وَأَصْحَابُ الْأَيْكَةِ أُولَٰئِكَ الْأَحْزَابُ 38:14 إِنْ كُلٌّ إِلَّا كَذَّبَ الرُّسُلَ فَحَقَّ عِقَابِ 38:15 وَمَا يَنْظُرُ هَٰؤُلَاءِ إِلَّا
صَيْحَةً وَاحِدَةً مَا لَهَا مِنْ فَوَاقٍ 38:16 وَقَالُوا رَبَّنَا عَجِّلْ لَنَا قِطَّنَا قَبْلَ يَوْمِ الْحِسَابِ 38:17 اصْبِرْ عَلَىٰ مَا يَقُولُونَ وَاذْكُرْ عَبْدَنَا دَاوُودَ ذَا
الْأَيْدِ إِنَّهُ أَوَّابٌ 38:18 إِنَّا سَخَّرْنَا الْجِبَالَ مَعَهُ يُسَبِّحْنَ بِالْعَشِيِّ وَالْإِشْرَاقِ 38:19 وَالطَّيْرَ مَحْشُورَةً كُلٌّ لَهُ أَوَّابٌ 38:20 وَشَدَدْنَا مُلْكَهُ وَآتَيْنَاهُ
الْحِكْمَةَ وَفَصْلَ الْخِطَابِ 38:21 وَهَلْ أَتَاكَ نَبَأُ الْخَصْمِ إِذْ تَسَوَّرُوا الْمِحْرَابَ 38:22 إِذْ دَخَلُوا عَلَىٰ دَاوُودَ فَفَزِعَ مِنْهُمْ قَالُوا لَا تَخَفْ خَصْمَانِ
بَغَىٰ بَعْضُنَا عَلَىٰ بَعْضٍ فَاحْكُمْ بَيْنَنَا بِالْحَقِّ وَلَا تُشْطِطْ وَاهْدِنَا إِلَىٰ سَوَاءِ الصِّرَاطِ 38:23 إِنَّ هَٰذَا أَخِي لَهُ تِسْعٌ وَتِسْعُونَ نَعْجَةً وَلِيَ
نَعْجَةٌ وَاحِدَةٌ فَقَالَ أَكْفِلْنِيهَا وَعَزَّنِي فِي الْخِطَابِ 38:24 قَالَ لَقَدْ ظَلَمَكَ بِسُؤَالِ نَعْجَتِكَ إِلَىٰ نِعَاجِهِ وَإِنَّ كَثِيرًا مِنَ الْخُلَطَاءِ لَيَبْغِي
بَعْضُهُمْ عَلَىٰ بَعْضٍ إِلَّا الَّذِينَ آمَنُوا وَعَمِلُوا الصَّالِحَاتِ وَقَلِيلٌ مَا هُمْ وَظَنَّ دَاوُودُ أَنَّمَا فَتَنَّاهُ فَاسْتَغْفَرَ رَبَّهُ وَخَرَّ رَاكِعًا وَأَنَابَ 38:25
فَغَفَرْنَا لَهُ ذَٰلِكَ وَإِنَّ لَهُ عِنْدَنَا لَزُلْفَىٰ وَحُسْنَ مَآبٍ 38:26 يَا دَاوُودُ إِنَّا جَعَلْنَاكَ خَلِيفَةً فِي الْأَرْضِ فَاحْكُمْ بَيْنَ النَّاسِ بِالْحَقِّ وَلَا تَتَّبِعِ
الْهَوَىٰ فَيُضِلَّكَ عَنْ سَبِيلِ اللَّهِ إِنَّ الَّذِينَ يَضِلُّونَ عَنْ سَبِيلِ اللَّهِ لَهُمْ عَذَابٌ شَدِيدٌ بِمَا نَسُوا يَوْمَ الْحِسَابِ 38:27 وَمَا خَلَقْنَا السَّمَاءَ
وَالْأَرْضَ وَمَا بَيْنَهُمَا بَاطِلًا ذَٰلِكَ ظَنُّ الَّذِينَ كَفَرُوا فَوَيْلٌ لِلَّذِينَ كَفَرُوا مِنَ النَّارِ 38:28 أَمْ نَجْعَلُ الَّذِينَ آمَنُوا وَعَمِلُوا الصَّالِحَاتِ كَالْمُفْسِدِينَ
فِي الْأَرْضِ أَمْ نَجْعَلُ الْمُتَّقِينَ كَالْفُجَّارِ 38:29 كِتَابٌ أَنْزَلْنَاهُ إِلَيْكَ مُبَارَكٌ لِيَدَّبَّرُوا آيَاتِهِ وَلِيَتَذَكَّرَ أُولُو الْأَلْبَابِ 38:30 وَوَهَبْنَا لِدَاوُودَ سُلَيْمَانَ
نِعْمَ الْعَبْدُ إِنَّهُ أَوَّابٌ 38:31 إِذْ عُرِضَ عَلَيْهِ بِالْعَشِيِّ الصَّافِنَاتُ الْجِيَادُ 38:32 فَقَالَ إِنِّي أَحْبَبْتُ حُبَّ الْخَيْرِ عَنْ ذِكْرِ رَبِّي حَتَّىٰ تَوَارَتْ
بِالْحِجَابِ 38:33 رُدُّوهَا عَلَيَّ فَطَفِقَ مَسْحًا بِالسُّوقِ وَالْأَعْنَاقِ 38:34 وَلَقَدْ فَتَنَّا سُلَيْمَانَ وَأَلْقَيْنَا عَلَىٰ كُرْسِيِّهِ جَسَدًا ثُمَّ أَنَابَ 38:35 قَالَ
رَبِّ اغْفِرْ لِي وَهَبْ لِي مُلْكًا لَا يَنْبَغِي لِأَحَدٍ مِنْ بَعْدِي إِنَّكَ أَنْتَ الْوَهَّابُ 38:36 فَسَخَّرْنَا لَهُ الرِّيحَ تَجْرِي بِأَمْرِهِ رُخَاءً حَيْثُ أَصَابَ 38:37
وَالشَّيَاطِينَ كُلَّ بَنَّاءٍ وَغَوَّاصٍ 38:38 وَآخَرِينَ مُقَرَّنِينَ فِي الْأَصْفَادِ 38:39 هَٰذَا عَطَاؤُنَا فَامْنُنْ أَوْ أَمْسِكْ بِغَيْرِ حِسَابٍ 38:40 وَإِنَّ لَهُ عِنْدَنَا
لَزُلْفَىٰ وَحُسْنَ مَآبٍ 38:41 وَاذْكُرْ عَبْدَنَا أَيُّوبَ إِذْ نَادَىٰ رَبَّهُ أَنِّي مَسَّنِيَ الشَّيْطَانُ بِنُصْبٍ وَعَذَابٍ 38:42 ارْكُضْ بِرِجْلِكَ هَٰذَا مُغْتَسَلٌ بَارِدٌ

وَشَرَابٍ 38:43 وَوَهَبْنَا لَهُ أَهْلَهُ وَمِثْلَهُمْ مَعَهُمْ رَحْمَةً مِنَّا وَذِكْرَىٰ لِأُولِي الْأَلْبَابِ 38:44 وَخُذْ بِيَدِكَ ضِغْثًا فَاضْرِبْ بِهِ وَلَا تَحْنَثْ إِنَّا وَجَدْنَاهُ
صَابِرًا نِعْمَ الْعَبْدُ إِنَّهُ أَوَّابٌ 38:45 وَاذْكُرْ عِبَادَنَا إِبْرَاهِيمَ وَإِسْحَاقَ وَيَعْقُوبَ أُولِي الْأَيْدِي وَالْأَبْصَارِ 38:46 إِنَّا أَخْلَصْنَاهُمْ بِخَالِصَةٍ ذِكْرَى
الدَّارِ 38:47 وَإِنَّهُمْ عِنْدَنَا لَمِنَ الْمُصْطَفَيْنَ الْأَخْيَارِ 38:48 وَاذْكُرْ إِسْمَاعِيلَ وَالْيَسَعَ وَذَا الْكِفْلِ وَكُلٌّ مِنَ الْأَخْيَارِ 38:49 هَٰذَا ذِكْرٌ وَإِنَّ لِلْمُتَّقِينَ
لَحُسْنَ مَآبٍ 38:50 جَنَّاتِ عَدْنٍ مُفَتَّحَةً لَهُمُ الْأَبْوَابُ 38:51 مُتَّكِئِينَ فِيهَا يَدْعُونَ فِيهَا بِفَاكِهَةٍ كَثِيرَةٍ وَشَرَابٍ 38:52 وَعِنْدَهُمْ قَاصِرَاتُ
الطَّرْفِ أَتْرَابٌ 38:53 هَٰذَا مَا تُوعَدُونَ لِيَوْمِ الْحِسَابِ 38:54 إِنَّ هَٰذَا لَرِزْقُنَا مَا لَهُ مِنْ نَفَادٍ 38:55 هَٰذَا وَإِنَّ لِلطَّاغِينَ لَشَرَّ مَآبٍ 38:56 جَهَنَّمَ
يَصْلَوْنَهَا فَبِئْسَ الْمِهَادُ 38:57 هَٰذَا فَلْيَذُوقُوهُ حَمِيمٌ وَغَسَّاقٌ 38:58 وَآخَرُ مِنْ شَكْلِهِ أَزْوَاجٌ 38:59 هَٰذَا فَوْجٌ مُقْتَحِمٌ مَعَكُمْ لَا مَرْحَبًا بِهِمْ
إِنَّهُمْ صَالُو النَّارِ 38:60 قَالُوا بَلْ أَنْتُمْ لَا مَرْحَبًا بِكُمْ أَنْتُمْ قَدَّمْتُمُوهُ لَنَا فَبِئْسَ الْقَرَارُ 38:61 قَالُوا رَبَّنَا مَنْ قَدَّمَ لَنَا هَٰذَا فَزِدْهُ عَذَابًا ضِعْفًا
فِي النَّارِ 38:62 وَقَالُوا مَا لَنَا لَا نَرَىٰ رِجَالًا كُنَّا نَعُدُّهُمْ مِنَ الْأَشْرَارِ 38:63 أَتَّخَذْنَاهُمْ سِخْرِيًّا أَمْ زَاغَتْ عَنْهُمُ الْأَبْصَارُ 38:64 إِنَّ ذَٰلِكَ لَحَقٌّ
تَخَاصُمُ أَهْلِ النَّارِ 38:65 قُلْ إِنَّمَا أَنَا مُنْذِرٌ وَمَا مِنْ إِلَٰهٍ إِلَّا اللَّهُ الْوَاحِدُ الْقَهَّارُ 38:66 رَبُّ السَّمَاوَاتِ وَالْأَرْضِ وَمَا بَيْنَهُمَا الْعَزِيزُ الْغَفَّارُ 38:67
قُلْ هُوَ نَبَأٌ عَظِيمٌ 38:68 أَنْتُمْ عَنْهُ مُعْرِضُونَ 38:69 مَا كَانَ لِيَ مِنْ عِلْمٍ بِالْمَلَإِ الْأَعْلَىٰ إِذْ يَخْتَصِمُونَ 38:70 إِنْ يُوحَىٰ إِلَيَّ إِلَّا أَنَّمَا أَنَا نَذِيرٌ
مُبِينٌ 38:71 إِذْ قَالَ رَبُّكَ لِلْمَلَائِكَةِ إِنِّي خَالِقٌ بَشَرًا مِنْ طِينٍ 38:72 فَإِذَا سَوَّيْتُهُ وَنَفَخْتُ فِيهِ مِنْ رُوحِي فَقَعُوا لَهُ سَاجِدِينَ 38:73 فَسَجَدَ
الْمَلَائِكَةُ كُلُّهُمْ أَجْمَعُونَ 38:74 إِلَّا إِبْلِيسَ اسْتَكْبَرَ وَكَانَ مِنَ الْكَافِرِينَ 38:75 قَالَ يَا إِبْلِيسُ مَا مَنَعَكَ أَنْ تَسْجُدَ لِمَا خَلَقْتُ بِيَدَيَّ أَسْتَكْبَرْتَ
أَمْ كُنْتَ مِنَ الْعَالِينَ 38:76 قَالَ أَنَا خَيْرٌ مِنْهُ خَلَقْتَنِي مِنْ نَارٍ وَخَلَقْتَهُ مِنْ طِينٍ 38:77 قَالَ فَاخْرُجْ مِنْهَا فَإِنَّكَ رَجِيمٌ 38:78 وَإِنَّ عَلَيْكَ لَعْنَتِي
إِلَىٰ يَوْمِ الدِّينِ 38:79 قَالَ رَبِّ فَأَنْظِرْنِي إِلَىٰ يَوْمِ يُبْعَثُونَ 38:80 قَالَ فَإِنَّكَ مِنَ الْمُنْظَرِينَ 38:81 إِلَىٰ يَوْمِ الْوَقْتِ الْمَعْلُومِ 38:82 قَالَ
فَبِعِزَّتِكَ لَأُغْوِيَنَّهُمْ أَجْمَعِينَ 38:83 إِلَّا عِبَادَكَ مِنْهُمُ الْمُخْلَصِينَ 38:84 قَالَ فَالْحَقُّ وَالْحَقَّ أَقُولُ 38:85 لَأَمْلَأَنَّ جَهَنَّمَ مِنْكَ وَمِمَّنْ تَبِعَكَ
مِنْهُمْ أَجْمَعِينَ 38:86 قُلْ مَا أَسْأَلُكُمْ عَلَيْهِ مِنْ أَجْرٍ وَمَا أَنَا مِنَ الْمُتَكَلِّفِينَ 38:87 إِنْ هُوَ إِلَّا ذِكْرٌ لِلْعَالَمِينَ 38:88 وَلَتَعْلَمُنَّ نَبَأَهُ بَعْدَ حِينٍ
39:1 بِسْمِ اللَّهِ الرَّحْمَٰنِ الرَّحِيمِ تَنْزِيلُ الْكِتَابِ مِنَ اللَّهِ الْعَزِيزِ الْحَكِيمِ 39:2 إِنَّا أَنْزَلْنَا إِلَيْكَ الْكِتَابَ بِالْحَقِّ فَاعْبُدِ اللَّهَ مُخْلِصًا لَهُ الدِّينَ 39:3
أَلَا لِلَّهِ الدِّينُ الْخَالِصُ وَالَّذِينَ اتَّخَذُوا مِنْ دُونِهِ أَوْلِيَاءَ مَا نَعْبُدُهُمْ إِلَّا لِيُقَرِّبُونَا إِلَى اللَّهِ زُلْفَىٰ إِنَّ اللَّهَ يَحْكُمُ بَيْنَهُمْ فِي مَا هُمْ فِيهِ
يَخْتَلِفُونَ إِنَّ اللَّهَ لَا يَهْدِي مَنْ هُوَ كَاذِبٌ كَفَّارٌ 39:4 لَوْ أَرَادَ اللَّهُ أَنْ يَتَّخِذَ وَلَدًا لَاصْطَفَىٰ مِمَّا يَخْلُقُ مَا يَشَاءُ سُبْحَانَهُ هُوَ اللَّهُ الْوَاحِدُ
الْقَهَّارُ 39:5 خَلَقَ السَّمَاوَاتِ وَالْأَرْضَ بِالْحَقِّ يُكَوِّرُ اللَّيْلَ عَلَى النَّهَارِ وَيُكَوِّرُ النَّهَارَ عَلَى اللَّيْلِ وَسَخَّرَ الشَّمْسَ وَالْقَمَرَ كُلٌّ يَجْرِي لِأَجَلٍ
مُسَمًّى أَلَا هُوَ الْعَزِيزُ الْغَفَّارُ 39:6 خَلَقَكُمْ مِنْ نَفْسٍ وَاحِدَةٍ ثُمَّ جَعَلَ مِنْهَا زَوْجَهَا وَأَنْزَلَ لَكُمْ مِنَ الْأَنْعَامِ ثَمَانِيَةَ أَزْوَاجٍ يَخْلُقُكُمْ فِي
بُطُونِ أُمَّهَاتِكُمْ خَلْقًا مِنْ بَعْدِ خَلْقٍ فِي ظُلُمَاتٍ ثَلَاثٍ ذَٰلِكُمُ اللَّهُ رَبُّكُمْ لَهُ الْمُلْكُ لَا إِلَٰهَ إِلَّا هُوَ فَأَنَّىٰ تُصْرَفُونَ 39:7 إِنْ تَكْفُرُوا فَإِنَّ اللَّهَ
غَنِيٌّ عَنْكُمْ وَلَا يَرْضَىٰ لِعِبَادِهِ الْكُفْرَ وَإِنْ تَشْكُرُوا يَرْضَهُ لَكُمْ وَلَا تَزِرُ وَازِرَةٌ وِزْرَ أُخْرَىٰ ثُمَّ إِلَىٰ رَبِّكُمْ مَرْجِعُكُمْ فَيُنَبِّئُكُمْ بِمَا كُنْتُمْ تَعْمَلُونَ
إِنَّهُ عَلِيمٌ بِذَاتِ الصُّدُورِ 39:8 وَإِذَا مَسَّ الْإِنْسَانَ ضُرٌّ دَعَا رَبَّهُ مُنِيبًا إِلَيْهِ ثُمَّ إِذَا خَوَّلَهُ نِعْمَةً مِنْهُ نَسِيَ مَا كَانَ يَدْعُو إِلَيْهِ مِنْ قَبْلُ وَجَعَلَ
لِلَّهِ أَنْدَادًا لِيُضِلَّ عَنْ سَبِيلِهِ قُلْ تَمَتَّعْ بِكُفْرِكَ قَلِيلًا إِنَّكَ مِنْ أَصْحَابِ النَّارِ 39:9 أَمَّنْ هُوَ قَانِتٌ آنَاءَ اللَّيْلِ سَاجِدًا وَقَائِمًا يَحْذَرُ الْآخِرَةَ
وَيَرْجُو رَحْمَةَ رَبِّهِ قُلْ هَلْ يَسْتَوِي الَّذِينَ يَعْلَمُونَ وَالَّذِينَ لَا يَعْلَمُونَ إِنَّمَا يَتَذَكَّرُ أُولُو الْأَلْبَابِ 39:10 قُلْ يَا عِبَادِ الَّذِينَ آمَنُوا اتَّقُوا رَبَّكُمْ
لِلَّذِينَ أَحْسَنُوا فِي هَٰذِهِ الدُّنْيَا حَسَنَةٌ وَأَرْضُ اللَّهِ وَاسِعَةٌ إِنَّمَا يُوَفَّى الصَّابِرُونَ أَجْرَهُمْ بِغَيْرِ حِسَابٍ 39:11 قُلْ إِنِّي أُمِرْتُ أَنْ أَعْبُدَ اللَّهَ
مُخْلِصًا لَهُ الدِّينَ 39:12 وَأُمِرْتُ لِأَنْ أَكُونَ أَوَّلَ الْمُسْلِمِينَ 39:13 قُلْ إِنِّي أَخَافُ إِنْ عَصَيْتُ رَبِّي عَذَابَ يَوْمٍ عَظِيمٍ 39:14 قُلِ اللَّهَ أَعْبُدُ
مُخْلِصًا لَهُ دِينِي 39:15 فَاعْبُدُوا مَا شِئْتُمْ مِنْ دُونِهِ قُلْ إِنَّ الْخَاسِرِينَ الَّذِينَ خَسِرُوا أَنْفُسَهُمْ وَأَهْلِيهِمْ يَوْمَ الْقِيَامَةِ أَلَا ذَٰلِكَ هُوَ الْخُسْرَانُ
الْمُبِينُ 39:16 لَهُمْ مِنْ فَوْقِهِمْ ظُلَلٌ مِنَ النَّارِ وَمِنْ تَحْتِهِمْ ظُلَلٌ ذَٰلِكَ يُخَوِّفُ اللَّهُ بِهِ عِبَادَهُ يَا عِبَادِ فَاتَّقُونِ 39:17 وَالَّذِينَ اجْتَنَبُوا

الطَّاغُوتَ أَنْ يَعْبُدُوهَا وَأَنَابُوا إِلَى اللَّهِ لَهُمُ الْبُشْرَىٰ فَبَشِّرْ عِبَادِ 39:18 الَّذِينَ يَسْتَمِعُونَ الْقَوْلَ فَيَتَّبِعُونَ أَحْسَنَهُ أُولَٰئِكَ الَّذِينَ هَدَاهُمُ
اللَّهُ وَأُولَٰئِكَ هُمْ أُولُو الْأَلْبَابِ 39:19 أَفَمَنْ حَقَّ عَلَيْهِ كَلِمَةُ الْعَذَابِ أَفَأَنْتَ تُنْقِذُ مَنْ فِي النَّارِ 39:20 لَٰكِنِ الَّذِينَ اتَّقَوْا رَبَّهُمْ لَهُمْ غُرَفٌ مِنْ
فَوْقِهَا غُرَفٌ مَبْنِيَّةٌ تَجْرِي مِنْ تَحْتِهَا الْأَنْهَارُ وَعْدَ اللَّهِ لَا يُخْلِفُ اللَّهُ الْمِيعَادَ 39:21 أَلَمْ تَرَ أَنَّ اللَّهَ أَنْزَلَ مِنَ السَّمَاءِ مَاءً فَسَلَكَهُ يَنَابِيعَ
فِي الْأَرْضِ ثُمَّ يُخْرِجُ بِهِ زَرْعًا مُخْتَلِفًا أَلْوَانُهُ ثُمَّ يَهِيجُ فَتَرَاهُ مُصْفَرًّا ثُمَّ يَجْعَلُهُ حُطَامًا إِنَّ فِي ذَٰلِكَ لَذِكْرَىٰ لِأُولِي الْأَلْبَابِ 39:22 أَفَمَنْ
شَرَحَ اللَّهُ صَدْرَهُ لِلْإِسْلَامِ فَهُوَ عَلَىٰ نُورٍ مِنْ رَبِّهِ فَوَيْلٌ لِلْقَاسِيَةِ قُلُوبُهُمْ مِنْ ذِكْرِ اللَّهِ أُولَٰئِكَ فِي ضَلَالٍ مُبِينٍ 39:23 اللَّهُ نَزَّلَ أَحْسَنَ
الْحَدِيثِ كِتَابًا مُتَشَابِهًا مَثَانِيَ تَقْشَعِرُّ مِنْهُ جُلُودُ الَّذِينَ يَخْشَوْنَ رَبَّهُمْ ثُمَّ تَلِينُ جُلُودُهُمْ وَقُلُوبُهُمْ إِلَىٰ ذِكْرِ اللَّهِ ذَٰلِكَ هُدَى اللَّهِ يَهْدِي
بِهِ مَنْ يَشَاءُ وَمَنْ يُضْلِلِ اللَّهُ فَمَا لَهُ مِنْ هَادٍ 39:24 أَفَمَنْ يَتَّقِي بِوَجْهِهِ سُوءَ الْعَذَابِ يَوْمَ الْقِيَامَةِ وَقِيلَ لِلظَّالِمِينَ ذُوقُوا مَا كُنْتُمْ
تَكْسِبُونَ 39:25 كَذَّبَ الَّذِينَ مِنْ قَبْلِهِمْ فَأَتَاهُمُ الْعَذَابُ مِنْ حَيْثُ لَا يَشْعُرُونَ 39:26 فَأَذَاقَهُمُ اللَّهُ الْخِزْيَ فِي الْحَيَاةِ الدُّنْيَا وَلَعَذَابُ
الْآخِرَةِ أَكْبَرُ لَوْ كَانُوا يَعْلَمُونَ 39:27 وَلَقَدْ ضَرَبْنَا لِلنَّاسِ فِي هَٰذَا الْقُرْآنِ مِنْ كُلِّ مَثَلٍ لَعَلَّهُمْ يَتَذَكَّرُونَ 39:28 قُرْآنًا عَرَبِيًّا غَيْرَ ذِي عِوَجٍ
لَعَلَّهُمْ يَتَّقُونَ 39:29 ضَرَبَ اللَّهُ مَثَلًا رَجُلًا فِيهِ شُرَكَاءُ مُتَشَاكِسُونَ وَرَجُلًا سَلَمًا لِرَجُلٍ هَلْ يَسْتَوِيَانِ مَثَلًا الْحَمْدُ لِلَّهِ بَلْ أَكْثَرُهُمْ لَا يَعْلَمُونَ
39:30 إِنَّكَ مَيِّتٌ وَإِنَّهُمْ مَيِّتُونَ 39:31 ثُمَّ إِنَّكُمْ يَوْمَ الْقِيَامَةِ عِنْدَ رَبِّكُمْ تَخْتَصِمُونَ 39:32 فَمَنْ أَظْلَمُ مِمَّنْ كَذَبَ عَلَى اللَّهِ وَكَذَّبَ بِالصِّدْقِ
إِذْ جَاءَهُ أَلَيْسَ فِي جَهَنَّمَ مَثْوًى لِلْكَافِرِينَ 39:33 وَالَّذِي جَاءَ بِالصِّدْقِ وَصَدَّقَ بِهِ أُولَٰئِكَ هُمُ الْمُتَّقُونَ 39:34 لَهُمْ مَا يَشَاءُونَ عِنْدَ رَبِّهِمْ
ذَٰلِكَ جَزَاءُ الْمُحْسِنِينَ 39:35 لِيُكَفِّرَ اللَّهُ عَنْهُمْ أَسْوَأَ الَّذِي عَمِلُوا وَيَجْزِيَهُمْ أَجْرَهُمْ بِأَحْسَنِ الَّذِي كَانُوا يَعْمَلُونَ 39:36 أَلَيْسَ اللَّهُ بِكَافٍ
عَبْدَهُ وَيُخَوِّفُونَكَ بِالَّذِينَ مِنْ دُونِهِ وَمَنْ يُضْلِلِ اللَّهُ فَمَا لَهُ مِنْ هَادٍ 39:37 وَمَنْ يَهْدِ اللَّهُ فَمَا لَهُ مِنْ مُضِلٍّ أَلَيْسَ اللَّهُ بِعَزِيزٍ ذِي انْتِقَامٍ
39:38 وَلَئِنْ سَأَلْتَهُمْ مَنْ خَلَقَ السَّمَاوَاتِ وَالْأَرْضَ لَيَقُولُنَّ اللَّهُ قُلْ أَفَرَأَيْتُمْ مَا تَدْعُونَ مِنْ دُونِ اللَّهِ إِنْ أَرَادَنِيَ اللَّهُ بِضُرٍّ هَلْ هُنَّ كَاشِفَاتُ
ضُرِّهِ أَوْ أَرَادَنِي بِرَحْمَةٍ هَلْ هُنَّ مُمْسِكَاتُ رَحْمَتِهِ قُلْ حَسْبِيَ اللَّهُ عَلَيْهِ يَتَوَكَّلُ الْمُتَوَكِّلُونَ 39:39 قُلْ يَا قَوْمِ اعْمَلُوا عَلَىٰ مَكَانَتِكُمْ إِنِّي
عَامِلٌ فَسَوْفَ تَعْلَمُونَ 39:40 مَنْ يَأْتِيهِ عَذَابٌ يُخْزِيهِ وَيَحِلُّ عَلَيْهِ عَذَابٌ مُقِيمٌ 39:41 إِنَّا أَنْزَلْنَا عَلَيْكَ الْكِتَابَ لِلنَّاسِ بِالْحَقِّ فَمَنِ اهْتَدَىٰ
فَلِنَفْسِهِ وَمَنْ ضَلَّ فَإِنَّمَا يَضِلُّ عَلَيْهَا وَمَا أَنْتَ عَلَيْهِمْ بِوَكِيلٍ 39:42 اللَّهُ يَتَوَفَّى الْأَنْفُسَ حِينَ مَوْتِهَا وَالَّتِي لَمْ تَمُتْ فِي مَنَامِهَا فَيُمْسِكُ
الَّتِي قَضَىٰ عَلَيْهَا الْمَوْتَ وَيُرْسِلُ الْأُخْرَىٰ إِلَىٰ أَجَلٍ مُسَمًّى إِنَّ فِي ذَٰلِكَ لَآيَاتٍ لِقَوْمٍ يَتَفَكَّرُونَ 39:43 أَمِ اتَّخَذُوا مِنْ دُونِ اللَّهِ شُفَعَاءَ قُلْ
أَوَلَوْ كَانُوا لَا يَمْلِكُونَ شَيْئًا وَلَا يَعْقِلُونَ 39:44 قُلْ لِلَّهِ الشَّفَاعَةُ جَمِيعًا لَهُ مُلْكُ السَّمَاوَاتِ وَالْأَرْضِ ثُمَّ إِلَيْهِ تُرْجَعُونَ 39:45 وَإِذَا ذُكِرَ اللَّهُ
وَحْدَهُ اشْمَأَزَّتْ قُلُوبُ الَّذِينَ لَا يُؤْمِنُونَ بِالْآخِرَةِ وَإِذَا ذُكِرَ الَّذِينَ مِنْ دُونِهِ إِذَا هُمْ يَسْتَبْشِرُونَ 39:46 قُلِ اللَّهُمَّ فَاطِرَ السَّمَاوَاتِ وَالْأَرْضِ
عَالِمَ الْغَيْبِ وَالشَّهَادَةِ أَنْتَ تَحْكُمُ بَيْنَ عِبَادِكَ فِي مَا كَانُوا فِيهِ يَخْتَلِفُونَ 39:47 وَلَوْ أَنَّ لِلَّذِينَ ظَلَمُوا مَا فِي الْأَرْضِ جَمِيعًا وَمِثْلَهُ مَعَهُ
لَافْتَدَوْا بِهِ مِنْ سُوءِ الْعَذَابِ يَوْمَ الْقِيَامَةِ وَبَدَا لَهُمْ مِنَ اللَّهِ مَا لَمْ يَكُونُوا يَحْتَسِبُونَ 39:48 وَبَدَا لَهُمْ سَيِّئَاتُ مَا كَسَبُوا وَحَاقَ بِهِمْ مَا
كَانُوا بِهِ يَسْتَهْزِئُونَ 39:49 فَإِذَا مَسَّ الْإِنْسَانَ ضُرٌّ دَعَانَا ثُمَّ إِذَا خَوَّلْنَاهُ نِعْمَةً مِنَّا قَالَ إِنَّمَا أُوتِيتُهُ عَلَىٰ عِلْمٍ بَلْ هِيَ فِتْنَةٌ وَلَٰكِنَّ أَكْثَرَهُمْ
لَا يَعْلَمُونَ 39:50 قَدْ قَالَهَا الَّذِينَ مِنْ قَبْلِهِمْ فَمَا أَغْنَىٰ عَنْهُمْ مَا كَانُوا يَكْسِبُونَ 39:51 فَأَصَابَهُمْ سَيِّئَاتُ مَا كَسَبُوا وَالَّذِينَ ظَلَمُوا مِنْ
هَٰؤُلَاءِ سَيُصِيبُهُمْ سَيِّئَاتُ مَا كَسَبُوا وَمَا هُمْ بِمُعْجِزِينَ 39:52 أَوَلَمْ يَعْلَمُوا أَنَّ اللَّهَ يَبْسُطُ الرِّزْقَ لِمَنْ يَشَاءُ وَيَقْدِرُ إِنَّ فِي ذَٰلِكَ لَآيَاتٍ
لِقَوْمٍ يُؤْمِنُونَ 39:53 قُلْ يَا عِبَادِيَ الَّذِينَ أَسْرَفُوا عَلَىٰ أَنْفُسِهِمْ لَا تَقْنَطُوا مِنْ رَحْمَةِ اللَّهِ إِنَّ اللَّهَ يَغْفِرُ الذُّنُوبَ جَمِيعًا إِنَّهُ هُوَ الْغَفُورُ
الرَّحِيمُ 39:54 وَأَنِيبُوا إِلَىٰ رَبِّكُمْ وَأَسْلِمُوا لَهُ مِنْ قَبْلِ أَنْ يَأْتِيَكُمُ الْعَذَابُ ثُمَّ لَا تُنْصَرُونَ 39:55 وَاتَّبِعُوا أَحْسَنَ مَا أُنْزِلَ إِلَيْكُمْ مِنْ رَبِّكُمْ مِنْ
قَبْلِ أَنْ يَأْتِيَكُمُ الْعَذَابُ بَغْتَةً وَأَنْتُمْ لَا تَشْعُرُونَ 39:56 أَنْ تَقُولَ نَفْسٌ يَا حَسْرَتَا عَلَىٰ مَا فَرَّطْتُ فِي جَنْبِ اللَّهِ وَإِنْ كُنْتُ لَمِنَ السَّاخِرِينَ
39:57 أَوْ تَقُولَ لَوْ أَنَّ اللَّهَ هَدَانِي لَكُنْتُ مِنَ الْمُتَّقِينَ 39:58 أَوْ تَقُولَ حِينَ تَرَى الْعَذَابَ لَوْ أَنَّ لِي كَرَّةً فَأَكُونَ مِنَ الْمُحْسِنِينَ 39:59 بَلَىٰ قَدْ

جاءَتْكَ آيَاتِي فَكَذَّبْتَ بِهَا وَاسْتَكْبَرْتَ وَكُنْتَ مِنَ الْكَافِرِينَ 39:60 وَيَوْمَ الْقِيَامَةِ تَرَى الَّذِينَ كَذَبُوا عَلَى اللَّهِ وُجُوهُهُمْ مُسْوَدَّةٌ أَلَيْسَ فِي
جَهَنَّمَ مَثْوًى لِلْمُتَكَبِّرِينَ 39:61 وَيُنَجِّي اللَّهُ الَّذِينَ اتَّقَوْا بِمَفَازَتِهِمْ لَا يَمَسُّهُمُ السُّوءُ وَلَا هُمْ يَحْزَنُونَ 39:62 اللَّهُ خَالِقُ كُلِّ شَيْءٍ وَهُوَ
عَلَىٰ كُلِّ شَيْءٍ وَكِيلٌ 39:63 لَهُ مَقَالِيدُ السَّمَاوَاتِ وَالْأَرْضِ وَالَّذِينَ كَفَرُوا بِآيَاتِ اللَّهِ أُولَٰئِكَ هُمُ الْخَاسِرُونَ 39:64 قُلْ أَفَغَيْرَ اللَّهِ تَأْمُرُونِّي
أَعْبُدُ أَيُّهَا الْجَاهِلُونَ 39:65 وَلَقَدْ أُوحِيَ إِلَيْكَ وَإِلَى الَّذِينَ مِنْ قَبْلِكَ لَئِنْ أَشْرَكْتَ لَيَحْبَطَنَّ عَمَلُكَ وَلَتَكُونَنَّ مِنَ الْخَاسِرِينَ 39:66 بَلِ اللَّهَ
فَاعْبُدْ وَكُنْ مِنَ الشَّاكِرِينَ 39:67 وَمَا قَدَرُوا اللَّهَ حَقَّ قَدْرِهِ وَالْأَرْضُ جَمِيعًا قَبْضَتُهُ يَوْمَ الْقِيَامَةِ وَالسَّمَاوَاتُ مَطْوِيَّاتٌ بِيَمِينِهِ سُبْحَانَهُ
وَتَعَالَىٰ عَمَّا يُشْرِكُونَ 39:68 وَنُفِخَ فِي الصُّورِ فَصَعِقَ مَنْ فِي السَّمَاوَاتِ وَمَنْ فِي الْأَرْضِ إِلَّا مَنْ شَاءَ اللَّهُ ثُمَّ نُفِخَ فِيهِ أُخْرَىٰ فَإِذَا هُمْ
قِيَامٌ يَنْظُرُونَ 39:69 وَأَشْرَقَتِ الْأَرْضُ بِنُورِ رَبِّهَا وَوُضِعَ الْكِتَابُ وَجِيءَ بِالنَّبِيِّينَ وَالشُّهَدَاءِ وَقُضِيَ بَيْنَهُمْ بِالْحَقِّ وَهُمْ لَا يُظْلَمُونَ 39:70
وَوُفِّيَتْ كُلُّ نَفْسٍ مَا عَمِلَتْ وَهُوَ أَعْلَمُ بِمَا يَفْعَلُونَ 39:71 وَسِيقَ الَّذِينَ كَفَرُوا إِلَىٰ جَهَنَّمَ زُمَرًا حَتَّىٰ إِذَا جَاءُوهَا فُتِحَتْ أَبْوَابُهَا وَقَالَ لَهُمْ
خَزَنَتُهَا أَلَمْ يَأْتِكُمْ رُسُلٌ مِنْكُمْ يَتْلُونَ عَلَيْكُمْ آيَاتِ رَبِّكُمْ وَيُنْذِرُونَكُمْ لِقَاءَ يَوْمِكُمْ هَٰذَا قَالُوا بَلَىٰ وَلَٰكِنْ حَقَّتْ كَلِمَةُ الْعَذَابِ عَلَى الْكَافِرِينَ
39:72 قِيلَ ادْخُلُوا أَبْوَابَ جَهَنَّمَ خَالِدِينَ فِيهَا فَبِئْسَ مَثْوَى الْمُتَكَبِّرِينَ 39:73 وَسِيقَ الَّذِينَ اتَّقَوْا رَبَّهُمْ إِلَى الْجَنَّةِ زُمَرًا حَتَّىٰ إِذَا جَاءُوهَا
وَفُتِحَتْ أَبْوَابُهَا وَقَالَ لَهُمْ خَزَنَتُهَا سَلَامٌ عَلَيْكُمْ طِبْتُمْ فَادْخُلُوهَا خَالِدِينَ 39:74 وَقَالُوا الْحَمْدُ لِلَّهِ الَّذِي صَدَقَنَا وَعْدَهُ وَأَوْرَثَنَا الْأَرْضَ
نَتَبَوَّأُ مِنَ الْجَنَّةِ حَيْثُ نَشَاءُ فَنِعْمَ أَجْرُ الْعَامِلِينَ 39:75 وَتَرَى الْمَلَائِكَةَ حَافِّينَ مِنْ حَوْلِ الْعَرْشِ يُسَبِّحُونَ بِحَمْدِ رَبِّهِمْ وَقُضِيَ بَيْنَهُمْ
بِالْحَقِّ وَقِيلَ الْحَمْدُ لِلَّهِ رَبِّ الْعَالَمِينَ 40:1 بِسْمِ اللَّهِ الرَّحْمَٰنِ الرَّحِيمِ حم 40:2 تَنْزِيلُ الْكِتَابِ مِنَ اللَّهِ الْعَزِيزِ الْعَلِيمِ 40:3 غَافِرِ الذَّنْبِ
وَقَابِلِ التَّوْبِ شَدِيدِ الْعِقَابِ ذِي الطَّوْلِ لَا إِلَٰهَ إِلَّا هُوَ إِلَيْهِ الْمَصِيرُ 40:4 مَا يُجَادِلُ فِي آيَاتِ اللَّهِ إِلَّا الَّذِينَ كَفَرُوا فَلَا يَغْرُرْكَ تَقَلُّبُهُمْ فِي
الْبِلَادِ 40:5 كَذَّبَتْ قَبْلَهُمْ قَوْمُ نُوحٍ وَالْأَحْزَابُ مِنْ بَعْدِهِمْ وَهَمَّتْ كُلُّ أُمَّةٍ بِرَسُولِهِمْ لِيَأْخُذُوهُ وَجَادَلُوا بِالْبَاطِلِ لِيُدْحِضُوا بِهِ الْحَقَّ
فَأَخَذْتُهُمْ فَكَيْفَ كَانَ عِقَابِ 40:6 وَكَذَٰلِكَ حَقَّتْ كَلِمَتُ رَبِّكَ عَلَى الَّذِينَ كَفَرُوا أَنَّهُمْ أَصْحَابُ النَّارِ 40:7 الَّذِينَ يَحْمِلُونَ الْعَرْشَ وَمَنْ حَوْلَهُ
يُسَبِّحُونَ بِحَمْدِ رَبِّهِمْ وَيُؤْمِنُونَ بِهِ وَيَسْتَغْفِرُونَ لِلَّذِينَ آمَنُوا رَبَّنَا وَسِعْتَ كُلَّ شَيْءٍ رَحْمَةً وَعِلْمًا فَاغْفِرْ لِلَّذِينَ تَابُوا وَاتَّبَعُوا سَبِيلَكَ
وَقِهِمْ عَذَابَ الْجَحِيمِ 40:8 رَبَّنَا وَأَدْخِلْهُمْ جَنَّاتِ عَدْنٍ الَّتِي وَعَدْتَهُمْ وَمَنْ صَلَحَ مِنْ آبَائِهِمْ وَأَزْوَاجِهِمْ وَذُرِّيَّاتِهِمْ إِنَّكَ أَنْتَ الْعَزِيزُ الْحَكِيمُ
40:9 وَقِهِمُ السَّيِّئَاتِ وَمَنْ تَقِ السَّيِّئَاتِ يَوْمَئِذٍ فَقَدْ رَحِمْتَهُ وَذَٰلِكَ هُوَ الْفَوْزُ الْعَظِيمُ 40:10 إِنَّ الَّذِينَ كَفَرُوا يُنَادَوْنَ لَمَقْتُ اللَّهِ أَكْبَرُ مِنْ
مَقْتِكُمْ أَنْفُسَكُمْ إِذْ تُدْعَوْنَ إِلَى الْإِيمَانِ فَتَكْفُرُونَ 40:11 قَالُوا رَبَّنَا أَمَتَّنَا اثْنَتَيْنِ وَأَحْيَيْتَنَا اثْنَتَيْنِ فَاعْتَرَفْنَا بِذُنُوبِنَا فَهَلْ إِلَىٰ خُرُوجٍ مِنْ
سَبِيلٍ 40:12 ذَٰلِكُمْ بِأَنَّهُ إِذَا دُعِيَ اللَّهُ وَحْدَهُ كَفَرْتُمْ وَإِنْ يُشْرَكْ بِهِ تُؤْمِنُوا فَالْحُكْمُ لِلَّهِ الْعَلِيِّ الْكَبِيرِ 40:13 هُوَ الَّذِي يُرِيكُمْ آيَاتِهِ وَيُنَزِّلُ
لَكُمْ مِنَ السَّمَاءِ رِزْقًا وَمَا يَتَذَكَّرُ إِلَّا مَنْ يُنِيبُ 40:14 فَادْعُوا اللَّهَ مُخْلِصِينَ لَهُ الدِّينَ وَلَوْ كَرِهَ الْكَافِرُونَ 40:15 رَفِيعُ الدَّرَجَاتِ ذُو الْعَرْشِ
يُلْقِي الرُّوحَ مِنْ أَمْرِهِ عَلَىٰ مَنْ يَشَاءُ مِنْ عِبَادِهِ لِيُنْذِرَ يَوْمَ التَّلَاقِ 40:16 يَوْمَ هُمْ بَارِزُونَ لَا يَخْفَىٰ عَلَى اللَّهِ مِنْهُمْ شَيْءٌ لِمَنِ الْمُلْكُ
الْيَوْمَ لِلَّهِ الْوَاحِدِ الْقَهَّارِ 40:17 الْيَوْمَ تُجْزَىٰ كُلُّ نَفْسٍ بِمَا كَسَبَتْ لَا ظُلْمَ الْيَوْمَ إِنَّ اللَّهَ سَرِيعُ الْحِسَابِ 40:18 وَأَنْذِرْهُمْ يَوْمَ الْآزِفَةِ إِذِ
الْقُلُوبُ لَدَى الْحَنَاجِرِ كَاظِمِينَ مَا لِلظَّالِمِينَ مِنْ حَمِيمٍ وَلَا شَفِيعٍ يُطَاعُ 40:19 يَعْلَمُ خَائِنَةَ الْأَعْيُنِ وَمَا تُخْفِي الصُّدُورُ 40:20 وَاللَّهُ يَقْضِي
بِالْحَقِّ وَالَّذِينَ يَدْعُونَ مِنْ دُونِهِ لَا يَقْضُونَ بِشَيْءٍ إِنَّ اللَّهَ هُوَ السَّمِيعُ الْبَصِيرُ 40:21 أَوَلَمْ يَسِيرُوا فِي الْأَرْضِ فَيَنْظُرُوا كَيْفَ كَانَ عَاقِبَةُ
الَّذِينَ كَانُوا مِنْ قَبْلِهِمْ كَانُوا هُمْ أَشَدَّ مِنْهُمْ قُوَّةً وَآثَارًا فِي الْأَرْضِ فَأَخَذَهُمُ اللَّهُ بِذُنُوبِهِمْ وَمَا كَانَ لَهُمْ مِنَ اللَّهِ مِنْ وَاقٍ 40:22 ذَٰلِكَ
بِأَنَّهُمْ كَانَتْ تَأْتِيهِمْ رُسُلُهُمْ بِالْبَيِّنَاتِ فَكَفَرُوا فَأَخَذَهُمُ اللَّهُ إِنَّهُ قَوِيٌّ شَدِيدُ الْعِقَابِ 40:23 وَلَقَدْ أَرْسَلْنَا مُوسَىٰ بِآيَاتِنَا وَسُلْطَانٍ مُبِينٍ
40:24 إِلَىٰ فِرْعَوْنَ وَهَامَانَ وَقَارُونَ فَقَالُوا سَاحِرٌ كَذَّابٌ 40:25 فَلَمَّا جَاءَهُمْ بِالْحَقِّ مِنْ عِنْدِنَا قَالُوا اقْتُلُوا أَبْنَاءَ الَّذِينَ آمَنُوا مَعَهُ وَاسْتَحْيُوا
نِسَاءَهُمْ وَمَا كَيْدُ الْكَافِرِينَ إِلَّا فِي ضَلَالٍ 40:26 وَقَالَ فِرْعَوْنُ ذَرُونِي أَقْتُلْ مُوسَىٰ وَلْيَدْعُ رَبَّهُ إِنِّي أَخَافُ أَنْ يُبَدِّلَ دِينَكُمْ أَوْ أَنْ يُظْهِرَ فِي

الْأَرْضِ الْفَسَادَ 40:27 وَقَالَ مُوسَىٰ إِنِّي عُذْتُ بِرَبِّي وَرَبِّكُمْ مِنْ كُلِّ مُتَكَبِّرٍ لَا يُؤْمِنُ بِيَوْمِ الْحِسَابِ 40:28 وَقَالَ رَجُلٌ مُؤْمِنٌ مِنْ آلِ فِرْعَوْنَ
يَكْتُمُ إِيمَانَهُ أَتَقْتُلُونَ رَجُلًا أَنْ يَقُولَ رَبِّيَ اللَّهُ وَقَدْ جَاءَكُمْ بِالْبَيِّنَاتِ مِنْ رَبِّكُمْ وَإِنْ يَكُ كَاذِبًا فَعَلَيْهِ كَذِبُهُ وَإِنْ يَكُ صَادِقًا يُصِبْكُمْ بَعْضُ
الَّذِي يَعِدُكُمْ إِنَّ اللَّهَ لَا يَهْدِي مَنْ هُوَ مُسْرِفٌ كَذَّابٌ 40:29 يَا قَوْمِ لَكُمُ الْمُلْكُ الْيَوْمَ ظَاهِرِينَ فِي الْأَرْضِ فَمَنْ يَنْصُرُنَا مِنْ بَأْسِ اللَّهِ إِنْ
جَاءَنَا قَالَ فِرْعَوْنُ مَا أُرِيكُمْ إِلَّا مَا أَرَىٰ وَمَا أَهْدِيكُمْ إِلَّا سَبِيلَ الرَّشَادِ 40:30 وَقَالَ الَّذِي آمَنَ يَا قَوْمِ إِنِّي أَخَافُ عَلَيْكُمْ مِثْلَ يَوْمِ الْأَحْزَابِ
40:31 مِثْلَ دَأْبِ قَوْمِ نُوحٍ وَعَادٍ وَثَمُودَ وَالَّذِينَ مِنْ بَعْدِهِمْ وَمَا اللَّهُ يُرِيدُ ظُلْمًا لِلْعِبَادِ 40:32 وَيَا قَوْمِ إِنِّي أَخَافُ عَلَيْكُمْ يَوْمَ التَّنَادِ 40:33
يَوْمَ تُوَلُّونَ مُدْبِرِينَ مَا لَكُمْ مِنَ اللَّهِ مِنْ عَاصِمٍ وَمَنْ يُضْلِلِ اللَّهُ فَمَا لَهُ مِنْ هَادٍ 40:34 وَلَقَدْ جَاءَكُمْ يُوسُفُ مِنْ قَبْلُ بِالْبَيِّنَاتِ فَمَا زِلْتُمْ
فِي شَكٍّ مِمَّا جَاءَكُمْ بِهِ حَتَّىٰ إِذَا هَلَكَ قُلْتُمْ لَنْ يَبْعَثَ اللَّهُ مِنْ بَعْدِهِ رَسُولًا كَذَٰلِكَ يُضِلُّ اللَّهُ مَنْ هُوَ مُسْرِفٌ مُرْتَابٌ 40:35 الَّذِينَ
يُجَادِلُونَ فِي آيَاتِ اللَّهِ بِغَيْرِ سُلْطَانٍ أَتَاهُمْ كَبُرَ مَقْتًا عِنْدَ اللَّهِ وَعِنْدَ الَّذِينَ آمَنُوا كَذَٰلِكَ يَطْبَعُ اللَّهُ عَلَىٰ كُلِّ قَلْبِ مُتَكَبِّرٍ جَبَّارٍ 40:36 وَقَالَ
فِرْعَوْنُ يَا هَامَانُ ابْنِ لِي صَرْحًا لَعَلِّي أَبْلُغُ الْأَسْبَابَ 40:37 أَسْبَابَ السَّمَاوَاتِ فَأَطَّلِعَ إِلَىٰ إِلَٰهِ مُوسَىٰ وَإِنِّي لَأَظُنُّهُ كَاذِبًا وَكَذَٰلِكَ زُيِّنَ
لِفِرْعَوْنَ سُوءُ عَمَلِهِ وَصُدَّ عَنِ السَّبِيلِ وَمَا كَيْدُ فِرْعَوْنَ إِلَّا فِي تَبَابٍ 40:38 وَقَالَ الَّذِي آمَنَ يَا قَوْمِ اتَّبِعُونِ أَهْدِكُمْ سَبِيلَ الرَّشَادِ 40:39 يَا
قَوْمِ إِنَّمَا هَٰذِهِ الْحَيَاةُ الدُّنْيَا مَتَاعٌ وَإِنَّ الْآخِرَةَ هِيَ دَارُ الْقَرَارِ 40:40 مَنْ عَمِلَ سَيِّئَةً فَلَا يُجْزَىٰ إِلَّا مِثْلَهَا وَمَنْ عَمِلَ صَالِحًا مِنْ ذَكَرٍ أَوْ أُنْثَىٰ
وَهُوَ مُؤْمِنٌ فَأُولَٰئِكَ يَدْخُلُونَ الْجَنَّةَ يُرْزَقُونَ فِيهَا بِغَيْرِ حِسَابٍ 40:41 وَيَا قَوْمِ مَا لِي أَدْعُوكُمْ إِلَى النَّجَاةِ وَتَدْعُونَنِي إِلَى النَّارِ 40:42
تَدْعُونَنِي لِأَكْفُرَ بِاللَّهِ وَأُشْرِكَ بِهِ مَا لَيْسَ لِي بِهِ عِلْمٌ وَأَنَا أَدْعُوكُمْ إِلَى الْعَزِيزِ الْغَفَّارِ 40:43 لَا جَرَمَ أَنَّمَا تَدْعُونَنِي إِلَيْهِ لَيْسَ لَهُ دَعْوَةٌ
فِي الدُّنْيَا وَلَا فِي الْآخِرَةِ وَأَنَّ مَرَدَّنَا إِلَى اللَّهِ وَأَنَّ الْمُسْرِفِينَ هُمْ أَصْحَابُ النَّارِ 40:44 فَسَتَذْكُرُونَ مَا أَقُولُ لَكُمْ وَأُفَوِّضُ أَمْرِي إِلَى اللَّهِ
إِنَّ اللَّهَ بَصِيرٌ بِالْعِبَادِ 40:45 فَوَقَاهُ اللَّهُ سَيِّئَاتِ مَا مَكَرُوا وَحَاقَ بِآلِ فِرْعَوْنَ سُوءُ الْعَذَابِ 40:46 النَّارُ يُعْرَضُونَ عَلَيْهَا غُدُوًّا وَعَشِيًّا وَيَوْمَ
تَقُومُ السَّاعَةُ أَدْخِلُوا آلَ فِرْعَوْنَ أَشَدَّ الْعَذَابِ 40:47 وَإِذْ يَتَحَاجُّونَ فِي النَّارِ فَيَقُولُ الضُّعَفَاءُ لِلَّذِينَ اسْتَكْبَرُوا إِنَّا كُنَّا لَكُمْ تَبَعًا فَهَلْ أَنْتُمْ
مُغْنُونَ عَنَّا نَصِيبًا مِنَ النَّارِ 40:48 قَالَ الَّذِينَ اسْتَكْبَرُوا إِنَّا كُلٌّ فِيهَا إِنَّ اللَّهَ قَدْ حَكَمَ بَيْنَ الْعِبَادِ 40:49 وَقَالَ الَّذِينَ فِي النَّارِ لِخَزَنَةِ جَهَنَّمَ
ادْعُوا رَبَّكُمْ يُخَفِّفْ عَنَّا يَوْمًا مِنَ الْعَذَابِ 40:50 قَالُوا أَوَلَمْ تَكُ تَأْتِيكُمْ رُسُلُكُمْ بِالْبَيِّنَاتِ قَالُوا بَلَىٰ قَالُوا فَادْعُوا وَمَا دُعَاءُ الْكَافِرِينَ إِلَّا
فِي ضَلَالٍ 40:51 إِنَّا لَنَنْصُرُ رُسُلَنَا وَالَّذِينَ آمَنُوا فِي الْحَيَاةِ الدُّنْيَا وَيَوْمَ يَقُومُ الْأَشْهَادُ 40:52 يَوْمَ لَا يَنْفَعُ الظَّالِمِينَ مَعْذِرَتُهُمْ وَلَهُمُ
اللَّعْنَةُ وَلَهُمْ سُوءُ الدَّارِ 40:53 وَلَقَدْ آتَيْنَا مُوسَى الْهُدَىٰ وَأَوْرَثْنَا بَنِي إِسْرَائِيلَ الْكِتَابَ 40:54 هُدًى وَذِكْرَىٰ لِأُولِي الْأَلْبَابِ 40:55 فَاصْبِرْ إِنَّ
وَعْدَ اللَّهِ حَقٌّ وَاسْتَغْفِرْ لِذَنْبِكَ وَسَبِّحْ بِحَمْدِ رَبِّكَ بِالْعَشِيِّ وَالْإِبْكَارِ 40:56 إِنَّ الَّذِينَ يُجَادِلُونَ فِي آيَاتِ اللَّهِ بِغَيْرِ سُلْطَانٍ أَتَاهُمْ إِنْ فِي
صُدُورِهِمْ إِلَّا كِبْرٌ مَا هُمْ بِبَالِغِيهِ فَاسْتَعِذْ بِاللَّهِ إِنَّهُ هُوَ السَّمِيعُ الْبَصِيرُ 40:57 لَخَلْقُ السَّمَاوَاتِ وَالْأَرْضِ أَكْبَرُ مِنْ خَلْقِ النَّاسِ وَلَٰكِنَّ أَكْثَرَ
النَّاسِ لَا يَعْلَمُونَ 40:58 وَمَا يَسْتَوِي الْأَعْمَىٰ وَالْبَصِيرُ وَالَّذِينَ آمَنُوا وَعَمِلُوا الصَّالِحَاتِ وَلَا الْمُسِيءُ قَلِيلًا مَا تَتَذَكَّرُونَ 40:59 إِنَّ السَّاعَةَ
لَآتِيَةٌ لَا رَيْبَ فِيهَا وَلَٰكِنَّ أَكْثَرَ النَّاسِ لَا يُؤْمِنُونَ 40:60 وَقَالَ رَبُّكُمُ ادْعُونِي أَسْتَجِبْ لَكُمْ إِنَّ الَّذِينَ يَسْتَكْبِرُونَ عَنْ عِبَادَتِي سَيَدْخُلُونَ
جَهَنَّمَ دَاخِرِينَ 40:61 اللَّهُ الَّذِي جَعَلَ لَكُمُ اللَّيْلَ لِتَسْكُنُوا فِيهِ وَالنَّهَارَ مُبْصِرًا إِنَّ اللَّهَ لَذُو فَضْلٍ عَلَى النَّاسِ وَلَٰكِنَّ أَكْثَرَ النَّاسِ لَا يَشْكُرُونَ
40:62 ذَٰلِكُمُ اللَّهُ رَبُّكُمْ خَالِقُ كُلِّ شَيْءٍ لَا إِلَٰهَ إِلَّا هُوَ فَأَنَّىٰ تُؤْفَكُونَ 40:63 كَذَٰلِكَ يُؤْفَكُ الَّذِينَ كَانُوا بِآيَاتِ اللَّهِ يَجْحَدُونَ 40:64 اللَّهُ الَّذِي
جَعَلَ لَكُمُ الْأَرْضَ قَرَارًا وَالسَّمَاءَ بِنَاءً وَصَوَّرَكُمْ فَأَحْسَنَ صُوَرَكُمْ وَرَزَقَكُمْ مِنَ الطَّيِّبَاتِ ذَٰلِكُمُ اللَّهُ رَبُّكُمْ فَتَبَارَكَ اللَّهُ رَبُّ الْعَالَمِينَ 40:65
هُوَ الْحَيُّ لَا إِلَٰهَ إِلَّا هُوَ فَادْعُوهُ مُخْلِصِينَ لَهُ الدِّينَ الْحَمْدُ لِلَّهِ رَبِّ الْعَالَمِينَ 40:66 قُلْ إِنِّي نُهِيتُ أَنْ أَعْبُدَ الَّذِينَ تَدْعُونَ مِنْ دُونِ اللَّهِ
لَمَّا جَاءَنِيَ الْبَيِّنَاتُ مِنْ رَبِّي وَأُمِرْتُ أَنْ أُسْلِمَ لِرَبِّ الْعَالَمِينَ 40:67 هُوَ الَّذِي خَلَقَكُمْ مِنْ تُرَابٍ ثُمَّ مِنْ نُطْفَةٍ ثُمَّ مِنْ عَلَقَةٍ ثُمَّ يُخْرِجُكُمْ
طِفْلًا ثُمَّ لِتَبْلُغُوا أَشُدَّكُمْ ثُمَّ لِتَكُونُوا شُيُوخًا وَمِنْكُمْ مَنْ يُتَوَفَّىٰ مِنْ قَبْلُ وَلِتَبْلُغُوا أَجَلًا مُسَمًّى وَلَعَلَّكُمْ تَعْقِلُونَ 40:68 هُوَ الَّذِي يُحْيِي

وَيُمِيتُ فَإِذَا قَضَىٰ أَمْرًا فَإِنَّمَا يَقُولُ لَهُ كُنْ فَيَكُونُ 40:69 أَلَمْ تَرَ إِلَى الَّذِينَ يُجَادِلُونَ فِي آيَاتِ اللَّهِ أَنَّىٰ يُصْرَفُونَ 40:70 الَّذِينَ كَذَّبُوا
بِالْكِتَابِ وَبِمَا أَرْسَلْنَا بِهِ رُسُلَنَا فَسَوْفَ يَعْلَمُونَ 40:71 إِذِ الْأَغْلَالُ فِي أَعْنَاقِهِمْ وَالسَّلَاسِلُ يُسْحَبُونَ 40:72 فِي الْحَمِيمِ ثُمَّ فِي النَّارِ
يُسْجَرُونَ 40:73 ثُمَّ قِيلَ لَهُمْ أَيْنَ مَا كُنْتُمْ تُشْرِكُونَ 40:74 مِنْ دُونِ اللَّهِ قَالُوا ضَلُّوا عَنَّا بَلْ لَمْ نَكُنْ نَدْعُو مِنْ قَبْلُ شَيْئًا كَذَٰلِكَ يُضِلُّ اللَّهُ
الْكَافِرِينَ 40:75 ذَٰلِكُمْ بِمَا كُنْتُمْ تَفْرَحُونَ فِي الْأَرْضِ بِغَيْرِ الْحَقِّ وَبِمَا كُنْتُمْ تَمْرَحُونَ 40:76 ادْخُلُوا أَبْوَابَ جَهَنَّمَ خَالِدِينَ فِيهَا فَبِئْسَ
مَثْوَى الْمُتَكَبِّرِينَ 40:77 فَاصْبِرْ إِنَّ وَعْدَ اللَّهِ حَقٌّ فَإِمَّا نُرِيَنَّكَ بَعْضَ الَّذِي نَعِدُهُمْ أَوْ نَتَوَفَّيَنَّكَ فَإِلَيْنَا يُرْجَعُونَ 40:78 وَلَقَدْ أَرْسَلْنَا رُسُلًا
مِنْ قَبْلِكَ مِنْهُمْ مَنْ قَصَصْنَا عَلَيْكَ وَمِنْهُمْ مَنْ لَمْ نَقْصُصْ عَلَيْكَ وَمَا كَانَ لِرَسُولٍ أَنْ يَأْتِيَ بِآيَةٍ إِلَّا بِإِذْنِ اللَّهِ فَإِذَا جَاءَ أَمْرُ اللَّهِ قُضِيَ
بِالْحَقِّ وَخَسِرَ هُنَالِكَ الْمُبْطِلُونَ 40:79 اللَّهُ الَّذِي جَعَلَ لَكُمُ الْأَنْعَامَ لِتَرْكَبُوا مِنْهَا وَمِنْهَا تَأْكُلُونَ 40:80 وَلَكُمْ فِيهَا مَنَافِعُ وَلِتَبْلُغُوا عَلَيْهَا
حَاجَةً فِي صُدُورِكُمْ وَعَلَيْهَا وَعَلَى الْفُلْكِ تُحْمَلُونَ 40:81 وَيُرِيكُمْ آيَاتِهِ فَأَيَّ آيَاتِ اللَّهِ تُنْكِرُونَ 40:82 أَفَلَمْ يَسِيرُوا فِي الْأَرْضِ فَيَنْظُرُوا
كَيْفَ كَانَ عَاقِبَةُ الَّذِينَ مِنْ قَبْلِهِمْ كَانُوا أَكْثَرَ مِنْهُمْ وَأَشَدَّ قُوَّةً وَآثَارًا فِي الْأَرْضِ فَمَا أَغْنَىٰ عَنْهُمْ مَا كَانُوا يَكْسِبُونَ 40:83 فَلَمَّا جَاءَتْهُمْ
رُسُلُهُمْ بِالْبَيِّنَاتِ فَرِحُوا بِمَا عِنْدَهُمْ مِنَ الْعِلْمِ وَحَاقَ بِهِمْ مَا كَانُوا بِهِ يَسْتَهْزِئُونَ 40:84 فَلَمَّا رَأَوْا بَأْسَنَا قَالُوا آمَنَّا بِاللَّهِ وَحْدَهُ وَكَفَرْنَا
بِمَا كُنَّا بِهِ مُشْرِكِينَ 40:85 فَلَمْ يَكُ يَنْفَعُهُمْ إِيمَانُهُمْ لَمَّا رَأَوْا بَأْسَنَا سُنَّتَ اللَّهِ الَّتِي قَدْ خَلَتْ فِي عِبَادِهِ وَخَسِرَ هُنَالِكَ الْكَافِرُونَ 41:1
بِسْمِ اللَّهِ الرَّحْمَٰنِ الرَّحِيمِ حم 41:2 تَنْزِيلٌ مِنَ الرَّحْمَٰنِ الرَّحِيمِ 41:3 كِتَابٌ فُصِّلَتْ آيَاتُهُ قُرْآنًا عَرَبِيًّا لِقَوْمٍ يَعْلَمُونَ 41:4 بَشِيرًا وَنَذِيرًا
فَأَعْرَضَ أَكْثَرُهُمْ فَهُمْ لَا يَسْمَعُونَ 41:5 وَقَالُوا قُلُوبُنَا فِي أَكِنَّةٍ مِمَّا تَدْعُونَا إِلَيْهِ وَفِي آذَانِنَا وَقْرٌ وَمِنْ بَيْنِنَا وَبَيْنِكَ حِجَابٌ فَاعْمَلْ إِنَّنَا
عَامِلُونَ 41:6 قُلْ إِنَّمَا أَنَا بَشَرٌ مِثْلُكُمْ يُوحَىٰ إِلَيَّ أَنَّمَا إِلَٰهُكُمْ إِلَٰهٌ وَاحِدٌ فَاسْتَقِيمُوا إِلَيْهِ وَاسْتَغْفِرُوهُ وَوَيْلٌ لِلْمُشْرِكِينَ 41:7 الَّذِينَ لَا يُؤْتُونَ
الزَّكَاةَ وَهُمْ بِالْآخِرَةِ هُمْ كَافِرُونَ 41:8 إِنَّ الَّذِينَ آمَنُوا وَعَمِلُوا الصَّالِحَاتِ لَهُمْ أَجْرٌ غَيْرُ مَمْنُونٍ 41:9 قُلْ أَئِنَّكُمْ لَتَكْفُرُونَ بِالَّذِي خَلَقَ الْأَرْضَ
فِي يَوْمَيْنِ وَتَجْعَلُونَ لَهُ أَنْدَادًا ذَٰلِكَ رَبُّ الْعَالَمِينَ 41:10 وَجَعَلَ فِيهَا رَوَاسِيَ مِنْ فَوْقِهَا وَبَارَكَ فِيهَا وَقَدَّرَ فِيهَا أَقْوَاتَهَا فِي أَرْبَعَةِ أَيَّامٍ
سَوَاءً لِلسَّائِلِينَ 41:11 ثُمَّ اسْتَوَىٰ إِلَى السَّمَاءِ وَهِيَ دُخَانٌ فَقَالَ لَهَا وَلِلْأَرْضِ ائْتِيَا طَوْعًا أَوْ كَرْهًا قَالَتَا أَتَيْنَا طَائِعِينَ 41:12 فَقَضَاهُنَّ سَبْعَ
سَمَاوَاتٍ فِي يَوْمَيْنِ وَأَوْحَىٰ فِي كُلِّ سَمَاءٍ أَمْرَهَا وَزَيَّنَّا السَّمَاءَ الدُّنْيَا بِمَصَابِيحَ وَحِفْظًا ذَٰلِكَ تَقْدِيرُ الْعَزِيزِ الْعَلِيمِ 41:13 فَإِنْ أَعْرَضُوا
فَقُلْ أَنْذَرْتُكُمْ صَاعِقَةً مِثْلَ صَاعِقَةِ عَادٍ وَثَمُودَ 41:14 إِذْ جَاءَتْهُمُ الرُّسُلُ مِنْ بَيْنِ أَيْدِيهِمْ وَمِنْ خَلْفِهِمْ أَلَّا تَعْبُدُوا إِلَّا اللَّهَ قَالُوا لَوْ شَاءَ
رَبُّنَا لَأَنْزَلَ مَلَائِكَةً فَإِنَّا بِمَا أُرْسِلْتُمْ بِهِ كَافِرُونَ 41:15 فَأَمَّا عَادٌ فَاسْتَكْبَرُوا فِي الْأَرْضِ بِغَيْرِ الْحَقِّ وَقَالُوا مَنْ أَشَدُّ مِنَّا قُوَّةً أَوَلَمْ يَرَوْا أَنَّ
اللَّهَ الَّذِي خَلَقَهُمْ هُوَ أَشَدُّ مِنْهُمْ قُوَّةً وَكَانُوا بِآيَاتِنَا يَجْحَدُونَ 41:16 فَأَرْسَلْنَا عَلَيْهِمْ رِيحًا صَرْصَرًا فِي أَيَّامٍ نَحِسَاتٍ لِنُذِيقَهُمْ عَذَابَ
الْخِزْيِ فِي الْحَيَاةِ الدُّنْيَا وَلَعَذَابُ الْآخِرَةِ أَخْزَىٰ وَهُمْ لَا يُنْصَرُونَ 41:17 وَأَمَّا ثَمُودُ فَهَدَيْنَاهُمْ فَاسْتَحَبُّوا الْعَمَىٰ عَلَى الْهُدَىٰ فَأَخَذَتْهُمْ
صَاعِقَةُ الْعَذَابِ الْهُونِ بِمَا كَانُوا يَكْسِبُونَ 41:18 وَنَجَّيْنَا الَّذِينَ آمَنُوا وَكَانُوا يَتَّقُونَ 41:19 وَيَوْمَ يُحْشَرُ أَعْدَاءُ اللَّهِ إِلَى النَّارِ فَهُمْ يُوزَعُونَ
41:20 حَتَّىٰ إِذَا مَا جَاءُوهَا شَهِدَ عَلَيْهِمْ سَمْعُهُمْ وَأَبْصَارُهُمْ وَجُلُودُهُمْ بِمَا كَانُوا يَعْمَلُونَ 41:21 وَقَالُوا لِجُلُودِهِمْ لِمَ شَهِدْتُمْ عَلَيْنَا قَالُوا
أَنْطَقَنَا اللَّهُ الَّذِي أَنْطَقَ كُلَّ شَيْءٍ وَهُوَ خَلَقَكُمْ أَوَّلَ مَرَّةٍ وَإِلَيْهِ تُرْجَعُونَ 41:22 وَمَا كُنْتُمْ تَسْتَتِرُونَ أَنْ يَشْهَدَ عَلَيْكُمْ سَمْعُكُمْ وَلَا أَبْصَارُكُمْ
وَلَا جُلُودُكُمْ وَلَٰكِنْ ظَنَنْتُمْ أَنَّ اللَّهَ لَا يَعْلَمُ كَثِيرًا مِمَّا تَعْمَلُونَ 41:23 وَذَٰلِكُمْ ظَنُّكُمُ الَّذِي ظَنَنْتُمْ بِرَبِّكُمْ أَرْدَاكُمْ فَأَصْبَحْتُمْ مِنَ الْخَاسِرِينَ
41:24 فَإِنْ يَصْبِرُوا فَالنَّارُ مَثْوًى لَهُمْ وَإِنْ يَسْتَعْتِبُوا فَمَا هُمْ مِنَ الْمُعْتَبِينَ 41:25 وَقَيَّضْنَا لَهُمْ قُرَنَاءَ فَزَيَّنُوا لَهُمْ مَا بَيْنَ أَيْدِيهِمْ وَمَا
خَلْفَهُمْ وَحَقَّ عَلَيْهِمُ الْقَوْلُ فِي أُمَمٍ قَدْ خَلَتْ مِنْ قَبْلِهِمْ مِنَ الْجِنِّ وَالْإِنْسِ إِنَّهُمْ كَانُوا خَاسِرِينَ 41:26 وَقَالَ الَّذِينَ كَفَرُوا لَا تَسْمَعُوا
لِهَٰذَا الْقُرْآنِ وَالْغَوْا فِيهِ لَعَلَّكُمْ تَغْلِبُونَ 41:27 فَلَنُذِيقَنَّ الَّذِينَ كَفَرُوا عَذَابًا شَدِيدًا وَلَنَجْزِيَنَّهُمْ أَسْوَأَ الَّذِي كَانُوا يَعْمَلُونَ 41:28 ذَٰلِكَ جَزَاءُ
أَعْدَاءِ اللَّهِ النَّارُ لَهُمْ فِيهَا دَارُ الْخُلْدِ جَزَاءً بِمَا كَانُوا بِآيَاتِنَا يَجْحَدُونَ 41:29 وَقَالَ الَّذِينَ كَفَرُوا رَبَّنَا أَرِنَا اللَّذَيْنِ أَضَلَّانَا مِنَ الْجِنِّ وَالْإِنْسِ

نَجْعَلْهُمَا تَحْتَ أَقْدَامِنَا لِيَكُونَا مِنَ الْأَسْفَلِينَ 41:30 إِنَّ الَّذِينَ قَالُوا رَبُّنَا اللَّهُ ثُمَّ اسْتَقَامُوا تَتَنَزَّلُ عَلَيْهِمُ الْمَلَائِكَةُ أَلَّا تَخَافُوا وَلَا تَحْزَنُوا
وَأَبْشِرُوا بِالْجَنَّةِ الَّتِي كُنْتُمْ تُوعَدُونَ 41:31 نَحْنُ أَوْلِيَاؤُكُمْ فِي الْحَيَاةِ الدُّنْيَا وَفِي الْآخِرَةِ وَلَكُمْ فِيهَا مَا تَشْتَهِي أَنْفُسُكُمْ وَلَكُمْ فِيهَا مَا
تَدَّعُونَ 41:32 نُزُلًا مِنْ غَفُورٍ رَحِيمٍ 41:33 وَمَنْ أَحْسَنُ قَوْلًا مِمَّنْ دَعَا إِلَى اللَّهِ وَعَمِلَ صَالِحًا وَقَالَ إِنَّنِي مِنَ الْمُسْلِمِينَ 41:34 وَلَا تَسْتَوِي
الْحَسَنَةُ وَلَا السَّيِّئَةُ ادْفَعْ بِالَّتِي هِيَ أَحْسَنُ فَإِذَا الَّذِي بَيْنَكَ وَبَيْنَهُ عَدَاوَةٌ كَأَنَّهُ وَلِيٌّ حَمِيمٌ 41:35 وَمَا يُلَقَّاهَا إِلَّا الَّذِينَ صَبَرُوا وَمَا يُلَقَّاهَا
إِلَّا ذُو حَظٍّ عَظِيمٍ 41:36 وَإِمَّا يَنْزَغَنَّكَ مِنَ الشَّيْطَانِ نَزْغٌ فَاسْتَعِذْ بِاللَّهِ إِنَّهُ هُوَ السَّمِيعُ الْعَلِيمُ 41:37 وَمِنْ آيَاتِهِ اللَّيْلُ وَالنَّهَارُ وَالشَّمْسُ
وَالْقَمَرُ لَا تَسْجُدُوا لِلشَّمْسِ وَلَا لِلْقَمَرِ وَاسْجُدُوا لِلَّهِ الَّذِي خَلَقَهُنَّ إِنْ كُنْتُمْ إِيَّاهُ تَعْبُدُونَ 41:38 فَإِنِ اسْتَكْبَرُوا فَالَّذِينَ عِنْدَ رَبِّكَ يُسَبِّحُونَ
لَهُ بِاللَّيْلِ وَالنَّهَارِ وَهُمْ لَا يَسْأَمُونَ 41:39 وَمِنْ آيَاتِهِ أَنَّكَ تَرَى الْأَرْضَ خَاشِعَةً فَإِذَا أَنْزَلْنَا عَلَيْهَا الْمَاءَ اهْتَزَّتْ وَرَبَتْ إِنَّ الَّذِي أَحْيَاهَا لَمُحْيِي
الْمَوْتَىٰ إِنَّهُ عَلَىٰ كُلِّ شَيْءٍ قَدِيرٌ 41:40 إِنَّ الَّذِينَ يُلْحِدُونَ فِي آيَاتِنَا لَا يَخْفَوْنَ عَلَيْنَا أَفَمَنْ يُلْقَىٰ فِي النَّارِ خَيْرٌ أَمْ مَنْ يَأْتِي آمِنًا يَوْمَ
الْقِيَامَةِ اعْمَلُوا مَا شِئْتُمْ إِنَّهُ بِمَا تَعْمَلُونَ بَصِيرٌ 41:41 إِنَّ الَّذِينَ كَفَرُوا بِالذِّكْرِ لَمَّا جَاءَهُمْ وَإِنَّهُ لَكِتَابٌ عَزِيزٌ 41:42 لَا يَأْتِيهِ الْبَاطِلُ مِنْ بَيْنِ
يَدَيْهِ وَلَا مِنْ خَلْفِهِ تَنْزِيلٌ مِنْ حَكِيمٍ حَمِيدٍ 41:43 مَا يُقَالُ لَكَ إِلَّا مَا قَدْ قِيلَ لِلرُّسُلِ مِنْ قَبْلِكَ إِنَّ رَبَّكَ لَذُو مَغْفِرَةٍ وَذُو عِقَابٍ أَلِيمٍ 41:44
وَلَوْ جَعَلْنَاهُ قُرْآنًا أَعْجَمِيًّا لَقَالُوا لَوْلَا فُصِّلَتْ آيَاتُهُ أَأَعْجَمِيٌّ وَعَرَبِيٌّ قُلْ هُوَ لِلَّذِينَ آمَنُوا هُدًى وَشِفَاءٌ وَالَّذِينَ لَا يُؤْمِنُونَ فِي آذَانِهِمْ وَقْرٌ
وَهُوَ عَلَيْهِمْ عَمًى أُولَٰئِكَ يُنَادَوْنَ مِنْ مَكَانٍ بَعِيدٍ 41:45 وَلَقَدْ آتَيْنَا مُوسَى الْكِتَابَ فَاخْتُلِفَ فِيهِ وَلَوْلَا كَلِمَةٌ سَبَقَتْ مِنْ رَبِّكَ لَقُضِيَ
بَيْنَهُمْ وَإِنَّهُمْ لَفِي شَكٍّ مِنْهُ مُرِيبٍ 41:46 مَنْ عَمِلَ صَالِحًا فَلِنَفْسِهِ وَمَنْ أَسَاءَ فَعَلَيْهَا وَمَا رَبُّكَ بِظَلَّامٍ لِلْعَبِيدِ 41:47 إِلَيْهِ يُرَدُّ عِلْمُ السَّاعَةِ
وَمَا تَخْرُجُ مِنْ ثَمَرَاتٍ مِنْ أَكْمَامِهَا وَمَا تَحْمِلُ مِنْ أُنْثَىٰ وَلَا تَضَعُ إِلَّا بِعِلْمِهِ وَيَوْمَ يُنَادِيهِمْ أَيْنَ شُرَكَائِي قَالُوا آذَنَّاكَ مَا مِنَّا مِنْ شَهِيدٍ
41:48 وَضَلَّ عَنْهُمْ مَا كَانُوا يَدْعُونَ مِنْ قَبْلُ وَظَنُّوا مَا لَهُمْ مِنْ مَحِيصٍ 41:49 لَا يَسْأَمُ الْإِنْسَانُ مِنْ دُعَاءِ الْخَيْرِ وَإِنْ مَسَّهُ الشَّرُّ فَيَئُوسٌ
قَنُوطٌ 41:50 وَلَئِنْ أَذَقْنَاهُ رَحْمَةً مِنَّا مِنْ بَعْدِ ضَرَّاءَ مَسَّتْهُ لَيَقُولَنَّ هَٰذَا لِي وَمَا أَظُنُّ السَّاعَةَ قَائِمَةً وَلَئِنْ رُجِعْتُ إِلَىٰ رَبِّي إِنَّ لِي عِنْدَهُ
لَلْحُسْنَىٰ فَلَنُنَبِّئَنَّ الَّذِينَ كَفَرُوا بِمَا عَمِلُوا وَلَنُذِيقَنَّهُمْ مِنْ عَذَابٍ غَلِيظٍ 41:51 وَإِذَا أَنْعَمْنَا عَلَى الْإِنْسَانِ أَعْرَضَ وَنَأَىٰ بِجَانِبِهِ وَإِذَا مَسَّهُ
الشَّرُّ فَذُو دُعَاءٍ عَرِيضٍ 41:52 قُلْ أَرَأَيْتُمْ إِنْ كَانَ مِنْ عِنْدِ اللَّهِ ثُمَّ كَفَرْتُمْ بِهِ مَنْ أَضَلُّ مِمَّنْ هُوَ فِي شِقَاقٍ بَعِيدٍ 41:53 سَنُرِيهِمْ آيَاتِنَا فِي
الْآفَاقِ وَفِي أَنْفُسِهِمْ حَتَّىٰ يَتَبَيَّنَ لَهُمْ أَنَّهُ الْحَقُّ أَوَلَمْ يَكْفِ بِرَبِّكَ أَنَّهُ عَلَىٰ كُلِّ شَيْءٍ شَهِيدٌ 41:54 أَلَا إِنَّهُمْ فِي مِرْيَةٍ مِنْ لِقَاءِ رَبِّهِمْ
أَلَا إِنَّهُ بِكُلِّ شَيْءٍ مُحِيطٌ 42:1 بِسْمِ اللَّهِ الرَّحْمَٰنِ الرَّحِيمِ حم 42:2 عسق 42:3 كَذَٰلِكَ يُوحِي إِلَيْكَ وَإِلَى الَّذِينَ مِنْ قَبْلِكَ اللَّهُ الْعَزِيزُ
الْحَكِيمُ 42:4 لَهُ مَا فِي السَّمَاوَاتِ وَمَا فِي الْأَرْضِ وَهُوَ الْعَلِيُّ الْعَظِيمُ 42:5 تَكَادُ السَّمَاوَاتُ يَتَفَطَّرْنَ مِنْ فَوْقِهِنَّ وَالْمَلَائِكَةُ يُسَبِّحُونَ
بِحَمْدِ رَبِّهِمْ وَيَسْتَغْفِرُونَ لِمَنْ فِي الْأَرْضِ أَلَا إِنَّ اللَّهَ هُوَ الْغَفُورُ الرَّحِيمُ 42:6 وَالَّذِينَ اتَّخَذُوا مِنْ دُونِهِ أَوْلِيَاءَ اللَّهُ حَفِيظٌ عَلَيْهِمْ وَمَا
أَنْتَ عَلَيْهِمْ بِوَكِيلٍ 42:7 وَكَذَٰلِكَ أَوْحَيْنَا إِلَيْكَ قُرْآنًا عَرَبِيًّا لِتُنْذِرَ أُمَّ الْقُرَىٰ وَمَنْ حَوْلَهَا وَتُنْذِرَ يَوْمَ الْجَمْعِ لَا رَيْبَ فِيهِ فَرِيقٌ فِي الْجَنَّةِ
وَفَرِيقٌ فِي السَّعِيرِ 42:8 وَلَوْ شَاءَ اللَّهُ لَجَعَلَهُمْ أُمَّةً وَاحِدَةً وَلَٰكِنْ يُدْخِلُ مَنْ يَشَاءُ فِي رَحْمَتِهِ وَالظَّالِمُونَ مَا لَهُمْ مِنْ وَلِيٍّ وَلَا نَصِيرٍ
42:9 أَمِ اتَّخَذُوا مِنْ دُونِهِ أَوْلِيَاءَ فَاللَّهُ هُوَ الْوَلِيُّ وَهُوَ يُحْيِي الْمَوْتَىٰ وَهُوَ عَلَىٰ كُلِّ شَيْءٍ قَدِيرٌ 42:10 وَمَا اخْتَلَفْتُمْ فِيهِ مِنْ شَيْءٍ فَحُكْمُهُ
إِلَى اللَّهِ ذَٰلِكُمُ اللَّهُ رَبِّي عَلَيْهِ تَوَكَّلْتُ وَإِلَيْهِ أُنِيبُ 42:11 فَاطِرُ السَّمَاوَاتِ وَالْأَرْضِ جَعَلَ لَكُمْ مِنْ أَنْفُسِكُمْ أَزْوَاجًا وَمِنَ الْأَنْعَامِ أَزْوَاجًا
يَذْرَؤُكُمْ فِيهِ لَيْسَ كَمِثْلِهِ شَيْءٌ وَهُوَ السَّمِيعُ الْبَصِيرُ 42:12 لَهُ مَقَالِيدُ السَّمَاوَاتِ وَالْأَرْضِ يَبْسُطُ الرِّزْقَ لِمَنْ يَشَاءُ وَيَقْدِرُ إِنَّهُ بِكُلِّ شَيْءٍ
عَلِيمٌ 42:13 شَرَعَ لَكُمْ مِنَ الدِّينِ مَا وَصَّىٰ بِهِ نُوحًا وَالَّذِي أَوْحَيْنَا إِلَيْكَ وَمَا وَصَّيْنَا بِهِ إِبْرَاهِيمَ وَمُوسَىٰ وَعِيسَىٰ أَنْ أَقِيمُوا الدِّينَ وَلَا
تَتَفَرَّقُوا فِيهِ كَبُرَ عَلَى الْمُشْرِكِينَ مَا تَدْعُوهُمْ إِلَيْهِ اللَّهُ يَجْتَبِي إِلَيْهِ مَنْ يَشَاءُ وَيَهْدِي إِلَيْهِ مَنْ يُنِيبُ 42:14 وَمَا تَفَرَّقُوا إِلَّا مِنْ بَعْدِ مَا
جَاءَهُمُ الْعِلْمُ بَغْيًا بَيْنَهُمْ وَلَوْلَا كَلِمَةٌ سَبَقَتْ مِنْ رَبِّكَ إِلَىٰ أَجَلٍ مُسَمًّى لَقُضِيَ بَيْنَهُمْ وَإِنَّ الَّذِينَ أُورِثُوا الْكِتَابَ مِنْ بَعْدِهِمْ لَفِي شَكٍّ

مِنْهُ مُرِيبٍ 42:15 فَلِذَٰلِكَ فَادْعُ وَاسْتَقِمْ كَمَا أُمِرْتَ وَلَا تَتَّبِعْ أَهْوَاءَهُمْ وَقُلْ آمَنْتُ بِمَا أَنْزَلَ اللَّهُ مِنْ كِتَابٍ وَأُمِرْتُ لِأَعْدِلَ بَيْنَكُمُ اللَّهُ رَبُّنَا
وَرَبُّكُمْ لَنَا أَعْمَالُنَا وَلَكُمْ أَعْمَالُكُمْ لَا حُجَّةَ بَيْنَنَا وَبَيْنَكُمُ اللَّهُ يَجْمَعُ بَيْنَنَا وَإِلَيْهِ الْمَصِيرُ 42:16 وَالَّذِينَ يُحَاجُّونَ فِي اللَّهِ مِنْ بَعْدِ مَا
اسْتُجِيبَ لَهُ حُجَّتُهُمْ دَاحِضَةٌ عِنْدَ رَبِّهِمْ وَعَلَيْهِمْ غَضَبٌ وَلَهُمْ عَذَابٌ شَدِيدٌ 42:17 اللَّهُ الَّذِي أَنْزَلَ الْكِتَابَ بِالْحَقِّ وَالْمِيزَانَ وَمَا يُدْرِيكَ
لَعَلَّ السَّاعَةَ قَرِيبٌ 42:18 يَسْتَعْجِلُ بِهَا الَّذِينَ لَا يُؤْمِنُونَ بِهَا وَالَّذِينَ آمَنُوا مُشْفِقُونَ مِنْهَا وَيَعْلَمُونَ أَنَّهَا الْحَقُّ أَلَا إِنَّ الَّذِينَ يُمَارُونَ
فِي السَّاعَةِ لَفِي ضَلَالٍ بَعِيدٍ 42:19 اللَّهُ لَطِيفٌ بِعِبَادِهِ يَرْزُقُ مَنْ يَشَاءُ وَهُوَ الْقَوِيُّ الْعَزِيزُ 42:20 مَنْ كَانَ يُرِيدُ حَرْثَ الْآخِرَةِ نَزِدْ لَهُ فِي
حَرْثِهِ وَمَنْ كَانَ يُرِيدُ حَرْثَ الدُّنْيَا نُؤْتِهِ مِنْهَا وَمَا لَهُ فِي الْآخِرَةِ مِنْ نَصِيبٍ 42:21 أَمْ لَهُمْ شُرَكَاءُ شَرَعُوا لَهُمْ مِنَ الدِّينِ مَا لَمْ يَأْذَنْ بِهِ
اللَّهُ وَلَوْلَا كَلِمَةُ الْفَصْلِ لَقُضِيَ بَيْنَهُمْ وَإِنَّ الظَّالِمِينَ لَهُمْ عَذَابٌ أَلِيمٌ 42:22 تَرَى الظَّالِمِينَ مُشْفِقِينَ مِمَّا كَسَبُوا وَهُوَ وَاقِعٌ بِهِمْ وَالَّذِينَ
آمَنُوا وَعَمِلُوا الصَّالِحَاتِ فِي رَوْضَاتِ الْجَنَّاتِ لَهُمْ مَا يَشَاءُونَ عِنْدَ رَبِّهِمْ ذَٰلِكَ هُوَ الْفَضْلُ الْكَبِيرُ 42:23 ذَٰلِكَ الَّذِي يُبَشِّرُ اللَّهُ عِبَادَهُ الَّذِينَ
آمَنُوا وَعَمِلُوا الصَّالِحَاتِ قُلْ لَا أَسْأَلُكُمْ عَلَيْهِ أَجْرًا إِلَّا الْمَوَدَّةَ فِي الْقُرْبَىٰ وَمَنْ يَقْتَرِفْ حَسَنَةً نَزِدْ لَهُ فِيهَا حُسْنًا إِنَّ اللَّهَ غَفُورٌ شَكُورٌ
42:24 أَمْ يَقُولُونَ افْتَرَىٰ عَلَى اللَّهِ كَذِبًا فَإِنْ يَشَإِ اللَّهُ يَخْتِمْ عَلَىٰ قَلْبِكَ وَيَمْحُ اللَّهُ الْبَاطِلَ وَيُحِقُّ الْحَقَّ بِكَلِمَاتِهِ إِنَّهُ عَلِيمٌ بِذَاتِ الصُّدُورِ
42:25 وَهُوَ الَّذِي يَقْبَلُ التَّوْبَةَ عَنْ عِبَادِهِ وَيَعْفُو عَنِ السَّيِّئَاتِ وَيَعْلَمُ مَا تَفْعَلُونَ 42:26 وَيَسْتَجِيبُ الَّذِينَ آمَنُوا وَعَمِلُوا الصَّالِحَاتِ
وَيَزِيدُهُمْ مِنْ فَضْلِهِ وَالْكَافِرُونَ لَهُمْ عَذَابٌ شَدِيدٌ 42:27 وَلَوْ بَسَطَ اللَّهُ الرِّزْقَ لِعِبَادِهِ لَبَغَوْا فِي الْأَرْضِ وَلَٰكِنْ يُنَزِّلُ بِقَدَرٍ مَا يَشَاءُ إِنَّهُ
بِعِبَادِهِ خَبِيرٌ بَصِيرٌ 42:28 وَهُوَ الَّذِي يُنَزِّلُ الْغَيْثَ مِنْ بَعْدِ مَا قَنَطُوا وَيَنْشُرُ رَحْمَتَهُ وَهُوَ الْوَلِيُّ الْحَمِيدُ 42:29 وَمِنْ آيَاتِهِ خَلْقُ السَّمَاوَاتِ
وَالْأَرْضِ وَمَا بَثَّ فِيهِمَا مِنْ دَابَّةٍ وَهُوَ عَلَىٰ جَمْعِهِمْ إِذَا يَشَاءُ قَدِيرٌ 42:30 وَمَا أَصَابَكُمْ مِنْ مُصِيبَةٍ فَبِمَا كَسَبَتْ أَيْدِيكُمْ وَيَعْفُو عَنْ كَثِيرٍ
42:31 وَمَا أَنْتُمْ بِمُعْجِزِينَ فِي الْأَرْضِ وَمَا لَكُمْ مِنْ دُونِ اللَّهِ مِنْ وَلِيٍّ وَلَا نَصِيرٍ 42:32 وَمِنْ آيَاتِهِ الْجَوَارِ فِي الْبَحْرِ كَالْأَعْلَامِ 42:33 إِنْ يَشَأْ
يُسْكِنِ الرِّيحَ فَيَظْلَلْنَ رَوَاكِدَ عَلَىٰ ظَهْرِهِ إِنَّ فِي ذَٰلِكَ لَآيَاتٍ لِكُلِّ صَبَّارٍ شَكُورٍ 42:34 أَوْ يُوبِقْهُنَّ بِمَا كَسَبُوا وَيَعْفُ عَنْ كَثِيرٍ 42:35 وَيَعْلَمَ
الَّذِينَ يُجَادِلُونَ فِي آيَاتِنَا مَا لَهُمْ مِنْ مَحِيصٍ 42:36 فَمَا أُوتِيتُمْ مِنْ شَيْءٍ فَمَتَاعُ الْحَيَاةِ الدُّنْيَا وَمَا عِنْدَ اللَّهِ خَيْرٌ وَأَبْقَىٰ لِلَّذِينَ آمَنُوا
وَعَلَىٰ رَبِّهِمْ يَتَوَكَّلُونَ 42:37 وَالَّذِينَ يَجْتَنِبُونَ كَبَائِرَ الْإِثْمِ وَالْفَوَاحِشَ وَإِذَا مَا غَضِبُوا هُمْ يَغْفِرُونَ 42:38 وَالَّذِينَ اسْتَجَابُوا لِرَبِّهِمْ وَأَقَامُوا
الصَّلَاةَ وَأَمْرُهُمْ شُورَىٰ بَيْنَهُمْ وَمِمَّا رَزَقْنَاهُمْ يُنْفِقُونَ 42:39 وَالَّذِينَ إِذَا أَصَابَهُمُ الْبَغْيُ هُمْ يَنْتَصِرُونَ 42:40 وَجَزَاءُ سَيِّئَةٍ سَيِّئَةٌ مِثْلُهَا
فَمَنْ عَفَا وَأَصْلَحَ فَأَجْرُهُ عَلَى اللَّهِ إِنَّهُ لَا يُحِبُّ الظَّالِمِينَ 42:41 وَلَمَنِ انْتَصَرَ بَعْدَ ظُلْمِهِ فَأُولَٰئِكَ مَا عَلَيْهِمْ مِنْ سَبِيلٍ 42:42 إِنَّمَا السَّبِيلُ
عَلَى الَّذِينَ يَظْلِمُونَ النَّاسَ وَيَبْغُونَ فِي الْأَرْضِ بِغَيْرِ الْحَقِّ أُولَٰئِكَ لَهُمْ عَذَابٌ أَلِيمٌ 42:43 وَلَمَنْ صَبَرَ وَغَفَرَ إِنَّ ذَٰلِكَ لَمِنْ عَزْمِ الْأُمُورِ
42:44 وَمَنْ يُضْلِلِ اللَّهُ فَمَا لَهُ مِنْ وَلِيٍّ مِنْ بَعْدِهِ وَتَرَى الظَّالِمِينَ لَمَّا رَأَوُا الْعَذَابَ يَقُولُونَ هَلْ إِلَىٰ مَرَدٍّ مِنْ سَبِيلٍ 42:45 وَتَرَاهُمْ يُعْرَضُونَ
عَلَيْهَا خَاشِعِينَ مِنَ الذُّلِّ يَنْظُرُونَ مِنْ طَرْفٍ خَفِيٍّ وَقَالَ الَّذِينَ آمَنُوا إِنَّ الْخَاسِرِينَ الَّذِينَ خَسِرُوا أَنْفُسَهُمْ وَأَهْلِيهِمْ يَوْمَ الْقِيَامَةِ أَلَا
إِنَّ الظَّالِمِينَ فِي عَذَابٍ مُقِيمٍ 42:46 وَمَا كَانَ لَهُمْ مِنْ أَوْلِيَاءَ يَنْصُرُونَهُمْ مِنْ دُونِ اللَّهِ وَمَنْ يُضْلِلِ اللَّهُ فَمَا لَهُ مِنْ سَبِيلٍ 42:47 اسْتَجِيبُوا
لِرَبِّكُمْ مِنْ قَبْلِ أَنْ يَأْتِيَ يَوْمٌ لَا مَرَدَّ لَهُ مِنَ اللَّهِ مَا لَكُمْ مِنْ مَلْجَإٍ يَوْمَئِذٍ وَمَا لَكُمْ مِنْ نَكِيرٍ 42:48 فَإِنْ أَعْرَضُوا فَمَا أَرْسَلْنَاكَ عَلَيْهِمْ حَفِيظًا
إِنْ عَلَيْكَ إِلَّا الْبَلَاغُ وَإِنَّا إِذَا أَذَقْنَا الْإِنْسَانَ مِنَّا رَحْمَةً فَرِحَ بِهَا وَإِنْ تُصِبْهُمْ سَيِّئَةٌ بِمَا قَدَّمَتْ أَيْدِيهِمْ فَإِنَّ الْإِنْسَانَ كَفُورٌ 42:49 لِلَّهِ مُلْكُ
السَّمَاوَاتِ وَالْأَرْضِ يَخْلُقُ مَا يَشَاءُ يَهَبُ لِمَنْ يَشَاءُ إِنَاثًا وَيَهَبُ لِمَنْ يَشَاءُ الذُّكُورَ 42:50 أَوْ يُزَوِّجُهُمْ ذُكْرَانًا وَإِنَاثًا وَيَجْعَلُ مَنْ يَشَاءُ عَقِيمًا
إِنَّهُ عَلِيمٌ قَدِيرٌ 42:51 وَمَا كَانَ لِبَشَرٍ أَنْ يُكَلِّمَهُ اللَّهُ إِلَّا وَحْيًا أَوْ مِنْ وَرَاءِ حِجَابٍ أَوْ يُرْسِلَ رَسُولًا فَيُوحِيَ بِإِذْنِهِ مَا يَشَاءُ إِنَّهُ عَلِيٌّ حَكِيمٌ
42:52 وَكَذَٰلِكَ أَوْحَيْنَا إِلَيْكَ رُوحًا مِنْ أَمْرِنَا مَا كُنْتَ تَدْرِي مَا الْكِتَابُ وَلَا الْإِيمَانُ وَلَٰكِنْ جَعَلْنَاهُ نُورًا نَهْدِي بِهِ مَنْ نَشَاءُ مِنْ عِبَادِنَا وَإِنَّكَ
لَتَهْدِي إِلَىٰ صِرَاطٍ مُسْتَقِيمٍ 42:53 صِرَاطِ اللَّهِ الَّذِي لَهُ مَا فِي السَّمَاوَاتِ وَمَا فِي الْأَرْضِ أَلَا إِلَى اللَّهِ تَصِيرُ الْأُمُورُ 43:1 بِسْمِ اللَّهِ الرَّحْمَٰنِ

الرَّحِيمِ حم 43:2 وَالْكِتَابِ الْمُبِينِ 43:3 إِنَّا جَعَلْنَاهُ قُرْآنًا عَرَبِيًّا لَعَلَّكُمْ تَعْقِلُونَ 43:4 وَإِنَّهُ فِي أُمِّ الْكِتَابِ لَدَيْنَا لَعَلِيٌّ حَكِيمٌ 43:5 أَفَنَضْرِبُ
عَنْكُمُ الذِّكْرَ صَفْحًا أَنْ كُنْتُمْ قَوْمًا مُسْرِفِينَ 43:6 وَكَمْ أَرْسَلْنَا مِنْ نَبِيٍّ فِي الْأَوَّلِينَ 43:7 وَمَا يَأْتِيهِمْ مِنْ نَبِيٍّ إِلَّا كَانُوا بِهِ يَسْتَهْزِئُونَ 43:8
فَأَهْلَكْنَا أَشَدَّ مِنْهُمْ بَطْشًا وَمَضَىٰ مَثَلُ الْأَوَّلِينَ 43:9 وَلَئِنْ سَأَلْتَهُمْ مَنْ خَلَقَ السَّمَاوَاتِ وَالْأَرْضَ لَيَقُولُنَّ خَلَقَهُنَّ الْعَزِيزُ الْعَلِيمُ 43:10
الَّذِي جَعَلَ لَكُمُ الْأَرْضَ مَهْدًا وَجَعَلَ لَكُمْ فِيهَا سُبُلًا لَعَلَّكُمْ تَهْتَدُونَ 43:11 وَالَّذِي نَزَّلَ مِنَ السَّمَاءِ مَاءً بِقَدَرٍ فَأَنْشَرْنَا بِهِ بَلْدَةً مَيْتًا كَذَٰلِكَ
تُخْرَجُونَ 43:12 وَالَّذِي خَلَقَ الْأَزْوَاجَ كُلَّهَا وَجَعَلَ لَكُمْ مِنَ الْفُلْكِ وَالْأَنْعَامِ مَا تَرْكَبُونَ 43:13 لِتَسْتَوُوا عَلَىٰ ظُهُورِهِ ثُمَّ تَذْكُرُوا نِعْمَةَ رَبِّكُمْ
إِذَا اسْتَوَيْتُمْ عَلَيْهِ وَتَقُولُوا سُبْحَانَ الَّذِي سَخَّرَ لَنَا هَٰذَا وَمَا كُنَّا لَهُ مُقْرِنِينَ 43:14 وَإِنَّا إِلَىٰ رَبِّنَا لَمُنْقَلِبُونَ 43:15 وَجَعَلُوا لَهُ مِنْ عِبَادِهِ
جُزْءًا إِنَّ الْإِنْسَانَ لَكَفُورٌ مُبِينٌ 43:16 أَمِ اتَّخَذَ مِمَّا يَخْلُقُ بَنَاتٍ وَأَصْفَاكُمْ بِالْبَنِينَ 43:17 وَإِذَا بُشِّرَ أَحَدُهُمْ بِمَا ضَرَبَ لِلرَّحْمَٰنِ مَثَلًا ظَلَّ
وَجْهُهُ مُسْوَدًّا وَهُوَ كَظِيمٌ 43:18 أَوَمَنْ يُنَشَّأُ فِي الْحِلْيَةِ وَهُوَ فِي الْخِصَامِ غَيْرُ مُبِينٍ 43:19 وَجَعَلُوا الْمَلَائِكَةَ الَّذِينَ هُمْ عِبَادُ الرَّحْمَٰنِ
إِنَاثًا أَشَهِدُوا خَلْقَهُمْ سَتُكْتَبُ شَهَادَتُهُمْ وَيُسْأَلُونَ 43:20 وَقَالُوا لَوْ شَاءَ الرَّحْمَٰنُ مَا عَبَدْنَاهُمْ مَا لَهُمْ بِذَٰلِكَ مِنْ عِلْمٍ إِنْ هُمْ إِلَّا يَخْرُصُونَ
43:21 أَمْ آتَيْنَاهُمْ كِتَابًا مِنْ قَبْلِهِ فَهُمْ بِهِ مُسْتَمْسِكُونَ 43:22 بَلْ قَالُوا إِنَّا وَجَدْنَا آبَاءَنَا عَلَىٰ أُمَّةٍ وَإِنَّا عَلَىٰ آثَارِهِمْ مُهْتَدُونَ 43:23 وَكَذَٰلِكَ
مَا أَرْسَلْنَا مِنْ قَبْلِكَ فِي قَرْيَةٍ مِنْ نَذِيرٍ إِلَّا قَالَ مُتْرَفُوهَا إِنَّا وَجَدْنَا آبَاءَنَا عَلَىٰ أُمَّةٍ وَإِنَّا عَلَىٰ آثَارِهِمْ مُقْتَدُونَ 43:24 قَالَ أَوَلَوْ جِئْتُكُمْ
بِأَهْدَىٰ مِمَّا وَجَدْتُمْ عَلَيْهِ آبَاءَكُمْ قَالُوا إِنَّا بِمَا أُرْسِلْتُمْ بِهِ كَافِرُونَ 43:25 فَانْتَقَمْنَا مِنْهُمْ فَانْظُرْ كَيْفَ كَانَ عَاقِبَةُ الْمُكَذِّبِينَ 43:26 وَإِذْ قَالَ
إِبْرَاهِيمُ لِأَبِيهِ وَقَوْمِهِ إِنَّنِي بَرَاءٌ مِمَّا تَعْبُدُونَ 43:27 إِلَّا الَّذِي فَطَرَنِي فَإِنَّهُ سَيَهْدِينِ 43:28 وَجَعَلَهَا كَلِمَةً بَاقِيَةً فِي عَقِبِهِ لَعَلَّهُمْ يَرْجِعُونَ
43:29 بَلْ مَتَّعْتُ هَٰؤُلَاءِ وَآبَاءَهُمْ حَتَّىٰ جَاءَهُمُ الْحَقُّ وَرَسُولٌ مُبِينٌ 43:30 وَلَمَّا جَاءَهُمُ الْحَقُّ قَالُوا هَٰذَا سِحْرٌ وَإِنَّا بِهِ كَافِرُونَ 43:31 وَقَالُوا
لَوْلَا نُزِّلَ هَٰذَا الْقُرْآنُ عَلَىٰ رَجُلٍ مِنَ الْقَرْيَتَيْنِ عَظِيمٍ 43:32 أَهُمْ يَقْسِمُونَ رَحْمَتَ رَبِّكَ نَحْنُ قَسَمْنَا بَيْنَهُمْ مَعِيشَتَهُمْ فِي الْحَيَاةِ الدُّنْيَا
وَرَفَعْنَا بَعْضَهُمْ فَوْقَ بَعْضٍ دَرَجَاتٍ لِيَتَّخِذَ بَعْضُهُمْ بَعْضًا سُخْرِيًّا وَرَحْمَتُ رَبِّكَ خَيْرٌ مِمَّا يَجْمَعُونَ 43:33 وَلَوْلَا أَنْ يَكُونَ النَّاسُ أُمَّةً
وَاحِدَةً لَجَعَلْنَا لِمَنْ يَكْفُرُ بِالرَّحْمَٰنِ لِبُيُوتِهِمْ سُقُفًا مِنْ فِضَّةٍ وَمَعَارِجَ عَلَيْهَا يَظْهَرُونَ 43:34 وَلِبُيُوتِهِمْ أَبْوَابًا وَسُرُرًا عَلَيْهَا يَتَّكِئُونَ 43:35
وَزُخْرُفًا وَإِنْ كُلُّ ذَٰلِكَ لَمَّا مَتَاعُ الْحَيَاةِ الدُّنْيَا وَالْآخِرَةُ عِنْدَ رَبِّكَ لِلْمُتَّقِينَ 43:36 وَمَنْ يَعْشُ عَنْ ذِكْرِ الرَّحْمَٰنِ نُقَيِّضْ لَهُ شَيْطَانًا فَهُوَ لَهُ
قَرِينٌ 43:37 وَإِنَّهُمْ لَيَصُدُّونَهُمْ عَنِ السَّبِيلِ وَيَحْسَبُونَ أَنَّهُمْ مُهْتَدُونَ 43:38 حَتَّىٰ إِذَا جَاءَنَا قَالَ يَا لَيْتَ بَيْنِي وَبَيْنَكَ بُعْدَ الْمَشْرِقَيْنِ
فَبِئْسَ الْقَرِينُ 43:39 وَلَنْ يَنْفَعَكُمُ الْيَوْمَ إِذْ ظَلَمْتُمْ أَنَّكُمْ فِي الْعَذَابِ مُشْتَرِكُونَ 43:40 أَفَأَنْتَ تُسْمِعُ الصُّمَّ أَوْ تَهْدِي الْعُمْيَ وَمَنْ كَانَ
فِي ضَلَالٍ مُبِينٍ 43:41 فَإِمَّا نَذْهَبَنَّ بِكَ فَإِنَّا مِنْهُمْ مُنْتَقِمُونَ 43:42 أَوْ نُرِيَنَّكَ الَّذِي وَعَدْنَاهُمْ فَإِنَّا عَلَيْهِمْ مُقْتَدِرُونَ 43:43 فَاسْتَمْسِكْ
بِالَّذِي أُوحِيَ إِلَيْكَ إِنَّكَ عَلَىٰ صِرَاطٍ مُسْتَقِيمٍ 43:44 وَإِنَّهُ لَذِكْرٌ لَكَ وَلِقَوْمِكَ وَسَوْفَ تُسْأَلُونَ 43:45 وَاسْأَلْ مَنْ أَرْسَلْنَا مِنْ قَبْلِكَ مِنْ رُسُلِنَا
أَجَعَلْنَا مِنْ دُونِ الرَّحْمَٰنِ آلِهَةً يُعْبَدُونَ 43:46 وَلَقَدْ أَرْسَلْنَا مُوسَىٰ بِآيَاتِنَا إِلَىٰ فِرْعَوْنَ وَمَلَئِهِ فَقَالَ إِنِّي رَسُولُ رَبِّ الْعَالَمِينَ 43:47 فَلَمَّا
جَاءَهُمْ بِآيَاتِنَا إِذَا هُمْ مِنْهَا يَضْحَكُونَ 43:48 وَمَا نُرِيهِمْ مِنْ آيَةٍ إِلَّا هِيَ أَكْبَرُ مِنْ أُخْتِهَا وَأَخَذْنَاهُمْ بِالْعَذَابِ لَعَلَّهُمْ يَرْجِعُونَ 43:49 وَقَالُوا
يَا أَيُّهَ السَّاحِرُ ادْعُ لَنَا رَبَّكَ بِمَا عَهِدَ عِنْدَكَ إِنَّنَا لَمُهْتَدُونَ 43:50 فَلَمَّا كَشَفْنَا عَنْهُمُ الْعَذَابَ إِذَا هُمْ يَنْكُثُونَ 43:51 وَنَادَىٰ فِرْعَوْنُ فِي
قَوْمِهِ قَالَ يَا قَوْمِ أَلَيْسَ لِي مُلْكُ مِصْرَ وَهَٰذِهِ الْأَنْهَارُ تَجْرِي مِنْ تَحْتِي أَفَلَا تُبْصِرُونَ 43:52 أَمْ أَنَا خَيْرٌ مِنْ هَٰذَا الَّذِي هُوَ مَهِينٌ وَلَا يَكَادُ
يُبِينُ 43:53 فَلَوْلَا أُلْقِيَ عَلَيْهِ أَسْوِرَةٌ مِنْ ذَهَبٍ أَوْ جَاءَ مَعَهُ الْمَلَائِكَةُ مُقْتَرِنِينَ 43:54 فَاسْتَخَفَّ قَوْمَهُ فَأَطَاعُوهُ إِنَّهُمْ كَانُوا قَوْمًا فَاسِقِينَ
43:55 فَلَمَّا آسَفُونَا انْتَقَمْنَا مِنْهُمْ فَأَغْرَقْنَاهُمْ أَجْمَعِينَ 43:56 فَجَعَلْنَاهُمْ سَلَفًا وَمَثَلًا لِلْآخِرِينَ 43:57 وَلَمَّا ضُرِبَ ابْنُ مَرْيَمَ مَثَلًا إِذَا قَوْمُكَ
مِنْهُ يَصِدُّونَ 43:58 وَقَالُوا أَآلِهَتُنَا خَيْرٌ أَمْ هُوَ مَا ضَرَبُوهُ لَكَ إِلَّا جَدَلًا بَلْ هُمْ قَوْمٌ خَصِمُونَ 43:59 إِنْ هُوَ إِلَّا عَبْدٌ أَنْعَمْنَا عَلَيْهِ وَجَعَلْنَاهُ
مَثَلًا لِبَنِي إِسْرَائِيلَ 43:60 وَلَوْ نَشَاءُ لَجَعَلْنَا مِنْكُمْ مَلَائِكَةً فِي الْأَرْضِ يَخْلُفُونَ 43:61 وَإِنَّهُ لَعِلْمٌ لِلسَّاعَةِ فَلَا تَمْتَرُنَّ بِهَا وَاتَّبِعُونِ هَٰذَا

صِرَاطٌ مُسْتَقِيمٌ 43:62 وَلَا يَصُدَّنَّكُمُ الشَّيْطَانُ إِنَّهُ لَكُمْ عَدُوٌّ مُبِينٌ 43:63 وَلَمَّا جَاءَ عِيسَىٰ بِالْبَيِّنَاتِ قَالَ قَدْ جِئْتُكُمْ بِالْحِكْمَةِ وَلِأُبَيِّنَ لَكُمْ
بَعْضَ الَّذِي تَخْتَلِفُونَ فِيهِ فَاتَّقُوا اللَّهَ وَأَطِيعُونِ 43:64 إِنَّ اللَّهَ هُوَ رَبِّي وَرَبُّكُمْ فَاعْبُدُوهُ هَٰذَا صِرَاطٌ مُسْتَقِيمٌ 43:65 فَاخْتَلَفَ الْأَحْزَابُ مِنْ
بَيْنِهِمْ فَوَيْلٌ لِلَّذِينَ ظَلَمُوا مِنْ عَذَابِ يَوْمٍ أَلِيمٍ 43:66 هَلْ يَنْظُرُونَ إِلَّا السَّاعَةَ أَنْ تَأْتِيَهُمْ بَغْتَةً وَهُمْ لَا يَشْعُرُونَ 43:67 الْأَخِلَّاءُ يَوْمَئِذٍ
بَعْضُهُمْ لِبَعْضٍ عَدُوٌّ إِلَّا الْمُتَّقِينَ 43:68 يَا عِبَادِ لَا خَوْفٌ عَلَيْكُمُ الْيَوْمَ وَلَا أَنْتُمْ تَحْزَنُونَ 43:69 الَّذِينَ آمَنُوا بِآيَاتِنَا وَكَانُوا مُسْلِمِينَ 43:70
ادْخُلُوا الْجَنَّةَ أَنْتُمْ وَأَزْوَاجُكُمْ تُحْبَرُونَ 43:71 يُطَافُ عَلَيْهِمْ بِصِحَافٍ مِنْ ذَهَبٍ وَأَكْوَابٍ وَفِيهَا مَا تَشْتَهِيهِ الْأَنْفُسُ وَتَلَذُّ الْأَعْيُنُ وَأَنْتُمْ
فِيهَا خَالِدُونَ 43:72 وَتِلْكَ الْجَنَّةُ الَّتِي أُورِثْتُمُوهَا بِمَا كُنْتُمْ تَعْمَلُونَ 43:73 لَكُمْ فِيهَا فَاكِهَةٌ كَثِيرَةٌ مِنْهَا تَأْكُلُونَ 43:74 إِنَّ الْمُجْرِمِينَ فِي
عَذَابِ جَهَنَّمَ خَالِدُونَ 43:75 لَا يُفَتَّرُ عَنْهُمْ وَهُمْ فِيهِ مُبْلِسُونَ 43:76 وَمَا ظَلَمْنَاهُمْ وَلَٰكِنْ كَانُوا هُمُ الظَّالِمِينَ 43:77 وَنَادَوْا يَا مَالِكُ لِيَقْضِ
عَلَيْنَا رَبُّكَ قَالَ إِنَّكُمْ مَاكِثُونَ 43:78 لَقَدْ جِئْنَاكُمْ بِالْحَقِّ وَلَٰكِنَّ أَكْثَرَكُمْ لِلْحَقِّ كَارِهُونَ 43:79 أَمْ أَبْرَمُوا أَمْرًا فَإِنَّا مُبْرِمُونَ 43:80 أَمْ يَحْسَبُونَ
أَنَّا لَا نَسْمَعُ سِرَّهُمْ وَنَجْوَاهُمْ بَلَىٰ وَرُسُلُنَا لَدَيْهِمْ يَكْتُبُونَ 43:81 قُلْ إِنْ كَانَ لِلرَّحْمَٰنِ وَلَدٌ فَأَنَا أَوَّلُ الْعَابِدِينَ 43:82 سُبْحَانَ رَبِّ السَّمَاوَاتِ
وَالْأَرْضِ رَبِّ الْعَرْشِ عَمَّا يَصِفُونَ 43:83 فَذَرْهُمْ يَخُوضُوا وَيَلْعَبُوا حَتَّىٰ يُلَاقُوا يَوْمَهُمُ الَّذِي يُوعَدُونَ 43:84 وَهُوَ الَّذِي فِي السَّمَاءِ إِلَٰهٌ
وَفِي الْأَرْضِ إِلَٰهٌ وَهُوَ الْحَكِيمُ الْعَلِيمُ 43:85 وَتَبَارَكَ الَّذِي لَهُ مُلْكُ السَّمَاوَاتِ وَالْأَرْضِ وَمَا بَيْنَهُمَا وَعِنْدَهُ عِلْمُ السَّاعَةِ وَإِلَيْهِ تُرْجَعُونَ
43:86 وَلَا يَمْلِكُ الَّذِينَ يَدْعُونَ مِنْ دُونِهِ الشَّفَاعَةَ إِلَّا مَنْ شَهِدَ بِالْحَقِّ وَهُمْ يَعْلَمُونَ 43:87 وَلَئِنْ سَأَلْتَهُمْ مَنْ خَلَقَهُمْ لَيَقُولُنَّ اللَّهُ فَأَنَّىٰ
يُؤْفَكُونَ 43:88 وَقِيلِهِ يَا رَبِّ إِنَّ هَٰؤُلَاءِ قَوْمٌ لَا يُؤْمِنُونَ 43:89 فَاصْفَحْ عَنْهُمْ وَقُلْ سَلَامٌ فَسَوْفَ يَعْلَمُونَ 44:1 بِسْمِ اللَّهِ الرَّحْمَٰنِ الرَّحِيمِ
حم 44:2 وَالْكِتَابِ الْمُبِينِ 44:3 إِنَّا أَنْزَلْنَاهُ فِي لَيْلَةٍ مُبَارَكَةٍ إِنَّا كُنَّا مُنْذِرِينَ 44:4 فِيهَا يُفْرَقُ كُلُّ أَمْرٍ حَكِيمٍ 44:5 أَمْرًا مِنْ عِنْدِنَا إِنَّا كُنَّا
مُرْسِلِينَ 44:6 رَحْمَةً مِنْ رَبِّكَ إِنَّهُ هُوَ السَّمِيعُ الْعَلِيمُ 44:7 رَبِّ السَّمَاوَاتِ وَالْأَرْضِ وَمَا بَيْنَهُمَا إِنْ كُنْتُمْ مُوقِنِينَ 44:8 لَا إِلَٰهَ إِلَّا هُوَ يُحْيِي
وَيُمِيتُ رَبُّكُمْ وَرَبُّ آبَائِكُمُ الْأَوَّلِينَ 44:9 بَلْ هُمْ فِي شَكٍّ يَلْعَبُونَ 44:10 فَارْتَقِبْ يَوْمَ تَأْتِي السَّمَاءُ بِدُخَانٍ مُبِينٍ 44:11 يَغْشَى النَّاسَ هَٰذَا
عَذَابٌ أَلِيمٌ 44:12 رَبَّنَا اكْشِفْ عَنَّا الْعَذَابَ إِنَّا مُؤْمِنُونَ 44:13 أَنَّىٰ لَهُمُ الذِّكْرَىٰ وَقَدْ جَاءَهُمْ رَسُولٌ مُبِينٌ 44:14 ثُمَّ تَوَلَّوْا عَنْهُ وَقَالُوا مُعَلَّمٌ
مَجْنُونٌ 44:15 إِنَّا كَاشِفُو الْعَذَابِ قَلِيلًا إِنَّكُمْ عَائِدُونَ 44:16 يَوْمَ نَبْطِشُ الْبَطْشَةَ الْكُبْرَىٰ إِنَّا مُنْتَقِمُونَ 44:17 وَلَقَدْ فَتَنَّا قَبْلَهُمْ قَوْمَ فِرْعَوْنَ
وَجَاءَهُمْ رَسُولٌ كَرِيمٌ 44:18 أَنْ أَدُّوا إِلَيَّ عِبَادَ اللَّهِ إِنِّي لَكُمْ رَسُولٌ أَمِينٌ 44:19 وَأَنْ لَا تَعْلُوا عَلَى اللَّهِ إِنِّي آتِيكُمْ بِسُلْطَانٍ مُبِينٍ 44:20
وَإِنِّي عُذْتُ بِرَبِّي وَرَبِّكُمْ أَنْ تَرْجُمُونِ 44:21 وَإِنْ لَمْ تُؤْمِنُوا لِي فَاعْتَزِلُونِ 44:22 فَدَعَا رَبَّهُ أَنَّ هَٰؤُلَاءِ قَوْمٌ مُجْرِمُونَ 44:23 فَأَسْرِ بِعِبَادِي
لَيْلًا إِنَّكُمْ مُتَّبَعُونَ 44:24 وَاتْرُكِ الْبَحْرَ رَهْوًا إِنَّهُمْ جُنْدٌ مُغْرَقُونَ 44:25 كَمْ تَرَكُوا مِنْ جَنَّاتٍ وَعُيُونٍ 44:26 وَزُرُوعٍ وَمَقَامٍ كَرِيمٍ 44:27 وَنَعْمَةٍ
كَانُوا فِيهَا فَاكِهِينَ 44:28 كَذَٰلِكَ وَأَوْرَثْنَاهَا قَوْمًا آخَرِينَ 44:29 فَمَا بَكَتْ عَلَيْهِمُ السَّمَاءُ وَالْأَرْضُ وَمَا كَانُوا مُنْظَرِينَ 44:30 وَلَقَدْ نَجَّيْنَا بَنِي
إِسْرَائِيلَ مِنَ الْعَذَابِ الْمُهِينِ 44:31 مِنْ فِرْعَوْنَ إِنَّهُ كَانَ عَالِيًا مِنَ الْمُسْرِفِينَ 44:32 وَلَقَدِ اخْتَرْنَاهُمْ عَلَىٰ عِلْمٍ عَلَى الْعَالَمِينَ 44:33
وَآتَيْنَاهُمْ مِنَ الْآيَاتِ مَا فِيهِ بَلَاءٌ مُبِينٌ 44:34 إِنَّ هَٰؤُلَاءِ لَيَقُولُونَ 44:35 إِنْ هِيَ إِلَّا مَوْتَتُنَا الْأُولَىٰ وَمَا نَحْنُ بِمُنْشَرِينَ 44:36 فَأْتُوا بِآبَائِنَا إِنْ
كُنْتُمْ صَادِقِينَ 44:37 أَهُمْ خَيْرٌ أَمْ قَوْمُ تُبَّعٍ وَالَّذِينَ مِنْ قَبْلِهِمْ أَهْلَكْنَاهُمْ إِنَّهُمْ كَانُوا مُجْرِمِينَ 44:38 وَمَا خَلَقْنَا السَّمَاوَاتِ وَالْأَرْضَ وَمَا
بَيْنَهُمَا لَاعِبِينَ 44:39 مَا خَلَقْنَاهُمَا إِلَّا بِالْحَقِّ وَلَٰكِنَّ أَكْثَرَهُمْ لَا يَعْلَمُونَ 44:40 إِنَّ يَوْمَ الْفَصْلِ مِيقَاتُهُمْ أَجْمَعِينَ 44:41 يَوْمَ لَا يُغْنِي مَوْلًى
عَنْ مَوْلًى شَيْئًا وَلَا هُمْ يُنْصَرُونَ 44:42 إِلَّا مَنْ رَحِمَ اللَّهُ إِنَّهُ هُوَ الْعَزِيزُ الرَّحِيمُ 44:43 إِنَّ شَجَرَتَ الزَّقُّومِ 44:44 طَعَامُ الْأَثِيمِ 44:45 كَالْمُهْلِ
يَغْلِي فِي الْبُطُونِ 44:46 كَغَلْيِ الْحَمِيمِ 44:47 خُذُوهُ فَاعْتِلُوهُ إِلَىٰ سَوَاءِ الْجَحِيمِ 44:48 ثُمَّ صُبُّوا فَوْقَ رَأْسِهِ مِنْ عَذَابِ الْحَمِيمِ 44:49
ذُقْ إِنَّكَ أَنْتَ الْعَزِيزُ الْكَرِيمُ 44:50 إِنَّ هَٰذَا مَا كُنْتُمْ بِهِ تَمْتَرُونَ 44:51 إِنَّ الْمُتَّقِينَ فِي مَقَامٍ أَمِينٍ 44:52 فِي جَنَّاتٍ وَعُيُونٍ 44:53 يَلْبَسُونَ
مِنْ سُنْدُسٍ وَإِسْتَبْرَقٍ مُتَقَابِلِينَ 44:54 كَذَٰلِكَ وَزَوَّجْنَاهُمْ بِحُورٍ عِينٍ 44:55 يَدْعُونَ فِيهَا بِكُلِّ فَاكِهَةٍ آمِنِينَ 44:56 لَا يَذُوقُونَ فِيهَا الْمَوْتَ

إِلَّا الْمَوْتَةَ الْأُولَىٰ وَوَقَاهُمْ عَذَابَ الْجَحِيمِ 44:57 فَضْلًا مِنْ رَبِّكَ ذَٰلِكَ هُوَ الْفَوْزُ الْعَظِيمُ 44:58 فَإِنَّمَا يَسَّرْنَاهُ بِلِسَانِكَ لَعَلَّهُمْ يَتَذَكَّرُونَ
44:59 فَارْتَقِبْ إِنَّهُمْ مُرْتَقِبُونَ 45:1 بِسْمِ اللَّهِ الرَّحْمَٰنِ الرَّحِيمِ حم 45:2 تَنْزِيلُ الْكِتَابِ مِنَ اللَّهِ الْعَزِيزِ الْحَكِيمِ 45:3 إِنَّ فِي السَّمَاوَاتِ
وَالْأَرْضِ لَآيَاتٍ لِلْمُؤْمِنِينَ 45:4 وَفِي خَلْقِكُمْ وَمَا يَبُثُّ مِنْ دَابَّةٍ آيَاتٌ لِقَوْمٍ يُوقِنُونَ 45:5 وَاخْتِلَافِ اللَّيْلِ وَالنَّهَارِ وَمَا أَنْزَلَ اللَّهُ مِنَ السَّمَاءِ
مِنْ رِزْقٍ فَأَحْيَا بِهِ الْأَرْضَ بَعْدَ مَوْتِهَا وَتَصْرِيفِ الرِّيَاحِ آيَاتٌ لِقَوْمٍ يَعْقِلُونَ 45:6 تِلْكَ آيَاتُ اللَّهِ نَتْلُوهَا عَلَيْكَ بِالْحَقِّ فَبِأَيِّ حَدِيثٍ بَعْدَ
اللَّهِ وَآيَاتِهِ يُؤْمِنُونَ 45:7 وَيْلٌ لِكُلِّ أَفَّاكٍ أَثِيمٍ 45:8 يَسْمَعُ آيَاتِ اللَّهِ تُتْلَىٰ عَلَيْهِ ثُمَّ يُصِرُّ مُسْتَكْبِرًا كَأَنْ لَمْ يَسْمَعْهَا فَبَشِّرْهُ بِعَذَابٍ أَلِيمٍ
45:9 وَإِذَا عَلِمَ مِنْ آيَاتِنَا شَيْئًا اتَّخَذَهَا هُزُوًا أُولَٰئِكَ لَهُمْ عَذَابٌ مُهِينٌ 45:10 مِنْ وَرَائِهِمْ جَهَنَّمُ وَلَا يُغْنِي عَنْهُمْ مَا كَسَبُوا شَيْئًا وَلَا مَا
اتَّخَذُوا مِنْ دُونِ اللَّهِ أَوْلِيَاءَ وَلَهُمْ عَذَابٌ عَظِيمٌ 45:11 هَٰذَا هُدًى وَالَّذِينَ كَفَرُوا بِآيَاتِ رَبِّهِمْ لَهُمْ عَذَابٌ مِنْ رِجْزٍ أَلِيمٌ 45:12 اللَّهُ الَّذِي
سَخَّرَ لَكُمُ الْبَحْرَ لِتَجْرِيَ الْفُلْكُ فِيهِ بِأَمْرِهِ وَلِتَبْتَغُوا مِنْ فَضْلِهِ وَلَعَلَّكُمْ تَشْكُرُونَ 45:13 وَسَخَّرَ لَكُمْ مَا فِي السَّمَاوَاتِ وَمَا فِي الْأَرْضِ
جَمِيعًا مِنْهُ إِنَّ فِي ذَٰلِكَ لَآيَاتٍ لِقَوْمٍ يَتَفَكَّرُونَ 45:14 قُلْ لِلَّذِينَ آمَنُوا يَغْفِرُوا لِلَّذِينَ لَا يَرْجُونَ أَيَّامَ اللَّهِ لِيَجْزِيَ قَوْمًا بِمَا كَانُوا يَكْسِبُونَ
45:15 مَنْ عَمِلَ صَالِحًا فَلِنَفْسِهِ وَمَنْ أَسَاءَ فَعَلَيْهَا ثُمَّ إِلَىٰ رَبِّكُمْ تُرْجَعُونَ 45:16 وَلَقَدْ آتَيْنَا بَنِي إِسْرَائِيلَ الْكِتَابَ وَالْحُكْمَ وَالنُّبُوَّةَ وَرَزَقْنَاهُمْ
مِنَ الطَّيِّبَاتِ وَفَضَّلْنَاهُمْ عَلَى الْعَالَمِينَ 45:17 وَآتَيْنَاهُمْ بَيِّنَاتٍ مِنَ الْأَمْرِ فَمَا اخْتَلَفُوا إِلَّا مِنْ بَعْدِ مَا جَاءَهُمُ الْعِلْمُ بَغْيًا بَيْنَهُمْ إِنَّ رَبَّكَ
يَقْضِي بَيْنَهُمْ يَوْمَ الْقِيَامَةِ فِيمَا كَانُوا فِيهِ يَخْتَلِفُونَ 45:18 ثُمَّ جَعَلْنَاكَ عَلَىٰ شَرِيعَةٍ مِنَ الْأَمْرِ فَاتَّبِعْهَا وَلَا تَتَّبِعْ أَهْوَاءَ الَّذِينَ لَا يَعْلَمُونَ
45:19 إِنَّهُمْ لَنْ يُغْنُوا عَنْكَ مِنَ اللَّهِ شَيْئًا وَإِنَّ الظَّالِمِينَ بَعْضُهُمْ أَوْلِيَاءُ بَعْضٍ وَاللَّهُ وَلِيُّ الْمُتَّقِينَ 45:20 هَٰذَا بَصَائِرُ لِلنَّاسِ وَهُدًى وَرَحْمَةٌ
لِقَوْمٍ يُوقِنُونَ 45:21 أَمْ حَسِبَ الَّذِينَ اجْتَرَحُوا السَّيِّئَاتِ أَنْ نَجْعَلَهُمْ كَالَّذِينَ آمَنُوا وَعَمِلُوا الصَّالِحَاتِ سَوَاءً مَحْيَاهُمْ وَمَمَاتُهُمْ سَاءَ مَا
يَحْكُمُونَ 45:22 وَخَلَقَ اللَّهُ السَّمَاوَاتِ وَالْأَرْضَ بِالْحَقِّ وَلِتُجْزَىٰ كُلُّ نَفْسٍ بِمَا كَسَبَتْ وَهُمْ لَا يُظْلَمُونَ 45:23 أَفَرَأَيْتَ مَنِ اتَّخَذَ إِلَٰهَهُ هَوَاهُ
وَأَضَلَّهُ اللَّهُ عَلَىٰ عِلْمٍ وَخَتَمَ عَلَىٰ سَمْعِهِ وَقَلْبِهِ وَجَعَلَ عَلَىٰ بَصَرِهِ غِشَاوَةً فَمَنْ يَهْدِيهِ مِنْ بَعْدِ اللَّهِ أَفَلَا تَذَكَّرُونَ 45:24 وَقَالُوا مَا هِيَ
إِلَّا حَيَاتُنَا الدُّنْيَا نَمُوتُ وَنَحْيَا وَمَا يُهْلِكُنَا إِلَّا الدَّهْرُ وَمَا لَهُمْ بِذَٰلِكَ مِنْ عِلْمٍ إِنْ هُمْ إِلَّا يَظُنُّونَ 45:25 وَإِذَا تُتْلَىٰ عَلَيْهِمْ آيَاتُنَا بَيِّنَاتٍ مَا كَانَ
حُجَّتَهُمْ إِلَّا أَنْ قَالُوا ائْتُوا بِآبَائِنَا إِنْ كُنْتُمْ صَادِقِينَ 45:26 قُلِ اللَّهُ يُحْيِيكُمْ ثُمَّ يُمِيتُكُمْ ثُمَّ يَجْمَعُكُمْ إِلَىٰ يَوْمِ الْقِيَامَةِ لَا رَيْبَ فِيهِ وَلَٰكِنَّ
أَكْثَرَ النَّاسِ لَا يَعْلَمُونَ 45:27 وَلِلَّهِ مُلْكُ السَّمَاوَاتِ وَالْأَرْضِ وَيَوْمَ تَقُومُ السَّاعَةُ يَوْمَئِذٍ يَخْسَرُ الْمُبْطِلُونَ 45:28 وَتَرَىٰ كُلَّ أُمَّةٍ جَاثِيَةً كُلُّ
أُمَّةٍ تُدْعَىٰ إِلَىٰ كِتَابِهَا الْيَوْمَ تُجْزَوْنَ مَا كُنْتُمْ تَعْمَلُونَ 45:29 هَٰذَا كِتَابُنَا يَنْطِقُ عَلَيْكُمْ بِالْحَقِّ إِنَّا كُنَّا نَسْتَنْسِخُ مَا كُنْتُمْ تَعْمَلُونَ 45:30
فَأَمَّا الَّذِينَ آمَنُوا وَعَمِلُوا الصَّالِحَاتِ فَيُدْخِلُهُمْ رَبُّهُمْ فِي رَحْمَتِهِ ذَٰلِكَ هُوَ الْفَوْزُ الْمُبِينُ 45:31 وَأَمَّا الَّذِينَ كَفَرُوا أَفَلَمْ تَكُنْ آيَاتِي تُتْلَىٰ
عَلَيْكُمْ فَاسْتَكْبَرْتُمْ وَكُنْتُمْ قَوْمًا مُجْرِمِينَ 45:32 وَإِذَا قِيلَ إِنَّ وَعْدَ اللَّهِ حَقٌّ وَالسَّاعَةُ لَا رَيْبَ فِيهَا قُلْتُمْ مَا نَدْرِي مَا السَّاعَةُ إِنْ نَظُنُّ إِلَّا
ظَنًّا وَمَا نَحْنُ بِمُسْتَيْقِنِينَ 45:33 وَبَدَا لَهُمْ سَيِّئَاتُ مَا عَمِلُوا وَحَاقَ بِهِمْ مَا كَانُوا بِهِ يَسْتَهْزِئُونَ 45:34 وَقِيلَ الْيَوْمَ نَنْسَاكُمْ كَمَا نَسِيتُمْ
لِقَاءَ يَوْمِكُمْ هَٰذَا وَمَأْوَاكُمُ النَّارُ وَمَا لَكُمْ مِنْ نَاصِرِينَ 45:35 ذَٰلِكُمْ بِأَنَّكُمُ اتَّخَذْتُمْ آيَاتِ اللَّهِ هُزُوًا وَغَرَّتْكُمُ الْحَيَاةُ الدُّنْيَا فَالْيَوْمَ لَا يُخْرَجُونَ
مِنْهَا وَلَا هُمْ يُسْتَعْتَبُونَ 45:36 فَلِلَّهِ الْحَمْدُ رَبِّ السَّمَاوَاتِ وَرَبِّ الْأَرْضِ رَبِّ الْعَالَمِينَ 45:37 وَلَهُ الْكِبْرِيَاءُ فِي السَّمَاوَاتِ وَالْأَرْضِ وَهُوَ
الْعَزِيزُ الْحَكِيمُ 46:1 بِسْمِ اللَّهِ الرَّحْمَٰنِ الرَّحِيمِ حم 46:2 تَنْزِيلُ الْكِتَابِ مِنَ اللَّهِ الْعَزِيزِ الْحَكِيمِ 46:3 مَا خَلَقْنَا السَّمَاوَاتِ وَالْأَرْضَ وَمَا
بَيْنَهُمَا إِلَّا بِالْحَقِّ وَأَجَلٍ مُسَمًّى وَالَّذِينَ كَفَرُوا عَمَّا أُنْذِرُوا مُعْرِضُونَ 46:4 قُلْ أَرَأَيْتُمْ مَا تَدْعُونَ مِنْ دُونِ اللَّهِ أَرُونِي مَاذَا خَلَقُوا مِنَ
الْأَرْضِ أَمْ لَهُمْ شِرْكٌ فِي السَّمَاوَاتِ ائْتُونِي بِكِتَابٍ مِنْ قَبْلِ هَٰذَا أَوْ أَثَارَةٍ مِنْ عِلْمٍ إِنْ كُنْتُمْ صَادِقِينَ 46:5 وَمَنْ أَضَلُّ مِمَّنْ يَدْعُو مِنْ دُونِ
اللَّهِ مَنْ لَا يَسْتَجِيبُ لَهُ إِلَىٰ يَوْمِ الْقِيَامَةِ وَهُمْ عَنْ دُعَائِهِمْ غَافِلُونَ 46:6 وَإِذَا حُشِرَ النَّاسُ كَانُوا لَهُمْ أَعْدَاءً وَكَانُوا بِعِبَادَتِهِمْ كَافِرِينَ
46:7 وَإِذَا تُتْلَىٰ عَلَيْهِمْ آيَاتُنَا بَيِّنَاتٍ قَالَ الَّذِينَ كَفَرُوا لِلْحَقِّ لَمَّا جَاءَهُمْ هَٰذَا سِحْرٌ مُبِينٌ 46:8 أَمْ يَقُولُونَ افْتَرَاهُ قُلْ إِنِ افْتَرَيْتُهُ فَلَا تَمْلِكُونَ

لِي مِنَ اللَّهِ شَيْئًا هُوَ أَعْلَمُ بِمَا تُفِيضُونَ فِيهِ كَفَىٰ بِهِ شَهِيدًا بَيْنِي وَبَيْنَكُمْ وَهُوَ الْغَفُورُ الرَّحِيمُ 46:9 قُلْ مَا كُنْتُ بِدْعًا مِنَ الرُّسُلِ وَمَا
أَدْرِي مَا يُفْعَلُ بِي وَلَا بِكُمْ إِنْ أَتَّبِعُ إِلَّا مَا يُوحَىٰ إِلَيَّ وَمَا أَنَا إِلَّا نَذِيرٌ مُبِينٌ 46:10 قُلْ أَرَأَيْتُمْ إِنْ كَانَ مِنْ عِنْدِ اللَّهِ وَكَفَرْتُمْ بِهِ وَشَهِدَ
شَاهِدٌ مِنْ بَنِي إِسْرَائِيلَ عَلَىٰ مِثْلِهِ فَآمَنَ وَاسْتَكْبَرْتُمْ إِنَّ اللَّهَ لَا يَهْدِي الْقَوْمَ الظَّالِمِينَ 46:11 وَقَالَ الَّذِينَ كَفَرُوا لِلَّذِينَ آمَنُوا لَوْ كَانَ
خَيْرًا مَا سَبَقُونَا إِلَيْهِ وَإِذْ لَمْ يَهْتَدُوا بِهِ فَسَيَقُولُونَ هَٰذَا إِفْكٌ قَدِيمٌ 46:12 وَمِنْ قَبْلِهِ كِتَابُ مُوسَىٰ إِمَامًا وَرَحْمَةً وَهَٰذَا كِتَابٌ مُصَدِّقٌ
لِسَانًا عَرَبِيًّا لِيُنْذِرَ الَّذِينَ ظَلَمُوا وَبُشْرَىٰ لِلْمُحْسِنِينَ 46:13 إِنَّ الَّذِينَ قَالُوا رَبُّنَا اللَّهُ ثُمَّ اسْتَقَامُوا فَلَا خَوْفٌ عَلَيْهِمْ وَلَا هُمْ يَحْزَنُونَ 46:14
أُولَٰئِكَ أَصْحَابُ الْجَنَّةِ خَالِدِينَ فِيهَا جَزَاءً بِمَا كَانُوا يَعْمَلُونَ 46:15 وَوَصَّيْنَا الْإِنْسَانَ بِوَالِدَيْهِ إِحْسَانًا حَمَلَتْهُ أُمُّهُ كُرْهًا وَوَضَعَتْهُ كُرْهًا
وَحَمْلُهُ وَفِصَالُهُ ثَلَاثُونَ شَهْرًا حَتَّىٰ إِذَا بَلَغَ أَشُدَّهُ وَبَلَغَ أَرْبَعِينَ سَنَةً قَالَ رَبِّ أَوْزِعْنِي أَنْ أَشْكُرَ نِعْمَتَكَ الَّتِي أَنْعَمْتَ عَلَيَّ وَعَلَىٰ وَالِدَيَّ
وَأَنْ أَعْمَلَ صَالِحًا تَرْضَاهُ وَأَصْلِحْ لِي فِي ذُرِّيَّتِي إِنِّي تُبْتُ إِلَيْكَ وَإِنِّي مِنَ الْمُسْلِمِينَ 46:16 أُولَٰئِكَ الَّذِينَ نَتَقَبَّلُ عَنْهُمْ أَحْسَنَ مَا عَمِلُوا
وَنَتَجَاوَزُ عَنْ سَيِّئَاتِهِمْ فِي أَصْحَابِ الْجَنَّةِ وَعْدَ الصِّدْقِ الَّذِي كَانُوا يُوعَدُونَ 46:17 وَالَّذِي قَالَ لِوَالِدَيْهِ أُفٍّ لَكُمَا أَتَعِدَانِنِي أَنْ أُخْرَجَ وَقَدْ
خَلَتِ الْقُرُونُ مِنْ قَبْلِي وَهُمَا يَسْتَغِيثَانِ اللَّهَ وَيْلَكَ آمِنْ إِنَّ وَعْدَ اللَّهِ حَقٌّ فَيَقُولُ مَا هَٰذَا إِلَّا أَسَاطِيرُ الْأَوَّلِينَ 46:18 أُولَٰئِكَ الَّذِينَ حَقَّ
عَلَيْهِمُ الْقَوْلُ فِي أُمَمٍ قَدْ خَلَتْ مِنْ قَبْلِهِمْ مِنَ الْجِنِّ وَالْإِنْسِ إِنَّهُمْ كَانُوا خَاسِرِينَ 46:19 وَلِكُلٍّ دَرَجَاتٌ مِمَّا عَمِلُوا وَلِيُوَفِّيَهُمْ أَعْمَالَهُمْ
وَهُمْ لَا يُظْلَمُونَ 46:20 وَيَوْمَ يُعْرَضُ الَّذِينَ كَفَرُوا عَلَى النَّارِ أَذْهَبْتُمْ طَيِّبَاتِكُمْ فِي حَيَاتِكُمُ الدُّنْيَا وَاسْتَمْتَعْتُمْ بِهَا فَالْيَوْمَ تُجْزَوْنَ عَذَابَ
الْهُونِ بِمَا كُنْتُمْ تَسْتَكْبِرُونَ فِي الْأَرْضِ بِغَيْرِ الْحَقِّ وَبِمَا كُنْتُمْ تَفْسُقُونَ 46:21 وَاذْكُرْ أَخَا عَادٍ إِذْ أَنْذَرَ قَوْمَهُ بِالْأَحْقَافِ وَقَدْ خَلَتِ النُّذُرُ
مِنْ بَيْنِ يَدَيْهِ وَمِنْ خَلْفِهِ أَلَّا تَعْبُدُوا إِلَّا اللَّهَ إِنِّي أَخَافُ عَلَيْكُمْ عَذَابَ يَوْمٍ عَظِيمٍ 46:22 قَالُوا أَجِئْتَنَا لِتَأْفِكَنَا عَنْ آلِهَتِنَا فَأْتِنَا بِمَا تَعِدُنَا
إِنْ كُنْتَ مِنَ الصَّادِقِينَ 46:23 قَالَ إِنَّمَا الْعِلْمُ عِنْدَ اللَّهِ وَأُبَلِّغُكُمْ مَا أُرْسِلْتُ بِهِ وَلَٰكِنِّي أَرَاكُمْ قَوْمًا تَجْهَلُونَ 46:24 فَلَمَّا رَأَوْهُ عَارِضًا مُسْتَقْبِلَ
أَوْدِيَتِهِمْ قَالُوا هَٰذَا عَارِضٌ مُمْطِرُنَا بَلْ هُوَ مَا اسْتَعْجَلْتُمْ بِهِ رِيحٌ فِيهَا عَذَابٌ أَلِيمٌ 46:25 تُدَمِّرُ كُلَّ شَيْءٍ بِأَمْرِ رَبِّهَا فَأَصْبَحُوا لَا يُرَىٰ إِلَّا
مَسَاكِنُهُمْ كَذَٰلِكَ نَجْزِي الْقَوْمَ الْمُجْرِمِينَ 46:26 وَلَقَدْ مَكَّنَّاهُمْ فِيمَا إِنْ مَكَّنَّاكُمْ فِيهِ وَجَعَلْنَا لَهُمْ سَمْعًا وَأَبْصَارًا وَأَفْئِدَةً فَمَا أَغْنَىٰ عَنْهُمْ
سَمْعُهُمْ وَلَا أَبْصَارُهُمْ وَلَا أَفْئِدَتُهُمْ مِنْ شَيْءٍ إِذْ كَانُوا يَجْحَدُونَ بِآيَاتِ اللَّهِ وَحَاقَ بِهِمْ مَا كَانُوا بِهِ يَسْتَهْزِئُونَ 46:27 وَلَقَدْ أَهْلَكْنَا مَا
حَوْلَكُمْ مِنَ الْقُرَىٰ وَصَرَّفْنَا الْآيَاتِ لَعَلَّهُمْ يَرْجِعُونَ 46:28 فَلَوْلَا نَصَرَهُمُ الَّذِينَ اتَّخَذُوا مِنْ دُونِ اللَّهِ قُرْبَانًا آلِهَةً بَلْ ضَلُّوا عَنْهُمْ وَذَٰلِكَ
إِفْكُهُمْ وَمَا كَانُوا يَفْتَرُونَ 46:29 وَإِذْ صَرَفْنَا إِلَيْكَ نَفَرًا مِنَ الْجِنِّ يَسْتَمِعُونَ الْقُرْآنَ فَلَمَّا حَضَرُوهُ قَالُوا أَنْصِتُوا فَلَمَّا قُضِيَ وَلَّوْا إِلَىٰ قَوْمِهِمْ
مُنْذِرِينَ 46:30 قَالُوا يَا قَوْمَنَا إِنَّا سَمِعْنَا كِتَابًا أُنْزِلَ مِنْ بَعْدِ مُوسَىٰ مُصَدِّقًا لِمَا بَيْنَ يَدَيْهِ يَهْدِي إِلَى الْحَقِّ وَإِلَىٰ طَرِيقٍ مُسْتَقِيمٍ 46:31
يَا قَوْمَنَا أَجِيبُوا دَاعِيَ اللَّهِ وَآمِنُوا بِهِ يَغْفِرْ لَكُمْ مِنْ ذُنُوبِكُمْ وَيُجِرْكُمْ مِنْ عَذَابٍ أَلِيمٍ 46:32 وَمَنْ لَا يُجِبْ دَاعِيَ اللَّهِ فَلَيْسَ بِمُعْجِزٍ فِي
الْأَرْضِ وَلَيْسَ لَهُ مِنْ دُونِهِ أَوْلِيَاءُ أُولَٰئِكَ فِي ضَلَالٍ مُبِينٍ 46:33 أَوَلَمْ يَرَوْا أَنَّ اللَّهَ الَّذِي خَلَقَ السَّمَاوَاتِ وَالْأَرْضَ وَلَمْ يَعْيَ بِخَلْقِهِنَّ بِقَادِرٍ
عَلَىٰ أَنْ يُحْيِيَ الْمَوْتَىٰ بَلَىٰ إِنَّهُ عَلَىٰ كُلِّ شَيْءٍ قَدِيرٌ 46:34 وَيَوْمَ يُعْرَضُ الَّذِينَ كَفَرُوا عَلَى النَّارِ أَلَيْسَ هَٰذَا بِالْحَقِّ قَالُوا بَلَىٰ وَرَبِّنَا قَالَ
فَذُوقُوا الْعَذَابَ بِمَا كُنْتُمْ تَكْفُرُونَ 46:35 فَاصْبِرْ كَمَا صَبَرَ أُولُو الْعَزْمِ مِنَ الرُّسُلِ وَلَا تَسْتَعْجِلْ لَهُمْ كَأَنَّهُمْ يَوْمَ يَرَوْنَ مَا يُوعَدُونَ لَمْ
يَلْبَثُوا إِلَّا سَاعَةً مِنْ نَهَارٍ بَلَاغٌ فَهَلْ يُهْلَكُ إِلَّا الْقَوْمُ الْفَاسِقُونَ 47:1 بِسْمِ اللَّهِ الرَّحْمَٰنِ الرَّحِيمِ الَّذِينَ كَفَرُوا وَصَدُّوا عَنْ سَبِيلِ اللَّهِ أَضَلَّ
أَعْمَالَهُمْ 47:2 وَالَّذِينَ آمَنُوا وَعَمِلُوا الصَّالِحَاتِ وَآمَنُوا بِمَا نُزِّلَ عَلَىٰ مُحَمَّدٍ وَهُوَ الْحَقُّ مِنْ رَبِّهِمْ كَفَّرَ عَنْهُمْ سَيِّئَاتِهِمْ وَأَصْلَحَ بَالَهُمْ 47:3
ذَٰلِكَ بِأَنَّ الَّذِينَ كَفَرُوا اتَّبَعُوا الْبَاطِلَ وَأَنَّ الَّذِينَ آمَنُوا اتَّبَعُوا الْحَقَّ مِنْ رَبِّهِمْ كَذَٰلِكَ يَضْرِبُ اللَّهُ لِلنَّاسِ أَمْثَالَهُمْ 47:4 فَإِذَا لَقِيتُمُ الَّذِينَ
كَفَرُوا فَضَرْبَ الرِّقَابِ حَتَّىٰ إِذَا أَثْخَنْتُمُوهُمْ فَشُدُّوا الْوَثَاقَ فَإِمَّا مَنًّا بَعْدُ وَإِمَّا فِدَاءً حَتَّىٰ تَضَعَ الْحَرْبُ أَوْزَارَهَا ذَٰلِكَ وَلَوْ يَشَاءُ اللَّهُ لَانْتَصَرَ
مِنْهُمْ وَلَٰكِنْ لِيَبْلُوَ بَعْضَكُمْ بِبَعْضٍ وَالَّذِينَ قُتِلُوا فِي سَبِيلِ اللَّهِ فَلَنْ يُضِلَّ أَعْمَالَهُمْ 47:5 سَيَهْدِيهِمْ وَيُصْلِحُ بَالَهُمْ 47:6 وَيُدْخِلُهُمُ الْجَنَّةَ

عَرَّفَهَا لَهُمْ 47:7 يَا أَيُّهَا الَّذِينَ آمَنُوا إِنْ تَنْصُرُوا اللَّهَ يَنْصُرْكُمْ وَيُثَبِّتْ أَقْدَامَكُمْ 47:8 وَالَّذِينَ كَفَرُوا فَتَعْسًا لَهُمْ وَأَضَلَّ أَعْمَالَهُمْ 47:9 ذَٰلِكَ
بِأَنَّهُمْ كَرِهُوا مَا أَنْزَلَ اللَّهُ فَأَحْبَطَ أَعْمَالَهُمْ 47:10 أَفَلَمْ يَسِيرُوا فِي الْأَرْضِ فَيَنْظُرُوا كَيْفَ كَانَ عَاقِبَةُ الَّذِينَ مِنْ قَبْلِهِمْ دَمَّرَ اللَّهُ عَلَيْهِمْ
وَلِلْكَافِرِينَ أَمْثَالُهَا 47:11 ذَٰلِكَ بِأَنَّ اللَّهَ مَوْلَى الَّذِينَ آمَنُوا وَأَنَّ الْكَافِرِينَ لَا مَوْلَىٰ لَهُمْ 47:12 إِنَّ اللَّهَ يُدْخِلُ الَّذِينَ آمَنُوا وَعَمِلُوا الصَّالِحَاتِ
جَنَّاتٍ تَجْرِي مِنْ تَحْتِهَا الْأَنْهَارُ وَالَّذِينَ كَفَرُوا يَتَمَتَّعُونَ وَيَأْكُلُونَ كَمَا تَأْكُلُ الْأَنْعَامُ وَالنَّارُ مَثْوًى لَهُمْ 47:13 وَكَأَيِّنْ مِنْ قَرْيَةٍ هِيَ أَشَدُّ قُوَّةً
مِنْ قَرْيَتِكَ الَّتِي أَخْرَجَتْكَ أَهْلَكْنَاهُمْ فَلَا نَاصِرَ لَهُمْ 47:14 أَفَمَنْ كَانَ عَلَىٰ بَيِّنَةٍ مِنْ رَبِّهِ كَمَنْ زُيِّنَ لَهُ سُوءُ عَمَلِهِ وَاتَّبَعُوا أَهْوَاءَهُمْ 47:15
مَثَلُ الْجَنَّةِ الَّتِي وُعِدَ الْمُتَّقُونَ فِيهَا أَنْهَارٌ مِنْ مَاءٍ غَيْرِ آسِنٍ وَأَنْهَارٌ مِنْ لَبَنٍ لَمْ يَتَغَيَّرْ طَعْمُهُ وَأَنْهَارٌ مِنْ خَمْرٍ لَذَّةٍ لِلشَّارِبِينَ وَأَنْهَارٌ مِنْ
عَسَلٍ مُصَفًّى وَلَهُمْ فِيهَا مِنْ كُلِّ الثَّمَرَاتِ وَمَغْفِرَةٌ مِنْ رَبِّهِمْ كَمَنْ هُوَ خَالِدٌ فِي النَّارِ وَسُقُوا مَاءً حَمِيمًا فَقَطَّعَ أَمْعَاءَهُمْ 47:16 وَمِنْهُمْ
مَنْ يَسْتَمِعُ إِلَيْكَ حَتَّىٰ إِذَا خَرَجُوا مِنْ عِنْدِكَ قَالُوا لِلَّذِينَ أُوتُوا الْعِلْمَ مَاذَا قَالَ آنِفًا أُولَٰئِكَ الَّذِينَ طَبَعَ اللَّهُ عَلَىٰ قُلُوبِهِمْ وَاتَّبَعُوا
أَهْوَاءَهُمْ 47:17 وَالَّذِينَ اهْتَدَوْا زَادَهُمْ هُدًى وَآتَاهُمْ تَقْوَاهُمْ 47:18 فَهَلْ يَنْظُرُونَ إِلَّا السَّاعَةَ أَنْ تَأْتِيَهُمْ بَغْتَةً فَقَدْ جَاءَ أَشْرَاطُهَا فَأَنَّىٰ
لَهُمْ إِذَا جَاءَتْهُمْ ذِكْرَاهُمْ 47:19 فَاعْلَمْ أَنَّهُ لَا إِلَٰهَ إِلَّا اللَّهُ وَاسْتَغْفِرْ لِذَنْبِكَ وَلِلْمُؤْمِنِينَ وَالْمُؤْمِنَاتِ وَاللَّهُ يَعْلَمُ مُتَقَلَّبَكُمْ وَمَثْوَاكُمْ 47:20
وَيَقُولُ الَّذِينَ آمَنُوا لَوْلَا نُزِّلَتْ سُورَةٌ فَإِذَا أُنْزِلَتْ سُورَةٌ مُحْكَمَةٌ وَذُكِرَ فِيهَا الْقِتَالُ رَأَيْتَ الَّذِينَ فِي قُلُوبِهِمْ مَرَضٌ يَنْظُرُونَ إِلَيْكَ نَظَرَ
الْمَغْشِيِّ عَلَيْهِ مِنَ الْمَوْتِ فَأَوْلَىٰ لَهُمْ 47:21 طَاعَةٌ وَقَوْلٌ مَعْرُوفٌ فَإِذَا عَزَمَ الْأَمْرُ فَلَوْ صَدَقُوا اللَّهَ لَكَانَ خَيْرًا لَهُمْ 47:22 فَهَلْ عَسَيْتُمْ
إِنْ تَوَلَّيْتُمْ أَنْ تُفْسِدُوا فِي الْأَرْضِ وَتُقَطِّعُوا أَرْحَامَكُمْ 47:23 أُولَٰئِكَ الَّذِينَ لَعَنَهُمُ اللَّهُ فَأَصَمَّهُمْ وَأَعْمَىٰ أَبْصَارَهُمْ 47:24 أَفَلَا يَتَدَبَّرُونَ
الْقُرْآنَ أَمْ عَلَىٰ قُلُوبٍ أَقْفَالُهَا 47:25 إِنَّ الَّذِينَ ارْتَدُّوا عَلَىٰ أَدْبَارِهِمْ مِنْ بَعْدِ مَا تَبَيَّنَ لَهُمُ الْهُدَى الشَّيْطَانُ سَوَّلَ لَهُمْ وَأَمْلَىٰ لَهُمْ 47:26
ذَٰلِكَ بِأَنَّهُمْ قَالُوا لِلَّذِينَ كَرِهُوا مَا نَزَّلَ اللَّهُ سَنُطِيعُكُمْ فِي بَعْضِ الْأَمْرِ وَاللَّهُ يَعْلَمُ إِسْرَارَهُمْ 47:27 فَكَيْفَ إِذَا تَوَفَّتْهُمُ الْمَلَائِكَةُ يَضْرِبُونَ
وُجُوهَهُمْ وَأَدْبَارَهُمْ 47:28 ذَٰلِكَ بِأَنَّهُمُ اتَّبَعُوا مَا أَسْخَطَ اللَّهَ وَكَرِهُوا رِضْوَانَهُ فَأَحْبَطَ أَعْمَالَهُمْ 47:29 أَمْ حَسِبَ الَّذِينَ فِي قُلُوبِهِمْ مَرَضٌ
أَنْ لَنْ يُخْرِجَ اللَّهُ أَضْغَانَهُمْ 47:30 وَلَوْ نَشَاءُ لَأَرَيْنَاكَهُمْ فَلَعَرَفْتَهُمْ بِسِيمَاهُمْ وَلَتَعْرِفَنَّهُمْ فِي لَحْنِ الْقَوْلِ وَاللَّهُ يَعْلَمُ أَعْمَالَكُمْ 47:31
وَلَنَبْلُوَنَّكُمْ حَتَّىٰ نَعْلَمَ الْمُجَاهِدِينَ مِنْكُمْ وَالصَّابِرِينَ وَنَبْلُوَ أَخْبَارَكُمْ 47:32 إِنَّ الَّذِينَ كَفَرُوا وَصَدُّوا عَنْ سَبِيلِ اللَّهِ وَشَاقُّوا الرَّسُولَ مِنْ
بَعْدِ مَا تَبَيَّنَ لَهُمُ الْهُدَىٰ لَنْ يَضُرُّوا اللَّهَ شَيْئًا وَسَيُحْبِطُ أَعْمَالَهُمْ 47:33 يَا أَيُّهَا الَّذِينَ آمَنُوا أَطِيعُوا اللَّهَ وَأَطِيعُوا الرَّسُولَ وَلَا تُبْطِلُوا
أَعْمَالَكُمْ 47:34 إِنَّ الَّذِينَ كَفَرُوا وَصَدُّوا عَنْ سَبِيلِ اللَّهِ ثُمَّ مَاتُوا وَهُمْ كُفَّارٌ فَلَنْ يَغْفِرَ اللَّهُ لَهُمْ 47:35 فَلَا تَهِنُوا وَتَدْعُوا إِلَى السَّلْمِ وَأَنْتُمُ
الْأَعْلَوْنَ وَاللَّهُ مَعَكُمْ وَلَنْ يَتِرَكُمْ أَعْمَالَكُمْ 47:36 إِنَّمَا الْحَيَاةُ الدُّنْيَا لَعِبٌ وَلَهْوٌ وَإِنْ تُؤْمِنُوا وَتَتَّقُوا يُؤْتِكُمْ أُجُورَكُمْ وَلَا يَسْأَلْكُمْ أَمْوَالَكُمْ
47:37 إِنْ يَسْأَلْكُمُوهَا فَيُحْفِكُمْ تَبْخَلُوا وَيُخْرِجْ أَضْغَانَكُمْ 47:38 هَا أَنْتُمْ هَٰؤُلَاءِ تُدْعَوْنَ لِتُنْفِقُوا فِي سَبِيلِ اللَّهِ فَمِنْكُمْ مَنْ يَبْخَلُ وَمَنْ
يَبْخَلْ فَإِنَّمَا يَبْخَلُ عَنْ نَفْسِهِ وَاللَّهُ الْغَنِيُّ وَأَنْتُمُ الْفُقَرَاءُ وَإِنْ تَتَوَلَّوْا يَسْتَبْدِلْ قَوْمًا غَيْرَكُمْ ثُمَّ لَا يَكُونُوا أَمْثَالَكُمْ 48:1 بِسْمِ اللَّهِ الرَّحْمَٰنِ
الرَّحِيمِ إِنَّا فَتَحْنَا لَكَ فَتْحًا مُبِينًا 48:2 لِيَغْفِرَ لَكَ اللَّهُ مَا تَقَدَّمَ مِنْ ذَنْبِكَ وَمَا تَأَخَّرَ وَيُتِمَّ نِعْمَتَهُ عَلَيْكَ وَيَهْدِيَكَ صِرَاطًا مُسْتَقِيمًا 48:3
وَيَنْصُرَكَ اللَّهُ نَصْرًا عَزِيزًا 48:4 هُوَ الَّذِي أَنْزَلَ السَّكِينَةَ فِي قُلُوبِ الْمُؤْمِنِينَ لِيَزْدَادُوا إِيمَانًا مَعَ إِيمَانِهِمْ وَلِلَّهِ جُنُودُ السَّمَاوَاتِ وَالْأَرْضِ
وَكَانَ اللَّهُ عَلِيمًا حَكِيمًا 48:5 لِيُدْخِلَ الْمُؤْمِنِينَ وَالْمُؤْمِنَاتِ جَنَّاتٍ تَجْرِي مِنْ تَحْتِهَا الْأَنْهَارُ خَالِدِينَ فِيهَا وَيُكَفِّرَ عَنْهُمْ سَيِّئَاتِهِمْ وَكَانَ
ذَٰلِكَ عِنْدَ اللَّهِ فَوْزًا عَظِيمًا 48:6 وَيُعَذِّبَ الْمُنَافِقِينَ وَالْمُنَافِقَاتِ وَالْمُشْرِكِينَ وَالْمُشْرِكَاتِ الظَّانِّينَ بِاللَّهِ ظَنَّ السَّوْءِ عَلَيْهِمْ دَائِرَةُ السَّوْءِ
وَغَضِبَ اللَّهُ عَلَيْهِمْ وَلَعَنَهُمْ وَأَعَدَّ لَهُمْ جَهَنَّمَ وَسَاءَتْ مَصِيرًا 48:7 وَلِلَّهِ جُنُودُ السَّمَاوَاتِ وَالْأَرْضِ وَكَانَ اللَّهُ عَزِيزًا حَكِيمًا 48:8 إِنَّا
أَرْسَلْنَاكَ شَاهِدًا وَمُبَشِّرًا وَنَذِيرًا 48:9 لِتُؤْمِنُوا بِاللَّهِ وَرَسُولِهِ وَتُعَزِّرُوهُ وَتُوَقِّرُوهُ وَتُسَبِّحُوهُ بُكْرَةً وَأَصِيلًا 48:10 إِنَّ الَّذِينَ يُبَايِعُونَكَ إِنَّمَا
يُبَايِعُونَ اللَّهَ يَدُ اللَّهِ فَوْقَ أَيْدِيهِمْ فَمَنْ نَكَثَ فَإِنَّمَا يَنْكُثُ عَلَىٰ نَفْسِهِ وَمَنْ أَوْفَىٰ بِمَا عَاهَدَ عَلَيْهُ اللَّهَ فَسَيُؤْتِيهِ أَجْرًا عَظِيمًا 48:11

سَيَقُولُ لَكَ الْمُخَلَّفُونَ مِنَ الْأَعْرَابِ شَغَلَتْنَا أَمْوَالُنَا وَأَهْلُونَا فَاسْتَغْفِرْ لَنَا يَقُولُونَ بِأَلْسِنَتِهِمْ مَا لَيْسَ فِي قُلُوبِهِمْ قُلْ فَمَنْ يَمْلِكُ لَكُمْ
مِنَ اللَّهِ شَيْئًا إِنْ أَرَادَ بِكُمْ ضَرًّا أَوْ أَرَادَ بِكُمْ نَفْعًا بَلْ كَانَ اللَّهُ بِمَا تَعْمَلُونَ خَبِيرًا 48:12 بَلْ ظَنَنْتُمْ أَنْ لَنْ يَنْقَلِبَ الرَّسُولُ وَالْمُؤْمِنُونَ إِلَىٰ
أَهْلِيهِمْ أَبَدًا وَزُيِّنَ ذَٰلِكَ فِي قُلُوبِكُمْ وَظَنَنْتُمْ ظَنَّ السَّوْءِ وَكُنْتُمْ قَوْمًا بُورًا 48:13 وَمَنْ لَمْ يُؤْمِنْ بِاللَّهِ وَرَسُولِهِ فَإِنَّا أَعْتَدْنَا لِلْكَافِرِينَ
سَعِيرًا 48:14 وَلِلَّهِ مُلْكُ السَّمَاوَاتِ وَالْأَرْضِ يَغْفِرُ لِمَنْ يَشَاءُ وَيُعَذِّبُ مَنْ يَشَاءُ وَكَانَ اللَّهُ غَفُورًا رَحِيمًا 48:15 سَيَقُولُ الْمُخَلَّفُونَ إِذَا
انْطَلَقْتُمْ إِلَىٰ مَغَانِمَ لِتَأْخُذُوهَا ذَرُونَا نَتَّبِعْكُمْ يُرِيدُونَ أَنْ يُبَدِّلُوا كَلَامَ اللَّهِ قُلْ لَنْ تَتَّبِعُونَا كَذَٰلِكُمْ قَالَ اللَّهُ مِنْ قَبْلُ فَسَيَقُولُونَ بَلْ
تَحْسُدُونَنَا بَلْ كَانُوا لَا يَفْقَهُونَ إِلَّا قَلِيلًا 48:16 قُلْ لِلْمُخَلَّفِينَ مِنَ الْأَعْرَابِ سَتُدْعَوْنَ إِلَىٰ قَوْمٍ أُولِي بَأْسٍ شَدِيدٍ تُقَاتِلُونَهُمْ أَوْ يُسْلِمُونَ
فَإِنْ تُطِيعُوا يُؤْتِكُمُ اللَّهُ أَجْرًا حَسَنًا وَإِنْ تَتَوَلَّوْا كَمَا تَوَلَّيْتُمْ مِنْ قَبْلُ يُعَذِّبْكُمْ عَذَابًا أَلِيمًا 48:17 لَيْسَ عَلَى الْأَعْمَىٰ حَرَجٌ وَلَا عَلَى الْأَعْرَجِ
حَرَجٌ وَلَا عَلَى الْمَرِيضِ حَرَجٌ وَمَنْ يُطِعِ اللَّهَ وَرَسُولَهُ يُدْخِلْهُ جَنَّاتٍ تَجْرِي مِنْ تَحْتِهَا الْأَنْهَارُ وَمَنْ يَتَوَلَّ يُعَذِّبْهُ عَذَابًا أَلِيمًا 48:18 لَقَدْ
رَضِيَ اللَّهُ عَنِ الْمُؤْمِنِينَ إِذْ يُبَايِعُونَكَ تَحْتَ الشَّجَرَةِ فَعَلِمَ مَا فِي قُلُوبِهِمْ فَأَنْزَلَ السَّكِينَةَ عَلَيْهِمْ وَأَثَابَهُمْ فَتْحًا قَرِيبًا 48:19 وَمَغَانِمَ
كَثِيرَةً يَأْخُذُونَهَا وَكَانَ اللَّهُ عَزِيزًا حَكِيمًا 48:20 وَعَدَكُمُ اللَّهُ مَغَانِمَ كَثِيرَةً تَأْخُذُونَهَا فَعَجَّلَ لَكُمْ هَٰذِهِ وَكَفَّ أَيْدِيَ النَّاسِ عَنْكُمْ وَلِتَكُونَ
آيَةً لِلْمُؤْمِنِينَ وَيَهْدِيَكُمْ صِرَاطًا مُسْتَقِيمًا 48:21 وَأُخْرَىٰ لَمْ تَقْدِرُوا عَلَيْهَا قَدْ أَحَاطَ اللَّهُ بِهَا وَكَانَ اللَّهُ عَلَىٰ كُلِّ شَيْءٍ قَدِيرًا 48:22 وَلَوْ
قَاتَلَكُمُ الَّذِينَ كَفَرُوا لَوَلَّوُا الْأَدْبَارَ ثُمَّ لَا يَجِدُونَ وَلِيًّا وَلَا نَصِيرًا 48:23 سُنَّةَ اللَّهِ الَّتِي قَدْ خَلَتْ مِنْ قَبْلُ وَلَنْ تَجِدَ لِسُنَّةِ اللَّهِ تَبْدِيلًا 48:24
وَهُوَ الَّذِي كَفَّ أَيْدِيَهُمْ عَنْكُمْ وَأَيْدِيَكُمْ عَنْهُمْ بِبَطْنِ مَكَّةَ مِنْ بَعْدِ أَنْ أَظْفَرَكُمْ عَلَيْهِمْ وَكَانَ اللَّهُ بِمَا تَعْمَلُونَ بَصِيرًا 48:25 هُمُ الَّذِينَ
كَفَرُوا وَصَدُّوكُمْ عَنِ الْمَسْجِدِ الْحَرَامِ وَالْهَدْيَ مَعْكُوفًا أَنْ يَبْلُغَ مَحِلَّهُ وَلَوْلَا رِجَالٌ مُؤْمِنُونَ وَنِسَاءٌ مُؤْمِنَاتٌ لَمْ تَعْلَمُوهُمْ أَنْ تَطَئُوهُمْ
فَتُصِيبَكُمْ مِنْهُمْ مَعَرَّةٌ بِغَيْرِ عِلْمٍ لِيُدْخِلَ اللَّهُ فِي رَحْمَتِهِ مَنْ يَشَاءُ لَوْ تَزَيَّلُوا لَعَذَّبْنَا الَّذِينَ كَفَرُوا مِنْهُمْ عَذَابًا أَلِيمًا 48:26 إِذْ جَعَلَ
الَّذِينَ كَفَرُوا فِي قُلُوبِهِمُ الْحَمِيَّةَ حَمِيَّةَ الْجَاهِلِيَّةِ فَأَنْزَلَ اللَّهُ سَكِينَتَهُ عَلَىٰ رَسُولِهِ وَعَلَى الْمُؤْمِنِينَ وَأَلْزَمَهُمْ كَلِمَةَ التَّقْوَىٰ وَكَانُوا أَحَقَّ
بِهَا وَأَهْلَهَا وَكَانَ اللَّهُ بِكُلِّ شَيْءٍ عَلِيمًا 48:27 لَقَدْ صَدَقَ اللَّهُ رَسُولَهُ الرُّؤْيَا بِالْحَقِّ لَتَدْخُلُنَّ الْمَسْجِدَ الْحَرَامَ إِنْ شَاءَ اللَّهُ آمِنِينَ مُحَلِّقِينَ
رُءُوسَكُمْ وَمُقَصِّرِينَ لَا تَخَافُونَ فَعَلِمَ مَا لَمْ تَعْلَمُوا فَجَعَلَ مِنْ دُونِ ذَٰلِكَ فَتْحًا قَرِيبًا 48:28 هُوَ الَّذِي أَرْسَلَ رَسُولَهُ بِالْهُدَىٰ وَدِينِ الْحَقِّ
لِيُظْهِرَهُ عَلَى الدِّينِ كُلِّهِ وَكَفَىٰ بِاللَّهِ شَهِيدًا 48:29 مُحَمَّدٌ رَسُولُ اللَّهِ وَالَّذِينَ مَعَهُ أَشِدَّاءُ عَلَى الْكُفَّارِ رُحَمَاءُ بَيْنَهُمْ تَرَاهُمْ رُكَّعًا سُجَّدًا
يَبْتَغُونَ فَضْلًا مِنَ اللَّهِ وَرِضْوَانًا سِيمَاهُمْ فِي وُجُوهِهِمْ مِنْ أَثَرِ السُّجُودِ ذَٰلِكَ مَثَلُهُمْ فِي التَّوْرَاةِ وَمَثَلُهُمْ فِي الْإِنْجِيلِ كَزَرْعٍ أَخْرَجَ
شَطْأَهُ فَآزَرَهُ فَاسْتَغْلَظَ فَاسْتَوَىٰ عَلَىٰ سُوقِهِ يُعْجِبُ الزُّرَّاعَ لِيَغِيظَ بِهِمُ الْكُفَّارَ وَعَدَ اللَّهُ الَّذِينَ آمَنُوا وَعَمِلُوا الصَّالِحَاتِ مِنْهُمْ مَغْفِرَةً
وَأَجْرًا عَظِيمًا 49:1 بِسْمِ اللَّهِ الرَّحْمَٰنِ الرَّحِيمِ يَا أَيُّهَا الَّذِينَ آمَنُوا لَا تُقَدِّمُوا بَيْنَ يَدَيِ اللَّهِ وَرَسُولِهِ وَاتَّقُوا اللَّهَ إِنَّ اللَّهَ سَمِيعٌ عَلِيمٌ 49:2
يَا أَيُّهَا الَّذِينَ آمَنُوا لَا تَرْفَعُوا أَصْوَاتَكُمْ فَوْقَ صَوْتِ النَّبِيِّ وَلَا تَجْهَرُوا لَهُ بِالْقَوْلِ كَجَهْرِ بَعْضِكُمْ لِبَعْضٍ أَنْ تَحْبَطَ أَعْمَالُكُمْ وَأَنْتُمْ لَا
تَشْعُرُونَ 49:3 إِنَّ الَّذِينَ يَغُضُّونَ أَصْوَاتَهُمْ عِنْدَ رَسُولِ اللَّهِ أُولَٰئِكَ الَّذِينَ امْتَحَنَ اللَّهُ قُلُوبَهُمْ لِلتَّقْوَىٰ لَهُمْ مَغْفِرَةٌ وَأَجْرٌ عَظِيمٌ 49:4 إِنَّ
الَّذِينَ يُنَادُونَكَ مِنْ وَرَاءِ الْحُجُرَاتِ أَكْثَرُهُمْ لَا يَعْقِلُونَ 49:5 وَلَوْ أَنَّهُمْ صَبَرُوا حَتَّىٰ تَخْرُجَ إِلَيْهِمْ لَكَانَ خَيْرًا لَهُمْ وَاللَّهُ غَفُورٌ رَحِيمٌ 49:6 يَا
أَيُّهَا الَّذِينَ آمَنُوا إِنْ جَاءَكُمْ فَاسِقٌ بِنَبَإٍ فَتَبَيَّنُوا أَنْ تُصِيبُوا قَوْمًا بِجَهَالَةٍ فَتُصْبِحُوا عَلَىٰ مَا فَعَلْتُمْ نَادِمِينَ 49:7 وَاعْلَمُوا أَنَّ فِيكُمْ رَسُولَ
اللَّهِ لَوْ يُطِيعُكُمْ فِي كَثِيرٍ مِنَ الْأَمْرِ لَعَنِتُّمْ وَلَٰكِنَّ اللَّهَ حَبَّبَ إِلَيْكُمُ الْإِيمَانَ وَزَيَّنَهُ فِي قُلُوبِكُمْ وَكَرَّهَ إِلَيْكُمُ الْكُفْرَ وَالْفُسُوقَ وَالْعِصْيَانَ
أُولَٰئِكَ هُمُ الرَّاشِدُونَ 49:8 فَضْلًا مِنَ اللَّهِ وَنِعْمَةً وَاللَّهُ عَلِيمٌ حَكِيمٌ 49:9 وَإِنْ طَائِفَتَانِ مِنَ الْمُؤْمِنِينَ اقْتَتَلُوا فَأَصْلِحُوا بَيْنَهُمَا فَإِنْ بَغَتْ
إِحْدَاهُمَا عَلَى الْأُخْرَىٰ فَقَاتِلُوا الَّتِي تَبْغِي حَتَّىٰ تَفِيءَ إِلَىٰ أَمْرِ اللَّهِ فَإِنْ فَاءَتْ فَأَصْلِحُوا بَيْنَهُمَا بِالْعَدْلِ وَأَقْسِطُوا إِنَّ اللَّهَ يُحِبُّ
الْمُقْسِطِينَ 49:10 إِنَّمَا الْمُؤْمِنُونَ إِخْوَةٌ فَأَصْلِحُوا بَيْنَ أَخَوَيْكُمْ وَاتَّقُوا اللَّهَ لَعَلَّكُمْ تُرْحَمُونَ 49:11 يَا أَيُّهَا الَّذِينَ آمَنُوا لَا يَسْخَرْ قَوْمٌ مِنْ

قَوْمٍ عَسَىٰ أَنْ يَكُونُوا خَيْرًا مِنْهُمْ وَلَا نِسَاءٌ مِنْ نِسَاءٍ عَسَىٰ أَنْ يَكُنَّ خَيْرًا مِنْهُنَّ وَلَا تَلْمِزُوا أَنْفُسَكُمْ وَلَا تَنَابَزُوا بِالْأَلْقَابِ بِئْسَ الِاسْمُ
الْفُسُوقُ بَعْدَ الْإِيمَانِ وَمَنْ لَمْ يَتُبْ فَأُولَٰئِكَ هُمُ الظَّالِمُونَ 49:12 يَا أَيُّهَا الَّذِينَ آمَنُوا اجْتَنِبُوا كَثِيرًا مِنَ الظَّنِّ إِنَّ بَعْضَ الظَّنِّ إِثْمٌ وَلَا
تَجَسَّسُوا وَلَا يَغْتَبْ بَعْضُكُمْ بَعْضًا أَيُحِبُّ أَحَدُكُمْ أَنْ يَأْكُلَ لَحْمَ أَخِيهِ مَيْتًا فَكَرِهْتُمُوهُ وَاتَّقُوا اللَّهَ إِنَّ اللَّهَ تَوَّابٌ رَحِيمٌ 49:13 يَا أَيُّهَا النَّاسُ
إِنَّا خَلَقْنَاكُمْ مِنْ ذَكَرٍ وَأُنْثَىٰ وَجَعَلْنَاكُمْ شُعُوبًا وَقَبَائِلَ لِتَعَارَفُوا إِنَّ أَكْرَمَكُمْ عِنْدَ اللَّهِ أَتْقَاكُمْ إِنَّ اللَّهَ عَلِيمٌ خَبِيرٌ 49:14 قَالَتِ الْأَعْرَابُ آمَنَّا
قُلْ لَمْ تُؤْمِنُوا وَلَٰكِنْ قُولُوا أَسْلَمْنَا وَلَمَّا يَدْخُلِ الْإِيمَانُ فِي قُلُوبِكُمْ وَإِنْ تُطِيعُوا اللَّهَ وَرَسُولَهُ لَا يَلِتْكُمْ مِنْ أَعْمَالِكُمْ شَيْئًا إِنَّ اللَّهَ غَفُورٌ
رَحِيمٌ 49:15 إِنَّمَا الْمُؤْمِنُونَ الَّذِينَ آمَنُوا بِاللَّهِ وَرَسُولِهِ ثُمَّ لَمْ يَرْتَابُوا وَجَاهَدُوا بِأَمْوَالِهِمْ وَأَنْفُسِهِمْ فِي سَبِيلِ اللَّهِ أُولَٰئِكَ هُمُ الصَّادِقُونَ
49:16 قُلْ أَتُعَلِّمُونَ اللَّهَ بِدِينِكُمْ وَاللَّهُ يَعْلَمُ مَا فِي السَّمَاوَاتِ وَمَا فِي الْأَرْضِ وَاللَّهُ بِكُلِّ شَيْءٍ عَلِيمٌ 49:17 يَمُنُّونَ عَلَيْكَ أَنْ أَسْلَمُوا قُلْ
لَا تَمُنُّوا عَلَيَّ إِسْلَامَكُمْ بَلِ اللَّهُ يَمُنُّ عَلَيْكُمْ أَنْ هَدَاكُمْ لِلْإِيمَانِ إِنْ كُنْتُمْ صَادِقِينَ 49:18 إِنَّ اللَّهَ يَعْلَمُ غَيْبَ السَّمَاوَاتِ وَالْأَرْضِ وَاللَّهُ
بَصِيرٌ بِمَا تَعْمَلُونَ 50:1 بِسْمِ اللَّهِ الرَّحْمَٰنِ الرَّحِيمِ ق وَالْقُرْآنِ الْمَجِيدِ 50:2 بَلْ عَجِبُوا أَنْ جَاءَهُمْ مُنْذِرٌ مِنْهُمْ فَقَالَ الْكَافِرُونَ هَٰذَا شَيْءٌ
عَجِيبٌ 50:3 أَإِذَا مِتْنَا وَكُنَّا تُرَابًا ذَٰلِكَ رَجْعٌ بَعِيدٌ 50:4 قَدْ عَلِمْنَا مَا تَنْقُصُ الْأَرْضُ مِنْهُمْ وَعِنْدَنَا كِتَابٌ حَفِيظٌ 50:5 بَلْ كَذَّبُوا بِالْحَقِّ لَمَّا
جَاءَهُمْ فَهُمْ فِي أَمْرٍ مَرِيجٍ 50:6 أَفَلَمْ يَنْظُرُوا إِلَى السَّمَاءِ فَوْقَهُمْ كَيْفَ بَنَيْنَاهَا وَزَيَّنَّاهَا وَمَا لَهَا مِنْ فُرُوجٍ 50:7 وَالْأَرْضَ مَدَدْنَاهَا وَأَلْقَيْنَا
فِيهَا رَوَاسِيَ وَأَنْبَتْنَا فِيهَا مِنْ كُلِّ زَوْجٍ بَهِيجٍ 50:8 تَبْصِرَةً وَذِكْرَىٰ لِكُلِّ عَبْدٍ مُنِيبٍ 50:9 وَنَزَّلْنَا مِنَ السَّمَاءِ مَاءً مُبَارَكًا فَأَنْبَتْنَا بِهِ جَنَّاتٍ
وَحَبَّ الْحَصِيدِ 50:10 وَالنَّخْلَ بَاسِقَاتٍ لَهَا طَلْعٌ نَضِيدٌ 50:11 رِزْقًا لِلْعِبَادِ وَأَحْيَيْنَا بِهِ بَلْدَةً مَيْتًا كَذَٰلِكَ الْخُرُوجُ 50:12 كَذَّبَتْ قَبْلَهُمْ قَوْمُ
نُوحٍ وَأَصْحَابُ الرَّسِّ وَثَمُودُ 50:13 وَعَادٌ وَفِرْعَوْنُ وَإِخْوَانُ لُوطٍ 50:14 وَأَصْحَابُ الْأَيْكَةِ وَقَوْمُ تُبَّعٍ كُلٌّ كَذَّبَ الرُّسُلَ فَحَقَّ وَعِيدِ 50:15 أَفَعَيِينَا
بِالْخَلْقِ الْأَوَّلِ بَلْ هُمْ فِي لَبْسٍ مِنْ خَلْقٍ جَدِيدٍ 50:16 وَلَقَدْ خَلَقْنَا الْإِنْسَانَ وَنَعْلَمُ مَا تُوَسْوِسُ بِهِ نَفْسُهُ وَنَحْنُ أَقْرَبُ إِلَيْهِ مِنْ حَبْلِ
الْوَرِيدِ 50:17 إِذْ يَتَلَقَّى الْمُتَلَقِّيَانِ عَنِ الْيَمِينِ وَعَنِ الشِّمَالِ قَعِيدٌ 50:18 مَا يَلْفِظُ مِنْ قَوْلٍ إِلَّا لَدَيْهِ رَقِيبٌ عَتِيدٌ 50:19 وَجَاءَتْ سَكْرَةُ
الْمَوْتِ بِالْحَقِّ ذَٰلِكَ مَا كُنْتَ مِنْهُ تَحِيدُ 50:20 وَنُفِخَ فِي الصُّورِ ذَٰلِكَ يَوْمُ الْوَعِيدِ 50:21 وَجَاءَتْ كُلُّ نَفْسٍ مَعَهَا سَائِقٌ وَشَهِيدٌ 50:22 لَقَدْ
كُنْتَ فِي غَفْلَةٍ مِنْ هَٰذَا فَكَشَفْنَا عَنْكَ غِطَاءَكَ فَبَصَرُكَ الْيَوْمَ حَدِيدٌ 50:23 وَقَالَ قَرِينُهُ هَٰذَا مَا لَدَيَّ عَتِيدٌ 50:24 أَلْقِيَا فِي جَهَنَّمَ كُلَّ كَفَّارٍ
عَنِيدٍ 50:25 مَنَّاعٍ لِلْخَيْرِ مُعْتَدٍ مُرِيبٍ 50:26 الَّذِي جَعَلَ مَعَ اللَّهِ إِلَٰهًا آخَرَ فَأَلْقِيَاهُ فِي الْعَذَابِ الشَّدِيدِ 50:27 قَالَ قَرِينُهُ رَبَّنَا مَا أَطْغَيْتُهُ
وَلَٰكِنْ كَانَ فِي ضَلَالٍ بَعِيدٍ 50:28 قَالَ لَا تَخْتَصِمُوا لَدَيَّ وَقَدْ قَدَّمْتُ إِلَيْكُمْ بِالْوَعِيدِ 50:29 مَا يُبَدَّلُ الْقَوْلُ لَدَيَّ وَمَا أَنَا بِظَلَّامٍ لِلْعَبِيدِ 50:30
يَوْمَ نَقُولُ لِجَهَنَّمَ هَلِ امْتَلَأْتِ وَتَقُولُ هَلْ مِنْ مَزِيدٍ 50:31 وَأُزْلِفَتِ الْجَنَّةُ لِلْمُتَّقِينَ غَيْرَ بَعِيدٍ 50:32 هَٰذَا مَا تُوعَدُونَ لِكُلِّ أَوَّابٍ حَفِيظٍ
50:33 مَنْ خَشِيَ الرَّحْمَٰنَ بِالْغَيْبِ وَجَاءَ بِقَلْبٍ مُنِيبٍ 50:34 ادْخُلُوهَا بِسَلَامٍ ذَٰلِكَ يَوْمُ الْخُلُودِ 50:35 لَهُمْ مَا يَشَاءُونَ فِيهَا وَلَدَيْنَا مَزِيدٌ
50:36 وَكَمْ أَهْلَكْنَا قَبْلَهُمْ مِنْ قَرْنٍ هُمْ أَشَدُّ مِنْهُمْ بَطْشًا فَنَقَّبُوا فِي الْبِلَادِ هَلْ مِنْ مَحِيصٍ 50:37 إِنَّ فِي ذَٰلِكَ لَذِكْرَىٰ لِمَنْ كَانَ لَهُ قَلْبٌ
أَوْ أَلْقَى السَّمْعَ وَهُوَ شَهِيدٌ 50:38 وَلَقَدْ خَلَقْنَا السَّمَاوَاتِ وَالْأَرْضَ وَمَا بَيْنَهُمَا فِي سِتَّةِ أَيَّامٍ وَمَا مَسَّنَا مِنْ لُغُوبٍ 50:39 فَاصْبِرْ عَلَىٰ مَا
يَقُولُونَ وَسَبِّحْ بِحَمْدِ رَبِّكَ قَبْلَ طُلُوعِ الشَّمْسِ وَقَبْلَ الْغُرُوبِ 50:40 وَمِنَ اللَّيْلِ فَسَبِّحْهُ وَأَدْبَارَ السُّجُودِ 50:41 وَاسْتَمِعْ يَوْمَ يُنَادِ الْمُنَادِ
مِنْ مَكَانٍ قَرِيبٍ 50:42 يَوْمَ يَسْمَعُونَ الصَّيْحَةَ بِالْحَقِّ ذَٰلِكَ يَوْمُ الْخُرُوجِ 50:43 إِنَّا نَحْنُ نُحْيِي وَنُمِيتُ وَإِلَيْنَا الْمَصِيرُ 50:44 يَوْمَ تَشَقَّقُ
الْأَرْضُ عَنْهُمْ سِرَاعًا ذَٰلِكَ حَشْرٌ عَلَيْنَا يَسِيرٌ 50:45 نَحْنُ أَعْلَمُ بِمَا يَقُولُونَ وَمَا أَنْتَ عَلَيْهِمْ بِجَبَّارٍ فَذَكِّرْ بِالْقُرْآنِ مَنْ يَخَافُ وَعِيدِ 51:1 بِسْمِ
اللَّهِ الرَّحْمَٰنِ الرَّحِيمِ وَالذَّارِيَاتِ ذَرْوًا 51:2 فَالْحَامِلَاتِ وِقْرًا 51:3 فَالْجَارِيَاتِ يُسْرًا 51:4 فَالْمُقَسِّمَاتِ أَمْرًا 51:5 إِنَّمَا تُوعَدُونَ لَصَادِقٌ 51:6
وَإِنَّ الدِّينَ لَوَاقِعٌ 51:7 وَالسَّمَاءِ ذَاتِ الْحُبُكِ 51:8 إِنَّكُمْ لَفِي قَوْلٍ مُخْتَلِفٍ 51:9 يُؤْفَكُ عَنْهُ مَنْ أُفِكَ 51:10 قُتِلَ الْخَرَّاصُونَ 51:11 الَّذِينَ هُمْ
فِي غَمْرَةٍ سَاهُونَ 51:12 يَسْأَلُونَ أَيَّانَ يَوْمُ الدِّينِ 51:13 يَوْمَ هُمْ عَلَى النَّارِ يُفْتَنُونَ 51:14 ذُوقُوا فِتْنَتَكُمْ هَٰذَا الَّذِي كُنْتُمْ بِهِ تَسْتَعْجِلُونَ

51:15 إِنَّ الْمُتَّقِينَ فِي جَنَّاتٍ وَعُيُونٍ 51:16 آخِذِينَ مَا آتَاهُمْ رَبُّهُمْ إِنَّهُمْ كَانُوا قَبْلَ ذَٰلِكَ مُحْسِنِينَ 51:17 كَانُوا قَلِيلًا مِنَ اللَّيْلِ مَا يَهْجَعُونَ
51:18 وَبِالْأَسْحَارِ هُمْ يَسْتَغْفِرُونَ 51:19 وَفِي أَمْوَالِهِمْ حَقٌّ لِلسَّائِلِ وَالْمَحْرُومِ 51:20 وَفِي الْأَرْضِ آيَاتٌ لِلْمُوقِنِينَ 51:21 وَفِي أَنْفُسِكُمْ أَفَلَا
تُبْصِرُونَ 51:22 وَفِي السَّمَاءِ رِزْقُكُمْ وَمَا تُوعَدُونَ 51:23 فَوَرَبِّ السَّمَاءِ وَالْأَرْضِ إِنَّهُ لَحَقٌّ مِثْلَ مَا أَنَّكُمْ تَنْطِقُونَ 51:24 هَلْ أَتَاكَ حَدِيثُ
ضَيْفِ إِبْرَاهِيمَ الْمُكْرَمِينَ 51:25 إِذْ دَخَلُوا عَلَيْهِ فَقَالُوا سَلَامًا قَالَ سَلَامٌ قَوْمٌ مُنْكَرُونَ 51:26 فَرَاغَ إِلَىٰ أَهْلِهِ فَجَاءَ بِعِجْلٍ سَمِينٍ 51:27
فَقَرَّبَهُ إِلَيْهِمْ قَالَ أَلَا تَأْكُلُونَ 51:28 فَأَوْجَسَ مِنْهُمْ خِيفَةً قَالُوا لَا تَخَفْ وَبَشَّرُوهُ بِغُلَامٍ عَلِيمٍ 51:29 فَأَقْبَلَتِ امْرَأَتُهُ فِي صَرَّةٍ فَصَكَّتْ
وَجْهَهَا وَقَالَتْ عَجُوزٌ عَقِيمٌ 51:30 قَالُوا كَذَٰلِكِ قَالَ رَبُّكِ إِنَّهُ هُوَ الْحَكِيمُ الْعَلِيمُ 51:31 قَالَ فَمَا خَطْبُكُمْ أَيُّهَا الْمُرْسَلُونَ 51:32 قَالُوا إِنَّا
أُرْسِلْنَا إِلَىٰ قَوْمٍ مُجْرِمِينَ 51:33 لِنُرْسِلَ عَلَيْهِمْ حِجَارَةً مِنْ طِينٍ 51:34 مُسَوَّمَةً عِنْدَ رَبِّكَ لِلْمُسْرِفِينَ 51:35 فَأَخْرَجْنَا مَنْ كَانَ فِيهَا مِنَ
الْمُؤْمِنِينَ 51:36 فَمَا وَجَدْنَا فِيهَا غَيْرَ بَيْتٍ مِنَ الْمُسْلِمِينَ 51:37 وَتَرَكْنَا فِيهَا آيَةً لِلَّذِينَ يَخَافُونَ الْعَذَابَ الْأَلِيمَ 51:38 وَفِي مُوسَىٰ إِذْ
أَرْسَلْنَاهُ إِلَىٰ فِرْعَوْنَ بِسُلْطَانٍ مُبِينٍ 51:39 فَتَوَلَّىٰ بِرُكْنِهِ وَقَالَ سَاحِرٌ أَوْ مَجْنُونٌ 51:40 فَأَخَذْنَاهُ وَجُنُودَهُ فَنَبَذْنَاهُمْ فِي الْيَمِّ وَهُوَ مُلِيمٌ
51:41 وَفِي عَادٍ إِذْ أَرْسَلْنَا عَلَيْهِمُ الرِّيحَ الْعَقِيمَ 51:42 مَا تَذَرُ مِنْ شَيْءٍ أَتَتْ عَلَيْهِ إِلَّا جَعَلَتْهُ كَالرَّمِيمِ 51:43 وَفِي ثَمُودَ إِذْ قِيلَ لَهُمْ
تَمَتَّعُوا حَتَّىٰ حِينٍ 51:44 فَعَتَوْا عَنْ أَمْرِ رَبِّهِمْ فَأَخَذَتْهُمُ الصَّاعِقَةُ وَهُمْ يَنْظُرُونَ 51:45 فَمَا اسْتَطَاعُوا مِنْ قِيَامٍ وَمَا كَانُوا مُنْتَصِرِينَ 51:46
وَقَوْمَ نُوحٍ مِنْ قَبْلُ إِنَّهُمْ كَانُوا قَوْمًا فَاسِقِينَ 51:47 وَالسَّمَاءَ بَنَيْنَاهَا بِأَيْدٍ وَإِنَّا لَمُوسِعُونَ 51:48 وَالْأَرْضَ فَرَشْنَاهَا فَنِعْمَ الْمَاهِدُونَ 51:49
وَمِنْ كُلِّ شَيْءٍ خَلَقْنَا زَوْجَيْنِ لَعَلَّكُمْ تَذَكَّرُونَ 51:50 فَفِرُّوا إِلَى اللَّهِ إِنِّي لَكُمْ مِنْهُ نَذِيرٌ مُبِينٌ 51:51 وَلَا تَجْعَلُوا مَعَ اللَّهِ إِلَٰهًا آخَرَ إِنِّي لَكُمْ
مِنْهُ نَذِيرٌ مُبِينٌ 51:52 كَذَٰلِكَ مَا أَتَى الَّذِينَ مِنْ قَبْلِهِمْ مِنْ رَسُولٍ إِلَّا قَالُوا سَاحِرٌ أَوْ مَجْنُونٌ 51:53 أَتَوَاصَوْا بِهِ بَلْ هُمْ قَوْمٌ طَاغُونَ 51:54
فَتَوَلَّ عَنْهُمْ فَمَا أَنْتَ بِمَلُومٍ 51:55 وَذَكِّرْ فَإِنَّ الذِّكْرَىٰ تَنْفَعُ الْمُؤْمِنِينَ 51:56 وَمَا خَلَقْتُ الْجِنَّ وَالْإِنْسَ إِلَّا لِيَعْبُدُونِ 51:57 مَا أُرِيدُ مِنْهُمْ
مِنْ رِزْقٍ وَمَا أُرِيدُ أَنْ يُطْعِمُونِ 51:58 إِنَّ اللَّهَ هُوَ الرَّزَّاقُ ذُو الْقُوَّةِ الْمَتِينُ 51:59 فَإِنَّ لِلَّذِينَ ظَلَمُوا ذَنُوبًا مِثْلَ ذَنُوبِ أَصْحَابِهِمْ فَلَا
يَسْتَعْجِلُونِ 51:60 فَوَيْلٌ لِلَّذِينَ كَفَرُوا مِنْ يَوْمِهِمُ الَّذِي يُوعَدُونَ 52:1 بِسْمِ اللَّهِ الرَّحْمَٰنِ الرَّحِيمِ وَالطُّورِ 52:2 وَكِتَابٍ مَسْطُورٍ 52:3 فِي
رَقٍّ مَنْشُورٍ 52:4 وَالْبَيْتِ الْمَعْمُورِ 52:5 وَالسَّقْفِ الْمَرْفُوعِ 52:6 وَالْبَحْرِ الْمَسْجُورِ 52:7 إِنَّ عَذَابَ رَبِّكَ لَوَاقِعٌ 52:8 مَا لَهُ مِنْ دَافِعٍ 52:9 يَوْمَ
تَمُورُ السَّمَاءُ مَوْرًا 52:10 وَتَسِيرُ الْجِبَالُ سَيْرًا 52:11 فَوَيْلٌ يَوْمَئِذٍ لِلْمُكَذِّبِينَ 52:12 الَّذِينَ هُمْ فِي خَوْضٍ يَلْعَبُونَ 52:13 يَوْمَ يُدَعُّونَ إِلَىٰ
نَارِ جَهَنَّمَ دَعًّا 52:14 هَٰذِهِ النَّارُ الَّتِي كُنْتُمْ بِهَا تُكَذِّبُونَ 52:15 أَفَسِحْرٌ هَٰذَا أَمْ أَنْتُمْ لَا تُبْصِرُونَ 52:16 اصْلَوْهَا فَاصْبِرُوا أَوْ لَا تَصْبِرُوا سَوَاءٌ
عَلَيْكُمْ إِنَّمَا تُجْزَوْنَ مَا كُنْتُمْ تَعْمَلُونَ 52:17 إِنَّ الْمُتَّقِينَ فِي جَنَّاتٍ وَنَعِيمٍ 52:18 فَاكِهِينَ بِمَا آتَاهُمْ رَبُّهُمْ وَوَقَاهُمْ رَبُّهُمْ عَذَابَ الْجَحِيمِ
52:19 كُلُوا وَاشْرَبُوا هَنِيئًا بِمَا كُنْتُمْ تَعْمَلُونَ 52:20 مُتَّكِئِينَ عَلَىٰ سُرُرٍ مَصْفُوفَةٍ وَزَوَّجْنَاهُمْ بِحُورٍ عِينٍ 52:21 وَالَّذِينَ آمَنُوا وَاتَّبَعَتْهُمْ
ذُرِّيَّتُهُمْ بِإِيمَانٍ أَلْحَقْنَا بِهِمْ ذُرِّيَّتَهُمْ وَمَا أَلَتْنَاهُمْ مِنْ عَمَلِهِمْ مِنْ شَيْءٍ كُلُّ امْرِئٍ بِمَا كَسَبَ رَهِينٌ 52:22 وَأَمْدَدْنَاهُمْ بِفَاكِهَةٍ وَلَحْمٍ مِمَّا
يَشْتَهُونَ 52:23 يَتَنَازَعُونَ فِيهَا كَأْسًا لَا لَغْوٌ فِيهَا وَلَا تَأْثِيمٌ 52:24 وَيَطُوفُ عَلَيْهِمْ غِلْمَانٌ لَهُمْ كَأَنَّهُمْ لُؤْلُؤٌ مَكْنُونٌ 52:25 وَأَقْبَلَ بَعْضُهُمْ
عَلَىٰ بَعْضٍ يَتَسَاءَلُونَ 52:26 قَالُوا إِنَّا كُنَّا قَبْلُ فِي أَهْلِنَا مُشْفِقِينَ 52:27 فَمَنَّ اللَّهُ عَلَيْنَا وَوَقَانَا عَذَابَ السَّمُومِ 52:28 إِنَّا كُنَّا مِنْ قَبْلُ
نَدْعُوهُ إِنَّهُ هُوَ الْبَرُّ الرَّحِيمُ 52:29 فَذَكِّرْ فَمَا أَنْتَ بِنِعْمَتِ رَبِّكَ بِكَاهِنٍ وَلَا مَجْنُونٍ 52:30 أَمْ يَقُولُونَ شَاعِرٌ نَتَرَبَّصُ بِهِ رَيْبَ الْمَنُونِ 52:31 قُلْ
تَرَبَّصُوا فَإِنِّي مَعَكُمْ مِنَ الْمُتَرَبِّصِينَ 52:32 أَمْ تَأْمُرُهُمْ أَحْلَامُهُمْ بِهَٰذَا أَمْ هُمْ قَوْمٌ طَاغُونَ 52:33 أَمْ يَقُولُونَ تَقَوَّلَهُ بَلْ لَا يُؤْمِنُونَ 52:34
فَلْيَأْتُوا بِحَدِيثٍ مِثْلِهِ إِنْ كَانُوا صَادِقِينَ 52:35 أَمْ خُلِقُوا مِنْ غَيْرِ شَيْءٍ أَمْ هُمُ الْخَالِقُونَ 52:36 أَمْ خَلَقُوا السَّمَاوَاتِ وَالْأَرْضَ بَلْ لَا يُوقِنُونَ
52:37 أَمْ عِنْدَهُمْ خَزَائِنُ رَبِّكَ أَمْ هُمُ الْمُصَيْطِرُونَ 52:38 أَمْ لَهُمْ سُلَّمٌ يَسْتَمِعُونَ فِيهِ فَلْيَأْتِ مُسْتَمِعُهُمْ بِسُلْطَانٍ مُبِينٍ 52:39 أَمْ لَهُ الْبَنَاتُ
وَلَكُمُ الْبَنُونَ 52:40 أَمْ تَسْأَلُهُمْ أَجْرًا فَهُمْ مِنْ مَغْرَمٍ مُثْقَلُونَ 52:41 أَمْ عِنْدَهُمُ الْغَيْبُ فَهُمْ يَكْتُبُونَ 52:42 أَمْ يُرِيدُونَ كَيْدًا فَالَّذِينَ كَفَرُوا

هُمُ الْمَكِيدُونَ 52:43 أَمْ لَهُمْ إِلَٰهٌ غَيْرُ اللَّهِ سُبْحَانَ اللَّهِ عَمَّا يُشْرِكُونَ 52:44 وَإِنْ يَرَوْا كِسْفًا مِنَ السَّمَاءِ سَاقِطًا يَقُولُوا سَحَابٌ مَرْكُومٌ 52:45
فَذَرْهُمْ حَتَّىٰ يُلَاقُوا يَوْمَهُمُ الَّذِي فِيهِ يُصْعَقُونَ 52:46 يَوْمَ لَا يُغْنِي عَنْهُمْ كَيْدُهُمْ شَيْئًا وَلَا هُمْ يُنْصَرُونَ 52:47 وَإِنَّ لِلَّذِينَ ظَلَمُوا عَذَابًا
دُونَ ذَٰلِكَ وَلَٰكِنَّ أَكْثَرَهُمْ لَا يَعْلَمُونَ 52:48 وَاصْبِرْ لِحُكْمِ رَبِّكَ فَإِنَّكَ بِأَعْيُنِنَا وَسَبِّحْ بِحَمْدِ رَبِّكَ حِينَ تَقُومُ 52:49 وَمِنَ اللَّيْلِ فَسَبِّحْهُ وَإِدْبَارَ
النُّجُومِ 53:1 بِسْمِ اللَّهِ الرَّحْمَٰنِ الرَّحِيمِ وَالنَّجْمِ إِذَا هَوَىٰ 53:2 مَا ضَلَّ صَاحِبُكُمْ وَمَا غَوَىٰ 53:3 وَمَا يَنْطِقُ عَنِ الْهَوَىٰ 53:4 إِنْ هُوَ إِلَّا وَحْيٌ
يُوحَىٰ 53:5 عَلَّمَهُ شَدِيدُ الْقُوَىٰ 53:6 ذُو مِرَّةٍ فَاسْتَوَىٰ 53:7 وَهُوَ بِالْأُفُقِ الْأَعْلَىٰ 53:8 ثُمَّ دَنَا فَتَدَلَّىٰ 53:9 فَكَانَ قَابَ قَوْسَيْنِ أَوْ أَدْنَىٰ
53:10 فَأَوْحَىٰ إِلَىٰ عَبْدِهِ مَا أَوْحَىٰ 53:11 مَا كَذَبَ الْفُؤَادُ مَا رَأَىٰ 53:12 أَفَتُمَارُونَهُ عَلَىٰ مَا يَرَىٰ 53:13 وَلَقَدْ رَآهُ نَزْلَةً أُخْرَىٰ 53:14 عِنْدَ سِدْرَةِ
الْمُنْتَهَىٰ 53:15 عِنْدَهَا جَنَّةُ الْمَأْوَىٰ 53:16 إِذْ يَغْشَى السِّدْرَةَ مَا يَغْشَىٰ 53:17 مَا زَاغَ الْبَصَرُ وَمَا طَغَىٰ 53:18 لَقَدْ رَأَىٰ مِنْ آيَاتِ رَبِّهِ الْكُبْرَىٰ
53:19 أَفَرَأَيْتُمُ اللَّاتَ وَالْعُزَّىٰ 53:20 وَمَنَاةَ الثَّالِثَةَ الْأُخْرَىٰ 53:21 أَلَكُمُ الذَّكَرُ وَلَهُ الْأُنْثَىٰ 53:22 تِلْكَ إِذًا قِسْمَةٌ ضِيزَىٰ 53:23 إِنْ هِيَ إِلَّا أَسْمَاءٌ
سَمَّيْتُمُوهَا أَنْتُمْ وَآبَاؤُكُمْ مَا أَنْزَلَ اللَّهُ بِهَا مِنْ سُلْطَانٍ إِنْ يَتَّبِعُونَ إِلَّا الظَّنَّ وَمَا تَهْوَى الْأَنْفُسُ وَلَقَدْ جَاءَهُمْ مِنْ رَبِّهِمُ الْهُدَىٰ 53:24 أَمْ
لِلْإِنْسَانِ مَا تَمَنَّىٰ 53:25 فَلِلَّهِ الْآخِرَةُ وَالْأُولَىٰ 53:26 وَكَمْ مِنْ مَلَكٍ فِي السَّمَاوَاتِ لَا تُغْنِي شَفَاعَتُهُمْ شَيْئًا إِلَّا مِنْ بَعْدِ أَنْ يَأْذَنَ اللَّهُ لِمَنْ
يَشَاءُ وَيَرْضَىٰ 53:27 إِنَّ الَّذِينَ لَا يُؤْمِنُونَ بِالْآخِرَةِ لَيُسَمُّونَ الْمَلَائِكَةَ تَسْمِيَةَ الْأُنْثَىٰ 53:28 وَمَا لَهُمْ بِهِ مِنْ عِلْمٍ إِنْ يَتَّبِعُونَ إِلَّا الظَّنَّ وَإِنَّ
الظَّنَّ لَا يُغْنِي مِنَ الْحَقِّ شَيْئًا 53:29 فَأَعْرِضْ عَنْ مَنْ تَوَلَّىٰ عَنْ ذِكْرِنَا وَلَمْ يُرِدْ إِلَّا الْحَيَاةَ الدُّنْيَا 53:30 ذَٰلِكَ مَبْلَغُهُمْ مِنَ الْعِلْمِ إِنَّ رَبَّكَ
هُوَ أَعْلَمُ بِمَنْ ضَلَّ عَنْ سَبِيلِهِ وَهُوَ أَعْلَمُ بِمَنِ اهْتَدَىٰ 53:31 وَلِلَّهِ مَا فِي السَّمَاوَاتِ وَمَا فِي الْأَرْضِ لِيَجْزِيَ الَّذِينَ أَسَاءُوا بِمَا عَمِلُوا
وَيَجْزِيَ الَّذِينَ أَحْسَنُوا بِالْحُسْنَى 53:32 الَّذِينَ يَجْتَنِبُونَ كَبَائِرَ الْإِثْمِ وَالْفَوَاحِشَ إِلَّا اللَّمَمَ إِنَّ رَبَّكَ وَاسِعُ الْمَغْفِرَةِ هُوَ أَعْلَمُ بِكُمْ إِذْ أَنْشَأَكُمْ
مِنَ الْأَرْضِ وَإِذْ أَنْتُمْ أَجِنَّةٌ فِي بُطُونِ أُمَّهَاتِكُمْ فَلَا تُزَكُّوا أَنْفُسَكُمْ هُوَ أَعْلَمُ بِمَنِ اتَّقَىٰ 53:33 أَفَرَأَيْتَ الَّذِي تَوَلَّىٰ 53:34 وَأَعْطَىٰ قَلِيلًا
وَأَكْدَىٰ 53:35 أَعِنْدَهُ عِلْمُ الْغَيْبِ فَهُوَ يَرَىٰ 53:36 أَمْ لَمْ يُنَبَّأْ بِمَا فِي صُحُفِ مُوسَىٰ 53:37 وَإِبْرَاهِيمَ الَّذِي وَفَّىٰ 53:38 أَلَّا تَزِرُ وَازِرَةٌ وِزْرَ
أُخْرَىٰ 53:39 وَأَنْ لَيْسَ لِلْإِنْسَانِ إِلَّا مَا سَعَىٰ 53:40 وَأَنَّ سَعْيَهُ سَوْفَ يُرَىٰ 53:41 ثُمَّ يُجْزَاهُ الْجَزَاءَ الْأَوْفَىٰ 53:42 وَأَنَّ إِلَىٰ رَبِّكَ الْمُنْتَهَىٰ
53:43 وَأَنَّهُ هُوَ أَضْحَكَ وَأَبْكَىٰ 53:44 وَأَنَّهُ هُوَ أَمَاتَ وَأَحْيَا 53:45 وَأَنَّهُ خَلَقَ الزَّوْجَيْنِ الذَّكَرَ وَالْأُنْثَىٰ 53:46 مِنْ نُطْفَةٍ إِذَا تُمْنَىٰ 53:47 وَأَنَّ
عَلَيْهِ النَّشْأَةَ الْأُخْرَىٰ 53:48 وَأَنَّهُ هُوَ أَغْنَىٰ وَأَقْنَىٰ 53:49 وَأَنَّهُ هُوَ رَبُّ الشِّعْرَىٰ 53:50 وَأَنَّهُ أَهْلَكَ عَادًا الْأُولَىٰ 53:51 وَثَمُودَ فَمَا أَبْقَىٰ 53:52
وَقَوْمَ نُوحٍ مِنْ قَبْلُ إِنَّهُمْ كَانُوا هُمْ أَظْلَمَ وَأَطْغَىٰ 53:53 وَالْمُؤْتَفِكَةَ أَهْوَىٰ 53:54 فَغَشَّاهَا مَا غَشَّىٰ 53:55 فَبِأَيِّ آلَاءِ رَبِّكَ تَتَمَارَىٰ 53:56
هَٰذَا نَذِيرٌ مِنَ النُّذُرِ الْأُولَىٰ 53:57 أَزِفَتِ الْآزِفَةُ 53:58 لَيْسَ لَهَا مِنْ دُونِ اللَّهِ كَاشِفَةٌ 53:59 أَفَمِنْ هَٰذَا الْحَدِيثِ تَعْجَبُونَ 53:60 وَتَضْحَكُونَ
وَلَا تَبْكُونَ 53:61 وَأَنْتُمْ سَامِدُونَ 53:62 فَاسْجُدُوا لِلَّهِ وَاعْبُدُوا 54:1 بِسْمِ اللَّهِ الرَّحْمَٰنِ الرَّحِيمِ اقْتَرَبَتِ السَّاعَةُ وَانْشَقَّ الْقَمَرُ 54:2 وَإِنْ
يَرَوْا آيَةً يُعْرِضُوا وَيَقُولُوا سِحْرٌ مُسْتَمِرٌّ 54:3 وَكَذَّبُوا وَاتَّبَعُوا أَهْوَاءَهُمْ وَكُلُّ أَمْرٍ مُسْتَقِرٌّ 54:4 وَلَقَدْ جَاءَهُمْ مِنَ الْأَنْبَاءِ مَا فِيهِ مُزْدَجَرٌ 54:5
حِكْمَةٌ بَالِغَةٌ فَمَا تُغْنِ النُّذُرُ 54:6 فَتَوَلَّ عَنْهُمْ يَوْمَ يَدْعُ الدَّاعِ إِلَىٰ شَيْءٍ نُكُرٍ 54:7 خُشَّعًا أَبْصَارُهُمْ يَخْرُجُونَ مِنَ الْأَجْدَاثِ كَأَنَّهُمْ جَرَادٌ
مُنْتَشِرٌ 54:8 مُهْطِعِينَ إِلَى الدَّاعِ يَقُولُ الْكَافِرُونَ هَٰذَا يَوْمٌ عَسِرٌ 54:9 كَذَّبَتْ قَبْلَهُمْ قَوْمُ نُوحٍ فَكَذَّبُوا عَبْدَنَا وَقَالُوا مَجْنُونٌ وَازْدُجِرَ 54:10
فَدَعَا رَبَّهُ أَنِّي مَغْلُوبٌ فَانْتَصِرْ 54:11 فَفَتَحْنَا أَبْوَابَ السَّمَاءِ بِمَاءٍ مُنْهَمِرٍ 54:12 وَفَجَّرْنَا الْأَرْضَ عُيُونًا فَالْتَقَى الْمَاءُ عَلَىٰ أَمْرٍ قَدْ قُدِرَ 54:13
وَحَمَلْنَاهُ عَلَىٰ ذَاتِ أَلْوَاحٍ وَدُسُرٍ 54:14 تَجْرِي بِأَعْيُنِنَا جَزَاءً لِمَنْ كَانَ كُفِرَ 54:15 وَلَقَدْ تَرَكْنَاهَا آيَةً فَهَلْ مِنْ مُدَّكِرٍ 54:16 فَكَيْفَ كَانَ عَذَابِي
وَنُذُرِ 54:17 وَلَقَدْ يَسَّرْنَا الْقُرْآنَ لِلذِّكْرِ فَهَلْ مِنْ مُدَّكِرٍ 54:18 كَذَّبَتْ عَادٌ فَكَيْفَ كَانَ عَذَابِي وَنُذُرِ 54:19 إِنَّا أَرْسَلْنَا عَلَيْهِمْ رِيحًا صَرْصَرًا فِي
يَوْمِ نَحْسٍ مُسْتَمِرٍّ 54:20 تَنْزِعُ النَّاسَ كَأَنَّهُمْ أَعْجَازُ نَخْلٍ مُنْقَعِرٍ 54:21 فَكَيْفَ كَانَ عَذَابِي وَنُذُرِ 54:22 وَلَقَدْ يَسَّرْنَا الْقُرْآنَ لِلذِّكْرِ فَهَلْ مِنْ
مُدَّكِرٍ 54:23 كَذَّبَتْ ثَمُودُ بِالنُّذُرِ 54:24 فَقَالُوا أَبَشَرًا مِنَّا وَاحِدًا نَتَّبِعُهُ إِنَّا إِذًا لَفِي ضَلَالٍ وَسُعُرٍ 54:25 أَأُلْقِيَ الذِّكْرُ عَلَيْهِ مِنْ بَيْنِنَا بَلْ هُوَ

كَذَّابٌ أَشِرٌ 54:26 سَيَعْلَمُونَ غَدًا مَنِ الْكَذَّابُ الْأَشِرُ 54:27 إِنَّا مُرْسِلُو النَّاقَةِ فِتْنَةً لَهُمْ فَارْتَقِبْهُمْ وَاصْطَبِرْ 54:28 وَنَبِّئْهُمْ أَنَّ الْمَاءَ قِسْمَةٌ
بَيْنَهُمْ كُلُّ شِرْبٍ مُحْتَضَرٌ 54:29 فَنَادَوْا صَاحِبَهُمْ فَتَعَاطَىٰ فَعَقَرَ 54:30 فَكَيْفَ كَانَ عَذَابِي وَنُذُرِ 54:31 إِنَّا أَرْسَلْنَا عَلَيْهِمْ صَيْحَةً وَاحِدَةً
فَكَانُوا كَهَشِيمِ الْمُحْتَظِرِ 54:32 وَلَقَدْ يَسَّرْنَا الْقُرْآنَ لِلذِّكْرِ فَهَلْ مِنْ مُدَّكِرٍ 54:33 كَذَّبَتْ قَوْمُ لُوطٍ بِالنُّذُرِ 54:34 إِنَّا أَرْسَلْنَا عَلَيْهِمْ حَاصِبًا إِلَّا
آلَ لُوطٍ نَجَّيْنَاهُمْ بِسَحَرٍ 54:35 نِعْمَةً مِنْ عِنْدِنَا كَذَٰلِكَ نَجْزِي مَنْ شَكَرَ 54:36 وَلَقَدْ أَنْذَرَهُمْ بَطْشَتَنَا فَتَمَارَوْا بِالنُّذُرِ 54:37 وَلَقَدْ رَاوَدُوهُ
عَنْ ضَيْفِهِ فَطَمَسْنَا أَعْيُنَهُمْ فَذُوقُوا عَذَابِي وَنُذُرِ 54:38 وَلَقَدْ صَبَّحَهُمْ بُكْرَةً عَذَابٌ مُسْتَقِرٌّ 54:39 فَذُوقُوا عَذَابِي وَنُذُرِ 54:40 وَلَقَدْ يَسَّرْنَا
الْقُرْآنَ لِلذِّكْرِ فَهَلْ مِنْ مُدَّكِرٍ 54:41 وَلَقَدْ جَاءَ آلَ فِرْعَوْنَ النُّذُرُ 54:42 كَذَّبُوا بِآيَاتِنَا كُلِّهَا فَأَخَذْنَاهُمْ أَخْذَ عَزِيزٍ مُقْتَدِرٍ 54:43 أَكُفَّارُكُمْ خَيْرٌ
مِنْ أُولَٰئِكُمْ أَمْ لَكُمْ بَرَاءَةٌ فِي الزُّبُرِ 54:44 أَمْ يَقُولُونَ نَحْنُ جَمِيعٌ مُنْتَصِرٌ 54:45 سَيُهْزَمُ الْجَمْعُ وَيُوَلُّونَ الدُّبُرَ 54:46 بَلِ السَّاعَةُ مَوْعِدُهُمْ
وَالسَّاعَةُ أَدْهَىٰ وَأَمَرُّ 54:47 إِنَّ الْمُجْرِمِينَ فِي ضَلَالٍ وَسُعُرٍ 54:48 يَوْمَ يُسْحَبُونَ فِي النَّارِ عَلَىٰ وُجُوهِهِمْ ذُوقُوا مَسَّ سَقَرَ 54:49 إِنَّا كُلَّ
شَيْءٍ خَلَقْنَاهُ بِقَدَرٍ 54:50 وَمَا أَمْرُنَا إِلَّا وَاحِدَةٌ كَلَمْحٍ بِالْبَصَرِ 54:51 وَلَقَدْ أَهْلَكْنَا أَشْيَاعَكُمْ فَهَلْ مِنْ مُدَّكِرٍ 54:52 وَكُلُّ شَيْءٍ فَعَلُوهُ فِي
الزُّبُرِ 54:53 وَكُلُّ صَغِيرٍ وَكَبِيرٍ مُسْتَطَرٌ 54:54 إِنَّ الْمُتَّقِينَ فِي جَنَّاتٍ وَنَهَرٍ 54:55 فِي مَقْعَدِ صِدْقٍ عِنْدَ مَلِيكٍ مُقْتَدِرٍ 55:1 بِسْمِ اللَّهِ الرَّحْمَٰنِ
الرَّحِيمِ الرَّحْمَٰنُ 55:2 عَلَّمَ الْقُرْآنَ 55:3 خَلَقَ الْإِنْسَانَ 55:4 عَلَّمَهُ الْبَيَانَ 55:5 الشَّمْسُ وَالْقَمَرُ بِحُسْبَانٍ 55:6 وَالنَّجْمُ وَالشَّجَرُ يَسْجُدَانِ 55:7
وَالسَّمَاءَ رَفَعَهَا وَوَضَعَ الْمِيزَانَ 55:8 أَلَّا تَطْغَوْا فِي الْمِيزَانِ 55:9 وَأَقِيمُوا الْوَزْنَ بِالْقِسْطِ وَلَا تُخْسِرُوا الْمِيزَانَ 55:10 وَالْأَرْضَ وَضَعَهَا لِلْأَنَامِ
55:11 فِيهَا فَاكِهَةٌ وَالنَّخْلُ ذَاتُ الْأَكْمَامِ 55:12 وَالْحَبُّ ذُو الْعَصْفِ وَالرَّيْحَانُ 55:13 فَبِأَيِّ آلَاءِ رَبِّكُمَا تُكَذِّبَانِ 55:14 خَلَقَ الْإِنْسَانَ مِنْ صَلْصَالٍ
كَالْفَخَّارِ 55:15 وَخَلَقَ الْجَانَّ مِنْ مَارِجٍ مِنْ نَارٍ 55:16 فَبِأَيِّ آلَاءِ رَبِّكُمَا تُكَذِّبَانِ 55:17 رَبُّ الْمَشْرِقَيْنِ وَرَبُّ الْمَغْرِبَيْنِ 55:18 فَبِأَيِّ آلَاءِ رَبِّكُمَا
تُكَذِّبَانِ 55:19 مَرَجَ الْبَحْرَيْنِ يَلْتَقِيَانِ 55:20 بَيْنَهُمَا بَرْزَخٌ لَا يَبْغِيَانِ 55:21 فَبِأَيِّ آلَاءِ رَبِّكُمَا تُكَذِّبَانِ 55:22 يَخْرُجُ مِنْهُمَا اللُّؤْلُؤُ وَالْمَرْجَانُ 55:23
فَبِأَيِّ آلَاءِ رَبِّكُمَا تُكَذِّبَانِ 55:24 وَلَهُ الْجَوَارِ الْمُنْشَآتُ فِي الْبَحْرِ كَالْأَعْلَامِ 55:25 فَبِأَيِّ آلَاءِ رَبِّكُمَا تُكَذِّبَانِ 55:26 كُلُّ مَنْ عَلَيْهَا فَانٍ 55:27
وَيَبْقَىٰ وَجْهُ رَبِّكَ ذُو الْجَلَالِ وَالْإِكْرَامِ 55:28 فَبِأَيِّ آلَاءِ رَبِّكُمَا تُكَذِّبَانِ 55:29 يَسْأَلُهُ مَنْ فِي السَّمَاوَاتِ وَالْأَرْضِ كُلَّ يَوْمٍ هُوَ فِي شَأْنٍ 55:30
فَبِأَيِّ آلَاءِ رَبِّكُمَا تُكَذِّبَانِ 55:31 سَنَفْرُغُ لَكُمْ أَيُّهَ الثَّقَلَانِ 55:32 فَبِأَيِّ آلَاءِ رَبِّكُمَا تُكَذِّبَانِ 55:33 يَا مَعْشَرَ الْجِنِّ وَالْإِنْسِ إِنِ اسْتَطَعْتُمْ أَنْ
تَنْفُذُوا مِنْ أَقْطَارِ السَّمَاوَاتِ وَالْأَرْضِ فَانْفُذُوا لَا تَنْفُذُونَ إِلَّا بِسُلْطَانٍ 55:34 فَبِأَيِّ آلَاءِ رَبِّكُمَا تُكَذِّبَانِ 55:35 يُرْسَلُ عَلَيْكُمَا شُوَاظٌ مِنْ نَارٍ
وَنُحَاسٌ فَلَا تَنْتَصِرَانِ 55:36 فَبِأَيِّ آلَاءِ رَبِّكُمَا تُكَذِّبَانِ 55:37 فَإِذَا انْشَقَّتِ السَّمَاءُ فَكَانَتْ وَرْدَةً كَالدِّهَانِ 55:38 فَبِأَيِّ آلَاءِ رَبِّكُمَا تُكَذِّبَانِ 55:39
فَيَوْمَئِذٍ لَا يُسْأَلُ عَنْ ذَنْبِهِ إِنْسٌ وَلَا جَانٌّ 55:40 فَبِأَيِّ آلَاءِ رَبِّكُمَا تُكَذِّبَانِ 55:41 يُعْرَفُ الْمُجْرِمُونَ بِسِيمَاهُمْ فَيُؤْخَذُ بِالنَّوَاصِي وَالْأَقْدَامِ
55:42 فَبِأَيِّ آلَاءِ رَبِّكُمَا تُكَذِّبَانِ 55:43 هَٰذِهِ جَهَنَّمُ الَّتِي يُكَذِّبُ بِهَا الْمُجْرِمُونَ 55:44 يَطُوفُونَ بَيْنَهَا وَبَيْنَ حَمِيمٍ آنٍ 55:45 فَبِأَيِّ آلَاءِ رَبِّكُمَا
تُكَذِّبَانِ 55:46 وَلِمَنْ خَافَ مَقَامَ رَبِّهِ جَنَّتَانِ 55:47 فَبِأَيِّ آلَاءِ رَبِّكُمَا تُكَذِّبَانِ 55:48 ذَوَاتَا أَفْنَانٍ 55:49 فَبِأَيِّ آلَاءِ رَبِّكُمَا تُكَذِّبَانِ 55:50 فِيهِمَا
عَيْنَانِ تَجْرِيَانِ 55:51 فَبِأَيِّ آلَاءِ رَبِّكُمَا تُكَذِّبَانِ 55:52 فِيهِمَا مِنْ كُلِّ فَاكِهَةٍ زَوْجَانِ 55:53 فَبِأَيِّ آلَاءِ رَبِّكُمَا تُكَذِّبَانِ 55:54 مُتَّكِئِينَ عَلَىٰ فُرُشٍ
بَطَائِنُهَا مِنْ إِسْتَبْرَقٍ وَجَنَى الْجَنَّتَيْنِ دَانٍ 55:55 فَبِأَيِّ آلَاءِ رَبِّكُمَا تُكَذِّبَانِ 55:56 فِيهِنَّ قَاصِرَاتُ الطَّرْفِ لَمْ يَطْمِثْهُنَّ إِنْسٌ قَبْلَهُمْ وَلَا جَانٌّ
55:57 فَبِأَيِّ آلَاءِ رَبِّكُمَا تُكَذِّبَانِ 55:58 كَأَنَّهُنَّ الْيَاقُوتُ وَالْمَرْجَانُ 55:59 فَبِأَيِّ آلَاءِ رَبِّكُمَا تُكَذِّبَانِ 55:60 هَلْ جَزَاءُ الْإِحْسَانِ إِلَّا الْإِحْسَانُ 55:61
فَبِأَيِّ آلَاءِ رَبِّكُمَا تُكَذِّبَانِ 55:62 وَمِنْ دُونِهِمَا جَنَّتَانِ 55:63 فَبِأَيِّ آلَاءِ رَبِّكُمَا تُكَذِّبَانِ 55:64 مُدْهَامَّتَانِ 55:65 فَبِأَيِّ آلَاءِ رَبِّكُمَا تُكَذِّبَانِ 55:66
فِيهِمَا عَيْنَانِ نَضَّاخَتَانِ 55:67 فَبِأَيِّ آلَاءِ رَبِّكُمَا تُكَذِّبَانِ 55:68 فِيهِمَا فَاكِهَةٌ وَنَخْلٌ وَرُمَّانٌ 55:69 فَبِأَيِّ آلَاءِ رَبِّكُمَا تُكَذِّبَانِ 55:70 فِيهِنَّ خَيْرَاتٌ
حِسَانٌ 55:71 فَبِأَيِّ آلَاءِ رَبِّكُمَا تُكَذِّبَانِ 55:72 حُورٌ مَقْصُورَاتٌ فِي الْخِيَامِ 55:73 فَبِأَيِّ آلَاءِ رَبِّكُمَا تُكَذِّبَانِ 55:74 لَمْ يَطْمِثْهُنَّ إِنْسٌ قَبْلَهُمْ وَلَا
جَانٌّ 55:75 فَبِأَيِّ آلَاءِ رَبِّكُمَا تُكَذِّبَانِ 55:76 مُتَّكِئِينَ عَلَىٰ رَفْرَفٍ خُضْرٍ وَعَبْقَرِيٍّ حِسَانٍ 55:77 فَبِأَيِّ آلَاءِ رَبِّكُمَا تُكَذِّبَانِ 55:78 تَبَارَكَ اسْمُ رَبِّكَ

ذِي الْجَلَالِ وَالْإِكْرَامِ 56:1 بِسْمِ اللَّهِ الرَّحْمَٰنِ الرَّحِيمِ إِذَا وَقَعَتِ الْوَاقِعَةُ 56:2 لَيْسَ لِوَقْعَتِهَا كَاذِبَةٌ 56:3 خَافِضَةٌ رَافِعَةٌ 56:4 إِذَا رُجَّتِ
الْأَرْضُ رَجًّا 56:5 وَبُسَّتِ الْجِبَالُ بَسًّا 56:6 فَكَانَتْ هَبَاءً مُنْبَثًّا 56:7 وَكُنْتُمْ أَزْوَاجًا ثَلَاثَةً 56:8 فَأَصْحَابُ الْمَيْمَنَةِ مَا أَصْحَابُ الْمَيْمَنَةِ 56:9
وَأَصْحَابُ الْمَشْأَمَةِ مَا أَصْحَابُ الْمَشْأَمَةِ 56:10 وَالسَّابِقُونَ السَّابِقُونَ 56:11 أُولَٰئِكَ الْمُقَرَّبُونَ 56:12 فِي جَنَّاتِ النَّعِيمِ 56:13 ثُلَّةٌ مِنَ الْأَوَّلِينَ
56:14 وَقَلِيلٌ مِنَ الْآخِرِينَ 56:15 عَلَىٰ سُرُرٍ مَوْضُونَةٍ 56:16 مُتَّكِئِينَ عَلَيْهَا مُتَقَابِلِينَ 56:17 يَطُوفُ عَلَيْهِمْ وِلْدَانٌ مُخَلَّدُونَ 56:18 بِأَكْوَابٍ
وَأَبَارِيقَ وَكَأْسٍ مِنْ مَعِينٍ 56:19 لَا يُصَدَّعُونَ عَنْهَا وَلَا يُنْزِفُونَ 56:20 وَفَاكِهَةٍ مِمَّا يَتَخَيَّرُونَ 56:21 وَلَحْمِ طَيْرٍ مِمَّا يَشْتَهُونَ 56:22 وَحُورٌ
عِينٌ 56:23 كَأَمْثَالِ اللُّؤْلُؤِ الْمَكْنُونِ 56:24 جَزَاءً بِمَا كَانُوا يَعْمَلُونَ 56:25 لَا يَسْمَعُونَ فِيهَا لَغْوًا وَلَا تَأْثِيمًا 56:26 إِلَّا قِيلًا سَلَامًا سَلَامًا 56:27
وَأَصْحَابُ الْيَمِينِ مَا أَصْحَابُ الْيَمِينِ 56:28 فِي سِدْرٍ مَخْضُودٍ 56:29 وَطَلْحٍ مَنْضُودٍ 56:30 وَظِلٍّ مَمْدُودٍ 56:31 وَمَاءٍ مَسْكُوبٍ 56:32 وَفَاكِهَةٍ
كَثِيرَةٍ 56:33 لَا مَقْطُوعَةٍ وَلَا مَمْنُوعَةٍ 56:34 وَفُرُشٍ مَرْفُوعَةٍ 56:35 إِنَّا أَنْشَأْنَاهُنَّ إِنْشَاءً 56:36 فَجَعَلْنَاهُنَّ أَبْكَارًا 56:37 عُرُبًا أَتْرَابًا 56:38
لِأَصْحَابِ الْيَمِينِ 56:39 ثُلَّةٌ مِنَ الْأَوَّلِينَ 56:40 وَثُلَّةٌ مِنَ الْآخِرِينَ 56:41 وَأَصْحَابُ الشِّمَالِ مَا أَصْحَابُ الشِّمَالِ 56:42 فِي سَمُومٍ وَحَمِيمٍ
56:43 وَظِلٍّ مِنْ يَحْمُومٍ 56:44 لَا بَارِدٍ وَلَا كَرِيمٍ 56:45 إِنَّهُمْ كَانُوا قَبْلَ ذَٰلِكَ مُتْرَفِينَ 56:46 وَكَانُوا يُصِرُّونَ عَلَى الْحِنْثِ الْعَظِيمِ 56:47 وَكَانُوا
يَقُولُونَ أَئِذَا مِتْنَا وَكُنَّا تُرَابًا وَعِظَامًا أَإِنَّا لَمَبْعُوثُونَ 56:48 أَوَآبَاؤُنَا الْأَوَّلُونَ 56:49 قُلْ إِنَّ الْأَوَّلِينَ وَالْآخِرِينَ 56:50 لَمَجْمُوعُونَ إِلَىٰ مِيقَاتِ
يَوْمٍ مَعْلُومٍ 56:51 ثُمَّ إِنَّكُمْ أَيُّهَا الضَّالُّونَ الْمُكَذِّبُونَ 56:52 لَآكِلُونَ مِنْ شَجَرٍ مِنْ زَقُّومٍ 56:53 فَمَالِئُونَ مِنْهَا الْبُطُونَ 56:54 فَشَارِبُونَ عَلَيْهِ
مِنَ الْحَمِيمِ 56:55 فَشَارِبُونَ شُرْبَ الْهِيمِ 56:56 هَٰذَا نُزُلُهُمْ يَوْمَ الدِّينِ 56:57 نَحْنُ خَلَقْنَاكُمْ فَلَوْلَا تُصَدِّقُونَ 56:58 أَفَرَأَيْتُمْ مَا تُمْنُونَ 56:59
أَأَنْتُمْ تَخْلُقُونَهُ أَمْ نَحْنُ الْخَالِقُونَ 56:60 نَحْنُ قَدَّرْنَا بَيْنَكُمُ الْمَوْتَ وَمَا نَحْنُ بِمَسْبُوقِينَ 56:61 عَلَىٰ أَنْ نُبَدِّلَ أَمْثَالَكُمْ وَنُنْشِئَكُمْ فِي مَا لَا
تَعْلَمُونَ 56:62 وَلَقَدْ عَلِمْتُمُ النَّشْأَةَ الْأُولَىٰ فَلَوْلَا تَذَكَّرُونَ 56:63 أَفَرَأَيْتُمْ مَا تَحْرُثُونَ 56:64 أَأَنْتُمْ تَزْرَعُونَهُ أَمْ نَحْنُ الزَّارِعُونَ 56:65 لَوْ نَشَاءُ
لَجَعَلْنَاهُ حُطَامًا فَظَلْتُمْ تَفَكَّهُونَ 56:66 إِنَّا لَمُغْرَمُونَ 56:67 بَلْ نَحْنُ مَحْرُومُونَ 56:68 أَفَرَأَيْتُمُ الْمَاءَ الَّذِي تَشْرَبُونَ 56:69 أَأَنْتُمْ أَنْزَلْتُمُوهُ
مِنَ الْمُزْنِ أَمْ نَحْنُ الْمُنْزِلُونَ 56:70 لَوْ نَشَاءُ جَعَلْنَاهُ أُجَاجًا فَلَوْلَا تَشْكُرُونَ 56:71 أَفَرَأَيْتُمُ النَّارَ الَّتِي تُورُونَ 56:72 أَأَنْتُمْ أَنْشَأْتُمْ شَجَرَتَهَا أَمْ
نَحْنُ الْمُنْشِئُونَ 56:73 نَحْنُ جَعَلْنَاهَا تَذْكِرَةً وَمَتَاعًا لِلْمُقْوِينَ 56:74 فَسَبِّحْ بِاسْمِ رَبِّكَ الْعَظِيمِ 56:75 فَلَا أُقْسِمُ بِمَوَاقِعِ النُّجُومِ 56:76 وَإِنَّهُ
لَقَسَمٌ لَوْ تَعْلَمُونَ عَظِيمٌ 56:77 إِنَّهُ لَقُرْآنٌ كَرِيمٌ 56:78 فِي كِتَابٍ مَكْنُونٍ 56:79 لَا يَمَسُّهُ إِلَّا الْمُطَهَّرُونَ 56:80 تَنْزِيلٌ مِنْ رَبِّ الْعَالَمِينَ 56:81
أَفَبِهَٰذَا الْحَدِيثِ أَنْتُمْ مُدْهِنُونَ 56:82 وَتَجْعَلُونَ رِزْقَكُمْ أَنَّكُمْ تُكَذِّبُونَ 56:83 فَلَوْلَا إِذَا بَلَغَتِ الْحُلْقُومَ 56:84 وَأَنْتُمْ حِينَئِذٍ تَنْظُرُونَ 56:85
وَنَحْنُ أَقْرَبُ إِلَيْهِ مِنْكُمْ وَلَٰكِنْ لَا تُبْصِرُونَ 56:86 فَلَوْلَا إِنْ كُنْتُمْ غَيْرَ مَدِينِينَ 56:87 تَرْجِعُونَهَا إِنْ كُنْتُمْ صَادِقِينَ 56:88 فَأَمَّا إِنْ كَانَ مِنَ
الْمُقَرَّبِينَ 56:89 فَرَوْحٌ وَرَيْحَانٌ وَجَنَّتُ نَعِيمٍ 56:90 وَأَمَّا إِنْ كَانَ مِنْ أَصْحَابِ الْيَمِينِ 56:91 فَسَلَامٌ لَكَ مِنْ أَصْحَابِ الْيَمِينِ 56:92 وَأَمَّا إِنْ كَانَ
مِنَ الْمُكَذِّبِينَ الضَّالِّينَ 56:93 فَنُزُلٌ مِنْ حَمِيمٍ 56:94 وَتَصْلِيَةُ جَحِيمٍ 56:95 إِنَّ هَٰذَا لَهُوَ حَقُّ الْيَقِينِ 56:96 فَسَبِّحْ بِاسْمِ رَبِّكَ الْعَظِيمِ 57:1
بِسْمِ اللَّهِ الرَّحْمَٰنِ الرَّحِيمِ سَبَّحَ لِلَّهِ مَا فِي السَّمَاوَاتِ وَالْأَرْضِ وَهُوَ الْعَزِيزُ الْحَكِيمُ 57:2 لَهُ مُلْكُ السَّمَاوَاتِ وَالْأَرْضِ يُحْيِي وَيُمِيتُ وَهُوَ
عَلَىٰ كُلِّ شَيْءٍ قَدِيرٌ 57:3 هُوَ الْأَوَّلُ وَالْآخِرُ وَالظَّاهِرُ وَالْبَاطِنُ وَهُوَ بِكُلِّ شَيْءٍ عَلِيمٌ 57:4 هُوَ الَّذِي خَلَقَ السَّمَاوَاتِ وَالْأَرْضَ فِي سِتَّةِ أَيَّامٍ
ثُمَّ اسْتَوَىٰ عَلَى الْعَرْشِ يَعْلَمُ مَا يَلِجُ فِي الْأَرْضِ وَمَا يَخْرُجُ مِنْهَا وَمَا يَنْزِلُ مِنَ السَّمَاءِ وَمَا يَعْرُجُ فِيهَا وَهُوَ مَعَكُمْ أَيْنَ مَا كُنْتُمْ وَاللَّهُ
بِمَا تَعْمَلُونَ بَصِيرٌ 57:5 لَهُ مُلْكُ السَّمَاوَاتِ وَالْأَرْضِ وَإِلَى اللَّهِ تُرْجَعُ الْأُمُورُ 57:6 يُولِجُ اللَّيْلَ فِي النَّهَارِ وَيُولِجُ النَّهَارَ فِي اللَّيْلِ وَهُوَ عَلِيمٌ
بِذَاتِ الصُّدُورِ 57:7 آمِنُوا بِاللَّهِ وَرَسُولِهِ وَأَنْفِقُوا مِمَّا جَعَلَكُمْ مُسْتَخْلَفِينَ فِيهِ فَالَّذِينَ آمَنُوا مِنْكُمْ وَأَنْفَقُوا لَهُمْ أَجْرٌ كَبِيرٌ 57:8 وَمَا لَكُمْ
لَا تُؤْمِنُونَ بِاللَّهِ وَالرَّسُولُ يَدْعُوكُمْ لِتُؤْمِنُوا بِرَبِّكُمْ وَقَدْ أَخَذَ مِيثَاقَكُمْ إِنْ كُنْتُمْ مُؤْمِنِينَ 57:9 هُوَ الَّذِي يُنَزِّلُ عَلَىٰ عَبْدِهِ آيَاتٍ بَيِّنَاتٍ
لِيُخْرِجَكُمْ مِنَ الظُّلُمَاتِ إِلَى النُّورِ وَإِنَّ اللَّهَ بِكُمْ لَرَءُوفٌ رَحِيمٌ 57:10 وَمَا لَكُمْ أَلَّا تُنْفِقُوا فِي سَبِيلِ اللَّهِ وَلِلَّهِ مِيرَاثُ السَّمَاوَاتِ وَالْأَرْضِ

لَا يَسْتَوِي مِنْكُمْ مَنْ أَنْفَقَ مِنْ قَبْلِ الْفَتْحِ وَقَاتَلَ أُولَٰئِكَ أَعْظَمُ دَرَجَةً مِنَ الَّذِينَ أَنْفَقُوا مِنْ بَعْدُ وَقَاتَلُوا وَكُلًّا وَعَدَ اللَّهُ الْحُسْنَىٰ وَاللَّهُ
بِمَا تَعْمَلُونَ خَبِيرٌ 57:11 مَنْ ذَا الَّذِي يُقْرِضُ اللَّهَ قَرْضًا حَسَنًا فَيُضَاعِفَهُ لَهُ وَلَهُ أَجْرٌ كَرِيمٌ 57:12 يَوْمَ تَرَى الْمُؤْمِنِينَ وَالْمُؤْمِنَاتِ يَسْعَىٰ
نُورُهُمْ بَيْنَ أَيْدِيهِمْ وَبِأَيْمَانِهِمْ بُشْرَاكُمُ الْيَوْمَ جَنَّاتٌ تَجْرِي مِنْ تَحْتِهَا الْأَنْهَارُ خَالِدِينَ فِيهَا ذَٰلِكَ هُوَ الْفَوْزُ الْعَظِيمُ 57:13 يَوْمَ يَقُولُ
الْمُنَافِقُونَ وَالْمُنَافِقَاتُ لِلَّذِينَ آمَنُوا انْظُرُونَا نَقْتَبِسْ مِنْ نُورِكُمْ قِيلَ ارْجِعُوا وَرَاءَكُمْ فَالْتَمِسُوا نُورًا فَضُرِبَ بَيْنَهُمْ بِسُورٍ لَهُ بَابٌ بَاطِنُهُ
فِيهِ الرَّحْمَةُ وَظَاهِرُهُ مِنْ قِبَلِهِ الْعَذَابُ 57:14 يُنَادُونَهُمْ أَلَمْ نَكُنْ مَعَكُمْ قَالُوا بَلَىٰ وَلَٰكِنَّكُمْ فَتَنْتُمْ أَنْفُسَكُمْ وَتَرَبَّصْتُمْ وَارْتَبْتُمْ وَغَرَّتْكُمُ
الْأَمَانِيُّ حَتَّىٰ جَاءَ أَمْرُ اللَّهِ وَغَرَّكُمْ بِاللَّهِ الْغَرُورُ 57:15 فَالْيَوْمَ لَا يُؤْخَذُ مِنْكُمْ فِدْيَةٌ وَلَا مِنَ الَّذِينَ كَفَرُوا مَأْوَاكُمُ النَّارُ هِيَ مَوْلَاكُمْ وَبِئْسَ
الْمَصِيرُ 57:16 أَلَمْ يَأْنِ لِلَّذِينَ آمَنُوا أَنْ تَخْشَعَ قُلُوبُهُمْ لِذِكْرِ اللَّهِ وَمَا نَزَلَ مِنَ الْحَقِّ وَلَا يَكُونُوا كَالَّذِينَ أُوتُوا الْكِتَابَ مِنْ قَبْلُ فَطَالَ عَلَيْهِمُ
الْأَمَدُ فَقَسَتْ قُلُوبُهُمْ وَكَثِيرٌ مِنْهُمْ فَاسِقُونَ 57:17 اعْلَمُوا أَنَّ اللَّهَ يُحْيِي الْأَرْضَ بَعْدَ مَوْتِهَا قَدْ بَيَّنَّا لَكُمُ الْآيَاتِ لَعَلَّكُمْ تَعْقِلُونَ 57:18 إِنَّ
الْمُصَّدِّقِينَ وَالْمُصَّدِّقَاتِ وَأَقْرَضُوا اللَّهَ قَرْضًا حَسَنًا يُضَاعَفُ لَهُمْ وَلَهُمْ أَجْرٌ كَرِيمٌ 57:19 وَالَّذِينَ آمَنُوا بِاللَّهِ وَرُسُلِهِ أُولَٰئِكَ هُمُ الصِّدِّيقُونَ
وَالشُّهَدَاءُ عِنْدَ رَبِّهِمْ لَهُمْ أَجْرُهُمْ وَنُورُهُمْ وَالَّذِينَ كَفَرُوا وَكَذَّبُوا بِآيَاتِنَا أُولَٰئِكَ أَصْحَابُ الْجَحِيمِ 57:20 اعْلَمُوا أَنَّمَا الْحَيَاةُ الدُّنْيَا لَعِبٌ
وَلَهْوٌ وَزِينَةٌ وَتَفَاخُرٌ بَيْنَكُمْ وَتَكَاثُرٌ فِي الْأَمْوَالِ وَالْأَوْلَادِ كَمَثَلِ غَيْثٍ أَعْجَبَ الْكُفَّارَ نَبَاتُهُ ثُمَّ يَهِيجُ فَتَرَاهُ مُصْفَرًّا ثُمَّ يَكُونُ حُطَامًا وَفِي
الْآخِرَةِ عَذَابٌ شَدِيدٌ وَمَغْفِرَةٌ مِنَ اللَّهِ وَرِضْوَانٌ وَمَا الْحَيَاةُ الدُّنْيَا إِلَّا مَتَاعُ الْغُرُورِ 57:21 سَابِقُوا إِلَىٰ مَغْفِرَةٍ مِنْ رَبِّكُمْ وَجَنَّةٍ عَرْضُهَا
كَعَرْضِ السَّمَاءِ وَالْأَرْضِ أُعِدَّتْ لِلَّذِينَ آمَنُوا بِاللَّهِ وَرُسُلِهِ ذَٰلِكَ فَضْلُ اللَّهِ يُؤْتِيهِ مَنْ يَشَاءُ وَاللَّهُ ذُو الْفَضْلِ الْعَظِيمِ 57:22 مَا أَصَابَ مِنْ
مُصِيبَةٍ فِي الْأَرْضِ وَلَا فِي أَنْفُسِكُمْ إِلَّا فِي كِتَابٍ مِنْ قَبْلِ أَنْ نَبْرَأَهَا إِنَّ ذَٰلِكَ عَلَى اللَّهِ يَسِيرٌ 57:23 لِكَيْلَا تَأْسَوْا عَلَىٰ مَا فَاتَكُمْ وَلَا تَفْرَحُوا
بِمَا آتَاكُمْ وَاللَّهُ لَا يُحِبُّ كُلَّ مُخْتَالٍ فَخُورٍ 57:24 الَّذِينَ يَبْخَلُونَ وَيَأْمُرُونَ النَّاسَ بِالْبُخْلِ وَمَنْ يَتَوَلَّ فَإِنَّ اللَّهَ هُوَ الْغَنِيُّ الْحَمِيدُ 57:25 لَقَدْ
أَرْسَلْنَا رُسُلَنَا بِالْبَيِّنَاتِ وَأَنْزَلْنَا مَعَهُمُ الْكِتَابَ وَالْمِيزَانَ لِيَقُومَ النَّاسُ بِالْقِسْطِ وَأَنْزَلْنَا الْحَدِيدَ فِيهِ بَأْسٌ شَدِيدٌ وَمَنَافِعُ لِلنَّاسِ وَلِيَعْلَمَ
اللَّهُ مَنْ يَنْصُرُهُ وَرُسُلَهُ بِالْغَيْبِ إِنَّ اللَّهَ قَوِيٌّ عَزِيزٌ 57:26 وَلَقَدْ أَرْسَلْنَا نُوحًا وَإِبْرَاهِيمَ وَجَعَلْنَا فِي ذُرِّيَّتِهِمَا النُّبُوَّةَ وَالْكِتَابَ فَمِنْهُمْ مُهْتَدٍ
وَكَثِيرٌ مِنْهُمْ فَاسِقُونَ 57:27 ثُمَّ قَفَّيْنَا عَلَىٰ آثَارِهِمْ بِرُسُلِنَا وَقَفَّيْنَا بِعِيسَى ابْنِ مَرْيَمَ وَآتَيْنَاهُ الْإِنْجِيلَ وَجَعَلْنَا فِي قُلُوبِ الَّذِينَ اتَّبَعُوهُ
رَأْفَةً وَرَحْمَةً وَرَهْبَانِيَّةً ابْتَدَعُوهَا مَا كَتَبْنَاهَا عَلَيْهِمْ إِلَّا ابْتِغَاءَ رِضْوَانِ اللَّهِ فَمَا رَعَوْهَا حَقَّ رِعَايَتِهَا فَآتَيْنَا الَّذِينَ آمَنُوا مِنْهُمْ أَجْرَهُمْ
وَكَثِيرٌ مِنْهُمْ فَاسِقُونَ 57:28 يَا أَيُّهَا الَّذِينَ آمَنُوا اتَّقُوا اللَّهَ وَآمِنُوا بِرَسُولِهِ يُؤْتِكُمْ كِفْلَيْنِ مِنْ رَحْمَتِهِ وَيَجْعَلْ لَكُمْ نُورًا تَمْشُونَ بِهِ وَيَغْفِرْ
لَكُمْ وَاللَّهُ غَفُورٌ رَحِيمٌ 57:29 لِئَلَّا يَعْلَمَ أَهْلُ الْكِتَابِ أَلَّا يَقْدِرُونَ عَلَىٰ شَيْءٍ مِنْ فَضْلِ اللَّهِ وَأَنَّ الْفَضْلَ بِيَدِ اللَّهِ يُؤْتِيهِ مَنْ يَشَاءُ وَاللَّهُ ذُو
الْفَضْلِ الْعَظِيمِ 58:1 بِسْمِ اللَّهِ الرَّحْمَٰنِ الرَّحِيمِ قَدْ سَمِعَ اللَّهُ قَوْلَ الَّتِي تُجَادِلُكَ فِي زَوْجِهَا وَتَشْتَكِي إِلَى اللَّهِ وَاللَّهُ يَسْمَعُ تَحَاوُرَكُمَا
إِنَّ اللَّهَ سَمِيعٌ بَصِيرٌ 58:2 الَّذِينَ يُظَاهِرُونَ مِنْكُمْ مِنْ نِسَائِهِمْ مَا هُنَّ أُمَّهَاتِهِمْ إِنْ أُمَّهَاتُهُمْ إِلَّا اللَّائِي وَلَدْنَهُمْ وَإِنَّهُمْ لَيَقُولُونَ مُنْكَرًا مِنَ
الْقَوْلِ وَزُورًا وَإِنَّ اللَّهَ لَعَفُوٌّ غَفُورٌ 58:3 وَالَّذِينَ يُظَاهِرُونَ مِنْ نِسَائِهِمْ ثُمَّ يَعُودُونَ لِمَا قَالُوا فَتَحْرِيرُ رَقَبَةٍ مِنْ قَبْلِ أَنْ يَتَمَاسَّا ذَٰلِكُمْ
تُوعَظُونَ بِهِ وَاللَّهُ بِمَا تَعْمَلُونَ خَبِيرٌ 58:4 فَمَنْ لَمْ يَجِدْ فَصِيَامُ شَهْرَيْنِ مُتَتَابِعَيْنِ مِنْ قَبْلِ أَنْ يَتَمَاسَّا فَمَنْ لَمْ يَسْتَطِعْ فَإِطْعَامُ سِتِّينَ
مِسْكِينًا ذَٰلِكَ لِتُؤْمِنُوا بِاللَّهِ وَرَسُولِهِ وَتِلْكَ حُدُودُ اللَّهِ وَلِلْكَافِرِينَ عَذَابٌ أَلِيمٌ 58:5 إِنَّ الَّذِينَ يُحَادُّونَ اللَّهَ وَرَسُولَهُ كُبِتُوا كَمَا كُبِتَ الَّذِينَ
مِنْ قَبْلِهِمْ وَقَدْ أَنْزَلْنَا آيَاتٍ بَيِّنَاتٍ وَلِلْكَافِرِينَ عَذَابٌ مُهِينٌ 58:6 يَوْمَ يَبْعَثُهُمُ اللَّهُ جَمِيعًا فَيُنَبِّئُهُمْ بِمَا عَمِلُوا أَحْصَاهُ اللَّهُ وَنَسُوهُ وَاللَّهُ
عَلَىٰ كُلِّ شَيْءٍ شَهِيدٌ 58:7 أَلَمْ تَرَ أَنَّ اللَّهَ يَعْلَمُ مَا فِي السَّمَاوَاتِ وَمَا فِي الْأَرْضِ مَا يَكُونُ مِنْ نَجْوَىٰ ثَلَاثَةٍ إِلَّا هُوَ رَابِعُهُمْ وَلَا خَمْسَةٍ
إِلَّا هُوَ سَادِسُهُمْ وَلَا أَدْنَىٰ مِنْ ذَٰلِكَ وَلَا أَكْثَرَ إِلَّا هُوَ مَعَهُمْ أَيْنَ مَا كَانُوا ثُمَّ يُنَبِّئُهُمْ بِمَا عَمِلُوا يَوْمَ الْقِيَامَةِ إِنَّ اللَّهَ بِكُلِّ شَيْءٍ عَلِيمٌ 58:8
أَلَمْ تَرَ إِلَى الَّذِينَ نُهُوا عَنِ النَّجْوَىٰ ثُمَّ يَعُودُونَ لِمَا نُهُوا عَنْهُ وَيَتَنَاجَوْنَ بِالْإِثْمِ وَالْعُدْوَانِ وَمَعْصِيَتِ الرَّسُولِ وَإِذَا جَاءُوكَ حَيَّوْكَ بِمَا

لَمْ يُحَيِّكَ بِهِ اللَّهُ وَيَقُولُونَ فِي أَنْفُسِهِمْ لَوْلَا يُعَذِّبُنَا اللَّهُ بِمَا نَقُولُ حَسْبُهُمْ جَهَنَّمُ يَصْلَوْنَهَا فَبِئْسَ الْمَصِيرُ 58:9 يَا أَيُّهَا الَّذِينَ آمَنُوا
إِذَا تَنَاجَيْتُمْ فَلَا تَتَنَاجَوْا بِالْإِثْمِ وَالْعُدْوَانِ وَمَعْصِيَتِ الرَّسُولِ وَتَنَاجَوْا بِالْبِرِّ وَالتَّقْوَىٰ وَاتَّقُوا اللَّهَ الَّذِي إِلَيْهِ تُحْشَرُونَ 58:10 إِنَّمَا النَّجْوَىٰ
مِنَ الشَّيْطَانِ لِيَحْزُنَ الَّذِينَ آمَنُوا وَلَيْسَ بِضَارِّهِمْ شَيْئًا إِلَّا بِإِذْنِ اللَّهِ وَعَلَى اللَّهِ فَلْيَتَوَكَّلِ الْمُؤْمِنُونَ 58:11 يَا أَيُّهَا الَّذِينَ آمَنُوا إِذَا قِيلَ
لَكُمْ تَفَسَّحُوا فِي الْمَجَالِسِ فَافْسَحُوا يَفْسَحِ اللَّهُ لَكُمْ وَإِذَا قِيلَ انْشُزُوا فَانْشُزُوا يَرْفَعِ اللَّهُ الَّذِينَ آمَنُوا مِنْكُمْ وَالَّذِينَ أُوتُوا الْعِلْمَ
دَرَجَاتٍ وَاللَّهُ بِمَا تَعْمَلُونَ خَبِيرٌ 58:12 يَا أَيُّهَا الَّذِينَ آمَنُوا إِذَا نَاجَيْتُمُ الرَّسُولَ فَقَدِّمُوا بَيْنَ يَدَيْ نَجْوَاكُمْ صَدَقَةً ذَٰلِكَ خَيْرٌ لَكُمْ وَأَطْهَرُ
فَإِنْ لَمْ تَجِدُوا فَإِنَّ اللَّهَ غَفُورٌ رَحِيمٌ 58:13 أَأَشْفَقْتُمْ أَنْ تُقَدِّمُوا بَيْنَ يَدَيْ نَجْوَاكُمْ صَدَقَاتٍ فَإِذْ لَمْ تَفْعَلُوا وَتَابَ اللَّهُ عَلَيْكُمْ فَأَقِيمُوا
الصَّلَاةَ وَآتُوا الزَّكَاةَ وَأَطِيعُوا اللَّهَ وَرَسُولَهُ وَاللَّهُ خَبِيرٌ بِمَا تَعْمَلُونَ 58:14 أَلَمْ تَرَ إِلَى الَّذِينَ تَوَلَّوْا قَوْمًا غَضِبَ اللَّهُ عَلَيْهِمْ مَا هُمْ مِنْكُمْ
وَلَا مِنْهُمْ وَيَحْلِفُونَ عَلَى الْكَذِبِ وَهُمْ يَعْلَمُونَ 58:15 أَعَدَّ اللَّهُ لَهُمْ عَذَابًا شَدِيدًا إِنَّهُمْ سَاءَ مَا كَانُوا يَعْمَلُونَ 58:16 اتَّخَذُوا أَيْمَانَهُمْ جُنَّةً
فَصَدُّوا عَنْ سَبِيلِ اللَّهِ فَلَهُمْ عَذَابٌ مُهِينٌ 58:17 لَنْ تُغْنِيَ عَنْهُمْ أَمْوَالُهُمْ وَلَا أَوْلَادُهُمْ مِنَ اللَّهِ شَيْئًا أُولَٰئِكَ أَصْحَابُ النَّارِ هُمْ فِيهَا
خَالِدُونَ 58:18 يَوْمَ يَبْعَثُهُمُ اللَّهُ جَمِيعًا فَيَحْلِفُونَ لَهُ كَمَا يَحْلِفُونَ لَكُمْ وَيَحْسَبُونَ أَنَّهُمْ عَلَىٰ شَيْءٍ أَلَا إِنَّهُمْ هُمُ الْكَاذِبُونَ 58:19 اسْتَحْوَذَ
عَلَيْهِمُ الشَّيْطَانُ فَأَنْسَاهُمْ ذِكْرَ اللَّهِ أُولَٰئِكَ حِزْبُ الشَّيْطَانِ أَلَا إِنَّ حِزْبَ الشَّيْطَانِ هُمُ الْخَاسِرُونَ 58:20 إِنَّ الَّذِينَ يُحَادُّونَ اللَّهَ وَرَسُولَهُ
أُولَٰئِكَ فِي الْأَذَلِّينَ 58:21 كَتَبَ اللَّهُ لَأَغْلِبَنَّ أَنَا وَرُسُلِي إِنَّ اللَّهَ قَوِيٌّ عَزِيزٌ 58:22 لَا تَجِدُ قَوْمًا يُؤْمِنُونَ بِاللَّهِ وَالْيَوْمِ الْآخِرِ يُوَادُّونَ مَنْ حَادَّ
اللَّهَ وَرَسُولَهُ وَلَوْ كَانُوا آبَاءَهُمْ أَوْ أَبْنَاءَهُمْ أَوْ إِخْوَانَهُمْ أَوْ عَشِيرَتَهُمْ أُولَٰئِكَ كَتَبَ فِي قُلُوبِهِمُ الْإِيمَانَ وَأَيَّدَهُمْ بِرُوحٍ مِنْهُ وَيُدْخِلُهُمْ جَنَّاتٍ
تَجْرِي مِنْ تَحْتِهَا الْأَنْهَارُ خَالِدِينَ فِيهَا رَضِيَ اللَّهُ عَنْهُمْ وَرَضُوا عَنْهُ أُولَٰئِكَ حِزْبُ اللَّهِ أَلَا إِنَّ حِزْبَ اللَّهِ هُمُ الْمُفْلِحُونَ 59:1 بِسْمِ اللَّهِ
الرَّحْمَٰنِ الرَّحِيمِ سَبَّحَ لِلَّهِ مَا فِي السَّمَاوَاتِ وَمَا فِي الْأَرْضِ وَهُوَ الْعَزِيزُ الْحَكِيمُ 59:2 هُوَ الَّذِي أَخْرَجَ الَّذِينَ كَفَرُوا مِنْ أَهْلِ الْكِتَابِ مِنْ
دِيَارِهِمْ لِأَوَّلِ الْحَشْرِ مَا ظَنَنْتُمْ أَنْ يَخْرُجُوا وَظَنُّوا أَنَّهُمْ مَانِعَتُهُمْ حُصُونُهُمْ مِنَ اللَّهِ فَأَتَاهُمُ اللَّهُ مِنْ حَيْثُ لَمْ يَحْتَسِبُوا وَقَذَفَ فِي
قُلُوبِهِمُ الرُّعْبَ يُخْرِبُونَ بُيُوتَهُمْ بِأَيْدِيهِمْ وَأَيْدِي الْمُؤْمِنِينَ فَاعْتَبِرُوا يَا أُولِي الْأَبْصَارِ 59:3 وَلَوْلَا أَنْ كَتَبَ اللَّهُ عَلَيْهِمُ الْجَلَاءَ لَعَذَّبَهُمْ
فِي الدُّنْيَا وَلَهُمْ فِي الْآخِرَةِ عَذَابُ النَّارِ 59:4 ذَٰلِكَ بِأَنَّهُمْ شَاقُّوا اللَّهَ وَرَسُولَهُ وَمَنْ يُشَاقِّ اللَّهَ فَإِنَّ اللَّهَ شَدِيدُ الْعِقَابِ 59:5 مَا قَطَعْتُمْ
مِنْ لِينَةٍ أَوْ تَرَكْتُمُوهَا قَائِمَةً عَلَىٰ أُصُولِهَا فَبِإِذْنِ اللَّهِ وَلِيُخْزِيَ الْفَاسِقِينَ 59:6 وَمَا أَفَاءَ اللَّهُ عَلَىٰ رَسُولِهِ مِنْهُمْ فَمَا أَوْجَفْتُمْ عَلَيْهِ مِنْ
خَيْلٍ وَلَا رِكَابٍ وَلَٰكِنَّ اللَّهَ يُسَلِّطُ رُسُلَهُ عَلَىٰ مَنْ يَشَاءُ وَاللَّهُ عَلَىٰ كُلِّ شَيْءٍ قَدِيرٌ 59:7 مَا أَفَاءَ اللَّهُ عَلَىٰ رَسُولِهِ مِنْ أَهْلِ الْقُرَىٰ فَلِلَّهِ
وَلِلرَّسُولِ وَلِذِي الْقُرْبَىٰ وَالْيَتَامَىٰ وَالْمَسَاكِينِ وَابْنِ السَّبِيلِ كَيْ لَا يَكُونَ دُولَةً بَيْنَ الْأَغْنِيَاءِ مِنْكُمْ وَمَا آتَاكُمُ الرَّسُولُ فَخُذُوهُ وَمَا نَهَاكُمْ
عَنْهُ فَانْتَهُوا وَاتَّقُوا اللَّهَ إِنَّ اللَّهَ شَدِيدُ الْعِقَابِ 59:8 لِلْفُقَرَاءِ الْمُهَاجِرِينَ الَّذِينَ أُخْرِجُوا مِنْ دِيَارِهِمْ وَأَمْوَالِهِمْ يَبْتَغُونَ فَضْلًا مِنَ اللَّهِ
وَرِضْوَانًا وَيَنْصُرُونَ اللَّهَ وَرَسُولَهُ أُولَٰئِكَ هُمُ الصَّادِقُونَ 59:9 وَالَّذِينَ تَبَوَّءُوا الدَّارَ وَالْإِيمَانَ مِنْ قَبْلِهِمْ يُحِبُّونَ مَنْ هَاجَرَ إِلَيْهِمْ وَلَا يَجِدُونَ
فِي صُدُورِهِمْ حَاجَةً مِمَّا أُوتُوا وَيُؤْثِرُونَ عَلَىٰ أَنْفُسِهِمْ وَلَوْ كَانَ بِهِمْ خَصَاصَةٌ وَمَنْ يُوقَ شُحَّ نَفْسِهِ فَأُولَٰئِكَ هُمُ الْمُفْلِحُونَ 59:10 وَالَّذِينَ
جَاءُوا مِنْ بَعْدِهِمْ يَقُولُونَ رَبَّنَا اغْفِرْ لَنَا وَلِإِخْوَانِنَا الَّذِينَ سَبَقُونَا بِالْإِيمَانِ وَلَا تَجْعَلْ فِي قُلُوبِنَا غِلًّا لِلَّذِينَ آمَنُوا رَبَّنَا إِنَّكَ رَءُوفٌ رَحِيمٌ
59:11 أَلَمْ تَرَ إِلَى الَّذِينَ نَافَقُوا يَقُولُونَ لِإِخْوَانِهِمُ الَّذِينَ كَفَرُوا مِنْ أَهْلِ الْكِتَابِ لَئِنْ أُخْرِجْتُمْ لَنَخْرُجَنَّ مَعَكُمْ وَلَا نُطِيعُ فِيكُمْ أَحَدًا أَبَدًا
وَإِنْ قُوتِلْتُمْ لَنَنْصُرَنَّكُمْ وَاللَّهُ يَشْهَدُ إِنَّهُمْ لَكَاذِبُونَ 59:12 لَئِنْ أُخْرِجُوا لَا يَخْرُجُونَ مَعَهُمْ وَلَئِنْ قُوتِلُوا لَا يَنْصُرُونَهُمْ وَلَئِنْ نَصَرُوهُمْ لَيُوَلُّنَّ
الْأَدْبَارَ ثُمَّ لَا يُنْصَرُونَ 59:13 لَأَنْتُمْ أَشَدُّ رَهْبَةً فِي صُدُورِهِمْ مِنَ اللَّهِ ذَٰلِكَ بِأَنَّهُمْ قَوْمٌ لَا يَفْقَهُونَ 59:14 لَا يُقَاتِلُونَكُمْ جَمِيعًا إِلَّا فِي قُرًى
مُحَصَّنَةٍ أَوْ مِنْ وَرَاءِ جُدُرٍ بَأْسُهُمْ بَيْنَهُمْ شَدِيدٌ تَحْسَبُهُمْ جَمِيعًا وَقُلُوبُهُمْ شَتَّىٰ ذَٰلِكَ بِأَنَّهُمْ قَوْمٌ لَا يَعْقِلُونَ 59:15 كَمَثَلِ الَّذِينَ مِنْ
قَبْلِهِمْ قَرِيبًا ذَاقُوا وَبَالَ أَمْرِهِمْ وَلَهُمْ عَذَابٌ أَلِيمٌ 59:16 كَمَثَلِ الشَّيْطَانِ إِذْ قَالَ لِلْإِنْسَانِ اكْفُرْ فَلَمَّا كَفَرَ قَالَ إِنِّي بَرِيءٌ مِنْكَ إِنِّي أَخَافُ

اللَّهَ رَبَّ الْعَالَمِينَ 59:17 فَكَانَ عَاقِبَتَهُمَا أَنَّهُمَا فِي النَّارِ خَالِدَيْنِ فِيهَا وَذَٰلِكَ جَزَاءُ الظَّالِمِينَ 59:18 يَا أَيُّهَا الَّذِينَ آمَنُوا اتَّقُوا اللَّهَ وَلْتَنْظُرْ
نَفْسٌ مَا قَدَّمَتْ لِغَدٍ وَاتَّقُوا اللَّهَ إِنَّ اللَّهَ خَبِيرٌ بِمَا تَعْمَلُونَ 59:19 وَلَا تَكُونُوا كَالَّذِينَ نَسُوا اللَّهَ فَأَنْسَاهُمْ أَنْفُسَهُمْ أُولَٰئِكَ هُمُ الْفَاسِقُونَ
59:20 لَا يَسْتَوِي أَصْحَابُ النَّارِ وَأَصْحَابُ الْجَنَّةِ أَصْحَابُ الْجَنَّةِ هُمُ الْفَائِزُونَ 59:21 لَوْ أَنْزَلْنَا هَٰذَا الْقُرْآنَ عَلَىٰ جَبَلٍ لَرَأَيْتَهُ خَاشِعًا مُتَصَدِّعًا
مِنْ خَشْيَةِ اللَّهِ وَتِلْكَ الْأَمْثَالُ نَضْرِبُهَا لِلنَّاسِ لَعَلَّهُمْ يَتَفَكَّرُونَ 59:22 هُوَ اللَّهُ الَّذِي لَا إِلَٰهَ إِلَّا هُوَ عَالِمُ الْغَيْبِ وَالشَّهَادَةِ هُوَ الرَّحْمَٰنُ
الرَّحِيمُ 59:23 هُوَ اللَّهُ الَّذِي لَا إِلَٰهَ إِلَّا هُوَ الْمَلِكُ الْقُدُّوسُ السَّلَامُ الْمُؤْمِنُ الْمُهَيْمِنُ الْعَزِيزُ الْجَبَّارُ الْمُتَكَبِّرُ سُبْحَانَ اللَّهِ عَمَّا يُشْرِكُونَ 59:24
هُوَ اللَّهُ الْخَالِقُ الْبَارِئُ الْمُصَوِّرُ لَهُ الْأَسْمَاءُ الْحُسْنَىٰ يُسَبِّحُ لَهُ مَا فِي السَّمَاوَاتِ وَالْأَرْضِ وَهُوَ الْعَزِيزُ الْحَكِيمُ 60:1 بِسْمِ اللَّهِ الرَّحْمَٰنِ
الرَّحِيمِ يَا أَيُّهَا الَّذِينَ آمَنُوا لَا تَتَّخِذُوا عَدُوِّي وَعَدُوَّكُمْ أَوْلِيَاءَ تُلْقُونَ إِلَيْهِمْ بِالْمَوَدَّةِ وَقَدْ كَفَرُوا بِمَا جَاءَكُمْ مِنَ الْحَقِّ يُخْرِجُونَ الرَّسُولَ
وَإِيَّاكُمْ أَنْ تُؤْمِنُوا بِاللَّهِ رَبِّكُمْ إِنْ كُنْتُمْ خَرَجْتُمْ جِهَادًا فِي سَبِيلِي وَابْتِغَاءَ مَرْضَاتِي تُسِرُّونَ إِلَيْهِمْ بِالْمَوَدَّةِ وَأَنَا أَعْلَمُ بِمَا أَخْفَيْتُمْ وَمَا
أَعْلَنْتُمْ وَمَنْ يَفْعَلْهُ مِنْكُمْ فَقَدْ ضَلَّ سَوَاءَ السَّبِيلِ 60:2 إِنْ يَثْقَفُوكُمْ يَكُونُوا لَكُمْ أَعْدَاءً وَيَبْسُطُوا إِلَيْكُمْ أَيْدِيَهُمْ وَأَلْسِنَتَهُمْ بِالسُّوءِ
وَوَدُّوا لَوْ تَكْفُرُونَ 60:3 لَنْ تَنْفَعَكُمْ أَرْحَامُكُمْ وَلَا أَوْلَادُكُمْ يَوْمَ الْقِيَامَةِ يَفْصِلُ بَيْنَكُمْ وَاللَّهُ بِمَا تَعْمَلُونَ بَصِيرٌ 60:4 قَدْ كَانَتْ لَكُمْ أُسْوَةٌ
حَسَنَةٌ فِي إِبْرَاهِيمَ وَالَّذِينَ مَعَهُ إِذْ قَالُوا لِقَوْمِهِمْ إِنَّا بُرَآءُ مِنْكُمْ وَمِمَّا تَعْبُدُونَ مِنْ دُونِ اللَّهِ كَفَرْنَا بِكُمْ وَبَدَا بَيْنَنَا وَبَيْنَكُمُ الْعَدَاوَةُ
وَالْبَغْضَاءُ أَبَدًا حَتَّىٰ تُؤْمِنُوا بِاللَّهِ وَحْدَهُ إِلَّا قَوْلَ إِبْرَاهِيمَ لِأَبِيهِ لَأَسْتَغْفِرَنَّ لَكَ وَمَا أَمْلِكُ لَكَ مِنَ اللَّهِ مِنْ شَيْءٍ رَبَّنَا عَلَيْكَ تَوَكَّلْنَا وَإِلَيْكَ
أَنَبْنَا وَإِلَيْكَ الْمَصِيرُ 60:5 رَبَّنَا لَا تَجْعَلْنَا فِتْنَةً لِلَّذِينَ كَفَرُوا وَاغْفِرْ لَنَا رَبَّنَا إِنَّكَ أَنْتَ الْعَزِيزُ الْحَكِيمُ 60:6 لَقَدْ كَانَ لَكُمْ فِيهِمْ أُسْوَةٌ حَسَنَةٌ
لِمَنْ كَانَ يَرْجُو اللَّهَ وَالْيَوْمَ الْآخِرَ وَمَنْ يَتَوَلَّ فَإِنَّ اللَّهَ هُوَ الْغَنِيُّ الْحَمِيدُ 60:7 عَسَى اللَّهُ أَنْ يَجْعَلَ بَيْنَكُمْ وَبَيْنَ الَّذِينَ عَادَيْتُمْ مِنْهُمْ
مَوَدَّةً وَاللَّهُ قَدِيرٌ وَاللَّهُ غَفُورٌ رَحِيمٌ 60:8 لَا يَنْهَاكُمُ اللَّهُ عَنِ الَّذِينَ لَمْ يُقَاتِلُوكُمْ فِي الدِّينِ وَلَمْ يُخْرِجُوكُمْ مِنْ دِيَارِكُمْ أَنْ تَبَرُّوهُمْ
وَتُقْسِطُوا إِلَيْهِمْ إِنَّ اللَّهَ يُحِبُّ الْمُقْسِطِينَ 60:9 إِنَّمَا يَنْهَاكُمُ اللَّهُ عَنِ الَّذِينَ قَاتَلُوكُمْ فِي الدِّينِ وَأَخْرَجُوكُمْ مِنْ دِيَارِكُمْ وَظَاهَرُوا عَلَىٰ
إِخْرَاجِكُمْ أَنْ تَوَلَّوْهُمْ وَمَنْ يَتَوَلَّهُمْ فَأُولَٰئِكَ هُمُ الظَّالِمُونَ 60:10 يَا أَيُّهَا الَّذِينَ آمَنُوا إِذَا جَاءَكُمُ الْمُؤْمِنَاتُ مُهَاجِرَاتٍ فَامْتَحِنُوهُنَّ اللَّهُ
أَعْلَمُ بِإِيمَانِهِنَّ فَإِنْ عَلِمْتُمُوهُنَّ مُؤْمِنَاتٍ فَلَا تَرْجِعُوهُنَّ إِلَى الْكُفَّارِ لَا هُنَّ حِلٌّ لَهُمْ وَلَا هُمْ يَحِلُّونَ لَهُنَّ وَآتُوهُمْ مَا أَنْفَقُوا وَلَا جُنَاحَ
عَلَيْكُمْ أَنْ تَنْكِحُوهُنَّ إِذَا آتَيْتُمُوهُنَّ أُجُورَهُنَّ وَلَا تُمْسِكُوا بِعِصَمِ الْكَوَافِرِ وَاسْأَلُوا مَا أَنْفَقْتُمْ وَلْيَسْأَلُوا مَا أَنْفَقُوا ذَٰلِكُمْ حُكْمُ اللَّهِ يَحْكُمُ
بَيْنَكُمْ وَاللَّهُ عَلِيمٌ حَكِيمٌ 60:11 وَإِنْ فَاتَكُمْ شَيْءٌ مِنْ أَزْوَاجِكُمْ إِلَى الْكُفَّارِ فَعَاقَبْتُمْ فَآتُوا الَّذِينَ ذَهَبَتْ أَزْوَاجُهُمْ مِثْلَ مَا أَنْفَقُوا وَاتَّقُوا
اللَّهَ الَّذِي أَنْتُمْ بِهِ مُؤْمِنُونَ 60:12 يَا أَيُّهَا النَّبِيُّ إِذَا جَاءَكَ الْمُؤْمِنَاتُ يُبَايِعْنَكَ عَلَىٰ أَنْ لَا يُشْرِكْنَ بِاللَّهِ شَيْئًا وَلَا يَسْرِقْنَ وَلَا يَزْنِينَ وَلَا
يَقْتُلْنَ أَوْلَادَهُنَّ وَلَا يَأْتِينَ بِبُهْتَانٍ يَفْتَرِينَهُ بَيْنَ أَيْدِيهِنَّ وَأَرْجُلِهِنَّ وَلَا يَعْصِينَكَ فِي مَعْرُوفٍ فَبَايِعْهُنَّ وَاسْتَغْفِرْ لَهُنَّ اللَّهَ إِنَّ اللَّهَ غَفُورٌ
رَحِيمٌ 60:13 يَا أَيُّهَا الَّذِينَ آمَنُوا لَا تَتَوَلَّوْا قَوْمًا غَضِبَ اللَّهُ عَلَيْهِمْ قَدْ يَئِسُوا مِنَ الْآخِرَةِ كَمَا يَئِسَ الْكُفَّارُ مِنْ أَصْحَابِ الْقُبُورِ 61:1 بِسْمِ
اللَّهِ الرَّحْمَٰنِ الرَّحِيمِ سَبَّحَ لِلَّهِ مَا فِي السَّمَاوَاتِ وَمَا فِي الْأَرْضِ وَهُوَ الْعَزِيزُ الْحَكِيمُ 61:2 يَا أَيُّهَا الَّذِينَ آمَنُوا لِمَ تَقُولُونَ مَا لَا تَفْعَلُونَ
61:3 كَبُرَ مَقْتًا عِنْدَ اللَّهِ أَنْ تَقُولُوا مَا لَا تَفْعَلُونَ 61:4 إِنَّ اللَّهَ يُحِبُّ الَّذِينَ يُقَاتِلُونَ فِي سَبِيلِهِ صَفًّا كَأَنَّهُمْ بُنْيَانٌ مَرْصُوصٌ 61:5 وَإِذْ قَالَ
مُوسَىٰ لِقَوْمِهِ يَا قَوْمِ لِمَ تُؤْذُونَنِي وَقَدْ تَعْلَمُونَ أَنِّي رَسُولُ اللَّهِ إِلَيْكُمْ فَلَمَّا زَاغُوا أَزَاغَ اللَّهُ قُلُوبَهُمْ وَاللَّهُ لَا يَهْدِي الْقَوْمَ الْفَاسِقِينَ
61:6 وَإِذْ قَالَ عِيسَى ابْنُ مَرْيَمَ يَا بَنِي إِسْرَائِيلَ إِنِّي رَسُولُ اللَّهِ إِلَيْكُمْ مُصَدِّقًا لِمَا بَيْنَ يَدَيَّ مِنَ التَّوْرَاةِ وَمُبَشِّرًا بِرَسُولٍ يَأْتِي مِنْ بَعْدِي
اسْمُهُ أَحْمَدُ فَلَمَّا جَاءَهُمْ بِالْبَيِّنَاتِ قَالُوا هَٰذَا سِحْرٌ مُبِينٌ 61:7 وَمَنْ أَظْلَمُ مِمَّنِ افْتَرَىٰ عَلَى اللَّهِ الْكَذِبَ وَهُوَ يُدْعَىٰ إِلَى الْإِسْلَامِ وَاللَّهُ
لَا يَهْدِي الْقَوْمَ الظَّالِمِينَ 61:8 يُرِيدُونَ لِيُطْفِئُوا نُورَ اللَّهِ بِأَفْوَاهِهِمْ وَاللَّهُ مُتِمُّ نُورِهِ وَلَوْ كَرِهَ الْكَافِرُونَ 61:9 هُوَ الَّذِي أَرْسَلَ رَسُولَهُ بِالْهُدَىٰ
وَدِينِ الْحَقِّ لِيُظْهِرَهُ عَلَى الدِّينِ كُلِّهِ وَلَوْ كَرِهَ الْمُشْرِكُونَ 61:10 يَا أَيُّهَا الَّذِينَ آمَنُوا هَلْ أَدُلُّكُمْ عَلَىٰ تِجَارَةٍ تُنْجِيكُمْ مِنْ عَذَابٍ أَلِيمٍ 61:11

تُؤْمِنُونَ بِاللَّهِ وَرَسُولِهِ وَتُجَاهِدُونَ فِي سَبِيلِ اللَّهِ بِأَمْوَالِكُمْ وَأَنْفُسِكُمْ ذَٰلِكُمْ خَيْرٌ لَكُمْ إِنْ كُنْتُمْ تَعْلَمُونَ 61:12 يَغْفِرْ لَكُمْ ذُنُوبَكُمْ وَيُدْخِلْكُمْ
جَنَّاتٍ تَجْرِي مِنْ تَحْتِهَا الْأَنْهَارُ وَمَسَاكِنَ طَيِّبَةً فِي جَنَّاتِ عَدْنٍ ذَٰلِكَ الْفَوْزُ الْعَظِيمُ 61:13 وَأُخْرَىٰ تُحِبُّونَهَا نَصْرٌ مِنَ اللَّهِ وَفَتْحٌ قَرِيبٌ
وَبَشِّرِ الْمُؤْمِنِينَ 61:14 يَا أَيُّهَا الَّذِينَ آمَنُوا كُونُوا أَنْصَارَ اللَّهِ كَمَا قَالَ عِيسَى ابْنُ مَرْيَمَ لِلْحَوَارِيِّينَ مَنْ أَنْصَارِي إِلَى اللَّهِ قَالَ الْحَوَارِيُّونَ
نَحْنُ أَنْصَارُ اللَّهِ فَآمَنَتْ طَائِفَةٌ مِنْ بَنِي إِسْرَائِيلَ وَكَفَرَتْ طَائِفَةٌ فَأَيَّدْنَا الَّذِينَ آمَنُوا عَلَىٰ عَدُوِّهِمْ فَأَصْبَحُوا ظَاهِرِينَ 62:1 بِسْمِ اللَّهِ
الرَّحْمَٰنِ الرَّحِيمِ يُسَبِّحُ لِلَّهِ مَا فِي السَّمَاوَاتِ وَمَا فِي الْأَرْضِ الْمَلِكِ الْقُدُّوسِ الْعَزِيزِ الْحَكِيمِ 62:2 هُوَ الَّذِي بَعَثَ فِي الْأُمِّيِّينَ رَسُولًا
مِنْهُمْ يَتْلُو عَلَيْهِمْ آيَاتِهِ وَيُزَكِّيهِمْ وَيُعَلِّمُهُمُ الْكِتَابَ وَالْحِكْمَةَ وَإِنْ كَانُوا مِنْ قَبْلُ لَفِي ضَلَالٍ مُبِينٍ 62:3 وَآخَرِينَ مِنْهُمْ لَمَّا يَلْحَقُوا بِهِمْ
وَهُوَ الْعَزِيزُ الْحَكِيمُ 62:4 ذَٰلِكَ فَضْلُ اللَّهِ يُؤْتِيهِ مَنْ يَشَاءُ وَاللَّهُ ذُو الْفَضْلِ الْعَظِيمِ 62:5 مَثَلُ الَّذِينَ حُمِّلُوا التَّوْرَاةَ ثُمَّ لَمْ يَحْمِلُوهَا كَمَثَلِ
الْحِمَارِ يَحْمِلُ أَسْفَارًا بِئْسَ مَثَلُ الْقَوْمِ الَّذِينَ كَذَّبُوا بِآيَاتِ اللَّهِ وَاللَّهُ لَا يَهْدِي الْقَوْمَ الظَّالِمِينَ 62:6 قُلْ يَا أَيُّهَا الَّذِينَ هَادُوا إِنْ زَعَمْتُمْ
أَنَّكُمْ أَوْلِيَاءُ لِلَّهِ مِنْ دُونِ النَّاسِ فَتَمَنَّوُا الْمَوْتَ إِنْ كُنْتُمْ صَادِقِينَ 62:7 وَلَا يَتَمَنَّوْنَهُ أَبَدًا بِمَا قَدَّمَتْ أَيْدِيهِمْ وَاللَّهُ عَلِيمٌ بِالظَّالِمِينَ 62:8
قُلْ إِنَّ الْمَوْتَ الَّذِي تَفِرُّونَ مِنْهُ فَإِنَّهُ مُلَاقِيكُمْ ثُمَّ تُرَدُّونَ إِلَىٰ عَالِمِ الْغَيْبِ وَالشَّهَادَةِ فَيُنَبِّئُكُمْ بِمَا كُنْتُمْ تَعْمَلُونَ 62:9 يَا أَيُّهَا الَّذِينَ
آمَنُوا إِذَا نُودِيَ لِلصَّلَاةِ مِنْ يَوْمِ الْجُمُعَةِ فَاسْعَوْا إِلَىٰ ذِكْرِ اللَّهِ وَذَرُوا الْبَيْعَ ذَٰلِكُمْ خَيْرٌ لَكُمْ إِنْ كُنْتُمْ تَعْلَمُونَ 62:10 فَإِذَا قُضِيَتِ الصَّلَاةُ
فَانْتَشِرُوا فِي الْأَرْضِ وَابْتَغُوا مِنْ فَضْلِ اللَّهِ وَاذْكُرُوا اللَّهَ كَثِيرًا لَعَلَّكُمْ تُفْلِحُونَ 62:11 وَإِذَا رَأَوْا تِجَارَةً أَوْ لَهْوًا انْفَضُّوا إِلَيْهَا وَتَرَكُوكَ قَائِمًا
قُلْ مَا عِنْدَ اللَّهِ خَيْرٌ مِنَ اللَّهْوِ وَمِنَ التِّجَارَةِ وَاللَّهُ خَيْرُ الرَّازِقِينَ 63:1 بِسْمِ اللَّهِ الرَّحْمَٰنِ الرَّحِيمِ إِذَا جَاءَكَ الْمُنَافِقُونَ قَالُوا نَشْهَدُ إِنَّكَ
لَرَسُولُ اللَّهِ وَاللَّهُ يَعْلَمُ إِنَّكَ لَرَسُولُهُ وَاللَّهُ يَشْهَدُ إِنَّ الْمُنَافِقِينَ لَكَاذِبُونَ 63:2 اتَّخَذُوا أَيْمَانَهُمْ جُنَّةً فَصَدُّوا عَنْ سَبِيلِ اللَّهِ إِنَّهُمْ سَاءَ
مَا كَانُوا يَعْمَلُونَ 63:3 ذَٰلِكَ بِأَنَّهُمْ آمَنُوا ثُمَّ كَفَرُوا فَطُبِعَ عَلَىٰ قُلُوبِهِمْ فَهُمْ لَا يَفْقَهُونَ 63:4 وَإِذَا رَأَيْتَهُمْ تُعْجِبُكَ أَجْسَامُهُمْ وَإِنْ يَقُولُوا
تَسْمَعْ لِقَوْلِهِمْ كَأَنَّهُمْ خُشُبٌ مُسَنَّدَةٌ يَحْسَبُونَ كُلَّ صَيْحَةٍ عَلَيْهِمْ هُمُ الْعَدُوُّ فَاحْذَرْهُمْ قَاتَلَهُمُ اللَّهُ أَنَّىٰ يُؤْفَكُونَ 63:5 وَإِذَا قِيلَ لَهُمْ
تَعَالَوْا يَسْتَغْفِرْ لَكُمْ رَسُولُ اللَّهِ لَوَّوْا رُءُوسَهُمْ وَرَأَيْتَهُمْ يَصُدُّونَ وَهُمْ مُسْتَكْبِرُونَ 63:6 سَوَاءٌ عَلَيْهِمْ أَسْتَغْفَرْتَ لَهُمْ أَمْ لَمْ تَسْتَغْفِرْ لَهُمْ
لَنْ يَغْفِرَ اللَّهُ لَهُمْ إِنَّ اللَّهَ لَا يَهْدِي الْقَوْمَ الْفَاسِقِينَ 63:7 هُمُ الَّذِينَ يَقُولُونَ لَا تُنْفِقُوا عَلَىٰ مَنْ عِنْدَ رَسُولِ اللَّهِ حَتَّىٰ يَنْفَضُّوا وَلِلَّهِ
خَزَائِنُ السَّمَاوَاتِ وَالْأَرْضِ وَلَٰكِنَّ الْمُنَافِقِينَ لَا يَفْقَهُونَ 63:8 يَقُولُونَ لَئِنْ رَجَعْنَا إِلَى الْمَدِينَةِ لَيُخْرِجَنَّ الْأَعَزُّ مِنْهَا الْأَذَلَّ وَلِلَّهِ الْعِزَّةُ
وَلِرَسُولِهِ وَلِلْمُؤْمِنِينَ وَلَٰكِنَّ الْمُنَافِقِينَ لَا يَعْلَمُونَ 63:9 يَا أَيُّهَا الَّذِينَ آمَنُوا لَا تُلْهِكُمْ أَمْوَالُكُمْ وَلَا أَوْلَادُكُمْ عَنْ ذِكْرِ اللَّهِ وَمَنْ يَفْعَلْ ذَٰلِكَ
فَأُولَٰئِكَ هُمُ الْخَاسِرُونَ 63:10 وَأَنْفِقُوا مِنْ مَا رَزَقْنَاكُمْ مِنْ قَبْلِ أَنْ يَأْتِيَ أَحَدَكُمُ الْمَوْتُ فَيَقُولَ رَبِّ لَوْلَا أَخَّرْتَنِي إِلَىٰ أَجَلٍ قَرِيبٍ فَأَصَّدَّقَ
وَأَكُنْ مِنَ الصَّالِحِينَ 63:11 وَلَنْ يُؤَخِّرَ اللَّهُ نَفْسًا إِذَا جَاءَ أَجَلُهَا وَاللَّهُ خَبِيرٌ بِمَا تَعْمَلُونَ 64:1 بِسْمِ اللَّهِ الرَّحْمَٰنِ الرَّحِيمِ يُسَبِّحُ لِلَّهِ مَا فِي
السَّمَاوَاتِ وَمَا فِي الْأَرْضِ لَهُ الْمُلْكُ وَلَهُ الْحَمْدُ وَهُوَ عَلَىٰ كُلِّ شَيْءٍ قَدِيرٌ 64:2 هُوَ الَّذِي خَلَقَكُمْ فَمِنْكُمْ كَافِرٌ وَمِنْكُمْ مُؤْمِنٌ وَاللَّهُ بِمَا
تَعْمَلُونَ بَصِيرٌ 64:3 خَلَقَ السَّمَاوَاتِ وَالْأَرْضَ بِالْحَقِّ وَصَوَّرَكُمْ فَأَحْسَنَ صُوَرَكُمْ وَإِلَيْهِ الْمَصِيرُ 64:4 يَعْلَمُ مَا فِي السَّمَاوَاتِ وَالْأَرْضِ وَيَعْلَمُ
مَا تُسِرُّونَ وَمَا تُعْلِنُونَ وَاللَّهُ عَلِيمٌ بِذَاتِ الصُّدُورِ 64:5 أَلَمْ يَأْتِكُمْ نَبَأُ الَّذِينَ كَفَرُوا مِنْ قَبْلُ فَذَاقُوا وَبَالَ أَمْرِهِمْ وَلَهُمْ عَذَابٌ أَلِيمٌ 64:6
ذَٰلِكَ بِأَنَّهُ كَانَتْ تَأْتِيهِمْ رُسُلُهُمْ بِالْبَيِّنَاتِ فَقَالُوا أَبَشَرٌ يَهْدُونَنَا فَكَفَرُوا وَتَوَلَّوْا وَاسْتَغْنَى اللَّهُ وَاللَّهُ غَنِيٌّ حَمِيدٌ 64:7 زَعَمَ الَّذِينَ كَفَرُوا
أَنْ لَنْ يُبْعَثُوا قُلْ بَلَىٰ وَرَبِّي لَتُبْعَثُنَّ ثُمَّ لَتُنَبَّؤُنَّ بِمَا عَمِلْتُمْ وَذَٰلِكَ عَلَى اللَّهِ يَسِيرٌ 64:8 فَآمِنُوا بِاللَّهِ وَرَسُولِهِ وَالنُّورِ الَّذِي أَنْزَلْنَا وَاللَّهُ
بِمَا تَعْمَلُونَ خَبِيرٌ 64:9 يَوْمَ يَجْمَعُكُمْ لِيَوْمِ الْجَمْعِ ذَٰلِكَ يَوْمُ التَّغَابُنِ وَمَنْ يُؤْمِنْ بِاللَّهِ وَيَعْمَلْ صَالِحًا يُكَفِّرْ عَنْهُ سَيِّئَاتِهِ وَيُدْخِلْهُ جَنَّاتٍ
تَجْرِي مِنْ تَحْتِهَا الْأَنْهَارُ خَالِدِينَ فِيهَا أَبَدًا ذَٰلِكَ الْفَوْزُ الْعَظِيمُ 64:10 وَالَّذِينَ كَفَرُوا وَكَذَّبُوا بِآيَاتِنَا أُولَٰئِكَ أَصْحَابُ النَّارِ خَالِدِينَ فِيهَا
وَبِئْسَ الْمَصِيرُ 64:11 مَا أَصَابَ مِنْ مُصِيبَةٍ إِلَّا بِإِذْنِ اللَّهِ وَمَنْ يُؤْمِنْ بِاللَّهِ يَهْدِ قَلْبَهُ وَاللَّهُ بِكُلِّ شَيْءٍ عَلِيمٌ 64:12 وَأَطِيعُوا اللَّهَ وَأَطِيعُوا

الرَّسُولَ فَإِنْ تَوَلَّيْتُمْ فَإِنَّمَا عَلَىٰ رَسُولِنَا الْبَلَاغُ الْمُبِينُ 64:13 اللَّهُ لَا إِلَٰهَ إِلَّا هُوَ وَعَلَى اللَّهِ فَلْيَتَوَكَّلِ الْمُؤْمِنُونَ 64:14 يَا أَيُّهَا الَّذِينَ آمَنُوا إِنَّ
مِنْ أَزْوَاجِكُمْ وَأَوْلَادِكُمْ عَدُوًّا لَكُمْ فَاحْذَرُوهُمْ وَإِنْ تَعْفُوا وَتَصْفَحُوا وَتَغْفِرُوا فَإِنَّ اللَّهَ غَفُورٌ رَحِيمٌ 64:15 إِنَّمَا أَمْوَالُكُمْ وَأَوْلَادُكُمْ فِتْنَةٌ
وَاللَّهُ عِنْدَهُ أَجْرٌ عَظِيمٌ 64:16 فَاتَّقُوا اللَّهَ مَا اسْتَطَعْتُمْ وَاسْمَعُوا وَأَطِيعُوا وَأَنْفِقُوا خَيْرًا لِأَنْفُسِكُمْ وَمَنْ يُوقَ شُحَّ نَفْسِهِ فَأُولَٰئِكَ هُمُ
الْمُفْلِحُونَ 64:17 إِنْ تُقْرِضُوا اللَّهَ قَرْضًا حَسَنًا يُضَاعِفْهُ لَكُمْ وَيَغْفِرْ لَكُمْ وَاللَّهُ شَكُورٌ حَلِيمٌ 64:18 عَالِمُ الْغَيْبِ وَالشَّهَادَةِ الْعَزِيزُ الْحَكِيمُ
65:1 بِسْمِ اللَّهِ الرَّحْمَٰنِ الرَّحِيمِ يَا أَيُّهَا النَّبِيُّ إِذَا طَلَّقْتُمُ النِّسَاءَ فَطَلِّقُوهُنَّ لِعِدَّتِهِنَّ وَأَحْصُوا الْعِدَّةَ وَاتَّقُوا اللَّهَ رَبَّكُمْ لَا تُخْرِجُوهُنَّ مِنْ
بُيُوتِهِنَّ وَلَا يَخْرُجْنَ إِلَّا أَنْ يَأْتِينَ بِفَاحِشَةٍ مُبَيِّنَةٍ وَتِلْكَ حُدُودُ اللَّهِ وَمَنْ يَتَعَدَّ حُدُودَ اللَّهِ فَقَدْ ظَلَمَ نَفْسَهُ لَا تَدْرِي لَعَلَّ اللَّهَ يُحْدِثُ
بَعْدَ ذَٰلِكَ أَمْرًا 65:2 فَإِذَا بَلَغْنَ أَجَلَهُنَّ فَأَمْسِكُوهُنَّ بِمَعْرُوفٍ أَوْ فَارِقُوهُنَّ بِمَعْرُوفٍ وَأَشْهِدُوا ذَوَيْ عَدْلٍ مِنْكُمْ وَأَقِيمُوا الشَّهَادَةَ لِلَّهِ
ذَٰلِكُمْ يُوعَظُ بِهِ مَنْ كَانَ يُؤْمِنُ بِاللَّهِ وَالْيَوْمِ الْآخِرِ وَمَنْ يَتَّقِ اللَّهَ يَجْعَلْ لَهُ مَخْرَجًا 65:3 وَيَرْزُقْهُ مِنْ حَيْثُ لَا يَحْتَسِبُ وَمَنْ يَتَوَكَّلْ عَلَى
اللَّهِ فَهُوَ حَسْبُهُ إِنَّ اللَّهَ بَالِغُ أَمْرِهِ قَدْ جَعَلَ اللَّهُ لِكُلِّ شَيْءٍ قَدْرًا 65:4 وَاللَّائِي يَئِسْنَ مِنَ الْمَحِيضِ مِنْ نِسَائِكُمْ إِنِ ارْتَبْتُمْ فَعِدَّتُهُنَّ
ثَلَاثَةُ أَشْهُرٍ وَاللَّائِي لَمْ يَحِضْنَ وَأُولَاتُ الْأَحْمَالِ أَجَلُهُنَّ أَنْ يَضَعْنَ حَمْلَهُنَّ وَمَنْ يَتَّقِ اللَّهَ يَجْعَلْ لَهُ مِنْ أَمْرِهِ يُسْرًا 65:5 ذَٰلِكَ أَمْرُ اللَّهِ
أَنْزَلَهُ إِلَيْكُمْ وَمَنْ يَتَّقِ اللَّهَ يُكَفِّرْ عَنْهُ سَيِّئَاتِهِ وَيُعْظِمْ لَهُ أَجْرًا 65:6 أَسْكِنُوهُنَّ مِنْ حَيْثُ سَكَنْتُمْ مِنْ وُجْدِكُمْ وَلَا تُضَارُّوهُنَّ لِتُضَيِّقُوا
عَلَيْهِنَّ وَإِنْ كُنَّ أُولَاتِ حَمْلٍ فَأَنْفِقُوا عَلَيْهِنَّ حَتَّىٰ يَضَعْنَ حَمْلَهُنَّ فَإِنْ أَرْضَعْنَ لَكُمْ فَآتُوهُنَّ أُجُورَهُنَّ وَأْتَمِرُوا بَيْنَكُمْ بِمَعْرُوفٍ وَإِنْ
تَعَاسَرْتُمْ فَسَتُرْضِعُ لَهُ أُخْرَىٰ 65:7 لِيُنْفِقْ ذُو سَعَةٍ مِنْ سَعَتِهِ وَمَنْ قُدِرَ عَلَيْهِ رِزْقُهُ فَلْيُنْفِقْ مِمَّا آتَاهُ اللَّهُ لَا يُكَلِّفُ اللَّهُ نَفْسًا إِلَّا مَا آتَاهَا
سَيَجْعَلُ اللَّهُ بَعْدَ عُسْرٍ يُسْرًا 65:8 وَكَأَيِّنْ مِنْ قَرْيَةٍ عَتَتْ عَنْ أَمْرِ رَبِّهَا وَرُسُلِهِ فَحَاسَبْنَاهَا حِسَابًا شَدِيدًا وَعَذَّبْنَاهَا عَذَابًا نُكْرًا 65:9 فَذَاقَتْ
وَبَالَ أَمْرِهَا وَكَانَ عَاقِبَةُ أَمْرِهَا خُسْرًا 65:10 أَعَدَّ اللَّهُ لَهُمْ عَذَابًا شَدِيدًا فَاتَّقُوا اللَّهَ يَا أُولِي الْأَلْبَابِ الَّذِينَ آمَنُوا قَدْ أَنْزَلَ اللَّهُ إِلَيْكُمْ ذِكْرًا
65:11 رَسُولًا يَتْلُو عَلَيْكُمْ آيَاتِ اللَّهِ مُبَيِّنَاتٍ لِيُخْرِجَ الَّذِينَ آمَنُوا وَعَمِلُوا الصَّالِحَاتِ مِنَ الظُّلُمَاتِ إِلَى النُّورِ وَمَنْ يُؤْمِنْ بِاللَّهِ وَيَعْمَلْ صَالِحًا
يُدْخِلْهُ جَنَّاتٍ تَجْرِي مِنْ تَحْتِهَا الْأَنْهَارُ خَالِدِينَ فِيهَا أَبَدًا قَدْ أَحْسَنَ اللَّهُ لَهُ رِزْقًا 65:12 اللَّهُ الَّذِي خَلَقَ سَبْعَ سَمَاوَاتٍ وَمِنَ الْأَرْضِ مِثْلَهُنَّ
يَتَنَزَّلُ الْأَمْرُ بَيْنَهُنَّ لِتَعْلَمُوا أَنَّ اللَّهَ عَلَىٰ كُلِّ شَيْءٍ قَدِيرٌ وَأَنَّ اللَّهَ قَدْ أَحَاطَ بِكُلِّ شَيْءٍ عِلْمًا 66:1 بِسْمِ اللَّهِ الرَّحْمَٰنِ الرَّحِيمِ يَا أَيُّهَا النَّبِيُّ
لِمَ تُحَرِّمُ مَا أَحَلَّ اللَّهُ لَكَ تَبْتَغِي مَرْضَاتَ أَزْوَاجِكَ وَاللَّهُ غَفُورٌ رَحِيمٌ 66:2 قَدْ فَرَضَ اللَّهُ لَكُمْ تَحِلَّةَ أَيْمَانِكُمْ وَاللَّهُ مَوْلَاكُمْ وَهُوَ الْعَلِيمُ
الْحَكِيمُ 66:3 وَإِذْ أَسَرَّ النَّبِيُّ إِلَىٰ بَعْضِ أَزْوَاجِهِ حَدِيثًا فَلَمَّا نَبَّأَتْ بِهِ وَأَظْهَرَهُ اللَّهُ عَلَيْهِ عَرَّفَ بَعْضَهُ وَأَعْرَضَ عَنْ بَعْضٍ فَلَمَّا نَبَّأَهَا بِهِ
قَالَتْ مَنْ أَنْبَأَكَ هَٰذَا قَالَ نَبَّأَنِيَ الْعَلِيمُ الْخَبِيرُ 66:4 إِنْ تَتُوبَا إِلَى اللَّهِ فَقَدْ صَغَتْ قُلُوبُكُمَا وَإِنْ تَظَاهَرَا عَلَيْهِ فَإِنَّ اللَّهَ هُوَ مَوْلَاهُ وَجِبْرِيلُ
وَصَالِحُ الْمُؤْمِنِينَ وَالْمَلَائِكَةُ بَعْدَ ذَٰلِكَ ظَهِيرٌ 66:5 عَسَىٰ رَبُّهُ إِنْ طَلَّقَكُنَّ أَنْ يُبْدِلَهُ أَزْوَاجًا خَيْرًا مِنْكُنَّ مُسْلِمَاتٍ مُؤْمِنَاتٍ قَانِتَاتٍ تَائِبَاتٍ
عَابِدَاتٍ سَائِحَاتٍ ثَيِّبَاتٍ وَأَبْكَارًا 66:6 يَا أَيُّهَا الَّذِينَ آمَنُوا قُوا أَنْفُسَكُمْ وَأَهْلِيكُمْ نَارًا وَقُودُهَا النَّاسُ وَالْحِجَارَةُ عَلَيْهَا مَلَائِكَةٌ غِلَاظٌ شِدَادٌ
لَا يَعْصُونَ اللَّهَ مَا أَمَرَهُمْ وَيَفْعَلُونَ مَا يُؤْمَرُونَ 66:7 يَا أَيُّهَا الَّذِينَ كَفَرُوا لَا تَعْتَذِرُوا الْيَوْمَ إِنَّمَا تُجْزَوْنَ مَا كُنْتُمْ تَعْمَلُونَ 66:8 يَا أَيُّهَا الَّذِينَ
آمَنُوا تُوبُوا إِلَى اللَّهِ تَوْبَةً نَصُوحًا عَسَىٰ رَبُّكُمْ أَنْ يُكَفِّرَ عَنْكُمْ سَيِّئَاتِكُمْ وَيُدْخِلَكُمْ جَنَّاتٍ تَجْرِي مِنْ تَحْتِهَا الْأَنْهَارُ يَوْمَ لَا يُخْزِي اللَّهُ
النَّبِيَّ وَالَّذِينَ آمَنُوا مَعَهُ نُورُهُمْ يَسْعَىٰ بَيْنَ أَيْدِيهِمْ وَبِأَيْمَانِهِمْ يَقُولُونَ رَبَّنَا أَتْمِمْ لَنَا نُورَنَا وَاغْفِرْ لَنَا إِنَّكَ عَلَىٰ كُلِّ شَيْءٍ قَدِيرٌ 66:9 يَا
أَيُّهَا النَّبِيُّ جَاهِدِ الْكُفَّارَ وَالْمُنَافِقِينَ وَاغْلُظْ عَلَيْهِمْ وَمَأْوَاهُمْ جَهَنَّمُ وَبِئْسَ الْمَصِيرُ 66:10 ضَرَبَ اللَّهُ مَثَلًا لِلَّذِينَ كَفَرُوا امْرَأَتَ نُوحٍ وَامْرَأَتَ
لُوطٍ كَانَتَا تَحْتَ عَبْدَيْنِ مِنْ عِبَادِنَا صَالِحَيْنِ فَخَانَتَاهُمَا فَلَمْ يُغْنِيَا عَنْهُمَا مِنَ اللَّهِ شَيْئًا وَقِيلَ ادْخُلَا النَّارَ مَعَ الدَّاخِلِينَ 66:11 وَضَرَبَ اللَّهُ
مَثَلًا لِلَّذِينَ آمَنُوا امْرَأَتَ فِرْعَوْنَ إِذْ قَالَتْ رَبِّ ابْنِ لِي عِنْدَكَ بَيْتًا فِي الْجَنَّةِ وَنَجِّنِي مِنْ فِرْعَوْنَ وَعَمَلِهِ وَنَجِّنِي مِنَ الْقَوْمِ الظَّالِمِينَ
66:12 وَمَرْيَمَ ابْنَتَ عِمْرَانَ الَّتِي أَحْصَنَتْ فَرْجَهَا فَنَفَخْنَا فِيهِ مِنْ رُوحِنَا وَصَدَّقَتْ بِكَلِمَاتِ رَبِّهَا وَكُتُبِهِ وَكَانَتْ مِنَ الْقَانِتِينَ 67:1 بِسْمِ اللَّهِ

الرَّحْمَٰنِ الرَّحِيمِ تَبَارَكَ الَّذِي بِيَدِهِ الْمُلْكُ وَهُوَ عَلَىٰ كُلِّ شَيْءٍ قَدِيرٌ 67:2 الَّذِي خَلَقَ الْمَوْتَ وَالْحَيَاةَ لِيَبْلُوَكُمْ أَيُّكُمْ أَحْسَنُ عَمَلًا وَهُوَ
الْعَزِيزُ الْغَفُورُ 67:3 الَّذِي خَلَقَ سَبْعَ سَمَاوَاتٍ طِبَاقًا مَا تَرَىٰ فِي خَلْقِ الرَّحْمَٰنِ مِنْ تَفَاوُتٍ فَارْجِعِ الْبَصَرَ هَلْ تَرَىٰ مِنْ فُطُورٍ 67:4 ثُمَّ ارْجِعِ
الْبَصَرَ كَرَّتَيْنِ يَنْقَلِبْ إِلَيْكَ الْبَصَرُ خَاسِئًا وَهُوَ حَسِيرٌ 67:5 وَلَقَدْ زَيَّنَّا السَّمَاءَ الدُّنْيَا بِمَصَابِيحَ وَجَعَلْنَاهَا رُجُومًا لِلشَّيَاطِينِ وَأَعْتَدْنَا لَهُمْ
عَذَابَ السَّعِيرِ 67:6 وَلِلَّذِينَ كَفَرُوا بِرَبِّهِمْ عَذَابُ جَهَنَّمَ وَبِئْسَ الْمَصِيرُ 67:7 إِذَا أُلْقُوا فِيهَا سَمِعُوا لَهَا شَهِيقًا وَهِيَ تَفُورُ 67:8 تَكَادُ تَمَيَّزُ
مِنَ الْغَيْظِ كُلَّمَا أُلْقِيَ فِيهَا فَوْجٌ سَأَلَهُمْ خَزَنَتُهَا أَلَمْ يَأْتِكُمْ نَذِيرٌ 67:9 قَالُوا بَلَىٰ قَدْ جَاءَنَا نَذِيرٌ فَكَذَّبْنَا وَقُلْنَا مَا نَزَّلَ اللَّهُ مِنْ شَيْءٍ إِنْ
أَنْتُمْ إِلَّا فِي ضَلَالٍ كَبِيرٍ 67:10 وَقَالُوا لَوْ كُنَّا نَسْمَعُ أَوْ نَعْقِلُ مَا كُنَّا فِي أَصْحَابِ السَّعِيرِ 67:11 فَاعْتَرَفُوا بِذَنْبِهِمْ فَسُحْقًا لِأَصْحَابِ السَّعِيرِ
67:12 إِنَّ الَّذِينَ يَخْشَوْنَ رَبَّهُمْ بِالْغَيْبِ لَهُمْ مَغْفِرَةٌ وَأَجْرٌ كَبِيرٌ 67:13 وَأَسِرُّوا قَوْلَكُمْ أَوِ اجْهَرُوا بِهِ إِنَّهُ عَلِيمٌ بِذَاتِ الصُّدُورِ 67:14 أَلَا يَعْلَمُ
مَنْ خَلَقَ وَهُوَ اللَّطِيفُ الْخَبِيرُ 67:15 هُوَ الَّذِي جَعَلَ لَكُمُ الْأَرْضَ ذَلُولًا فَامْشُوا فِي مَنَاكِبِهَا وَكُلُوا مِنْ رِزْقِهِ وَإِلَيْهِ النُّشُورُ 67:16 أَأَمِنْتُمْ
مَنْ فِي السَّمَاءِ أَنْ يَخْسِفَ بِكُمُ الْأَرْضَ فَإِذَا هِيَ تَمُورُ 67:17 أَمْ أَمِنْتُمْ مَنْ فِي السَّمَاءِ أَنْ يُرْسِلَ عَلَيْكُمْ حَاصِبًا فَسَتَعْلَمُونَ كَيْفَ نَذِيرِ
67:18 وَلَقَدْ كَذَّبَ الَّذِينَ مِنْ قَبْلِهِمْ فَكَيْفَ كَانَ نَكِيرِ 67:19 أَوَلَمْ يَرَوْا إِلَى الطَّيْرِ فَوْقَهُمْ صَافَّاتٍ وَيَقْبِضْنَ مَا يُمْسِكُهُنَّ إِلَّا الرَّحْمَٰنُ إِنَّهُ بِكُلِّ
شَيْءٍ بَصِيرٌ 67:20 أَمَّنْ هَٰذَا الَّذِي هُوَ جُنْدٌ لَكُمْ يَنْصُرُكُمْ مِنْ دُونِ الرَّحْمَٰنِ إِنِ الْكَافِرُونَ إِلَّا فِي غُرُورٍ 67:21 أَمَّنْ هَٰذَا الَّذِي يَرْزُقُكُمْ إِنْ
أَمْسَكَ رِزْقَهُ بَلْ لَجُّوا فِي عُتُوٍّ وَنُفُورٍ 67:22 أَفَمَنْ يَمْشِي مُكِبًّا عَلَىٰ وَجْهِهِ أَهْدَىٰ أَمَّنْ يَمْشِي سَوِيًّا عَلَىٰ صِرَاطٍ مُسْتَقِيمٍ 67:23 قُلْ هُوَ
الَّذِي أَنْشَأَكُمْ وَجَعَلَ لَكُمُ السَّمْعَ وَالْأَبْصَارَ وَالْأَفْئِدَةَ قَلِيلًا مَا تَشْكُرُونَ 67:24 قُلْ هُوَ الَّذِي ذَرَأَكُمْ فِي الْأَرْضِ وَإِلَيْهِ تُحْشَرُونَ 67:25
وَيَقُولُونَ مَتَىٰ هَٰذَا الْوَعْدُ إِنْ كُنْتُمْ صَادِقِينَ 67:26 قُلْ إِنَّمَا الْعِلْمُ عِنْدَ اللَّهِ وَإِنَّمَا أَنَا نَذِيرٌ مُبِينٌ 67:27 فَلَمَّا رَأَوْهُ زُلْفَةً سِيئَتْ وُجُوهُ الَّذِينَ
كَفَرُوا وَقِيلَ هَٰذَا الَّذِي كُنْتُمْ بِهِ تَدَّعُونَ 67:28 قُلْ أَرَأَيْتُمْ إِنْ أَهْلَكَنِيَ اللَّهُ وَمَنْ مَعِيَ أَوْ رَحِمَنَا فَمَنْ يُجِيرُ الْكَافِرِينَ مِنْ عَذَابٍ أَلِيمٍ 67:29
قُلْ هُوَ الرَّحْمَٰنُ آمَنَّا بِهِ وَعَلَيْهِ تَوَكَّلْنَا فَسَتَعْلَمُونَ مَنْ هُوَ فِي ضَلَالٍ مُبِينٍ 67:30 قُلْ أَرَأَيْتُمْ إِنْ أَصْبَحَ مَاؤُكُمْ غَوْرًا فَمَنْ يَأْتِيكُمْ بِمَاءٍ
مَعِينٍ 68:1 بِسْمِ اللَّهِ الرَّحْمَٰنِ الرَّحِيمِ ن وَالْقَلَمِ وَمَا يَسْطُرُونَ 68:2 مَا أَنْتَ بِنِعْمَةِ رَبِّكَ بِمَجْنُونٍ 68:3 وَإِنَّ لَكَ لَأَجْرًا غَيْرَ مَمْنُونٍ 68:4
وَإِنَّكَ لَعَلَىٰ خُلُقٍ عَظِيمٍ 68:5 فَسَتُبْصِرُ وَيُبْصِرُونَ 68:6 بِأَيِّكُمُ الْمَفْتُونُ 68:7 إِنَّ رَبَّكَ هُوَ أَعْلَمُ بِمَنْ ضَلَّ عَنْ سَبِيلِهِ وَهُوَ أَعْلَمُ بِالْمُهْتَدِينَ
68:8 فَلَا تُطِعِ الْمُكَذِّبِينَ 68:9 وَدُّوا لَوْ تُدْهِنُ فَيُدْهِنُونَ 68:10 وَلَا تُطِعْ كُلَّ حَلَّافٍ مَهِينٍ 68:11 هَمَّازٍ مَشَّاءٍ بِنَمِيمٍ 68:12 مَنَّاعٍ لِلْخَيْرِ مُعْتَدٍ
أَثِيمٍ 68:13 عُتُلٍّ بَعْدَ ذَٰلِكَ زَنِيمٍ 68:14 أَنْ كَانَ ذَا مَالٍ وَبَنِينَ 68:15 إِذَا تُتْلَىٰ عَلَيْهِ آيَاتُنَا قَالَ أَسَاطِيرُ الْأَوَّلِينَ 68:16 سَنَسِمُهُ عَلَى الْخُرْطُومِ
68:17 إِنَّا بَلَوْنَاهُمْ كَمَا بَلَوْنَا أَصْحَابَ الْجَنَّةِ إِذْ أَقْسَمُوا لَيَصْرِمُنَّهَا مُصْبِحِينَ 68:18 وَلَا يَسْتَثْنُونَ 68:19 فَطَافَ عَلَيْهَا طَائِفٌ مِنْ رَبِّكَ وَهُمْ
نَائِمُونَ 68:20 فَأَصْبَحَتْ كَالصَّرِيمِ 68:21 فَتَنَادَوْا مُصْبِحِينَ 68:22 أَنِ اغْدُوا عَلَىٰ حَرْثِكُمْ إِنْ كُنْتُمْ صَارِمِينَ 68:23 فَانْطَلَقُوا وَهُمْ يَتَخَافَتُونَ
68:24 أَنْ لَا يَدْخُلَنَّهَا الْيَوْمَ عَلَيْكُمْ مِسْكِينٌ 68:25 وَغَدَوْا عَلَىٰ حَرْدٍ قَادِرِينَ 68:26 فَلَمَّا رَأَوْهَا قَالُوا إِنَّا لَضَالُّونَ 68:27 بَلْ نَحْنُ مَحْرُومُونَ
68:28 قَالَ أَوْسَطُهُمْ أَلَمْ أَقُلْ لَكُمْ لَوْلَا تُسَبِّحُونَ 68:29 قَالُوا سُبْحَانَ رَبِّنَا إِنَّا كُنَّا ظَالِمِينَ 68:30 فَأَقْبَلَ بَعْضُهُمْ عَلَىٰ بَعْضٍ يَتَلَاوَمُونَ 68:31
قَالُوا يَا وَيْلَنَا إِنَّا كُنَّا طَاغِينَ 68:32 عَسَىٰ رَبُّنَا أَنْ يُبْدِلَنَا خَيْرًا مِنْهَا إِنَّا إِلَىٰ رَبِّنَا رَاغِبُونَ 68:33 كَذَٰلِكَ الْعَذَابُ وَلَعَذَابُ الْآخِرَةِ أَكْبَرُ لَوْ كَانُوا
يَعْلَمُونَ 68:34 إِنَّ لِلْمُتَّقِينَ عِنْدَ رَبِّهِمْ جَنَّاتِ النَّعِيمِ 68:35 أَفَنَجْعَلُ الْمُسْلِمِينَ كَالْمُجْرِمِينَ 68:36 مَا لَكُمْ كَيْفَ تَحْكُمُونَ 68:37 أَمْ لَكُمْ
كِتَابٌ فِيهِ تَدْرُسُونَ 68:38 إِنَّ لَكُمْ فِيهِ لَمَا تَخَيَّرُونَ 68:39 أَمْ لَكُمْ أَيْمَانٌ عَلَيْنَا بَالِغَةٌ إِلَىٰ يَوْمِ الْقِيَامَةِ إِنَّ لَكُمْ لَمَا تَحْكُمُونَ 68:40 سَلْهُمْ
أَيُّهُمْ بِذَٰلِكَ زَعِيمٌ 68:41 أَمْ لَهُمْ شُرَكَاءُ فَلْيَأْتُوا بِشُرَكَائِهِمْ إِنْ كَانُوا صَادِقِينَ 68:42 يَوْمَ يُكْشَفُ عَنْ سَاقٍ وَيُدْعَوْنَ إِلَى السُّجُودِ فَلَا
يَسْتَطِيعُونَ 68:43 خَاشِعَةً أَبْصَارُهُمْ تَرْهَقُهُمْ ذِلَّةٌ وَقَدْ كَانُوا يُدْعَوْنَ إِلَى السُّجُودِ وَهُمْ سَالِمُونَ 68:44 فَذَرْنِي وَمَنْ يُكَذِّبُ بِهَٰذَا الْحَدِيثِ
سَنَسْتَدْرِجُهُمْ مِنْ حَيْثُ لَا يَعْلَمُونَ 68:45 وَأُمْلِي لَهُمْ إِنَّ كَيْدِي مَتِينٌ 68:46 أَمْ تَسْأَلُهُمْ أَجْرًا فَهُمْ مِنْ مَغْرَمٍ مُثْقَلُونَ 68:47 أَمْ عِنْدَهُمُ

الْغَيْبُ فَهُمْ يَكْتُبُونَ 68:48 فَاصْبِرْ لِحُكْمِ رَبِّكَ وَلَا تَكُنْ كَصَاحِبِ الْحُوتِ إِذْ نَادَىٰ وَهُوَ مَكْظُومٌ 68:49 لَوْلَا أَنْ تَدَارَكَهُ نِعْمَةٌ مِنْ رَبِّهِ لَنُبِذَ
بِالْعَرَاءِ وَهُوَ مَذْمُومٌ 68:50 فَاجْتَبَاهُ رَبُّهُ فَجَعَلَهُ مِنَ الصَّالِحِينَ 68:51 وَإِنْ يَكَادُ الَّذِينَ كَفَرُوا لَيُزْلِقُونَكَ بِأَبْصَارِهِمْ لَمَّا سَمِعُوا الذِّكْرَ
وَيَقُولُونَ إِنَّهُ لَمَجْنُونٌ 68:52 وَمَا هُوَ إِلَّا ذِكْرٌ لِلْعَالَمِينَ 69:1 بِسْمِ اللَّهِ الرَّحْمَٰنِ الرَّحِيمِ الْحَاقَّةُ 69:2 مَا الْحَاقَّةُ 69:3 وَمَا أَدْرَاكَ مَا الْحَاقَّةُ
69:4 كَذَّبَتْ ثَمُودُ وَعَادٌ بِالْقَارِعَةِ 69:5 فَأَمَّا ثَمُودُ فَأُهْلِكُوا بِالطَّاغِيَةِ 69:6 وَأَمَّا عَادٌ فَأُهْلِكُوا بِرِيحٍ صَرْصَرٍ عَاتِيَةٍ 69:7 سَخَّرَهَا عَلَيْهِمْ سَبْعَ
لَيَالٍ وَثَمَانِيَةَ أَيَّامٍ حُسُومًا فَتَرَى الْقَوْمَ فِيهَا صَرْعَىٰ كَأَنَّهُمْ أَعْجَازُ نَخْلٍ خَاوِيَةٍ 69:8 فَهَلْ تَرَىٰ لَهُمْ مِنْ بَاقِيَةٍ 69:9 وَجَاءَ فِرْعَوْنُ وَمَنْ
قَبْلَهُ وَالْمُؤْتَفِكَاتُ بِالْخَاطِئَةِ 69:10 فَعَصَوْا رَسُولَ رَبِّهِمْ فَأَخَذَهُمْ أَخْذَةً رَابِيَةً 69:11 إِنَّا لَمَّا طَغَى الْمَاءُ حَمَلْنَاكُمْ فِي الْجَارِيَةِ 69:12
لِنَجْعَلَهَا لَكُمْ تَذْكِرَةً وَتَعِيَهَا أُذُنٌ وَاعِيَةٌ 69:13 فَإِذَا نُفِخَ فِي الصُّورِ نَفْخَةٌ وَاحِدَةٌ 69:14 وَحُمِلَتِ الْأَرْضُ وَالْجِبَالُ فَدُكَّتَا دَكَّةً وَاحِدَةً 69:15
فَيَوْمَئِذٍ وَقَعَتِ الْوَاقِعَةُ 69:16 وَانْشَقَّتِ السَّمَاءُ فَهِيَ يَوْمَئِذٍ وَاهِيَةٌ 69:17 وَالْمَلَكُ عَلَىٰ أَرْجَائِهَا وَيَحْمِلُ عَرْشَ رَبِّكَ فَوْقَهُمْ يَوْمَئِذٍ
ثَمَانِيَةٌ 69:18 يَوْمَئِذٍ تُعْرَضُونَ لَا تَخْفَىٰ مِنْكُمْ خَافِيَةٌ 69:19 فَأَمَّا مَنْ أُوتِيَ كِتَابَهُ بِيَمِينِهِ فَيَقُولُ هَاؤُمُ اقْرَءُوا كِتَابِيَهْ 69:20 إِنِّي ظَنَنْتُ أَنِّي
مُلَاقٍ حِسَابِيَهْ 69:21 فَهُوَ فِي عِيشَةٍ رَاضِيَةٍ 69:22 فِي جَنَّةٍ عَالِيَةٍ 69:23 قُطُوفُهَا دَانِيَةٌ 69:24 كُلُوا وَاشْرَبُوا هَنِيئًا بِمَا أَسْلَفْتُمْ فِي الْأَيَّامِ
الْخَالِيَةِ 69:25 وَأَمَّا مَنْ أُوتِيَ كِتَابَهُ بِشِمَالِهِ فَيَقُولُ يَا لَيْتَنِي لَمْ أُوتَ كِتَابِيَهْ 69:26 وَلَمْ أَدْرِ مَا حِسَابِيَهْ 69:27 يَا لَيْتَهَا كَانَتِ الْقَاضِيَةَ 69:28
مَا أَغْنَىٰ عَنِّي مَالِيَهْ 69:29 هَلَكَ عَنِّي سُلْطَانِيَهْ 69:30 خُذُوهُ فَغُلُّوهُ 69:31 ثُمَّ الْجَحِيمَ صَلُّوهُ 69:32 ثُمَّ فِي سِلْسِلَةٍ ذَرْعُهَا سَبْعُونَ ذِرَاعًا
فَاسْلُكُوهُ 69:33 إِنَّهُ كَانَ لَا يُؤْمِنُ بِاللَّهِ الْعَظِيمِ 69:34 وَلَا يَحُضُّ عَلَىٰ طَعَامِ الْمِسْكِينِ 69:35 فَلَيْسَ لَهُ الْيَوْمَ هَاهُنَا حَمِيمٌ 69:36 وَلَا طَعَامٌ
إِلَّا مِنْ غِسْلِينٍ 69:37 لَا يَأْكُلُهُ إِلَّا الْخَاطِئُونَ 69:38 فَلَا أُقْسِمُ بِمَا تُبْصِرُونَ 69:39 وَمَا لَا تُبْصِرُونَ 69:40 إِنَّهُ لَقَوْلُ رَسُولٍ كَرِيمٍ 69:41 وَمَا هُوَ
بِقَوْلِ شَاعِرٍ قَلِيلًا مَا تُؤْمِنُونَ 69:42 وَلَا بِقَوْلِ كَاهِنٍ قَلِيلًا مَا تَذَكَّرُونَ 69:43 تَنْزِيلٌ مِنْ رَبِّ الْعَالَمِينَ 69:44 وَلَوْ تَقَوَّلَ عَلَيْنَا بَعْضَ الْأَقَاوِيلِ
69:45 لَأَخَذْنَا مِنْهُ بِالْيَمِينِ 69:46 ثُمَّ لَقَطَعْنَا مِنْهُ الْوَتِينَ 69:47 فَمَا مِنْكُمْ مِنْ أَحَدٍ عَنْهُ حَاجِزِينَ 69:48 وَإِنَّهُ لَتَذْكِرَةٌ لِلْمُتَّقِينَ 69:49 وَإِنَّا
لَنَعْلَمُ أَنَّ مِنْكُمْ مُكَذِّبِينَ 69:50 وَإِنَّهُ لَحَسْرَةٌ عَلَى الْكَافِرِينَ 69:51 وَإِنَّهُ لَحَقُّ الْيَقِينِ 69:52 فَسَبِّحْ بِاسْمِ رَبِّكَ الْعَظِيمِ 70:1 بِسْمِ اللَّهِ
الرَّحْمَٰنِ الرَّحِيمِ سَأَلَ سَائِلٌ بِعَذَابٍ وَاقِعٍ 70:2 لِلْكَافِرِينَ لَيْسَ لَهُ دَافِعٌ 70:3 مِنَ اللَّهِ ذِي الْمَعَارِجِ 70:4 تَعْرُجُ الْمَلَائِكَةُ وَالرُّوحُ إِلَيْهِ فِي
يَوْمٍ كَانَ مِقْدَارُهُ خَمْسِينَ أَلْفَ سَنَةٍ 70:5 فَاصْبِرْ صَبْرًا جَمِيلًا 70:6 إِنَّهُمْ يَرَوْنَهُ بَعِيدًا 70:7 وَنَرَاهُ قَرِيبًا 70:8 يَوْمَ تَكُونُ السَّمَاءُ كَالْمُهْلِ
70:9 وَتَكُونُ الْجِبَالُ كَالْعِهْنِ 70:10 وَلَا يَسْأَلُ حَمِيمٌ حَمِيمًا 70:11 يُبَصَّرُونَهُمْ يَوَدُّ الْمُجْرِمُ لَوْ يَفْتَدِي مِنْ عَذَابِ يَوْمِئِذٍ بِبَنِيهِ 70:12
وَصَاحِبَتِهِ وَأَخِيهِ 70:13 وَفَصِيلَتِهِ الَّتِي تُؤْوِيهِ 70:14 وَمَنْ فِي الْأَرْضِ جَمِيعًا ثُمَّ يُنْجِيهِ 70:15 كَلَّا إِنَّهَا لَظَىٰ 70:16 نَزَّاعَةً لِلشَّوَىٰ 70:17
تَدْعُو مَنْ أَدْبَرَ وَتَوَلَّىٰ 70:18 وَجَمَعَ فَأَوْعَىٰ 70:19 إِنَّ الْإِنْسَانَ خُلِقَ هَلُوعًا 70:20 إِذَا مَسَّهُ الشَّرُّ جَزُوعًا 70:21 وَإِذَا مَسَّهُ الْخَيْرُ مَنُوعًا 70:22
إِلَّا الْمُصَلِّينَ 70:23 الَّذِينَ هُمْ عَلَىٰ صَلَاتِهِمْ دَائِمُونَ 70:24 وَالَّذِينَ فِي أَمْوَالِهِمْ حَقٌّ مَعْلُومٌ 70:25 لِلسَّائِلِ وَالْمَحْرُومِ 70:26 وَالَّذِينَ
يُصَدِّقُونَ بِيَوْمِ الدِّينِ 70:27 وَالَّذِينَ هُمْ مِنْ عَذَابِ رَبِّهِمْ مُشْفِقُونَ 70:28 إِنَّ عَذَابَ رَبِّهِمْ غَيْرُ مَأْمُونٍ 70:29 وَالَّذِينَ هُمْ لِفُرُوجِهِمْ حَافِظُونَ
70:30 إِلَّا عَلَىٰ أَزْوَاجِهِمْ أَوْ مَا مَلَكَتْ أَيْمَانُهُمْ فَإِنَّهُمْ غَيْرُ مَلُومِينَ 70:31 فَمَنِ ابْتَغَىٰ وَرَاءَ ذَٰلِكَ فَأُولَٰئِكَ هُمُ الْعَادُونَ 70:32 وَالَّذِينَ هُمْ
لِأَمَانَاتِهِمْ وَعَهْدِهِمْ رَاعُونَ 70:33 وَالَّذِينَ هُمْ بِشَهَادَاتِهِمْ قَائِمُونَ 70:34 وَالَّذِينَ هُمْ عَلَىٰ صَلَاتِهِمْ يُحَافِظُونَ 70:35 أُولَٰئِكَ فِي جَنَّاتٍ
مُكْرَمُونَ 70:36 فَمَالِ الَّذِينَ كَفَرُوا قِبَلَكَ مُهْطِعِينَ 70:37 عَنِ الْيَمِينِ وَعَنِ الشِّمَالِ عِزِينَ 70:38 أَيَطْمَعُ كُلُّ امْرِئٍ مِنْهُمْ أَنْ يُدْخَلَ جَنَّةَ
نَعِيمٍ 70:39 كَلَّا إِنَّا خَلَقْنَاهُمْ مِمَّا يَعْلَمُونَ 70:40 فَلَا أُقْسِمُ بِرَبِّ الْمَشَارِقِ وَالْمَغَارِبِ إِنَّا لَقَادِرُونَ 70:41 عَلَىٰ أَنْ نُبَدِّلَ خَيْرًا مِنْهُمْ وَمَا
نَحْنُ بِمَسْبُوقِينَ 70:42 فَذَرْهُمْ يَخُوضُوا وَيَلْعَبُوا حَتَّىٰ يُلَاقُوا يَوْمَهُمُ الَّذِي يُوعَدُونَ 70:43 يَوْمَ يَخْرُجُونَ مِنَ الْأَجْدَاثِ سِرَاعًا كَأَنَّهُمْ إِلَىٰ
نُصُبٍ يُوفِضُونَ 70:44 خَاشِعَةً أَبْصَارُهُمْ تَرْهَقُهُمْ ذِلَّةٌ ذَٰلِكَ الْيَوْمُ الَّذِي كَانُوا يُوعَدُونَ 71:1 بِسْمِ اللَّهِ الرَّحْمَٰنِ الرَّحِيمِ إِنَّا أَرْسَلْنَا نُوحًا

إِلَىٰ قَوْمِهِ أَنْ أَنْذِرْ قَوْمَكَ مِنْ قَبْلِ أَنْ يَأْتِيَهُمْ عَذَابٌ أَلِيمٌ 71:2 قَالَ يَا قَوْمِ إِنِّي لَكُمْ نَذِيرٌ مُبِينٌ 71:3 أَنِ اعْبُدُوا اللَّهَ وَاتَّقُوهُ وَأَطِيعُونِ
71:4 يَغْفِرْ لَكُمْ مِنْ ذُنُوبِكُمْ وَيُؤَخِّرْكُمْ إِلَىٰ أَجَلٍ مُسَمًّى إِنَّ أَجَلَ اللَّهِ إِذَا جَاءَ لَا يُؤَخَّرُ لَوْ كُنْتُمْ تَعْلَمُونَ 71:5 قَالَ رَبِّ إِنِّي دَعَوْتُ قَوْمِي
لَيْلًا وَنَهَارًا 71:6 فَلَمْ يَزِدْهُمْ دُعَائِي إِلَّا فِرَارًا 71:7 وَإِنِّي كُلَّمَا دَعَوْتُهُمْ لِتَغْفِرَ لَهُمْ جَعَلُوا أَصَابِعَهُمْ فِي آذَانِهِمْ وَاسْتَغْشَوْا ثِيَابَهُمْ
وَأَصَرُّوا وَاسْتَكْبَرُوا اسْتِكْبَارًا 71:8 ثُمَّ إِنِّي دَعَوْتُهُمْ جِهَارًا 71:9 ثُمَّ إِنِّي أَعْلَنْتُ لَهُمْ وَأَسْرَرْتُ لَهُمْ إِسْرَارًا 71:10 فَقُلْتُ اسْتَغْفِرُوا رَبَّكُمْ إِنَّهُ
كَانَ غَفَّارًا 71:11 يُرْسِلِ السَّمَاءَ عَلَيْكُمْ مِدْرَارًا 71:12 وَيُمْدِدْكُمْ بِأَمْوَالٍ وَبَنِينَ وَيَجْعَلْ لَكُمْ جَنَّاتٍ وَيَجْعَلْ لَكُمْ أَنْهَارًا 71:13 مَا لَكُمْ لَا تَرْجُونَ
لِلَّهِ وَقَارًا 71:14 وَقَدْ خَلَقَكُمْ أَطْوَارًا 71:15 أَلَمْ تَرَوْا كَيْفَ خَلَقَ اللَّهُ سَبْعَ سَمَاوَاتٍ طِبَاقًا 71:16 وَجَعَلَ الْقَمَرَ فِيهِنَّ نُورًا وَجَعَلَ الشَّمْسَ
سِرَاجًا 71:17 وَاللَّهُ أَنْبَتَكُمْ مِنَ الْأَرْضِ نَبَاتًا 71:18 ثُمَّ يُعِيدُكُمْ فِيهَا وَيُخْرِجُكُمْ إِخْرَاجًا 71:19 وَاللَّهُ جَعَلَ لَكُمُ الْأَرْضَ بِسَاطًا 71:20 لِتَسْلُكُوا
مِنْهَا سُبُلًا فِجَاجًا 71:21 قَالَ نُوحٌ رَبِّ إِنَّهُمْ عَصَوْنِي وَاتَّبَعُوا مَنْ لَمْ يَزِدْهُ مَالُهُ وَوَلَدُهُ إِلَّا خَسَارًا 71:22 وَمَكَرُوا مَكْرًا كُبَّارًا 71:23 وَقَالُوا لَا
تَذَرُنَّ آلِهَتَكُمْ وَلَا تَذَرُنَّ وَدًّا وَلَا سُوَاعًا وَلَا يَغُوثَ وَيَعُوقَ وَنَسْرًا 71:24 وَقَدْ أَضَلُّوا كَثِيرًا وَلَا تَزِدِ الظَّالِمِينَ إِلَّا ضَلَالًا 71:25 مِمَّا خَطِيئَاتِهِمْ
أُغْرِقُوا فَأُدْخِلُوا نَارًا فَلَمْ يَجِدُوا لَهُمْ مِنْ دُونِ اللَّهِ أَنْصَارًا 71:26 وَقَالَ نُوحٌ رَبِّ لَا تَذَرْ عَلَى الْأَرْضِ مِنَ الْكَافِرِينَ دَيَّارًا 71:27 إِنَّكَ إِنْ تَذَرْهُمْ
يُضِلُّوا عِبَادَكَ وَلَا يَلِدُوا إِلَّا فَاجِرًا كَفَّارًا 71:28 رَبِّ اغْفِرْ لِي وَلِوَالِدَيَّ وَلِمَنْ دَخَلَ بَيْتِيَ مُؤْمِنًا وَلِلْمُؤْمِنِينَ وَالْمُؤْمِنَاتِ وَلَا تَزِدِ الظَّالِمِينَ
إِلَّا تَبَارًا 72:1 بِسْمِ اللَّهِ الرَّحْمَٰنِ الرَّحِيمِ قُلْ أُوحِيَ إِلَيَّ أَنَّهُ اسْتَمَعَ نَفَرٌ مِنَ الْجِنِّ فَقَالُوا إِنَّا سَمِعْنَا قُرْآنًا عَجَبًا 72:2 يَهْدِي إِلَى الرُّشْدِ
فَآمَنَّا بِهِ وَلَنْ نُشْرِكَ بِرَبِّنَا أَحَدًا 72:3 وَأَنَّهُ تَعَالَىٰ جَدُّ رَبِّنَا مَا اتَّخَذَ صَاحِبَةً وَلَا وَلَدًا 72:4 وَأَنَّهُ كَانَ يَقُولُ سَفِيهُنَا عَلَى اللَّهِ شَطَطًا 72:5
وَأَنَّا ظَنَنَّا أَنْ لَنْ تَقُولَ الْإِنْسُ وَالْجِنُّ عَلَى اللَّهِ كَذِبًا 72:6 وَأَنَّهُ كَانَ رِجَالٌ مِنَ الْإِنْسِ يَعُوذُونَ بِرِجَالٍ مِنَ الْجِنِّ فَزَادُوهُمْ رَهَقًا 72:7 وَأَنَّهُمْ
ظَنُّوا كَمَا ظَنَنْتُمْ أَنْ لَنْ يَبْعَثَ اللَّهُ أَحَدًا 72:8 وَأَنَّا لَمَسْنَا السَّمَاءَ فَوَجَدْنَاهَا مُلِئَتْ حَرَسًا شَدِيدًا وَشُهُبًا 72:9 وَأَنَّا كُنَّا نَقْعُدُ مِنْهَا مَقَاعِدَ
لِلسَّمْعِ فَمَنْ يَسْتَمِعِ الْآنَ يَجِدْ لَهُ شِهَابًا رَصَدًا 72:10 وَأَنَّا لَا نَدْرِي أَشَرٌّ أُرِيدَ بِمَنْ فِي الْأَرْضِ أَمْ أَرَادَ بِهِمْ رَبُّهُمْ رَشَدًا 72:11 وَأَنَّا مِنَّا
الصَّالِحُونَ وَمِنَّا دُونَ ذَٰلِكَ كُنَّا طَرَائِقَ قِدَدًا 72:12 وَأَنَّا ظَنَنَّا أَنْ لَنْ نُعْجِزَ اللَّهَ فِي الْأَرْضِ وَلَنْ نُعْجِزَهُ هَرَبًا 72:13 وَأَنَّا لَمَّا سَمِعْنَا الْهُدَىٰ
آمَنَّا بِهِ فَمَنْ يُؤْمِنْ بِرَبِّهِ فَلَا يَخَافُ بَخْسًا وَلَا رَهَقًا 72:14 وَأَنَّا مِنَّا الْمُسْلِمُونَ وَمِنَّا الْقَاسِطُونَ فَمَنْ أَسْلَمَ فَأُولَٰئِكَ تَحَرَّوْا رَشَدًا 72:15 وَأَمَّا
الْقَاسِطُونَ فَكَانُوا لِجَهَنَّمَ حَطَبًا 72:16 وَأَنْ لَوِ اسْتَقَامُوا عَلَى الطَّرِيقَةِ لَأَسْقَيْنَاهُمْ مَاءً غَدَقًا 72:17 لِنَفْتِنَهُمْ فِيهِ وَمَنْ يُعْرِضْ عَنْ ذِكْرِ
رَبِّهِ يَسْلُكْهُ عَذَابًا صَعَدًا 72:18 وَأَنَّ الْمَسَاجِدَ لِلَّهِ فَلَا تَدْعُوا مَعَ اللَّهِ أَحَدًا 72:19 وَأَنَّهُ لَمَّا قَامَ عَبْدُ اللَّهِ يَدْعُوهُ كَادُوا يَكُونُونَ عَلَيْهِ لِبَدًا
72:20 قُلْ إِنَّمَا أَدْعُو رَبِّي وَلَا أُشْرِكُ بِهِ أَحَدًا 72:21 قُلْ إِنِّي لَا أَمْلِكُ لَكُمْ ضَرًّا وَلَا رَشَدًا 72:22 قُلْ إِنِّي لَنْ يُجِيرَنِي مِنَ اللَّهِ أَحَدٌ وَلَنْ أَجِدَ
مِنْ دُونِهِ مُلْتَحَدًا 72:23 إِلَّا بَلَاغًا مِنَ اللَّهِ وَرِسَالَاتِهِ وَمَنْ يَعْصِ اللَّهَ وَرَسُولَهُ فَإِنَّ لَهُ نَارَ جَهَنَّمَ خَالِدِينَ فِيهَا أَبَدًا 72:24 حَتَّىٰ إِذَا رَأَوْا مَا
يُوعَدُونَ فَسَيَعْلَمُونَ مَنْ أَضْعَفُ نَاصِرًا وَأَقَلُّ عَدَدًا 72:25 قُلْ إِنْ أَدْرِي أَقَرِيبٌ مَا تُوعَدُونَ أَمْ يَجْعَلُ لَهُ رَبِّي أَمَدًا 72:26 عَالِمُ الْغَيْبِ فَلَا
يُظْهِرُ عَلَىٰ غَيْبِهِ أَحَدًا 72:27 إِلَّا مَنِ ارْتَضَىٰ مِنْ رَسُولٍ فَإِنَّهُ يَسْلُكُ مِنْ بَيْنِ يَدَيْهِ وَمِنْ خَلْفِهِ رَصَدًا 72:28 لِيَعْلَمَ أَنْ قَدْ أَبْلَغُوا رِسَالَاتِ
رَبِّهِمْ وَأَحَاطَ بِمَا لَدَيْهِمْ وَأَحْصَىٰ كُلَّ شَيْءٍ عَدَدًا 73:1 بِسْمِ اللَّهِ الرَّحْمَٰنِ الرَّحِيمِ يَا أَيُّهَا الْمُزَّمِّلُ 73:2 قُمِ اللَّيْلَ إِلَّا قَلِيلًا 73:3 نِصْفَهُ أَوِ
انْقُصْ مِنْهُ قَلِيلًا 73:4 أَوْ زِدْ عَلَيْهِ وَرَتِّلِ الْقُرْآنَ تَرْتِيلًا 73:5 إِنَّا سَنُلْقِي عَلَيْكَ قَوْلًا ثَقِيلًا 73:6 إِنَّ نَاشِئَةَ اللَّيْلِ هِيَ أَشَدُّ وَطْئًا وَأَقْوَمُ قِيلًا
73:7 إِنَّ لَكَ فِي النَّهَارِ سَبْحًا طَوِيلًا 73:8 وَاذْكُرِ اسْمَ رَبِّكَ وَتَبَتَّلْ إِلَيْهِ تَبْتِيلًا 73:9 رَبُّ الْمَشْرِقِ وَالْمَغْرِبِ لَا إِلَٰهَ إِلَّا هُوَ فَاتَّخِذْهُ وَكِيلًا 73:10
وَاصْبِرْ عَلَىٰ مَا يَقُولُونَ وَاهْجُرْهُمْ هَجْرًا جَمِيلًا 73:11 وَذَرْنِي وَالْمُكَذِّبِينَ أُولِي النَّعْمَةِ وَمَهِّلْهُمْ قَلِيلًا 73:12 إِنَّ لَدَيْنَا أَنْكَالًا وَجَحِيمًا 73:13
وَطَعَامًا ذَا غُصَّةٍ وَعَذَابًا أَلِيمًا 73:14 يَوْمَ تَرْجُفُ الْأَرْضُ وَالْجِبَالُ وَكَانَتِ الْجِبَالُ كَثِيبًا مَهِيلًا 73:15 إِنَّا أَرْسَلْنَا إِلَيْكُمْ رَسُولًا شَاهِدًا عَلَيْكُمْ
كَمَا أَرْسَلْنَا إِلَىٰ فِرْعَوْنَ رَسُولًا 73:16 فَعَصَىٰ فِرْعَوْنُ الرَّسُولَ فَأَخَذْنَاهُ أَخْذًا وَبِيلًا 73:17 فَكَيْفَ تَتَّقُونَ إِنْ كَفَرْتُمْ يَوْمًا يَجْعَلُ الْوِلْدَانَ

شِيبًا 73:18 السَّمَاءُ مُنْفَطِرٌ بِهِ كَانَ وَعْدُهُ مَفْعُولًا 73:19 إِنَّ هَٰذِهِ تَذْكِرَةٌ فَمَنْ شَاءَ اتَّخَذَ إِلَىٰ رَبِّهِ سَبِيلًا 73:20 إِنَّ رَبَّكَ يَعْلَمُ أَنَّكَ تَقُومُ
أَدْنَىٰ مِنْ ثُلُثَيِ اللَّيْلِ وَنِصْفَهُ وَثُلُثَهُ وَطَائِفَةٌ مِنَ الَّذِينَ مَعَكَ وَاللَّهُ يُقَدِّرُ اللَّيْلَ وَالنَّهَارَ عَلِمَ أَنْ لَنْ تُحْصُوهُ فَتَابَ عَلَيْكُمْ فَاقْرَءُوا مَا
تَيَسَّرَ مِنَ الْقُرْآنِ عَلِمَ أَنْ سَيَكُونُ مِنْكُمْ مَرْضَىٰ وَآخَرُونَ يَضْرِبُونَ فِي الْأَرْضِ يَبْتَغُونَ مِنْ فَضْلِ اللَّهِ وَآخَرُونَ يُقَاتِلُونَ فِي سَبِيلِ اللَّهِ
فَاقْرَءُوا مَا تَيَسَّرَ مِنْهُ وَأَقِيمُوا الصَّلَاةَ وَآتُوا الزَّكَاةَ وَأَقْرِضُوا اللَّهَ قَرْضًا حَسَنًا وَمَا تُقَدِّمُوا لِأَنْفُسِكُمْ مِنْ خَيْرٍ تَجِدُوهُ عِنْدَ اللَّهِ هُوَ خَيْرًا
وَأَعْظَمَ أَجْرًا وَاسْتَغْفِرُوا اللَّهَ إِنَّ اللَّهَ غَفُورٌ رَحِيمٌ 74:1 بِسْمِ اللَّهِ الرَّحْمَٰنِ الرَّحِيمِ يَا أَيُّهَا الْمُدَّثِّرُ 74:2 قُمْ فَأَنْذِرْ 74:3 وَرَبَّكَ فَكَبِّرْ 74:4
وَثِيَابَكَ فَطَهِّرْ 74:5 وَالرُّجْزَ فَاهْجُرْ 74:6 وَلَا تَمْنُنْ تَسْتَكْثِرُ 74:7 وَلِرَبِّكَ فَاصْبِرْ 74:8 فَإِذَا نُقِرَ فِي النَّاقُورِ 74:9 فَذَٰلِكَ يَوْمَئِذٍ يَوْمٌ عَسِيرٌ 74:10
عَلَى الْكَافِرِينَ غَيْرُ يَسِيرٍ 74:11 ذَرْنِي وَمَنْ خَلَقْتُ وَحِيدًا 74:12 وَجَعَلْتُ لَهُ مَالًا مَمْدُودًا 74:13 وَبَنِينَ شُهُودًا 74:14 وَمَهَّدْتُ لَهُ تَمْهِيدًا
74:15 ثُمَّ يَطْمَعُ أَنْ أَزِيدَ 74:16 كَلَّا إِنَّهُ كَانَ لِآيَاتِنَا عَنِيدًا 74:17 سَأُرْهِقُهُ صَعُودًا 74:18 إِنَّهُ فَكَّرَ وَقَدَّرَ 74:19 فَقُتِلَ كَيْفَ قَدَّرَ 74:20 ثُمَّ قُتِلَ
كَيْفَ قَدَّرَ 74:21 ثُمَّ نَظَرَ 74:22 ثُمَّ عَبَسَ وَبَسَرَ 74:23 ثُمَّ أَدْبَرَ وَاسْتَكْبَرَ 74:24 فَقَالَ إِنْ هَٰذَا إِلَّا سِحْرٌ يُؤْثَرُ 74:25 إِنْ هَٰذَا إِلَّا قَوْلُ الْبَشَرِ 74:26
سَأُصْلِيهِ سَقَرَ 74:27 وَمَا أَدْرَاكَ مَا سَقَرُ 74:28 لَا تُبْقِي وَلَا تَذَرُ 74:29 لَوَّاحَةٌ لِلْبَشَرِ 74:30 عَلَيْهَا تِسْعَةَ عَشَرَ 74:31 وَمَا جَعَلْنَا أَصْحَابَ النَّارِ
إِلَّا مَلَائِكَةً وَمَا جَعَلْنَا عِدَّتَهُمْ إِلَّا فِتْنَةً لِلَّذِينَ كَفَرُوا لِيَسْتَيْقِنَ الَّذِينَ أُوتُوا الْكِتَابَ وَيَزْدَادَ الَّذِينَ آمَنُوا إِيمَانًا وَلَا يَرْتَابَ الَّذِينَ أُوتُوا الْكِتَابَ
وَالْمُؤْمِنُونَ وَلِيَقُولَ الَّذِينَ فِي قُلُوبِهِمْ مَرَضٌ وَالْكَافِرُونَ مَاذَا أَرَادَ اللَّهُ بِهَٰذَا مَثَلًا كَذَٰلِكَ يُضِلُّ اللَّهُ مَنْ يَشَاءُ وَيَهْدِي مَنْ يَشَاءُ وَمَا يَعْلَمُ
جُنُودَ رَبِّكَ إِلَّا هُوَ وَمَا هِيَ إِلَّا ذِكْرَىٰ لِلْبَشَرِ 74:32 كَلَّا وَالْقَمَرِ 74:33 وَاللَّيْلِ إِذْ أَدْبَرَ 74:34 وَالصُّبْحِ إِذَا أَسْفَرَ 74:35 إِنَّهَا لَإِحْدَى الْكُبَرِ 74:36
نَذِيرًا لِلْبَشَرِ 74:37 لِمَنْ شَاءَ مِنْكُمْ أَنْ يَتَقَدَّمَ أَوْ يَتَأَخَّرَ 74:38 كُلُّ نَفْسٍ بِمَا كَسَبَتْ رَهِينَةٌ 74:39 إِلَّا أَصْحَابَ الْيَمِينِ 74:40 فِي جَنَّاتٍ
يَتَسَاءَلُونَ 74:41 عَنِ الْمُجْرِمِينَ 74:42 مَا سَلَكَكُمْ فِي سَقَرَ 74:43 قَالُوا لَمْ نَكُ مِنَ الْمُصَلِّينَ 74:44 وَلَمْ نَكُ نُطْعِمُ الْمِسْكِينَ 74:45 وَكُنَّا
نَخُوضُ مَعَ الْخَائِضِينَ 74:46 وَكُنَّا نُكَذِّبُ بِيَوْمِ الدِّينِ 74:47 حَتَّىٰ أَتَانَا الْيَقِينُ 74:48 فَمَا تَنْفَعُهُمْ شَفَاعَةُ الشَّافِعِينَ 74:49 فَمَا لَهُمْ عَنِ
التَّذْكِرَةِ مُعْرِضِينَ 74:50 كَأَنَّهُمْ حُمُرٌ مُسْتَنْفِرَةٌ 74:51 فَرَّتْ مِنْ قَسْوَرَةٍ 74:52 بَلْ يُرِيدُ كُلُّ امْرِئٍ مِنْهُمْ أَنْ يُؤْتَىٰ صُحُفًا مُنَشَّرَةً 74:53 كَلَّا
بَلْ لَا يَخَافُونَ الْآخِرَةَ 74:54 كَلَّا إِنَّهُ تَذْكِرَةٌ 74:55 فَمَنْ شَاءَ ذَكَرَهُ 74:56 وَمَا يَذْكُرُونَ إِلَّا أَنْ يَشَاءَ اللَّهُ هُوَ أَهْلُ التَّقْوَىٰ وَأَهْلُ الْمَغْفِرَةِ 75:1
بِسْمِ اللَّهِ الرَّحْمَٰنِ الرَّحِيمِ لَا أُقْسِمُ بِيَوْمِ الْقِيَامَةِ 75:2 وَلَا أُقْسِمُ بِالنَّفْسِ اللَّوَّامَةِ 75:3 أَيَحْسَبُ الْإِنْسَانُ أَلَّنْ نَجْمَعَ عِظَامَهُ 75:4 بَلَىٰ
قَادِرِينَ عَلَىٰ أَنْ نُسَوِّيَ بَنَانَهُ 75:5 بَلْ يُرِيدُ الْإِنْسَانُ لِيَفْجُرَ أَمَامَهُ 75:6 يَسْأَلُ أَيَّانَ يَوْمُ الْقِيَامَةِ 75:7 فَإِذَا بَرِقَ الْبَصَرُ 75:8 وَخَسَفَ الْقَمَرُ
75:9 وَجُمِعَ الشَّمْسُ وَالْقَمَرُ 75:10 يَقُولُ الْإِنْسَانُ يَوْمَئِذٍ أَيْنَ الْمَفَرُّ 75:11 كَلَّا لَا وَزَرَ 75:12 إِلَىٰ رَبِّكَ يَوْمَئِذٍ الْمُسْتَقَرُّ 75:13 يُنَبَّأُ الْإِنْسَانُ
يَوْمَئِذٍ بِمَا قَدَّمَ وَأَخَّرَ 75:14 بَلِ الْإِنْسَانُ عَلَىٰ نَفْسِهِ بَصِيرَةٌ 75:15 وَلَوْ أَلْقَىٰ مَعَاذِيرَهُ 75:16 لَا تُحَرِّكْ بِهِ لِسَانَكَ لِتَعْجَلَ بِهِ 75:17 إِنَّ عَلَيْنَا
جَمْعَهُ وَقُرْآنَهُ 75:18 فَإِذَا قَرَأْنَاهُ فَاتَّبِعْ قُرْآنَهُ 75:19 ثُمَّ إِنَّ عَلَيْنَا بَيَانَهُ 75:20 كَلَّا بَلْ تُحِبُّونَ الْعَاجِلَةَ 75:21 وَتَذَرُونَ الْآخِرَةَ 75:22 وُجُوهٌ
يَوْمَئِذٍ نَاضِرَةٌ 75:23 إِلَىٰ رَبِّهَا نَاظِرَةٌ 75:24 وَوُجُوهٌ يَوْمَئِذٍ بَاسِرَةٌ 75:25 تَظُنُّ أَنْ يُفْعَلَ بِهَا فَاقِرَةٌ 75:26 كَلَّا إِذَا بَلَغَتِ التَّرَاقِيَ 75:27 وَقِيلَ
مَنْ رَاقٍ 75:28 وَظَنَّ أَنَّهُ الْفِرَاقُ 75:29 وَالْتَفَّتِ السَّاقُ بِالسَّاقِ 75:30 إِلَىٰ رَبِّكَ يَوْمَئِذٍ الْمَسَاقُ 75:31 فَلَا صَدَّقَ وَلَا صَلَّىٰ 75:32 وَلَٰكِنْ كَذَّبَ
وَتَوَلَّىٰ 75:33 ثُمَّ ذَهَبَ إِلَىٰ أَهْلِهِ يَتَمَطَّىٰ 75:34 أَوْلَىٰ لَكَ فَأَوْلَىٰ 75:35 ثُمَّ أَوْلَىٰ لَكَ فَأَوْلَىٰ 75:36 أَيَحْسَبُ الْإِنْسَانُ أَنْ يُتْرَكَ سُدًى 75:37
أَلَمْ يَكُ نُطْفَةً مِنْ مَنِيٍّ يُمْنَىٰ 75:38 ثُمَّ كَانَ عَلَقَةً فَخَلَقَ فَسَوَّىٰ 75:39 فَجَعَلَ مِنْهُ الزَّوْجَيْنِ الذَّكَرَ وَالْأُنْثَىٰ 75:40 أَلَيْسَ ذَٰلِكَ بِقَادِرٍ عَلَىٰ
أَنْ يُحْيِيَ الْمَوْتَىٰ 76:1 بِسْمِ اللَّهِ الرَّحْمَٰنِ الرَّحِيمِ هَلْ أَتَىٰ عَلَى الْإِنْسَانِ حِينٌ مِنَ الدَّهْرِ لَمْ يَكُنْ شَيْئًا مَذْكُورًا 76:2 إِنَّا خَلَقْنَا الْإِنْسَانَ
مِنْ نُطْفَةٍ أَمْشَاجٍ نَبْتَلِيهِ فَجَعَلْنَاهُ سَمِيعًا بَصِيرًا 76:3 إِنَّا هَدَيْنَاهُ السَّبِيلَ إِمَّا شَاكِرًا وَإِمَّا كَفُورًا 76:4 إِنَّا أَعْتَدْنَا لِلْكَافِرِينَ سَلَاسِلَ وَأَغْلَالًا
وَسَعِيرًا 76:5 إِنَّ الْأَبْرَارَ يَشْرَبُونَ مِنْ كَأْسٍ كَانَ مِزَاجُهَا كَافُورًا 76:6 عَيْنًا يَشْرَبُ بِهَا عِبَادُ اللَّهِ يُفَجِّرُونَهَا تَفْجِيرًا 76:7 يُوفُونَ بِالنَّذْرِ

وَيَخَافُونَ يَوْمًا كَانَ شَرُّهُ مُسْتَطِيرًا 76:8 وَيُطْعِمُونَ الطَّعَامَ عَلَىٰ حُبِّهِ مِسْكِينًا وَيَتِيمًا وَأَسِيرًا 76:9 إِنَّمَا نُطْعِمُكُمْ لِوَجْهِ اللَّهِ لَا نُرِيدُ
مِنكُمْ جَزَاءً وَلَا شُكُورًا 76:10 إِنَّا نَخَافُ مِن رَّبِّنَا يَوْمًا عَبُوسًا قَمْطَرِيرًا 76:11 فَوَقَاهُمُ اللَّهُ شَرَّ ذَٰلِكَ الْيَوْمِ وَلَقَّاهُمْ نَضْرَةً وَسُرُورًا 76:12
وَجَزَاهُم بِمَا صَبَرُوا جَنَّةً وَحَرِيرًا 76:13 مُّتَّكِئِينَ فِيهَا عَلَى الْأَرَائِكِ لَا يَرَوْنَ فِيهَا شَمْسًا وَلَا زَمْهَرِيرًا 76:14 وَدَانِيَةً عَلَيْهِمْ ظِلَالُهَا وَذُلِّلَتْ
قُطُوفُهَا تَذْلِيلًا 76:15 وَيُطَافُ عَلَيْهِم بِآنِيَةٍ مِّن فِضَّةٍ وَأَكْوَابٍ كَانَتْ قَوَارِيرَا 76:16 قَوَارِيرَ مِن فِضَّةٍ قَدَّرُوهَا تَقْدِيرًا 76:17 وَيُسْقَوْنَ فِيهَا
كَأْسًا كَانَ مِزَاجُهَا زَنجَبِيلًا 76:18 عَيْنًا فِيهَا تُسَمَّىٰ سَلْسَبِيلًا 76:19 وَيَطُوفُ عَلَيْهِمْ وِلْدَانٌ مُّخَلَّدُونَ إِذَا رَأَيْتَهُمْ حَسِبْتَهُمْ لُؤْلُؤًا مَّنثُورًا
76:20 وَإِذَا رَأَيْتَ ثَمَّ رَأَيْتَ نَعِيمًا وَمُلْكًا كَبِيرًا 76:21 عَالِيَهُمْ ثِيَابُ سُندُسٍ خُضْرٌ وَإِسْتَبْرَقٌ وَحُلُّوا أَسَاوِرَ مِن فِضَّةٍ وَسَقَاهُمْ رَبُّهُمْ شَرَابًا
طَهُورًا 76:22 إِنَّ هَٰذَا كَانَ لَكُمْ جَزَاءً وَكَانَ سَعْيُكُم مَّشْكُورًا 76:23 إِنَّا نَحْنُ نَزَّلْنَا عَلَيْكَ الْقُرْآنَ تَنزِيلًا 76:24 فَاصْبِرْ لِحُكْمِ رَبِّكَ وَلَا تُطِعْ مِنْهُمْ
آثِمًا أَوْ كَفُورًا 76:25 وَاذْكُرِ اسْمَ رَبِّكَ بُكْرَةً وَأَصِيلًا 76:26 وَمِنَ اللَّيْلِ فَاسْجُدْ لَهُ وَسَبِّحْهُ لَيْلًا طَوِيلًا 76:27 إِنَّ هَٰؤُلَاءِ يُحِبُّونَ الْعَاجِلَةَ وَيَذَرُونَ
وَرَاءَهُمْ يَوْمًا ثَقِيلًا 76:28 نَّحْنُ خَلَقْنَاهُمْ وَشَدَدْنَا أَسْرَهُمْ وَإِذَا شِئْنَا بَدَّلْنَا أَمْثَالَهُمْ تَبْدِيلًا 76:29 إِنَّ هَٰذِهِ تَذْكِرَةٌ فَمَن شَاءَ اتَّخَذَ إِلَىٰ رَبِّهِ
سَبِيلًا 76:30 وَمَا تَشَاءُونَ إِلَّا أَن يَشَاءَ اللَّهُ إِنَّ اللَّهَ كَانَ عَلِيمًا حَكِيمًا 76:31 يُدْخِلُ مَن يَشَاءُ فِي رَحْمَتِهِ وَالظَّالِمِينَ أَعَدَّ لَهُمْ عَذَابًا أَلِيمًا
77:1 بِسْمِ اللَّهِ الرَّحْمَٰنِ الرَّحِيمِ وَالْمُرْسَلَاتِ عُرْفًا 77:2 فَالْعَاصِفَاتِ عَصْفًا 77:3 وَالنَّاشِرَاتِ نَشْرًا 77:4 فَالْفَارِقَاتِ فَرْقًا 77:5 فَالْمُلْقِيَاتِ ذِكْرًا
77:6 عُذْرًا أَوْ نُذْرًا 77:7 إِنَّمَا تُوعَدُونَ لَوَاقِعٌ 77:8 فَإِذَا النُّجُومُ طُمِسَتْ 77:9 وَإِذَا السَّمَاءُ فُرِجَتْ 77:10 وَإِذَا الْجِبَالُ نُسِفَتْ 77:11 وَإِذَا الرُّسُلُ
أُقِّتَتْ 77:12 لِأَيِّ يَوْمٍ أُجِّلَتْ 77:13 لِيَوْمِ الْفَصْلِ 77:14 وَمَا أَدْرَاكَ مَا يَوْمُ الْفَصْلِ 77:15 وَيْلٌ يَوْمَئِذٍ لِّلْمُكَذِّبِينَ 77:16 أَلَمْ نُهْلِكِ الْأَوَّلِينَ 77:17
ثُمَّ نُتْبِعُهُمُ الْآخِرِينَ 77:18 كَذَٰلِكَ نَفْعَلُ بِالْمُجْرِمِينَ 77:19 وَيْلٌ يَوْمَئِذٍ لِّلْمُكَذِّبِينَ 77:20 أَلَمْ نَخْلُقكُّم مِّن مَّاءٍ مَّهِينٍ 77:21 فَجَعَلْنَاهُ فِي
قَرَارٍ مَّكِينٍ 77:22 إِلَىٰ قَدَرٍ مَّعْلُومٍ 77:23 فَقَدَرْنَا فَنِعْمَ الْقَادِرُونَ 77:24 وَيْلٌ يَوْمَئِذٍ لِّلْمُكَذِّبِينَ 77:25 أَلَمْ نَجْعَلِ الْأَرْضَ كِفَاتًا 77:26 أَحْيَاءً
وَأَمْوَاتًا 77:27 وَجَعَلْنَا فِيهَا رَوَاسِيَ شَامِخَاتٍ وَأَسْقَيْنَاكُم مَّاءً فُرَاتًا 77:28 وَيْلٌ يَوْمَئِذٍ لِّلْمُكَذِّبِينَ 77:29 انطَلِقُوا إِلَىٰ مَا كُنتُم بِهِ تُكَذِّبُونَ
77:30 انطَلِقُوا إِلَىٰ ظِلٍّ ذِي ثَلَاثِ شُعَبٍ 77:31 لَّا ظَلِيلٍ وَلَا يُغْنِي مِنَ اللَّهَبِ 77:32 إِنَّهَا تَرْمِي بِشَرَرٍ كَالْقَصْرِ 77:33 كَأَنَّهُ جِمَالَتٌ صُفْرٌ 77:34
وَيْلٌ يَوْمَئِذٍ لِّلْمُكَذِّبِينَ 77:35 هَٰذَا يَوْمُ لَا يَنطِقُونَ 77:36 وَلَا يُؤْذَنُ لَهُمْ فَيَعْتَذِرُونَ 77:37 وَيْلٌ يَوْمَئِذٍ لِّلْمُكَذِّبِينَ 77:38 هَٰذَا يَوْمُ الْفَصْلِ
جَمَعْنَاكُمْ وَالْأَوَّلِينَ 77:39 فَإِن كَانَ لَكُمْ كَيْدٌ فَكِيدُونِ 77:40 وَيْلٌ يَوْمَئِذٍ لِّلْمُكَذِّبِينَ 77:41 إِنَّ الْمُتَّقِينَ فِي ظِلَالٍ وَعُيُونٍ 77:42 وَفَوَاكِهَ مِمَّا
يَشْتَهُونَ 77:43 كُلُوا وَاشْرَبُوا هَنِيئًا بِمَا كُنتُمْ تَعْمَلُونَ 77:44 إِنَّا كَذَٰلِكَ نَجْزِي الْمُحْسِنِينَ 77:45 وَيْلٌ يَوْمَئِذٍ لِّلْمُكَذِّبِينَ 77:46 كُلُوا وَتَمَتَّعُوا
قَلِيلًا إِنَّكُم مُّجْرِمُونَ 77:47 وَيْلٌ يَوْمَئِذٍ لِّلْمُكَذِّبِينَ 77:48 وَإِذَا قِيلَ لَهُمُ ارْكَعُوا لَا يَرْكَعُونَ 77:49 وَيْلٌ يَوْمَئِذٍ لِّلْمُكَذِّبِينَ 77:50 فَبِأَيِّ حَدِيثٍ
بَعْدَهُ يُؤْمِنُونَ 78:1 بِسْمِ اللَّهِ الرَّحْمَٰنِ الرَّحِيمِ عَمَّ يَتَسَاءَلُونَ 78:2 عَنِ النَّبَإِ الْعَظِيمِ 78:3 الَّذِي هُمْ فِيهِ مُخْتَلِفُونَ 78:4 كَلَّا سَيَعْلَمُونَ
78:5 ثُمَّ كَلَّا سَيَعْلَمُونَ 78:6 أَلَمْ نَجْعَلِ الْأَرْضَ مِهَادًا 78:7 وَالْجِبَالَ أَوْتَادًا 78:8 وَخَلَقْنَاكُمْ أَزْوَاجًا 78:9 وَجَعَلْنَا نَوْمَكُمْ سُبَاتًا 78:10 وَجَعَلْنَا
اللَّيْلَ لِبَاسًا 78:11 وَجَعَلْنَا النَّهَارَ مَعَاشًا 78:12 وَبَنَيْنَا فَوْقَكُمْ سَبْعًا شِدَادًا 78:13 وَجَعَلْنَا سِرَاجًا وَهَّاجًا 78:14 وَأَنزَلْنَا مِنَ الْمُعْصِرَاتِ مَاءً
ثَجَّاجًا 78:15 لِّنُخْرِجَ بِهِ حَبًّا وَنَبَاتًا 78:16 وَجَنَّاتٍ أَلْفَافًا 78:17 إِنَّ يَوْمَ الْفَصْلِ كَانَ مِيقَاتًا 78:18 يَوْمَ يُنفَخُ فِي الصُّورِ فَتَأْتُونَ أَفْوَاجًا 78:19
وَفُتِحَتِ السَّمَاءُ فَكَانَتْ أَبْوَابًا 78:20 وَسُيِّرَتِ الْجِبَالُ فَكَانَتْ سَرَابًا 78:21 إِنَّ جَهَنَّمَ كَانَتْ مِرْصَادًا 78:22 لِّلطَّاغِينَ مَآبًا 78:23 لَّابِثِينَ فِيهَا
أَحْقَابًا 78:24 لَّا يَذُوقُونَ فِيهَا بَرْدًا وَلَا شَرَابًا 78:25 إِلَّا حَمِيمًا وَغَسَّاقًا 78:26 جَزَاءً وِفَاقًا 78:27 إِنَّهُمْ كَانُوا لَا يَرْجُونَ حِسَابًا 78:28 وَكَذَّبُوا
بِآيَاتِنَا كِذَّابًا 78:29 وَكُلَّ شَيْءٍ أَحْصَيْنَاهُ كِتَابًا 78:30 فَذُوقُوا فَلَن نَّزِيدَكُمْ إِلَّا عَذَابًا 78:31 إِنَّ لِلْمُتَّقِينَ مَفَازًا 78:32 حَدَائِقَ وَأَعْنَابًا 78:33
وَكَوَاعِبَ أَتْرَابًا 78:34 وَكَأْسًا دِهَاقًا 78:35 لَّا يَسْمَعُونَ فِيهَا لَغْوًا وَلَا كِذَّابًا 78:36 جَزَاءً مِّن رَّبِّكَ عَطَاءً حِسَابًا 78:37 رَّبِّ السَّمَاوَاتِ وَالْأَرْضِ
وَمَا بَيْنَهُمَا الرَّحْمَٰنِ لَا يَمْلِكُونَ مِنْهُ خِطَابًا 78:38 يَوْمَ يَقُومُ الرُّوحُ وَالْمَلَائِكَةُ صَفًّا لَّا يَتَكَلَّمُونَ إِلَّا مَنْ أَذِنَ لَهُ الرَّحْمَٰنُ وَقَالَ صَوَابًا 78:39

ذَٰلِكَ الْيَوْمُ الْحَقُّ فَمَنْ شَاءَ اتَّخَذَ إِلَىٰ رَبِّهِ مَآبًا 78:40 إِنَّا أَنْذَرْنَاكُمْ عَذَابًا قَرِيبًا يَوْمَ يَنْظُرُ الْمَرْءُ مَا قَدَّمَتْ يَدَاهُ وَيَقُولُ الْكَافِرُ يَا لَيْتَنِي
كُنْتُ تُرَابًا 79:1 بِسْمِ اللَّهِ الرَّحْمَٰنِ الرَّحِيمِ وَالنَّازِعَاتِ غَرْقًا 79:2 وَالنَّاشِطَاتِ نَشْطًا 79:3 وَالسَّابِحَاتِ سَبْحًا 79:4 فَالسَّابِقَاتِ سَبْقًا 79:5
فَالْمُدَبِّرَاتِ أَمْرًا 79:6 يَوْمَ تَرْجُفُ الرَّاجِفَةُ 79:7 تَتْبَعُهَا الرَّادِفَةُ 79:8 قُلُوبٌ يَوْمَئِذٍ وَاجِفَةٌ 79:9 أَبْصَارُهَا خَاشِعَةٌ 79:10 يَقُولُونَ أَإِنَّا لَمَرْدُودُونَ
فِي الْحَافِرَةِ 79:11 أَإِذَا كُنَّا عِظَامًا نَخِرَةً 79:12 قَالُوا تِلْكَ إِذًا كَرَّةٌ خَاسِرَةٌ 79:13 فَإِنَّمَا هِيَ زَجْرَةٌ وَاحِدَةٌ 79:14 فَإِذَا هُمْ بِالسَّاهِرَةِ 79:15 هَلْ
أَتَاكَ حَدِيثُ مُوسَىٰ 79:16 إِذْ نَادَاهُ رَبُّهُ بِالْوَادِ الْمُقَدَّسِ طُوًى 79:17 اذْهَبْ إِلَىٰ فِرْعَوْنَ إِنَّهُ طَغَىٰ 79:18 فَقُلْ هَلْ لَكَ إِلَىٰ أَنْ تَزَكَّىٰ 79:19
وَأَهْدِيَكَ إِلَىٰ رَبِّكَ فَتَخْشَىٰ 79:20 فَأَرَاهُ الْآيَةَ الْكُبْرَىٰ 79:21 فَكَذَّبَ وَعَصَىٰ 79:22 ثُمَّ أَدْبَرَ يَسْعَىٰ 79:23 فَحَشَرَ فَنَادَىٰ 79:24 فَقَالَ أَنَا رَبُّكُمُ
الْأَعْلَىٰ 79:25 فَأَخَذَهُ اللَّهُ نَكَالَ الْآخِرَةِ وَالْأُولَىٰ 79:26 إِنَّ فِي ذَٰلِكَ لَعِبْرَةً لِمَنْ يَخْشَىٰ 79:27 أَأَنْتُمْ أَشَدُّ خَلْقًا أَمِ السَّمَاءُ بَنَاهَا 79:28 رَفَعَ
سَمْكَهَا فَسَوَّاهَا 79:29 وَأَغْطَشَ لَيْلَهَا وَأَخْرَجَ ضُحَاهَا 79:30 وَالْأَرْضَ بَعْدَ ذَٰلِكَ دَحَاهَا 79:31 أَخْرَجَ مِنْهَا مَاءَهَا وَمَرْعَاهَا 79:32 وَالْجِبَالَ
أَرْسَاهَا 79:33 مَتَاعًا لَكُمْ وَلِأَنْعَامِكُمْ 79:34 فَإِذَا جَاءَتِ الطَّامَّةُ الْكُبْرَىٰ 79:35 يَوْمَ يَتَذَكَّرُ الْإِنْسَانُ مَا سَعَىٰ 79:36 وَبُرِّزَتِ الْجَحِيمُ لِمَنْ يَرَىٰ
79:37 فَأَمَّا مَنْ طَغَىٰ 79:38 وَآثَرَ الْحَيَاةَ الدُّنْيَا 79:39 فَإِنَّ الْجَحِيمَ هِيَ الْمَأْوَىٰ 79:40 وَأَمَّا مَنْ خَافَ مَقَامَ رَبِّهِ وَنَهَى النَّفْسَ عَنِ الْهَوَىٰ
79:41 فَإِنَّ الْجَنَّةَ هِيَ الْمَأْوَىٰ 79:42 يَسْأَلُونَكَ عَنِ السَّاعَةِ أَيَّانَ مُرْسَاهَا 79:43 فِيمَ أَنْتَ مِنْ ذِكْرَاهَا 79:44 إِلَىٰ رَبِّكَ مُنْتَهَاهَا 79:45 إِنَّمَا أَنْتَ
مُنْذِرُ مَنْ يَخْشَاهَا 79:46 كَأَنَّهُمْ يَوْمَ يَرَوْنَهَا لَمْ يَلْبَثُوا إِلَّا عَشِيَّةً أَوْ ضُحَاهَا 80:1 بِسْمِ اللَّهِ الرَّحْمَٰنِ الرَّحِيمِ عَبَسَ وَتَوَلَّىٰ 80:2 أَنْ جَاءَهُ
الْأَعْمَىٰ 80:3 وَمَا يُدْرِيكَ لَعَلَّهُ يَزَّكَّىٰ 80:4 أَوْ يَذَّكَّرُ فَتَنْفَعَهُ الذِّكْرَىٰ 80:5 أَمَّا مَنِ اسْتَغْنَىٰ 80:6 فَأَنْتَ لَهُ تَصَدَّىٰ 80:7 وَمَا عَلَيْكَ أَلَّا يَزَّكَّىٰ
80:8 وَأَمَّا مَنْ جَاءَكَ يَسْعَىٰ 80:9 وَهُوَ يَخْشَىٰ 80:10 فَأَنْتَ عَنْهُ تَلَهَّىٰ 80:11 كَلَّا إِنَّهَا تَذْكِرَةٌ 80:12 فَمَنْ شَاءَ ذَكَرَهُ 80:13 فِي صُحُفٍ مُكَرَّمَةٍ
80:14 مَرْفُوعَةٍ مُطَهَّرَةٍ 80:15 بِأَيْدِي سَفَرَةٍ 80:16 كِرَامٍ بَرَرَةٍ 80:17 قُتِلَ الْإِنْسَانُ مَا أَكْفَرَهُ 80:18 مِنْ أَيِّ شَيْءٍ خَلَقَهُ 80:19 مِنْ نُطْفَةٍ خَلَقَهُ
فَقَدَّرَهُ 80:20 ثُمَّ السَّبِيلَ يَسَّرَهُ 80:21 ثُمَّ أَمَاتَهُ فَأَقْبَرَهُ 80:22 ثُمَّ إِذَا شَاءَ أَنْشَرَهُ 80:23 كَلَّا لَمَّا يَقْضِ مَا أَمَرَهُ 80:24 فَلْيَنْظُرِ الْإِنْسَانُ إِلَىٰ
طَعَامِهِ 80:25 أَنَّا صَبَبْنَا الْمَاءَ صَبًّا 80:26 ثُمَّ شَقَقْنَا الْأَرْضَ شَقًّا 80:27 فَأَنْبَتْنَا فِيهَا حَبًّا 80:28 وَعِنَبًا وَقَضْبًا 80:29 وَزَيْتُونًا وَنَخْلًا 80:30
وَحَدَائِقَ غُلْبًا 80:31 وَفَاكِهَةً وَأَبًّا 80:32 مَتَاعًا لَكُمْ وَلِأَنْعَامِكُمْ 80:33 فَإِذَا جَاءَتِ الصَّاخَّةُ 80:34 يَوْمَ يَفِرُّ الْمَرْءُ مِنْ أَخِيهِ 80:35 وَأُمِّهِ وَأَبِيهِ
80:36 وَصَاحِبَتِهِ وَبَنِيهِ 80:37 لِكُلِّ امْرِئٍ مِنْهُمْ يَوْمَئِذٍ شَأْنٌ يُغْنِيهِ 80:38 وُجُوهٌ يَوْمَئِذٍ مُسْفِرَةٌ 80:39 ضَاحِكَةٌ مُسْتَبْشِرَةٌ 80:40 وَوُجُوهٌ
يَوْمَئِذٍ عَلَيْهَا غَبَرَةٌ 80:41 تَرْهَقُهَا قَتَرَةٌ 80:42 أُولَٰئِكَ هُمُ الْكَفَرَةُ الْفَجَرَةُ 81:1 بِسْمِ اللَّهِ الرَّحْمَٰنِ الرَّحِيمِ إِذَا الشَّمْسُ كُوِّرَتْ 81:2 وَإِذَا
النُّجُومُ انْكَدَرَتْ 81:3 وَإِذَا الْجِبَالُ سُيِّرَتْ 81:4 وَإِذَا الْعِشَارُ عُطِّلَتْ 81:5 وَإِذَا الْوُحُوشُ حُشِرَتْ 81:6 وَإِذَا الْبِحَارُ سُجِّرَتْ 81:7 وَإِذَا النُّفُوسُ
زُوِّجَتْ 81:8 وَإِذَا الْمَوْءُودَةُ سُئِلَتْ 81:9 بِأَيِّ ذَنْبٍ قُتِلَتْ 81:10 وَإِذَا الصُّحُفُ نُشِرَتْ 81:11 وَإِذَا السَّمَاءُ كُشِطَتْ 81:12 وَإِذَا الْجَحِيمُ سُعِّرَتْ
81:13 وَإِذَا الْجَنَّةُ أُزْلِفَتْ 81:14 عَلِمَتْ نَفْسٌ مَا أَحْضَرَتْ 81:15 فَلَا أُقْسِمُ بِالْخُنَّسِ 81:16 الْجَوَارِ الْكُنَّسِ 81:17 وَاللَّيْلِ إِذَا عَسْعَسَ 81:18
وَالصُّبْحِ إِذَا تَنَفَّسَ 81:19 إِنَّهُ لَقَوْلُ رَسُولٍ كَرِيمٍ 81:20 ذِي قُوَّةٍ عِنْدَ ذِي الْعَرْشِ مَكِينٍ 81:21 مُطَاعٍ ثَمَّ أَمِينٍ 81:22 وَمَا صَاحِبُكُمْ بِمَجْنُونٍ
81:23 وَلَقَدْ رَآهُ بِالْأُفُقِ الْمُبِينِ 81:24 وَمَا هُوَ عَلَى الْغَيْبِ بِضَنِينٍ 81:25 وَمَا هُوَ بِقَوْلِ شَيْطَانٍ رَجِيمٍ 81:26 فَأَيْنَ تَذْهَبُونَ 81:27 إِنْ هُوَ إِلَّا
ذِكْرٌ لِلْعَالَمِينَ 81:28 لِمَنْ شَاءَ مِنْكُمْ أَنْ يَسْتَقِيمَ 81:29 وَمَا تَشَاءُونَ إِلَّا أَنْ يَشَاءَ اللَّهُ رَبُّ الْعَالَمِينَ 82:1 بِسْمِ اللَّهِ الرَّحْمَٰنِ الرَّحِيمِ إِذَا
السَّمَاءُ انْفَطَرَتْ 82:2 وَإِذَا الْكَوَاكِبُ انْتَثَرَتْ 82:3 وَإِذَا الْبِحَارُ فُجِّرَتْ 82:4 وَإِذَا الْقُبُورُ بُعْثِرَتْ 82:5 عَلِمَتْ نَفْسٌ مَا قَدَّمَتْ وَأَخَّرَتْ 82:6 يَا
أَيُّهَا الْإِنْسَانُ مَا غَرَّكَ بِرَبِّكَ الْكَرِيمِ 82:7 الَّذِي خَلَقَكَ فَسَوَّاكَ فَعَدَلَكَ 82:8 فِي أَيِّ صُورَةٍ مَا شَاءَ رَكَّبَكَ 82:9 كَلَّا بَلْ تُكَذِّبُونَ بِالدِّينِ 82:10
وَإِنَّ عَلَيْكُمْ لَحَافِظِينَ 82:11 كِرَامًا كَاتِبِينَ 82:12 يَعْلَمُونَ مَا تَفْعَلُونَ 82:13 إِنَّ الْأَبْرَارَ لَفِي نَعِيمٍ 82:14 وَإِنَّ الْفُجَّارَ لَفِي جَحِيمٍ 82:15
يَصْلَوْنَهَا يَوْمَ الدِّينِ 82:16 وَمَا هُمْ عَنْهَا بِغَائِبِينَ 82:17 وَمَا أَدْرَاكَ مَا يَوْمُ الدِّينِ 82:18 ثُمَّ مَا أَدْرَاكَ مَا يَوْمُ الدِّينِ 82:19 يَوْمَ لَا تَمْلِكُ

نَفْسٌ لِنَفْسٍ شَيْئًا وَالْأَمْرُ يَوْمَئِذٍ لِلَّهِ 83:1 بِسْمِ اللَّهِ الرَّحْمَٰنِ الرَّحِيمِ وَيْلٌ لِلْمُطَفِّفِينَ 83:2 الَّذِينَ إِذَا اكْتَالُوا عَلَى النَّاسِ يَسْتَوْفُونَ 83:3
وَإِذَا كَالُوهُمْ أَوْ وَزَنُوهُمْ يُخْسِرُونَ 83:4 أَلَا يَظُنُّ أُولَٰئِكَ أَنَّهُمْ مَبْعُوثُونَ 83:5 لِيَوْمٍ عَظِيمٍ 83:6 يَوْمَ يَقُومُ النَّاسُ لِرَبِّ الْعَالَمِينَ 83:7 كَلَّا إِنَّ
كِتَابَ الْفُجَّارِ لَفِي سِجِّينٍ 83:8 وَمَا أَدْرَاكَ مَا سِجِّينٌ 83:9 كِتَابٌ مَرْقُومٌ 83:10 وَيْلٌ يَوْمَئِذٍ لِلْمُكَذِّبِينَ 83:11 الَّذِينَ يُكَذِّبُونَ بِيَوْمِ الدِّينِ 83:12
وَمَا يُكَذِّبُ بِهِ إِلَّا كُلُّ مُعْتَدٍ أَثِيمٍ 83:13 إِذَا تُتْلَىٰ عَلَيْهِ آيَاتُنَا قَالَ أَسَاطِيرُ الْأَوَّلِينَ 83:14 كَلَّا بَلْ رَانَ عَلَىٰ قُلُوبِهِمْ مَا كَانُوا يَكْسِبُونَ 83:15
كَلَّا إِنَّهُمْ عَنْ رَبِّهِمْ يَوْمَئِذٍ لَمَحْجُوبُونَ 83:16 ثُمَّ إِنَّهُمْ لَصَالُو الْجَحِيمِ 83:17 ثُمَّ يُقَالُ هَٰذَا الَّذِي كُنْتُمْ بِهِ تُكَذِّبُونَ 83:18 كَلَّا إِنَّ كِتَابَ الْأَبْرَارِ
لَفِي عِلِّيِّينَ 83:19 وَمَا أَدْرَاكَ مَا عِلِّيُّونَ 83:20 كِتَابٌ مَرْقُومٌ 83:21 يَشْهَدُهُ الْمُقَرَّبُونَ 83:22 إِنَّ الْأَبْرَارَ لَفِي نَعِيمٍ 83:23 عَلَى الْأَرَائِكِ يَنْظُرُونَ
83:24 تَعْرِفُ فِي وُجُوهِهِمْ نَضْرَةَ النَّعِيمِ 83:25 يُسْقَوْنَ مِنْ رَحِيقٍ مَخْتُومٍ 83:26 خِتَامُهُ مِسْكٌ وَفِي ذَٰلِكَ فَلْيَتَنَافَسِ الْمُتَنَافِسُونَ 83:27
وَمِزَاجُهُ مِنْ تَسْنِيمٍ 83:28 عَيْنًا يَشْرَبُ بِهَا الْمُقَرَّبُونَ 83:29 إِنَّ الَّذِينَ أَجْرَمُوا كَانُوا مِنَ الَّذِينَ آمَنُوا يَضْحَكُونَ 83:30 وَإِذَا مَرُّوا بِهِمْ
يَتَغَامَزُونَ 83:31 وَإِذَا انْقَلَبُوا إِلَىٰ أَهْلِهِمُ انْقَلَبُوا فَكِهِينَ 83:32 وَإِذَا رَأَوْهُمْ قَالُوا إِنَّ هَٰؤُلَاءِ لَضَالُّونَ 83:33 وَمَا أُرْسِلُوا عَلَيْهِمْ حَافِظِينَ
83:34 فَالْيَوْمَ الَّذِينَ آمَنُوا مِنَ الْكُفَّارِ يَضْحَكُونَ 83:35 عَلَى الْأَرَائِكِ يَنْظُرُونَ 83:36 هَلْ ثُوِّبَ الْكُفَّارُ مَا كَانُوا يَفْعَلُونَ 84:1 بِسْمِ اللَّهِ الرَّحْمَٰنِ
الرَّحِيمِ إِذَا السَّمَاءُ انْشَقَّتْ 84:2 وَأَذِنَتْ لِرَبِّهَا وَحُقَّتْ 84:3 وَإِذَا الْأَرْضُ مُدَّتْ 84:4 وَأَلْقَتْ مَا فِيهَا وَتَخَلَّتْ 84:5 وَأَذِنَتْ لِرَبِّهَا وَحُقَّتْ 84:6
يَا أَيُّهَا الْإِنْسَانُ إِنَّكَ كَادِحٌ إِلَىٰ رَبِّكَ كَدْحًا فَمُلَاقِيهِ 84:7 فَأَمَّا مَنْ أُوتِيَ كِتَابَهُ بِيَمِينِهِ 84:8 فَسَوْفَ يُحَاسَبُ حِسَابًا يَسِيرًا 84:9 وَيَنْقَلِبُ
إِلَىٰ أَهْلِهِ مَسْرُورًا 84:10 وَأَمَّا مَنْ أُوتِيَ كِتَابَهُ وَرَاءَ ظَهْرِهِ 84:11 فَسَوْفَ يَدْعُو ثُبُورًا 84:12 وَيَصْلَىٰ سَعِيرًا 84:13 إِنَّهُ كَانَ فِي أَهْلِهِ مَسْرُورًا
84:14 إِنَّهُ ظَنَّ أَنْ لَنْ يَحُورَ 84:15 بَلَىٰ إِنَّ رَبَّهُ كَانَ بِهِ بَصِيرًا 84:16 فَلَا أُقْسِمُ بِالشَّفَقِ 84:17 وَاللَّيْلِ وَمَا وَسَقَ 84:18 وَالْقَمَرِ إِذَا اتَّسَقَ 84:19
لَتَرْكَبُنَّ طَبَقًا عَنْ طَبَقٍ 84:20 فَمَا لَهُمْ لَا يُؤْمِنُونَ 84:21 وَإِذَا قُرِئَ عَلَيْهِمُ الْقُرْآنُ لَا يَسْجُدُونَ 84:22 بَلِ الَّذِينَ كَفَرُوا يُكَذِّبُونَ 84:23 وَاللَّهُ
أَعْلَمُ بِمَا يُوعُونَ 84:24 فَبَشِّرْهُمْ بِعَذَابٍ أَلِيمٍ 84:25 إِلَّا الَّذِينَ آمَنُوا وَعَمِلُوا الصَّالِحَاتِ لَهُمْ أَجْرٌ غَيْرُ مَمْنُونٍ 85:1 بِسْمِ اللَّهِ الرَّحْمَٰنِ
الرَّحِيمِ وَالسَّمَاءِ ذَاتِ الْبُرُوجِ 85:2 وَالْيَوْمِ الْمَوْعُودِ 85:3 وَشَاهِدٍ وَمَشْهُودٍ 85:4 قُتِلَ أَصْحَابُ الْأُخْدُودِ 85:5 النَّارِ ذَاتِ الْوَقُودِ 85:6 إِذْ هُمْ
عَلَيْهَا قُعُودٌ 85:7 وَهُمْ عَلَىٰ مَا يَفْعَلُونَ بِالْمُؤْمِنِينَ شُهُودٌ 85:8 وَمَا نَقَمُوا مِنْهُمْ إِلَّا أَنْ يُؤْمِنُوا بِاللَّهِ الْعَزِيزِ الْحَمِيدِ 85:9 الَّذِي لَهُ مُلْكُ
السَّمَاوَاتِ وَالْأَرْضِ وَاللَّهُ عَلَىٰ كُلِّ شَيْءٍ شَهِيدٌ 85:10 إِنَّ الَّذِينَ فَتَنُوا الْمُؤْمِنِينَ وَالْمُؤْمِنَاتِ ثُمَّ لَمْ يَتُوبُوا فَلَهُمْ عَذَابُ جَهَنَّمَ وَلَهُمْ
عَذَابُ الْحَرِيقِ 85:11 إِنَّ الَّذِينَ آمَنُوا وَعَمِلُوا الصَّالِحَاتِ لَهُمْ جَنَّاتٌ تَجْرِي مِنْ تَحْتِهَا الْأَنْهَارُ ذَٰلِكَ الْفَوْزُ الْكَبِيرُ 85:12 إِنَّ بَطْشَ رَبِّكَ
لَشَدِيدٌ 85:13 إِنَّهُ هُوَ يُبْدِئُ وَيُعِيدُ 85:14 وَهُوَ الْغَفُورُ الْوَدُودُ 85:15 ذُو الْعَرْشِ الْمَجِيدُ 85:16 فَعَّالٌ لِمَا يُرِيدُ 85:17 هَلْ أَتَاكَ حَدِيثُ الْجُنُودِ
85:18 فِرْعَوْنَ وَثَمُودَ 85:19 بَلِ الَّذِينَ كَفَرُوا فِي تَكْذِيبٍ 85:20 وَاللَّهُ مِنْ وَرَائِهِمْ مُحِيطٌ 85:21 بَلْ هُوَ قُرْآنٌ مَجِيدٌ 85:22 فِي لَوْحٍ مَحْفُوظٍ
86:1 بِسْمِ اللَّهِ الرَّحْمَٰنِ الرَّحِيمِ وَالسَّمَاءِ وَالطَّارِقِ 86:2 وَمَا أَدْرَاكَ مَا الطَّارِقُ 86:3 النَّجْمُ الثَّاقِبُ 86:4 إِنْ كُلُّ نَفْسٍ لَمَّا عَلَيْهَا حَافِظٌ 86:5
فَلْيَنْظُرِ الْإِنْسَانُ مِمَّ خُلِقَ 86:6 خُلِقَ مِنْ مَاءٍ دَافِقٍ 86:7 يَخْرُجُ مِنْ بَيْنِ الصُّلْبِ وَالتَّرَائِبِ 86:8 إِنَّهُ عَلَىٰ رَجْعِهِ لَقَادِرٌ 86:9 يَوْمَ تُبْلَى
السَّرَائِرُ 86:10 فَمَا لَهُ مِنْ قُوَّةٍ وَلَا نَاصِرٍ 86:11 وَالسَّمَاءِ ذَاتِ الرَّجْعِ 86:12 وَالْأَرْضِ ذَاتِ الصَّدْعِ 86:13 إِنَّهُ لَقَوْلٌ فَصْلٌ 86:14 وَمَا هُوَ بِالْهَزْلِ
86:15 إِنَّهُمْ يَكِيدُونَ كَيْدًا 86:16 وَأَكِيدُ كَيْدًا 86:17 فَمَهِّلِ الْكَافِرِينَ أَمْهِلْهُمْ رُوَيْدًا 87:1 بِسْمِ اللَّهِ الرَّحْمَٰنِ الرَّحِيمِ سَبِّحِ اسْمَ رَبِّكَ الْأَعْلَى
87:2 الَّذِي خَلَقَ فَسَوَّىٰ 87:3 وَالَّذِي قَدَّرَ فَهَدَىٰ 87:4 وَالَّذِي أَخْرَجَ الْمَرْعَىٰ 87:5 فَجَعَلَهُ غُثَاءً أَحْوَىٰ 87:6 سَنُقْرِئُكَ فَلَا تَنْسَىٰ 87:7 إِلَّا مَا
شَاءَ اللَّهُ إِنَّهُ يَعْلَمُ الْجَهْرَ وَمَا يَخْفَىٰ 87:8 وَنُيَسِّرُكَ لِلْيُسْرَىٰ 87:9 فَذَكِّرْ إِنْ نَفَعَتِ الذِّكْرَىٰ 87:10 سَيَذَّكَّرُ مَنْ يَخْشَىٰ 87:11 وَيَتَجَنَّبُهَا
الْأَشْقَى 87:12 الَّذِي يَصْلَى النَّارَ الْكُبْرَىٰ 87:13 ثُمَّ لَا يَمُوتُ فِيهَا وَلَا يَحْيَىٰ 87:14 قَدْ أَفْلَحَ مَنْ تَزَكَّىٰ 87:15 وَذَكَرَ اسْمَ رَبِّهِ فَصَلَّىٰ 87:16 بَلْ
تُؤْثِرُونَ الْحَيَاةَ الدُّنْيَا 87:17 وَالْآخِرَةُ خَيْرٌ وَأَبْقَىٰ 87:18 إِنَّ هَٰذَا لَفِي الصُّحُفِ الْأُولَىٰ 87:19 صُحُفِ إِبْرَاهِيمَ وَمُوسَىٰ 88:1 بِسْمِ اللَّهِ الرَّحْمَٰنِ

الرَّحِيمِ هَلْ أَتَاكَ حَدِيثُ الْغَاشِيَةِ 88:2 وُجُوهٌ يَوْمَئِذٍ خَاشِعَةٌ 88:3 عَامِلَةٌ نَاصِبَةٌ 88:4 تَصْلَىٰ نَارًا حَامِيَةً 88:5 تُسْقَىٰ مِنْ عَيْنٍ آنِيَةٍ 88:6
لَيْسَ لَهُمْ طَعَامٌ إِلَّا مِنْ ضَرِيعٍ 88:7 لَا يُسْمِنُ وَلَا يُغْنِي مِنْ جُوعٍ 88:8 وُجُوهٌ يَوْمَئِذٍ نَاعِمَةٌ 88:9 لِسَعْيِهَا رَاضِيَةٌ 88:10 فِي جَنَّةٍ عَالِيَةٍ
88:11 لَا تَسْمَعُ فِيهَا لَاغِيَةً 88:12 فِيهَا عَيْنٌ جَارِيَةٌ 88:13 فِيهَا سُرُرٌ مَرْفُوعَةٌ 88:14 وَأَكْوَابٌ مَوْضُوعَةٌ 88:15 وَنَمَارِقُ مَصْفُوفَةٌ 88:16 وَزَرَابِيُّ
مَبْثُوثَةٌ 88:17 أَفَلَا يَنْظُرُونَ إِلَى الْإِبِلِ كَيْفَ خُلِقَتْ 88:18 وَإِلَى السَّمَاءِ كَيْفَ رُفِعَتْ 88:19 وَإِلَى الْجِبَالِ كَيْفَ نُصِبَتْ 88:20 وَإِلَى الْأَرْضِ
كَيْفَ سُطِحَتْ 88:21 فَذَكِّرْ إِنَّمَا أَنْتَ مُذَكِّرٌ 88:22 لَسْتَ عَلَيْهِمْ بِمُصَيْطِرٍ 88:23 إِلَّا مَنْ تَوَلَّىٰ وَكَفَرَ 88:24 فَيُعَذِّبُهُ اللَّهُ الْعَذَابَ الْأَكْبَرَ 88:25
إِنَّ إِلَيْنَا إِيَابَهُمْ 88:26 ثُمَّ إِنَّ عَلَيْنَا حِسَابَهُمْ 89:1 بِسْمِ اللَّهِ الرَّحْمَٰنِ الرَّحِيمِ وَالْفَجْرِ 89:2 وَلَيَالٍ عَشْرٍ 89:3 وَالشَّفْعِ وَالْوَتْرِ 89:4 وَاللَّيْلِ إِذَا
يَسْرِ 89:5 هَلْ فِي ذَٰلِكَ قَسَمٌ لِذِي حِجْرٍ 89:6 أَلَمْ تَرَ كَيْفَ فَعَلَ رَبُّكَ بِعَادٍ 89:7 إِرَمَ ذَاتِ الْعِمَادِ 89:8 الَّتِي لَمْ يُخْلَقْ مِثْلُهَا فِي الْبِلَادِ 89:9
وَثَمُودَ الَّذِينَ جَابُوا الصَّخْرَ بِالْوَادِ 89:10 وَفِرْعَوْنَ ذِي الْأَوْتَادِ 89:11 الَّذِينَ طَغَوْا فِي الْبِلَادِ 89:12 فَأَكْثَرُوا فِيهَا الْفَسَادَ 89:13 فَصَبَّ عَلَيْهِمْ
رَبُّكَ سَوْطَ عَذَابٍ 89:14 إِنَّ رَبَّكَ لَبِالْمِرْصَادِ 89:15 فَأَمَّا الْإِنْسَانُ إِذَا مَا ابْتَلَاهُ رَبُّهُ فَأَكْرَمَهُ وَنَعَّمَهُ فَيَقُولُ رَبِّي أَكْرَمَنِ 89:16 وَأَمَّا إِذَا مَا
ابْتَلَاهُ فَقَدَرَ عَلَيْهِ رِزْقَهُ فَيَقُولُ رَبِّي أَهَانَنِ 89:17 كَلَّا بَلْ لَا تُكْرِمُونَ الْيَتِيمَ 89:18 وَلَا تَحَاضُّونَ عَلَىٰ طَعَامِ الْمِسْكِينِ 89:19 وَتَأْكُلُونَ التُّرَاثَ
أَكْلًا لَمًّا 89:20 وَتُحِبُّونَ الْمَالَ حُبًّا جَمًّا 89:21 كَلَّا إِذَا دُكَّتِ الْأَرْضُ دَكًّا دَكًّا 89:22 وَجَاءَ رَبُّكَ وَالْمَلَكُ صَفًّا صَفًّا 89:23 وَجِيءَ يَوْمَئِذٍ بِجَهَنَّمَ
يَوْمَئِذٍ يَتَذَكَّرُ الْإِنْسَانُ وَأَنَّىٰ لَهُ الذِّكْرَىٰ 89:24 يَقُولُ يَا لَيْتَنِي قَدَّمْتُ لِحَيَاتِي 89:25 فَيَوْمَئِذٍ لَا يُعَذِّبُ عَذَابَهُ أَحَدٌ 89:26 وَلَا يُوثِقُ وَثَاقَهُ
أَحَدٌ 89:27 يَا أَيَّتُهَا النَّفْسُ الْمُطْمَئِنَّةُ 89:28 ارْجِعِي إِلَىٰ رَبِّكِ رَاضِيَةً مَرْضِيَّةً 89:29 فَادْخُلِي فِي عِبَادِي 89:30 وَادْخُلِي جَنَّتِي 90:1 بِسْمِ
اللَّهِ الرَّحْمَٰنِ الرَّحِيمِ لَا أُقْسِمُ بِهَٰذَا الْبَلَدِ 90:2 وَأَنْتَ حِلٌّ بِهَٰذَا الْبَلَدِ 90:3 وَوَالِدٍ وَمَا وَلَدَ 90:4 لَقَدْ خَلَقْنَا الْإِنْسَانَ فِي كَبَدٍ 90:5 أَيَحْسَبُ
أَنْ لَنْ يَقْدِرَ عَلَيْهِ أَحَدٌ 90:6 يَقُولُ أَهْلَكْتُ مَالًا لُبَدًا 90:7 أَيَحْسَبُ أَنْ لَمْ يَرَهُ أَحَدٌ 90:8 أَلَمْ نَجْعَلْ لَهُ عَيْنَيْنِ 90:9 وَلِسَانًا وَشَفَتَيْنِ 90:10
وَهَدَيْنَاهُ النَّجْدَيْنِ 90:11 فَلَا اقْتَحَمَ الْعَقَبَةَ 90:12 وَمَا أَدْرَاكَ مَا الْعَقَبَةُ 90:13 فَكُّ رَقَبَةٍ 90:14 أَوْ إِطْعَامٌ فِي يَوْمٍ ذِي مَسْغَبَةٍ 90:15 يَتِيمًا
ذَا مَقْرَبَةٍ 90:16 أَوْ مِسْكِينًا ذَا مَتْرَبَةٍ 90:17 ثُمَّ كَانَ مِنَ الَّذِينَ آمَنُوا وَتَوَاصَوْا بِالصَّبْرِ وَتَوَاصَوْا بِالْمَرْحَمَةِ 90:18 أُولَٰئِكَ أَصْحَابُ الْمَيْمَنَةِ
90:19 وَالَّذِينَ كَفَرُوا بِآيَاتِنَا هُمْ أَصْحَابُ الْمَشْأَمَةِ 90:20 عَلَيْهِمْ نَارٌ مُؤْصَدَةٌ 91:1 بِسْمِ اللَّهِ الرَّحْمَٰنِ الرَّحِيمِ وَالشَّمْسِ وَضُحَاهَا 91:2 وَالْقَمَرِ
إِذَا تَلَاهَا 91:3 وَالنَّهَارِ إِذَا جَلَّاهَا 91:4 وَاللَّيْلِ إِذَا يَغْشَاهَا 91:5 وَالسَّمَاءِ وَمَا بَنَاهَا 91:6 وَالْأَرْضِ وَمَا طَحَاهَا 91:7 وَنَفْسٍ وَمَا سَوَّاهَا 91:8
فَأَلْهَمَهَا فُجُورَهَا وَتَقْوَاهَا 91:9 قَدْ أَفْلَحَ مَنْ زَكَّاهَا 91:10 وَقَدْ خَابَ مَنْ دَسَّاهَا 91:11 كَذَّبَتْ ثَمُودُ بِطَغْوَاهَا 91:12 إِذِ انْبَعَثَ أَشْقَاهَا 91:13
فَقَالَ لَهُمْ رَسُولُ اللَّهِ نَاقَةَ اللَّهِ وَسُقْيَاهَا 91:14 فَكَذَّبُوهُ فَعَقَرُوهَا فَدَمْدَمَ عَلَيْهِمْ رَبُّهُمْ بِذَنْبِهِمْ فَسَوَّاهَا 91:15 وَلَا يَخَافُ عُقْبَاهَا 92:1
بِسْمِ اللَّهِ الرَّحْمَٰنِ الرَّحِيمِ وَاللَّيْلِ إِذَا يَغْشَىٰ 92:2 وَالنَّهَارِ إِذَا تَجَلَّىٰ 92:3 وَمَا خَلَقَ الذَّكَرَ وَالْأُنْثَىٰ 92:4 إِنَّ سَعْيَكُمْ لَشَتَّىٰ 92:5 فَأَمَّا مَنْ
أَعْطَىٰ وَاتَّقَىٰ 92:6 وَصَدَّقَ بِالْحُسْنَىٰ 92:7 فَسَنُيَسِّرُهُ لِلْيُسْرَىٰ 92:8 وَأَمَّا مَنْ بَخِلَ وَاسْتَغْنَىٰ 92:9 وَكَذَّبَ بِالْحُسْنَىٰ 92:10 فَسَنُيَسِّرُهُ
لِلْعُسْرَىٰ 92:11 وَمَا يُغْنِي عَنْهُ مَالُهُ إِذَا تَرَدَّىٰ 92:12 إِنَّ عَلَيْنَا لَلْهُدَىٰ 92:13 وَإِنَّ لَنَا لَلْآخِرَةَ وَالْأُولَىٰ 92:14 فَأَنْذَرْتُكُمْ نَارًا تَلَظَّىٰ 92:15 لَا
يَصْلَاهَا إِلَّا الْأَشْقَى 92:16 الَّذِي كَذَّبَ وَتَوَلَّىٰ 92:17 وَسَيُجَنَّبُهَا الْأَتْقَى 92:18 الَّذِي يُؤْتِي مَالَهُ يَتَزَكَّىٰ 92:19 وَمَا لِأَحَدٍ عِنْدَهُ مِنْ نِعْمَةٍ
تُجْزَىٰ 92:20 إِلَّا ابْتِغَاءَ وَجْهِ رَبِّهِ الْأَعْلَىٰ 92:21 وَلَسَوْفَ يَرْضَىٰ 93:1 بِسْمِ اللَّهِ الرَّحْمَٰنِ الرَّحِيمِ وَالضُّحَىٰ 93:2 وَاللَّيْلِ إِذَا سَجَىٰ 93:3 مَا
وَدَّعَكَ رَبُّكَ وَمَا قَلَىٰ 93:4 وَلَلْآخِرَةُ خَيْرٌ لَكَ مِنَ الْأُولَىٰ 93:5 وَلَسَوْفَ يُعْطِيكَ رَبُّكَ فَتَرْضَىٰ 93:6 أَلَمْ يَجِدْكَ يَتِيمًا فَآوَىٰ 93:7 وَوَجَدَكَ
ضَالًّا فَهَدَىٰ 93:8 وَوَجَدَكَ عَائِلًا فَأَغْنَىٰ 93:9 فَأَمَّا الْيَتِيمَ فَلَا تَقْهَرْ 93:10 وَأَمَّا السَّائِلَ فَلَا تَنْهَرْ 93:11 وَأَمَّا بِنِعْمَةِ رَبِّكَ فَحَدِّثْ 94:1 بِسْمِ
اللَّهِ الرَّحْمَٰنِ الرَّحِيمِ أَلَمْ نَشْرَحْ لَكَ صَدْرَكَ 94:2 وَوَضَعْنَا عَنْكَ وِزْرَكَ 94:3 الَّذِي أَنْقَضَ ظَهْرَكَ 94:4 وَرَفَعْنَا لَكَ ذِكْرَكَ 94:5 فَإِنَّ مَعَ الْعُسْرِ
يُسْرًا 94:6 إِنَّ مَعَ الْعُسْرِ يُسْرًا 94:7 فَإِذَا فَرَغْتَ فَانْصَبْ 94:8 وَإِلَىٰ رَبِّكَ فَارْغَبْ 95:1 بِسْمِ اللَّهِ الرَّحْمَٰنِ الرَّحِيمِ وَالتِّينِ وَالزَّيْتُونِ 95:2 وَطُورِ

سِينِينَ 95:3 وَهَٰذَا الْبَلَدِ الْأَمِينِ 95:4 لَقَدْ خَلَقْنَا الْإِنْسَانَ فِي أَحْسَنِ تَقْوِيمٍ 95:5 ثُمَّ رَدَدْنَاهُ أَسْفَلَ سَافِلِينَ 95:6 إِلَّا الَّذِينَ آمَنُوا وَعَمِلُوا
الصَّالِحَاتِ فَلَهُمْ أَجْرٌ غَيْرُ مَمْنُونٍ 95:7 فَمَا يُكَذِّبُكَ بَعْدُ بِالدِّينِ 95:8 أَلَيْسَ اللَّهُ بِأَحْكَمِ الْحَاكِمِينَ 96:1 بِسْمِ اللَّهِ الرَّحْمَٰنِ الرَّحِيمِ اقْرَأْ
بِاسْمِ رَبِّكَ الَّذِي خَلَقَ 96:2 خَلَقَ الْإِنْسَانَ مِنْ عَلَقٍ 96:3 اقْرَأْ وَرَبُّكَ الْأَكْرَمُ 96:4 الَّذِي عَلَّمَ بِالْقَلَمِ 96:5 عَلَّمَ الْإِنْسَانَ مَا لَمْ يَعْلَمْ 96:6 كَلَّا
إِنَّ الْإِنْسَانَ لَيَطْغَىٰ 96:7 أَنْ رَآهُ اسْتَغْنَىٰ 96:8 إِنَّ إِلَىٰ رَبِّكَ الرُّجْعَىٰ 96:9 أَرَأَيْتَ الَّذِي يَنْهَىٰ 96:10 عَبْدًا إِذَا صَلَّىٰ 96:11 أَرَأَيْتَ إِنْ كَانَ عَلَى
الْهُدَىٰ 96:12 أَوْ أَمَرَ بِالتَّقْوَىٰ 96:13 أَرَأَيْتَ إِنْ كَذَّبَ وَتَوَلَّىٰ 96:14 أَلَمْ يَعْلَمْ بِأَنَّ اللَّهَ يَرَىٰ 96:15 كَلَّا لَئِنْ لَمْ يَنْتَهِ لَنَسْفَعًا بِالنَّاصِيَةِ 96:16
نَاصِيَةٍ كَاذِبَةٍ خَاطِئَةٍ 96:17 فَلْيَدْعُ نَادِيَهُ 96:18 سَنَدْعُ الزَّبَانِيَةَ 96:19 كَلَّا لَا تُطِعْهُ وَاسْجُدْ وَاقْتَرِبْ 97:1 بِسْمِ اللَّهِ الرَّحْمَٰنِ الرَّحِيمِ إِنَّا
أَنْزَلْنَاهُ فِي لَيْلَةِ الْقَدْرِ 97:2 وَمَا أَدْرَاكَ مَا لَيْلَةُ الْقَدْرِ 97:3 لَيْلَةُ الْقَدْرِ خَيْرٌ مِنْ أَلْفِ شَهْرٍ 97:4 تَنَزَّلُ الْمَلَائِكَةُ وَالرُّوحُ فِيهَا بِإِذْنِ رَبِّهِمْ مِنْ
كُلِّ أَمْرٍ 97:5 سَلَامٌ هِيَ حَتَّىٰ مَطْلَعِ الْفَجْرِ 98:1 بِسْمِ اللَّهِ الرَّحْمَٰنِ الرَّحِيمِ لَمْ يَكُنِ الَّذِينَ كَفَرُوا مِنْ أَهْلِ الْكِتَابِ وَالْمُشْرِكِينَ مُنْفَكِّينَ
حَتَّىٰ تَأْتِيَهُمُ الْبَيِّنَةُ 98:2 رَسُولٌ مِنَ اللَّهِ يَتْلُو صُحُفًا مُطَهَّرَةً 98:3 فِيهَا كُتُبٌ قَيِّمَةٌ 98:4 وَمَا تَفَرَّقَ الَّذِينَ أُوتُوا الْكِتَابَ إِلَّا مِنْ بَعْدِ مَا
جَاءَتْهُمُ الْبَيِّنَةُ 98:5 وَمَا أُمِرُوا إِلَّا لِيَعْبُدُوا اللَّهَ مُخْلِصِينَ لَهُ الدِّينَ حُنَفَاءَ وَيُقِيمُوا الصَّلَاةَ وَيُؤْتُوا الزَّكَاةَ وَذَٰلِكَ دِينُ الْقَيِّمَةِ 98:6 إِنَّ الَّذِينَ
كَفَرُوا مِنْ أَهْلِ الْكِتَابِ وَالْمُشْرِكِينَ فِي نَارِ جَهَنَّمَ خَالِدِينَ فِيهَا أُولَٰئِكَ هُمْ شَرُّ الْبَرِيَّةِ 98:7 إِنَّ الَّذِينَ آمَنُوا وَعَمِلُوا الصَّالِحَاتِ أُولَٰئِكَ هُمْ
خَيْرُ الْبَرِيَّةِ 98:8 جَزَاؤُهُمْ عِنْدَ رَبِّهِمْ جَنَّاتُ عَدْنٍ تَجْرِي مِنْ تَحْتِهَا الْأَنْهَارُ خَالِدِينَ فِيهَا أَبَدًا رَضِيَ اللَّهُ عَنْهُمْ وَرَضُوا عَنْهُ ذَٰلِكَ لِمَنْ
خَشِيَ رَبَّهُ 99:1 بِسْمِ اللَّهِ الرَّحْمَٰنِ الرَّحِيمِ إِذَا زُلْزِلَتِ الْأَرْضُ زِلْزَالَهَا 99:2 وَأَخْرَجَتِ الْأَرْضُ أَثْقَالَهَا 99:3 وَقَالَ الْإِنْسَانُ مَا لَهَا 99:4 يَوْمَئِذٍ
تُحَدِّثُ أَخْبَارَهَا 99:5 بِأَنَّ رَبَّكَ أَوْحَىٰ لَهَا 99:6 يَوْمَئِذٍ يَصْدُرُ النَّاسُ أَشْتَاتًا لِيُرَوْا أَعْمَالَهُمْ 99:7 فَمَنْ يَعْمَلْ مِثْقَالَ ذَرَّةٍ خَيْرًا يَرَهُ 99:8 وَمَنْ
يَعْمَلْ مِثْقَالَ ذَرَّةٍ شَرًّا يَرَهُ 100:1 بِسْمِ اللَّهِ الرَّحْمَٰنِ الرَّحِيمِ وَالْعَادِيَاتِ ضَبْحًا 100:2 فَالْمُورِيَاتِ قَدْحًا 100:3 فَالْمُغِيرَاتِ صُبْحًا 100:4 فَأَثَرْنَ
بِهِ نَقْعًا 100:5 فَوَسَطْنَ بِهِ جَمْعًا 100:6 إِنَّ الْإِنْسَانَ لِرَبِّهِ لَكَنُودٌ 100:7 وَإِنَّهُ عَلَىٰ ذَٰلِكَ لَشَهِيدٌ 100:8 وَإِنَّهُ لِحُبِّ الْخَيْرِ لَشَدِيدٌ 100:9 أَفَلَا
يَعْلَمُ إِذَا بُعْثِرَ مَا فِي الْقُبُورِ 100:10 وَحُصِّلَ مَا فِي الصُّدُورِ 100:11 إِنَّ رَبَّهُمْ بِهِمْ يَوْمَئِذٍ لَخَبِيرٌ 101:1 بِسْمِ اللَّهِ الرَّحْمَٰنِ الرَّحِيمِ الْقَارِعَةُ
101:2 مَا الْقَارِعَةُ 101:3 وَمَا أَدْرَاكَ مَا الْقَارِعَةُ 101:4 يَوْمَ يَكُونُ النَّاسُ كَالْفَرَاشِ الْمَبْثُوثِ 101:5 وَتَكُونُ الْجِبَالُ كَالْعِهْنِ الْمَنْفُوشِ 101:6
فَأَمَّا مَنْ ثَقُلَتْ مَوَازِينُهُ 101:7 فَهُوَ فِي عِيشَةٍ رَاضِيَةٍ 101:8 وَأَمَّا مَنْ خَفَّتْ مَوَازِينُهُ 101:9 فَأُمُّهُ هَاوِيَةٌ 101:10 وَمَا أَدْرَاكَ مَا هِيَهْ 101:11 نَارٌ
حَامِيَةٌ 102:1 بِسْمِ اللَّهِ الرَّحْمَٰنِ الرَّحِيمِ أَلْهَاكُمُ التَّكَاثُرُ 102:2 حَتَّىٰ زُرْتُمُ الْمَقَابِرَ 102:3 كَلَّا سَوْفَ تَعْلَمُونَ 102:4 ثُمَّ كَلَّا سَوْفَ تَعْلَمُونَ
102:5 كَلَّا لَوْ تَعْلَمُونَ عِلْمَ الْيَقِينِ 102:6 لَتَرَوُنَّ الْجَحِيمَ 102:7 ثُمَّ لَتَرَوُنَّهَا عَيْنَ الْيَقِينِ 102:8 ثُمَّ لَتُسْأَلُنَّ يَوْمَئِذٍ عَنِ النَّعِيمِ 103:1 بِسْمِ اللَّهِ
الرَّحْمَٰنِ الرَّحِيمِ وَالْعَصْرِ 103:2 إِنَّ الْإِنْسَانَ لَفِي خُسْرٍ 103:3 إِلَّا الَّذِينَ آمَنُوا وَعَمِلُوا الصَّالِحَاتِ وَتَوَاصَوْا بِالْحَقِّ وَتَوَاصَوْا بِالصَّبْرِ 104:1
بِسْمِ اللَّهِ الرَّحْمَٰنِ الرَّحِيمِ وَيْلٌ لِكُلِّ هُمَزَةٍ لُمَزَةٍ 104:2 الَّذِي جَمَعَ مَالًا وَعَدَّدَهُ 104:3 يَحْسَبُ أَنَّ مَالَهُ أَخْلَدَهُ 104:4 كَلَّا لَيُنْبَذَنَّ فِي الْحُطَمَةِ
104:5 وَمَا أَدْرَاكَ مَا الْحُطَمَةُ 104:6 نَارُ اللَّهِ الْمُوقَدَةُ 104:7 الَّتِي تَطَّلِعُ عَلَى الْأَفْئِدَةِ 104:8 إِنَّهَا عَلَيْهِمْ مُؤْصَدَةٌ 104:9 فِي عَمَدٍ مُمَدَّدَةٍ
105:1 بِسْمِ اللَّهِ الرَّحْمَٰنِ الرَّحِيمِ أَلَمْ تَرَ كَيْفَ فَعَلَ رَبُّكَ بِأَصْحَابِ الْفِيلِ 105:2 أَلَمْ يَجْعَلْ كَيْدَهُمْ فِي تَضْلِيلٍ 105:3 وَأَرْسَلَ عَلَيْهِمْ طَيْرًا
أَبَابِيلَ 105:4 تَرْمِيهِمْ بِحِجَارَةٍ مِنْ سِجِّيلٍ 105:5 فَجَعَلَهُمْ كَعَصْفٍ مَأْكُولٍ 106:1 بِسْمِ اللَّهِ الرَّحْمَٰنِ الرَّحِيمِ لِإِيلَافِ قُرَيْشٍ 106:2 إِيلَافِهِمْ
رِحْلَةَ الشِّتَاءِ وَالصَّيْفِ 106:3 فَلْيَعْبُدُوا رَبَّ هَٰذَا الْبَيْتِ 106:4 الَّذِي أَطْعَمَهُمْ مِنْ جُوعٍ وَآمَنَهُمْ مِنْ خَوْفٍ 107:1 بِسْمِ اللَّهِ الرَّحْمَٰنِ الرَّحِيمِ
أَرَأَيْتَ الَّذِي يُكَذِّبُ بِالدِّينِ 107:2 فَذَٰلِكَ الَّذِي يَدُعُّ الْيَتِيمَ 107:3 وَلَا يَحُضُّ عَلَىٰ طَعَامِ الْمِسْكِينِ 107:4 فَوَيْلٌ لِلْمُصَلِّينَ 107:5 الَّذِينَ هُمْ
عَنْ صَلَاتِهِمْ سَاهُونَ 107:6 الَّذِينَ هُمْ يُرَاءُونَ 107:7 وَيَمْنَعُونَ الْمَاعُونَ 108:1 بِسْمِ اللَّهِ الرَّحْمَٰنِ الرَّحِيمِ إِنَّا أَعْطَيْنَاكَ الْكَوْثَرَ 108:2 فَصَلِّ
لِرَبِّكَ وَانْحَرْ 108:3 إِنَّ شَانِئَكَ هُوَ الْأَبْتَرُ 109:1 بِسْمِ اللَّهِ الرَّحْمَٰنِ الرَّحِيمِ قُلْ يَا أَيُّهَا الْكَافِرُونَ 109:2 لَا أَعْبُدُ مَا تَعْبُدُونَ 109:3 وَلَا أَنْتُمْ

عَابِدُونَ مَا أَعْبُدُ 109:4 وَلَا أَنَا عَابِدٌ مَا عَبَدْتُمْ 109:5 وَلَا أَنْتُمْ عَابِدُونَ مَا أَعْبُدُ 109:6 لَكُمْ دِينُكُمْ وَلِيَ دِينِ 110:1 بِسْمِ اللَّهِ الرَّحْمَٰنِ الرَّحِيمِ
إِذَا جَاءَ نَصْرُ اللَّهِ وَالْفَتْحُ 110:2 وَرَأَيْتَ النَّاسَ يَدْخُلُونَ فِي دِينِ اللَّهِ أَفْوَاجًا 110:3 فَسَبِّحْ بِحَمْدِ رَبِّكَ وَاسْتَغْفِرْهُ إِنَّهُ كَانَ تَوَّابًا 111:1 بِسْمِ
اللَّهِ الرَّحْمَٰنِ الرَّحِيمِ تَبَّتْ يَدَا أَبِي لَهَبٍ وَتَبَّ 111:2 مَا أَغْنَىٰ عَنْهُ مَالُهُ وَمَا كَسَبَ 111:3 سَيَصْلَىٰ نَارًا ذَاتَ لَهَبٍ 111:4 وَامْرَأَتُهُ حَمَّالَةَ
الْحَطَبِ 111:5 فِي جِيدِهَا حَبْلٌ مِنْ مَسَدٍ 112:1 بِسْمِ اللَّهِ الرَّحْمَٰنِ الرَّحِيمِ قُلْ هُوَ اللَّهُ أَحَدٌ 112:2 اللَّهُ الصَّمَدُ 112:3 لَمْ يَلِدْ وَلَمْ يُولَدْ
112:4 وَلَمْ يَكُنْ لَهُ كُفُوًا أَحَدٌ 113:1 بِسْمِ اللَّهِ الرَّحْمَٰنِ الرَّحِيمِ قُلْ أَعُوذُ بِرَبِّ الْفَلَقِ 113:2 مِنْ شَرِّ مَا خَلَقَ 113:3 وَمِنْ شَرِّ غَاسِقٍ إِذَا وَقَبَ
113:4 وَمِنْ شَرِّ النَّفَّاثَاتِ فِي الْعُقَدِ 113:5 وَمِنْ شَرِّ حَاسِدٍ إِذَا حَسَدَ 114:1 بِسْمِ اللَّهِ الرَّحْمَٰنِ الرَّحِيمِ قُلْ أَعُوذُ بِرَبِّ النَّاسِ 114:2 مَلِكِ
النَّاسِ 114:3 إِلَٰهِ النَّاسِ 114:4 مِنْ شَرِّ الْوَسْوَاسِ الْخَنَّاسِ 114:5 الَّذِي يُوَسْوِسُ فِي صُدُورِ النَّاسِ 114:6 مِنَ الْجِنَّةِ وَالنَّاسِ

Part 2

Full Text of the Quran in Modern Arabic